Claus-Peter Clasen

Textilherstellung in Augsburg in der frühen Neuzeit

Band II: Textilveredelung

Verlegt bei Dr. Bernd Wißner,
Augsburg 1995

Abbildung auf Umschlag: „Abtruckh der Augspurger vier Sigler Barchat Papir".
Das Siegel für dicken Viersiegler Barchent (Stadtarchiv Augsburg, Weberakten).

Für meine Frau

CIP-Titelaufnahme der Deutschen Bibliothek

Clasen, Claus-Peter:
Textilherstellung in Augsburg in der frühen Neuzeit / Claus-Peter Clasen. – Augsburg : Wißner.
  ISBN 3-928898-64-7

Bd. 2. Textilveredelung. – 1995

ISBN 3-928898-64-7

© 1995 by Dr. Bernd Wißner, 86159 Augsburg

Das Werk und seine Teile sind urheberrechtlich geschützt. Jede Verwertung in anderen als den gesetzlich zugelassenen Fällen bedarf deshalb der vorherigen schriftlichen Einwilligung des Verlags.

Inhalt

BAND II: Textilveredelung

KARTER 11
- Zahl, Wohnsitz und Vermögen 11
- Lernknechte 14
- Gesellen 14
- Verhältnis zu Webern 15
- Tuchsorten 16
- Arbeit 16
- Lohn 20

TUCHSCHERER 23
- Statistik 23
- Organisation 30
- Lernknechte 33
- Gesellen 35
- Witwen 43
- Austeilung 47
- Tuchsorten 56
- Technische Anmerkungen 65
- Jeremias Neuhofer und seine Erfindungen 69
- Geschau 75
- Ungeld und Höhe der Produktion 78
- Lohn 80
- Schleifer 88
- Die Meister 92
- Handel 93

BLEICHEN 97
- Die Bleicher 97
- Verkauf der Bleichen 103
- Umfang der Bleichen 106
- Gesinde 109
- Visitation der Bleichen 115
- Auslegung 115
- Bleichzeichen 116
- Diebstahl und Krieg 118
- Einrichtungen auf den Bleichen 119

Bleichmaterial 136
Wasser 138
Bleichvorgang 140
Zählung und Geschau 148
Verteilung auf die Bleichen 154
Ungeld 158
Bleichpreise 166
Einnahmen und Ausgaben 177
Scheggenbleichen 180

FÄRBER 183

Statistik der Färber 183
Organisation 196
Unterschiedliche Färber 199
    Schwarzfärber und Beifärber 199
    Schönfärber 199
    Seidenfärber 201
    Handel der Färber 202
Lehrjungen und Gesellen 203
    Lehrjungen 203
    Gesellen 205
    Beschränkungen beim Aufstieg zur Meisterschaft 209
    Andere Ehehalten 214
    Abwerben 215
    Bruderschaft 216
    Festlichkeiten 217
    Streit und Streik 218
Werkstätten 224
Farben 238
    Waid und Indigo 238
    Schliff, Rausch, Galles und Kupferwasser 240
    Safflor und Prisil 243
    Andere Farbstoffe 245
    Verbotene Farben 245
    Spätes 17. und 18. Jahrhundert 247
    Umgang mit Farben 248
    Chemiki 248
Kauf der Farben 249
Technik und Tuchsorten 255
    Färben in Ulm 255
    Färben in Augsburg 258
    Klären und Glätten 259
    Barchent 259
    Leinwand 263
    Bomasine und Cottone 268

"Wullin Gewand" 269
Garn 270
Neue Tuchsorten 272
Einlassen und „beerschwarze" Tuche 273
Preise 278
Produktionskosten 285
Farbgewölbe 287
Rest und Austeilung 289
    Anfänge 289
    Neue Organisation 292
    Gefärbte Crontuche 294
    Ausführung 295
    Zinstuche 296
    Beifarben 299
    Sattgraue Tuche 301
    Vorblaue Tuche 302
    Streit um Artikel 32 303
    Zahlung des Lohnes 304
    Kontrollen und Regulierung des Restes 305
    Der Rest in Zahlen 308
    Der Rest und Nebenmangen 312
Geschau 313
Ungeld 319
Rauschhandel 324

MANGEN 335

Mangmeister und Färber 335
Lage der Mangen 336
Gesinde 338
Verteilung der Arbeit 339
Tuchsorten 339
Manglöhne 341
Schwierigkeiten der Mangmeister 346
Nebenmangen 348

DIE COTTONFABRIKANTEN 353

Die Anfänge des Augsburger Cottondrucks: Jeremias Neuhofer 353
Rechtliche Bestimmungen 358
Herkunft und Namen der Cottondrucker 364
Alte Augsburger Druckerfamilien 378
Die Technik des Cottondrucks 385
Die Augsburger Cottondrucker als Erfinder 389
    Neuhofers „Crapproth Färben" 390
    Blau- und Weiß-Drucken 393

Gignoux und die Färber	396
Johann Heinrich Schüle	410
Blaudruck	424
Werkstätten und Einrichtungen	425
Lage der Werkstätten	425
Einrichtung	431
Pantschmaschinen	433
Rechen	437
Rollen und Mangen	438
Welche Tuchsorten wurden bedruckt?	444
Produktionszahlen: Die erfolgreichsten Fabrikanten	450
Armut und Bankrotte	455
Frauen als Druckerinnen	457
Streit mit Bleichern	457
Scheggenbleichen	457
Viertelweiße und halbweiße Bleiche	459
Wasser	462
Neue Verfahren	464
Streit zwischen Cottondruckern und Kaufleuten	465
Erste Probleme	465
Handel mit gedruckter Ware	466
Streit um Ausfuhr roher und gebleichter Ware	468
Ausfuhr der gedruckten Leinwand	470
Arbeiter in Cottonfabriken	472
Zahl der Arbeiter	472
Arbeiter von auswärts	473
Handwerker und Arbeiter	474
Maler	475
Drucker	476
Reiben und Glätten	477
Mustermacher	480
Modelschneider	481
Lohn	491
Abspannen der Arbeiter	492
Freie Wahl des Arbeitsplatzes	493
Diebstahl	495
Die Fabrikarbeiter als neues Problem	496
Auswärtige Fabriken	499

RÜCKBLICK ... 501

TABELLEN ... 517

Vermögensentwicklung der Bleicher	517
Ungeld und Tuche	520

Barchentungeld 520
Zahl der gewebten und gebleichten Barchenttuche 1618-1677 525
„Weissbarchet oder Blaycher Ungelt" 527
Ungeld von schwarzem und rotem Barchent 527
„Ungeld von geferbten und rochen barchet" 530
Ungeld von gefärbten und rohen Barchenten 530
Bomasine und Cottone auf den Bleichen 534
Ungeldbücher 1710-1804 535
Geschaugeld von Schwarzfärbern 1781-1805 539
Ungeld der Geschlachtgewander 540
Lodweber 542
   Aus dem Ungeld errechnete Zahl der Stücke 542
   Zahl der geschauten Loden 543
   Produktion von Decken 543
   Zahlung der Lodweberwalke an das Einnehmeramt 544
   Die Produktion der Lodweber im 18. Jahrhundert 544
Preislisten 545
   Durchschnittliche Preise schmaler Barchente 545
   Preisentwickung der Leinwand 546
   Durchschnittspreise von Zwilch 546
   Durchschnittspreise der Bomasine 547
   Durchschnittspreise der Schnurtuche 548
   Preisentwicklung der Cottone 549
   Durchschnittliche Preise der Loden 549
   Durchschnittspreise von Flachs 550
Garnungeld 1674-1699 551
Ungeld und Menge der verungeldeten Baumwolle 552
Zechen 554
Die Werkstätten der ersten Cottondrucker 556
Werkstätten der zweiten Generation von Druckern 557
Werkstätten außerhalb der Stadt, in denen über einen langen
Zeitraum gedruckt wurde 557
Werkstätten in der Stadt, in denen über einen langen Zeitraum
gedruckt wurde 559
Vermögensentwicklung der Cottondrucker der zweiten Generation 561
Ungeld von bedruckten Tuchen 562
„Übersicht der Kattunweberei und des Fabrikwesens in Augsburg" 563
Aufzählung der Tuchscherer um 1667 564
Löhne der Tuchscherer 1672 565
Ungeld der Tuchscherer 567
Name und Amtszeit der Deputierten 1616-1806 567
Der Kassarest der Textilgewerbe im Durchschnitt pro Jahr 569

QUELLEN UND LITERATUR 571

REGISTER 581
    Personenregister 581
    Sachregister 589
    Ortsregister 600

Wir beschäftigten uns bisher mit den verschiedenen Webern und ihrer Produktion. Die Stoffe, wie sie vom Webstuhl genommen wurden, mußten aber noch bearbeitet werden. Die Verarbeitung der Stoffe spielte in Augsburg eine ebenso große Rolle wie die Weberei. Wahrscheinlich waren es die Karter, die die Stoffe als erste erhielten.

Karter

Zahl, Wohnsitz und Vermögen

Zahl

Die Karter erscheinen in den Augsburger Steuerbüchern gegen Ende des 14. Jahrhunderts. Meist waren es weniger als zehn. Von 1409 bis 1462 werden dann zwischen 11 und 18 Karter in den Steuerbüchern genannt. Aber seit 1466 waren es dann wieder weniger als zehn. Im Durchschnitt waren es in den Jahren 1466 bis 1509 nur 5,5 Karter pro Jahr. Es ist nicht klar, weshalb die Zahl der Karter um 1500 wesentlich kleiner als im 15. Jahrhundert war.

Mitte des 16. Jahrhunderts arbeiteten rund 15 Karter in Augsburg. Anfang des 17. Jahrhunderts, als das Weberhandwerk am „aller stärksten gegangen", soll es 23 Karterwerkstätten in der Stadt gegeben haben. Diese Zahl mag schon stimmen, da wir in den Jahren 1615 bis 1628 von über 20 Kartern hören, die aber nicht genügend Arbeit hatten. Nach dem Dreißigjährigen Kriege werden noch 11 protestantische Karter genannt. Wir wissen nicht, ob es auch katholische Karter gab. Vielleicht arbeiteten auch später noch ein paar wenige Karter für die Barchentweber. Aber es scheinen so wenige gewesen zu sein, daß sie in den Aufzählungen der Handwerker im 17. und 18. Jahrhundert nicht genannt werden. Mit dem Schwinden der Barchentherstellung sind wohl auch die Karter überflüssig geworden.

Zahl der Karter in Steuerbüchern

1383	4	1479	5
1386	8	1480	7
1390	5	1486	5
1394	16	1488	7
1398	2	1489	11
1402	9	1492	4
1409	11	1494	5
1408	17	1495	4
1409	13	1496	6
1413	16	1498	5
1418	16	1499	4
1422	14	1501	6
1427	16	1504	1
1428	16	1509	2

1434	15
1441	17
1448	18
1455	13
1462	14
1466	7
1471	9
1474	5
1475	8
1477	5

Zahl der Karter

1548	16	Barchent 1569-1635
1574	14	1574, 12. Aug. Protokolle 1548-81
um 1600	23	1628, 26. Okt. Barchent 1569-1635
1615	21	Musterliste 1615
1619	22	Musterliste 1619
1622	24	Kornverteilung 1622
1628	22	1628, 26. Okt. 1569-1635 Barchent
1653	11 (protestantisch)	

Verteilung über die Stadt

In den Jahren 1574 und 1622 lagen die meisten Werkstätten der Karter in der Frauenvorstadt, wo ja auch die Masse der Barchentweber wohnte. Aber es läßt sich keine Konzentration von Kartern in dem einen oder anderen Bezirk beobachten. Sie wohnten über eine Vielzahl von Steuerbezirken verstreut. Meist waren es nur ein oder zwei Meister in einem Bezirk.

Verteilung der Karter über die vier Stadtteile

	Frauenvorstadt	Jakobervorstadt	Lechviertel	Oberstadt	insgesamt
1574	8	2			10
	80%	20%			
1622	12	3	3		18
	66,66%	16,66%	16,66%		

Wohnungen

Nur wenige Karter scheinen im Jahre 1622 ein Haus besessen zu haben. Fast alle mieteten ihre Werkstätten und Wohnungen. Obwohl kein Karter die niedrigste Miete bis zu 5 kr zahlte, wohnten die meisten dennoch in bescheideneren Verhältnissen und zahlten zwischen 6 kr und 15 kr. Nur wenige Karter zahlten mehr.

Wohnverhältnisse der Karter 1622

Hausbesitzer	3 Karter
mieten	21 Karter

Mieten 1622

1-5 kr	–
6-10 kr	5 Karter
11-15 kr	12
16-20 kr	4
21-25 kr	–

Vermögensstruktur

Die Karter waren keine reichen Leute. Im Jahre 1574 hatten 60% überhaupt keinen Besitz. Zu Beginn des Dreißigjährigen Krieges waren es sogar 83%. Ein paar Karter hatten etwas Vermögen, aber im allgemeinen herrschten Dürftigkeit und Not vor. Anscheinend ging es ihnen genauso schlecht wie den Barchentwebern, von deren Konjunktur sie ja ganz abhängig waren.

Vermögensstruktur der Karter

	0	1-15 kr	16-60 kr	1-10 fl	über 10 fl	insgesamt
1574	6	1	3			10
	60%	10%	30%			
1622:	15		2	1		18
	83,3%		11,1%	5,6%		

Es sind nur ein Kardätschenmacher und ein Streicheisenmacher namentlich bekannt. Beide waren ärmere Leute.

Vermögensstruktur 1622

	0	1-15 kr	16-60 kr	1-10 fl	über 10 fl	insgesamt
Kardätschenacher	1					1
Streicheisenmacher		1				1

Organisation

Obwohl die Zahl der Karter nicht groß war, bildeten sie ein eigenes Handwerk mit Vorgehern, Büchsenmeistern und einem Handwerksdiener.[1] Handwerksdiener war jeweils der Karter, der als letzter die Gerechtigkeit erhalten hatte. Im Jahre 1549 erließ der Rat „der barchat karter ordnung",[2] die 1631 erneuert wurde. 1610 wurde außerdem „der karter eid und gesetz" erlassen. Diese Ordnungen blieben anscheinend bis zum Ende der reichsstädtischen Zeit in Kraft.

Während des Dreißigjährigen Krieges, 1642, errichteten auch die Karter eine „Handwerksgeldbüchse". Jeder Meister und jede Witwe, die „eine offene Werkstatt führten", sollten wöchentlich 2 kr zahlen.[3]

Lernknechte

Die Bestimmungen für Lernknechte ähneln natürlich denen der anderen Gewerbe. Der Lernknecht mußte vom Meister für mindestens ein Jahr angenommen werden. Das Lehrgeld sollte zumindest 1549 nicht mehr als 10 Pfund Pfennige betragen. Der Meister durfte den Lehrling kein Tuch ausbreiten, also karten, lassen, bevor er ein halbes Jahr im Handwerk gearbeitet hatte. Die Lehrzeit dauerte wohl ein Jahr.

Gesellen

Gesellen durften nur angestellt werden, wenn sie ein Jahr auf dem Handwerk gearbeitet hatten.[4] Der Geselle oder Knecht haftete für Schäden, die er verursacht hatte. Wenn ein Geselle seinem Meister die zugesagten Dienste nicht hielt und aus der Werkstatt ging, mußte es der Meister innerhalb von 14 Tagen dem Handwerk melden. Ein Problem war anscheinend das Abspannen von Gesellen. Jedenfalls verbot die Ordnung von 1549 den Kartern, einander die Knechte „aufzuwigeln", sei es durch „muth ..., schänkung, einicherli verehrung, wenig noch vil". Der Meister sollte erst den vorigen Meister fragen, ob er etwas dagegen habe, daß er den Gesellen anstellte.

Um zur Meisterschaft zugelassen zu werden, mußte man drei Jahre im Handwerk gearbeitet haben. Auch Meistersöhne, also die Söhne von Kartern, mußten diese drei Jahre gearbeitet haben. Die Verordneten verliehen ihnen dann die Gerechtigkeit gegen Zahlung von 32 kr, wenn sie sie innerhalb von Jahr und Tag nach ihrer Heirat forderten.

Die anderen Gesellen erhielten dagegen die Gerechtigkeit nicht einfach nach drei Jahren. Gemäß der Ordnung von 1549 ließen die Karter nur dann neue Meister zu, wenn Mangel an Kartern war. Das Recht als Karter zu arbeiten, war an den Besitz einer Werk-

---

1 Büchsenmeister: 1563, 9. Oktober. Barchent 1569-1635. Ebenso 1621, 30. März. Protokolle 1619-1621. Vorgeher: 1724, 19. Dezember. Protokolle 1658-1729.
2 1549, 20. November. Kleine Änderungen 1552, 25. November. Erneuert 1631, 21. September.
3 1642, 15. Februar. 1678 legte man fest, das man alle 14 Tage 3 kr geben solle. 1678, 13. September. Protokolle 1658-1729.
4 1724, 19. Dezember. Protokolle 1658-1729.

statt gebunden. Neue Meister wurden nur dann zugelassen, wenn eine Werkstatt frei wurde.[5] Wenn ein Karter seine Werkstatt verkaufte, verlor er auch die Gerechtigkeit.[6]

Auch die Frauen und Kinder der Karter und andere Ehehalten arbeiteten in den Werkstätten. Sie mußten „geloben", alle Bestimmungen einzuhalten, auf die die Karter geschworen hatten. So wurde schon 1549 ausdrücklich bestimmt, daß die Frauen und Ehehalten der Karter keinen Barchent karten durften, er sei denn „vor kernet, über dem Kerntisch von einem Paum zum andern."[7]

Da die Karter die Barchenttuche anderer Leute bearbeiteten, mußten sie Bürgschaft leisten. Im Jahre 1549 wurde eine Bürgschaft von 10 Pfund festgelegt. 1610 heißt es deutlicher: „was schaden geschehe beim handwerk, das sollen die bürgen gut tun."

Verhältnis zu den Webern

Die Karter durften keinen Weber um Arbeit bitten. Kein Karter durfte dem anderen mittels „Kauf, Leihen, Schenken oder andere gefährliche Wege" Kunden abziehen. Es sollte also dem Weber überlassen bleiben, zu welchem Karter er gehen wollte.

Andererseits kam es vor, daß ein Weber seinen Karter nicht bezahlen konnte und deshalb zu einem anderen Karter ging. Den Kartern wurde deshalb verboten, für einen Weber zu arbeiten, der seinen vorigen Karter nicht bezahlt hatte. Der Karter sollte sich nicht auf die Versicherungen des Webers verlassen, sondern den vorigen Karter selbst fragen, ob er bezahlt worden sei.

Nur selten hören wir, daß ein Weber seinen Barchent selbst gekartet hat, um sich die Ausgaben zu sparen. Ein Meister wurde zur Strafe über Nacht ins Gewölbe gelegt.[8] Die Karter durften nur solchen Barchent karten, der mit dem Zeichen des Webers gekennzeichnet war. Der Karter mußte auch den Meister persönlich kennen, der das Zeichen führte.

Die Tuche mußten geschaut worden sein, bevor sie gekartet werden durften. Ein Karter wurde z.B. bestraft, weil er ein „bomasinen ungeschaut kartet".[9]

Die Ordnungen verboten immer wieder, Barchent zu karten, der außerhalb der Stadt gewirkt worden war. Gelegentlich wurde ein Karter über Nacht ins Gewölbe geworfen, weil er fremden Barchent gekartet hatte.[10] Anscheinend sollten die Karter nur ganze Stücke karten. Trümmer durften sie nur mit Erlaubnis der Verordneten bearbeiten, und auch nur dann, wenn sie das „Scheiblin" hatten und also bei der Geschau für gut befunden worden waren.

---

[5] 1669, 26. Januar. Protokolle 1658-1729.
[6] Ein Karter verkaufte 1621 seine Werkstatt für 30 fl und arbeitete dann als Weber. Als er 1628 bat, die Werkstatt wieder kaufen zu dürfen, wurde er von den Büchsenmeistern abgewiesen, weil es ohnehin nicht genügend Arbeit für die schon bestehenden Werkstätten gäbe. 1628, 26. Oktober. Barchent 1569-1635.
[7] 1548, 31. Januar.
[8] 1663, 23. September. Protokolle 1658-1729.
[9] 1667, 23. Oktober. Protokolle 1658-1729.
[10] 1663, 26. September. Protokolle 1658-1729.

Barchenttuche, in die Kartwolle oder Kernwolle oder andere „böse Wolle" eingetragen war, durften sie überhaupt nicht karten. Die Karter sollten auch keine schadhaften Tuche karten, es sei denn, sie bezeichneten sie mit ihrem Zeichen in schwarzer Farbe.

Tuchsorten

Welche Tuche wurden gekartet? In der ersten Hälfte des 16. Jahrhunderts vor allem grobe Barchente. Solange die Weber große Mengen von groben Barchenten anfertigten, hatten die Karter genug Arbeit. Als die Produktion sich dann auf gretische Barchente verlagerte, gerieten die Karter in Schwierigkeiten.[11] Wurden die gretischen Barchente vielleicht überhaupt nicht gekartet?

In den Lohnlisten der Karter werden die groben, gemeinen Barchente, die dicken Barchente und die breiten Barchente genannt. Auch Bomasine wurden gekartet.[12] Es ist dagegen nicht so sicher, daß auch die von den Lodwebern angefertigten Tuche aus Schafwolle von den Kartern bearbeitet wurden. Jedenfalls kauften die Lodweber selber Kardätschen, Kardätschenbretter und Kartspäne. Man möchte also meinen, daß die Lodweber ihre Tuche selber karteten.[13]

Arbeit

Vor dem Karten mußten die Barchenttuche gereinigt werden. Bis Mitte des 16. Jahrhunderts haben die Karter dieses Butzen und Säubern der Barchenttuche selbst vornehmen müssen. 1561 wurde dann den Webern befohlen, die Barchenttuche, die sie den Kartern brachten, vorher selbst „über den tisch zu butzen".[14] Die Karter brauchten also jetzt weniger Arbeit zu verrichten. Nach Ansicht der Weber konnten die Karter jetzt in derselben Zeit, in der sie früher drei Tuche gekartet hatten, fünf Tuche „beraithen und zurichten".[15] Hundert Jahre später scheinen Kartermeister und Witwen, wohl aus Armut, in den Werkstätten anderer Meister die Tuche und Barchente gebutzt zu haben, bis dies 1663 verboten wurde.[16] Die Weber sollten also die Waren erst reinigen, bevor sie sie zum Karter brachten.

Die Weber konnten ihre Tuche jederzeit zu den Kartern bringen. Aber es gab eine Ausnahme: die Geschautage. Bereits 1553 wurde bestimmt, daß die Karter an den Geschautagen, also vermutlich Mittwoch, Freitag und Samstag, kein Barchenttuch anneh-

---

[11] Eingabe der 16 Karter. 1548. Barchent 1569-1635.
[12] 1667, 23. Oktober. Protokolle 1658-1729.
[13] Von den Lodwebern wurden gekauft:

	Paar Kardätschen	Paar Kardätschen Bretter	Büschel Cartspähne
1734	15	7	62
1735	103	30	111

[14] 1561, 9. Februar.
[15] 1574, 28. August. Protokolle 1548-1581.
[16] 1663, 18. Februar. Protokolle 1658-1729.

men und karten durften.[17] 1610 bestimmte man, daß die Karter an Geschautagen nach 9 Uhr früh kein Barchenttuch zum Karten annehmen sollten.[18] Dennoch wurde ab und zu ein Karter bestraft, „weil er nach 9 Uhr ein Bettbarchet gekarttet".[19]

Die Rauh- oder Walkkarden, mit denen die Karter arbeiteten, wurden aus den Distelkolben oder Distelköpfchen der Weberdistel gewonnen. Die Weberdistel (Dipsacus fullonum, auch Walker- oder Tuchmacherkarde genannt), ist eine ein bis zwei Meter hohe Pflanze mit violetten Blüten in eiförmigen Köpfchen. Die Spreublättchen, die die einzelnen Blüten stützen, haben stachelige Wimpern mit einer hakigen Krümmung an der Spitze. Es waren diese stacheligen Blütenköpfe, die man zum Aufkratzen und Aufrauhen der Wolle auf den Tuchen benützte.[20] Die krummen Häckchen an den Kopfenden mußten möglichst fein, geschmeidig und stark sein, um die Fasern des Tuches herauszuziehen, ohne sie zu zerreißen oder selbst abzubrechen. Und zwar waren es die Kardätschenmacher, die die Karden zum Aufrauhen der Tuche anfertigten. In Augsburg gab es im Gegensatz zu Nürnberg kein Handwerk der Kardätschenmacher. In Nürnberg betrug die Lehrzeit vier Jahre. Im Jahre 1638 arbeiteten in Augsburg zwei Kardätschenmacher, von denen aber nur einer einen Lehrbrief aus Nürnberg vorzeigen konnte. Der andere wurde als Stimpler bezeichnet. Augsburg bat nun die Nürnberger um eine Abschrift der „Cartetschenmacher Ordnung und Articul", erhielt aber keine Antwort. Den Nürnbergern lag wohl nichts daran, die Herstellung von Kardätschen in Augsburg zu fördern.[21] Dennoch finden wir in Augsburg in der zweiten Hälfte des 17. Jahrhunderts ein oder zwei Kardätschenmacher.

Die Weberdisteln wurden zwar in Süddeutschland angebaut, aber die Karden waren nicht im Überfluß vorhanden. Schon 1549 hieß es, daß die Karter nicht mehr Karden kaufen sollten, als sie benötigten. Sie durften auch keine Karden aus der Stadt heraus verkaufen oder Karden in der Stadt weiterverkaufen. Man wollte also Mangel und Spekulation von vornehrein verhindern.

Zahl der Kardätschenmacher

	prot.	kath.	insgesamt
1653		1	1
1661	1	1	2
1668	1		1
1672	1	1	2
1687	1	1	2

1574 klagten die Karter, daß sie früher 10 kr für ein Büschel Kardätschen gezahlt hatten, jetzt aber 34 kr zahlen müßten. Die Verordneten sprachen allerdings nur von einer Verdoppelung des Preises der Kardätschen. Da die Karter die Kardätschen nicht auf Borg

---

[17] 1553, 19. Februar. Protokolle 1548-1581.
[18] 1610, 3. Dezember. Auf Drängen der Karter hat man 1660 noch einmal festgelegt, daß die Karter an Geschautagen kein Bettbarchenttuch oder anderen Barchent entgegennehmen sollten. 1660, 30. Oktober. Protokolle 1658-1729.
[19] 1641, 22. Dezember. 1642, 29. Juli. Strafbuch 1593-1659.
[20] H. Marzell, Wörterbuch der Deutschen Pflanzennamen, Bd. 2, 1972, S. 142.
[21] 1638, 4. November und 1639, 10. Februar. Weberhaus Nr. 11.

kaufen durften, sind die Verordneten anscheinend beim Kauf der Kardätschen mit „des Rates Geld" eingesprungen. Wahrscheinlich wurden große Mengen solcher Kardätschen vom Handwerk auswärts eingekauft und dann an die einzelnen Meister weiterverkauft. Es ist anzunehmen, daß es auch in Augsburg Kardenböden gab, in denen, in Reihen geordnet, die verschiedenen Sorten von Karden aufbewahrt wurden. Im Jahre 1681 war der Rauschverwalter für die „Kartetschen" verantwortlich. Man hatte einen Vorrat von 198 Büscheln guter und schlechter Kardätschen. Die schlechteren überwogen.[22]

Auch Kartspäne wurden von den Kartern verwendet, obwohl nähere Angaben fehlen. Die Kartspäne wurden von den Verordneten eingekauft und scheinen dann wöchentlich den Kartern verkauft worden zu sein. Als die Kaufbeurer einmal Augsburg um „eine anzahl Kartspän" baten, konnten ihnen die Verordneten nicht behilflich sein: sie seien selbst der Kartspäne „zur wöchentlichen Aussgab zum höchsten bedirfftig".[23]

Von 1591 bis 1605 kauften die Verordneten im Durchschnitt jedes Jahr 514 „Pischel" Kartspäne, in drei Jahren (1599, 1600 und 1603) sogar 1350. Von 1607 bis 1623 waren es dann pro Jahr 1490 Büschel.[24] Dies waren ja die Jahre außerordentlich hoher Produktion. Als später nur noch wenig Barchent gewebt wurde, brauchte man nicht mehr so viele Kartspäne. Z.B. in den Jahren 1685 bis 1691 waren es nur noch 130 Büschel pro Jahr.

Im 17. und 18. Jahrhundert ist die Rede von den Streicheisen und Streicheisenleuten.[25] Wurden diese Streicheisen von den Kartern verwendet? Ein Kardätschenmacher wurde bestraft, weil er „an die Neue Straicheisen alt Leder" genommen und also Betrug geübt hatte.[26]

Die Aufgabe des Karters war es, die Tuche aufzurauhen.[27] Vor dem Rauhen wurde das Tuch in Wasser eingeweicht, damit die Karden die Wolle nicht wieder herausrissen. Weiches und faules Flußwasser soll das Filzen und Rauhen erleichtert haben, weil es die Fäden des Tuches öffnete, während Brunnenwasser sie härter machte. Das feuchte Tuch wurde über die Stange, den Rauhbaum, gezogen. Zum Aufrauhen der Tuche nahm man dann die Rauhkarden, „kleine hakigte Kolben, so in ein Kreutz ein- und festgemacht sind".[28] Der Karter zog das mit einem Handgriff versehene Kreuz, auf dem die Rauhkarden angebracht waren, in geraden Zügen der Länge nach auf den Tuchen abwärts, um mit den Häkchen der Karden die Wollfasern bloßzulegen. Während er mit der einen Hand die Karde auf dem Tuche so gerade wie möglich herunterführte, stützte er sie gegen ein Kreuz, das er mit der anderen Hand auf der Rückseite des Tuches herunterzog. Anschließend wurden die bloßgelegten Wollhaare abgeschnitten.

---

[22] Gute a 45 kr das Büschel   56 Büschel
     schlechte a 39 kr das Büschel   135 Büschel
     1681, 8. Mai. Verzaichnuss was dem neuen Rauschverwalter ... ybergeben.
[23] 1595, Protokolle 1589-95.
[24] „Auszug und Berechnung der Verordneten ob dem Weberhaus den Rausch betreffend". Weberhaus Nr. 147.
[25] 1671, 3. Mai. Protokolle 1658-1729.
[26] 1647, 2. Juni. Strafbuch 1593-1659. 1762, Protokolle 1758-1764: Einem Weber wird verboten, Streicheisen an die „Fabrique" in Göggingen zu verkaufen.
[27] Über das Karten siehe Duhamel du Monçeau, Schauplatz der Künste und Handwerke, Bd. 5, hrsg. von Daniel Gottfried Schreber, 1766, S. 243-262.
[28] Zitiert aus „Beiers Handlungs-, Berg- und Handwerkslexikon", 1722, S. 208.

Wolltuche wurden nach dem Walken mehrmals gerauht. Der erste Arbeitsvorgang hieß den „Haarmann scheren": man gab dem Tuche zwei oder drei Striche mit weichen, gelinden Karden, um die Wolle langsam herauszuziehen. Die Wollfasern wurden dann mit der Schere abgeschnitten. Das Tuch kam wieder in die Walke, um es von Fettresten zu reinigen, die an den Fäden geblieben waren. Es folgten das „Rauhen im zweiten Wasser" und das „Rauhen im dritten Wasser", wobei die Tuche mit verschiedenen Typen von Karden mehrmals nach bestimmten Vorschriften aufgerauht wurden.

Die Tuche wurden entweder im Strich (in einer Richtung) oder in zwei zu einander senkrechten Richtungen gerauht. Nach dem Karden wurden die Tuche auf Rahmen getrocknet und schließlich mit Handbürsten aufgebürstet, um das Wollhaar gegen den Strich aufzurichten.[29]

Die Karter durften keinen Barchent karten, „er sei denn vor kernet, über dem kerntisch von ainem paum zum andern". Anscheinend haben die Weber den Kartern auch hereingeredet, wie sie karten sollten. Jedenfalls wurde den Kartern 1550 vom Rate befohlen, „künftig keinem barchat tuch kein ander haar (zu) ziehen weder was sie ihrem eid nach zu tun schuldig", was auch immer die Webermeister ihnen sagen sollten.[30]

Die Baumwollsorte spielte beim Karten auch eine Rolle. So klagten die Karter in den 1570er Jahren, daß sie wegen der „hefftigen wollen", die sie streichen mußten, bei den Barchenttuchen „noch so viel Haar als vor Jahren ziehen und machen" müßten. Jetzt käme man mit zwei „Pischlen Kardetschen" nicht so weit, wie früher mit einem Büschel. Sie erwähnten auch die viele Mühe und Arbeit, den ungesunden Staub und den Kot, den sie „bei dieser gestrichen verdretten gespunst äussern müssen". Die Geschaumeister sähen selber, daß sie „noch sovil zeug bei gestrichner dann in geschlagener wolle abziehen und gebrauchen müssen". Die neue Bearbeitung der Baumwolle, die jetzt gestrichen und nicht mehr geschlagen würde, scheint also eine Rolle gespielt zu haben.[31]

Um 1600 beschwerten sich die Tuchscherer über den „Widerstrich" beim Karten der Barchenttuche, weil die Barchente auf diese Weise zum Scheren „unförmlich" gemacht würden. Der Widerstrich beim Karten sei auch in anderen Städten und Ländern unüblich und verboten. Daraufhin wurde der Widerstrich auch in Augsburg im Jahre 1610 verboten, weil er dem Barchent schade.[32]

Um 1620 sind viele Tuche zweimal gekartet worden. Anscheinend wurden die Karter dann auch zweimal bezahlt.[33] Nach dem Karten mußten die Karter ihr Zeichen mit Oel auf den Tuchen anbringen.

Von einer Geschau der Karter hören wir nichts. 1672 wurde allerdings den Kartern befohlen, die gebleichten schmalen Barchente nach dem Karten zur Tuchscherergeschau zu bringen und das „gewöhnliche zaichen" darauf stoßen zu lassen. Von jedem Stück sollten sie den Tuchscherern einen halben Kreuzer zahlen. Die schmalen Barchente wurden also nach dem Karten geschaut.[34]

---

[29] Krünitz, Oeconomische Encyklopädie, Bd. 134, S. 683-688.
[30] 1550, 2. Februar.
[31] 1574, 17. August. Protokolle 1548-1581.
[32] 1610, 2. Dezember.
[33] 1621, 27. Mai. Barchent 1569-1635.
[34] 1672, 21. November. Protokolle 1658-1729.

Lohn

Die Karter sollten sich nur mit Bargeld bezahlen lassen. Wenn ein Karter anstelle von Geld Waren annahm, etwa Barchent oder anderes, sollte ihm der Strich einen Monat lang niedergelegt werden. Manche Weber konnten nicht zahlen und blieben den Lohn schuldig. 1548 sagten die Karter, daß die Weber sie ein halbes Jahr warten ließen und dann den Lohn „mit unwillen" bezahlten. Sie forderten deshalb, daß die Weber künftig gleich „nach überantwortung der arbait" zahlen sollten.[35]

Anscheinend hat man dann auch einen Artikel in die Karterordnung eingefügt, nach dem die Barchentweber den Lohn unverzüglich alle Woche zahlen sollten. Der Artikel wurde den Webern jedes Jahr verlesen. Schwierigkeiten gab es aber, weil nur 12 der Karter dem Artikel nachkamen, während fünf andere ihn mit „vil Listen und Falschen Bratickh" umgingen. Sie weigerten sich, das Geld von den Webern jede Woche zu fordern: „gäben oder schicken sy uns gelt, so Nemens wir, wa nit, so lassens wir ansteen und zuesamen khommen". Viele Weber zogen es daraufhin vor, von den zwölf Kartern weg und zu den fünf Kartern zu gehen, „wa man uns lenger borgt". Kurzum, die Einnahmen der zwölf Karter gingen zurück. 1563 protestierten sie schließlich. Sie bräuchten vor allem im Winter ihren Lidlohn jede Woche für den Haushalt. Wenn man einem reichen Weber borge, so kämen die armen auch und wollten geborgt haben: „wan das vil zusammen kempt, so wirt unser ainer gar nix". Die Verordneten sollten die fünf Karter ermahnen, den Artikel zu halten, und Strafe bei Mißachtung androhen. Die Verordneten hielten aber nichts davon, den Webern neue Lasten aufzuerlegen und ließen es bei dem Artikel bewenden.[36]

1567 hat man dann den Kartern befohlen, den Lohn alle Monat von den Webern einzufordern.[37] Aber noch 1648 klagten die Karter, daß mancher Weber mit der Bezahlung Jahr und Tag warte und 5 fl bis 6 fl Kartgeld zusammenkommen ließ. Die Karter wurden nun angewiesen, den Lohn nicht länger als von Geschautag zu Geschautag zu stunden. Es ist eine andere Frage, ob die Karter jetzt wirklich ihr Geld gleich erhielten.[38]

Die Karter sagten 1548, sie hätten früher einmal 3 Pfennige pro Tuch erhalten. Da die Produktion der rohen Barchente dann so mächtig zugenommen hatte, habe man den Lohn auf 2 Pfennige verringert. Als dann aber die Anfertigung der gretischen Barchente einen solchen Aufschwung erlebte, gingen die Zahl der rohen Barchente und damit auch die Einnahmen der Karter zurück. 1548 wiesen die Karter darauf hin, daß die Preise für Holz und Hausmieten gestiegen seien und daß auch die Wollschlager, Spinnerinnen, Garnsieder und Färber höhere Löhne erhalten hatten. Aber ihre Bitte, 5 Heller pro Barchent zu erhalten, wurde nicht erfüllt. Noch 1574 war der Lohn 2 Pfennige.[39]

Lohn der Karter 1574

von einem schmalen Barchenttuch	2 Pfennig
von einem breiten Barchenttuch	10 Pfennige

---

[35] 1548, Barchent 1569-1635.
[36] 1563, 9. Oktober. Barchent 1569-1635.
[37] 1567, 15. Juni. Protokolle 1548-1581.
[38] 1648, 15. Februar.
[39] Supplication der Barchatt Kharter. 1548. Barchent 1569-1635.

1574 forderten dann die Karter einen höheren Lohn, weil der Preis für ein Büschel Kardätschen von 10 kr auf 34 kr gestiegen sei und weil man wegen der „hefftigen wolle" jetzt doppelt so viele Haare wie früher ziehen müsse. Kein Karter, sagten sie, könnte sich jetzt „ohne ander beystendt und Arbaitt" mit dem Karterhandwerk ernähren.

Die Verordneten wollten nun den Lohn für das Karten eines schmalen Barchentes auf 5 Heller erhöhen, weil der Lohn seit 40 oder 50 Jahren gleichgeblieben sei. Sofort protestierten aber die „gemeinen, mittelmässigen Meister von Webern, deren eine grosse Anzahl vorhanden", daß man sie in dieser Sache nicht gefragt habe. Die Karter könnten jetzt ein Barchenttuch um so leichter für 2 Pfennige, also 4 Heller, karten, weil sie im Gegensatz zu früher die Tuche nicht zu säubern bräuchten. Sie bräuchten also keinen Ehehalten mehr.

Eine Lohnerhöhung um einen Heller sei zwar „ein clain Ding und gering Ding", aber sie belaufe sich um Jahre auf 1000 fl, die die Weber zahlen müßten. Die Verordneten traten aber für die Karter ein. Die Kardätschen seien jetzt doppelt so teuer wie früher. Und bei einer Lohnerhöhung um einen Heller pro Tuch beliefen sich die Mehrausgaben für die Weber im Jahre nur auf 260 fl, nicht auf 1000 fl, wie die Weber behauptet hatten. Der „fürnehmste" Meister werde wöchentlich nur einen Kreuzer mehr zahlen müssen.[40]

Das „Kartgeld" ist dann tatsächlich noch 1574 erhöht worden. Und zwar sollte bezahlt werden:[41]

für schmalen Barchent anstelle von 2 Pfennigen   5 Heller
für breiten Barchent anstellte von 10 Pfennigen   3 kr   oder 10 1/2 Pfennige

Mehr als 30 Jahre vergingen, bevor die Karter im Jahre 1606 wieder um eine Lohnerhöhung baten. Erstens einmal seien die Karden teurer als früher: vor Jahren hätten sie für das Büschel 20 kr gezahlt, jetzt zahlten sie 27 Batzen, also 98 kr. Zweitens seien die Karden früher besser gewesen: mit einem Büschel hätten sie früher mehr ausgerichtet als jetzt mit zwei. Sie wollten folgende Löhne:[42]

grobes Tuch   3 Pfennige
dickes Tuch   6 Pfennige
breiter Barchent   4 kr.

Aber die Verordneten ließen sich nicht hierauf ein. Auch die Bleicher, Tuchscherer und Färber würden sonst höhere Löhne verlangen.[43] Bis 1621 blieb es bei dem alten Lohn. Die Karter klagten jetzt, daß die Kartspän doppelt so viel kosteten wie früher. Der Rat kam nun ihrer Bitte wenigstens teilweise nach.

Alte und neue Löhne 1621[44]

	alter Lohn	1621 geforderter Lohn	1621 neuer Lohn
gemeine Tuche	5 Heller	1 kr	3 Pfennige
dicke Barchente	5 Pfennige	6 Pfennige	5 Pfennige
breiter Barchent	3 kr	4 kr	4 kr

---

[40] 1574, 31. August.
[41] 1574, 17. August.
[42] 1606, 17. August.
[43] 1606, 31. August.
[44] 1621, 30. März.

Die Inflation der Kipper- und Wipperzeit führte 1622 zu neuen Forderungen. Die Ehehalten wollten nicht mehr für den alten Lohn dienen. Die Kartspäne kosteten doppelt so viel. Wie die nachstehende Tabelle zeigt, wurden die Karterlöhne für einige Barchentsorten wegen der „schwebenden teuren Zeiten" sowohl 1622 wie 1623 erhöht. Die „Abwirdigung dess gelts" führte dann aber noch im August 1623 zu einer Verringerung der Löhne.

Löhne der Karter 1622 und 1623

	Lohnerhöhung 12. April 1622 von	Lohnerhöhung 24. Jan 1623 auf	Neufestlegung 3. August 1623	
gemeiner grober Barchent	3 Pfennige	1 kr	5 Pfennige	3 Pfennige
dicker Barchent (als welcher mehr Zeug und Arbeit erfordert)	5 Pfennige	6 Pfennige	8 Pfennige	5 Pfennige
breiter Barchent	4 kr	4 kr	5 kr	
Crontuche				7 Pfennige
gn. Bettbarchent				12 Pfennige
gekrönter Bettbarchent				14 Pfennige

Als sich die Währung stabilisierte, ging man also im August 1623 bei gemeinen und dicken Barchenten wieder zu den Preisen zurück, die 1622 eingeführt worden waren. Für gemeinen und gekrönten Bettbarchent bestimmte man jetzt unterschiedliche Preise.

Tuchscherer

Statistik

Im Mittelalter spielten die Tuchscherer in Augsburg nur eine unbedeutende Rolle. Von 1346 bis 1398 wird in den Steuerbüchern nur jeweils ein Tuchscherer genannt. Im 15. Jahrhundert werden bis zu vier aufgeführt. Seit rund 1470 nahm dann die Zahl der Tuchscherer zu, um im Jahre 1501 18 zu erreichen. Zu Beginn des 16. Jahrhunderts gab es hier wohl schon ein Tuchschererhandwerk.

Die Zahl der Tuchscherer ist mit der zunehmenden Barchentweberei im Laufe des 16. Jahrhunderts rasant gestiegen. Um 1600 scheint es in Augsburg mehr als 100 Werkstätten von Tuchscherern gegeben zu haben. Bis 1621 soll die Zahl sogar auf 125 Werkstätten gestiegen sein. Namentlich feststellen lassen sich aber in der Zeit um 1610 bis 1622 nur 80 bis 90 Tuchscherer.

Im Dreißigjährigen Kriege ist die Zahl der Tuchscherer dann wieder gesunken, aber 1653 haben schon wieder 54 Tuchscherer in Augsburg gearbeitet. Die Zahl fiel in der zweiten Hälfte des 17. Jahrhunderts auf unter 50. Im Jahre 1687 waren es nur noch 32. In der ersten Hälfte des 18. Jahrhundert scheint die Zahl dann auf unter 20 gefallen zu sein. 1806 arbeiteten nur noch 5 Tuchscherer in Augsburg.

Die Zahlen deuten darauf hin, daß das Wohl und Wehe der Tuchscherer eng mit der Barchentweberei verbunden war. Die Zahl der Tuchscherer stieg und fiel mit dem Aufschwung und dann dem Rückgang und dem praktischen Verschwinden der Barchentherstellung. Dazu kam der Rückgang der Lodweberei im 18. Jahrhundert, die aber ohnehin in Augsburg keine bedeutende Rolle gespielt hatte.

Tuchscherer in den Steuerbüchern genannt

1346	1	1462	5
1351	1	1466	3
1368	1	1471	8
1386	1	1474	9
1390	1	1475	10
1394	1	1477	6
1398	1	1479	11
1402	4	1480	13
1403	2	1486	12
1408	3	1488	10
1409	3	1489	11
1413	4	1492	8
1418	3	1494	10
1422	1	1496	14
1427	1	1495	11
1428	1	1498	7
1434	1	1499	10

1441	1	1501	18
1448	1	1504	16
1455	4	1509	3

Zahl der Tuchscherer

1599	an die 100 Werkstätten, davon 23 Witwen	1599, 6. März. Protokolle 1601-05
1603	88 Meister und 18 Witwen	1603, 19. April. Protokolle 1601-05
1604	109 Werkstätten	1604, 13. April. Protokolle 1601-05
1608	110 Werkstätten	1608, 8. Mai. Protokolle 1608-13
1609	62 Meister	1609, 13. Januar. Namensliste Protokolle 1608-13
1610	85	Beschreibung 1610
1615	80	Beschreibung 1615
1619	75	Beschreibung 1619
1620	81	1620, 7. April. Protokolle 1619-21
1621	125 Werkstätten	1621, 26. August. Protokolle 1619-21
1622	89	Kornverteilung 1622
1645	22	Beschreibung 1645
1653	54	Statistik 234
1661	48	Statistik 234
1662	48 Werkstätten 10 Witwen	EWA 1507, 14
1663	47 Werkstätten 10 Witwen	
1664	44 Werkstätten 10 Witwen	
1665	47 Werkstätten 10 Witwen	
1666	47 Werkstätten 11 Witwen	
1667	46 Werkstätten 12 Witwen	
1668	43 Werkstätten 10 Witwen	
1669	42 Werkstätten 10 Witwen	
1670	41 Werksttätten 8 Witwen	
1672	42	
1679	41	EWA L. 1496 T.1. 1679
1687	32	
1701	17	
1711	14	Steuerbuch 1711
1714	15	Steuerbuch 1715
1717	15	Steuerbuch 1717
1720	18	
1730	14	

1734	10	1734 Verzeichnis ... in eigenen als Zinshäusern EWA 448, T.I.
1780	5	Verzeichnis ... 1780
1788	8	Bettger, S. 179
1806	5	Verteilung sämtlicher Handwerker in Augsburg. 1806
1811-12	5	Cgm 6852 / 9.

Herkunft

Im 16. Jahrhundert stiegen im Durchschnitt jedes Jahr etwas mehr als drei Gesellen zur Meisterschaft auf. Im Dreißigjährigen Kriege sank die Zahl neuer Meister auf zwei bis drei. Da die Barchentproduktion so stark zurückgegangen war, ließ man seit Mitte des 17. Jahrhunderts im Durchschnitt pro Jahr weniger als einen Gesellen zur Meisterschaft zu. Im 18. Jahrhundert war die Zahl verschwindend.

Zahl neuer Meister

	insgesamt	durchschnittlich pro Jahr
1563-1593	99	3,19
1618-1649	78	2,43
1650-1699	46	0,92
1700-1749	16	0,32
1750-1799	5	0,1
1800-1806	1	0,14

Wer waren diese neuen Meister? Lange Zeit praktisch nur Augsburger. Bis Ende des Dreißigjährigen Krieges waren mehr als 90% der neuen Tuchscherer gebürtige Augsburger. Im späteren 17. Jahrhundert waren es 85%. Meister von auswärts, aus Sachsen oder den schwäbischen Städten, bildeten unter den Tuchscherern nur ein ganz kleines Häuflein. Die Tuchscherer unterschieden sich hier deutlich von den Färbern, bei denen die Mehrheit der Meister im 16. Jahrhundert von auswärts stammte. Die Tuchscherer haben offensichtlich die Meisterschaft ihren eigenen Söhnen und Augsburger Gesellen vorbehalten. Gesellen von auswärts hatten im Tuchschererhandwerk wenig Aussicht, jemals Meister zu werden.

Herkunft der Tuchscherer

	alle neuen Meister	davon aus Augsburg	aus anderen Städten	aus Dörfern
1563-1593	99	90	4	5
		90,90%	4,04%	5,05%
1618-1649	78	75	2	1
		96,15%	2,56%	1,28%
1650-1699	46	39	2	5
		84,78%	4,34%	10,86%

1700-1749	16	10	6	
		62,5%	37,5%	
1750-1799	5	4		1
		80,00%		20,00%
1800-1806	1	1		

Verteilung

Die Tuchscherer waren überwiegend im Lechviertel und zu einem geringeren Grade im Jacoberviertel zu Hause. Nur wenige Tuchscherer wohnten 1610 in der Frauenvorstadt, dem eigentlichen Weberviertel. Noch weniger in der Oberstadt. Zwei Drittel aller Werkstätten lagen im Lechviertel, knappe 25% in der Jakobervorstadt. Im Jahre 1622 war der Anteil der Werkstätten in der Jakobervorstadt auf 39% gestiegen. Aber mehr als die Hälfte der Tuchscherer war auch jetzt noch im Lechviertel. Nach dem Dreißigjährigen Kriege, 1653, finden wir zwei Drittel der Tuchscherer im Lechviertel. Anfang des 18. Jahrhunderts wohnten hier fast alle.

Es fällt auf, daß die Werkstätten der Tuchscherer über eine große Zahl von Bezirken verstreut waren. Im Jahre 1622 lassen sich Tuchscherer in nicht weniger als 34 Steuerbezirken finden. Meist finden wir in den Bezirken nur ein, zwei oder drei Tuchscherer. Nur in zwei Bezirken, Meutings Garten und vom Pfefferlin, lassen sich je fünf feststellen. Anfang des 18. Jahrhunderts arbeiteten vier Tuchscherer im Bezirk Salta zum schlechten Bad. Aber auch das ist ja keine große Konzentration. Die Tuchscherer unterschieden sich hier deutlich von den Webern, aber auch von den Färbern, die zwar auch über viele Bezirke verstreut waren, aber in einigen wenigen Bezirken eine hohe Dichte zeigten.

Verteilung der Tuchscherer über die vier Stadtteile.

	Frauen-vorstadt	Jakober-vorstadt	Lech-viertel	Ober-stadt	insgesamt
1610	5	19	54	2	80
	6,25%	23,75	67,7	2,5	
1622		25	36	3	64
		39,06	56,25	4,68	
1645		2	14	1	17
		11,76	82,35	5,88	
1653	3	9	32	4	48
	6,25	18,75	66,66	8,33	
1711		2	12		14
		14,28	85,71		
1717		2	13		15
		13,33	86,66		
1806			3	2	5

Wohnverhältnisse

Die Wohnverhältnisse der Tuchscherer scheinen ungünstig gewesen zu sein. Nur zwei der 89 Tuchscherer, die 1622 aufgeführt werden, hatten ihre eigenen Häuser. 87 Tuchscherer mieteten ihre Wohnungen und Werkstätten. Und der Miete nach zu schließen, wohnten sie in bescheidenen Umständen. So zahlten 67% der Tuchscherer eine niedrige Miete bis zu 15 kr. Nur 4% bis 5% der Tuchscherer zahlten mehr als 20 kr Miete, verglichen mit 62% der Färber.

Miete der Tuchscherer 1622

Miete	Zahl der Tuchscherer	Prozent
1-5 kr	1	1,14%
6-10	21	24,13
11-15	36	41,37
16-20	25	28,73
21-25	2	2,29
26-30	2	2,29

Vermögensstruktur

Die Tuchscherer waren kein vermögendes Handwerk. Im Jahre 1610 hatten 25% der Tuchscherer überhaupt keinen steuerbaren Besitz, und weitere 29% nur einen ganz minimalen (Steuer: 1-15 kr). Mit anderen Worten, mehr als die Hälfte der Tuchscherer, 53%, waren arme Leute. Bei den Webern war der Prozentsatz mit 80% zwar sehr viel höher. Aber die Weber waren eben das ärmste Gewerbe. In der gesamten Bevölkerung Augsburgs machten diese zwei Unterschichten 58% aus. Bei den Tuchscherern war also der Anteil der beiden untersten Vermögensgruppen ein bißchen kleiner.

Ein gutes Viertel der Tuchscherer hatte im Jahre 1610 einen bescheidenen Besitz (Steuer: 16-60 kr), weitere 20% waren besser gestellt (Steuer: 1-10 fl und über 10 fl). Leute mit Besitz, vor allem größerem Besitz, bildeten schon zu Beginn des 17. Jahrhunderts die Minderheit.

Zu Beginn des Dreißigjährigen Krieges hatte sich die Vermögenslage der Tuchscherer deutlich verschlechtert. 75% aller Tuchscherer gehörten 1622 zu den beiden unteren Schichten, und nicht bloß 53%. Im Laufe des Dreißigjährigen Krieges scheinen dann vor allem ärmere Tuchscherer kaputtgegangen zu sein. Dadurch verbesserte sich aber die Verteilung der einzelnen Vermögensgruppen wieder. Nach dem Kriege, im Jahre 1653, war die Vermögensschichtung fast wieder genauso wie im Jahre 1610. Etwas mehr als die Hälfte der Tuchscherer hatte keinen oder nur einen ganz kleinen Besitz (Steuer: 0 und 1-15 kr). Fast 30% hatten einen bescheidenen (Steuer 16 kr-60 kr) und 19% einen besseren Besitz (Steuer: 1-10 fl).

Obwohl die Vermögensverteilung 15 Jahre später ähnlich war, ging es dennoch mit dem Handwerk bergab. Viele Tuchscherer konnten sich von ihrem Gewerbe allein nicht mehr ernähren und nahmen Nebenverdienste. So übernahmen 20 der 47 Meister alle möglichen Ämter, nicht nur als Viertelmeister, Geschaumeister oder Vorgeher im eigenen Handwerk, sondern auch als Schreiber bei der Bleiche, Eichmeister, Visitator bei den Wirten, Siegelmeister und so fort. Sieben Tuchscherer versahen auch ganz andere Arbeiten als Maurer, Holzschneider, Soldaten, Diener und Kaufmann. Acht Meister waren auch Gewandscherer. Nur bei 23 Meistern wird ausdrücklich angemerkt, daß sie „gwandt und barchet zu scheren" hätten.[1] Mit dem starken Rückgang der Barchentweberei gingen eben auch die Einnahmen der Tuchscherer zurück. Viele Werkstätten mußten einfach geschlossen werden. Im Jahre 1711 waren es nur noch 14. Da die Barchentweberei praktisch eingegangen und die Wollweberei nur ganz bescheiden war, konnten sich nur noch wenige Leute im 18. Jahrhundert vom Tuchscheren ernähren. Immerhin hatten die meisten Tuchscherer jetzt Besitz.

Vermögensstruktur der Tuchscherer

	0	1-15 kr	16-60 kr	1-10 fl	über 10 fl	insgesamt
1610	20	22	21	15	1	79
	25,31%	27,84	26,58	18,98	1,26	
1622	27	20	11	5		63
	42,9	31,7	17,5	7,9		
1645	7	3	5	1		16
	43,8	18,8	31,3	6,3		
1653	12	13	14	9		48
	25,0	27,1	29,2	18,8		
1667[2]	9	6	11	6	1	33
	27,27	18,18	33,33	18,18	3,03	
1711	2	4	4	4		14
	14,28	28,57	28,57	28,57		
1717			2	4		6
			33,33	66,66		

Konfession

Die Tuchscherer waren vor dem Dreißigjährigen Kriege sicher weitgehend, wenn nicht ganz protestantisch. Auch in der zweiten Hälfte des 17. Jahrhunderts waren 87% der Tuchscherer protestantisch. Aber das Übergewicht der evangelischen Tuchscherer nahm ab. Im Jahre 1720 waren nur noch 77% der Tuchscherer evangelisch.

Konfessionelle Zusammensetzung der Tuchscherer

	prot.	kath.	insgesamt
1645	20	2	22
1653	48	7	55
1661	42	6	48
1668	39	6	45
1672	37	5	42
1679	35	6	41

---

[1] Siehe Anhang Tabelle S. 564.
[2] Die Steuerleistung von 14 der 47 Tuchscherer im Jahre 1667 läßt sich nicht ermitteln.

1687	27	5	32
1701	10	7	17
1720	14	4	18
1730			14
1734	7	3	10
			1734, Verzeichnis … in eigenen als Zinshäusern. EWA448 T.I.
1780	3	3	6
			Verzeichnis … 1780

	Evangelische Tuchscherer	katholische Tuchscherer
1653-1687	228	35
	86,69%	13,30%
1720	14	4
	77,77%	22,22%

Im Jahre 1653 standen sich die katholischen Tuchscherer vermögensmäßig ein bißchen besser als die evangelischen Tuchscherer. Die Zahlen sind allerdings so klein, daß man sich fragt, ob man wirklich eine Aussage machen kann.

Vermögenslage nach Konfession 1653

	0	1-15 kr	16-60 kr	1-10 fl	über 10 fl	alle
Protestantische Tuchscherer	10 24,4%	12 29,3	12 29,3	7 17,1		41
katholische Tuchscherer	2 33,3		2 33,3	2 33,3		6

Organisation

Hauptlade

Die Tuchscherer scheinen im 17. und 18. Jahrhundert eine Art überterritorialer Organisation gehabt zu haben. Wir hören von den Hauptladen in Breslau, Wien, Prag und Preßburg. Für die Augsburger war anscheinend die Hauptlade in Wien maßgebend. Es ist möglich, daß die Entscheidungen der Hauptladen das Verhältnis der Tuchscherer zu den Schleifern betrafen, über das weiter unten berichtet werden soll. Im Jahre 1669 z.B. traf die Hauptlade in Wien eine Entscheidung über die Erlernung der Schleiferkunst durch ungewanderte Gesellen. Die Augsburger Gesellen baten in diesem Jahre auch um Übersendung der Gesellenartikel. Auch 1762 wiesen die Augsburger Tuchscherer auf die Entscheidungen der Hauptladen. Aber eine engere Verbindung der Augsburger Tuchscherer zu den Hauptladen läßt sich nicht erkennen.[3]

Ordnungen

Die Tuchscherer hatten wahrscheinlich schon im 15. Jahrhundert eine eigene Handwerkerordnung. Im Jahre 1531 wurde die Tuchschererordnung erneuert, korrigiert und vom Rate bestätigt. Im Jahre 1539 erließ der Rat wichtige Bestimmungen für Lernknechte, Gesellen und Meisterssöhne. Im Jahre 1549 wurde dann eine umfassende Ordnung erlassen, die 1556 und 1562 ergänzt wurde. Die Ordnungen von 1576, 1618 und 1657 haben neue Ergänzungen gebracht. Im Jahre 1672 wurde dann eine revidierte Ordnung erlassen, die die Veränderungen im 17. Jahrhundert berücksichtigte.[4] Da das Handwerk der Tuchscherer im 18. Jahrhundert nur aus ganz wenigen Personen bestand und also unbedeutend war, mag keine neue Ordnung mehr erlassen worden sein.

Tuchscherer und Schneider

Die Tuchscherer und die Schleifer, die die großen Scheren für das Tuchscheren schliffen, bildeten ein Handwerk. Doch darüber soll später berichtet werden. Etwas ungewöhnlicher ist, daß die Tuchscherer und die Schneider in der ersten Hälfte des 16. Jahrhunderts und sicher schon früher zusammen eine Zunft bildeten. Unstimmigkeit gab es wegen des Zunftzeichens. 1512 entschied der Rat, daß auf diesem Zeichen zwei Scheren abgebildet werden sollten: die Schneiderschere auf der rechten, die Schere der Tuchscherer auf der linken Seite.[5] Die Zusammengehörigkeit der beiden Gewerbe zeigte sich auch darin, daß sie die gleichen Bestimmungen für die Heirat von Gesellen mit Witwen hatten.

---

[3] 1669, 29. Juli. 1762, 22. März.
[4] Daten der verschiedenen Ordnungen: 1531, 4. Dezember. 1538, 26. April. 1549, 2. März. Ergänzungen 1556, 5. März und 1562, 7. Dezember. 1576. 1618, 21. August. 1657, 6. September. 1672, 6. September. Verlesen wurde die Ordnung den Meistern am 29. September, dem St. Michaelstag.
[5] 1512, 28. Juni. 1534 kam es wieder zu einem heftigen Streit wegen dieses Zeichens. Der Rat entschied kurzerhand, daß es bei der Regelung von 1512 zu bleiben habe. 1534, 18. Dezember.

Die Auflösung der Zünfte führte dazu, daß die beiden Gewerbe zumindest seit 1549 getrennt wurden. So haben die Vorgeher der Tuchscherer und der Schneider im Jahre 1554 auch das „interesse geld" der ehemaligen Zunft geteilt. Dennoch blieben gewisse Verbindungen der beiden Gewerbe erhalten. Söhne von Schneidermeistern, die Tuchscherer werden wollten, brauchten die Gerechtigkeit nicht zu kaufen und waren auch nicht verpflichtet, eine Frau aus dem Tuchscherergewerbe zu heiraten. Dennoch hatten sie nicht dieselben Rechte wie die Söhne der Tuchscherer. So mußten sie ebenso viele Jahre wie fremde Gesellen arbeiten. Die Tuchmacher und Tuchscherer waren dagegen in Augsburg getrennte Gewerbe. Gesellen, die neben dem Tuchscheren das Tuchmachen oder Tuchbereiten gelernt hatten, wurden in Augsburg nicht geduldet.

Vorgeher und Versammlungen

Wie die Weber unterstanden die Tuchscherer dem Weberhaus, aber im Gegensatz zu den Webern hatten sie ihre eigenen Vorgeher. Die Ordnung von 1549 bestimmte, daß der Rat zwei Meister auswählen solle, die „macht und gewalt" hatten, die Werkstätten zu inspizieren. Jedes Jahr wurde ein neuer Vorgeher ernannt. Manchmal schlug das Handwerk dem Rate drei oder vier Meister vor, die für das Amt geeignet schienen. Die Vorgeher durften bei ihren Gängen einen Meister mitnehmen, der die Werkstätten der Tuchscherer kannte. Schon in der Ordnung von 1549 wurden Strafbestimmungen für verschiedene Vergehen erlassen.

Die Vorgeher versahen ein wichtiges Amt. Die Eingaben einzelner Meister und Gesellen wurden ihnen stets von den Verordneten zur Begutachtung vorgelegt. Die entscheidende Empfehlung an den Rat wurde allerdings von den Verordneten auf dem Weberhaus getroffen. Zusammen mit den Viertelmeistern und den Kornpröpsten sprachen die Vorgeher im Namen des ganzen Handwerks.

Gewisse Handlungen, die man im Falle einzelner Meister duldete, wurden im Falle von Vorgehern nicht akzeptiert. So wurde es als „disreputierlich" kritisiert, daß ein Vorgeher, der arm und krank war, monatlich eine gewisse Unterstützung vom Leihhaus, also dem Armenwesen, erhielt. Im 16. Jahrhundert hatte das Handwerk einen Tuchstreicher, der ein bedeutsames Amt versah, da er vom Rate „in Gelübd" genommen wurde.

Das Handwerk pflegte im 16. Jahrhundert „fürfallender sachen halben" Versammlungen zu halten, an denen 20 Meister, sechs Gesellen und alle Scherenschleifer teilnahmen. Es fällt auf, daß nicht alle Meister dabei waren. Andererseits aber Vertreter der Gesellen. Diese Versammlung war es vielleicht, die 1576 unter anderem vorschlug, daß die zehn Austeiler oder Viertelmeister künftig nicht mehr von den Verordneten ausgewählt, sondern von den Tuchscherern im Beisein der Verordneten gewählt werden sollten. Wenn unter Meistern, Gesellen oder Lernknechten Schmachworte fielen, solle nach Gestalt der Sache gestraft werden. Gemeint war, daß die Tuchscherer und nicht die Verordneten die Strafen verhängen sollten.

Die Verordneten haben auf diese Vorschläge mit gemischten Gefühlen reagiert: die Tuchscherer wollten, sagten sie, „die gewalt und alle strafen ihres handwerks an sich ziehen ... und also mit den sachen umgehen, wie es ihnen gefällig". Der Rat habe aber ihnen, den Verordneten, die Verhängung von Strafen übergeben. Schmachworte sollten deshalb von den Tuchscherern nur im Beisein von zwei Abgeordneten des Rates betraft werden. Tatsächlich durften ab 1576 die Versammlungen des Tuchschererhandwerks nur dann gehalten werden, wenn zwei der Verordneten anwesend waren. Dem Rate paßten diese Versammlungen der Handwerker sowieso nicht. Seit 1620 schließlich wurden Versammlungen nur noch gehalten, wenn die Arbeit verteilt wurde. Außerdem wurde den Tuchscherern jedes Jahr im Oktober der Tuchscherereid vorgelesen, auf den sie dann schwören mußten. Anfang des 18. Jahrhunderts hatten die Tuchscherer einen eigenen Handwerksdiener.[6] Später konnten sie sich keinen mehr leisten. Jetzt mußte der jüngste Meister herumgehen und den Meistern die Versammlungen ansagen. Allerdings gab es einen Handwerksschreiber. Die Tuchscherer hatten auch eine Kornbüchse, in der Geld für Teuerungen gesammelt wurde. Doch gingen die Beiträge schlecht ein.

Das Vermögen der Handwerkskasse bestand zumindest im 18. Jahrhundert aus ausgeliehenen Kapitalien und den anfallenden Zinszahlungen.[7] Wie alle anderen Handwerke mußte auch das Tuchschererhandwerk seit 1658 Vermögenssteuer zahlen. Das Vermögen der Tuchscherer belief sich im Jahre 1660 auf 3000 fl, hat dann aber im Laufe der nächsten 50 Jahre abgenommen. Im Jahre 1716 waren es 1800 fl.[8] Wahrscheinlich wurde der „Kassarest" versteuert, also das Vermögen des Handwerks am Ende des Jahres nach Abzug aller Ausgaben. Der Kassarest belief sich bis in die zweite Hälfte des 18. Jahrhunderts auf rund 2000 fl.[9] Dieser günstige finanzielle Rückhalt erlaubte es dem Tuchschererhandwerk, seit Mitte des 16. Jahrhunderts notleidende Meister und Witwen

---

[6] Geheime Ratsbücher 1711, 24. Januar.
[7] Einnahmen und Ausgaben des Tuchschererhandwerks im Durchschnitt pro Jahr:

	Einnahmen (und Darlehen)		Ausgaben	
	fl	kr	fl	kr
1562-63	614	23	59	17
1567 u. 1569	841	20	69	22
1572	2287	35	311	21
1734-35	2133		108	35
1740-44	2209	56	95	28
1745-49a	2257	29	98	2
1750-54a	2296	15	96	16
1756	2315	33	108	42
1770-74a	2063	5	142	12
1775-79a	2106	45	88	15
1780-84b	2392		110	22
1785-89a	1938	25	475	1
1790-94a	1799	7	86	7

a) Angaben für vier Jahre.
b) Angaben für drei Jahre.

[8] Der Steuerfuß von beweglichem Vermögen war 0,50%. Die Tuchscherer zahlten folgende Steuern:

1660	15 fl
1667 und 1674	13 fl 30 kr
1681	14 fl
1688 und 1692	13 fl 45 kr
1695 und 1698	13 fl 30 kr
1702	12 fl
1704 und 1707	10 fl
1711 und 1716	9 fl (2271 fl ufs jar in allem)

[9] Siehe Tabelle S.569.

zu unterstützen.[10] Die Tuchscherer sagten voll Stolz, daß kein Meister, der wegen Krankheit oder Armut nicht arbeiten konnte oder dessen Frau krank war, das städtische Almosen in Anspruch nehmen müsse. Allerdings wurde manchmal bezweifelt, daß wirklich kein Tuchscherer den „gemeinen seckel" um Hilfe bat.

In manchen Jahren, wie 1661 bis 1670, hat das Handwerk „wegen sehr schlechter Nahrung" unter alle Meister und Witwen Geld verteilt. Die Summen waren gering. Die Meister erhielten durchschnittlich 38 kr im Jahr, die Witwen 2 fl 1 kr. Aber immerhin, das Handwerk verfügte über eine Geldreserve, aus der man schöpfen konnte. Die Hilfe belief sich in dem Zeitraum 1661 bis 1670 auf insgesamt 487 fl, also keine Kleinigkeit.[11] Im 18. Jahrhundert, jedenfalls in den Jahren 1740 bis 1770, wurde jedes Jahr Schmalz im Werte von 20 fl verteilt.

Lernknechte

Lernknechte durften nur mit Wissen des Handwerks eingestellt werden. Der Lernknecht mußte gleich einmal 40 kr in die Büchse und 12 Pfennige dem Handwerksdiener zahlen.

1538 beschlossen die Tuchscherer, daß sie nur noch ihre Söhne, also die Meisterssöhne, das Handwerk lehren würden. Andere Lernknechte sollten nicht angenommen werden. Nach einer Weile ließ man auch wieder andere Lehrjungen zu, aber 1576 beschloß der Rat auf Drängen der Tuchscherer, daß in den nächsten 10 Jahren nur noch Meistersöhne gelehrt werden sollten. 1587 wurde der Beschluß auf weitere 10 Jahre verlängert.[12] Das Lehrgeld für Meistersöhne betrug um 1600 11 fl oder 12 fl.

Da in Augsburg also keine Lehrjungen angenommen wurden, gaben Bürger und auch Auswärtige ihre Buben Tuchscherern in umliegenden Städten in die Lehre. So sollen Anfang des 17. Jahrhunderts viele Augsburger Tuchscherer und die meisten Gesellen das Handwerk auswärts gelernt haben. Die auswärtigen Meister nahmen die Jungen mit 10 oder 12 Jahren als Lehrjungen an, sollen sie aber mehr für Bauernarbeit und andere Arbeiten als für das Tuchscheren verwendet haben. Wenn diese Jungen dann als Gesellen nach Augsburg kamen, mußten die Meister angeblich viel Zeit und Mühe auf ihre Ausbildung verwenden.

Auf alle Fälle sahen die Augsburger Tuchscherer schließlich nicht mehr ein, weshalb die Lehrjungen außerhalb der Stadt ausgebildet werden sollten und sie selber anstelle von Lehrjungen Gesellen anstellen müßten. Es wäre besser, wenn die Jungen gleich in der Stadt in die Lehre gingen. Den Meistern ginge dann auch nicht das Lehrgeld verloren. Die Vorgeher schlugen deshalb 1609 vor, das alte Verbot, Lernknechte anzunehmen, aufzuheben. Man solle aber „eine tax des wochenlohns" festlegen, um den Unterschied zwischen Gesellen und Lernknechten deutlich festzuhalten.

---

[10] 1606, 8. Juli. Protokolle 1605-08. 1608, 8. Mai. Protokolle 1608-13. Während der großen Teuerung im Jahre 1586 wurde Korn unter die Tuchscherer verteilt. Im Jahre 1590 erhielt jeder „Handwerksgenose" 2 fl. Bei 148 Personen belief sich diese Austeilung auf 296 fl. Große Handwerksrechnung 1586 und 1590.
[11] EWA 1507, 14.
[12] 1587, 17. Dezember. Protokolle 1581-88.

Die Witwen im Handwerk lehnten diese Vorschläge gleich ab, weil sich sonst die Zahl der Tuchscherer zu sehr erhöhen würde. Das Lehrgeld würde auf 30 fl bis 40 fl steigen. Sie nannten es auch kindlich zu behaupten, daß Lehrjungen, die auswärts gelernt hatten, hier erst abgerichtet werden müßten. Jeder Lehrjunge, wo er auch gelernt habe, müsse sich immer erst an die Sitten und Gebräuche des Landes gewöhnen. Sie hielten es auch für unnötig, einen festen Wochenlohn festzulegen. Der Lidlohn solle sich danach richten, wie einer seine Arbeit verrichte. Oft arbeite ein Junge besser als ein Geselle.

Die Richtlinien, die der Rat erließ, suchten sowohl den Meistern wie den Witwen entgegenzukommen. Künftig sollten Lehrjungen auch von Meistern in Augsburg ausgebildet werden. Doch sollte kein Lehrjunge unter 14 Jahren (1618: 15 Jahren) sein. Die Lehrzeit sollte zwei Jahre dauern. Um den Witwen entgegenzukommen, wurde eine Staffelung des Lehrgeldes eingeführt. Söhne von Meistern und Witwen sollten 12 fl zahlen. Hiesige Bürgersöhne 24 fl und Fremde 30 fl. Jeweils ein Drittel des Lehrgeldes war zu Beginn der Lehre, nach Ablauf des ersten Jahres und am Ende der Lehre zu zahlen.

Wer einen Meistersohn ausgelernt hatte, konnte gleich wieder einen anderen Meistersohn einstellen. Es war also nach wie vor vorteilhaft, einen Meistersohn zu lehren. Tuchscherer, die Bürgerkinder oder Fremde ausbildeten, mußten nach Ende der Lehrzeit zwei Jahre warten.[13]

Seit 1609 durften also auch Bürgersöhne und Fremde das Tuchschererhandwerk in Augsburg lernen. Doch bald hat man wieder Beschränkungen eingeführt, vielleicht weil die Zahl der Meister so groß war. So mußte ein Meister 10 Jahre „gehaust" haben, bevor er einen Lehrjungen annehmen durfte. Und nach Auslernung eines Lehrjungen mußte man 4 Jahre warten, bevor man einen neuen anstellen durfte.

Ein Lehrjunge, dessen Meister gestorben war, wollte die restliche Lehrzeit bei einem Tuchscherer dienen, der diese Bedingungen noch nicht erfüllt hatte. Als die Vorgeher ihm andere Meister vorschlugen, bei denen er lernen könne, nahm dieser Lehrjunge kein Blatt vor den Mund: er wolle einen tauglichen Meister, der „mit arbeit, kost und ligerstatt versehen" sei. Die Meister, die man ihm vorgeschlagen habe, hätten „mit inen selbs zu schaffen", sie hätten selbst nichts zu essen und keine Liegerstatt: Einer wollte 1 fl Kostgeld pro Woche oder 50 fl im Jahre im voraus, obwohl für zwei Jahre nur 35 fl Lehrgeld festgesetzt sei. Ein Anderer verlangte, daß er in einem Wirtshaus wohne und esse. Ein dritter wolle, das er seine alimenta bei seinem Vetter suche, aber bei ihm am Tage arbeite. War dies ein Einzelfall oder waren die Lehrjungen der Tuchscherer häufig so forsch?

Die Ordnung von 1618 hat dann einige Änderungen gebracht. Die Lehrzeit konnte erst mit dem 15. Lebensjahr begonnen werden und sollte drei Jahre dauern. Wenn ein Meister starb und einen oder mehr Söhne hinterließ, die noch nicht 15 Jahre alt waren, sollten sie nur zwei Jahre zu dienen schuldig sein. Eines ist klar: Auch die Meistersöhne mußten eine formelle Lehrzeit durchlaufen.

---

[13] 1609, 7. Juli, 3. August, 13. und 20. August. Protokolle 1619-21.

Gesellen

Aufnahme

Lehrjungen, die die Lehrzeit beendet hatten, wurden „zu Quatember zeiten", wenn die Auflage geleistet wurde, in Gegenwart der Vorgeher als Gesellen aufgenommen. Wie wir noch sehen werden, spielten die Schleifer dabei eine Rolle.

Während die Lehrzeit in Augsburg selbst drei Jahre dauerte, verlangte man von Leuten, die auswärts gelernt hatten, daß sie noch mindestens ein oder zwei Jahre nach der Lehrzeit außerhalb arbeiten sollten, bevor sie in Augsburg als Gesellen arbeiten durften. Manche dieser Lehrjungen kehrten aber gleich nach der Lehrzeit nach Augsburg zurück und hielten sich bei ihren Eltern oder Verwandten auf, ohne auf dem Handwerk zu arbeiten. Sie verlangten dann nach einer Weile, daß ihnen diese Zeit anerkannt würde, als wenn sie sie „ausser der stadt erstanden" hätten. Die Tuchscherer bestanden aber auf Erfüllung der Regel.[14]

Wer einen Gesellen oder „taglöner" einstellen wollte, mußte es innerhalb von vier oder fünf Tagen den Vorgehern melden. War der Meister mit dem Gesellen nicht zufrieden, sollte er ihm „beim wochenlohn" in 8 oder 14 Tagen Urlaub geben. Genauso hatte der Geselle das Recht, in 8 oder 14 Tagen „Urlaub" zu nehmen. Diese Frist erlaubte es beiden, sich „weiter zu versehen".

Um 1611 soll der Tuchscherergeselle einen Wochenlohn von 4 Batzen erhalten haben.[15]

Manchmal ließ ein Meister einen Gesellen auch nur im Tagelohn arbeiten. Vielleicht nur einen Tag oder so etwas. Er mußte es aber am Abend davor einem der beiden Vorgeher melden. Abgesehen von seinen Kindern, durfte der Meister eine Magd oder einen Buben keine Arbeit machen lassen, die einem Gesellen gebührte.

Die Tuchscherer durften nicht so viele Gesellen anstellen, wie sie wollten. 1549 und 1618 heißt es, daß in keiner Werkstatt mehr als zwei Personen arbeiten sollten.

Diese Beschränkungen trafen aber nicht auf Meistersöhne zu. Wenn ein Meister mehr als einen Sohn hatte, die das Handwerk lernen wollten, durfte er mit ihnen arbeiten. Er durfte dennoch nur so viele Tuche bearbeiten, wie ihm gemäß der Austeilung zustand. Solange er mit seinen Söhnen arbeitete, durfte er auch keinen fremden Gesellen oder Lernknecht beschäftigen. Wenn einer dieser Söhne Meister geworden war, mußte der Vater zwei Jahre warten, bevor er wieder einen Sohn als neuen Meister vorstellte. 1576 wollte man die Tuchscherer anscheinend nur noch mit zwei Scheren arbeiten lassen. Die Meister bestanden aber darauf, daß sie mit allen ihren Söhnen arbeiten dürften.

Zahl der Gesellen

Im Jahre 1599 sollen in den Werkstätten der Tuchscherer 38 Gesellen gearbeitet haben. Am Vorabend des Dreißigjährigen Krieges, 1615, waren es nur noch 23 und im Jahre 1619 bloß 12. Die Zahl der Gesellen war also nicht groß.

---

[14] 1603, 19. April. Protokolle 1601-05.
[15] 1611, 21. Januar.

Organisation der Gesellen

Jeder Tuchscherer war verpflichtet, einem ankommenden Gesellen in derselben Nacht „herberg und unterhaltung" zu geben. Dasselbe Recht genossen die Augsburger in anderen Städten. Die Tuchscherer bemühten sich ja immer, für ihre Handwerksgenossen selbst zu sorgen. Dennoch empfanden sie die Last. Um die Bürde gleichmäßiger zu verteilen, beschloß man 1605, daß das Handwerk, also wohl der Handwerksdiener, ankommende Gesellen den Meistern und Witwen zuweisen solle. Die Gesellen konnten also nicht mehr einfach in dieses oder jenes Haus gehen. Noch wichtiger war es, daß ein Meister oder eine Witwe sich durch eine kleine Geldzahlung (8 kr für das Nachtlager und Zehrung) von der Aufnahme eines fremden Gesellen befreien konnten, wenn sie ihn „aus allerhand ungelegenheit" nicht beherbergen wollten. Im Jahre 1672 wurde die Zahlung auf 20 kr erhöht: „hiermit soll sich der geselle contentieren und nichts weiter begehren". Ein Jahr später wurde die Summe auf 15 kr verringert. Man erlaubte auch zwei Meistern oder Witwen, die ein Vierteljahr lang keinen Gesellen „gebraucht und befördert", diese 15 kr zusammen zu zahlen.[16]

War ein fremder Geselle während eines Feiertages in Augsburg, erhielt er von der „Gesellschaft auch Bier und Brot samt Rauchtobak". Die katholischen und evangelischen Gesellen hatten im Jahre 1781 ihre Herberge gemeinschaftlich beim „Stemmer am Judenberg", wo ja auch die Herberge der Tuchmacher war. Hier konnten sie ein bis zwei Tage bleiben, wenn sie keine Arbeit fanden.

Seit der Zunftzeit haben die Gesellen der Tuchscherer jedes Jahr nach der Wahl der Vorgeher, Kornpröpste und anderen „vorgesetzten" aus ihrer Mitte drei Meistersöhne und drei Bürgersöhne oder Fremde als Sechser erwählt, die „dem handwerk als ein beisitz adjungiert" wurden und auch die Gesellenbüchse verwalteten. Zum Ärger der Vorgeher wählten sie 1604 einen verheirateten Gesellen, der obendrein wegen seines „ärgerlichen und unzüchtigen lebenswandels" bekannt war. Obwohl die Vorgeher sie warnten, wählten sie 1605 diesen Mann noch einmal als Sechser, „aus sonderem trotz, dergleichen wir des jahrs über vil von ihnen gedulden müssen", wie die Vorgeher klagten. Als die Vorgeher sie noch einmal ermahnten, erwiderten die Gesellen, „das sy woll zu wählen wissen, und was das sein soll, wann einer gleich ... in unzüchten sich vergriff, wer ein solchen darauf schmechen oder ime zu uneren fürwerffen wollte".

Der Rat griff nun durch. Der verheiratete Sechser wurde seines Amtes enthoben und ein anderer Geselle, der nach ihm die meisten Stimmen erhalten hatte, an seiner Stelle ernannt. Vor allem nahm man jetzt den Gesellen die Wahl der Sechser. Künftig sollten die Meistersöhne und die anderen Gesellen je 10 Gesellen vorschlagen, aus denen die Verordneten dann drei Meistersöhne und drei Gesellen als Sechser auswählen würden.[17] Disziplinierung der Gesellen, das war das Ziel.

Da die Meister nicht auch kranke Gesellen mit Geldern des Handwerks unterstützen wollten, schlugen sie 1595 vor, daß doch die Gesellen ihre eigene Büchse errichten sollten. Jeder Geselle sollte wöchentlich vier Pfennige zahlen. Die Verordneten legten aber einen viel kleineren Betrag fest: 4 Pfennige pro Monat. Verwaltet wurde die Büchse von

---

[16] 1606, 20. Dezember. Protokolle 1605-08. 1673, 18. Mai.
[17] 1605, 1. und 8. Oktober. Protokolle 1605-08.

zwei Meistern und zwei Gesellen.[18] Diese Gelder sollten ohne Zehrung und Unkosten verwaltet werden. Gerade hierüber sollte es später fast zu einem Aufstand kommen. Die Weber gründeten ja eine solche Büchse im Jahre 1574, die Färber im Jahre 1579. Also ungefähr zur gleichen Zeit.

Gesellenjahre

Wie lange mußte man arbeiten, um Meister zu werden? 1538 hieß es, nach der Lehrzeit müsse der Geselle noch fünf auf einander folgende Jahre in Augsburg arbeiten.
Die Bedingungen für Meistersöhne waren etwas anders. Ein Meistersohn, der das Handwerk treiben wollte, sollte frühestens mit 15 Jahren dem Handwerk vorgestellt werden. Fünf Jahre danach konnte er Meister werden, ob er nun in Augsburg oder anderswo gearbeitet hatte.[19]
Die Handwerksgerechtigkeit konnte man erwerben, indem man sie erbte, erheiratete oder für 20 fl kaufte.[20] Im Jahre 1556 wurde aber der Kauf verboten. Nur wer die Gerechtigkeit erbte (Meistersöhne) oder durch Heirat einer Witwe oder Meistertochter des Tuchschererhandwerks erheiratete, konnte von nun an Meister werden. Sowohl Meistersöhne wie andere Gesellen mußten 5 Jahre im Handwerk gearbeitet haben, zwei davon nacheinander bei demselben Meister in Augsburg. Die Verpflichtungen für Meistersöhne waren jetzt dieselben wie die für andere Gesellen. Das Überraschende an dieser drastischen Regelung ist, daß ein Geselle nur dann Meister werden konnte, wenn er die Witwe oder Tochter eines Tuchscherers heiratete. Die Absicht war, sowohl die Zahl der Meister zu beschränken wie die Frauen im Handwerk zu versorgen. Die Meistersöhne konnten natürlich nach wie vor jede beliebige Frau heiraten.
Wenig später wurde die Zahl der Jahre, die der Geselle nach den Lehrjahren arbeiten mußte, auf acht erhöht, drei davon bei ein und demselben Meister in Augsburg. Tagelohn zählte nicht. Meistersöhne durften allerdings diese Jahre hier oder auswärts arbeiten.[21]
1593 wollten die Vorgeher wegen Überfüllung des Handwerks die Gesellenzeit auf 10 Jahre erhöhen. Aber die Verordneten hatten Bedenken. Bürgersöhne und Leute von auswärts müßten erst 2 Jahre das Handwerk außerhalb der Stadt lernen, dann noch ein ganzes Jahr in der Stadt arbeiten und schließlich 8 Jahre als Gesellen dienen. Auf ihren Vorschlag hin wurde dann die Gesellenzeit nur auf 9 Jahre verlängert.
1618 wurde die Gesellenzeit auf 10 Jahre verlängert. Die Gesellen sollten davon drei Jahre bei demselben Meister oder derselben Witwe dienen.[22] Wir sahen, daß die Gesel-

---

[18] 1595, 14. November. Tuchscherer 1540-99.
[19] 1595, 14. November. Tuchscherer 1540-99.
  Diese Artikel wurden dann zugunsten der anwesenden Gesellen noch ergänzt. Den Gesellen sollte die Zeit, die sie nach den Lehrjahren hier schon gearbeitet hatten, an den 5 Jahren angerechnet werden. Die Zeit, die sie nach den Lehrjahren außerhalb der Stadt gearbeitet hatten, sollten ihnen dagegen an den 5 Jahren nicht zugute kommen. Wenn ein Geselle nach den Lehrjahren hier arbeitete und dann hinauszog, aber danach über kurz oder lang wieder nach Augsburg kam und Meister werden wollte, dann sollte die Zeit, die er draußen gearbeitet hatte, nicht für die 5 Jahre zählen, wohl aber die Zeit, die er vor seinem Hinausziehen hier gearbeitet hatte. 1538, 1. Juli.
[20] Ordnung 1549, 2. März. Artikel 5. Der Gulden zu 62 kr gerechnet.
[21] 1562, 7. Dezember.

len seit 1556 nur dann Meister werden konnten, wenn sie die Witwe oder Tochter eines Tuchscherers heirateten. Da die Tuchscherer überwiegend Protestanten waren, hatten katholische Gesellen noch größere Schwierigkeiten. Ein Geselle bat jedenfalls außerhalb des Handwerks heiraten zu dürfen, da er keine Katholikin im Handwerk finden konnte. Die Vorgeher wiesen ihn aber zurecht: nicht bloß unter den Tuchscherern, sondern auch unter den Schneidern, die ihrer Gerechtigkeit angehörten, seien katholische Töchter. In anderen Gewerben seien auch an die 55 Personen, welche der Tuchscherergerechtigkeit fähig seien. Der Rat wünschte dann aber doch eine Liste der katholischen Töchter und Witwen der Tuchscherer zu sehen, bevor er eine Entscheidung traf.[23]

Meisterstücke

Wer Meister werden wollte, mußte beweisen, daß er eine Vielfalt von Tuchen bearbeiten konnte. Nach den Ordnungen von 1549 und 1618 mußte man scheren:

    4 oder 5 Ellen Rot Bernisch oder Mechlisch
    4 oder 5 Ellen Lindisch oder Ambsterdam
    4 oder 5 Ellen Herrenthaler oder Masterischer
    ebenso geringes Gewand im Werte von 1 fl pro 4 bis 5 Ellen.
    Weiterhin Barchent scheren und schnitzen.

Die Ordnung enthielt auch technische Angaben. Der Geselle durfte die Schere selbst auswählen und „den Berueff scheren auf dem Tisch, den er erfellen und erlegen mag, wie er will. Doch dass er die Doppelierung, darauf er schirt, nicht erschneide". Die Prüfung wurde vor den „verordneten Tuchscherern an der Barchentgeschau" abgelegt. Auch die Gebühren waren festgelegt. Es waren keine kleinen Summen.[24]
    Etwas andere Tuchsorten waren nach den Ordnungen von 1656 und 1672 zu scheren:

    4 oder 5 Ellen Englisch
    4 order 5 Ellen Lündisch
    4 oder 5 Ellen Schlösinger oder breit Meichsnisch tuch
    7 Ellen Pay des mittlern werts. Diese letzte war auch zu reiben
    Zur Probe Barchent scheren und schnitzen.

---

22 Ordnung 1618. Ordnung 1656, Artikel 8 und Ordnung 1672, Artikel 8. Die Meister wünschten, daß sie diese drei Jahre gleich zu Anfang der Gesellenzeit leisten sollten. Aber die Verordneten winkten ab: wer die drei Jahre gleich hier arbeiten müsse, werde sich nicht bemühen, danach noch zu wandern. Der Geselle solle selbst entscheiden, ob er die drei Jahre zu Beginn, in der Mitte oder am Ende der Gesellenzeit hier arbeiten wolle. Er habe dann einen Anreiz zu wandern. 1621, 17. November. Protokolle 1621-28.
23 1608, 8. Mai. Protokolle 1608-13.
24 Den vier Meistern für Mühe und Arbeit   30 kr
    dem Handwerksknecht   4 kr
    Die vier Meister bitten, ihnen die früher übliche Mahlzeit, die abgeschafft worden ist, 1 fl geben zu lassen.
    (Ordnung 1549)
    1556:   Den vier verordneten Tuchscherern an der Barchentgeschau:
        vor der Prüfung   1/2 fl
        nach der bestandenen Prüfung   1 fl in Gold
        bei nicht bestandener Prüfung   30 kr
        dem Handwerksknecht   4 kr

Es fällt auf, daß es sich hier meistens um Wolltuche handelte. Der Geselle mußte zwar das Scheren von Barchent beherrschen. Aber man legte anscheinend sehr viel Wert auf die Wolltuche.

Gemäß der Ordnung von 1549 mußte der Geselle nach Anfertigung des Meisterstükkes den vier Meistern je 30 kr für ihre Mühe und dem Handwerksknecht 4 kr geben. Er mußte auch für die Mahlzeit zahlen. Als der Rat diese Mahlzeit 1549 verbot, wollten die Vorgeher, daß er ihnen je einen Gulden zahlen solle.

Im 17. Jahrhundert waren die Kosten für den Gesellen noch größer. Er sollte den vier verordneten Tuchscherern an der Barchentgeschau 1656 und 1672 zahlen:[25]

vor der Prüfung	42 kr
nach bestandener Prüfung als Geschaugeld	1 fl 24 kr
Jedem der vier für Mühe und Versäumnis	1 Reichstaler
bei nicht bestandener Prüfung	42 kr
dem Handwerksknecht	4 kr.

Mit Anfertigung der Meisterstücke war es aber noch nicht getan. Im 18. Jahrhundert, und sicherlich auch schon früher, mußte der „aspirierende Tuchscherergeselle" noch durch drei Stimmen zum Tuchscherermeister gemacht werden, nämlich von dem Schleifermeister, dem Tuchscherermeister und dem Gesellen. Wenn eine Stimme fehlte, etwa die Gesellenstimme, lehnten es die Tuchscherer ab, den neuen Meister anzuerkennen.[26] Es fällt auf, daß die Gesellen der Tuchscherer eine so wichtige Rolle bei der Meistermachung spielten. Bei den Webern oder Färbern war so etwas undenkbar.

Beschränkungen

Obwohl man den Zutritt zur Meisterschaft durch Heirat innerhalb des Tuchschererhandwerks und Verlängerung der Gesellenzeit erschwert hatte, gab es im 17. Jahrhundert immer noch zu viele Meister. 1618 wurde deshalb entschieden, daß künftig jedes Jahr nicht mehr als drei Personen, zwei Meistersöhne und abwechselnd ein hiesiger Bürgersohn und ein auswärtiger Geselle zur Meisterschaft zugelassen werden sollten. Ausgenommen waren Gesellen, die Witwen heirateten, weil sie keine neue Werkstatt aufmachten. Was in der einen Kategorie fehlte, sollte durch die andere ersetzt werden, und auf die Weise die Zahl drei neuer Meister erfüllt werden. In jeder Kategorie sollte der Älteste auf dem Handwerk, der alle Bedingungen erfüllt hatte und mit einer Heirat verfaßt war, den Vor-

---

[25] Ordnungen 1656 und 1672.
  In Wien mußte der Tuchscherergeselle folgende Meisterstücke machen: „ein stuck tuch so gut es in teutschland oder Ungarn gemacht wird, von der walkmühle aus stroh karten, auf das allerbeste aus 3, 4 oder mehr wasser, aus rauhen, rahmen, flattiren, frisirn, legen, pressen, heften, und ausstaffiren. Item 8 Elen lindisch tuch scheren, 4 Ellen rauhes Pey scheren, und Frisiren, 4 ellen barchet scheren, 1 hirschhaut scheren, drei bockhaut schnitzen, eine schwarz, eine hochfarb oder aschenfarb, und eine dunkelgrün, und 8 ellen leinwath wixen grün oder schwartz, solches alles in vier wochen verfertigen, alsdann soll er solches dem ganzen handwerk vorweisen, so es tüchtig befunden, soll er zu meisterrechten legen 10 ducaten. Alsdann soll ihm erlaubt werden, eine werkstatt aufzurichten und handwerk zu treiben, tuch und gewand ohne unterschied zu verschneiden, nach der Elle, oder ganz, wie er das vermögen hat."
  (Weberhaus, Nr. 170 und 172).
[26] 1783, 17. November. Der Fall des Martin Hauser.

rang haben. Man wollte also sicher sein, daß es jedes Jahr drei neue Meister gab, aber auf keinen Fall mehr.

Die Tuchscherer führten also Quoten ein; etwas später als die Färber, die schon 1602 damit begannen. Aber auch sehr viel früher als die Weber, die erst im Jahre 1682 die Zahl neuer Meister eng begrenzten. Probleme gab es, wenn die eingeschriebenen ältesten Meistersöhne und Gesellen nicht gleich die Meisterstücke machten oder sich nicht verheirateten. Andere Gesellen heirateten nun schnell und rückten auf diese Weise zur Meisterschaft vor. 1626 wurde deshalb vorgeschlagen, daß sich zu Beginn des Jahres der älteste in jeder Gruppe melden solle. Seine Stelle sollte so lange offenbleiben, bis er die Stücke machte oder heiratete. Man hoffte, daß auf diese Weise „das vilfelige und unbedechtliche heuraten ..., damit sie einander getrieben", abgeschnitten würde.[27]

Die Bestimmung, daß Gesellen (im Gegensatz zu Meistersöhnen) nur dann Meister werden konnten, wenn sie die Witwe oder Tochter eines Tuchscherers heirateten, hat anscheinend zu Problemen geführt. Man erlaubte den Gesellen spätestens im Jahre 1618 auch „ausser dem Handwerkh" zu heiraten. Doch mußten sie über die vorgeschriebenen 10 Jahre hinaus noch drei weitere Jahre auf dem Handwerk arbeiten. Der Preis der Handwerksgerechtigkeit war dann 20 fl 40 kr.

Gesellen, die sich der Unzucht schuldig gemacht hatten, mußten außer den 10 Jahren noch zwei weitere arbeiten. Immerhin konnten auch solche Gesellen immer noch die Meisterschaft erwerben, anders als etwa die Weberknappen, die sich vergangen hatten.[28]

Ausnahmen

Immer wieder gab es Gesellen, die die vorgeschriebenen Jahre noch nicht vollendet hatten, aber schon heiraten wollten. Im Jahre 1602 etwa erlaubte man einem solchen Gesellen eine Frau zu heiraten, die der Tuchscherergerechtigkeit fähig war. Doch sollte er die restierende Zeit gesellenweise arbeiten.[29]

Doch ganz so froh war man über diese Ausnahmen auch nicht. 1604 legte man ein Verzeichnis von Gesellen an, „so ihre bestimmte zeit nit gehabt, und dennoch zur hochzeit zugelassen worden". Es waren fünf Gesellen, denen zum Teil Jahre fehlten. 1605 bat wieder eine Witwe, einen Gesellen heiraten zu dürfen, der die noch fehlenden 7 Jahre bei ihr gesellenweise erstehen sollte. Die Vorgeher lehnten aber ab, weil dies gegen die Ordnung sei. Sie wiesen noch auf andere Gesichtspunkte hin. Wenn dieses Paar in den nächsten 7 Jahren Kinder haben sollte, könnten sie nicht vom Gesellenlohn leben. Außerdem würden diese Kinder weder die Gerechtigkeit noch die Austeilung im Handwerk genießen. Also abweisen.[30]

Unruhen

Die Verhältnisse zwischen Gesellen und Meistern waren bei den Tuchscherern nicht anders als in anderen Gewerben. Es gab gelegentliche Reibereien, aber man kam im allge-

---

[27] 1626, 10. Januar und 18. April. Protokolle 1621-28.
[28] Ordnung 1618, Artikel 32. Ordnungen 1656 und 1672, Artikel 11, 12, 14 und 15.
[29] 1602, 5. Dezember. Protokolle 1601-05.
[30] 1605, 18. August. Protokolle 1605-08.

meinen mit einander aus. 1489 wollten die Gesellen einen Meister strafen. Aber der Rat ließ ihnen gleich sagen, daß er so etwas nicht dulden werde.[31] Zu Unruhen kam es erst in der zweiten Hälfte des 17. Jahrhunderts, als es allgemein unter den Gesellen brodelte. Die Weberknappen hatten ja im Jahre 1667 ihren ersten größeren Streik. In demselben Jahre, 1667 oder Anfang 1668, kam es auch zu „grosser Unruhe" und einem „Aufstand" unter den Tuchscherergesellen. Es ging anscheinend darum, daß die Gewandscherer den Wochenlohn ihrer Gesellen wegen der schweren Arbeit auf einen halben Taler erhöhen wollten. Die Vorgeher lehnten dies ab. Mehrere Gesellen sind daraufhin zum Tor hinausgezogen. Unter ihnen waren Hans Christoph Christel aus Straßburg (25 Jahre) und Hans Balthasar Gertich aus Staffelstein (21 Jahre), die dann bei den Unruhen am 30. Juni 1669 als Älteste eine Rolle spielten. Wie so oft bei den Gesellen kam es während der Auflage zu einem Zusammenstoß.

Fünf Gesellen (drei fremde und zwei hiesige) hatten gerade mit den ausgelernten, aber jungen Meistersöhnen die Auflage von 4 Pfennigen gezahlt, als neun „fremde" Gesellen kamen, eine Viertelstunde zu spät. Die Vorgeher und Kornpröpste tadelten sie wegen der Verspätung und sagten ihnen, sie sollten jetzt auflegen. Aber die Sprecher der neun, Christel und Gertich, hatten erst etwas vorzubringen. Neulich habe ein kranker Geselle um Unterstützung aus der Büchse gebeten, aber man habe ihm nicht geholfen. Sie würden ihm jetzt dieses Geld leihen: das sei ihre Auflage. Man lege ihnen nie Rechnung ab, sie wüßten also nicht, was mit dem Geld geschehe. Sie wollten mit dem Kreuzer nichts zu tun haben. Als die Vorgeher erwiderten, man habe schon so manchem geholfen, aber nichts oder nur etwas „mit harter Mühe" zurückbekommen, soll Gertich geschrien haben: „Ey, was ist der kreuzer auflag gelt, mit diesem keuzer, wol ist das ein kreuzer, was fragen wir nach dem kreuzer"? Einer der Kornpröpste nannte den Gertich nun einen Lügner, weil nicht ein Kreuzer, sondern vier Pfennige aufgelegt würden.

Die neun Gesellen hätten daraufhin geschrien, sie würden nicht mit den Jungen, den Meistersöhnen, auflegen, „sie seien nicht so gut als wir". Sie wollten auch nicht mehr im Weberhaus auflegen, sondern im Wirtshaus „ob der herberge". Als Gewandscherer wollten sie einen Wochenlohn von einem Gulden, und nicht bloß einen halben Gulden. Als sich nun die Vorgeher die Hüte aufsetzten, sollen Christel und Gertich geschrien haben: „Ey, so sehet, die vorgeher setzen die hüt auf ihre Köpf, lasst uns auch aufsetzen, was haben wir nach ihnen zu fragen, wir sein so gut als sie, wir haben nach ihnen nichts zu fragen".

Die neun Gesellen sollen dann den anderen Gesellen, die schon aufgelegt hatten, zugerufen haben: „Ey wol, seit ihr so schöne gesellen, wisst ihr handwerks gebrauch nicht besser, wir wollen euch schon darum finden, weil ihr aufgelegt". Die Vorgeher gaben daraufhin den gehorsamen Gesellen das Auflagegeld zurück.

Als die Vorgeher dann den neun Gesellen sagten, sie sollten nur ihren Weg gehen und still sein, sollen diese mehrmals geschrien haben, was sie nach den Vorgesetzten zu fragen haben. Sie hätten den Vorgehern die Fäuste vor das Gesicht gehalten, daß „sie sich kaum der schläg entfliehen können". So lautete jedenfalls der Bericht, den die Vorgeher und Kornpröpste über diese Ereignisse vorlegten.

Christel und Gertich, die als „aufwiegler und anhetzer" am nächsten Tage verhaftet und verhört wurden, boten eine ganz andere Version. Sie bestritten energisch, geschrien

---

[31] 1489, 17. September.

zu haben und den Vorgehern keinen Respekt gezeigt oder mit den Fäusten gedroht zu haben. Gott wolle sie davor behüten. Sie hätten den Vorgehern sogar gedankt, als sie fortgingen. Sie gaben aber zu, daß sie mit den Vorgehern vor allem über zwei Probleme sprechen wollten.

Erstens einmal lehnten sie es ab, neben Meistersöhnen aufzulegen, die noch keine Gesellen seien. Bisher habe man es zwar getan, aber auf die Dauer gehe es nicht. Es habe hierüber schon einen riesigen Streit zwischen den Tuchscherern in Breslau und Wien gegeben, der zugunsten der Wiener ausgegangen sei. Das Capitel in Wien habe eindeutig festgestellt, daß Gesellen nicht mit Meistersöhnen auflegen dürften, die noch Jungen seien. Alte Gesellen seien aus Wien gekommen und hätten ihnen gesagt, es sei nicht tunlich, neben den Jungen aufzulegen. So etwas sei nirgendwo im schwäbischen Kreis oder im Römischen Reich üblich. Sie würden eher zur Stadt hinausziehen. Da jetzt ein neuer Schönfärber in Augsburg sei, kämen viele fremde Gesellen, die aber wegbleiben würden, wenn sie mit den Jungen auflegen müßten. Die Augsburger Gesellen würden auch an anderen Orten geschmäht werden und keine Arbeit bekommen.

Der zweite Punkte betraf die Auflage. Es sei völlig unmöglich, daß man einem kranken Gesellen, der um Hilfe gebeten hatte, kein Geld gegeben habe. Dafür werde doch die Auflage eingesammelt. Statt dessen würden die Auflagegelder von den Gesellen und vor allem von den Meistersöhnen an Michaeli und Fasten vertrunken.

Und letztlich hielten Christel und Gertich eine Auflage von 4 Pfennigen alle acht Wochen oder wann immer es den Vorgehern paßte, für zu gering. Wie es an anderen Orten üblich sei, solle man vier Kreuzer alle Monat erheben. Sie wollten also nicht eine geringere Auflage, sondern eine höhere, damit Geld für kranke Gesellen da sei. Wenn ein Geselle später das Geld zurückzahlen könne, solle er es tun. Könne er es nicht, „so habe es seinen Weg. Denn es sei ein Almosen". Bei den Tuchscherern dürfe keiner fechten gehen, wie es bei anderen Handwerkern üblich sei.

Dazu kamen noch zwei weitere Streitpunkte. Die Gesellen hielten es für unpassend, daß die Vorgeher während der Auflage die Hüte aufbehielten. So etwas werde nirgendwo geduldet. In Breslau und beim Generalcapitel in Wien seien Ratsverwandte anwesend, in Wien sogar ein Graf, ein kaiserlicher Rat, die alle ihre Hüte abnähmen, wenn ein Handwerk gehalten werde.

Letztlich ging es auch um Lohn: die Vorgeher seien dagegen, daß Gesellen, die Gewand im Gegensatz zu Barchent scherten, einen höheren Lohn erhielten. Aber im wesentlichen drehte sich der Streit darum, daß die Gesellen nicht mehr neben den „Jungen" auflegen wollten und eine höhere Auflage einführen wollten.

Die Verordneten sahen ein, daß diese Forderungen nicht unbillig waren und fragten Meister und Gesellen um die Meinung. Die Meister sagten, daß die Meistersöhne seit „undenklichen" Zeiten zusammen mit den Gesellen aufgelegt hätten. Sie hätten nichts dagegen, daß die Auflage auf 4 kr monatlich erhöht würde, aber sie bezweifelten, daß alle Gesellen dieser Erhöhung zustimmen würden. Manche wollten ja nicht einmal 4 Pfennige zahlen. Sie hätten nichts dagegen, daß der jährliche Trunk abgeschafft würde.

Die Verordneten empfahlen dem Rate, in Wien anzufragen, ob das Capitel der Tuchscherer tatsächlich beschlossen hatte, daß Gesellen mit Meistersöhnen, die noch keine Gesellen waren, nicht mehr auflegen sollten. Wenn ja, dann solle es auch in Augsburg so gehalten werden. Sie fanden es auch vernünftig, die Auflage auf 4 kr monatlich

zu erhöhen und das Versaufen dieser Gelder zu verbieten. Doch solle man erst die Antwort aus Wien abwarten.
Der Rat hat sich dann auch gleich in Ulm in dieser Sache erkundigt. Wir wissen nicht, was man schließlich entschieden hat. Auch das Schicksal von Christel und Gertich ist nicht bekannt. Aber immerhin, die Verordneten hatten Verständnis für die Sache der Gesellen gezeigt.[32]

Mehr als hundert Jahre sollten vergehen, bevor es wieder unter den Tuchscherergesellen unruhig wurde. In den Jahren 1784 und 1785 waren ja die Weberknappen aufgestanden. Ob diese Ereignisse auch auf die Gesellen der Tuchscherer eingewirkt haben? Auf jeden Fall klagten die Tuchscherer 1787, daß ihre Gesellen seit einiger Zeit nicht bloß den blauen Montag hielten, sondern wenn fremde Gesellen hier waren, auch am Dienstag herumschwärmten und nicht bloß aus der Arbeit, sondern auch aus der Stadt gingen. Die Deputierten wiesen nun die Meister an, den fortgezogenen Gesellen keine Kundschaften zu schicken.[33] Größere Wellen hat diese Sache anscheinend nicht geschlagen.

Witwen

Im Jahre 1603 bestand das Tuchschererhandwerk aus 88 Meistern und 18 Witwen. Die Witwen machten also nicht weniger als 17% aller Tuchscherer aus. In der zweiten Hälfte des 17. Jahrhunderts machten die Witwen 18% aus.[34]

Im Gegensatz zu den Webern haben die Tuchscherer selber für Witwen und Waisen im Handwerk gesorgt. Die Witwen brauchten also nicht das Armenwesen der Stadt in Anspruch zu nehmen. Diese Unterstützung wurde so finanziert, daß die Meister verpflichtet wurden, jede Woche eine kleine Summe im Weberhaus zu zahlen. Ein Meister z.B. mußte zwei Jahre lang jede Woche 8 kr für eine Witwe zahlen. Ein anderer sollte wöchentlich 8 kr für seine verwitwete Mutter zahlen. Er zahlte diese 8 kr auch noch zwei Jahre nach ihrem Tode. Die Gelder wurden von den beiden Vorgehern eingenommen, im „Wittfrauen büchlein" in Rechnung gebracht und dann unter die Witwen verteilt.

So sollte es jedenfalls sein. Im Jahre 1745 verdächtigten aber die Vorgeher einige ihrer Amtsvorgänger, die Gelder nicht verrechnet und den Witwen „nicht ein Haar" ausgezahlt zu haben.[35] Die ehemaligen Vorgeher beriefen sich auf die Bücher, in denen sie die Gelder verzeichnet hatten. Niemals seien von den Witwen Klagen gekommen. Da die Sache schon mehrere Jahre zurücklag und keines der Bücher mehr aufzufinden war, haben die Verordneten nichts weiter unternommen. Die Beklagten wurden aller Verdächtigungen „absolviert".[36]

---

[32] 1669, 13. Juli. Weberhaus Nr. 170.
[33] 1787, 23. August.
[34] In den Jahren 1661 bis 1670 wurde jährlich im Durchschnitt in 45,3 Werkstätten gearbeitet. Dazu kamen 10,1 Witwen pro Jahr, die das Handwerk nicht trieben. EWA,1507, 14.
[35] Es handelte sich um folgende Vorgeher und Gelder:
    1733 Johann Ulrich Merkhl und Johann Bayer: 2 fl 7 kr
    1734 Merkhl und Bayer   6 fl 52 kr
    1735 Merkhle und Sebastian Rochus Dempfle   16 fl 25 kr
    1736 Merkhle und Dempfle   16 fl 1 kr
    1737 Merhkle und Bayer   9 fl 12 kr
[36] 1745, 20. Dezember. Protokolle 1738-46.

Viele Tuchschererwitwen lebten jedoch nicht von Unterstützung, sondern führten das Gewerbe weiter. Allerdings nicht ohne Widerspruch. Die Scherenschleifer, die ja auch zum Tuchschererhandwerk gehörten, hatten nämlich eine andere Ansicht über die Stellung der Witwen als die Tuchscherer. Keine Witwe sollte das Handwerk für sich selbst mit eigener Hand treiben, sondern nur mit einem Gesellen. Die Verordneten lehnten es aber ab, einen solchen Artikel zu formulieren, „der den witwen auf dem Handwerk zu schwer fallen würde". Sie stellten fest, daß es den Tuchschererinnen erlaubt war, „in ihren Häusern mit ihren selbst Personen das Handwerk zu treiben und zu scheren". Doch nicht „in den offenen leden".[37]

Langwierige Diskussionen ergaben sich daraus, daß die Witwen häufig Gesellen heirateten, die bei ihnen arbeiteten. 1537 hieß es, daß eine Witwe, die einen Gesellen heiratete, ihr Handwerk nicht „gebrauchen oder treiben" dürfe, bis ihr neuer Mann seine Meisterstücke angefertigt hatte. Man konnte also solche Ehen nicht verhindern, aber man wollte auch den Gesellen die Jahre nicht schenken. Wenig später verfaßten die Tuchscherer dann genauere Vorschriften für solche Fälle. Diese Vorschriften galten gleichermaßen für Meistersöhne wie andere Gesellen.

Ein Geselle, der hier Meister werden wollte, durfte eine Tuchschererwitwe erst dann heiraten, wenn er vorher mindestens zwei Jahre kontinuierlich in Augsburg gearbeitet hatte. Auch die folgenden drei Jahre mußte er als Geselle bei seiner Frau arbeiten. Dennoch waren die Tuchscherer viel milder als etwa die Weber, weil sie es den Gesellen ermöglichten, im Ehestand zu dienen und dann Meister zu werden.

Gegen 1600 verlangten die Meister auf einmal, daß die Gesellen ihre drei Ersitzjahre nicht bei Witwen erstehen sollten. Wenn die Gesellen, sagten sie, das Handwerk auswärts recht und schlecht erlernt haben, arbeiten sie die drei Jahre bei den Witwen, wo sie nichts als Barchent scheren. Von dem „wullin gewandt", an dem der Stadt besonders liege, verstünden sie nichts. Sie bildeten sich ein, sie könnten das Scheren des „wullin gewand" später bei den Meistern in wenigen Tagen lernen, „vorher aber den Meistern wenige guete worte geben, sondern vil mehr allen trutz erweisen". Den Gesellen gehe es vielmehr darum, bei den Witwen ihren freien Willen zu haben und möglichst wenig zu arbeiten. Sie verlangten mehr Lohn, als sie von den Meistern erhalten würden. Und dann sagten die Meister, worum es ihnen ging: die Gesellen liefen von ihnen weg zu den Witwen. Die Witwen würden selber sagen, sie könnten für jeden ihrer Gesellen zehn weitere bekommen, wenn es ihnen erlaubt wäre. Die Meister verlangten also, daß die Gesellen die drei Ersitzjahre bei ihnen und nicht bei den Witwen leisten sollten. Da die Witwen nicht dieselben Lasten und „versäumnis der arbeit und verlust der zeit" wie die Meister trügen, hätten sie auch nicht dieselben Rechte.

Die Verordneten erwiderten allerdings sofort, daß die Witwen die gleichen Lasten wie die Meister hätten und deshalb auch der Gerechtigkeit fähig seien. Die Behauptung, daß die Witwen den Gesellen höhere Löhne zahlten, nahmen sie überhaupt nicht ernst.[38]

Die Meister wurden also abgewiesen, aber zwei Jahre später forderten sie wieder, daß die Gesellen die drei Jahre bei ihnen ablegen sollten. Die Gesellen würden dann zu Gehorsam, Zucht und Ehrbarkeit angehalten. In derselben Zeit, in der die Witwen drei Gesellen beschäftigten, bekämen sie nur einzigen. Hierum ging es also: die Meister hatten nicht genügend Gesellen.

---

[37] 1576, 17. April. Tuchscherer 1540-99.
[38] 1603, 19. April und 3. Juni. Protokolle 1601-05.

Aber die Verordneten waren auch jetzt nicht zu bewegen. Einige Gesellen mochten mit Witwen Unzucht getrieben haben, aber deshalb könne man nicht allen Witwen das Recht der drei Jahre nehmen. Um „Ungebühr" zu verhindern, sollten von nun an Gesellen, die sich mit Unzucht übersehen hatten, über die neun Gesellenjahre hinaus noch zwei weitere Jahre arbeiten müssen.[39]

Ein paar Jahre später kamen 62 Tuchscherer wieder mit der alten Forderung. Jetzt sagten sie, es sei für die Gesellen „unrühmlich", die drei Jahre bei Witwen und nicht bei Meistern zu erstehen. Auch den Hinweis auf Unzucht benützten sie wieder: wenn ein Geselle sich in Unzucht mit einer Witwe einlasse, solle er zwei Jahre länger im ledigen Stand arbeiten müssen. Die Witwen sollten auch bestraft werden.

Weiterhin sollten fremde Gesellen nicht mehr verpflichtet sein, nur Töchter und Witwen des Handwerks heiraten zu müssen, sondern auch außerhalb des Handwerks heiraten können. Allerdings müßten sie dann auch zwei oder drei Jahre länger arbeiten.

Kein Wunder, daß die Witwen protestierten. Man wolle sie nur aus dem Handwerk drängen. Sie bräuchten für ihre Arbeit die besten Gesellen. Wenn man ihnen das Recht der Ersitzjahre nähme, würde sich selten ein Geselle finden, der bei ihnen arbeiten wolle. Die jetzigen Meister hätten doch selber ihre Ersitzjahre bei Witwen erstanden. Man solle ihnen deshalb dieses beneficium lassen. Die Witwen waren auch empört, daß die Meister sie insgemein „der leichtfertigen Bulerey bezüchtigen". Sie wandten sich auch gegen den Vorschlag, die Gesellen außerhalb des Handwerks heiraten zu lassen.

Die Meister versicherten nun, sie hätten die Witwen nicht insgemein leichtfertiger Buhlerei bezichtigt. Sie hätten nur von Witwen gesprochen, die sich leichtfertiger Buhlerei schuldig gemacht hatten. Das Wort „in gemein" hätten die Witwen auf die Bahn gebracht. Aber die Witwen erklärten noch einmal, daß die Meister die Witwen insgemein der Buhlerei beschuldigt hatten. In diesem Punkte verstanden diese Frauen überhaupt keinen Spaß. Wieder wandten sie sich dagegen, daß die Gesellen nach den Ersitzjahren die übrigen Jahre auch außerhalb dienen oder auch außerhalb des Handwerks heiraten könnten.[40] Alle diese Vorschläge gingen ja zu ihren Lasten.

Und die Verordneten? In der Frage der Ersitzjahre stellen sie sich auf die Seite der Witwen. Obwohl die Ordnung nur von Meistern spreche, sei es seit jeher gebräuchlich gewesen, daß die Gesellen die drei Jahre bei Witwen arbeiten konnten. So solle es auch bleiben. Andererseits waren sie ganz dafür, daß die Gesellen die übrigen sechs Jahre auch auswärts dienen konnten. So etwas diene der Erfahrung und „mancher geselle ausserhalb ein anstand bekheme, den er hier nit haben kundt".

Da die Tuchscherer so darauf drängten, ließen sie es auch widerwillig zu, daß die Gesellen außerhalb des Handwerks heiraten konnten. In der Frage der Unzucht solle es bei den alten Strafen bleiben. Witwen, die sich mit Gesellen übersehen hatten, sollten erst dann Hochzeit halten dürfen, wenn der Geselle seine Jahre „ohne einigen nachlass" erstanden habe.[41] Der Rat bestätigte diese Entscheidungen.

Obwohl es nicht offen ausgesprochen wurde, spielten bei diesen Diskussionen auch noch andere Überlegungen eine Rolle. Sie wurden erwähnt, als eine Witwe darum bat, einen Gesellen aus Plauen heiraten zu dürfen, der weder die Ersitzjahre noch die übrigen Jahre geleistet hatte. Die Witwe sagte, daß ihre Sache nicht sie allein, sondern alle jetzi-

---

[39] 1605, 1. und 8. Oktober. Protokolle 1605-08.
[40] 1609, 13. Januar, 5. Februar und 10. März. Protokolle 1608-13.
[41] 1609, 7. Juli. Protokolle 1608-13.

gen und künftigen Witwen betreffe. Die frühere Ordnung habe den Witwen erlaubt, Gesellen zu heiraten, die nur drei oder vier Wochen bei ihnen gearbeitet hatten. Der Geselle habe dann seine Jahre im Ehestand leisten können. Jetzt werde so etwas nicht mehr gestattet. Wenn ein Geselle jetzt die Ersitzjahre bei einer Witwe erstanden habe, habe er freie Hand, eine ledige Tochter zu heiraten und die Witwe samt ihren Kindern sitzenzulassen. Eine andere Witwe habe demütig gebeten, einen Gesellen heiraten zu dürfen, der schon zwei Jahre bei ihr gearbeitet hatte, sei aber abgewiesen worden. Er habe dann acht Jahre bei ihr gearbeitet und schließlich eine junge Tochter zur Ehe genommen.

Vielleicht waren diese Witwen um so verbitterter, weil sie die Gesellen jahrelang in den häuslichen Kreis aufgenommen hatten, aber dann schließlich zugunsten jüngerer Frauen sitzengelassen wurden. Auf jeden Fall bestanden die Witwen darauf, daß die Gesellen ihre Ersitzjahre bei ihnen leisten dürften, weil sich dann ihre Chancen für eine neue Ehe erhöhten. Deshalb auch das Drängen, sobald wie möglich Hochzeit halten zu dürfen und den Gesellen zu erlauben, die Jahre im Ehestand leisten zu dürfen. Diese Frau wies auch darauf hin, daß die verwitweten Tuchscherer selten Witwen heirateten, sondern „ihres gefallens ledige Töchter". Die Witwen blieben wieder mit ihren Waisen sitzen.

Die Vorgeher waren aber solchen Argumenten nicht zugänglich. Die Ordnung von 1549 wurde geändert, um die Zahl der Werkstätten zu beschränken und um das „leichtfertig anhängen und unzucht zwischen witfrauen und gesellen" zu verhindern. Viele Gesellen würden sonst drei Tage nach ihrer Ankunft zu den Witwen gehen, nach drei oder vier Wochen heiraten und ihre Jahre in der Ehe leisten. Man würde dann bald mehr haushäbige Gesellen als Meister im Handwerk haben. Wenn Kinder kommen und die Frau sterben sollte, wäre ihr Mann immer noch Geselle. Ein Geselle könne aber von 4 Batzen Wochenlohn seine Kinder nicht ernähren. Die Kinder wären auch der Gerechtigkeit der Tuchscherer nicht fähig.

Die Witwen hätten ein besseres Einkommen, wenn die Gesellen bei ihnen ihre Ersitzjahre leisteten. Daraus folge aber nicht, daß die Gesellen sie ehelichen müßten. Genauso wenig wie die Witwer im Handwerk verpflichtet seien, sie zu heiraten. Den Witwen stehe es ja auch frei, innerhalb oder außerhalb des Handwerks zu heiraten.

Die Verordneten stellten fest, daß der Mann, den die oben genannte Witwe heiraten wollte, seine Ersitzjahre erst gerade angefangen und überhaupt zu wenige Jahre als Geselle gearbeitet hatte. Die Bitte wurde abgewiesen.[42]

Durften abgesehen von den Witwen Frauen in den Werkstätten der Tuchscherer arbeiten? Durfte eine Tochter ihrem Vater helfen? Nein, sagten die Meister, denn sonst würde kein Schleifer und kein Geselle mehr nach Augsburg kommen.

Aber die Sache war nicht ganz so klar. Ein Meister erinnerte 1578 daran, daß man doch früher den Weibern und Kindern das Kuttinieren erlaubt habe, „wann die Matery angesetzt" war. Die Vorgeher gaben nun widerwillig zu, daß „man die Weiber etwa aufs letz (habe) schnitzen lassen", als so viel Arbeit vorhanden gewesen war, daß man sie gar nicht mehr austeilen konnte. Es sei aber nicht recht gewesen, daß „das ander schnitzen oder auf das rauhe Kuttinieren ... den weibern zugelassen worden, wie es dann auch kein weiber arbait ist, sondern einem Mann zu schaffen gibt". Man solle aus den Werkstätten keine Kunkelstuben machen.[43]

---

[42] 1612, 28. Januar. Protokolle 1608-13.
[43] 1578, 21. August.

Austeilung

Im Jahre 1539 verfaßten die Tuchscherer eine Ordnung, „wie ein jeder seine tuch und nit nehner geben und welcher das überfüre, darumb gestraft werden soll". Sie vereinbarten also, wie die Arbeit unter ihnen verteilt werden solle. Den Rat haben die Tuchscherer erst nachträglich informiert. Er hob die Ordnung kurzerhand auf, weil sie wider den gemeinen Nutzen sei: „jeder (solle) seine tuche seines gefallens kaufen und verkaufen, und möge unverhindert und deshalb ungestraft bleiben".[44]

Erst 1548 haben es die Tuchscherer dann doch durchgesetzt, daß sie die Arbeit nach einem geregelten System austeilen durften.[45] Die Absicht war wohl, allen Meistern ein Auskommen zu sichern. Manchmal erscheint der Gedanke, daß alle Meister gleich seien und deshalb auch einen Anspruch auf Arbeit hätten. Vielleicht wollte man verhindern, daß einige kapitalkräftige Meister ohne Rücksicht auf die ärmeren Meister alle Arbeit an sich rafften.

Jedes Jahr wurden von den Verordneten zehn Viertelmeister oder Austeiler ernannt,[46] die festlegten, wieviel Arbeit jeder Meister oder jede Witwe wöchentlich bekamen.[47] Dieses Quantum Arbeit wurde als „Rest" bezeichnet. Es ist allerdings nicht klar, ob man eine bestimmte Anzahl von Tuchen festlegte oder eine bestimmte Summe Geld. Nicht jeder Tuchscherer bekam die gleiche Menge Arbeit. Vielleicht spielte die Größe des Haushaltes und der Werkstatt eine Rolle. Wenn ein Tuchscherer viele Kinder hatte, sollte ihm zu dem „bewilligten gelt" noch mehr Arbeit gegeben werden.

In den Lohntabellen des 17. Jahrhunderts findet man bei jeder Tuchsorte eine doppelte Geldangabe, den Lohn und den Rest. Etwa:

Von einem Cronbarchat zu scheren	5 kr
darvon in Rest zu verrechnen	3 1/2 kr
Viersiegler dicken Barchat	4 kr
Inn Rest	3 kr
desgleichen von einem Zwen oder Dreysigler zu scheren	4 kr
Und inn Rest	3 kr
u.s.w.	

Der Meister erhielt also für das Scheren eines Cronbarchentes 5 kr. Auf den Rest, also das ihm jede Woche zugeteilte Quantum, wurden aber nur 3 1/2 kr verrechnet. Der Lohn für einen Viersiegler war 4 kr, aber es wurden nur 3 kr im Rest verrechnet.

---

[44] 1539, 12. Juni.
[45] Die Vorgeher sagten 1571, sie hätten diese Ordnung vor 23 Jahren aufgerichtet, also wohl 1548. 1571, 13. Januar. Tuchcherer 1540-99.
[46] Es hieß, daß die Viertelmeister für ihre Arbeit 17 fl erhielten. Allerdings handelte es sich hier nicht um einen Geldlohn. Alle 14 Wochen durften sie vielmehr 10 Tuche mehr als die anderen Meister scheren. 1553, 12. und 12. September. 1662 beschwerten sie sich, daß sie die Amtstuche nicht genießen könnten. Sie erhielten jetzt fünf Tuche mehr als die Signatur zuließ. 1662, 21. Mai. Protokolle 1658-1729.
[47] Im 18. Jahrhundert wurden die Viertelmeister von den Tuchscherern gewählt, und zwar wählten die katholischen und die evangelischen Meister ihre Viertelmeister getrennt. 1723, 12. Januar. Protokolle 1658-1729.

Durch die Austeilung wurde dem einzelnen Meister ein gewisser Zwang auferlegt. Er mußte jede Woche „bey seinem Ingesetzten gellt bleiben" und sich Arbeit nehmen und geben lassen. Wer über „sein ingesetzt gelt und unerlaubt etwas weiters zu verdienen arbeitete", hatte Strafe zu erwarten. Die Initiative des einzelnen wurde also eingeengt. So wurde es „um böses nachreden und andere übel" zu verhüten, den Tuchscherern verboten, vor dem Weberhaus oder in den Gewölben mit den Kaufleuten zu handeln und sich um Arbeit zu bemühen. Nur schwache und alte Meister waren von dem Verbot ausgenommen. Wer Gewandloden oder Barchent von auswärts zum Scheren und Kuttinieren erhielt, mußte es den Viertelmeistern melden, bevor er mit der Arbeit begann.

Der Rat ernannte zwei Meister, die jederzeit die Werkstätten besuchen und prüfen sollten, ob die Tuchscherer der Ordnung nachkamen. 1549 legte man gleich harte Geldstrafen von 4 fl für verschiedene Vergehen fest:

Wer die festgesetzte Zahl der Tuche und des Lohnes nicht einhält.
Wer Arbeit nicht meldet.
Wer seine Frau vor dem Weberhaus handeln läßt.

Es erhob sich dann aber doch Widerstand gegen die Austeilung, vielleicht von seiten der Kaufleute, die eine Hemmung des Handels durch dieses starre System befürchteten. Vielleicht waren auch die reicheren Tuchscherer sauer, daß sie nur ein gewisses Quantum scheren durften und nicht mehr so viele Tuche, wie sie wollten. Ein Ausschuß, der die Tuchschererordnungen bearbeiten sollte, erklärte, daß die Austeilung nicht bloß den Webern und Kaufleuten, sondern vor allem den Tuchscherern selber schade. Denn die Austeilung laufe darauf hinaus, daß „der Stympler so nichtz kan, Neben dem so was gelernet, zu gleich erhalten und gefürdert muss werden. Und also kainer, er kunde vil oder wenig, arbaite wol oder übel, dem andern bevorkomen" könne. Die Folge werde sein, daß „der gut wie der böss arbaiter" mit dem Handwerk kaum noch seine Nahrung verdienen könne. Nach Meinung des Ausschusses sollte jeder Meister die freie Entscheidung haben, so viele Barchente und wollene Tuche zu scheren und zu schnitzen, wie er wollte. Was er an Barchenttuchen tagsüber scherte oder kuttinierte, solle von den Geschaumeistern jederzeit geschaut werden. Andererseits solle den Tuchscherern der Handel mit Barchenttuchen verboten werden: sie sollten nur noch ihr Handwerk treiben.

Jeder „stathaffte" Meister, der seinen Mitmeistern, die keine Arbeit hatten, behilflich sein wolle, solle ihnen Arbeit geben dürfen, die er selbst nicht verrichten könne, „es sey mit scheren oder Schnützen". Mit anderen Worten, der reichere Meister solle die ärmeren für sich arbeiten lassen dürfen.

Diese Empfehlungen drangen aber nicht durch. Trotz aller Kritik scheint das Tuchschererhandwerk an der egalitären Austeilung festgehalten zu haben. Die Tuchscherer waren aber klug genug, den Kaufleuten entgegenzukommen. Wenn ein Kaufmann trotz „eilender notturft" nicht schnell genug mit „dem scheren des schweren gewandt, schnitzen und musieren des Barchats" bedient wurde, sollte er berechtigt sein, seine Tuche von Meistern bearbeiten zu lassen, die er für besonders geschickt hielt. Diese Meister durften dann aber nach Fertigstellung der Arbeit so lange nicht arbeiten, bis sie die Zahl der bearbeiteten Stücke gemäß der Austeilung erhalten hatten und „die wöchentliche gewinnung des handwerks gebrauch nach" ausgeglichen war.

Da die Meister jeden Samstag bei der Austeilung Arbeit zugeteilt bekamen, mochten einige sich verleiten lassen, nicht mehr sorgfältig zu arbeiten. Es wurde deshalb 1549 festgelegt, daß die Barchente spätestens von einer Geschau zur anderen geschoren und geliefert werden müßten. Andernfalls sollten pro Barchenttuch zwei Pfennige vom Lohn abgezogen werden.

Anläßlich der ersten Weißgeschau im Frühjahr, also nach der ersten Bleiche, und der ersten Rohgeschau im Herbst häuften sich große Mengen von Barchenten. Man erlaubte deshalb den Tuchscherern, bei der ersten weißen und der ersten Rohgeschau acht Werktage hintereinander so viel zu scheren, wie sie wollten. An Feiertagen durfte aber nicht gearbeitet werden.

Anscheinend arbeiteten aber die Tuchscherer bei der ersten Weißgeschau und Rohgeschau nicht so viel, wie man erwartet hatte. Der Rat entschied deshalb nach ein paar Jahren, daß auch während dieser acht Tage der gebleichte Barchent von den zehn Austeilern unter alle Meister „durch gleich aus einem soviel als dem anderen" verteilt werden solle. Wer sich weigerte, diesen Barchent anzunehmen, sollte für jedes Stück 4 kr Strafe zahlen.[48]

Das Handwerk bürgte für alle Tuche und Barchente, die von den Viertelmeistern verteilt wurden. Wenn ein Kaufmann schneller bedient werden wollte und seine Stücke einzelnen Tuchscherern übergab, sollte „jeder selbs sein wagknus leisten".

Die Austeilung hat sich dann in den nächsten Jahren eingespielt. Unklar bleibt, ob die Tuche und Barchente den Viertelmeistern tatsächlich übergeben und von diesen dann unter die Meister ausgeteilt wurden oder ob die Viertelmeister nur die Zahl der Tuche verrechneten, während die Tuche selbst den Meistern von den Kunden übergeben wurden.

Streitereien gab es über die Zahl der Tuche. Um 1570 entschieden die Tuchscherer, daß wenn ein Meister am Montag mehr als 15 Tuche schauen ließ, er zweifach gestraft werden solle. Wenn er z.B. 17 Tuche schauen ließ, also zwei mehr als 15, dann sollten ihm 4 Tuche von seinem gewöhnlichen Rest abgezogen werden. Früher hatte ein Meister, der seine eigenen Tuche hatte und seinen Rest am Montag schauen ließ, auch noch für einen Handelsmann scheren können. Damit war es jetzt vorbei.

Ähnliche Probleme gab es 1575. Die Vorgeher klagten, daß einige Tuchscherer am Samstag 30 und mehr Tuche erhielten, während viele leer ausgingen. Das Handwerk beschloß deshalb, daß kein Meister, er habe gleich eine „hohe oder nydere werkstatt" von Samstag bis Mittwoch mehr als seinen „halben Rest oder anzahl" scheren solle, damit der arme Mann am Samstag auch Arbeit bekomme. Denn wenn der Arme erst am Mittwoch oder Donnerstag anfange, seinen Rest zu scheren, so sei die Woche zu kurz als daß „einer dem andern gleich kommen kan". Wenn man nur den halben Rest bekomme, werde die Arbeit unter dem Handwerk besser verteilt.

Die Verordneten nannten aber diesen Plan „zu eng eingezogen". Im Handwerk gäbe es viele Meister, die ihren Rest in drei Tagen erledigten. Die übrigen Tage arbeiteten sie für andere Meister um Tagelohn oder nahmen sonst etwas vor, um Geld zu verdienen. Das ginge jetzt nicht mehr. Ein unvermögender Meister, der am Samstag von einem Handelsmann seinen Rest von ungefähr 30 Tuchen erhalte, müsse nach dem Vorschlag die Hälfte abgeben. Es sei aber ganz ungewiß, ob er am Mittwoch die andere Hälfte seines Restes erhalten würde.

---

[48] 1556, 4. März.

Nach Meinung der Verordneten profitierten vor allem die vermögenden Meister von dem Vorschlag, weil die besten Arbeiten wie das Gewand Kuttinieren und das Scheren der dicken Barchente nicht der Halbierung des Restes unterliegen sollten. Solche Arbeiten würden gewöhnlich den vermögenden Meistern gegeben. Die armen Meister sollten sich also mit dem rohen Barchent behelfen.

Es ist nicht bekannt, welche Entscheidung der Rat schließlich getroffen hat.[49] In der Tuchscherordnung von 1576 wird nichts davon gesagt, daß am Samstag nur der halbe Rest ausgeteilt werden solle. Diese Ordnung enthält nur eine Neuerung, die die Tuchscherer gegen den Widerstand der Verordneten durchgesetzt hatten: Die 10 Viertelmeister, die die Austeilung vornahmen, sollten alle Jahre im Beisein der zwei vom Rate dazu verordneten Herren von den Tuchscherern gewählt und also nicht mehr einfach von den Verordneten ernannt werden.

In der zweiten Hälfte des 16. Jahrhunderts nahm der Barchenthandel vor und in dem Weberhause riesige Ausmaße an. So kam es auch zu Versuchen, das System der Austeilung zu unterlaufen. Die Vorgeher klagten 1581, „dass sich die jungen Meister und witfrauen unseres handwerks an den geschautagen im weberhaus aines ungepürlichen Kauffens understeen, die Tuche hauffenweise zusammentragen, und selbs under einander austeilen, dass solche tuche den viertelmeistern auszuteilen nymmermer zukomme". Oft müßten jetzt alte Meister ohne Arbeit nach Hause gehen: „und die arbeit in ander weg verzogen würdt, das niemandt wayss, wahin sy kompt".

Anscheinend haben diese Meister und Witwen an den Geschautagen für mehrere Handelsleute eingekauft. Sie nahmen also mehr Tuche an, als ihnen gemäß ihrem wöchentlichen Rest zustand. Damit wurde das ganze System der Austeilung durcheinandergebracht. Die Vorgeher verlangten deshalb, daß die Tuche durch die Viertelmeister ausgeteilt werden sollten. Wenn dies nicht ginge, solle der einzelne Meister nur für je einen Handelsmann einkaufen dürfen.

Der Rat erließ daraufhin folgende Regeln für diesen Kauf vor dem Weberhaus:

(1) Kein Tuchscherer soll am Geschautag mehr als einem Handelsmann „helfen einkaufen"
(2) Kein Tuchscherer darf von dem Kaufmann, für den er einkauft, mehr Arbeit annehmen, als ihm gemäß seinem Rest gebührt.

Der Handel der Tuchscherer blieb also. Aber die Austeilung sollte auch gewahrt werden.[50] Generell wurden nur ganze Barchenttuche und „wullin gewand" von mindestens 10 Ellen Länge in den Rest gezogen.[51] Aber die Tuchscherer verrichteten auch andere Arbeiten. So wurde das Einlassen und Musieren der Barchente um 1600 sowohl von den Tuchscherern wie den Färbern ausgeübt. Kurz vor 1606 haben die Vorgeher diese Arbeiten auch dem Rest unterworfen. Auch das Glänzen, das eine Tuchschererarbeit war, kam in den Rest. Eine Abstimmung unter den Tuchscherern wurde aber hierüber nicht gehalten. Auf jeden Fall baten einige Meister 1606, diese Bestimmungen wieder aufzuheben.

Sie sagten, sie seien es gewesen, die vor einigen Jahren das Einlassen und Musieren erfunden hätten. Die Vorgeher, die vom Einlassen und Musieren überhaupt nichts verstünden, hätten dem Rat eingeredet, es stecke viel Gewinn in diesen Arbeiten. Das

---

[49] 1575, 13. und 27. Oktober, 23. November. Protokolle 1548-81.
[50] 1581, 29. August. Tuchscherer 1540-99.
[51] 1606, 6. Mai. Protokolle 1605-08.

stimme nicht, obwohl man viel Sorgfalt darauf verwenden müsse. Seitdem diese Arbeiten dem Rest zugezählt worden seien, hätten sie sie aufgeben müssen. Das Einlassen und Musieren werde jetzt von den Färbern in den Mangen besorgt und die Tuche „bis in die Fass" zubereitet. Früher hätte man ihnen diese Tuche gegeben.

Wenn aber das Einlassen und Musieren zum Rest gezählt würden, dann sollten auch das Aufreiben und Scheren des alten und neuen „wullin gewands", das „leicht und schwarz schnitzen" des alten und neuen Leders, die ja alle Tuchschererarbeiten seien, dem Rest unterworfen werden. Das Scheren und Schnitzen werde täglich ausgeübt und bringe also viel mehr Gewinn als das Einlassen, Glänzen und Musieren, das nur gelegentlich angewandt werde.

Die Vorgeher reagierten mit Empörung auf diesen Versuch, das eben erlassene Dekret wieder aufzuheben. Es sei nicht wahr, daß bei diesen Arbeiten nur geringer Gewinn sei. Sie brächten viel mehr Geld ein als die Arbeit an gemeinen Farbtuchen, von der sich viele Meister ernährten. Wer 30 Stücke einlasse und musiere, erhalte über alle Unkosten einen Gewinn von 2 fl 21 kr 3 h. Davon werde nur 1 fl in den Rest verrechnet. Es blieben dem Meister also 1 fl 21 kr 3 h.

Ebenso unverschämt erschien den Vorgehern der Vorschlag, alle kleinen Nebenarbeiten wie „Fehl, alt leder schnitzen, alte rück, trümmer und Bürsten Scheren" in den Rest zu ziehen. Jede Werkstatt würde dann eine eigene Person benötigen, um alles aufzuschreiben, was an kleinen Sachen geschnitzt und geschoren wird. Die rebellischen Tuchscherer gaben aber nicht auf.

Die Zahlen der Vorgeher zeigten, daß sie von der neuen Arbeit nichts verstünden. Dem Meister blieben von 30 Tuchen nicht 1 fl 21 kr 3 h. Sie vergäßen, daß von 30 Stükken, die zweimal geschoren werden, in den Mangen den Färbern für das Heften und Legen auch ein Gulden bezahlt werden müsse. Es blieben also nur 21 kr 3 h.

Trotz aller Kritik ist es nicht wahrscheinlich, daß die Tuchscherer mit ihrem Gesuch durchdrangen. Wenn es hart auf hart ging, hatten die Empfehlungen der Vorgeher beim Rate mehr Gewicht als die Wünsche einzelner Meister.

Das Tuchschererhandwerk verließ sich nicht auf die Ehrlichkeit des einzelnen Meisters, sondern prüfte sorgfältig, ob die im Rest festgelegten Zahlen eingehalten wurden. Jede Woche mußten die Meister melden, wie viel und welche Arbeit sie gehabt hatten. Außerdem notierte der Schreiber bei der Geschau, wie viele Tuche jeder Meister schauen ließ. Am Samstag wurden dann diese Listen mit den Aufzeichnungen der Viertelmeister verglichen.

1616 beschwerten sich mehrere Tuchscherer und Witwen, daß man alle Arbeiten von Anfang bis zum Ende im eigenen „Rauch", also der eigenen Werkstatt durchführen müsse und sie also nicht unter andere Meister, nicht einmal unter Vater und Brüder, verteilen dürfe. Viele Meister seien nur für das Scheren eingerichtet und verstünden auch noch nicht die neueren Arbeiten wie Reiben, Musieren, Schnitzen und dergleichen. Gesellen hierfür könne man nicht bekommen. Aber auch wenn man sie bekäme, fehle oft das Werkzeug, die Presse, die Reibscheibe oder ein längerer Schertisch. Die Fähigkeiten der Meister seien auch unterschiedlich. Im Zusammenhang hiermit beklagten diese Tuchscherer auch, daß sie größere Aufträge von Kaufleuten nicht unter Mitmeistern, die hierfür besonders geeignet waren, austeilen durften, sondern die Arbeit durch die Viertelmeister verteilen lassen mußten.

Die Vorgeher der Tuchscherer waren überzeugt, daß ein gewisser Jeremias Neuhofer, den wir noch kennenlernen werden, die Meister und Witwen zu diesen Forderungen aufgehetzt hatte. Neuhofer und seine Freunde wollten die schwere Arbeit, das eigentliche Scheren, den anderen aufhalsen, und sich selbst die profitablen, feineren Arbeiten vorbehalten. Die Vorgeher bestanden auf dem alten Brauch, daß jeder die angenommene Arbeit in seiner Werkstatt bis zum Versenden selbst durchführte. Sie lehnten es also ab, daß ein Tuchscherer die vom Kaufmann angenommene Arbeit einem anderen zum Scheren übergab und sie dann wieder von verschiedenen Meistern musieren, reiben und zusammenlegen ließ. Die Gleichheit im Handwerk sei auch nur dann gewährleistet, wenn nicht einzelne Meister, sondern die Viertelmeister die Arbeit gleichmäßig unter allen Meistern austeilten.[52]

Auch die Bestimmungen über den Hinderrest und den Überrest schufen Verwirrung. Ein Tuchscherer wollte einem Meister dessen Hinderrest abkaufen, also eine Anzahl Tuche, die dieser Meister noch guthatte. Die Viertelmeister haben dies sofort verboten: so etwas sei nicht gebräuchig. Der Rat entschied Anfang des 17. Jahrhunderts, daß kein Meister aus Saumseligkeit und Faulheit an seinem wöchentlichen Rest mehr als 8 fl anstehen lassen sollte. Der Hinderrest sollte also nicht größer als 8 fl sein. Andererseits sollten Meister, die mehr als andere gearbeitet hatten und eine größere Kundschaft hatten, nicht mehr als 5 fl Überrest haben. Sie durften also ihren Rest nicht mehr als 5 fl überschreiten.

In der Tuchschererordnung von 1618 wuden diese Bestimmungen etwas gelockert. Niemand soll seinen Rest mehr als 5 fl überziehen. Wer 6 kr über die 5 fl hinausgeht, wird nicht das erste Mal, sondern erst das zweite Mal um 4 fl gestraft. Außerdem mußte er so viele Kreuzer als Strafe zahlen, wie er über die 5 fl hinausgegangen war. Wer einen Hinderrest von 8 fl zusammenkommen läßt, verliert, was über die 8 fl hinausgeht. Er durfte also nur bis zu 8 fl mehr arbeiten.

Während das „Reibwerk der tuech" in letzter Zeit abgenommen hatte, hatten andere Arbeiten wie das „Kreisen, glentzen, schwöllen und musieren" zugenommen. Die Kaufleute zahlten für diese Arbeiten den gleichen Lohn. Bei der Austeilung der Stücke wurden aber diese Arbeiten ungleich verrechnet. Die Ordnung von 1618 bestimmte, daß künftig von Arbeiten wie „Kreisen, glentzen, geschwollen und Mosieren" gleichmäßig 4 kr in den Rest gebracht werden sollten.

Von doppelt geschorenen Tuchen sollte ein Kreuzer in den Rest verrechnet werden. Von geschorenen dicken Tuchen anstelle von 3 1/2 kr nur noch 3 kr, „weil diese mehr Fleiss als die gemeine Tuche erfordern, aber an den gemeinen Tuchen mehr Nutzen und Gewinn ist". Man hoffte vielleicht, auf diese Weise einen Anreiz zu geben, dicke Tuche scheren zu lassen.[53]

Die Absatzstockungen zu Beginn des Dreißigjährigen Krieges führten zu neuen Problemen. Der eine Meister hatte genug Arbeit, ein anderer zu wenig oder überhaupt keine. Es kam nun zu erregten Diskussionen über den Hinderrest und den Überrest. Die Verordneten luden sämtliche Meister vor und fragten jeden einzeln über diese Sache. 43 Tuchscherer wollten den Überrest aufheben und den Hinderrest nicht mehr gutschreiben lassen. Weitere 33 Tuchscherer wollten den Überrest auf 5 fl beschränken und den Hin-

---

52 1616, 19. Januar 1. und 26. März und 21. April. Weberhaus Nr. 183.
53 Ordnung 1618, Artikel 39 und 40, 44 und 45.

derrest ganz kassieren. Bloße 5 Tuchscherer wollten die bisherige Regelung des Überrestes und des Hinderrestes beibehalten. Die Vorgeher erklärten daraufhin, die Mehrheit wünsche, daß der Überrest aufgehoben und keinem Meister mehr der Hinderrest „hinausgeschrieben werden sollte".

Die Verordneten haben diese Entscheidung im Interesse des Textilhandels nur teilweise akzeptiert. Der Hinderrest sollte aufgehoben werden. Aber den Überrest wollten sie nicht beseitigen, „damit der fleissige neben dem saumseligen nit verhindert" wird. Es sollte nach wie vor möglich sein, einen Überrest von 5 fl anlaufen zu lassen.[54] Aber da viele Tuchscherer weder lesen noch schreiben konnten, kam es bei der Berechnung immer wieder zu Fehlern. Die Tuchscherer schlugen deshalb vor, wenn jemand 5 fl über seinen Rest arbeite, solle die Summe „dupliert" und als Überrest gleich die nächste Woche abgezogen werden.

Für Witwen hatte es anscheinend eine Sonderregelung gegeben. 1626 hieß es, daß Witwen, die keinen Sohn hatten, der die Werkstatt führen konnte, einen Gesellen halten oder die Hilfe aus der Büchse annehmen sollten. Wenn der Witwe beides nicht gefiel, sollte sie wie junge Meister „inn den Rest gezogen werden, damit im Handwerk Gleichheit" herrsche.[55]

Die Tuchschererordnung von 1657 hat die Bestimmungen über die Austeilung einfach wiederholt. Allerdings sollten jetzt nur acht Viertelmeister von den Verordneten ausgewählt werden. Von einer Wahl der Viertelmeister durch das Handwerk wird nichts gesagt.

Im Jahre 1666 wurde bestimmt, daß Gewandarbeit am Samstag nach ihrer Fertigstellung verrechnet werden mußte und nicht mehr zurückgeschrieben werden konnte. Soll dies heißen, daß sie nicht mehr für einen noch nicht ausgefüllten Rest verwendet werden konnte?[56] Um diese Zeit brach auch wieder ein Streit darüber aus, wieviel vom Lohn als Rest berechnet werden solle. Da sich die Tuchscherer nicht einigen konnten, entschieden die Verordneten selber, daß „der völlige lohn von dem barchat in Rest gebracht werde, biss der gegendeill einen bessern vorschlag dargebe."[57]

Mit der Verteilung der Arbeit unter die notleidenden Tuchscherer hatte auch der 23. Artikel zu tun, der während der „leidigen Kriegsjahre" erlassen worden war. Nach diesem Artikel durften die Tuchscherer ihren Handwerksgenossen wöchentlich bis zu 15 Barchenttuche zum Scheren geben, das Stück zu 1 kr. Es ist nicht ganz klar, wie der Lohn geregelt wurde. Der Artikel sagt, dem Meister, der das Tuch scherte, sollte „zwei drittel in solchem lohn des kreuzers, von dem dritten Drittel aber der völlige lohn gegeben werden". Erhielt er also von zwei Dritteln der Arbeit nur zwei Drittel des Lohnes und nur vom letzten Drittel den vollen Lohn? Auf jeden Fall erhielt er nicht den vollen Lohn. Dieser Artikel aus der Kriegszeit führte zu „einer solchen bösen gewohnheit und consequenz, dass schier keiner dem anderen mehr seinen recht und wohl verdienten lohn gegeben, sondern damit unchristliches gehandelt hat". Die Tuchscherer verlangten deshalb im Jahre 1666, daß dieser Artikel cassiert würde.

---

[54] 1620, 28. April. Protokolle 1619-21.
[55] 1626, 18. April. Protokolle 1621-18.
[56] Lohntabelle 1666.
[57] 1687, 18. Januar. Protokolle 1658-1729.

Jetzt wurde bestimmt, daß die Tuchscherer „wullen gewand", das sie über ihren wöchentlich gesetzten Rest hinaus in Händen hatten, von den ältesten bis auf den jüngsten Meister oder die Witwen „herumgehen" lassen sollten. Und zwar sollten sie sie alle Samstag zum Rechnungssitz auf das Weberhaus schicken, wo dann die Arbeit ausgeteilt werden sollte. Allerdings ist nicht ganz klar, wie dann diese Arbeit bezahlt werden sollte. Damit derjenige, der die Arbeit ausgab, auch seinen Gewinn hatte, sollte der andere, der Arbeit erhielt, einen Gulden von seinem Rest hergeben, aber dafür nicht mehr als 15 kr erhalten. Oder bedeutete diese Regelung, daß derjenige, der die Arbeit erhielt, von jedem Gulden Überrest dem anderen 15 kr geben mußte?

Diese Bestimmung führte aber auch bald zu Streit. Und zwar kam der Protest von Tuchscherern, die Gewand scherten. Das Gewandscheren sei schwerer als das Tuchscheren, verlange mehr Ausgaben und mehr Gesinde. Trotz dieser harten Arbeit mußten sie „anderen das geld geben und feyrend von uns essen lassen". Denn wenn etwas über ihren Rest gehe, müßten sie von jedem Gulden 15 kr und von jedem Stück Tuch einen Pfennig Siegelgeld geben. Andere, die bereits „gute nahrung und erspriessliche dienst" haben, würden es dann genießen. Es ist nicht wahrscheinlich, daß der Rat zugunsten der Gewandscherer die Ordnung geändert hat.

Die Ordnung von 1672 brachte eine weitere Neuerung. Jeder Meister sollte wöchentlich nur einen Rest bearbeiten. Ein Überrest wird nicht erwähnt. Dagegen wurde der Hinderrest wieder eingeführt. Wer einen Hinderrest hat, soll zwei Reste bearbeiten dürfen (aber wohl nicht mehr). Wenn er noch mehr übrige Arbeit hat, soll er sie entweder zurückschreiben (also wohl warten, bis der Meister seine jetzige Arbeit erledigt hat und einen neuen Rest beginnt) oder wenn die Arbeit nicht so lange warten kann, durch einen anderen Tuchscherer anfertigen lassen, der seinen Rest noch nicht ausgefüllt hat. Die erklärte Absicht von Artikel 25 war es, Gleichheit im Handwerk zu wahren. Den Tuchscherern ging es darum, „dass ein armer handwerksgenoss, der sich aus mangel des Handwerks wider willen bemüssigen muss, mit und neben den anderen sich und die Seinigen Ehrlich" ernähren konnte.

Artikel 25 war erlassen worden, ohne daß die Tuchhändler gefragt worden waren. Die Tuchhändler waren an Belebung des Handels interessiert, nicht an Gleichheit unter den Tuchscherern. So haben sie sich schon bald über diese Neuerung beschwert. Es ging ihnen um die Wolltuche, nicht um die Barchente. Bisher, sagten sie, habe man zwischen Zubereitung der Tuche und Zubereitung der Barchente unterschieden. Bei den Barchenten mußte der Tuchscherer bei seinem Wochenrest bleiben, es sei denn, er hatte einen Hinderrest. Er durfte über den Rest hinaus keine Arbeit annehmen. Bei Bereitung der Tuche war der Tuchscherer aber nicht an den Wochenrest gebunden und konnte mehr verarbeiten. Er mußte dann von jedem Gulden, den er über den Wochenrest verarbeitete, einen Ort (= 15 kr) den Vorgehern erlegen. Bis vor kurzer Zeit seien nur wenige Tuche in Augsburg zubereitet worden. Teils weil der Handel mit Tuchen nur von wenigen Tuchhändlern betrieben wurde. Teils weil sie „Gewand" und Tuche in Leipzig und Nürnberg färben und zubereiten ließen. Die Augsburger Tuchscherer blieben beim Barchent. Die Artikel der Ordnung seien deshalb auf die Verarbeitung des Barchents ausgerichtet. Viele Tuchscherer verstünden sich bis auf den heutigen Tag allein auf Barchent, Loden und Trilch, nicht aber auf die Zubereitung der Tuche. Manche hätten nicht einmal die nötigen Werkzeuge für Tuche. Es gäbe aber einige jüngere Meister, die die Bearbeitung des Gewands und der Tuche verstünden und auch das Werkzeug angeschafft hätten.

Die Tuchhändler hätten sich deshalb bemüht, Gewand und Tuche hier bearbeiten zu lassen. Keinem Meister würden die Hände bei diesen Arbeiten gebunden. Sie müßten nur von Arbeit, die über den Wochenrest hinausging, von jedem Gulden einen Ort erlegen. Der neue Artikel bezöge sich dagegen sowohl auf Tuche wie auf Barchent. Kein Tuchscherer dürfe mehr Arbeit annehmen, als ihm sein wöchentlicher Rest erlaubte. Die übrige Ware sollte er anderen Meistern übergeben, die ihren Rest noch nicht völlig erarbeitet hatten.

Die Tuchhändler führten dann aus, worum es hier ging. Der neue Artikel werde dazu führen, daß Tuche und Gewand bei der Austeilung Meistern gegeben werden, die die Zubereitung erst noch lernen müßten. Sie würden dann lieber ihre Tuche wieder in Nürnberg, Leipzig und anderwärts zubereiten lassen. Die Folgen in Augsburg wären Verlust des Rahmgelts, Entlassung des Gesindes, Abnahme des Ungelds und Zusammenbruch des Schönfärbers.

Die Verordneten waren von diesen Argumenten beeindruckt. Sie empfahlen dem Rat, den 25. Artikel zwar zu confirmieren, aber zu erläutern und zu limitieren. Wenn ein Tuchscherer nicht bei diesem Artikel bleiben, also über seinen Rest hinaus arbeiten wolle, solle er „von jedem Rest Gulden" 24 kr in die Büchse zahlen, die unter arme, notdürftige Handwerksgenossen und Witwen ausgeteilt werden sollten, „so das handwerk nicht treiben". Und zwar sollen „in Rest verrechnet werden und verbleiben:"

von einem hiesigen breiten Stück Tuch wie
von einem fremden   12 kr
von einem schmalen   10 kr
von einem 3 sigler für jede Elle 1 kr
von den 2 sigler für jede Elle   1/2 kr

Der alte Rest für diese Arbeiten sollte cassiert werden. Die Tuchscherer durften also über den Rest hinausarbeiten, mußten aber diese besondere Zahlung von 24 kr je 1 fl leisten.

1679 haben die Tuchscherer noch einmal in aller Klarheit erklärt, daß niemandem „mehr rest als die articul vermögen, zu machen erlaubt sein solle". Wenn ein Meister mehr Arbeit bekomme als sein wöchentlicher Rest erlaubt, solle er sie entweder einem anderen geben oder er soll von jedem Gulden Bargeld 24 kr in die Cassa zur Austeilung unter das Handwerk geben. Der Rest wurde auf diese Weise wohl auch in der Folgezeit gehandhabt.

Gelegentlich wurden aber immer wieder einzelne Meister geschnappt, die „ein rohes Tuch unangemeldet geschoren" oder wie es auch hieß: „hat ein Tuch geschoren und hat es nit an die Tafel geschrieben" oder „hat es nicht angeschrieben vor dem Scheren".[58] Diese Leute mußten dann empfindliche Geldstrafen zahlen, 4 fl oder auch 10 fl.[59]

---

[58] Daniel Spatz: 1661, 17. Juli. Ähnlich 1663, 3. Januar. 1672, 28. Oktober. 1683, 12. Juli. Protokolle 1658-1729.

[59] Auch die Stadt Memmingen hatte nach dem Augsburger Beispiel im Jahre 1574 die Austeilung eingeführt. Die Gründe hierfür waren ähnlich wie in Augsburg. Manche Tuchscherer hatten weniger Lohn als vorgeschrieben verlangt und auch Waren anstelle von Bargeld als Bezahlung angenommen. Sie hatten dann von den Kaufleuten mehr Arbeit als die anderen erhalten. Um die Gleichheit unter den Tuchscherern zu wahren, hatte man also die Austeilung eingeführt. Gewand, Loden und Barchent, der entweder aus Memmingen selbst stammte oder von auswärts eingeführt worden war, wurde von den Viertelmeistern unter die Meister ausgeteilt. Der Rest oder die Anzahl Stücke richtete sich danach, wie groß die Haushaltung des Tuchscherers war.

Tuchsorten

Barchent

Die Augsburger Tuchscherer haben im 16. Jahrhundert wahrscheinlich mehr Barchent als irgendeine andere Stoffart geschoren. Barchent war nicht immer geschoren worden. 1554 konnte man sich noch an die Zeit erinnern, als Barchent ungeschoren gefärbt wurde. Anfang des 16. Jahrhunderts wurde er aber wohl schon geschoren. Doch mußten die Tuchscherer 1514 schwören, nur solchen Barchent auf das Haar zu scheren und zu kuttinieren, der von den Geschaumeistern „für gut geschaut" worden war. Diese Bestimmung kehrt in allen Ordnungen wieder. Abgesehen vom Bettbarchent und vielleicht dem gretischen Barchent[60] mußten alle Barchente geschoren werden. Kein Barchent konnte gefärbt, angemacht oder verarbeitet werden, wenn er nicht vorher geschoren worden war.

Daneben war es aber auch den Kaufleuten gestattet, Tuche und Barchent von gewissen Tuchscherern scheren zu lassen, die ihnen besonders geschickt schienen. Wenn ein Meister aber in einer Woche mehr Arbeit bekam als seinen Rest, sollte er in den nächsten Wochen um so weniger bearbeiten. Vor allem wenn ein Meister mehr Stamet oder andere „köstliche Tuche" erhielt, als ihm nach seinem Rest zukam, sollte er danach so lange stillstehen, bis die anderen ihren Rest auch bekommen hatten. Allerdings konnte der Viertelmeister auch Stamet und andere „köstliche" Tuche, die über den Rest eines Meisters hinausgingen, einem anderen Meister, der sie zu scheren verstand, zuteilen. Wenn in einer Woche mehr Arbeit vorhanden war, als die Austeilung vorsah, sollten die Viertelmeister diese Arbeit unter die Meister austeilen, „damit die kaufleute geferdert werden".

Wenn ein Kaufmann meinte, daß sein „wullin gewand, cöstliches oder schlechts" durch unfleißiges Scheren beschädigt worden war, konnte er eine Geschau durch geschworne Meister verlangen. Der Viertelmeister mußte für Schaden Ersatz leisten. Der schuldige Meister oder, wenn er zu arm war, das Handwerk mußte dann die Viertelmeister entschädigen. Die Schnitzarbeit unterlag nicht der Austeilung.

Wie in Augsburg waren aber auch in Memmingen die Kaufleute nicht glücklich, daß ihre Tuche von den Viertelmeistern unter die Tuchscherer ausgeteilt und dann in der Stadt herumgetragen wurden, was leicht zu Verwechslungen führen könne. Sie wandten auch ein, daß die Tuchscherer verschieden gut arbeiteten. Manche Kaufleute sagten, daß man ihnen nicht „Mass oder ordnung" geben könne, wo und von wem sie ihre Tuche scheren ließen, und schickten sie einfach in andere Städte.

Memmingen bat daraufhin Augsburg um Auskunft über einige Punkte. Hat der Augsburger Rat diese Ordnung von sich aus eingeführt oder „auf anhalten des handwerks, damit sich einer neben dem anderen" hinbringen möge? Durfte der Kaufmann in Augsburg seine „wullin und Parchet thuech" einem Tuchscherer geben, der ihm gefällig war? Und durften die Viertelmeister trotzdem dieselben Tuche, soweit sie den Rest dieses Meisters überstiegen, einem anderen Meister zum Scheren geben? Wurde den einen Tuchscherern nur wullin und anderen nur parchet zum Scheren gegeben oder wurde jedem sowohl wullin und parchettuch zugeteilt, „wie es die austeilung gibt"? Durften die Kaufleute und Tuchleute in Augsburg ihre Tuche in anderen Städten scheren lassen und dann die gleichen Tuche in Augsburg verkaufen? Die Antwort Augsburgs ist nicht bekannt. (1582, 28. März. Tuchscherer 1540-99).

[60] Waren gretische Barchente und „gretische kart tuchl" dasselbe? Auf alle Fälle wurde 1533 verboten, auch die „gretischen kart tuchl weiss zu scheren und zu kuttinieren auffs haar", ob sie gebleicht oder roh waren. (1533, 7. September.) 1535 wurde dieser Artikel erneuert, weil einige Tuchscherer wieder damit angefangen hatten, aber an der Tuchscherergeschau gefaßt worden waren. 1535, 23. Juli.

So scherten die Tuchscherer den groben Barchent, die Trauben, Oxen und Farbtuche und die dicken Barchente, also die Drei- und Viersiegler. Aber es gab Unterschiede. Da die groben Barchente „viel schlechter und weniger wollen" als die Drei- und Viersiegler hatten, bedurften sie weniger Scherens.

Mit dem dicken Barchent hatte man Schwierigkeiten. Die Käufer auf den großen Märkten wollten ungeschorenen dicken Barchent, nicht geschorenen. Nach langen, gründlichen Beratungen setzte sich im Rate die Meinung durch, daß man sich der Nachfrage anpassen müsse. Das Wohl und Wehe der mehr als 2000 Weber wog stärker als das Interesse der Tuchscherer. Im Jahre 1590 erlaubte der Rat den Kaufleuten, den dicken Barchent auch ungeschoren auszuführen. Auf den Absatz der dicken Barchente wirkte sich dieser Beschluß außerordentlich günstig aus. Aber die Tuchscherer hatten das Nachsehen. Ihnen ging wahrscheinlich viel Geld verloren. Sie haben es nie verwinden können, daß man die Ausfuhr der ungeschorenen dicken Barchente erlaubt hatte.

Immer wieder forderten die Tuchscherer, daß die in Augsburg gewirkten Barchente hier auch geschoren werden sollten.[61] Es wurmte sie besonders, daß die Kaufleute entgegen dem Verbot die dicken Barchente von Tuchscherern in der Umgebung, jedenfalls in einem Umkreis von 30 Meilen scheren ließen. Die Tuchscherer in Augsburg könnten ebenso gut, wenn nicht sogar besser scheren als diese Meister in der Umgebung oder in den Niederlanden.

Die Barchenthändler und Weber sahen allerdings die Sache ganz anders. Sie kannten niemanden, der innerhalb von 30 Meilen scheren ließ. Das eigentliche Problem sei die schlechte Arbeit der Tuchscherer. Die Weber waren ohnehin über die hohen Einnahmen der Tuchscherer erbost. Mancher Tuchscherer verdiene wöchentlich 10 fl., während die Weber kaum das trockene Brot hatten. Auswärtige Tuchscherer wären froh, für 1 kr oder höchstens 2 kr scheren zu dürfen. Die hiesigen Tuchscherer erhielten aber 2 1/2 kr.

Auch die Verordneten wußten, daß die auswärtigen Handelsleute nicht daran interessiert waren, die dicken Barchente in Augsburg scheren zu lassen.[62] Die Ausfuhr der ungeschorenen dicken Barchente habe den Webern geholfen. Das Wohl und Wehe des Weberhandwerks, „das im ganzen teuschland nirgend stärker als hier getrieben wird", zählte mehr als das Interesse der Tuchscherer.

Der Rat ist aber dann den Tuchscherern, denen es tatsächlich schlechtging, etwas entgegengekommen. 1622 entschied er, daß die Tuchscherer dicke Barchente, die ungeschoren verschickt werden sollten, vorher „absetzen und verstreichen" konnten. Von jedem Stück solle ihnen 4 kr Lohn gegeben werden. Wenig später bestimmte er, daß den Tuchscherern von jedem ausgeführten rohen oder weißen Barchent, er war verstrichen oder nicht, 1 kr bezahlt werden müsse.[63] Die Kaufleute haben diese Entscheidung unterstützt. Die Weber haben aber protestiert. Der meiste Barchent werde nicht gestrichen, sondern ungestrichen verschickt. Obwohl die Tuchscherer keine Hand an diesen Bar-

---

[61] 1603, 3. Juni. Protokolle 1601-05. 1608, 8. Mai. Protokolle 1608-13. 1621, 15. Juni. Protokolle 1619-21.
[62] 1619, 19. April, 8. und 29. August. Protokolle 1619-21.
[63] Beschluß jedenfalls vor 1623. Bestätigt 1623, 27. Juli und 1624, 26. November. Bereits 1610 hatte der Rat entschieden, daß dicke Barchente, die hier gerieben wurden, auch geschoren werden müßten. Im Gegensatz zu den gemeinen Barchenten, die ungeschoren ausgeführt werden durften, auch wenn sie hier gerieben worden waren. (1610, 23. September. Färber 1660-63). Handelt es sich beim Reiben um den gleichen Vorgang wie beim „Absetzen und Verstreichen"?

chent legten, erhielten sie dennoch 1 kr Gewinn. Der Weber dagegen erhalte trotz saurer Mühe keinen Kreuzer.

Die Tuchscherer erwiderten, daß sie nicht bloß beim dicken, sondern auch beim groben Barchent benachteiligt würden. Für das Scheren des groben Barchentes, der ungeschoren und ungefärbt nicht exportiert werden durfte, hätten sie 3 kr pro Stück erhalten. Die Qualität des groben Barchentes habe sich aber so verschlechtert, daß er wahrscheinlich bald ganz verschwinden werde. Der dicke Barchent sei jetzt nicht besser, als es der grobe noch vor wenigen Jahren gewesen war. Auswärts werde jetzt der dicke Barchent als grober angesehen. Die Folge sei, daß zwar viel dicker Barchent, aber wenig grober Barchent gemacht werde. Da ihnen dadurch die „tägliche Nahrung" entzogen worden sei, hätten sie den Rat gebeten, daß kein Barchent mehr ungeschoren versendet werden solle, wie ja auch in vielen Städten kein „wullen gewandt" und Loden ungeschoren versandt werden darf. Daraufhin habe ihnen der Rat den Kreuzer als „ergötzlichkeit" zugestanden.

Die Tuchscherer wiesen auch darauf hin, daß sie für das Einlassen 12 kr pro Stück erhalten hatten. Nach „absetzung des schlechten gelds" seien es aber nur noch 10 kr. Während man ihnen also bei den einen Stücken 1 kr gegeben habe, habe man ihnen bei den anderen 2 kr genommen. Die Tuchscherer baten den Rat dann noch einmal zu veranlassen, daß kein hiesiger Barchent ungeschoren verschickt werden dürfe. Sie würden dann gerne auf den einen Kreuzer verzichten.

Der Rat hielt aber zunächst an der Entscheidung fest, die Drei- und Viersiegler auch weiterhin ungeschoren ausführen zu lassen. Andererseits erhielten die Tuchscherer nach wie vor den einen Kreuzer pro Stück. Aber nun protestierten die Färber, daß auch sie durch diese Ausfuhr Lohn verlören.

Der Rat sah ein, daß er die Tuchscherer nicht bevorzugen konnte. Der Kreuzer, der bei der Ausfuhr ungeschorener roher, weißer und gefärbter Barchente erhoben wurde, sollte unter die drei Handwerke verteilt werden: Die Färber erhielten 1/7, das ist einen Heller, die Tuchscherer und Weber je 3/7, das ist je 3 Heller.[64]

1635, in der schlimmsten Zeit des Dreißigjährigen Krieges, klagten die Tuchscherer, daß sie durch die lange Zeit „gesperrte Nahrung und zu Boden gelegte Hantierung", durch Hunger und Kummer und die neunmonatige Einquartierung von Soldaten in Armut und Jammer geraten seien. Viele von ihnen müßten mit Weib und Kindern verschmachten, „ja wol gar auf dem stro erbärmlich ir leben enden". Trotz ihrer Not würden aber die in Augsburg gewirkten dicken Barchente zu Hunderten oder Tausenden ungeschoren ausgeführt und dann in anderen Städten geschoren und bearbeitet. Der Rat solle verfügen, daß die in Augsburg gewirkten dicken Barchente hier auch geschoren werden müßten. Angesichts der Not kam der Rat den Tuchscherern entgegen. Er erlaubte zwar den Handelsleuten auch weiterhin die Ausfuhr ungeschorener Tuche. Aber sie durften sie nur dann ausführen, wenn sie den Tuchscherern den vollen Scherlohn bezahlt hatten. Das hieß 4 kr pro Stück bei gefärbten, eingelassenen und anderen Barchenten, die zweimal geschoren werden mußten. Und 3 kr bei rohen Barchenten.[65]

---

[64] Färber und Tuchscherer sollten dieses Geld zur Unterstützung ihrer Armen verwenden. Die Weber wiederum sollten die 3/7 Kreuzer als Korngeld anlegen. Das bisherige Korngeld in Höhe von 8 kr, das sowieso nur mit Mühe eingesammelt werden konnte, fiel damit weg.
[65] 1636, 9. Februar.

Für die Weber war diese Entscheidung völlig unverständlich. Die Tuchscherer sollten sich schämen, daß sie außer dem „unverdienten halben verstreich kreuzer" nun noch drei ganze Kreuzer ohne Arbeit beanspruchten. Bei 1000 Stücken belaufe sich dies auf 50 fl, die sie ohne jede Mühe erhielten. Obwohl die Tuchscherer über Armut klagten, gehe es den Webern viel schlechter. Auf einen armen Tuchscherer kämen zehn arme Weber. Wenn sie wie die Tuchscherer wöchentlich 5 oder 6 Batzen verdienten, wären sie völlig zufrieden. Viele Weber hätten überhaupt keine Arbeit. Über 50 Witwen müßten bei anderen Meistern um Lohn arbeiten. Im Weberhandwerk seien jetzt mehr Witwen als Ehehalten. Der Rat solle deshalb den Aufschlag der 3 kr auf die Drei- und Viersiegler und auf die Crontuche, die ja sowieso nicht geschoren werden, wieder wegtun.[66]

Natürlich waren die Tuchscherer anderer Meinung. Es stimme nicht, daß die 3 kr die Weber zugrunde richteten. Vielmehr sei es ihre eigene „geringfügige und geringe wahr" und die schlechte Handhabung der Geschau. Auch die Behauptungen über die Einnahmen der Weber stimmten nicht. Für einen Bettbarchent erhielten die Weber „über alle uncosten" mindestens 4 fl. Für ein dickes Tuch, von denen sie jede Woche mindestens 4 bis 5 wirkten, bekämen sie 30 kr. Die Tuchscherer dagegen erhielten dem Rest nach, auch wenn sie die dicken Tuche dazurechneten, von denen nur wenige geschoren würden, wöchentlich bloß 45 kr. Wenn die Weber jetzt so arm seien, so sei das eine Folge ihrer Fahrlässigkeit und Verschwendungssucht. In wohlfeilen Zeiten hätten sie die Taler auf die Hüte gesteckt, reich und ansehnlich gehaust – und sich verschuldet.

Da die Kaufleute gesagt hatten, daß ihre Committenten an geschorenen Barchenten nicht interessiert seien, betonten die Tuchscherer, daß abgesehen von den Bettbarchenten alle Barchente geschoren werden müßten. Der Augsburger Barchent werde jetzt nicht in Augsburg, sondern in Straßburg und den Niederlanden geschoren, dann gefärbt und als guter niederländischer Barchent verkauft.

Wenn die Barchente jetzt keinen Absatz haben, dann nicht wegen der 3 kr. Die Ursachen seien vielmehr die schlechte Qualität, die mangelnde Geschau, das Kriegswesen, die Teuerung und gesperrten Pässe, Mangel an Kapital und schlechter Kredit der Kaufleute.[67]

Zweifellos haben auch die Kaufleute dagegen protestiert, Scherlöhne zahlen zu müssen, auch wenn sie nichts scheren ließen. Auf jeden Fall hat der Rat den Beschluß vom Februar 1636 schon ein halbes Jahr später widerrufen. Er erklärte jetzt ausdrücklich, daß die Barchenthändler nicht genötigt seien, die Drei- und Viersiegler in Augsburg scheren zu lassen. Sie brauchten auch den Tuchscherern nicht die 3 kr zu bezahlen, wenn sie die Barchente roh und ungeschoren ausführten.

Aber der Rat kam auch den Tuchscherern entgegen. Erstens wurde der Scherlohn der groben Tuche von 3 kr auf 3 1/2 kr erhöht. Zweitens sollten die Barchenthändler den Tuchscherern eine Abgabe von 1/2 kr von allen Drei- und Viersieglern zahlen, die sie ungeschoren ausführten. Dieses Geld sollte unter besonders arme Meister und Witwen verteilt werden.[68]

Die Ausfuhr ungeschorenen Barchentes hat also immer wieder Streit verursacht. Bei den Loden gab es dagegen keine Probleme. Den Kaufleuten stand es frei, die Loden un-

---

[66] 1636, 12. Juni.
[67] 1636, 19. August. Weberhaus Nr. 170.
[68] 1636, 30. August.

geschoren auszuführen oder in Augsburg scheren zu lassen. Allerdings wurde der „weniger teil" der Loden ungeschoren verschickt. Meistens wurde der Loden hier geschoren und zubereitet.[69]
Auswärtige Barchente durften im Prinzip in Augsburg nicht bearbeitet werden. Ja, um zu verhindern, daß auswärtiger Barchent hier geschoren wurde, mußten zwei Tuchscherer „in der stadt hin und wieder" die Werkstätten der Meister besichtigen.[70] 1554 heißt es, daß man den „dicken fryberger, landsberger und Beyrer barchent" seit alters hier nicht bearbeiten durfte.[71]

Allerdings gab es Ausnahmen. So durften die Tuchscherer Ulmer, Memminger, Ravensburger und Biberacher Barchent wie auch den „ringen futter barchat" auf das Haar scheren und kuttinieren. Zotten aus diesen Städten durften sie nach der Mange reiben, soweit sie „dem hiesigen Gewirk gleich" waren und die richtige Barchentbreite hatten. Nördlinger, Werder (Donauwörther?) und Kaufbeurer Barchent durften sie nach den Bestimmungen von 1514 „allein auf das Ebich zu schwertzen annemen".[72]

Die Tuchscherer waren mit dem Ausschluß der fremden Barchente überhaupt nicht zufrieden, zumal wenn sie wenig Arbeit hatten. Um 1571 z.B. wurden wenig dicke und grobe Barchente in Augsburg angefertigt, weil die Baumwollpreise so hoch gestiegen waren. Dies waren aber damals die Barchentsorten, die den Tuchscherern Arbeit verschafften. Dagegen war große Nachfrage nach gretischen und glatten Barchenten, für die weniger Baumwolle als für die dicken oder groben benötigt wurde. Diese Barchente verlangten kaum Scherarbeit, wenn sie überhaupt geschoren wurden. In dieser Lage verlangten die Tuchscherer, wenigstens eine Zeitlang alle fremden Barchente scheren zu dürfen. Sie betonten, daß doch auch ausländische Tuchscherer Augsburger Barchent bearbeiten durften. So würden Augsburger Barchente „als weiss, rott, grien und andere Beyfarb, sonderlich die weisse Blaichten barchat" samt den groben geschnittenen Barchenten in großer Anzahl in Ulm und anderswo bearbeitet. Mit anderen Worten, es sei nur fair, wenn sie ausländische Barchente scheren dürften.

Die Verordneten erwiderten, daß sie ja Ulmer, Biberacher, Memminger und Ravensburger Barchent bearbeiten dürften. Wenn diese Barchente nicht zum Scheren nach Augsburg kämen, dann weil die Augsburger Tuchscherer einen so hohen Lohn verlangten und man diese Barchente anderswo um den halben Preis scheren lassen könnte.

Landsberger und „Peirer" Barchent sei ihnen allerdings verboten, weil er an sich schon „ringer und schlechter" sei als der Augsburger. Wenn man ihn hier scheren lassen würde, dann würde man ihn hier auch färben lassen wollen, was aber verboten sei, um nicht den Absatz des Augsburger Barchents zu beeinträchtigen. Die Tuchscherer wurden

---

69 1603, 3. April. Protokolle 1601-05.
    Viel später, gegen Ende des 17. Jahrhunderts mußten sich die Tuchscherer gegen Eingriffe anderer Handwerker wehren. Sie beschwerten sich 1692, daß die Mangmeister die „schwarz gerollte barchet tuch auf eingelassene Art," und die ungemusirten Zotten zusammenlegten und altes Wollengewand von Kleidern mangten. Und die Karter hätten die gebleichten Trauben und Ochsen an sich gezogen, obwohl dies eine den Tuchscherern „eigentümlich zuständige lohn- und restarbeit" war. 1692, 29. Januar.
70 1549, 7. Februar. Tuchscherer 1550-53.
71 1554, 20. Juni.
72 1514, 25. Juli. So auch der „Tuchscherer Ayd" von 1549, 28. Februar, und die Ordnung von 1576, Artikel 38.

also abgewiesen.[73] Aber auch im 17. Jahrhundert durften sie Ulmer, Memminger und Ravensburger Barchent „auf das haar scheren und kuttinieren". Kaufbeurer Futter sollten sie „allein auf die Ebisch zu schwärzen" annehmen.

Anfang des 17. Jahrhunderts baten die Tuchscherer, auch Zotten aus Ulm, Memmingen, Ravensburg und Biberach reiben zu dürfen. Sie begründeten die Bitte damit, daß die Zotten wie die Barchente von „wullinem eintrag" und an sich nichts anderes als „zottete Barchat" seien. Nur zur Unterscheidung und „aufgerichteter zotten halb" würden sie Zotten oder „zottlete barchat" genannt. Der Zottenstuhl würde ja auch als Barchentstuhl betrachtet. Zudem würden die Zotten „mit weisser materi, wie sonst die anderen barchat mit allerlei farben aufgetragen". Die Tuchscherer sahen die Zotten als Ausgleich für die dicken Drei- und Viersiegler, Oxen, Trauben und Bleichtuche an, die ungeschoren ausgeführt wurden. Die Verordneten hatten nichts dagegen, daß die Zotten hier gemangt und dann von den Tuchscherern gerieben wurden.[74]

Wullengewand

Ein zweites großes Arbeitsgebiet für die Tuchscherer waren die verschiedenen Wollstoffe, die von den Lodwebern und den Geschlachtgewandern bzw. den Zeug- und Tuchmachern angefertigt wurden. Auch ihre Produktion nahm in Augsburg im 16. Jahrhundert zu, wenn auch nicht in dem Maße wie die Barchentweberei. Alles Gewand, sagten die Tuchscherer, werde von ihnen „gerahmt, gekartet, genetzt, gepresst und dann dem Schneider bis an die nadel gerichtet". Bevor der Schneider ein „schweres gewand" in die Hand bekomme, sei es fünf- oder sechsmal durch die Hand des Tuchscherers gegangen.[75] 1539 wird erwähnt, daß die Tuchscherer zu hohe Löhne für die „genetzten wullin tuche" verlangten. Man sagte ihnen, sie sollten „nach der elen ir gepürenden lon nemmen".[76]

Die Bedeutung, die die Tuchscherer den Wolltuchen zumaßen, erhellt daraus, daß nach den Ordnungen von 1549, 1656 und 1672 die Gesellen als Meisterstücke verschiedene Sorten von Wollstoffen scheren mußten.

In den Lohntabellen der Tuchscherer ist die Liste der „wullin gewand" länger als die der Barchente. Manche dieser Wullengewand sind nach ihrem Herkunftsort benannt und wurden wohl nur zum Scheren nach Augsburg gebracht, wie die Tuche aus London (Lindische Tuche) oder aus Amsterdam. Andere wie weiße und gefärbte Loden, Elfbund und Neunbund wurden auch von den Lodwebern und Geschlachtgewandern in Augsburg angefertigt.

Nach den Ordnungen von 1549 und 1576 wurden folgende Sorten von den Augsburger Tuchscherern bearbeitet:

Lindische Tuche,
Stamet
Amsterdamer Creitztuche

---

[73] 1571, 13. Januar und 18. Juni. Tuchscherer 1540-99. 1574 behaupteten die Tuchscherer, daß ihnen „die frembd arbeit gentzlich abgeschafft und entzogen worden" sei. Es ist aber fraglich, ob dies stimmt. 1574, 25. September. Protokolle 1548-81.
[74] 1606, 30. Mai, 13. Juni. Protokolle 1605-08.
[75] 1627, 15. Mai. Protokolle 1621-28.
[76] 1539,12. Juni.

Aylffpunden
Neunpunden
Weiße Loden
Gefärbte Loden

Spätestens im Jahre 1603 erscheint eine neue Sorte Loden, „so man trilch nennt". Sie waren „den Kerentuechern gleich an der Braitin und darzu fast noch einest so lang an der lengin". Die Tuchscherer in Memmingen pflegten die Trilche nicht bloß zu scheren, „sondern auch an schaufalt sonderlich vleissig (zu) butzen und mit seiden (zu) zieren".[77]

Außerdem wurden im Jahre 1603 noch folgende Tuche genannt:

schlecht Aichstetter oder Neunbund
Leipheimer und Kern Tuche

Bis Anfang des 17. Jahrhunderts waren große Mengen Münchner Loden in Augsburg geschoren worden. Kurz vor 1603 war jedoch damit Schluß. Die bayerische Regierung hatte befohlen, diese Loden in München zu scheren.

Um diese Zeit wurden von umliegenden Orten auch „schlechte gewandt als beyen und loden" nach Augsburg zum Scheren und Bereiten gebracht. Da die verschiedenen Obrigkeiten das Scheren dieser Tuche ihren eigenen Untertanen vorbehalten wollten, erhielten die Augsburger Tuchscherer auch diese Arbeiten um 1619 nicht mehr.[78] Die Augsburger Tuchscherer bekamen also weniger „wullin gewand" zum Scheren. Während sich früher 20 Meister hiermit ernährt hatten, waren es im Jahre 1621 kaum noch drei oder vier.[79] Den Tuchscherern wurde jetzt vorgeworfen, daß sie es nicht verstünden, Gewand „zu geschauen, zunetzen, zu scheren noch zur Nadel wissen zuzurichten". Die Tuche seien so übel bearbeitet, daß sie „auf dem Eisen zurück gehen".[80]

Trotz Erlasses einer Ordnung für Zeug- und Tuchmacher im Jahre 1644 blieb die Zeug- und Tuchanfertigung in Augsburg bescheiden. Auch die Bearbeitung auswärtiger Wollstoffe durch die Tuchscherer war zunächst gering. Nur wenige Tuchhändler sollen Tuche nach Augsburg gebracht haben. Sie ließen Gewand und Tuche in Leipzig, Nürnberg und anderen Orten scheren und färben. Die Tuchhändler sagten 1673, daß sich die meisten Augsburger Tuchscherer nur auf das Scheren von Barchent, Loden und Trilch, nicht aber von Tuchen verstünden. Die Tuchhändler bemühten sich aber, die Bearbeitung von Gewand und Tuchen in Augsburg anzuregen. Sie zogen ja auch den Gewand- und Schönfärber Dassdorf aus Reichenbach in Sachsen nach Augsburg. So mag es sich erklären, daß die Lohntabellen aus der zweiten Hälfte des 17. Jahrhunderts lange Listen von „wullen gewand" enthielten, die in Augsburg geschoren und gerieben wurden. Im Jahre 1657 werden folgende Tuche aufgeführt:[81]

englische oder holländische Tuche
Lindische oder Dossinger
Schlössinger, Pollnische oder breite Meixner
schmale Meixner oder Pollnische

---

[77] 1603, 3. April. Protokolle 1601-05.
[78] 1619, 9. April. Protokolle 1619-21.
[79] 1621, 26. August. Protokolle 1619-21.
[80] 1627, 15. Mai. Protokolle 1621-28.
[81] Tuchschererordnung 1657, 6. September.

Iglauer oder Mehrische Tuche
Hiesige breite Tuche
Hiesige schmale Tuche
Pay
roter Trilch
weißer oder grauer Drilch
hiesiger Loden
fremder Loden

Eine Lohntabelle aus dem Jahre 1666 ist noch reichhaltiger:

1) breit Mährisch, grossplay Bemisch, Berliner, Sittauer, Freystatter, Schlössinger und breit Meixnische Tuche
2) Eilenberger Tuche
3) Schoppner, Stolberger, Zwickauer, Leisnesche Tuche
4) Rössler
5) schmale Meixner, Kemnitzer, Torgauer
6) schmale Ederisch, Mehrisch
7) Nördlinger, Dinkelscherber
8) bessere pay
9) geweißte Rössler
10) rote Trilch
11) weiße oder graue Trilch
12) hiesige Loden
13) fremde Loden

Trotz des verschiedenen Herkunftsortes scheinen manche der Tuche ähnlich oder gleich gewesen zu sein. Deshalb wurden sie wohl in einer Gruppe genannt.

Eine Liste aus dem Jahre 1672 führt noch einige weitere Tuchsorten auf.[82] Ganz neu sind die „Rauch Tuche", die jetzt Mode waren.

Wullen gewandt 1672

1) englische, spanische, holländische, französische, Lindische oder Tosinger Tuch
2) breit Mehrisch, Grosspley Bemisch
   Görlitzer, Sittawer, Freystetter, Schlesinger und breit Meixnische Tuch
3) Eilenberger Tuch
4) Zschoppauer, Stollberger, Zwickauer, Leissnegger Tuch
5) Rössler
6) schmale Meixner, Kemnitzer, Torgauer, schmale Ederich, Mehrische Tuche
7) geweißte Rössler
8) Rauchtuch der besten gattung
9) Rauchtuch der mittlern gattung
10) geringe Rauchtuch
11) hiesige breite Tuche
12) schmale hiesige Tuche

---

[82] Ordnung 1672, 6. September. Eine kleinere Liste aus dem Jahre 1683 nennt noch einmal einige dieser Tuche, unter anderem auch „eilenberger oder dybner" Tuche.

13) Nördlinger, Dinkelscherber, Dinkelsbühler und dergleichen schmale Pay
14) bessere und andere Pay
15) weiße oder graue Trilch
16) hiesige Loden
17) fremde Loden

Es ist ein außerordentlich reiches Sortiment, das auf diesen Listen erscheint. Die Gruppierungen sind ganz deutlich. Die Tuche aus den westlichen Ländern wie England, Spanien, Holland, Frankreich und Tossingen (?) bilden eine Gruppe. Tuche aus Böhmen, Mähren, Schlesien und den Stadten Görlitz, Zittau, Meißen, Chemnitz und Torgau eine zweite. Davon werden die Tuche aus einer anderen Gruppe sächsischer Städte unterschieden, wie Zschoppau, Stolberg, Zwickau und Leisnig. Die Bedeutung der Textilproduktion im Osten des Reiches tritt also deutlich hervor. Dann kommen die Städte im schwäbisch- fränkischen Raum, wie Nördlingen, Dinkelscherben und Dinkelsbühl. Eigene Kategorien bilden die Eilenberger Tuche, die Rössler und die Rauchen Tuche. Schließlich finden wir auf den Listen die Tuche, die in Augsburg selbst angefertigt wurden, wie die breiten und schmalen Tuche, Pay (= Boy), Trilch und Loden. Wurden alle diese Tuche von den Augsburger Tuchscherern bearbeitet? Es ist anzunehmen, denn sonst hätte man kaum die Preise und die Höhe des Restes aufgeführt. Wahrscheinlich waren in den großen Warenlieferungen, die die Augsburger Kaufleute erhielten, Tuche verschiedener Herkunft.

Barchentscherer und Gewandscherer

Die Tuchscherergesellen sollten sowohl das Barchentscheren wie das Tuchscheren beherrschen, aber um 1600 haben sie die Arbeit mit Barchent vorgezogen und das „wullin gewandscheren" gemieden.[83] Das Gewandscheren war also schwerer als das Barchentscheren. Auf jeden Fall kam es zu Spezialisierung. Anfang des 17. Jahrhunderts hören wir von Tuchscherern, die nur „wullin gewand" scherten und anderen, die nur Barchent scherten. Im Jahre 1621 heißt es, daß früher 20 Meister vom „wullin gewand" gelebt hätten, jetzt nur noch drei. Nach dem Dreißigjährigen Kriege bemühten sich mehrere Tuchscherer das Scheren der „wullin gewand" wieder in Gang zu bringen. Mit Erfolg. 1668 erklärten fünf, sie könnten das Gewand ebenso gut scheren wie die auswärtigen Tuchscherer. Ja, sie seien „wegen allerlei Künsten und handthierungen vor anderen orten in der ganzen welt berühmt".

Es kam schon bald zu Differenzen zwischen den Tuchscherern, die „wullen gewand" scherten und den Barchentscherern. Die Tuch- und Gewandscherer betonten, sie hätten viel größere Ausgaben als die Barchentscherer, mit „schären, Press, Papir-Spon, Eisen Kartten, ohne was sonst noch alles ein sollich stück tuch von grundt aus recht zu richten gehört, und mit Gesellen". Ein Barchentscherer habe bei weitem nicht so viele Ausgaben und könne sein Handwerk für sich allein treiben. Ein Gewandscherer dagegen benötige Gesinde. Das Gewandscheren sei „ein solch langsame sache, mühe und arbeit, dass einem ein solch stück tuch, ehe es der kaufmann bekombt, offt durch die handt geht". Die Gewandscherer fanden es deshalb unfair, daß man sie mittels der Bestimmungen über den Rest um die Früchte ihrer Arbeit brachte. Sie sollten arbeiten und anderen das Geld

---

[83] 1603, 19. April.

geben, die sowieso schon „gute nahrung oder erspriessliche dienst haben". Gemeint waren die Barchentscherer.[84]

Auch die Gesellen wurden unruhig. 1667 oder 1668 hören wir von großer Unruhe und einem Aufstand unter den Tuchscherergesellen. Einige zogen zum Tor hinaus. Der Grund war, daß ihre Meister ihnen einen halben Taler mehr Lohn geben wollten, während die Vorgeher es ablehnten. Die Gesellen fanden es „wunderlich, warum man ihnen nicht mehr geben dörffe, es sei ja die arbeit darnach, und haben die frembde gesellen die meiste arbeit".

Worum es ging, zeigte sich bei den Unruhen während der Gesellenlade am 30. Juni 1669. Mehrere Gesellen forderten, daß man ihnen einen Wochenlohn von einem Gulden zahle und nicht bloß von 30 kr. Einige Meister hätten es ihnen selbst angeboten, einen Gulden zu zahlen, „weil die bereiterei so streng gehe".

Die Vorgeher ließen sich hierauf überhaupt nicht ein. Die Gesellen sollten doch zum Tor hinausgehen, wenn ihnen der Lohn nicht passe. Die Verordneten zeigten aber Verständnis für die Gesellen. Das Tuchscheren und das Barchentscheren sei tatsächlich nicht einerlei Arbeit. Man solle den Meistern erlauben, den Gesellen wöchentlich mehr als nur einen halben Gulden zu zahlen.[85]

Die Unterscheidung zwischen Tuchscherern und Barchentscherern blieb wohl auch in der Folgezeit erhalten.

Technische Anmerkungen

Mehr als einmal zogen die Augsburger Tuchscherer in die Niederlande, um dort neue Methoden der Tuchbearbeitung zu lernen. Angeblich hielt man von Tuchscherern nicht viel, die nicht die niederländische Bearbeitung gelernt hatten. Wir werden gleich Jeremias Neuhofer kennenlernen. Als er behauptete, das Kleinreiben der Barchente erfunden zu haben, berichtigten ihn seine Mitmeister: das Kleinreiben sei aus den Niederlanden nach Augsburg gebracht worden.[86] Aber es gab sicherlich auch in Augsburg erfindungsreiche Tuchscherer.

Die Tuchscherer erhielten das Tuch nach dem Karten und Bürsten. Für ihre Arbeit benützten sie gewaltige Scheren, die zwei etwa 60 cm lange Blätter hatten, die von zwei ebenso langen Stangen bewegt wurden. Das untere Blatt der Schere hieß der „Lieger", das obere der „Läufer". Ein mit Federkraft versehener Bogen bewirkte, daß die Blätter bei Nichtgebrauch offenstanden. Mittels eines am Lieger angebrachten Hebels, der Wanke, die der Scherer mit der rechten Hand leicht niederdrücken konnte, wurden die Scheren zusammengezogen. Die Tuche wurden auf einen langen, schmalen, gepolsterten Tisch, den Schertisch, gelegt. Der Tuchscherer strich dann die Haare des Tuches mit einer Bürste oder dem Streicheisen auf. Danach wurde das Tuch geschoren.

Die Schere wurde so aufgelegt, daß die Griffe und der Bogen über die Tischkante hinausragten. Um die durch das Rauhen der Filsdecke hervorgezogenen und durch das Bürsten aufgerichteten Wollfasern gleichmäßig abzuschneiden, rückte der Tuchscherer mit

---

[84] 1668, 8. Januar.
[85] 1669, 1. Juni. Weberhaus Nr. 170.
[86] 1604, 7. September. Protokolle 1601-05.

den scharfen Blättern der Schere über das Tuch. Oft scherten zwei Personen jeder mit einer Schere ein Stück, der erste vom Anfang bis zur Mitte, der zweite von der Mitte bis zum Ende. Um eine gleichmäßige Schur zu erhalten, mußte man die Lage des Tuches beim zweiten Schnitt verändern: Was beim ersten Schnitt an der Spitze und am Ende der Schere gewesen war, mußte nun in der Mitte liegen, um in die Mitte der Blätter zu kommen.

Es gab verschiedene Grade beim Scheren.[87] Die erste Arbeit des Tuchscherers war der „Schnitt im Haarman": Der Tuchscherer gab dem gewalkten und von dem Karter aufgerauhten Tuche einen einzigen Schnitt. Dann kam das Tuch wieder in die Walke, um es von Fetten zu reinigen. Nachdem es vom Karter wieder aufgerauht worden war, erhielt es mit scharf schneidenden Scheren zwei oder drei Schnitte, den sogenannten „Schnitt im zweiten Wasser". Nach erneutem Rauhen bekam es den „Schnitt im dritten Wasser".

Die Arbeit des Tuchscherers galt als eine der schwierigsten, da sie sowohl Fertigkeit wie auch Kraft verlangte. Viel Geschick war nötig, um die Oberfläche der Tuche nicht zu beschädigen. Fehler beim Scheren hatten verschiedene Namen. Wenn die Schere zu tief griff und Streifen entstanden, sprach man von Schmitzen. Wenn die Schere den tieferliegenden Teil nicht griff, entstanden Rattenschwänze. Bloß gequetschte, stehengebliebene Haare hießen Kläcke. Stellen, die nicht erfaßt worden waren, wurden Bankerotte genannt. Wenn zu tief geschoren war, sprach man von Fadensüchtigkeit.

Im Jahre 1610 beschwerten sich die Tuchscherer über den Widerstrich der Karter. Der Widerstrich mache die Barchente zum Scheren „ganz unförmig". Der Widerstrich wurde daraufhin in Augsburg verboten.[88]

1672 wurde den Kartern befohlen, gebleichte schmale Barchente nach dem Karten an die Tuchscherergeschau zu bringen und das gewöhnliche Zeichen darauf machen zu lassen. Sie mußten den Tuchscherern von jedem Stück einen halben Kreuzer zahlen. Offensichtlich wollte man auf diese Weise die Arbeit der Karter besser kontrollieren.

Auch später gab es Reibereien. So erwirkten die Kaufleute um 1700 eine Lizenz für die Karter, an die Geschau zu arbeiten, weil sie billiger arbeiteten. Sahen die Tuchscherer in ihnen Konkurrenten? Jedenfalls protestierten sie. Tuche scheren durften die Karter sicher nicht.

Bevor das Tuch das letzte Mal geschoren wurde, mußte es in den Rahmen gespannt werden. Wie die Lodweber hatten auch die Augsburger Tuchscherer einen Rahmgarten. Ein Rahmmeister hatte die Aufsicht. Die Rahmen bestanden „aus Säulen, die fest in die Erde gemacht sind, und oben mit horizontal liegenden Stücken Holz verbunden sind, welche man Blattstücke nennt. Unten sind wieder solche horizontal liegende Stücke Holz, welche Scheiden genannt werden, deren Enden in breiten Fugen liegen, die in den Säulen sind". Die Tuche wurden in die Rahmen gespannt, um ihnen die vorgeschriebene Länge und Breite zu geben, die sie in der Walke nicht erhalten hatten. Die Bearbeitung auf den Rahmen hing davon ab, ob ein Tuch meliert war, die natürliche Farbe behalten oder gefärbt werden sollte. Jeder Meister soll seinen eigenen Rahmen gehabt haben. Streit gab es, wenn zwei oder mehr Tuchscherer den gleichen Rahmen benützten: einmal

---

[87] Über das Tuchscheren siehe Duhamel du Monçeau, Schauplatz der Künste und Handwerke, ed. Daniel Gottfried Schreber, 1766, S. 262-280.
[88] 1610, 2. Dezember.

riß ein Tuchscherer zwei von einem anderen Meister aufgehängte Tuche herunter, weil er seine eigenen Tuche einspannen wollte.[89]

Es folgten dann das Frisieren, Streichen, Auskehren und Absetzen des Tuches. Beim Frisieren wurden die Haare auf der Oberfläche des Zeuges zusammengerollt, um kleine Knötchen zu bilden. Hierzu wurde eine mit Leim bestrichene Scheibe, die mit feinem Sand bestreut war, in schneller kreisförmiger Bewegung auf die Oberfläche des Tuches gedrückt, wodurch die Haare sich in einander verwickelten. Beim Auskehren wurde der letzte Staub aus dem Tuche entfernt. Das Absetzen erfolgte mit Hilfe einer Scheibe, die mit einer Mischung von Harzpech und Wachs oder Leim bestrichen war, auf die fein gestoßenes Glas, Sandstein, feines Glas, Feilspäne oder gestoßene Eierschalen gestreut waren. Mit der rauhen Seite der Scheibe wurde über das Tuch gefahren, um das Haar niederzustreichen.

Die Tuchscherer führten also mehrere Arbeiten aus, die in den Akten des Weberhauses angedeutet, aber nicht beschrieben werden. So heißt es, daß die Tuchscherer die Stücke „ausrauhen, rahmen, flattiren, frisirn, legen, pressen, heften und ausstaffiren". Die Lohnlisten sagen uns, daß sie die Tuche nicht bloß scheren, sondern auch zum Einlassen bereiten, weißen, kuttinieren, reiben, musieren, absetzen und verstreichen und schließlich „ins Papier richten" mußten. Der Zweck des Kuttinierens war es, das Barchenttuch „narbicht, gekräuselt, geträubelt" zu machen. Das Tuch wird „ausgespannt, auf einer Seite aufgerissen, sodann geschoren, gestrichen oder gekardet und hierauf gepresst vermittelst einer hölzernen, mit einem Kitte von einem feinen Harze und Terpentin bestrichenen Scheibe"[90]. In Ulm durfte nur mit geläutertem Harz, das aus „Eierklar" gemacht war, kuttiniert werden. Das Tuch sollte mit einem Schwamm und keiner Bürste bearbeitet werden. Es ist auch die Rede vom Schnitzen und Wixen. Die Tuchscherer durften nur mit Kreide und nicht mit Kalk oder „anderen untauglichen Dingen" weißen. Nur wenn Probleme entstanden, wird mehr gesagt. Ein Tuchscherer wurde in die Fronfeste geworfen, weil er ein Bällin Tuche bloß einmal und nicht zweimal geschoren hatte. 1533 entschied der Rat, daß gebleichte oder rohe „kart thuechl" künftig weder „kutiniert auffs haar noch geschoren" werden durften.[91] 1561 wurde den Tuchscherern befohlen, sich „des scharpfen grempels" bei den Barchenttuchen zu enthalten. Ihnen wurde auch untersagt, die Loden mit Kalk oder anderen Materien, die dazu nicht tauglich waren, zu weißen. Sie sollten Kreide verwenden.[92]

Eine Zeitlang war das „über zwerch oder schlemmen absetzen" verbreitet. Irgendwie ließ sich auf diese Weise „unfleissiges scheren" vertuschen. Eine Weile ließen die Geschaumeister es durchgehen, bis die Tuchscherer selber Krach schlugen. 1610 wurde angeordnet, daß an „allen geschorenen barchaten künftig nit mehr schlemm oder über zwerch, sondern abwärtz und krad abgesetzt wird". Da man hierfür mehr Arbeit und Zeit benötigte, schlugen die Verordneten vor, den Tuchschererlohn für groben, gemeinen Barchent zu erhöhen.[93] Nach diesen Arbeiten kamen die Wolltuche in hölzerne Pressen. Die Dauer und Art des Pressens hing von der Beschaffenheit des Tuches ab. Schwarze

---

[89] 1672, 21. November. Protokolle 1658-1729.
[90] Fischer, Schwäbisches Wörterbuch, Band 4, S. 880.
[91] 1533, 15. September und 1535, 23. Juli. Schuldbuch, 1624, 6. Juli. Protokolle 1621-18.
[92] 1561, 7. September. Protokolle 1548-81. Odnung 1549. Ordnung 1618, Artikel 44 und 45.
[93] 1610, 23. September.

und scharlachrote Tuche wurden kalt gepreßt. Tuche, denen man einen Glanz verleihen wollte, wurden in Pergament zwischen warmen oder heißen eisernen Platten gepreßt. Marperger hat diese Pressen anschaulich beschrieben.[94] Man legt acht oder mehr gefaltete Tuche in die Presse und zwischen jede Falte „einen grossen Regal-Bogen gepapt Papier", die sogenannten Tuchscherer-Späne. In der Presse werden auf die Tuche Bretter gelegt, auf diese ein dünnes Blech und auf diese wiederum glühende „gegossene eiserne Blatten". Diese werden mit einem dünnen Blech und mit Brettern bedeckt. Dann wird die Presse schnell zugeschraubt. Obwohl das glühende Eisen zwischen zwei Brettern liegt, zündet es sie doch nicht an, wenn die Presse fest zugeschraubt ist. Es erwärmt statt dessen die ganze Presse. Damit das oberste Tuch nicht die größte Wärme und die beste Presse erhält, wird die Presse nach einer Weile wieder aufgeschraubt. Die Tuche werden dann so hineingelegt, daß das unterste nach oben kommt. Die Eisen werden wieder erwärmt und die Tuche von neuem gepreßt. Die Tuche bleiben drei bis vier Tage in der Presse.

Barchent wurde anscheinend nicht gepreßt. Mehrmals mußte aber den Tuchscherern im 16. Jahrhundert eingeschärft werden, daß Barchent nach dem Scheren „weder gepresst noch getreten, in summa das nix hie gearbeitet werde, dass dem handwerk möchte zum nachteil werden".[95]

Aber für Wolltuche hatten auch die Augsburger Tuchscherer regelrechte Pressen. Die Stadt Weißenburg fragte nämlich 1699 an, ob den Schwarzfärbern in Augsburg eine Presse gestattet würde und ob sie mit heißen Spänen wie die Tuchscherer pressen und Presseisen führen dürften? Die Tuchscherer erklärten hierzu, daß nur ihnen eine Presse zustehe. Die Färber färbten und mangten. Die Färber hätten kein Recht, halbwollene und ganzwollene Manufacturen zu pressen.[96]

Auch in der Folgezeit war der Gebrauch von Pressen und das kalte und warme Pressen der Tuche und Zeuge nur den Tuchscherern erlaubt und nicht den Tuch- und Zeugmachern oder Färbern.[97] Allerdings wollten es die Tuchscherer nicht dulden, daß ein Mitmeister seine Presse im Handwerksdienerhaus betrieb. Er solle sich eine Wohnung besorgen, die Platz genug für eine Presse habe.

Auch mit den Färbern hatten die Tuchscherer Streit. Gemeine Farbtuche sollten geschoren und gerieben und dann erst gefärbt werden. Die Färber sollten keine Barchente zum Färben annehmen, die nicht der Tuchscherergeschau vorgelegt worden waren. Immer wieder beklagten sich aber die Tuchscherer, daß die Färber auch Tuche färbten, die von ihnen nicht bearbeitet worden waren.

Um 1681 hat der Rat den Färbern erlaubt, „schlechte" Tuche ungeschoren zu färben, nachdem die Färber versichert hatten, die Tuche seien ungeschoren, in Leibfarben, schöner als geschoren zu färben. Die Tuchscherer sagten später, der Verkauf der Tuche auf dem Lande sei daraufhin zurückgegangen. Denn Tuche, die gefärbt würden, ohne vorher

---

[94] Paul Jacob Marperger, Beschreibung des Tuchmacher-Handwercks, 1723, S. 41-42.
[95] Ordnung 1549, Artikel 15 und Ordnung 1576.
[96] 1688, 5. April und 11. Juni. Tuchscherer Nr. 170. Die Augsburger Schwarzfärber bestätigten diese Aufteilung, fügten aber hinzu, daß in Hessen, Holstein, Pommern und den Braunschweigischen Landen kein Unterschied gemacht werde und die Färber ebenso wie die Tuchscherer Pressen betreiben durften.
[97] 1728, 31. August. Ebenso 1730, 12. April. Protokolle 1724-37. Die Tuchscherer hatten hierfür sogar ein kaiserliches Schutzpatent vom 23. Juli 1715.

geschoren worden zu sein, hielten die Farbe nicht halb so lange. 1705 baten die Tuchscherer den Rat, den Färbern nicht zu gestatten, auch feinere Barchenttuche ungeschoren zu färben und zu drucken.[98] Die Tuchscherer klagten auch, daß die ungeschorene Ware jetzt von den Färbern „gemusiert und gestörkt" werde, was eigentlich nur ihnen zustehe. Die Tuche würden dann von den Färbern „in das papir zugerichtet", als wenn sie von den Tuchscherern kämen.

Eine wichtige Rolle spielte bei den Tuchscherern das Schnitzen der Tuche, für das feste Regeln bestanden. So durfte man ein Barchenttuch nicht länger als vom Morgen bis zur Geschauzeit aufspannen und auf ihm schnitzen. Danach sollte der Tuchscherer es „merken" und an die Geschau bringen. Ein Tuchscherer wurde bestraft, weil er es zu lange aufgespannt hatte. Er versicherte allerdings, er habe „lenger nit als vonn morgen biss uff 11 oder 12 Uhr darob geschnitzt".[99]

Tuchscheren und Schnitzen gehören zusammen, versicherten die Tuchscherer. Schon in ihren Lehrbriefen stehe, daß einer „in specie leinwath und zwilch wixen, auch N.B. von Fellen schwartz und andere farben schnitzen und färben könne".[100]

Farben wurden auch auf Leder „geschnitzt". So war das Schnitzen mit schwarzer Ölfarbe auf Leder (nicht aber auf Barchent) seit je bei den Tuchscherern gebräuchig.[101] 1552 soll der Rat einen Vergleich zwischen den Tuchscherern einerseits und den Säcklern und Nestlern andererseits über das Lederschnitzen getroffen haben. Die Tuchscherer versicherten Ende des 17. Jahrhunderts, sie hätten „seit unvordenklichen Jahren" das Recht gehabt, das „Lederschnitzen zu treiben, und von allerhand farben, ohnverhindert männiglichs mit wasser und Ölfarben zu gründen, färben oder truckhen". Die Nestler und Säckler dagegen dürften nur „dz loden, so viel sie selbsten uf ihrem handwerk an Nestelen, Handschuhen selbsten zu verarbeiten haben, nach gefallen färben, nicht aber unverarbeitet anderen dz loden umb lohn schnitzen oder färben".[102]

Wir werden später sehen, daß der Tuchscherer Jeremias Neuhofer um diese Zeit auch das Färben von Leder mit Wasser und Ölfarben betrieb, bevor er den neuen Kattundruck einführte.

Sein Großvater oder Urgroßvater, ebenfalls ein Jeremias Neuhofer, hatte um 1600 bei der Erfindung des Schnitzens eine führende Rolle gespielt. Er geriet gerade wegen seiner Erfindungen in einen ganz ungewöhnlichen Streit mit den anderen Tuchscherern.[103]

Jeremias Neuhofer und seine Erfindungen

Der Streit zwischen Neuhofer und dem Tuchscherhandwerk erregte so viel Aufsehen, daß die Verordneten praktisch alle Schriftstücke in die offizielle Sammlung der „Berichte

---

[98] 1705, 2. November.
[99] 1606, 8. August. Protokolle 1605-08.
[100] So sei es auch in Sachsen, Österreich, Ungarn, Schlesien, Mähren, Thüringen und anderen Orten, wo ihr Handwerk getrieben wird. 1657, 3. Juli.
[101] 1605, 2. Januar. Protokolle 1601-05. Ebenso 1604, 7. September.
[102] 1697, 10. September.
[103] Auch im 18. Jahrhundert kam es zu Streit darüber, ob die Tuchscherer rohe Tuche, Bomasine und Cottone färben dürften, wie der Tuchscherer und Cottondrucker Daniel Spatz behauptete. Der Rat sagte ein klares Nein. Spatz wurde auf seine Profession des Tuchscherens, Bomasin- und Cottondruckens verwiesen. Die Rechte der Schwarzfärber wurden „unverstümpelt und unabgeschnitten" gelassen. 1714, 25. Juli.

und Dekrete" des Weberhauses aufnehmen ließen. Bei dem Streit ging es um Neuhofers Fertigkeit, geschorenen Barchent klein zu reiben und von allerlei Farben zu schnitzen. Obwohl es nicht immer leicht ist, wollen wir versuchen, den Streit über diese technischen Probleme zu verfolgen.

Gemeine Barchenttuche wurden erst geschoren und dann gerieben.[104] Das „Kleinreiben" war wohl eine verfeinerte Art zu reiben. Aber ganz klar sind die Aussagen nicht. Die Tuchscherer sagten, wenn man den Barchent „gemach schert" und die „fürnembste Woll" schon weggeschoren ist, würden andere zarte Haare wieder hervorgezogen und mit der Reibscheibe kleine „zarte Treublein" auf das Barchenttuch gerieben. Neuhofer bestritt dies. Das Kleinaufreiben bestehe nicht allein darin, den Barchent gemach zu scheren und die Reibscheibe zu benützen. Wie sollte man „schöne, zarte treiblein darauf treiben" können, wenn die „fürnembste wolle" bereits weggeschoren sei. Das Wichtigste sei die besondere Reibscheibe, die er erfunden habe und die er selbst anfertige. Die Tuchscherer bestritten allerdings, daß Neuhofer sie erfunden habe. Man könne sie überall für Geld kaufen.

Der zweite Streitpunkt hing mit dem Schnitzen zusammen. Beim Schnitzen ging es darum, „unterschiedliche farben" auf den Barchent zu tragen. Seit vielen Jahren gehörte es zum Meisterstück, ein weiß gebleichtes Barchenttuch „auf dem unrechten oder letztern ort" und dann ein anderes weißes Barchenttuch „an dem gerechten ort" mit Wasser- und Leimfarben zu schnitzen. Neuhofer sagte, ihm sei es gelungen, an die 50, 60 und mehr Farben „auf der Ferber Farben zu schnitzen". Wichtiger noch war, daß er den Ölschwarzschnitz als seine Erfindung betrachtete. Es ging hier also nicht um Wasser- oder Leimfarben, sondern um Ölfarben. Die schwarze Ölfarbe, sagte er, sei die „rechte Prinzipalfarb, davon mehrteil andere farben iren ursprung nemen". Das „Schwarzschnitzen" mit Ölfarbe sei deutlich von dem Schnitzen mit Wasserfarbe oder Leimfarbe zu unterscheiden.

Neuhofer betonte, er sei der Erfinder dieser neuen Verfahren. Dank Gottes Hilfe, fleißigem Nachsinnen und Mühe und Arbeit habe er das Kleinreiben, das Schnitzen mit 50, 60 und mehr Farben und das Ölschwarzschnitzen eingeführt. Er erzählte, wie er „tag und nacht mit scharpfem nachsinnen ... den Kopf zerbrechen, fleiss, mühe und arbeit, den uncosten zugeschweigen ..." sich bemüht habe, eine neue, „an fremden orten hochberühmte invention an tag zu bringen". Das Geheimnis des Ölschwarzschnitzens habe er nicht einmal seinen Brüdern offenbart.

Die Tuchscherer sagten allerdings, daß Neuhofer diese Verfahren nicht erfunden habe. Das Kleinreiben der Barchente, ob sie grün, rot, weixelbraun, stahlgrün, erdfarbig waren, sei aus den Niederlanden nach Augsburg gebracht worden. Auch die Lehrjungen und Gesellen könnten klein reiben. Es sei ein Teil des Meisterstückes. Die Tuchscherer bestritten auch, daß Neuhofer das Schnitzen von allerlei Farben erfunden habe. Diese Arbeit könne in einem Tage von den Malern oder Illuministen gelernt werden. Bevor man je von Neuhofer gehört habe, habe bereits ein Wilhelm Beurer in verschiedenen Ölfarben geschnitzt, wie „Bomeranzen Farb, blau, grien, gelb und anderen Farben". Neuhofer selbst habe es von einem „Dochenmacher" gelernt. Die Tuchscherer gaben aber zu, daß Neuhofer eine besondere Art, schwarz oder mit Farben zu schnitzen, gelernt habe.

---

[104] Ordnung 1672, Artikel 37. 1610 erlaubte der Rat allerdings, geriebene gemeine Barchente auch ungeschoren zu verschicken.

Auch das Schwarzschnitzen mit Ölfarben sei neben den Wasser- und Leimfarben schon viele Jahre praktiziert worden, bevor Neuhofer das Handwerk gelernt habe. Seit mehr als 60 Jahren müsse man bei Vorlegung des Meisterstückes mit schwarzen Ölfarben schnitzen. Wer mit Wasser- und Leimfarben schnitzen kann, könne es auch mit Öl. Der „Kunst halber" sei kein anderer Unterschied, als daß zu dem einen Öl, zu dem anderen Wasser, manchmal auch Bier genommen werde. Allerdings würden die Meisterstücke mit Wasserfarbe und Leimfarbe gemacht. Denn bei Öl erschienen auf dem weißen Barchent Flecken. Und dann sei es auch teurer: der Lohn bei Leimfarbe sei 4 kr, bei Ölfarbe 20 bis 24 kr.

Ob nun diese Fertigkeiten schon weit verbreitet waren oder nicht, Neuhofer begann im Jahre 1595 das Kleinreiben und Schnitzen mit allerlei Farben mit großem Erfolg zu treiben. Mußten Barchente, die auf diese Weise bearbeitet wurden, zum Rest gezählt werden? Nach einem Vierteljahr verlangten die Vorgeher, daß auch sie zum Rest kämen. Neuhofers Arbeiten erlangten aber in den nächsten drei Jahren einen solchen Ruf, daß die Kaufleute sich dafür verwandten, sie nicht durch die Bestimmungen über den Rest zu beschränken. Der Rat entschied tatsächlich 1598, daß Neuhofer geschorene Barchente klein reiben und „von allerlei farben" schnitzen dürfe, ohne an den Rest gebunden zu sein, solange diese Arbeiten nicht auch von den anderen Tuchscherern allgemein ausgeübt wurden. Neuhofer dürfe aber in dieser Zeit keinen Barchent und kein „wullin gewand" für die Geschau scheren und auch die „rauchen barchate" nicht reiben.

Neuhofer war in der Tat erfolgreich und machte anscheinend schöne Gewinne. Da er nicht an den Rest gebunden war, erhielt er manche Woche über 200 Stücke Barchent zur Bearbeitung. Voller Neid sagten die Tuchscherer, daß er wöchentlich 20 fl Gewinn habe, während sonst ein älterer Meister „mit emsiger arbeit" nur 2 fl 15 kr einnehme, ein jüngerer sogar nur 1 fl 30 kr. Neuhofer meinte allerdings, daß seine Mitmeister durchaus nicht so arm seien: sie hätten Häuser und gute Dienste und handelten mit ihren eigenen Tuchen. Auf jeden Fall war es unvermeidlich, daß es zu Streit zwischen Neuhofer und den anderen Meistern kam.

Die Tuchscherer beschwerten sich 1599, daß Neuhofer mit mehr als einem Gesellen arbeite, was gegen die Ordnung sei. Neuhofer berief sich erst auf das Dekret von 1598, das aber über Gesellen gar nichts sagte. Er bat dann, ihm so viele Gesellen zuzulassen, wie er für seine Arbeiten benötigte, auf jeden Fall fünf oder sechs. Die Verordneten sagten, daß Neuhofer nicht der einzige Meister sei, der Barchente klein rieb und mit Farben schnitze. Aber auf die rund 100 Werkstätten kämen zur Zeit nur 38 Gesellen. Wenn jede der 23 Witwen einen Gesellen habe, blieben noch 15 für alle übrigen Meister. Wenn man Neuhofer fünf oder sechs Gesellen zugestehe, habe er einen unbilligen Vorteil. Er wolle offensichtlich alle Arbeit an sich raffen. Neuhofers Gesuch wurde daraufhin vom Rat abgewiesen.[105]

Daraufhin baten mehrere Kaufleute, ihn wenigstens vier Monate lang mit zwei Gesellen arbeiten zu lassen, da auf den Märkten wie Bozen die von Neuhofer mit allerlei Farben geschnitzten und klein geriebenen Barchente besonders gefragt seien.[106] Die Verordneten wiederum warnten den Rat, daß die Austeilung über den Haufen geworfen

---

[105] 1599, 6. März.
[106] 1599, 4. Mai.

würde, wenn man Neuhofer mehr Gesellen zugestehe. Diese Gesellen würden übrigens hier die neue Art der Kuttinierung lernen und dann auch in anderen Städten verbreiten. Neuhofer hatte aber immer noch Fürsprecher im Rate. Man gestattete ihm, einen Gesellen mehr als in der Ordnung vorgeschrieben war vier Monate lang zu beschäftigen. Andere Tuchscherer, die diese Arbeiten auch verfertigten, sollten das gleiche Recht haben. Als die vier Monate vorbei waren, baten mehrere Kaufleute wieder, ihm den extra Gesellen noch weiterhin zu lassen, weil er die Arbeiten gar nicht alle erledigen könne. Natürlich waren die Tuchscherer dagegen. Wir wissen nicht, was der Rat entschied. Neuhofer arbeitete jedenfalls auch in den nächsten Jahren mit zwei Gesellen und seinem Sohn.[107]

Die Tuchscherer waren aber nicht bereit, Neuhofers Privilegien hinzunehmen. Im Jahre 1600 sollen sie versucht haben, sein „schwarzoelfarbschnitzen" zu verbieten. Ohne Erfolg. Die Verordneten gestatteten ihm, das Schnitzen der Barchente mit schwarzer Ölfarbe weiterhin zu üben. Zu einem großen Krach kam es, als die Vorgeher ihm im April 1604 verboten, Barchent mit schwarzer Ölfarbe zu schnitzen, da sich das Schnitzen mit „allerlei Farben", das ihm 1598 gestattet worden war, nicht auf die schwarze Ölfarbe erstrecke.

Neuhofer argumentierte, daß die schwarze Farbe in dem Wort „allerlei farben" inbegriffen sei. Da diese Arbeit im Handwerk „nicht gemein" sei und er sie nun sechs Jahre „unverwöhrt" getrieben habe, bat er auch weiterhin schwarze Ölfarben auf die klein geriebenen Barchente schnitzen zu dürfen.[108] Die Tuchscherer kamen daraufhin deutlicher gegenüber dem „widerspenstigen" Neuhofer heraus. Sie bestritten, daß Neuhofer das „Kleinreiben" oder das „Schwarzschnitzen mit Ölfarben" erfunden habe. Beide Verfahren seien den Meistern bekannt. Sie hatten auch eine Erklärung dafür, daß Neuhofer so viele Tuche zur Bearbeitung erhalte: er habe die Kaufleute durch den Kauf von Prisil und Indigo an sich gezogen, die er dann entgegen der Ordnung den Färbern wieder verkaufe.

Neuhofer antwortete darauf geschickt, daß wenn das Schwarzschnitzen mit Ölfarben ein „so schlecht ding" sei, das dem Handwerk allgemein bekannt sei, dann könnten es ja alle ausüben. Aber sie täten es eben nicht. Kurzum, der Rat solle ihn in diesen beiden „eximierten stücken des kleinen aufreibens und schwarzschnitzens mit Oelfarb" auch weiterhin schützen.

Aber die Tuchscherer waren nicht gewillt, Neuhofers Sonderrechte länger zu dulden. Das Dekret habe Neuhofer die besonderen Rechte eingeräumt, solange seine Invention nicht gemein sei. Das Kleinreiben wie auch das Farbschnitzen seien jetzt aber ein „gemein ding". Es gäbe Meister, die „Oelfarben in zweinzigerlei sorten schnitzen" könnten. Neuhofer habe bloß deshalb so viel Arbeit, weil er keine sofortige Bezahlung von den Kaufleuten verlange. Er solle sich wie andere Meister künftig auf seinen wöchentlichen Rest beschränken.[109]

Die Verordneten suchten wie so oft einen Kompromiß. Sie waren bereit, Neuhofers Rechte zu wahren, soweit es um das Kleinreiben und das „schnitzen von allerlei Farben" ging. Auf das Schwarzfärben mit Ölfarbe habe er keine besonderen Rechte, da es schon seit vielen Jahren geübt worden sei und auch in dem Dekret von 1598 nicht erwähnt werde. Übrigens sei Neuhofers Kleinreiben sehr ungleich, „weil er grober reibt weder er

---

[107] 1599, 14. September.
[108] 1604, 1. April.
[109] 1604, 10. Juli.

befugt ist". Man solle deshalb den Geschaumeistern Musterstücke für das Kleinreiben geben.

Die Diskussion ging dann noch weiter. Die Verordneten empfahlen schließlich, daß das Kleinreiben (es ist jetzt ein gemein Werk) und das Schwarzschnitzen mit Ölfarben (es ist nicht Neuhofers Erfindung) in den wöchentlichen Rest gezogen werden sollten. Das Schnitzen mit allerlei Farben solle Neuhofer auch weiterhin außerhalb des Rests üben dürfen. Er könne hiermit immer noch jede Woche mehr verdienen als 10 oder 20 Tuchscherer.[110]

Neuhofer hatte wahrscheinlich auch jetzt noch Fürsprecher im Rate. Jedenfalls ließ sich der Rat nicht drängen. Die Tuchscherer sollten erst einmal beweisen, daß sie das Schwarzschnitzen mit Ölfarbe und das Kleinreiben ebenso beherrschten wie Neuhofer.

Die Vorgeher der Tuchscherer erklärten sich bereit, Barchenttuche zu kaufen, sie färben zu lassen und dann von ihren Mitmeistern scheren und aufreiben zu lassen, um zu zeigen, daß sie es genau so gut wie Neuhofer verstanden. Neuhofer wollte mehr. Alle Meister sollten unter Eid gefragt werden, ob sie mit eigenem Werkzeug und ohne weitere Unterweisung fähig seien, die Probe auf fünf eigenen Stücken Barchent (und nicht bloß Trümmern) zu machen, nämlich das Schwarzölfarbschnitzen auf dreierlei Farben, Rot, Gelb und Grün, dann das Kleinreiben auf einen Einsiegler und einen weichselbraun gefärbten Dreisiegler.

Der Rat entschied schließlich, daß sowohl die Tuchscherer wie auch Neuhofer Proben mit den von ihnen selbst gemachten Farben auf dem Weberhaus machen sollten. Die Meisterzeichen auf den Tuchen sollten verdeckt werden, damit man nicht sehen konnte, wer sie bearbeitet hatte. Die Tuche seien dann neun unparteiischen Handelsleuten vorzulegen.

18 der 108 Tuchscherer haben daraufhin Anfang Mai 1605 diese Proben auf dem Weberhaus angefertigt. Neuhofer machte noch verschiedene Einwände. So beanstandete er, daß die Meister besonders gute rohe Tuche ausgewählt hätten. Da sie die Tuche vom Weberhaus nach Hause mitgenommen hätten, wisse man nicht, ob sie sie nicht heimlich „verbessert" hätten.[111]

Die Tuchscherer wiederum erklärten, es sei nun genug diskutiert worden. Man solle die Proben prüfen. Und Neuhofer solle sich künftig mit seinem Ölschwarzschnitzen, dem Kleinreiben und dem Schnitzen von allerlei Farben auf seinen Rest beschränken.

Obwohl Neuhofer immer noch Einwände machte, wurden die Tuche schließlich im Juli 1605 geprüft. Es handelte sich um sechs alte, klein geriebene Tuche Neuhofers und die Tuche der 18 Meister. Da keines von Neuhofers Tuchen mit dem Ölschwarzschnitz bearbeitet war, wollten die Verordneten auch hiervon Proben sehen. Es scheint, daß sowohl Neuhofer wie die anderen Meister in der Folgezeit auch noch Proben von Ölschwarzschnitzen machen mußten. Und zwar waren es Tuche, die

    1) mit Ölfarben schwarz auf rot geschnitzt, und

    2) mit Ölfarben schwarz auf weichselbraun geschnitzt worden waren.

Die Tuche wurden sieben Kaufleuten am 4. Oktober zur Begutachtung vorgelegt.[112]

---

[110] 1604, 24. Oktober.
[111] 1605, 24. Mai.
[112] Hieronymus Harder, Marx Hetzl, Jeronimus Wassermann, Hans Georg Oesterreicher, Hans Georg Bihler, Christoph Fischer, Jeronimus Mair.

Es zeigte sich, daß das Kleinreiben der Barchente tatsächlich ein „gemein werk" unter den Tuchscherern war. Die Proben der Meister waren, wenn nicht besser, so doch ebenso gut wie die Neuhofers. Weitaus die meisten der Tuche, die mit Ölfarben schwarz geschnitzt worden waren, 29 von 38, waren Kaufmannsgut. Nur neun hielten die Kaufleute für ungeeignet. Auch hier zeigte sich, daß Neuhofers Arbeit durchaus nicht besser war als die der anderen Meister.

Der Rat beschloß im November 1605, daß Neuhofers Kleinreiben und Schwarzschnitzen mit Ölfarben wieder in den Rest zu setzen sei. Neuhofer hatte also seine Privilegien verloren. Nur mit Bei- und Nebenfarben durfte er noch über den Rest hinaus arbeiten.[113]

Die Tuchscherer hatten also endlich ihre wesentlichen Forderungen durchgesetzt. Jeder der 18 Meister, die Proben gemacht hatten, erhielt vom Handwerk 3 fl verehrt. Obendrein richteten die Tuchscherer „ein solches freudenspiel an, dass sie einen sondern Umtrunk zu sonderem Hohn und Spott (Neuhofers) auf etlichen Tischen herumgehen lassen".

Wenige Wochen später erklärten die Tuchscherer, daß Neuhofer sich auch beim Schnitzen mit Bei- und Nebenfarben an den Rest halten müsse, da auch diese Arbeit nichts Neues mehr im Handwerk sei. Andernfalls könne er auf zweierlei Weise arbeiten. Weiterhin sollte er einen seiner zwei Gesellen entlassen.

Aber der Rat war vorsichtiger. Im Januar 1606 gab man Neuhofer die Wahl „zur ferneren ergetzlicheit deren durch ine aufgebrauchten arbeit, so nun mehr etwas gemein", das „bey und nebenfarben schnitzen" entweder mit einem Gesellen bis zum 20. Oktober 1608 oder mit zwei Gesellen bis Ende des Jahres 1606 auszuüben, ohne an den Rest gebunden zu sein. Beim Kleinreiben und Schwarzschnitzen war er aber an den Rest gebunden.

Neuhofer entschied sich, die erste Bedingung anzunehmen: mit einem Gesellen bis zum 20. Oktober 1608 zu arbeiten.[114] Nach dem 20. Oktober 1608 unterlag Neuhofer also wieder wie die anderen Tuchscherer den Bestimmungen über den Rest.

War Neuhofer ein Experimentierer und Erfinder, den die anderen Meister um den Gewinn seiner Errungenschaft beneideten? Oder benützte er nur Verfahren, die längst im Handwerk bekannt waren? Der Rat hätte ihm unter dem Druck der Kaufleute kaum die erwähnten Privilegien verliehen, wenn er nicht tatsächlich neue Methoden angewandt hätte, die sich auf den Absatz der Barchente günstig auswirkten. Es ist aber möglich, daß im Laufe der Jahre diese Verfahren auch von anderen Meistern übernommen worden waren. So mag es zu erklären sein, daß sie schließlich ebenso gute Arbeit wie er lieferten. Neuhofer scheint starr, rechthaberisch und überheblich gewesen zu sein. Das ganze Handwerk wehrte sich schließlich gegen ihn. Aber er scheint auch ein ungewöhnlich experimentierfreudiger Tuchscherer gewesen zu sein, der der Farbverwendung neue Wege wies. Und übrigens, er hatte in diesen Jahren tolle Einnahmen. Im Jahre 1597 war er noch ein mittlerer Handwerksmann gewesen, dessen Vermögen sich auf 250 fl bis 500 fl belaufen hatte. Bis 1604 hat sich sein Vermögen verachtfacht: es lag jetzt zwischen 1650 fl und 3300 fl. Neuhofer war nun wohlhabend.[115]

---

[113] 1605, 5. November.
[114] 1606, 19. Januar.
[115] Steuer 1597: 1 fl 15 kr. 1604: 8 fl 15 kr.

Geschau

Bis 1480 scheinen vier Geschaumeister die Arbeit der Tuchscherer geprüft zu haben: zwei Tuchscherer, ein Weber und ein Schneider.[116] Aber dann entschied der Rat, daß es nur noch drei Geschaumeister geben solle, einen Weber und zwei Tuchscherer, von denen je einer jedes Jahr abtreten solle.[117] So ist es dann bis in das 18. Jahrhundert geblieben. Seit Mitte des 17. Jahrhunderts mußte die konfessionelle Parität eingehalten werden.[118]

Da die Tuchscherer kein reiches Handwerk waren, finden wir auch kaum einen reicheren Geschaumeister. Aber 85% der Meister an dieser Geschau hatten einen mittleren Besitz (Steuer: 16-60 kr und 1-10 fl).[119] Die Geschaumeister mußten unbescholten sein. Einer, der „händel gehabt, die wider die redlichkeit lauffen", bekam Schwierigkeiten.

Außer den Geschaumeistern war auch ein Tuchscherermeister bei der Geschau anwesend. Nicht um zu schauen, sondern um zu helfen. Alle Tuchscherermeister mußten nacheinander acht Tage an der Geschau sitzen und „die tuche alher ziechen". Wenn dieser Meister nicht pünktlich da war und erst eine Viertelstunde später kam, mußte er 3 kr zahlen. Kam er überhaupt nicht, 8 kr.[120]

Es wird nicht gesagt, an welchen Tagen die Tuchscherergeschau gehalten wurde. Um 1600 setzten sich die Geschaumeister gleich nach 12 Uhr an die Geschau und standen vor 14 Uhr nicht auf. Wenn viel Arbeit vorhanden war, schauten sie bis 16 Uhr oder so lange, wie Arbeit vorhanden war. Wenn ein Tuchscherer am Morgen oder am Abend, nachdem die Geschaumeister schon aufgestanden waren, Tuche schauen lassen wollte, mußte er 2 kr zahlen, gleichgültig ob er viel oder wenig hatte.[121] Ein Tuchscherer behauptete allerdings, daß die Geschau selten oder praktisch überhaupt nicht um 12 Uhr begann, sondern erst gegen 13 Uhr. Die Geschaumeister stünden auch bald wieder auf, weil nicht festgelegt worden sei, wie lange die Geschau dauern solle.[122]

Bis 1576 durfte ein Meister während der Geschau seiner Tuche nicht im Geschaustüblein anwesend sein. Wenn er nicht gleich, nachdem er seine Tuche „aufgesetzt" hatte, aus dem Geschaustüblein ging, mußte er eine Geldstrafe zahlen. 1576 setzten es die Tuchscherer schließlich durch, daß der Meister bleiben durfte, bis seine Tuche geschaut waren. Wenn sich Fehler fanden, konnten sie ihm gleich „verwisen" werden. 1618 wurde den Meistern sogar verboten, aus dem Geschaustüblein zu gehen, bis ihre Tuche geschaut worden waren.

Die Geschaumeister schauten die Tuche mit dem „Reicheisen". Niemand sollte nach dem Schauen, wie es 1480 heißt, „in ihre Eide hineinreden oder ungehorsam sein". Nach

---

[116] 1480, Donnerstag nach Simonis et Judae (2. November).
[117] 1480, Aftermontag nach Simonis et Judae (31. Oktober).
[118] Bis 1651 erhielt jeder der drei Geschaumeister 15 fl pro Quartal, dann nur noch 12 fl, um 1786 schließlich nur noch 8 fl.
[119] Vermögenssteuer der Meister an der Tuchscherergeschau 1618-1717.

0	1-15 kr	16-60 kr	1-10 fl	über 10fl	alle	Steuer nicht bekannt
4	6	27	31	1	69	15
5,79%	8,69%	39,13%	44,92%	1,44%		

[120] Ordnungen 1576 bis 1682.
[121] 1606, 27. Juli. Protokolle 1605-08.
[122] 1606, 8. August. Protokolle 1605-08.

der Geschau wurden Barchent und Leinwand entweder auf dem Weberhaus „an gehörten orten" oder in den Stadt- und Nebenmangen gesiegelt. Die Tuchscherer mußten die Tuche mit ihren Zeichen bezeichnen, damit der Kaufmann oder Färber von ihnen Schadenersatz erhielt, wenn sich an dem Tuch ein „schaden oder schnitt" fand.

Um zu verhindern, daß die Meister „ein ander engnus zufuegen", weil der Platz im Geschaustüblein eng war, war den Meistern das „einbinden der Tuche wie von alter her" verboten.[123]

Während der Geschau notierte ein Schreiber, wie viele Tuche die Meister schauen ließen. Jeden Samstag verglich er diese Zahlen mit den Angaben der Viertelmeister. Die Tuchscherer betonten, daß die Geschau nicht leicht war: „ so hat ein geschauer an vier unterschiedlichen märkten genug zu tun und zu lernen, bis er diese geschau recht ergreift und die Mängel recht lernt erkennen".[124]

Wenn die Geschauer fanden, daß ein Tuch beim Scheren beschädigt worden war, durften sie es nicht siegeln. Es durfte dann auch nicht gefärbt werden. Obendrein mußte der Tuchscherer ein Strafgeld zahlen. So mußte z.B im Jahre 1480 ein Hans von Ravensburg eine Strafe von 60 den. zahlen, weil er ein Barchenttuch verdorben hatte.[125]

Im 16. Jahrhundert gab es wegen dieser fehlerhaften Tuche Streit. Die Ordnung von 1549 sagte nur, daß ein Meister 6 kr zahlen solle, wenn er ein „löchlein" in ein Tuch schnitt und es nicht meldete. In der Praxis gab es aber mehr Fälle. So bildeten sich Gebräuche, die der Ordnung nicht einverleibt waren. Im Grunde war man recht hart. Wenn ein Tuch „nit gleich" war, aber es noch hergerichtet werden konnte, mußte der Meister 2 Pfennige zahlen. Wenn ein Tuch „böss schleg hatt und ungleich ist" und ihm nicht mehr geholfen werden konnte, galt es als verfallen. Dazu kam eine Strafe von 2 Kreuzern. Wenn einer ein Löchlein in das Tuch haute und es nicht meldete, wurde das Tuche zerschnitten und eine Strafe von 6 kr verhängt.

Obwohl das „ganz handwerk" 1576 forderte, diese Praktiken abzuschaffen, wollten die Verordneten sie beibehalten, da es sonst zu einer „üblen geschau" kommen werde. Aber sie milderten das Verfahren. Wenn einem Tuche, das „mit unfleiss geschoren war, noch wohl zu helffen" wäre, sollte es ein Zeichen erhalten. Es sollte dann dem Tuchscherer zurückgegeben werden, damit er es mit „mehrerem vleiss" bearbeitete. Wenn er dann mit der unfleißigen Arbeit zum zweiten Male kam, sollte er pro Tuch 3 Pfennige Strafe zahlen. Ihm sollte das mangelhafte Tuch aber noch einmal zur Bearbeitung gegeben werden, „wie dann vor altem her breychig gewesen". Erst wenn er zum dritten Male mit „verderbten tuchen" kam, sollten sie zerschnitten werden. Wie schon früher wurde bestimmt, daß der Tuchscherer 6 kr zahlen mußte, wenn er ein Löchlein in das Tuch haute, es aber nicht meldete. Es sollte dann auch „in das tuch geschnitten" werden. Alle diese Artikel sind dann in die Ordnung übernommen worden.[126] Dem Tuchscherer wurde also zweimal eine Chance gegeben, wenn etwas an den Tuchen nicht stimmte. Und die Strafen waren milder.

Selbstverständlich durfte ein Geschaumeister seine eigenen Tuche nicht selbst schauen, sondern sollte sie von den beiden anderen Geschaumeistern schauen lassen. Es

---

[123] 1576, 17. April. Tuchscherer 1540-99.
[124] 1627, 15. Mai. Protokolle 1621-28.
[125] 1480, Samstag post purificationis Mariae (5. Februar).
[126] Ordnung 1657, Artikel 28-30.

ist kaum zu glauben, aber so etwas kam auch vor. Ein Geschaumeister entschuldigte sich, es sei nur zweimal geschehen, der andere Geschaumeister sei zu spät gekommen und er habe seine Tuche auch dem dritten Geschaumeister gezeigt.[127] Der Meister haftete nicht für seinen Gesellen. Wenn ein Geselle oder Junge ein Barchenttuch zur Geschau brachte, das nur ein oder zwei Ellen, also nicht vollständig geschoren war, wurde der Geselle mit Niederlegung der Arbeit bestraft, erst ein Vierteljahr, dann ein halbes Jahr, schließlich ganz.

Die Geschaumeister bestritten, daß sie die bei der Geschau erhobenen Strafgelder vertranken, wie ein Meister behauptet hatte. Aber sie gaben zu, daß sie die Strafgelder unter sich verteilten, „da dann jeder hernach seines gefallens damit handeln mag."[128]

Die Tuche wurden im Weberhaus oder im Manghaus geschaut und gesiegelt, nicht im Hause des Tuchscherers. Das Handwerk wünschte sogar, daß nur im Weberhaus und nicht in den Manghäusern geschaut werden solle. Einige Meister protestierten aber: in den Manghäusern werde die Geschau von den Schwarzgeschaumeistern sorgfältig durchgeführt. Auf dem Weberhaus würden dagegen die geriebenen und geschnitzten Tuche von Buben und Mägden gesiegelt.

Manchmal wurden Tuche beanstandet, obwohl sie durch die Geschau durchgegangen waren. In einem Fall wurden sie aus Nürnberg zurückgeschickt, weil sie zu sehr geschoren und schlecht gefärbt worden seien. Die Tuchscherer entschuldigten sich damit, daß „es am Karten wie am Färben fehle".[129]

Gelegentlich hören wir von den Strafen, die verhängt wurden. Ein Meister, der zwei Tuche „ungeschaut kuttiniert" hatte, mußte 10 Pfund Schmalz in das Findelhaus geben.[130] Er kam recht leicht weg. Später waren die Strafen sehr viel schwerer. Ein Meister, der die Geschauzeichen verfälscht hatte, wurde gefoltert und dann zu „ewigem gefängnis" verurteilt. Auf die Bitte seiner Frau wurde er entlassen und durfte die Werkstatt führen, doch ohne Gesellen und ohne Handel zu treiben.[131] Ein anderer floh aus der Stadt, stellte sich selbst nach einem Jahr, kam einen Monat in den Turm und durfte dann allein, ohne Gesellen oder Lehrjungen, das Handwerk treiben. Der Handel vor dem Weberhaus und der Besuch von Wein- und Bierhäusern war ihm verboten. Wer Geschauzeichen verfälschte, war also für immer erledigt.

Sorgfalt bei der Geschau war auch deshalb unumgänglich, weil die Tuchscherer darauf bestanden, daß die Kaufleute und Färber kein Farbtuch annahmen, das nicht der Tuchscherergeschau vorgelegen hatte. So mancher Färber hatte aber nichts dagegen, auch ungeschorene Tuche zu färben. So wurde z.B. 1561 geklagt, daß täglich rohe Farbbarchente zum Färben gegeben würden, obwohl sie der Tuchscherergeschau nicht vorgelegt worden waren.[132]

---

[127] 1480, Donnerstag vor Simonis et Judae (26. Oktober). 1739, 23. März. Protokolle 1738-46.
[128] 1606, 27. Juli. Protokolle 1605-08.
[129] 1739, 28. September. Protokolle 1738-46.
[130] 1584, Montag s. Marien Magdelenen abent (9. März).
[131] 1595, 10. September. Tuchscherer 1540-99. Ähnlich 1603, 8. April. Protokolle 1601-05.
[132] 1561, 26. Oktober. Protokolle 1548-81.

Ungeld und Höhe der Produktion

Bei der Geschau wurde auch das Ungeld oder Siegelgeld erhoben. Bei Übergabe der Büchse mit den Geldern sollten die Wochenzettel überreicht werden, auf denen wohl verzeichnet war, wie viele Tuche geschaut worden waren.[133]

Wir kennen die Beträge, die das Einnehmeramt aus dem Ungeld der Tuchscherer von 1494 bis 1593 bezog[134]. Aber da wir nicht wissen, wie viel Ungeld pro Tuch bezahlt wurde, können wir nicht errechnen, wie viele Barchente die Tuchscherer im 16. Jahrhundert bearbeiteten. Es ist ja auch möglich, daß das Ungeld für Barchente und Wolltuche verschieden hoch war. Die jährlichen Summen zeigen jedenfalls eine deutliche Entwicklung. Anfang des 16. Jahrhunderts lagen die Einnahmen im Durchschnitt bei 35 fl pro Jahr. Sie stiegen dann seit den 1520er Jahren auf fast 80 fl pro Jahr, um in den 1530er Jahren mehr als 90 fl zu erreichen. Bis in die 1560er Jahre blieb das Ungeld bei rund 80 fl bis 90 fl, aber dann fiel es plötzlich seit den 1570er Jahren ab. Es ist nicht bekannt, weshalb die Ungeldzahlungen mit einem Male auf ein Viertel oder noch weniger fielen, obwohl zu dieser Zeit mehr Barchent denn je angefertigt wurde. Seit 1594 wurde das Ungeld zusammen mit dem Ungeld für Schwarzbarchent abgerechnet. Wir kennen also nicht einmal die Summen, die die Tuchscherer zahlten. Da die Ausfuhr von rohen Barchenten seit 1590 erlaubt war, hat sich die Zahl der von den Tuchscherern bearbeiteten Barchente sicher seit 1590 drastisch verringert.

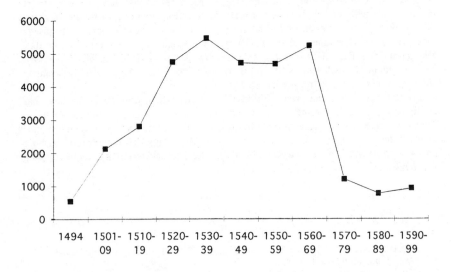

Durchschnittliches Ungeld der Tuchscherer. (In Kreuzern). 1494-1599.

---

[133] 1770, 28. Mai.
[134] Siehe Anhang, Tabellen S. 567.

Spätestens seit 1681 wurde das Ungeld der Tuchscherer wieder getrennt verrechnet. Ende des 17. Jahrhunderts waren die jährlichen Einnahmen aus dem Ungeld der Tuchscherer mit über 100 fl relativ hoch. Seit Anfang des 18. Jahrhunderts sanken sie fast stetig, bis sie schließlich um 1760 nur rund 10 fl betrugen.

Als Ungeld soll in dieser Zeit 4 kr für breite und 3 kr für schmale Stücke gezahlt worden sein. Wenn wir annehmen, daß 4 kr erhoben wurden, wären Ende des 17. Jahrhunderts 1600 bis 1700 breite Stücke im Jahre geschoren worden. Anfang des 18. Jahrhunderts (1700-09) wären es 1300 bis 1500 Stücke pro Jahr gewesen, Mitte des 18. Jahrhunderts nur noch 200 bis 250 Stücke pro Jahr. Tatsächlich hat ja auch die Zahl der in Augsburg angefertigten Barchente und Wolltuche im Laufe der ersten Hälfte des 18. Jahrhunderts rapide abgenommen. So wurden Mitte des Jahrhunderts auch nur noch minimale Mengen von Barchenten und wollenen Tuchen geschoren

Ungeld und Zahl der durchschnittlich pro Jahr geschorenen Tuche

	Ungeld im Durchschnitt pro Jahr		Zahl der Stücke, wenn Ungeld 4 kr pro Stück		Zahl der Stücke, wenn Ungeld 3 kr pro Stück	
1681-84[135]	7000,28	kr	1750,07	Stücke	2333,42	Stücke
1685-89	6506,71		1626,67		2168,90	
1690-94	5570,62		1392,65		1856,87	
1695-99	6647,2		1661,8		2215,73	
1700-04	5467,8		1366,95		1822,6	
1705-09	6178,8		1544,7		2059,6	
1710-14	4768,8		1192,2		1589,6	
1715-19	5379,4		1344,85		1793,13	
1720-24	4372,2		1093,05		1457,4	
1725-29	3355,6		838,9		1118,53	
1730-34	2163,15		540,78		721,05	
1735-39	2271,19		567,79		757,06	
1740-44	1260,22		315,05		420,07	
1750-54	1000,47		250,11		333,49	
1755-59	830,47		207,61		276,82	
1760-61	615		153,75		205	

Es ist also kein Wunder, daß die Tuchscherergeschau einschlief. Ein Meister sagte 1789, daß seit 30 Jahren keine Tuchscherergeschau gehalten worden sei. Am Ende des Quartals ging statt dessen ein Geschaumeister bei den Meistern herum und sammelte ein, was jeder Meister für die von ihm bearbeiteten Barchenttuche geben wollte.[136] Es hieß, eine Barchentgeschau würde das Aerarium mehr kosten, als bei der Geschau hereinkommen würde.

Anläßlich der „Oekonomie und Finanz Revision" im Jahre 1788 wurde jedenfalls beschlossen, strengere Kontrollen bei Einnahme des Ungeldes einzuführen: von Geschautag

---

[135] 1681 Angaben nur für drei Quartale.
[136] 1789, 12. März.

zu Geschautag sollten Listen geführt werden mit Angabe des Datums, Namen des Meisters, Zahl und Qualität der geschauten Tuche und Höhe des gezahlten Ungeldes.[137]

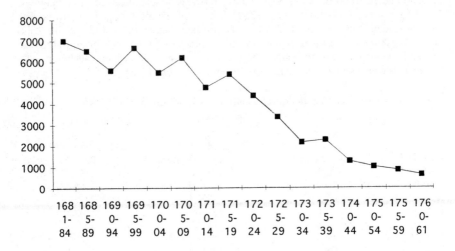

Durchschnittliches Ungeld der Tuchscherer pro Jahr 1681-1761.(In Kreuzern).

Lohn

Aus dem frühen 16. Jahrhundert sind weder für „wullin tuch" noch Barchent Lohnlisten der Tuchscherer erhalten, obwohl natürlich der Lohn festgesetzt war. 1539 heißt es nur, daß sie von den „genetzten wullin tuchen" von der Elle den „gebührenden" Lohn nehmen sollten und nicht mehr.[138]

Im Jahre 1549 wurde der Lohn für die verschiedenen Sorten genau festgelegt. Der Lohn mußte in Bargeld bezahlt werden. Den Tuchscherern war es verboten, „ainicherlei werdt" anzunehmen.

Den höchsten Lohn, 8 kr, erhielten die Tuchscherer für das Scheren und Weißen der weißen Loden. Für Loden anderer Farbe bekamen sie 5 kr. Für das Scheren von schwarzen und grauen Barchenten 2 kr. Das Kuttinieren der weißen oder gefärbten Barchente kostete 4 kr.

---

[137] 1788, 10. Dezember. Protokoll 1788-92. Der Weberhausverwalter sollte auch Rechenschaft geben über „erkauffte Bleibenscher und Gieserlohn" und „deren stückweise Verteilung und Abrechnung des zurückkommenden alten Bleis".
[138] 1539, 12. Juni.

Löhne der Tuchscherer von 1549[139]

von Lindischen tuchen, Stamet und was dergleichen tuch sind von jeder elle lohn zu scheren und zu bereiten	5 Pfennig
von Amsterdamen, Creitztuchen, und was dergleichen tuch sind, von jeder elle	4 Pfennig
von den aylffpunden und was dergleichen tuche sein, von jeder elle	2 Pfennig
von den Neunpunden und dergleichen tuchen von jeder elle	3 Heller
von einem Weissen Loden zu scheren und zu weissen doch dass sie die weissen loden mit Kreiden und keinem Kalk noch anderm weissen	8 kr
sonst von einem jedem loden, was farb der haben möchte, nit mehr als	5 kr
von einem barchat farbtuch zu scheren, zu dem schwarz oder grau zu ferben	2 kr
von einem rochen farbtuch oder einem weissen gebleichten tuch zu scheren, zum beyfärben zu ferben	10 Pfennig
von einem weissen oder geferbten barchattuch zu kuttinieren	4 kr

Die Löhne von 1549 blieben jahrzehntelang in Kraft. Das bedeutet nicht, daß die Tuchscherer nicht mehrmals um höhere Löhne gebeten hätten. Schon 1554 klagten sie, daß sie „verschiner Jahren" höhere Löhne gehabt hätten. Da ihnen das Scheren des fremden Barchents verboten und der alte Lohn „geniedert" worden sei, und obendrein die Zahl der Meister und Werkstätten auf 95 gestiegen sei, hätten sie jetzt nur die Hälfte der Einnahmen, die sie gemäß der Austeilung wöchentlich erhalten sollten.

Allerdings wurde eingewendet, daß aus der größeren Zahl von Tuchscherern nicht folge, daß der Lohn erhöht werden müsse. Es stimme zwar, daß es jetzt zu viele Tuchscherer und zu wenig Arbeit gäbe. Aber wenn der Tuchscherer sich nicht ernähren kann, so soll er etwas anderes tun, wie mancher andere Handwerksmann.

Der Haupteinwand war, daß man durch höhere Löhne den Handel mit Barchent erschweren würde. Denn wenn man die Löhne der Tuchscherer erhöhe, dann würden auch die Bleicher, Karter und anderen höhere Löhne fordern: „alsdann missen die weber gleich für jedermann betteln."[140] Die Löhne sind ja dann auch nicht erhöht worden.

Da sie für weißen Barchent und „Beyfarb" 10 Pfennig Lohn erhielten, baten die Tuchscherer 1571, auch für den schwarzen und grauen Barchent 10 Pfennig pro Stück verlangen zu dürfen.[141] Da es sich um eine Lohnerhöhung von 3 Pfennigen handelte, hatten die Verordneten aber Bedenken. Der Lohn der Tuchscherer sei sowieso schon viel höher als in anderen Städten, wo man 7 Pfennige für das Scheren eines farbigen Barchen-

---

[139] Ordnung 1549, 2. März. Ebenso Ordnung 1576, Artikel 21 bis 28.
[140] 1554, 7. Februar.
[141] 1571, 13. Januar. Tuchscherer 1540-99. Für Gewand, Loden und Schnitzwerk sollte es beim alten Lohn verbleiben.

tes zahle, obwohl der Barchent dort dicker und besser sei. In Ulm zahle man sogar nur 6 Pfennige. Die Tuchscherer wurden also abgewiesen.

1574 waren die Tuchscherer nicht glücklicher, als sie wenigstens eine Erhöhung von 2 Pfennigen pro Stück Barchent forderten.[142] Selbst 30 Jahre (!) später, im Jahre 1603, wies man die Tuchscherer ab. Es hieß jetzt, daß höhere Löhne nicht viel bedeuten würden, da die meisten Barchente sowieso ungeschoren ausgeführt würden. Man erinnerte die Tuchscherer auch daran, daß ihnen das verlorene Einkommen durch die neuen Inventionen, die seit einigen Jahren aufgekommen seien, wieder erstattet werde. Mit dem Reiben und Schnitzen „von allerlei farben" könnten sie doppelten Lohn erhalten.[143]

Wenn es also auch bei dem Barchent bei den alten Löhnen blieb, so waren doch die Löhne für andere Tuchsorten um diese Zeit schon gestiegen. Es handelt sich um folgende Tuchsorten:[144]

ein stück schlecht Aichstetter oder Neunbund, Leiphaimer und Kern tuch zu scheren	15 kr
ein stück trilch für schererlohn und zierung	15 kr
stück weiss loden	8 kr
stück geferbte loden zu scheren	6 kr

Einige Jahre später wurde dann eine Lohnerhöhung unumgänglich. Das Tuchscheren erforderte mehr Zeit und Mühe, weil „an allen geschorenen Barchaten hinfürtter nit mehr schlemm und über Zwerch, sondern abwärtz und krad abgesetzt werden soll". Die Tuchscherer kamen wegen dieser neuen Arbeitsweise nicht mehr auf ihr voriges Tagwerk. So wurde 1610, nach 61 Jahren, der Lohn für grobe, gemeine Barchente von 2 kr auf 2 1/2 kr erhöht. Bei den dicken Barchenten blieb es aber bei dem alten Lohn von 4 kr.[145]

Die Ordnung von 1618 legte dann fest, welchen Lohn die Meister für die Bearbeitung der verschiedenen Barchente und Wolltuche fordern sollten:

von einem gemeinen Farbtuch zu scheren	2 1/2 kr
von einem weissen Tuch oder einem Farbtuch, so in Beifarben geschoren wird	3 kr
von einem weissen bachat tuch zu scheren und zu kuttinieren auf das haar	12 kr
von einem weissen Tuch zu kuttinieren „uf dz letze"	5 kr
von einem dicken Tuch gemein zu scheren	4 kr
von einem dicken Tuch zu reiben	8 kr
von einem farbtuch zu reiben	6 kr
von einem zotten zu reiben	4 kr
von einem gefärbten dicken Tuch, schwarz Ölfarb darauf zu schnitzen samt dem Schergeld	15 kr
von einem Farbtuch dergleichen zu bereiten	12 kr
von einem dicken Tuch von farben gefärbt, und andere	

---

[142] 1574, 30. September. Protokolle 1548-81.
[143] 1603, 3. Juni. Protokolle 1601-05.
[144] 1603, 3. April. Protokolle 1601-05.
[145] 1610, 23. September. Protokolle 1608-13.

farben darauf zu schnitzen, für alles	24 kr
von dergleichen Farbtuchen zu bereiten	21 kr
von einem Barchattuch zu musieren	6 kr
von einem dicken Tuch zum Einlassen zu bereiten, für alles	12 kr
davon sollen 6 kr in Rest berechnet werden	
von einem Farbtuch zum Einlassen zu bereiten	10 kr
davon 4 1/2 kr in Rest gezogen	
von einem glentzen tuch	6 kr
von lindischen Tüchern, Stammet und was dergleichen tuch sein, soll ein jeder Meister von einem jeden derselben Eln besonder 5 Pfennig zu scheren und zu bereiten für sein belonung zu nehmen macht haben	5 Pfennig
von den Amsterdamen, Creutz Tuchen und was dergleichen Tuch sein von jeder Elle	4 Pfennig
von den Aillfpunden und was dergleichen Tücher seind, von jeder Elle	2 Pfennig
von den Neinpünden und dergleichen Tuch von jeder Elle	3 Pfennig
von einem weissen Loden zu scheren und zu weissen	8 Pfennig
Aber sonst von einem jeden Loden was farb der haben möchte	5 Pfennig

Das Scheren kostete also je nach Barchentsorte 2 1/2 kr bis 4 kr. Das Reiben kostete 4 kr bis 8 kr, das Kuttinieren 5 kr, das Musieren 6 kr. Die Zubereitung der Barchente zum Einlassen (das dann von den Färbern besorgt wurde) war mit 10 kr bis 12 kr schon teurer. Am teuersten war es, auf dicke Barchente und Farbtuche Farben zu schnitzen (12 kr bis 24 kr).

Das Scheren der Loden kam auf 5 kr bis 8 kr. Bei den verschiedenen Wolltuchen wurde nach der Elle gerechnet. Die Tuchscherer verlangten 2 bis 5 Pfennige pro Elle.

Die Inflation führte 1621 zu neuen Forderungen. Die Tuchscherer baten den Lohn für dicke Barchente von 4 kr auf 6 kr zu erhöhen, „weilen one dz wenig alhie geschoren werden". Der Lohn für gemeine Barchente, der zur Zeit 2 1/2 kr war, sollte um 1 1/2 kr erhöht werden.[146]

Vielleicht wurden die Löhne auch erhöht. Jedenfalls finden wir 15 Jahre später, im Jahre 1636, folgende Löhne:[147]

Gefärbte, eingelassene und andere Tuche, die zweimal geschoren werden müssen, „wie von vielen Jahren herkommen":	4 kr
rohe Barchent (wohl 3 und 4 Sigler) moderirt auf	3 1/2 kr

---

[146] 1621, 2. August.
[147] 1636, 9. Februar und 1636, 30. August.

Bis zum Jahre 1657 sind die Löhne wohl nicht mehr erhöht worden. In diesem Jahre fügte man der Tuchschererordnung eine detaillierte und umfassende Liste der Löhne bei. Eine erste Tabelle führt die Löhne für die verschiedenen Barchentsorten auf. Auch die einzelnen Arbeiten der Tuchscherer wurden unterschiedlich bezahlt, wie das Scheren, Reiben, Musieren, Glänzen, Einlassen, Zubereiten und Verstreichen. Die Löhne lagen zwischen 3 1/2 kr und 11 kr. Das Verstreichen kostete nur 1 kr.

Eine zweite Tabelle führt die vielen anderen Tuchsorten auf, die wohl von den Gewandscherern bearbeitet wurden. Im allgemeinen lagen diese Löhne sehr viel höher, in neun Fällen bei 30 kr bis zu 1 fl. Die Lohntabelle führt auch gleich an, was in jedem einzelnen Fall als Rest verrechnet werden sollte.

In der Tuchschererordnung von 1657 wurden folgende Löhne festgelegt:[148]

Cronbarchat zu scheren	lohn	5 kr
	in rest	3 1/2 kr
viersiegler dicke barchat	lohn	4 kr
	rest	3 kr
zwen oder dreisiegler zu scheren	lohn	4 kr
	rest	3 kr
gemeines farbtuch zu scheren	lohn	3 1/2 kr
	rest	2 1/2 kr
weisse, dicke trauben oder geschnittene barchattuch zu scheren	lohn	4 kr
	rest	3 kr
dickes tuch zu reiben	lohn	8 kr
	rest	6 kr
farbtuch zu reiben	lohn	6 kr
	rest	4 kr
Zotte zu reiben	lohn	4 kr
	rest	3 kr
barchat zu musieren	lohn	6 kr
	rest	4 kr
von einem gläntzen tuch		6 kr
rest		4 kr
von einem crontuch zum einlassen		11 kr
davon 6 1/2 kr in rest gezogen		
dickes tuch zum einlassen		10 kr
davon 6 kr in rest		
farbtuch zubereiten		10 kr
rest		5 1/2 kr
barchattuch zu verstreichen		1 kr
in rest		1 1/2 kr
Folgt der lohn im wullen gewand und was darvon in Rest errechnet werden soll:		
von einem englischen oder holländischen tuch zu bereiten		1 fl
rest		26 kr
von einem Lindisch oder Dossingen der lohn		48 kr

---

[148] Tuchschererordnung 1657, 6. September.

in rest pro stück	26 kr
von einem stück schlössinger, Pollnische oder breite Meixner	40 kr
davon rest	20 kr
von einem schmalen Meixner oder Pollnischen	30 kr
rest	18 kr
von einem Iglauer oder Mehrischen tuch	30 kr
rest	13 kr
von einem hiesigen breiten tuch	48 kr
rest	20 kr
von einem hiesigen schmalen tuch	40 kr
rest	18 kr
von einem stück pay zu reiben	1 fl
rest	30 kr
von einer ellen pay zu scheren und zu reiben	2 kr
rest	1 kr
von einem roten drilch	30 kr
von einem weissen oder grauen drilch	24 kr
von einem stück drilch in rest	12 kr
von einem hiesigen loden zu bereiten	20 kr
rest	8 kr
von einem fremden loden	15 kr
rest	6 kr

Die Löhne, die für die Bearbeitung des Wullengewandes gezahlt wurden, erwiesen sich dann doch als zu hoch. 1666 verlangten die Tuchhändler nicht nur niedrigere Löhne, sondern die Abschaffung des Restes. Die Tuchscherer waren alles andere als begeistert. Früher habe man ihnen höhere Löhne gezahlt, „und zwar umb nicht so guet und scharpffe beraitung, als disser zeit beschicht". Jetzt bekämen sie für ihre Arbeit, „die mehrer und besser beraitet", weniger Lohn. Dennoch waren sie bereit, für jedes Stück 4 kr weniger zu verlangen, wenn die Tuchhändler sie mit Bargeld und nicht mit Waren bezahlten. Einige der Löhne wurden daraufhin verringert.

Löhne von 1666

ein Stück englisch, span., holländ., franz., lindische und tossingen tuch zu lohn		56 kr
in rest zu rechnen		18 kr
ein stück breit Mährisch, grosspley Bemisch, berliner, Sittauer, Freistatter, Schlössinger und breit Meixnischen tuch		
	lohn	48 kr
	rest	12 kr
stück eilenberger tuch	lohn	56 kr
	rest	12 kr
stück schöppner, stolberger, zwickauer, leisnescher		

und dergleichen	lohn	32 kr
	rest	10 kr
stück rössler	lohn	36 kr
	rest	10 kr
schmale meixner, kemnitzer, torgauer, schmale ederisch, mehrisch und dergleichen zu		
	lohn	26 kr
	rest	8 kr
stück Nördlinger, dinkelscherber und dergleichen schmalen		
	lohn	45 kr
	rest	15 kr
eine elle der besseren pay zu reiben		
	lohn	2 kr
	rest	1 kr
ein stück geweisster Rössler	lohn	44 kr
	rest	10 kr
stück rotem drilch	lohn	30 kr
	rest	12 kr
einem weissen oder grauen drilch	lohn	24 kr
	rest	12 kr
einem hiesigen loden zubereiten	lohn	20 kr
	rest	8 kr
einem fremden loden	lohn	15 kr
	rest	6 kr

(NB. Hierbei ist zu merken, daß obgedachte gewandt arbeit, so fern sie verfertigt und immer in des tuchscherers händen auch denen, so es gehörig, heimgeliefert worden, von stund an, das ist, gleich also balden des negsten Sambstag darauff verrechnet, und nicht mehr zurückgeschrieben werden soll.)

In der Tuchschererordnung von 1672 werden für die Bearbeitung der Barchente dieselben Löhne wie 1657 aufgeführt. Bei dem „Wullen gewand" war bei einigen Sorten der sechs Jahre früher, im Jahre 1666, festgelegte Lohn wieder gesenkt worden. In den meisten Fällen war er aber gleichgeblieben. In der Liste von 1672 erscheinen auch die „Rauchen Tuche, die je lenger je merer in aufnemen" kommen.[149]

Obwohl ausdrücklich befohlen wurde, daß jeder Meister bei „seinem gesetzten Lohn, wie auch alle Wochen bei seinem ihm bestimmten Restgeld verbleiben" sollte, haben sich nicht alle Tuchscherer an diese Bestimmungen gehalten. Im Jahre 1671 wurden neun Meister bestraft, weil sie weniger Lohn verlangten, als in den Artikeln festgesetzt worden war.[150] Aber auch in den nächsten Jahren wurde geklagt, daß es mit dem Lohn „ungleich" zuging. Der Rat warnte nun: wer weniger Lohn nimmt oder gibt, wird um 4 fl bestraft.[151]

---

[149] Siehe Anhang Tabelle S. 566.
[150] 1671, 2. August und 13. August. Protokolle 1658-1729.
[151] 1675, 13. Juli. Ratsbücher.

Andererseits beschwerten sich die Tuchscherer auch, daß der Lohn für die „allerfeinste tuch" zu gering sei. Für „schlechte Tuche" werde ihnen nicht so viel gezahlt, wie Artikel 27 vorschrieb.

Im Jahre 1683 setzten die Tuchhändler wegen des schlechten Absatzes eine neue Verringerung der Löhne durch. Bei den Barchenten ist ein Vergleich der Löhne schwierig, weil in der Liste von 1683 im Gegensatz zu der vorhergehenden von 1672 dicke Barchente aufgeführt sind. Bei den „wullen gewand" ist die Lohnverringerung aber deutlich. So erhielt der Tuchscherer für die Bearbeitung eines Stückes Rösslers im Jahre 1682 nur noch 30 kr und nicht 36 kr, wie 1672. Auch die Zahlungen in den Rest wurden heruntergesetzt.

Verzeichnis was und wieviel künftig von folgenden Sorten Barchaten, zu Lohn genommen und in Rest verrechnet werden solle:

1683, 9. Februar

von einem dicken gefärbten barchat zu scheren, musieren und ins papier zu richten für verdienst	12 kr	in rest 7 kr
von einem dicken schwarzen eingelassenen zu verdienst	9 kr	in rest 6 kr
einem gebleichten dicken barchat zu scheren zu verdienst	3 kr	in rest 2 1/2 kr
groben barchat zu scheren	3 kr	2 kr
einem aufgeriebenen barchat für verdienst	18 kr	10 kr
von einem gemusierten zotten	10 kr	5 kr
folgt das wullen Gwandt		
von einem Stück Rössler tuch zu bereiten	30 kr	10 kr
ein stück Schopp und Stollberger, Zwickauer und dergleichen tuch	30 kr	10 kr
ein stück der besten rauch tuch, Englisch oder Lind. zu lohn	2 fl	18 kr
ein stück der Mittern rauchtuch	1 fl 30 kr	12 kr
ein stück der geringsten rauchtuch	1 fl	12 kr
ein stück weissen drilich hiesig	30 kr	12 kr
ein stück hiesig weisse loden	20 kr	8 kr
ein stück gefärbte loden	32 kr	8 kr
ein stück rote drilch	45 kr	12 kr
ein stück schmale hiesige tuche	45 kr	10 kr
von einer ellen breiten hiesigen tuch zu lohn	3 kr	1 stück 12 kr
ein stück eilenberger oder dybner	48 kr	12 kr

Die Tuchscherer beschlossen zwar bei der „abschwörung ihrer artikel" diese Löhne zu halten, aber 1692 meldeten die Vorgeher, daß die Löhne „vielfältig" von den Kaufleuten nicht observiert würden. Wahrscheinlich erwiesen sich die Verhältnisse auf den Märkten stärker als die Lohnlisten des Rates.

Wie in den anderen Textilgewerben war die Barbezahlung ein Problem. Artikel 36 der Ordnung von 1657 legte eindeutig die Barbezahlung der Tuchscherer fest. Es war nämlich öfter vorgekommen, daß die Tuchscherer anstelle von Geld Waren erhalten hatten, die sie dann wieder verkauft oder eingetauscht hatten. Aber auch in der Folgezeit haben die Kaufleute den Tuchscherern Waren aufgedrängt. Im Jahre 1666 forderten die Tuchscherer deshalb ein schärferes Verbot der Bezahlung mit Waren. In Wirklichkeit fanden solche Geschäfte auch in Zukunft statt.[152]

Schleifer

Das wichtigste Werkzeug der Tuchscherer waren die riesigen Scheren. Diese Scheren mußten ständig geschliffen werden, und so kamen die Tuchscherer in eine enge Verbindung zu den Schleifern. Es war eine feste Regel, daß jeder Junge, ob Meistersohn oder „Lernjunge", der das Tuchschererhandwerk ausgelernt hatte, dem Schleifer des Handwerks vorgestellt werden sollte, der auch die Handwerksgerechtigkeit der Tuchscherer hatte. Und zwar im Beisein eines Meisters und zweier Gesellen. Später wurde hinzugefügt, daß diese Vorstellung auf dem Weberhaus „und sonst nirgends" vorzunehmen war. Also nicht draußen auf dem Feld oder außerhalb der Stadt. Der Junge erhielt „leer und underweisung", wie er sich künftig „halten" sollte. Diese Zeremonie nannte man das „aufnehmen". Der Junge mußte dafür 12 kr zahlen.[153]

Diese Vorstellung bedeutete aber nicht, daß der Junge nun auch ein Schleifer war. Als ein Lehrjunge behauptete, sein verstorbener Meister habe ihn sowohl das Tuchscheren wie das Schleifen lehren wollen, erklärten die Vorgeher, daß das Scherenschleifen mit dem Lernen des Tuchschererhandwerks in Augsburg nichts zu tun habe. Das Scherenschleifen erfordere eine „sondere zeit lehr und uncosten".[154] Niemand dürfe gleichzeitig zwei Handwerke lernen.

Dennoch bestand eine enge Beziehung zwischen beiden Gewerben. So gehörten die Schleifer zum Handwerk der Tuchscherer. Der Rat überließ den Tuchscherern eine Schleifhütte gegen Zins. Die Tuchscherer erklärten dem Rate 1576, daß die Schleifer nicht ständig in Augsburg blieben, sondern kamen und gingen und alle Reichsstädte besuchten, wo das Tuchschererhandwerk getrieben wurde. Meister und Gesellen der Schleifer hätten besondere Gebräuche, die zwar nicht vom Rate erlassen worden seien, aber dennoch gehalten werden müßten: „dann wa solches nit were, könnten wir keinen schleiffer haben oder bekommen". Diese Gebräuche schrieben auch eine kleine Strafe vor. Das war der springende Punkt. Die Tuchscherer hatten außer der ihnen vom Rate gegebenen Ordnung gewisse Artikel „mit eingeleibter Strafe", die vom Rate überhaupt nicht bestätigt worden waren. Die Tuchscherer hofften, der Rat werde nichts dagegen haben, daß sie diese sechs Artikel ihrer Ordnung einverleibten. Diese Artikel hatten mit den Schleifern an sich nichts zu tun. Sie betrafen Gesellen, Witwen und andere Frauen, Arbeit um Taglohn, Ladung zum Handwerk und Schmachworte.

---

[152] 1692, 29. Januar.
[153] 1556, 5. März. Ordnung 1576. Ordnung 1672, Artikel 1 bis 7.
[154] 1619, 4., 8., 20. Juni und 6. Juli. Protokolle 1619-21.

Die Verordneten meinten, die Forderungen der Tuchscherer seien nicht völlig abzuschlagen, aber auch nicht ganz zu bewilligen. Sie haben einige dieser Artikel genehmigt, andere gestrichen.[155]

Die Schleifer hatten natürlich auch ihre eigenen Regeln, auf deren Beachtung sie bestanden, gerade weil sie ständig umherzogen und nicht örtlich gebunden waren. So bestanden sie darauf, daß jeder Schleifer „brieff und sigel ... seiner gepurt und erlernung seines handwerks" der Obrigkeit vorlegte. Als ein Schleifer aus Not, um sich über Wasser zu halten, fälschlich vorgab, in Wien vom Handwerk aufgenommen worden zu sein, gab es einen riesigen Stunk, in den auch die Augsburger Tuchscherer hineingezogen wurden.

Es gab anscheinend nicht viele Schleifer. Die Tuchscherer in Memmingen z.B. haben ausdrücklich einen Schleifer in Regensburg gebeten, zu ihnen zu kommen. Man wagte es auch nicht, die Lohnforderung eines Schleifers aus Ulm abzulehnen, der den Augsburger Tuchscherern „zu lieb" nach Augsburg gekommen war. In Augsburg waren im Januar und im April 1556 zwei Schleifer tätig.[156]

Die Schleifer waren also eine ganz kleine Gruppe von Meistern und Gesellen, die mal hier, mal dort eine Zeitlang arbeiteten. Man fragt sich, ob sie überhaupt Familien und einen festen Wohnsitz hatten. Aber sie waren unentbehrlich. Wenn sie die Scheren nicht schliffen, konnten die Tuchscherer nicht arbeiten.

Die Scheren selbst waren auch nicht immer zu haben. Um 1550 fehlten den Augsburger Tuchscherern „lange zeit" die Scheren, „so zu dem perchat taugenlich sein". Sie baten einen Schleifer (Mathäus Berngruber), ihnen Scheren gegen Barbezahlung zu besorgen. Vergeblich. Der Schleifer überredete aber einen Augsburger Schmied, mit seiner Hilfe Tuchscheren anzufertigen. Der Schmied stellte zwei Bedingungen: erstens wollte er auf die Scheren neben sein Zeichen die „statt birn" schlagen, damit man erkennen könnte, daß diese Scheren in Augsburg angefertigt worden seien. Und zweitens verlangte er, daß außer ihm in den nächsten zehn Jahren niemand Scheren für die Tuchscherer anfertigen sollte. Wir wissen nicht, ob er dieses zehnjährige Monopol erhielt.

In der Schleifhütte, die das Handwerk vom Rat mietete, befand sich „des handwerks stain". Alle paar Jahre hat das Tuchschererhandwerk einen neuen Schleifstein gekauft.[157] Einzelne Scherer hatten auch ihren eigenen Schleifstein, der aber „in allermass und gestalt wie des handwerks stain sein" sollte. 1618 wurde aber festgelegt, daß die Meister bisher nur auf des Handwerks „gemeinem Stain" schleifen sollten.[158] Ende des 18. Jahrhunderts wurde für den Schleifstein 8 fl Zins gezahlt, später 10 fl.

---

[155] 1576. Protokolle 1548-81. Hierüber siehe „Witwen".
[156] Januar 1556: Mathäus Berngruber und Anthoni von Antorff. Im April 1556: Jacob Drexel von Ulm und Daniel Holl. 1588: Georg Schmid aus Biberach. In Ulm finden wird 1579: Hans Wagner aus Dinkelsbühl, Jakob Geiger aus Ulm und Hans Spreng aus Augsburg.
[157] Ausgaben für den Schleifstein:
   1562   16 fl
   1569   13 fl   40 kr
   1578   11 fl   8 kr
   (Große Handwerksrechnung)
[158] 1556, 19. Januar. Protokolle 1548-81. Ordnung 1618, Artikel 15.

In der zweiten Hälfte des 17. Jahrhunderts befand sich die Schleifhütte im Hause Nr. 46 der Schlossermauer.[159] Außer dem Schleifstein waren hier auch ein Amboß, der Blasebalg, „Bühlhammer und Wehlbaum", das Eisenwerk und ein Schertich. Ständig hatte das Tuchschererhandwerk Ausgaben im Zusammenhang mit der Schleifhütte, wie für einen neuen Ofen, die Fensterrahmen, das Dach, einen Keller, um hier einen Rahmen aufzustellen, für Kupfereimer, Holzwerk, Bretter, Latten, Nägel, Mörtel, Glas, Kalk, Schmer und Öl. Das Tuchschererhandwerk hat auch alljährlich mehrere Zuber Kohle gekauft.

Jedes Jahr haben mehrere „fremde Schleifer" aus allen möglichen Orten wie Braunschweig, Ulm, Regensburg oder Biberach für die Tuchscherer Scheren geschliffen. In den Abrechnungen des Handwerks finden sich regelmäßig Ausgaben von 2 fl bis 7 fl für die „fremden Scherenschleifer, so einem Handwerk gedient". In den Jahren 1643 bis 1659 belief sich dieser Betrag im Durchschnitt pro Jahr auf 4 fl 39 kr. Vielleicht mußte der einzelne Tuchscherer auch noch einen Preis für das Schleifen zahlen. Im Jahre 1556 verlangten die drei Schleifer 11 kr, die Tuchscherer wollten aber „auff irem stain" nur 10 kr zahlen. Der Rat vermittelte einen Kompromiß. Da einer der Schleifer, Jacob Drexel aus Ulm, ihnen zu Liebe hergekommen war und sie bisher 11 kr gezahlt hatten, sollten sie es auch weiterhin tun, bis er wieder weggezogen war und sie einen neuen Stein aufgehängt hatten. Dann bräuchten sie nur noch 10 kr zahlen.[160] Im 18. Jahrhundert ließ das Tuchschererhandwerk gleich größere Mengen von Scheren, etwa 40 bis 60 Scheren, schleifen. Das Schleifen kostete damals 2 kr bis 3 kr pro Schere.

Wir hören von Generalcapiteln der Schleifer in München und in Wien. Es ist nicht bekannt, ob alle Schleifer an ihnen teilnehmen mußten. An dem Generalcapitel in Wien nahm auch ein Vertreter der Regierung teil. Auf den Capiteln wurden die Gesellen „aufgenommen." Hier wurde man auch zum Meister gemacht. Jedem Gesellen wurden bei seinem „aufnehmen" von dem verordneten Generalschleifer des Capitels die Gebräuche des Handwerks vorgehalten. Da die Schleifer so viel umherzogen, wurde auf korrektes Verhalten besonders hoher Wert gelegt. Wenn der Geselle „bei einem Meister um Herberg einwandert", sollte er „speis, trank, pettgewand nach seinem vermögen nicht verachten, sich gegen seinem weib, kind und gesind ohne klag verhalten". Er sollte keinen Meister um Arbeit bitten. Er durfte auch nicht als offen verdingter Hausknapp, Kaufknecht oder Tuchscherergesell arbeiten. Er sollte für keinen Meister arbeiten, „der die arbeit zu sich bettelt" und anderen Werkgenossen das „brodt vorm maul" abschneidet. Er durfte auch mit keinem Gesellen zusammen arbeiten, der gestohlen hatte oder der trotz Anklage nicht vor dem Generalcapitel erschienen war. Wenn ein Meister einen solchen straffälligen Gesellen beschäftigte, so wurden seine Söhne und Lehrjungen vom Generalcapitel nicht „aufgenommen", also nicht als Gesellen anerkannt. Straffällige Gesellen würden „im landt" weder Herberge noch Arbeit erhalten, bis sie sich dem Generalcapitel gestellt hatten.

Ohne strikte Beachtung dieser Artikel für Meister und Gesellen, sagte ein Schleifer, konnte das Handwerk nicht bestehen, sondern wäre wie eine belagerte Stadt, „da der feind seins gefallens hinein kann, zu handeln wie und wann er will". Denn wer würde

---

[159] Im Steuerbuch von 1632 wird eine Schleifmühle im Steuerbezirk „Willig Arm, jetzto St. Ursula Closter" erwähnt. Es ist nicht klar, ob es sich hier um die Schleifhütte der Tuchscherer handelt.
[160] 1556, 19. Januar. Protokolle 1548-81.

noch einen Gesellen beherbergen, wenn er nicht wußte, ob er einen Feind, Mörder, Dieb oder einen Freund aufnahm?

Die Entscheidungen des Generalcapitels in München haben die Tuchscherer in Augsburg in der Tat nicht leichtgenommen. So erklärt sich auch der heftige Streit zwischen den Augsburger Tuchscherern und dem Generalcapitel. Ein Jacob von Biberach erklärte in Augsburg, er sei in Wien als Schleifer angenommen worden, und durfte daraufhin in Augsburg arbeiten. Es stellte sich dann heraus, daß der Mann gelogen hatte, um als Schleifer Geld verdienen zu können. Ein Schleifer aus Augsburg, Daniel Holl, erklärte vor dem Generalcapitel in München, die Augsburger Tuchscherer hätten von dieser Lüge von Anfang an gewußt und dennoch den Jacob von Biberach schleifen lassen. Das Augsburger Handwerk wurde nun vom Generalcapitel im September 1585 vorgeladen.

Da es nicht erschien, wurde die Strafe über die Augsburger verhängt. Die Augsburger wiederum beschuldigten den Holl, sie wider besseres Wissen verleumdet zu haben und verlangten, daß er sie vor dem Capitel rechtfertige. Dieser langwierige Streit zeigt, daß die Tuchscherer die Entscheidungen des Generalcapitels der Schleifer nicht auf die leichte Schulter nahmen. Die Schleifer sagten nicht ohne Grund, daß das „gedeihen und Verderben" des Tuchschererhandwerks von ihnen abhing. Wenn sie sich weigerten, Scheren zu schleifen, waren die Folgen für die Tuchscherer in der Tat unabsehbar.[161]

Die Obrigkeiten suchten allerdings im Laufe des 16. Jahrhunderts die Befugnisse des Generalcapitels der Schleifer zurückzudrängen. Memmingen etwa berief sich auf die Reichsabschiede: „wenn jemand von geschenkten oder ungeschenkten handwerken spruch und forderung um sache des handwerks oder anders zu einem anderen hat, soll er es vor der oberkeit oder flecken, darin sie betreten werden oder sich enthalten, austragen." Also nicht vor dem Generalcapitel. Diese „constitution" sei 1577 in der Polizeiordnung bestätigt worden.

Die Augsburger Tuchscherer mußten sich nämlich mit einem Fall beschäftigen, der sich in Memmingen zugetragen hatte. Ein Schleifergeselle aus Augsburg, Hans Spreng, tat genau das, was er nach der Tradition der Schleifer nicht tun sollte: er versah allerlei Hausarbeit: Ohne Rock, nur mit Hose und Wams bekleidet, ging er durch die Stadt, mit einem Pferdezaum über der Schulter, um das Pferd seines Meisters aus dem Feld zu holen. Ein anderer Schleifergeselle, Hans Wagner aus Dinkelsbühl, wies ihn daraufhin zurecht, daß er sich nicht wie ein ehrlicher Tuchscherergeselle benähme, sondern wie ein „gedingter knecht". Wenn er nicht damit aufhöre, werde er ihn vor das Capitel in München zitieren lassen. Spreng wurde dann tatsächlich vor das Capitel geladen, wo er sich „purgieren und verantworten" sollte.

Der Memminger Rat betrachtete diese Vorladung als widerrechtlich und ließ den Wagner inhaftieren. Danach arbeiteten Wagner wie auch Spreng in Augsburg als Schleifergesellen. Wagner wollte nun seine Rache: er verlangte vom Tuchschererhandwerk eine Entscheidung, daß Spreng ihm für die „ausgestandenen gefangnus costen und schaden" Wiedergutmachung schulde. Das Augsburger Tuchschererhandwerk dachte aber nicht daran. Wagner hätte den Spreng vor das Handwerk in Memmingen laden sollen und

---

[161] Über den Fall Daniel Holl: 1586, 26. Februar. 1., 2., und 17. April und weitere Akten. Tuchscherer 1550-53.

nicht gleich vor das Capitel in München.[162] Außerdem gehe sie diese Sache, die sich in Memmingen zugetragen hatte, nichts an. Die Memminger Tuchscherer wiederum luden nun einen in Regensburg arbeitenden Schleifer David Koch ein, nach Memmingen zu kommen. Als Antwort erhielten sie einen scharfen Brief, an den sie sich wohl noch lange erinnert haben werden. Koch beschuldigte sie nicht bloß des „ganzen general handwerks bräuche zerrissen" zu haben, sondern forderte, daß sowohl Hans Spreng wie sein ehemaliger Meister in Ulm dem Hans Wagner Wiedergutmachung leisten müßten. Der ehemalige Meister des Spreng in Memmingen bekam einen Brief voll von Beleidigungen, weil er dem Spreng abgeraten hatte, sich dem Capitel zu stellen.

Was zeigt diese Episode? Die städtischen Obrigkeiten wehrten sich, eine übergeordnete Jurisdiktion des Capitels anzuerkennen. Um so heftiger war die Reaktion einzelner Schleifer, die auf der strikten Einhaltung ihrer Gebräuche bestanden.[163]

Die Meister

Obwohl sich die Ordnungen mit so vielen Problemen des Handwerks beschäftigten, erfahren wir über Leben und Arbeit der Tuchscherer recht wenig.

In den Ordnungen von 1657 und 1672 bemühte man sich, dem groben Benehmen zu steuern. „Leichtfertiges Schwören und Gotteslästern" wie auch „ehrenrührige Spott- und Schmachreden", vor allem wenn das Wort „Schelm" gebraucht wurde, sollten mit einem Gulden bestraft werden. Die Vorgeher konnten die Strafe mindern, aber auch bis auf einen Reichstaler erhöhen. Wenn noch höhere Strafen nötig waren, sollte die Sache an die Herren auf dem Weberhaus gewiesen werden. Einzelne Tuchscherer, vor allem Tuchscherergesellen, wurden so auch bestraft, weil sie sich über die gewöhnliche Zeit auf der Herberge aufhielten, liederlich aufführten und gottlose Lieder sangen oder weil sie eine böses Maul hatten oder weil sie anderen drohten und ehrenrührige Reden führten.[164]

In den Ordnungen wird gesagt, daß jeder Meister, der eine eigene Werkstatt betreiben wolle, eigen Rauch und Haus haben müsse. Er mußte also einen eigenen Hausstand haben und konnte nicht etwa in der Familie eines Meisters leben wie die Gesellen. 1618 wird gesagt, daß jeder Meister nur mit einem Gesellen oder mit einem Lernknecht arbeiten dürfe. 1666 erlaubte man dagegen den Tuchscherern, mit drei Scheren zu arbeiten.

Schon im 16. Jahrhundert war den Meistern allerdings erlaubt, im Tagelohn zu arbeiten. Wenn etwa ein Meister mit seinem wöchentlichen Rest nach drei Tagen fertig war, konnte er die restlichen Tage für einen Meister oder eine Witwe im Tagelohn arbeiten.[165] Bei den Webermeistern war so etwas ausgeschlossen.

---

[162] So haben die Augsburger Tuchscherer und nicht etwa das Generalcapitel den Hans Sorg um 1 fl bestraft, weil er mit einem Nachrichter gespielt, sich also „unerbarer" Gesellschaft schuldig gemacht hatte. 1579, 24. Oktober. Protokolle 1548-81.
[163] 1579, 20. September, 19. und 24. Oktober. Protokolle 1548-81.
[164] 1726, 26. Oktober und 1676, 1. September. Protokolle 1658-1729. 1757, 10. Januar. Protokolle 1756-57.
[165] 1575, 27. Oktober. Protokolle 1548-81. Wenn dagegen Gesellen im Tagelohn arbeiteten, wurde die Zeit nicht angerechnet. Der Geselle mußte acht Jahre arbeiten, drei davon bei einem Meister „ohne allen Tagelohn".

Die Tuchscherer nahmen auch Rücksicht auf Experimentierer: jeder Meister, der „neue inventiones" erfand, durfte „andere des Handwerks" zur Ausfertigung der Arbeit gebrauchen.[166] Vielleicht spielten hier die Erfahrungen mit Jeremias Neuhofer mit.

Über die Ausgaben und Einnahmen der Tuchscherer erfahren wir so gut wie nichts. Nur einmal machten sie ein paar Angaben, als die Kaufleute wohl in der Mitte des 17. Jahrhunderts wieder eine Lohnverringerung vorschlugen. Sie sagten, sie erhielten jetzt pro Tuch 12 kr Lohn. Ihre Ausgaben beliefen sich dagegen auf 6 kr:

Leimb	2 kr
Manggeld	1 kr
ein bogen Charten Papier	1 kr
Siegelgeld	2 Pfennige
Spagen, Holz, Schleiffen oder Ausstaffierung	1 1/2 kr

Ihnen verblieben also nach aller Arbeit und Mühe „und öfter hin und her tragen" nur 6 kr. Aber davon müßten sie „alle bürgerlichen lasten und haus onera" bezahlen.

Wie viele Tuche die Tuchscherer pro Woche bearbeiteten, läßt sich nicht sagen. Der Lohn für die verschiedenen Arbeiten, wie Scheren, Reiben, Schnitzen, Musieren, Einlassen oder Glänzen, war ja auch ganz unterschiedlich. Obendrein hing der Lohn auch von der Stoffart ab, wie wir bereits gesehen haben.

Handel

Schon um die Mitte des 16. Jahrhunderts scheinen so manche Tuchscherer mit Tuchen gehandelt zu haben. Sie kauften die rohen Barchente nach der Geschau, ließen sie färben, scheren und „schmitzen" und verkauften sie dann zu höheren Preisen den Kaufleuten. Die Kaufleute hätten es natürlich lieber gesehen, wenn dieser Gewinn in ihre eigene Tasche geflossen wäre. Bei den Beratungen über die Tuchschererordnung im Jahre 1549 suchten sie es durchzusetzen, daß den Tuchscherern jeder Handel verboten würde: Kein Tuchscherer sollte künftig rohe, weiße, gefärbte oder „geschmützte" Barchenttuche bei der Webergeschau oder sonstwo stückweise, fardelweise oder ballenweise kaufen, verkaufen oder verwechseln. Die Tuchscherer sollten sich auf ihr Handwerk beschränken.

Die Kaufleute sind aber mit dieser Forderung nicht durchgedrungen. Jedenfalls haben die Tuchscherer auch in der zweiten Hälfte des 16. Jahrhunderts mit Tuchen gehandelt. Vermögende Tuchscherer wie Jeremias Neuhofer kauften selber Tuche ein, ließen sie von Mitmeistern scheren und dann von Färbern färben. Nicht weniger als vier Färber erhielten von Neuhofer Barchente zum Einlassen. Neuhofer verkaufte dann den schwarz eingelassenen Barchent den Handelsleuten und zwar je ein Stück gegen ein rohes Tuch plus Farbgeld.[167]

Die Geschäfte der Tuchscherer wurden oft vor dem Weberhaus oder auch in den Gewölben der Kaufleute geschlossen. Tuchscherer, die bestraft worden waren, baten immer wieder, wie andere redliche Meister frei vor dem Weberhaus „hantieren" zu dürfen.[168] Es

---

[166] Ordnung 1618, Artikel 46.
[167] 1606, 11. Februar.
[168] 1603, 8. April. Protokolle 1601-05.

gab aber „böses Nachreden und Übel", weil oft die Frauen der Tuchscherer diese Geschäfte erledigten. Im Jahre 1576 wurde deshalb beschlossen, daß die Meister selber und nicht ihre Frauen sich vor dem Weberhaus und in den Kaufmannsgewölben um Arbeit bewerben und handeln sollten.[169] Nur im Falle von „Schwachheit und Alter" wollte man wohl Ausnahmen zulassen.

Gegen 1600 scheint aber diese Bestimmung nicht mehr beachtet worden zu sein. Ein Tuchscherer sagte im Jahre 1606, daß seit 10 oder 12 Jahren Mägde und Buben, Weiber und Gesellen Tuche an die Geschau trügen und sogar mehr als die Meister und Frauen handelten. Er protestierte deshalb, als man ihn um 15 kr strafe, weil seine Frau im Weberhaus handelte. Da er selbst „tödlich krank" zu Hause lag, müßte er seine Frau die „gemachte Arbeit" an die Geschau tragen lassen, den Kaufleuten die Tuche heimgeben und wieder Tuche von ihnen annehmen. Aber prinzipiell durften die Frauen von Tuchscherern auch jetzt nicht vor dem Weberhaus handeln.[170]

Streit gab es auch darüber, ob den Tuchscherern der Gewandschnitt zustand oder nicht, ob die Tuchscherer also „gwandt oder wullentuch" nach der Elle ausschneiden und verkaufen durften. Im Jahre 1581 entschied der Rat, daß niemand, der nicht die Kramergerechtigkeit besaß, „ainich wullen gewandt, seiden wahren, atlas, daffet, Burschat, Arres, Machayer, Bomasin und andere dergleichen" nach der Elle ausschneiden und verkaufen durfte.[171] Es ging hier im wesentlichen um den Ausschnitt von Wollstoffen, der den Tuchscherern also verboten war.

Dagegen durften die Tuchscherer andere Tuche „als Fein, Lindisch, Reinisch, Meissnisch, Nördlingisch und dergleichen Sorten" in der Stadt öffentlich ausschneiden und verkaufen. Waren dies nicht auch Wolltuche? Außerhalb der Stadt durften sie auch Loden ausschneiden.[172]

Anscheinend hielten sich die Tuchscherer jahrelang an diese Regeln, aber spätestens 1608 schnitten sie auch Wullengewand nach der Elle aus. Sofort protestierten die Krämer: niemand dürfe zwei Gerechtigkeiten ausüben, die der Tuchscherer und die der Krämer. Die Tuchscherer wiederum versicherten, sie seien im ganzen Römischen Reiche berechtigt, den Gewandschnitt auszuüben „und was ein meister mit seiner scher arbeiten und zurichten kan". Auch in Ulm und Donauwörth werde dieses Recht der Tuchscherer gewahrt.[173]

Diesmal scheinen sich die Tuchscherer durchgesetzt zu haben: der Rat bewilligte ihnen den Gewandschnitt, „inmassen sie den von langen Jahren in Übung gehabt".[174] Einige Tuchscherer gingen aber darüber hinaus und schnitten in ihren Läden auch Barchent nach der Elle aus. Sie rechtfertigten sich damit, daß der Barchenthandel seit Menschengedenken allen Bürgern erlaubt sei, „mit kaufen, verkaufen, versenden, roh, weiss oder gefärbt". Sie hätten schon seit 60 Jahren in ihren Läden Barchent und Gewand nebeneinander „ausgeschnitten, verkauft, verwechselt und vertauscht". Die Briechler und Krämer dagegen sagten, daß nur der Handel mit rohen und gebleichten Barchenten allen

---

[169] Tuchschererordnung 1576, Artikel 32.
[170] 1606, 8. Juli und 8. August. Protokolle 1606-08. Ordnung 1618.
[171] 1581, 19. August.
[172] 1607, 1. März. Protokolle 1608-13.
[173] 1608, 29. April, 6. und 13. Mai.
[174] 1608, 14. August.

Bürgern freistehe, nicht der mit gefärbten. Und schon gar nicht der Ausschnitt nach der Elle, den nur diejenigen ausüben dürften, die die Kramergerechtigkeit erworben hatten.

Der Rat schloß sich 1628 dieser Ansicht an und verbot den Tuchscherern den „Barchat Schnitt", also die Barchenttuche „der Ellen nach" zu verkaufen. Dies sei nur den Krämern und Briechlern gestattet. Andererseits sei den Tuchscherern „wie menniglichen" unverwehrt, „ganze Stuel Barchat allerhand sorten", also ganze Barchenttuche zu verkaufen.[175] Die Ordnungen verboten den Tuchscherern generell, „in den offnen läden" ihr Handwerk zu treiben. Wer eine Weibsperson in einem offenen Laden arbeiten ließ, mußte sogar eine Geldstrafe zahlen.[176]

Die Absicht des Rates in allen diesen Entscheiden ging dahin, die Grenze zwischen Tuchscherern und Krämern einzuhalten. Die Tuchscherer drängten anscheinend darauf, am Handel mit Barchenten teilzuhaben.

Sie nützten ihre Schlüsselstellung aus: nachdem die Tuche gewebt worden waren und bevor sie in den Großhandel kamen, wurden sie von ihnen bearbeitet. Also wollten sie sie auch der Elle nach verkaufen. Aber dies ist ihnen nicht gelungen.

---

[175] 1628, 17. Oktober.
[176] Ordnung 1628, 17. Oktober. Weberhaus Nr. 11.

Bleichen

Die Bleicher

Vor den Toren Augsburgs lagen seit dem Mittelalter die großen Bleichen. Die Bleichplätze gehörten zum Stadtbild. Dennoch waren die Bleichen seit jeher eine besondere Arbeitsstätte. Erstens wegen der Menge der Arbeiter. In keiner Werkstatt wurden im 16. Jahrhundert so viele Leute beschäftigt. Zweitens wegen der Menge der Produkte, die bearbeitet wurden. Um 1600 handelte es sich jedes Jahr um eine halbe Million Tuche. Drittens verwendeten die Bleicher die Wasserkraft in ihren Wasserhäusern und Kanälen. Viertens wandte man, wenn auch ohne theoretische Grundlage und nur auf Grund empirischer Erfahrung, chemische Verfahren an. In gewisser Hinsicht waren die Bleichen also etwas Besonderes in der mittelalterlichen Organisation der Gewerbe.

Bleichen gab es in Augsburg mindestens seit Mitte des 14. Jahrhunderts. Sicherlich auch schon früher. Meist werden in den Steuerbüchern zwei oder drei Bleicher genannt, gelegentlich auch vier oder fünf. Es ist allerdings nicht klar, ob es sich hier immer um die eigentlichen Bleicher handelt oder um Bleichknechte.

Zahl der in den Steuerbüchern erwähnten Bleicher

1346	7	1403	1	1474	5
1351	3	1408	3	1475	7
1355	3	1409	4	1479	3
1357	4	1413	4	1480	3
1359	4	1418	4	1486	4
1364	4	1422	3	1489	4
1368	3	1427	3	1492	3
1377	4	1428	3	1494	2
1380	3	1434	4	1495	2
1383	3	1441	3	1496	3
1386	5	1448	3	1498	2
1390	5	1455	2	1499	2
1394	3	1462	2	1501	2
1398	4	1466	2	1504	3
1402	1	1471	3	1509	2

Im 16. Jahrhundert hatte Augsburg drei große Bleichen, die im Bogen rund um die Jakobervorstadt lagen. Die untere Bleiche wurde von dem Stephinger Tor, dem Eisen- und Kupferhammer, dem Roten Turm und dem Lech begrenzt. Die mittlere Bleiche schloß sich an die untere Bleiche an und wurde an der oberen Seite von dem Roten Turm, der

Stadtbefestigung bis zum Jakobertor und an der unteren Seite vom Lech begrenzt. Die obere Bleiche lag vor dem Jakobertor in östlicher Richtung.

Die Bleichen wurden den Bleichern um einen „geringen Zins" oder „einen gleichwoln leidenlichen Zinss" verliehen. Im Jahre 1433 belief er sich auf immerhin 47 fl. Im Jahre 1613 zahlte der untere Bleicher einen Zins von 29 fl in Münze für „die Plaich, derselben Änger, Wissmader und gärtlin".[1] In dem Zeitraum von 1500 bis 1717 lassen sich insgesamt 37 Bleicher auf den drei Bleichen feststellen. Die Bleiche verlangte eine erhebliche Kapitalanlage und eine Menge technischer Kenntnisse. Dies wird wohl der Grund sein, weshalb eine Bleiche manchmal vom Vater auf den Sohn überging, wie im Falle der Kreutter. Mindestens vier Mitglieder der Familie Kreutter haben Augsburger Bleichen von 1581 bis 1642 verwaltet. Gelegentlich finden wir zwei Brüder auf verschiedenen Bleichen, wie im Falle der Brüder Schoch. Es kam auch vor, daß der Bleicher und sein Sohn zusammen eine Bleiche verwalteten. Jedenfalls wurden der alte und der junge Sixt Weissinger wie auch Hans und Jakob Kreutter jahrelang zusammen im Steuerbuch aufgeführt. (Weissinger: mittlere Bleiche 1537 bis 1549. Kreutter: obere Bleiche 1598 bis 1620).

Wenn eine Bleiche neu zu besetzen war, scheint die Stelle im Stadtgericht „verruft" worden zu sein.[2] Man wollte die tauglichste Person für dieses Amt, an dem „warlich nit wenig gelegen". Die Buchführung setzte voraus, daß der Bleicher lesen, schreiben und rechnen konnte. Manche Bewerber betonten, daß ihr bisheriges Gewerbe sie besonders qualifiziere. Ein Bewerber hatte 18 Jahre lang an der Webergeschau gearbeitet. Ein anderer sagte, daß er „sowohl der handelsleute, als Ferber, weber und anderer Leut, die auf die Bleich thun, mehrteils, wie auch der Waren selbst guten Bericht habe".[3] Ein Garnsieder schien den Verordneten geeignet, weil er „zue der Aschen etwa vor einem anderen verstandt und die wissenschaft hatt".[4] Unter zwei oder mehr Bewerbern hat der Rat den neuen Bleicher „durch die ordentliche Vota und wahlen mit dem mehrern" gewählt.[5] Manchmal trafen die Baumeister mit Erlaubnis des Rates die Auswahl. Im 15. Jahrhundert scheinen die Bleicher erst ein Jahr auf Probe ernannt worden zu sein.[6]

Da die Bleicher aus verschiedenen Gewerben kamen, wurde gefragt, ob sie nicht die Gerechtigkeit ihrer Zunft verloren, wenn sie eine Bleiche übernahmen. Der Rat entschied 1490, daß die Zunftgerechtigkeit durch Übernahme der Bleiche nicht beeinträchtigt wurde.[7]

Trotz ihrer Ernennung durch den Rat waren die Bleicher nicht Angestellte der Stadt, sondern Pächter, die einen Gewinn zu erarbeiten suchten. Je mehr Tuche sie erhielten, um so größer war ihr Gewinn. Sie neigten deshalb dazu, mehr Tuche anzunehmen als sie bleichen konnten. Bereits 1427 wurde den Bleichern gesagt, daß sie nur so viele Tuche

---

1 1549, 24. Dezember. 1594, 24. März. 1433, 31. Januar. Ratsbuch. 1613, 7. Februar. Bleicher 1548-1659. 1486 zahlten Hans Bymel 18 fl, Hans Ärdinger 12 fl Bleichzins. 1675 betrug der Zins 35 fl. (1675, 12. März).
2 Jedenfalls 1611, 14. Juni. Bleicher 1548-1659.
3 1611, 7. April. Bleicher 1548-1659.
4 1611, vor 22. Februar. Ähnlich 1624, 29. Oktober: Melchior Reiser. Ebenfalls 1643, 10. Januar. Bleicher 1548-1659.
5 1619, 31. Januar: Daniel Reiser 17 Stimmen, Tobias Schnegg eine. Bleicher 1548-1659.
6 1444: Martin Plaicher. Ratsbuch.
7 1490, 23. Dezember. Ratsbuch.

annehmen sollten, wie sie auf ihr eigenes Feld innerhalb der Zäune legen konnten, und nicht auf Brache oder Viehweide.[8] Allerdings gab es Versuche, den Wettbewerb durch Zusammenarbeit zu ersetzen. 1543 einigten sich die drei Bleicher, daß künftig je zwei von ihnen alle Barchenttuche, der dritte alle „geschau leinwat und das Haus guett" erhalten sollten. Das Los sollte entscheiden, wer die Barchenttuche und wer die Leinwand bleichen sollte. Jedes Jahr sollte dann abgewechselt werden.[9] Lange scheint diese Zusammenarbeit aber nicht gewährt zu haben. Denn 1552 beklagte sich der Bleicher Sebastian Wegelin, daß er weniger Tuche als die anderen zwei Bleicher erhalte, weil er als ein fremder Gesell nicht so viel „kundtschafft, freundt und verwandte" in der Stadt habe. Zumindest seit 1569 erhielten alle drei Bleicher Barchenttuche.

Der Rat meinte, daß die Bleicher durch Wettbewerb zu sorgfältigerer Arbeit angehalten würden. Die Bleicher wiesen jedoch auf die nachteiligen Folgen des Wettbewerbs. Wer die „beste kundtschafft und freundschafft" habe, erhalte sehr viel mehr Tuche als die beiden anderen Bleicher. Da dieser eine Bleicher die viele Arbeit gar nicht bewältigen könne, würden die Tuche nicht so gebleicht, wie es der Kunde erwarte. Die zwei anderen Bleicher dagegen würden geschädigt, weil sie sich „mit Eehalten, holtz, Aschen und anderem" eingedeckt hatten, aber nicht genügend Tuche erhielten. Die drei Bleicher schlugen deshalb vor, daß in Zukunft alle „geschawtten guetter" unter ihnen ungefähr gleichmäßig aufgeteilt werden sollten. Nur Ware, die nicht Geschauarbeit sei, solle jeder Bleicher für sich getrennt annehmen und bleichen. Wenn man die gleichmäßige Verteilung der Tuche früher eingeführt hätte, wäre „nyemandt bey ihnen dermassen wie laider ergangen ist, schaden bescheen".

Aber der Rat war nicht dafür, den Wettbewerb unter den Bleichern aufzuheben.[10] Nach wie vor konkurrierten also die Bleicher mit einander. Und dieser Wettbewerb wurde immer schärfer. Die Bleicher suchten sich gegenseitig durch „Ehrungen, Gastereien, und helle Worte" die Kunden wegzunehmen. Wenn ein Bleicher einem Kunden eine kleine „Ehrung" erwies, tat der andere doppelt so viel. Einer der Bleicher, Paulus Wegelin, sagte 1563, daß sich die Bleicher durch diese Geschenke, große Mahlzeiten und Gästereien finanziell ruinierten. Es sei so weit gekommen, daß wenn einem Bleicher Tuche gestohlen wurden, der andere sich freute. Wegelin schlug deshalb noch einmal vor, daß die Bleicher die Tuche unter einander aufteilen sollten, wie man es auch in Ulm, Weißenhorn und Kaufbeuren tat.[11] Der Rat hat aber auch jetzt nicht den Wettbewerb unter den Bleichern beseitigt. Wir werden später sehen, daß die drei Bleicher durchaus nicht die gleichen Mengen von Tuchen bleichten.

Als die Zahl der Barchenttuche im 17. Jahrhundert abzunehmen begann, bemühten sich die Bleicher um so eifriger, Tuche zu bekommen. Sie nahmen z.B. mehr Tuche „auf die erste Auslegung" an, als sie auf die Bleichfelder legen konnten.[12]

---

[8] 1427, 6. April.
[9] 1543, 11. Januar. Wegen der Bedeutung der Bleichen trafen die Bleicher diese Abmachung im Beisein des Bürgermeisters Sideler und zweier anderer Personen.
[10] 1554, 23. August. Bleicher 1548-1659.
[11] 1563, 9. März. Bleicher 1548-1659.
[12] Spätestens im 18. Jahrhundert wurde eine gewisse Zusammenarbeit unter den Bleichern eingeführt. Alle Tuche, die sie nicht „auf die erste auslegung" legen konnten, sollten sie „ohne einig hinderhalten, einander vertraulich zukommen lassen". 1726, Blaicher Eyd.

Etwa seit Beginn des Dreißigjährigen Krieges bewarben sich nur noch wenige Leute um das Amt des Bleichers. 1620 gab es nur einen einzigen Bewerber um die Mittel- und die Unterbleiche. 1626 hören wir wieder von nur einem einzigen Bewerber um die Mittelbleiche.[13] Vielleicht waren es finanzielle Gründe, die die Leute davon abhielten, sich um die Bleichen zu bewerben. Ein Mann z.B., der 1620 die Mittelbleiche übernehmen wollte, fand nicht genügend Bürgen.[14] Ein anderer, der die untere Bleiche übernommen hatte, bat zum Erstaunen der Verordneten gleich um Darlehen von 1000 fl, um Holz, Asche, Heu und Stroh kaufen zu können. Er bekam aber nichts.[15] Auf jeden Fall führte das Fehlen von Bewerbern oder zumindest annehmbaren Bewerbern dazu, daß manchmal eine Bleiche nicht besetzt werden konnte. Um 1633 gab es sogar nur einen einzigen Bleicher, Hans Kreutter, der sowohl die obere wie die untere Bleiche versah. Die mittlere Bleiche war inzwischen aufgehoben worden.[16]

Voraussetzung für die Verleihung der Bleiche war, daß der Bleicher Unterpfand und „bürgen und geweren" für den Fall stellte, daß den Tuchen auf der Bleiche „schad geschähe". Man nahm Unterpfand und Bürgen sehr ernst. Mitte des 15. Jahrhunderts bürgte anscheinend jeder Bürge für 200 fl.[17] 1507 mußte jeder der drei Bleicher geloben, Schadenersatz in Höhe von 600 fl zu leisten. Die Zahl der Bürgen schwankte zwischen 7 und 12.[18] Die Verpflichtung der Bürgen war auf ein Jahr begrenzt. Die Bürgschaft wurde im Laufe der Jahre auf 1000 Goldgulden erhöht, im Jahre 1589 auf 2000 Goldgulden.[19] Während der Geldentwertung im Jahre 1622 wurde die Bürgschaft auf 5000 fl erhöht, 1626 aber wieder auf 2000 Goldgulden verringert. Die Bürgen mußten geloben, daß sie „um 2000 fl in goldt, Bürg ... sein wollten, als wo einiger bleicher in abnehmen, armuth oder einigen unfahl geriethe".

Die überwältigende Mehrheit der Bleicher, 75%, gehörten zum besitzenden Bürgertum mit einem ansehnlichen, mittelgroßen Vermögen (Steuer: 1 fl-10 fl). Nur ganz wenige scheinen reicher gewesen zu sein (Steuer: über 10 fl). Andererseits zählten auch nur wenige Bleicher zum kleineren Bürgertum (Steuer: 15 kr-60 kr). Die Bleicher mußten ein gewisses Vermögen haben, da sie für die Löhne des Gesindes und die Bleichmaterialien aufkommen mußten.

---

[13] 1620, 18. März: Melchior Reiser. 1620, 12. November: Hans Kreutter.1626, 30. Juli.Ebenso 1643. Bleicher 1549-1659.
[14] 1620, 21. März: Melchior Reiser. Bleicher 1548-1659.
[15] 1621, 26. und 30. Januar: Hans Kreutter. Bleicher 1548-1559.
[16] 1633, 20. Dezember. Bleicher 1548-1659.
[17] 1443 und 1444. Ratsbuch II, S. 71 und 88.
[18] Michel Erdinger und Heinrich Schoch stellten sieben Bürgen, Six Weissinger zwölf. 1507, 1. und 23. März.
[19] Ein Grund für diese Erhöhung war, daß der Bleicher Tobias Müller „ferndenn umb ... was dahinden blieben." Die Verordneten fürchteten, daß ihm deshalb weniger Tuche zum Bleichen gebracht würden und die zwei anderen Bleicher mit um so mehr Tuchen überhäuft würden. 1589, 7. und 14. März.

Vermögensstruktur der Bleicher 1500-1717

	15 kr-60 kr	1-10 fl	über 10 fl	insgesamt
Bei Übernahme der Bleiche	8	25	4	37 Bleicher
	21,62%	67,56	10,81	
Bei Aufgabe der Bleiche	2	24	11	37 Bleicher
	5,40%	64,86	29,72	

Die Bleicher stimmten immer wieder Klagelieder über ihre hohen Ausgaben an, um den Rat zur Erhöhung der Bleichpreise zu bewegen. In Wirklichkeit haben viele Bleicher einen netten Profit gemacht. Nicht weniger als 26 Bleicher oder 70% hatten jedenfalls am Ende ihrer Tätigkeit einen größeren Besitz als zu Beginn. 13% hatten gleich viel Vermögen wie zu Anfang. 16% zahlten am Ende ihrer Amtszeit eine geringere Steuer und hatten also Verluste gehabt. Die meisten Bleicher waren aber vermögender geworden. Es kann aber keine Rede davon sein, daß sie steinreich geworden wären. 65% der Bleicher gehörten auch am Ende der Tätigkeit zum mittleren Bürgertum (Steuer: 1 fl-10 fl).

Änderungen in der Vermögenslage zwischen Übernahme und Aufgabe der Bleiche, 1500-1717

vermögender wurden	26 Bleicher	70,27%
gleiches Vermögen zu Beginn und Ende	5	13,51
Vermögen verloren	6	16,21

Manche Bleicher beschränkten sich nicht auf das Bleichen. Einige haben auch den Kauf und Verkauf von Tuchen als Unterkäufel oder Makler vermittelt. Da praktisch alle Tuche durch die Hände der Bleicher gingen, war es wahrscheinlich gar nicht zu vermeiden, daß die Bleicher auch solche Geschäfte trieben. Als der Rat 1524 zwei offizielle Unterkäufel ernannte und auch eine Unterkäufel Ordnung erließ, verbot er den Bleichern, rohe und weiße Barchenttuche zu kaufen, zu verkaufen oder „zu verwechseln". Die Vermittlung von Käufen und Verkäufen stand nur noch den offiziellen Unterkäufeln zu.[20] 1564 mußte den Bleichern aber noch einmal „das wechseln mit den Barchattuchen" verboten werden.[21]

Außerdem war den Bleichern untersagt, „ain gewerbs handel oder Compagnie" mit anderen Leuten zu bilden[22], für sich selbst Tuche auf die Bleiche zu legen oder „zum Wechsel oder sonsten damit zu handtieren".[23] Die Bleicher sollten sich also nur dem Bleichen widmen und keine anderen Geschäfte treiben.

Wie wir sehen werden, arbeiteten die Augsburger Bleicher mit gewaltigen Mengen von Tuchen. Wegen ihrer hohen Ausgaben, benötigten sie Kapital. Geld war in einer

---

[20] 1524, 5. März. Ordnung der geschworenen Unterkäufel. Ratserlässe 1507-1599.
[21] 1564, 24. Oktober. Ratsbuch.
[22] 1548, 28. August. Ratsbuch.
[23] Ordnung von 1650, 22. April, deren Bestimmungen aber sicher schon im 16. Jahrhundert in Kraft waren.

Stadt wie Augsburg schon aufzubringen. Andererseits hatten die Bleicher auch erhebliche Einnahmen und verfügten also über große Geldsummen. So mag es zu erklären sein, daß sie sich in riskante und verbotene Geschäfte einließen, die eigentlich nur dann an den Tag kamen, wenn ein Bleicher Bankrott machte.[24]

Im Jahre 1548 z.b. floh der Bleicher der oberen Bleiche, Baltas Schoch, der „villerlay personen Reicher und armer vertrauts gut an parchattuchen und fardl bey seinen händen gehabt", aus der Stadt. Er hinterließ Schulden in Höhe von 26 000 fl. Er hatte diese riesigen Geldsummen „von namhafften Kauffleuten, und sunst Handwerksleiten und Ehalten und armen gutten leuthen" gegen Verzinsung aufgenommen. Andererseits hatte er auch Darlehen gewährt, so einem Endris Schultz in Höhe von 1500 fl. Ein Chronist warf ihm Betrug vor. Barchenttuche, die „guetten armen leuthen" gehörten, soll er mit den Zeichen einiger reicher Kaufleute gezeichnet und diesen dann übergeben haben. Er soll auch dem ehemaligen Bürgermeister Jakob Herbrot Tuche verkauft haben, obwohl alle Bleicher schwören mußten, nicht mit Tuchen zu handeln. Stimmten diese Anschuldigungen? Ein Bericht sagte einfach, er sei „durch den vaal des widerwertigen glückhs" ins Verderben geraten. Er floh nach Joachimstal, „daselbst er villeicht erst ain Reicher Berkherr werden will", meinte ein Chronist.[25]

Schochs Bruder Endris, der die untere Bleiche innehatte, hatte 1548 ebenfalls Schulden in Höhe von mehreren tausend Gulden und floh nach Friedberg. Er verglich sich aber mit seinen Gläubigern.

Verwirrende Geschäfte kamen auch an den Tag, als der Bleicher Caspar Euler 1619 Bankrott machte. Mehrere Kunden, die ihm noch Bleichgeld vom vorhergehenden Jahre schuldeten, hatten ihm auch Geld geliehen. Andererseits hatte er auch anderen Geld geliehen, so 500 fl einem Bernhard Rehlinger, Mitglied des Geheimen Rates.[26]

Bankrotteure waren natürlich Ausnahmen. Mehrere Bleicher behielten ihr Amt bis ans Lebensende. Andere gaben es im hohen Alter auf. Wenn ein Bleicher sein Amt im nächsten Jahre nicht mehr versehen wollte, sollte er schon an Jakobi, also am 25. Juli, kündigen.[27] Um Stockungen zu verhindern, bemühte sich der Rat, eine freie Stelle möglichst schnell wieder zu besetzen.[28]

Die drei Bleicher hatten ein Monopol. Aber es gab eine Ausnahme. Seit jeher durften Frauen und Klosterfrauen Schleier und Fatzelen, die sie selbst angefertigt hatten, auch bleichen. 1554 beschwerten sich schließlich die Bleicher, daß drei Frauen „Schlayer, Facelen, Spinet und andere Leinwand" bleichten. Die drei Frauen rechtfertigten sich damit, daß die Bleicher Schleier und Fatzelen nicht zu bleichen verstünden und beim Walken zerrissen. Der Rat gestattete den Frauen, auch weiterhin Schleier und Fatzelen zu bleichen, auf keinen Fall aber Spinet.[29] Im Jahre 1594 führten dennoch die Bleicher die

---

[24] Bereits 1443 ist der Bleicher Peter Berchtold bankrott gegangen und anscheinend aus der Stadt geflohen. Die Bürgen mußten 400 fl zahlen.(1444, 21. Januar).
[25] 1548, 28. und 30. August, 25. September und 13. November. Bleicher 1548-1659.
[26] 1619, 8. März. Bleicher 1548-1659.
[27] Ratsentscheid 1437.
[28] Baltas Schoch z.B. hatte kurz vor dem 20. August 1548 Bankrott gemacht. Am 25. September, also rund vier Wochen später, beschloß der Rat, die Bleiche in drei Wochen neu zu besetzen. 1548, 25. September. Ratsbuch.
[29] 1554, 3. und 6. März. Ratsbuch.

„leinwat schlaier" und „wullin schlaier" unter den Waren auf, die sie selbst bleichten.[30] Eine ganz neue Konkurrenz entstand den Bleichern dann in den Scheggenbleichen der Cottonfabrikanten im 18. Jahrhundert.

Verkauf der Bleichen

Die Verhältnisse der Bleicher änderten sich grundlegend Ende des 17. Jahrhunderts. Um ihren „überschweren Kriegsbeytrag" zu leisten und Geld flüssig zu machen, entschied sich die Stadt 1692, die beiden Bleichen zu verkaufen. Die Baumeister der Stadt errechneten einen Verkaufspreis von 40 000 fl. als den Wert von „anbau, grund und boden, so viel zum Bleichen gebraucht werden kann". Jede der beiden Bleichen umfasse 56 Tagwerk. Von diesen 56 Tagwerk müßten 4 Tagwerk abgezogen werden, auf denen sich „anbau" befänden. Die 52 Tagwerk hätten einen Wert von 13 000 fl., wenn man 250 fl pro Tagwerk rechnete. Der Wert der Gebäude pro Bleiche käme auf 7000 fl. Jede der beiden Bleichen koste also 20 000 fl, beide zusammen 40 000 fl. Der einzige Interessent, der die Bleichen zu kaufen bereit war und zunächst anonym blieb, errechnete aber einen Gesamtwert von nur 20 000 fl., und zwar auf Grund der jährlichen Erträge. Die Baumeister bemühten sich nun darzulegen, daß wenn der Besitzer einen jährlichen Gewinn von 1300 fl von beiden Bleichen erhalte, dies bei einer Verzinsung von 5% einen Wert von 26 000 fl, bei einer von 4%, einen Wert von 32 500 fl darstelle. Die Geldnot der Stadt war aber so katastrophal, daß der Rat den Preis immer wieder senken mußte, von 40 000 fl auf 35 000 fl., auf 32 000 fl und schließlich auf 30 000 fl.

Das Pikante an der Sache ist, daß der anonyme Interessent angeblich durch Freunde über die Beratungen im Rate auf dem laufenden gehalten wurde. Die Stadt verlangte schließlich nur 24 000 fl. Als Käufer entpuppte sich nun eine Frau, die Frau des Kaufmanns Gerhard Greif, Sibylla Regina Lotter. Am 12. Januar 1693 erwarb sie die obere und untere Bleiche vor dem Jakober und dem Stephinger Tor für 24 000 fl als „frey, eigenes, bürgerliches Gut". Dem Kaufvertrag wurden allerdings einige Bedingungen beigefügt. Die Stadt behielt sich bei künftigen Verkäufen der beiden Bleichen „das Anboth oder Einstand Recht" vor. Die Bleichen sollten so gelassen werden, wie sie waren, und zu nichts anderem verwendet werden. Es durfte auch kein „ander gewerb oder solche werkh" eingeführt werden, die der Stadt oder sonst jemand anderem an der Nahrung nachteilig waren. Vielleicht hat diese Bestimmung später die Einführung neuer Bleichmethoden, etwa der chemischen Schnellbleiche, gehindert.

Gerhard Greif scheint von der Voraussetzung ausgegangen zu sein, daß wie bisher so auch in Zukunft nur auf seinen beiden Bleichen gebleicht werden dürfe. Er stellte zwei Bleicher an, die die Bleichen gegen ein festes Gehalt verwalten sollten. Beide Bleicher mußten nach wie vor persönlich vor dem Magistrate erscheinen und den „gewöhnlichen Eyd" leisten. Greif, als „dermahliger aigenthumbherr", sollte für jede der beiden Bleichen eine schriftliche Caution von 1000 fl, also insgesamt 2000 fl in Gold leisten.[31]

Der Unterschied zu früher bestand darin, daß jetzt der Eigentümer selber bürgte. Die Bürgschaftssumme war die gleiche wie früher. Es blieb auch die Vereidigung der Blei-

---

[30] 1594, 24. März.
[31] 1694, 27. April.

cher und im übrigen auch die Inspektion der Bleichen durch die Verordneten und Beisitzer zu Beginn der Bleichzeit. Auch die Abzähler und die Geschaumeister erschienen wie früher auf den Bleichen. Im konkreten Geschäftsablauf hatte sich also wenig geändert.

Bis Mitte des 18. Jahrhunderts blieben beide Bleichen im Besitz verschiedener Mitglieder der Familie Greif. Georg Jakob von Köpf, der eine Greif geheiratet hatte, hat dann in den 1750er Jahren durch Erbschaft und Kauf mehrere Anteile an den Bleichen in seine Hand gebracht. Im Jahre 1766 kam Köpf in den vollen Besitz der oberen Bleiche. Der Wert der Bleichen war seit dem Kauf im Jahre 1693 erheblich gestiegen. Allein die untere Bleiche mußte im Jahre 1777 für 70 000 fl versteuert werden.[32]

Im Jahre 1772 hat der Cottonfabrikant Johann Heinrich Schüle die obere Bleiche gekauft. Schüle hatte sich längere Zeit geweigert, seine Cottone in Augsburg bleichen zu lassen, weil er die Bleicher für unfähig hielt. Er löste das Problem dadurch, daß er die obere Bleiche für 67 000 fl kaufte. Die obere Bleiche war also seit 1772 nicht mehr öffentliche Bleiche, sondern Schüles Privatbleiche, auf der er keine anderen als seine eigenen Waren bleichen durfte.

Die bisherigen Bleicher, Lauger und Feldmeister wurden entlassen. Im Amt blieb nur der bisherige Bleichverwalter Volkert, der die Waren in Schüles Comtoir empfangen sollte. Schüle setzte es durch, daß die Weißgeschau und die Stupfung auf der oberen Bleiche abgeschafft wurden.[33]

Die obere Bleiche stand aber nach wie vor unter obrigkeitlicher Aufsicht. So sollte der Bleichverwalter der Obrigkeit den Eid leisten. Die Bleichvisitation wurde auch weiterhin auf der oberen Bleiche im Mai durchgeführt. Schüle mußte anscheinend auch Caution leisten „wegen des gefallenen Ungelds, als des ihme anvertrauten Gutes halben".[34]

Es muß ein ungewöhnliches Ereignis gewesen sein, als jetzt ein einziger Mann die obere Bleiche für seine eigenen Waren reservierte und alle anderen Waren ausschloß. Der Erwerb der oberen Bleiche zeigt, welche dominierende Stellung Schüle um 1772 im Augsburger Textilgewerbe errungen hatte.

Die obere Bleiche blieb im Besitz Schüles und seiner Erben bis 1823. In diesem Jahre ging sie an Johanna Jacobina Barbara von Münch und 1828 an Christian Philip Aumüller über.

Köpf besaß von der unteren Bleiche 1766 nur ein Drittel. Auch die Greif hatten anscheinend noch Anteile. Aber dann tauchen in den folgenden Jahren neue Namen auf:

1770:	Georg Jakob von Köpf	1/3	der unteren Bleiche
	Wolfgang Ludwig Kramer	1/3	
	Johann Caspar Hillenbrand	1/3	
1772:	Wolfgang Ludwig Kramer	3/8	
	Johann Caspar Hillenbrand	1/4	
	Johann Gottlieb Klauke	3/8	
1776:	Wolfgang Ludwig Kramer	5/8	
	Johann Gottlieb Klauke	3/8	
1796:	Schum, Euph.	4/8	
	Johann Gottlieb Klauke	4/8	

---

[32] 1777, 3. Oktober.
[33] 1772, 10. August.
[34] 1787, 16. April.

1811: Wolf, Rebekka 4/8
Evangelisches Armenkinderhaus 4/8

Nicht mehr der Rat, sondern diese sogenannten Bleichinhaber ernannten seit 1694 die Bleicher, die die eigentliche Arbeit auf den Bleichen verrichteten und ein festes Gehalt erhielten. Es wurde schon bald kritisiert, daß der Bleicher wegen seines festen Gehaltes keinen Anreiz mehr habe, bessere Arbeit zu leisten. Das Einkommen der Bleicher solle von der Menge der gebleichten Tuche abhängen.

Die Bleicher auf der unteren Bleiche im 18. Jahrhundert

Christian Schmid	1694-1718
Clement Markthaler	1719-1732
Johannn Joseph Huber	1733-1749/50
L. Beche	1750/51
Hainzelmann	1757-58
Thomas Majer	1759-64
Alban Martin	1764-1777
Johann Georg Hirsch	1777-1782
Caspar Oswald	1783-1790
Joseph Steinacher	1791-1806

Die Bleicher auf der oberen Bleiche im 18. Jahrhundert

Ludwig Greiner	1694-1715
Andreas Jungert	1716-1732
Andreas Köhler	1733-1748
Johann Michael Kentner	1749-1750
Johannes Wagenseil	1749-1759
Johann Georg Lindenmaier	1757-1760
Johann Conrad Penter	1760-1763
Johann Wilhelm Hornung	1763-1764
Johannes Lorber aus Burtenbach	1764-1765
Mathäus Knaupp	1766-1772

Das Augsburger Publikum scheint von dem Verkauf der oberen Bleiche an Schüle nicht allzu begeistert gewesen zu sein. Da Schüle auf der oberen Bleiche nur seine eigenen Tuche bleichte, mußten Kaufleute, Fabrikanten und Weber „zur grössten Verhinderung des Commercii" seit 1773 ihre Waren auf der unteren Bleiche bleichen lassen, die „quasi zu einer erzwungenen Monopolbleiche" wurde. Angeblich wurden nun große Mengen von Tuchen zum Bleichen nach Burtenbach, Jettingen und Neuburg an der Kammel gebracht. Die Landbleichen sollen dadurch in Schwung gekommen oder überhaupt erst errichtet worden sein, was wiederum die Cottonweberei auf dem Lande zum Schaden der Augsburger Weber anregte.

Umfang der Bleichen

Es ist möglich, daß noch Anfang des 15. Jahrhunderts die Bleichen kein fest begrenztes Gebiet einnahmen. So beschloß der Rat 1416, daß wenn „die blaicher des ersten uffarent mit den barchatten", die Bürgermeister ihnen „velds genug" zum Bleichen geben sollten.
 Als die Textilherstellung zunahm, hat man anscheinend die Wiesen und Felder vor der Jakobervorstadt, die bisher als Weide benützt worden waren, den Bleichern übergeben. Pferde, Rinder und anderes Vieh durfte nicht auf die Bleichen getrieben werden, solange dort Barchenttuche lagen. Die Fischer durften in diesem Raume nicht fischen. Die Bleicher wiederum sollten die Fahrwege weit genug lassen, wohl um den durchgehenden Verkehr nicht zu stören. Wenn die Tuche von den Bleichen genommen waren, durfte man wieder Tiere auf die Bleichen treiben und auch fischen gehen.[35] 1454 gab es wieder „vill irrung" wegen der Bleiche des Bleichers Stark. Der Rat zog die Bleiche einfach ein und behielt sich die Entscheidung vor, sie wieder ganz oder zum Teil als Viehweide benützen zu lassen.
 Im nächsten Jahre hatten die Bleicher wieder mit der „gemeinen Hirtschaft zu St. Jakob" Schwierigkeiten. Der Streit kam wohl daher, daß die Bleicher ihre eigenen Pferde und „Rindvieh" auf die Bleichen trieben, es aber den Hirten verboten. Die Bleicher vereinbarten schließlich mit der „gemeinen Hirtschaft zu St. Jakob", daß wenn sie ihr Vieh vor oder nach St. Jakobstag (25. Juli) auf die Weide trieben, auch die Hirten ihre „Rinder, Vieh und Rosse" tagsüber dort weiden lassen durften. Nachts mußten die Tiere aber von den Weiden genommen werden.[36] 1514 kam es dann noch einmal zu Streit mit der Hirtschaft, den Metzgern und Fischern.
 Jede der drei Bleichen war eingezäunt. Die Bleicher mußten sich bei Übernahme der Bleiche verpflichten, „neben peulicher und wesentlicher underhaltung der Plaich und selbiger Zugehör" auch die Zäune auf eigene Kosten instand zu halten.[37]
 In der Nähe der Bleichen befanden sich auch andere Werkstätten, wie der Eisen- und Kupferhammer und die Säg-, Schleif- und Baliermühle. Da die Bleicher ebenso wie diese Gewerbe viel Wasser benötigten, kam es gelegentlich zu Streit. So hatten die Bleicher 1543 mit den Schleifern Schwierigkeiten. Der Rat ernannte eine Kommission, die überlegen sollte, „wie beiden Parteien mit Wasser möcht zu helfen sein".[38]
 Zwei Jahre später, 1545, hatten die Bleicher Probleme mit den Lechmeistern, offensichtlich wegen der Wasserversorgung. Man schloß schließlich eine „Abrede und Vertrag", welchen die Baumeister „neben eines E. Rats briefflich Urkunden aufheben und verwahren sollten".[39] Es muß sich also um eine bedeutsame Regelung gehandelt haben.
 Die Bleicher waren überhaupt von diesen Bauten und Werkstätten in der Nähe der Bleichen nicht begeistert. 1548 bat Endris Schoch, der obere Bleicher, den Rat, dem Hammerschmied zu verbieten, noch zwei Bauten neben seiner Bleiche zu errichten. Der „frembde zugang" bedeute ein Risiko für seine Bleiche.

---

35   1416, 21. Januar. Ratsbuch.
36   1455, Donnerstag nach Unser Lieben Frauen Nativitatis (11. September).
37   1613, 7. Februar. Bleicher 1548-1659.
38   1543, 17. Mai. Ratsbuch.
39   1545, 13. Januar. Ratsbuch.

1553 klagte der untere Bleicher von neuem, daß man viel Feld, das zur Unterbleiche gehört hatte, „zu gemeiner statt gepew genommen und an etlichen ortten dermassen beschütt und erhöcht", daß er das Wasser nicht mehr wie früher auf die Bleiche leiten konnte. Man hat also das Terrain erhöht.

Dazu kam das Problem, daß die drei Bleicher mit einander konkurrierten. Da sie den gleichen Zins zahlten, sollten die drei Bleichen ungefähr gleich groß sein. Vor 1553 hatte man deshalb einige Tagwerk Feld, die bisher zur unteren Bleiche gehört hatten, zur mittleren Bleiche geschlagen, weil diese kleiner war. 1553 beschwerte sich nun der Unterbleicher, daß der mittlere Bleicher viel mehr Feld zum Bleichen habe als er und deshalb auch mehr Tuche erhalte. Da die untere Bleiche sowieso die „ungelegenst und unanfelligst" sei, solle man beide Bleichen wieder „abgleichen" und ihm Feld von der mittleren Bleiche zuteilen.[40]

Als die Bleicher gegen Ende des 16. Jahrhunderts mehr und mehr Barchent zum Bleichen erhielten, wurden die Bleichen zu klein. Die Bleicher konnten „sonderlich zue der ersten Weissgeschau die Handelsleut mit den Tuechen nit fürdern". Die Handelsleute ließen daraufhin ihre Tuche in Friedberg und anderen Städten bleichen. Den Schaden hatten die Augsburger Bleicher. Sie baten deshalb mehrmals, die Bleichen zu vergrößern. 1595 wurde ein Anger der oberen Bleiche hinzugefügt.

Die Überfüllung der Bleichen wurde besonders in den Jahren 1606 und 1607 deutlich, als die Barchentherstellung in Augsburg ihren Höhepunkt erreichte. Auf denselben Bleichen, auf denen früher 30 000 Tuche gebleicht worden waren, lagen jetzt 130 000 Barchenttuche. Diese Zahl schloß Leinwand und Schnitze nicht einmal ein. Die Bleicher und die Verordneten schlugen deshalb 1607 vor, entweder die Bleichen zu vergrößern oder eine vierte Bleiche anzulegen. Der Rat ließ aber 1607 keine vierte Bleiche einrichten.[41]

Das Platzproblem löste sich dann von selbst, als die Zahl der Barchenttuche während des Dreißigjährigen Krieges rapide abnahm. Man hat die Bleichen dann sogar noch verkleinert. So wurde um 1633 ein Stück der oberen Bleiche zur neuen Befestigungsanlage mit einbezogen. Immerhin handelt es sich um eine Fläche, auf der 1600 Tuche gebleicht worden waren. Die Mittelbleiche war in Egärten verwandelt worden. Man baute hier wohl in diesen Notzeiten Gemüse an. Die Bleichfläche der unteren Bleiche war um 6000 Tuche verkleinert worden. Allerdings dachte man 1633 daran, den Fugger'schen Garten der unteren Bleiche anzugliedern.

Nach dem Kriege wurden dann die Bleichen wieder sorgfältig instand gesetzt. Im Zusammenhang mit der paritätischen Besetzung aller städtischen Ämter wurde 1672 bestimmt, daß die obere Bleiche einen katholischen und die untere einen evangelischen Bleicher haben solle. Die Neuordnung führte auch dazu, daß die Bleichen genau vermessen wurden. Die Bleichen hatten 1675 folgenden Umfang:

    Obere Bleiche:
    56 Tagwerk 8976 Schuh = 19,15 ha
    Untere Bleiche:
    47 1/2 Tagwerk 461 1/2 gevierte Schuh = 16,18 ha

---

[40] 1553, 21. September. Bleicher 1548-1659.
[41] 1607, 13. und 27. November.

Umfang:
Obere Bleiche:
10 193 einfache Schuh = 2974,92 m

Untere Bleiche:
6754 einfache Schuh = 1971,22 m

Da die obere Bleiche also drei Hektar größer war, hat man durch Kauf und Austausch von Grundstücken die Größe der beiden Bleichen einander angeglichen. Im Jahre 1677 hatte dann jede der beiden Bleichen einen Umfang von 56 1/2 Tagwerk und 342 gevierten Schuh, oder 19,25 ha.

Ein allzu forsches, „unbefugtes anlangen" der Leinwand- und Barchenthändler, die Bleiche zu vergrößern, hat der Rat 1694 abgelehnt. Aber als im Laufe der folgenden Jahrzehnte die Zahl der Bomasine, Schnurtuche und Cottone so stark zunahm, hat man die Bleichen vergrößern müssen. Manche der neuerworbenen Änger waren grundeigen, für andere mußten die Bleicher Zins zahlen. Im Jahre 1760 hatten die Bleichen folgenden Umfang:

Obere Bleiche

	fl	kr
84 1/2 Tagwerk und 4767 gev. Schuh Anger laut Taxation	59 816	37
33 1/2 Jauchert Griess Acker laut Taxation	1830	
39 3/8 Oberhauser Acker laut Taxation	4983	72
41 3/8 Jauchert Oberhauser Acker so von der Unteren Bleich noch zurückzugeben sind	3281	372
insgesamt	69 911	22

Untere Bleiche

	fl	kr
79 3/4 Tagwerk und 213 gev. Schuh Anger laut Taxation	63 120	15
52 5/8 Jauchert Hoffacker in Oberhausen laut Taxation	4120	37
10 Tagwerk Wissmad an der Schmutter		
3 detti verlohren		
1 Jauchert Holz zu Deuringen		
Ein Holz unter Oberhausen verlohren		
Alles zum Hoffguth gehörig		
laut taxation	800	
insgesamt	68 040 fl	52 kr

Die obere Bleiche hatte also einen Gesamtwert von 69 911 fl 22 kr, die untere von 68 040 fl 52 kr.

Als man 1675 die beiden Bleichen vermaß, hat man auch zwei große Grundrisse der oberen und unteren Bleiche angefertigt. Auf diesen Grundrissen sind die Werkstätten und Wohngebäude, die Bleichfelder und vielen Kanäle klar zu erkennen. Im Jahre 1789 wurde dann noch einmal ein „Geometrischer Grundriss über die Untere Bleich" von Johann Baptista Krely, „Der Stadt Augsburg Geometer", gemacht. Im gleichen Jahre hat der Geometer Jacob Christoph Haid einen „Prospekt der Unteren Bleich" angefertigt, auf dem ebenfalls die Gebäude und die einzelnen Bleichfelder aufgezeichnet sind.

Neben den eigentlichen Werkstätten, auf die noch einzugehen ist, befanden sich auf beiden Bleichen mehrere Gebäude zur Unterbringung des Bleichers und seines Personals sowie Stadel und Ställe. Nach einer Bestandaufnahme der oberen Bleiche aus dem Jahre 1691 hatten diese Gebäude folgenden Wert:

ein zweigädiges Wohnhaus	1800 fl
Sommerhäusle	30 fl
Stadel Rosstall und neuer Rosstall	1500 fl
Alter Stadel	400 fl
Kuhstall	600 fl
Ochsenstall. Backküche. Backofen	500 fl
Karren hütt	50 fl
Stadele Wagenhütt	200 fl

Auch auf den Abbildungen von 1789 sind die Wohn- und Wirtschaftsgebäude deutlich zu erkennen. So finden wir auf der unteren Bleiche einen „Neubau", die neue Küche, den Getreid Stadel, den Bauren Stall, den Karren und Kuh Stall, das Wohnhaus, die Waagen Remise und das Neue Haus.

Gesinde

Bereits im 15. Jahrhundert hören wir von einem Leinwandbleicher, von Feldmeistern, Laugmeistern und Knechten, die auf den Bleichen arbeiteten.[42] Anfang des 18. Jahrhunderts arbeiteten auf den zwei Bleichen mehrere Werkmeister, die für das Laugen, Walken und Bleichen der Tuche verantwortlich waren:

zwei Feldmeister über den Barchent
zwei Feldmeister über die Leinwand
zwei Lauger
zwei Walker.[43]

Den Bleichern wurde ausdrücklich befohlen, sich um „getreue, fleissige Knechte" zu bemühen, „welche des bleichens guten bericht haben".[44] Die Bleicher brauchten eben besondere Kenntnisse. So war die Anfertigung der Lauge aus der Asche keine leichte Sache. Man benötigte, wie es hieß, „zue der Aschen ... verstandt und wissenschaft".[45]

---

[42] Ordnung 1427. 1444, Donnerstag vor sant Pauls conversion (23. Januar).
[43] 1717.
[44] 1726, Blaicher Eyd.
[45] 1626, 14. Mai. Bleicher 1548-1659.

Als Greif 1693 die Bleichen kaufte, ließ er erfahrene Meister und Knechte aus St. Gallen, Kempten und Isny nach Augsburg kommen. Er schickte auch einige Werkmeister und Knechte in die Schweiz und „auf alle dort und hierumb liegende bleichstätt", um „öffen, Kessel, lauchfässer, ordnungen und anderes erkundigen" zu lassen.
Im Jahre 1590 stellte jeder der Bleicher 40 Bleichknechte an. Auch im Jahre 1611 beschäftigte der Bleicher Hans Pollenmiller 39 Knechte und Ehehalten. Im Jahre 1615 finden wir folgende Zahlen:

erster Bleicher	28 Knechte
zweiter Bleicher	26
dritter Bleicher	29

Greif erklärte nach dem Kauf der Bleichen 1693, daß er viel mehr Knechte anstellen werde, als die alten Bleicher „aus eigennützigem gesparsam" beschäftigt hatten. Man sprach davon, daß im Sommer auf einer einzigen Bleiche an die 60 Knechte benötigt würden. 1728 hieß es, daß man auf einer einzigen Bleiche 32 Personen allein für die Bleicharbeit benötigte. Wenn die Stallknechte und Mägde auch dazu gezählt würden, arbeiteten 40 Personen auf einer Bleiche.[46] Diese Angaben mögen schon richtig sein, denn um 1760 hören wir von 38 „angericht und überzogenen Bettstatten" auf der unteren Bleiche.[47]

Die meisten Bleichknechte waren nicht Augsburger, sondern kamen von auswärts. So war es um 1600 und auch später.[48] Alle Jahre kamen diese Knechte zur Bleichzeit nach Augsburg. Einige waren seit 10, 15, 28, ja 30 Jahren jedes Jahr nach Augsburg gekommen. Zwischen den Bleichern und den Bleichknechten bestanden wohl feste Abmachungen. Ein Bleicher sagte, daß er schon lange vor der Bleichzeit „das Plaichgesind auf künftigen Sommer bestellt und demselben wie gebräuchig in 200 fl auf den Dienst vorgestreckt".[49] Nach Beendigung der Bleiche, im Herbst, kehrten die Bleichknechte in ihre Heimatorte zurück.

Die Beschränkung der Arbeit auf ein paar Monate mag der Grund sein, weshalb die Augsburger nicht auf den Bleichen arbeiten wollten. Vielleicht war ihnen das Bleichen

---

[46] 1728, 20. April und 26. Oktober.
[47] 1760, 28. Februar.
[48] Von den Bleichknechten, die z.B. im 18. Jahrhundert in Augsburg heirateten, waren nur 13% gebürtige Augsburger, 87% waren Auswärtige, vor allem aus dem schwäbischen Raume, einige auch aus Württemberg und dem Allgäu.

Bleichknechte, die in Augsburg heirateten

Zeitraum	aus Augsburg	aus Dörfern	aus Städten außer Augsburg	alle
1743-1806	21	107	29	157
	13,37%	68,15%	18,47%	

Sie stammten aus folgenden Gegenden:

Schwaben	93	Österreich	1	
Württemberg	12	Franken	11	
Allgäu	13	Oberpfalz	1	
Bayern	6	Heimat nicht festzustellen	20	

In Schwaben kamen die Bleichknechte aus den späteren Landkreisen: Augsburg Stadt 21, Augsburg Land 30, Dillingen 2, Dinkelsbühl 5, Donauwörth 8, Günzburg 3, Krumbach 3, Leipheim 2, Nördlingen 7, Schwabmünchen 10, Wertingen 2. (Hochzeitamtsprotokolle 1743-1803)

[49] 1612, 28. Februar.

auch eine zu mühselige Arbeit, die sie lieber Auswärtigen überließen. Der Stadt machte es an sich nichts aus, daß die Bleichknechte Auswärtige waren. Denn diese Leute hatten ja keinen Anspruch auf das Armenwesen und gingen nach Beendigung der Arbeit wieder fort. Aber die Beweglichkeit der Bleicher hatte zur Folge, daß sie sich nicht gebunden fühlten. Wenn man von ihnen zu viel Arbeit verlangte, verließen sie den Dienst. Als z.B. Anfang des 17. Jahrhunderts die Zahl der Tuche so gewaltig zunahm, warnten die Bleichmeister, ihnen nicht mehr Arbeit aufzubürden: „so ist es auch des ohne das unbändigen gesinds also beschaffen, daß wir sie weiter nit als von alters herkommen, mit irer gleichwol hartseligen Arbeit weiter übertreiben können".

Die Bleichknechte zögerten nicht, von dem einen Bleicher zu einem anderen zu wechseln, wenn man ihnen einen besseren Lohn bot. 1620 wurde deshalb verboten, daß ein Bleichmeister dem anderen „sein gedingten Knecht wegig mache". Den Bleichknechten wurde untersagt, „vor gedingten Zihlen" den Dienst aufzugeben und für einen anderen Bleicher zu arbeiten. Knechte, die vor der Zeit ihren Dienst verließen, sollten ein Jahr aus der „Statt und Etter" verwiesen werden.[50]

Die Bleichknechte wußten, daß man sie brauchte. Obwohl man ihren Lohn im März 1622 erhöht hatte, wollten sie drei Monate später „um den inen bei wenig wuchen gegeben lohn nit mehr arbeiten, und fast noch sovil als zuvor lidlohn haben".[51] Manche gingen einfach aus der Arbeit. Auch Greif, der Bleichinhaber warnte den Rat 1693, daß „diese unbändige rohe leuthe aus ungeduld einen auffstand machen und mitten in der arbeit ... davon gehen" könnten, wie sie es schon früher getan hätten.

Es ist nicht bekannt, was der einzelne Bleichknecht verdiente. Wir kennen aber die Ausgaben der Bleichinhaber für Lohn ihres Gesindes in zwei Jahren. Vom 1. Februar 1759 bis 30. April 1760 gab man auf der unteren Bleiche 1780 fl 1 1/2 kr für den Lohn der Bleichknechte aus. Danach hätte man jeden Monat 118 fl 40 kr gezahlt. Wenn wir annehmen, daß auf der Bleiche rund 40 Bleichknechte arbeiteten, wären auf den einzelnen 178 kr oder nicht ganz 3 fl gekommen.

Dazu kamen 223 fl 39 kr für Lohn des Gesindes in der Landwirtschaft der Bleiche. Insgesamt gab man also in diesen 15 Monaten 2003 fl 41,5 kr für Lohn aus. Dagegen beliefen sich die Lohnzahlungen in den 12 Monaten vom 1. Mai 1763 bis 30. April 1764 auf nur 1551 fl 6 kr. Man hat also die Lohnunkosten gesenkt.

Die meisten Bleichknechte wohnten nicht in der Stadt, sondern in den Häusern auf den Bleichen. Als z.B. Daniel Reiser 1620 die Mittelbleiche übernahm, mußte er den Bleichknechten auch das Bettzeug stellen.[52] Die Bleichknechte wurden auch von den

---

[50] 1620, 4. Juli. Ähnlich „Blaicher Eyd", 1726.
[51] 1622, 21. Juni.
[52] 1620, 23. Januar.
Auch 1760 stellte die Inhaberin der unteren Bleiche die Bettwäsche bereit, die in der kommenden Bleichzeit benötigt wurde:
38 angericht und überzogene Bettstatten
12 feirende Betten
11 detto Küssen
30 neue Leilacher
3 detto blaue Kelschen, Küssen,
15 gewaschene noch gute Leilacher
5 Pulgen detto Züchen

Bleichern verköstigt. Im Jahre 1587 mußte jeder der Bleicher wöchentlich „über 2 centner fleisch und 18 fl inn die schrand gebrauchen".[53] Die Bleicher betonten, daß das Gesinde vor allem mit Fleisch gut verpflegt werden müsse, „angesehen es auch harte Arbeit erfordert". Greif protestierte, daß die fünf Ochsen, die man ihm bewilligt hatte, nicht genügten. Aber er bekam dennoch nicht mehr. Im Jahre 1728 hören wir, daß die Bleichknechte zweimal täglich Fleisch haben wollten, und „kein Bein, oder sonst was unanständiges". Jede Woche benötigte man für das Gesinde mindestens drei Schaff Roggen, ein Schaff Kern und vier Schaff Hafer.[54] Wir hören auch von Schmalz, Rüben, Kraut, Linsen, Erbsen und natürlich Bier. Die Bleicher durften ihre eigenen Backöfen betreiben.

Die Verköstigung des Gesindes verschlang in den Jahren 1759-60 23% aller Ausgaben. Im Jahre 1763-64 machte dieser Posten rund 16% aus. Anderseits kamen im Jahre 1759-60 die „gemeinen täglichen Ausgaben" auf 11%, die „Blaichhaltungsunkosten" im Jahre 1763-64 auf 13%. Im einzelnen ist es nicht möglich festzustellen, was zu den einzelnen Posten gezählt wurde.

Ausgaben für Löhne, Verköstigung und Haushaltung

	1759, 1. Febr.- 1760, 30. April	1763, 1. Mai- 1764, 30. April
Lohn für Bleichknechte und Gesinde	2003 fl 41,5 kr	1551 fl 16 kr
Kauf von Vieh (einschließlich der Pferde)	1199 fl 29 kr	407 fl 51 kr
Feldbau Unkosten		186 fl 56 kr
Bleichhaltungsunkosten		2065 fl 32 kr
gemeine tägliche Ausgaben	2036 fl 55,5 kr	
Kauf von Getreide	3266 fl 44 kr	1921 fl 16 kr

Ein wesentlich konkreteres Bild bietet die Aufzählung der Lebensmittel, die bei der Bestandsaufnahme der unteren Bleiche am 28. Februar 1760 vorgefunden wurden. So lagen in den Vorratsräumen der unteren Bleiche:

Im Fleischkeller
    300 Pfund Rindfleisch a 6 1/2 kr
Im Kerzen Gewölbe:
    2 Kübel Schmalz Pfund 100
    40 Kerzen
    Griff Schmalz Pfund 15
    Butter Pfund 5
Im Kraut Keller:
    12 Ständen Saur Kraut
Im Brodt Keller:
    50 Laib gut Brod
    20 detto Hundtsbrodt

Man erwartete also wohl 38 Knechte und Mägde. Anscheinend war noch für 12 weitere Personen Platz. (1760, 28. Februar)
[53] 1587, 16. Mai.
[54] 1728, 20. April.

Im Küchen Kämmerle:
    4 Mezen Salz und Scheiben
    26 Fleisch Brettlen
In der Küchen:
    An Kupfer Geschirr Pfund 408
    10 eiserne Pfannen
Im Milch Stüblen:
    15 Milch Brentlen samt Brettlen
    135 Maass Milch

In den Ställen und Stadeln der unteren Bleiche befanden sich größere Vorräte an Hafer, Roggen und Afterfeesen. Auch Pferde, Ochsen, Kühe, Kälber, Schweine und Hühner fand man vor.[55]

Die Bleichknechte behaupteten, es sei ihnen nicht möglich, „bei so schwerer arbeit den ganzen Tag unter feurigem himmel die Sonnenhitze zu erdulden ohne einen Trunck Bier". Das Wasser gäbe ihnen keine Kraft. Ja, mit Wasser würden sie sich „eine Krankheit an den Hals trincken". Da das Bier in Augsburg wegen des Ungeldes teuer war, kauften sie ihr Bier in den umliegenden Ortschaften, bis ihnen ausdrücklich verboten wurde, Bier in Oberhausen zu kaufen.

---

[55] Auf dem Haber Boden:
    25 Schaf Haber
    44 detto Roggen
    400 Metzen Afterfeesen
    15 Dreschflegel
im Stadel
    70 Schober Roggen und 38 Feessen Stroh
an Vieh:
    14 Pferde
    15 Kühe, 2 Stiere und 2 Kälblein
    2 Ochsen
    5 Hennen
    Heu und Grummet auf allen drei Böden
Varia hin und wider:
    46 Kornsack
    12 Mehlsack
(1760, 28. Februar)
In der Zeit vom 1. Februar 1759 bis 30. April 1760 gab der untere Bleicher für Lebensmittel folgende Summen aus:

Victualien	755 fl 34 kr
141 1/2 Schaff Kern[1]	745 fl 7 kr
171 Schaff 3 Metzen Roggen[1]	743 fl 7 kr
55 Schaff Gerste[1]	55 fl 45 kr
378 1/2 Schaff Gerste[1]	967 fl 45 kr

Weiterhin kaufte der Bleicher:
9 Pferde, 4 Kühe, 9 Stiere und Ochsen, 8 Schweine nebst Gebühr für den Rosstäuschler 1190 fl 29 kr
(Der Hafer wurde sicher zum Füttern der Pferde verwendet. Bei den Tieren sind die Ausgaben für Pferde nicht von denen für andere Tiere getrennt.)
[1] Ausgaben für Ungeld und Mahlgeld sind mit eingerechnet. 1760, 3. Mai.

Im Punkte Essen und Trinken verstanden die Bleichknechte keinen Spaß. 1728 warnte der Bleichinhaber, wenn dem Gesinde in der Verpflegung der geringste „abbruch" geschehe, sei es so „erbost", daß es auch mitten in der Bleichzeit „ain complot machet und samentlich aufstehet", wie die „vorigen alten Bleicher" mehrmals erfahren hätten. Die Bleichknechte wüßten genau, daß man nicht gleich andere Leute auf den Bleichen anstellen könne.[56] Wie die Gesellen anderer Gewerbe haben auch die Bleichknechte im 15. Jahrhundert, wenn nicht früher, eine Bruderschaft zu gegenseitiger Hilfe im Falle von Krankheit und Not organisiert. Jeder zahlte einen Beitrag in eine Büchse, aus der dann „den armen, dürfftigen plaichergesellen, wie von alter herkommen", Hilfe geleistet wurde. Das Vermögen der Bruderschaft mußte versteuert werden. „Der Bleicher Gut" wird wohl meistens in Barchenttuchen angelegt worden sein.[57] Als die Selbstverwaltung der Handwerke 1548 beseitigt wurde, ließ der Rat den Besitz der Bruderschaft beschlagnahmen.[58] Er ernannte zwei Büchsenmeister, denen er den „zimlichen vorrath an geldt und gelts werth" zur Verwaltung übergab.[59] Die beiden sollten auch weiterhin 9 Pfennige von den Bleichern einsammeln, ohne aber jemanden zur Zahlung zu zwingen und ohne Versammlungen der Bleichknechte zuzulassen.

Die Büchsenmeister erhielten tatsächlich von 27 Bleichknechten die Beiträge, von anderen hörten sie nur böse Worte. Meister und Gesellen schlugen 1550 sogar vor, das ganze Geld unter sie zu verteilen. Der Rat lehnte aber ab, da es ja gar nicht von ihnen stamme. Er beschloß kurzerhand, daß Gesellen, die keinen Beitrag leisteten, im Falle von Not auch keine Hilfe gewährt werden solle.[60]

1552 wurde dann der „Plaicher Bruderschaft" die Büchse mit dem Geld wieder ausgehändigt. Die Bleicher sollten das Geld verwalten, „wie von alter herkhommen und bei Inen gebreuchig gewest ist".[61] Die „Plaicher bruderschaft" bestand auch in den folgenden Jahrzehnten. Ihre Gelder legten die Bleicher nach wie vor zum Teil in Barchenttuchen an.[62]

In der Folgezeit scheint die Bruderschaft der Bleichknechte eingeschlafen zu sein. Erst sehr viel später, im Jahre 1801, haben die auf den Scheggen- und Weißbleichen angestellten Arbeiter wieder eine Krankenkasse gegründet mit wöchentlichen Breiträgen

---

[56] 1728, 20. April.
[57] Im Jahre 1474 zahlte „der Bleicher Bruderschaft" eine Vermögenssteuer von zwei Pfund. Im Jahre 1486 zahlte man 32 Groschen 5 Pfennige Steuer für 105 Tuche. In den Jahren 1475 bis 1498 schwankte die Steuerzahlung zwischen 14 und 18 Groschen, in der Zeit von 1504 bis 1540 zwischen 54 kr und 2 fl.
Der in Augsburg seit 1444 übliche Böhmiche Groschen hatte 8 Pfennige. Bei einem Steuerfuß von 0,50% hätte das Vermögen 1474-1498 zwischen 107 fl und 137 fl, 1504-1540 zwischen 180 fl und 400 fl gelegen. Einmal, 1501, zahlte man nicht weniger als 14 fl Steuer. (Vermögen: 2800 fl)
[58] Der Besitz der Bleicherbruderschaft bestand im Jahre 1548 aus:
   a)   neun Fardeln Traubenbarchent
   b)   90 fl 55 kr bei den Bleichern Balthas Schoch und Sixt Weissinger.
   Die neun Fardel waren anscheinend 324 fl wert. (Reichsstadt Zünfte Nr. 22. 1548, September).
[59] 1549, 24. April. Ratsbuch.
[60] 1550, 28. August und 4. September. Ratsbuch.
[61] 1552, 17. März. Ratsbuch.
[62] 1560, 15. Juni. Bleicher 1548-1659.

von 4 kr. Abgesehen von den Gründungsmitgliedern sollten neue Mitglieder nicht älter als 40 Jahre sein und mußten zum Zeitpunkt des Beitritts gesund sein. Erkrankte Mitglieder sollten mit 2 fl pro Woche unterstützt werden.[63]

Visitation der Bleichen

Da die Bleichen eine so wichtige Rolle spielten, verfaßte man schon 1427 eine Eidesformel für die Bleichknechte: „Ir werden schweren, das ir dem gut allen barchatten und anderm truwlichen zusehen" werdet u.s.w. Im 16. Jahrhundert mußten die Bleicher ihr Gesinde, also die Laugmeister, Feldmeister, Leinwather, Walker und Bleichknechte ungefähr 14 Tage nach der ersten Auslegung der Tuche einer Abordnung des Rates vorstellen. Sie mußten dabei förmlich erklären, daß sie mit Asche und allem, was sie zum „blaychwerk" benötigten, versehen seien. Auch nach Verkauf der Bleichen im Jahre 1693 behielt sich der Rat eine gewisse Kontrolle vor. Jedes Jahr wurden förmliche Visitationen zu Beginn der Bleichzeit gehalten. Nachdem die Bleichmeister und Oberaufseher ihren Eid auf dem Rathaus geleistet hatten, fuhren die Deputierten des Weberhauses, die Beisitzer, die Geschaumeister und der Handwerksdiener auf die Bleichen, und zwar abwechselnd jedes Jahr erst auf die obere oder die untere Bleiche. Im Jahre 1717 inspizierte man erst die obere Bleiche, das Laughaus, den Vorrat an Asche, die Walke und „der ausgebleichten Wahren stuben". Danach wurden die Bleichknechte und die Wächter „vor des Blaichers hauss gefordert", wo sie einer der Deputierten in einer kleinen Ansprache zu „Gehorsam, Treu, Fleiss und Achtung" ermahnte. Dann fuhren die Herren auf die andere Bleiche, wo die gleiche Zeremonie stattfand. Dort wurden sie dann auch mit „ansehnlichen Tractamenten und Zuspruch bis zur Thorsperrungszeit auffgehalten". So altväterlich uns diese Zeremonie auch erscheint, der Zweck war recht nüchtern: der Rat wollte sicher sein, daß die Bleichen mit Personal und Material versehen waren.

Übrigens erwiesen die Bleicher nach alter Tradition den verschiedenen Amtsinhabern auch zu anderen Gelegenheiten wie bei Festlegung der Bleichpreise, beim Schwur auf dem Rathaus, bei der ersten und letzten Geschau, zu Weihnachten und im Mai Gefälligkeiten, etwa mit ein paar Gulden, „mit einem Glass wein und kalten Schaalen", oder mit der „Mayen Butter und der Mayen Milch". Die Bauherren kamen zu Weihnachten besonders gut weg, da jeder von ihnen zwei Maß guten Neckar Weins, eine Gans, einen Schweinebraten, zwei Blutwürste und sechs Schweinswürstel erhielt.

Auslegung

Wegen der Witterung wurden nur vom Frühjahr bis zum Frühherbst Tuche auf die Bleichen gelegt. In der zweiten Hälfte des 16. Jahrhunderts wurde das Datum der ersten Auslegung schon im Herbst festgelegt. So beschloß man am 15. September 1560, im nächsten Jahr mit der ersten Auslegung am 31. März zu beginnen. Nach einer Notiz fand die erste Auslegung im allgemeinen am 8. oder 9. April statt. Aber dieses Datum konnte

---

[63] Ordnung bey der von denen allhiesigen Scheggen und Weiss Bleichen angestellten Arbeitern errichteten Krankenkasse.

sich auch ändern. So begann man im Jahre 1563, am 22. März die Mittler zum Bleichen auszulegen, dann am 29. März die Barchenttuche, die Spinete und die Leinwand.

Im 15. Jahrhundert hatten die Bleicher Läden in der Stadt, wo sie die Tuche vor dem Auslegen „gemerckht, gericht, gepenndelt und aufgestossen". Im 16. Jahrhundert befand sich dieser Laden im Weberhaus. Die Weißgeschau der gebleichten Tuche scheint auch in diesem Laden gehalten worden zu sein. Vielleicht war dies der Grund, weshalb der Rat 1548 die „plaicher leden und gewelb" schließen ließ. Von nun an sollten die gebleichten Tuche auf den Bleichen geschaut werden.

Für die Bleicher war es jetzt schwer, die vielen Tuche, die man ihnen vor allem kurz vor den Messen brachte, rechtzeitig zu bleichen. Sie baten deshalb 1550, ihnen einen Laden, der im Weberhaus leer stand, gegen Zins zu überlassen. Sie bräuchten einen Raum, in dem sie die „Schneid Holtz und etwas ainlitzige tuch" aufbewahren könnten. Es sei nicht immer ein Fuhrmann da, der die Tuche gleich auf die Bleichen fahren könnte. Die Bleicher erhielten daraufhin gegen Zahlung eines Zinses von 8 fl einen „laden am weberhaus", in dem drei „Kemerlein zum Anschneiden der holtz" eingerichtet wurden.[64]

Die Bleicher baten 1550 auch, daß man ihnen die Tuche einen Monat vor dem Auslegen bringen solle. So manches Mal scheinen sie die Tuche aber schon mehrere Monate vor dem Auslegen erhalten zu haben. Vielleicht wollten diese Leute sicher sein, daß ihre Tuche als erste auf die Bleiche gelegt wurden. So erhielt der Bleicher Caspar Euler z.B. schon im Herbst Tuche, die er im folgenden Jahre auf die Bleiche legen sollte.[65]

Bleichzeichen

Die Bleicher durften nicht alle Tuche zum Bleichen annehmen. Die Tuche mußten erst einmal der Rohgeschau vorgelegt worden sein. Bei der Rohgeschau gab man z.B. den Mittlern verschiedene Zeichen, die über die weitere Bearbeitung Anweisung gaben. Man unterschied drei Möglichkeiten:

1) Mittler, die mit zwei schwarzen „schaibelin" bezeichnet worden waren, durfte man nur färben, aber nicht bleichen oder „aufbindten".
2) Mittler, die mit dem roten „schaibelin" bezeichnet waren, durfte man bleichen oder färben, aber nicht „aufbindten".
3) Mittler, die mit der großen „scheiben" bezeichnet waren, durfte man färben, bleichen oder „aufbindten".

Auch die Barchenttuche erhielten bei der Rohgeschau ein Bleichzeichen, das dafür garantierte, daß sie von solcher Qualität waren, daß sie gebleicht werden konnten. Nicht alle Barchenttuche waren ja zum Bleichen geeignet. Bis 1609 wurde z.B den Ochsen und Schnittbarchenten bei der Rohgeschau nur „ein gemein Zeichen", und kein besonderes Bleichzeichen gegeben. Manche der Oxen und Schnittbarchente konnten aber „wegen der

---

[64] 1550, 25. Februar.
[65] Am 4. November 1617 erhielt er von Paulus Ficher 100 Oxen, am 22. Dezember von Caspar Erhart 200 Oxen und am 13. Januar von Mathäus Koch 75 Vierer und 75 Dreier. Eine Jungfrau Magdalena Germairin ließ dem Euler schon am 23. Oktober 1618 vier Fartel gretischer Tuche übergeben, „selbige auf Pfingsten dis Jars (1619) wider weis zu liefern". 1619, 8. und 9. März. Bleicher 1548-1659.

bösen Wollen und Wepfen, so darzu gebraucht, nit allerdings, wie es die Notdurft erfordert", weiß gebleicht werden. Der Rat befahl deshalb 1609, nur noch solche Barchenttuche zu bleichen, die das Bleichzeichen erhalten hatten. Die Rohgeschaumeister durften keinem Barchenttuch das „neue, besondere" Bleichzeichen aufstoßen, „es sei an Güte dessen wert".[66]

In der zweiten Hälfte des 17. Jahrhunderts war dieses Dekret in Vergessenheit geraten. Die Bleicher nahmen Oxen und Schnittbarchent „ohne Unterschied" an, auch wenn sie das Bleichzeichen nicht erhalten hatten. Die Folge war, daß sich beim Bleichen selbst gleicher Sorten „ein grosser und merkhlicher underschied" zeigte. Die Weber verlangten deshalb, daß die Bleicher nur diejenigen Barchenttuche bleichen sollten, die das besondere Bleichzeichen erhalten hatten.[67]

Außer mit dem Bleichzeichen mußten die Tuche auch mit dem besonderen „Hausmarkht" des Kunden versehen sein. Die Kunden erhielten die Tuche auch nur dann zurück, wenn „sich ir Zaichen auff den tüchern befinden". Es war also nicht so, daß die Kunden irgendwelche Tuche derselben Sorte, sondern eben nur ihre eigenen Tuche zurückbekamen.[68]

Wenn der Bürger dem Bleicher die Tuche übergab, wurden anscheinend Angaben über Sorte und Menge „in ein besonderes holtz geschnitten". Der Bürger erhielt dann das „Gegenholtz zum Beweis und pfandt". Wenn der Bleicher dem Bürger die Tuche wieder aushändigte, wurden die „gegen höltzer" abgeschnitten, die „Haupthölzer" aber bis zur Abrechnung des Ungeldes aufgehoben. An sich sollte der Bürger seine Tuche nur gegen Vorlage der „gegen höltzer" zurückerhalten. In Wirklichkeit ist man aber nicht immer so genau verfahren. Manche Leute übergaben z.B. dem Bleicher Caspar Euler im Jahre 1618 Tuche, ohne von ihm Bleichhölzer oder einen Schein zu erhalten. Es kam auch vor, daß Leute ihre Bleichhölzer verloren. Auch sie scheinen aber ihre Tuche zurückbekommen zu haben.[69] Bereits vor 1726 waren die Hölzer und Gegenhölzer durch „blaich- und spaltzettel und Rechnungen", also Scheine und Listen ersetzt worden.

Bevor die Tuche gebleicht, bzw. in die Lauge gelegt wurden, mußten sie erst gebändelt werden. Diese Verrichtung wurde gewöhnlich auf den Bleichen erledigt. Wie erwähnt, baten die Bleicher 1550, ihnen die Tuche einen Monat vor dem Auslegen zu übergeben, damit sie sie „mercken, Richten, penndlen und aufstossen" konnten.

---

[66] 1609, 26. Februar.
[67] 1687, 8. März.
[68] 1548, 20. August. Ratsbuch.
[69] 1587, November. 1619, 9. März. Matheus Kleiner. Bleicher 1548-1659.

Diebstahl und Krieg

Ein dauerndes Problem für die Bleicher war Diebstahl. Die Menge und der Wert der auf den Bleichen liegenden Tuche lockte ja zum Diebstahl an. Auch Zäune hielten die Diebe nicht ab. Die Bleichen mußten also Tag und Nacht bewacht werden. Dennoch berichteten die Bleicher 1717, daß fast jedes Jahr Tuche von den Bleichen gestohlen wurden. Auch Ende des 18. Jahrhunderts hören wir von Diebstählen.[70]

In Kriegszeiten waren die vor den Toren liegenden Bleichen noch größeren Gefahren ausgesetzt. 1548 beschwerten sich die drei Bleicher, daß die Landsknechte täglich über die Bleichen liefen, ohne sich um ihre Proteste zu kümmern. Als dann Kaiser Karl V. nach Augsburg kam, wurde das Militärlager nahe der unteren Bleiche aufgeschlagen. Die Tuche wurden in aller Eile von den Bleichen genommen und in die Barfüßerkirche gebracht. Weil sie aber hier naß in Stapeln aufeinander lagen und leicht faulen konnten, wollte man sie wieder den Besitzern aushändigen.

Der untere Bleicher war zwar ganz froh, daß er Hakenschützen und andere Knechte aufnehmen mußte, weil man „die weschhütten und anderes alles abbrechen und weckreyssen wellen". Aber er mußte sie auch verpflegen. Obendrein nahmen sie sich, was sie wollten, Hennen, Gänse, Heu, Hellebarden, Büchsen und Leinwand. Die Bleichknechte konnten zu dieser Zeit nicht auf den Bleichen arbeiten, mußten aber bezahlt werden.[71] Wir können sicher sein, daß die Bleichen die Belagerungen der Stadt in den Jahren 1634-35 und 1646 nicht ohne Schaden überstanden. Wahrscheinlich wurden sie in Schutt und Asche gelegt, obwohl genaue Nachrichten fehlen.

Auch in der Folgezeit standen die Bleichen besondere Gefahren aus, wenn „militärische Excursionen, Ravagierung und Streifferey oder sonst zusammen gelauffenes herrenloses Gesindel" die Bleichen bedrohten. Schon die Möglichkeit solcher Gefahren veranlaßte die Eigentümer, ihre auf den Bleichen liegenden Tuche zu retten. Im Jahre 1702 kam es zu Aufläufen, großer „confusion und tumult", als die Besitzer ihre Tuche schnell holen wollten. Alles mögliches Gesindel nützte diese Panik aus und stahl anscheinend eine ganze Menge Tuche „unter dem schein der rettung". Die Bleicher mußten aber immer für die Verluste aufkommen. 1742 wurde deshalb festgelegt, daß in Kriegszeiten die Eigentümer ihre „Bleichwahren" auf ihr eigenes Risiko zum Bleichen brachten. Wenn Gefahr drohte, sollten auf Weisung der Deputierten hin die Bleichen unter Leitung der Bleicher geräumt werden. Alle Fuhrwerke und alle Leute, die auf die Bleichen geschickt worden waren, sollten dann zur Disposition der Bleicher stehen.

---

[70] Ratsprotokoll 1769, 6. und 8. Juli.
[71] 1548 und 1552, 27. August. Bleicher 1548-1659.

Einrichtungen auf den Bleichen

Auf den Bleichen befanden sich außer den Wohngebäuden auch die eigentlichen Werkstätten und Bleichanlagen. Im Jahre 1691 z.b. finden wir auf der oberen Bleiche folgende Werkstätten:

1) Die Waschküche am Brunnenbächle, mit einem Kupferkessel. Wert: 150 fl.
2) Das „grosse Laughaus", mit einem großen Kupferkessel, zwei hohen Laugfässern mit eisernen Ringen und Reifen und dem Schwemmkasten. An das Laughaus schloß sich die Aschenhütte an. Wert: 1000 fl.
3) Das Barchenthaus. Wert: 600 fl.
4) Das „Weiss- und Leinwathaus". Wert: 500 fl.
5) Das Wasserhaus, in dem sich „Räder Schöpfen und Trög" befanden. Wert: 45 fl.
6) Die Walke: In diesem Hause befanden sich u.a. „ein kössel, sechs Loch samt aller Zugehör". Wert: 500 fl.

Wir hören auch von „Schwämmkästen, Wasserbetth, Ablass, Abwerck und dergleichen".

Im 18. Jahrhundert finden wir dieselben Arbeitsstätten auf den Bleichen. So werden 1759 das Weißhaus, das Laug- und Spülhaus, die Waschküche, das Brunnenhaus, die Walke und schließlich das Garnweiberhaus genannt. Auf dem „Prospekt" der unteren Bleiche von 1789 sehen wir ebenfalls das Laughaus, die Waschküche, das Schwemmhaus, den Wasserturm und die obere und untere Walke. Außerdem ist eine ganze Reihe von Hütten eingezeichnet, wie die Zimmerhütte, das Wächterl Häussel samt Mezg, die Doppel Hütte, die Winkel Hütte, die Stephinger Hütte, die Oblater Hütte, die Vogel Hütte und die Wächter Hütte. Diese Hütten spielten sicher auch eine Rolle bei der Arbeit auf den Bleichen.

Die Bleichen selber waren nichts als „ein leerer, hin und wider mit sehr vilen Wasserrinnen und Gruben durchschnittener ... saurer Grassboden, so zu keinem anderen gebrauch als zum Bleichen gebraucht werden kann". Sowohl die obere wie die untere Bleiche bestanden nicht aus einer einzigen Bleichfläche, sondern waren in mehrere Bleichfelder eingeteilt. Auf dem „Prospekt der unteren Bleiche" aus dem Jahre 1789 sind folgende Bleichfelder eingezeichnet: der Ober Anger, die Spitz Lage, das vordere Feldt, der Nesselthaler, das Hindere Feldt, die Lange Lage, der Mühl Anger, das Kreith, der Brunnen Büchel.

Auf den Abbildungen der Bleichen aus den Jahren 1675 und 1789 ist auch der sogenannte „Gelaender Platz" zu erkennen. Auf der unteren Bleiche lag dieser Platz nicht allzuweit von den Werkstätten entfernt, auf der oberen anscheinend am anderen Ende der Bleiche. Wie der Name besagt, befanden sich auf dem Felde Geländer oder Gestelle. Auf dem Geländer Platz der unteren Bleiche standen im Jahre 1675 insgesamt 16 parallele Reihen von Gestellen, auf die die Tuche quer gelegt wurden. Sie wurden hier getrocknet oder auf irgendeine Weise bearbeitet.

Neu scheinen Mitte des 18. Jahrhunderts die großen Rechen gewesen zu sein, mächtige hohe Holzbauten, von denen die Tuche zum Tocknen herabgehängt werden konnten. 1747 verlangten die Cottondrucker, daß die Bleicher ein oder zwei „Rechengebäu" bauen sollten, auf denen sie „der cottondrucker Wahr" sowohl vor wie nach dem Laugen im Sommer und Winter aufhängen und trocknen konnten. Auf der oberen Bleiche wurde ein solcher Rechen dann auch bald gebaut. Aber nicht auf der unteren. Die Cottondrucker forderten deshalb 1757 noch einmal, daß auch auf der unteren Bleiche ein Rechen gebaut werden solle, weil die Tuche im Winter einen ganzen Monat auf der Bleiche lagen und nicht genügend schnell getrocknet werden konnten. Der Bleichinhaber, Hainzelmann, hielt jedoch einen zweiten Rechen für unnötig. Im Sommer trockne man ohnehin nicht auf den Rechen. Wenn die Tuche einen ganzen Monat auf den Bleichen lägen, dann käme das „von des winters zeit und von dem eingefrieren". Trotz Hainzelmanns Sträuben wurde der zweite Rechen dann aber doch im Jahre 1759 auf der Mauer des früheren Weißhauses gebaut.

Die Cottondrucker hatten 1747 auch gefordert, daß die Bleicher mehr Kessel aufstellen sollten, um die gefrorene Ware durch siedendes Wasser aufzutauen. Tatsächlich scheinen die Werkstätten der Bleicher um 1759 mit Kupferkesseln, Laugfässern und Geschirr besser ausgerüstet gewesen zu sein als Ende des 17. Jahrhunderts. Allerdings waren die Gebäude der unteren Bleiche zu dieser Zeit in schlechtem Zustand.

Geldwert der Werkstätten auf der oberen und der unteren Bleiche 1759

	Obere Bleiche	Untere Bleiche
Weißhaus nebst dem Rechen	3600 fl hat Rechen	1400 fl kein Rechen
Laug- und Spiehlhaus	1400 fl mit 2 Kesseln u. 4 Geschirrfaß	1050 fl mit 1 Kessel 4 Geschirrfaß
Waschküche mit 2 Kesseln	150 fl alles sehr gut	150 fl alles sehr schlecht
Das Bronnenhaus mit Schöpfrad und Schöpfkasten	1000 fl alles gut	800 fl ruiniert
Walk und 9 Löcher Maschine	1800 fl neugebaut	875 fl baufällig kein 9 Löcher Maschine
die obere Walk mit 1 Anbäulen und kupfernem Kessel	1100 fl	nicht vorhanden
Das untere Spiehlhaus	nicht vorhanden	275 fl
Das Garn Weiberhaus, dabei Pferdstallung	750 fl	
der neue Bau, im U. garden, dz Garn Weiber zimmerlen		1500 fl

Die Arbeitsgebäude und Einrichtungen auf den Bleichen waren also das Weißhaus und der Rechen, das Laug- und Spülhaus, die Waschküche, das Brunnenhaus, die Walke und das Garnweiberhaus. (Sicherlich steht das Garnweiberhaus in Zusammenhang mit dem Bleichen von Garn und Zwirn).

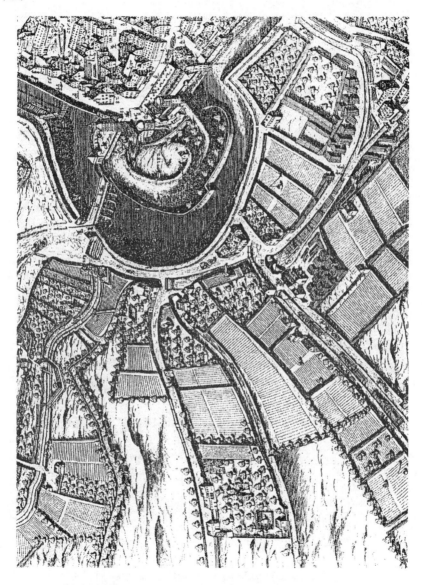

Die Bleichfelder der Oberen Bleiche. Ausschnitt aus dem Stadtplan
von Wolfgang Kilian von 1626.
Stadtarchiv Augsburg. Bestand Reichsstadt. Schätze 203a.

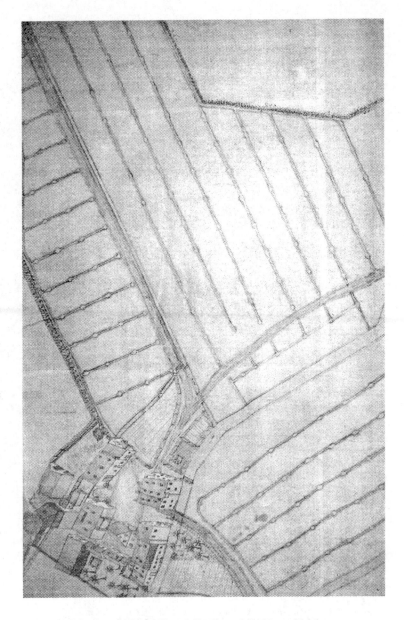

Gebäude und Bleichfelder mit Kanälen auf der Oberen Bleiche.
Ausschnitt aus dem Grundriß der oberen Bleiche von Ulrich Baumgartner
und Christian Heichelin 1675.
Stadtarchiv Augsburg. Plansammlung K 1052.

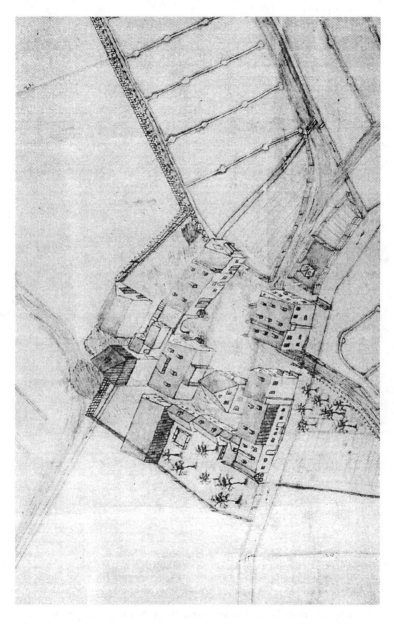

Werkstätten und Wohngebäude auf der Oberen Bleiche. Ausschnitt aus dem Grundriß der Oberen Bleiche von Ulrich Baumgartner und Christian Heichelin 1675. Stadtarchiv Augsburg. Plansammlung K 1052.

Prospect der Oberen Blaich gegen Abend, Herrn Georg Jacob Köpf in Augspurg zu gehörig. 1. Das Herrschaftl. Hauss. 2. Der Rechen und gross Weiss Hauss. 3. Das kleine Weiss Hauss samt bewohnung. 4. Pferdt Stallungen, Knecht Kammern und Ställ vors Geflügel. 5. Der Küh Stall. 6. Der Dresch Stadel nebst dem Wasserhaus. 7. Das Laughauss. 8. Das Garnhauss, Knecht Kammer, Fruchtboden und darneben das Bach-Hauss. 10. Mast-, Fohlen-, Schaaf-, und Schwein Ställ, Wagen remisen und Zimmerhütten. 11. Der Blumen Garten. 12. Der Küchen Garten. 13. Die Walck. 14. Das Schloss und Stadt Friedberg.
Gezeichnet und in Kupfer gebracht von .... Mathias Pfenninger (1739-1813). Staats- und Stadtbibliothek Augsburg. Bestand Graphik 33, 12.

Gebäude und Bleichfelder der Unteren Bleiche. Ausschnitt aus dem Stadtplan
von Wolfgang Kilian (1581-1662) von 1626.
Stadtarchiv Augsburg. Bestand Reichsstadt. Schätze 203a.

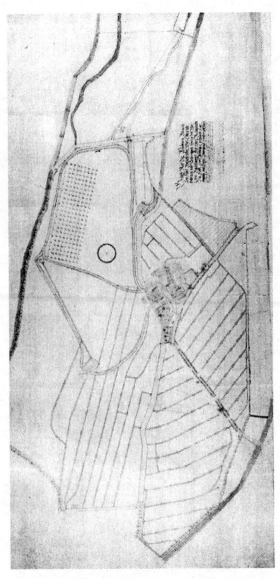

Gründt Riss der Undern Blaich, So aus Bevel der ... Herrn dess Wol. Löblichen Bauambtes als Herr Reimundt Imhoff, Herr Philip Christoph Hörwerth und Herr Jeremiass Friederich Voit von uns Bede Ulrich Baumgarthner und Christianus Heichelin mit Fleiss ausgemessen worden. 20. November 1675. Haltet in sich 1900461 ½ geuerdte Schuech, das ist 47 1/2 Tagwerk und 461 1/3 Schuech und der umbkraiss 6754 Ainfache Schuech, das Tagw. aber zu 400000 geuerdete Schuech gerechnet. Stadtarchiv Augsburg. Plansammlung K 1053.

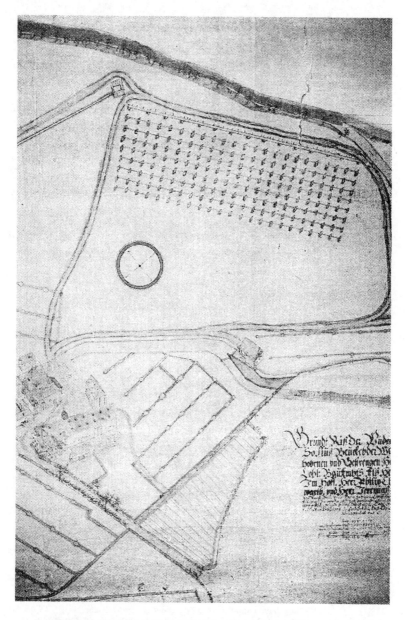

Der „Geländer Platz" auf der Unteren Bleiche. Ausschnitt aus dem Grundriß von
Ulrich Baumgarthner und Christian Heichelin. 1675.

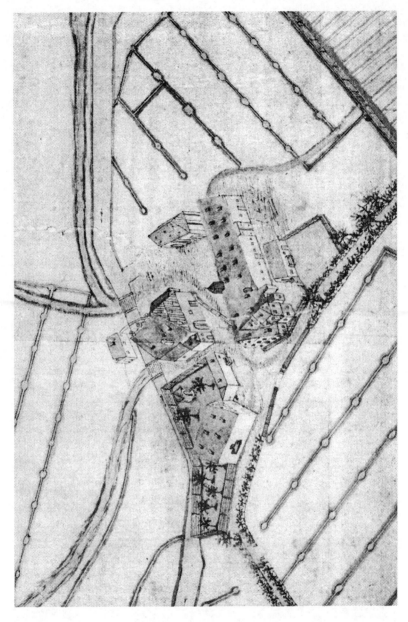

Wohngebäude und Werkstätten auf der Unteren Bleiche.
Ausschnitt aus dem Grundriß von Ulrich Baumgarthner und Christian Heuchelin. 1675.
Stadtarchiv Augsburg, Plansammlung K 1053.

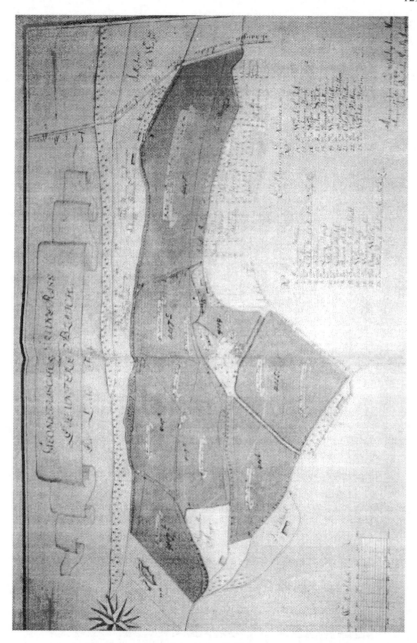

Geometrischer Grundriß über die Untere Blaich vonn Johann Baptist Krely, August 1789. Ingenieur der Stadt Augspurg.

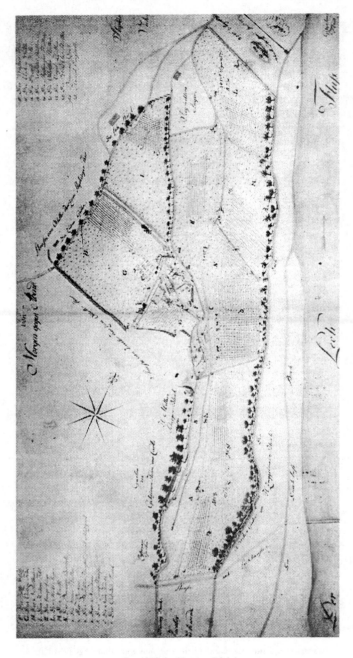

Grundriß der Unteren Bleiche

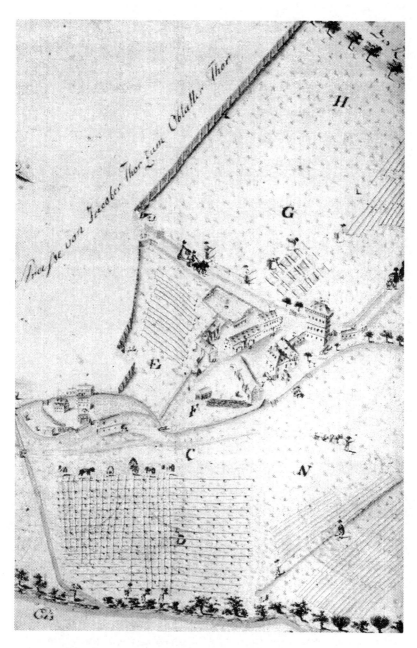

Gebäude, Rechen, Bleichfelder und Bleichgeländer der Unteren Bleiche

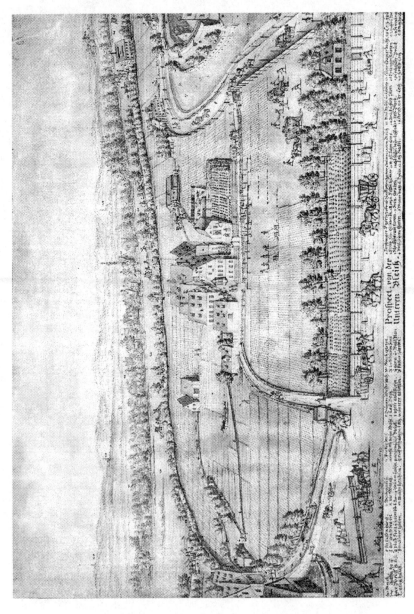

Jacob Christoph Weyerman (1698-1757). Prospect von der Unteren Blaich, 1749.
Staats-und Stadtbibliothek Augsburg. Bestand Graphik 33, 13a.

Blick auf die Untere Bleiche vom Lug-ins-Land. J.M. Frey (1750-1819),
Staats- und Stadtbibliothek, Bestand Graphik 17/10.

Christian Schuman (18. Jahrhundert). Gebäude auf der Unteren Bleiche.
Im Vordergrund Tragbahren für die Tuche.

Johann Michael Probst (bis 1809), Prospect 1779. Blick auf die Untere Bleiche.
Staats- und Stadtbibliothek Augsburg. Bestand Graphik 17/14.

Bleichmaterial

Holz und Asche waren unentbehrlich für die Bleichen. Sie waren, wie Greif 1694 sagte, „gleichsam das herz und die seele der Bleiche", eine conditio sine qua non.[72] Das Brennholz wurde zum Heizen der Kessel benötigt. 1590 sagten die drei Bleicher, daß jeder von ihnen jährlich 40 Klafter Holz benötige. Manchmal, wie 1607, wurden die Bleicher allerdings kritisiert, daß sie zu viel Holz verbrauchten. Es handelte sich auch um beträchtliche Mengen von Holz. So lagen im Februar 1760 143 Klafter auf der unteren Bleiche.[73] Im Bleichjahre 1759-60 machten die Ausgaben für Holz 5% aller Ausgaben auf der unteren Bleiche aus.

Die Asche brauchte man zur Herstellung der Lauge. Die Bleicher wurden ausdrücklich gemahnt, mit „guter, unverfälschter Asche" zu laugen, „damit die Waar rein und weiss werden sollte". Kalk und „waydtasche" oder anderes Material, das den Barchent- und Leinentuchen schadete, durfte nicht verwendet werden. Betrug kam vor.[74] Die Bleicher kauften die Asche oft während des Winters, weil ja zu dieser Zeit das meiste Holz verheizt wurde. Preistreibereien waren unvermeidlich. In manchen Jahren kauften schlaue Händler praktisch alle Asche auf und verlangten dann von den Bleichern höhere Preise. Außer den Bleichern benötigten auch die „Salitter, Saifensieder und Garnsieder" erhebliche Mengen von Asche. Die Stadt scheint jedem der beiden Bleicher gewisse Gey oder Gebiete zum Einkauf von Asche zugewiesen zu haben. Die Seifensieder sollten sich in diesen Gebieten nicht sehen lassen, sondern in Bayern Asche kaufen.[75] Die Verknappung von Asche war auch dadurch bedingt, daß im Umkreis von 6 bis 7 Meilen neue Bleichen errichtet oder ältere vergrößert worden waren, wie in Lauingen, Höchstädt, Günzburg, Thannhausen, Münsterhausen und Donauwörth. Auch an der Bergstraße, in Orten wie Göggingen, Bobingen, Wehringen, Schwabmünchen oder Hiltenfingen, kauften die Aschenkipper die Asche auf, um sie dann zu höheren Preisen wie 11 kr oder 12 kr pro Metze weiterzuverkaufen. Der Wagen Asche kam dann auf 11 bis 12 fl. Ja, die Aschenkipper behaupteten sogar, nur ihnen, als herrschaftlichen Untertanen, stehe der Kauf von Asche in diesen Orten zu.

In den 1720er Jahren hatten die Bleicher auch Schwierigkeiten, Asche an der sogenannten Kirchstraße oder jenseits des Sandberges zu bekommen. In das Bayerische zu fahren war völlig überflüssig. Die Augsburger Bleicher klagten, sie müßten „weit und breit mit sorg und gefahr auf gut glück im Land herumfahren, bis man Asche bekommen kann".

---

[72] 1694, 20. Februar.
[73] 95 Klafter feuchten Holzes hinter dem Stadel
36 Klafter feuchten Holzes hinter dem Laughaus
12 Klafter Birkenholz
60 Schober Borzen.
1760, 28. Februar.
[74] Der mittlere Bleicher klagte 1627, daß ihm sein Vorgänger 600 Metzen Asche verkauft hatte, die mit Kalk und „anderen falschen, verbotenen Materialien" versetzt waren. Der Vorgänger wurde daraufhin in die Fronfeste geworfen.
[75] 1678, 13. September. Protokolle 1658-1729. 1697, 19. Januar.

Die Deputierten waren jedoch von diesen Klagen nicht beeindruckt, da die Bleicher „die weisse bleich war mit der bodasche wohl zu befördern wissen".[76] 1717 durften die Bleicher zum ersten Male Pottasche zm Bleichen von Bomasin und Cotton ein Jahr lang auf Probe „in der letzten Laug" verwenden, „damit die wahr schöner werden soll".

Pottasche war ein Veredelungsprodukt der Laubasche.[77] Zuerst wurde die Laubasche durch Verbrennen von Laubholz bei möglichst niedriger Temperatur gewonnen. Um ein alkalireicheres Produkt zu gewinnen, das auch weniger feuchtigkeitsempfindlich war, wurde die Laubholzasche zu Waidasche und Pottasche weiterverarbeitet. Zur Herstellung der Waidasche wurde „die Holzasche nochmals gebrannt, in der Regel nach Anfeuchten mit Aschenlauge, die man aus einem weiteren Teil Holzasche durch Auslaugen mit Wasser gewonnen hatte. Der Calcinationsprocess erfolgte in holzgefeuerten Flammöfen ... bei Temperaturen von 800 bis 1000 Grad C". Waidasche wurde aber anscheinend in Augsburg nicht verwendet. Ein anderes Verfahren wurde für die Anfertigung von Pottasche gebraucht. Pottasche „entstand durch Auslaugen von Holzasche mit Wasser, Filtrieren oder Abgiessen der Lauge, Eindampfen in einem eisernen Kessel und Calcinieren im Flammofen, bis die färbenden Verunreinigungen verbrannt waren".[78] Pottasche erscheint 1735 unter importierten Materialien, die in der Hall versteuert werden mußten.[79]

Doch war man in Augsburg über den Nutzen der Pottasche nicht einhelliger Meinung. Die Cottondrucker kritisierten 1742, daß die Bleicher so viel „botaschen gebrauchten, so der waar schädlich seye". Dies war einer der Gründe, weshalb die Cottondrucker es vorzogen, Tuche, die „zum blaw und porcellan Druckhen" bestimmt waren, auf ihren eigenen Scheggenbleichen zu bleichen.[80]

Pottasche wurde aber mit Sicherheit auch in der Folgezeit von den Augsburger Bleichern verwendet. Der Inhaber der unteren Bleiche kaufte vom 1. Februar 1759 bis zum 30. April 1760 4234 Pfund Pottasche für 443 fl 9 kr. Obendrein hatte er noch 229 Pfund Pottasche von seinem Vorgänger erhalten. Dennoch wurde sehr viel mehr Asche verwendet. In dem genannten Zeitraum erwarb der Inhaber der untern Bleiche 937 1/2 Metzen Asche im Werte von 861 fl 56 kr.

Bei der Bestandsaufnahme am 28. Februar 1760 fand man auf der unteren Bleiche:

1872 Metzen gemeine Asche im Laughaus
1000 Pfund Pottasche im Weißhaus
5 Pfund Sägspäne

Man unterschied dreierlei Sorten von Asche, je nach Art der Anschaffung: gesuchte, gebrachte und übernommene Asche.

Drei Posten von Asche 1760

gesuchte Asche	739 fl 16 kr
gebrachte Asche	122 fl 40 kr
vom Pächter übernommen	250 fl

---

[76] 1728, 20. April und 16. Oktober.
[77] Hierüber der aufschlußreiche Aufsatz von Rolf Gelius, „Waidasche und Pottasche als Universalalkalien für die chemischen Gewerbe des Ostseeraumes im 16./17. Jahrhundert". Hansische Studien 7, 1986, S. 91-107.
[78] Rolf Gelius, „Waidasche und Pottasche", S. 94 und 96.
[79] Neu verbesserte Hallordnung 1735, Artikel 6. Anschläge und Dekrete.
[80] 1742, 19. Februar. Protokolle 1738-46.

Den größten Teil hatte man also auswärts eingekauft. Eine Abrechnung für den Zeitraum 1763-1764 gibt auch die Ausgaben für „Blaich requisita und Materialien" an, die aber sowohl Holz wie Asche und Pottasche zusammenfaßt. Die Gesamtsumme entsprach ungefähr derjenigen, die in dem Zeitraum 1759-60 ausgegeben worden war.

Ausgaben für Holz, Asche und Pottasche

	1759, 1. Febr. bis 1760, 30. April	1763, 1. Mai bis 1764, 30. April
Holz, Asche, Pottasche	2289 fl 41 kr	1801 fl 38 kr

(Im ersten Falle handelt es sich um einen Zeitraum von 15 Monaten, im zweiten um einen von 12 Monaten.)

Wir wissen nicht, aus welchen Gegenden die Bleicher ihre Pottasche bezogen. 1788 gab es jedenfalls eine „Reischlerische Potaschensiedery" in Augsburg, die „genüglich" Arbeit hatte. Da im Jahre 1804 niemand dieses Gewerbe trieb, machte ein Augsburger, der die Pottaschensiederei bei Brünn in Mähren gelernt hatte, eine Werkstatt auf. Bedenken wegen der Verwendung der Pottasche gab es aber sicher noch. Die Bleicher mußten noch 1790 unter Eid versprechen, daß sie nur mit Asche bleichen und sich „nicht anderer schädlichen Mittel als Potasche hierzu bedienen" würden.

Im Jahre 1780 bat ein Augsburger Handelshaus, rohe Leinwand auf der unteren Bleiche „nicht nach der vorgeschriebenen, gewöhnlichen Art, ... sondern nach Holländischer, Schlesischer und anderer Schwäbischen Bleichen Manier" mit einem kleinen Zusatz von Kalk bleichen lassen zu dürfen. Die neue „Bleichmanier" wurde jedoch vom Rate nicht zugelassen.

Wasser

Genauso unentbehrlich wie die Asche war auch das Wasser für die Bleicher. Sowohl im Waschhaus wie im Laughaus wurde viel Wasser benötigt „zum säubern, schwemmen und laugen der Bleichwahr". Dann mußten ja auch die auf den Wiesen ausgebreiteten Tuche immer wieder mit Wasser benetzt werden.

Der Wasserversorgung diente das Wasserhaus mit seinen „Räder Schöpfen und Trögen". Auf beiden Bleichen befanden sich 1759 und sicher auch früher je ein „Bronnenhaus" mit Schöpfrad und Schöpfkasten. Dieses Wasserhaus oder Brunnenhaus scheint eine komplizierte Anlage gewesen zu sein. So befanden sich im Wasserhaus auf der unteren Bleiche „17 Wasserschäuflen und 8 eichene Arm dazu". Reparaturen waren unumgänglich. 1626 beliefen sich die Unkosten „wegen des Wasserwerkhs" auf der oberen Bleiche auf 83 fl 56 kr.

Das Brunnenbächlein wurde vom oberen Gaisberg in die obere Bleiche geleitet als „ein unentbehrliches essential stück, ohne welches die Bleich nit bestehen kann". Seit 1706 gab es nun Probleme, weil der Brunnenbach manchmal nicht genügend Wasser führte, um das Schöpfrad im Wasserhaus zu treiben. Man leitete deshalb auch Lechwasser über den Herrenbach in den Brunnenbach, um „dem Radwerks beyhilf zu thun". Zur „Anfüllung des Waschkastens oder Schwemmkastens" brauchte der Bleicher aber unbedingt klares Brunnenwasser. Das aus dem Herrenbach hergeleitete Lechwasser war häufig unrein. Es füllte den „Canal" dermaßen mit Schleim und Flußsand an, daß er immer wieder geräumt werden mußte. Oder das Wasser „schwelte" so auf, daß es „das Gestatt und Geschlacht übersteiget und zum Schaden der Tuche in die völlige Bleich lauffet". So wurde 1722 die ganze obere Bleiche überschwemmt. Das Problem war dadurch kompliziert, daß auch einige Bürger Anspruch auf dieses Wasser hatten und es mittels einer Wasserleitung in ihre Gärten innerhalb der Stadtmauern leiteten. Mehrmals, 1722, 1725 und 1728, baten die Bleicher das Bauamt, das mit Kot und Flußsand verschmutzte Brunnenbächlein zu reinigen, damit im Frühjahr kein Mangel an dem „zum Waschen und Laugen benötigten schönen und klaren Brunnenwasser" wäre. Erst im Jahre 1731 hat man dann eine umfassende und komplizierte Regelung über die Benutzung und Instandhaltung des Brunnenbaches getroffen. Es wurde genau festgelegt, von wo und bis wo die Bleiche für die Wartung des Brunnenbaches verantwortlich war, wie der Brunnenbach mittels Rohren unter dem Stadtbach hindurch auf die Bleiche geführt werden solle und wie man „zu mangelnden Zeiten" das Wasser aus dem Stadtbach in den Brunnenbach leiten könne. Seit 1731 verfügten die Inhaber der oberen Bleiche im Frühjahr, Sommer und Herbst allein über den Brunnenbach.

Die beiden Bleichen hatten um 1675 und sicher auch davor ein sorgfältig ausgeklügeltes System von Kanälen. Auf den Karten von 1675 ist dieses System von Kanälen gut zu erkennen. Gespeist wurden die Kanäle der unteren Bleiche wohl durch den Bach, der in einer großen Schleife durch die Bleichfelder floß.

Allerdings ist auf den Karten nicht im einzelnen zu erkennen, wie die Kanäle mit Wasser gespeist wurden und wie das Wasser dann wieder abfloß. Auf jeden Fall hatte die untere Bleiche einen oberen und einen unteren Ablaß. Auf den einzelnen Bleichfeldern, in die die Bleiche geteilt war, waren die Kanäle in gleichmäßigen Abständen angelegt. Die Kanäle liefen schnurgerade und parallel zu einander durch die einzelnen Bleichfelder. In regelmäßigen Abständen sind in den Kanälen Erweiterungen zu erkennen, aus denen vielleicht das Wasser zum Besprengen der Tuche geschöpft wurde.

Die Wartung der Kanäle und ihrer Einfassung, der sogenannten Wasserschlachtungen, war eine kostspielige Sache. Die Greif erklärten 1696, daß sich die Bauunkosten vor allem für die Wasserschlachtungen jedes Jahr auf mehrere 100 fl beliefen. Gegen Mitte des 18. Jahrhunderts haben die Bleicher wohl die Kanäle nicht mit der nötigen Sorgfalt repariert. So kritisierten die Cottondrucker im Jahre 1747, daß die Wassergräben auf den Bleichen „fast totaliter" unbrauchbar seien. Die Bleicher sollten „ihre gantz unbrauchbaren gräben ausräumen, zurichten und wasserleitung" machen.

Wichtig waren auch die Walken, auf denen die Tuche gestampft wurden, um die bereits losgelöste Fett- und Schmutzschicht zu entfernen. Schon 1324 und 1433 wird die Walke auf der Bleiche erwähnt. Der Rat ließ sie 1448 und dann wieder 1468 auf Kosten der Stadt neu bauen, die Bleicher mußten sie aber abzahlen. Der Rat wollte dann für alle Reparaturen aufkommen.[81] In der zweiten Hälfte des 17. Jahrhunderts gab es je eine Walke auf der unteren und oberen Bleiche. Auf den Abbildungen des Jahres 1789 finden wir sogar zwei Walken auf der unteren Bleiche, eine untere und eine obere. Es ist allerdings nicht bekannt, wie diese Walkmaschinen in Augsburg aussahen und ob sie durch Wasserkraft oder Pferde betrieben wurden. Als im 18. Jahrhundert die Cottondrucker ihre

---

[81] Das Stadtbuch von Augsburg, insbesondere das Stadtrecht vom Jahre 1276, ed. Christian Meyer, 1872, S. 316. 1433, 31. Januar. 1448, Aftermontag nach Reminiscere (20. Februar).1468, 15. März.

Pantschwerke errichteten, sagten die Bleicher, ein Pantschwerk unterscheide sich nur dem Namen nach von der Walke, die Wirkung sei aber dieselbe. Der Unterschied bestehe nur in dem modo tractandi, „dass nemlich beim Bantschwerk die Waare oder Cotton auf einem Tisch oder Bank, in einer Walk hingegen in einem Trog gebantscht oder zubereitet wird". Die Intensität des Walkens beeinflußte auch den Grad der Weiße. Ein Cottontuch, das viertelweiß gebleicht werden sollte, wurde nur einmal gewalkt. Wurde es zweimal gewalkt, ging man schon über die viertel Weiße hinaus.

Mehrmals ist von den Löchern in den Walkmaschinen die Rede. Als z.B. 1675 die Walke auf der unteren Bleiche repariert werden mußte, wünschte der Bleicher, daß „zu den bisher gehabten vier Walk Löchern noch eins (da die obere blaich derselben 6 hat) ... gemacht werde".

Alle Barchenttuche und Cottone, die gewalkt werden sollten, mußten zum Walken auf die Bleichen gebracht werden. Da die Einnahmen aus der Walke sich um 1700 immerhin auf 300 fl pro Jahr beliefen, bestanden die Bleicher auf ihrem Monopol. Auch die Cottondrucker, die ja meistens ihre eigenen Scheggenbleichen hatten, mußten dennoch die Walken der Bleicher benutzen. 1743 behauptete sie zwar, daß auf Grund ihrer neuen Bleichverfahren „die Waar ohne walckh besser und schöner" werde. Aber der Rat bestand darauf, daß alle Ware „auf einer deren zwey allhiesigen bleichen gewalkt" werden müsse, bevor sie bedruckt werden durfte.

Das Monopol der Bleicher wurde dann in der zweiten Hälfte des 18. Jahrhunderts durchbrochen, als die Cottonfabrikanten, wie Schüle, Schöppler und Zackelmaier, ihre Pantschmaschinen aufstellten. Und zwar rechtfertigten sie die Aufstellung der Pantschmaschinen damit, daß die weißen ostindischen Cottone „die gewöhnlich Walck nicht aushalten".

Die gebleichten Tuche durften übrigens nicht auf den Bleichen gemangt werden. Sie mußten in einer der drei öffentlichen Mangen gemangt werden.

Die Kosten für die Instandhaltung der verschiedenen Gebäude und vielen Geräte auf den Bleichen wurden seit 1693 von den Besitzern getragen. Wir sahen bereits, daß die Wartung der Wasserschlachtungen dabei immer einen größeren Posten ausmachte. So verwiesen die Bleichinhaber auch 1729 auf ihre Unkosten für „Gebäude, Geschlachte, Pallisatirung, Kessel, Laugfässer, Walcken, Schwemmkästen und anderes".

Bleichvorgang

Der Zweck der Bleiche war, die natürlichen Farbstoffe in den Geweben zu beseitigen und einen reinen Weißton zu erhalten. Oder wie man es im 18. Jahrhundert formulierte: „Leinwandbleiche ... ist das Geschäfte, vermöge welches man durch Gähren, Beitzen in alkalischen Laugen, Ausbreitung an der Luft und Sonne, und vielfältiges Begiessen mit reinem, weichem Wasser, nach und nach alles, welches die natürliche weisse Farbe unterdrückt, aus der Leinwand bringt, und also schneeweiss macht". In den Augsburger Akten sucht man vergebens eine Beschreibung des Bleichvorganges. Eine solche Anweisung brauchten die Bleicher ja nicht. Krünitz hat in seiner „Oekonomischen Encyclopädie" die mannigfaltigen Methoden der Leinwandbleiche in Norddeutschland, Schlesien und Holland anschaulich besprochen. Noch präziser und zusammenfassender ist allerdings Diderots Beschreibung der Bleiche der feinen Leinwand in Holland. Diderot unterscheidet fünf Arbeitsvorgänge:[82]

1. Die einzelnen Tuche werden gefaltet und in ein großes Holzfaß gelegt. Man gießt dann auf die Tuche lauwarmes Wasser oder Wasser, das zur Hälfte mit Lauge vermischt ist oder mit Mehl versetzt ist. Sechs Stunden, nachdem die Tuche in warmem, oder 12 Stunden, nachdem sie in kaltem Wasser gelegen sind, kommt es zur Gärung. Es bilden sich Luftblasen, eine Schicht formt sich auf der Oberfläche des Wassers, die Tuche blähen sich auf. Nach Ablauf von 36 bis 48 Stunden setzt sich dann der Schaum nach unten ab. Bevor dies geschieht, muß man die Tuche herausnehmen. Die Tuche werden dann gewaschen und auf einer Mühle, wohl einer Walke, gepreßt, um die Fettschicht, wohl die Schlichte, die durch die Gärung losgelöst worden war, zu entfernen. Die Tuche werden dann auf das Gras zum Trocknen gelegt.
2. Der zweite Arbeitsvorgang besteht in der Anfertigung der Lauge und dem Laugen der Tuche. Nach Diderot soll man einen Kessel von 70 schottischen Gallonen zu drei Vierteln mit Wasser füllen. In das kochende Wasser wird dann Asche hineingetan und zwar 30 Pfund blaue und ebensoviel weiße Asche, 200 Pfund Asche von Marcost, oder wenn diese nicht zu haben ist, ungefähr 300 Pfund Barilla, 300 Pfund Pottasche oder weiße Moskauer Asche. Alle drei Sorten Asche müssen gut zerstampft und verrührt werden. Man kocht das Wasser eine viertel Stunde und entfernt die Asche mit einer Holzschaufel. Man nimmt dann den Kessel vom Feuer und läßt sich die Flüssigkeit klären. Dieser Prozeß dauert sechs Stunden. Die eigentliche Lauge ist dann fertig. Aus dieser Lauge fertigt man eine zweite, offensichtlich weniger starke an. Und zwar tut man in einen Kessel, der 40 schottische Gallonen hält, 38 Gallonen Wasser, zwei Pfund flüssige Seife und zwei Gallonen der obigen Lauge.
Man gießt dann die warme Lauge auf die Tuche, die in Schichten in einen Kessel gelegt worden sind. Auf jede Schicht Tuche stampft ein Mann in Holzschuhen, damit die Lauge die Tuche ganz durchdringt. Bei jeder Schicht Tuche, die in das Faß kommt, wiederholt man diesen Vorgang, bis das Faß voll ist.
Nach einer Weile läßt man die Lauge aus dem Kessel abfließen, erwärmt sie und gießt sie wieder auf die Tuche. Dieser Vorgang wird sechs oder sieben Stunden lang wiederholt. Die Tuche läßt man sich dann drei oder vier Stunden mit der Lauge vollsaugen. Danach wird die Lauge entfernt.
3. Am frühen Morgen werden die Tuche auf dem Gras ausgebreitet und während der ersten sechs Stunden häufig besprengt. Nach sieben Uhr abends sollen sie aber nicht mehr angefeuchtet werden, es sei denn die Nacht ist außerordentlich trocken. Am nächsten Morgen werden die Tuche zweimal oder, wenn die Luft sehr trocken ist, viermal besprengt. Dann läßt man die Tuche trocknen.
Die Tuche werden auf die eben beschriebene Weise etwa 10- bis 16mal mit der Lauge im Faß behandelt und dann auf das Gras gelegt. Die ersten 8 Male soll man die Stärke der Lauge ständig erhöhen, die letzten 8 Mal wieder verringern.
4. Die Tuche werden dann mit einer milden Säure behandelt, um die Salze zu beseitigen, die als Folge des Laugens auf den Tuchen abgesetzt haben. Und zwar werden die einzelnen Schichten Tuche, so wie sie in das Faß gelegt werden, mit Buttermilch oder saurer Milch übergossen. Gleichzeitig stampfen Männer mit bloßen Füßen auf die Tu-

---

[82] Encyclopédie ou dictionaire raisonée des Sciences et des Métiers. vol. 5, p. 1778.

che. Die Buttermilch oder saure Milch muß die Tuche ganz bedecken. Das Faß wird dann mit einem Deckel mit Löchern verschlossen. Nach einigen Stunden bilden sich Luftblasen und auf der Oberfläche erscheint weißer Schaum. Diese Gärung soll fünf oder sechs Tage dauern. Bevor die Gärung zu Ende ist, nimmt man die Tuche aus dem Faß und wäscht sie in fließendem Wasser. Die Tuche werden dann auf der Walke gepreßt und gleichzeitig mit Wasser gewaschen. Auf diese Weise werden alle Unsauberkeiten entfernt, die durch die Gärung gelöst worden sind. Man muß nur aufpassen, daß in den Falten des Tuches kein Wasser bleibt, weil es sonst an diesen Stellen beschädigt wird.

5. Die Tuche werden eingeseift und dann in Lauge gelegt. Die Stärke der Lauge wird so lange erhöht, bis die Tuche gleichmäßig weiß sind und keine braune Farbe mehr zu sehen ist. Danach schwächt man die Lauge sehr viel schneller ab, als man sie vorher verstärkt hat. Die letzte Lauge, die man auf die Tuche gießt, ist also viel schwächer als die vorhergehenden.

Danach legt man die Tuche wieder auf das Gras und besprengt sie, wie oben beschrieben. Dann behandelt man sie wieder mit Säure und bringt sie zur Walke. Die Tuche werden dann wieder gewaschen, auf das Gras gelegt und angefeuchtet, bis man die gewünschte weiße Farbe erreicht hat.

So haben nach Diderot die Bleicher Hollands, die ja die berühmtesten Bleicher Europas im 18. Jahrhundert waren, feine Leinwand gebleicht. Ob das Bleichverfahren in Augsburg ebenso kompliziert war, wissen wir nicht. In seinen Grundzügen wird es aber ähnlich gewesen sein.

Als die Fugger im 16. Jahrhundert in ihrer Herrschaft Weißenhorn die Barchentanfertigung einführten, gaben sie ihren Untertanen auch Anweisungen über das Bleichen. Sollten sie ihre Kenntnisse in Augsburg bezogen haben? Immerhin wird man in Augsburg auf ähnliche Weise gebleicht haben, wenn auch diese Anweisung nicht immer ganz klar ist. Der Barchent sollte erst in die Lauge kommen. Danach sollte man ihn „in dem kasten ausschlagen und durchziehen". Die nächsten zwei Vorgänge sind nicht klar: „nach solchem nawer man auf einem guten Naw plock aus. Schlecht den darnach an ainen staffel partet in". Der Barchent wurde also irgendwie geschlagen und dann auf eine Art Gerüst, die Staffel, gelegt. Nach dem Parten kam der Barchent acht Tage auf das Feld. Danach wurde er wieder in das Faß zum Laugen gelegt. Nach dem Laugen wurde er wieder so behandelt wie oben beschrieben und kam dann auf das Feld. Dieser Vorgang scheint einige Male wiederholt worden zu sein, bis der Barchent weiß war.

Wenn der Barchent „weiss ausweschen" ist, sollte man ihn „leuren", danach an das „gelender schlagen" und im Feld „auffachen". Der Barchent wurde im Feld an Geländern befestigt. Hier blieb er eine Weile. Nur bei Wind und Wetter sollte man ihn „herab bokken". Der Bleicher sollte für jedes Tuch einen Lohn von 10 Pfennig erhalten. Wenn er aber ein Tuch an dem „gelender zereis und schadhaft machet", sollte er nur die Hälfte erhalten. Wenn das Tuch ganz zerrissen wurde, schuldete man ihm nichts.[83]

Aus Augsburg selbst sind kaum Angaben über die Bleichmethoden erhalten. Im Jahre 1748 erließ der Rat eine Verordnung „wegen öfterer Weichung der Waaren auf denen allhiesigen Stadtbleichen mit alltäglichen 24 stündigem heiss weichen". Der Bleichinhaber der oberen und unteren Bleichen, Hainzelmann, erklärte im Jahre 1757, daß die Cot-

---

[83] Fuggerarchiv Dillingen. Bestand F.A. 17.4.22.

tone und Bomasine getrennt „gebriht und gelaugt" würden. Und zwar wurde die auf den Bleichen liegende Ware „mehr als 4 bis 5 Tage gebriht". Sie wurde dann 8 bis 10 Tage ausgebreitet. Die Tuche wurden nicht naß, sondern trocken in die Laugfässer getan, „damit die lauge desto besser in die Weberware hineinziechen könne". Die Tuche wurden 12 bis 16 Stunden gelaugt und blieben dann 10 bis 12 Stunden im Faß, „biss sie ausgeworfen werden". Nach Hainzelmann konnte die Ware „ohne den grössten Schaden" nicht 24 Stunden gelaugt werden. Er scheint also die Verordnung von 1748 nicht befolgt zu haben. Wenn aber ein Kaufmann die Tuche „ganze 24 Stunden tractirt haben" wolle, so würde er es auf dessen Risiko tun. Alle Tuche kämen in die Walke, „allein es könnten nicht alle zugleich auf die Felder ausgelegt werden".[84] Immerhin deuten diese sehr knappen Bemerkungen verschiedene Arbeitsvorgänge an:

1) Brühen der Tuche: 4-5 Tage.
2) Ausbreiten auf der Bleichwiese: 8-10 Tage.
3) Laugen: 12-16 Stunden. Im Faß weitere 10-12 Stunden.
4) Auswerfen der Tuche.
5) Walken.
6) Auslegen auf den Bleichfeldern.

Es fällt auf, daß von der Behandlung mit Säuren, also der sauren Milch oder Buttermilch, keine Rede ist.

Die Bleicher betonten, „es sei ein grosser Unterschied im abblaichen der Wahr". Einige Tuchsorten waren leichter oder schwerer zu bleichen als andere. 1587 hieß es, daß die neuen Tuchsorten wie Bomasin, halbe Scheiben, Wullin Spinet und die dicken und geschnierten Barchenttuche wegen ihrer ungewöhnlichen Länge oder wegen ihrer Dicke und Breite „mehr mühe, zeug und uncosten weder die gemeine und altherkommene Arbeit" verlangten. Vor allem die Drei- und Viersiegler machten ihnen viel Arbeit, weil sie von diesen dicken Barchenten nur „wenig auf einmal bereiten" konnten. Sie brachten nämlich von den dicken Barchenten „umb ein Drittheil nit sovil in ein fass ... wie des anderen gemeinen barchats, auch zu solichem barchat vil mehr laug als zu den anderen gebrauchen". Das bedeutete, daß sie mehr Holz und Asche benötigten.[85]

Den Terminen der Geschau nach zu schließen, lagen die Barchenttuche rund zwei Monate auf den Bleichen. Für Leinentuche brauchte man drei Monate. Für Mittler und Abenteurer benötigte man mehr Zeit als für andere Tuche. Sie sollten deshalb nicht zu spät auf die Bleichen gebracht werden. 1569 hieß es, nicht nach dem 2. August. Barchent- und Leinentuche durften dagegen bis zum 6. oder 7. August angenommen werden. 1610 hieß es, daß nach Jakobi, also den 25. Juli, kein Meisterwerk „alls Spinet, golschen, Blaichte Zwilch, Welsch Leinwath" auf die Bleichen gelegt werden dürfe. Bomasin konnte dagegen noch bis Bartholomaei, also den 24. August, von den Bleichern angenommen werden.[86] Der Grund war, daß Bomasin leichter zu bleichen war als andere „barchet wahr". Auch 1728 hieß es, daß die Bomasine und Cottone „leichter abzubleichen und so viel mühe und arbeith als die Barchet nit erfordern".

Die meisten Tuche, die im 18. Jahrhundert auf die Bleiche kamen, waren Schnurtuche, Bomasine und Cottone. Die Unterschiede in der Bleichdauer dieser Tuchsorten spie-

---

[84] 1757, 27. Juni. Protokolle 1757.
[85] 1587, 18. März. 1589, 13. März. 1590, 2. Juni.
[86] 1610, Weberordnung, Artikel 88.

geln sich in den Terminen wider, die für die letzte Annahme auf den Bleichen festgelegt wurden. So sollten 1733 die Schnurtuche nur bis zum 29. August auf die Bleichen gelegt werden. Bomasine und Cottone durften noch acht Tage länger, bis zum 5. September, angenommen werden. Ähnliche Termine aus anderen Jahren zeigen übereinstimmend, daß Schnurtuche nach Ende August nicht mehr auf die Bleiche gebracht werden durften, weil sie „in etwas länger zu bleichen brauchen".

Bis zum Jahre 1746 wurden Bomasine und Cottone meist bis Mitte September auf die Bleichen gebracht. Dann trennte man die Termine: Bomasin durfte nur noch die erste Woche im September angenommen werden, die 6/4 und 7/4 breiten Cottone dagegen bis rund Mitte des Monats. Es hieß, in der Zeit, in der man ein Stück Bomasin bleiche, könne man drei Cottone bleichen. Die kürzere Bleichzeit der Cottone ist um so überraschender, als die Cottone ja länger waren: ein Stück Cotton war 28 Ellen lang, ein Stück Bomasin – jedenfalls 7/4 breiter Bomasin – nur 22 Ellen.[87]

Termine für die letzte Annahme von Tuchen

	Keine Annahme der Schnurtuche nach:	Es dürfen passiert werden Bomasin und Cotton bis	
1735	Ende August	Ende September oder Michaeli	
1736	Ende August	15. September	
1737	17. August	31. August	
1738	23. August	30. August	
1740	22. August	3. September	
1742 oder 1743	25. August	15. September	
1744	29. August	12. September	
1746	27. August	17. September	
	Annahme der Schnurtuche bis	Annahme Bombasin bis	Cottone bis
1748	23. August	7. September	14. September
1749	23. August	6. September	13. September
1750	22. August	4. September	12. September
1751	25. August	4. September	11. September
1752	23. August	2. September	9. September
1753	22. August	2. September	12. September
1754	31. August	7. September	18. September
1756	31. August	7. September	18. September
1758	30. August	6. September	20. September
1759	29. August	5. September	19. September
	Schnurtuche	Bomasin	6/4 und 7/4 Cotton
1760	30. August	13. September	20. September
1762	28. August	4. September	11. September

---

[87] Waren, die blau bedruckt werden sollten, kamen sogar nur 4 oder 5 Tage auf die Bleiche (1725, 1. März). Zu dieser Zeit wurden in Augsburg auch „ganz wollige" und „halb leinige" Brabanterle gebleicht. Wie lange sie gebleicht wurden, ist nicht bekannt. (1725, 7. März).

Bei den Leinwandsorten hatte man immer wieder Probleme mit der Länge. Schon im 16. Jahrhundert kamen Leinentuche auf die Bleichen, die 80, ja bis zu 100 Ellen lang waren. Die Bleicher wurden aber nur pro Stück bezahlt. Aber weshalb nahmen die Bleicher solche langen Stücke an? Der Grund war die „gegenseitige missgunst", also die scharfe Konkurrenz unter den Bleichern. Im Jahre 1694 legte man die Länge für Leinentuche auf 60 bis 70 Ellen fest. Was darüber war, sollte „nach proportion des lohnes a parte" bezahlt werden.

Nicht nur die verschiedenen Stoffarten verlangten etwas verschiedene Bleichmethoden. Es gab auch unterschiedliche Grade der Bleiche, wie ganz weiß, halbweiß und viertelweiß. Es ist nicht bekannt, wann man in Augsburg begann, Tuche auch halbweiß zu bleichen. Jedenfalls wurde spätestens 1693 halbweiß und vierteilweiß gebleicht. In diesem Jahre wurde „halbgebleichte Kaufmannsware in ziemlicher Quantität" aus Augsburg ausgeführt. So etwa halbgebleichte Leinentuche.

Die Konkurrenz unter den Bleichern führte auch hier zu Problemen. Die Bleicher versprachen Leinentuche halbweiß zu bleichen, meinten aber in Wirklichkeit dreiviertelweiß. Dennoch verlangten sie nur 15 kr pro Stück. Wenn diese Stücke noch eine oder höchstens zwei „lauchen bekommen und wenige zeit weiters auf der bleiche gelegen wären", so wären sie „schon völlig weiss" geworden und wären 30 kr wert gewesen. Um Arbeit zu haben, nahmen sie alle Stücke zum Bleichen an, „so auch grob und garstige und zum bleichen ganz untaugliche stück". Die Besitzer verlangten, daß sie ganz weiß gebleicht würden, „da doch ehender bei dergleichen stücken die vermoderung zu erwarten als die weisse zu erhoffen ist".

Um diese Mißstände zu beseitigen, befahl der Rat 1694, zwei Weiß- und Bleichgeschauer zu ernennen. Sie sollten die taugliche von der untauglichen Leinwand trennen und solche Stücke von einander sondern, die ganz, halb- oder dreiviertelweiß zu bleichen waren.

In der ersten Hälfte des 18. Jahrhunderts waren es dann die Cottondrucker, welche die Entwicklung neuer Bleichmethoden vorantrieben. Sie sagten 1747, sie hätten seit 20, 30, 40 und mehr Jahren „durch viel Mühe, Fleiss und Arbeit" die ungünstige Witterung zu überwinden gesucht, um was „ohnmöglich scheinen möge, möglich zu machen". Sie und nicht die Bleicher seien die Erfinder der Winterbleiche. Die Bleicher hätten nur ganz weiß gebleicht, das halb- und viertelweiß Bleichen habe sie nicht interessiert. Diese Behauptung war sicher nicht ganz falsch. Die Bleicher selbst gaben zu, daß es „von älteren Zeiten" her niemals gebräuchlich gewesen sei, im Winter zu bleichen. In anderen Reichsstädten sei so etwas auch nicht üblich.

Als die Cottondrucker um 1710 anfingen,"blau und procellan zu fabrizieren", sollen sie rohe Waren verwendet haben. Sie merkten dann aber, daß die Tuche schöner wurden, wenn sie vorher etwas gebleicht worden waren. Sie legten deshalb die Tuche nach dem Walken einige Tage auf die Bleiche. Da diese Tuche nicht in Lauge behandelt wurden, nannte man sie viertelweiß gebleicht.

Tuche, die ganz weiß gebleicht wurden, mußten auf beiden Seiten gebleicht werden. Tuche, die nur halb- oder viertelweiß gebleicht werden sollten, wurden anscheinend nur auf einer Seite gebleicht. Nur solche Tuche, die ganz oder halbweiß gebleicht wurden, kamen in die Lauge. Viertelweiße Tuche wurden nur insofern gebleicht, „soweit solches in unten bestimmter zeit ohne laug kan gebracht werden".

Die Bleicher sollen bis 1725 keinen Einspruch erhoben haben, daß die Cottondrucker viertelweiß bleichten. Erst als sie sahen, daß immer mehr Tuche auf den Bleichen der Cottondrucker vor dem Blaudruck gebleicht wurden, wandten sie sich 1725 an den Rat. Sie erhielten auch einen „favorablen" Bescheid. Dennoch unternahmen sie in den folgenden 17 Jahren nichts, obwohl die Cottondrucker auch weiterhin viertelweiß und halbweiß bleichten. Der Grund für diese Nachsicht soll gewesen sein, daß die Bleicher ohnehin mehr und mehr Tuche zum Bleichen erhielten, für die sie schließlich keinen Platz mehr hatten. Weiterhin, daß das Blaudrucken am meisten im Winter betrieben wurde, wenn die Bleicher nicht bleichten. Erst als 1742 die Zahl der Tuche auf den Bleichen stark zurückging, baten die Bleicher den Rat, den Cottondruckern das Bleichen völlig zu verbieten.[88] Nach viel Streit einigte man sich 1747 auf folgenden Vergleich:

1. Nur die Bleicher durften Ware auf ihren Bleichen ganz weiß bleichen.
2. Die Cottondrucker durften auf ihren Privatbleichen nur in den Wintermonaten, von Galli bis Josephi (16. Oktober bis 19. März), halbweiß bleichen, aber nicht im Sommer.
3. Die Cottondrucker durften dagegen das ganze Jahr hindurch viertelweiß bleichen.

Man führte nun noch ein weiteres Merkmal der viertel- und halbweißen Tuche ein. Tuche, die viertelweiß gebleicht werden sollten, mußten vor dem „roh auslegen" gewalkt werden. In den Wintermonaten durften sie zweimal gewalkt werden, in den Sommermonaten jedoch nur einmal, „weilen das zweite Walken sonst die Waar über 1/4 weiss befördert". War die Ware „kotig oder unsauber", könnte sie ja ausgewaschen werden. Nach dem Walken sollten dann die Bomasine nicht länger als 14 Tage, die Cottone nicht länger als 10 Tage auf die Scheggenbleichen gelegt werden. Die Cottondrucker durften halbweiße Tuche nur während des Winters laugen und bleichen. Da sie im Sommer nicht halbweiß bleichen durften, mußten sie sich auch des „pantschen, brühen und sieden oder Gebrauch scharfen Sachen, darduch in effectu eben das praestiert werden möchte, was durch das mehrmalige Walckhen, Pantschen oder laugen effectuirt, gänzlichen enthalten".

Die Vereinbarung von 1747 scheiterte dann aber doch am Widerspruch der Bleicher. Die Cottondrucker mußten schließlich zustimmen, daß nur die Bleicher viertel- und halbweiß bleichen sollten. Doch nur unter der Bedingung, daß die Bleicher die Tuche „mit eben demjenigen Tractament wie es zu perfectionirung der Waar als auch zu beschleunigung der Arbeit von ihnen erfunden und bis dato practiciert worden". Die Bleicher sollten einen besonderen Feldmeister ernennen, „der auf die 1/4 und 1/2 weisse Ware ganz allein acht habe". Bomasin und Cotton sollten sie im Sommer wie im Winter ohne Rücksicht auf das Wetter in solcher „perfection" halb- und viertelweiß bleichen, daß sie „zum Druckh tauglich" waren und nicht ein zweites Mal auf die Bleiche gelegt werden mußten oder wegen der „ratione Abbleichung noch darinnen zurückbleibenden laugen und anderen Unreinigkeiten" Schaden litten.

Aber das halb- und viertelweiß Bleichen im tiefsten Winter hat sich dann doch nicht ganz bewährt. 1753 und 1754 wurde bestimmt, daß im Dezember und Januar nicht mehr viertel- und halbweiß gebleicht werden solle. Die Winterbleiche wurde aber deswegen

---

[88] 1742, September. Weberhaus Nr. 73a.

nicht abgeschafft. Die erhaltenen Ungeldrechnungen über die Winterbleiche stammen alle aus der zweiten Hälfte des 18. Jahrhunderts.

Trotz allen Erfindungsreichtums gab es auch Probleme auf den Bleichen. In den Jahren 1606 und 1607, als die Barchentherstellung in Augsburg ihren Höhepunkt erreichte, beschwerten sich viele Leute, „dass der gebleichten Ware ire recht nit geschehe". Die Bleicher gaben zu, daß manche Tuche nicht richtig gebleicht worden seien, gaben aber der „überhäufung der Waren" die Schuld. Sie würden von Kaufleuten und Bürgern „mit den rohen tuchen dermassen übertrengt", daß sie oft „die tuech von der ersten auf die ander Blaich, vor der Zeit, auch wider Iren Willen, aufheben und mit anderen rohen tuchen belegen miessen". Jeder Kaufmann und Bürger wolle seine Tuche möglichst schnell zurückbekommen, weil „er seinen Nutzen zu schaffen begere".[89]

Gegen 1700 kritisierten die Kaufleute, daß der jetzige Bleichinhaber, Greif, die Waren „viel schlimmer, schlechter und zerrissener" liefere als seine Vorgänger. Sie beanstandeten, daß Greif der Ware „ihr recht nicht antue und zu ohnzeitiger menagierung der Leuth dieselb nicht recht nezen lasse".[90] Bettbarchent, Barchenttuche und Bomasin lägen auf den Bleichen lange „unnützlich" herum. Auch nach Monaten seien sie nicht sauber gebleicht. Die Leinwand läge „unberührt" im Weißhaus. Erst wenn es Herbst werde und die beste Bleichzeit schon vorbei sei, würde sie ausgelegt. Trotz des „dürren Wetters" werde die Leinwand nicht gesprengt. Die Folge sei, daß „was weiss werden sollen, kaum halb weiss gemacht, dasjenige aber, so halb weiss werden sollen, kaum gefeldet" werde. Der Grund für diese Nachlässigkeit sei, daß die Bleicher große Mengen von Hausloden von auswärts bleichten.

Auch der Fabrikant Schüle, über den später berichtet werden soll, war mit den gebleichten Tuchen nicht immer zufrieden. Zuerst gab er allerdings den Webern die Schuld, weil sie anstelle der Kläre nur Leim als Schlichte verwendeten. Die Bleicher seien deshalb nicht in der Lage, „die im Gewebe mit Leim geschlichtete und in solchen cottonen sonsten noch befindliche Unsauberkeit ... abzubleichen". Und auch der Cottondrucker sei dann nicht fähig, „einem solchen mit Leim geschlichteten und unrein abgebleichten Stück die behörige Annehmlichkeit" zu geben.[91]

Nun meinten allerdings die Weber, daß sich Schüle gründlich irre. Es sei völlig gleich, ob man Leim oder Kläre zum Schlichten nehme, weil die Schlichte auf der Bleiche und beim Walken wieder herauskomme. Ganz so unrecht hatte Schüle aber wohl doch nicht. Denn auch die drei Beisitzer, die die Deputierten im Weberhaus in praktischen Fragen berieten, meinten 1781, es „müsse alle feine Waar, damit solche in dem bleichen weisser werde, mit Kläry aber wenig mit Leim Wasser tractiret werden". Allerdings fügten sie hinzu, daß das „Fett machen mit Unschlicht, um die Waar zur Arbeit brauchbar zu machen", ebenso unentbehrlich sei wie die Kläre für die feinen Seidendrittel.

Später hat Schüle auch die Bleicher selbst bitter kritisiert. Es fehle ihnen die „nöthige Wissenschaft des guten Weissbleichens". Tuche, die auf den Stadtbleichen gebleicht

---

[89] 1607, 13. und 27. November.
[90] 1695, 22. und 2. Januar.
[91] Schüle kritisierte damals die Weber auch wegen des „einstickens des trucken oels", wegen des „apprendierens" mit „Pemsen und wie es sonst heissen mag" und wegen des „allzu vielen Strekkens". 1768, 3. Oktober. Streitigkeiten ... Nr. 282-389. Fasz. II b.9.

worden waren, hätten noch einmal „praepariert und gebleicht" werden müssen. Außerdem seien viele Stücke auf den Bleichen zerrissen worden. Wir sahen, daß Schüle das Problem dadurch löste, daß er die obere Bleiche einfach kaufte und seine Tuche nun selbst bleichte. Ob den Augsburger Bleichern wirklich die „nöthige Wissenschaft" fehlte, mag dahingestellt bleiben. Es gibt aber zu denken, daß auch die Firma Gignoux Erben im Jahre 1780 1400 Tuche in Augsburg viertelweiß bleichen ließ, sie aber dann nach Burtenbach schickte, um sie dort „vollkommen ausbleichen zu lassen".

Obwohl wir so wenig über die technische Seite der Augsburger Bleichen wissen, scheint es doch, daß die Bleichmethoden in Augsburg im 18. Jahrhundert recht traditionell waren, jedenfalls im Vergleich mit den neuen Bleichmethoden in England. In England erwies sich bei der steigenden Nachfrage nach gebleichten Leinen- und Baumwolltuchen die traditionelle Art der Feldbleiche als viel zu teuer und langwierig. Ob es nun die hohen Preise von Bleichstoffen wie Kali und Säuren und die flächenmäßige Beschränkung des Bleichlandes war oder ob es die durch die monatelange Bleichdauer verursachte unproduktive Bindung des Kapitals war, in der zweiten Hälfte des 18. Jahrhunderts setzte jedenfalls eine intensive Suche nach Chemikalien ein, die den Bleichprozeß beschleunigen könnten. Die Verwendung von Schwefelsäure seit den 1750er Jahren und von Chlor gegen Ende des 18. Jahrhunderts führte zu einer radikalen Verkürzung der Bleichzeit und damit einer Revolutionierung des Bleichverfahrens.[92] Wir hören nichts davon, daß auch die Augsburger Bleicher an diesen Experimenten mit Schwefelsäure und Chlor beteiligt waren. War es nur ein Zeichen technischer Rückständigkeit? Vielleicht spielte es auch eine Rolle, daß es in Augsburg nicht an Bleichflächen fehlte. Die Erweiterung der Bleichfläche der oberen und unteren Bleiche durch die Scheggenbleichen der Cottonfabrikanten in der zweiten Hälfte des 18. Jahrhunderts hat vielleicht die Augsburger gar nicht genötigt, sich über neue Bleichmethoden Kopfzerbrechen zu machen. Allerdings sei hinzugefügt, daß wir nicht wissen, ob nicht auf den Scheggenbleichen der Cottonfabrikanten experimentiert wurde. Vielleicht hatten diese unternehmungsfreudigen Cottonfabrikanten doch mehr Interesse an neuen Bleichverfahren, als uns bekannt ist.

Zählung und Geschau

Dank der sogenannten Zählungen wissen wir, wie sich die Bleiche vom Frühjahr bis zum Herbst verteilte. Der Zweck der Zählung war festzustellen, wie viele Tuche auf den Bleichen lagen, damit die Stadt auch wirklich die volle Summe des Ungeldes erhielt. Jedes Jahr ernannte der Rat einen Ausschuß von „drei herren und drei von handelsleuten"[93], welche in gewissen Abständen die auf den Bleichen liegenden Barchenttuche zählten. Im allgemeinen fanden die Zählungen im Juni, Juli, August, September und Oktober statt. Die Häufigkeit der Zählungen scheint aber geschwankt zu haben. Im Jahre 1627 z.B. wurden die Tuche auf der unteren Bleiche achtmal gezählt. In anderen Jahren wurden nur

---

[92] Klaus H. Wolff, Textile Bleaching and the Birth of Chemical Industry. „Business History Review", 1974, p.143-163. L. Gittins, Innovations in Textile Bleaching in Britain in the eighteenth century. „Business History Review", 1979, p. 194-204.

[93] 1605, 28. Januar. Im 18. Jahrhundert waren anscheinend die drei Deputierten für die Zählung verantwortlich.

sieben, fünf oder vier Zählungen gehalten. Manchmal wurden auch Tuche mitgezählt, die sich schon in den Mangen befanden. Im Jahre 1592 z.B. hat man folgende Mengen von Tuchen gezählt:

2. Juni	24 682 Stück
30. Juni	18 113
6. August	23 813
17. August	382
24. September	2207
6. Oktober	19 441
Insgesamt	88 638

Der Bericht von 1627 über die Tuche auf der unteren Bleiche war noch genauer:

27. Mai in der Manng Schnitz	Stück 60
1. Juni auf der Blaich	
Zotten	Stück 251
Schnitz	63
21. Juni auf der Bleich	
dicke	2419
Oxen	3876
Trauben	1981
Gretische	1476
Zotten	260
Schnitz	639

und so geht es fort.

Im allgemeinen wurde die erste Zählung im Juni gehalten. Man zählte also diejenigen Tuche, die von April bis Juni gebleicht worden waren. Im Juli wurden, wenn überhaupt, relativ wenig Tuche gezählt. Eine große Menge wurde dagegen meist im August gezählt. Einige wurden im September und dann wieder eine große Menge Anfang Oktober gezählt. Es scheint also, daß die Bleicher dreimal im Laufe der Bleichzeit größere Mengen von Tuchen auf den Bleichen liegen hatten: von April bis Juni, dann im Juni und Juli und schließlich im September. Tatsächlich gab der Bleicher Jakob Kreutter im Jahre 1622 an, daß er dreimal Tuche auf die obere Bleiche gelegt habe:

bei der ersten und zweiten Bleiche:	10 032 Barchenttuche
bei der dritten Bleiche:	8852
	18 884 Barchenttuche

Die Verteilung auf die verschiedenen Monate war jedoch von Jahr zu Jahr verschieden. Die wechselnden Witterungsverhältnisse und vielleicht auch Schwankungen in der Nachfrage mögen die Verteilung beeinflußt haben. In den 1680er Jahren hat man sich häufig mit nur zwei Geschauen und Zählungen begnügt. Der Rat befahl deshalb 1687, daß drei ordentliche Geschauen und Zählungen gehalten werden müßten.

Datum der Zählung und Menge der gebleichten Barchenttuche 1590-1592

1590:			
14. Juni	35 323	31. August:	3379
28. Juni	12 545	2. Oktober	6368
14. August	6936	summa	64 551

1591:			
6. Juni	28 860	20. August	2268
10. Juni	4868	27. August	2619
13. Juni	7793	3. September	2030
8. August	15 937	4. September	1132
		1. Oktober	14 972
		summa	80 479

1592:			
2. Juni	24 682	24. September	2207
30. Juni	18 113	6. Oktober	19 441
6. August	23 813	summa	88 638
17. August	382		

Abzählung auf der unteren Bleiche 1627-1631:

1627:			
27. Mai a)	60	1. September a)	13
1. Juni	314	13. September a)	37
21. Juni	10 651	3. Oktober	5685
19. Juli	1502	summa	20 432
19. August	2170		

1628			
8. Juni	1093	21. August	3715
19. Juni	15 835	5. September	4189
9. Juli	1530	summa	26 362

1629:			
7. Juni	229	2. August a)	400
11. Juni a)	77	14. August a)	20
18. Juni	2097	27. August	820
1. Juli	873	8. Oktober	2185
		summa	6701

1630:
18. Mai a)	74	29. August	103
31. Mai	993	6. Oktober	5076
17. Juni	4726	summa	12 631
20. Juli a)	14		
8. August	1645		

1631:
12. Juni a)	271	2. Oktober	3069
26. Juni	2828	summa	6330
18. August a)	162		

a) In der Mang abgezählt. Die übrigen auf den Bleichen.

Die Zählung darf nicht mit der Geschau verwechselt werden, obwohl beide oft zur selben Zeit vorgenommen wurden. Schon 1501 wurden die Bleicher angewiesen, kein gebleichtes Gewirk herauszugeben, bevor es geschaut und für „gut werung wyess gblaicht" erkannt worden war. Was nicht „bestenndig" war, sollte „inn die Farb oder, ob das so arg geschetzt were, gar weck geschaffett werden". Die Geschaumeister gingen etwa fünf Wochen nach der ersten Auslegung auf die Bleichen, um zu sehen, „wie es sych schyck zu einer geschau". Dies Weißgeschaumeister waren identisch mit den sieben Rohgeschaumeistern. Die Daten der verschiedenen Weißgeschauen wurden im voraus festgelegt. In den Jahren 1717 und 1719 z.B. legte man 6 Termine fest. Diese Termine lagen 4 bis 5 Wochen auseinander. Nur die vorletzte und letzte Geschau lagen 8 Wochen auseinander. Die erste Bleichgeschau wurde in diesen Jahren Ende April oder Anfang Mai gehalten, die letzte am 18.Oktober.

Termine der Bleichgeschauen 1717 und 1719

1717:	1719:
28. April	3. Mai
24. Mai	5. Juni
30. Juni	3. Juli
28. Juli	9. August
25. August	11. September
18. Oktober	18. Oktober

Im Laufe des 18. Jahrhunderts hat man dann die Zahl der Bleichgeschauen etwas vergrößert. Im Jahre 1732 wurden zehn Bleichgeschauen gehalten, im Jahre 1777 neun. Im Jahre 1732 fand die erste Bleichgeschau am 7. Mai, die letzte am 27. Oktober statt. Die Abstände von einer Bleichgeschau zur anderen wurden also kürzer. So wurde von Anfang Mai bis Mitte Juni alle 8 oder alle 14 Tage Bleichgeschau gehalten.

Die Zahl der gebleichten Tuche war allerdings nicht gleichmäßig über die Bleichzeit verstreut. Von den 34 145 Tuchen im Jahre 1732 wurden nur 3,5% bei der ersten Geschau, Anfang Mai, geschaut. Bei der zweiten und der letzten Geschau dagegen 17% bzw. 18%. Auf die anderen Geschautage kamen 7% bis 11%.

Die Menge der an den einzelnen Terminen geschauten weißen Tuche 1732 und 1777

1732			1777	
7. Mai	1194	Stücke	9. Mai	6040
21. Mai	5783		2. Juni	7695
6. Juni	1435		1. Juli	5000
13. Juni	2400		28. Juli	3312
19. Juni	3851		22. August	5067
16. Juli	2796		23. September	4828
16. August	3900		17. Oktober	2935
4. September	2673		17. November	4753
7. Oktober	2737		4. Dezember	6526
27. Oktober	6376			

Es ist möglich, daß an diesen verschiedenen Terminen verschiedene Tuchsorten geschaut wurden. So war es jedenfalls im 16. Jahrhundert. Im Jahre 1565 z.B. wurden am 17. Mai die „wullin spinet", am 24. Mai die „mitler, Sagaschulen und zerissne Duch", am 29. Mai die gretischen Barchenttuche und am 4. Juni die groben Tuche geschaut. Leider haben wir keine Angaben über die Bleichdauer der einzelnen Tuchsorten. Das Minimum war wohl fünf Wochen, wenn die erste Geschau fünf Wochen nach der ersten Auslegung gehalten wurde. Andererseits mögen manche Tuche bis zu acht Wochen und länger auf den Bleichen gelegen haben, wenn die erste Zählung Anfang Juni stattfand.

Wir wissen auch nicht, ob die Tuche während der Geschau noch auf den Bleichfeldern lagen oder schon zusammengelegt waren. Man kann sich schwer vorstellen, daß solche Mengen von Tuchen auf einmal auf den Bleichfeldern lagen. Die Geschautage waren sowohl für den Bleicher wie für seine Kunden wichtige Termine. Der Kunde erhielt jetzt seine fertigen Tuche zurück. Vor allem bei der ersten Geschau im Frühjahr liefen die Leute zusammen. Wir hören, daß „es auf die erst geschau ain sollich raissen umb die barchat ist, dass ein yeder wass will am ersten von seinen tuchen haben". Wahrscheinlich waren gebleichte Tuche im Winter knapp. Vielleicht bekam man jetzt einen besonders günstigen Preis für gebleichte Tuche.

Wenn das Tuch nicht genügend gebleicht war, wurde das „Züpperli" aufgedruckt. Der Bleicher mußte es dann noch einmal laugen und auf die Bleiche legen. Kunden, die mit der Arbeit nicht zufrieden waren, durften die Tuche nicht einfach beim Bleicher den Winter über liegen lassen, sondern sollten sie an sich nehmen und dann im Frühjahr wieder auf die Bleiche bringen.

Im allgemeinen waren die Geschaumeister mit der Arbeit der Bleicher sicher zufrieden. Sie gaben dann den Tuchen ein bestimmtes Zeichen, auf dem im 17. Jahrhundert das Wort „Augsburg" stand. Mehrmals wurden genaue Bestimmungen über dieses Zeichen erlassen. 1737 wurde befohlen, daß die Ware „auf die hindern oder ungewandt Seiten mit rother farb gestupft" werden solle. Und zwar sollte ein neues Zeichen angefertigt werden, auf dem die „Stadtbirn" oder ein Wappen abgebildet war.

Wir sahen, daß manche Bürger ihre gebleichten Tuche nicht schnell genug bekommen konnten. Andere wieder holten sie nicht „zur gebührenden zeit" bei den Bleichern ab. Dies war ein ernstes Problem, weil die Bürgen der Bleicher für etwaige Verluste aufkommen mußten. Der Rat befahl deshalb, daß die Tuche bis spätestens St. Martin

(11. November) abgeholt werden müßten. Nach diesem Termin waren die Bleicher und die Bürgen nicht mehr Rede und Antwort schuldig.

Manchmal kam es wegen der Geschau zu schweren Auseinandersetzungen, deren Anlaß allerdings im dunkeln bleibt. So erklärte der Bleicher Jungert bei der ersten Geschau im Jahre 1720, „er wolle kein schnurtuch aufhöben, der Marckthaler (der untere Bleicher) solle auch keins aufhöben". Nach vier Tagen wurde dann dennoch eine Extra-Geschau gehalten, und die Tuche wurden ins Weberhaus gebracht, wo aber einige Meister dennoch ihre Tuche nicht erhielten. Die Bleicher mußten nun „harte Reden" vor dem Weberhaus hören. Später erklärten einige Weber, der „Junckert habs verursacht, weylen er über den Merth (einen Meister) den Stock gezücket, und getrohet, als wann er ihn schlagen wolte". Der Kellermeister Caspar soll sogar gesagt haben, „man solle dem Junckert handt und fuss abschlagen, er wolle alles bezahlen, und darbei gesagt, wann einer ein recht unsinniger Mensch wäre, soll ainer die Blaich gleich weckbrennen".

Die Deputierten haben dann diese Drohungen den Webern verwiesen, aber die Sache hatte dennoch Folgen.[94] Im August erklärten die Bleicher, daß keine Geschau mehr gehalten werde. Auch nachdem die Geschaumeister auf Befehl der Verordneten nun die Weißhäuser auf beiden Bleichen visitiert und jeweils mehr als 1000 Stück vorgefunden und geschaut hatten, erklärten die Bleicher von neuem, sie wollten keine Geschau mehr bis zur letzten Bleiche halten. Auf den Druck der Cattundrucker hin bestellten sie dann zwar die Geschaumeister und Abzähler zur Geschau am 30. September. Als diese dann kamen, hatte der eine Bleicher alle Tuche schon „hereingehabt". Er war bereit, sie stupfen zu lassen, wünschte aber keine Geschau. Die Abzähler haben dann aber nicht mitgemacht, „die weisse (Ware) in die abzehlung genommen und die ander ausgeschossen". Bei dem anderen Bleicher fanden sie noch viele Stücke auf dem Feld, die er auch „nit wollen durchtreiben".[95] Es handelt sich hier wohl um einen schweren Streit.

Manchmal verlangten die Bleicher zusätzliche Geschautage, weil ihnen wohl die Geschau zu langsam vor sich ging. So baten die beiden Bleicher im Mai 1759, daß die Geschaumeister die gebleichten Waren alle acht Tage stupfen sollten, damit sie sie „zu besserer beförderung derer Commissionen den Eigentümern liefern" könnten.

Die Geschaumeister wiederum waren zu dieser zusätzlichen Arbeit nur dann bereit, wenn es sich um „gebleichte Weberwaren" allgemein handelte, und nicht bloß um feine Waren, die wohl besonders viel Mühe und Zeit verlangten. Die Deputierten befahlen nun den Deputierten, alle acht Tage, „wo es notwendig", Waren zu schauen und zu stupfen, es seien „feine, ordinari Cottons, Bombasin, Schnurtuch und barchet, 6 und 7/4 breit". Für jedes feine, gestupfte Stück sollten sie einen Heller erhalten, solange diese außergewöhnliche Geschau dauern werde.[96]

---

[94] 1720, 7. Juni.
[95] 1720, 19. August.
[96] 1759, Protokolle 1758-1764.

Verteilung auf die Bleichen

Wurde die gleiche Menge auf den drei Bleichen gebleicht oder gab es hier Unterschiede? Die Verteilung auf die drei Bleichen läßt sich für die Jahre 1569 bis 1608 gut verfolgen, weil die Ungeldrechnungen aus dieser Zeit erhalten sind. Im Laufe dieser 40 Jahre wurden 2 742 054 Barchenttuche gebleicht. 36% dieser Tuche lagen auf der unteren Bleiche, 34% auf der mittleren und 30% auf der oberen Bleiche.

Verteilung der Tuche auf die drei Bleichen 1569-1608

Untere Bleiche	Obere Bleiche	Mittlere Bleiche	insgesamt
989 533	814 347	938 174	2 742 054
36,08%	29,69%	34,21%	Tuche

Im ganzen gesehen, waren also die Unterschiede zwischen den drei Bleichen nicht allzu groß. Aber die Zahl der Tuche auf den drei Bleichen war eben doch nicht ganz gleich. So wurden auf der unteren Bleiche die meisten und auf der oberen Bleiche die wenigsten Tuche gebleicht. Die Unterschiede werden noch deutlicher, wenn wir einen Blick auf die Entwicklung in dem Zeitraum 1569 bis 1608 werfen.

Auf allen drei Bleichen hat die Zahl der Barchenttuche im Laufe der 40 Jahre zugenommen. Aber die Zunahme war verschieden groß. Wenn wir die ersten fünf Jahre, 1569 bis 1573, mit den letzten fünf Jahren, 1604 bis 1608, vergleichen, so zeigt die untere Bleiche eine Zunahme von etwas mehr als 200%, die obere Bleiche eine solche von fast 250%. Auf der mittleren Bleiche dagegen nahm die Zahl der Tuche um nicht weniger als 800% zu. Die Zahl der Barchenttuche auf der mittleren Bleiche nahm also erheblich stärker zu als auf den anderen beiden Bleichen. Allerdings waren auf der mittleren Bleiche in den Jahren 1569 bis 1573 sehr viel weniger Tuche als auf den anderen Bleichen bearbeitet worden.

Zunahme der Barchenttuche auf den drei Bleichen

	Untere Bleiche	Obere Bleiche	Mittlere Bleiche
1569-1573	60 099 Stücke	49 490	22 661
1604-1608	185 800	172 502	206 994
Zunahme:	209,15%	248,55%	813,43%

Auch die Verteilung der Barchenttuche auf die drei Bleichen in einem gegebenen Jahre hat sich geändert. In den Jahren 1569 bis 1584 wurden auf der unteren Bleiche fast jedes Jahr mehr als 40%, ja manchmal mehr als 50%, oder im Durchschnitt 46,8% aller Tuche gebleicht. Von 1585 ab waren es dann stets weniger als 40%, im Durchschnitt 33,5% der jährlich auf die Bleichen gelegten Tuche. Der Anteil der unteren Bleiche an allen Barchenttuchen nahm also ab.

Anders war die Entwicklung auf der mittleren Bleiche. In den Jahren 1569 bis 1584 lagen auf der mittleren Bleiche meist weniger als 30%, im Durchschnitt nur 23,10% aller Barchenttuche. Von 1585 ab stieg der Anteil der mittleren Bleiche auf wesentlich mehr als 30%, im Durchschnitt auf 36,65% aller Tuche. Ja, abgesehen von fünf Jahren (1591, 1592, 1593, 1596 und 1598) wurden von 1586 bis 1608 jedes Jahr mehr Tuche auf der mittleren als auf der unteren oder der oberen Bleiche gebleicht.

Die obere Bleiche zeigte im allgemeinen keine derartige Zunahme wie die mittlere oder Abnahme wie die untere Bleiche. Bis 1584 wurden hier im Durchschnitt 30,07% aller Tuche, ab 1585 30,02% aller jährlich gebleichten Tuche bearbeitet.

Wie ist es zu erklären, daß der jährliche Anteil der Tuche auf der unteren Bleiche abnahm und auf der mittleren Bleiche zunahm? Vielleicht hat man den räumlichen Umfang der Bleichen verändert, also vergrößert oder vermindert. Oder sollte dieser oder jener Bleicher deshalb mehr Tuche erhalten haben, weil er einen besseren Ruf als die anderen Bleicher hatte? Aber weshalb hatte ein Bleicher einen besseren Ruf als der andere? Die technischen Vorgänge waren sicher dieselben auf allen drei Bleichen. Vielleicht war ein Bleicher schneller oder sauberer als der andere? Wir sahen auch, daß gelegentlich ein Bleicher klagte, daß der andere mehr Freunde und Bekannte unter den Bürgern hatte und deshalb mehr Arbeit bekam. Jeronimus Miller hat auf der unteren Bleiche einen größeren Anteil der Tuche erhalten als sein Nachfolger Tobias Miller, der die Bleiche von 1583 bis 1589 innehatte, und als dessen Nachfolger Hans Pollenmiller, der sie von 1590 bis 1608 verwaltete. Sollten Tobias Miller und Hans Pollenmiller also keinen so guten Ruf gehabt haben wie Jeronimus Miller? Das Problem ist, daß zumindest Hans Pollenmiller jährlich mehr Tuche zum Bleichen erhielt, als Jeronimus Miller erhalten hatte. Nur erhielt er einen kleineren Anteil als der Bleicher auf der mittleren Bleiche.

Der Anteil der mittleren Bleiche erhöhte sich von 23% in den Jahren 1569/84 auf 37% in den Jahren 1585/1608. Diese starke Zunahme kann kaum durch personelle Veränderungen bedingt gewesen sein, weil die mittlere Bleiche während des ganzen Zeitraumes, 1569 bis 1608, im Besitze eines einzigen Bleichers, des Baltas Maier war. Weshalb zog Baltas Maier nach 1584 mehr Kunden an? Sollte sich die Qualität seiner Arbeit dermaßen verbessert haben?[97]

Es läßt sich also nicht eindeutig sagen, weshalb der eine Bleicher mehr und der andere weniger Tuche erhielt. Vielleicht rühren diese Ungleichheiten auch daher, daß in den Ungeldbüchern nur die Barchenttuche erfaßt sind. Die Zahl der gebleichten Leinentuche ist nicht bekannt. Wenn wir wüßten, wie viele Leinentuche auf den drei Bleichen gebleicht wurden, ergäbe sich möglicherweise eine gleichmäßigere Verteilung.

In den fünf Jahren von 1627 bis Ende 1631 bietet sich wieder ein anderes Bild. In diesen Jahren wurden auf der unteren Bleiche eindeutig mehr schmale Barchenttuche gebleicht als auf der mittleren Bleiche. Insgesamt kamen in diesen Jahren fast 39% aller schmalen Barchenttuche auf die untere Bleiche, 33% auf die obere und bloße 28% auf die mittlere. Wie ist es zu erklären, daß Hans Kreutter in diesen Jahren 23 000 Barchenttuche mehr als Michel Lang zum Bleichen erhielt? Wieder fragt man sich, ob diese Ungleichheiten auch dann noch bestünden, wenn uns die Zahl der gebleichten Leinentuche bekannt wäre.

---

[97] Die obere Bleiche wurde während des 40jährigen Zeitraumes von zwei Bleichern verwaltet, deren Anteil nur leicht verschieden war. Christof Schmid erhielt in den Jahren 1569 bis 1580 im Durchschnitt 32,50% aller Tuche. Hans Kreutter erhielt in den Jahren 1581 bis 1608 im Durchschnitt 29,98% aller Tuche.

Verteilung der Barchenttuche auf die drei Bleichen 1627 bis 1631

Untere Bleiche	Obere Bleiche	Mittlere Bleiche	insgesamt
84 318	72 111	61 362	217 791 Barchenttuche
38,71%	33,11%	28,17%	

Seit 1632 gab es in Augsburg nur noch die obere und die untere Bleiche. Die mittlere Bleiche war aufgelöst worden. Genauere Angaben über die Verteilung der Tuche auf diese beiden Bleichen im Dreißigjährigen Kriege und danach gibt es nicht, wohl aber für das 18. Jahrhundert.

In dem Zeitraum 1715 bis 1719 finden wir im Durchschnitt jedes Jahr 24 000 Tuche auf jeder der beiden Bleichen. In den folgenden Jahren hat die Zahl zugenommen. So lagen um die Jahrhundertmitte, 1750 bis 1754, auf der unteren Bleiche jährlich 40 000 Stücke, auf der oberen 38 000. Und Ende des Jahrhunderts, 1795-1799, finden wir im Durchschnitt jährlich 23 000 Stücke auf der oberen und 79 000 auf der unteren Bleiche.

Die Zahlen zeigen, daß durchaus nicht immer eine ähnlich große Zahl von Tuchen auf den beiden Bleichen lag. Von den mehr als vier Millionen Tuchen, die von 1715 bis 1771 auf beiden Bleichen gebleicht wurden, lagen nur 47% auf der unteren Bleiche, 53% auf der oberen Bleiche. Es wurde also mehr auf der oberen Bleiche gebleicht. Manchmal belief sich dieser Unterschied auf nur ein paar hundert Stücke, häufig aber auf mehrere tausend.

Die Lage änderte sich völlig, als Schüle 1772 die obere Bleiche kaufte. Seit 1773 wurden mit einem Male sehr viel weniger Tuche auf der oberen Bleiche bearbeitet als auf der unteren. So wurden im Zeitraum 1775 bis 1779 auf der oberen Bleiche jährlich nur 15 000 Tuche gebleicht, auf der unteren dagegen 57 000. Ja, im Zeitraum 1785-1789 kamen jährlich weniger als 5000 Tuche auf die obere Bleiche, dagegen 100 000 auf die untere.

Vor 1773 lagen auf der oberen Bleiche 53% aller Tuche, nach 1773 bloße 19%. Umgekehrt stieg der Anteil der unteren Bleiche von 47% auf 81%. Der Grund für diesen Wandel seit 1773 wird gewesen sein, daß Schüle nur solche Tuche auf die obere Bleiche legte, die er selbst in seiner Kattunfabrik verarbeitete.

Es ist also möglich, daß seit 1773 nur noch die untere Bleiche für die Öffentlichkeit arbeitete. Jedenfalls verdoppelte und verdreifachte sich die Zahl der auf der unteren Bleiche liegenden Tuche. Wir sahen schon, daß in den Jahren 1785 bis 1789 jährlich rund 100 000 Tuche auf die untere Bleiche kamen. Es scheint also, daß die Tuche, die vor Schüles Kauf der oberen Bleiche auf beide Bleichen verteilt worden waren, nun ausschließlich auf die untere Bleiche gelegt wurden.

Während um 1600 100 000 Tuche auf allen drei Bleichen zusammen gebleicht worden waren, lag diese riesige Menge jetzt allein auf der unteren Bleiche. Aber es handelte sich nun nicht um Barchenttuche, sondern um Cottone. Dennoch ist die Produktionssteigerung erstaunlich. Hat man vielleicht den Umfang der unteren Bleiche vergrößert? Oder ein neues Bleichverfahren entwickelt?

Gesamtzahl der Tuche auf der oberen und der unteren Bleiche 1715-1804

	Obere Bleiche	Untere Bleiche
1715-19	120 558 Stücke	123 827
1720-24	134 470	121 318
1725-29	190 710	140 009
1730-34	193 295	161 943
1725-39	237 604	227 024
1740-44	179 440	177 418
1745-49	193 962	181 962
1750-54	190 301	201 311
1755-59	209 640	196 717
1760-64	215 419	203 863
1765-69	199 333,7	144 044
1770-72	103 947,5	77 729
insgesamt	2 168 680,2	1 957 165
1773-74	24 374	87 652
1775-79	76 653	285 504
1780-84	57 804	383 405
1785-89	22 912	499 561
1790-94	93 406	458 923
1795-99	116 140	393 937
1800-04	160 549	240 201
insgesamt	551 838	2 349 183
1715-1804	2 720 518,2	4 306 348

Aber nicht nur die Zahl der Tuche war auf der Schüleschen Bleiche kleiner. Auch die Sorten waren etwas anders. Schüle bleichte zeitweilig Sorten, die auch auf der unteren Bleiche lagen:

    7/4 ff cottone: 1791-94
    7/4 1/3 cottone: 1791-94, 1795-99, 1800
    6/4 ff cottone: 1775-79, 1781-82, 1791-1800
    6/4 cotton und bomasin: 1775-1782

Aber einige Tuchsorten, die auf der unteren Bleiche lagen, bleichte er überhaupt nicht wie die 7/4 ordinari Cottone oder die Brabanterle.

Andererseits lagen auf der oberen Bleiche Tuchsorten, die auf der unteren nicht auftauchen. Vielleicht hat Schüle mit diesen Sorten experimentiert. Um was für Sorten es sich handelt, ist auch nicht immer klar:

    ordinari hiesige 28r Cottone 1773-76
    13/21er Seide 1773-76
    ordinari und ff 4/1 28er Cottone 1777, 1780
    1/1 ord. 28er cotton 1781-87
    feine und ordinari 1/3 1781-90

7/4 1/1 cotton 1795-1800
7/4 1/3 21r cotton 1801-04
7/4 1/1 28er cotton 1801-04
6/4 21er cotton 1801/04
ff und ordinarie 1/3 seide 1777-80
doppelte 56r cottone 1777-80

Ungeld

Mindestens seit 1390 mußte von gebleichten Tuchen das Weißgeld oder Ungeld bezahlt werden. Und zwar sollten von jedem Barchenttuche 4 Rheinische Pfennige, von Mittlern 3 Pfennige und von Golschen 6 Pfennige bezahlt werden. Auf den Protest der Weber hin scheint das Ungeld 1397 wieder aufgehoben worden zu sein, wurde aber mindestens seit 1400 wieder erhoben. Im Jahre 1443 wurde die Höhe des Ungeldes für Barchenttuche wieder auf 4 Pfennige pro Tuch festgelegt. Bei den verschiedenen Sorten von Leinentuchen schwankte die Höhe des Ungeldes.

Höhe des Ungeldes: 1443, 3. August

BARCHENT: ain geplaicht tuch	4 Pfennig
LEINENTUCH:	
ain golschen	8 Pfennig
ain plaich zwilch	10 Pfennig
ain mitler von 5 elen	1 Pfennig
ain ziech	7 Pfennig
spinet von 6 elen	1 Pfennig
ain flöchsin haustuch von 10 elen	1 Pfennig
wirckin tuch von 20 elen	1 Pfennig

In den Ungeldbüchern der Bleicher wurde das Ungeld stets in zwei Rubriken verrechnet: „Grosser wexel" und „Kleiner wexel". In der Kategorie „Grosser Wechsel" werden stets sehr viel mehr Tuche aufgeführt als in der Kategorie „Kleiner Wechsel". Mindestens doppelt so viele oder noch mehr.

So bleichte der Bleicher Miller 1569:
Großer Wechsel   140 Fardel
Kleiner Wechsel   18 Fardel 31 Tuche

Häufig war aber der Unterschied zwischen großem und kleinem Wechsel viel geringer. Ganz selten war es genau umgekehrt.1581 bleichte z.B. der Bleicher Maier:
Großer Wechsel   57 Fardel
Kleiner Wechsel   135 Fardel

Vielleicht hing also die Bezeichnung großer und kleiner Wechsel mit der Menge der gebleichten Barchente zusammen. Es war aber nicht so, daß Kunden mit vielen Tuchen im Großen Wechsel und solche mit wenigen im kleinen Wechsel aufgeführt wurden. In der Rubrik großer Wechsel finden wir viele Bürger, die kleine Mengen bleichen ließen, etwa ein Fardel oder noch weniger. Und unter den Leuten in der Rubrik kleiner Wechsel gab es immer mehrere Leute, die größere Mengen bleichen ließen.

Es handelt sich auch kaum um eine zeitliche Unterscheidung in dem Sinne, daß Barchente im kleinen Wechsel später gebleicht wurden. Wir sahen ja, daß oft die Hälfte der Barchenttuche erst im August oder September gebleicht wurde.

Es fällt auch auf, daß die Sorte Geld, mit der das Ungeld bezahlt wurde, je nach großem und kleinem Wechsel verschieden war. Nach dem Gesetz sollte das Ungeld für weiße Barchenttuche „dem grossen wexel nach auf goldgulden" gezahlt werden. Tatsächlich zahlten alle Personen in der Rubrik „Grosser Wechsel", deren Ungeld sich auf einen Gulden oder mehr belief, in Goldgulden, und nicht ein einziger in bloßer Münze. Andererseits werden in der Rubrik „Kleiner Wechsel" nur solche Leute aufgeführt, die die Gulden in Münze zahlten, niemals in Goldgulden. Weshalb diese Leute das Ungeld in Münze zahlen durften, wird nicht gesagt.

Manche Leute in der Kategorie „Grosser Wechsel" ließen relativ wenige Tuche bleichen und zahlten daher weniger als einen Gulden. Das Ungeld für ein Fardel Barchenttuche belief sich z.B. nur auf 51 kr 3 h. Es ist nicht klar, weshalb auch diese Leute im Großen Wechsel aufgeführt werden. Vielleicht zahlten auch sie ihr Ungeld in irgendeiner Form in Goldwährung.

Es gab Leute, die die Bezahlung in Goldgulden dadurch zu umgehen suchten, daß sie das Ungeld für jedes Fardel getrennt zahlten, also jeweils weniger als einen Gulden. Im Jahre 1551 wurde deshalb ausdrücklich befohlen, daß jeder „sein Summa vartl oder thuch in einer Posst verungeltet", wie es ja auch diejenigen täten, die große Mengen von Tuchen bleichen ließen.[98]

Während des 15. und 16. Jahrhunderts blieb die Höhe des Ungeldes für Barchent gleich: 4 Pfennige. Vielleicht sah der Rat von einer Erhöhung des Ungeldes ab, da die Zahl der Tuche und damit auch die Einnahmen aus dem Ungeld zunahmen. Erst im 17. Jahrhundert entschied sich der Rat, das Ungeld zu erhöhen, um Gelder für das Almosen flüssig zu machen, von dem ja vor allem Weber unterstützt wurden. Am 1. Dezember 1615 beschloß der Rat, das Ungeld auf 7 Pfennige oder 2 kr zu erhöhen. 3/7 des Ungelds, also 3 Pfennige, sollten gleich dem Almosen überwiesen werden.

In diesem Jahre wurde noch eine weitere Neuerung eingeführt. Bis 1615 war von den Schnittbarchenten, „von denen jährlich vil gemacht, geferbt und gepleicht" wurden, kein Ungeld erhoben worden. Von den zerrissenen Barchenttuchen wurde wohl erst recht kein Ungeld bezahlt. Ab 1616 sollte nun auch von den Schnittbarchenten das Ungeld in Höhe von 7 Pfennigen pro Tuch gezahlt werden.

Die Frage war, ob das Ungeld von den zerschnittenen, weißen Barchenttuchen in Goldgulden oder in Münze gezahlt werden sollte. Denn das Ungeld von den weißen Barchenten war bisher „dem grossen wexel nach auf goldgulden" bezahlt worden. Die Einnehmer legten die Rechnungen der vorausgegangenen vier Jahre vor und überließen dem Rate die Entscheidung zwischen zwei Möglichkeiten:

1) Man beseitigte die doppelte Bezahlung und Abrechnung, nämlich der weißen Barchente in Goldgulden und der anderen Barchente in Münze. Für weiße Barchenttuche würde dann genauso wie für rohe und gefärbte Tuche 7 Pfennig Münze als

---

[98] 1551, 31. März.

Ungeld gezahlt werden. Von diesen Einnahmen sollten dann sofort 3/7 dem Almosen zugewiesen werden.
2) Oder man verlangte auch weiterhin von weißen Barchenttuchen das Ungeld beim großen Wechsel in Gold. Von den 7 Pfennigen Ungeld sollten aber nur die ursprünglichen vier Pfennige in Gold gezahlt werden. Die zugunsten des Almosens hinzugefügten 3 Pfennige sollten ebenso wie das neu eingeführte Ungeld für zerschnittene Barchente in Höhe von 7 Pfennigen in Münze gezahlt werden.
Der Rat entschied sich am 10. März 1616 für die erste Möglichkeit. Von nun an sollte der „gross wechsel von den weissen Parcheten eingestellet, und das Weisparchet ungellt allain in Müntz bezalet werden". Von 1616 an wurden also von jedem Barchenttuch, das auf die Bleiche kam, sieben Pfennig oder zwei Kreuzer in Münze als Ungeld verlangt.

Ganz so günstig erwies sich diese Entscheidung dann doch nicht. Nach den Berechnungen der Einnehmer nahm die Stadt jetzt weniger Ungeld ein, als wenn sie von den zerschnittenen Barchenten wie bisher überhaupt kein Ungeld erhoben und von den weißen Barchenttuchen das Ungeld nach wie vor in Gold erhalten hätte.

Im Jahre 1627 dachte der Rat an eine erneute Erhöhung des Ungeldes. Eine Tabelle aus dieser Zeit zeigt, daß man 2 kr bzw. 3 kr von den verschiedenen Tuchsorten erhob.

Angaben über das Ungeld aus der Zeit um 1627

	Protokolle [1]	Weberhausverwaltung [2]
Barchent, eine Elle breit	2 kr	2 kr
Zotten, Gänsauge, geschnierte	2 kr	2 kr
Mittler, Bomasin, Leinwath	3 kr	nichts
Barchent, zwei Ellen breit	3 kr	nichts

[1] „Hernach volgt, was bisher von volgenden Barchaten und anderen sorten für ungelt bezahlt worden." Protokolle 1621-1628.
[2] „Hernach volgt, was man von allen barchet, Leinwathen, federiten, Ziechen, gefärbte schaffwullene Stückhlen, bomasin, für umbgelt gegeben wirt, auch wellche Stückh nichts geben". Weberhausverwaltung, 1733-1788.

Das Ungeld wurde nach der Bleiche erhoben. Zur leichteren Berechnung erhielten die Bleicher eine Tabelle unter dem Titel „Ain Tariff auff dz parchat ungeldt". Sie zeigte dem Bleicher, wie hoch das Ungeld von jeweils einem bis 45 Tuchen und von einem bis 100 Fardeln war. Manche Leute hatten es allerdings mit der Bezahlung nicht allzu eilig. Der Rat bestimmte deshalb 1561, daß das Barchentungeld stets bis zum 11. November, dem Martinstag, bezahlt sein müßte.

Die Verordneten machten sich im Jahre 1565 auch Sorgen über die Rechnungsablage der Bleicher. Wie ließ sich sicherstellen, daß die Bleicher das ganze Ungeld den zwei Ungeldherren übergaben, die zur Abnahme der „Barchat Ungeld Rechnung" jedes Jahr ernannt wurden, und nicht etwa einen Teil des Ungeldes unterschlugen? Früher hatten die zwei Ungeldherren anscheinend mehrmals im Laufe des Jahres das Ungeld von den Bleichern empfangen und ihnen dafür ein „ungeld zedelin" übergeben, das zu dem „blaich holtz" gelegt wurde. Anläßlich der Jahresabrechnung übergaben die Bleicher „holtz und zedelin". Die beiden Rechnungen mußten natürlich übereinstimmen. Seit einiger Zeit behielten jedoch die Bleicher das eingenommene Ungeld bis zur Jahresabrechnung in ihren Händen.

Die Verordneten warfen auch die Frage auf, ob es nicht besser sei, das Ungeld zu einem anderen Zeitpunkt als nach der Bleiche zu erheben. Sie gaben allerdings zu, daß es nicht praktisch war, es bei der Geschau zu fordern. So mancher Bürger, der seine Tuche bleichen ließ, hatte in diesem Moment nicht genügend Geld. Es sei auch nicht sinnvoll, die Bezahlung des Ungeldes beim Abzählen der Tuche zu verlangen: „dann es auf die erst geschau ain sollich raissen umb die barchat ist, dass ein yeder wass will am ersten vonn seinen tuchen habenn, dass ainer so zellen soll, woll aufsechen darff, dass er nicht ibersech ..., dann in sollichem Zaplenn und furchlen was übersehen werdt, dass gemeiner statt einkhommen auch nachteilig sein würdt".

Die Verordneten schlugen deshalb vor, daß jeder, der Tuche bleichen ließ, das Ungeld direkt den abgeordneten Herren an einem bestimmten Tage zahlen solle. Die Bleicher selbst sollten also das Ungeld gar nicht empfangen. Sie sollten jedoch Buch darüber führen, wessen Tuche sie bleichten, und wie viele Tuche sie bleichten.

Man blieb aber dann doch dabei, das Ungeld nach der Bleiche von den Bleichern erheben zu lassen. Von mindestens 1569 ab trugen die drei Bleicher auch die Namen der Kunden, Sorte und Anzahl der Tuche und Höhe des Ungeldes in Verzeichnisse ein.

1582 kritisierten die „Verordneten zur einnemung des ungelts von weissen barchat" wieder, daß man keine Kontrolle über das Ungeld habe. Eine genauere Rechnungsablage sei nötig. Die Bleicher sollten den Geschaumeistern ein Verzeichnis der gebleichten Tuche übergeben. Diese Verzeichnisse mußten dann mit den Abrechnungen der Bleicher übereinstimmen.[99]

Wir sahen bereits, daß der Rat jedes Jahr Abzähler ernannte, die die auf den Bleichen liegenden Tuche nach Sorte abzählten. Sicherlich wollte man auf diese Weise eine bessere Kontrolle über die Menge der gebleichten Tuche erhalten. In ihrem Abschlußbericht führten die Abzähler dann zusammenfassend auf, wie viele Tuche jeder Bleicher gebleicht hatte. Der Bericht von 1613 z.B. machte folgende Angaben:

Beim Jakob Kreutter:
An Gretischen	6039 Stück
An Trauben	9566
An Dickhen und Oxen	8498

Dann folgten ähnliche Angaben über die von den Bleichern Baltas Maier und Caspar Euler gebleichten Tuche. Zusammenfassend wurden dann noch einmal alle Tuche nach der Sorte aufgeführt:

Summa an Grettischen	21 999 Stück
An Trauben	31 015
An dicken und Oxen	26 821
Summa der Stück	79 826

Eine zweite Abrechnung stützte sich auf die Ungeldzahlungen. Der Rat ernannte jedes Jahr zwei Ungeldherren, die sich ihre Arbeit so teilten, daß jeder von ihnen für ungefähr die Hälfte der Tuche verantwortlich war. So erklärt sich, daß zwei Ungeldbücher geführt wurden, eines für jeden der beiden Ungeldherren. Die Bleicher trugen in diese Bücher die

---

[99] 1582, Barchent 1550-1620.

Namen der Kunden, die Zahl und Sorte der gebleichten Tuche und die Höhe des Ungeldes ein. Die „Ungeldherren oder Abzähler zu der blaich umbgelt" waren für die Richtigkeit dieser Angaben verantwortlich. Die Ungeldbücher und Abrechnungen der Ungeldherren führten die Tuche nach großem und kleinem Wechsel auf. So lautete die Abschlußrechnung des Ungeldherren Friedrich Endorffer für 1613 wie folgt:

Plaicher in mein F. Endorffers Rechnung

Jakob Kreutter grosser wexel	10 731
dito klein	1325
Baltas Mair grosser wexel	10 659
dito klein	911
caspar eyler grosser wexel	14 216
dito kleiner	2010
Summa	39 850

Der andere Ungeldherr, Otto Lauginger, legte eine ähnliche Rechnung über die von ihm geprüften Ungeldzahlungen vor:

Jacob Kreutter grosser wexel	10 753
dito kleiner	1294
Baltas Mair grosser wexel	10 739
ditto kleiner	1495
caspar Euler grosser wexel	13 714
ditto kleiner	1979
Summa	39 974

Nach den Ungeldrechnungen hatten die Bleicher also im Jahre 1613 79 824 Tuche gebleicht. Wir sahen, daß die Abzähler insgesamt 79 826 Tuche gezählt hatten. Es bestand also eine Differenz von nur zwei Tuchen.[100]

Nach einer Ordnung von 1659, deren Bestimmungen aber auch früher galten, mußten außerdem die Bleicher die Abschnitthölzer oder Haupthölzer auf dem Rathaus vorlegen. Die Zahl der Hölzer mußte natürlich mit den Angaben der Abzähler und auch den Angaben in den Ungeldverzeichnissen übereinstimmen. Der Rat besaß also eine doppelte Kontrolle über die Zahl der gebleichten Tuche.

Die Ungeldbücher mit Angaben über die Zahl der Stücke sind erhalten für die Jahre 1569 bis 1608. Für das 17. Jahrhundert sind die Ungeldbücher abgesehen von den Jahren 1616-21 und 1627-31 leider nicht erhalten. Im 17. Jahrhundert beginnt nämlich das Ungeld recht kompliziert zu werden.

Am 1. Dezember 1615 wurde das Barchentungeld auf 7 Pfennige (2 kr) pro Tuch erhöht, 1638 auf 14 Pfennige oder 4 kr. Am 16. Februar 1662 wurde das Ungeld für schmale Barchente wieder von 4 kr auf 2 kr verringert. Unsicher ist, wie lange nun das Ungeld für schmale Barchente 2 kr betrug. Vielleicht bis 1693, weil in diesem Jahre auch

---

[100] Verzeichnus, was dieses 1613. Jar ob den dreien Bleichen alhier ist abgebleicht worden. Bleicher 1548-1659.

das Ungeld für gefärbte schmale Barchente von 2 kr auf 2 1/2 kr angehoben wurde. Spätestens im Jahre 1710 belief sich jedenfalls das Ungeld für schmalen Barchent auf 4 kr pro Stück.

Seit 1637/38 erscheint in den Einnehmerbüchern ein „Neuer Anschlag auf Bettbarchet und Leinwand", der 20 kr betrug.[101] Für Kaufbeurer dicken Barchent mußte seit 1662 ein Ungeld von 2 kr bezahlt werden. Gemeiner Bettbarchent „Kaufbeyrer Gattung", der auch in Augsburg angefertigt wurde, mußte bis 1671 ebenfalls mit 20 kr pro Stück verungeldet werden. 1672 wurde das Ungeld für diesen „gemeinen Bettbarchent Kaufbeyer Gattung" auf 10 kr verringert. Wurden jetzt also für alle Sorten Bettbarchent nur 10 kr bezahlt? Ab 1687/88 wird ein Posten „Bettbarchentungeld" in den Einnehmerbüchern aufgeführt, der sich anscheinend auf 10 kr belief.

1629 ist das „Ungeld von der frembden Leinwath" neu festgelegt worden.[102] 1636 bestimmte der Rat, daß das Ungeld der „Spinet oder Schetter" 2 kr betragen solle, wie das der fremden „Leinwathen".[103] Für die „ob dem land herum würkende Leinwathen", das Stück 70 bis 80 Ellen lang, mußte ab 1662 8 kr Ungeld gezahlt werden.[104] Als sich die Weber in Jettingen, Dinkelscherben und Ziemetshausen über die Höhe des Ungeldes beschwerten, wurde „der den fremden Webern gemachte Aufschlag" noch 1662 von 8 kr auf 4 kr verringert.[105] Auch noch 1679/80 wurde von „fremder leinwath und bombasin" ein Ungeld von 4 kr erhoben.

Ab 1694 mußte auch von der hiesigen Kaufmannsleinwand, die bisher dem Ungeld nicht unterworfen war, 2 kr pro Stück gezahlt werden. Für ein Stück breiten Bomasins mußte ab 1693 ebenfalls ein Ungeld von 2 kr gezahlt werden.[106]

Eine Reihe von baumwollenen, leinenen und seidenen Stoffarten brauchte bis 1696 nicht der Geschau vorgelegt werden und war deshalb auch vom Ungeld frei. Ab 1696 mußten auch diese Artikel geschaut und verungeldet werden. Das Ungeld war je nach Sorte abgestuft:

von einem Stück Grät	8 kr
von einem Stück Federrith	8 kr
ein Stück Kölsch	6 kr
gefärbte Schnurtuch	2 kr
gefärbte Zöttlen	2 kr
seidene Schnurtuche	2 kr
ein Dutzend „Seiden halstuch"	1 kr
„Flör und Schleyr" pro Stück	1 kr
Teppich zu „bettstätten"	2 Pfennig
Leinhals Tücher	2 Pfennig

Wahrscheinlich wurden die Ungeldzahlungen von allen diesen verschiedenen Sorten in den Einnehmerbüchern einfach unter der Rubrik „Barchentungeld" zusammengefaßt. Die in den Einnehmerbüchern aufgeführte Gesamtsumme stammte also von einer Vielzahl

---

[101] Im Jahre 1654 wurde allerdings von „breitleisten" und „schmalleisten" Bettbarchent ein Ungeld von 22,5 kr pro Stück berechnet.
[102] 1629, 16. Juni. Ratsbücher 1629-1631.
[103] 1636, 12. Juni.
[104] 1662, 16. Februar. Geheime Ratsbücher Nr. 13.
[105] 1662, 9. und 13. Mai. Ratsbücher 1660-1663.
[106] 1693, 25. April.

von Stoffsorten, für die ein verschieden hohes Ungeld gezahlt wurde. Die genaue Summe der Stücke läßt sich deshalb kaum errechnen.[107]

Auch im 18. Jahrhundert zeigte das Ungeld große Unterschiede. Die Art des Bleichens hatte keinen Einfluß auf die Höhe des Ungeldes, also ob man ganz weiß, halbweiß oder viertelweiß bleichte.[108] Entscheidend war vielmehr die Tuchsorte. Um 1710 belief sich das Ungeld für den schmalen Barchent und für die Schnurtuche auf 4 kr. Für die verschiedenen Sorten von Bomasin zahlte man dagegen 2 kr. Ende des 17. oder Anfang des 18. Jahrhunderts kamen dann die Cottonsorten hinzu, für die sich das Ungeld auf 2 kr belief. Für die Brabanterle zahlte man dagegen 1 kr.

Im Laufe des 18. Jahrhunderts wurde dann das Ungeld für gewisse Sorten von Cottonen erhöht. Es ergab sich ein kompliziertes Bild, wie sich aus der beiliegenden Tabelle ersehen läßt. So hat man 1763 das Ungeld für jedes „über ordinari Kotton gehendes mittleres und feines allhiesiges Cotton Stück" auf 4 kr erhöht. Seit den 1770er Jahren erschienen dann die 7/4 Seiden Drittel und die 7/4 18er Cottone, für die ebenfalls 4 kr pro Stück verlangt wurden. Und so ging es fort. Das Bleichungeld bildete jedenfalls immer eine willkommene Einnahme der Stadt.

Von gewissen Tuchsorten wurde zumindest bis 1770 überhaupt kein Ungeld erhoben, wie von den ganz, halb-, viertel- und dreiviertelweißen Leinwandtuchen und Schlesingern, von den 5/4 und 6/4 breiten Schettern, vom Tischzeug und von denjenigen Barchenttuchen, Bomasinen, Schnurtuchen und Cottonen, die als Haustuche angefertigt worden waren.

Die Bleicher sollten nur ihr Bleichgeld und sonst „weder belohnung noch einig ander vergleichung" erhalten. Doch hat sich die Zahlung des Bleichgeldes wie auch des Ungeldes oft monatelang verzögert. Vielleicht hingen diese Verzögerungen damit zusammen, daß mit den gebleichten Tuchen spekuliert wurde. Die Bürger mögen ihre Schulden bei den Bleichern erst dann beglichen haben, nachdem sie ihre Tuche mit Gewinn verkauft hatten. Trotz aller Dekrete blieb die langsame Bezahlung der Bleicher ein ständiges Problem. 1734 meldeten die Deputierten, daß die meisten Kunden die Zahlung bis zum nächsten Jahr verschoben. Der Bleicher mußten dagegen das Ungeld schon lange vorher dem Einnehmeramt gezahlt haben. Da die Bleicher sich solche Vorschüsse nicht leisten konnten, wurde befohlen, daß das Bleichgeld und das Ungeld künftig bis spätestens Ende des Jahres „ohne den geringsten aufschub" gezahlt werden müsse.

Die Bleicher wünschten schon deshalb pünktliche Bezahlung, weil ihr Gewerbe hohe finanzielle Belastungen und Risiken mit sich brachte. Die Bleicher mußten Tausende von Gulden in Vieh, Wagengeschirr, Küchengeschirr, Bettgewand und Landwirtschaft investieren. Die Bleichunkosten wie auch Löhne und Ausgaben für Lebensmittel mußten sie den ganzen Sommer über auslegen und an die neun Monate vorschießen. Kein Jahr verging, ohne daß Pferde und Vieh verunglückten, daß Wagen und Geschirr kaputtgingen und ersetzt werden mußten.

Diese Vorschüsse mögen es erklären, weshalb die Inhaber der Unteren Bleiche 1779 verlangten, daß im Falle von Konkursen der Kunden das Bleichgeld bevorzugt ausgezahlt

---

[107] 1696, 29. Mai. Geheime Ratsbücher Nr. 23.
[108] Überhaupt kein Ungeld wurde allerdings für Tuche gezahlt, die 1/4 und 1/2 weiß oder 1/2 bis 1/1 weiß gebleicht wurden.

werden solle. Der Rat entschied aber, daß bei Konkursen das Bleichgeld „nach anderen obrigkeitlichen praestandis lociert" werden solle.

Höhe des Bleichungeldes im Mai 1771

Ganz weiß:

7/4 breite Bomasin	2 kr
6/4 breite Bomasin	2 kr
6/4 Cottone	2 kr
7/4 ordinari Cottone et 30er	2 kr
7/4 ff Cottone	2 kr ab 1762: 4 kr
7/4 18r Cotton, 3 pr. 2 Stück	ab 1770: 4 kr
6/4 Cotton 30 a 36 Ellen	2 kr
7/4 Seiden 3 tel	ab 1768: 4 kr
ordinari hiesige 28 ger Cotton	ab 1773: 4 kr
ff 1/1 Cotton 28	ab 1776: 4 kr
(diese beiden Sorten erscheinen auch als ordinari und	
ff 1/1 Cotton 28: 4 kr oder als: 1/1 28 er Cotton: 4 kr)	
1/3 Seiden Cotton 21 ger	ab 1773: 3 kr
(1782 heißt es:	
fein et ord. 21: 3 kr.	
Neben den seidenen 21 ern gab es also auch ordinari 21 er)	
7/4 1/3 Cotton	ab 1774: 3 kr
(Die beiden letzten Sorten werden auch aufgeführt als:	
ord. und ff Seiden 1/3.	1778: 3 kr
1/3 ff und ord.	1779: 3 kr.)
7/4 doppelter Cotton	ab 1772: 8 kr
doppelter 56 Cotton	ab 1777: 8 kr
6/4 ff Cotton	ab 1786: 2 kr
6/8 Cotton und Bomasin	ab 1771: 2 kr
Ordinari 4/1 Cottone	ab 1778: 4 kr
ff 4/1 Cotton	ab 1778: 4 kr
feine et ord.1/2	ab 1781: 3 kr
(Die ordinari 1/2 sind wohl identisch mit:	
7/4 1/2 Cotton: 1787: 3 kr.)	
4 1/2 et 5	
____ Brabanderle	1 kr
4	
4 1/2	
____ Brabanderlen a 30 Ellen	1 kr
4	
5/4 1/2 Brabanterle	2 kr
Schnurtuch	4 kr
Schmaler Barchent	4 kr

Halbweiß:

6/4 Bomasin	2 kr
6/4 Cotton	2 kr
7/4 ordinari Cotton et 30	2 kr

7/4 ff Cotton	2 kr ab 1763: 4 kr
4 1/1 et 5	
____ Brabanderle	1 kr
4	
4 1/2	
____ Brabanderle	1 kr
4	

Viertelweiß:

6/4 Bomasin	2 kr
7/4 ordinari Cotton et 30	2 kr
7/4 ff Cotton	2 kr ab 1763: 4 kr
4 1/2 et 5	
____ Brabanderle	1 kr
4	

Bleichpreise

Die Preise für das Bleichen richteten sich nicht nach Angebot und Nachfrage, sondern wurden wegen ihrer Auswirkung auf den Textilhandel und damit auf die Textilproduktion auch nach der Privatisierung der Bleichen vom Rate festgesetzt. Jedes Jahr im Frühjahr, vor Beginn der Bleichzeit, mußten die Bleicher beim Rate anfragen, ob es bei den bestehenden Preisen bleiben solle oder nicht.

Die Bitten der Bleicher um höhere Bleichpreise und die Stellungnahmen der Deputierten und anderen Ämter zu diesen Bitten bilden einen guten Teil der Augsburger Bleichakten. Die Bleicher begründeten ihre Bitten alle paar Jahre mit Hinweisen auf die höheren Preise für Holz, Asche und Lebensmittel, mit den höheren Löhnen für das Gesinde, mit Baukosten und mit höheren Ausgaben beim Bleichen neuer Tuchsorten. Hier wurde wirklich um jeden Pfennig gerungen, da sich die kleinste Preiserhöhung bei der Masse der Tuche schnell zu riesigen Summen zusammenzählte. Nicht nur die Forderungen der Bleicher, sondern auch die Interessen der vielen armen Weber wie auch der Kaufleute mußten berücksichtigt werden.

Das Bleichgeld für Barchenttuche betrug Mitte des 16. Jahrhunderts 9 Pfennige. Es wurde als „das uralte blaichgelt von unfürdenklichen Jarn her" bezeichnet.

Der Bleichlohn für Leinentuche wurde 1538 neu geordnet:[109]

Golschen und „was dieselb praitin hat", je Elle	1 Heller
Spinet und andere Tuche der gleichen Breite, je zwei Ellen	3 Heller
Leinwand, die breiter als die Spinet ist, je Elle	1 den.

Das Bleichen der Leinentuche war also wesentlich billiger als das Bleichen der Barchenttuche.

---

[109] 1538, 30. April.

Als die Bleicher 1549 höhere Löhne forderten, bewilligte ihnen der Rat 2 kr mehr für jedes Stück Mittler und Abenteurer. Wenn ihnen diese Lohnerhöhung nicht passe, werde sich der Rat um andere Bleicher umsehen.[110]

Die Löhne, die um die Jahrhundertmitte festgelegt worden waren, blieben jahrelang in Kraft. 1587 traten die Bleicher wieder an den Rat heran: sie hätten höhere Ausgaben wegen der neuen Tuchsorten, „als Bomasin, halbe scheiben, Wullin spinet, dicke und geschnierte barchet und andere Leinwathe". Die Verordneten meinten aber, es ginge den Bleichern im Grunde nicht um diese neuen Tuchsorten, von denen nur geringe Mengen angefertigt würden. Den Bleichern gehe es vielmehr um „den gemeinen Barchet, deren jerlichen ein grosse Antzal abgebleicht werden". Wenn man den Bleichern nur einen Pfennig pro gemeines Barchenttuch gewähre, würden sie erhebliche Gewinne machen. Man solle es bei dem alten Lohn lassen.

Die Bleicher wiederholten nun noch einmal, daß die neuen Tuchsorten viel mehr „mühe, zeug und uncosten weder die gemeine und altherkommene Arbait" verlangten. Es sei ihnen nicht möglich, „dem Guett, sonderlich den länngern, dickhern und schwerern stückhen, umb sollichen ringen alten lohn mit gebürlichem vleiss abzuwarten". Der Rat hat daraufhin die Preise erhöht, wenn auch nicht in dem Maße, wie die Bleicher gewünscht hatten. Der Bleichpreis für Barchent wurde um einen halben Pfennig erhöht.

Erhöhung des Bleicherlohnes 1587

	alter Preis	vorgeschlagener, neuer Preis	neuer Preis
von einem Barchat tuech	9 Pfennige	10 Pfennige	9 1/2 Pfennige
von einem Stück Bomasin	8 kr	10 kr [1)]	9 kr
und welcher über 80 Ellen lang			11 kr
von einem Mitlern stückh	8 kr	10 kr [1)]	9 kr
von dem spinet	8 kr	10 kr [1)]	9 kr
und welcher über 80 Ellen lang			11 kr
von einem Stück Leinwaht	6 kr	8 kr [2)]	7 kr
und welcher über 80 Ellen lang			9 kr
von dem dicken, geschnierten und gegletten Barchat, darvon noch gar kein lohn nit ist		4 kr	12 Pfennige

[1)] So doch nicht destoweniger 1 eln nicht pro einen hellern kommen mag.
[2)] tuet von 3 Elen erst 1 Pfennig. 1587, 12. April und 5. Mai.

Als die Augsburger Weber anfingen, dicke Barchenttuche zu weben, standen die Bleicher vor neuen Schwierigkeiten, weil sie von diesen dicken Barchenttuchen, wie den Drei- und Viersieglern, nur „wenig derselben auf einmal bereiten können, und also zu sollichen stücken mehr aschen und holtz" benötigten. Sie konnten von den Drei- und Viersieglern

---

[110] 1549, 24. Dezember. Ratsbuch.

nur ein Drittel soviel wie von den gemeinen Barchenten in ein Faß bringen und brauchten auch mehr Lauge.

Die Bleicher beschwerten sich 1590 auch, daß sie für Mittler nur 9 kr bekämen. Da ein Mittler 34 bis 35 Ellen lang sei, käme auf die Elle nicht einmal ein Pfennig. Man solle ihnen für jede Elle einen Pfennig Bleichlohn zahlen. Die „Keller leinwat, als halb scheuben, Pomasin, und Leunwathen" sei früher 68 bis 70 Ellen lang gewesen. Jetzt sei sie 80, 90 oder 100 Ellen lang. Da man sie pro Stück bezahle, sei ihr Lohn gesunken. Sie wollten einen Heller pro Elle.

Da die Preise allgemein gestiegen waren, gaben die Verordneten nach: der Bleichlohn für gemeinen Barchent solle um einen Heller, der für dicke Tuche um einen Pfennig erhöht werden. Die Bleichlöhne lagen seit 1590 wie folgt:[111]

von einem gemeinen barchattuche	10 Pfennige
von einem dicken Tuche und geschnierten Barchat	13 Pfennige
von Pomasin, Spinet und Leinwaten	von jeder Elle 1 Heller
übrige Sorten	es bleibt bei dem alten taxierten Bleicherlohn

Bei diesen Bleichlöhnen blieb es für einige Jahre. Eine Liste von 1594 zeigt, wie die Bleichlöhne für die verschiedenen Sorten von Barchent, Leinen und anderen Tuchen abgestuft wurden:[112]

von den Crontuchen, von einem Stück	21 Pfennige oder 6 kr
von drei und vier siglern vom Stück	13 Pfennige
von den Trauben vom Stück	10 Pfennige
von den gretischen vom Stück	10 Pfennige
von den Mittlern, so bey 35 Ellen halten, vom Stück	9 kr
von Bomasin	von der eln ein Heller
von wullin und leinin spinet	von der eln ein heller
von den dinnen leinwathen	von der eln ein heller
von den Haussduechen, von der Ellen	1 Pfennig
von Hausduechen, was über neun viertel breit ist	3 Heller
von den leinwat schlaiern	5 Pfennige
von den wullin schlaiern	2 kr

Die Bleichpreise waren also durchaus unterschiedlich. Am teuersten waren die dicken Barchente. So kosteten die Krontuche 21 Pfennige, also mehr als doppelt so viel als die gemeinen und gretischen Barchenttuche. Für die Drei- und Viersiegler mußte man 13 Pfennige zahlen, also auch mehr als für die gemeinen und gretischen Barchente. Es zeigt sich allerdings, daß die dicken Barchenttuche nur einen sehr kleinen Teil der in Augsburg gebleichten Tuche ausmachten. Die meisten Barchenttuche, die auf die Bleichen kamen, waren Trauben, also eine besonders gute Sorte der gemeinen Barchente, und gretische Barchenttuche. Für beide Sorten belief sich seit 1590 das Bleichgeld auf 10 Pfennige pro

---

[111] 1590, 2. Juni.
[112] 1594, 24. März.

Tuch. Die Bleichpreise für die verschiedenen Sorten von Leinen, wie Mittler, „wullin und leinin spinet" und dünner Leinwand, waren noch unterschiedlicher.

Wenn wir den Preis pro Elle berechnen, ergibt sich folgendes Bild, wobei allerdings zu bedenken ist, daß die Breite der Tuche verschieden war:

	Bleichpreis pro Elle
Krontuche	1,90 Heller
Drei- und Viersiegler	1,18
Trauben	0,9
Gretische	0,9
Mittler	1,8
Bomasin	1
Wullin und leinen spinet	1
Dünne Leinwand	1

Es zeigt sich also, daß für das Bleichen der Trauben und Gretischen immer noch der geringste Preis verlangt wurde.

Der Bleicherlohn wurde das nächste Mal 1599 erhöht. Es ist jedoch nicht bekannt, welche Preissätze festgesetzt wurden. Als die Bleicher 1605 wieder höhere Löhne verlangten, wurden sie zunächst abgewiesen. Die Verordneten erklärten, daß die Bleicher „ire guetter in ringem und sollichem zinss besitzen", daß sie mit ihren Familien ein gutes Auskommen hätten.[113] Aber dann soll der Bleicherlohn 1605 doch noch um einen Pfennig heraufgesetzt worden sein.[114] Im Jahre 1620 galten jedenfalls folgende Preise:

von einem gemeinen Barchattuch	3 kr 1 h
von einem doppelten oder dicken Barchattuch	4 kr 1 h
von Bomasin, Mittler, Spinet und dergleichen Kellerwaren	10 kr

In diesem Jahre, 1620, begründeten die Bleicher ihre Lohnforderung wieder damit, daß die Preise allgemein gestiegen seien.[115] Außerdem müßten sie den Bleichknechten höhere Löhne zahlen, weil man in Kempten, Lindau, Memmingen und Ulm die Löhne erhöht habe. Die Verordneten empfahlen dem Rate daraufhin tatsächlich eine gewisse Erhöhung der Bleichpreise:

	alter Lohn	neuer Lohn 1620
Ochsen, Drei- und Viersiegler, Gänsaugen Zotten und geschnierte Barchente	4 kr 1 h	4 kr 4 h
Trauben, gretische Barchente, Risse und Schnitze	3 kr 2 h	3 kr 5 h
Spinete, Bomasin und Mittler	10 kr	12 kr

---

[113] 1605, 7. Mai.
[114] 1620, 7. Juni.
[115] Feuchtes Holz habe man vor einem Jahr für 2 fl erhalten, jetzt koste es 3 fl. Eine Metze Asche habe 4 kr bis 5 kr gekostet, jetzt koste sie 9 kr. Das Pfund Rindfleisch sei von 10 oder 11 Pfennigen auf 13 gestiegen.

Die Bleicher sollten mit dieser Lohnerhöhung zufrieden sein, weil ihnen „bei jetzigen Jaren des bleichens järlichen umb etlich Tausent Stück mehr dann vor Jahren gewesen ist, gegeben wird".[116]

Die Inflation der Kipper- und Wipperjahre brachte dann neue Preiserhöhungen, die die allgemeine Preisentwicklung widerspiegeln.

Bleichpreise im Jahre 1622

	1622, 22. März	1622, 22. März pro Elle	1622, 30. Juni
Ochsen, Drei- und Viersiegler, Gänsaugen, Zotten und geschnierte Barchent	6 kr	1,90 Heller	15 kr
Trauben, gretische Barchente und Schnitze	5 kr	1,59 Heller	12 kr
Bomasin, 20 Ellen	4 kr	1,04 Heller	
Mittler, (insgesamt 35 Ellen)	15 kr	3 Heller	

Die Bleichpreise erreichten 1623 ihren Höhepunkt. Nach Ende der Kipper- und Wipperzeit wurden die Preise dann 1625 wieder „moderiert".

Bleichpreise in den Jahren 1623 und 1625

	1623, 11. April	1625, 11. März	1625, 29. April Heller pro Elle
Bleichtüchlein, Trauben und Schnitze	30 kr	5 kr	1,59 Heller
Drei- und Viersiegler, Ochsen	32 kr	6 1/2 kr	2,06 Heller
Bomasin von jeder Tuchlänge	24 kr		
Bomasin, von 4 Tuchen oder 80 Ellen		14 kr	1,22 Heller
Mittler	45 kr	18 kr	3,6 Heller
Gänsaugen, Zotten und geschnierte Barchent	32 kr	6 1/2 kr	2,06 Heller
von Hausleinwath: Ellen brait und weniger von der Ellen	2 kr	3 Heller	3.-
was braiter bis auf 7/8 Ellen	3 kr	4 Heller	4.-
was noch besser und breiter	4 kr	5 Heller	5.-

Damit waren zunächst für die folgenden Jahre die Bleichpreise wieder auf ein normales Maß gebracht.

Alle diese Preise, die im Laufe eines halben Jahrhunderts festgelegt wurden, bestätigen, daß es teurer war, dicken Barchent, wie Drei- und Viersiegler, zu bleichen als Trau-

---

[116] 1620, 7. Juli.

ben oder gretischen Barchent. Der Bleichpreis der Gänsaugen, Zotten, geschnierten und „geäugelten" Barchente war ebenso hoch wie der der dicken Barchente. Unter den Barchenttuchen war es immer noch am billigsten, Trauben und gretischen Barchent, Schnitze und Risse zu bleichen. Es war billiger, Bomasin als Barchent zu bleichen. Andererseits war das Bleichen der Mittler und der Spinete sehr viel teurer als das der Barchenttuche.

Zwei Jahre später, im Mai 1627, klagten die Bleicher wieder, daß sie zu den bisherigen Preisen nicht mehr bleichen könnten. Wenn der Rat die Erhöhung der Bleichpreise ablehne, solle er wenigstens jedem von ihnen 25 Schaff Korn und 10 Schaff Hafer leihen.

Bleichpreise 1627 von den Bleichern vorgeschlagen

	Bisheriger Preis	vorgeschlagener Preis
Dicke, Ochsen, Zotten, geschnierte, geäugelte Barchet	6 1/2 kr	7 1/2 kr
Trauben, Schnitze und gretische Barchat	5 kr	6 kr
Haustueche:		
die, so ein Ellen breit	3 heller	4 heller
die, welliche 1 1/2 Ellen breit	4 heller	5 heller
Tuecher, so zwue elen brait sein	5 heller	1 kreuzer

Alle diese Klagen über zu niedrige Bleichpreise waren vielleicht berechtigt. Wir sahen, daß sich in der ersten Hälfte des 17. Jahrhunderts nur wenige Leute um das Amt des Bleichers bewarben, das früher so begehrt gewesen war. Es ist möglich, daß es kein gewinnbringendes Geschäft mehr war, eine Bleiche zu übernehmen.

So blieben die Bleichpreise bis 1633, als der Bleicher Hans Kreutter eine Erhöhung für unumgänglich erklärte, da alle anderen Preise gestiegen seien. Seine Gründe waren so überzeugend, daß der Rat tatsächlich die Bleichpreise erhöhte, und zwar die für Barchent um 2 kr, die für Hausleinwand um ca. 1 Pfennig.

Bleichpreise 1633

	Bleichpreise bis 1633	Neue Bleichpreise 9. Juli 1633
Stück Traube Bleichtuche, Trauben und Geschnütten	5 kr	7 kr
Stück Dicke, Ochsen, Zotten u. gegletter Barchet Stück Dreier, Vierer, Ochsen, Zotten, geschnierte u. Gänsauge	6 1/2 kr	8 1/2 kr
Hausleinwath pro eine Elle		
der schmalen	1 Pfennig	
der 6/4 breiten	2 Pfennig	
der 2 Ellen breiten	5 Heller	
Hausleinwath von jedem Stück Eln breit		2 Pfennig
so 7/8 Ellen breit pro 1 Elle		1 kr

auch was besser und breiter
ist von der Elle   5 Pfennig
Eine Tuchlänge Bomasin   6 kr
Mittler   24 kr

Es ist nicht bekannt, ob man dann innerhalb der nächsten 25 Jahre die Bleichpreise noch einmal geändert hat. Im Jahre 1659 hat man jedenfalls neue Bleichpreise festgesetzt, die etwas höher waren als die von 1633.

Der Blaicher Lohn oder Tax 1659

Bettbarchat vom Stückh	40 kr
Bomesin vom Stück	24 kr
vom Stück Crontuch	10 kr
von dreyer, vierer und oxen pro Stück	8 kr
von Trauben und Schnitz	7 kr
von Zoten und geschnirten Barchat vom Stückh	8 kr
von den haustuech von 5, 6, 7 virteln	1 kr
von Eln breit und schmeler von jeder Elle	1/2 kr

Zu den schmalen Barchenten waren jetzt die breiten Bettbarchente gekommen, die früher noch nicht in den Lohntabellen der Bleicher, aufgeführt worden waren. Das Bleichen sowohl der Bettbarchente wie der Bomasine war erheblich teurer als das der schmalen Barchente.

Im Laufe der nächsten 30 Jahre gab es sicher wieder Veränderungen, von denen wir nichts wissen. 1692 sagten die Bleicher früher sei die Leinwand nur 60 Ellen lang gewesen und man habe sie „auch zur hochen farb nur halb weiss bleichen" müssen. Jetzt sei sie 80 bis 90 Ellen lang und müsse „zum alten lohn ganz weiss" gebleicht werden. So etwas ginge einfach nicht mehr.[117]

Die Kaufleute, die die höheren Preise zu zahlen hatten, lehnten aber ab: wenn man die Preise erhöhe, wären sie gezwungen, die Waren roh auszuführen.[118]

Zwei Jahre später gab es dann wieder eine große Diskussion, nachdem die beiden Bleichen an Greif verkauft worden waren. Greif sagte, die früheren Bleichmeister hätten den Gewinn allein genossen. Sie hätten nur für Besoldung und Atzung der Knechte und für Holz und Asche zahlen müssen und dem Rate 200 fl für die beiden Bleichen. Die Stadt sei dagegen für die „geschlachten, Handwerker in den walken und bleichmaterialien" aufgekommen. Er dagegen habe nicht nur die bisherigen Unkosten der Bleicher zu tragen, sondern müsse selber die beiden Bleichen unterhalten. Er bemühe sich auch, das Bleichwesen zu verbessern. Um die 24 000 fl für die beiden Bleichen zu zahlen, mußte er eine Anleihe zu 4% aufnehmen, was auf 960 fl Zins hinauslaufe. Dazu kämen jährliche Bauunkosten von 1000 fl. Die Ausgaben für Holz und Asche und Bleichvictualien seien jetzt 1500 fl höher als früher. Insgesamt habe er also 3500 fl mehr an verschiedenen Un-

---

[117] 1692, 21. Juni.
[118] 1692, 28. Juni.

kosten als die beiden früheren Bleicher.[119] Greif führte dann noch im einzelnen aus, wie er das Bleichwesen verbessern wolle. Abschließend verlangte er, daß die Tax für Kaufmannsleinwand und Barchent um einige Kreuzer erhöht würde.

In der folgenden Diskussion wurde darauf hingewiesen, daß Greifs Lage und die der früheren Bleicher ganz verschieden seien. Die alten Bleicher hätten die Bleichen nur bestandsweise innegehabt und seien als Stadtbediente betrachtet worden. Man habe von ihnen nur ein „leidenliches Bestandgeld" verlangt, damit sie mit dem Bleichwesen einen Gewinn machen könnten. Greif dagegen sei in dieser Sache als ein „Kayser" zu betrachten, dem es freigestanden, sein Capital auf Gewinn oder Verlust zu hasardieren, zumal er einen Anschlag über Einnahmen und Ausgaben erhalten habe. Er habe es sich also allein zuzuschreiben, wenn er sein Capital gut oder übel angelegt habe.

Der Rat hat dann 1694 doch der Erhöhung des Bleichlohnes für Leinwand zugestimmt:

1) „Hierländische Leinwand":
   a) ganz gebleicht   32 kr
   b) halbweiß   17 kr
   c) gefaltete und Schlesier   9 kr
2) Ulmer Leinwand:
   ganz weiß   26 kr
3) Golschen:
   a) ganz weiß   22 kr
   b) halbweiß   12 kr
4) Bomasin es bleibt bei   15 kr

Der Rat lehnte es aber ab, die Bleichlöhne für Bomasin, Haustücher, die den Sommer über ausgelegt werden, und für Barchent und Ochsen zu erhöhen.[120]

Greif hat die neuen Bleichpreise als ungenügend betrachtet. Aus Gründen, die wir nicht kennen, stimmten ihm schließlich auch die Einnehmer und Deputierten zu. Schon sechs Wochen später wurden die Bleichlöhne neu geordnet. Und zwar sollten folgende Preise gelten:[121]

ganz weiße Leinwand	33 kr
halbweiße Leinwand	18 kr
gefaltete	9 kr
ganz weiße Ulmer	27 kr
halbweiße Ulmer	15 kr
alle schmalen Waren außer Bomasin	9 1/2 kr
Crontuch	9 1/2 kr
ganz weiße Golschen	23 kr
halbweiße Golschen	13 kr
breite Barchent	es bleibt der alte Preis
Bomasin	es bleibt der alte Preis

Von der „hinausgesandten" ganz weißen Leinwand sollten von nun an 2 kr Ungeld gezahlt werden.

---

[119] 1694, 23. März.
[120] 1694, 1. April.
[121] 1694, 15. Mai.

Jedes Stück sollte auf 60 bis 70 Ellen gerechnet werden. Wahrscheinlich war hiermit die Leinwand gemeint. Wenn ein Stück über 70 Ellen lang war, sollte der Lohn a proportione bezahlt werden. In den folgenden 100 Jahren haben die Bleicher immer wieder um Erhöhung der Bleichpreise gebeten. Die Deputierten und Einnehmer berieten dann den Rat, ob diese Gesuche gerechtfertigt waren. Es würde zu ermüdender Eintönigkeit führen, alle diese Diskussionen zu verfolgen. Nicht immer kam man den Wünschen der Bleicher nach. Im Jahre 1706 z.B. wurden die Bleichpreise von Leinwand, Barchent und Schnurtuchen unter den Stand von 1695 herabgesetzt. Dennoch stiegen die Bleichpreise im Zuge der allgemeinen Preissteigerung im Laufe des 18. Jahrhunderts an. Die Bleichpreise im Jahre 1770 waren höher als 1719 gewesen gewesen waren. Die beiliegenden Preislisten geben eine Überblick über die Entwicklung.

Wie zu erwarten, war es teurer, Tuche ganz weiß als halbweiß oder gar viertelweiß bleichen zu lassen. Man zahlte die Hälfte für die halbweißen und weniger für die viertelweißen Tuche. Die Winterbleiche war teurer als die Sommerbleiche.

Die höchsten Preise wurden für das Bleichen der Leinwand gezahlt. Es war also schwierig, Leinwand zu bleichen, vielleicht auch deshalb, weil die Stücke bis zu 100 Ellen lang waren. Es hieß ausdrücklich, daß der hohe Lohn „in sonderheiten der Leinwathen ganz wohl verdient" sei. Das Bleichen der Cottone und Bomasine kostete die Hälfte oder noch weniger. Die Bleichpreise der Brabanterle waren noch niedriger. Auch Schnurtuche und Barchent wurden relativ billig gebleicht.

Das Bild ist aber komplizierter, weil es ja auch unter den Cottonen wie den Bomasinen und den Brabanterlen Unterschiede in der Länge und der Qualität gab. So war es natürlich teurer, 7/4 breite Cottone und Bomasine zu bleichen als 6/4 breite. Noch höhere Bleichpreise wurden für die 7/4 ff Cottone, also extra feine Cottone, für die 7/4 18er Cottone und die 6/4 breiten Cottone von 30 bis 36 Ellen Länge gezahlt.

Auch bei den halbweißen Tuchen zahlte man die höchsten Preise für die 7/4 ff Cottone und die 7/4 ordinari Cottone zu 30 Ellen. Die 6/4 breiten Cottone und Bomasine waren etwas billiger. Ähnlich war es bei den viertelweißen Tuchen.

Selbstverständlich waren auch die Bleichpreise der Hausware festgesetzt, also der Tuche, welche Bürger zum eigenen Hausgebrauch bleichen ließen, wie der Hausloden, der Hausbomasin, des Tischzeugs, und der verschiedenen Sorten von Schetter, Barchent, Handzwehlen, Federritten und der Überellen. Die Bleichpreise waren hier wesenlich niedriger als bei der Geschauware.

Bleichlöhne (in Kreuzern)	1694 1.4.	1694 15.5.	1695	1706	1713	1714	1719
Leinwand ganz gebleicht	32	33	31 1/2	30	31	30	30
Leinwand halbweiß	17	18	16 1/2	17	19	17	17
gefaltete	9	9					
Schlesier	9						
ganz weiße Ulmer	26	27	25 1/2	24	25	24	24
halbweiße Ulmer		15	13 1/2				
ganz weiße Golschen	22	23	21 1/2				
halbweiße Golschen		12	13	11 1/2			
schmale Waren		9 1/2					

Crontuch	9 1/2	10,5	10	10 1/2	10	10
breite Barchet	alter Preis	alter Preis				
Bomasin	alter Preis	alter Preis				
schmale Barchete, Dreier, Vierer,						
Ochsen, Schnurtuche.						
Zotten		8,5				
Trauben		7,5	7	7,5	7	7
dicke Tuche			8	8,5	8	8
7/4 Bomasin			11	11	11	11
6/4 breite Bomasin			10	10	10	10
Schnurtuch			8	8,5	8	8
ganz wollige Cotton					15	13

Blaich Tax 1771

(Von Herrn von Köpf, Inhaber der beiden Bleichen, der Weberhausdeputation übergeben, Mai 1771)[122]

Ganz weiß:

7/4 breite Bomasin	13 kr
6/4 breite Bomasin	10 kr
6/4 Cottone	10 kr
7/4 ordinari Cottone et 30r	13 kr
7/4 ff Cottone	16 kr
im Winter aber	20 kr
7/4 18r Cotton, 3 pr. 2 Stück	16 kr
Schnurtuch	8 kr
Barchettuch	8 kr
4,5 et 5 Brabanterle	
———	7 kr
4	
4,5 Brabanterle a 30 Ellen	11 kr
———	
4	
7/4 Cotton 30 a 36 Ellen	16 kr

Halbweiß:

6/4 Bombasin	5 kr
6/4 Cotton	5 kr

---

[122] Nach den Abrechnungen der Kornpröpste wurde von 1760 bis 1784 gezahlt:

7/4 feine Cottone	20 kr
7/4 Seidendrittel	15 kr
(1771 auch 18 kr)	
6/4 feine Cottonlin	12 kr
6/4 ordinaire Cottonlin	12 kr
7/4 extra feine Cottone	15 kr
7/4 feine Cottone, Winterbleiche	24 kr
halbweiß	7 kr
viertelweiß	5 kr
von halb- zu ganz weiß	5 kr

7/4 ordinari Cotton et 30	6 1/2 kr
7/4 ff Cotton	8 kr
im Winter aber	9 kr
4 1/2 et 5 Brabanterle	
──	3,5 kr
4	
4 1/2 Brabanterle	
──	5,5 kr
4	

Viertelweiß:

6/4 weiß Bombasin	3 kr
6/4 Cotton	3 kr
7/4 ordinari Cotton et 30	3 kr
7/4 ff Cotton	4 kr
und im Winter	5 kr
4 1/2 et 5 Brabanterle	
──	2,5 kr
4	

Leinwatt und Schlesinger:

ganz weiß	34 kr
halbweiß	17 kr
viertelweiß	8,5 kr
Hausloden per Ellen	1 kr
5 et 6	
── breite Schetter	2/3 kr
4	
3/4 breites Tischzeug	2/3 kr
4 bis 6	
── breites Tischzeug	1 kr
4	
6/4 breite Haus Bomasin	1 kr
Von Schetter, Barchet, Grätle, Schnurtuch,	
Handzwählen 1/2 und 3/4 Ellen breit	1/2 kr
Federritten halbweiß	1/2 kr
detto ganz weiß	1 kr
Überellen von Cotton und Bombasin	1/2 kr

Einnahmen und Ausgaben

Wie hoch waren eigentlich die Einnahmen der Bleicher? Wir können nur den Gewinn aus dem Bleichen der Barchenttuche errechnen, da alle Angaben für Leinentuche fehlen. Wählen wir das Jahr 1595, da die Bleichpreise im März 1594 im einzelnen festgelegt wurden.[123] Es zeigt sich, daß die Einnahmen der Bleicher nicht riesenhaft waren, trotz der großen Mengen von Barchenttuchen. Pollenmiller verdiente 1595 an den Barchenttuchen 1715 fl, Kreutter 1752 fl und Mair 2081 fl.

Leider haben wir keine Ahnung, welche Ausgaben die Bleicher für Rohmaterial wie Asche und Holz oder für die Löhne der Bleichknechte und anderen Ehehalten hatten. Dazu kamen noch andere Unkosten, wie Zins für die Bleichen und Gewölbe oder Ausgaben für den Transport der Tuche von den Bleichen in die Gewölbe. Kurzum, wir können nicht sagen, welchen Gewinn die Bleicher im Jahre 1595 nach all ihren Unkosten noch hatten.

Einkommen der Bleicher aus dem Bleichen der Barchenttuche im Jahre 1595

Mair	2081 fl	39 kr
Kreutter	1752 fl	38 kr
Pollenmiller	1715 fl	24 kr

In den 12 Jahren von 1737 bis einschließlich 1748 beliefen sich die Einnahmen von beiden Bleichen auf jährlich 2806 fl 20 kr. Allerdings wissen wir nicht, wie hoch die Ausgaben waren.

Zwei Abrechnungen aus der Mitte des 18. Jahrhunderts geben einen etwas besseren Einblick. Im Zusammenhang mit ihren rechtlichen Auseinandersetzungen stellte Sibylla Veronica von Greif eine „mit viler Beschwerlichkeit geführte Oeconomie Rechnung" für die Zeit vom 1. Februar 1759 bis zum 30. April 1760 auf.

Der erste Posten der Einnahmen waren „verschiedene Gelder, die zum Anfang dieser Oeconomie Führung mit auf die Bleich gebracht" worden waren, vielleicht also eigenes Kapital, Erbschaften oder zurückgezahlte Darlehen. Dazu kamen kleinere Zinszahlungen. Alle diese Gelder zusammen machten nicht weniger als 36% der Einnahmen aus. Weitere 3% der Einnahmen stammten aus dem Verkauf von Gerste, Butter, Milch, Pferden und Holzabfällen. Der Hauptteil der Einnahmen, 60%, kam natürlich aus den Bleichgeldern von Cotton, Bomasin, Brabanterlen und Barchent. Dazu kamen kleinere Posten für das Bleichen von Loden, Zwirn und Garn. Die Walke warf nur geringe Einnahmen ab.

Und wie verteilten sich die Ausgaben? Vielleicht war das Jahr 1759 ungewöhnlich, weil in diesem Jahre ja der große Rechen gebaut wurde, der 16% der Ausgaben verschlang. Auf Lohn und Verköstigung des Gesindes kam etwas mehr als ein Drittel der Ausgaben. Sie bildeten den größten Posten. Auf Handwerker und „Läden" kamen fast 15%. Die Ausgaben für Holz, Asche und Pottasche waren dagegen mit 12% niedriger.

---

[123] Wir nehmen an, daß in diesem Jahre wie später in den Jahren 1620, 1622 und 1623 für Ochsen, Zotten und geschnierten Barchent dieselben Preise wie für Drei- und Viersiegler gezahlt wurden. Weiter nehmen wir an, daß dicke Tuche mit den Drei- und Viersieglern identisch waren.

Unklar ist der Posten „gemeine tägliche Ausgaben", auf den auch 11% kamen. Die Bezahlung des Ungeldes machte 8% und die Zinszahlungen nur 3,5% aus.
Es zeigte sich nun, daß die Ausgaben die Einnahmen um 2719 fl übertrafen. Es wurde deshalb gleich vermutet, daß diese Rechnung nicht ganz stimmte, daß „in dieser general Rechnung bey so vilen posten manches doppelt, auch reichlich gerechnet und notiert" worden war.

Einnahmen der unteren Bleiche 1. Februar 1759 bis 30. April 1760

	fl	kr
Verschiedene Gelder	5722	57
Kleine Zinszahlungen und Grundzins	202	30
Verkauf von Butter, Gerste, Milch, fünf Pferden und Holzabfällen	434	118
Bleichgelder	6917	53
Bleichgelder aus Stadt- und Landloden Garn und Zwirn	2952	36
Walkgelder von Färbern	91	19
Insgesamt	16 323	13

Ausgaben der unteren Bleiche 1. Februar 1759 bis 30. April 1760

	fl	kr
Rechen	3128	57
Zimmerleute	209	18
Holz	984	36
Asche	861	56
Pottasche	443	9
Lohn des Gesindes	2002	102,5
Verköstigung des Gesindes	4455	167
Heu	89	12
Laden Conti und Handwerker	2562	20,5
Gemeine tägliche Ausgaben	2036	55,5
Ungeld	1454	24
Zinszahlungen	660	
Recreation mit guten Freunden	150	
Insgesamt	19 042	17,5

Vier Jahre später berechneten die Greif dann noch einmal ihre Einnahmen und Ausgaben vom 1. Mai 1763 bis 30. April 1764. Die Einnahmen mit 16 899 fl waren jetzt 761 fl höher als die Ausgaben. 18% der Einnahmen waren allerdings „aufgenommene Kapitalien". Den größten Teil der Einnahmen mit 77% bildeten die Bleichgelder.

Von den Ausgaben in Höhe von 16 138 fl gingen 11% auf den Kauf von Bleichmaterial, 10% auf Baukosten, 16% auf Getreidekäufe und 13% auf Haushaltungsunkosten. Immerhin 10% kamen auf Zinszahlungen, weitere 16% auf das Ungeld und 9% auf Auszahlungen an Mitglieder der Familie Greif.

Ein Vergleich der beiden Abrechnungen ist schwer, weil die einzelnen Posten nicht immer ganz identisch waren. Immerhin machten die Ausgaben für Bleichmaterial und für Lohn und Verköstigung des Gesindes im großen und ganzen einen ähnlich hohen Anteil an den Ausgaben aus. 1759 und 1764 gingen 12% aller Ausgaben auf Bleichmaterial, 1759 gingen 11% auf den Lohn, 1764 10%. 1759 machte die Verköstigung des Gesindes 23% aus, 1764 dagegen nur 16%. Die „gemeinen täglichen Ausgaben" machten 1759 11% aus, die Haushaltungsunkosten 1764 13%. Auf Bauten und Handwerker kamen 1759 31%, 1764 dagegen nur 9,5%. Der Bau des Rechens machte sich hier also bemerkbar. Die Zinszahlungen hatten 1759 nur 3,5% ausgemacht, 1764 dagegen 10,5%. Man hatte also in der Zwischenzeit erhebliche Capitalien zur Verbesserung der Bleichen aufgenommen.

Einnahmen und Ausgaben 1. Mai 1763 bis 30. April 1764 (Untere Bleiche)

Einnahmen: 16 899 fl   48 kr
Ausgaben: 16 138 fl   36 kr

Einnahmen:

	fl	kr
Saldo der Cassa von der Schluß Rechnung des vorigen Jahres	326 fl	5 kr
Aufgenommene Capitalien	3050 fl	
Bestand Gelder und Haus Zinsen	388 fl	
Walcker Lohn	71 fl	53 kr
Bleichgelder, worunter auch Restanten	13 063 fl	50 kr
Summa	16 899 fl	48 kr

Ausgaben:

	fl	kr	%
Zahlungen an Glieder der Familie Greif	1513	53	9,38%
Bauunkonsten Conto	837	38	5,19
Erkauftes Getreide, neben dem was die Blaich Äcker getragen haben	1921	16	11,90
Erkauftes Heu	235	32	1,45
Zins von den Capitalien	1689	30	10,46
Feldbau Unkosten	186	56	1,15
Und andere onera, was sonst an Kirchbrod abgeraicht worden	282	34	1,75
Blaich Knechte und Ehehalten	1551	6	9,61
Honorarien, Discretionen und Deservit conto	400	10	2,47
ungeld von Cotton 1/1, 1/2 u.1/4 weiß	2522	56	15,63
Blaich Requisita und Materialien als Holz Aschen und Bodaschen	1801	38	11,16
Handwerks conti	697	11	4,31
David Hindenach	25		0,15
Erkauffte Pferd und anderes Vieh	407	51	2,52
Blaichhaltungsunkosten conto	2065	32	12,79

Scheggenbleichen

Als die Stadt 1693 die Bleichen an die Greif verkaufte, behielt sie sich das Recht vor, eine dritte Bleiche zu errichten. Aber „keinem Privato" sollte die Errichtung einer Bleiche erlaubt sein. Man nahm also an, daß nur auf den beiden öffentlichen Bleichen gebleicht würde. Schon ein Jahr später kritisierte aber ein Kaufmann, Jacob Schorer, die Privilegien des Greif als „eine monopolische Bleichtyrannei" und verlangte, in seinen Gärten seine eigene Bleiche anlegen zu dürfen, um seine „Kaufmannswaren" schneller bleichen zu können. Aber sicher auch, um das Bleichgeld zu sparen. Nach langem Palaver lehnte der Rat Schorers Pläne „zu vermeidung allerhand bösser consequenten" ab und bestätigte somit das Monopol des Greif.

Dennoch hat die Cottondruckerei um diese Zeit zur Anlegung der ersten privaten Bleichen geführt. Die Cottondrucker benötigten nämlich besondere Bleichen, auf die sie ihre Tuche nach dem Färben legen konnten. Auch diese Tuche wurden bei gutem Wetter begossen und benetzt. Einige Cottondrucker scheinen aber spätestens zu Beginn des 18. Jahrhunderts nicht bloß gefärbte, sondern auch rohe Tuche gebleicht zu haben. Und zwar bleichten sie solche Tuche, für die kein Ungeld gezahlt wurde, wie die Brabanterle. Als man dann aber von den Brabanterlen das Ungeld zu erheben begann, mußten auch diese Tuche seit 1725 wie die „rohen 6 und 7 viertel breite bomasin" auf die öffentlichen Bleichen gebracht werden.

Trotzdem trieben einige Cottondrucker wie die Gignoux, Neuhofer und Erdinger auch weiter „den missbrauch des auslegens der Bleichwar in ihren Gärten und bleichen". 1727 wurden ihnen deshalb noch einmal die Privatbleichen verboten. Aber man ließ Ausnahmen zu. Da die Drucker sich beschwert hatten, daß sie „nicht bald, nicht gut genug und nicht das ganze Jahr hindurch" von den Bleichern bedient wurden, sollten die Drucker nur solange ihre Tuche auf die Stadtbleichen zu bringen verpflichtet sein, als sie dort angenommen wurden. Um diese Zeit begannen ja die Drucker auch im Winter halb- und viertelweiß zu bleichen. Wir sahen, daß die Bleicher an der Winterbleiche zunächst nicht interessiert waren. Bald bleichten die Drucker auch im Sommer halb- und viertelweiß. Kurzum, auf den Privatbleichen der Cottondrucker wurde nach wie vor gebleicht. So bat Johann Franz Gignoux 1735, auf einem Anger vor dem Roten Tore eine Scheggenbleiche errichten und mittels eines Kanales das Wasser aus dem Brunnenbach auf seine Bleiche führen zu dürfen. Wahrscheinlich erhielt er die Erlaubnis. Jedenfalls erklärten die Drucker 1740, daß sie ein paar Jahre früher „ihre spatiosen Bleichen ... um ein namhaftes vergrössert und verbessert" hatten. Im Jahre 1742 haben dann die Bleicher protestiert, daß die Cottondrucker auf ihren Scheggenbleichen bleichten. Nach langem Streit entschied der Rat 1748, daß nur die Bleicher ganz, halb- und viertelweiß bleichen sollten.

Aber „privative" wurde den Cottondruckern erlaubt, eigene Scheggenbleichen zu errichten, auf denen sie ihre gedruckten Waren bleichen konnten. Den Kaufleuten war es jedoch untersagt, Scheggenbleichen zu besitzen, obwohl einige dennoch Scheggenbleichen mit eigenen Bleichmeistern hatten.

Auf alle Fälle gab es nach wie vor Scheggenbleichen. Im Jahre 1752 hören wir von den Scheggenbleichen der Cottonfabrikanten Johann Peter Schumacher, Anton Christoph Gignoux und Johann Friedrich Gignoux. Auch Johann Georg Erdinger hatte schon vor 1760 eine Bleiche, die vor dem Jakober Tor neben der Papiermühle lag. Spätestens 1760 hatten auch die Schumacherin, die Schwehlerin und die Deschlerin ihre eigenen Bleichen, die Cottonfabrikantin Gleich spätestens um 1774. Selbstverständlich durften die Fabrikanten nur solche Tuche auf ihre Bleichen legen, die sie selbst bearbeiteten.

Da die Cottonfabriken eine immer größere Rolle in der Textilwirtschaft Augsburgs spielten, gewannen die ihnen angeschlossenen Scheggenbleichen wahrscheinlich eine größere Bedeutung als die eine noch öffentliche untere Bleiche. Die kommende Industrialisierung führte dazu, daß sich nun die kommerziell bedeutende Bleichtätigkeit auf die Fabrikbleichen verlagerte.

Als erste scheinen seit 1805 die Kottonfabrikanten Aumüller und Mathäus Schüle mit „Kunst- und Geschwind Blaichen" gearbeitet zu haben.Vielleicht gab es auch jetzt noch Widerstand gegen die „chemischen Prozeduren". Der Kottonfabrikant Jacob Jeremias Adam rühmte sich jedenfalls im Jahre 1808, eine Schnellbleiche ohne chemische Prozeduren entwickelt zu haben, die allein auf besonderen Manipulationen und der Verwendung von Holzaschenlauge beruhe, die den Stoffen nicht schade. Die Cottone würden auch im Winter mit „unglaublicher Geschwindigkeit" in acht Tagen gebleicht und bräuchten vor dem Druck nicht einmal mit Vitriolöl gereinigt werden, wie dies bei den auf den Weißbleichen gebleichten Tuchen notwendig sei. Während auf den Bleichen ab Oktober nicht mehr gebleicht würde, könne er auch im Winter ganz weiß bleichen. Dank seiner Erfindung könnnten also sowohl die Weber wie die Fabriken auch im Winter arbeiten. Wie dem auch sei, mit der Schnellbleiche begann für die Augsburger Bleicher ein neues Zeitalter.

Färber

Nach den Tuchscherern waren die Färber das zweite große Gewerbe, das die Stoffe der Weber bearbeitete. Welche Rolle spielten die Färber in der Textilwirtschaft Augsburgs? Um diese Frage zu beantworten, wollen wir drei Themen untersuchen: die zahlenmäßige Stärke der Färber, die Organisation des Handwerks und die eigentliche Arbeit der Färber.

Statistik der Färber

Zahl der Färber

Im Jahre 1383 wird zum ersten Male ein Färber im Steuerbuch genannt. Bis etwa 1470 arbeiteten stets drei oder vier Färber in der Stadt, wenn wir annehmen, daß die Angaben in den Steuerbüchern vollständig sind. Dann stieg die Zahl der Färber in den 1470er Jahren auf 5, 6 und 9 Meister. Von den 1480er Jahren bis 1509 lag die Zahl der Färber zwischen 11 und 20. Zu Anfang des 16. Jahrhunderts wurde also schon in größerem Umfang gefärbt.

Färber, die in den Steuerbüchern bis 1509 genannt werden

Jahr	Anzahl	Jahr	Anzahl
1383	1 Färber	1479	8
1398	2	1480	9
1402	3	1486	14
1403	2	1488	15
1408	3	1489	20
1409	3	1492	13
1413	4	1494	16
1418	1	1495	17
1434	1	1496	17
1441	1	1498	13
1448	3	1499	16
1462	4	1501	17
1471	5	1504	18
1474	5	1509	11
1475	1		
1477	6		

Um die Mitte des 16. Jahrhunderts, im Jahre 1552, gab es 35 Färbermeister in Augsburg. Bis zum Ende des 16. Jahrhunderts hat sich die Zahl der Färber mehr als verdoppelt. So werden bei der Kornverteilung im Jahre 1602 nicht weniger als 80 Färbermeister aufgeführt.

Angaben, die allerdings nicht ganz vollständig sind, deuten darauf hin, daß die Zahl der Vorblaufärber und der Schwarz- und Graufärber zu Beginn des 17. Jahrhunderts ungefähr gleich groß war.

	Vorblau- färber	Schwarz- und Graufärber	Mangmeister	Färber ohne weitere Bezeichnung
1602	29 Meister	36	3	12
1609	27	27		36

Im Jahre 1610 haben 83 Färber in Augsburg gearbeitet. Später erinnerte man sich noch daran, daß das Handwerk um 1600 „über die massen floriert und zugenommen, also das die Ferber kain gelegentlich Orth in der Stadt mehr haben können". An die 40 Farbhäuser mußten deshalb außerhalb der Mauern gebaut werden.

Im Jahre 1615 mag die Zahl der Färber mit 109 Meistern ihren Höhepunkt erreicht haben. Im Jahre 1622 werden immer noch 71 Färber aufgezählt, im Jahre 1627 sollen es 68 gewesen sein. Im Laufe des Krieges sind dann viele Werkstätten eingegangen. Immerhin werden 1661 wieder 48 Färber genannt. Bis Ende des 17. Jahrhunderts arbeiteten dann 40 bis 50 Schwarzfärber in Augsburg. Dazu kamen etwa drei Schönfärber und ein Seidenfärber.

Zahl der Färber

Jahr	Anzahl	Quelle
1552	34 Schwarzfärber	1552, Färber 1548-79
1552	35 Färber	(Festlegung des Restes)
1576	45 Färber	1576, 22. Mai
1600	65 Werkstätten	
1602	33 Vorblaufärber	1602, 17. und 31. August
	40 Schwarz- und Graufärber	
1602	72 Färber	1602, 26. März
1602	73 Werkstätten	
1602	80 Färber	Kornverteilung
1605	82 Färberwerkstätten	1605, 17. März. Protokolle 1605-08
1609	84	1609, 10. Januar.
1609	27 Vorblaufärber	1609, 6. Oktober
	28 Schwarzfärber	
	31 Färber (keine weitere Bezeichnung)	
	86 Färber	
1610	83 Färber	Beschreibung 1610
1615	104 Färber und 5 Frauen	Beschreibung 1615
1619	105 Färber	Beschreibung 1619
1622	71 Färber	Kornverteilung
1626	68 Meister nehmen am öffentlichen Handwerk teil	
		1626, 17. Dezember
1627	98 Färber	
1627	68 Meister	1627, 9.Februar
	66 Meister und Witwen gegen Wechsel der eingelassenen Tuche	
		1627, 19. Juni
1645	26 Färber	Stadt Beschreibung 1645
1653	44	
1661	48	1661, Januar

1666	40	1666, 18. Mai
1668	42	
1670	35	1670, 17. Juni
1672	42	
1677	40	1677, 2. Juni. Aufzählung der Namen
1687	50	
1701	48	
	3 Schönfärber	Verzeichnus der Hantierungen
	1 Seidenfärber	 1701
1703	Nebenmangen: 30 Färber	
	sitzen in Zinns Häusern: 12 Färber	
	von Färbern dermahlen unbewohnte	
	werkstätten: 4	
1710	Farbhaus haben: 31	
	Farbhaus und Mang haben: 8	1710, 1. Juli. Weberhaus 151
1711	53 Färber	Steuerbuch 1711
1714	49 Färber	Steuerbuch 1714
1717	55 Färber	Steuerbuch 1717
1717	38 Meister	Weberhaus 153
1720	38 Meister	Weberhaus 153
1720	3 Schön- und Seidenfärber	1720, April
1720	43 Schwarzfärber	1720, April
1721	40 Werkstätten	
1721	29 Färber	Liste 1721
1721	5 Seiden- und Schönfärber	
1724	41 Farbhäuser, davon 4 unbesetzt	1724, 14. November
1725 bis 27	43 Meister	Weberhaus 153
1728	44 Meister	Weberhaus 153
1730	42	
1732	32 Färber	EWA Nr. 448 T.II.
1732	40 Werkstätten	1732, 25. Juni
1734	32	Verzeichnis ... in eigenen als Zinshäusern. EWA 448 T.I.
1734	40 Meister	Jahresrechnung 1734
1735	41 Meister	Jahresrechnung 1735
1743	37 (8 Großfärber und 29 Kleinfärber)	1741, 6. September
1743 bis 1751	34 Meister	Jahresrechnungen 1743-51
1750 bis 51	34 Meister	Weberhaus 153
1753	37 Meister	Jahresrechnung 1753
1773 bis 1778	27 Meister	Jahresrechnungen 1773-78
1780	28 Meister	Jahresrechnung 1780
1788	20 Färbermeister führen Werkstätten	
	8 Färbermeister haben keine Werkstatt	
1788-1791	24 Meister	Jahresrechnungen 1788-1791
1806	19 Schwarzfärber und	Verzeichnis sämtlicher Handwerker
	4 Schönfärber	in Augsburg. 1806.
1811	14 Schwarzfärber	

1811-12	1 Seidenfärber 4 Kunst-, Waid- und Schönfärber 1 Schwarzfärber,1 Seidenfärber	Cgm 6852 / 9
1818-1820	14 Schwarz- und Schönfärber 4 Kunst-, Waid- und Schönfärber 1 Seidenfärber 2 Türkischrotfärber	

Obwohl sich die Zahl der Werkstätten um die Hälfte verringert hatte, hatten es die Färber schwer. Auf ihre Bitte hin entschied der Rat schließlich im Jahre 1710, daß es künftig bei 40 Farbhäusern bleiben solle. Es sollten also keine neuen Farbhäuser errrichtet werden.[1] Dies war ein Entscheid, den die Färber ernst nahmen. Wenn ein Färber eine Werkstatt aufrichten wollte, die über die 40 bestehenden Farbhäuser hinausging, kam es zu bitterem Streit. In einem Fall hat „der Wortstreit bei 3 Viertelstund gewährt".[2]

Es scheint dann auch zunächst bei 40 Werkstätten geblieben zu sein, wenn die Zahl der Färbermeister auch gelegentlich größer war. 1711 werden im Steuerbuch 53 und 1717 55 Färbermeister genannt. Die Deputierten sagten 1732, daß im Grunde die Hälfte der 40 Werkstätten ausreichen würde, um die Kaufleute zu bedienen. Kaum ein Drittel der Färber sei imstande, das Handwerk zu treiben.[3] Seit den 1740er Jahren arbeiteten nur noch 34 bis 37 Färbermeister in der Stadt. In der zweiten Hälfte des 18. Jahrhunderts verringerte sich die Zahl der Färber auf 27 Meister, dann auf 24. Zu dieser Zeit haben mehrere Meister gar nicht mehr selbständig gearbeitet, sondern in den Fabriken der Cottonfabrikanten gefärbt. So sollen im Jahre 1788 nur 20 Meister Werkstätten betrieben haben.

Weitere acht hatten keine Werkstatt. Sie arbeiteten vielleicht in den Fabriken. Am Ende der reichsstädtischen Zeit, 1806, gab es in Augsburg 19 Färber und 4 Schönfärber.

Unter den Färbern waren auch Witwen, die die Werkstatt ihres Mannes weiterführten. Diese Witwen scheinen im allgemeinen zwischen 11% und 13% aller Färber ausgemacht zu haben.

Der Anteil der Witwen unter den Färbern

	Färbermeister	Witwen
1602	69	11
	86,25%	13,75%
1609	88	2
	97,77%	2,22%
1675	35	0
1703	40	5
	88,9%	11,1%
1710	47	6
	88,7%	11,3%

---

[1] Der Rat behielt sich allerdings vor, zwei weitere Farbhäuser errichten zu lassen, wenn es nötig sein solle. 1710, 4. Juli.

[2] 1724, 17. November. Versuch des alten Kleiber, eine Werkstatt zu errichten, die früher einmal bestanden hatte, aber nicht unter den 40 Werkstätten begriffen war.

[3] 1732, 25. Juni.

1721	25	4
	86,2%	13,8%

Herkunft

Bis zum Ende des Dreißigjährigen Krieges stiegen im Durchschnitt jedes Jahr drei bis vier Gesellen und Meistersöhne zur Meisterschaft auf. Von der Mitte des 17. Jahrhunderts an waren es im Durchschnitt jährlich nur noch knapp zwei und im 18. Jahrhundert noch weniger.

Zahl neuer Färbermeister

	insgesamt	durchschnittlich pro Jahr	
1563-1593	103	3,32	Meister
1618-1649	116	3,62	
1650-1699	81	1,62	
1700-1749	86	1,72	
1750-1799	69	1,38	
1800-1806	1	0,14	

Woher stammten diese Leute? Die Herkunft der Färber hat sich im Laufe der Zeit gewandelt. Im 16. Jahrhundert stammte mehr als die Hälfte aller neuen Färber von auswärts. Wagemutige junge Färber, die natürlich die notwendige Gesellenzeit in Augsburg abgelegt hatten, ließen sich in der Stadt nieder, als die zunehmende Barchentproduktion auch dem Färberhandwerk neue Verdienstmöglichkeiten bot. Und zwar waren es vor allem Leute aus Dörfern, die in Augsburg Werkstätten aufmachten. Nur wenige Färber stammten im 16. Jahrhundert aus entfernteren Städten.

Das Überwiegen von Auswärtigen unter den Augsburger Färbern im 16. Jahrhundert ist ganz ungewöhnlich. Bei den Webern, den Lodwebern oder den Tuchscherern gab es so etwas nicht: In diesen Gewerben machten Augsburger auch im 16. Jahrhundert die Mehrheit aus. Anscheinend erlebte die Barchent- und Leinenfärberei in dieser Zeit einen solchen Aufschwung, daß die Augsburger Färber die Aufträge nicht allein erledigen konnten und eine Menge auswärtiger Leute zur Meisterschaft zuließen.

Spätestens mit dem Dreißigjährigen Kriege hat sich die Lage radikal geändert. Jetzt gab es genügend junge Färber in der Stadt, die eine Werkstatt aufmachen wollten. Nun waren 79% der neuen Meister Augsburger. Auch nach dem Kriege und bis Mitte des 18. Jahrhunderts stellten die Augsburger 60% bis 70% der neuen Meister. Es fällt aber auf, daß auch jetzt 30% bis 40% der neuen Meister von auswärts nach Augsburg gekommen waren. Leute von auswärts bildeten auch jetzt unter den Färbern einen gewichtigen Block. Später im 18. Jahrhundert sank der Anteil der Augsburger auf die Hälfte.

Herkunft der Färber

	alle neuen Meister	davon aus Augsburg	aus anderen Städten	aus Dörfern
1563-1593	103	45	16	42
		43,68%	15,53%	40,77%
1618-1649	116	92	5	19
		79,31%	4,31%	16,37%
1650-1699	81	53	14	14
		65,43%	17,28%	17,28%
1700-1749	86	56	9	21
		65,11%	10,46%	24,41%
1750-1799	69	35	15	19
		50,72%	21,73%	27,53%
1800-1806	1	1		

Man kann nicht sagen, daß es aus dieser oder jener Stadt besonders viele Färber nach Augsburg gezogen hätte. Die meisten kamen noch aus Kempten, Nürnberg und Günzburg. Meist handelt es sich nur um kleine Landstädte, nicht um größere Reichsstädte. Und nur die Schönfärber aus Reichenbach im Voigtland haben der Färberei in Augsburg eine neue Richtung gewiesen.[4]

---

[4] Augsburger Färber, die aus auswärtigen Städten kamen (1563-1806):

Aichach	1	Magdeburg	1
Arensee	1	Memmingen	1
Aschersleben	1	Nördlingen	2
Basel	1	Nürnberg	5
Brenz	1	Pforzheim	1
Bremen	1	Reichenbach	3
Breslau	1	Rothenburg / T.	1
Constanz	2	Schwabmünchen	2
Dinkelsbühl	1	Stadtmühlhausen	1
Dinkelscherben	1	Stockholm	1
Donauwörth	1	Türkheim	2
Esslingen	1	Ulm	1
Friedberg	2	Wagrein	1
Füssen	1	Weißenburg	2
Geislingen	1	Weißenhorn	3
Günzburg	4	Zusmarshausen	2
Hamburg	1		
Kempten	6		
Lübeck	1		

Verteilung der Färber über die Stadt

Im Jahre 1552 können wir den Wohnsitz von rund der Hälfte der 35 Färber ermitteln. Das Lechviertel hatte die meisten Färber, aber auch in der Frauenstadt finden sich mehrere. Fast alle Färber wohnten in diesen zwei Stadtteilen.

Verteilung der Färber 1552

Frauenstadt	6	(Untern Fischern 3 Werkstätten)
Jakobervorstadt	1	
Lechviertel	10	(am Predigergarten 3 Färber)
Oberstadt	1	

Wir sahen, daß sich die Zahl der Färber in den folgenden 50 Jahren mehr als verdoppelt hat. 32 Meister arbeiteten jetzt in der Frauenstadt, 30 im Lechviertel. Die meisten Färberwerkstätten finden wir also auch jetzt noch in diesen beiden Stadtteilen. Aber jetzt lassen sich auch 19 Färberwerkstätten in der Jakobervorstadt feststellen. Es fällt auf, daß im Jahre 1610 kein Färber in der Oberstadt arbeitete. Der Grund mag sein, daß es dort keine Kanäle gab.

Verteilung der Färber auf die vier Stadtteile 1610.

	Zahl der Färber	Prozentsatz aller Färber	Zahl der Bezirke mit Färbern
Frauenvorstadt	32	39,50%	4
Jakobervorstadt	19	23,45%	8
Lechviertel	30	37,03%	16
Oberstadt	0		
insgesamt	81 Färber		28 Bezirke

In drei Steuerbezirken Augsburgs finden wir relativ viele Werkstätten: Untern Fischern, Wertachbrucker Tor Intra und im ersten Steuerbezirk. Alle drei Bezirke umfaßten auch Häuser außerhalb der Stadtmauern. Wir hörten ja bereits, daß vor dem Dreißigjährigen Kriege 40 Werkstätten „ausser der Ringkhmauern" gelegen haben sollen. Allein im Bezirk Untern Fischern lagen nicht weniger als 22 Färberwerkstätten. Nirgendwo in Augsburg gab es so viele Werkstätten wie hier. Im Jahre 1552 hatte es nur drei Färber in diesem Bezirk gegeben. In den folgenden 50 Jahren waren hier also rund 20 Färberwerkstätten neu errichtet worden. Hat man vielleicht wegen der Feuersgefahr oder aus hygienischen Gründen neue Werkstätten absichtlich außerhalb der Stadt anlegen lassen? Oder haben hier die Kanäle die Arbeit der Färber erleichtert?

Steuerbezirke mit der größten Zahl von Färberwerkstätten 1610

Untern Fischern	22	Färberwerkstätten
Wertachbrucker Tor intra	7	
erster Steuerbezirk	8	

Abgesehen von den Bezirken Untern Fischern und Wertachbrucker Tor Intra lassen sich kaum noch Färber in der Frauenvorstadt feststellen.
Die 19 Färber in der Jakobervorstadt waren über 8 Bezirke verstreut. Eine gewisse Konzentration von 5 Werkstätten finden wir nur in einem Bezirk, St. Jakobs Garten.
Im Lechviertel arbeiteten 30 Färber, also praktisch ebenso viele wie in der Frauenvorstadt. Im ersten Steuerbezirk, der auch Häuser vor dem Roten Tor umfaßte, arbeiteten nicht weniger als acht Färber. Aber sonst waren die Werkstätten über 15 Bezirke verstreut. Es gab hier also keine Konzentration.
Auffallend in der Verteilung der Färberwerkstätten ist im Grunde nur eines: die große Zahl von Werkstätten in dem Bezirk Untern Fischern. Jedenfalls im Jahre 1610.
Der Dreißigjährige Krieg hat dann das Bild gründlich verändert. Die vielen Werkstätten, die vor dem Kriege außerhalb der Stadtmauern gelegen hatten, wurden zerstört oder abgebrochen und nach dem Kriege nicht wieder aufgebaut. Im Jahre 1610 war in der Frauenvorstadt in 32 Werkstätten gefärbt worden. Im Jahre 1666 gab es hier nur noch drei Werkstätten.

Bezirke mit vielen Färberwerkstätten vor dem Dreißigjährigen Kriege

	Untern Fischern	Wertachbrucker Tor intra	Erster Bezirk
1552	3	1	1
1602	11	4	5
1609	20	7	5
1610	22	7	
1622	12	5	6
1645-1721	0	0[a]	0

[a] 1666 und 1670 wird eine Färberwerkstatt erwähnt

Innerhalb der Stadtmauern gab es natürlich nach wie vor Färberwerkstätten. Wir sahen, daß man sich schließlich auf insgesamt 40 Werkstätten einigte. In 13 Steuerbezirken lassen sich kontinuierlich vom 16. bis zum 18. Jahrhundert mehrere Färberwerkstätten feststellen. Auffallend viele Färber arbeiteten vor allem in den Bezirken St. Jakobs Garten, Salta ad Margaretham, Schwibbogen und Prediger Garten. Aber die Verteilung der Werkstätten war im Jahre 1710 anders als 100 Jahre früher. Während vor dem Dreißigjährigen Kriege fast 40% aller Werkstätten in der Frauenvorstadt gelegen hatten, arbeiteten hier jetzt nur noch ganz wenig Färber. Dagegen finden wir jetzt die Mehrheit aller Färber im Lechviertel. In der Jakobervorstadt hatte sich nicht viel geändert: ein Viertel bis ein Drittel aller Werkstätten lag hier auch nach dem Dreißigjährigen Kriege. Weiterhin fällt auf, daß es jetzt vereinzelt auch Färber in der Oberstadt gab.
An dieser Verteilung der Färberwerkstätten hat sich im 18. Jahrhundert wenig geändert. Im Jahre 1806 lagen die meisten im Lechviertel und der Jakobervorstadt, in Nähe der Lechkanäle.[5] Aber natürlich wurde im 18. Jahrhundert auch in den Kottonfabriken gefärbt.

---

[5] Lage der Färberwerkstätten im Jahre 1806:
    Litera   Straße
    A 336   Bäckergasse 15
    A 368   Am Brunnenlech 41

Verteilung der Färber über die Stadt

	Frauenvorstadt	Jakobervorstadt	Lechviertel	Oberstadt	insgesamt	unbekannt
1552	9	2	18		29	
	31,03%	6,89	62,06			
1602	16	21	24	2	63	17
	25,39	33,33	38,09	3,17		
1609	31	20	27		78	12
	39,74	25,64	34,61			
1610	32	19	30		81	
	39,50	23,45	37,03			
1622	18	15	16		49	
	36,78	30,61	32,65			
1645	10	11	1		22	
	45,45	50	4,54			
1666	3	12	18	1	34	6
	8,82	35,29	52,94	2,94		
1670	1	13	14	3	31	4
	3,22	41,93	45,16	9,67		
1703	4	14	23	1	42	1
	9,52	33,33	54,76	2,38		
1710	2	11	24	1	38	1
	5,26	28,94	63,15	2,63		
1717	2	20	29	4	55	
	3,63	36,36	52,72	7,27		

A 399	Schwibbogengasse 15
A 393	Schwibbogengasse 19
A 452	Vorderer Lech
A 493	Vorderer Lech
A 501	
A 545	Bei St. Ursula 12
A 534	Mittlerer Lech 48
C 334	(bei Weißer Gasse)
C 585	
D 238	(bei Annastraße)
D 269	Steingasse 7
F 205	H. Kreuzerstr. 21
G 178	Paradiesgäßchen 12
G 272	Karrengäßchen 14
G 302	Oberer Graben 57
H 58	Jakoberstr. 63a
H 67	Jakoberstr.
H 62	Turmstr. 1
H 86	Kretzengäßle
H 178	Lauterlech 13
H 198	1. Quersächsengäßchen 1

Steuerbezirke mit mehreren Färberwerkstätten

	1552	1602	1609	1610	1622	1645	1666	1670	1703	1710	1717
Erster Steuerbezirk	1	5	5	8	6						
Untern Fischern	3	11	20	22	12						
Wertachbrucker Tor Intra	1	4	7		5	1	1				
St. Jakobs Garten		6	3	5		5	4	4	2	2	4
Jakober Tor extra		3	4	3		1	2	1			
St. Jakobs Stadel		4	3	3	1	1	1	2	1	1	1
Sachsengass	1	2	5	3	4		1	1	3	1	2
Salta ad S. Margaretham	1	2	3	3	1	3	3		3	2	4
Vom Schwibbogen	1	1			2	2		2	4	4	4
Prediger Garten	3	2	4	2	1	2	3	2	3	3	4
Alt Pilgramhaus	3	2	1		1			1	4	1	1

Vermögensstruktur

Um die Mitte des 16. Jahrhunderts hatten 45% der Färber entweder überhaupt keinen oder nur einen ganz kleinen Besitz (Steuer: 0 oder 1-15 kr). Etwas mehr als die Mehrheit, 55%, hatte einen mittelgroßen Besitz (Steuer: 16-60 kr und 1-10 fl oder über 10 fl).

Der große Aufschwung der Barchentweberei und damit auch der Barchentfärberei in den folgenden 50 Jahren mag zu mehr Erwerbsmöglichkeiten für die Färber geführt haben. Auf jeden Fall war die soziale Lage der Färber um 1600 wesentlich besser. Anfang des 17. Jahrhunderts gehörten nur rund 30% der Färber zu den ärmeren Schichten (Steuer: 0 oder 1-15 kr), und nicht mehr 45% wie 1552. Umgekehrt ist die Zahl der Färbermeister mit mittelgroßen und (in ein paar Fällen) größeren Vermögen von 55% auf 76% im Jahre 1610 gestiegen. Der überwiegenden Mehrheit der Färber scheint es also in den Jahren 1602 bis 1610 nicht schlechtgegangen zu sein.

Wie gut es ihnen ging, wird deutlich, wenn man die Vermögensverteilung der Färber und der Weber im Jahre 1610 vergleicht. Während nur 15% der Färber überhaupt keinen Besitz hatten, waren es bei den Webern 56%! Der Anteil der kleineren Meister mit einem winzigen Besitz (Steuer 1-15 kr) war unter den Webern und Färbern auch verschieden, aber nicht so gewaltig: 24% der Weber verglichen mit 17% der Färber. Sehr viel größer war die Diskrepanz bei Meistern mit einem mittleren oder größeren Vermögen. (Steuer 16 kr-60 kr, 1-10 fl und über 10 fl). Nur 19% der Weber gehörten zu diesen besitzenden Schichten, bei den Färbern waren es 67%. Die meisten Färber lebten also im Jahre 1610 in sehr viel besseren Vermögensverhältnissen als die Weber.

Vermögensstruktur der Färber und der Weber im Jahre 1610

	0	1-15 kr	16-60 kr	1-10 fl	10-100 fl	insgesamt
Färber	12	14	27	24	3	80
	15,0%	17,5%	33,75%	30%	3,75%	
Weber	1143	502	252	133	9	2039
	56,05%	24,61%	12,3%	6,52%	0,44%	

Ja, das Färberhandwerk stand sich erheblich besser als die Bevölkerung Augsburgs im allgemeinen. Während 58% der Augsburger Bevölkerung zur armen Unterschicht gehörten, waren es bei den Färbern nur 32% (Steuer 0 und 1-15 kr). 35% der Bevölkerung hatten ein mittleres Vermögen. Bei den Färbern waren es nicht weniger als 64%. (Steuer: 16 kr-10 fl.) Allerdings war der Prozentsatz der reichen Augsburger höher als der der reichen Färber: 7% verglichen mit knapp 4%. (Steuer: über 10 fl.) Die Färber waren eben Handwerker und nicht Kaufleute. Dennoch zählten die Färber zu den wohlhabenden Gewerben. Unter den größeren Gewerben ging es nur den Goldschmieden und den Bäckern besser.

Vermögensstruktur der gesamten Bevölkerung Augsburgs und der Färber 1610

	0	1-15 kr	16-60 kr	1-10 fl	10-100 fl	über 100 fl	insgesamt
Bevölkerung	3743	1816	1539	1782	600	119	9599
	38,99%	18,91	16,03	18,56	6,25	1,23	
Färber	12	14	27	24	3		80
	15%	17,5	33,75	30	3,75		

Die schweren Absatzkrisen für Barchent bereits vor Ausbruch des Dreißigjährigen Krieges reduzierten nicht bloß die Zahl der Färber, sondern verschlechterten auch die Vermögensverhältnisse der noch übrigen Meister. Der Anteil der ärmeren Färber (Steuer: 0 oder 1-15 kr) schnellte von 32% im Jahre 1610 auf 43% im Jahre 1622 empor. Umgekehrt fiel der Anteil der mittleren Meister (Steuer: über 15 kr) von 76% im Jahre 1610 auf 57% im Jahre 1622. Viele Färber rutschten einfach in eine niedrigere Vermögensstufe. Während 1610 noch fast 43% beachtlichen Besitz gehabt hatten (Steuer: 1-10 fl und über 10 fl), waren es 1622 nur noch 14%.

Nach dem Dreißigjährigen Kriege bietet sich dann ein ganz anderes Bild. Die vermögenslosen Färber machten nur noch 9% aus, und nicht mehr 14% oder 18%. Vielleicht hatten also die Schwierigkeiten während des Dreißigjährigen Krieges ärmere Meister aus dem Geschäft getrieben.

Die Masse der Färber, 68%, hatte jetzt einen kleinen Besitz (Steuer: 16-60 kr), und nicht mehr bloß 43%. 25% der Färber hatten sogar einen besseren Besitz im Vergleich zu 14% vor dem Kriege. Die Weber beobachteten mit Neid, daß die Färber jeder für sich „hausen", und „Pferd- und Spazierkarren" unterhielten.

Im Jahre 1717 bietet sich dann wieder ein anderes Bild. Der Anteil der vermögenslosen Färber war zwar wieder auf 17% gestiegen. Aber die überwiegende Masse der Meister, 63%, lebte in guten Vermögensverhältnissen (Steuer: 1-10 fl und über 10 fl). 1645 waren es nur 23% gewesen. Trotz der üblichen Klagen müßte es also den meisten Färbern zu Beginn des 18. Jahrhunderts ganz gutgegangen sein. Vielleicht war es der Aufschwung im Cottondruck, der auch den Färbern neue Einnahmen gebracht hatte.

Vermögensstruktur der Färber

Jahr	0	1-15 kr	16-60 kr	1-10 fl	10-100 fl	insgesamt	keine Steuer aufgeführt
1552	6	7	6	8	2	29	6
	20,7%	24,1	20,7	27,6	6,9		
1602	9	10	16	24	4	63	17
	14,3	15,9	25,4	38,1	6,3		
1609	15	9	27	27	3	81	9
	18,5	11,1	33,3	33,3	3,7		
1610	12	14	27	24	3	80	1
	15	17,5	33,75	30	3,75		
1622	7	14	21	6	1	49	
	14,3	28,6	42,9	12,2	2,0		
1645	2		15	5		22	
	9,09		68,18	22,72			
1666	4		17	11	1	33	7
	12,1		51,5	33,3	3,0		
1670	4		12	14	1	31	4
	12,9		38,7	45,2	3,2		
1703	6	5	11	14	6	42	1
	14,28	11,90	26,19	33,33	14,28		
1710	4	2	6	24	2	38	2
	10,52	5,26	15,78	63,15	5,26		
1717	6	2	5	19	3	35	20
	17,14	5,71	14,28	54,28	8,57		

Gab es Vermögensunterschiede zwischen den Schwarzfärbern und Vorblaufärbern? Die Vermögensangaben aus den Jahren 1602 und 1609 deuten darauf hin, daß sich die Vorblaufärber besser standen. Im Jahre 1602 hatten 64% der Vorblaufärber einen ansehnlichen Besitz (Steuer: über 1 fl), während es bei den Schwarzfärbern nur 28% waren. 1609 gehörten 58% der Vorblaufärber in diese Vermögensgruppe, verglichen mit nur 21% der Schwarzfärber. Das Vorblaufärben verlangte größere Geschicklichkeit und brachte mehr Geld ein als das Schwarzfärben. Oder war es nur Zufall, daß die Zahlen für die besitzenden Vorblaufärber besser zu ermitteln waren?

Vermögensstruktur der Vorblaufärber und der Schwarzfärber

1602	0	1-15 kr	16-60 kr	1-10 fl	über 10 fl	insgesamt
Vorblaufärber	2	3	4	13	3	25
	8,0	12,0	16,0	52,0	12,0	
Schwarzfärber	3	7	10	7	1	28
	10,7	25,0	35,7	25,0	3,6	
1609						
Vorblaufärber	4	3	4	12	3	26
	15,4	11,5	15,4	46,2	11,5	
Schwarzfärber	3	4	12	5		24
	12,5	16,7	50,0	20,8		

Konfessionelle Verteilung

Obwohl wir keine Angaben über die Konfession der Färber vor dem Dreißigjährigen Kriege haben, ist anzunehmen, daß die meisten, wenn nicht sogar alle evangelisch waren. Daran änderte der Dreißigjährige Krieg auch nichts. In der zweiten Hälfte des 17. Jahrhunderts waren 92% der Färber evangelisch, nur 8% waren katholisch. Im ersten Viertel des 18. Jahrhunderts hat dann die Zahl der Katholiken zugenommen. Im Durchschnitt waren in den Jahren 1701 bis 1724 32% der Färber katholisch. Aber auch jetzt noch machten die evangelischen Färber 68% aus.

Die Fortdauer des Übergewichtes der evangelischen Meister rührte sicher daher, daß so viele Söhne der Färber das Gewerbe des Vaters ergriffen. Oder haben die Färber im 17. Jahrhundert bewußt evangelische Gesellen angestellt, und nicht Katholiken?

Konfession der Färber

	evangelisch	katholisch	insgesamt
1645	24	2	26
1653	42	2	44
1654	45	3	48[6]
1661	45	3	48
1668	39	3	42
1672	39	3	42
1679[7]	36	2	38
1687	44	6	50
1701	37	11	48
	2 Schönfärber		2
	1 Seidenfärber		1
1720	27	16	43
1721	26	14	40
1721 (Seiden- und Schönfärber)	4	1	5
1734	20	12	32 EWA 448 T.II
1724	25	14 ungewiß: 2	41

	Protestantische Färber	Katholische Färber
1653-1701	330	33
	90,90%	9,09%
1701-1721	117	55
	68,02%	31,97%

Es ist möglich, daß sich die evangelischen Färber 1717 vermögensmäßig etwas besser standen als die katholischen. Allerdings sind die Daten nicht vollständig.

---

[6] EWA 1496. Tom. I. 1654 waren auch die drei Mangmeister evangelisch. Genau gesagt waren 39 Meister und 6 Witwen evangelisch und 2 Meister und eine Witwe katholisch.

[7] EWA 1496, Tom. I. Außerdem waren 1679 ein Seidenfärber und ein Schönfärber auch evangelisch. Von den 10 Mangmeistern waren 9 evangelisch, einer war katholisch.

Vermögenslage der Färber im Jahre 1717

	0	1-15 kr	16-60 kr	1-10 fl	über 10 fl
protest.	1	1	3	11	2 Färber
kathol.			1	5	

(Konfessionelle Zugehörigkeit von 1721, Steuer von 1717)

Von Spannungen zwischen evangelischen und katholischen Färbern hören wir kaum. Allerdings wurden die Deputierten 1670 ermahnt, bei Bestellung der Ämter dem Instrumento Pacis und dem Augsburger Executions Recess gemäß zu verfahren. Es hatte hier also wohl Schwierigkeiten gegeben.[8]

Ganz unberührt blieben die Färber nicht von der allgemeinen religiösen Animosität. So beschwerten sich die Färber 1730, daß der Überreiter von Lechhausen sowohl in der Stadt wie außerhalb die Leute mahnte, ihre Waren nur bei katholischen Färbern und nicht bei lutherischen Färbern färben zu lassen.[9] Die Religion mag auch eine Rolle gespielt haben, als man einen Meister beschuldigte, mit dem Zoller von Lechhausen ausgemacht zu haben, daß Leute aus Bayern nur bei ihm färben lassen sollten. Sonst sollte ihnen die Ware weggenommen werden.[10]

Organisation

Mittelpunkt des Handwerks

Seit 1501 erließ der Rat längere Bestimmungen für die Färber, die dann in größeren Ordnungen zusammengefaßt wurden.[11]

Hatten die Färber zur Zeit der Zünfte ein eigenes Zunfthaus? Es ist nicht ganz klar. Im Jahre 1543 hielten sie jedenfalls ihre Versammlungen in einem „offenen Wirtshaus". Sie hatten zu dieser Zeit auch ein Gewölbe „auf dem Gang des Rathauses". Andererseits besaß das Färberhandwerk ein Haus, das die Meister im Jahre 1553 dem Rate verkaufen wollten, um ihre Schulden begleichen zu können.

Seit 1549 unterstanden die Färber wie die Tuchscherer den sechs Verordneten auf dem Weberhaus. Hier befand sich auch das „Viertelstüblein" der Färber, in dem die Vorgeher und Viertelmeister der Färber ihre Beratungen hielten. Hier wurden die Gesellen eingeschrieben und Strafen bezahlt.[12]

Vorgeher

Obwohl die sechs Verordneten die maßgebenden Entscheidungen für das Färberhandwerk trafen, hatten die Färber wie die Tuchscherer ihre eigenen zwei Vorgeher. Diese Vorgeher wurden vom Rate ernannt, also nicht etwa von den Färbern gewählt. Im Jahre

---

[8] 1670, 13. April.
[9] 1730, 16. Juni. Protokolle 1724-37.
[10] 1727, 18. August.
[11] Bestimmungen und Ordnungen erlassen: 1501. 1504. 1528, 18. Juli. 1529, 10. August. 1549, 10. Mai und 28. Juli. 1550, 21. Oktober. 1551, 27. Oktober. 1557, 12. Januar. 1574. 1600, 5. September. 1628. 1738, 19. Juni.
[12] 1543, 4. September. 1538, 18. November. 1553, 16. Mai. Ratsbuch. 1688, 23. Dezember. 1724, 17. November.

1610 schlugen die Verordneten zwei geeignete Meister vor, von denen der Rat einen als Vorgeher ernannte. Im 18. Jahrhundert wurden drei Meister vorgeschlagen (vom Handwerk oder den alten Vorgehern?), unter denen die Verordneten einen auswählten. Der Rat bestätigte die Auswahl. Alle Probleme, die mit dem Färberhandwerk zu tun hatten, wurden den Vorgehern von den Verordneten zur Stellungnahme vorgelegt. Die Entscheidung wurde zwar letztlich von den Verordneten und gegebenenfalls dem Rate getroffen, aber die Vorgeher hatten dennoch eine gewichtige Stimme sowohl bei Gesuchen einzelner Meister und Gesellen wie in allen Fragen, die das ganze Handwerk betrafen, etwa der Revision der Färberordnung.[13]

Die Vorgeher waren sowohl Obrigkeit wie auch Vertreter der Färber. Da sie unter den vermögenderen Meistern ausgesucht wurden, waren Spannungen zu den ärmeren Meistern unvermeidlich. 1609 warfen ihnen einige Meister vor, daß sie „mehrteils uf iren Privat Nutzen sehen und halten". Mit solcher Kritik mußte man aber sehr vorsichtig sein. Wer die Vorgeher „verachtete oder ihnen schmächlich zuredete" kam in die Eisen.[14] Andererseits haben die Verordneten den Vorgehern und ihren „Consorten" verboten, einfache Meister willkürlich mit hohen Geldstrafen zu bestrafen oder Dinge, die vor den Amtssitz gehörten, „bey dem wein" zu entscheiden.[15]

Im späteren 17. und im 18. Jahrhundert unterzeichneten die Vorgeher ihre Eingaben manchmal zusammen mit den Viertelmeistern und Kornpröpsten. Diese Viertelmeister waren für die Austeilung zuständig. Über sie soll im Zusammmenhang mit der Austeilung berichtet werden.

Versammlungen

Nach Auflösung der Zünfte durften die Färber genauso wenig wie andere Handwerke selbständige Versammlungen halten. 1573 und 1579 hielt man es aber für nötig, sie zu erinnern, daß sie ohne Erlaubnis des Rates „khain handwerk" halten dürften. Dennoch kam so etwas: so merkten die Vorgeher und Viertelmeister 1627, daß ihre Gegner mehr als einmal zusammengekommen waren, etwa 20 Färbermeister im Schießgarten am Morgen während der Predigt.

Dann gab es Versammlungen, die erlaubt worden waren. Im Jahre 1600 riefen die Vorgeher und Viertelmeister des „Handwerks Meister und Verwandte" zusammen, um zu fragen, ob sie mit der neuen Ordnung zufrieden waren: von 55 Meistern waren nur acht dagegen. 1627 hören wir, daß „ein öffentliches Handwerk" gehalten wurde, an dem 68 Meister teilnahmen.

In der zweiten Hälfte des 17. Jahrhunderts scheint man gewöhnlich am Ende des Jahres „das Handwerk gehalten" zu haben. Die Färber selber legten in wichtigen Versammlungen am 18. Mai 1666 und 12. Juni 1670 die Höhe des Restes fest, also die Zahl der Tuche, die der einzelne Meister färben durfte. Wenn einzelne Meister sich über den Rest beschwerten, wurden ebenfalls alle Färber zusammengerufen.[16] Da die Zahl der Färber

---

[13] Im 16. Jahrhundert ist die Rede von den „geordneten vorgeern und deputierten Beisitzern eines erbarn ferber handwerks". Wer waren diese Beisitzer? Vielleicht einzelne Meister, die zu den Beratungen zugezogen wurden?
[14] Ordnung 1600, Artikel 35. So wandelten 1683 einige Färber in das Gewölbe. 1683, 11. November.
[15] 1658, 19. Januar.
[16] 1725, 18. September. Protokolle 1658-1729.

nicht so groß war, konnten sie also im Gegensatz zu den Webern eine Menge Angelegenheiten selbst entscheiden.

Die Färbermeister mußten jedes Jahr den Färbereid leisten. Diese Eidesleistung fand gewöhnlich im Oktober statt, selten im Juli oder November. Außerdem mußte jeder Meister zwei Bürgen stellen. Auch die Bürgschaft mußte jedes Jahr erneuert werden. Die Bürgen mußten wohl einspringen, wenn ein Färber die ihm anvertrauten Tuche verlor oder ruinierte.

Geldvorrat

Wie andere Handwerke hatten auch die Färber eine Handwerkskasse. Die Einnahmen bestanden aus Zinszahlungen für gewährte Darlehen (zu 4% und 4 1/2%), aus Gebühren bei Verleihung der Gerechtigkeit und vor allem aus den Auflagegeldern von 25 kr, die jeder Meister alle Vierteljahr zahlen mußte. Als im Jahre 1752 1200 fl Kapital verlorengingen, erhöhte man den Beitrag auf 30 kr pro Quartal. Obwohl es kleine Summen waren, kamen einige Färber immer wieder mit der Zahlung in Verzug.

In der ersten Hälfte des 18. Jahrhunderts führten die Rechnungen des Färberhandwerks jährliche Einnahmen von nicht weniger als 1700 fl oder 1800 fl auf. Allerdings wurden damals auch die ausgeliehenen Kapitalien selber, und nicht bloß die Zinszahlungen als Einnahmen gerechnet. In der zweiten Hälfte des 18. Jahrhunderts lagen die Einnahmen zwischen 170 fl und 330 fl.[17]

Spätestens seit 1695 zahlte das Färberhandwerk Vermögenssteuer. Diese Steuerzahlungen waren wesentlich kleiner als die der Weber oder der Tuchscherer und nahmen im Laufe der folgenden 20 Jahre auch noch ab. Bei einem Steuerfuß von 0,50% hätte das Vermögen des Färberhandwerks im Jahre 1695 740 fl betragen und wäre bis 1717 auf 340 fl gesunken.[18] Der Kassarest des Färberhandwerks (Einnahmen minus Ausgaben) war allerdings größer. Bis Mitte des 18. Jahrhunderts lag er bei rund 1500 fl oder darüber. In der zweiten Hälfte des 18. Jahrhunderts betrug er nur noch zwischen 100 fl und 250 fl.[19]

---

[17] Einnahmen und Ausgaben des Färberhandwerks im Durchschnitt pro Jahr:

	Einnahmen[c]		Ausgaben	
	fl	kr	fl	kr
1734-35	1472	21	101	53
1740-44[a]	1884	43	175	19
1745-49[a]	1702	49	131	47
1750-54[a]	959	46	101	10
1770-74[b]	172	43	61	28
1775-79	245	11	77	20
1780-84[b]	285	58	63	48
1785-89	327	59	74	59
1790-94[a]	330	50	65	8

(Große Handwerksrechnung)
a) Angaben für vier Jahre.
b) Angaben für drei Jahre. c) Bis 1754 Einnahmen und Kapitalien.

[18] Steuerzahlungen der Färber:
1695 bis 1711   3 fl 42 kr
1716   1 fl 45 kr
1717   1 fl 42 kr

[19] Siehe Tabelle S. 569.

Unterschiedliche Färber

Schwarzfärber und Beifärber

Im 16. und 17. Jahrhundert unterschied man die Schwarzfärber und die Beifärber. Die Schwarzfärber färbten grobe und gretische Tuche gleich schwarz oder grau. Die Beifärber oder Vorblaufärber färbten erst blau, dann in einer anderen Farbe, etwa schwarz oder grün. Den dicken Barchent färbten sie „vorblau", dann schwarz oder grau. Außerdem färbten die Beifärber Tuche nach der Bleiche rot. Nach dieser Unterscheidung richtete sich auch der Lohn. Für das Färben in schlecht schwarz oder grau zahlte man einen wesentlich geringeren Lohn als für das Beifärben.

Die in dem Färberhandwerk organisierten Meister wurden in der zweiten Hälfte des 17. und im 18. Jahrhundert auch als „Schön- und Schwarz- und Waidfärber" bezeichnet. Sie durften „vermöge Uralter observanz" alles färben, „es sei wullen oder leinen oder halb wullen oder halb leinen".[20] Dies waren also die Färber, die Barchent, Bomasin, Leinentuche und auch Cottone färbten. Wenn von Färbern die Rede ist, sind die „Schön- und Schwarz- und Waidfärber" gemeint.

Schönfärber

Mit einem Male tauchten in der zweiten Hälfte des 17. Jahrhunderts die Schönfärber auf. Im Jahre 1668 bemühten sich die Tuchhändler, einen Schönfärber aus Hanau, David Cator, der in Frankreich, Holland und Sachsen gearbeitet hatte, nach Augsburg zu ziehen, aber die Sache scheiterte, weil man ihm zumutete, die reformierte Konfession aufzugeben. Im gleichen Jahre ließ sich Paul Dassdorf aus Reichenbach in Sachsen in Augsburg nieder.[21] Er durfte alles färben, was von der Schafwolle herrührte, Wolle, Garn oder Tuche. Dagegen durfte er nichts färben, was aus Baumwolle oder „leinen gezeug" gemacht war, es sei „Wolle, Garn, Tuche oder Leinwadt".[22]

Die Trennungslinie zwischen Schönfärbern und Schwarzfärbern war in Augsburg recht scharf gezogen. Das Schönfärben, hieß es, sei ein „freyes Wesen", eine freie Kunst. Es sei kein „Lehrnberuf", die Schönfärber waren also keine gelernten Meister. Sie gehörten auch nicht zum Handwerk der „Schwarz- und Schönfärber" und durften also mit diesen auch nicht heben und legen. Da die „Kunst und Schön färberey" nicht als Handwerk, sondern als Kunst angesehen wurde, fehlten auch die Handwerksartikel. Sie unterstanden nicht dem Weberhaus, sondern dem Kunst-, Gewerbe- und Handwerksgericht. Es war ihnen daher auch nicht erlaubt, Mangen zu haben und Glättstangen zu führen.

---

[20] 1732, 19. Oktober. Protokolle 1724-1737. So auch Droquets, um die es damals ging. 1759, 3. August. Protokolle 1758-64.

[21] Paul Dassdorf stammte aus einer bekannten Familie von Färbern in Reichenbach. Über Christian und vor allem Augustin Dassdorf, der die Schönfärberei in Reichenbach begründete, siehe Pönicke, Martin, Die Geschichte der Tuchmacherei und verwandter Gewerbe in Reichenbach im Vogtland. Plauen, 1929, S. 66-71.

[22] 1668, 24. November. Siehe auch Stetten, Handwerksgeschichte, S. 252.

Die Augsburger Schwarzfärber ließen keinen Zweifel, das sie die Schönfärber nicht als ihresgleichen ansahen: Wenn einer ihrer Gesellen bei den Schönfärbern arbeite, werde er von seinem ursprünglichen Handwerk „abgestraft".[23]

Die Familie Dassdorf hat jahrelang eine Rolle in der Augsburger Schönfärberei gespielt. Paul Dassdorf beschränkte sich auf das Färben von „Wullengewand". Auf seine Bitte wurde auch die Geschau des gefärbten Wullengewandes eingeführt oder neu organisiert. Er beschwerte sich aber auch sofort, als zwei Leinenfärber anfingen Wullengewand zu färben. Schönfärber und Leinenfärber seien verschiedene Gewerbe. Sie sollten bei ihrem „Leinengeräth und Baumwollenzeug" bleiben. Er beschwerte sich auch, daß er Ungeld zahlen mußte. Die Schönfärber standen eben außerhalb der üblichen Gewerbe.

Einige Schönfärber werden im 18. Jahrhundert genannt, aber groß war ihre Zahl nicht. Im Jahre 1806 gab es vier Schönfärber in der Stadt. Die späteren Schönfärber mußten ebenfalls die bekannten Beschränkungen anerkennen. Gabriel Zorn z.B. mußte 1757 versprechen, weder den Cottondruckern noch den Schwarzfärbern „einigen Eintrag" zu tun. Als man später dem Johann Gottfried Meyer erlaubte, eine „Kunst, Waid und Schönfärberei" zu errichten, war man noch genauer: nur färben, was von Schafwolle herrührt, den

---

[23] 1742, 15. März. 1750, April. Protokolle 1747-1750. 1759, 13. August. Protokolle 1758-64. 1778, 9. März. Protokolle 1774-81.

Folgende Schönfärber werden erwähnt:

Paul Dassdorf aus Reichenbach	24. November 1668
die Dassdorfin	1721. Weberhaus Nr. 164
Johann Dassdorf	1722-1731. Weberhaus Nr. 164
Johann Christ. Dassdorf	1725-1727. Weberhaus Nr. 164
Gottfried Dassdorf	1725. Weberhaus Nr. 164. „Ausgetreten" vor 17. August 1726. Protokolle 1724-37.
Theodorius Dassdorf	1721-1731. Weberhaus Nr. 164.
Emanuel Friedrich Dassdorf	1734-1754. Weberhaus Nr. 164. 1757, 6. Juni. Protokolle,1756
(Auch die zwei Söhne des Emanuel Friedrich Dassdorf haben das Schönfärben gelernt.	1757, 6. Juni. Protokolle 1756).
Theodor Dassdorf	1757, 6. Juni. Protokolle 1756
Johann Georg Seuterin Wittib	bis 1757. 1757, 14. Juni. Protokolle, 1756.
Johann Daniel Wünsch	1732, 14. Februar. Protokolle 1747-50. 1737-1757. Weberhaus Nr. 164.
Gabriel Zorn	20. Mai, 1745. Protokolle 1738-46. 1753, Weberhaus Nr. 164.
Johann Christ. Zorn	1751. Weberhaus Nr. 164.
Christ. Gabriel Zorn	1754. Weberhaus Nr. 164
Johann Gottfried Meyer	1790, 27. Februar (Färber)
Benedict Jacob Hetsch	1793, 23. Januar und 5. Februar. Protokolle 1792-94
Jacob Zorn	1804, 5. Juli
Christian Friedrich Schulz	1804, 5. Juli
Johann Jakob Heimbsch aus Kempten	1804, 5. Juli. Hat vor 1802 die Dassdorfische Schönfärberei übernommen

Im Jahre 1806 arbeiteten Jakob Heimbsch, Jakob Hetsch, Jakob Zorn und Christ. Friedrich Schulz als Schönfärber in Augsburg.

Cottondruckern und Schwarzfärbern keinen Eintrag tun, weder Mangen noch Glättsteine bzw. Glättstangen führen.[24]

Gegen Ende des 18. Jahrhunderts hat die Schönfärberei in Augsburg nicht gerade floriert. Die drei Schönfärber, die damals in Augsburg arbeiteten, widersetzten sich, als sich 1790 der eben genannte Johann Gottfried Meyer hier niederlassen wollte. Vier Schönfärbereien könnten hier nicht bestehen. Es gäbe hier keine „tuch noch Wollenmanufactur", die die „eigentlich Quelle ... der Schönfärbereien" seien. Die hiesigen Lodweber stellten zwar auch leichte Flanelle her, aber diese brächten den Färbern nur unbeträchtliche Einnahmen.

Die drei Schönfärber sagten dann auch, woher sie ihre Arbeit bezogen:

1. aus den hiesigen Tuchhandlungen. Aber diese Aufträge könne ein einziger Färber erledigen.
2. aus Bayern. Es sei jedoch ungewiß, wie lange diese Waren aus Bayern noch kämen. Wahrscheinlich wäre bald Schluß damit, wenn sich ein geschickter Schönfärber in München niederlassen würde.

Im Jahre 1804 gab es in Augsburg vier Schönfärber (Jacob Zorn, Benedict Jakob Hetsch, Christian Friedrich Schulz and Johann Jakob Heimbsch), die sofort protestierten, als man von ihnen ein Geschaugeld erheben wollte. Früher, vor 150 oder 200 Jahren, als es in Augsburg viele Tuchmacher gegeben habe, hätte man eine Gewandgeschau gehabt, bei der man die Qualität der Tuche geprüft habe. Mit der Farbe habe die Geschau nichts zu tun gehabt. Eine Geschau der Schönfärber gäbe es auch jetzt nicht. Doch diese Behauptung stimmte nicht ganz. Tatsächlich war ja das gefärbte Wullengewand noch im 17. Jahrhundert geschaut worden. Ihr Protest gegen das Geschaugeld half ihnen auch nichts: sie mußten ab 1805 eine Abgabe von 2 kr pro Stück zahlen.[25]

Seidenfärber

Anscheinend gab es seit der zweiten Hälfte des 17. Jahrhunderts auch ein paar Seidenfärber in Augsburg. So erlaubte man 1676 einem Seidenfärber Dietrich Zorl „die ganz neue seiden zu färben, auch die alte Arbeit wiederum auszubessern". Doch mußte er sich ganz auf das Seidenfärben beschränken. Er durfte dem Färberhandwerk keinen „Eingriff" tun, also etwa leinene und wollene Waren färben.

Vielleicht hatte das Seidenfärben am Ende des 17. Jahrhunderts einen gewissen Aufschwung gehabt. Da der eine Seidenfärber, namens Dietterich, die Nachfrage nach gefärbter Seide nicht befriedigen konnte, bat ein Georg Reichenmayr um Erlaubnis, Seide färben zu dürfen. Informell, allein für sich, habe er das „Seidenfärben und Glanz Geben" schon seit 30 Jahren ausgeübt.

Gegen Mitte des 18. Jahrhunderts hat der Schönfärber Johann Daniel Wünsch viel mit Seidenfärben experimentiert. Die Deputierten bestätigten seine Behauptung, daß er „viel Neues ... mit grossen Unkosten inventiert". Er beherrsche sein Metier ungemein gut, meinten die Deputierten. Er verstehe nicht bloß „Samt und Seide schön im Färben aufzubringen, sondern noch dazu mit schön gedruckten Opern zu zieren, auch wo gold und

---

[24] 1750, April. Protokolle 1747-50. 1754, 14. Juni. 1790, 27. Februar und 1793, 23. Januar und 5. Februar. Protokolle 1792-94.
[25] 1804, 5. Juli und 1805, 15. Januar.

silber befindlich, beides zugleich wiederum hoch aufzubringen, item wo Seide und Wollware untereinander gemengt, beiden eine schöne farbe und glanz zu geben". In seiner Werkstatt würden viele rote und schwarze Bänder, seidene Strümpfe, und Kirchensachen wie Zotten, Fransen und dergleichen bearbeitet.

Wünsch war so erfolgreich, daß sich 1755 der andere in Augsburg ansäßige Seidenfärber, Abraham Seuter beschwerte: Wünsch sei nur als Schönfärber zugelassen worden, das Seidenfärben solle ihm verboten werden. Der Rat war allerdings vorsichtig: Wünsch solle sich auf das Schönfärben beschränken, es sei denn, er habe „in Farb und Appretierung der Seidenwaren solche besondere Wissenschaft", die der Seidenfärber Seuter nicht besitze.[26] Man kann vermuten, daß Wünsch auch weiterhin Seidenwaren färbte.

Handel der Färber

Durften die Färber mit Tuchen Handel treiben? Die Sache war insofern kompliziert, als der Handel mit Tuchen irgendwie auch mit dem Handel von Farbstoffen zusammenhing. Im Jahre 1550 verbot der Rat „das täglich kauffen und verkauffen der parchettücher under und bei den värbern", um die Übertreuerung der Farbstoffe zu unterbinden. Einige Färber wurden von diesem Verbot hart betroffen, weil sie mit Barchenttuchen Fernhandel trieben. So ein Färbermeister, der in Böhmen und Sachsen „mit Parchett ein Händellin angefangen". Es gab also unternehmungslustige Färber, die sich nicht auf das Färben beschränken wollten. Sicherlich war aber der Handel den Färbern verboten.

Mehr als 100 Jahre später gab es wegen des Handels einen schweren Streit, als die Färber und Mangmeister es nicht dulden wollten, daß der Mangmeister und Färber Hans Georg Seidler Handel trieb, anscheinend in großem Umfang. Selbst die Deputierten konnten sich nicht einigen, bis die Stadtpfleger und Geheimen schließlich 1670 entschieden, daß Seidler den Handel „er seye in proprio, in Commission oder Factorien" aufgeben und wie andere Mangmeister und Färber der Ordnung nachkommen müsse. Er sei nicht befugt, „ein mehrers dann sie zu thuen oder zu praetendieren". Es blieb also dabei: die Färber waren keine Handelsleute.

---

[26] 1755 17. März. 1756, 4. Januar, 5. Februar und 6. März.

Lehrjungen und Gesellen

Die Bestimmungen für Lehrjungen und Gesellen der Färber ähneln den Bestimmungen, die bei den Webern und Tuchscherern erlassen wurden. Dennoch gab es Unterschiede. Vor allem läßt sich das Färberhandwerk ohne Lehrjungen und Gesellen nicht verstehen. Deshalb soll auf diese beiden Gruppen eingegangen werden.

Lehrjungen

Mindestens seit 1528, wenn nicht schon früher, sollte die Lehrzeit des Lehrjungen drei Jahre betragen. Der Meister mußte sich und seinen Lernknecht auf dem Weberhaus in ein besonderes Büchlein einschreiben lassen, damit man genau wußte, wann der Lernknecht die Lehrzeit begann. Beide zahlten eine Gebühr von 6 kr.

Im 15. Jahrhundert durften die Färber wohl nur jeweils einen Lehrjungen auf einmal beschäftigen. Aber dann erlaubte man 1528 den Färbern, auch zwei Lernknechte anzustellen. Weshalb führte man diese Neuerung ein? Weil die Meister mit den Gesellen schlechte Erfahrungen gemacht hatten: ohne Rücksicht auf die Arbeit und ohne „Ir versprochne zeit" auszudienen, seien die meisten Färbergesellen „den Kriegen nach zogen". Die Meister müßten auch „In ander wege mit bemelten knechten vil leiden". Durch Anstellung von zwei Lernknechten hoffte man zu verhindern, daß es Mangel an „Ferberknechten" geben werde. Außer den zwei Lernknechten durfte jeder Meister noch zwei Gesellen beschäftigen. Färber mit eigenen Nebenmangen durften außer den zwei Lernknechten sogar fünf Gesellen beschäftigen.

„Irrungen und Spenne" kamen zur Zeit der Zunft vor die vom Handwerk gewählten Zunftmeister. Es ist nämlich möglich, daß die Gesellen gegen die Anstellung von zwei Lernknechten protestiert haben. Jedenfalls hat man diese Bestimmung nach einiger Zeit wieder aufgehoben. Aber 1542 erlaubte der Rat denjenigen Färbern, die Nebenmangen hatten, wieder, zwei Lernknechte bis aufs weitere anzunehmen, jedoch nicht den andern Schwarzfärbern.[27]

1549 hat der Rat seine Haltung wieder geändert. Wie 1528 erlaubte man allen Färbern zwei Lernknechte anzunehmen. Wieder wurde als Grund angegeben, daß die Färberknechte „gantz neulich und in dem merern thail den Kriegen nachgezogen sein, auch noch teglich, so die fürfallen, unangesehen irer Maister arbeit und on erlaubnus nachlaufen". Dachte man an den Schmalkaldischen Krieg? Die Färbermeister hätten auch „in ander weg mit bemelten Knechten vil leiden muessen". Noch mehrmals werden wir auf das gespannte Verhältnis zwischen Färbern und Gesellen stoßen.

Wieder protestierten die Gesellen. Mancher Meister, sagten sie, stelle lieber Lehrjungen als Gesellen an. Gesellen, die aus 40 Meilen Entfernung nach Augsburg kämen, könnten keine Arbeit finden. Manche Gesellen mit Weib und Kind müßten die Stadt verlassen. Obendrein würden Gesellen, die das Handwerk mit einem zweiten Lehrjungen bei demselben Meister gelernt hatten, in vielen Ländern und Städten nicht anerkannt.

Die Verordneten erwiderten, man brauche sich nicht nach Städten zu richten, die einen viel kleineren Handel als Augsburg hatten. Die Gesellen antworteten trotzig, „es mecht noch aus diesem handell ain sach volgen, das inen den gesellen auch den Maistern

---

[27] 1542, 9. September. 1547, 26. März. Ratsbuch.

nit zue guttem khint raychen". Ohne viel zu fragen, schickten sie einen Boten nach Prag, um sich nach den dortigen Verhältnissen zu erkundigen. Die Antwort übergaben sie allerdings ungeöffnet dem Rat. Sie beschwerten sich, daß die Meister jetzt neben zwei Lehrjungen noch eine Dienstmagd anstellten „die zu irem handtwerkh und ferben helffen müssen". Manche Meister hätten schon gesagt, sie wollten drei oder vier Lehrjungen einstellen.

Der Hinweis auf Prag konnte aber den Rat nicht überzeugen, weil „zwischen Augspurg und Prag des ferbens halb ain grosser underschied, darum werde sich ain E. Rat irer auffgerichteten Ordnung halten und nit nach Prag richten". Den Färbergesellen wurde kurzerhand verboten, „versamblung oder Zusammenkunfft" zu halten, es sei denn, zwei Meister waren anwesend.[28]

So blieb die Unruhe. Die Ordnung von 1600 legte fest, daß die Färber zwei Knechte und einen Lernknecht halten durften. Nur Meister mit Mangen durften fünf Gesellen haben.

Wie viele Lehrjungen haben dann im Färberhandwerk gearbeitet? Von 1588 bis 1672 haben die Färber insgesamt 464 Lehrjungen angestellt. Die große Konjunktur der gefärbten Barchente führte dazu, das um 1600 jedes Jahr 15 bis 16 Lehrjungen die Färberkunst erlernten wollten. Aber dann fiel die Zahl schon vor dem Dreißigjährigen Krieg auf 4 bis 5 Lehrjungen pro Jahr ab. Während des Krieges auf weniger als zwei pro Jahr.

Lehrjungen der Färber

	insgesamt	im Durchschnitt pro Jahr	davon aus Augsburg im Durchschnitt pro Jahr
1588-89	28	14	0,6 Lehrjungen
1590-94	60	12	1,8
1595-99	77	15,4	3,4
1600-04	81	16,2	4
1605-09	59	11,8	3,6
1610-14	28	5,6	2
1615-18	19	4,75	1,6
1615-19	24	4,8	1,6
1620-24	22	4,4	2,8
1625-29	22	4,4	1,4
1630-34	6	1,2	0,6
1635-39	6	1,2	0,2
1640-44	10	2	0
1645-49	3	0,6	0,4
1650-54	9	1,8	0,8
1655-59	7	1,4	0,6
1660-64	9	0,6	1
1665-69	10	2	0,6
1670-72	4	1,3	0,6

Nur 27% der Lehrjungen stammten aus Augsburg. Auch um 1600 begannen jährlich nur vier Augsburger Jungen die Lehrzeit. Die überwiegende Masse der Lehrjungen, 72%,

---

[28] 1549, 17. August. 1550, 2. und 30. Januar und 6. März.

stammte von auswärts. Die Augsburger Färber waren also auf Lehrjungen von auswärts angewiesen. Es ist verwunderlich, daß die Färber, die ja kein armes Handwerk wie die Weber waren, nicht genügend Lehrjungen in Augsburg fanden. War den Augsburgern diese Arbeit zu dreckig?

Die Hälfte aller Lehrjungen stammte aus Dörfern. Weitere 17% kamen aus Städten. Zum Teil (5,6%) aus Reichsstädten wie Giengen, Kaufbeuren, Konstanz, Lindau oder Ulm, zum Teil (11,6%) aus kleinen Landstädten wie Friedberg, Günzburg oder Dinkelscherben.

Fast alle diese Städte und Dörfer lagen im schwäbischen und bayerischen Umland. Viele dieser Jungen, die in Augsburg das Färberhandwerk lernten, konnten also ihre Eltern an Sonntagen und Festtagen besuchen. Nur ganz wenige Lehrjungen kamen aus weiter entfernt gelegenen Orten wie Nürnberg, St. Gallen oder Klagenfurt. Wir werden sehen, bei den Gesellen war es anders.

Herkunftsort der Lehrjungen 1588-1617

	Lehrjungen	%
Augsburg	128	27,58%
andere Reichsstädte	26	5,60
Landstädte und Städte in Schweiz, Kärnten, Tirol	54	11,63
Dörfer	234	50,43
Heimat nicht genannt	22	4,74
	464	

Gesellen

Im Jahre 1533 arbeiteten 35 Gesellen in den Werkstätten der Färber, 1579 ist die Rede von „sechzig, siebentzig und noch mehr",1582 von 51 Gesellen.

Von 1579 bis 1613 ließen sich insgesamt 999 Färbergesellen einschreiben. Im Durchschnitt also jedes Jahr 29,38 Gesellen. Anfang des 17. Jahrhunderts stieg die Zahl der neuen Gesellen wegen der günstigen Konjunktur sogar auf 36 pro Jahr. Die Färber beschäftigen also wesentlich mehr Gesellen als Lehrjungen. Sie brauchten eben in erster Linie gelernte Arbeiter.

Die Gesellen der Färber 1600-1613

	insgesamt	pro Jahr	aus Augsburg
1600-04	180	36	77
1605-09	177	35,4	81
1610-13	90	22,5	37

Wer waren diese Färbergesellen? Knapp 34% waren Augsburger. Wir erinnern uns, daß nur 27% der Lehrjungen gebürtige Augsburger waren. Mancher Augsburger muß also das Färben auswärts gelernt haben. Weitere 43% der Gesellen kamen aus kleineren oder

größeren Städten. Kurzum, knapp 80% der Färbergesellen stammten aus „städtischem" Milieu.
6% der Färbergesellen stammten mit Sicherheit vom Lande. Bei weiteren 14% läßt sich der Heimatort nicht genau feststellen, aber sie kamen wohl überwiegend aus kleineren Orten.

Die Herkunft der Gesellen 1579-1613

	Gesellen	%
aus Augsburg	367	36,73
aus anderen Städten	430	43,04
aus Dörfern	60	6,006
Heimatort nicht zu identifizieren	142	14,21

Es fällt auf, daß die Zusammensetzung von Lehrjungen und Gesellen verschieden war. Von den Lehrjungen stammten mindestens 50% vom Lande, von den Gesellen höchstens 20%. Und während nur 45% der Lehrjungen ursprünglich aus „städtischem" Milieu kamen, waren es bei den Gesellen 80%. Man fragt sich natürlich, was aus den vielen Lehrjungen vom Lande nach der Lehrzeit geworden ist? Haben sie in anderen Städten als Gesellen gearbeitet?

Wie zu erwarten, kamen relativ viele Färbergesellen aus den Reichsstädten im schwäbischen Raume und aus Nürnberg nach Augsburg.

Mehr als 10 Färbergesellen kamen aus:

Memmingen	27	Nürnberg	13
Ulm	19	Isny	11
Kempten	13	Konstanz	11
		(Friedberg	14)

Es fällt aber auch auf, daß im Gegensatz zu den Lehrjungen, die meist aus dem schwäbisch-bayerischen Umland kamen, nicht wenige Gesellen aus entfernteren Gegenden stammten. Färbergesellen aus mindestens 38 Städten in Sachsen, Thüringen, Schlesien und Böhmen arbeiteten zu dieser Zeit in Augsburg.[29] Diese Gesellen kamen wohl nach Augsburg, weil man hier besondere Fertigkeiten lernen konnte. Der Ruf der Augsburger Färber kann also nicht schlecht gewesen sein.

Im Jahre 1601 beschäftigten die Färber nicht weniger als 187 Ehehalten. Also nicht bloß Gesellen, sondern auch Lehrjungen, Mägde und anderes Gesinde. Immerhin, mehr als dreiviertel der Färber, 76%, hatten Ehehalten. Im Vergleich dazu hatten nur 51% der Weber Ehehalten.

---

[29] Es handelt sich um folgende Städte: Altenburg, Arnstadt, Bauzen, Böhmisch Budweis, Chemnitz, Eger, Eisenach, Eilenburg, Freiburg, Goslar, Grimma, Halberstadt, Kamenz, Leipzig, Leisnig, Liegnitz, Meiningen, Meißen, Melsungen, Mittweida, Ollmütz, Reichenbach, Rochitz, Saalfeld, Schweinitz, Sondershausen, Sora, Sprotta, Suhl, Waal, Weida, Zeitz, Zwickau.

68% der Färber beschäftigten einen bis vier Ehehalten. 9% der Färber hatten sogar fünf oder mehr Ehehalten. Im Durchschnitt kamen 2,3 Ehehalten auf eine Werkstatt. Färber mit sieben oder mehr Ehehalten hatten wohl ihre eigenen Mangen.

Die Ehehalten der Färber 1601

Zahl der Ehehalten	Zahl der Färber
0	19
1	17
2	14
3	15
4	8
5	1
6	
7	1
8	2
11	1
12	1
14	1

Färber mit mehreren Ehehalten, sagen wir vier oder mehr, waren fast alles Leute mit Besitz (Steuer: 1 fl-10 fl und 10 fl-100 fl). Das ist ja auch zu erwarten. Unter Färbern mit einem bis drei Ehehalten finden wir Leute mit kleinerem und auch gutem Besitz (Steuer: 1 kr bis 10 fl). Überraschend ist, daß mehrere Färber mit gutem Besitz (Steuer: 1 fl-10 fl) keinen einzigen Ehehalten im Dienst hatten.

Nach der Musterliste von 1615 arbeiteten bei den Färbern 46 Gesellen und Söhne, nach der von 1619 nur noch 34. Danach hätten drei Viertel aller Färber im Jahre 1619 überhaupt keinen Gesellen gehabt. Nur 17% der Färber konnten sich einen einzigen Gesellen leisten, weitere 6% zwei bis vier. Im Jahre 1619 rangen die Textilgewerbe eben schon mit großen Schwierigkeiten. Oder wurden vielleicht nicht alle Gesellen in den Musterlisten aufgeführt?

Gesellen und Söhne in den Werkstätten der Färber 1615 und 1619

	1615	1619
ohne Gesellen	75	81
1 Gesellen	25	18
2	8	4
3	-	1
5	1	1
alle Gesellen und Söhne	46	34
alle Färber	109	105

Sehr viel später, 1736, hören wir immer noch von 50 Färbergesellen.[30] Es gab damals also mehr Färbergesellen als Färbermeister. Im Jahre 1806 arbeiteten dann nur noch 16

---

[30] 1736, 9. Januar. Protokolle 1736-48.

Gesellen, 13 Knechte und ein Lehrjunge für die Färber. Ein Schönfärber beschäftigte immerhin noch 5 Knechte.

Über die Löhne der Färbergesellen ist kaum etwas bekannt. 1548 hören wir von 15 kr wöchentlich, 1579 von 20 kr.[31] Mußten sie davon auch das Essen im Hause des Meisters bezahlen, oder bekamen sie die Mahlzeiten zusätzlich?

Im Färberhandwerk war es üblich, daß „ain Knecht seinem Maister 14 tag vor dem Zil auf oder zusagen soll". Auch der Meister war verpflichtet, 14 Tage im voraus „urlaub zu geben oder zu nemen". Den Meistern war also an steter Arbeit der Gesellen gelegen.

Wie in anderen Gewerben hatten die Meistersöhne auch bei den Färbern große Vorteile. Wenn ein Meistersohn bis zum 14. Lebensjahre seinem Vater in der Werkstatt half und wenn ihn die Vorgeher für tauglich erkannten, wurde er den Verordneten auf dem Weberhaus vorgestellt und eingeschrieben. Er hatte damit die zum Meisterrecht erforderlichen Jahre erstanden.

Für die eigentlichen Gesellen waren die Bedingungen für den Aufstieg zur Meisterschaft sehr viel genauer. Wer in Augsburg Meister werden wollte, mußte

1) das Zunft- und Bürgerrecht besitzen
2) die vorgeschriebene Zeit im Färberhandwerk gearbeitet haben
3) ehelich geboren sein
4) nicht leibeigen sein.

Ein Meisterstück wird 1528 nicht erwähnt. Aber in den nächsten Jahren, jedenfalls vor 1547, wollten die Färber dann doch eine Art Meisterstück einführen: „dass der alle die farben, so er arbeiten will, zuvor der Färber Bichsenmeister an die Mustrung färb, und sich sonst kainerlei farb unnderstand ze färben". Die Weber waren aber gegen diesen Plan: er sei „unansehlich, unnot und unfruchtbar", weil doch alle Färber ihre Stücke den drei Geschaumeistern zur Geschau vorlegen müßten, „von denen Ir Meisterstück woll bewert und gemustert werden solle".

Der Grund, weshalb die Weber opponierten, kam deutlich zutage, als die Färber von jedem Gesellen, der Meister werden wollte (außer den Meistersöhnen), eine Gebühr von 10 fl einführen wollten. Nach Ansicht der Weber würde dies zu einem Mangel an Färbern führen. Die Weber hielten es auch für „ganntz unleidenlich", daß ein Lernknecht das Färberhandwerk drei Jahre lernen mußte. Jeder könne es in einem oder zwei Jahren lernen. Die Weber argwöhnten, daß die Färber aus Eigennutz die Zahl der Meister drosseln wollten. Sie befürchteten ganz offensichtlich eine Behinderung der Textilgewerbe. Auch in späteren Jahren hören wir nichts von einem Meisterstück.

Spätestens 1549 wurde festgelegt, daß der Geselle zwei Jahre nach einander bei einem hiesigen Meister gearbeitet haben mußte, bevor er sich um die Meisterschaft bewerben konnte. Oder drei Jahre, wenn er seinen Meister zweimal oder öfter wechselte.[32] Wer die Gerechtigkeit erbte oder durch Heirat einer Meistertochter erheiratete, mußte nur 1 fl zahlen (plus 8 Pfennige Einschreibgebühr). Alle anderen Gesellen mußten es für 8 fl kaufen (plus 8 Pfennige Einschreibgebühr). Wie bei den Webern und wohl in allen Gewerben wurden also Meistersöhne und die Ehemänner von Meistertöchtern bevorzugt.

---

[31] 1579, 17. Februar. Protokolle 1548-1581.
[32] 1553, 23. November. 1549, 10. Mai. Ordnung.

Beschränkungen beim Aufstieg zur Meisterschaft

Bereits im 16. Jahrhundert sahen die Färbermeister die zunehmende Zahl der Gesellen mit Unbehagen. 1551 bat das Färberhandwerk den Rat, einige Jahre lang keine neuen Meister zuzulassen, „doch unsere Sön und Döchtere ausgenommen". Eine Kommission empfahl dem Rate aber, sich nicht zu binden. 1556 meinten die Färber, der Rat solle den Zutritt zur Meisterschaft ein Jahr sperren. Der Rat ist aber dieser Bitte kaum nachgekommen.

Wie die Färber gefürchtet hatten, nahm die Zahl der Werkstätten zu. Sie würden alle ins Verderben kommen, klagten die Färber 1582. Die Arbeitszeit der Gesellen solle deshalb auf sieben Jahre verlängert werden. Den Verordneten erschienen aber sieben Jahre zu lang. Sie empfahlen statt dessen, daß jeder Geselle nach dreijähriger Lehrzeit noch vier ganze Jahre bei ein und demselben oder sechs Jahre bei mehreren Färbermeistern arbeiten solle. Dieser Vorschlag wurde dann auch 1582 in Kraft gesetzt.[33]

In der Ordnung von 1600 wurden die Bestimmungen über Lehr- und Gesellenzeit noch einmal ausführlich behandelt. Wer nicht ein Meistersohn war, mußte sich verpflichten bei ein und demselben Meister drei Jahre lang als Lernknecht zu dienen. Bürgen mußten sich mit 4 fl für den Fall verbürgen, daß der Lernknecht seinem Meister vor Ablauf der drei Jahre davonlief.

Auch die Rechte der Gesellen waren berücksichtigt. Innerhalb der ersten 14 Tage bestand für den Meister wie für den Gesellen Kündigungsrecht. Anscheinend hatte der Meister den Gesellen für die folgenden 14 Tage zu bezahlen, auch wenn er ihn nicht behielt. Er war jedoch nicht verpflichtet, den Gesellen in seinem Hause zu dulden oder zu verköstigen.

Gesellen sollten jetzt bei ein und demselben Augsburger Färber vier Jahre dienen, bevor sie sich um das Meisterrecht bewerben konnten. Wenn ein Geselle seinen Meister wechselte, mußte er sogar sechs Jahre in Augsburg arbeiten.

Wer also nicht ein Meistersohn war, mußte insgesamt sieben bzw. neun Jahre im Färberhandwerk arbeiten, bevor er sich um die Meisterschaft bewerben konnte. Stete Arbeit bei ein und demselben Meister wurde geschätzt und mit schnellerem Erwerb des Meisterrechtes belohnt. Von einem Meisterstück wird aber nichts gesagt.

Die Söhne der Augsburger Färbermeister waren in einer viel günstigeren Lage. Sie brauchten weder eine bestimmte Zahl von Lehrjahren noch von Gesellenjahren zu leisten. Wenn sie bei ihrem Vater in der Werkstatt arbeiteten, waren sie bereits mit Erreichung des 14. Lebensjahres „des Färber Handtwerkhs ohne mittel fähig".

Da die Zahl der Werkstätten so groß war, kam es noch 1600 zu Diskussionen, wie man die Zahl neuer Meister bremsen könnte. Vorgeher und Viertelmeister schlugen eine Beschränkung der Lernknechte vor. Junge Meister, die die Gerechtigkeit gerade erst erworben hatten, sollten die ersten zwei Jahre überhaupt keine Lernknechte anstellen. Lernknechte sollten mindestens 16 Jahre alt sein. Im Falle der Gesellen zögerte man mit Erschwerungen, „damit dem handel nichts beschwerlichs erfolgt".

---

[33] 1582, 6. Oktober und 11. Dezember. 1583 teilte der Rat der Stadt Memmingen mit, daß in Augsburg niemand als Meister zugelassen werden durfte, der nicht drei Jahre das Schwarzfärberhandwerk gelernt und dann bei einem einzigen Meister vier Jahre oder bei mehreren Meistern sechs Jahre als Geselle gearbeitet hatte.

Das Mandat, das 1600 erlassen wurde, berücksichtigte diese Vorschläge, wenn auch mit wichtigen Änderungen. Sowohl junge wie ältere Färber sollten in Zukunft zwei Jahre nach Auslernung eines Lernknechtes warten, bevor sie einen neuen Lernknecht anstellen konnten. Niemand sollte das Färberhandwerk vor dem 18. Lebensjahre lernen dürfen, es sei denn, er war außergewöhnlich groß und stark. Die Söhne der Färber und der Mangmeister waren nicht von dieser Beschränkung betroffen.

Färbergesellen, die keine Witwe oder Tochter eines Färbers heirateten, sollten in Zukunft nicht bloß sechs, sondern zehn Jahre arbeiten. Für Gesellen, die in das Handwerk heirateten, sollte es bei der vorigen Ordnung bleiben, also wohl bei einer Gesellenzeit von vier bzw. sechs Jahren. Der Anreiz, in das Handwerk zu heiraten, war durch diese Neuordnung natürlich sehr groß.

Diese Erschwerungen mochten auf lange Sicht ihre Wirkung haben. Innerhalb der nächsten Jahre nahm aber die Zahl der Färberwerkstätten dennoch zu. Angeblich gab es so viele Werkstätten, daß die Meister nicht einmal ihren wöchentlichen Rest erhielten. Die Vorgeher empfahlen deshalb dem Rate 1602, daß „ins künfftig für ein zeitlang mit erpauung neuer werkstätten inngehalten und es allein bey den 72, die es dieser zeit hat", gelassen würde. Die Verordneten waren aber für diesen Vorschlag nicht zu haben, weil sonst auf dem Lande noch mehr Werkstätten eröffnet und Tuche gefärbt würden, die bisher in Augsburg bearbeitet worden waren. Nach Ansicht der Verordneten ging es dem Färberhandwerk zur Zeit ganz gut. Man solle es deshalb „mit erpauung neuer werkstätten bei altem gebrauch und ordnung lassen".

Die Verordneten hatten aber die Entschlossenheit der Färber unterschätzt. Die „schlecht Schwarz- und Graufärber" und die Vorblaufärber waren sich alle in dem Punkte einig, daß es zu viele Meister gab. In den letzten 13 Jahren seien 49 Gesellen Meister geworden. Der Rat solle keine neuen Farbwerkstätten zulassen oder die Verleihung der Meisterschaft für einige Jahre einstellen.

Der Rat entschied dann 1602 tatsächlich, daß jedes Jahr nur noch drei Personen zum Meisterrecht zugelassen werden sollten, ein Meistersohn, ein Bürgersohn und ein Fremder. Nicht eingeschlossen in diese Zahl waren Gesellen, die eine Witwe des Handwerks heirateten, weil sie ja keine neue Werkstatt eröffneten. Wenn in der einen Kategorie kein Bewerber um das Meisterrecht sei, sollten die Bewerber aus den anderen Kategorien in der oben angegebenen Ordnung genommen werden. Der Rat hat diese Bestimmungen dann noch 1602 in Kraft gesetzt.[34] Erstaunlich ist, daß auch die Meistersöhne diesen Beschränkungen unterworfen sein sollten.

In jeder der drei Gruppen sollte jeweils der Älteste das Meisterrecht erwerben. Nach einigen Jahren bestimmte man aber, daß das Alter allein nicht das entscheidende Kriterium sein solle. Es war nämlich vorgekommen, daß ein lediger Geselle, der nicht zu heiraten beabsichtigte, nur wegen seines Alters das Meisterrecht erhalten hatte, während ein anderer, der schon mit einer Heirat „verfasst" war, übergangen worden war. 1608 wurde deshalb die Ordnung geändert. Ein Meistersohn, Bürgersohn oder Fremder, der schon „mit einer heurath verfasst" war, sollte von nun an Vorrang vor einem unverheirateten Gesellen haben, auch wenn dieser älter war.[35]

---

[34] 1602, 28. Dezember.
[35] 1608, 19. März. Ordnungen 1477-1788.

Da also jedes Jahr nur drei Personen zur Meisterschaft zugelassen wurden, kamen nur noch wenig auswärtige Färbergesellen nach Augsburg. Dagegen warteten 1613 rund 30 Meistersöhne darauf, Meister zu werden. Aber nach dem Gesetz von 1602 hätten manche von ihnen noch an die 30 Jahre warten müssen! Der Rat befahl deshalb in diesem Jahre, jedes Jahr zwei Meistersöhne zur Meisterschaft zuzulassen. Von Bürgersöhnen und auswärtigen Gesellen sollte dagegen jedes Jahr abwechselnd jeweils nur einer zur Meisterschaft aufsteigen.[36] Unter den drei Personen, die jedes Jahr zur Meisterschaft zugelassen wurden, waren also von nun an zwei Meistersöhne und ein Bürgersohn oder ein Auswärtiger.

Die Färbermeister konnten mit den Verordnungen von 1602 und 1613 zufrieden sein, da nur noch wenige neue Werkstätten eröffnet wurden. Die Gesellen sahen das Problem natürlich anders. Sie hatten kaum noch Hoffnung, jemals in Augsburg als Meister arbeiten zu können. Die Gesellen beobachteten mit um so mehr Ärger und Sorge, daß die Meister nach wie vor viele Lernknechte anstellten. Während z.B. 1603 nur ein auswärtiger Geselle die Meisterschaft erhielt, stellten die Meister 20 neue Lernknechte ein. Die Gesellen fürchteten, daß sich Massen ehemaliger Lernknechte in umliegenden Städten und Dörfern niederlassen würden. Alle „Orth, Reichs- und Fürstenstädte" seien bereits mit Färbergesellen überlaufen. Kurzum, die Gesellen fragten sich, ob sie bei dem Überschuß von Lernknechten überhaupt noch eine Chance hatten, wenigstens auswärts eine Werkstatt eröffnen zu können.

1603 verlangten deshalb sechs Färbergesellen, daß die Zahl der Lernknechte unbedingt verringert werden müsse. In Zukunft solle kein neuer Färbermeister in den ersten 5 Jahren einen Lernknecht annehmen dürfen. Nach Auslernung eines Lernknechtes solle der Meister einen neuen Lernknecht in den folgenden drei Jahren nicht anstellen dürfen.

Die Vorgeher der Färber lehnten diesen Vorschlag sofort ab. Ihre Gründe zeigen, daß schon eine Zeitlang Spannungen zwischen Meistern und Gesellen bestanden hatten. Die Meister hätten Lernknechte „inn mehrer zahl" angenommen, weil die Gesellen sich über die viele Arbeit beschwert hätten. Wenn die Meister nicht die Lernknechte hätten, wären sie genötigt, die Arbeit selbst zu erledigen. Die Gesellen würden niemals Arbeiten verrichten, die eigentlich Lernknechte tun müssen. „Wie gehorsamb sich die Dienstboten gegen ihren herrschafften allenthalben erzaigen und verhalten, ist menniglich bewusst". Man könne sich denken, „was für yppigkheit, hinterlistigkeit, ybermutt und verechtung den Maistern fürgehen würde", wenn die Meister keine Lernjungen mehr aufnehmen dürften. Die Meister müßten dann „einig und allein dem Gesellen willen geben müssen".

Das Gesuch der Gesellen wurde also zurückgewiesen.[37] Eine Verringerung der Zahl der Lernknechte war auch deshalb unmöglich, weil jedes Jahr eine viertel Million Tuche gefärbt wurde. Man brauchte Arbeitskräfte. Erst 20 Jahre später, setzte sich auch bei den Meistern die Meinung durch, daß die Zahl der Lernknechte verringert werden müsse. Ab 1625 durften neue Meister vor Ablauf von fünf Jahren keinen Lernknecht anstellten. Alle Meister sollten nach Auslernung eines Lehrjungen zwei Jahre warten, bevor sie einen neuen annahmen.[38]

---

[36] 1613, 30. April. Ordnungen 1477-1788.
[37] 1603, 28. Januar, 13. März, 20. März und 8. April.
[38] 1625, 9. September. Ordnungen 1477-1788.

Die auswärtigen Gesellen hatten mit Bitterkeit auf den Beschluß von 1613 reagiert, nach dem nur einer von ihnen alle zwei Jahre Meister werden konnte: diese Ordnung sei „mit vleis inn der Maistersohn sonderbahren favor und hergegen in odium der frembden geordnet".

Im Gegensatz zu den Weberknappen konnten die Färbergesellen auch dann noch die Meisterschaft erhalten, wenn sie schon im Gesellenstand geheiratet hatten. Aber die Vorgeher verlangten, daß sie auch als verheiratete Gesellen die vorgeschriebenen Jahre arbeiteten, bevor sie sich um die Gerechtigkeit des Färberhandwerks bewarben. Das Problem war, daß diese Gesellen Frau und Kinder ernähren mußten. Mehrmals hat sich deshalb der Rat über seine eigenen Gesetze hinweggesetzt.

Unnachgiebig blieb man aber, wenn es um die Erfüllung der Gesellenjahre ging. Man erlaubte z.B. drei Gesellen zu heiraten, aber sie mußten wie andere Gesellen bei den Meistern früh und spät arbeiten, aßen im Hause des Meisters und haben „nicht selbst gehaust".

Gesellen, die Witwen heirateten und also keine neue Werkstatt aufmachten, kamen auch nicht mehr so leicht zur Meisterschaft. Der Rat befahl 1625 prinzipiell, daß keine Witwe einen Gesellen heiraten sollte, der noch nicht die vier Jahre in einer einzigen oder die sechs Jahre in mehreren Werkstätten gearbeitet hatte.[39]

Trotz aller Bemühungen, die Zahl der Färber zu beschränken, gab es 1627 dennoch 98 Meister. 1628 ist sogar die Rede von 107 Werkstätten, obwohl angeblich 20 Werkstätten die ganze vorhandene Arbeit verrichten konnten. Seit Mai 1627 gab es deshalb wieder Diskussionen und Streit, was man tun solle. Die einen wollten den Zutritt zum Handwerk ganz sperren. Andere wollten es beim alten Herkommen lassen. Die Vorgeher schlugen schließlich vor, jedes Jahr nur eine Person zum Meisterrecht zuzulassen: die ersten zwei Jahre nacheinander den ältesten Meistersohn, das dritte Jahr einen Bürgersohn oder einen fremden Gesellen, und zwar immer den ältesten.

Die Gesellen hatten natürlich von diesen Beratungen und Vorschlägen gehört. Sie rechneten sich aus, daß jetzt nur noch alle sechs Jahre ein einziger fremder Geselle Meister werden konnte. Drei fremde Gesellen, die schon 18, 17 und 10 Jahre im Handwerk gearbeitet hatten, wandten sich nun an den Rat: sie hätten die verlangten Jahre bereits doppelt erfüllt und seien darüber alt geworden. Wenn man die neuen Vorschläge einführe, könnten sie erst in 6, 12 und 18 Jahren Meister werden.

Vier Meistersöhne, sieben Bürgersöhne und ein weiterer fremder Geselle, die weit über die geforderte Zeit auf dem Handwerk gearbeitet hatten, verlangten nun auch, „ausser der ordnung" zum Meisterrecht zugelassen zu werden.[40]

---

[39] 1625, 9. September. Ordnungen 1477-1788.
[40] Die Gesellen hatten bereits folgende Jahre gedient:

	Alter	auf dem Handwerk allhie
Bürgersöhne:		
Hans Korenmann	28	15
Christof Eiselin	30	20
Christof Steidlin	22	7
Christof Loher	26	8
Hans Leonhart Greiner	25	8
Andreas Freyschlag	20	6
Hans Kuenlin	22	7

Die Vorgeher waren nun doch betroffen, daß gleich „15 Supplikanten under ainist mit einander kommen und Meister zu werden begehren". Man beschloß bei der alten Ordnung zu bleiben, „da die novationes und newerungen nicht allweg allen, sondern etwas nur wenigen zue nutz kommen, die alten ordnungen aber gemainiglich die besten sein". Es sollten also auch künftig drei Färbermeister zugelassen werden, ein Meistersohn, ein Bürgersohn und ein fremder Geselle. Doch wollte man eine Änderung einführen: bisher war üblich, „wann ein gesell seine Jahr zu den meisterrechten compliert, man ime ehend für einen meister nit eingeschrieben bis er sich verheyratet hat". Künftig solle ein solcher Gesell seine „erstandene meisterstell frey haben, ime keiner einstehen und an das heyrathen nicht gebunden sein". Der Geselle konnte also anscheinend Meister werden, auch wenn er noch nicht verheiratet war.[41] Sollte die hohe Sterblichkeit in diesen Jahren bei dieser Entscheidung eine Rolle gespielt haben? Waren vielleicht so viele Menschen gestorben, daß man die Heirat nicht zur Bedingung für die Meisterschaft machen wollte? In den schlimmen Jahren des Dreißigjährigen Krieges, 1630 und 1637, hat der Rat dann auch diejenigen Bestimmungen, „welche in das handwerkh zu heyrathen verbunden, aus bewegenden Ursachen" aufgehoben. Den Gesellen war es nun „ausser des handtwerkhs zu heyrathen unverwörth".[42]

Trotz aller Vorschriften kam es vor, daß ein Geselle es unterließ, seine Ersitzjahre bei der Lade einschreiben zu lassen. Im 18. Jahrhundert mußte man dann 12 fl an die Lade zahlen. Wenn ein hiesiger oder fremder Färbergeselle seine vier bzw. sechs Ersitzjahre nicht geleistet hatte und eine hiesige Färberwitwe, Färbertochter, hiesige Bürgertochter oder eine Fremde „auf das handwerk" heiraten wollte, sollte er nach Proportion des Abganges der Ersitzjahre 60 fl in die Handwerkslade zahlen.[43]

Obwohl man Anfang des 17. Jahrhunderts die auswärts gearbeiteten Jahre nicht anerkannte, ließ man später Gesellen die übrige Zeit auf der Wanderschaft ableisten, wenn die Augsburger Färber nicht genügend Arbeit hatten.[44]

Anscheinend war es nicht immer klar, wer Anspruch auf die Gerechtigkeit der Färber hatte. Jedenfalls hat man diesen Personenkreis im Jahre 1676 umfassend zusammengestellt. Vor allem legte man fest, wie hoch das Kaufgeld und das Einschreibegeld waren, die bei Erlangung der Handwerksgerechtigkeit gezahlt werden mußten.

Gerechtigkeit, Kaufgeld und Einschreibegeld 1676, 10. Oktober

Kaufgeld a)
1) alle hiesige Färber, die schon Meister sind, ob sie schon eine andere Gerechtigkeit erkauft haben oder bisher keine gehabt haben

Blasius Wollmann		18
Fremde Gesellen:		
Jeronimus Mair		17
Hans Bobinger		10
Hans Kessler von Altusried	28	11

[41] 1628, 26. Februar und 14. März.
[42] 1630, 19. Januar und 1637, 24. März.
[43] 1775, 14. Januar. 1778, 2. Dezember.
[44] 1725, 10. Juli.

2) Meistersöhne und Gesellen, die Meister-
   töchter oder Witwen heiraten (sind
   Augsburger Gesellen gemeint?)   1 fl
3) fremde Gesellen, die in das Handwerk
   heiraten   8 fl
4) Diejenigen, die „dieses Handwerks nit
   sind" und es nicht treiben, sondern die
   Gerechtigkeit nur zu kaufen begehren   12 fl

Einschreibegeld b)
1) Meistersohn oder jemand, der eine
   Meistertochter heiratet   2 fl
2) Fremder Geselle   4 fl
3) Ein Fremder, der das Handwerk nicht
   treibt und dennoch der Gerechtigkeit
   einverleibt zu werden wünscht   6 fl

a) Das Kaufgeld geht dem Stadt aerario zu.
b) Das Einschreibegeld geht nicht den Vorgehern, Geschworenen und Kornpröpsten zu, sondern dem ganzen zur Zeit notleidenden Handwerk.

Die Gesellen mußten also saftige Gebühren zahlen, wenn sie in Augsburg Meister werden wollten. Ein fremder Geselle zahlte nicht weniger als 12 fl. Aber es war wohl auch die Absicht, fremde Gesellen aus der Meisterschaft fernzuhalten. Anscheinend wurde um 1720 angezweifelt, daß Gesellen, die Witwen heirateten, wirkliche Meister waren. Jedenfalls wurde 1723 eindeutig bestimmt, daß diese Leute ihren Mitmeistern gleichzuhalten seien. Ein solcher Geselle mußte aber ganz schöne Summen zahlen:

1) in die Gesellenlade, um sich deren
   Auflage zu befreien: 4 fl
2) der Meisterschaft über die 8 fl hinaus
   noch weitere 6 fl   14 fl
3) dem Amt   2 fl

Obendrein sollte ein solcher Meister sechs Jahre ohne einen Lehrjungen arbeiten. Vielleicht hatte es zu viele solcher Ehen gegeben. Man erschwere sie also jetzt.[45]

Andere Ehehalten

Neben den Gesellen arbeiteten in den Werkstätten der Färber noch andere Ehehalten. Streit gab es, wenn diese Leute Arbeiten verrichteten, die nur den Gesellen zustanden. 1550 klagten die Gesellen, es sei „schwerlich eingerissen", daß die meisten Färber nicht bloß zwei Lehrjungen, sondern auch noch eine Dienstmagd hielten, „die zu irem handtwerk und ferben helffen müssen". In den Färberordnungen von 1550 und 1600

---

[45] Im Jahre 1700 sind die Kosten noch erhöht worden. Wer kein Meistersohn war, mußte 24 fl Lehrgeld zahlen, weiterhin 2 fl in die Büchse des Rates, 1 fl in die Büchse des Handwerks und dem Schreiber 30 kr Einschreibegeld. Die Lehrzeit dauerte nach wie vor 3 Jahre. Wer kein Lehrgeld zahlte, sollte 4 Jahre lernen müssen. 1700, 12. Oktober.

wurde zwar ausdrücklich festgelegt, daß „die Dienstmaid des Ferbens, usstreichens und usschlahens muessig steen". Dennoch verwandten viele Meister Mägde beim Färben „aus Antrieb und gehaist der Gesellen, damit sy der Arbait empflihen und yberhoben sein mögen",wie die Vorgeher vermuteten. Mit anderen Worten, die Faulheit und Überheblichkeit der Gesellen habe die Meister gezwungen, Mägde anzustellen.[46]

Ähnliche Probleme gab es auch im 18. Jahrhundert. 1757 klagten die Altgesellen, daß zwei Stückreiber bei den Färbern als Gesellen arbeiteten. Mehrmals beschuldigte man die Färbermeister, entgegen der Färberordnung „ihre knecht gesellenweis arbeiten" zu lassen. Die Meister hatten alle möglichen Entschuldigungen: die Gesellen verrichteten die Arbeit nicht, sie würden von den Knechten besser bedient. Oder die Gesellen benähmen sich so schlecht, daß man sie nicht behalten könne. Andere sagten, sie hätten so wenig Arbeit, daß sie keinen Gesellen bräuchten. Oder, die Knechte versähen nur die Pferde.[47] Immer wieder fällt auf, wie viel Streit es zwischen den Färbermeistern und ihren Gesellen gab.

Es beleuchtet die schwere Lage der Färber, daß zumindest im 18. Jahrhundert verarmte Färbermeister als Gesellen arbeiten durften. Sie mußten dann auch mit den Gesellen „heben und legen". Andererseits waren sie auch jetzt verpflichtet, wie andere Meister wandernde Gesellen zu beherbergen. Wenn sich ihre Verhältnisse gebessert hatten, sollten sie jederzeit wieder als Meister arbeiten dürfen. Gelegentlich durften auch Färbermeister von auswärts als Gesellen arbeiten.[48] So erlaubte man einem Färbermeister aus Welden, für eine Färberwitwe zu arbeiten.

Die Gesellen der Färber pflegten „rosenrot gefärbte Schürzlein" zu tragen. Als die Webergesellen auch solche roten Schürzen tragen wollten, wurde es ihnen verboten.

Abwerben

Den Färbern war es verboten, anderen Meistern die Gesellen abspenstig zu machen. Die Strafe war empfindlich, 3 fl. Anscheinend waren aber solche Fälle gar nicht einmal so selten. 1548 wurde z.B. der Färber Jörg Kicklinger beschuldigt, einen Gesellen des Mangmeisters Veit Balier abgedingt zu haben. Kicklinger behauptete seinerseits, daß man mehrere seiner Knechte abgedingt habe: so habe derselbe Veit Balier zwei seiner Manggesellen „aus versprochen Zill und on mein wissen abgedingt".[49] Weshalb haben sich diese Färber und Mangmeister die Gesellen so rücksichtslos abspenstig gemacht? Um die Mitte des 16. Jahrhunderts scheint es nicht genügend Färber- und Manggesellen gegeben zu haben. So hatte z.B. Jörg Kicklinger „die Mang etliche weil auss mangel der Knecht in wesentlichem Gang nicht gehallten, sondern den Meren thail bei veiten Mangmeistern Mangen lassen". Ja, Kicklingers Frau bot dem Mangmeister Veit Balier 120 fl pro Jahr an, wenn er für sie mange. Anscheinend ohne Erfolg. Sie sei dann „zu ime

---

[46] 1603, 3., 13., 20., März und 8. April. Ordnungen 1477-1788.
[47] 1757, 27. Juni. 1758, 16. Januar. Protokolle 1756-1757. 1765, 1. Dezember und 1768, 11. Oktober. Protokolle 1767-73. Ähnlich ließ ein Mangmeister seinen Lehrjungen Gesellenarbeit verrichten. 1765, 2. Juli. Protokolle 1765-67.
[48] 1785, 21. Mai. Protokolle 1782-86.
[49] 1548, 12. Juli.

dem knecht mit wainenden Augen khomen, Ine gepetten und überredet, das Er Ir und irem Eewirth zu dienen zugesagt".

Bruderschaft

Wenn ein Geselle nach Augsburg kam, wurde er vom Handwerksdiener zu einem Meister gewiesen, „welchen dazu die Ordnung trifft".[50] Hier erhielt der Geselle ein oder zwei Tage Essen und Trinken und auch das Nachtlager. In der „Festzeit" konnte er die Feiertage bleiben. War der Meister nicht imstande den Gesellen aufzunehmen, mußte er ihn im Wirtshaus verköstigen. Von der „Gesellschaft" bekam der fremde Geselle nichts. So war es jedenfalls im 18. Jahrhundert, aber vermutlich auch schon früher.

In den 1780er Jahren befahl der Rat, fremde Handwerksburschen nur durch das Klinkertor in die Stadt hereinzulassen, wo man sie dann gleich zu ihrer Herberge schickte. Man hoffte auf diese Weise den Gassenbettel und das „Fechten" zu unterbinden. Die Färber erinnerten nun den Rat daran, daß die Färbergesellen sowieso nicht zu betteln bräuchten, weil sie ja von den Meistern aufgenommen und verpflegt würden. Man könne von den Gesellen, die müde und matt in Augsburg ankamen, nicht verlangen, daß sie erst zum Klinkertor laufen, dann den Handwerksdiener und dann noch ihr Quartier suchen müßten. Vor allem im Winter, „wo ihre Einwanderung am häufigsten ist".[51] Vielleicht hatte mancher Färbergeselle auch Schwierigkeiten unterzukommen. Ausgerechnet zu Weihnachten 1788 ist ein auswärtiger Geselle erfroren.[52]

Die Mang- und Färbergesellen hatten spätestens seit der ersten Hälfte des 16. Jahrhunderts, wenn nicht schon früher, eine Bruderschaft mit Satzungen, damit „arme Gesellen, da sy mit Krankheit allhie angegriffen, von gemeiner Büchse" unterhalten werden konnten. Eine revidierte Ordnung, die die Verordneten 1579 vorlegten, betonte die obrigkeitliche Aufsicht und schränkte die Selbständigkeit der Gesellen ein. Aber im wesentlichen gingen die Bestimmungen der alten Ordnung über Mitgliedschaft, Beiträge, Verwendungszweck der Gelder und Strafen in die neue Ordnung über. Es sind die üblichen Bestimmungen, die wir auch in so vielen anderen Gewerben finden.

Jeder Mang- und Färbergeselle war verpflichtet, der Bruderschaft innerhalb eines Vierteljahres beizutreten. Tat er es nicht, sollte er hier nicht arbeiten dürfen. Wer aufgenommen werden wollte, mußte mit dem Lehrbrief beweisen, daß er das Handwerk drei Jahre gelernt hatte. Das Einschreiben kostete den Gesellen 4 kr. Danach mußte er alle Quatember einen Beitrag von 3 kr zahlen. Wer ihn nicht zahlte, wurde wieder aus der Bruderschaft ausgeschlossen. Ihre Versammlungen hielten die Färbergesellen um die Mitte des 16. Jahrhunderts im Schneiderhaus. Wenn ein Geselle zur Versammlung nicht erschien, mußte er eine Strafe von 6 kr zahlen. Die Gelder wurden von vier Gesellen und zwei Büchsenmeistern verwaltet. Jedes Quatember wurden zwei neue Gesellen zu diesem Amte gewählt. Wenn ein Geselle erkrankte, sollte ihm „auss gemeiner Pixen handtraichung" gegeben werden. Wurde er wieder gesund, mußte er das geliehene Geld zurückzahlen.

---

50 Der Handwerksdiener bekam jährlich 2 fl vom Handwerk für das Einquartieren der Gesellen. Große Handwerksrechnung 1774-1792.
51 1789, 12. Dezember.
52 Philip Jacob Otto aus Wörth bei Straßburg.

Nach dem Dreißigjährigen Kriege hat man die Ordnung noch einmal revidiert (1654). Man betonte, daß die Gesellen ohne Erlaubnis der Vorgeher „um keinerlei Ursach willen" eine Zusammenkunft halten dürften. Die Beiträge wurden auf 10 kr je Quatember erhöht. Wenn die Gesellen alle Quatember zur Öffnung der Lade zusammenkamen, durften sie 1 1/2 fl aus der Lade nehmen und auf der Herberge verzehren.

Wie bei allen Ämtern sollte auch bei den Altgesellen die Parität eingehalten werden. Aber 1664 wollten die Färbergesellen keinen Katholiken zur Lade wählen. Man befahl ihnen deshalb, im nächsten Quatember einen katholischen Gesellen zu wählen und alle Feindseligkeit zu lassen. Der eigentliche Grund war wahrscheinlich, daß es zu wenige katholische Färbergesellen gab. Jedenfalls entschied man wenig später, wenn ein katholischer Geselle vorhanden und qualifiziert war, sollte er auch von den Gesellen AC gewählt werden. War keiner da, sollte es den katholischen Deputierten gemeldet werden. Man wählte dann zwei Gesellen AC.[53]

Im 17. Jahrhundert baten die katholischen und die evangelischen Färbergesellen, ihnen die „separation" in zwei Bruderschaften zu erlauben. Die Herberge der evangelischen Gesellen war im Jahre 1781 beim „weissen Gockel, die der katholischen bei der „Gruberin".

Wie die Webergesellen weigerten sich auch die Färbergesellen neben Gesellen zu arbeiten, die ernste Vergehen begangen hatten. Ein solcher Geselle, der wegen seines „bekanntlichen delicti" aus dem Handwerk geschafft worden war, wurde trotz eines Legitimationsbriefes nicht geduldet.

Festlichkeiten

Die Bruderschaft diente auch dem geselligen Leben der Gesellen. Seit langem war es üblich, daß die Gesellen jedes Quatember fremden Gesellen, die gerade eingeschrieben worden war, „mit einer Schenngkh oder Zech ehr entpotten". Auch wenn einer ein Jahr außerhalb der Stadt gearbeitet hatte, wurde ihm „zu Quatembers zeiten die Zech verehrt".[54]

Dem Rate war es aber mit diesen Zechen, die ja sowieso durch Reichsgesetz verboten waren, nicht geheuer. Die Verordneten dagegen meinten, man könne diesen alten Brauch nicht ohne „widerwertigkhait" beseitigen. Eher würden die Gesellen aus der Stadt ziehen, „dann es fast Grobe, halsstarrige Gesellen, und dero ain Guetthail unnder Inen hatt". Die Zechen würden ja auch nur viermal im Jahre gehalten, und nicht monatlich, wie in manchen anderen Handwerken.

Der Rat fragte in Memmingen, Kempten, Regensburg und Nürnberg an, ob sie die „handwerksschenken" duldeten. Keine dieser Städte duldete sie. Die Verordneten argumentierten nun, daß die Lage in Augsburg ganz anders sei. In Augsburg gäbe es „der Meister ein grosse anzahl" und an die 60, 70 oder 80 Gesellen. In anderen Orten dagegen nur zwei oder drei Färbergesellen. Wenn der Rat aber die Zechen verbieten wolle, dann solle er das Verbot von den Bürgermeistern verkünden lassen, denn wenn sie selbst es täten, würden sie von den Färbergesellen nur ausgeschrieen. Im Juni 1579 wurden dann die Zechen verboten.

---

[53] 1664, 14. Juni. 1667, 9. Oktober. Protokolle 1658-1729.
[54] 1667, 9. Oktober. Protokolle 1658-1729.

„Zu ergetzung Irer harten und schweren Arbaitt" durften die ledigen Gesellen der Färber wie die Weberknappen den „Däntzeltag und umbzug mit gebreuchlichem Spil, auch hernach einem ehrlichen Dantz" nach Ende der Geschau veranstalten. Im Jahre 1604 fand der Däntzeltag am Montag vor Bartholomei statt, 1608 am 18. September. Nach dem Dreißigjährigen Kriege hören wir allerdings nichts mehr davon.

In der zweiten Hälfte des 18. Jahrhunderts pflegten die Färbergesellen um Weihnachten einen Umzug zu halten, der dem Rat und den Meistern überhaupt nicht paßte. Die Färbermeister wollten den Umzug verbieten, weil so viele fremde Gesellen in den Christferien zum Umzug nach Augsburg kämen, die ihnen mit Beherbergung, Zehren und Zechen zur Last fielen. Letztes Jahr hätten sich die Gesellen bei dem Umzug „tumultuarisch" benommen. Es sei zu Unordnung und Raufhändeln gekommen. Der Rat untersagte daraufhin den Umzug ein für alle Male. Auch das Umschauen und Ausschenken der fremden Gesellen solle stiller als bisher gehalten werden. Die Gesellen ließen sich aber nicht so schnell einschüchtern. Zwei Jahre später wollten sie den Umzug wieder halten.

Die Meister hatten an der Bruderschaft noch mehr auszusetzen. So beanstandeten sie, daß die Färbergesellen am Sonntag um 1 Uhr zur Lade kommen mußten. Wenn sie nicht gleich kamen, mußten sie eine Strafe von 2 1/2 kr zahlen. Obwohl die Deputierten diese hohe Strafe verboten, ließen sich die Altgesellen nicht in ihre „uralte observanz" hereinreden.[55]

Es gab dann auch alle möglichen Zwischenfälle. Ein Färbergeselle, der von dem Vorgeher bei der Lade als grober Kerl „gewaltig beschimpft" worden war, weil er den Hut aufbehalten hatte, beschimpfte daraufhin die Vorgeher laut auf der Straße. Zwei andere Gesellen nannten zwei Vorgeher „schlechte Vorgeher", weil sie in der Herberge nicht oben, sondern unten getrunken hatten.[56]

Vielleicht war die Bruderschaft um 1780 auch brutaler, als es sonst üblich war. Als ein Färbergeselle an dem Umzug nicht teilnahm, hielt man „Standrecht" und verurteilte ihn dazu, 24mal auf der Herberge Spießruten zu laufen. Er hatte schon 8 oder 10 Schläge ausgehalten, als ihn ein anderer Färbergeselle rettete und zur Tür hinausließ. Die Deputierten sahen dieses Spießrutenlaufen nicht als Scherz an und verurteilten wenigstens einen der Gesellen zu dreimal 24 Stunden Haft.[57]

Wie bei den Webern tauchte gelegentlich auch unter den Färbern das Problem der sogenannten Knappendotten auf. An manchen Orten wurden die Färbergesellen nicht gefördert, wenn sie keine Dotten vorweisen konnten. So etwa in Türkheim. In Augsburg spielte es keine Rolle, ob sie Knappendotten hatten oder nicht, solange sie nur „recht Handwerksgebrauch" hielten.[58]

Streit und Streik

Wenn es Streitigkeiten zwischen Meistern und Gesellen oder Lernknechten ihrer „Dienst halber" gab, sollte die Irrung von den Vorgehern oder eventuell von den Verordneten

---

55 1756, 13. Dezember und 1757, 10. Januar und 7. Februar. Protokolle 1756-1757.
56 1773, 13. Juli und 29. Dezember. Protokolle 1767-73. 1781, 5. März. Protokolle 1782-86 II.
57 1781, 5. März.Protokolle 1782-86 II.
58 1724, 1. Februar. Protokolle 1658-1729.

gütlich beigelegt werden. Nicht immer ist dies gelungen. Bereits im 16. Jahrhundert kam es zu einem Streik der Färbergesellen.

Es ging um einen Färbermeister aus Memmingen, Abraham Meurer, der anscheinend nicht alle Anforderungen für die Meisterschaft erfüllt hatte. Er erhielt jedoch eine kaiserliche Confirmation, die ihn als Meister bestätigte. Den Verordneten lag diese Confirmation am 7. August 1576 vor. Meister und Gesellen waren jetzt bereit, Meurer anzunehmen, wenn auch der Rat die kaiserliche Confirmation ausdrücklich anerkenne. Der Rat war aber vorsichtig: er ließ es bei der kaiserlichen Confirmation und dem getroffenen Vergleich, doch wenn die Confirmation an anderen Orten nicht anerkannt würde, behalte er sich das Recht vor, „diss orts ferner zu bedenken".[59]

Tasächlich kam es zu Schwierigkeiten. Der Sohn des Meurer hatte bei seinem Vater das Färberhandwerk gelernt und wollte 1582 bei einem anderen Meister in Augsburg als Geselle arbeiten. Doch bevor er sich einschreiben konnte, wurde er von zwei Gesellen als unredlich geschmäht. Sicher ging es hier um die Vergangenheit des Vaters. Der Sohn sagte nun seinerseits, er werde die beiden Gesellen nicht für redlich halten, „biss sy es auf in bringen". Die beiden wiederum erklärten, sie hätten den jungen Meurer nicht von sich aus geschmäht, sondern hätten von den Altgesellen gehört, man werde ihn nicht einschreiben oder aufnehmen.

Die Verordneten baten nun den Amtsbürgermeister, die Quatemberzusammenkunft bis zum Sonntag verlängern zu dürfen. Der Bürgermeister befahl, die Gesellen nicht im Wirtshaus zusammenkommen zu lassen, sondern nur auf dem Weberhaus. Wenn sie die Auflage nicht zahlen wollten, hätte man sie gleich bei der Hand.

Die Verordneten hofften auf eine „schidlich vergleichung", falls es bei der Quatemberversammlung zu „Widerwillen" kommen sollte. Die Gesellen wollten aber erst einmal ihre eigene Haltung besprechen und baten, vorher eine Zusammenkunft halten zu dürfen. Die Verordneten lehnten aber ab. Daraufhin sind am Samstag die meisten Gesellen, ohne Urlaub zu nehmen, von ihren Meistern aufgestanden und haben die Stadt verlassen. Der Streik war da.

Die Verordneten unterrichteten noch am gleichen Tage die Stadtpfleger und Geheimen und erhielten Weisung, mit dem vorgenommenen „gebot" fortzufahren und zu sehen, wie viele Gesellen kommen würden. Es zeigte sich, daß 35 Gesellen fortgezogen und 16 hiergeblieben waren. Zwei Drittel der Gesellen waren also in den Streik getreten.

Es ist nicht bekannt, wie lange dieser Streik dauerte. Jedenfalls kehrten alle bis auf vier oder fünf wieder in die Stadt zurück und erschienen mit einem Advokaten neben den hiergebliebenen 16 Gesellen vor den Verordneten, um um Verzeihung zu bitten. Sie sagten auch, weshalb sie fortgezogen seien: als man ihren „vorgängern" verbot, eine Versammlung zu halten, habe man sie auch gewarnt, sie sollten sehen, daß sie nicht in die Eisen gelegt würden, wenn sie sich „aigens willens" versammelten. Als sie von den Verordneten auf das Weberhaus vorgefordert wurden, hätten sie allerlei Gedanken bekommen, es wäre vielleicht ratsamer hinauszuziehen, als sich in Gefahr zu begeben.

Die Verordneten verfaßten einen gütlichen Vergleich in der eigentlichen Streitsache. Die Gesellen wurden anscheinend nicht bestraft. Die Verordneten wollten aber vom Rat

---

[59] 1576, 7. und 9. August. Protokolle 1581-88.

auch Anweisung, wie sie sich den Gesellen gegenüber verhalten sollten, die nicht zurückgekommen waren. Dies waren wohl die eigentlichen Anführer gewesen.[60]
Auch in den folgenden Jahren klagten die Färber so manches Mal über ihre Gesellen, ihre „yppigkeit, hinterlestigkeit, ybermutt und verechtung gegen den Meistern". Aber zu ernsteren Unruhen ist es vor dem Dreißigjährigen Kriege nicht gekommen. In der zweiten Hälfte des 17. Jahrhunderts sind die Färbergesellen dann viermal in den Ausstand getreten. Anfang 1660 sind die Gesellen im Zusammenhang mit einem Streit zwischen dem Färberhandwerk und einem Färbermeister namens Ulrich Mayr aus der Stadt gezogen. Wir wissen nicht, wie lange. Deputierte wurden ernannt, um den Streit zu schlichten. Sie hörten sich auch die „deren desswegen von hier hinausgezogenen gesellen relation" an. Am 19. April 1660 wurde der von den Deputierten getroffene Vergleich mit Ulrich Mayr ratifiziert.

Der Auszug der Gesellen scheint die Färbermeister maßlos geärgert zu haben. Jedenfalls verlangten sie, daß Titel 28 der Reichspolizeiordnung von 1577 der Färberordnung beigefügt würde. Dieser Titel bestimmte, daß die Gesellen niemanden, der geschmäht worden war, selbständig „auf- und umtreiben oder unredlich machen" dürften, sondern mit und neben ihm arbeiten sollten. Klagen seien von der Obrigkeit zu entscheiden.[61]

Nur ein Jahr später, 1661, kam es aber wieder zu Unruhen unter den Färbern. Einige „Haussmeister", die das Handwerk aus Armut nicht selbst treiben konnten, arbeiteten für einen anderen Färbermeister „gesellenweiss". Die ledigen Gesellen bestanden darauf, daß ein „solcher Pfaff, wie sie es nennen, soll mit helfen schluken". Sie forderten wohl, daß Meister, die gesellenweise arbeiteten, mit den anderen Gesellen bei der Lade auflegen sollten.

Die Färbermeister scheinen diese Forderung abgelehnt zu haben. Daraufhin haben neun Gesellen die Stadt verlassen. Wieder wissen wir nicht, wie lange sie streikten. Nach ihrer Rückkehr wollten sie den anderen Gesellen, die nicht mitgezogen waren,"etwas aufheben". Vielleicht also eine Geldstrafe aufbrummen? Oder sie fortjagen? Die Deputierten entschieden im Oktober 1661, daß so etwas überhaupt nicht in Frage komme. Gesellen, die dies verlangten, sollten „nach ungnaden gestraft" werden. Im Januar 1662 setzten es obendrein die Vorgeher durch, daß die neun Gesellen in den nächsten zwei Jahren nicht zur Meisterschaft zugelassen werden sollten.[62]

Es fällt auf, wie widersetzlich die Färbergesellen zu dieser Zeit waren. Interessant ist auch, daß die Gesellen nicht einfach die Werkstätten verließen, sondern aus der Stadt zogen. Viel erreicht haben sie aber mit ihren Auszügen nicht.

19 Jahre später, im Jahre 1681, kam es wieder zu Unruhen, die mit einem bitteren Streit zwischen zwei verfeindeten Schön- und Schwarzfärbern, Paul Dassdorf und Martin Reinweiler zusammenhingen. Der Konflikt war dadurch kompliziert, daß Dassdorf evangelisch und Reinweiler katholisch war. Dassdorf beschuldigte den Reinweiler am 8. Juni 1681, acht halbe, grün gefärbte Boy ungesiegelt, also ungeschaut, bearbeitet zu haben. Der evangelische Deputierte ließ daraufhin den Reinweiler sofort ins Gewölbe werfen. Voll Wut beschuldigte nun Reinweiler den Dassdorf unter Stellung von Zeugen, 20 bis 30 ungesiegelte Stücke gefärbt und den Tuchscherern übergeben zu haben. Dassdorf

---

[60] 1582, Protokolle 1581-88.
[61] 1660, 2. April. Färberordnung.
[62] 1662, 3. Januar. Protokolle 1658-1729.

wurde nun seinerseits von den katholischen Deputierten in die Fronfeste geworfen. Beide wurden am 14. Juni 1681 auf freien Fuß gesetzt.

Vielleicht hat Dassdorf den Reinweiler noch einmal öffentlich beschuldigt. Danach reiste er an einem Sonntag mit Fäden nach Nürnberg ab. Diese Beschuldigungen hatten aber zur Folge, daß die Färbergesellen die „Sperrung" der Werkstatt des Reinweiler verlangten. Um ihrer Forderung Nachdruck zu geben, verließen sie noch an demselben oder am folgenden Sonntag die Stadt und zogen zu dem Jägerhäuslein nach Haunstetten, wo sie mit Zechen und Tanzen die Zeit verbrachten. Der Auszug dauerte anscheinend einige Tage. Da die Färbermeister ohne die Gesellen nicht auskamen, haben die Vorgeher tatsächlich Reinweilers Werkstatt schließen und auch die Unkosten des Streiks bezahlen müssen. Nach Ansicht der katholischen Deputierten war die Schließung allein durch einen „mutwilligen, in den allgemeinen Reichsconstitutionen höchst verbotenen aufstand" erzwungen worden und sie erlaubten dem Reinweiler, seine Werkstatt wieder zu öffnen.

Die Vorgeher der Färber rechtfertigten sich damit, daß es „je und allwegen observiert worden wie noch, dass wan einer geschmäht ist, ihm die werkstatt bis zu austrag der sache gesperrt ist und bleibt". Sonst gäbe es einen Aufstand unter den Gesellen, den sie nicht verhindern könnten. Wenn das Gesinde wieder aufstehen und, „wie zu fürchten", ganz davon ziehen sollte, „wie sie sich dann an kainem orth nötigen lassen", dann verlören die Färbermeister mit Weib und Kind ihre Nahrung. Es ist nicht bekannt, wie die Sache dann ausgegangen ist.[63]

Obwohl Martin Reinweiler 1682 das Amt des Vorgehers innehatte, schwelten „die differenz und der streit" zwischen ihm und den Meistern und Gesellen weiter. Im November 1682 kam es zu einem neuen „tumult und aufruhr", als Meister und Gesellen auf der Herberge bei offener Lade versammelt waren. Bei der Diskussion über einen Gesellen, der seinen letzten Abschied noch nicht vorgelegt hatte, sagte der Viertelmeister Christoph Steidle, Reinweiler habe die Unwahrheit gesagt und solle „sein heilloses maul halten". Ein Färbergeselle, David Drexel, fiel nun ein, wenn es so sei, dann habe Reinweiler „ein verlogenes Maul". Wütend warf nun Reinweiler die Schlüssel auf Drexel. Drexel wiederum hob die Schlüssel auf und warf sie auf den Hut des Reinweiler. Reinweiler legte daraufhin die Schlüssel mit den Worten auf den Tisch, wenn man ihn nicht respectiere, wolle er nicht mehr Vorgeher sein. Da er sich seines Lebens nicht mehr sicher fühlte, verließ er den Raum. Die Meister machten ihm Platz, „damit mehrere ungelegenheit und die schläg verhuetet werden". Reinweiler beschwerte sich dann beim Amtsbürgermeister über David Drexel und dessen Bruder Daniel und auch über Christoph Steidle. Da man ihm, wie er behauptete, die Schlüssel „in das Gesicht geworfen", verlangte er Bestrafung der drei Delinquenten. Er führte den Tumult auf die „vorhero gegen ihn, Reinweiler, schwebenden Händel" zurück. Der Amtsbürgermeister ließ die drei verhaften. Am 24. November 1682 wurden David und Daniel Drexel zwar auf Weisung des Rates wieder aus der Haft entlassen, doch „mit betrohung- und verweis, nicht mehr zu kommen".[64]

Unter den Gesellen herrschte offensichtlich eine böse Stimmung, mit Neigung zu Gewalttätigkeit. Zwei Jahre später kam diese Stimmung wieder zum Ausbruch. Es ging um einen Lehrjungen, der im Januar 1684 eingeschrieben worden war. Im Sommer oder

---

[63] 1681, 12. und 14. Juni.
[64] Urgichten 1682, 23. November.

Herbst 1684 forderten die Gesellen mit einem Male, diesen Lehrjungen „als einen zu dem handwerkh undichtigen Sohn" zu entfernen, weil er außerhalb der Ehe gezeugt worden war und deshalb ein „Hueren Kind" sei. Die Verordneten lehnten aber diese Forderung ab, weil der Junge „per consequens matrimonium in den Stand Ehelichen gesetzt worden" sei. Der Rat war vorsichtig: er bat die Städte Nürnberg und Ulm im ihre Meinung. Die Gesellen wiederum scheinen die Weigerung der Deputierten als eine Beeinträchtigung ihrer Freiheiten angesehen zu haben und suchten ihre Forderung „durch allerhandt insolentien und muetwillig aufständt" durchzusetzen. Sie beschimpften ihre Vorgeher und Viertelmeister, die bei der Einschreibung des Lehrjungen anwesend gewesen waren. Der Bürgermeister ließ die beiden Altgesellen am 3. November 1684 verhaften, entließ sie aber einen Tag später, nachdem er ihnen ihren Ungehorsam verwiesen hatte. Kaum waren die beiden entlassen, wiederholten sie ihre „schmähwort". Der eine Altgeselle, Andreas Drexel, beschimpfte seinen eigenen Vater, der damals Viertel- und Geschaumeister gewesen war. Schlimmer noch: Ende November oder Anfang Dezember 1684 verließen 20 Gesellen, unter ihnen die zwei Altgesellen, die Stadt, um die Meister zur Schließung der Werkstätten zu zwingen.[65]

Nach Meinung der Verordneten hatten sich die Gesellen durch ihren „abermahligen aufstandt" und ihr Fortziehen gegen die Frankfurter Polizeiordnung von 1577 vergangen. Nürnberg, Ulm und Regensburg sollten informiert werden, damit die Gesellen dort keine Arbeit bekämen. Die Verordneten empfahlen auch, die Söhne zweier Witwen, die zwar hiergeblieben waren, aber sich weigerten, die „schmähwort" gegen ihre Vorgeher und Viertelmeister zurückzunehmen, „zur amantenierung obrigkeitlichen respects und abschneidung aller sonst darauss entstehenden ärgernus" exemplarisch zu bestrafen. Diese

---

[65] Folgende Gesellen zogen aus der Stadt:
Andreas Drexel aus Augsburg, Altgeselle.
Jacob Moser aus Herzogenburg in der Schweiz, Altgeselle.
Melchior Wiser aus Biehl.
Hans Jörg Greiner aus Augsburg. Meistersohn. Meister: 1692, 12. Mai.
Ludwig Greiner aus Augsburg. Meistersohn. Meister: 1691, 27. Juli.
Hans Bitner aus Augsburg (?). Ein Fremder. Meister: 1690, 19. Juli.
Daniel Stemer aus Augsburg. Hiesiger Sohn. Meister: 1685, 15. Oktober.
Andreas Fuhrmann aus Thal.
Jeremias Forster aus Augsburg.
Hans Jörg Asch aus Augsburg.
Valentin Delge aus Quedlinburg.
Lorenz Stierrenschopff aus Regensburg.
Caspar Scherrer aus Augsburg.
Conrad Klingenhueber aus Augsburg (?). Aus Weißenburg. Heirat 1696, 24. Februar.
Matheus Walther aus Weißenburg.
Marx Mair aus Augsburg.
Ulrich Gerner aus Worms. Ein Fremder. Meister: 1686, 7. Oktober.
Hieronymus Schretel aus Augsburg.
Christian aus Frankfurt.
Genannt werden auch:
David Drexel, Meistersohn. Meister: 1685, 1. Juni.
Christian Steidle. Meistersohn, Meister 1688, 7. Mai.
1684, 5. Dezember Akten Dirr. Ferner Reichsstadt, Zünfte Nr. 95.

zwei Gesellen waren David Drexel und Christoph Steidle, die sich ja schon 1682 hervorgetan hatten.
Es ist nicht klar, ob die Gesellen innerhalb der nächsten zwei Wochen in die Stadt zurückkehrten oder nicht. Gearbeitet haben sie auf jeden Fall nicht. Ein Ausschuß der Gesellen[66] hat die Vorgeher und Viertelmeister am 17. Dezember 1684 noch einmal geschmäht und verlangt, daß auch die anderen Gesellen, die willig weiter arbeiten wollten, die Arbeit niederlegen sollten.
Am 18. Dezember 1684 versicherte der Ausschuß der Gesellen dem Amtsbürgermeister, daß das „wider alle gebühr eingeschriebene Hueren Kind ... alles causiere, sie hätten sonst wider niemand keine Händel". Da man auch in Städten wie Nürnberg, Ulm und Memmingen solche Leute nicht im Handwerk dulde, solle man den Buben auch entfernen.
Der Bürgermeister meinte, daß man ihn mit „vil Handwerkssachen behelligte, die überhaupt nicht in sein Amt gehörten". Aber er reagierte auch ungewöhnich mild: Der Rat werde die Freiheiten der Gesellen nicht schmälern. Die Gesellen sollten nur der Zeit mehr Raum geben. Die Gesellen erklärten sich nun auch bereit, keinen Aufstand mehr zu erregen, die Sache in statu quo zu lassen, wieder zu arbeiten und den Austrag der Sache abzuwarten, vorausgesetzt ihnen entstünde daraus „keine gefährde". Der Bürgermeister wies sie an, ihre Erklärung am nächsten Tage vor den Verordneten zu wiederholen, aber von Haft und Bestrafung war keine Rede.[67]
Haben die Färbergesellen ihren Standpunkt durchgesetzt? Große Nachteile sind ihnen aus dem Streik jedenfalls nicht erwachsen: acht von ihnen erhielten in den nächsten Jahren das Meisterrecht. Aber die beiden Altgesellen waren nicht darunter.
Die vier Streiks der Färbergesellen waren keine isolierten Ereignisse. In den Jahren 1667 und 1684-85 sind Hunderte von Weberknappen in den Streik getreten. Im Jahre 1668 haben auch die Tuchscherergesellen und die Tuchmachergesellen gestreikt. Es fällt auf, daß die Gesellen wiederholt ihre Forderungen mit Arbeitsniederlegung und Verlassen der Stadt durchzusetzen suchten. Eine gewisse Widersetzlichkeit scheint also in der Luft gelegen zu haben. Vielleicht hing diese gewalttätige Atmosphäre damit zusammen, daß es für die meisten Gesellen immer unmöglicher wurde, je zur Meisterschaft aufzusteigen. Wir sahen bereits im Zusammenhang mit den Tuchmachergesellen, daß Augsburg in diesen Jahren auf reichsgesetzliche Maßnahmen gegen Gesellenunruhen drängte. Vielleicht haben die Unruhen der Färber den Rat in seinem Drängen bestärkt.
Auf jeden Fall erließ der Rat im Jahre 1688 schärfere Bestimmungen zur Disziplinierung der Gesellen. Wenn ein Geselle selbständig Feierabend nahm, also aus der Arbeit ging, durfte er in Augsburg ein Vierteljahr nicht arbeiten, gleichgültig ob er ein Meistersohn oder ein Geselle von auswärts war. Auch ein Meister, der gesellenweise arbeitete, mußte in einem solchen Fall ein Vierteljahr „feiern" oder wandern.
Es hat in diesem Zusammenhang alle möglichen Fälle gegeben. Manche Meister machten es den Gesellen während der Ersitzjahre absichtlich schwer, damit die Gesellen vor der „gesetzten zeit" Urlaub nähmen und verschwinden müßten. Andererseits führten

---

[66] Der Ausschuß bestand aus dem Altgesellen Moser, den uns schon bekannten David Drexel und Christoph Steidle sowie Ludwig Greiner und Ulrich Gerner.
[67] 1684, 3. und 4. November und 18. Dezember. Protokollbücher der Amtsbürgermeister.

sich manche Gesellen absichtlich widerspenstig und übel auf, um vom Meister entlassen zu werden und gleich bei einem anderen Meister arbeiten zu können.[68]
Es scheint auch Streit darüber gegeben zu haben, wer für den Besitz des Gesellen, das Wanderbündel, verantwortlich war. Jedenfalls bestimmte der Rat, daß wenn der Geselle das Wanderbündel verschlossen dem Meister zur Aufbewahrung übergab, der Meister für etwaige Verluste aufkommen solle. Wenn aber der Geselle das Wanderbündel in seine Schlafkammer mitnahm, hatte der Meister keine Verantwortung.[69]

Werkstätten

Gemäß der Liste von 1622 hatten 15 Färber ihr eigenes Haus, während 56 Färber Häuser oder Räume mieteten. Es fällt auf, daß diese 56 Färber viel höhere Mieten zahlten als die anderen Textilhandwerker. 62% der Färber zahlten eine Miete von mehr als 20 kr, während nur 1% der Weber und 4% der Tuchscherer derartig hohe Mieten zahlten. Umgekehrt zahlten bloß 18% der Färber eine niedrigere Miete bis zu 15 kr, während es 85% der Weber und 67% der Tuchscherer taten.

Wir können annehmen, daß die Färber größere Werkstätten benötigten: entweder ganze Gebäude oder mehrere Räume. Ihre Werkstätten waren jedenfalls größer als die der Weber oder Tuchscherer, von den Färberrechen ganz zu schweigen. Um die Mitte des 16. Jahrhunderts zahlte ein Meister, der „mit vielen farben ferbt, welches vilen under uns gar frembdt ist", nicht weniger als 58 fl Zins. Er hatte auch seine eigene Mange.[70]

Mieten der Färber, Weber und Tuchscherer 1622

Miete in Kreuzern	Färber	Weber	Tuchscherer
0		30	
		1,40%	
1-5 kr		66	1
		3,09	1,14%
6-10 kr	6	815	21
	10,71%	38,20%	24,13%
11-15 kr	4	913	36
	7,14%	42,80%	41,37%
16-20 kr	11	289	25
	19,64%	13,54%	28,73%
21-25	13	12	2
	23,21%	0,56%	2,29%
16-30 kr	14	8	2
	25%	0,37%	2,29%
31-35 kr	3		
	5,35%		
36-40	1		
	1,78%		

---

[68] 1688, 23. Dezember.
[69] 1732, 30. Mai. Protokolle 1724-1737.
[70] Bereits in der ersten Hälfte des 16. Jahrhunderts scheinen viele Schwarz- und Graufärber 15 fl bis 30 fl gezahlt zu haben. (1548, 3. Januar und 1560, 29. August. Färber 1548-1579).

46-50	4
	7,14%

insgesamt	56	2133	87

Als die Barchentanfertigung und damit die Barchentfärberei gegen Ende des 17. Jahrhunderts immer mehr zurückging, scheinen vor allem Färber ohne eigenen Hausbesitz zugrunde gegangen zu sein. Jedenfalls wohnten im Jahre 1703 nur 12 der 43 Färber in „Zinss Häusern". Hatten die anderen 31 Färber ihre eigenen Häuser? Jedenfalls waren die Färber in den Zinshäusern deutlich ärmer als ihre Mitmeister: 75% von ihnen waren ärmlichere Leute (Steuer: 0 oder 1-15 kr), während es von den anderen Färbern nur 10% waren.

Vermögenslage der Färber in Zinshäusern 1703

	0	1-15 kr	16-60	1-10 fl	über 10 fl	alle	keine Angaben
Färber in Zinshäusern	5	4	3			12	
	41,66%	33,33	25,00				
Färber nicht in Zinshäusern	2	1	7	16	4	30	1
	6,66%	3,33	23,33	53,33	13,33		

Mindestens vier Werkstätten standen im Jahre 1703 leer.

Über die Einrichtung der Augsburger Farbhäuser ist wenig bekannt. Bei der Inspektion einer Färberwerkstatt fand man „14 Stück ob der tafel, 31 stück unter der Press". Die Tuche wurden also gerade bearbeitet. Ein andermal ist die Rede von „Kufen, Rechen, Stecken und sämtlichem Handwerkszeug" der Färber. Die Färber arbeiteten sowohl mit kupfernen wie zinnenen Kesseln. Welche Kessel waren besser? So fragte man aus Ansbach in Augsburg an,

1) ob man zum Schwarz-, Braun-, Grün- und Gelbfärben die zinnenen Kessel unbedingt nötig habe?
2) ob man in den zinnenen Kesseln dauerhaftere und schönere Farben erziele?
3) ob man mit zinnenen Kesseln billiger als mit kupfernen Kesseln färben könne?[71]

Bevor sie eine Werkstatt errichteten, mußten die Färber den Rat um Erlaubnis bitten. Vorsicht war geboten vor allem „wegen der feurstatt und dess Rechen halber, daran man die tuch henckt". So bat ein Färber, seine Werkstatt in seinem eigenen Hause „bey dem Schmeltzerprucklin" einrichten und „auch ein Rechen ungeverlich vier Schuch prait, daran man die tuch hennckt, und trucknet, gegen Reichsstrass" bauen zu dürfen. Er war bereit, die „feurstatt mit Maurwerkch gewelben" zu umgeben.[72]

Ein anderer Färber, der schon ein „gmach" in einem Hause „vor der Mil an der Sinckelt" gemietet hatte und dort eine Färberwerkstatt mit zwei Kesseln aufmachen

---

[71] 1741, 20. Februar. Protokolle 1738-1746. 1790, 8. Juli. 1717, 11. Dezember.
[72] Seine „bestandhaltung" hinter dem Neubad war gekündigt worden.

wollte, wurde abgewiesen. Er wandte sich deshalb noch einmal an den Rat, „weil die gmach sonderlich zum ferber handtwerkch nit zu bekommen". Er wollte an dem Hause „weder mit tuechhencken noch in ander weg nichts verendern, sondern die Tuch auff der gmain trucknen". Die Feuerstatt werde er so einrichten, daß niemand zu Schaden komme, zumal die Werkstatt „Ihnenhalb der Sinckelt, da es niemant nachthail pringt", liegen würde.[73]

Das Problem war, daß diese Werkstatt außerhalb der Stadt liegen sollte. Der Rat wollte um die Mitte des 16. Jahrhunderts keine Färberwerkstätten außerhalb der Stadtmauern, weil hier „nichts gemaurts" gebaut werden sollte. Allerdings gab es um diese Zeit schon vier Färber vor dem Wertachbruckertor.[74]

In der zweiten Hälfte des 16. Jahrhunderts nahm die Zahl der Färber dermaßen zu, daß man Farbwerkstätten außerhalb der Mauern zuließ. Um so härter waren die Färber betroffen, als man 1633 die Fortificationen ausbaute: zahlreiche Farbhäuser wurden „demoliert" und der Grund und Boden zu den „Revelin und Schanzen" miteinbezogen. Der einzelne Färber mochte einsehen, daß die Fortificationen nötig waren, aber der Verlust des Farbhauses kam einer Katastrophe gleich. Einer klagte, daß sein vor dem Wertachbruckertor gelegenes, neu erbautes Farb-, Mang- und Wohnhaus samt dem Tuchhänger abgebrochen worden sei. Er verlor also seine Nahrung und seine Kundschaft unter dem Bauernvolk. Damit sein Mangwerk nicht „unter dem Himmel in Regen und Schnee" völlig kaputtging, wies man ihm einen Stadel beim Klinkertörlein an, wo er seine Mange und Presse aufrichten, die Farbkessel mit „Laimb" einmauern und einstweilen wieder arbeiten konnte.[75]

Zwei Jahre später, 1635, baten mehrere Färber, ihre Farbhäuser vor den Stadtmauern wieder aufbauen zu dürfen. Aber die Vorgeher und die Deputierten wollten davon überhaupt nichts wissen. Häuser außerhalb der Stadt würden die Fortificationen behindern. Außerdem stünden jetzt 23 Farbhäuser in der Stadt leer. „Wasser, Hencken und Trucknen" gäbe es auch in der Stadt. Auch der Hinweis eines Färbers, daß sein Farbhaus schon seit 200 Jahren mit Färbern besetzt gewesen sei, nützte nichts.

Fünf Jahre später bat einer dieser Färber wieder, vor der Stadt auf seinem Grund und Boden ein „schlecht Farbhäuslein" auf acht Schuh und einen Gaden hoch bauen zu dürfen. Es ging ihm um eine bessere „Truckne" und auch das Wasser. Aber die Verordneten lehnten ab: Da er nahe dem Wertachbruckertor wohne, könne er seine Tuche besser aufhängen und trocknen als andere Färber, die in engen Winkeln und Gäßlein in der Stadt wohnten. Es stimme zwar, daß die am Wasser wohnenden Färber ihr Handwerk mit weniger Mühe trieben als andere, die es „schöpfen oder gar führen müssen". Aber sein ehemaliges, demoliertes Farbhaus sei auch nicht am Wasser gelegen. Er mußte es aus der Singold holen, während er es jetzt aus dem Rohrkasten neben seinem Farbhaus schöpfen könne.[76]

---

[73] 1562, 21. April.
[74] 1554 reichten sie eine Supplikation ein, die den Geschworenen und Vierern in St. Georgen Pfarr vorgelegt wurde. 1554, 12., 27. und 31. April. Ratsbücher.
[75] 1633, 17. September. David Grässlin.
[76] 1635, 9. Oktober und 3. November. Caspar Mayr und Consorten. 1640, 12. Mai und 25. September.

Ein besonderes Problem für die Färber war Feuergefahr. Beim Bau der „Färbers Thollen", Öfen und Kessel traf man besondere Vorsichtsmaßnahmen gegen Feuergefahr und Rauch. Da hier „stark gefeuert" wurde, mußten die Öfen „rings umher und sonderlich gegen eines Nachbars Haus Maur oder Wand mit eben dergleichen Maur ... verwahrt sein, auch deren Kümmich ohne kappen also geführt und gebaut werden, daß der Rauch gerad über sich steigen kann, und der Nachbarschaft davon keine Ungelegenheit gemacht werde". Öfen, Kessel oder Thollen sollten nicht zu nahe „an eines Nachbars Grund (gebaut werden) ..., sondern auch dieselb mit ihren Mauren, Schlund und Kümmichen vor Feuersgefahr und Beschwerlichkeit des Rauches wohl ... verwahrt werden".[77]

Etwas besonderes waren die hohen Rechen und Häncken, die die Dächer überragten. Wir hören von Rechen, die „auf die Reichsstrasse stossend" oder „auf den hof stossend" gebaut wurden. Schwierigkeiten gab es, wenn die Rechen zu weit auf die Straße hinausgingen. Oder wenn die Dächer der Nachbarn durch das „herabfallend Traff", also wohl die tropfende Farbe, beschädigt wurden. 1740 wurde deshalb bestimmt, daß die Rechen und Häncken nicht weiter auf die „Reichsstrasse" hinausgebaut werden dürften als „von zwei Barchet Tuch Breiten oder respective drei oder vier Schuh". Sie mußten auf beiden Seiten, gegen Nachbarhäuser zu, mit einem sogenannten „Schirm oder Flügel verwahrt werden, damit die ausgehängten Tuche die Nachbarn nicht belästigen oder gegen dieselbe überschlagen".

Das Baumeisteramt erließ genaue Anweisungen für den Bau der Rechen. Einem Färber erlaubte man, „an seinem schiesser gegen den Hof hin einen Tuchhänger oder Rechen zu bauen, doch soll solcher Rechen mit dem Gänglen und aller Zugehör im Liecht über 7 Werkschuh nicht haben und vorne ... 6 Schuh".[78] Da Rechen und Häncken hoch gebaut wurden, sollten die Färber auf jeder Seite, „wo das Traff gegen einen Nachbarn steht (wann er selbst keinen eigenen Hof hat, oder zwischen ihm und seinem Nachbarn eine vier schuchige entweder eigene oder gemeinschaftliche Reyhe wäre) einen Nüst anhängen und das Traff durch ein Rohr herab auf seinen Grund, oder in ermelte Reyhe, und dadurch auf Reichsstrass ausführen, damit das besagte Traff nicht auf des Nachbars Haus und Grund oder an dessen Maur überschiesse und spritze".[79]

Auf manchen Abbildungen sieht man lange Tuche von den Rechen herabhängen. Vom Frühjahr bis in den Herbst hinein sind die Tuche in der Sonne und im Wind wohl schnell getrocknet. Anders war es im Winter. Von Anfang Dezember bis Lichtmeß (2. Februar) erhielten die Färber höhere Löhne, „weil den winter über von wegen des unstetten wetters merer mühe und uncosten auf das truckhnen der tuch geht".

Man hatte die Schädlichkeit der Abwasser der Färberwerkstätten sehr wohl erkannt und regelte ihren Abfluß sorgfältig. Einem Färber schrieb man vor, daß er und seine Nachfolger „das Farbwasser nicht auf Reichsstrasse herauslaufen lassen sollen, sondern in die Schweinsgrube, welche er und seine Nachfolger auf ihre Kosten zu räumen und unterhalten haben, dahin auch künftigen Frühling ein Vorgrube gemacht und in angeregte Schweinsgrube Winters Zeit hinfüro auch das Rohrwasser geführt werden" soll.[80]

---

[77] Bauordnung 1740. Artikel 152 und 153. Anschläge und Dekrete Teil IV, 1726-1750.
[78] 1692, 26. Februar.
[79] Bauordnung 1740, Artikel 192-194. Anschläge und Dekrete Teil IV, 1726-1750.
[80] 1692, 26. Februar.

An Sonn- und Feiertagen durfte nicht gearbeitet werden. Aber die Färber haben sich an die Bestimmungen über die Sonntagsruhe nie ganz halten können: Sie mußten ihre Arbeit „allein nach gelegenheit des wetters anstellen". Ihre Arbeiten „als aufhencken, truckhnen, zussammenlegen der geferbten tuch" seien auch an Sonntagen und Feiertagen unumgänglich." Vor dem Dreißigjährigen Kriege hat man diese Argumente hingenommen. Ob die Färber auch später an Sonn- und Feiertagen arbeiten durften?[81]

---

[81] 1595, 11. Juli.

Der Färber
Hier ist kein Streit, nur Einigkeit.

Durch färbe Hertz- und Seelen gantz,
Jesus-Blut, mit Purpur-Glantz,
dem Aug des Höchsten zugefallen:
Daß, (wie die Farbe Schönheit bringt,
wann sie durch bleiche Wollen dringt,)
dein Licht u: Schmuck hafft in uns alle.

Kaspar Luyken (1672-1708). Der Färber.
Städtische Kunstsammlungen Augsburg. Inv. Nr. G 20530

Kaspar Luyken (1672-1708). Der Garnfärber.
Städtische Kunstsammlungen Augsburg Inv. Nr. 20529

Grund- und Aufriß zu dem Deschlerschen Farbhaus. Von Andreas Schneidmann.
Stadtarchiv Augsburg 226a, private Gebäude. Mappe 1, Nr. 8.
Es handelt sich um Pläne für ein Gebäude des Färbers Daniel Deschler „am Vorderen Lech hinter den Dominikanern." Da Deschler mit dem Entwurf nicht einverstanden war, wurde anscheinend aus der Sache nichts. (Bauamtsprotokolle 1735, 15. Juni; 1736, 29. Februar, 16. Mai und 3. Juni)

Färbertürme in der Jakobervorstadt und im Lechviertel.
Sammlung Robert Pfaud.

Farben

Seit der Vorzeit, seit Altertum und Mittelalter war mit Farbstoffen und Farbtechniken experimentiert worden.[82] Die Augsburger Färber waren also die Erben eines langen technischen Fortschrittes. Wenn sie jedes Jahr den Färbereid leisteten, gelobten sie, zu allen Farben nur „gutes, gerechtes Farbzeug" zu gebrauchen. Prinzipiell durften sie Mitte des 16. Jahrhunderts mit allen Farben arbeiten, ausgenommen Safflor Rot.[83] Die Darstellung der in Augsburg verwendeten Farben ist etwas verwirrend, weil es eine ganze Reihe phantasiereicher Farbstoffe gab und weil die vielen in Augsburg angefertigten Stoffarten verschieden gefärbt wurden.

Die Färberordnung von 1550 bestimmte, daß die Meister „mit Galass oder mit Rausch, Kupferwasser, Schliff oder was von Rechts wegen darzu gehört" färben durften. „Segmehl" und „Laub" waren verboten. Die blauen Gugler und Schetter sollten nur aus „Endich" gefärbt werden. Man warnte die Färber, ihre Farben sauber zu behandeln, sonst werde der Rat eine besondere Geschau für Farben einrichten.[84]

Der Färbereid von 1650 gibt eine Vorstellung davon, mit welchen Farbstoffen die Augsburger Färber arbeiteten:

1) zum schlechten Schwarzfärben aller Barchent alten Rausch, oder wenn sie gerne wollten, Galles ganz ohne Sägmehl und Aichenlon
2) zum Schwarzfärben der Leinwand allein Sägmehl und Lon ohne Rausch
3) zum Graufärben allein Galles und Kupferwasser
4) zum Blaufärben allein Indich ohne Roth Prisill, Waydtblumen oder anderen unziemlichen Zusatz
5) sonst insgemein zu allen Farben allein gutes, gerechtes Farbzeug, wodurch niemand betrogen wird.
6) sie dürfen keinen Barchent, er sei hiesig oder fremd, der nit zuvor gebleicht und weiß geschaut ist, aus Saphlor oder Prisil rot färben.

Es empfiehlt sich, die Verwendung der verschiedenen Farbstoffe einzeln zu behandeln.

Waid und Indigo

Färberwaid (Isatis tinctoria, ein Kreuzblütler) war bis 1500 der wichtigste Farbstoff für Blautöne gewesen. Färberwaid wurde schon früh in Nord- und Nordwesteuropa als Farbpflanze angebaut, in Deutschland besonders in Thüringen. Die getrockneten Blätter wurden auf der Waidmühle zermalmt, aufgeschüttet und in Fässer gestampft. Durch Gärung zersetzte sich das Indoxyl der Pflanze unter Bildung von Indigo. Die aus dem eingedickten Brei geformten Waidballen oder Klumpen wurden dann in Fässern auf die Märkte nach Frankfurt/Main, Görlitz und Nürnberg geschickt. In Nürnberg gab es besondere Ordnungen für die Waidmesser, die Waidgießer und die Waidschau. Im Auftrag des We-

---

[82] Hierüber das anschauliche Buch von Emil Ernst Ploch, Ein Buch von alten Farben, 1962.
[83] 1549, 28. Juli.
[84] 1550, Artikel 25.

berhandwerks kauften die Augsburger Kaufleute Waid in Erfurt, der dann den Waidfärbern weiterverkauft wurde.[85]

Um 1500 erschien dann in größeren Mengen auf den europäischen Märkten ein konkurrierender Farbstoff für Blau, das Indigo aus Indien. Indigo wurde aus den indischen Indigofera-Arten gewonnen, vor allem aus Indigofera tinctoria. Mit Indigo ließ sich ein stärkeres Blau erzielen als mit dem Färberwaid. Indigo enthielt auch Indigrot, Indigbraun und Indigleim. Indigo sollte später den Waid als Farbe verdrängen. Bis in das 17. Jahrhundert wurde aber über die Verwendung von Indigo, die „neulich erfundene, schädliche und betrügliche, fressende oder Corrosivfarbe", heftig gestritten.

So auch in Ulm. Einige Ulmer meinten, Indigo solle zum Färben des Barchent nicht verwendet werden. Andere versicherten, daß Indigo zum Blaufärben „gleich dem wayd werhaft" sei. Auch in Augsburg gab es Diskussionen. Barchent wurde allerdings schon Mitte des 16. Jahrhunderts in Augsburg sowohl mit Indigo wie mit Waid blau gefärbt.[86] Und andere Stoffarten?

Die Geschlachtgewander haben in Augsburg im 15. und im frühen 16. Jahrhundert Wolltuche mit Waid braun, grün, blau und rot gefärbt. In der ersten Hälfte des 16. Jahrhunderts wurde zum Blau- und Grünfärben der „Wollentuche" sowohl Indigo wie Waid benützt, so in Breslau, Bauzen, in Schlesien, in Wien, München, Nürnberg und auch in Augsburg. Die Augsburger meinten, daß der Waid „zu plauen duchen ... pösser und bestendiger weder der Endich" sei. Indigo gäbe dagegen bei grünen Tuchen ein „hiepscher und lieplicher farb". Die Verwendung von Waid und Indigo hing auch davon ab, welcher der beiden Farbstoffe gerade billiger war.

Bei der Geschau der blauen und grünen Tuche wurde nicht gefragt, ob man Waid oder Indigo verwendet hatte. Die Färber selbst sagten, daß man einen Unterschied nicht sehen könne, „man schneid dann ein schnizle inns duch, so es innwendig am faden plaue, do ist es die gewis prob, dass es aussem waid gferbt ist". Die Geschaumeister sähen nur darauf, ob die Farbe des Tuches „gut und fein glenzig und gleich sey". Allerdings handelte es sich hier nur um „schlecht wullin gewand", um „futer duch, loden und ander gering gewand".

Dieses Problem kam zur Sprache, als sich im Jahre 1556 drei Augsburger Färber beschwerten, daß ein Meister in der Stadt Wolltuche sowohl mit Waid wie mit Indigo blau und grün färbte. Sie behaupteten, es sei verboten, Wolltuche mit Indigo zu färben, weil es eine unbeständige und „betrüglich Farb" sei. Der betreffende Färber wies nun darauf hin, daß Indigo in anderen Städten nicht verboten sei und eine beständige Farbe bilde. Allerdings sei Indigo „ein sondere farb, die nit ein jeder ferber khan". Als auch die Geschaumeister bestätigten, daß die Verwendung von Indigo bisher in Augsburg erlaubt gewesen sei, durften Wolltuche auch weiterhin sowohl mit Waid wie mit Indigo gefärbt werden.[87]

---

[85] Große Jahresrechnung der Weber 1554, 26. Februar: sechs Faß Waid zu insgesamt 240 fl.
[86] 1558, 11. und 18. Oktober. Färber 1548-1579. Über die Verwendung von Indigo siehe W.A. Vetterli, „Zur Geschichte des Indigo" und R. Haller, „Die Gewinnung des Indigo" und „Zur Geschichte der Indigofärberei" in Ciba Rundschau 93, 1950, S. 3416-3441.
[87] 1556, 11. und 18. Juli. Färber 1548-1579.

Gugler und Schetter sollten im 16. Jahrhundert mit Indigo und „was dazu gehört" gefärbt werden. Die Verwendung des „Roten" und der „widtblomen" war in Augsburg nicht gestattet.[88] Leinentuche sollten die Färber allerdings mit Waid färben.
Die Färber waren darauf bedacht, ihre Farben in der Stadt zu behalten. So war es verboten, „Grund von der plaw farb" nach auswärts zu verkaufen.[89]
Die Waidfärber unterstanden selbstverständlich dem Färberhandwerk. Es ist eine andere Frage, ob in Augsburg in der zweiten Hälfte des 16. Jahrhunderts viele Tuche mit Waid gefärbt wurden. Um 1570 arbeitete kein Schwarzfärber mit Waid. Man erlaubte nur drei Waidfärbern, die das Handwerk nicht ordnungsgemäß gelernt hatten, für die Weber die Garne blau zu färben. Sonst durften sie nichts färben. Wenn einige Schwarzfärber zum Waidfärben übergehen sollten, wollte man den drei Waidfärbern die Arbeit in Augsburg verbieten. Mit dem Waidfärben war in Augsburg zu dieser Zeit kein großes Geschäft zu machen.[90] Im Jahre 1622 arbeitete mindestens ein Waidfärber für die Weber.[91]
Das Garn für die breiten und schmalen Ziechen sollte allerdings nur „aus dem waid" blau gefärbt werden. Anscheinend kam es vor, daß auch verbotene Farbstoffe hierfür benützt wurden. So wurde geklagt, daß die Augsburger Zwilchziechen als gute Bettziechen verkauften, obwohl sie weder die Qualität noch die Farbe der eigentlichen Bettziechen hatten. Es wurde nun verordnet, daß die Zwilchziechen wie die Bettziechen mit Waid gefärbt werden müßten.[92]
Um 1700 wurden „Weyd" und Indigo für eine Reihe von Farben verwendet, wie dunkelblau, himmelblau, bleumourant, Perlenfarb, „veielblau" und grün. Diese Farben waren übrigens den Färbern vorbehalten und durften also von den Webern für ihr eigenes Färben von Garn nicht benützt werden.[93]

Schliff, Rausch, Galles und Kupferwasser

Bereits im 15. Jahrhundert wurde mit Schliff, Rausch und Kupferwasser gefärbt.[94] Zum Schwarzfärben wurde im Mittelalter Eichenrinde und Schliff verwendet. Die zerstoßene Eichenrinde wurde ausgekocht und dann wurde Schliff zugefügt. Bei Schliff handelt es sich um die beim Schleifen von Messern abgestoßenen Metallteilchen, die in unter dem Schleifstein angebrachten Wasserkästen angesammelt wurden. In der zum Kochen gebrachten Flotte wurde dann schwarz gefärbt. Da die Schleifer um 1550 den Schliff vorwiegend nach auswärts verkauften, wo sie wohl mehr Geld erhielten, mußten die Augs-

---

[88] Ordnung 1550. Artikel 30. 1600 heißt es wieder, daß zum Färben der Gugler und Schetter nur Indigo, und „kein roht Prisill, Waidtblumen oder anderer unziemlicher Zusatz" gebraucht werden dürfe. Ferber Ayd 1600. Ordnungen 1477-1788.
[89] 1549, 28. Juli.
[90] 1570, 27. Juni.
[91] Veit Wanner. 1622, 4. Januar.
[92] 1610, Weberordnung Artikel 4. 1625, 18. Februar.
[93] 1700, 12. Oktober.
[94] 1453 heißt es, daß alle Barchente, die mit dem Ochsen, Löwen oder „truppen" bezeichnet worden waren, „schwartz oder anderley farb" gefärbt werden dürften. Und zwar sollten die Färber hierfür „rusch, kupferwasser oder schlipf" benützen, „wie man sie vormals gebraucht habe on alles geverde". 1453, 10. April. Ratsbücher.

burger Färber ihn von auswärts beziehen. 1560 kostete der Eimer Schliff, der ein paar Jahre früher 10 Batzen gekostet hatte, das doppelte, 20 Batzen.
Im 16. und 17. Jahrhundert spielte beim Schwarzfärben der Rausch eine große Rolle. Rausch wurde aus zwei Arten von Rhododendron gewonnen, Rhododendron ferrugineum (Rost-Alpenrose) und Rhododendron hirsutum (Wimper-Alpenrose). Ersterer wächst in den Alpen auf kalkfreiem Humusboden. Letzerer, eine Felsen- und Geröllpflanze, wächst fast nur auf Kalkboden.[95] Leinentuche und Barchent wurden mit Rausch schwarz gefärbt. Zum Graufärben durften nur Kupferwasser und Galles benützt werden.[96]

Als im Jahre 1576 die Vorräte an Rausch in Augsburg stark abnahmen, hat man das Schwarzfärben neu geordnet. Die in Augsburg angefertigten Leinentuche, wie „mitler, abendeurer, schetter, gugler und zwilch, sampt den trimmern und Bauren blatzen", sowie schmale Leinwand von auswärts durfte von nun an nicht mehr mit Rausch gefärbt werden. Diese Tuche sollten nur noch mit „Aichin, segmel, Rindenspenen und dergleichen sachen" schwarz gefärbt werden. Diese Farbstoffe seien der Leinwand durchaus nicht schädlich. Ja, es habe sich gezeigt, daß die Leinwand bei Bearbeitung mit diesen Farben „branndiger und gläntziger am ferben wirt dan aus dem Rausch".[97]

Unter keinen Umständen durften diese Farben aber zum Färben von Barchent verwendet werden, da sie „dem Parchet nit dienstlich". Der gemeine Barchent sollte wie bisher mit Rausch gefärbt werden. Man stellte es aber den Färbern frei, Galles zuzuschütten und „neben dem Rausch" zu verwenden.

Galles wurde wohl aus den Galläpfeln gewonnen. Die Galläpfel werden von Gallwespen auf den Blättern und Stielen der Eiche erzeugt. Diese Eiche, Quercus infectoria, wächst im östlichen Mittelmeer und ist auch als Wahrer Gallapfelbaum, Gallapfeleiche, Galleiche, Levantinische Galleiche oder Färbereiche bekannt. Von ihr stammten die echten (türkischen) Galläpfel. Man unterscheidet kleinasiatische Galläpfel und kleine und große ungarische, chinesische und japanische Galläpfel. Experimente hatten gezeigt, daß Galles zum Schwarzfärben „dienstlich und habhaft" war. Aleppogallen erzeugten ein besonders gutes Schwarz. Galles wurde auch zum Graufärben verwendet. Ja, er galt „als das fürnempst stück dartzu."

Große Märkte für Galles waren in Venedig, in Nürnberg und in Augsburg selbst. Dreierlei Sorten von Galles wurden angeboten:

der sorianische	beste Qualität
der aus Smyrna	mittlere Qualität
der polnische	schlechteste Qualität

Die Augsburger Färber verwendeten syrischen Galles, der aus Venedig bezogen wurde. Im Jahre 1576 war allerdings nur wenig Galles in Augsburg vorhanden und obendrein war er teuer. Man ließ die Verwendung von Galles bei solchen Tuchen zu, die erst mit

---

[95] Über diese Pflanzen siehe Heinrich Marzell, Wörterbuch der deutschen Pflanzennamen, Bd. 3, S. 1321-1331. Hier auch ein Zitat von Carolus Clusius: „Rustici et pastores eorum montium ubi observavi, utrumque genus Rausch appellant, eoque Tinctores qui vicina loca inhabitant, utuntur ad lineas penulas nigro colore inficiendas". Clusius, Carolus, Rariorum aliquot stirpium per Panoniam, Austriam, ... observatarum historia. Antverpiae, 1583, S. 76.
[96] Ordnung 1550, Artikel 23.
[97] Auch der Färbereid von 1650 bestimmte, daß zum Schwarzfärben der Leinwand nur „Segmehl und loe" ohne Rausch, verwendet werden soll. Färbereid 1650, 5. September.

Waid vorblau und dann schwarz gefärbt werden sollten. Die Tuche sollten „halb mit Galles und halb mit Rausch" schwarz gefärbt werden. Auf diese Weise hoffte man Rausch zu sparen und gleichzeitig dem Barchent eine gute Farbe zu geben.[98]

Einige Jahre später meinten die Geschaumeister sogar, man solle ähnlich wie beim Rausch einen Vorrat an Galles aufkaufen, da er sehr wohl anstelle von Rausch verwendet werden könne. Die Verordneten wollten aber nichts davon wissen, einen Vorrat an Galles anzulegen. Arme Färber kauften selten mehr als 4 oder 5 Pfund für ein oder zwei Ballen ein. Die Erfahrung zeige, daß der Galles nicht so tauglich wie der Rausch sei. Die Geschaumeister widersprachen: Galles eigne sich gut zum Färben. Auch in den Niederlanden werde die Seide aus lauterem Galles gefärbt.[99] Später, um 1600, scheinen die Verordneten tatsächlich Galles für das Färberhandwerk eingekauft zu haben. 1591 waren es 48 Säcke, 1604 140 Zentner und 87 Pfund.[100]

Als in den Jahren 1600 bis 1603 der Vorrat an Rausch in Augsburg abnahm, kauften die Verordneten in Venedig und anderswo „des Sorianischen galles ein zimblich Summa". Da sie große Mengen bar und deshalb billiger gekauft hatten, konnten sie den Galles zu einem niedrigeren Preise verkaufen, als die Färber sonst zahlten, weil die Färber „nur Pfenwert weiss, und darzue auf Porg, wie bei den mereren thail der ferber gebrauchig", kauften. Bloß um die Färber ruhig zu halten und nicht immer ihre Klagen hören zu müssen, verkauften sie ihn sogar mit einem Verlust von 2 1/2 bis 3 fl pro Zentner, bis sie schließlich 100 fl eingebüßt hatten. Der Rat verbot ihnen zwar, den Galles billiger zu verkaufen, als sie ihn eingekauft hatten. Aber auch jetzt noch erhielten die Färber den Galles „umb das pur lautere Capital, wie (sie) denselben erkauft" hatten, also zum Einkaufspreis. Obwohl die Verordneten also ihren Galles „mit Verlust versilbern" mußten, war er den Färbern zu teuer.

Die Färber behaupteten auch, daß der Galles „weniger zur bestendigen schwarzen farb daugnlich als der rausch ist". Die Verordneten konnten dies aber nicht glauben. In Cremona, in Wesel, in Köln und den Niederlanden, „da wol besser barchat weder alhie gemacht" wird, werde nur mit Galles gefärbt, weil Rausch dort nicht bekannt sei.[101]

100 Jahre später, Anfang des 18. Jahrhunderts, waren die Fronten genau umgekehrt. Die Schwarzfärber hatten mit Gallesbrühe anstelle von Rausch gefärbt. Die Folgen sollen schlechte Farben gewesen sein. Der Rat erinnerte nun die Färber daran, daß der Rausch „die beständigere Farbe" gibt: die Färber sollten gemäß der Färberordnung „acht Metzen Rausch auf ein bällin Tuch" nehmen. Die Gallesbrühe sollten sie überhaupt nicht benützen.[102] So stellte auch die Färberordnung von 1738 fest, daß die Färber zum „schlecht

---

[98] 1576, 11. und 20. Dezember. Färber 1548-1579.
[99] 1587, 10. Januar, 5. Mai und 9. Juni. Protokolle 1581-1599.
[100] Folgende Mengen von Galles kauften die Verordneten ein:

	Säcke	fl	kr
1591, 16. Juni	48	1320	10
1593, 13. Juni		915	51
1603, 23. Febr. an galles anliegend		3155	28
1604, 6. Juni 140 Zentner 87 Pfund zu 20 1/2 fl		2887	50

(Auszug und Jar Rechnung der Verordneten ob dem Weberhaus den Rausch betreffend. Weberhaus Nr. 147).
[101] 1603, 18. Januar. Ebenso 1607, 22. Mai.
[102] 1713, 14. März.

schwarz ferben" von Barchent drei Metzen Rausch und „anderen gehörigen Zusatz" pro 20 Stück verwenden sollten. Dagegen sollte „Seegmehl und Eichenloe", und kein Rausch, zum Schwarzfärben der Leinwand gebraucht werden.[103]
Kupferwasser war wohl identisch mit Blauem Vitriol oder Kupfervitriol. Es gab auch Grünes Vitriol oder Eisenvitriol. Vitriole hießen allgemein alle im Wasser lösbaren schwefelsäuren Salze der zweiwertigen Schwermetalle. Kupferwasser soll als Beize verwendet worden sein. Die Hallordnung von 1735 erwähnt neben Kupferwasser auch Alaun, das bekanntlich als Beize beim Färben eine große Rolle spielte.[104]

Safflor und Prisil

Zum Rotfärben wurden Safflor und Prisil benützt. Immer wieder hören wir in den Färberakten von Safflor. Es wird nicht gesagt, ob die Augsburger Färber echten Saffran oder Färbersafflor (falschen Saffran) verwendeten.

Saffran (echter Safran, Crocus sativus, crocus officinalis ein Schwertliliengewächs) war schon im Altertum im Mittelmeergebiet und Orient verbreitet.[105] Allerdings gab es viele Saffranarten. Aus der Narbe des echten Saffrans wurde im Mittelalter der kräftigste Farbstoff für Gelb gewonnen. Geblaute Gewebe konnten mit Saffran andere Farbtönungen erhalten.

Färbersafflor (falscher Saffran, Carthamus tinctorius, ein Korbblütler) wurde in Italien, Frankreich und im Elsaß angebaut. Die Blüten wurden zum Färben von Seide benützt. Färbersafflor kam in Form von Safflorkuchen auf den Markt. Safflor enthielt zwei Farbstoffe: mit dem einen färbte man gelb, mit dem anderen erzielte man einen zwischen Rot und Orange liegenden Farbton.

Beim Brasilholz handelte es sich im Mittelalter um mehrere Holzarten asiatischer Herkunft, die zum Rotfärben verwendet wurden. Vor allem Caesalpinia Sappan, das aus dem indo-malaisischen Gebiet stammte, hatte eine hohe Konzentration des roten Farbstoffes. Es war auch als Prisilje oder Brasilienholz bekannt.

Die Protugiesen hielten das in den Wäldern Südamerikas wachsende rote Farbholz ebenfalls für Brasilholz und sollen deshalb das ganze Gebiet nach diesem Holze Brasilien genannt haben. In Wirklichkeit handelte es sich nicht um das indische Caesalpinia Sappan, sondern um Caesalpinia brasiliensis, eine Farbholzpflanze Westindiens, die auch Fernambukholz genannt wurde.[106] Aus diesen Hölzern wurde der rote Farbstoff gewonnen, der in Augsburg Brasil oder Prisil genannt wurde.

Spätestens seit 1501 mußte in Augsburg angefertigter Barchent, ob „gretisch oder mailendisch", erst gebleicht werden, bevor er rot gefärbt werden durfte. Alle Ordnungen des 16. Jahrhunderts enthalten diese Bestimmung, daß Barchent und Leinwand erst gebleicht, „auf weiß geschaut und besigelt" und danach erst rot gefärbt werden sollten.[107]

---

[103] Ferber Ayd. Färbereid 1650.
[104] Neu-verbesserte Hall Ordnung 1735, Artikel 6. Anschläge und Dekrete.
[105] Heinrich Marzell, Wörterbuch der deutschen Pflanzennamen, Band 1, S. 855 und 1248.
[106] Heinrich Marzell, Wörterbuch der deutschen Pflanzennamen, Band 1, S. 705.
[107] 1533, 12. Januar. Ratsbücher. Ebenso Färberordnungen 1550 und 1600. 1557, 21. November. Protokolle 1548-1581.

Nur die Gugler durften bereits „roh" mit Brasilholz rot gefärbt werden. Sie wurden zwar der Färbergeschau vorgelegt, erhielten aber kein Siegel.

Die Bestimmungen über des Bleichen waren jedoch umstritten. Die Vorgeher der Färber schlugen jedenfalls im Jahre 1600 vor, daß Überellen, Trümmer und Schnitze auch roh, ohne vorherige Bleiche, mit Safflor oder Prisil rot gefärbt werden sollten. Die Verordneten hatten für diese Bitte Verständnis, weil man so auch in Memmingen, Landsberg und Friedberg färbte. Sie empfahlen, daß die Augsburger ganzen und geschnittenen Barchenttuche wie auch die Bomasine „wol aus Prisill geferbt werden mechten". Wenn Barchent, Bomasin oder halbe Scheiben dagegen mit Safflor gefärbt werden sollten, sollten sie erst gebleicht werden, „weil es ein lieblichere farb gibt". Überellen wiederum sollten roh, ohne vorhergehende Bleiche, mit Prisil wie mit Safflor gefärbt werden können. Als Begründung führten sie an, daß die Überellen nicht ganze Stücke seien, sondern „Trümmer von 1, 2, 3 oder höchstens 4 Ellen", die nicht verschickt, sondern meist nur in Augsburg „under gemeinen leuthen verhandtiert werden".

Der Rat war aber vorsichtig und ließ die alten Regeln zunächst in Kraft. Andererseits wußten Kaufleute, Briechler und Krämer, daß es einen Markt für Tuche gab, die ohne Bleiche mit Safflor oder Brasilholz gefärbt worden waren. Auf ihre Anregung hin haben einige Färber Barchent Überellen und Trümmer sowie auch einige Schnittbarchente ohne vorhergehende Bleiche mit Safflor und Brasilholz gefärbt „weil sie dieselben nit frisch liecht, sondern dunkel haben wollten". Die Verordneten verurteilten daraufhin jeden dieser Färber, unter denen auch mehrere „betagte weibspersonen und wittiben" waren, zu einer Strafe von 4 fl.[108]

Vielleicht wurde jetzt dieses ganze Problem wieder beraten. Jedenfalls wurden im Dezember 1604 neue Regelungen erlassen. Die Färber durften von nun an die in Augsburg gewirkten ganzen und geschnierten Barchenttuche und Bomasine „roch und Prisill" färben. Sie brauchten also nicht erst gebleicht werden, wenn sie mit Prisil gefärbt werden sollten. Nach wie vor mußten aber Barchente, Bomasine und halbe Scheiben, die mit Safflor gefärbt werden sollten, erst gebleicht und weiß geschaut werden. Trümmer und Überellen aus Augsburg durften ohne vorhergehende Bleiche sowohl mit Prisil wie mit Safflor gefärbt werden. Sie durften jedoch den Briechlern nur „trümmerweise" und nicht stückweise verkauft werden.[109]

Ein besonderes Problem war der Bomasin. Im 16. Jahrhundert wurde Bomasin ungebleicht mit Safflor gefärbt und dann zum „Zöpfenmachen" verwendet. Diese Zöpfe aus Bomasin hatten einen guten Ruf, weil sie schön gefärbt und aus „gutem zeug" gemacht waren. Um 1600 wurde aber den Färbern verboten, ungebleichte Bomasin mit Safflor zu färben. Hiergegen protestierten die Krämer im Jahre 1606. Der Bomasin sei an sich schon „ein schwache arbeit und wirdt ime durch die bleich die Krafft noch mehr genommen". Gebleichte Bomasine seien zum Zöpfenmachen nicht mehr geeignet. Die Augsburger Krämer hatten das Geschäft mit Zöpfen schon an Händler aus anderen Städten (Ulm,

---

[108] 1604, 4. und 11. September.
[109] 1604, 9. Dezember. Ordnungen 1477-1788. Der Färbereid von 1650 verlangte dann aber wieder, daß alle Barchente, ob aus Augsburg oder von auswärts, nur dann mit Safflor oder Prisil rot gefärbt werden durften, wenn sie vorher gebleicht worden waren. Färbereid 1650, 5. September. Hatte man also die Bestimmungen wieder geändert?

Kempten, Memmingen, Kaufbeuren oder Lauingen) verloren, weil der ungebleichte Bomasin „die farb viel schöner behält".

Als die Verordneten daraufhin ungebleichten wie gebleichten Bomasin zur Probe färben ließen, zeigte sich tatsächlich, daß „die farb auf den gebleichten Bomasin nit so schön und bestendig als auf den rochen ... bleibe". Der Rat erlaubte nun die „rohen Bomasin zu den Zöpfen allein und sonsten zu keiner handtierung oder Ausschnitt auss Safflor zu ferben".[110]

Andere Farbstoffe

Beim Cottondruck spielte, wie wir noch sehen werden, Krapp eine besondere Rolle. Rubia tinctorum, Färberröte oder Krapp, ist ein Rötegewächs, das im Raume des Mittelmeeres wächst und früher auch in Deutschland angebaut wurde. Aus der Wurzel wurde ein roter Farbstoff, besonders Alizarin, gewonnen.[111]

Zumindest im 18. Jahrhundert wurde auch aus dem „Gilbkraut" ein wichtiger Farbstoff gewonnen.[112] Als ein Schönfärber große Mengen von Gilbkraut in Augsburg aufkaufte und nach Nördlingen schaffen wollte, beschwerten sich die anderen Färber sofort. Der Mann mußte sein Gilbkraut zum Einkaufspreis wieder dem Augsburger Färberhandwerk verkaufen.[113] Im 16. Jahrhundert wurde auch „Leimbleder" als Rohstoff verwendet.[114]

Leinen- und Hanföl wurde ebenfalls beim Färben verwendet. Die Färber klagten 1560, daß das Pfund Öl, das früher 6 oder 7 Pfennige gekostet hatte, auf 16 Pfennige gestiegen sei. Die Schuld gaben sie den Seilern und Huckern, die das Leinen- und Hanföl in Bayern und auch in Augsburg aufkauften. 1575 beschwerten sich die Färber, daß sich der Preis des Öls auf 16, 17, ja 20 oder 21 Pfennige erhöht habe.[115]

Verbotene Farben

Gelegentlich verwendeten die Färber verbotene Farbstoffe, wie etwa „Knopern"[116], Erlenrinde, Eichenlohe[117] und Sägmehl. Vor allem Sägmehl, der mehlartige Abfall beim

---

[110] 1606, 15. Juni und 27. Juli. Ordnungen 1477-1788.
[111] Heinrich Marzell, Wörterbuch der deutschen Pflanzennamen, Band 3, S. 1446.
[112] Mehrere Pflanzen, aus denen Farbstoffe für die Gelbfärben angefertigt wurden, wurden als Gilbkraut bezeichnet: Serratula tinctoria (Färberscharte), Reseda luteola (Färberwau) und Chelidonium maius (Schöllkraut). Dentaria bulbifera (Zwiebelzahnwurz) war auch als Gelbkraut bekannt. H. Marzell, Wörterbuch der deutschen Pflanzennamen, Bd.1, S. 923, Bd. 2, S. 77, Bd. 3, S. 1299 und Bd. 4, S. 288.
[113] 1737, 15. Mai. Protokolle 1736-1738,
[114] Leimleder fiel bei der Lederfabrikation an. Es handelt sich um die für die Gerbung „ungeeigneten, beim Entfleischen entfernten Teile der tierischen Haut", die für die Leimfabrikation gebraucht wurde. Brockhaus, Bd. 11, 1932, S. 277.
[115] 1575, 10. März. Färber 1548-79. Sie verlangten, daß die Seiler nur noch so viel Öl kaufen sollten, wie sie selbst benötigten. Den Huckern solle der Handel mit Öl verboten werden.
[116] 1683, 29. März. Protokolle 1658-1729. Knopern waren Galläpfel an den jungen Kelchen der Eicheln, im Unterschied zu den eigentlichen Galläpfeln, die an Blättern oder Stielen wachsen. (Grimm, Wörterbuch, Bd. 5, S. 1483.)
[117] Wurde Eichenlohe aus der Rinde der Eiche gewonnen?

Zersägen von Holz, galt als „falsche Farbe". Als sich 1571 herausstellte, daß ein Färber mit Sägmehl anstelle von Rausch gefärbt hatte, sagten die Verordneten, so etwas sei noch nie vorgekommen. Man wußte gar nicht, wie man den Mann bestrafen sollte und warf ihn dann ein paar Tage in den Turm.[118] Manche Färber meinten, daß sich das Verbot von „Seegmehl und Eichenloe" nur auf ganze Barchenttuche und nicht auf Barchentüberellen bezog. Als ein Färber „trümmer von Barchat überellen" mit Sägmehl färbte, ließ der Rat einen Artikel der Färberordnung beifügen, nach dem auch Barchentüberellen nur mit Rausch und Galles und nicht „mit verpottener materi" gefärbt werden dürften.[119] Man vermutete, daß betrügerische Färber Sägmehl verwendeten, „weil solches gar schwarz erscheint, und der geschaumeister auge erfüllt und hernacher solche farbe ganz wieder davon staubt". Aber nur wenige solcher Färber wurden erwischt. So ein Meister, der mit „Segeslab" gefärbt hatte. Als sich obendrein herausstellte, daß er „um viel metzen zu wenig" Rausch verwendete, mußte er seine Werkstatt ein halbes Jahr schließen.[120]

Die Reichspolizeiordnung hatte „alle fressenden oder sonsten schädlichen und leichtlich abschiessenden Farben" verboten. 1581 hieß es, daß man eine „hochschädliche" schwarze Farbe erfunden habe, die sogenannte „Khal oder Teuffelsfarb", die die Tücher „frisst". Für den Färber habe die neue Farbe zwar den Vorteil, daß er für 4 fl so viele Tuche färben könne, wie er früher für 10 fl mit guter Farbe gefärbt habe. Aber die mit der Teufelsfarbe gefärbten Tuche „zerfielen" in vier Jahren. Vor allem schwarze Tuche seien betroffen. Man gebrauche für die Teufelsfarbe anstelle des Waid „Presilg, Kupferfarb oder Vitriol oder andere corrosina". Diese Farben fräßen die Stoffe dermaßen, daß Tuche, die man für 50 000 fl gekauft habe, keine 10 000 fl wert seien.

Auch der Tuchscherer Jeremias Neuhofer, den wir schon als Erfinder kennengelernt haben, soll 1609 mit „Spanisch oder Blau Holz", das er noch mit anderen Zusätzen verschärfte, Garn gefärbt haben.[121] Spanisches Blauholz ist auch bekannt als Kampescheholz (Haematoxylon campechianum). Ende des 18. Jahrhunderts sagten die Färber, daß sie nur die Blauholzfarbe als falsche Farbe betrachteten, „da zu allen übrigen Farben solche Species kommen, welche zu guten Farben gebraucht werden."[122] Manchmal wird nur gesagt, daß ein Färber „falsch" gefärbt hatte, etwa eine grüne Leinwand falsch gefärbt hatte oder ein Ziechlein unrecht gefärbt hatte.[123] Weshalb die Farbe falsch war, wird nicht gesagt. Einige Färber machten sich strafbar, als sie die Farben nicht für die richtigen Stoffe verwendeten.[124]

---

[118] 1571, Protokolle 1548-1581. Hundert Jahre später schloß man die Werkstatt eines Meisters wegen des gleichen Vergehens. (1678, 13. September. Protokolle 1658-1729).
[119] Ferber Ayd, 1600, 5. September. Ordnungen 1477-1788.
[120] 1672, 12. September. Protokolle 1658-1729. Ebenso 1664, 10. Februar: „betreten an der geschau mit 5 Ellen an einem Ziechle falscher Farb". 2 fl. Auch 1678, 13. September.
[121] 1610, 28. Januar und 11. März. Neuhofer hat dies allerdings bestritten. Das spanische Blauholz, (Kampescheholz, Haematoxylon campechianum) stammte aus Zentralamerika, vor allem Yucatan. Das rotbraune bis blutrote, dann violette Holz wurde als Farbstoff verwendet. (Meyers Lexikon, Band 6, 1927, S. 915. und Marzell, Handwörterbuch der deutschen Pflanzennamen, Band II, 1972, S. 753)
[122] 1795, 24. März. Protokolle 1795-96.
[123] 1639, 4. Dezember. 1644, 20. November. 1654, 19. Juli. Strafbuch 1593-1659.
[124] So bediente sich ein Färber wider die Ordnung „neben dem Waid auch des Rausches und der schwarzen farb" beim Färben von Garn. (1603, 19. Juli. Protokolle 1601-05). Ein anderer färbte

Spätes 17. und 18. Jahrhundert

Wie wir sehen werden, spezialisierten sich die Augsburger Färber besonders auf das Färben der Leinwand. In der zweiten Hälfte des 17. Jahrhunderts hat man ganz neue Farben für die Leinwand eingeführt. So wurde die gebleichte Leinwand gegen 1680 nicht mehr bloß leibfarben, wie früher, angeboten, sondern in Farben, die es 20 Jahre früher noch nicht gegeben hatte, wie „Aurora, Isabellen gelb, blomeran, Zitronenfarb, Perlenfarb, Diamantfarbe, Pfersichblühte" und in anderen Farben.[125]

Eine wichtige Neuerung war auch das „Crapproth Färben", das der Cottondrucker Neuhofer 1692 in Augsburg einführte. Doch hierüber soll im Zusammenhang mit den Cottondruckern berichtet werden.

Ab 1693 machte man eine doppelte Unterscheidung. Erstens wurde zwischen den Farben unterschieden:

1) Farben, für die Indigo, „orleans roth und blau Perlig" gebraucht wurden, seien als „hohe Farben" zu betrachten.
2) Die übrigen Farben, für die diese Farbstoffe nicht gebraucht wurden, sollten als ordinari oder geringe Farben gelten.

Zweitens gab es innerhalb dieser zwei Farbgruppen Unterschiede je nach der Methode des Färbens. Leinwand, Barchent oder Bomasin, die mit hohen Farben bearbeitet worden waren, konnten entweder normal gefärbt oder besonders behandelt werden. Die besondere Färbung erhielten:

a) die einfach leibfarb gefärbten Trauben
b) doppelt gefärbte Leinwand, Barchente oder Bomasine.

Das Färben dieser Tuche war außerordentlich teuer.

Auch unter den mit ordinari Farben gefärbten Tuchen finden wir diese Zweiteilung. Leinwand, Barchent und Bomasin erhielten eine normale Bearbeitung. Die Bomasine konnten aber auch besonders gefärbt werden, erst blau und dann schwarz. Oder sie wurden nach der Bleiche gleich schwarz gefärbt. Auch diese besonders gefärbten Bomasine waren teuer.[126]

In der Färberordnung von 1738 finden sich Bestimmungen, die sicher nur ältere Regelungen wiederholen. So sollten die Färber „alle gattung der schwarzen Barchent Tuch", ausgenommen die „schlecht schwarzen", erst „blau einfärben", bevor sie schwarz gefärbt wurden. Die „schlecht schwarzen" brauchten also nicht erst blau gefärbt werden. Zum „schlecht schwarz färben" aller Barchentgattungen sollten die Färber drei Metzen Rausch und „anderen gehörigen Zusatz" für 20 Stücke nehmen.

Sie sollten auch keine „Trümmer von Barchaten" oder „gehalbierte Barchet Tuch" zum Färben annehmen, es sei denn, sie waren der Rohgeschau vorgelegt worden.

---

fremde Golschen mit Prisil. (1609, 12. Februar). Ein Meister hatte „an etlich Ziechen das Blau gahrn aus Indich oder sonst nit recht gefärbt".1642, 27. April. Strafbuch 1593-1659.
[125] 1680, 13. Februar und 5. März.
[126] 1693, 2. Juni. Färberordnung 1738, Artikel 39. 1749, 6. März.

Umgang mit Farben

Eine Geschau der Farbstoffe gab es in Augsburg nicht. Aber der Rat warnte, daß man eine Geschau einführen werde, wenn die Färber mit ihren Farben nicht sauber umgingen.[127]

Bevor Farbstoffe wie Galles, Prisil oder Rausch verwendet werden konnten, mußten sie in einer Stampfmühle zermalmt werden. Um 1579 betrieb ein Hammerschmied, Ulrich Christeiner, neben seiner Hammerschmiede ein solche „Stampfmillin", die wahrscheinlich vor den Toren lag. Das Problem war, daß Christeiner nicht immer geeignetes Gesinde für diese Arbeit bekam. Vielleicht war es die einzige Stampfmühle dieser Art in Augsburg. Wenn die Stampfmühle nicht arbeitete, wurde die Arbeit der Färber behindert.

Mußten die Kessel für Indigo und Waid streng getrennt werden? Die Färber erklärten auf eine Anfrage Kemptens, daß es „möglich, thunlich und der Erfahrung gemäss seye, das ausser Indigo und Wayd, aus einerley Kessel, nach und nach, wenn es sauber ausgeputzt worden, onbeschadet der Waar gefärbt und gelauget werden könne, nicht aber zugleich beydes vollstreckt" werden könne.[128] Die gleichen Kessel konnten also verwendet werden.

Die Färber schütteten die gebrauchten Farben und den Rausch in den Lech, bis ihnen dies 1544 verboten wurde. Als die Färber sich nun beschwerten, wollte der Rat das Problem von einer Kommission beraten lassen. Zwanzig Jahre später schütteten die Färber die „allt law", also die gebrauchte Lauge, in die Lechkanäle. Nur in den Lauterlech durften sie die „allt law" nicht gießen, „von wegen der weschen". In Jahren, in denen die Pest in Augsburg herrschte, verbot der Rat wegen der Ansteckungsgefahr die „law" während des Tages in die Lechkanäle zu gießen. So etwa während der „sterbenden Läuf" in den Jahren 1562, 1564 und 1573. Nachts durften sie anscheinend auch zu dieser Zeit die „law" in die Kanäle schütten. Die Färber hielten diese Vorsicht für übertrieben. Sie betonten, daß „die law ein gesundts ding und gar keinen schaden bringt". Vor allem solche Färber, die in engen Gassen wohnten, wie etwa „in des gewesenen Spitalmeisters Häusern", konnten die „law" nirgendwohin als in die Lechkanäle gießen. Andere Färber fanden es beschwerlich, die „allte law" nur nachts ausgießen zu dürfen. Man kann sich aber kaum denken, daß der Rat die hygienischen Vorsichtsmaßnahmen während der Pestzeiten zugunsten der Färber lockerte.[129]

Chemiki

Obwohl manche Färber sicherlich mit Farben experimentierten, war man doch von einer wissenschaftlichen Arbeit weit entfernt. Allerdings erschienen im 18. Jahrhundert mehrere Bücher, in denen die Kunst des Färbens im einzelnen behandelt wurde. Auch in Augsburg gab es einige Chemiker, Farbmacher, Farbreiber, Schwarzkünstler und Schwefelmacher.[130] Als sich ein chemicus aus Schmalkalden, Thomas Strauch, in Augsburg nie-

---

[127] Ordnungen 1500 und 1600, Artikel 25.
[128] 1762, 12. Mai. Protokolle 1758-64.
[129] 1562, 7. November. 1564, 24. April. 1573, 16. April.
[130] Im Laufe des 18. Jahrhunderts heirateten in Augsburg 15 Farbmacher, 14 Chemiker, 12 Stärkemacher, zwei Schwarzkünstler, ein Farbreiber und ein Schwefelmacher. (Hochzeitamtprotokolle 1702-1806).

derlassen wollte, machte man den Fehler, seine Bewerbung erst dem Medizinal Kolleg vorzulegen, das natürlich mit ihm nichts anfangen konnte. Das Handwerksgericht monierte nun, daß er doch für die Cottonfabrikanten und Färber arbeite. Er verfertige alle Arten von Farbstoffen, Scheidemassen, Virtriolöl und andere Fabrikate und Farbpräparate. Strauch durfte sich dann in Augsburg niederlassen.[131] Der bekannteste dieser Chemiki im frühen 19. Jahrhundert war wohl Johann Gottfried Dingler, der spätere Gründer und Herausgeber des „Polytechnischen Journals".[132]

Kauf der Farben

Preise

Nur ab und zu finden sich in den Färberakten Angaben über die Preise der Farben. Etwa wenn die Praktiken der Kaufleute von einer Kommission untersucht wurden. Der Kaufmann Ludwig Ulstätt verkaufte in den Jahren 1598 bis 1602 sieben Färbern Farbstoffe zum Gesamtpreis von 2579 fl:[133]

Farbstoff	Menge	Preis pro Pfund	Gesamtpreis
Galles	4458 Pfund	30 2/3 fl	1367 fl 33 kr
Safflor	485 Pfund	75 fl	363 fl 42 kr
Indigo	239 1/2 Pfund	2 15/16 fl	700 fl 45 kr
Weinstein	356 Pfund	16 fl	57 fl
Waid	30 metzen	3 fl	90 fl

Safflor war der teuerste Farbstoff. Galles kostete pro Pfund weniger als die Hälfte als Safflor. Weinstein kostete wieder die Hälfte. Indigo und Waid waren dagegen viel billiger. Es handelte sich um „sorianischen Indigo", also Indigo aus Syrien.

Dem Gewicht nach stand der Galles bei weitem an der Spitze. (Oder die 30 Metzen Waid?), gefolgt von Safflor, Weinstein und Indigo. Zumindest dieser Rechnung nach verwendeten also die Augsburger Färber große Mengen von Galles.

Ulstätt hatte sowohl den Galles wie den Indigo in Venedig gekauft. In der zweiten Hälfte des 17. Jahrhunderts bezogen die Augsburger Färber Indigo aus Amsterdam. Als um 1668 schlechter Indigo in Augsburg auftauchte, vermuteten die Färber, daß es sich um eine bewußte Fälschung und nicht bloß um eine schlechtere Sorte handelte.[134] Der Indigo war so zubereitet, „dass er äusserlich gar nicht, sondern allain an der Prob und dem Färben selben von dem recht guten Indich zu unterscheiden gewessen". Die Färber waren überzeugt, daß dieser Indigo bereits in Holland verfälscht worden war.

---

[131] 1804, 25. Juni.
[132] Fassl, Peter, Johann Gottfried Dingler (1778-1855). Apotheker und Chemiker, Unternehmer und technologischer Schriftsteller. In R.A. Müller, Unternehmer – Arbeitnehmer. Lebensbilder aus der Frühzeit der Industrialisierung in Bayern. 1985.
[133] Farbakten 1602.
[134] 1668, 24. Januar.

Geschäfte Kaufleute – Färber

Viele Augsburger Färber waren viel zu arm, um diese Farben mit Bargeld zu kaufen. Es war statt dessen üblich, „auf die farb zu kaufen": Die Färber zahlten für die Farben und auch andere Einkäufe, indem sie Tuche färbten. Da sie also für ihre Arbeit kein Bargeld in die Hand bekamen, steckten viele Färber in Schulden. Der Rat bestimmte deshalb im Jahre 1574, daß die Färber „nicht auf die farb kaufen (sollten), es sei dann farbzeug, daraus man ferben mag".[135] Diese Farben mußten sie aber selbst verwenden. Sie durften sie nicht verkaufen. Auf den Druck der Färber hin erweiterte der Rat noch 1574 diesen Artikel dahin, daß jeder Meister außer dem Farbzeug „auch dasjenig, was er zu seinem selbs hauss gebrauch und ferber handwerkh bedürfftig ist, auf die farb kaufen und aufnemen dürffe". Er durfte diese Gegenstände aber nicht wieder verkaufen. Auf jeden Fall blieben die Färber auch weiterhin verschuldet. Im Jahre 1581 befahl der Rat schließlich, daß die Färber die Farben nur noch bar kaufen und innerhalb von 14 Tagen bezahlen sollten.

Die Färber sollten alle Jahre bei Verlesung der Färberordnung schwören, daß sie diese Artikel halten würden. Die Wirklichkeit sah aber anders aus. So mancher Kaufmann kaufte gefärbte Tuche nur dann, wenn die Färber ihnen Farbstoffe abkauften. Gleichzeitig erhöhten die Kaufleute die Preise der Farben. So verkauften sie ihnen das Pfund Indigo für 3 1/2 fl, während man es bei Barbezahlung und Zahlungsfrist von 2 bis 3 Monaten für 2 1/2 fl bekam. Ähnlich mußten die Färber für den Zentner Galles 26 fl und mehr zahlen, während man ihn gegen Bargeld für 16 fl bis 17 fl bekam.

Wenn die Kaufleute wirklich für Farbtuche Bargeld zahlten, so gebrauchten sie doch den „Ranckh" und „bösen Finanz", daß sie 10% vom Preis abzogen. Der Rat wollte nun die Färber zu einem „Nachlass" der Farblöhne bewegen. Die Barbezahlung innerhalb von 14 Tagen sollte wieder eingeführt werden. Ein Jahr später erklärten aber die Färber, daß diese Bestimmung nicht dazu geführt habe, daß die Preise der Farben heruntergegangen seien. Im Gegenteil, sie seien gestiegen. Die Barbezahlung innerhalb von 14 Tagen sei ihnen nicht möglich. Die Bezahlungsfrist, es sei mit Geld oder Arbeit, solle auf ein halbes Jahr verlängert werden. Die Verordneten gaben nun nach. Da die Färber meist arme Gesellen seien und es ihnen schwerfalle, in 14 Tagen zu zahlen, solle man die Frist auf ein halbes Jahr verlängern.[136]

1587 wollte aber der Rat die Barbezahlung innerhalb von 14 Tagen wieder einführen. Und um die Farbpreise unter Kontrolle zu bekommen, sollten die Färber den Verordneten jeden Monat mitteilen, von welchem Kaufmann sie Galles, Indigo und andere Farben gekauft hatten und wieviel sie bezahlt hatten.[137] Nach Ansicht der Verordneten war aber eine solche Kontrolle der Farbpreise gar nicht möglich, da die Kaufleute die Farben „zu ungleichem Press" kauften. Je nachdem sie sie billig oder teuer eingekauft hatten, verkauften sie sie auch wieder billig oder teuer. Außerdem sei die Qualität der Farbstoffe unterschiedlich.

Die Vorgeher der Färber warnten auch, daß es „den Armen und Dürfftigen, deren am meisten under unns sein, unmüglich, inn so kurtzer zeit der 14 tag ein so namhaffte

---

[135] Ordnung 1574, Artikel 54.
[136] 1582, 8. Dezember. Protokolle 1581-88.
[137] 1587, 17. Juli.

Summe, so die wahren anlauffen, zu bezahlen". Man beließ es deshalb bei der Barbezahlung innerhalb eines halben Jahres.

Später wurde gesagt, die Verordneten hätten sich selber um diese Bestimmungen nicht gekümmert. Sie hätten dadurch die Handelsleute zu dem Wahn gebracht, die statuta seien cassiert worden. Der vorsitzende Verordnete, Mair, habe einen Färber, der gemäß dem Dekret von 1587 seinen Farbkauf auf dem Weberhaus melden wollte, einfach ausgelacht. Das Pikante an der Sache war, daß Mair selber mit Farben handelte.

Auf jeden Fall scheinen sich weder Kaufleute noch Färber an die Bestimmungen des Rates gehalten zu haben. Nur wenige Kaufleute bezahlten die Färber für Farbarbeiten mit Bargeld. Die meisten Kaufleute gaben den Färbern anstelle von Geld Farben. Oder sie gaben den Färbern die Farben im voraus, die sie dann viel höher veranschlagten, als wenn sie sie für Bargeld verkauft hätten.

Wenn die Kaufleute tatsächlich mit Bargeld zahlten, vereinbarten sie vorher mit den Färbern, daß sie 12%, den sogenannten heimlichen Gewinn, gleich zurückbehalten würden.

Der Rat befahl deshalb 1592 den Färbern noch einmal, das Farbzeug nur um Bargeld zu kaufen und innerhalb eines halben Jahres zu bezahlen. Unter keinen Umständen sollte der Lohn für das Färben als Bezahlung für die Farben verrechnet werden.[138]

Nach Meinung der Verordneten sollten die Färber nicht mehr Farbzeug kaufen, als sie in ihren Werkstätten verarbeiteten. Die Färberordnung von 1600 ging dann aber doch nicht so weit. Sie verbot den Färbern nur Farbzeug, das sie in Augsburg gekauft oder eingetauscht hatten, wieder zu verkaufen oder zu vertauschen, es sei denn, die Verordneten gestatteten es „aus ehehaften ursachen". So mußte z.B. ein junger Färber 20 fl Strafe zahlen, weil er acht Zentner „Roth" wieder verkauft hatte.[139]

Im Jahre 1600 beschuldigte man die Handelsleute wieder, die Färber nicht mit Bargeld, sondern mit Indigo, Galles und anderen Farben zu bezahlen. Die Handelsleute wiederum beteuerten, sie hätten den Färbern immer Bargeld gezahlt. Die Käufe von Farben seien auch nicht alle gleich und könnten nicht an einen festen Preis gebunden werden. Wenn der Kaufmann billig einkaufe, könne er die Waren auch billig verkaufen. Wenn er aber teuer einkaufen muß, könne man es ihm nicht verdenken, daß „er seine Ware auch in höherem werth verkauft". Wenn der Preis dem Färber zu hoch sei, könne er ja zu einem anderen Kaufmann gehen. Der Rat solle doch dem Handel mit Farben „wie anderen commercien in diesen freien Reichs- und öffentlichen Handelsstädten freien Lauf" lassen.

Der Rat dachte nicht daran, den Handelsleuten den freien Handel zu verbieten, aber da immer wieder geklagt wurde, daß die Handelsleute die Färber zwangen, „wucherliche contracte" abzuschließen, setzte er eine Kommission ein, die feststellen sollte, „durch wen, wann, was gestalt ... und umb wieviel" die Färber von den Kaufleuten übervorteilt wurden.[140]

---

[138] 1592, 10. Dezember.
[139] Dieser Färber hatte sich vom Lodfärben auf Barchentfärben umgestellt und brauchte die „Roth" nicht mehr, die nur zum Lodfärben verwendet wurde. Ihm wurde deshalb auch die Strafe erlassen. 1602, 26. März und 11. April. Protokolle 1601-05.
[140] 1601, 31. Mai und 4. Juni.

Es stellte sich nun heraus, daß die Kaufleute den Färbern die Farben nach wie vor „auf Arbait" gaben. Allerdings verschleierten sie den wirklichen Vorgang. Indigo z.B. war gegen Barbezahlung für 23 bis 25 Batzen zu haben. Die Kaufleute verlangten aber von den Färbern 3 1/2 fl bis 4 fl, also 52,5 bis 60 Batzen. Theoretisch gaben sie den Färbern den Indigo nicht „auf Arbeit, sondern gegen Bezahlung in einem halben Jahre". Sie zahlten dann aber den Färbern den Lohn für das Färben von Tuchen nur zur Hälfte oder zu einem Viertel in Bargeld. Bei der Abrechnung nach einem halben Jahre gaben sie zwar den Färbern den übrigen Lohn „dem schein nach", nahmen ihn aber sofort wegen der verfallenen Schuld wieder an sich. Dazu kam noch ein anderer Trick. Färber, die von den Kaufleuten Arbeit bekommen wollten, mußten sehr viel mehr Farben kaufen, als sie selbst benötigten. Die Färber waren dann gezwungen, die Farben billiger, als sie sie gekauft hatten, wieder zu verkaufen. Die Käufer scheinen die Kaufleute selbst gewesen zu sein.

Diejenigen Kaufleute, die diese „wucherlichen contracte" nicht mitmachten, konnten sich neben den anderen nicht mehr behaupten. Und Färber, die sich nicht übervorteilen ließen, erhielten keine Aufträge, es sei denn sie hätten „die Barchet nach verrichtem Marckht verborgt, in welchem fall der handelsmann wegen er keinen verlag gethan, sich mit gar geringem gewinn und sam der blossigen provision beniegen" muß.

Diese Wuchergeschäfte waren nicht auf Indigo beschränkt. Mehrere Färber meldeten, daß sie den Zentner Galles, der 20 fl oder noch weniger kostete, für 30 fl kaufen müßten. Der Kaufmann lieh ihnen ein „Bällin Barchat" unter der Bedingung, daß sie monatlich 6 fl für den Galles abzahlten und dann das Bällin Barchent bei der letzten Frist auch überantworteten. Die Verordneten rechneten aus, daß der „übersatz für den zins des Bällin Barchat" sich in diesem Falle jährlich auf 25% belief.

Ein Beispiel soll zeigen, wie diese Geschäfte im Konkreten aussahen. Eine Färberin, Sibilla Fischerin, klagte 1601, daß ihr der Kaufmann Michael Meringer 5 Zentner Türkischen Galles für 30 fl den Zentner verkauft hatte, während er ihn anderen Färbern für 26 fl abgegeben hatte. Außerdem habe er den Türkischen Galles heimlich mit minderwertigem polnischen Galles vermengt. Sie habe auch nicht volle 5 Zenter, sondern 4 1/2 Zentner erhalten. Sie bekam dann 10 Bällin Tuche, die sie für Meringer färben sollte. Von dem Lohn für das Färben, der sich auf 102 fl belief, zog Meringer 1 fl je Bällin als Zins ab. Für ein Bällin brauchte sie keinen Zins zu zahlen. Mit den restlichen 93 fl zahlte sie einen Teil ihrer Schulden bei Meringer ab. Als Meringer verlangte, daß sie die ganze Schuld voll bezahlte, kam die Sache vor den Bürgermeister und den Rat. Die Färberin sagte nun, daß Meringer „wucherisch contrahirt" habe, weil sie die Farben für die 10 Bällin von ihm kaufen mußte, selber das Geschau- und Manggeld zahlen mußte und nicht einen Heller Farbgeld erhalten habe. Meringer habe ihr das Mark aus den Beinen gesogen.

Nach Meinung der Verordneten handelte es sich hier wirklich um einen „wucherlichen contract": Meringer habe den Zentner Galles in Augsburg für 18 fl gekauft und dann der Fischerin für 30 fl verkauft. Sein Gewinn belaufe sich dabei auf 66%. Dazu komme der Gulden Zins pro Bällin, was auf einen Gewinn von 15% hinauslaufe.

Meringer hatte ähnliche Geschäfte mit einem anderen Färber, Oberndorffer, gemacht. Er verkaufte ihm polnischen Galles, den er 14 fl den Zentner gekauft hatte, als türkischen Galles zu 26 fl den Zentner. Sein Gewinn belief sich nach Berechnung der Verordneten auf 85%. Zweitens verkaufte er ihm den Galles nicht für Geld, sondern „auf die Farb":

Oberndorffer mußte sich verpflichten, daß er den Galles „mit tuechen herab verferben will". Der Preis war derart hoch, daß Oberndorffer nach Meinung der Verordneten in Schulden und Verderben geraten mußte.
Meringer sah die Sache natürlich anders. Er sagte, daß diese „nüchstfertigen Leute unnachlässig an ein setzen und so lang anlauffen, bis ainer mit inen nach ihrem guten benügen und gefallen einen annemlichen kauf der zeit und Keufflen nach mit ihnen beschlossen hat". Kurzum er habe ihnen einen Gefallen getan. Er gab zu, daß er den Galles für 30 fl verkauft habe, aber es sei „aus vergünstigung der gemeinen recht einem jeden erlaubt ..., dass seinige ufs theurest hinzugeben und zu verkaufen". Der Gulden von jedem Bällin Tuche sei ein „gebührlicher zins" und nicht ein „hebräischer interesse". Auch von den Färbern, denen er kürzlich den Galles für 26 fl verkauft habe, verlange er keine Barbezahlung, „sonder die ferber mir sollichen galles widerum mit irem guetten nutzen umb ihr bestimbt färberlohn abverdienen".[141] Genau das war aber verboten.

In den Jahren 1603 bis 1606 ist der Rat schließlich mit harten Geldstrafen gegen Kaufleute vorgegangen, die solche Wuchergeschäfte trieben.

Strafgelder von Handelsleuten

1603-04	289 fl 45 kr
1604-05	3925 fl 30 kr
1605-06	46 fl 15 kr

Wir kennen die Namen einiger Kaufleute, die sich wegen dieser Strafen beschwerten. Es waren in der Tat führende Kaufleute, wie Christoph Hafner und Tobias Lutzenberger, Hieronymus Harder und der schon genannte Verordnete Mair. Lucas Ulstätt hatte den Färbern Farben im Werte von 2579 fl verkauft und dabei einen Profit von 773 fl gemacht. Ihm wurde eine Strafe von 193 fl aufgebrummt.[142]

Haben sich die Handelsleute und Färber in der Folgezeit an die Mandate gehalten? Vielleicht eine Weile. Wahrscheinlich waren aber die wirtschaftlichen Zwänge stärker als die Verordnungen des Rates. Auf die Dauer ließ es sich nicht durchsetzen, daß die Kaufleute das Färben der Tuche mit Bargeld bezahlten. Im Jahre 1693 bestimmte man schließlich, daß ein Drittel des Farblohnes als Bezahlung für Farbstoffe verrechnet werden durfte, aber nicht mehr. Und zwar sollten die Farbstoffe dieselbe Qualität und denselben Preis haben wie die in den „Cramläden" angebotenen. Die Preise durften also nicht erhöht werden.[143]

Anscheinend machte man mit dieser Bestimmung auch ernst. Wenige Monate später mußten einige Kaufleute wieder eine schwere Geldstrafe in Höhe von 1000 fl zahlen, weil sie den Färbern „Farb und andere Waaren in einem übersetzten Preiss" anstatt ihres verdienten Arbeitslohnes gegeben hatten.[144] Man wollte also unbedingt damit Schluß machen, daß Meister, die nicht bar zahlen konnten, höhere Preise für die Farben zahlen mußten und diese dann mit dem Farblohn abzuzahlen hatten.

---

[141] 1602, 10. Januar.
[142] 1604, 13. März, 21. Februar, 13. April.
[143] 1693, 2. Juni.
[144] Stetten, Geschichte der ... Stadt Augspurg, 1758, Teil II, S. 779.

In Wirklichkeit gab es diese Probleme auch im 18. Jahrhundert. So berichteten die Deputierten 1729, daß die Kaufleute den Färbern wenig oder überhaupt kein Bargeld als Arbeitslohn gaben, sondern Farbzeug oder andere Waren zu überhöhten Preisen. Obwohl dies dem Ratsdekret von 1693 zuwiderlaufe, müßten die Färber diese Sachen annehmen, bloß um überhaupt Arbeit zu bekommen. Die Färber hätten aber auch Schuld, weil sie die Bestimmungen über den Lohn nicht einhielten: so arbeiteten manche Meister für geringere Löhne und erhielten dann die Aufträge. Den anderen Meistern, die die Löhne einhielten, sagten die Kaufleute, sie hätten keine Arbeit für sie. Diese Meister stünden vor dem Ruin.[145]

Holz

Zum Heizen ihrer Farbkessel benötigten die Färber eine erhebliche Menge von Holz. Die Färber rechneten mit einem Klafter Holz für 75 Tuche. Nach einer Berechnung aus dem Jahre 1552 kamen nicht weniger als 24% aller Ausgaben des Färbers auf das Holz. Im Jahre 1579 heißt es allerdings, daß nur 10% der Produktionskosten auf das Holz fielen.[146]

Wahrscheinlich mußten die Färber das Holz auf dem freien Markt kaufen. Manchmal sprang aber auch die Stadt ein. So ließ der Rat 1555 feststellen, wieviel Holz den Färbern wöchentlich gegeben worden war. Auf Grund dieser Angaben ließ der Rat dann jedem Färber alle 14 Tage ein Klafter Holz verkaufen.

1558 beschloß der Rat wieder, den Färbern je ein Klafter Holz für einen Taler zu verkaufen. 1559 wollte man diese Verkäufe noch einige Wochen fortsetzen, aber dann sollte wohl Schluß sein. 1573 lehnte es der Rat ab, den Färbern wieder Holz zu verkaufen.[147] Leider wissen wir nicht, wie die Färber nun die Aufkäufe von Holz organisierten.

Im Jahre 1737 hören wir wieder von einer „Holzklemme". Vielleicht hat Bayern damals die Ausfuhr von Holz gesperrt. Aber auch aus dem „ungesperrten Schwabenland" nahm die Zufuhr von Holz ab. Die Holzpreise stiegen deshalb ungewöhnlich hoch. Wieder fragt man sich, wie die Versorgung der Färber mit Holz organisiert war.

---

[145] 1729, 28. Januar. Protokolle 1724-1737.
[146] 1552, Färber 1548-1579, und 1579, 17. Februar. Protokolle 1548-1581.
[147] 1573, 28. November. Ratsbuch.

Technik und Tuchsorten

Färben in Ulm

Wie haben die Augsburger Färber ihre Tuche gefärbt? Leider läßt sich aus den Augsburger Akten die tägliche Arbeit der Färber nicht rekonstruieren. Vielleicht bestand kein Anlaß für eine Beschreibung der Arbeitsvorgänge, da der künftige Färber das Färben als Lehrjunge lernte. Es ist auch möglich, daß die Augsburger Färber ihre Arbeitsmethoden und Erfindungen sorgfältig hüteten. Einen gewissen Einblick in die Arbeit der Färber im 16. Jahrhundert gewähren uns aber die Ulmer Akten. Obwohl die Färberei in Ulm nicht dieselbe Rolle wie in Augsburg spielte, haben die Ulmer Färber wie die Augsburger Färber Barchent und Leinwand gefärbt.

In Ulm mußten die rohen Barchenttuche, die schwarz gefärbt werden sollten, erst gewaschen werden. Danach kamen sie in die Lab und Farb. Das Waschen wurde spätestens seit 1524 nicht von den Färbern, sondern von den Wäschern besorgt. Die Barchenttuche wurden in „ainem guten, lautern haissen wasser" gewaschen. Nicht mehr als vier bis fünf Barchenttuche sollten „aus ainem jeden wasser" gewaschen werden (1524: nicht mehr als sechs.) Nach dem Waschen mußte man die Tuche „aufziehen und wol ausschlahen".

Die Wäscher hatten ihre eigenen Werkstätten. Sie holten die Tuche bei den Färbern ab und sollten sie sofort nach dem Waschen wieder den Färbern zurückbringen.

Bevor die Barchenttuche gefärbt wurden, mußten „an dem rohen Briefe" das Zeichen, das bei der Rohgeschau draufgestoßen worden war, vernäht werden. An den gebleichten Trauben mußte das Geschauzeichen der Weißgeschau vernäht werden. Die Färber durften auch nur solche „rohe brief und weissen Trauben" färben, die das „Ulmer schiltlin" hatten, die also von den Tuchscherern geschoren worden waren.

Leinwand und Barchent wurden getrennt gefärbt. Die Farbe, die für die Leinen verwendet worden war, durfte also nicht für Barchent verwendet werden. Bei der Verwendung der Farben war man überhaupt vorsichtig. Wenn die Färber die „Farben einsetzen", also die Farben zubereiteten, mußten die Verordneten zusammen mit den Geschauern „den rausch und alle farben besichtigen".

Auch bei den Ulmern spielte der Rausch eine wichtige Rolle. 1525 wurde bestimmt, daß die Färber keinen „gemalen rawsch" verwenden sollten, sondern ihn „treschen oder roden lassen sollten". Der Rausch sollte eine halbe Stunde vor dem Laben gesiedet werden. Der schon einmal verwendete Rausch durfte nicht noch einmal gebraucht werden.

Man durfte überhaupt keine alten Farben verwenden. Jedenfalls sollte Barchent nicht mit Farben gefärbt werden, die älter als ein Jahr waren. Solche Farben konnten höchstens zum Färben von Leinwand benützt werden.

Die Ulmer Färber durften „geschirr, es seien standen, metzen oder anders" erst dann benützen, wenn es geeicht und mit einem Zeichen des Rates versehen war. Man wollte also Genauigkeit der Maße. Um die Farbe in einer geeichten Weißenhorner Stande zuzubereiten, brauchte man:

1) 20 Metzen guten geschauten Rausches
2) vier „handschefflin mit gutem, durchgeschlagenen Schliff"
3) Acht Pfund Kupferwasser

4) „ain viertail von aim metzen salz"
5) „vier metzen gut rückin angesewert Grisch", falls die Farben nicht geraten sollten

Um 1500 sollte jedes Barchenttuch vier Lab erhalten, nicht mehr und nicht weniger. In ein Lab durften höchstens 12 Tuche gestoßen werden.

Die Laben waren nicht immer gleich stark. Zu den ersten vier Laben sollten je vier Metzen Rausch genommen werden. Für die letzten zwei Laben je vier Metzen Rausch. Diese beiden Laben waren also viel stärker.

Die Färber sollten die Tuche „nass und trucken zwaimal aufziehen". Es war darauf zu achten, daß die Barchenttuche „an baiden enden wol in den kessel hinein enden". Am Schluß sollten die Färber die Tuche „aus ainer guten frischen lautern farb und nit aus dem lab ausgen lassen".

Auch für das Auswinden der Tuche gab es Regeln. Im Jahre 1523 verbot der Rat, daß die Tuche „mit dem rad ausgewonden" wurden. Die Färber sollten sie auswinden, „wie von alter herkommen ist". Und zwar sollte man „ain tuch umb das ander, wie mit alter her an ainem nagel darzu gehörig auswinden". Die anderen „negel" solten weggeschafft werden.

Die Färber sollten auch ihre eigenen „schlachstozen und tafeln haben, darauf man die tuch usser dem Kessel würft". Anscheinend waren die Tuche oft auf den Boden geschmissen und verschmutzt worden und danach „das katt damit ... in den kessel geworfen" worden.

Manche Färber hängten die gefärbten Tuche zum Trocknen einfach auf die Straße hinaus. Der Ulmer Rat befahl daraufhin den Färbern, die Tuche nur „in iren heusern, hofraitinen und gärten als vor dem thor" aufzuhängen.

Oft waren die gebrauchten Farben und der Rausch einfach auf die Straße geschüttet worden. Der Rat hat dies 1525 verboten. Die gebrauchten Farben und der Rausch waren in ein Fäßlein zu tun und in die Donau zu schütten.

Gefärbte Tuche waren der Geschau vorzulegen. Tuche, die von den Geschaumeistern verworfen wurden, sollten wieder „in die farb gestossen" werden, bevor sie der Geschau ein zweites Mal vorgelegt werden konnten. Außerdem war eine Geldstrafe zu zahlen. Auch wenn ein Tuch ein zweites Mal bei der Geschau abgelehnt worden war, konnte es nach abermaligem Färben wieder vorgelegt werden. Wenn es auch jetzt nicht die Geschau bestand, durfte es nicht wieder gebracht werden.

Nach dem Färben wurden die Tuche ausgestrichen. Um 1500 wurde dieses Ausstreichen von zwei Personen vorgenommen, die hierfür vom Rate ernannt worden waren. Die Ausstreicher erhielten die Tuche an den zwei Tagen, an denen Geschau gehalten wurde, um sie dann zweimal „ordenlich und mit guten fleiss" auszustreichen. Zwölf Tuche wurden mit anderthalb Pfund Leinöl, ein „bellin" mit drei Pfund Leinöl bearbeitet. Wenn die Ausstreicher mehr Material benötigten, es sei „öl, streichbletzen oder anders", erhielten sie es von den Färbern. Anscheinend war das Öl nicht immer ganz in Ordnung. Die Ausstreicher durften jedenfalls von den Färbern nur Leinöl annehmen, das „ganz lauter und gut" war. 1525 hieß es, daß die Färber zusammen „ein thonnen öls" kaufen sollten, das gut und „zu diesem handel taugenlich" sei. Die Ausstreicher erhielten 2 Pfennig Lohn pro Tuch. Sobald die Tuche ausgestrichen waren, wurden sie noch einmal geschaut. Waren die Geschauer mit dem Ausstreichen nicht zufrieden, gab es Geldstrafen.

Man hat in Ulm auch „Augsburger Farben" verwendet, obwohl wir nicht wissen, weshalb diese Farben so geschätzt waren. Kurz vor 1530 erlaubte man den Färbern,

„Augsburger farb auf weiss" zu färben, also gebleichte Tuche mit Augsburger Farbe zu färben. 1530 beschränkte man die Zahl der Färber, die mit Augsburger Farben arbeiten durften, auf drei.

Für das Färben mit Augsburger Farben wurde keine „anzahl der lab" festgelegt. Die Färber sollten diese Tuche so lange färben, bis sie „gut schwarz" waren. Tuche, die „auf weiss" mit Augsburger Farben gefärbt worden waren, wie die Trauben, wurden sorgfältig geschaut, „ob sie ganz und nit lochert seient". Sie mußten den Schwarzgeschauern „unausgestrichen" vorgelegt werden. Waren sie „verderbt" worden, wurden sie nicht besiegelt. Waren also die mit Augsburger Farben gefärbten Tuche besonders wertvoll? Oder waren diese Farben vielleicht ungewöhnlich scharf?

1530 hieß es, daß die Färber diese Tuche selbst ausstreichen sollten, „doch allain mit lauterem Öl". Dieser Artikel wurde dann aber aufgehoben: die Tuche konnten nach der Geschau auch den Ausstreichern übergeben werden. Auf alle Fälle hatten Tuche, die mit Augsburger Farben gefärbt worden waren, eine Sonderstellung.

Auch andere Färber verlangten nun, mit Augsburger Farben färben zu dürfen. Aber der Ulmer Rat war dagegen: es blieb bei drei Färbern. Nur wenn gefärbte Tuche knapp waren, wollte man einem oder zwei Meistern die Erlaubnis geben.

In den folgenden Jahren hören wir von fünf Traubenfärbern. Waren dies vielleicht die Färber, die mit Augsburger Farben arbeiteten? 1550 wurde die Zahl auf sieben erhöht. Bisher hatten sie mit vier Farben gefärbt, jetzt durften sie mit beliebig vielen arbeiten. Auf keinen Fall durften es weniger als vier Farben sein. Ab 1560 durften die Traubenfärber mit nicht mehr als sieben Farben färben. Aber die Zahl konnte verringert werden, wenn sich bei Inspektionen der „feuerstätten und gewölben" zeigte, daß Feuergefahr bestand. Der Stadtrechner sollte dann „ain minder anzahl der farben (festlegen), wie (er) nach gelegenheit aines ieden farb oder werkstatt für gut ansicht". Die Zahl der Farben hing davon ab, inwieweit die „feuergeschworenen" irgendeine Gefahr feststellten. Je mehr Farben verwendet wurden, um so mehr Feuerstätten und Kessel waren eben nötig.

Auch in Ulm war man beim schwarzen Barchent besonders sorgfältig. Wie in Augsburg färbten die Traubenfärber diese Barchente mit „waid oder endich" erst blau. Sie waren der Schwarzgeschau vorzulegen, bevor sie schwarz gefärbt werden durften.

1536 hat man den Färbern erlaubt, die weißen Trauben auch grau zu färben, 1555 auch blau. Doch sollte ihnen ein besonderes Zeichen gegeben werden.

Eine besondere Rolle spielten in Ulm die Gugler. Sie mußten vor dem Färben wie die rohen Barchenttuche gewaschen werden. Danach sollte man sie „mit leimleder" klären, und nicht mit „fürbflaisch von gerbern". Vor dem Färben sollten die Geschauzeichen „verbunden" werden. Anscheinend wurden die Gugler schwarz gefärbt. 1545 heißt es, daß man den Färbern vor einiger Zeit erlaubt habe, die Ulmer Gugler auch rot, blau, grün, eschenfärb und „auf ander farben" zu färben.

Um die Beachtung aller dieser Vorschriften zu sichern, wurde den drei Schwarzgeschauern und den zwei Verordneten schon in den 1520er Jahren befohlen, einmal wöchentlich die Werkstätten aller Färber zu inspizieren, um die „geschirr, farben und anders zu besichtigen".[148]

Auch aus Weißenhorn haben wir einige kurze Angaben über das Färben der Barchenttuche. So wird gesagt, daß man die Tuche erst „aus ainem warmen wasser auslichen

---

[148] 1523, 9. Oktober und 1524, 5. September. Über die Ulmer Färber siehe Nübling, S. 93-106.

(soll), damit die schlucher heraus keme". Nachdem sie getrocknet waren, wurden sie sechsmal „eingstossen", also in die Farben getan. Jedesmal wurden sie getrocknet. Am Schluß sollte man die Tuche „aus einem fliessenden wasser und kainem schaff noch anderm geschirr ausslichen". Beim Ausstreichen sollten die Tuche mit „Öl und schweining schmalz uff beiden orten und enden mit ainem wullin dicken pletzen wol ausgestrichen werden". Auch in Weißenhorn waren zum Ausstreichen besondere Leute bestellt. Später hat man aber das Ausstreichen jedem erlaubt. Nach dem Ausstreichen kamen die Tuche dann in die Mang. Wie in Ulm war es verboten, ein Tuch mit einem „rad auszuwinden, damit es nit schadhafft werd".[149]

Färben in Augsburg

Farbbücher oder Rezeptbücher der Augsburger Färber sind nicht erhalten. Aber man kann annehmen, daß sie die Farbtechniken, die in den Farbbüchern der Zeit empfohlen wurden, auch anwandten. Auch sie haben wohl die Stoffe und Garne vor dem eigentlichen Färben mit einer Vorbeize behandelt, die die Fasern entfetten und die Aufnahme des Farbstoffes erleichtern sollte. Als Beizen gebrauchte man Alaun, Aschenlaugen, angefaulten Urin, Seifenlaugen und Kalkaufgüsse.[150]

Wir können vermuten, daß auch die Augsburger Färber die Tuche mehrmals wuschen, mehrmals in die Lauge und dann die Farbe taten, immer wieder trockneten und schließlich ausstrichen. Aber die Nachrichten hierüber sind spärlich.

Spätestens seit 1501 mußten die Färber schwören, kein Barchenttuch zum Färben anzunehmen, das nicht geschoren und nach dem Scheren geschaut worden war. Gelegentlich stellte sich dennoch heraus, daß „roche farbbarchat tuch" gefärbt worden waren, ohne geschoren worden zu sein. Ein Meister versicherte, daß „diese tuch an Haren dünn gewesen" und durch das Scheren ganz verdorben worden waren.[151]

Eine Bestimmung mit der Überschrift „Von dem tuch, darauf man schnitz", warnte die Färber vor dem „kutonieren" der Tuchscherer. Wenn ein Färber ein Tuch erhielt, „darauf ein tuch scherer kutoniert oder sonst zu anderen sachen bracht", sollte er es auf das Weberhaus bringen.[152]

Weiterhin heißt es, daß die Färber kein Tuch, das „man klert, vor oder nach dem kleren streichen soll".[153] Wie die Augsburger im einzelnen arbeiteten, wird nicht gesagt. Wir hören nur, daß sie zumindest im 18. Jahrhundert mit Indigo kalt und warm färbten.[154] Schon früher hatte der Rat den Färbern gestattet, zum Aufhängen und Trocknen der Barchenttuche „ob der neu gschütten schar steckhen aufzurichten". Die Stecken mußten „biss inn 2 schuch brait von den schrannken hinden eingraben werden", damit die „scharr und schütt" nicht beschädigt würden.[155] Handelt es sich hier um Anlagen außerhalb der Stadtmauern?

---

[149] Fuggerarchiv Dillingen, F.A. 27.4.22.
[150] Siehe das Färbebüchlein des Peter Ott aus dem frühen 16. Jahrhundert und das „Nürnberger Kunstbuch" aus dem 15. Jahrhundert. Ploss, E.E., Ein Buch von alten Farben, S. 101-129.
[151] 1603, 1. Juli. Protokolle 1601-05.
[152] 1567, 2. März. Protokolle 1548-81.
[153] 1558, 6. März. Protokolle 1548-81.
[154] 1763, 7. April. Protokolle 1758-64.
[155] 1543, 16. August. Ratsbuch.

Wie lang dauerte es, Barchent zu färben? Der Rat sagte im Jahre 1562, daß man in der Zeit von Michaeli (29. November) bis Ostern Barchent in fünf Tagen schwarz und grau färben solle, von Ostern bis Michaeli in drei Tagen. Anscheinend waren diese Fristen aber zu knapp bemessen. Die Färber erklärten sich bereit, den Barchent im Winter innerhalb von fünf bis sechs Tagen, im Sommer in drei bis vier Tagen zu färben.[156]

Wir sahen bereits, daß manche Stoffe erst gebleicht und dann gefärbt wurden. Die Augsburger Cottondrucker waren ja auf die von ihnen entwickelte Halb- und Viertelbleiche besonders stolz. Aber auf das Färben wirkte sich diese Art von Bleiche nicht so günstig aus. Die Deputierten sagten, die viertelweiß gebleichten Tuche würden nicht „zu dunkelblau und die halbweiss zu procellan und falschfarbigen Couleuren, sondern in dubio zu Craproth, i.e., gutfärbig gebraucht". Die halb- und viertelweiß gebleichten Tuche könnten also nicht zu allen Farben verwendet werden. Die Augsburger Bleichmethoden hätten zur Folge, daß die „hiesigen Fabrique Waren von auswärtigen sehr verachtet" würden. In den benachbarten Fabriken gäbe es keine viertelweiße Bleiche. Und nur kleine Mengen würden halbweiß gebleicht und gedruckt, weil „solche halbweiss gebleichten stück nicht reussieren".[157]

Klären und Glätten

Die Färber hatten auch das Recht, die Tuche zu klären. Aber dieses Recht ließ sich nicht aufrechterhalten, als im 18. Jahrhundert neue Methoden der Appretur entwickelt wurden. Unternehmen wie Obwexers Söhne ließen die Leinwand von den Mangmeistern, nicht von den Färbern, stärken und klären. Die Handwerksartikel, sagten sie, hätten keine Geltung für die Appretur der Leinwand, wie sie in Schlesien, Sachsen, Frankreich und Westfalen geübt würde. Man könne das Klären auch deshalb nicht den Färbern überlassen, weil man sich um eine möglichst weiße Farbe bemühe. Die Kufen, Rechen, Stecken und Häuser der Färber seien aber von oben bis unten mit Farben, besonders blauen Farben, verschmiert. Die Deputierten erlaubten dann auch Obwexers Söhnen, ihre Leinwand von den Mangmeistern klären zu lassen.[158]

An sich durften nur die Färber und Mangmeister Glättstangen führen und die Waren glätten. Vor allem im 18. Jahrhundert war das Glätten der Wäsche mittels des Glättsteines beliebt. Als aber in Augsburg im 18. Jahrhundert die Zahl der Cottonfabriken zunahm, konnten die Färber und Mangmeister diese Arbeit überhaupt nicht mehr bewältigen. Sie hatten nichts dagegen, als auch andere Leute diese Arbeit übernahmen.[159]

Barchent

Welche Tuche wurden gefärbt? Bereits im Jahre 1453 entschied der Rat, daß die Färber alle in Augsburg angefertigten Barchenttuche, die mit dem Ochsen, Löwen oder Truppen bezeichnet waren, schwarz oder „anderlei farb" färben durften. Und zwar mit Rausch, Kupferwasser oder Schliff.[160] „Arge und abenteurische Tuche" wollte man nicht. Den-

---

[156] 1562, 3. Februar. Protokolle 1548-1581. Clasen, Die Augsburger Weber, S. 321.
[157] 1754, 12. November.
[158] 1790, 8. und 12. Juli.
[159] 1778, 23. November. Siehe auch das Kapitel „Cottonfabrikanten".

noch waren die Farbtuche nicht immer von der besten Qualität. 1501 wurde bestimmt, daß Tuche, die nicht als „gut werung weyss geblaicht" erkannt wurden, „inn die Farb" geschafft werden sollten. Die Färber durften Barchente „allerlay Gattung" färben, also groben und gretischen Barchent, Trauben und dicke Barchente. Vorbedingung war, daß sie sowohl die Rohgeschau wie die Tuchscherergeschau bestanden hatten.

Gretischer Barchent wurde anscheinend roh, also ungebleicht, gefärbt. Andere Barchente mußten erst gebleicht werden. Die Färber schworen jedes Jahr, Trauben nur nach der Bleiche zu färben. Die Verordneten lehnten es strikt ab, Trauben auch roh färben zu lassen.[161]

Barchenttuche, die bei der Geschau zerschnitten worden waren, durften auch gefärbt werden. Nicht aber die zerrissenen groben und gretischen Barchente. 1584 hieß es, dieses Verbot sei „vor vilen Jahren" erlassen worden, weil Betrüger zerrissene Barchente unter die zerschnittenen vermengt hatten.

Der Färbereid von 1650 faßte dann noch einmal die Bestimmungen zusammen. Die Färber durften kein Barchenttuch annehmen, das nicht vor und nach dem Scheren geschaut und bezeichnet worden war. Trümmer und halbierte Barchenttuche durften sie färben. Diese wie auch die zerschnittenen Tuche durften sie nur dann verkaufen, wenn sie von den Geschau- und Kellermeistern roh im Keller und dann gefärbt in den Manghäusern geprüft und besiegelt worden waren.

Noch im Jahre 1717 erklärten die Färber, sie seien berechtigt, alle in Augsburg gewebten Barchenttuche, die nicht gebleicht wurden, zu färben. Ungefärbt und ungebleicht dürfe kein Barchent mehr aus der Stadt ausgeführt werden. Nun wurden allerdings zu dieser Zeit nur noch kleine Mengen von Barchent in Augsburg angefertigt.

Welche Farben erhielten dann die Barchente? Das Färben in Rot ist bereits im Zusammenhang mit den Farbstoffen Prisil und Safflor behandelt worden. In den Ordnungen von 1528 bis 1570 werden noch mehrere andere Farben genannt, die den Barchenten gegeben wurden:

schwarz
grau
prisilrot
gron oder geel (grau oder gelb?)
lederfarb (ab 1553 = negelfarb?)
gelb (= geel?)
goldfarben (ab 1553)
negelfarb (ab 1553 = lederfarben?)
Gretischer Barchent:
   a) schlecht schwarz
   b) erst blau, dann schwarz

Der Barchent konnte also entweder einfach schwarz gefärbt werden oder erst blau und dann schwarz. Der gleiche Färber sollte „seine duch, so er blau beschlagen, auch schwarz zu ferben schuldig sein".

---

[160] 1453, 10. April. In diesem Zusammenhang wurde auch festgelegt, daß wenn „geschniret, geölget, gepildet oder grätische barchenttuche" angefertigt würden, sie von derselben Qualität wie die mit dem Ochsen, Löwen oder Truppen bezeichneten Tuche sein sollten.

[161] 1584, 22. März.

Um die Mitte des 16. Jahrhunderts empfahlen einige Kaufleute auch gebleichten, also weißen, Barchent, schwarz zu färben, wie dies bei Ulmer und Biberacher Barchenten üblich war.[162]

Das Aufkommen der dicken Barchente in den 1580er Jahren hat das Bild etwas verändert. Jetzt wurde gefärbt wie folgt:

dicke Augsburger Drei- und Viersiegler:	erst blau, dann schwarz
reine gretische:	erst blau, dann schwarz
gemeine Farbtuche	
gemeine gretische Barchente:	blau
grober und gretischer Barchent	a) grün
	b) blau

Die neuen dicken Drei- und Viersiegler wurden also auch erst blau und dann schwarz gefärbt.

Im Jahre 1600 werden folgende Möglichkeiten geboten:

a) grober oder gretischer Barchent:
   schwarz oder negelfarb
   grau
   rorblau, schwarz oder grün
   Safflor
b) dicker grober Barchent: vorblau schwarz oder grün
c) vorblau oder andere Barchent in Endich oder Saphlor

Der Barchent konnte auch erst grau und dann schwarz gefärbt werden.

Zu dieser Zeit gab es drei Sorten von grauen Tuchen:

a) Tuche, die mit gemeiner grauer Farbe gefärbt wurden
b) Tuche, die „mit besonderer und an der Güte und Schöne besseren grauen Farbe" gefärbt wurden und deshalb auch teurer waren.
c) Tuche, die erst vorblau und dann grau gefärbt wurden.[163]

Die Augsburger Färber arbeiteten also um 1600 mit einer ganzen Palette von Farben. Stolz sagten sie, daß schon seit länger als Menschengedenken in Augsburg „das guett Safflor Rott, Gruen, Plau, Prisill Rott, Negelfarb, Goldfarb, Gelb, Braun und was andere Farben mer sein", verwendet worden seien. Die Hälfte aller Augsburger Färber arbeite mit Beifarben. Die Handelsleute waren allerdings von den Fähigkeiten der Färber nicht so überzeugt: höchstens 15 Färber arbeiteten mit Beifarben. Sie erinnerten daran, „dass der beyfarben halben immerzu neue lustige begirliche gattungen aufkommen, und das viel Orten der beyfarben jetzt gebraucht werden, welcher man zu unserer Eltern zeiten alhie noch nicht erfahren ... gewesen ist".[164] Vielleicht haben die Handelsleute selber neue Methoden eingeführt. So ließen sie „dicke tuche grau und schwarz, auf blau" auf Niederländische Art von einzelnen Färbern färben.

Auch der bekannte Tuchscherer Jeremias Neuhofer, der doch auch mit Farben experimentierte, äußerte Zweifel an den Fähigkeiten der Augsburger Färber. Wenn sie „bey

---

[162] 1553, 10. Oktober.
[163] 1601, 23. Oktober.
[164] 1600, 21. November.

iren farben so kunstreich" wären, bräuchte man die dicken Barchenttuche nicht roh in die Niederlande schicken und dort färben lassen.[165]

Die meisten Barchente scheinen in Augsburg blau, schwarz und grau gefärbt worden zu sein. So befanden sich am 9. Oktober 1609 folgende gefärbte Barchenttuche in den Mangen und im Farbhaus:

Vorblau Vierer	36 Ballen
vorblau Dreier	90
vorblau Ochsen	9
vorblau Grobe	70
vorblau Gretische	39
schwarze, grau Grobe	131
grobe Schnitze	9
ganze schwarze Gretische	23
schwarze, gretische Schnitze	6
graue Grobe	54
graue Gretische	138
insgesamt	605 Ballen = 18 150 Tuche

40% der Barchente waren also vorblau gefärbt, 32% grau und 5% schwarz. Weitere 22% waren anscheinend erst grau und dann schwarz gefärbt worden.

Die Aufstellung zeigt, daß die Färber mehrere Barchentsorten, Vierer, Dreier, Ochsen, grobe und gretische Barchente, vorblau färbten. Sowohl grobe wie gretische Barchente wurden grau und schwarz gefärbt. Beifarben werden nicht genannt, vielleicht weil sie nicht zum Rest gezählt wurden.[166]

44% dieser Barchenttuche waren grobe Barchente, 34% waren gretische. Die teuren dicken Barchente machten nur 21% aus. Die Ochsen weniger als 2%. Zumindest in dieser Zeit färbten die Augsburger Färber also überwiegend grobe und gretische Barchente.

Später haben die Färber genauer gesagt, daß man unter „schlecht schwarzen" die gemeinen groben Barchente, unter den vorblau schwarzen die dicken und Crontuche verstand: „ist auch keinem färber je ander gestalten zu färben erlaubt". Hundert Stücke würden vorblau schwarz gefärbt, bevor ein einziges Stück schlecht schwarz verkauft würde.[167]

---

[165] 1610, 8. Januar und 22. April.
[166] In den Jahren 1621 bis 1624 werden die bekannten Farben genannt: dicke vorblau, grobe vorblau, schlechte schwarze und graue grobe. Seit 1624 kamen die gerollten Barchente hinzu, die vorblau gefärbt wurden. Trauben durften nicht schwarz gefärbt werden. Als eine Färberin zerschnittene Trauben „wider ordnung darzu schlecht schwarz geferbt", kam sie in die Fronfeste und durfte das Handwerk ein Vierteljahr nicht treiben. 1626, 17. Juni. So auch zwei weitere Färber. Ebenso 1680, 24. Januar.
[167] 1690, 13. Mai. So lehnten die Verordneten 1632 die Bitte des Handelsmannes Elias Schröck ab, Oxen nicht mehr wie bisher „überblau" färben zu lassen, sondern „schlecht schwarz und graw". Die Oxen „als eine guete wahr von tickhen tuchen" hätten guten Absatz. Die auswärtigen Kaufleute würden angeführt, wenn man die Oxen nicht mehr „überblau" färben würde. (Barchent 1615-51).

Auf jeden Fall boten die Augsburger Färber im 17. Jahrhundert ein reiches Sortiment an: „einer lange, kurtze, gerollte crontuche, der andere Ochsen, Dreier und Vierer und so fort, der dritte vorblau, schwarz, grau Schnitz so wol auch grau grob und gretische."[168]

Um ihre Einnahmen zu erhöhen, drängten die Färber immer wieder, auch Barchente von auswärts färben zu dürfen. Im 15. Jahrhundert durften sie Barchente aus Städten wie Ulm, Nördlingen, Memmingen, Biberach und Lauingen färben, wenn diese ebenso gut oder besser als die Augsburger Barchente waren und die Geschauzeichen Ochsen, Löwen oder „truppen" hatten.[169]

Die Ordnungen von 1501 und 1550 hatte ähnliche Bestimmungen: Barchent aus Ulm, Memmingen, Ravensburg und Biberach durfte nur dann gefärbt werden, wenn er von den Schwarzgeschaumeistern für ebenso gut oder besser als der Augsburger Barchent erkannt wurde. Aber als dann die Barchentproduktion in Augsburg so zunahm, wurde man vorsichtiger. Die Ordnungen von 1600 und 1604 verboten den Färbern ganz einfach, fremden Barchent zu färben, mit welchen Farben auch immer. Nur zwei Ausnahmen wurden zugelassen: Ulmer und Biberacher Barchente, die erst gebleicht und dann schwarz gefärbt wurden. Als im Jahre 1658 zwei Färber Weißenhorner Barchent färben wollten, der auch hier geschoren worden war, wurden sie abgewiesen, weil dieser Barchent „eine sehr schlecht Waar" sei. Sie mußten die Stücke „ohne alle weiterverarbeitung und farb" wegschicken. Augsburg blieb auch unnachgiebig, als die Friedberger Weber ihre Waren in Augsburg färben lassen wollten.

Noch 1708 und 1717 wurde das Verbot auswärtigen Barchentes wiederholt, aber die Färber sagten selber, daß dieses Verbot „niemahlen observiert worden (sei), sondern gänzlich in desuetudinem gekhommen."[170]

Das Ungeld für auswärtige Barchente, die in Augsburg gefärbt wurden, belief sich im 16. Jahrhundert auf 4 Pfennige, wie das für Augsburger Barchente. Es mußte von den Färbern bezahlt werden.[171]

Leinwand

Schon im frühen 16. Jahrhundert und wohl auch im 15. Jahrhundert färbten die Augsburger Färber eine ganze Reihe von Leinenstoffen wie Schetter, Gugler, Mittler, Abenteurer oder Zwilch.[172] Generell galt die Regel, daß die Färber nur dann Augsburger Leinwand zum Färben annehmen durften, wenn sie „ordentlicher Weiss geschaut und gesigelt worden war". Mittler, die von den Geschaumeistern „in die Farb" geschaut wurden, sollten gar nicht erst „roch aufgebunden" oder gebleicht werden, sondern „allein zur farb gebraucht werden".[173]

Obwohl verschiedene Leinenstoffe in den Ordnungen genannt werden, stellten die Augsburger Weber im 16. Jahrhundert überwiegend Barchent her. Es sieht so aus, als hätte die Barchentweberei die Leinenweberei im Laufe des 16. Jahrhunderts fast ganz

---

[168] 1626, 17. Dezember.
[169] 1453, 10. April. Ratsbücher.
[170] 1717, 9. Januar.
[171] Ordnung 1550, Artikel 27.
[172] Ordnung 1501. Weberakten Nr. 185. Die Preislisten von 1528 bis 1595 in dem Kapitel „Preise".
[173] 1556, 6. Februar. Ratsbuch Nr. 29.

verdrängt. Bei der neuen Geschau im Jahre 1554 z.B. machten die 1373 Zwilche und Ziechen nur 7% aller geschauten Tuche aus. 1581 klagten die Färber, daß die Leinwand nur einen einzigen Färber voll auslaste, so wenig werde angefertigt. Um so mehr drängten sie darauf, auch Leinwand von auswärts färben zu dürfen.

Der Verkauf auswärtiger Leinwand in Augsburg war im 16. Jahrhundert im Interesse der Weber eingeschränkt. So durfte „weisse und rohe leinbat" aus Kempten, Wangen, Isny und anderen Städten nur auf den drei Kirchweihen und auf den zwölf freien Monatsmärkten verkauft werden. Obendrein war diese Leinwand in Augsburg nicht gebleicht, gefärbt, gemangt oder geschaut worden.

Mehrmals sind die Färber gegen diese Bestimmungen Sturm gelaufen. 1512 wollten sie „allerlei frembde gewirk", die besser als die Augsburger Leinwand sei, färben. Es ging um Leinwand aus dem Oberland, aus Isny, St. Gallen, Leutkirch und Kempten sowie um Holländische Leinwand, die grau, schwarz, rot, blau und grün gefärbt werden sollte. Anscheinend sind sie aber nicht gegen den Widerstand der Weber durchgedrungen.

Erst 1548 erlaubte der Rat den Färbern „auf Versuchen", Osnabrückische und Münsterische Leinwand zu färben, soweit sie „etwas pessers dan die hiesige Leinwandt sei". Als in den nächsten Jahren große Mengen von Leinwand aus Schlesien, Meißen und Sachsen auf den Märkten in Schwaben, im Allgäu und in Bayern erschienen, baten die Färber im Jahre 1565, auch diese Leinwand färben zu dürfen. Sie könne mit Augsburger Leinwand nicht verwechselt werden, da sie andere „Lenge, Mass und Gewirk" habe. Ihre Bitte wurde aber abgelehnt, da es „ringe leinwat" sei.

Als der Absatz des Barchentes Anfang der 1570er Jahre zurückging, baten die Färber wieder, auswärtige Leinwand färben zu dürfen. Zur Zeit hätten sie die halbe Woche nichts zu tun. Erfolg hatten sie auch jetzt nicht.[174]

Die Kaufleute sagten nun, daß nur die Hälfte der 40 Färber Arbeit habe: „bei diesem ringen thon des weberhandwerks, so dieser zeit vor augen alhie, müssen die ferber halb feiern". Nach Ansicht der Verordneten ging es aber um den guten Ruf der Augsburger Leinwand. Die fremde Leinwand würde in Augsburg mit der „rechten Safflor und Prisill farb" gefärbt und dann unter die mit der „hiesigen guten an den recht zettel und lengen geschauten leinwath" vermengt werden.

Man machte nur kleine Zugeständnisse: so durfte in den 1570er Jahren „bisweilen auch etwas Schlesingische schmale Leinwathen auf 5/4 breit" in Augsburg gefärbt werden. Wie die Leinwand aus Osnabrück und Münster mußte auch sie der Geschau vorgelegt werden.

Wegen der Verbote in Augsburg ließen die Kaufleute große Mengen auswärtiger Leinwand in anderen Städten färben wie Friedberg, Landsberg, Schongau, Füssen, Memmingen, Kaufbeuren und Höchstädt. Die Färber machten deshalb 1581 wieder einen Vorstoß. Viel erreicht haben sie auch jetzt nicht. Die Verordneten sahen in erster Linie auf die Interessen der Weber. Ihrer Meinung nach ging es den Färbern darum, auch Leinwand aus der Umgebung färben zu dürfen. Wenn aber in der Umgebung die Anfertigung von breiter Spinet Leinwand, Schetter und schmaler Leinwand zunähme, würde nicht bloß der Garnpreis steigen, sondern die Augsburger Weber würden die Gugler und

---

[174] 1572, 16. und 23. Februar und 1. März.

Leinwand, Spinet und Schetter verlieren. Wenn der Absatz des Barchents stocke, könnten sie nicht mehr zur Leinwand überwechseln und würden „zu Boden geworfen".[175]
Ganz verboten waren den Färbern die auswärtigen Waren nicht. Um 1600 z.B. färbten sieben Färber rund 45 000 Stücke fremder Waren, zumeist Schetter (56%) und Golschen (34%). Eine Färberin färbte auch Futtertuche, Loden und „Leinbat".[176]

In den 1620er Jahren haben es die Färber „durch grossen fleiss und mühsame Arbeit" durchgesetzt, daß nicht bloß wie früher Osnabrücker und Münster Leinwand, sondern auch „Schlesinger und andere frembde Leinwath" in Augsburg gefärbt wurde. Diese Leinwand kam während des Dreißigjährigen Krieges meist über Nürnberg nach Augsburg.[177] Seit 1629 färbten sie eine Leinwand, die noch besser als die Schetterleinwand war. Hinsichtlich „Geschau- und Ungeld" wurde die fremde Leinwand den „gemeinen schettern" gleichgestellt.

Um die Mitte des 17. Jahrhunderts wurden in Augsburg hiesige Gugler, Schetter und ganze und halbe Mittler sowie Schetter von auswärts und Leinwand aus Schwaben und der Reichenau gefärbt. Wenn „andere köstliche Gattungen von fremden leinwathen" nach Augsburg gebracht wurden, mußte dies den Deputierten gemeldet werden.[178] Die „ob dem Landt herum würkende Leinwathen" mußten zum Rest gezählt werden. Es ist aber nicht klar, ob die „Bauren blatzen und groben Sorten" auch hierunter fielen.[179] Bei der Leinwand von auswärts handelte es sich um große Stücke in einer Länge von 70 bis 80 Ellen.

Mit der Leinwand waren die Augsburger Färber in der zweiten Hälfte des 17. Jahrhunderts ganz glücklich. Wegen „der dermahlen so häufig abgehenden allerhand farbiger Leinwath Ungelder" wurden 1671 sogar die Vergütungen für Verordnete und Beisitzer erhöht.[180] Die Färber boten jetzt auch ein breiteres Sortiment als früher an. So war es nicht mehr üblich, die gebleichte Leinwand allgemein nur „in leibfarb" anzubieten. Gegen 1680 arbeiteten die Färber mit Farben, die es 20 Jahre früher noch gar nicht gegeben hatte, wie „Aurora, Isabellen gelb, blomeran, Zitronenfarb, Perlenfarb, Diamantfarb, Pfirsichblüh" und anderen Farben.[181] Um 1699 waren die Färber manchmal mit dem Färben der Leinwand dermaßen überhäuft, daß andere Arbeiten zurückstehen mußten.

Anfang des 18. Jahrhunderts spürten die Augsburger Färber die Konkurrenz von Bozen, Verona und anderen italienischen Städten, in denen große Farbhäuser errichtet wor-

---

[175] Siehe Clasen, Die Augsburger Weber, S. 318-322 und 350-352.

[176] Fremde Waren gefärbt

	Futtertuch	Loden	Golschen	Schetter	Leinbat
Christof Hummel 1601			270	928	
Christof Paur 1596-1598			2064	2014	
Hans Pallier 1597-1601			5518	628	
Martin Höbel 1599-1601			2456	6827	
David Miller 1594-1602				1169	
Jacob Mair 1597-1601			355	3146	
Hans Ettingerin 1597-1601	336	3780	4905	10 573	154 Stücke

[177] 1648, 5. und 24. März: 25 Jahre früher, also 1623. 1629, 21. Juni.
[178] 1650, 5. September. 1660, 29. April.
[179] 1629, 21. Juni.
[180] 1671, 12. September. Jeweils um 50 fl für den Rauschhandel.
[181] 1680, 13. Februar und 7. März.

den waren. 1710 beunruhigte es die Färber, daß Bayern seinen Untertanen verboten hatte, in Augsburg färben zu lassen.[182] Aber auch jetzt wurde in Augsburg hiesige wie Leinwand aus Böhmen, Schlesien und anderwärts gefärbt. 1748 hieß es, daß in Augsburg mehr Schetter als Bomasin und Barchent gefärbt würde. Und zwar waren es Schetter von auswärts. Um 1749 belief sich das Ungeld für gefärbte Leinwand jährlich auf rund 700 fl. Da für jedes Stück gefärbter Leinwand ein Ungeld von 2 kr erhoben wurde, dürften zu dieser Zeit jährlich rund 21 000 Stück Leinwand gefärbt worden sein.

Allerdings hatte Augsburg Konkurrenz. Auch in Isny, Kempten, Kaufbeuren und Memmingen wurden damals Tausende von Schettern gefärbt. Die Kaufleute warnten deshalb davor, die Farblöhne in Augsburg zu erhöhen. Schon jetzt hätten die Färber weniger Arbeit. Während früher fünf oder sechs Leinwandfuhren pro Woche in die Stadt gekommen seien, käme jetzt nur eine einzige: so weit sei es schon mit „dem in ältern Zeiten florirten Commercio Augustano" gekommen.[183]

Schetter und andere Leinwand wurden aber auch in der Folgezeit in Augsburg bearbeitet. Im Jahre 1754 brachten neun Meister mehr als 18 000 Stück Schetter zum Walken auf die untere Bleiche. Auch später wurde sehr viel mehr Leinwand als Barchent gefärbt. Vom Pfingstquartal 1788 bis Ende des Michael-Quartals 1789 (28. April 1788 bis 31. August 1789) färbten die Färber 7152 Stücke Leinwand, aber nur 882 Barchente. Die Leinwand machte also 89% aus.[184]

Es scheint also, daß die Färber im wesentlichen Schetter und Leinwand färbten. Färber, die für die Cottondrucker arbeiteten, scheinen dagegen Cottone und Bomasine gefärbt zu haben. Das Färberhandwerk hatte so auch nichts dagegen, daß Schüle 1759 eine Reib- und Glättmühle im Arbeitshaus errichtete, sofern hier „keine leinwath, sondern nur feine und ordinari gedruckte Bombasin und Cottons" gerieben würden.[185] Um so heftiger reagierten die Färber, als der Cottondrucker Sebastian Magg 1762 auch Schetter und Leinwand färbte und der Cottondrucker Mahler 1774 fremde Schetter auf seiner Reib- und Glättmühle appretierte.[186]

Da die Färber so viele Schetter und Leinwand von auswärts bezogen, waren sie um so härter betroffen, als im Jahre 1791 die Einfuhr fremder Waren verboten wurde.

---

[182] 1710, 2. Dezember.
[183] 1748, 26. Oktober.
[184] Von 1. Januar bis 31. Dezember 1754 ließen die folgenden Meister rohe Schetter färben:
Bayer 847 Stück
Breymair 88
Beckensteiner 1106
Gernerin 5076
Heinrich 2437
Hollstein 269
Greiner 181
Rayel 4454
Haichele 3925
[185] 1759, 12. März. Protokolle 1758-64.
[186] Man hatte bei ihm 3000 Stücke leibfarbener Leinwand und 600 Stücke gefärbter Leinwand gefunden. 1762, 12. Mai. Protokolle 1758-64.

Farben der Leinwand

Nach den Preisordnungen von 1528 bis 1587 durften den verschiedenen Arten von Leinwand folgende Farben gegeben werden:
Schetter:
    schwarz
    grow oder geel (grau oder gelb?)
    blau
    prisilrot
    grün
Gugler:
    schwarz
    blau
ganz und halb Mittler und Abenteurer:
    schwarz
glatter Zwilch:
    schwarz
    grau
    Beifarben

Im 16. Jahrhundert wurde auch gelb, goldfarben, negelfarben und grün gefärbt. Es ist aber nicht klar, ob nur die Schetter diese Farben erhielten oder auch die anderen Tuche.

Im Jahre 1680 erhielt die Leinwand die eben erwähnten Farben: „Aurora, isabellen gelb, blomeran, Zitronenfarb, Perlenfarb, Diamantfarb, Pfirsichblüh" und anderes.[187]

Im Jahre 1728 ist die Rede von gefärbter Leinwand und doppelt gefärbter Leinwand. 1758 hören wir von „zimmtfarbiger Leinwath und Schetter."[188] Wenn man alle diese wunderbaren Farbnamen hört, möchte man meinen, daß die Augsburger Färber viel Geschick im Färben von Leinwand entwickelt haben.

---

[187] 1680, 13. Februar und 7. März.
[188] 1758, 27. Februar. Protokolle 1758-64.

Bomasine und Cottone

Bereits im 16. Jahrhundert war bestimmt worden, daß die Bomasine nicht gefärbt werden durften, bevor sie gebleicht worden waren. Anfang des 17. Jahrhunderts haben aber 16 Färber rohe Barchente und Bomasine mit Safflor gefärbt. Schließlich beschwerten sich mehrere Kramer, die Bomasin zum Zopfmachen verwendeten, daß der Bomasin erst gebleicht werden müsse. Der Bomasin nehme die Farbe nach dem Bleichen bei weitem nicht so schön an, als wenn er nicht gebleicht würde. Auf die Dauer würden die Zöpfe die Farbe nicht behalten, sondern in Luft und grellem Sonnenschein würden sie „abschiessen". Zweitens sei der Bomasin ohnehin „zart und nit fast notleidig". Durch das Bleichen würde ihm noch mehr die Kraft genommen. Der Rat solle deshalb erlauben, Bomasin roh und ungebleicht zu färben. Aber der Rat ließ sich nicht darauf ein. Das Verbot des roh gefärbten Bomasin habe seinen guten Grund: man wolle Betrug durch „Einschleichung fremder Sorten" verhindern.[189]

Gegen Ende des 17. Jahrhunderts florierte in Augsburg das Crapprot Färben der Cottone und Bomasine. Allerdings war dieses Crapprot Färben nicht von den Färbern, sondern von dem Drucker Neuhofer eingeführt worden. Und es war auch umstritten, ob die Färber die Cottone und Bomasine überhaupt crapprot färben konnten. Neuhofer erklärte 1698, daß „dieses Krapproth Färben auf getruckthe Wahr ein sonderbahre wissenschaft ist, wohinter die Färber bishero ex Fundamento noch wenig gekommen" seien. Auch die Deputierten meinten, daß die Färber „dem ohnedem sehr heiglen Crapproth Färben nicht gerne abwarthen und ihrer viel sich des Crapproth Färbens nicht sonderlich begehren anzunehmen". Sie könnten „wegen abgehender gnugsamer Wissenschaft" die Cottone und Bomasine nur schlecht färben.[190] Der Streit zwischen Neuhofer und den Färbern wegen des Crapprot Färbens führte dazu, daß der Rat schließlich um 1700 entschied, daß Färber nur färben und die Cottondrucker nur drucken sollten. Da aber das Drucken und Färben eng zusammenhingen, lösten die Cottondrucker das Problem damit, daß sie trotz des Widerstandes des Färberhandwerks einzelne Färber in ihre Dienste nahmen. Man fragt sich, inwieweit die selbständigen Färber überhaupt am Crapprot Färben und am Blaudruck beteiligt waren. Andererseits haben einzelne selbständige Färbermeister auch während des 18. Jahrhunderts in ihren eigenen Werkstätten für die Cottondrucker gefärbt. So hat der Färbermeister Johannes Mayr im Jahre 1746 für den Cottondrucker Schumacher Bomasine und Cottone gefärbt. Nach den Preislisten von 1693, 1738 und 1749 wurden die Bomasine wie auch die Leinwand und der Barchent entweder mit hohen Farben oder mit ordinari Farben gefärbt. Welche Farben dem Bomasin im einzelnen gegeben wurden, wird nicht gesagt. Mit hohen Farben doppelt gefärbte Bomasine waren besonders teuer. Mit ordinari Farben konnte auf zweierlei Weise schwarz gefärbt werden: erst blau und dann schwarz oder erst weiß und dann schwarz.

---

[189] 1606, 6. April und 9. Mai.
[190] 1699, 30. Juni.

Das Färben von Bomasinen
(Preislisten von 1693, 1738, 1749)

Hohe Farben
    Bomasine
    doppelt gefärbte Bomasinlen
Ordinari Farben
    Bomasine
    schwarze Bomasine vorher auf blau gefärbt
    Bomasin, gleich auf weiß schwarz gefärbt.

Der Färber Johannes Mayr färbte 1746 Bomasine und Cottone wie folgt:
Bomasine:
    dunkelblau
    Procelan
Cotton:
    dunkelblau
    Porcelan
unbestimmt:
    rot
    gallierte

Wullin Gewand

Bereits in der ersten Hälfte des 16. Jahrhunderts und sicher auch früher wurden Wolltuche in Augsburg gefärbt. Auch Wolltuche von auswärts. Die Geschlachtgewander waren mit diesem Färben auswärtiger Tuche anscheinend nicht zufrieden. Vielleicht wollten sie ein Verbot. Aber der Rat wies sie 1538 ab: das Färben der auswärtigen Tuche solle gehandhabt werden wie bisher.[191]

Mitte des 16. Jahrhunderts wurden folgende Wolltuche in Augsburg gefärbt:
lündtische oder andere schwere Tuche
Neunbund
Ailfbund
Neunbund aichstetter heffer loden und andere geringe tuche grosse Tuche, so hier eingebunden werden.

Im 18. Jahrhundert wurden auch wollene Tuche von auswärts zum Färben nach Augsburg gebracht. So etwa „halb wullene zeug", doppelt gekartete Flanelle und Pelzfutter aus Bayern.[192]

Und wer färbte dann diese Wolltuche? Nicht die Schwarzfärber. Den Färbern war, wie die Lodweber betonten, schon 1473 das Färben der Wollstoffe verboten worden. Allerdings bestanden die Färber auf dem grundsätzlichen Recht, alles färben zu dürfen, es sei „wullen oder leinen oder halb wullen und halb leinen".[193] In Wirklichkeit waren die Wolltuche die Domane der Schönfärber, die ja nichts färben durften „als was ganz wul-

---

[191] 1538, 18. November.
[192] 1730, 16. Juni. Protokolle 1724-1737. Handwerksgericht 1780, 12. April.
[193] 1732, 19. Oktober. Protokolle 1724-1737. Handwerksgericht 1724, 17. Januar.

len ist". Die Produktion der Schönfärber war aber nicht gerade überwältigend. Von 1721 bis 1754 wurden pro Quartal durchschnittlich 250 Stücke bei der Gwandgeschau der Schönfärber vorgelegt.[194]

Auch die Zeugmacher selber durften gemäß der Ordnung von 1684 ihr Garn wie auch „die bereits ausgemachte Arbeit" mit gerechten Farben färben. So sagte 1785 der noch einzige in Augsburg arbeitende Zeugmacher, daß sein Vater und Großvater, die auch Zeugmacher gewesen seien, ihre selbst fabrizierten Waren jederzeit selbst gefärbt hätten.[195]

Garn

Für das Färben von Garn wurden besondere Bestimmungen erlassen. Die Färber durften nur gesiedetes Garn, also kein grünes Garn, färben.[196] Und zwar waren es die Waidfärber, die blaues Garn färbten, das für Ziechen und Bettbarchent verwendet wurde. Sie mußten jedes Jahr geloben, nur „Wayd und was sonst von Billigkeit wegen dem garn unnachtheilig", zum Färben zu benützen. Rausch und Schwarzfarb kamen nicht in Frage, „weil durch solliches falsch ferben des blauen garns, da sollichs in die Ziechen eingetragen, der gemeine Mann, der sollichs kauft" wegen der „unbestendigen farben" betrogen wurde. Abgesehen von den Webern durften sie für niemanden Garn blau färben. Allerdings wurde eine Ausnahme gemacht. Zwei oder drei Pfund durften sie auch für andere Leute färben, wenn diese Garne für Tischtücher oder „Handtzwelen" verwendet wurden. Also für den persönlichen Gebrauch und nicht für den Handel.[197]

Wenn die Weber mehr blaues Garn färben ließen, als sie gebrauchen konnten, durften sie es mit Vorwissen der Verordneten anderen Webern verkaufen.

Oft klagten die Färber, daß sie von den Webern viel zu säumig bezahlt würden. Der Rat befahl deshalb, daß die Weber sofort zahlen müßten, jedenfalls bevor sie eine zweite

---

[194] Gwandgeschau der Schönfärber:

Jahr	Quartal	Zahl der Stücke
1721	Frühjahr	249
1722	Herbst	237
1725	Frühjahr	192,5
1727	Sommer	263,5
1728	Sommer	278
1730	Sommer	215
1731	Sommer	228
1737	Sommer	351
1740	Sommer	267,5
1742	Sommer	402
1751	Sommer	200
1753	Sommer	134,5
1754	Herbst	239,5

(Weberhaus Nr. 164)

[195] 1785, 19. und 24. September. Protokolle 1781-1786.
[196] 1551, 27. Oktober.
[197] Ordnung 1550, 21. Oktober, Artikel 35. Ordnung 1600, 5. September, Artikel 35. Ordnungen 1477-1788.

Portion Garn brachten. Wer nicht zahlte, sollte von der Geschau ausgeschlossen werden.[198] Das von den Färbern gefärbte Garn wurde anscheinend einer Geschau vorgelegt. Nur die Färber durften also Garn um Lohn färben. Andererseits war es alte Tradition in Augsburg, daß jeder Weber das Garn, „so er in seiner selbs Werkstatt verwirkhen will, dasselb sey Rott, Grien, Plau, Goldfarb, Seydin grau", auch selber färben durfte.[199] So etwa das Garn für die meist zweifarbigen Meselanstücke. Alles Färben mit Indigo und Waid war aber den Webern verboten. Der Weber durfte auch nur färben, was er „zu seiner Northdurft gebraucht und in eigener Werkstatt arbeitet". Mit dem Wort „Nothdurft" war nicht die Haus-, sondern die Handwerks- oder Nahrungsnotdurft gemeint.[200]

Um 1660 besaß das Weberhandwerk zwei Farbhäuser. Haben die Weber vielleicht in diesen Farbhäusern ihre Garn gefärbt? Es kam jedenfalls zu Reibereien, als die Weber ihrem Garn alle möglichen Farben gaben. Um 1700 sah sich der Rat genötigt, die Sache genauer zu regeln: die Weber durften keine Farben verwenden, zu denen Indigo und Waid gebraucht wurde, also dunkelblau, himmelblau, bleumourant, Perlenfarb, Veilbraun und grün. Andere Farben durften die Weber für ihr Garn verwenden.

Als Gegenleistung wurde den Färbern verboten, den „um die Stadt herum sitzenden Webern" das Garn blau zu färben. Diese auswärtigen Weber hatten aus dem blauen Garn „Kelsch und Federritten" angefertigt und damit den Augsburger Webern Verdienst weggenommen.[201]

Man fragt sich natürlich, wie viele Weber noch im 18. Jahrhundert ihre Garne selbst färbten. Hatten die Weber die Zeit und das Geschick hierfür? Immerhin kam es noch 1795 zu Streit darüber, ob die Weber ihr Garn selbst färben durften. Augsburg fragte sogar in Reutlingen an, wo es schon zehn Jahre früher zu Streit gekommen war, ob die Webermeister ihr Garn, ihre Schneller und Zettel selbst färben durften.[202] Das Ergebnis war, daß man den Webermeistern allein das Falschfärben mit Blauholz zugestand. Das Gutfärben sollte allein den Färbern zugehören.

Welche Farben nannte man gut und welche falsch? Die Augsburger Färber sagten, daß sie keine andere Farbe als das Blauholz falsch nannten. Zu allen anderen Farben würden „solche species" genommen, „welche zu gutten Farben" gebraucht werden.

Aber nicht nur die Weber durften färben. Seit jeher war es allen Bürgern erlaubt, „schafwullin und leinin garn oder gewirkh" zu färben. Es galt als „freie, unverwehrte Kunst", Schafwolle und Leinengarn wie auch Seide zu färben.[203] Die „porten, deckhl, lod und barchat weber wie auch Kaufleut, Cramer und andere" durften ihre Garne färben, obwohl die meisten sie um Provision färben ließen. Voraussetzung scheint gewesen zu

---

[198] 1557, 5. Dezember. Protokolle 1548-1581.
[199] 1583, Protokolle 1581-88.
[200] 1656, 3. August und 5. September.
[201] 1700, 12. Oktober. 1750 noch einmal erlassen. In anderen Städten waren die Gepflogenheiten anders. In Kempten z.B. durften die Weber Garn färben, das sie für Golschen und Barchent verwendeten. Als die Kemptner Färber dagegen Sturm liefen, erkundigte sich Kempten in Augsburg über die dortige Regelung. 1750, 28. August. Protokolle 1747-50.
[202] 1795, 4. März.
[203] 1583, Protokolle 1581-88.

sein, daß man die Garne, die man gefärbt hatte, auch selbst verwirkte oder als Hausarbeit verwirken ließ.[204]

Neue Tuchsorten

Im 17. Jahrhundert wurden manchmal von den Färbern Stoffe gefärbt, die sonst nicht so bekannt sind. So im Jahre 1617 nicht weiter bezeichnete Tuche, die im Zettel 700 bis 800 Fäden und eine Länge von 21 bzw. 42 Ellen im Falle eines doppelten Tuches haben sollten. Ein Färber verkaufte „Ginss Egle" schwarz und weiß. Ein anderer Färber „Schnacheislen". Im Jahre 1662 ist die Rede von „Legedur Stücken", 1667 von „Meseln Stücken und anderen dergleichen Stücken", die 3/4 1/2 Ellen oder ellenbreit sein sollten. Später, im Jahre 1759, wurden auch Droquets in Augsburg gefärbt.[205]

---

[204] Die Unklarheit der Bestimmungen führte zu Streit. So durften z.B die Hutter „wullen, filz und dergleichen, so sie selbst bereiten, ferben". In Wirklichkeit nahmen die Hutter auch „anderer zeug, gewirk und garn ein grosse menge zum färben an". Hiergegen protestierten nun die Färber. Im Jahre 1609 beschwerten sie sich, daß nicht bloß Soldaten in der Guardi, sondern auch Hutter und Tuchscherer Schafwolle und Leinengarn färbten. Ihr Ärger richtete sich besonders gegen den Tuchscherer Jeremias Neuhofer. Neuhofer wiederum betonte, es sei stets eine freie Kunst gewesen, „das Schafwullin gewirk sambt aller hand garn" zu färben. Er arbeite auch nicht um Lohn, sondern er färbte, „weil er vil der Armen Weber durch das gewirkh unterhalte, so sonsten gemeiner Stadt Hülfe an die hand nemen müssten". Ließ er also die Weber im Verlag arbeiten? Oder stellten sie nur Hausarbeit für ihn her?
Die Färber hatten nichts dagegen, daß er das Garn, das er „zu sein hausnottur"t verwürkt", selbst färbte. Sie wollten es aber nicht hinnehmen, daß er „woll und garn, wie auch dz daraus gemachte gewirkh, wellich er hernachmal und zwar mit hauffen verhandelt, ferben thue". Weshalb solle jemand, der das Handwerk überhaupt nicht gelernt hatte, „Fäden, fürflecken und dergleichen ferben dürfen, so es doch uns Ferbern allein zusteht"? Da diese Arbeit nicht an die Geschau komme, werde sie den Ruf der Augsburger Färber schädigen.
Außerdem verwende Neuhofer „Spanisch oder Blau Holz", das er noch mit anderen Zusätzen schärfe. Er verstoße gegen die Reichspolizeiordnung, die „alle fressenden oder sonsten schädlichen und leichtlich abschiessenden Farben verboten habe". Neuhofer erwiderte allerdings, daß er dasselbe „Farbzeug" wie die Färber benütze, und nicht das „Spanisch Blau Holz".
Die Verordneten stellten sich auf Neuhofers Seite. Es handele sich hier nicht um Geschauarbeit. Das Färben dieser Garne sei nicht der Färberordnung unterworfen. Neuhofer habe nicht mehr und nichts anderes gefärbt, „als was er selbsten verwirken lassen". (1609, 3. und 10. Dezember; 1610, 28. Januar, 11. März, 20. März, 22. April, 8. Mai.)
Die Färber protestierten, daß auch andere Leute, wie Kaufleute, Kramer und Soldaten sich das Recht anmaßten, Garn zu färben. Aber weshalb richtete sich ihr Ärger besonders auf den Tuchscherer Jeremias Neuhofer? Vielleicht hat er besonders viel Garn gefärbt. Das Interesse Neuhofers am Färben mag es erklären, weshalb sich später sein Sohn und sein Enkel auch dem Stoffdruck zuwandten und damit eine neue Epoche in der Augsburger Textilwirtschaft einleiteten.
Noch im 18. Jahrhundert bestanden die Färber darauf, daß außer den Webern niemand Garn färben solle. So verlangten sie 1740, daß den Strumpfhändlern und den Strumpfstrickern das Färben der Baumwollstrümpfe und Garne verboten werde. 1740, 28. März. Protokolle, 1738-1746.

[205] 1617, 10. April. Ordnungen. 1569, 28. August. Protokolle 1658-1724. 1662, 24. September und 1667, 13. März. Protokolle 1658-1729.

Einlassen und „beerschwarze" Tuche

Bis rund 1600 wurden alle Barchenttuche „gerollt" geschaut. Als die gerollten Tuche schlechten Absatz hatten, warfen sich um 1604 eine Menge Färber auf das „einlassen" der dicken Tuche, also der Drei- und Viersiegler und der Ochsen. Der Barchent wurde „doppelt geschoren und nach dem Färben und Mangen von den Färbern in einer Farb wieder eingelassen, und nach demselben von den Tuchscherern wieder fleissig und sauber zusammengelegt". Die Tuche wurden also zweimal geschoren, zweimal gefärbt und gekartet, dann auf eine neue Weise, die die Tuchscherer eingeführt hatten, zusammengelegt.

Um die eingelassenen Tuche von den anderen zu unterscheiden, erhielten sie ein besonderes Bleisiegel, auf dem das Wort „EINGELASSEN" stand. Das Siegel bedeutete, daß diese Tuche „weiss zwymal und dann schwarz wieder ainmal an unser (der Tuchscherer) geschaw" gekommen waren.

Die eingelassenen Tuche wurden anfangs „in den Wechsel geschaut". Der Färber bot also dem Kunden die bereits bearbeiteten Barchente zum Wechsel gegen rohe Barchente an. Mancher Färber soll sechs oder sieben Ballen solcher eingelassenen Tuche gehabt haben. Die eingelassenen Tuche wurden zunächst nicht zum Rest gezählt.

Um allen Färbern Verdienst zu verschaffen, beschloß der Rat dann, die zum Einlassen bestimmten Tuche austeilen zu lassen, „also dass es von dem Öltesten bis auf den Jüngsten gelanget, und solliche Ordnung dem armen Meister zu gutem angestellt werde". Auch jetzt gehörten die eingelassenen Tuche nicht in den Rest. Der Färber bearbeitete die rohen Tuche, die er auf dem Wege über die Austeilung vom Tuchscherer oder Handelsmann erhalten hatte und gab den Kunden dieselben Tuche zurück. Die eigentlichen Besitzer der Tuche waren oft Tuchscherer, die sie den Färbern im „Ferbergewelb" zur Bearbeitung verteilen ließen. Jeder Färber soll diese Tuche alle drei oder vier Wochen erhalten haben.

Für den ärmeren Färber hatte die Austeilung der zum Einlassen bestimmten Tuche erhebliche Vorteile. Die eingelassenen Tuche, die er bisher zum Wechsel angeboten hatte, waren Zinstuche gewesen. Er hatte also für sie jede Woche Zins zahlen müssen. Jetzt erhielt er die Tuche von den Tuchscherern und Handelsleuten geliehen, ohne Zins zu zahlen. Dank der eingelassenen Tuche hatte er jetzt Arbeit und Verdienst, auch wenn seine anderen Tuche, etwa der grobe Barchent, wochenlang keine Käufer fanden.

Dieses System der eingelassenen Tuche soll ungefähr 15 Jahre bestanden haben. Die ärmeren Färber sagten später, die Austeilung habe sich gut bewährt. Es habe nie Mangel an eingelassenen Tuchen gegeben. Andere Färber aber sagten, es habe ständig Probleme gegeben, vor allem wenn im Herbst oder Winter wegen des schlechten Wetters oder wegen Frostes die Tuche nicht zügig bearbeitet werden konnten. Die Kaufleute hätten sich auf dem Weberhaus beschwert, daß die Färber sie 3 oder 4 Wochen warten ließen, obwohl man ihnen schon das Geld gegeben hatte. Manche Färber hätten die Tuche sogar versetzt.

Wegen dieser Mängel baten die Vorgeher und Viertelmeister um 1620 (?), die alte Ordnung wieder in Kraft zu setzen, die ja ohnehin vom Rate nicht aufgehoben, sondern nur auf Versuchen geändert worden sei. Die eingelassenen Tuche sollten wieder im Gewölbe zum Wechsel angeboten werden. Wer eingelassene Tuche benötigte, konnte sie dann gegen rohe Tuche sofort eintauschen. Einschränkend empfahlen sie, daß jeder Färber wöchentlich nur einen Ballen eingelassener Tuche „als nemlich von Dreiern, Vierern und

Ochsen" im Gewölbe „in den Wechsel hineinschauen" solle. Und dieser eine Ballen solle zum Rest gezählt werden. Der springende Punkt war jedenfalls, daß jeder Meister einen Ballen eingelassener Tuche im Gewölbe zum Wechseln anbieten konnte. Wenn der Handelsmann eingelassene Tuche benötigte, konnte er sie also sofort im Gewölbe gegen rohe Tuche einwechseln und brauchte die rohen Tuche nicht erst vom Färber bearbeiten lassen. Welcher Meister konnte aber eingelassene Tuche im Gewölbe im Wechsel anbieten? Praktisch nur der vermögende Meister, der seine eigenen Tuche besaß. Wenn der ärmere Färber eingelassene Tuche bearbeiten wollte, mußte er Zinstuche aufnehmen. Da aber die Zinszahlung den Gewinn erheblich verminderte oder sogar zunichte machte, fürchteten viele Färber, vom Geschäft mit eingelassenen Tuchen ausgeschlossen zu werden. Dies ist der Grund, weshalb eine größere Zahl von Färbern sofort heftig gegen die Vorschläge der Vorgeher und Viertelmeister protestierte. Die Absicht der Vorgeher sei nur, „wie sie den armen Maister vollendt untterdrücken möchten".

Obwohl sich 38 von 68 Meistern gegen eine Änderung wandten, stellten sich die Verordneten auf die Seite der Vorgeher. Sie taten es auch deshalb, weil der Kaufmann die freie Wahl haben sollte, die eingelassenen Tuche wie bisher unter die Färber auszuteilen oder sie „in das gewölb zum wexel zu geben". Der Rat stimmte daraufhin zu: jeder Färber durfte nun wöchentlich „auss seinem Rest ein Bälle der eingelassenen Tuche in das Farbgewölbe zum vorrath ... in Wexel schauen".[1]

Vielleicht haben die Färber mit dieser Änderung noch eine andere Absicht verfolgt. Bisher hatten nämlich die Tuchscherer die Tuche den Färbern zum Einlassen gegeben. Die Tuchscherer waren also die Besitzer der Tuche gewesen. Jetzt boten die Färber eingelassene Tuche zum Wechsel an, die sie selbst besaßen. Die Tuchscherer beschwerten sich jedenfalls, daß die Färber „die eingelassenen Tuche Hauffen weiss Inn dz farbgewölb zugeschawen uns (den Tuchscherern) verlegen wollen ..., da sy doch inn unseren Händen gewesen". Wenn ein Tuchscherer sie jetzt haben wolle, müsse er sie von den Färbern kaufen.

Die Tuchscherer suchten sich auch als Fürsprecher der ärmeren Färber darzustellen, die nun keine eingelassenen Tuche mehr anbieten konnten. Die reichen Färber seien überzeugt, sie hätten auf diese Weise „den Armen Ferber davon getriben, derowegen sy es Ainig und Allein hetten, und keinem Armen Ferber sein lebenlang kein eingelassen Tuech zu ferben mer zuthail würde".

Es waren kaum drei Monate nach Einführung der neuen Ordnung vergangen, als die ärmeren Meister eine Untersuchung über den Verkauf der eingelassenen Tuche forderten. Die ärmeren Färber müßten jetzt jährlich 18 fl bis 20 fl Zinsen für Zinstuche zahlen, die sie „hineinschauen", also im Wechsel anbieten wollten, während sie die Tuche früher, „bei der wolbestellten austeilung", umsonst erhalten hatten. Sie wiesen auch noch auf einen weiteren Nachteil der neuen Ordnung hin. Sobald ein Meister ein „Bällin Tuche verwechsele", dürfe er gleich den nächsten Tag wieder einen anderen Ballen ins Gewölbe legen, gleichgültig welcher Sorte, und wieder herauswechseln. Da der reiche Färber über viele Tuche verfüge, könne er die Ballen zwei- oder sogar dreimal auswechseln, bevor ein armer Meister einen einzigen Ballen gefärbt habe.

Es ist aber fraglich, ob diese Behauptungen wirklich stimmten. Auch der reiche Meister konnte wöchentlich nicht mehr Tuche im Farbgewölbe zum Wechsel anbieten, als in sei-

---

[1] 1627, 9. Februar.

nem Rest waren. Er konnte also nicht unbeschränkt neue Tuche ins Gewölbe legen, sobald er Tuche „ausgewechselt", also verkauft hatte. Er konnte nur so lange neue Tuche im Gewölbe zum Wechsel anbieten, als er seinen Rest, seine wöchentliche Quote, nicht ausgefüllt hatte.

Die armen Meister sagten auch, daß sie ihre Arbeit einstellen und „feiren" müßten, weil sie weder genügend Zinstuche bekämen noch den Zins zahlen könnten. Die reichen Meister könnten dagegen mit ihren eigenen Tuchen fort und fort färben und Tuche ein- und auswechseln. Die ärmeren Meister waren also überzeugt, daß die neue Ordnung nur zum Vorteil der vermögenden Meister war, die „starke Reste" hatten.

Die Vorgeher erinnerten nun noch einmal daran, daß der Handelsmann und Tuchscherer frei entscheiden könne, ob er eingelassene Tuche einwechseln oder zur Austeilung geben wolle. Manchmal würden mehr solcher Tuche ausgeteilt, als zum Wechsel angeboten. Die eingelassenen Tuche würden als Rest gezählt. Der Reiche habe also nicht um ein Haar mehr Vorteile als der jüngste Färber. Denn wie der arme Färber dürfe er nur ein Bällin ins Gewölbe legen. Sein einziger Vorteil sei, daß es seine eigenen Tuche seien und er keinen Zins zu zahlen brauche. Übrigens, wer eingelassene Tuche in das Gewölbe lege, müsse ebensoviel Tuche anderer Sorte draußen lassen, wie vorblaue, schwarze, graue grobe und gretische.

Jeder Färber müsse ja Tuche haben, ob sie nun sein Eigentum seien oder ob er sie als Zinstuche aufnehme. Zinstuche seien also notwendig. Es stimme aber nicht, daß man für eingelassene Tuche im Jahre 18 fl bis 20 fl Zins zahlen müsse. Für ein Bällin dicker Barchenttuche müsse man wöchentlich 2 kr mehr Zins als für groben Barchent zahlen. Im Jahre komme dies auf 1 fl 44 kr.

Für den Handel sei es vorteilhafter, wenn die meisten Tuche schon gefärbt im Gewölbe zum Wechsel angeboten würden und nicht erst zum Färben ausgeteilt werden müßten. Der Wechsel habe sich auch günstig auf die Qualität der eingelassenen Tuche ausgewirkt. Seit langem seien die eingelassenen Tuche nicht so schön schwarz gefärbt worden wie jetzt.[2] Der Rat stimmte daraufhin noch einmal den Verordneten zu. Die Bestimmungen über den Wechsel der eingelassenen Tuche blieben in Kraft.

Nach Angaben der Tuchscherer hatten die vermögenden Färber noch einen weiteren Trick, um ihre Einnahmen zu erhöhen. Es waren die „beerschwarzen" Tuche, die nur einmal geschoren, gefärbt und gekartet wurden. Sie wurden nicht im Farbgewölbe zur Bearbeitung unter die Färber verteilt, sondern von einigen vermögenden Färbern gefärbt und gehandelt. Um den Absatz dieser beerschwarzen Tuche anzuregen, sollen die Färber seit etwa 1618 begonnen haben, sie nicht mehr, wie bisher, gerollt anzubieten, sondern nach Art der eingelassenen Barchente zusammengelegt. Sie brachten zwar außen ein Siegel mit dem Wort „Beerschwarz" an, aber sahen die beerschwarzen Tuche jetzt nicht wie die eingelassenen aus? Da sie um 2 kr billiger als die eingelassenen Tuche waren, nahm ihr Absatz zu. Die Tuchscherer protestierten nun, daß die beerschwarzen Tuche „die recht beraitung ganz und gar nit haben". Der Rat solle den Färbern und Mangmeistern befehlen, „kein Tuech ..., so nit zum einlassen geschoren noch beraitet, weder einlassen, noch auf den form oder schlag, wie die eingelassene, sondern entweders gerollt, wie vor disem oder auf ein andere form zum underschaid" zusammenzulegen.

Die reicheren Färber wollten von diesen Vorschlägen nichts wissen. Die Bleisiegel EINGELASSEN und BEERSCHWARZ zeigten jedem Käufer an, daß es sich um ver-

---

[2] 1627, 10. Juli.

schiedene Tuche handele. Der Rat hielt aber die Klagen der Tuchscherer für berechtigt und verbot 1620, die beerschwarzen Tuche wie die eingelassenen zusammenzulegen. Sie mußten aufgerollt werden.

Bei diesem Streit ging es aber um mehr als das Zusammenlegen der Tuche. Die reicheren Färber hatten nämlich jetzt Bedenken wegen der mangelnden Qualität der eingelassenen Tuche. Die Tuchscherer hätten das zweifache Scheren um 1604 nur darum eingeführt, um ihren Gewinn zu erhöhen. Kein Tuch werde aber dadurch besser, daß es zweimal geschoren werde, ja „manches Tuech (solle) bei jetziger zarten gespunst besser ungeschoren" bleiben. Die Tuche hätten zur Zeit wegen „theure der woll", wegen der leinenen Gespunst und wegen des kleinen Zettels „wenig woll" und sollten deshalb am besten nicht geschoren werden. Die beerschwarzen Tuche seien „an der guete und farb" besser als die „allzupart abgeschorenen und abgetriebenen Tuech".

Die Tuchscherer bestritten sofort, daß sie das zweifache Scheren erst 1604 zu ihrem eigenen Vorteil eingeführt hatten, „dann man die Tuech zweimal geschoren hat, Ehe die eingelassene tuech herfürkommen sein". Es stimme auch nicht, daß es besser wäre, „die zarte gespunst" nicht zu scheren. Denn es würden „alle Barchet inn den Niderlanden und anderen Landen geschoren und der merertheil zweimal".

Über das Scheren der Tuche sei nie geklagt worden, wohl aber über das Färben. Viele tausend Tuche, darunter die meisten Crontuche, würden hier geschoren und dann ungefärbt verschickt. Die besten Barchenttuche, die mehr als 7 fl kosteten, würden den hiesigen Scherern anvertraut, aber nur ein kleiner Teil den Färbern. Es stimme auch nicht, daß die beerschwarzen Tuche den eingelassenen vorgezogen würden, sondern die beerschwarzen würden unter die eingelassenen vermengt und dann als eingelassene verkauft.

Die Tuchscherer erhielten für das Einlassen der dicken und der Crontuche 12 kr pro Stück. Die Färber sagten nun, daß sie es waren, die das Einlassen verrichteten, und nicht die Tuchscherer. Es sei deshalb recht und billig, daß sie die Hälfte der 12 kr, also 6 kr erhielten.

Die Tuchscherer erwiderten gereizt, sie erhielten die 12 kr nicht für das Einlassen an sich, sondern „von einem dickhen Tuech zum Einlassen zuberaithen". Wenn man ihnen die Hälfte des Lohnes nehme, werde kein Tuchscherer mehr eingelassene Tuche machen.[3] Das Ergebnis des langen Streites war, daß die Färber die beerschwarzen Barchente nicht mehr wie die eingelassenen zusammenlegen durften.

Als dann aber in der Folgezeit der Absatz der beerschwarzen dicken Tuche, also der Dreier, Vierer und Ochsen erheblich zurückging, erklärten die Vorgeher der Färber den Rückgang damit, daß die beerschwarzen Tuche gerollt ins Gewölbe geliefert werden müßten. Diese „unform" habe dazu geführt, daß man sie „draussen" nicht mehr haben wolle. Sie schlugen deshalb im November 1620 vor, die Dicken, Dreier, Vierer und Ochsen, „nach Begehren und Gefallen des Kaufmanns" wie die eingelassenen groben und gretischen Tuche „fein lustig" zusammenzulegen. Es ging also wieder um die gleiche Frage des Zusammenlegens der beiden gefärbten Barchente, obwohl die Färber jetzt „verschlagener weiss", wie die Verordneten sagten, nicht von beerschwarzen, sondern von gerollten Tuchen sprachen.

Nach Meinung der Tuchscherer kam dieses Gesuch nicht von der Mehrheit der Färber, sondern nur drei oder vier „vorteilhaftigen" Färbern, die den „unvermöglichen" Meistern den guten Absatz der eingelassenen Tuche mißgönnten und mittels der beerschwarzen al-

---

[3] 1620, 28. Januar, 20. Februar, 19. März. Protokolle 1619-1621.

len Gewinn an sich ziehen wollten. Wenn die beerschwarzen dicken Tuche wie die eingelassenen zusammengelegt würden, dann würde der Käufer betrogen werden. Die Färber sollten sich statt dessen mehr als bisher um die „beraitung der Farben" bemühen. Das sorgfältigere Färben würde den Absatz der Tuche mehr fördern als die Art des Zusammenlegens.

Auch die Verordneten meinten, daß der Unterschied zwischen den gerollten und eingelassenen Tuchen dem Käufer sichtbar sein müsse. Die gerollten Dreier, Vierer und Ochsen würden nur einmal gefärbt, geschoren und gekartet, während die eingelassenen groben und gretischen Tuche zweimal gefärbt, geschoren und gekartet würden. So seien die eingelassenen Tuche auf Grund ihrer „Güte und schönen beraitung" um 8 kr teurer als die gerollten. Wenn man den Unterschied beider Arten verwische, hätten nur ein paar eigennützige Färber den Vorteil. Der Rat wies daraufhin das Gesuch der Färber ab. Die beerschwarzen Tuche mußten auch weiterhin gerollt werden.[4]

Der Verkauf der eingelassenen Tuche soll sich dann in den nächsten Jahren günstig entwickelt haben: Tuchscherer, Färber und Karter hätten genug Arbeit bekommen. Wenn die Nachfrage nach eingelassenen Tuchen nicht so groß gewesen wäre, wäre „der barchet vilmals hart stechen blieben".

Erst viele Jahre später, als man nach dem Zusammenbruch im Dreißigjährigen Kriege den Barchenthandel wieder emporzubringen suchte, gab es eine neue Diskussion über den Wert des Einlassens. Sowohl die Färber wie die Weber nannten das Einlassen der dicken Tuche jetzt eine „vergebliche, sehr unnötige Arbeit". Das Einlassen sei früher allein von den Tuchscherern „zu verbesserung ihres Lohnes und Rests" eingeführt worden. Denn man müsse den Tuchscherern ganz abgesehen von dem Schergeld 6 kr pro Stück zahlen, „dasselbe weiter zu scheren oder wie sie es nennen, zu verstreichen, samt dem genannten einlassen". Das eigentliche Einlassen werde obendrein nicht von den Tuchscherern, sondern von den Färbern getan. Die Färber sagten jetzt, daß dieses Scheren oder Verstreichen den Barchenten eher schädlich als nützlich sei, da „jedesmal frische Haar gezogen werden müssen, die wohl mehrerer Haar, oder eigentlich zu schreiben, Woll und Eintrag bedürftig wären, als das man dieselbe so oft ... abscheren solle".

Wenn die Barchenthändler die schwarzen Tuche dennoch „zum Einlassen geschoren" haben wollten, dann sollten sie auch selbst dafür zahlen.[5] Wahrscheinlich wurden die dicken Tuche von jetzt an nur noch dann eingelassen, wenn die Käufer es wünschten. 1682 stellte es der Rat dem Kaufmann frei, sich der „Einlassung und Mussierung der Ware" zu bedienen. Wenn die Tuche nicht eingelassen wurden, brauchte der Kaufmann natürlich auch nicht das Einlassungsgeld zu zahlen.[6]

Für den späteren Betrachter ging es bei dieser Diskussion über das Einlassen um ein technisches Problem. Der jahrelange Streit, der zudem mit Heftigkeit geführt wurde, weist aber auch auf die Gegensätze zwischen den Tuchscherern und Färbern und Spannungen zwischen den vermögenderen und gemeinen Färbern hin. Die zahlreichen Eingaben, Stellungnahmen und Berichte zeigen, wie ernst dieser Streit im 17. Jahrhundert genommen wurde.

---

[4] 1620, 10. und 18. November. 31. Dezember. 1621, 26. Januar und 6. März.
[5] 1661, 22. November.
[6] 1682, 2. Juli.

Preise

Die Preise der Färber wurden vom Rat festgelegt, wie ja auch die Preise der Bleicher, Mangmeister und Tuchscherer. Die erste größere Zusammenstellung der Färberpreise stammt aus dem Jahre 1528. Der Preis schwankte je nach Tuchsorte und nach Art der Färbung. So kostete es 6 kr, ein Barchenttuch schwarz färben zu lassen, 5 kr es grau färben zu lassen. Wer gretischen Barchent „schlecht schwarz" färben ließ, mußte ebenfalls 6 kr pro Tuch zahlen. Wer dagegen gretischen Barchents erst blau und dann schwarz färben ließ, mußte 15 kr zahlen. Das Rotfärben des Barchents war am teuersten: 30 kr pro Tuch. Es kostete aber auch 12 kr, ein Barchenttuch grün oder gelb färben zu lassen.

Wer Schetter, Gugler oder Zwilch schwarz färben ließ, zahlte ebenfalls 5 bzw. 6 kr. Die anderen Farben waren erheblich teurer. Es kostete 30 kr, Schetter rot zu färben, 21 kr ihn blau zu färben, 12 kr ihn grün oder gelb zu färben. Sogenannte Beifarben beim Zwilch kosteten 10 kr. Mittler und Abenteurer schwarz zu färben kostete 12 kr.

Preisliste von 1528

von jedem Barchattuch schwarz zu färben	6 kr
von jedem Barchattuch grau zu färben	5 kr
von einem schwarzen Schetter	6 kr
von einem Gugler schwarz	5 kr
von einem Gretischen Barchat schlecht schwarz	6 kr
von einem Gretischen Barchat plaw und schwarz	15 kr
von einem Mittler schwarz zu färben	12 kr
von einem Abenthewrer schwarz zu färben	12 kr
von einem Zwilchlin schwarz zu färben	5 kr
von einem parchattuch desgleichen von einem Schatter rot zu färben	30 kr
von einem Schatter oder parchattuch gron oder geel zu färben	12 kr
von einem Schatter plaw zu färben	21 kr
von einem jeden Zwilch von beyfarben	10 kr
von einem Gugler plaw zu färben	17 kr

Bei Arbeiten mit Safflor und Indigo überließ man es allerdings den Färbern selber, Preise zu verlangen „jeder zeit nach Gelegenheit der lauff, wie sich gepürt".

Die Tabellen zeigen, daß die Preise im Laufe der nächsten hundert Jahre erheblich gestiegen sind. Werfen wir nur einen Blick auf die Entwicklung bei drei Barchentsorten:

   a) Gemeinem Barchent, der einfach schwarz gefärbt wurde
   b) Gretischem Barchent, der erst blau und dann schwarz gefärbt wurde
   c) Dicken Drei- und Versieglern, „so wir über blaw schwarz färben".

Der Preis für schwarzen Barchent war bis 1550 nur um einen Kreuzer auf 7 kr gestiegen. Aber in der zweiten Hälfte des 16. Jahrhunderts stieg er auf 12 kr. Während der Inflation der Kipper- und Wipperzeit stieg er auf 24 kr, ja auf 30 kr, fiel dann wieder, um 1631 bei 16 kr zu liegen. Er war jetzt 166% höher als 1528.

Der Preis für vorblauen gretischen Barchent stieg im Laufe des 16. Jahrhunderts von 15 kr auf 20 kr. Während der Inflation von 1622 erreichte er 60 kr, um dann 1661 wieder bei 24 kr zu liegen. Er war jetzt 60% höher als 1528. Der Preisanstieg für vorblauen gretischen Barchent war also wesentlich geringer als für schwarzen Barchent.

Die Entwicklung beim dicken Barchent, der erst blau und dann schwarz gefärbt wurde, war wieder anders. Als die dicken Barchente in den 1570er Jahren aufkamen, lag der Preis für das Färben bei 34 kr. Bis 1600 war er auf 24 kr gefallen, verdoppelte sich aber auf 48 kr während der Inflation von 1622. Bis zum Jahre 1624 war er wieder auf 32 kr gefallen.

Der dicke Barchent ist jedoch eine Ausnahme. Im allgemeinen sind die Preise für das Färben der verschiedenen Tuchsorten von 1528 bis zum Dreißigjährigen Kriege erheblich gestiegen.

Die Färber begründeten fast jedesmal ihre Bitte um höhere Preise mit den höheren Ausgaben für Rausch und Galles, Kupferwasser, Indigo, Prisil, Weinstein und Öl. Auch Ausgaben für Holz, Hauszinse und Gesellenlöhne spielten eine Rolle. Gelegentlich hielten die Färbermeister eine Versammlung, um ihre Forderungen zu formulieren.

Die Verordneten beteuerten zwar ihr Verständnis für die Lage der Färber, aber sie mußten auch die Auswirkungen einer Preiserhöhung im Auge behalten. Die Kaufleute haben sich unter Hinweis auf den erschwerten Absatz fast immer einer Erhöhung der Preise widersetzt. Die Verordneten rechneten damit, daß auch die anderen Textilgewerbe wie die Garnsieder, Bleicher, Mangmeister und Tuchscherer höhere Preise fordern würden, wenn sie den Bitten der Färber nachkämen. Wenn sich dann bei einer allgemeinen Verteurung der Absatz der Barchente verringerte, waren die mehr als 2000 Weber die Leidtragenden. Rücksicht auf die Weber wog bei allen diesen Entscheidungen immer schwer. Die Verordneten haben mehr als einmal die Bitten der Färber abgewiesen. Oder sie genehmigten nur eine geringere Preiserhöhung, als die Färber verlangt hatten. Manchmal lehnten sie eine generelle Erhöhung ab, erlaubten aber, die Preise einzelner Sorten zu erhöhen. Nachrichten über das Steigen und Fallen der Preise für Farbstoffe in Venedig haben die Entscheidung der Verordneten auch beeinflußt. Die Verordneten kamen also den Forderungen der Färber nur zögernd, wenn überhaupt nach. Manchmal stießen sie mit Vertretern der Färber zusammen. Einmal ließen sie einen der Wortführer in die Fronfeste werfen, weil er Unruhe unter den Färbern gestiftet habe. Die Verordneten wußten, daß sie es nicht allen recht machen konnten: „ist deren ainen der Lohn immer zu wenig, man machs mit im, wie man wöll". Kaum habe man die eine Forderung der Färber erfüllt, kaum ist „die unruhe noch recht furüber grauscht, so kommen sie albereit mit einem anderen zetter geschray ires äussersten verderbens".[7]

---

[7] 1603, 20. Februar.

Preise der Färber

	1528	1549[8]	1550[9]	1552[10]	1553[11]	1570[12]	1573[13]
Barchenttuch schwarz	6 kr		7 kr		7 1/2 kr	8 kr	8 1/2 kr
Barchenttuch grau	5 kr		6 kr		6 kr	6 kr	
Schetter schwarz	6 kr		7 kr		7 1/2 kr	8 1/2 kr	9kr
Gugler schwarz	5 kr		6 kr		6 1/2 kr		8 kr
Gretischer Barchent schlecht schwarz	6 kr		7 kr			8 kr	8 1/2 kr
Gretischer Barchent blau u. schwarz	15 kr		17 kr		17 kr		
Mittler schwarz	12 kr	14 kr	15 kr	17 kr	20 kr		22 kr
Abenteurer schwarz	12 kr	14 kr	15 kr	17 kr	20 kr	21 kr	22 kr
Zwilchlin schwarz oder grau	5 kr		6 kr		7kr		
Barchent und Schetter rot	30 kr						
Schetter oder Barchent grön oder geel	12 kr						
Schetter blau	21 kr						
Zwilch Beifarben	10 kr						
Gugler blau	17 kr					9 kr	9 kr
halber Mittler schwarz					11 kr	11 1/2 kr	12 kr
Barchenttuch leder farb					9 kr		
gelbes Tuch					12 kr		
goldfarben Tuch					12 kr		
Barchent und Schetter Prisill Rott					18 kr gefordert		
Tuch blau und schwarz						17 kr	

---

[8] 1549, 12. Dezember und 1550, 2. Januar. Ratsbücher.
[9] Preise „nach gelegenheit der läuff" galten für:
   a) Barchente und Schetter, die rot gefärbt werden sollten.
   b) Barchent und Schetter, die grau oder „goll" gefärbt werden sollten.
   c) Schetter, die blau gefärbt werden sollten.
   d) Zwilch, die mit Beifarben gefärbt werden sollten.
   e) Gugler, die blau gefärbt werden sollten.
   „doch des Schefflers und Endichts halben zu jeder zeit nach gelegenheit der leuff"(1550).
[10] 1552, Färber 1548-1579. Löhne für das Färben von Mittlern und Abenteurern erhöht, weil „solchs schwere wahren seind".
[11] Beim Färben mit Safflor oder Indigo, etwa „rot aus Safflor" oder „Pla oder grien", sollten sich die Färber „nach gelegenheit der leuff wie sich gebüert" halten. Weder für Prisil noch Safflor wurde ein Preis festgesetzt.(1553, 23. Februar).
[12] 1570, 13. November. Färber 1548-1579. „Nach gelegenhaitt der Leuff und nachdem der Saffra und Endich im Gelt ist":
   a) von Safflorsorten stückhen, desgleichen von guott blauen duochen, Schettern und Gugler.
   b) von den Grienen Stückhen.
[13] 1573, 21. November. Protokolle 1548-81.

negelfarben Tuch				9 kr	8 1/2kr	
Prisyal rottesTtuch				16 kr		
prisyl rotter Schetter				16 kr		
Buckhensschnilin				1/2 fl		
Barchent, zerschnitten					7 1/2 kr	
glatter Zwilch, schwarz					8 kr	
	1575[14]	1576[15]	vor Juli[16] 1587	1587[17] Aug	1592[18]	1595[19]
schwarz und negelfarben Barchent	10 kr			10 kr	12 kr 11 1/2 kr	12 kr
schwarze Schetter	10 kr					
zerschnittener Barchent	9 kr					
glatter Zwilch	9 kr					
Gugler	9 kr					
schwarzer gehalbierter Mittler	26 kr					
ganzer schwarzer Mittler oder Abenteurer	24 kr					
graues Barchentstück	7 1/2 kr			7 kr	8 kr	
gemeiner Barchent, gretisch oder grob						
erst blau, dann schwarz	26 kr					
dickes Barchenttuch	34 kr					
klein gredisches	34 kr					
schwarze dicke Augsburger Drei- und Viersiegler, „so wir über blaw schwarz färben", und reinen gretischen				34 kr	30 kr	
gemeine geschorene Farbtuch und gemeine gretische Barchent vor blau				26 kr	24 kr	
grüne Stücke, Schetter, grobe oder gretischer Barchent				30 kr	24 kr	
gar blaue Stücke, Schetter, grobe und gretische Barchente				48 kr	40 kr	
prisil rote Tuche				24 kr	20 kr	

---

[14] 1575, 29. Dezember. Ratsbuch
[15] 1576, 20. Dezember.
[16] 1587, 16. Juli und 13. August. Protokolle 1548-81.
[17] 1587, 16. Juli und 13. August. Protokolle 1548-81.
[18] 1592, 1. Dezember. Das Farbgeld für schwarze Barchente wurde zeitlich differenziert: Anfang Dezember bis Lichtmeß, 12 kr, „weil den winter über von wegen des unsstetten wetters merer mühe und uncosten auf das truckhnen der tuch geth".
[19] 1595, 2. März. Das ganze Jahr über 12 kr für das Färben von einem „stück barchent gemain schwarz".

	1600[20]	1621[21] März	1621[22] Okt.	1622[23] April	1622[24] bis Okt.	1622[25] Okt.
Stück grober oder gretischer Barchent schwarz oder negelfarb	12 kr					
zerschnittener sollichen Bachattuch	11 kr					
grober oder gretischer grau	8 kr					
dicker grober Barchent vorblau, schwarz oder grau[26]	24 kr	26 kr	32 kr	48 kr		
grober oder gretischer vorblau schwarz oder grün	20 kr	22 kr	28 kr	44 kr	60 kr	46 kr
Saphlor grob oder gretisch	14 kr(?)					
schlechte schwarze Tuche	12 kr	13 kr	15 kr	24 kr	30 kr	26 kr
graue Tuche	10 kr	11 kr	13 kr	28 kr	34 kr	26 kr
gerollte Dreier und Vierer					64 kr	50 kr

	vor Nov.[27] 1624	November[28] 1624	1631
eingelassene Tuche	36 kr	32 kr	28 kr
vorblaue, grobe, gerollte und dicke Tuche	36 kr	32 kr	
schlecht schwarze Tuche	24 kr	20 kr	16 kr
graue Tuche	8 kr	8 kr	14 kr
vorblaue grobe und gretische			24 kr

Im Jahre 1693 wurden die Löhne der Färber neu geordnet. Man unterschied jetzt:
1) hohe Farben wie Indigo, Orleans Rot und Prisil blau und
2) ordinari oder geringe Farben, für die „obgemeldte farbzeug nicht gebraucht werden".

---

[20] Ordnung 1600, Artikel 33.
[21] 1621, 30. März.
[22] 1621, 3. Oktober.
[23] 1622, 29. April.
[24] 1622, 25. Oktober.
[25] 1622, 25. Oktober
[26] „Von den vorblauen und mer barchaten, wie sy seit einem halben Jahr von den sechs Verordneten ob dem weberhaus nach gelegenheit der läufd im Endich und Sapphlor taxiert werden".
[27] 1624, 26. November.
[28] 1624, 26. November.

Innerhalb dieser beiden Gruppen waren dann wieder die Farblöhne je nach der Tuchsorte verschieden: das Färben der Leinwand war am billigsten, das Färben des Barchent war etwas teurer, das des Bomasin noch teurer. Wesentlich mehr mußte man für „einfach leibfarb gefärbte Trauben" und doppelt gefärbten Barchent, Bomasinlen und Leinwand zahlen.

Färberlöhne 1693[29]

Hohe Farben		
	Leinwath	28 kr
	Barchent	30 kr
	Bombasin	32 kr
	einfach leibfarb gefärbte Trauben	1 fl 4 kr
	doppelt gefärbte Barchent, Bombasinlen und Leinwath	1 kr 30 kr
Ordinari Farben		
	Leinwath	14 kr
	Barchet	18 kr
	Bomasin	20 kr
	schwarze Bomasin vorher auf blau gefärbt	32 kr
	Bomasin, gleich auf weiß schwarz gefärbt	24 kr

Da zu dieser Zeit der Cottondruck einen solchen Aufschwung erlebte, wurde ausdrücklich bestimmt, daß diese Preise auch für solche Färber galten, die „zum Trucken färben". Sie durften also nicht niedrigere Löhne verlangen.[30]

Das war aber alles leichter gesagt als getan. Um Arbeit zu bekommen und nicht „feiern" zu müssen, unterboten sich die Färber gegenseitig und fielen vom festgesetzten Lohn ab. Die Folge war, daß sich das Färberhandwerk nach den niedrigeren Löhnen „regulieren" mußte. Denn der Kaufmann ging natürlich zu den Färbern, die billiger arbeiteten. 1737 erklärten die Deputierten ganz offen, sie wüßten keinen Weg, wie den Färbern zu helfen sei. Auch wenn das ganze Färberhandwerk einig wäre und den festgesetzten Lohn verlangte – „welches aber wegen der meisten in zimlicher Armuth steckenden Färber mehr zu wünschen als zu hoffen ist" –, würde die Kundschaft in benachbarte Städte gehen, wo man billiger färbt.[31] In der Färberordnung von 1738 hat man dann Preise festgelegt, die im allgemeinen unter denen von 1693 lagen.[32] Der Konkurrenzkampf führte aber auch jetzt dazu, daß sich die Färber gegenseitig unterboten. So beschuldigten die 27 Kleinfärber die acht Großfärber während des Streites über das Ungeld, „aus Eigennutz" die Schetter billiger zu färben, als vorgesehen war, um möglichst alle Schetter an sich zu raffen. Nach viel Streit führte der Rat im Jahre 1748 wieder die Löhne von 1693 ein. Die Löhne wurden also erhöht.[33]

---

[29] 1693, 2. Juni.
[30] 1696, 9. Oktober.
[31] 1737, 28. September. Kattunfabrikanten 1707-1787.
[32] Nur für die leibfarbenen Trauben, die doppelt gefärbten Barchente, Bomasine und Leinwandtuche und die schwarz gefärbten Bomasine behielt man die Preise von 1693 bei. Färberordnung 1738, Art. 39.
[33] 1748, 19. September.

Aber nun protestierten die Großhändler, die mit Leinwand handelten. Was die Färber bräuchten, seien nicht höhere Löhne, sondern mehr Arbeit. Wenn man die Färberlöhne erhöhe, werde man den Leinwandhandel völlig aus Augsburg vertreiben. In der Nachbarschaft werde für das Färben von Leinwand mit „hohen und guten Farben" nur 15 kr verlangt, für geringe und schlechte Farben nur 9 kr. In Augsburg dagegen müsse man 28 kr bzw. 14 kr zahlen. Man solle die Farblöhne also eher herunter- als heraufsetzen. Wenigstens solle man die Löhne von 1738 wieder in Kraft setzen. Der Rat hat dann tatsächlich wieder die Löhne von 1738 eingeführt. Die Färber erhielten also um die Mitte des 18. Jahrhunderts geringere Löhne als Ende des 17. Jahrhunderts.[34]

Färberlöhne

1) Hohe Farben[35]

	1693	1738	1749
Leinwath	28 kr	24 kr	26 kr
Barchet	30 kr	26 kr	26 kr
Bomasin	32 kr	32 kr	32 kr
einfach leibfarb gefärbte Trauben pro Stück	1 fl 4 kr	1 fl 4 kr	1 fl 4 kr
doppelt gefärbte barchet Bomasinlen und leinwath	1 fl 30 kr	1 fl 30 kr	1 fl 30 kr

2) Ordinari oder geringe Farben[36]

Leinwath	14 kr	12 kr	12 kr
Barchet	18 kr	15 kr	15 kr
Bomasin	20 kr	20 kr	20 kr
schwarze Bomasin vorher auf blau gefärbt pro Stück	32 kr	32 kr	30 kr
Bomasin, gleich auf weiß schwarz gefärbt	24 kr	24 kr	24 kr

Die Wirklichkeit sah aber doch anders aus. Die Farblöhne, die der Färber Johannes Mayr dem Cottondrucker Schumacher im Jahre 1746 berechnete, lagen jedenfalls höher. Er färbte Bomasine, Cottone, Fazelen und Leinwand dunkelblau und procellan. Die Preise variierten je nach Stoffart, Größe und Qualität der Stücke. Für dunkelblaue Bomasine wurden 45 kr, 50 kr oder 60 kr verlangt. Für dunkelblaue Cottone 1 fl, 1 fl 12 kr und 1 fl 20 kr. Das Färben von Cottonen war durchweg teurer als das Färben von Bomasinen, Fazelen und Leinwand.

Farbpreise berechnet von Johannes Mayr. 30. Januar 1746

6/4 dunkelblau Bomasin	45 kr
6/4 dunkelblau Bomasin	50 kr
7/4 dunkelblau Bomasin	1 fl
7/4 dunkelblau Cotton	1 fl 12 kr

---

[34] 1749, 6. März.
[35] Farben, zu denen „Indich, orleans roth und Blaue Prisill" gebraucht werden.
[36] Farben, zu denen die obigen Farben nicht gebraucht werden.

7/4 dunkelblau Cotton	1 fl 20 kr
6/4 porcellan Bomasin	32 kr
6/4 porcellan Bomasin	36 kr
7/4 porcellan Bomasin	50 kr
7/4 porcellan Cotton	1 fl
porcellan Fazelen	36 kr
dunkelblaue Fazelen	50 kr
dunkelblaue Leinwand	50 kr
porcellan Leinwand	36 kr
stück rot gefärbt	5 kr
rohe stücke ausgeweicht	2 kr
gallierte Stücke	1 1/2 kr

Die Farbpreise für Garn waren ebenfalls unterschiedlich. Wenn Baumwollgarn nur „schlecht blau" gefärbt wurde, zahlte der Weber um 1780 8 kr pro Pfund. Wurde es „in gutem blau" gefärbt, 36 kr. Also viermal soviel! Es kam eben, wie es hieß, „bei allen Farben auf die Qualität und Feine an, denn je feiner die zu färbende Ware sei, um so teurer komme auch der färberlohn davon".[37]

Produktionskosten

Zahlen über die Ausgaben, Einnahmen und die Gewinnspanne der Färber fehlen fast völlig. Nur ein einziges Mal, 1552, machten die Färber ein paar Angaben, um ihre Lohnforderungen zu rechtfertigen. Danach beliefen sich die Ausgaben für ein schwarzes Bällin, also 30 schwarz gefärbte Tuche, auf 3 fl 7 kr. Und zwar handelte es sich um folgende Posten:

11 Metzen Rausch	5 Ort	= 40,10%
Holz	3 Ort	24,06%
Ungeld	34 kr	18,18%
Öl	16 kr	8,55%
Mangen	17 kr	9,09%

insgesamt	3 fl 7 kr

Danach hätten sich die Ausgaben für Rausch auf 40%, die für Holz auf 24% belaufen. Die Ausgaben für Ungeld waren mit 18% erstaunlich hoch. Wenn diese Angaben stimmen, hätten die Ausgaben pro Tuch 6,23 kr betragen (187 kr: 30 Tuche = 6,23 kr). Allerdings sagten die Färber, daß Schliff und „Farben" noch gar nicht mitgerechnet seien. Die Verordneten wiederum hielten die Angaben für zu hoch. Die Färber würden sich „gröblich irren", wenn sie behaupten, daß sie beim Färben eines Bällin 5 Ort für Rausch und 3 Ort für Holz ausgeben.

Die Färber sagten, daß sie für ein schwarzes Bällin „viertalb" Gulden, also 3 1/2 fl erhielten. Da sich ihre Ausgaben auf 3 fl 7 kr beliefen, machten sie einen Gewinn von 23 kr pro Bällin. Hiervon müßten sie „speiss, tranckh und lon" der Ehehalten bestreiten, und auch Weib und Kinder ernähren.[38]

---

[37] 1779, 1. Oktober, Augsburg an München.
[38] 1552, Färber, 1548-1579.

Im Jahre 1579 legte ein Färber, Bartholme Drexel, Zahlen vor, wieviel es ihn koste, seinen Rest von 75 Tuchen zu färben. Drexel war nicht ein unparteiischer Verordneter oder Kaufmann, der im Auftrage des Rates die Verhältnisse unter den Färbern untersuchte. Im Gegenteil, er und seine Freunde verlangten eine Lohnerhöhung von 1 fl pro 30 Tuchen. Für 5 fl könnten sie 30 Tuche nicht mehr färben. Drexels Angaben mögen also übertrieben sein. Die Verordneten waren jedenfalls davon überzeugt. Sie hielten vor allem die Ausgaben für Rausch für zu hoch.

Nach Drexel fiel nämlich die Hälfte aller Ausgaben auf den Kauf von Rausch. Im Jahre 1552 waren es nur 40% gewesen. Fast 2% kamen auf das Stoßen und Messen des Rausches. Die Unkosten für Rausch waren also außerordentlich groß.

Die Unkosten für Holz beliefen sich bei Drexel dagegen nur auf rund 10%, nicht auf 24% wie 1552. Das Geschaugeld machte ebenfalls fast 10%, das Manggeld 5% aus. Auf Öl und Farbstoffe kamen jeweils 3% bis 4%.

Insgesamt machten die Ausgaben für Materialien und Bearbeitung fast 85% der Unkosten aus. Die restlichen 15% kamen auf Gesellenlohn, Hauszins, Licht und Lebensmittel.

Das Ergebnis dieser Aufstellung war, daß Drexel ständig mit Verlust arbeitete. Es kostete ihn 14 fl 57 kr, 75 Tuche zu färben. Er erhielt aber nur 12 fl 30 kr Lohn. Er gab also 2 fl 27 kr mehr aus, als er einnahm.[39] Aber die Frage ist eben, ob diese Berechnung wirklich stimmt.

„Ich will euchs auf ein ganntze Wochen mein Rechnung firlegen und Reichen, das mein Rest sey 75 thuech, davor ist unser bestetter lohn 12 fl 30 kr:

	fl	kr	h	%
Darzue muss aber einer haben				
erstlich umb Rausch	7	30		50,16
darvon zu stossen und messen	14			1,56
darvon ze geschau gelt	1	25	5	9,58
darvon Manng gelt	43			4,79
darvon zu Rosslen (?)	10	2	1,11	
darzu zu Öhl zum streichen	30			3,34
darzu holtz ain Klaffter	1	32		10,35
fir schlif kupfer waser und daren zu steden (?) an die farben ein wochen	33			3,67
einem gesellen ein wochen	20			2,22
Hauss Zins ain wochen	20			2,22
fir liecht inn der werkstatt	9			1,00
fir das Essen ein wochen Kraut, Rueben Saltz, Schmaltz, dass lieb brott	1	30		10,03
	14	57		
(Einnahme)	12	30		
	2 fl	27 kr		

---

[39] 1579, 17. Februar. Protokolle 1548-81.

So find ich, dass ainer alle wochen umb
2 fl 27 kr minder bekombt, dann er
einnimbt, wo bleibt dann unserer weib
und mueh und Arbait, auch wass zu.

Farbgewölbe

Bis in den Dreißigjährigen Krieg hinein spielte das Farbgewölbe eine große Rolle. Es war gegründet worden, um den Kaufleuten den Kauf gefärbter Tuche zu erleichtern. Der Kaufmann konnte hier jederzeit gefärbte Tuche kaufen oder rohe Tuche gegen gefärbte Tuche eintauschen. Der Verwalter des Farbgewölbes erhielt vor dem Dreißigjährigen Kriege einen Lohn von 4 kr pro Ballen. (Die Färber zahlten davon 3 kr, der Mangmeister 1 kr.) Außerdem gab es einen Gegenschreiber im Farbgewölbe, dessen Lohn sich auf 1 kr belief. Der Verwalter mußte eine Bürgschaft von 3000 fl stellen, der Gegenschreiber von 1000 fl.

Als sich der Gegenschreiber 1680 beschwerte, daß sein Lohn von 1 kr pro Ballen zu gering sei hieß es, der Gegenschreiberdienst sei für eine ledige Person gedacht.[40] Der Gegenschreiber könne doch auch einem Nebenverdienst nachgehen. 1622 erklärte aber der damalige Gegenschreiber, Christoph Fischer, daß ein Nebenverdienst nicht möglich sei, weil er jede Stunde im Farbgewölbe sein müsse. Da der Verwalter 4 kr bekam, wollte er 3 kr, weil er „gleiche mühe und gefahr ausstehe, mit haltung der Bücher, auch aus- und einschreiben der Tuche". Tatsächlich erhielt er 2 kr.[41]

Die Geschäfte im Farbgewölbe scheinen jahrelang ganz gutgegangen zu sein, bis es 1622 zu einem großen Krach kam. Als Mathäus Raid im Jahre 1608 das Farbgewölbe übernommen hatte, hatte ihm der Rat ein Darlehen von 1000 fl gewährt, damit er den Färbern den Lohn für schwarze und graue Tuche gleich zahlen könne. Im Jahre 1622 waren 700 fl dieser 1000 fl nicht mehr aufzufinden. Was war geschehen?

Raid sagte, er habe den Färbern den Lohn nicht selbst auszahlen können, da er „den tuechen und anderem mehr, so noch vil ist, abgewartet". Er hätte also zwei Gehilfen angestellt, denen er das Einnehmen und Ausgeben anvertraut habe. Die Verordneten hielten dies aber für eine ganz ungenügende Erklärung.

Raid erklärte auch, er habe das Geld, das er von den Kaufleuten erhalten hatte, „gleich des ersten oder anderen Tags hernach widerum angelegt", also zur Bezahlung der Färber verwendet. Wie konnte es aber dann zu dem großen Verlust kommen? Durch die Geldentwertung.

Raid hatte die Färber mit dem Geld bezahlen müssen, das er von den Kaufleuten erhalten hatte. Die Kaufleute hatten aber die guten Münzen zurückbehalten und ihn mit „schlechtem geld, wie es von zeit zu zeit alhie ins gemein gangbar, bezahlt". Er konnte den Färbern kein besseres Geld geben, als er von den Kaufleuten erhalten hatte. Wenn den Färbern die Münzen, die er ihnen gab, nicht paßten, brachten sie sie zum Auswechseln zurück. Ja auch Münzen, die er ihnen gar nicht gegeben hatte, mußte er ihnen ersetzen.

---

[40] 1609, 24. Januar und 7. Juli. Caspar Kolhopf, Gegenschreiber.
[41] 1622, 20. Dezember und 1624, 15. September. Fischer trat 1624 zurück.

Er habe die Verordneten gebeten, eine Weg zu finden, um „Schaden und abgang am gelt" zu verhüten. Aber sie hätten nichts unternommen. Raid hatte daraufhin nach seiner Berechnung durch die „absetzung und wendung des geldts" 700 fl verloren. Er verlangte, ihm nicht nur die Rückzahlung der 700 fl zu erlassen, sondern ihm ein neues Darlehen zu gewähren, um die Löhne zahlen zu können. Er bat auch um Bezahlung von 80 Ballen schwarzer und grauer Tuche, die bei ihm liegengeblieben waren.

Die Verordneten waren allerdings ganz anderer Ansicht. Niemand als Raid selbst solle für den Verlust der 700 fl aufkommen. Es sei bekannt, „dz zur zeit, da das gelt im aufschlag gewesen, er die ferber mehr und vilmalen mit bösem gelt auszahlt, oder da es mit guter Müntz geschehen, selbige so hoch gespannt, dass es bei den ferbern ohne sonder klagen nit abgangen". Im Falle der 80 Ballen wollte man ihm 200 fl erlassen. Aber er müsse dann immer noch 500 fl zahlen. Nach Meinung der Verordneten sollte Raid eigentlich genügend Geld zur Bezahlung der Farblöhne haben, denn „was er vormittag den ferbern auszahl, das konde er alsbald nachmittag bei den Kaufleuten wider haben". Man wollte ihm noch einmal ein Darlehen von 1000 fl geben, aber nicht mehr.

Raid legte daraufhin am 10. Dezember 1622 sein Amt als Verwalter des Farbgewölbes nieder. Die Verordneten verlangten genaue Abrechnung und Erstattung des ganzen geliehenen Geldes. Raid erklärte nun, die 1000 fl, die man ihm 1608 geliehen hatte, hätten zur Bezahlung des Farblohnes überhaupt nicht genügt. Er habe 200 fl, 300 fl und noch mehr aus eigener Tasche dazuzahlen müssen. Der Rat erließ ihm daraufhin die Bezahlung der 500 fl, verlangte aber einen Eid auf die Richtigkeit seiner Aussagen.[42] Hier zeigten sich die Risiken, die der Verwalter des Farbgewölbes einging.

Es erwies sich als schwierig, einen Nachfolger für Raid zu finden. In den zwei Jahren nach Raids Rücktritt haben drei Personen das Amt des Verwalters innegehabt und sind wieder gegangen.

Das Farbgewölbe bestand aber weiter. Gegen Ende des Dreißigjährigen Krieges wurde gesagt, daß es seinen Zweck nicht mehr erfülle, den Handelsleuten einen Vorrat an gefärbten Tuchen zu sichern. Und zwar ging es um die Tuchscherer, die auch mit Tuchen handelten. Sie ließen die besseren Tuche wie Dreisiegler und Oxen gar nicht erst ins Farbgewölbe kommen, sondern ließen sie a parte färben und verkauften sie dann. Nur die „schlechteren und ausgeklaubten" Tuche kämen noch ins Farbgewölbe. Wenn sie eine „geraume Zeit" lägen, bis der Kaufmann sie eintauschte, bekämen sie eine „verlegne und bösse Farb". Dazu kam, daß die Kaufleute keine rohen Barchente mehr bekamen, weil die Tuchscherer alles aufkauften. Wenn das Farbgewölbe aufgehoben würde, könnten sich die Kaufleute nicht mehr auf die Vorräte im Farbgewölbe verlassen und müßten sich mit rohen Tuchen rechtzeitig eindecken.[43]

Das Farbgewölbe wurde dennoch nicht aufgegeben. Auch im 18. Jahrhundert hören wir noch von einem „Gewölbefärber".[44] Es ist auch die Rede vom Schreiber, der vielleicht die

---

42 1622, 22. Oktober, 3. und 15. November, 10. und 22. Dezember. 1623, 28. März.
43 1644. Barchent 1615-1651. Memorial.
44 Er geriet in Schwierigkeiten, als er einigen Meistern 95 Crontuche und 80 Oxen schuldig blieb. Er machte sich also strafbar, weil er unausgemachte „strich sach" hinweggeben hatte. 1736, 16. Januar, 5. März und 16. April. Protokolle 1736-1738.

Aufgaben des Handwerksdieners hatte.[45] Er mußte jeden Morgen von 8 bis 9 Uhr zur Geschau der Leinwand und anderer Waren auf dem Weberhaus sein. Er war für die Einnahme des Ungeldes oder Siegelgeldes zuständig, für die Rechnungen, die jedes Quartal eingereicht werden mußten, sowie die Auflage der Gesellen.[46] Im Jahre 1762 wurde beschlossen, die Stelle des Färberhandwerksdieners abwechselnd mit einem Evangelischen und einem Katholiken zu besetzen. Aber dann heißt es 1770, daß der Lohn des Färberschreibers von 20 fl auf 10 fl gekürzt werden soll.[47]

Mindestens bis in die 1730er Jahre hatte der Färberhandwerksdiener einen vicarius, also Stellvertreter.[48]

Rest und Austeilung

Anfänge

Die Augsburger Färber haben ihre Arbeit im 16. Jahrhundert auf eine Weise organisiert, die sich anscheinend bis in das 18. Jahrhundert bewährt hat. Dieses System ist durch die Worte Austeilung, Rest und Wechsel gekennzeichnet.

Im Jahre 1547 baten die Färber den Rat, die sogenannte Austeilung einführen zu dürfen, wie sie bei den Tuchscherern üblich war. Aber der Rat meinte, daß „der Handel dardurch mehr gehindert weder gefördert würde" und wies die Färber ab.[49]

Was hatte die Färber überhaupt hierzu veranlaßt? Nach Artikel 11 der Färberordnung war es den Färbern verboten, Tuche zu kaufen, sie zu färben und dann wieder zu verkaufen. Sonst hätten nämlich manche Färber einen niedrigeren Lohn berechnet, bloß um möglichst viele Tuche färben zu können. Andere Färber, die sich an die festgesetzten Löhne hielten, hätten dann um so weniger Arbeit bekommen. Im Jahre 1550 beschrieben die Färber, wie die Geschäfte in Wirklichkeit aussahen. Einige Meister machten mit den Tuchscherern „contrawand": sie kauften und verkauften heimlich Tuche und verlangten einen Kreuzer oder halben Kreuzer weniger Farblohn. Die Folge war, daß nur diese Meister Arbeit erhielten, während die Mehrheit der Färber, die sich an die Ordnung hielten, leer ausging und „darob zue grundt geen und verderben" muß. Die Färber schlugen deshalb vor, daß jeder Meister nur eine festgelegte Zahl von Tuchen färben solle. Der Rat machte aber auch jetzt nicht mit. So blieben die Probleme: „Da der meister vill sein, der arbeit wenig, etliche meister viel arbeit haben, die meisten aber weniger oder gar keine, werden sie gezwungen, um leben zu können, trotz ihres Schadens um geringer lohn zu arbeiten als festgesetzt ist."

Immerhin erlaubte der Rat den Färbern 1551, einen Plan auszuarbeiten, wie viele Bällin jeder Färber färben solle. Die Zahl der Bällin sollte von der Größe der Haushalte, also der Zahl der Ehehalten und dem Umfang der Werkstatt abhängen. Zwei Färber, die Manghäu-

---

[45] Johann Georg Dempfle ist ab 14. Juli 1761 Färberschreiber. Protokolle 1758-64. 1768 wird er auch als Färberhandwerksdiener bezeichnet. 1768, 16. Mai. Protokolle 1767-73.

[46] 1761, 14. Juli. Protokolle 1758-64. 1768, 16. Mai und Dezember 1770. Protokolle 1767-73. 1762 wurde das Gehalt von 6 fl 15 kr pro Quatember auf 9 fl erhöht. 1762, 9. November.

[47] Allerdings sollte er auch 5 fl von dem „gesellen Einführen" und 2 fl vom Handwerk erhalten.

[48] 1739, 21. Juli. Protokolle 1738-46.

[49] 1547, 1. März.

ser hatten, sollten sechs Bällin pro Woche färben dürfen. Bei den anderen Färbern finden wir 3 1/2 Bällin, 3, 2 1/2 und 2 Bällin. Dreißig der 35 Färber erklärten sich mit dieser Verteilung zufrieden, nur bei fünf gab es Schwierigkeiten.[50]

Zahl der Bällin, die die Schwarzfärber gemäß der Austeilung von 1551 färben sollten

2 Färber	6 Bällin
8 Färber	3 1/2
9 Färber	3
11 Färber	2 1/2
5 Färber	2 Bällin

Die Zahl der Bällin sollte jedes Jahr neu festgelegt werden. Wenn nicht genügend Tuche gefärbt wurden, sollte „ein jeder nemen und geben lassen nach gestalt der sachen".[51] Der Rat zögerte aber immer noch, die Austeilung zuzulassen, weil „es mit den ferbern ein andere gelegenheit hatt dan mitt den scherern". Wahrscheinlich war der Widerstand der Kaufleute zu groß.[52]

So blieb der Zustand, daß Aufträge für das Färben von Barchenttuchen „gemeinlich auf etlich werckstetten fallen", während die anderen leer ausgingen. Als der Rat es 1553 noch einmal abgelehnt hatte, eine „austeilung der arbeitt" einführen zu lassen,[53] beschlossen die Färber, selbständig die Austeilung „der tuecher und farb arbeit" durchzuführen. Da sie bei schlechtem Wetter die Tuche nicht rechtzeitig trocknen konnten, hatte man gesagt, daß sie die Tuche absichtlich nicht färbten, um ihre eigenen, gefärbten Tuche teurer verkaufen zu können. Sie wollten diesen Verdacht beseitigen und erboten sich, keine gefärbten Tuche mehr zu verkaufen, „sondern unns des wexels und mit den tuchen, so man uns zu ferben gibt ..., zu behelffen". Der Rat gab nun seine Zustimmung. Die Bedingung war aber, daß sie sich „allein des wechselns und ferbens gebrauchen und des verkauffens der parchenttücher gentzlich muessig steen"[54]

Jeder Färber färbte also nur noch die vorher festgelegte Zahl von Tuchen, und nicht mehr. Kein Wunder, daß diese starre Beschränkung nach einiger Zeit zu Klagen führte. Wenn ein Färber die ihm zugestandene Zahl von Tuchen, den sogenannten Rest, gefärbt habe, lasse er die übrigen Tuche einfach liegen. Er durfte ja nicht mehr Tuche als seinen Rest färben. Die Folge war, daß zur Zeit der Messen und Jahrmärkte nicht genügend gefärbter Barchent vorhanden war. Nun hieß es, der Rat solle die Austeilung wieder abschaffen und jeden Färber nach seinem Vermögen färben lassen.[55]

Der Rat handelte schnell, weil eine Behinderung des Barchenthandels nicht akzeptabel war. Die Verordneten mußten die Färber zusammenrufen und „mit vorgeender erzählung der Ursachen die Austeilung auffheben und abschaffen".[56]

---

[50] Drei verlangten mehr Bällin, der vierte wollte die Austeilung auch bei den „Safflor Rotten", der fünfte war gegen jede Austeilung.
[51] 1551, 1. Dezember.
[52] 1552, 18. Februar. Ratsbücher.
[53] 1553, 9. März.
[54] 1553, 23. November. Ratsbücher.
[55] 1560, 31. August.
[56] 1560, 31. August. Ratsbücher.

Erst 1562 hat der Rat die Austeilung wieder zugelassen, nachdem die Färber Maßnahmen getroffen hatten, daß die Tuche zügig gefärbt würden.[57] Die Verordneten sollten nun jede Woche die Höhe des Restes festlegen. Die Zahl der Tuche sollte reichlich bemessen sein, „damit das gut nit verlige". Die erste Woche sollten gleich 140 Bällin, also 4200 Tuche ausgeteilt werden. Die „fiertelmeister oder austeiler" waren verpflichtet, allen Barchent, den sie nicht unterbringen konnten, „auszudailen denen, die nit zu ferben haben". Wenn ein Färber seine Tuche nicht am Ende der Woche gefärbt hatte, sollte er in der nächsten Woche nicht mehr dieselbe Anzahl von Tuchen erhalten. Wer dagegen mehr als die ihm zugewiesene Zahl von Tuchen färbte, sollte in der folgenden Woche überhaupt keine Tuche färben. Wenn Messen bevorstanden oder die Nachfrage nach Tuchen besonders groß war, sollten die Verordneten befugt sein, „die ausdailung für ein zeit frey zu lassen" oder den Rest zu erhöhen. Bei der ersten Geschau, wenn ja außerordentlich große Mengen von Tuchen geschaut wurden, sollten die Färber frei färben dürfen und keine Austeilung gehalten werden. Der Barchent sollte von Michaeli bis Ostern in fünf, zwischen Ostern und Michaeli in drei Tagen schwarz und grau gefärbt werden.[58]

Die Arbeit der Färber scheint entsprechend diesen Richtlinien organisiert worden zu sein, wenn wir auch wenig Nachrichten aus den nächsten 30 Jahren haben. Die Austeilung konnte jedenfalls nicht verhindern, daß gegen 1600 ein Teil der Färber in Not und Verschuldung geraten war. Es wurde heftig geklagt, daß es „gantz ungleich" im Handwerk zugehe. Die einen Färber bekamen genug Tuche, um ihren Rest zu färben, die anderen hatten nicht genügend Tuche. So konnten die gemeinen Schwarz- und Graufärber „wenig mit dem blossen wixeln iren rest zu wegen bringen". Wenn sie die ihnen zustehende Zahl von Tuchen färben wollten, mußten sie Tuche kaufen und verkaufen, und zwar über den Unterkäufel. Der Kauf und Verkauf war also wieder gestattet. Aber die Färber mußten vier- und fünffachen Unterkauf zahlen. Die rohen Tuche kosteten dann angeblich mehr, als man für gefärbte Tuche erhielt.

Außerdem spielte der Preis der Farben und der Farblohn eine Rolle. Bloß um mehr Tuche zum Färben zu bekommen, zahlte der Färber mehr für die Farbstoffe, als sie gewöhnlich kosteten, oder er gab sich mit einem niedrigeren Farblohn zufrieden. Die anderen Färber, die den gesetzlich festgesetzten Lohn verlangten, erhielten dagegen keine Arbeit von den Kaufleuten.

Auch beim Wechsel der gefärbten gegen rohe Tuche gab es Probleme. Der Kaufmann nahm vom Färber gefärbte Tuche an, händigte ihm aber die neuen rohen Tuche nicht gleich aus. Manchmal mußte der Färber ein oder zwei Wochen, ja bis zu drei Monaten warten. Die Kaufleute kauften eben selber keine rohen Tuche, bis deren Preis gefallen war. In der Zwischenzeit waren viele Färber ohne Arbeit. Wie war es möglich, daß die Kaufleute den Färbern so nachteilige Geschäfte aufzwingen konnten? Die Färber hatten durch bittere Erfahrung gelernt, daß diejenigen, die den Kaufleuten keine Tuche liehen, später von ihnen keine oder nur wenig Arbeit erhielten. Ja, auch diejenigen Färber, die den Kaufleuten liehen, aber dann Bezahlung verlangten, wurden gemieden.

Auch das System der Austeilung konnte also nicht verhindern, daß viele Färber verschuldeten und verarmten, obwohl um 1600 mehr Tuche denn je gefärbt wurden. Die Vorgeher schlugen daraufhin eine neue Regelung der Austeilung vor.

---

[57] 1562, 3. Februar. Ratsbücher.
[58] 1562, 3. Februar. Protokolle 1548-1581.

Neue Organisation

Die Betrügereien mit den Farbpreisen und dem Farblohn rührten nach Ansicht der Vorgeher daher, daß der Kaufmann seine Geschäfte mit dem Färber direkt machte. Die Vorgeher schlugen deshalb vor, daß alle Tuche, die schwarz oder blau gefärbt werden sollten, einem Austeiler übergeben werden sollten, der sie dann unter die Färber austeilen sollte. Und zwar sollte er bei dem ältesten Meister anfangen und dann einem Meister nach dem anderen ein Bällin austeilen, „bis jeder sein rest bekommen". Dann sollte er wieder bei dem ältesten Meister anfangen. Die Färber sollten ihrerseits die fertigen schwarzen und grauen Tuche dem Austeiler aushändigen. Sie würden dann mit Bargeld bezahlt.

Da alle Geschäfte also über den Austeiler gingen, hoffte man die Ausbeutung der Färber durch die Kaufleute zu verhindern. Alle Färber sollten Arbeit erhalten und dann gemäß den Bestimmungen bezahlt werden. Die Kaufleute wiederum sollten der Reihe nach bedient werden. Wer zuerst seine rohen Tuche zum Färben brachte, sollte als erster gefärbte Tuche erhalten. Dann der zweite, der dritte u.s.w.

Bisher hatten die gemeinen Färber auch vorblaue Tuche und die Beifärber auch schwarze und graue Tuche gefärbt. Um jedem Färber seinen Rest zu sichern, wollte man die beiden Gruppen trennen. Die Beifärber sollten keine schwarzen und grauen Tuche mehr färben, sondern ihren „rest bei den vorblauschwarzen und den beyfarben suechen". Andererseits sollten die gemeinen Färber sich des „vorblaufärbens" enthalten.

Alle neuartigen Farbtuche, wie sie auch heißen mochten, „die geschnitzt ... und kuetiniert" wurden, sollten zum Rest gezählt werden. Nur gebleichte Tuche sollten wie bisher auch in Zukunft frei gefärbt werden.

Anscheinend hatten sich die Kaufleute beschwert, daß die gemeinen schwarzen Tuche nicht schnell genug gefärbt wurden. Die Vorgeher schlugen deshalb vor, daß jeder Färber wie bisher „seine 45 aigen tuech haben sollte", also 45 gefärbte, eigene Tuche vorrätig haben sollte, die er den Kaufleuten jederzeit geben konnte.

In einer Versammlung des Handwerks stimmte die Mehrheit der Färber für diese Ordnung, nur elf waren dagegen. Die Verordneten empfahlen daraufhin dem Rate die Ernennung eines Austeilers, der die Tuche, die schwarz und grau zu färben waren, zwischen Handelsleuten und Färbern „einig und allein verwixlen" sollte. Der Austeiler und nicht der Färber sollte nach Lieferung der gefärbten Tuche vom Kaufmann das Geld erhalten. Weder der Kaufmann noch der Färber könne also wissen, „wellicher mit dem anderen zu handeln hette".[59]

Der Rat ernannte eine Kommission, die diese Vorschläge noch einmal durchdenken sollte. Die Kommission erkundigte sich bei den Färbern über „die gebrauch und gewohnheiten" im Handwerk und suchte nach den Ursachen für den „merklichen Abfall", den das Färberhandwerk erlitten hatte. Es zeigte sich nun, daß Dekrete, die seit 20 Jahren erlassen worden waren, wie 1581, 1587 und 1592, überhaupt nicht in das „ordnungsbuech" der Färber geschrieben worden waren. Zu ihrem Erstaunen entdeckte die Kommission, daß die Handwerksordnungen der Färber „merkliche contrarietates" enthielten. Das Exemplar, das die Färber hatten, stimmte z.B. nicht mit dem Exemplar der Verordneten auf dem Weberhaus überein. Die Folge sei gewesen, „dass die vorgeher sam gar auf keinen articula halten kinden, und von tag zu tag ein zerrittung uss der anderen entstanden ist". Anstatt die alte

---

[59] 1600, 20. Juli.

Ordnung zu verbessern, legte die Kommission den Entwurf einer neuen Handwerksordnung vor. Die Deputierten versicherten, sie hätten nur „was von alters üblich und wol herkommen, mit kurzen und claren worten auf Papier gebracht". Außerdem verfaßten sie auch „der Blaufärber Glübd", der „Viertelmeister Glübd", den Eid der Färber und die Ordnung für den Austeiler. Diese Ordnungen regelten die Arbeit der Färber in den folgenden Jahrzehnten.

Jedes Jahr wurden im Oktober nach Verlesung der Färberordnung fünf Viertelmeister von der Mehrheit der anwesenden Meister gewählt. Im 18. Jahrhundert waren es sechs Viertelmeister, je drei katholische und drei evangelische. Zusammen mit den Viertelmeistern legten die Vorgeher die Höhe des wöchentlichen Restes fest.[60] Die Viertelmeister mußten jede Woche auf dem Sitz im Weberhaus über die Zahl der gefärbten Tuche abrechnen.

In den Jahren 1666 und 1670 heißt es, daß die Höhe des Restes „in Praesentia der verordneten herren und vorgeher und viertelmeister von Ferbern" festgelegt wurde.[61] Die Verordneten bzw. Deputierten gewannen also Einfluß auf die Festlegung des Restes. Im Jahre 1725 gab es Mißhelligkeiten darüber, ob die Vorgeher der Färber oder die Deputierten über den Rest entscheiden sollten. Die Vorgeher behaupteten zwar, daß sie den Rest festlegen durften, konnten aber keine schriftliche Bestätigung dieses Rechtes vorlegen. Die Deputierten handelten nun resolut: „so ist ihnen der gewalt genommen worden". Die Deputierten ließen keinen Zweifel, daß diese Dinge „vor das Amt" gehörten.[62] Die Deputierten hatten also zumindest ein gewichtiges Wort mitzureden. Mit Sicherheit in Streitfällen.

Abgesehen von den gebleichten Tuchen sollten alle Tuche, die an die Färbergeschau kamen, ob Barchent oder Leinwand, hiesige oder fremde, in den Rest mit eingeschlossen werden.

Also die vorblau und schwarz gefärbten, die schlecht schwarzen und grauen Barchente, ob grobe, gretische, Oxen, Drei- oder Viersiegler. Von Anfang unterlagen aber einige Tuchsorten nicht der Austeilung. Anfangs waren die vorblau gefärbten Barchente nicht mit eingeschlossen. Die gefärbten Krontuche wurden zeitweise nicht im Farbgewölbe gelagert und auch nicht wie andere gefärbte Tuche gewechselt. Die „leibfarb gefärbten Trauben" wurden auch nicht zum Rest gezählt. Die Färber konnten also so viele Trauben leibfarb färben, wie sie wollten.[63]

Man rechnete nicht strikt pro Stück. Zwei gemeine Schetter von 20 Ellen Länge galten ebenso viel wie ein Barchenttuch. Drei kurze Stücke Leinwand oder Schetter von 14 Ellen Länge galten auch so viel wie ein Barchenttuch.

Wenn ein Färber mehr Tuche färbte, als ihm zustand, mußte er in der folgenden Woche dementsprechend weniger färben. Wer in einer Woche die ihm zugeschriebene Zahl von Tuchen nicht färbte, erhielt deshalb in der folgenden Woche nicht mehr Tuche. Der Meister mußte die Tuche, die er zum Färben angenommen hatte, auch selbst färben und konnte sie nicht einem anderen Färber übergeben.[64]

---

[60] 1600, Ordnung, Artikel 24 und 25.
[61] 1666, 18. Mai und 1670.
[62] 1725, März und 7. Mai. Protokolle 1658-1729.
[63] 1602, 10. Januar. 1625, 9. September. 1680, 7. März.
[64] Ordnung 1600, 5. September. Ordnungen 1477-1788.

Manchmal wird zwischen Großem und Kleinem Rest unterschieden. Vielleicht war der Kleine Rest die Hälfte des festgesetzten Restes[65]. Nur der Austeiler war berechtigt, den Färbern Tuche auszuhändigen. Er selber durfte weder mit Barchent noch mit Farbzeug handeln, auch keiner Gesellschaft angehören, die dies tat. Der Handel mit gefärbten Tuchen war ihm gänzlich verboten.

Die geschorenen groben und gretischen Barchente, die grau und schwarz gefärbt werden sollten, mußten dem Austeiler in dem dazu bestellten Gewölbe übergeben werden. Er hatte Buch zu führen und dem Kunden genau dieselbe Zahl von Tuchen nach der Färbung „ohne unzimblichen aufzug" zurückzugeben. Die Handelsleute wurden der Reihe nach, wie sie die Tuche ins Gewölbe brachten, bedient. Wenn der Handelsmann die gefärbten Tuche erhalten hatte, sollte er dem Austeiler „den gesetzten lohn mit baren gelt" innerhalb von drei Tagen zahlen. Tat er es nicht, war der Austeiler nicht verpflichtet, ihm weitere Tuche auszuhändigen. Der Austeiler mußte seinerseits dem Färber spätestens drei Tage, nachdem die Tuche in die Mang geliefert worden waren, den Lohn mit „baren gelt" auszahlen.

Der Austeiler erhielt als Lohn von jedem Bällin nicht mehr als 5 kr, die von dem Farbgeld der Färber abgezogen wurden.[66] Am 5. September 1600 wurde die neue Ordnung vom Rate bestätigt. Als Austeiler wurde Franz Murauer ernannt.[67]

Gefärbte Crontuche

Jahrelang wurden die Crontuche, also die besten schmalen Barchente, frei gehandelt. Aber die Färber drängten darauf, daß auch sie in das Farbgewölbe gezogen würden. Noch 1625 lehnte der Rat die Bitte der Färber ab. Aber von 1626 bis 1631 wurden die Crontuche dem Farbgewölbe unterworfen. Von 1631 bis 1639 wurden sie wieder frei gehandelt. Von 1640 bis 1644 waren sie wieder im Farbgewölbe. Die Sache ware also umstritten.

1644 verlangten die Weber, daß die Einsperrung der Crontuche aufgehoben würde, weil sie zu einem Preisfall geführt habe. Wenn der Handel mit Crontuchen frei sei, könnten sich die Kaufleute bei den Färbern mit frisch gefärbter Ware für die Messen eindecken und bräuchten nicht ausgeklaubte, abgeschossene Tuche im Farbgewölbe zu kaufen. Die Preise würden dann wieder steigen. Die Weber hielten ohnehin nicht viel vom Rest und Farbgewölbe: Sie seien nichts als eine „Pfründe und unfehlbares Deputat" der Färber. Mit anderen Worten, Rest und Farbgewölbe verleiteten die Färber zu Bequemlichkeit.

Die Färber wiederum sagten, der Preisfall der Crontuche sei nicht durch das Farbgewölbe bedingt, sondern die „überschweren Zeiten und weil die Länder, in denen die

---

[65] Ordnung 1600, Art. 32: „Soviel alss ein halbe anzahl, welchs man den Kleinen Rest zu nennen pflegt".
[66] 1600, 3. September. Ebenso 1738, 19. Juni.
[67] Da Murauer und seine Frau von Jugend auf mit Barchent gehandelt hatten, bat er, ihm auch weiterhin den Kauf und Verkauf von rohen, ungefärbten Barchenten zu erlauben. Tatsächlich wurde seine Bitte gewährt, doch mit einer Einschränkung. Er sollte rohe Barchenttuche nur dann verkaufen, wenn er „mit einem vorrat von gefärbten Barcheten zum wechsel versehen ist". Wenn Mangel an gefärbten Barchenten bestand, sollte er keinen rohen Barchent verkaufen. Man wollte also vermeiden, daß er auf Grund seiner Einsicht in die Marktlage seine Tuche teuer verkaufen konnte. 1600, 16. September und 17. Oktober.

Crontuche den besten Absatz gehabt hatten, noch in vollen Flammen des Krieges" stünden. Auch die große Produktion von Crontuchen drücke den Preis.

Die Verordneten entschieden 1646 zugunsten der Färber. Die Crontuche würden nicht wie die Bettbarchente und anderen schmalen Barchente auf weit entfernte Messen und Märkte geschickt, sondern von Landkrämern und wöchentlichen Boten nach Bayern, Schwaben, Württemberg, Nürnberg, Franken, in die Schweiz und an den Rheinstrom gebracht. Es ginge nicht, daß sie die rohen Tuche erst kaufen, dann scheren und färben und zweimal schauen lassen müßten. Es sei viel besser, wenn ihnen die schon gefärbten Crontuche im Farbgewölbe angeboten würden.

Die Verordneten wiesen auch darauf hin, welche Folgen es für die Färber haben werde, wenn man die Farbgewölbe öffne und jeder Meister für sich mit seinen Tuchen handeln müsse. Viele Färber hätten schon auf die Tuche bei Huckern, Bäckern und Metzgern Schulden gemacht und müßten jeden Preis akzeptieren, den der Kaufmann zahlen wolle. Vor allem arme Meister und Witwen würden unter dem festgelegten Lohn arbeiten, bloß um Aufträge zu erhalten. Obendrein würden sie als Bezahlung Farbzeug, Reis, Seife, Öl und dergleichen annehmen müssen. Im Farbgewölbe würden dagegen die Tuche „indifferenter" unter allen Färbern ausgeteilt und dann zum festgelegten Preis verkauft. Und der Färber erhalte den vollen Lohn. Der Rat schloß sich diesen Überlegungen an. Die gefärbten Crontuche blieben im Farbgewölbe.[68]

Ausführung

Wie wurden nun diese Geschäfte gehandhabt? Erstens sei gesagt, daß sich das Gewölbe des Austeilers im Weberhaus befand. Hier konzentrierten sich also auch die Geschäfte der Färber. Der Kaufmann erhielt gefärbte Tuche entweder auf dem Wege über die Austeilung oder im Wechsel. Im Falle der Austeilung brachte der Kaufmann rohe Tuche, ließ sie vom Austeiler verteilen und erhielt dann dieselben Tuche gefärbt zurück. Der Vorteil für den Kaufmann war, daß er dieselben Tuche zurückbekam, die er gebracht hatte. Aber das Färben dauerte eben einige Zeit. Es konnte sich wegen der Witterung im Herbst und Winter wochenlang hinziehen.

Oder der Kaufmann brachte rohe Tuche ins Gewölbe und tauschte sie im Wechsel gegen gefärbte Tuche ein. Diese gefärbten Tuche lagen bereits im Farbgewölbe im Vorrat: Der Kaufmann erhielt hier nicht seine eigenen Tuche zurück, sondern er bekam Tuche derselben Sorte. Aber er erhielt sie anscheinend sofort. Er brauchte nicht zu warten. Die meisten Tuche fielen in diese letztere Kategorie. Sie wurden also gewechselt.[69]

Es ist aber nicht klar, ob die Tuche tatsächlich im Farbgewölbe lagen. Vielleicht lagen hier nur Muster. Der eigentliche Vorgang beim Wechsel war wohl anders. Der Handelsmann informierte den Austeiler, daß der Tuchscherer für ihn Tuche geschoren hatte. Daraufhin holten die Färber diese rohen Tuche beim Tuchscherer ab. Die Färber wiederum lagerten ihre gefärbten Tuche in den Mangen, wo sie der Kaufmann dann erhielt.

---

[68] 1646, 8. November.
[69] In den Akten werden diese beiden Möglichkeiten beschrieben als „austeilung unter den ferbern derjenigen Tuche, die sie nit im vorrath haben" und als „wichslung der barchett, so die ferber im vorrath haben".

Die Einführung des Restes hat dieses System insofern kompliziert, als jeder Färber eine gewisse Zahl von Tuchen färben durfte. Die rohen Tuche wurden nach dem Alter unter alle Färber verteilt. Und zwar erhielt jeder Färber immer nur ein Bällin, damit alle Arbeit hatten.
Die Aufgabe des Austeilers war anscheinend rein rechnerisch. Er teilte die rohen Tuche unter den Färbern nach dem festgesetzten System aus. Und genauso teilte er den Kaufleuten die gefärbten Tuche zu. Die zweite Aufgabe des Austeilers war es, den Lohn von den Kaufleuten einzunehmen und den Färbern auszuzahlen.

Zinstuche

Der Färber mußte also Tuche haben, um an dem Wechsel teilnehmen zu können. Viele Meister konnten es sich aber nicht leisten, Tuche zu kaufen, und arbeiteten deshalb mit Zinstuchen. Sie liehen bei Kaufleuten oder Tuchscherern rohe Barchente, färbten sie und legten sie dann für den Wechsel in den Vorrat. Das Problem war die Höhe des Zinses. Manche Kaufleute verlangten wöchentlich einen Zins von 15 kr pro Bällin. Andere liehen den Färbern nur dann Tuche, wenn sie auch übertewerte Farbstoffe nahmen. Preisaufschlag und Zins zusammen machten wöchentlich 20 bis 22 kr pro Bällin aus.
Ein weiterer Nachteil war, daß der „Darleiher" die Zinstuche wöchentlich von den Färbern wieder zurückfordern konnte. Der Färber konnte also die Tuche zu einer Zeit verlieren, wenn er Aufträge bekam. Die Verordneten verfaßten deshalb eine detaillierte Ordnung, die Zinshöhe, Kündigungsfrist, Gewinnanspruch und Eigentumsrechte regelte.
Zwei Möglichkeiten der Kündigung wurden festgelegt: Kündigung am Ende der Webergeschau oder vierwöchige Kündigung. Wer einem Färber Barchenttuche unter der Bedingung lieh, daß er sie nicht vor Ende der Webergeschau zurückfordern würde, durfte vom Bällin groben oder gretischen Barchentes 8 kr, vom Bällin Drei- und Viersiegler 11 kr Zins verlangen. Bei vierwöchiger Kündigung sollte der wöchentliche Zins 1 kr niedriger sein.
Nicht der Färber, sondern der Ausleiher sollte „die gefahr des abschlags wie auch der geniess des ausschlags" tragen. Wenn der Wert der gefärbten Zinstuche beim Wechsel gegen rohe Tuche gestiegen war, bekam der Ausleiher den Gewinn. Er trug aber auch den Verlust.
Wenn der Ausleiher dieses Risiko nicht eingehen wollte, sollte es dem Färber unter folgender Bedingung auferlegt werden. Bei dem Entleihen sollte der Unterkäufel die „leuff", also die Preise in ein Buch einschreiben. Wenn er nach Kündigung der Färber die Tuche dem Ausleiher wieder aushändigte, sollte der Unterkäufer die „Leuff" wieder notieren. Waren die Tuche jetzt billiger, mußte der Färber dem Ausleiher die Differenz zahlen. Waren sie teurer, sollte der Ausleiher dem Färber den Unterschied zahlen. Der Ausleiher erhielt also die Tuche zum gleichen Wert zurück, wie er sie ausgeliehen hatte. Sein Gewinn bestand nur in den wöchentlichen Zinszahlungen des Färbers, nicht in einem höheren Preis für die Tuche. Aber er verlor eben auch nichts. Als Zins sollte in diesem Fall nicht mehr als 5% „dem Jahr und dem anschlag nach wie fir Barchett zur Zeit des Darleihens golten haben, oder pro rata derselbigen gegeben oder genommen werden".
Wenn ein Ausleiher höhere Zinsen verlangte oder dem Färber „die Gefahr des Abschlages" unter anderen Bedingungen auferlegte, sollte er die geliehenen Tuche verloren haben. Man wollte also den Färber unter allen Umständen vor Übervorteilung schützen.

Andererseits durften weder der Färber noch seine Erben die Zinstuche vor der vereinbarten Kündigungsfrist zurückgeben, es sei denn der Färber gab sein Handwerk auf.

Die Zinstuche wie auch die rohen Tuche, die eingewechselt wurden, blieben Eigentum des Darleihers. Wenn der Färber sie verkaufte, versetzte oder auf andere Weise veräußerte, beging er Diebstahl. Bei der „ordentlich gebührlichen verwichslung der geferbten gegen rohe Tuche" handelte der Färber als „des Eigentums Herren Befehlshaber, und nicht als Eigentumsherr."

Wer Barchent auslieh, mußte den Vertrag, also Sorten und Zahl der Tuche, Zinshöhe und Kündigungsfrist, vom Barchentausteiler einschreiben lassen. Wenn die Tuche wieder zurückgegeben wurden, mußte der Vertrag gestrichen werden. Wenn der Vertrag nicht eingeschrieben worden war und es später zu einem gerichtlichen Austrag kam, sollte der Verleiher „allen, die in den contract gebührlich eingeschrieben und allen redlichen Gläubigern nachgestellt sein".

Es wurde auch festgelegt, daß der Färber „schlecht schwarze" Tuche in 8 Tagen, vorblaue in 14 Tagen in die Mange liefern mußte. Tat er es nicht, sollte der Darleiher vom Gewölbediener benachrichtigt werden. Keine Partei war dem Gewölbediener für diese Bemühungen Gebühren schuldig.[70]

So sorgfältig man also die Ausleihe geregelt hatte, kam es dennoch zu Problemen, wenn ein Färber die ausgeliehenen Tuche verkaufte, versetzte oder auf andere Weise „verhandtierte". Der Fall kam 1612 zur Sprache, als ein Färber Georg Mair 30 Stück geschorene Dreisiegler, die ihm ein Manggeselle „umb den gewönlichen Zins und auf eine Ime bestimbte Zeit widerumben zu erstatten, fürgeliehen", einem Hieronymus Harder versetzt hatte. Das Problem war, daß dieser Vertrag nicht eingeschrieben worden war. Dennoch argumentierten die Verordneten, daß Mair sich strafbar gemacht hatte. Harder hätte die Tuche nicht annehmen dürfen, weil er wußte, daß sie dem Mair nicht gehörten, sondern „ein vertraut guet" waren. Harder solle deshalb die 30 Tuche dem Darleiher herausgeben, „one sein entgelt". Harder wiederum sagte, er habe die Tuche angenommen, weil „vermög der Ferber Articul" jeder Färber uneingeschriebene Tuche verkaufen, vertauschen, versetzen und „zu seinem besten nutz und frommen" verwenden könne.

Ein Gutachter, den der Rat um die Meinung fragte, sagte, daß nach der Ordnung der Darleiher „als aigenthumbsherr die entwente barchat, wo er sie erfehrt, als sein aigen guet ansprechen und erhalten mog". Dieser Artikel müsse aber erläutert werden, da die Tuche des Darleihers „in colore verendert" und von den Handelsleuten in fremde Länder verschickt würden. Es sei also unmöglich, daß der Darleiher seine ersten Tuche wieder finden und vindicieren könne. Die Ordnung bestimme deshalb, daß „auch diejenigen tueche, so an dero statt eingeweichselt werden, des Darleihers aigen guet haissen und seyen". Der Darleiher solle vor anderen Gläubigern den Vorrang haben, da er „das dominium nie transferiert und den ferber als procuratorem oder administratorem constituirt" habe. Wer aber den Vertrag nicht einschrieb, solle allen anderen Gläubigern nachgestellt werden.[71]

Der Rat entschied, daß künftig solche Färber, die geliehene Tuche veruntreuten, einen Diebstahl begingen, auf den Pranger gestellt, öffentlich „verrufen" oder „in den halsring

---

[70] Es wird nicht gesagt, wann diese Bestimmungen erlassen wurden. Es ist aber anzunehmen, zu Beginn des 17. Jahrhunderts.
[71] 1612, 4. Dezember. 1613, 15. Januar. Barchent 1550-1620.

condemnirt" oder nach Gelegenheit des Verbrechens am Leib oder auf andere Weise gestraft werden sollten.[72]

Da vor allem ärmere Färber Zinstuche aufnahmen, sollen durch diese harten Bestimmungen ganze Familien ins Elend getrieben worden sein. Um Weib und Kinder zu verschonen, strich man 1625 die Feststellung, daß es sich um Diebstahl handele. Ein Färber, der ausgeliehene Tuche „angreiffen und nicht gleich widerumb restituieren würde", sollte vielmehr in die Eisen gelegt werden. Der Rat werde dann über die Strafe entschieden.[73]

Selbst wenn alle Vorschriften beachtet wurden, führte die Ausleihe zu Problemen. Um 1623 wurde z.b. ein solcher Vertrag zwischen dem Tuchscherer Jerg Zech und dem Färber Abraham Waldvogel und dessen Frau geschlossen. Der Tuchscherer Jerg Zech verstand sich auf solche Verträge, weil er „mit den Ferbern mehrmals zu negotiern gehabt". Zech lieh dem Waldvogel 45 „Viersiegler rauch" und 30 „Oxen einmahl geschoren". Waldvogel verpflichtete sich, dem Zech für je 30 Viersiegler einen Zins von 11 kr, und für je 30 Oxen einen solchen von 10 kr wöchentlich zu zahlen. (Durch einen Fehler bei der Abfassung des Vertrages wurde jedoch der Zins auf 10 kr für je 30 Tuche allgemein festgelegt.) Weiterhin wurde vereinbart, daß von beiden Teilen „die ordenliche Aufkhündung ein halb Jahr vor abforderung und Liferung der Barchet tuech" erfolgen solle. Die „bezahlung oder widererstattung" der 45 Viersiegler und 30 Oxen sollte dann unverzüglich erfolgen.

Als Simon Zech den Vertrag von seinem Bruder erbte, verlangte er 1627, daß Waldvogels Haus als Unterpfand für die Tuche gelten sollte, „nach Pfands- und der Stadt Augspurgh Rechten, immer und so lang bis ... ermelte 45 Sigler und 30 Oxen Barchat tuech sambt ... Zins ... auch costen und schaden ... völliglich ohne Abgang entricht" worden seien.

Es war nicht zu vermeiden, daß es wahrscheinlich öfter wegen des Zinses zu Streit kam. Waldvogel sagte z.B. 1633, daß er dem Zech seit 9 1/2 Jahren jeden Monat für die 75 Barchenttuche einen Zins von 16 1/2 Batzen gezahlt habe. Nach Waldvogel erhielt Zech jeden Monat 6 kr mehr Zins als in der „Obligation" festgelegt worden war.

Dazu kam ein anderes Problem. Nach Waldvogel waren die Tuche 1633 nicht mehr als 200 fl wert. Der Zins, den er zahle, belief sich daher auf mehr als 10%. Waldvogel bezeichnete diesen Zins als zu hoch, als „übermessigen interesse" oder einen „Juden Zins". Zech habe „von den dargestreckhten Barchat tuechen ... bisshero Reichlich und überflüssig, ja wohl mehr alls doppelt von Interesse gehabt". Niemals habe man „dergleichen obligationes auf so hochen wuecherischen Zins in gemainer Statt Cantzley" verfertigt. Auch Zech sei anfangs abgewiesen worden. Nur mit Hilfe des katholischen Kanzleischreibers Seyboldt habe Zech schließlich diese „Obligation" erhalten, „und eben darumben weiln die Zinstuch nit zukommen gewesen". Der Concipist habe sich bereden lassen, „wider der cantzlei stylus und gebrauch ain solchen wuecherlichen Zinss hineinzusetzen und einzuverleihen ..., welches ich auch als ain handtwercksmann nit verstanden biss ichs endtlich mit meinem schaden erfahren und dasselbe nit mehr erschwingen könne".

Zech wiederum sagte, daß man in der Zeit, als der Vertrag geschlossen wurde, von dem Ballen Zinstuche 12, 11 oder 10 kr Zins nahm, weil die Zinstuche knapp waren. Dreisiegler kosteten damals 3 fl, Viersiegler einige Kreuzer mehr. Wenn man die Zeitumstände berücksichtige, wurde kein „übermessiger, sonder ein Stattgebreuchiger Zinss pactiert".

---

[72] 1613, 26. Januar.
[73] 1625, 9. September.

Man dürfe die Höhe des Zinses nicht nach dem jetzigen Preis der Tuche beurteilen, sondern nach den Preisen zur Zeit des Vertragsabschlusses.

Waldvogel könne sich auch deshalb nicht über die Höhe des Zinses beklagen, weil Zinstuche und Darlehen in Bargeld verschiedene Dinge seien: „Die Barchat tuech ... nit steets in einem Press, sondern underwilen auf- andermahl abschlagen, dahero mit dem Zins nit der hundert gulden Capital nach pactiert wird, dieweil die tuech des Auf- und Abschlags halber in ungewisser hoffnung stehen, und ein mehrers gefahr ob sich haben". Auch die Verordneten meinten schließlich, daß der zwischen Zech und Waldvogel vereinbarte Zins nicht den in den Ordnungen festgelegten Zins überstieg.

Ein weiteres Problem war, daß Waldvogel in den 40 Wochen vom 22. Februar bis 28. November keinen Zins mehr gezahlt hatte. Zech bat daraufhin den Rat, ihm die Tuche „in der qualitet, wie sy von mir empfangen oder den gleichgültigen werth" und den verfallenen Zins in Höhe von 17 fl 40 kr zu verschaffen. Da Waldvogel ihm gesagt hatte, er könne ihm weder den Zins noch die Tuche mehr geben, bedürfe es der halbjährigen Kündigung nicht mehr. Das Unterpfand, das Haus, wollte Zech nicht, weil es baufällig war und vor der Stadt lag.

Tatsächlich beteuerte Waldvogel, daß er die Tuche vor sechs Jahren „eingebüsset" hatte. Da er weder die Tuche zurückgeben noch den Zins zahlen konnte, solle sich Zech an das Unterpfand halten. Das Erstaunliche ist, daß Waldvogel den Zins sechs Jahre lang gezahlt hatte, obwohl er die Zinstuche überhaupt nicht mehr hatte. Der Streit zwischen Zech und Waldvogel war natürlich durch die Kriegswirren besonders kompliziert.[74]

Dieser Fall zeigt jedenfalls, daß solche Verträge über Zinstuche oft jahrelang in Kraft blieben. Die Leihe von Zinstuchen verschaffte dem Ausleiher regelmäßige Einnahmen, da der Zins gleich hoch blieb. Wenn es sich wie in dem Falle Zech um nicht weniger als 75 Tuche handelte, war das monatliche Einkommen aus den Zinszahlungen immerhin beträchtlich. Aber auch der Färber, der kein Kapital hatte, um selbst Tuche kaufen zu können, verfügte nun über eine größere Menge von Tuchen, mit denen er arbeiten konnte. Es ist nicht ganz klar, ob er die Tuche färbte und dann dem Kaufmann zum Verkauf anbot. Oder, was wahrscheinlicher ist, ob er die gefärbten Tuche gegen die rohen Tuche des Kaufmanns eintauschte. Wahrscheinlich wurden die Tuche nur „gewechselt". Die Bürgen hafteten für Tuche, die der Färber zum Färben bekommen hatte. Nicht für Tuche, die ihm für seine Geschäfte geliehen worden waren. Aber in solchen Fällen konnte es Streit geben.[75]

Beifarben

Einige Färber, die sich später gegen die Austeilung wandten, gaben dennoch zu, daß „es mit der wichslung jederzeit zugangen und kündt es schwerlich oder gar nicht sein, das Mu-

---

[74] 1632, 4., 11. und 28. Dezember. 1633, 15. März. Barchent 1615-1651.
[75] Ein Hans Eschoy hatte dem Färber Christof Hobel ein Bällin geschorener Barchenttuche „nach ferber und handlungs gebrauch vertraut", wie er behauptete. Hobels Frau sagte aber später, Eschoy habe dieses Bällin ihrem Mann nicht zum Färben übergeben, sondern „sein gelegenheit damit zum schaffen fürgeliehen". Sonst hätte er sie nicht acht Wochen in seinen Händen gelassen. Als Hobel aus der Stadt floh, weigerten sich deshalb die Frau und die Bürgen, dem Eschoy 79 1/2 fl für das Bällin zu zahlen. Eschoy klagte vor dem Rat. 1594, 5. und 10. Februar. 2. und 14. April. Barchent 1550-1620.

rauer damit einige ungebür übet". Die Verordneten wußten allerdings, daß es „mit Austeilung der Arbeit ... etwas mehr zweifel gehabt". Wie allgemein „in neuen werkhen zu beschehen pflegt, das der Handgriff erst den rechten weg weist, also ist es mit diesem auch beschehen". Murauer habe „den anfangs gehaltenen stylum wegen eingefallener Schwierigkeiten verändern müssen, ganz ohne aber, das sich in dem einen oder anderen einige partheiligkeit oder vorteilhaftigkeit bei ihme befunden".

In der Tat, die Neuordnung von 1600 hatte durchaus nicht alle Probleme gelöst. So wurde schon gleich über die Beifarben gestritten. Alle Farben außer schwarz und grau wurden als Beifarben bezeichnet. Nach den Bestimmungen von 1600 sollten alle Tuche, die an die Färbergeschau kamen, in den Rest gehören, also auch die Beifarben, die früher nicht dazugezählt worden waren.

Die Handelsleute warnten sofort, daß sie nicht genügend Beifarben bekamen, weil der Rest nur „eine schlechte Zahl von Tuchen" war. Sie hielten es überhaupt für verfehlt, die Beifarben zum Rest zu zählen, weil nur 15 Augsburger Färber „in frischer Schöne und Güte" mit Beifarben färben könnten, zumal jetzt, da „der byfarben halben immerzu neue lustige begirliche gattungen aufkommen, und das viel Orten der beyfarben jetzt gebraucht werden, welcher man zu unserer Eltern zeiten alhie noch nicht erfahren ... gewesen ist". Die Handelsleute wollten wie früher Tuche, die mit Beifarben gefärbt werden sollten, frei unter die Beifärber austeilen können. Sie schlugen auch vor, daß die gemeinen Schwarz- und Graufärber nur schwarz und grau, die Beifärber nur mit Beifarben färben sollten.[76]

Die Färber sahen die Sache aber ganz anders. Die Handelsleute wollten die Ordnung aufheben lassen, damit sie sie „ires gefallens widerumben tribulieren und vexieren möchten". Länger als Menschengedenken werde in Augsburg „das guett Safflor, Rott, Gruen, Plau, Prisill Rott, Negelfarb, Goldfarb, Gelb, braun und was andere farben mer sein ... wol und guet geferbt". Die Hälfte aller Augsburger Färber könne mit diesen Farben arbeiten.

Immerhin hatten die Handelsleute so schwerwiegende Gründe vorgebracht, daß die Vorgeher das Färberhandwerk zusammenriefen. Von 55 Meistern erklärten 47, daß sie mit der Ordnung zufrieden seien. Von den acht, die anfänglich Bedenken hatten, sprachen sich fünf schließlich auch für die Ordnung aus. Um die Kaufleute zufriedenzustellen, versprachen sie, alle rohen Tuche, „was farben sie begeren, nit in hailloser, sondern recht frischer, bestendiger farb", innerhalb von acht Tagen zu färben. Auch der Rat stellte sich nun auf die Seite der Färber und lehnte die Wünsche der Handelsleute ab.[77]

Mitte des 17. Jahrhunderts haben Färber, die vermögend waren und Ämter bekleideten, den Verkauf der Beifarben weitgehend an sich gerissen. Sie boten jede Woche ihren ganzen Rest im Gewölbe in Beifarben an und füllten ihn sofort nach dem Verkauf wieder mit neuen, gefärbten Barchenten auf. Da sie auf diese Weise den Verkauf beherrschten, ging der Wechsel unter der Meisterschaft nicht öfter als fünf- oder sechsmal im Jahre herum. Die ärmeren Meister konnten nichts verkaufen und mußten statt dessen an der „Holzsögen stehen" oder sonst im Tagwerk arbeiten.

Die Verordneten haben daraufhin im Jahre 1658 den Rest im Gewölbe auf 45 Tuche beschränkt. Nur was darüber ging, durfte man mit Beifarben färben. Bloß solche Meister,

---

[76] 1600, 21. Oktober und 21. November.
[77] 1601, 2. Januar.

die keine Tuche im Farbgewölbe verkauften, durften den ganzen Rest in Beifarben anbieten.[78]

Im Jahre 1670 hat man dann die Arbeit neu aufgeteilt. Man traf zweierlei Unterscheidungen. Erstens hinsichtlich des Gewölbes. Dreißig Färber schauten „in das Gewölbe". Fünf weitere, die einen größeren Rest erhielten und Nebenmangen hatten, schauten nicht in das Gewölbe.

Die zweite Unterscheidung betraf die Beifarben. Neunzehn Färber (einschließlich der fünf, die Nebenmangen hatten) arbeiteten mit Nebenfarben. Vierzehn der 19 schauten auch in das Gewölbe. Sie durften dann auch eine gewisse Zahl der mit Beifarben gefärbten Tuche, aber nicht alle, in das Gewölbe legen. Es war wohl günstig, Tuche in das Gewölbe legen zu dürfen, weil sie hier schneller verkauft wurden. Ein Meister durfte 50 solcher Tuche in das Gewölbe legen, zwei 45 und die übrigen 11 Färber je 35 pro Woche. Ihren übrigen Rest, der je nach Meister zwischen 20 und 45 Tuchen schwankte, durften sie auch mit Beifarben färben, aber konnten ihn nicht in das Gewölbe legen.

Die fünf Färber, die Nebenmangen hatten und auch mit Beifarben arbeiteten, durften nichts in das Gewölbe legen.

Auf diese etwas komplizierte Weise hoffte man wohl, allen Interessen gerecht zu werden: den Meistern, die ohne Beifarben arbeiteten, dann denen, die mit Beifarben färbten und schließlich den fünf Meistern mit Nebenmangen. Ferner auch den Kaufleuten, die im Gewölbe immer einen Vorrat von Beifarben vorfanden.

Die verschiedenen Färber 1670, 17. Juni

Alle Färber	35	Meister
davon schauen in das Gewölbe	30	
es schauen nicht in das Gewölbe	5	mit Nebenmangen
es arbeiten mit Beifarben und schauen in das Gewölbe (einschließlich der fünf mit Nebenmangen)	19	
es arbeiten ohne Beifarben	16	

Sattgraue Tuche

Auch wegen der grauen Tuche kam es zu Streit. Die Ordnung bestimmte, daß der Austeiler alle Tuche erhalten solle, die schwarz und grau gefärbt werden sollten. Es gab drei Sorten von grauen Tuchen:

1) Tuche, die mit gemeiner grauer Farbe gefärbt wurden.
2) Tuche, die „mit besonderer und an der güte und schöne besseren grauen Farbe" gefärbt wurden und deshalb teurer waren.
3) Tuche, die erst vorblau und dann grau gefärbt wurden.

Die letzteren, also Tuche, die erst vorblau gefärbt wurden, wurden den Färbern von den Kaufleuten direkt gegeben. Sie unterlagen nicht der Austeilung. Hierüber gab es zunächst keinen Streit. Murauer, der Austeiler, beanspruchte aber alle anderen Tuche, ob sie mit gemeiner grauer Farbe oder mit besonderer grauer Farbe, oder wie es auch hieß, „satt

---

[78] 1658, 19. Januar.

grau" gefärbt wurden, also die obigen Kategorien eins und zwei. Als ihm die Kaufleute dieses Recht bestritten, verlangte Murauer eine Erklärung des Rates, daß die sattgrauen Tuche wie auch Barchentzotten, Fransen und Geschling in sein Gewölbe gehörten. Die Vorgeher und auch die Deputierten stellten sich hinter Murauer. Sie argwöhnten, daß es den Handelsleuten darum ging, ihre Tuche solchen Färbern zu geben, die sie mit Indigo, Galles und anderen Produkten bezahlen konnten.[79] Auch der Färbereid von 1650 bestimmte, daß die Färber grobe und gretische Barchente nur vom Austeiler zum Schwarz- und Graufärben annehmen durften. Andererseits mochte es so manchem Kaufmann unerträglich erscheinen, daß er selbst die schwarzen und grauen Tuche nicht von Färbern färben lassen durfte, die gute Arbeit geliefert hatten, sondern die Wahl des Färbers dem Zufall überlassen mußte.

Vorblaue Tuche

Um so empörter waren die Handelsleute, als die Deputierten zur Färberordnung auf einmal auch die Austeilung der vorblauen und dicken Tuche durch den Austeiler vorschlugen. Als Grund wurde angegeben, daß die Kaufleute dank ihrer Wuchergeschäfte und der „grossen anzahl vorblau geferbter tuech" (es handelte sich jährlich um 70 000 bis 80 000 Tuche) „überschwenglichen Profit" gemacht hätten, während viele Färber ins Verderben geraten seien. Die Handelsleute protestierten sofort und bestanden auf ihrem Recht, vorblaue und dicke Tuche denjenigen Färbern zu geben, die sie für besonders tüchtig hielten. Wieder kam es zu einer langen Diskussion mit Pro und Contra.

Die Handelsleute pochten auf Qualität. Ihre Kunden verlangten ein Färbezeichen bei „etlichen sorten Waren, als gemein vorblau, grob, Grätisch und dicke, gut Grätisch und Seidentüchlein". Trotz der Geschau aller Tuche, ziehe man doch gewisse Färber „wegen guter Farbe und fleissiger Bereitschaft" vor. Die Verordneten beriefen sich nun auf die Färber, die alle klar gesagt hätten, daß es „im vorblau ferben" unter den Meistern keine Unterschiede gäbe. Die Färber könnten nicht einen einzigen Färber nennen, der schlechtere Arbeit als die anderen herstellte.

In Laufe dieser Diskussion wiesen die Handelsleute auch auf einen Brauch, der den Verordneten neu war. Vor den Märkten und Messen oder im Sommer, wenn keine Geschau gehalten wurde, seien sie manchmal genötigt, vorblaue, grobe und dicke Tuche von den Färbern zu leihen. Dies wäre nicht mehr möglich, wenn sie ausgeteilt würden. Nach Ansicht der Verordneten waren aber diese Geschäfte sowieso wider das Gesetz, weil die Färber einen geringeren Lohn erhielten. Die Färber erhielten zwar nominell die Summe des Farblohnes, aber da der Zins für das Ausleihen miteingerechnet sei, erhalte er in Wirklichkeit weniger Farblohn. Der Färber selbst müsse dagegen für die Zinstuche Zins zahlen, jede Woche 6 kr oder 7 kr oder noch mehr. Er müsse auch oft sechs, acht oder mehr Wochen auf Bezahlung warten. Kurzum, nach Ansicht der Verordneten konnten die Handelsleute keine stichhaltigen Gründe für die Ablehnung der Austeilung vorlegen.[80]

---

[79] 1601, 23. Oktober, 7. und 10. November.
[80] 1602. Denkschrift der Handelsleute und „Memorial und Bedencken iber etlicher Handelsleut anlangen".

Die Färber selber waren sich auch nicht einig. Im August 1601 traten 31 Färber für die Austeilung der vorblauen Tuche ein, acht andere waren gegen die Austeilung, nicht bloß der vorblauen, sondern auch der schwarzen und grauen Barchente.

Die „Verordneten zur Färberhandlung" untersuchten nun noch einmal in aller Gründlichkeit die Umstände, die den Rat zur Errichtung der Austeilung veranlaßt hatten, sowie die Argumente, die gegen das „Gewölbe" erhoben worden waren. Wir sahen bereits, daß die Austeilung nicht alle Probleme im Färberhandwerk gelöst hatte. Im ganzen gesehen hatte sie aber nach Ansicht der Verordneten dazu geführt, daß die Färber nicht mehr von den Kaufleuten ausgebeutet werden konnten und jetzt ihren vollen Lohn erhielten. Andererseits wurde auch der Umsatz angeregt, weil die Kaufleute jederzeit rohe Tuche gegen gefärbte einwechseln konnten, „wie dann järlich mit grosser Summa geschieht". Die Verordneten sagten mit Stolz, daß eine solche Verteilung der Arbeit „ohn unzimblichen ruhm hiesiger Stadt zu melden, ann kheinem anderen ort in das werkh gericht kann werden".

Aber sie hatten keinen Zweifel, daß die Kaufleute nach wie vor gegen die Austeilung waren und am liebsten zu der freien Auftragserteilung zurückgekehrt wären. Doch die Argumente, die man gegen die Austeilung vorgebracht hatte, seien einfach nicht überzeugend. Die Untersuchung habe gezeigt, daß sowohl beim Färben der vorblauen wie der schwarzen und grauen Tuche ein Färber „nicht kunstreicher alls der ander sei oder bessere Arbeit mache als der andere". Auf den Einwand, daß der Handelsmann bei der Austeilung anstatt seiner „mit sondern fleiss ausgesuchten und desto ... höher bezahlten Barchet sich mit einer jeden geschauten Ware contentieren muesse", antworteten die Verordneten, daß seit Errichtung des Gewölbes jeder Handelsmann, der es verlangte und die Zeit abwartete, „seine Ware in specie ausgewechselt, in gebürender zeit" wieder zurückbekam. Die Verordneten konnten darauf hinweisen, daß der Barchenthandel in Augsburg „bei Menschengedenken nie mehr und bestendiger floriert hatt, als seit aufrichtung des Gewölbes".

So blieb es dann bei der Austeilung der vorblauen Barchente. Am 18. Dezember 1602 befahl der Rat, daß die groben, gemeinen und gretischen Barchente, die Ochsen und Drei- und Viersiegler, die vorblau gefärbt wurden, „auf ein Versuchen" wie die schlecht schwarzen und grauen ausgeteilt, oder wie man es nannte, in das Gewölbe geschaut werden sollten.

Um aber sicherzustellen, daß ja nicht durch Mangel an Tuchen der Handel behindert würde, wurde Artikel 32 der Färberordnung dahingehend erweitert, daß jeder Färber, der sowohl schlecht schwarz und grau wie auch vorblau färbte, von jeder dieser beiden Gattungen „so viel als seinen halben rest (wohl mehr aber nicht weniger)", im Vorrat haben müsse.

Der Färber mußte nach einem Wechsel von rohen gegen gefärbte Tuche, schlecht schwarze oder graue in acht Tagen, vorblaue in 14 Tagen wieder für den Wechsel bereit legen. Tat er es nicht, sollte er von der Austeilung dieser Gattung Tuche in den nächsten 14 Tagen ausgeschlossen sein.

Streit um Artikel 32

Die Bestimmung, wonach jeder Färber „so viel alls seinen halben Rest stets im vorrat haben" müsse, wurde schon bald heftig kritisiert: sie sei im Interesse der vermögenden Färber, ruiniere aber die ärmeren Meister. Um die Hälfte ihres Restes in Vorrat zu haben, müßten die unvermögenden Meister Zinstuche aufnehmen. Die hohen Zinsen, die sie dann zahlen müßten, nähmen ihnen den Gewinn weg. Sie könnten also nicht die Hälfte ihres Restes in Vorrat haben und bekämen deshalb nicht so viele Tuche wie ihr Rest ausmachte. Ihre Verluste seien größer als früher, obwohl sie damals das Farbmaterial zu überhöhten Preisen kaufen oder die gefärbten Tuche billiger verkaufen mußten.

Die Verordneten bestritten allerdings diese Behauptungen. Wenn ein Färber jetzt 4 Bällin Tuche auf Zins aufnehme, könne er sicher sein, daß er jede Woche mindestens zwei Bällin „nach Gelegenheit seines Rests" zum Färben bekomme. Die Unkosten für jedes Bällin beliefen sich dann auf weniger als 20 kr.

Die Verordneten bestritten auch, daß die Kaufleute um so weniger rohe Barchente kauften, je mehr gefärbte Barchente vorhanden waren, daß also Artikel 32 den Verkauf der rohen Barchente behindere und somit den Webern schade. Sie erinnerten daran, daß die Kaufleute die gefärbten Tuche entweder durch Wechsel oder Kauf von den Färbern erwarben. Wenn sie den Wechsel gebrauchten, mußten sie natürlich rohe Tuche dafür hinlegen. Wenn sie gefärbte Tuche kauften, mußten die Färber zur Erhaltung ihres Vorrates wieder rohe Tuche kaufen. So oder so würden also rohe Barchente immer wieder gekauft.

Die Verordneten waren überzeugt, daß die Bestimmungen von Artikel 32 den Barchenthandel anregten. Und „die Beförderung des Barchett handels, daran hieiger Statt so hoch und viel gelegen, war, wie menniglich weiss, als in hoc genere suprema lex".

Es wurde auch bald geklagt, daß die Färber bei weitem nicht so viel Arbeit erhielten, wie ihnen eigentlich zustand, daß sie also nicht ihren vollen Rest bekamen. Die Färber gaben die Schuld hierfür dem Austeiler, der das Gewölbe schlecht verwalte. Die wirklichen Gründe, daß manche Färber nicht ihren Rest erhielten, waren aber etwas anders.

Wenn ein Färber aus Faulheit eine Woche nicht seinen vollen Rest färbte, durfte er in der folgenden Woche nicht nachholen, was er versäumt hatte. Anscheinend wurde ihm der Rest verkürzt. Wer aus Armut oder wegen mangelnden Kredites überhaupt keinen Vorrat hatte, wurde von der Austeilung ausgeschlossen und erhielt also keine Tuche.

Dazu kommt, daß Vorgeher und Viertelmeister öfters den großen Rest austeilen ließen, obwohl kaum genug Tuche für den kleinen Rest vorhanden waren. Die reicheren Färber, die nicht auf schwarze und graue Tuche angewiesen waren, färbten jetzt andere Tuche. Da sie nicht sofortige Einnahmen brauchten, konnten sie die Tuche den Kaufleuten auf Borg geben und erhielten wieder um so mehr Arbeit von ihnen. Wenn die ärmeren Färber dagegen keinen Lohn erhielten, konnten sie überhaupt nicht mehr färben. Trotz des Austeilens und des Restes ergaben sich diese bitteren Unterschiede zwischen reich und arm. Die Verordneten befahlen deshalb „zur abschneidung alles bösen verdachts und nachredt" den großen Rest nicht ohne ihr Wissen austeilen zu lassen.

Zahlung des Lohnes

Die Ordnung von 1600 hatte bestimmt, daß der Austeiler den Färbern den Lohn drei Tage nach Lieferung der Tuche in die Mange auszahlen sollte. Die Färber bezogen diese Bestimmung nicht bloß auf Tuche, die sie „auf begeren" der Kaufleute gefärbt hatten, sondern auf alle Tuche, also auch ihre eigenen Tuche und auf Zinstuche, die sie in den Mangen zum Wechsel bereitlegten. Diese Tuche lägen zum Nutzen der Kaufleute im Vorrat.

Das Problem wurde akut, als der Austeiler, Murauer, kein Geld mehr hatte, um den Färbern den Färberlohn zu zahlen. Manche Kaufleute ließen nämlich die gefärbten Tuche wochenlang in den Mangen liegen und zahlten Murauer nicht den Farblohn. Die Färber wiederum konnten die Mangmeister nicht bezahlen, bei denen sie schon 1500 fl Schulden hatten. Die Verordneten hatten deshalb dem Murauer schon 500 fl geliehen. Als er im Januar 1601 wieder kein Geld hatte, baten die Vorgeher um ein neues Darlehen von 500 fl.[81] Das Problem war eben, daß der Austeiler den Färbern Löhne für Tuche zahlen sollte, die von den Kaufleuten noch gar nicht bestellt worden waren.

Die Verordneten erklärten nun, daß bei den Beratungen über die Ordnung nie „von einer sollichen baren bezahlung von iren der ferber selbst eigenen tuechen" die Rede gewesen sei. Der Austeiler sollte innerhalb von drei Tagen nur den Lohn für Tuche zahlen, die er auf Wunsch der Kaufleute unter die Färber verteilt hatte. Die Verordneten meinten, daß die reicheren Färber, die 5 oder 6 Bällin eigener Tuche in die Mang brachten, durchaus in der Lage seien zu warten, bis der Austeiler ihre Tuche verkauft hatte und ihnen den Farblohn geben konnte.

Für die ärmeren Färber sei es sogar ungünstig, wenn man dem Austeiler ein neues Darlehen gäbe. Denn er würde Färbern den Farblohn zahlen, „die kein vermögen haben und doch wegen des farbgeldes Tuech umb zins ... aufnemen, dieselben ferben und in die Mang liefern". Weil sie die Tuche aber nicht gleich wechseln konnten, müßten sie weiterhin jede Woche Zins zahlen und würden so den Farblohn wieder einbüßen. Es wäre besser, wenn die Färber das Färben dieser Tuche eine Weile einstellten.

Für die Kaufleute würde dies keinen Nachteil haben, denn gemäß der Ordnung müsse doch jeder der 50 Färber, die für das Gewölbe arbeiteten, „zum wenigsten halb rest eigene tuech, das ist bey 35 stückh" haben. Es werde also immer ein genügender Vorrat an Tuchen vorhanden sein.[82]

Die „Deputierten zur Färberhandlung" stellten sich aber eindeutig auf die Seite der Färber: es sei für das Färberhandwerk allgemein und besonders für die ärmeren Färber „sehr bequem und nützlich", den Lohn zu erhalten, sobald sie die gefärbten Tuche in die Mange brachten. Der Rat hat daraufhin dem Austeiler 1000 fl vorgestreckt.[83] Es ist bemerkenswert, wie verschieden die Verordneten und die Deputierten die Verhältnisse im Färberhandwerk sahen.

Kontrollen und Regulierung des Rests

Als im Jahre 1608 ein neuer Austeiler, Matheus Raid, das Gewölbe übernahm, wurden einige Neuerungen eingeführt. Bisher hatten die Färber die gefärbten Tuche in die Mange gebracht, wo sie liegenblieben, bis sie von den Kaufleuten ausgewechselt wurden. Nun sollte der Austeiler die Tuche, so wie sie die Färber in die Mange brachten, „in das gewelb in ihre ordnung" einschreiben und aus der Mang holen. Rohe Tuche, die der Handelsmann „zue wixel anbeut oder anweist", sollte der Austeiler in das dazu verordnete Gewölbe aufnehmen und die gewünschten gefärbten Tuche sofort liefern. Der Austeiler durfte keine gefärbten Tuche aushändigen, bevor er die rohen empfangen hatte. Der Handelsmann

---

[81] 1601, 18. Januar.
[82] 1601, 30. Januar und 20. Februar.
[83] 1601, 10. April.

sollte das Farbgeld innerhalb von drei Tagen zahlen. Es wurden auch genaue Kontrollen über die Zahl der Tuche eingeführt.[84]
Anfang 1609 häuften sich Massen von gefärbten Tuchen in den Mangen. Vielleicht hatten die Färber mehr als ihren Rest gefärbt. Vielleicht hatten sie jede Woche ihren vollen Rest in die Mangen gebracht, ohne Rücksicht darauf, ob die Tuche verkauft werden konnten oder nicht. Jedenfalls erklärten mehrere Färber im Januar 1609, daß sie vor dem Ruin stünden. Sie schlugen vor, daß jeder Meister wöchentlich nur seinen Rest schauen lassen solle. Beifarben sollten allerdings frei sein.

Nach Meinung der Verordneten wäre es am besten gewesen, wenn man den Rest jedes Färbers um einige Tuche verringert hätte. Während der Messe- und Marktzeiten könne man ja die Färber den großen Rest färben lassen. Aber da die Färber hiervon nichts wissen wollten, nahmen sie den ursprünglichen Vorschlag auf: jeder Färber solle künftig nicht mehr als seinen gewöhnlichen Rest schauen lassen und nicht mehr, wie bisher, zwei Reste in einer Woche. Nur die Beifarben sollten von dieser Beschränkung frei sein. Während der Messezeiten sollten die Verordneten den großen Rest bewilligen können. Die gemeinen Meister hatten sich also gegen ihre eigenen Vorgeher durchgesetzt.[85]

Viel hat diese Regelung nicht genützt. Im Herbst 1609 lagen 600 Bällin Tuche, also 18 000 Tuche, in den Manghäusern. Die reicheren Färber hatten also viel Kapital ohne Nutzen in den Mangen liegen. Die ärmeren mußten für die Zinstuche Zinsen zahlen. Die lange Lagerung führte obendrein dazu, „dass die farben an den tuchen abschiessen, an den Köpfen anlauffen und malerig werden, ja auch so geschwollen, angelaufen und verbevelt werden, als obs nie in den Mangen unter truckh oder Press kommen weren".

Der Rat beschloß nun drastische Maßnahmen. Jeder Färber durfte nur noch so viele Tuche im Gewölbe liegen haben, wie es seinem Rest entsprach und nicht zwei-, drei- oder viermal so viel. Wöchentlich würden dann nicht mehr als 227 Bällin im Gewölbe liegen. Der einzelne Färber sollte wöchentlich nicht seinen vollen Rest färben, sondern nur „was ime an seinem Rest ganz oder halb wöchentlich heraus geschaut wird". Allerdings sollte die Zahl der 227 Bällin auf jeden Fall immer im Gewölbe vorhanden sein. Wenn sich tatsächlich Mangel an Tuchen zeigen sollte, wollte man den „grossen Rest" zulassen.[86]

Die vermögenden Meister konnten sich eigentlich nicht beklagen, weil manche Tuchsorten diesen Beschränkungen nicht unterlagen. Weder die Beifarben noch gebleichte Barchente, die mit Safflor oder Prisil gefärbt wurden, wurden zum Rest gezählt. Auch die teuren Crontuche waren von den Regeln über Austeilung und Farbgewölbe nicht betroffen.[87]

Im Jahr 1628 hat man dann doch die Artikel etwas geändert. Alles, was an die Geschau kam, Barchent oder Leinwand, hiesig oder fremd, gebleicht oder ungebleicht, sollte mitge-

---

[84] So sollte der Austeiler keine gefärbten Barchenttuche aus der Mang holen lassen, „ohne die gebürliche zettel strackhs dargegen in die Mang zu schicken". Der Mangmeister sollte also Quittungen erhalten. Der Austeiler sollte auch jeden Tag einschreiben, was er „gehandelt". Jede Woche sollte der Austeiler mit den Mangmeistern eine Abrechnung über Annahme und Ausgabe der Tuche abfassen. Jeden Monat mußte er den Verordneten im Weberhaus ein Verzeichnis der Tuche in jeder Mang vorlegen. Wenn es zwischen dem Austeiler und den Färbern oder den Mangmeistern Differenzen über die Zahl der Tuche gab, sollte der Austeiler seine Verzeichnisse den Verordneten im Weberhaus vorlegen. 1608, 30. September.
[85] 1609, 10. und 31. Januar, 26. Februar, 21. März und 28. April.
[86] 1609, 22. Oktober.
[87] 1625, 9. September. Ratsbücher.

zählt werden. Also auch gebleichte Barchente.[88] Allerdings wurden gebleichte Leinwand und leibfarbene Leinwand nach wie vor nicht zum Rest gezählt.[89] Auch für „Bauren blitzen und grobe Sorten" galten die bisherigen Regeln.

Mehrmals mußten die Verordneten einschreiten, wenn Färber mehr Tuche färbten, als sie eigentlich durften, wenn sie etwa „zwei Reste hinübergeschaut". Als 1658 „etliche beyferber ... weit über ihren gebührenden Rest hinübergeschaut", verlangte der Rat eine Untersuchung, damit jedem Teil, dem Reichen, dem Mittleren und dem Ärmeren „sein Teil verschaft" werde. Die Beifärber versprachen nun, sie wollten „wöchentlich an die bisher hinüber geschauten Tuche einen halben Rest abziehen". Einigen Färbern bewilligte man fünf Stücke über den Rest hinaus. Oder man erlaubte den Färbern, „ein oder zwei rest auf markt" hinüberzuschauen. Nach Ende des Marktes mußten sie aber die hinübergeschauten Tuche wieder abziehen.[90]

Manche Färber färbten einfach so viel wie möglich, ohne Rücksicht auf die Vorschriften. Wenn sie den Überschuß nicht gleich abzogen, mußten sie pro Stück eine Strafe von 4 kr zahlen.[91] Eine ganze Menge Geldstrafen wurde verhängt.

Geldstrafen von Färbern, die mehr als den Rest gefärbt hatten
(4 kr pro Stück)

Jahr	Zahl der Tuche	Geldstrafe
1639	34	2 fl 16 kr
1641	10	40 kr
1641	1	4 kr
1641	5	20 kr
1641	5	20 kr
1643	13	52 kr
1643	13	52 kr
1643	5	20 kr
1643	8	32 kr
1643	3	12 kr
1643	90	6 fl
1645	33	2 fl 12 kr
1658	15	1 fl
1658	20	1 fl 20 kr
1658	32	2 fl 8 kr
1662	1095	16 fl 30 kr
1662	775	10 fl

Man traf immer wieder Maßnahmen, um die Färber daran zu hindern, „über den Rest" zu schauen.[92] So sollte das Amt im Weberhaus informiert werden. Man wollte anscheinend auch „unfehlbar" 15 Stücke vom nächsten Rest abziehen.

---

[88] Färberordnung 1628, Artikel 26.
[89] 1629, 21. Juni. ebenso 1660, 29. April.
[90] 1666, 11. Juli. Protokolle 1658-1729.
[91] 1666, 18. Mai. Protokolle 1658-1729.
[92] 1666, 30. Mai. 1670, 17. Juni. Protokolle 1658-1729.

So manche Färber scheint es gewurmt zu haben, daß man ihnen nicht erlaubte, so viel zu arbeiten, wie sie konnten. Zumal ja sowieso nicht viel Arbeit vorhanden war. Im Jahre 1674 einigte man sich schließlich auf eine neue Regelung. Jeder Färber sollte so viel Arbeit annehmen dürfen, wie er sich zu färben getraute. Doch nach Ablauf eines Jahres sollte er von jedem „hinüber geschauten" Stück bei der alljährlichen Versammlung des Handwerks 1 kr Strafe in die Ratsbüchse zahlen müssen.[93] Wie lange blieb diese Regelung in Kraft? 1679 hieß es jedenfalls, daß kein Färber ein Stück hinüberschauen solle, es gehe denn auf die Marktzeit zu. Auch dann mußte er die Verordneten um Erlaubnis bitten.

Der Rest in Zahlen

Wir besitzen Angaben über die Höhe des Restes in den Jahren 1551, 1609 und 1666-1670, also dem Beginn, dem Höhepunkt und dem Tiefpunkt der Augsburger Textilanfertigung.

Wir erinnern uns, daß im Jahre 1551 der Rest bei den Färbern eingeführt wurde. Jeder der 35 Färber durfte wöchentlich nur die ihm zugeteilte Menge von Tuchen färben. Aber diese Menge war recht großzügig berechnet. Im Durchschnitt konnten die Färber wöchentlich knapp 90 Tuche färben.

Im Jahre 1609 war der wöchentliche Rest schon kleiner: im Durchschnitt belief er sich auf 79 Tuche. In den Jahren nach dem Dreißigjährigen Kriege war er auf 52 Tuche gesunken. Er stieg dann allerdings wieder auf 62 Tuche im Jahre 1670.

Die Durchschnittszahlen zeigen allerdings die Veränderungen, die durch den Zusammenbruch im Dreißigjährigen Kriege verursacht waren, nicht deutlich genug. In den Jahren 1551 und 1609 haben nämlich nur 14% bzw. 16% der Färber einen Rest von bloß 60 Tuchen gehabt. 86% bzw. 84% durften jede Woche mehr als 60 Tuche färben. Nach dem Dreißigjährigen Kriege war es fast umgekehrt: 82% der Färber sollten bis zu 60 Tuchen färben. Bloß 18% durften 65 bis 120 Stücke bearbeiten.

In den Jahren 1666 und 1670 hat man dann zwar den Rest etwas erhöht. Aber auch jetzt durften in den einzelnen Werkstätten bei weitem nicht so viele Tuche wie früher gefärbt werden. So durften im Jahre 1670 74% der Färber nicht mehr als 60 Tuche färben. Im Jahre 1551 waren es 14% gewesen. Und während im Jahre 1551 86% mehr als 60 Tuche färbten, waren es im Jahre 1670 nur 26%.

Immerhin fällt auf, daß sich die Lage der Färber im Jahre 1666 verbessert hat. Der Rest von 33 Färbern wurde erhöht, in den meisten Fällen um 5 oder 10 Tuche. In einigen wenigen Fällen sogar um mehr.

Der Rest muß natürlich zusammen mit der Zahl der Färber gesehen werden, um eine Vorstellung von der Zahl der wöchentlich gefärbten Tuche zu erhalten. Wenn wir annehmen, daß jeder Färber die volle Zahl der ihm zugeteilten Tuche färbte, so zeigt sich, daß im Jahre 1551 jede Woche über 3000 Tuche gefärbt wurden. Im Jahre 1609 war die Zahl mehr als doppelt so groß: mehr als 6800 Tuche. Nach dem Dreißigjährigen Kriege lag sie bei knapp über 2000 Tuchen, wenn sie dann auch bis 1666 wieder auf über 2300 Tuche anstieg.

Auf das volle Jahr gesehen, ergaben sich dann eindrucksvolle Zahlen: Mitte des 16. Jahrhunderts wurden 163 000 Tuche gefärbt. Im Jahre 1609 war diese Zahl auf 355 000 Tuche gestiegen. In den Jahren nach dem Dreißigjährigen Kriege war die Zahl auf

---

[93] 1674, 28. Dezember. Protokolle 1658-1729. 1679, 24. Mai. Protokolle 1658-1729.

nur 108 000 gefallen. Immerhin, auch jetzt wurden noch jedes Jahr mehr als 100 000 Tuche gefärbt.

Höhe des Restes im Jahre 1551

Stücke	Färber
60	5
75	11
90	9
105	8
180	2

Höhe des wöchentlichen Restes im Jahre 1609

Zahl der Stücke	Zahl der Färber
60	14
65	8
70	13
75	16
80	8
85	2
90	10
95	11
150	3
155	1
	86 Färber

Höhe des Restes in den Jahren vor 1666, 1666, 1670

Stücke	vor 1666	1666	1670
30	7	1	
40	8	7	8
45	8	6	5
50	4	1	7
55	3	3	3
60	3	3	3
65	1	2	2
70	1	2	1
75	1		
80		2	1
90	1		
105	1		
110		1	
120	2		
125		1	3
140		2	2
insgesamt	40	40	35 Färber

Wenn jeder Färber jede Woche den ganzen Rest färbte, wurden insgesamt gefärbt:

Jahr	Zahl der Färber	wöchentlich gefärbt	jährlich gefärbt (52 Wochen)	jeder Färber färbte durchschnittlich pro Woche
1551	35 Färber	3135 Tuche	163 020 Tuche	89,57 Tuche
1609	86	6830	255 160	79,41
vor 1666	40	2080	108 160	52
1666	40	2375	123 500	59,37
1670	35	2175	113 100	62,14

In Wirklichkeit scheinen sehr viel weniger Tuche gefärbt worden zu sein. Im Jahre 1673 ließen 37% der Färber weniger als 200 schwarze Tuche schauen. Weitere 37% legten 200 bis 299 schwarze Tuche vor. Nur ein Drittel färbte mehr.[94] In den nächsten Jahren nahm die Produktion anscheinend ein bißchen zu. So hat der einzelne Färber 1684 im Durchschnitt 414,72 Tuche gefärbt. Aber auch diese Zahlen sind sehr viel kleiner, als man nach der Größe des Restes annehmen sollte.[95] Wahrscheinlich haben die Schwarzfärber auch noch in anderen Farben gefärbt. Wie wissen aber nicht, wie viel.

Zwischen der Zahl der Stücke, die dem einzelnen Meister als Rest zugewiesen wurde, und der Vermögenslage bestand ein gewisser Zusammenhang. Im Jahre 1551 z.B. zahlte kein Färber, der nur 60 bis 75 Stücke erhielt, mehr als 1 fl Vermögenssteuer. Dagegen zahlten zwei Drittel der Meister, die 90 Stücke oder mehr erhielten, über 1 fl Vermögenssteuer. Unter den Meistern, die die wenigsten Stücke bekamen, dominierten also ärmere

---

[94] Dreißig Färber ließen 1673 schwarze Tuche schauen:

Tuche	Färber
1-99	2
100-199	9
200-299	11
300-399	5
500-599	3

„Ordentliche verzeichnuss wie vüll ein jeder Färber ... 1673 schwarz Duech geschaut und hingegen vür Rausch gefasst wie volgt."

[95] Zahl der schwarz geschauten Tuche 1684 und 1688.

	Stücke	Zahl der Färber
Februar 1684	573	15
März 1684	801	22
April 1684	917	24
Mai 1684	685	18
Juni 1684	543	18
Juli 1684	576	16
September 1684	448	17
November 1684	813	25
Februar 1688	574	25
März 1688	540	26
Mai 1688	676	28
Juni 1688	439	27
Juli 1688	730	28
September 1688	484	27

Leute. (Steuer: 0 und 1-15 kr.) Unter den Färbern, die einen größeren Rest bekamen, waren vermögendere Meister in der Mehrheit. (Steuer: 16-60 kr, 1-10 fl und mehr.)

Aber es fällt auf, daß im Jahre 1609 einige ärmere Meister (Steuer: 0 oder 1-15 kr) einen größeren Rest von 75 bis 85 Tuchen oder sogar von 90 bis 105 Tuchen erhielten. Die Vermögenslage allein war also nicht entscheidend bei Zuteilung des Restes. Vielleicht spielte die Größe der Werkstatt und die Zahl der Gesellen und anderen Ehehalten auch eine Rolle. Für das Handwerk war es wohl ausschlaggebend, daß der Meister auch tatsächlich die ihm zugeteilte Zahl von Tuchen färben konnte, was auch immer seine Vermögensstellung sein mochte.

Höhe des Restes und Vermögensstruktur

1551:

Zahl der Stücke	0	1-15 kr	16-60	1-10	über 10	insgesamt
60-75	3	6	5			14 Färber
	21,4	42,8	35,7			
90-105	3	1	1	7	2	14
	21,42	7,14	7,14	50	14,28	
180				1		1
				100		

1609:

Zahl der Stücke	0	1-15	16-60	1-10	über 10	insgesamt
60-70	9	3	12	8		32
	28,12	9,37	37	25		
75-85	3	3	10	8		24
	12,5	12,5	41,66	33,33		
90-105	3	3	5	11	3	25
	12	12	20	44	12	

1666:

Zahl der Stücke	0	1-15 kr	16-60	1-10	über 10	insgesamt
20-55	4		15	5		24
60-120			2	5	2	9

1670:

Zahl der Stücke	0	1-15	16-60	1-10	über 10	insgesamt
40-50	4		7	5		16
	25%		43,75	31,25		
55-65			5	3		8
			62,5	37,5		
70-140				6	1	7
				85,7	14,28	

Als es 1609 zu einer Stockung im Absatz kam und sich riesige Mengen von Tuchen in den Mangen häuften, hat man einmal genau aufgeführt, welchen Färbern diese Tuche gehörten. Es zeigte sich, daß die Mehrheit der Färber, 64%, 4 bis 6 Bällin in den Mangen liegen hatten, 14% hatten weniger, 21% hatten mehr.

Verteilung der Bellin in den Mangen 1609

0-3 Bellin (= 0-90 Tuche):	13 Färber	14,4%
4-8 Bellin (= 120-240 Tuche):	58 Färber	64,4%
9-16 Bellin (270-480 Tuche):	15 Färber	16,6%
21-50 Bellin (630-1500 Tuche):	4 Färber	4,4%
	90 Färber	

Färber, die wenige Ballen in den Mangen liegen hatten, waren überwiegend ärmere Leute. Färber mit Vermögen hatten mehr Tuche gefärbt, da sie ja im allgemeinen auch über einen größeren Rest verfügten.

Zahl der Färber und Vermögenslage 1609

	0	1-15 kr	16-60 kr	1-10 fl	über 10 fl	alle
0-3 Bellin	5	2	3	2		12 Färber
	41,66	16,66	25	16,66		
4-8	9	5	20	15	2	51
	17,64	9,80	39,21	29,41	3,92	
9-16	1	3	3	7		14
	7,14	21,42	21,42	50		
21-50				3	1	4
				75	25	

Was den Rest betraf, hatten Meister, die Söhne Augsburger Färber waren, keine Vorrechte vor anderen Meistern. Aber ein Versuch in dieser Richtung wurde gemacht. 1625 wurde gesagt, daß Meistersöhne die ersten zwei Jahre nach ihrer Heirat einen wöchentlichen Rest von 45 Stücken haben sollten, fremde Meister nur von 30 Stücken. Aber der Rat ließ sich hierauf nicht ein. Jeder Meister, ob „hieig oder fremd", sollte einen wöchentlichen Rest von 45 Tuchen haben.[96]

Der Rest und Nebenmangen

Im Jahre 1609 hatten drei Färber einen ungewöhnlich großen Rest von 150 bzw. 155 Tuchen. Dies waren wohl Färber mit Nebenmangen. Im Jahre 1666 hatten vier Färber einen erheblich größeren Rest als die anderen Meister (110 bis 140 Stücke). Im Jahre 1670 kam noch ein fünfter Färber hinzu (125 bis 140 Stücke).

Im Jahre 1670 wird ausdrücklich angemerkt, daß diese Färber mit Nebenmangen an der Gewölbegeschau nicht teilnehmen durften. Sie durften also ihre Tuche auch nicht im Farbgewölbe verkaufen lassen. Nur wenn sie nachweislich „ganz und garnichts zu tun" hatten, durften sie wie andere gemeine Färber zur Gewölbegeschau kommen. Sie konnten aber ihren ganzen Rest mit Beifarben färben.[97]

---

[96] 1625, 9. September.
[97] Geheimes Ratsbuch 1670, 12. April. Vierzehn weitere Färber arbeiteten im Jahre 1670 auch mit Beifarben. Aber sie durften anscheinend nur einen Teil ihres Restes mit Beifarben färben. Ihre Tuche kamen auch in das Gewölbe.

Die Färber mit Nebenmangen erhielten wahrscheinlich einen größeren Rest, weil sie sehr viel größere Ausgaben hatten. 1680 klagten sie, sie stünden vor dem Ruin, weil sie nicht bloß schweren Zins für die Gebäude, sondern obendrein noch 20 fl Mangzins zahlen müßten. Der Rat entschied daraufhin, daß Färber mit Nebenmangen einen Rest von 125 Tuchen oder 280 Stücken Leinwand als eine dem Gute „inhaerierende reale Gerechtigkeit" erhalten sollten.[98]

Der Rat entschied in diesem Jahre auch, daß ein „neu angehender Meister" nur „35 Tuch wöchentlich ins Gewölb oder 70 Leinwathen" schauen lassen sollte. Wenn er bloß 30 Tuche „ins gewölbe schauen" lassen wollte, sollte er 50 Tuche „in Leinwath oder 80 Schetter" als Rest erhalten.[99] Alle diese Bestimmungen erscheinen auch in der Färberordnung von 1738.[100] Sie blieben wohl bis zum Ende der reichsstädtischen Zeit in Kraft.

Färber mit Nebenmangen

	1666	1670
Hans Leonhard Greiner	140 Tuche	140 Tuche
Melchior Reim, Jung	125	125
Christof Steidler	140	140
Balthas Reim	110	125
Hans Jerg Seydler		125

Geschau

Geschaumeister

Die Färbergeschau wurde spätestens 1443 eingeführt[101]. Im Jahre 1501 standen an der Schwarzgeschau drei Geschaumeister. 1520 ernannte der Rat „auf Versuchen" zwei Weber und einen Schneider zur Geschau der „geferbten tuch und leinwat".[102] Spätestens ab 1545 ernannte man zwei Weber und einen Färber, von 1589 ab zwei Weber und zwei Färber. Die Amtszeit betrug zwei Jahre. Von 1590 ab wurden jedes Jahr ein Weber und ein Färber ausgetauscht. Nach dem Dreißigjährigen Kriege mußte dann die Parität beachtet werden. Wenn ein katholischer Weber zurücktrat, dann auch ein evangelischer Färber und umgekehrt. Im 18. Jahrhundert mußten mindestens zwei Geschauer der beiden Religionen an der Geschau teilnehmen.[103]

Als man 1749 das Ungeld von 2 kr auf 1 kr verringerte, hat man auch die Zahl der Geschaumeister von vier auf zwei verringert, jeweils einen Färber und einen Weber. Aber diese Einsparungen bewährten sich dann doch nicht. 1752 entschied man, wieder einen dritten Geschaumeister zu ernennen. Wenn zwei Jahre zwei Färber und ein Weber an der

---

[98] 1680, 7. März. 1683 heißt es, daß sie über den ordinari Rest 120 Stück Leinwand wöchentlich zur Geschau bringen durften.
[99] 1680, 7. März.
[100] Färberordnung 1738, Artikel 20 bis 26 und 34 bis 37. Es heißt allerdings, daß der junge Meister nur 30 Tuche oder „leinwathen" als wöchentlichen Rest schauen lassen sollte.
[101] Clemens Jäger, S. 228.
[102] 1520, 19. Januar. Satzungen und Ordnungen die Zünfte betreffend.
[103] 1741, 14. August. Protokolle 1738-46.

Geschau gewesen waren, dann sollten es die folgenden zwei Jahre ein Färber und zwei Weber sein, immer unter Berücksichtigung der Parität.[104]

Die Geschaumeister an der Farbgeschau oder Schwarzgeschau kamen aus verschiedenen Vermögensgruppen, aber Meister mit mittelgroßem oder größerem Besitz (Steuer: 1-10 fl und über 10 fl) überwogen: 56% der Geschaumeister kamen aus diesen Schichten.[105] Arme Geschaumeister konnte man an der Hand zählen. Ein Grund hierfür mag sein, daß dieses Amt zeitraubend war. Im Gegensatz zu den sieben Rohgeschaumeistern waren die Schwarzgeschauer „nit nur dritthalbe tag, sondern alle tag mit streng steender Arbait beladen". Die Schwarzgeschau fand also jeden Tag statt, Montag bis Samstag. Ein Färber klagte, als Geschaumeister müsse er jeden Tag vier Stunden an der Geschau teilnehmen „und das main dardurch versäumen". Er würde dann die „besste Zeit, da Ich mit den Kauffleutten einen Handel meines Handtwerkhs halben soll verrichten, versäumen". Obwohl er selbst keine schwarzen Tuche färbe, müsse er als Geschaumeister „anndern ire Schwarze farb tuch urtheilen und geschauen".[106]

Allerdings erhielten die Schwarzgeschaumeister einen Lohn vom Rate, der sie für den Zeitverlust entschädigen sollte. Im Jahre 1501 bekam jeder ein Jahresgehalt von 16 fl. Diese Vergütung wurde 1533 auf 28 fl, 1549 wegen ihrer „täglichen, vilfältigen mühe" auf 48 fl und im Jahre 1593 auf 80 fl erhöht.[107] 1651 wurde das Gehalt der Schwarzgeschauer von 20 fl pro Quatember auf 16 fl pro Quatember oder 64 fl pro Jahr vermindert. Dies war der Lohn der Schwarzgeschauer noch im Jahre 1791.

Die Schwarzgeschauer beanspruchten noch weitere Vergütungen, ohne viel zu fragen. So entdeckte man 1747, daß sie die Geschaugefälle „guten theils verthrunken, und für „Kirchweyhen, fastnachten, fastenbrezen, Knopfels nachten, Seelenbrezen und sonsten" verwendet hatten.[108] Außer den Geschaumeistern hören wir noch von einem Schreiber und einem Gegenschreiber an der Schwarzgeschau, die 5 fl pro Quartal bekamen.

Nach einer Bestimmung von 1550 sollten die Geschaumeister ihre Arbeit um 10 Uhr beginnen. Der Beginn der Geschau wurde in der Folgezeit auf 9 Uhr vorverlegt. Da die Zahl der Tuche nicht allzu groß war und außerdem „gar wenig über Plaw gefärbt" wurden, war die Geschau in einer oder in anderthalb Stunden erledigt.

Um 1590 hatte sich die Lage verändert. So wurden sehr viel mehr Tuche zur Geschau gebracht. Zweitens wurde die Hälfte aller Tuche „zuvor Plaw, und hernach schwartz gefärbt". Diese Tuche mußten also zweimal geschaut werden, erst blau, dann schwarz. Die Folge war, daß die Geschaumeister doppelte Arbeit hatten. Da sie jetzt zwei bis drei Stunden für die Geschau brauchten, legten sie den Beginn der Geschau auf 8 Uhr vor.

---

[104] 1749, 6. März. 1753, 17. Juni.
[105] Vermögenssteuer der Geschaumeister an der Farbgeschau 1618-1717.

0	1-15 kr	16-60 kr	1-10 fl	über 10 fl	alle	Steuer nicht bekannt
6	3	31	42	9	91	18
6,59%	3,29%	34,06%	46,15%	9,89%		

[106] 1551, 3. Januar.
[107] 1715 wurde der Lohn der Geschaumeister an der Schwarzgeschau um 2 fl 30 kr erhöht, also um 10 fl jährlich. 1715, 14. September.
[108] 1747 und 1748, 19. September. Protokolle 1738-46.

Nachmittags um halb zwei mußten sie dann die Tuche in den Mangen schauen. Außerdem mußten sie die rohen Tuche bei den Kaufleuten „besiglen und stupffen". Auch hierfür benötigten sie zwei bis drei Stunden.

Vorgang

Die Ordnung von 1501 bestimmte, daß „gefärbte Gewirke" oben auf dem Weberhaus geschaut werden sollten. Die schwarzen Gewirke mußten dann noch einmal nach dem Klären und Mangen in den Manghäusern geschaut werden. 1529 wurde diese Bestimmung auch auf „zerschnittene oder gehalbierte Barchente oder Zwilche" ausgedehnt. So blieb es auch in Zukunft. Die eingelassenen, gemusierten und „glantzten" Tuche, die vorblau oder schwarz gefärbt wurden, mußten ebenso wie die groben, gretischen, Oxen, Drei- und Viersiegler, desgleichen die schlecht schwarzen und groben Barchenttuche „in das ferbergewölbe geschaut" werden.[109]

Auch die dicken Barchente und die Crontuche wurden zweimal geschaut: das erste Mal nach dem Blaufärben und dann nach dem Schwarzfärben. Seit 1646 mußten auch sie „beständig" im Färbergewölbe geschaut werden. Die „wullen gewanth", also die Wolltuche, wurden dagegen den Geschaumeistern auf dem Rathaus vorgelegt.

Im Jahre 1676 erließ man neue Bestimmungen für die „nasse Geschau". Da sie nicht mehr bloß im Weberhaus durchgeführt wurde, sondern in den „farbstädten selbst", sollten jeweils zwei Geschaumeister „auf jederweilige getreue Anzeige" die nasse Geschau in den „farbstädten" vornehmen. Sie sollten dann auch gleich die Siegel anhängen.[110]

Die erste Geschau wurde zumindest im Jahre 1549, wenn nicht auch in der Folgezeit, am Michaelstag, also dem 29. September, gehalten.

Die Schwarzgeschau war außerordentlich wichtig, um die Qualität und den Ruf der Augsburger Tuche zu wahren. Die Färber mußten deshalb jedes Jahr bei ihrem Eide geloben, alle Augsburger und auswärtigen Barchent- und Leinentuche nach dem Färben an die Geschau zu bringen.[111] Ausgenommen waren nur Haustuche und „Baurenplatzen", die die Bürger für ihren eigenen Gebrauch färben ließen.[112]

Im Jahre 1589 waren die Aufgaben der vier Schwarzgeschaumeister folgendermaßen aufgeteilt:

1) Zwei Geschaumeister sollten „den färbern allhie die geferbte barchat tuech nach der farb ordentlich weiß geschauen".
2) Der dritte sollte das Ungeld einnehmen.
3) Der vierte sollte die Siegel an die geschauten Tuche heften.

Anscheinend wurden nicht alle Stücke bei der Geschau besichtigt. Nach viel „Irrungen und spennen" zwischen Webern und Färbern wegen der Geschau, entschied der Rat 1529, daß wenn ein Färber ein oder mehrere Büschel gefärbter Tuche zur Geschau brachte, dann sollten von dem „aufgebundenen püschel" so viele Stücke geschaut werden „wie von Alter

---

[109] Ordnung 1504. Schwartzgeschaumeister Ayd 1550. 1603, 8. März. Ordnungen 1477-1788. 1606, 2. März.
[110] 1676, 22. Februar.
[111] Und zwar mußten sie schwören, „kein ungenetzt tuch an die geschau zu bringen". 1549, 31. August. Ratsbuch.
[112] Färbereid 1650, 5. September.

Herkommen ist und sich gebührt". Es stand im Belieben des Färbers, die anderen, unaufgebundenen Büschel gefärbter Tuche auch vorzulegen oder nicht. Wenn die Geschaumeister berechtigten Verdacht schöpften, konnten sie die anderen Tuche natürlich auch prüfen.[113] Eine spätere Ordnung sagte auch, daß der Färber das Recht hatte, die „unaufgelösten Büschel" ungeschaut wieder fortzutragen. Bei Verdacht „einicher gefahr und falsches" durften die Geschaumeister sie aber aufhalten. Von rot gefärbten Tuchen, die „in underschlahen in ein pellin gewickelt" worden waren, sollten die Färber bei der Geschau nicht weniger als fünf „one underschlahen in ein pählin" vorlegen, es sei denn, ein Färber hatte nicht so viele Stücke. In diesem Fall sollte er die kleinere Zahl auch „one underschlahen" bei der Geschau vorlegen.

Vor 1550 brauchten anscheinend halbierte oder zerschnittene Barchente oder Zwilche nicht geschaut werden. 1550 wurde verordnet, daß auch diese Tuche erst dann veräußert werden durften, wenn sie roh geschaut worden waren.

Es scheint, daß die Tuche nach jeder Färbung geschaut wurden, so wenn sie grau gefärbt worden waren und dann wieder, wenn sie schwarz gefärbt waren.[114]

Es gab verschiedene Zeichen und Siegel, je nach der Qualität der gefärbten Tuche. Ein „Ziechlein, so an der geschau für ganz geschaut würdt", wurde mit einem Blei gesiegelt. So auch die Zwilche. War Baumwolle eingetragen, galten sie als Barchente und erhielten zwei Siegel. Was die Geschaumeister als nicht gut „geferbt, clärt und gemangt" befanden, erhielt kein Siegel. Im 18. Jahrhundert wurden bei der Geschau „Mine und Baum Oehl" verwendet.

Eine Rolle spielte bei der Geschau das „Zipperlin", vielleicht ein Qualitätszeichen oder ein Zeichen des Meisters, das bei der Geschau verdeckt sein mußte. Schon 1544 mahnte der Rat die Färber, „mit verpindung des Zipperlins merern vleiss weder bisher beschehen ist, zu gebrauchen".[115] Noch 200 Jahre später gab es hier Probleme: die Färber brachten Tuche an die Geschau, „so nicht am End verbunden seind und man also nicht wissen könne, von was vor einer gattung selbe seyen".[116]

Während die Weber bei der Rohgeschau nicht anwesend waren, spielten die Färbermeister bei der Geschau eine gewisse Rolle. So sollten die Meister, vom jüngsten bis zum ältesten, von Montagmorgen bis Samstag anstehen und „die Tuche herabziehen und aufsehen, daß diese mit Fleiss gestupft werden".[117] Man wollte auf diese Weise erreichen, daß die Geschau genau verrichtet und kein Tuch übersehen würde.

Besonders sorgfältig war man bei Tuchen, die rot gefärbt werden sollten. Alle diese Barchente, ob gretische, „mailändische" oder Augsburger, mußten erst gebleicht und „weiss geschaut" werden, bevor sie mit Brasilholz oder Safflor rot gefärbt werden durften. Nach der Rotfärbung wurden sie wieder geschaut und besiegelt.[118]

---

[113] Ordnungen 1529, 10. August. Weberakten Nr. 185. Ordnung 1550, 21. Oktober. Artikel 18. Ordnung 1600, Artikel 19. Ebenso Der Ferber Ayd und Ordnung 1600, 5. September.
[114] Ordnung 1550, Artikel 24.
[115] 1544, 16. August. Ratsbuch.
[116] 1736, 11. September. Protokolle 1736-38.
[117] 1623, 23. März.
[118] 1533, 12. Januar. Ratsbuch. Ordnungen 1550-1600. Erst ab 1604 durften die Färber ungebleichten Barchent und Bomasin mit Prisil färben. Aber bei Färbung mit Safflor war die Bleiche auch weiterhin Vorbedingung.

Im 18. Jahrhundert gab es öfter Stunk wegen der Geschauzeichen. So beanstandeten die sogenannten Großfärber im Jahre 1741, daß die von auswärts eingeführten Schetter überhaupt geschaut und „gestampft" werden mußten. Die Kaufleute seien doch die besten Geschaumeister. Mit anderen Worten, die Geschau der Schetter sei unnötig. Ja sie schade den Tuchen, weil sie in der Mang durch den Stampf der Geschau „maculiert" würden, vor allem die hellen Farben, wie leibfarb und orleans. Die Kleinfärber entgegneten, das Maculieren könne dadurch verhindert werden, daß die „geriebenen Schetter am Eckh gestupft werden".

Gelegentlich kam es vor, daß das Geschauzeichen durch mehrmaliges Färben „verfärbt", also verwischt wurde. 1758 wurden deshalb Anweisungen über die Farbe der Stupfzeichen erlassen. Die Geschaumeister sollten „auf die auroram, zimmetfarbige leinwath und schetter mit schwartzer farb, auf die schwartze Farbe aber mit rother Farbe stupfen".[119]

Das Überdrucken der Geschauzeichen durch die Cottondrucker war auch ein Problem. Da immer wieder Stücke ohne Geschauzeichen gefunden wurden, erinnerte man die Blaudrucker und Färber daran, daß das Geschauzeichen auf hiesigen Kottunstücken und das Wort FREMD auf fremden Stücken offengelassen werden müsse.

Probleme

Als in der zweiten Hälfte des 16. Jahrhunderts die Zahl der gefärbten Barchente so ungeheuer zunahm, wurde die Arbeit für die Schwarzgeschauer anscheinend zu viel. Sie gaben offen zu, daß sie das „Mangvolk" Tuche schauen ließen. Es ging also nicht mit rechten Dingen zu. Die Mangknechte wiederum beschwerten sich über die zusätzliche Arbeit. Der Rat hat damals dann einen vierten Geschaumeister ernannt.[120] Auch im 18. Jahrhundert wurde manchmal geklagt, daß die gefärbten Tuche von den Geschaumägden gestupft und quasi geschaut wurden.

Die Färber selber haben gelegentlich gemogelt, um ihre Einnahmen zu erhöhen. So brachten sie nicht ganze Ballen zur Geschau, sondern „ungerade Tuche", die sie dann als gerade Tuche einschreiben ließen, um das ganze Farbgeld vom Verwalter des Farbgewölbes zu erhalten. Oder sie meldeten mehr Ballen an, als in den Mangen lagen. Um solchen Betrug zu verhindern, befahlen die Deputierten, besondere Zeichen auszuteilen, wenn ungerade Stücke und Überellen zum Färben gebracht wurden.[121]

Tuche, die die Geschau nicht bestanden hatten, wurden den Färbern zur nochmaligen Bearbeitung zurückgegeben. Obendrein mußten sie eine Strafe zahlen: für ein Barchenttuch einen Pfennig, für ein Stück Gugler oder Zwilch einen Heller.[122] Manche Färber hielten aber eine weitere Bearbeitung für unnötig und brachten die Tuche „ungebessert" wieder an die Geschau. Wurden sie geschnappt, gab es Geldstrafen. An sich sollten die Meister verworfene Stücke von neuem „in die Farb bringen und einstossen" und dann wieder an die Geschau bringen. Geklappt hat es nicht immer. Die Vorgeher sagten 1627,

---

[119] 1758, 27. Februar. Protokolle 1758-64.
[120] 1589, 2. September.
[121] 1606, 7. März. Protokolle 1605-08.
[122] Ordnung 1550. Die Ordnung von 1600 sah für jedes Stück Barchent oder Leinwand eine Strafe von einem Pfennig vor.

daß manche Tuche so schlecht gefärbt würden, daß es den Geschaumeistern „gegraust" habe. Selbst wenn diese Tuche 2-, 3- oder sogar 4mal zurückgewiesen worden waren, seien sie nur „in die alte Lab oder farb gestossen (worden), dardurch aber an der farb nit besser worden, ja vil mehr, je öfter mans ihnen besser zu färben heimzutragen geben, einteils solche nur erger worden, und in den alten farben mancher die tuch schier gar verderbt, und dem kaufmann übel geferbte barchat offt heimgegeben worden".

Ab und zu versuchten Färber die Geschau einfach zu umgehen. Als die Zünfte noch bestanden, also vor 1548, wurden solche Vergehen sehr schwer bestraft. Ein Färber, der ungeschaute Tuche in die Mange brachte, wurde erst mehrere Wochen in Haft gelegt. Weil „grosse Fürbitte" für ihn eingelegt wurde, hat man ihn bloß unter den Erker gestellt, den „beruf über In" gemacht und zu lebenslänglichem Hausarrest und Verlust aller Tätigkeit im Handwerk verurteilt.[123] Auch im 18. Jahrhundert waren die Strafen hart: bei der ersten Übertretung mußten für jedes unterschlagene Stück 2 fl gezahlt werden, bei der zweiten 4 fl, beim dritten Male drohte Haft im Gewölbe. Als man bei einem Färber 75 ungeschaute Tuche fand, mußte er 75 fl Strafe zahlen. Als man vier Wochen später wieder sechs ungeschaute Tuche bei ihm entdeckte, mußte er sechs Tage bei Wasser und Brot ins Gewölbe, sein Manggeselle 24 Stunden.[124]

Gelegentlich konnten Färber beweisen, daß man sie zu Unrecht verdächtigt hatte. Als man bei einer Färberwitwe 14 angeblich ungeschaute Stücke entdeckte, beteuerte sie, daß die Tuche der Geschau vorgelegen hatten: Mit „Ingredienzien, mittels eintauchung in das Wasser und adhibierung des Scheidwassers" konnte sie zeigen, daß an den Stücken noch Reste der Geschauzeichen waren. Wahrscheinlich waren die Geschauzeichen durch das zweimalige Färben „verfärbt" worden.[125] Manche Tuche wurden erst geglättet, bevor sie geschaut wurden. Einige Färber, bei denen ungeschaute Tuche gefunden wurden, redeten sich deshalb damit heraus, daß sie die Tuche nach dem Glätten an die Geschau bringen wollten. Der Rat verordnete deshalb, daß die Tuche erst geschaut werden müßten, bevor sie geglättet wurden.[126]

Die Färbergeschau bestand auch noch im Jahre 1804. Nach wie vor waren zwei Färber und ein Weber als Geschaumeister tätig, aber nur gefärbte Barchente, Leinen und Schetter wurden dieser Geschau vorgelegt. Von Cottonen wird nichts gesagt. Das Geschaugeld betrug 3 bis 6 Pfennige pro Stück. Diese Geschau bestand wohl auch noch nach dem Übergang Augsburgs an Bayern.

---

[123] 1532, 2. November.
[124] 1749, 6. März. Weitere Fälle ungeschauter Tuche: 1741, 17. April. 1742, 12. Februar. 1743, 5. Februar. Protokolle 1738-42. 1769, 17. November. Protokolle 1767-73.
[125] 1758, 27. Februar. Protokolle 1758-64.
[126] 1742, 2. März. Protokolle 1738-1742.

Ungeld

Seit 1390 mußte der Käufer für jedes gebleichte Barchenttuch ein Ungeld von 4 Pfennigen zahlen. Spätestens 1443 wurde Ungeld in dieser Höhe auch von den gefärbten Barchenten erhoben. Mit anderen Worten, erst mußte für jedes Tuch „von der plaich" 4 Pfennige Ungeld bezahlt werden. Wenn das Tuch auch gefärbt wurde, mußten nochmals 4 Pfennige gezahlt werden.

Seit 1501 wurden bei der Farbgeschau von Schettern ein Pfennig, von Guglern ein Heller verlangt.[127] Um die Unkosten für die Geschau zu decken, wurde spätestens um die Mitte des 16. Jahrhunderts auch von anderen Tuchsorten ein Siegelgeld erhoben. So sollte von jedem Ziechlein, das bei der Geschau in der Mange für gut befunden wurde, ein Pfennig Siegelgeld genommmen werden. Ebenso von Zwilch. Etwas besonderes waren Zwilche, in die „Wullins" eingetragen wurde. Sie galten als Barchente und erhielten zwei Siegel.[128] Die Höhe des Ungeldes war also schon zu dieser Zeit ganz verschieden. Auch für auswärtige Barchenttuche, die in Augsburg gefärbt wurden, mußten pro Tuch 4 Pfennige Ungeld gezahlt werden.[129]

So blieb es dann auch in der zweiten Hälfte des 16. Jahrhunderts, als die Zahl der gefärbten Tuche riesig zunahm. Der Zweck des Ungeldes mag ursprünglich gewesen sein, die Ausgaben bei der Geschau zu decken. Aber als die Barchenherstellung einen so großen Aufschwung nahm, bildete das Ungeld eine nicht unbeträchtliche Einnahme des Rates. Im Jahre 1619-20 etwa belief sich das Ungeld von „gefärbtem, schwarzem und rohem Barchent" auf 11 795 fl. Die Erhöhungen des Ungeldes im 17. und 18. Jahrhundert hatten sicher auch mit fiskalischen Interessen zu tun. Die Stadt brauchte mehr Geld. Aber mehr als einmal sollten diese fiskalischen Überlegungen mit den Interessen der Färber zusammenstoßen.

Als man im Jahre 1600 eine neue Ordnung erließ, behielt man das Ungeld von 4 Pfennigen für gefärbten Augsburger Barchent bei. Aber das Ungeld für Barchenttuche von auswärts, die in Augsburg gefärbt wurden, hat man auf 2 kr oder 7 Pfennige erhöht.

Um Geld für das Almosen flüssig zu machen, erhöhte der Rat 1615 das Ungeld auch für Augsburger Barchent auf 7 Pfennige, also 2 kr, ob er gefärbt, gebleicht oder roh verkauft wurde. Ab 1616 mußte auch von den Schnittbarchenten das Ungeld in Höhe von 7 Pfennig gezahlt werden.

Ein Verzeichnis, das wohl aus den 1620er Jahren stammt, führte dann noch einmal alle die Barchentsorten auf, von denen das Ungeld in Höhe von 7 Pfennig erhoben wurde. Nur für Trauben, die mit Safflor rot gefärbt worden waren, brauchte man 4 Pfennige zu zahlen, also wesentlich weniger.

Ungeld, wohl in den 1620er Jahre festgelegt:

„An der Schwartz gschaw:
 Von den Cronduchen, viersigler, dreisigler,
 Oxen, gantz groben und gretische, wie auch von

---

[127] 1481, Uff Aftermontag nach St. Erhards Tag (9. Januar). Ratsbuch. Ordnung 1501, Weberhaus Nr. 185.
[128] 1548, 14. November. Ratsbuch. „Ungeltt der Schwartzen Tuch". Ordnung 1550.
[129] Ordnung 1550, Artikel 28.

groben und gretische schnitten, von jedem gefärbten
als auch roch stück, Ungeld kr 2
Von Drauben, die aus Sephler gefärbt, ungeld Pfennig 4

Am 1. Oktober 1637 beschloß der Rat, das Ungeld von allen Barchentsorten zu verdoppeln. Es ist also anzunehmen, daß es jetzt 14 Pfennige oder 4 kr betrug.

Für das Ungeld der gefärbten Leinwand galten andere Bestimmungen. Nach der Ordnung von 1550 sollte von jedem Schetter 1 Pfennig und von jedem Gugler 1 Heller als Ungeld gezahlt werden.[130] In den 1570er Jahren mußte von rot gefärbter Leinwand, die zwei Siegel hatte, ein Ungeld in Höhe von 2 Pfennigen gezahlt werden. Es wird aber nicht gesagt, um was für eine Leinwand es sich handelte.

Bis 1600 haben sich dann die Bestimmungen ein bißchen geändert. So belief sich jetzt das Ungeld für Gugler, Schetter, ganze und halbe Mittler auf 1 Pfennig. Das Ungeld war also jetzt für Gugler und Schetter gleich hoch.

Wenn „köstlichere gattungen" fremder Leinwand zum Färben nach Augsburg gebracht wurden, setzten die Verordneten und der Rat die Höhe des Ungeldes fest.[131]

Ungeld nach dem Färbereid von 1600:

von einem hiegen barchat tuch allerley gattung	4 Pfennige
vn einem hiegen gugler, schetter, gantzen oder halben Mittler	1 Pfennig
von einem fremden barchattuch	2 kr
vn einem fremden schetter, ungevär uf 20 eln	1 kr

1603 heißt es, daß zwei Schetter „für ein barchat tuch gerechnet und verumbgeltet" werden.[132] Danach müßte also für zwei Schetter ein Ungeld von 4 Pfennigen gezahlt worden sein. Das Ungeld für Schetter war also erhöht worden.

Zu dieser Zeit wollten einige Kaufleute das Ungeld für gefärbten Bomasin nicht mehr bezahlen. Die Verordneten verurteilten dies als eine „mera cavillatio", die nicht zu dulden sei, denn es sei „ein Alt, bis auf ein Jahr her unwidersprochen herkommen", Ungeld für gefärbten Bomasin zu zahlen. Bomasin sei „auch im grund ein Barchat, und an Zeug und pretio dem gretischen ungefähr gleich, derowegen auch inn den tax des ungellts under dem Namen allerlei Barchat billich zuversehen".[133]

1629 beschloß der Rat, daß eine neue „köstliche gattung von fremder leinwath", die zum Färben nach Augsburg gebracht wurde, in Sachen Geschau und Ungeld den gemeinen Schettern gleichgestellt werden solle:[134]

von jedem Stück	1 kr
von drei Trümmern von 14 Ellen	2 kr

Eine Tarifordnung aus den 1620er Jahren faßte dann noch einmal das Ungeld für die verschiedenen Leinwandtuche zusammen:

---

[130] Ungeltt der Schwartzen Tuch. Ordnung 1550.
[131] 1600, 5. September. Ordnungen 1477-1788.
[132] 1603, 21. Oktober.
[133] 1602, 11. April.
[134] 1629, 21. Juni.

von fremden schetter, der 20 eln helt ungelt	1 kr
von dem kurtzen schetter, von 3 stücken ungelt	2 kr
von den Müttlern ungelt	1 Pfennig
von Zwilch und Ziechlen ungelt	1 Pfennig
von bomasin von jedem stück ungelt	2 kr

Im Jahre 1637 (die Färber sagten 1636) wurde dann das Ungeld für Leinwand von auswärts, die in Augsburg gefärbt wurde, von 1 kr auf 2 kr erhöht, sicherlich um die Einnahmen der Stadt zu erhöhen. Die Folge soll allerdings gewesen sein, daß die Kaufleute, die früher Tausende von Leinwand in Augsburg färben ließen, kein Stück mehr zum Färben brachten.

Im Jahre 1648 kam ein neuer Schlag, als der Rat das Ungeld für jedes Stück „frembder Schlösinger und anderer Leinwathen, wie nit weniger von Pomasinen, 20 für ein Stückh" auf 4 kr erhöhte.[135] Die Färber protestierten sofort. Sie hätten es in den 1620er Jahren „durch grossen fleiss und mühesame Arbeit" erreicht, daß die „Schlesinger und andere frembde Leinwath" in Augsburg gefärbt werden dürften, anstatt nach Leipzig, Nürnberg, Memmingen, Landsberg, Kaufbeuren und Füssen gebracht zu werden. Damals habe man in Augsburg 1 kr Ungeld verlangt, in Nürnberg nur 1 Pfennig und in anderen Städten überhaupt nichts. Wenn man das Ungeld jetzt auf 4 kr erhöhe, werde man überhaupt keine Leinwand mehr erhalten.

Die Verordneten scheinen erst jetzt gemerkt zu haben, daß diese Erhöhung des Ungeldes nicht die Kaufleute, sondern die Färber belastete. Die Kaufleute hatten nämlich bei Festsetzung des Färberlohnes mit den Färbern ausgemacht, daß „alle davon dependierende uncosten, alss dieser Alte und Neuwe Aufschlag, Manggelt und anderes in allweg begriffen und eingeschlossen" sein sollten. Sie würden den Färbern keinen Kreuzer mehr oder weniger zahlen.

Der Rat hat tatsächlich drei Wochen später das Ungeld auf „Schlösinger und andere frembde Leinwath" wieder von 4 kr auf 2 kr verringert.[136]

Nach dem Dreißigjährigen Kriege blieb es zunächst bei dem Ungeld von 4 kr für hiesigen gefärbten Barchent und 7 Pfennige oder 2 kr für gefärbte eingeführte Barchente. 1670 wurde dann das Ungeld für „gefärbte Weber und fussarbeit Stückhlen" von 4 kr auf 2 kr verringert. So wurden 1680 von schwarzen und gefärbten hiesigen Barchenten 2 kr Ungeld erhoben und von leibfarbenen Barchenten 4 Pfennige.[137]

Im Jahre 1693 erließ man neue Regeln im Zusammenhang mit dem aufkommenden Cottondruck. Das Ungeld für gefärbten Barchent wurde jetzt auf 2 1/2 kr festgelegt. Jahrelang scheint es dann auf dieser Höhe geblieben zu sein. Noch 1738 mußten die Färber für „allhiesige Barchenttuche, allerlei gattung" 2 1/2 kr Ungeld zahlen. In der Folgezeit ist es dann aber auf 2 kr verringert worden. So mußte zumindest im Jahre 1754 folgendes Ungeld für gefärbten Barchent gezahlt werden:[138]

Futter Barchet	2 kr
leibfarbene Trauben	9 Heller

---

[135] 1648, 3. März.
[136] 1648, 24. März. Ratsbücher 1648-1650.
[137] 1670, 18. Dezember.
[138] 1754, 12. November. Die Kellermeister mußten von Bettbarchent, der allerdings kaum gefärbt war, ein Ungeld von 20 kr erheben.

Im Jahre 1761 wurde dann das Ungeld für gefärbten Barchent „allerlei gattung" auf 2 1/2 kr festgelegt.[139] Aber im Jahre 1785 belief sich das Ungeld für gefärbten Barchent wieder auf 2 kr.[140]
Das Ungeld der Leinwand hat sich etwas anders entwickelt. Die Ordnung von 1650 behielt zunächst das Ungeld von 2 kr für Schetter von auswärts bei.

Ungeld für gefärbte Tuche 5. September 1650[141]

hiesige Gugler oder Schetter, ganze oder halbe Mittler	1 Pfennig
fremder Barchent	2 kr
fremde Schetter ungefähr auf 20 Ellen	2 kr
drei Stück Leinwath zu 14 Ellen	4 kr

Im Jahre 1660 scheint das Ungeld dann aber wieder geändert worden zu sein:[142]

ein Stück Leinwand	1 kr
drei Trümmer von 14 Ellen	2 kr

Von der „Wullin Ware" sollten bei der Färbergeschau 2 kr pro Stück gezahlt werden.

Im Jahre 1737 betrug das Ungeld für Schetterleinwand 2 kr. Die Färber beschwerten sich zwar, daß es um die Hälfte höher sei als früher, aber die Verordneten ließen es bei 2 kr.[143]

Im Jahre 1738 mußten die Färber folgendes Ungeld zahlen:

allhiesige Barchenttuch, allerlei Gattung	2 1/2 kr
fremde Schetter ca. 20 Ellen	2 kr

Drei Jahre später, 1741, baten die acht Großfärber, also Färber, die ihre eigenen Mangen betrieben, das Ungeld für gefärbte, auswärtige Schetter entweder aufzuheben oder zu vermindern. Die Geschau- und Stampfgebühren sollten ganz abgeschafft werden. Denn bei den jetzigen Abgaben verlören sie die fremden Schetter, die zu Tausenden in Isny, Kempten, Kaufbeuren und Memmingen billiger gefärbt würden. Um diese Zeit wurden jedes Jahr mehr als 20 000 Schetter in Augsburg gefärbt. Es ging also tatsächlich um große Aufträge.

29 Kleinfärber widersetzten sich heftig diesem Gesuch, weil es den Großfärbern nur darum ginge, die Schetter ganz an sich zu ziehen. Sie bäten ja nur um die Aufhebung des Ungeldes für Schetter. Das Ungeld für Barchent und Bomasin sollte ja bestehen bleiben.

Die Deputierten waren zuerst nicht abgeneigt, das Ungeld von 2 kr auf 1 kr zu verringern, aber sie empfahlen dann doch, die Großfärber abzuweisen. Weshalb? Weil man sie sonst gegenüber den Kleinfärbern bevorzugt hätte. Die Großfärber verlangten sowieso einen geringeren Lohn für Farbarbeiten als die Kleinfärber. Wenn man nun noch das Ungeld verringere, würden sie mit ihren Löhnen noch weiter heruntergehen.

---

[139] 1761, 14. Juli. Protokolle 1758-1764.
[140] 1785, 21. September. Quatember Rechnung von der Ferber Geschau. Varia 1656-1845.
[141] Diesen Angaben entspricht es, daß nach einem Bericht aus dem Jahre 1662 das Ungeld für die „ob dem landt herumwürkende Leinwathen, das Stück 70 in 80 Ellen haltend", 8 kr betragen solle. 1662, 16. Februar. Allerdings ist hier nicht gesagt, ob es sich um rohe, gebleichte oder gefärbte Leiwand handelt.
[142] 1660, 29. April. Hinsichtlich der „Bauren Plazen und groben Sorten" sollte es bei der bisherigen Übung bleiben.
[143] 1737, 28. September. Kattunfabrikanten 1707-1787.

Der Rat hat dann auch die Bitte der Großfärber abgelehnt. Es blieb zunächst bei dem Ungeld von 2 kr von jedem gefärbten Schetter.[144] Es scheint, daß die Färber auch in den folgenden Jahren über das Ungeld klagten. Anstatt aber das Ungeld zu verringern, hat der Rat 1748 die Farblöhne erhöht. Nun warnten die Kaufleute, daß Augsburg die Leinwand aus Schlesien, Böhmen und anderen Gebieten wegen der hohen Farblöhne verlieren werde.

Die Deputierten erkannten die Gefahr und empfahlen dem Rate, nicht bloß die Farblöhne zu senken, sondern auch das Ungeld für gefärbte Leinwand von 2 kr auf 1 kr zu verringern. Der Rat hat dann tatsächlich im März 1749 das Ungeld auf 1 kr pro Stück Schetter vermindert.[145] Auch noch 1761 wurde von den fremden Schettern ein Ungeld von 1 kr erhoben:[146]

Ungeld oder Siegelgeld 1761

von einem allhiesigen barchettuch allerlei gattung	2 1/2 kr
von einem fremden Schetter ungeführ auf 20 Ellen	1 kr

In den nächsten Jahren hat man das Ungeld vermutlich wieder erhöht. Jedenfalls wurden im Jahre 1785 2 kr Ungeld von „leinwath verlangt."[147] Vom Ungeld für gefärbte Cottone hören wir im 18. Jahrhundert seltsamerweise überhaupt nichts, obwohl Cottone auch gefärbt wurden.

Im 16. Jahrhundert sollten die Schwarzgeschaumeister das Ungeld für gefärbte Tuche „neben und in der geschaw" einnehmen. In Gegenwart aller Geschaumeister wurde es in eine Büchse gelegt. Alle Vierteljahre wurden diese verschlossenen Büchsen den Einnehmern übergeben.

Im 18. Jahrhundert scheinen Listen über die Zahl der geschauten Farbtuche geführt worden zu sein, um die Abrechnung besser kontrollieren zu können. Nur selten wurden diese Abrechnungen beanstandet. Im Dezember 1724 z.B. wurden die vier Schwarzgeschauer vor das Amt zitiert, weil in der Abrechnung 27 fl fehlten. Man ging die Rechnung zweimal oder dreimal durch, „ist allzeit unrecht gefunden worden". Die Deputierten weigerten sich, die Geschaumeister ihrer Verpflichtungen freizusprechen, bevor diese Sache erledigt war.

An sich sollte die Bezahlung des Ungeldes niemandem gestundet werden. Aber die schwere Lage der Färber im 18. Jahrhundert führte dazu, daß viele Färber das Ungeld schuldig blieben.[148] 1721 schuldeten die Färber nicht weniger als 198 fl 56 kr.

Gelegentlich fand man ungeschaute Tuche in den Mangen, die also überhaupt nicht verungeldet worden waren. Als ein Färber 25 fl Strafe für 35 ungeschaute Tuche zahlen sollte, sagte er, das Ungeld sei angesichts der geringen Löhne zu hoch. Von einem schwarzen Tuch erhalte er 11 kr, müsse aber 3 kr für das Mangen und 2 kr Ungeld zahlen. Mit 6 kr Einnahme könne er nicht auskommen. Man verringerte also die Strafe auf 15 fl, was ja immer noch ein schwerer Brocken war.[149]

---

[144] 1741, 1. Juli, 8. Juli, 26. August, 6. September. 1743, 28. August. 1744, 27. April. Protokolle 1738-46 und 1747-50.
[145] 1749, 6. März.
[146] 1761, 14. Juli. Protokolle 1758-1764.
[147] 1785, 21. September. Quatember Rechnung von der Ferber Geschau. Varia 1656-1845.
[148] 1723, 18. Mai und 15. Juni. 1725, 8. Dezember und 1726, 9. November. Protokolle 1658-1728.
[149] 1743, 6. Mai. Protokolle 1738-1746.

Die Schönfärber, die ja von den Schwarzfärbern unterschieden wurden, mußten natürlich auch Siegeldgeld zahlen. Und zwar sollten sie zumindest Ende des 18. Jahrhunderts bei der Gewandgeschau 2 kr pro Stück zahlen.

1789 wurde allerdings berichtet, daß die Einsammlung des Siegelgeldes ganz unregelmäßig war. Jeder gäbe nur, was er wolle. Man könne sagen, daß nur der vierte Teil des Siegelgeldes bezahlt werde.

Die verschiedenen Formen des Ungeldes wurden bis zum Ende der reichsstädtischen Zeit erhoben. Ob die neuen bayerischen Behörden dann diese Abgaben nach 1806 neu geordnet haben?

Rauschhandel

Lange Zeit war der Färberrausch der wichtigste Farbstoff der Augsburger Weber. Die Dimensionen kann man daran erkennen, daß die Färber schon um 1575, als die Färberei noch bei weitem nicht auf ihrem Höhepunkt war, jedes Jahr 40 000 Metzen Rausch benötigten. Nach einer Berechnung der Produktionskosten aus dem Jahre 1552 kamen 40% aller Ausgaben auf Rausch. Im Jahre 1579 hieß es fast 52%. Dieser Farbstoff bildete jedenfalls die bei weitem größte Ausgabe der Färber. Stadt und Handwerk haben deshalb Lieferung, Lagerung und Verkauf des Rausches sorgfältig organisiert. Übrigens haben auch das Karterhandwerk und einzelne Garnsieder Rausch gekauft und irgendwie bei ihrer Arbeit verwendet.

Die Augsburger Färber erhielten ihren Rausch aus dem Oberland, genauer gesagt aus dem Oberen Inntal und aus dem Etschland. Im Oberen Inntal waren der Markt Reutte und die Pfarreien Breitenwang und Aschau Mittelpunkte für den Rauschhandel. Die Händler und Unternehmer dieser drei Orte hatten anscheinend das Vorkaufsrecht, wenn Leute aus dem Gebirge den Rausch zum Verkauf brachten. Der Rausch wurde dann von hier nach Augsburg und auch in andere Städte gebracht.

Um 1600 scheint der Rausch im Oberen Inntal knapp geworden zu sein „wegen der grossen Unordnung, so man bisher mit abschneidung und aussreissung der wurzen gebraucht". Da man mit dem Rausch guten Gewinn machen konnte, sollen die Leute „mit abschneidung und aussropfen, holtz und wurtzen des Rausch dermassen gehaust (haben), das an vil und den merrern orten kein Rausch mer wachsen tut". Man hatte aus den Flächen, wo früher Rausch gewachsen war, Viehweiden gemacht. Die Augsburger scheinen daraufhin ihren Rausch aus dem Etschland bezogen zu haben.

Der Rausch wurde auf Flößen erst von Reutte nach Füssen und dann von Füssen nach Augsburg gebracht. Und zwar transportierte man gewöhnlich 400 Metzen Rausch, was auch als eine Rad oder Rod bezeichnet wurde. Diese 400 Metzen wurden auf vier Flößen nach Füssen gebracht. Die Unkosten beliefen sich auf 4 fl.[150] Der Transport von Füssen über Landsberg nach Augsburg kostete dann auch 4 fl.[151] Dazu kam das Risiko des Trans-

---

[150] So heißt es im einzelnen: „so geth einem über sollchen Rausch mit messen fassen, fuerlon biss auf den Floss und biss gehn Fiessen auf die Rod zu antworten, über flossleuth und anderen uncosten ohne aines Mühe und Arbeit und was die Rausch seckh gesteen biss inn die 4 fl". Das Holz für die Flöße wurde auch teurer, als die Obrigkeiten den Holzschlag einschränkten.

[151] „Wann ainer zu sollchen 400 Metzen Rausch als ainer Rod die 4 floss auf den Lech pinden und zurichten lässt, gestet einem widen, heggen, keil leger, rueder und flosslohn von Fuessen sambt

portes auf dem Wasser. In Augsburg kamen noch weitere Unkosten hinzu, wenn der Rausch „vom Pach abgladen und ... hinein inn die Statt zum Messen gericht wirt, an fuerlon, aufziechgeld, auch wann jedem metzen 1 Heller Messgelt" bezahlt werden mußte.

Wie spielten sich diese Käufe ab? Manchmal schrieben die Rauschhändler in Reutte und Aschau an die Färber oder an den Rat in Augsburg, und boten Rausch an. Die Oberländer Händler kamen aber auch einfach nach Augsburg. Es ist anzunehmen, daß die gleichen Händler die Augsburger Färber Jahr für Jahr mit Rausch versorgten.

Seltsamerweise verwendeten die Augsburger andere Maße als die Händler. Die Händler in Reutte klagten jedenfalls, „wann einer alhie 400 Metzen fasst und auf lat, und an nachteil hinabbringt, messt ainer über 350 Metzen nit offt, zu zeiten weniger".

Im Jahre 1579 klagten die Färber, daß sich die Qualität des Rausches verschlechtert habe. Der Rausch habe nicht mehr dieselben „Kräfte" wie früher. Der Grund sei, „dz man ine nit Recht oder völlig zeitig werden lässt", also wohl nicht völlig ausreifen ließ. Zweitens sei unter den Rausch viel mehr Holz als früher gemischt. Unter vier bis fünf Metzen Rausch sei eine Metze Holz, ganz zu schweigen von Kot und anderem Dreck. Einige Färber schlugen deshalb vor, den Rausch durch ein Sieb gehen zu lassen. Wenn Holz drin sei, sollte er nicht gekauft werden. Die Verordneten lehnten aber diese Idee ab: jeder wisse, daß der Rausch nie ganz ohne Holz gewesen sei. Um sicherzustellen, daß „ein gerecht und untadelhafft guet auf die böden" kam, seien ja auch immer zwei Meister anwesend, wenn Rausch abgemessen werde.

Es wurde auch manchmal kritisiert, daß der Rausch zu naß sei. Allerdings war es bei den Rauschkäufen üblich, daß der Käufer bei jeder Rod 15 bis 20 Metzen nassen Rausch abnehmen mußte. Anders ließ sich mit den Rauschhändlern kein Geschäft machen. Der nasse Rausch wurde dann unter den anderen vermischt. Die Verordneten gaben aber auch zu, daß manche Jahre „wegen des grossen gewessers und lang gewertter feuchte" nasserer Rausch nach Augsburg geliefert wurde. Er wurde dann billiger verkauft, etwa 5 Metzen für 1 fl.[152]

In Augsburg mußte der Rausch „gestossen und zum ferben praepariert" werden. Die Stampfmühlen, in denen der Rausch gemahlen wurde, lagen meist außerhalb der Stadtmauern. Fünf Färber klagten im Jahre 1555, daß die Stampfmühlen zu weit weg lagen. Sie hätten nicht Pferde und Karren, um den Rausch zu den „äussern Müllen" zu fahren. Und ihre Ehehalten seien „ain solchen weiten weg den Rausch zu tragen ganz unwillig". Außerdem würden sie bei den „daussigen müllin" nicht gut bedient. Seit 1551 ließen sie deshalb ihren Rausch in einer Stampfmühle innerhalb der Stadt, am Schwal, mahlen. Anscheinend brachte aber eine solche Stampfmühle Unannehmlichkeiten für die Nachbarn mit sich. Die Nachbarn verlangten jedenfalls, daß die Stampfmühle geschlossen werde.[153]

Rausch war so wichtig für die Färber, daß der Rat sich schon früh um die Belieferung kümmerte. 1528 legte er fest, daß der Rausch zuerst den Färbern angeboten werden müsse. Erst wenn die Färber ihn nicht wollten, durften die Händler den Rausch verkaufen, wem sie wollten.[154]

---

den Zollen, sonderlich die grossen, beschwerlichen, neulich aufgesetzten Zolls zu Landsperg bis gen Augsburg auf das wengist inn die 4 fl".
[152] 1579, 21. Februar. Protokolle 1548-1581.
[153] 1555, 27. April. Färber 1548-1579. Der Stampfmüller hieß Caspar Schneckh.
[154] 1528, 28. Juli. Ratsbuch.

Bereits in der ersten Hälfte des 16. Jahrhunderts, wenn nicht schon früher, kamen die Färber überein, daß sie nicht einzeln, sondern gemeinsam als Zunft, den Rausch aufkaufen würden. Die Zunft kaufte also den aus dem Oberland gelieferten Rausch und verkaufte ihn den einzelnen Meistern. Die Färber hatten ein Haus, beim Schwal gelegen, das sie für Lagerung und Verkauf des Rausches benützten.

Auch nach Auflösung der Zunft im Jahre 1548 kaufte das Handwerk den Rausch auf und verkaufte ihn dann den Meistern. Dem Handwerk fehlte aber jetzt das Kapital für große Käufe, was vielleicht mit der Beschlagnahme des Vermögens der Zünfte zu tun hat. Jedenfalls meldete das Färberhandwerk im Oktober 1548, daß zur Zeit viel Rausch angeboten würde, daß sie aber nicht das nötige Geld hätten. Der Rat lehnte ihre Bitte um ein Darlehen von 600 fl ab, erklärte sich aber bereit, den Überschuß von Rausch, den das Färberhandwerk nicht verkaufen konnte, zu übernehmen und „aufschütten zu lassen".[155]

In den nächsten paar Jahren mußte der Rat aber mehrmals dem Färberhandwerk Anleihen gewähren, um ja nicht das Färben und damit den Barchenthandel zu hemmen. So gewährte der Rat dem Färberhandwerk im Januar 1549 eine Anleihe von 400 bis 500 fl, verlangte aber, daß der Rausch „under Herrn verwarung und schlüssel bleiben" solle.

1550 baten die Färber wieder um Darlehen, weil „die Rauschleutt seer fast faren mit Rausch". Der Rat unterstützte sie auch immer wieder, erst mit 542 fl, dann mit 500 fl.[156] Die Färber waren bereit, das erste Darlehen bis Weihnachten zurückzuzahlen, aber wenn „nach liechtmess die fart mit dem Rausch wiederrumben anget", müßten sie wieder um ein Darlehen bitten, es sei denn, der Rat wolle „diesen Handel widerumb lassen abgan und das ain jeder selbs kauff als vill er vermag, wie dann vor Jaren auch gewesen".

Der individuelle Kauf kam nicht in Frage. Aber angesichts der vielen Darlehen[157] machte man sich Gedanken, wie der Kauf von Rausch besser organisiert werden könnte. Die Färber schlugen vor, daß der Rat einen verständigen Mann „zu dem Rausch kauffen und verkauffen" ernennen solle. Zweitens sei es nötig, „wa man an der Rechnung woll besteen wollte, das der Rausch durch einen geschworen messer und durch ain Hanndt auff und abgemessen würde".[158] Mit anderen Worten, nicht mehr das Färberhandwerk, sondern der vom Rate ernannte Mann solle den Rausch verwalten. Für den Einkauf des Rausches solle der Rat den Verordneten das nötige Geld stellen, die es wiederum dem Verwalter geben würden. Alle Sonntag solle der Verwalter Rechnung darüber ablegen, wieviel Rausch er verkauft hatte, und das eingenommene Geld übergeben. Für die Besoldung dieses Verwalters und für andere Unkosten wollten die Färber aufkommen, indem „sie auf jeden Gulden Rausch ain halben metzen Rausch wolen minder nemen dann sie kauffen".

Der Rat nahm diese Vorschläge an. Einkauf und Verkauf wurde von nun an nicht mehr vom Färberhandwerk gehandhabt, sondern vom Rate. Die Oberaufsicht über Verwaltung und Rechnungen hatte 1569 bis 1590 Bürgermeister Michael Mair, der in dieser Zeit auch Verordneter im Weberhause war. Die Rechnungen führte der „Verwalter zum Rausch". Die eigentliche Arbeit wurde von einem Messer versehen. Der Rat kaufte jetzt den Rausch und verkaufte ihn dann den Färbern. Der Gewinn, der beim Kauf gemacht wurde, floß dem Rate zu.

---

[155] 1548, 9. Oktober.
[156] 1550, 29. April.
[157] 1552 wieder eines: 1552, 15. Dezember. Ratsbuch.
[158] 1553, 23. Februar.

Die Vorgeher legten nun den Verordneten ihre Rechnungen über den Rauschhandel vor und überantworteten auch den noch vorhandenen Rausch. Es zeigte sich, daß die Färber insgesamt 1066 fl schuldig waren. Die Färber verkauften daraufhin dem Rate ihr Haus am Schwal, das sie ja für die Verwaltung des Rausches nicht mehr benötigten, für etwas mehr als 1200 fl.[159]

In diesem Hause befand sich eine Stube und ein „kleins Khüchelen", die von niemandem benützt wurde. Im November 1553 erklärten nun die Färber auf einmal, diese Stube käme ihnen für Angelegenheiten des Handwerks sehr gelegen. Da sie dem Rate das Haus billig verkauft hatten, solle er ihnen diese Stube überlassen, „damit wir des handwerks fürfallende gescheft und handlung, sonderlich des Rausch Kauffs halben darinnen erörtern und ausrichten können". Es ist nicht bekannt, ob der Rat dieser Bitte nachkam. Der erste Rauschverwalter, Wolfgang Speiser, hatte alle möglichen Schwierigkeiten. Erst wurde er von dem Rauschmesser, Martin Reitter, im Suff beleidigt.[160] Dann wurde Speiser von einem betrunkenen Färber beschimpft und bedroht, „von wegen das er Im, seins gefallens, der ordnung zu wider, nit hat wellen Rausch geben". Speiser warnte nun den Rat, es seien „dero vil under dem ferber handwerkh, disem Rausch Handel von wegen ihres aigen Nutz, so drefflich auffsetzig und feind, das sy allerlay mitel und weg suchen, wie sy denselben mechten zurückh threyben". Es gab also Färber, die gegen die neue Verwaltung des Rausches waren.

Im Jahre 1575 berichteten die Verordneten, sie hätten früher einen Vorrat von 60 000 Metzen gehabt, also eine wirklich große Menge. Der Rausch lagerte um diese Zeit auf insgesamt 13 „Rauschböden".[161] In den 1580er Jahren gab es sogar 16 Rauschböden, die über die Stadt verstreut waren. Ein Boden befand sich im Weberhaus, ein zweiter in der Kalkhütte, ein dritter beim „David Mair", ein vierter in der Pulvermühle.

Der Umsatz des Rausches wurde so gehandhabt, daß der Rat keinen Verlust, sondern noch einen gewissen Gewinn hatte. Und zwar kam es zu diesem Gewinn „von wegen des schubs, wie man inn pflegt zu nennen, als das der Rausch ettwas gehäuffter auff die Böden weder herab gemessen würdt". Man gebrauchte also bei Kauf und Verkauf etwas verschiedene Maße. Kurz vor 1575 belief sich der jährliche Gewinn auf 700 fl.

Die neue Verwaltung, wie man sie 1553 eingeführt hatte, scheint sich bewährt zu haben. Sie bestand fast vier Jahrzehnte. Erst 1590 hat man sie geändert. Und zwar wollte sich der Rat aus der direkten Führung des Rauschhandels zurückziehen. Anstatt den Rausch „eigenthümblich" zu besitzen, wollte der Rat das Geld, das er im Rauschhandel investiert hatte, als Anleihe betrachtet sehen, die mit 5% zu verzinsen sei. Der Gewinn, der über die 5% hinausging, sollte dem Weberhandwerk zugute kommen. Michael Mair, der bisher den Rauschhandel für den Rat beaufsichtigt hatte, riet dem Rate ab, sich so völlig von dem Rauschhandel zurückzuziehen, da er in den vergangenen 21 Jahren mehr als 5% Gewinn eingebracht habe. Aber es blieb bei der Neuordnung. Von nun an haben die Verordneten auf dem Weberhaus die Aufsicht über den Rauschhandel ausgeübt. Mair übergab ihnen seine Bücher und Rechnungen. Mit seiner Hilfe legten die Verordneten neue Rechnungs-

---

[159] 1553, 16. Mai. Dieses Gebäude am Schwal erscheint von 1568 an in den Steuerbüchern als der Stadt Rauschhaus.
[160] Reitter wurde sogar in die Fronfeste geworfen, mußte sich bei Speiser entschuldigen und wurde dann aus seinem Dienst entlassen. 1556, September.
[161] 1579, 21. April. Protokolle 1548-1581.

bücher an und stellten auch einen Schreiber an, der „zur haltung der buecher, stellung der rechnung und anderem geeignet war".[162] Der Rat hatte im Jahre 1590 insgesamt 11 194 fl im Rauschhandel investiert. Die Verordneten zahlten die 194 fl gleich zurück und erklärten sich bereit, die 11 000 fl mit 4% zu verzinsen. Sie rieten von einer fünfprozentigen Verzinsung ab, weil man nicht jedes Jahr einen Gewinn von 5% mache und außerdem auch noch für die Provision und Unkosten für die Diener aufkommen müsse. Den überschüssigen Gewinn wollten sie dazu verwenden, entweder den Vorrat von Rausch zu vergrößern oder die Anleihe des Rates zurückzuzahlen.

Es waren also nun die Verordneten, die den Rausch kauften, der aus dem Oberland nach Augsburg gebracht wurde, den sie dann „auf die dazu bestellte Rauschböden aufschütten und wöchentlich den ferbern die Notturft, sovil er dessen zu seiner Arbait bedürfftig, abgeben" ließen. Sie verkauften den Rausch den Färbern etwas teurer, als sie ihn im Oberland eingekauft hatten, ohne es aber zu sagen. Erst als einige vermögende Färber 1603 private Käufe im Oberland tätigen wollten, gaben die Verordneten zu, daß sie seit langer Zeit für 1 fl 4 1/2 Metzen erhalten hatten, aber den Färbern nur 4 Metzen gegeben hatten. Dieser Brauch sei nicht von ihnen, sondern ihren Vorgängern eingeführt worden. Andererseits hätten sie aber auch seit zwei Jahren, seitdem sie nur 4 Metzen für 1 fl von den Händlern erhalten hatten, den Färbern weiter 4 Metzen für 1 fl verkauft. Die Färber hätten also nicht ein einziges Blatt weniger als früher erhalten.

Die Färber scheinen sich auch über die Art des Messens der Metzen beschwert zu haben. Die Verordneten versicherten jedenfalls, „das wir inen aber dass mass nit so gar aufkäuffet abgeben alls wie wirs von den oberlenndern empfangen und wie sie jetzo selbst von inen erkäuffen, ist sollicher gebrauch auch nicht erst mit uns aufgestanden". Der Rauschmesser, der seit 35 Jahren Rausch abmißt, könne bezeugen, daß der Rausch niemals anders gemessen worden sei. Kein Färber habe sich bisher deshalb beschwert. „Ob dann etwa bei sollichem abgeben etwaz erobert", so würden damit die Unkosten bestritten.

Es stimme nicht, wie einige Färber behauptet hatten, daß vier Metzen aus dem Oberland in Augsburg als fünf Metzen verkauft würden. „Denn eben desselben Kauffeten mass und nit weniger geben uns die Oberlender alhie auch und so offt ein boden abgeräumt, geben wir in sonnderheit gute achtung uf den zugang ... Aber die wahrheit zu bekennen, so befinden wir gewönlich auf 4 metzen nit mehr als 1/2 metzen zugang".

Vielleicht gelang es den Verordneten, die Darlehen des Rates zurückzuzahlen. Um 1600, wenn nicht schon früher, wurde der ganze „Verlag", also der Kauf des Rausches, mit Geldern des Weberhandwerks getätigt. Nach wie vor warf der Verkauf des Rausches an die Färber einen Gewinn ab. So ist während der großen Teuerung im Jahre 1601 von diesem Überschuß „dem ganzen weberhandwerk (weiln der ganze verlag des rauschhandels mit irem gelt verlegt wirt) ein statliche ergetzlichkeit, so über 4000 fl angelauffen, mit Abgebung des Korns beschehen". Auch die Färber wurden in diese Austeilung miteinbezogen, „ob woln ires gelts weder heller noch pfennig an dem rausch ligen thut".[163]

Welche Mengen von Rausch kamen dann nach Augsburg? Genauere Abrechnungen haben wir für die Jahre 1571 bis 1584, als die Barchentfärberei aber noch nicht ihren Höhepunkt erreicht hatte. In den 1570er Jahren wurden im Durchschnitt pro Jahr knapp 40 000 Metzen nach Augsburg geliefert. Anfang der 1580er Jahre waren es etwas mehr als

---

[162] 1590, 3. Juli.
[163] 1603, 20. Februar.

als 38 000 Metzen pro Jahr. Das Weberhaus verkaufte von 1570 bis 1579 im Durchschnitt pro Jahr 38 400 Metzen, Anfang der 1580er Jahre waren es jährlich im Durchschnitt 49 000 Metzen.

Der Verkauf von Rausch

	Metzen Rausch vom Weberhaus gekauft im Durchschnitt pro Jahr	Metzen Rausch an Färber verkauft im Durchschnitt pro Jahr
1571-74	22 510,5[a]	33 669,5
1575-79	57 249	43 197,9
1580-84	38 151,5	48 994,7

[a] 1572-74

Im Mai oder Juni, am Ende des Rechnungsjahres, führten die Verordneten in ihrer Abrechnung auf, wieviel Rausch sie auf den Böden liegen hatten. In den Jahren 1571 bis 1584 schwankte die Menge zwischen 8000 Metzen und 106 000 Metzen. Im Durchschnitt lagerten in diesen Jahren 51 763,68 Metzen auf den Böden.

Rausch lagerte im Durchschnitt pro Jahr auf den Böden

	Metzen
1571-74	40 817,75
1575-79	39 717,4
1780-84	74 755,9

Gegen Ende des 16. Jahrhunderts wurde dann noch mehr Rausch nach Augsburg geliefert. In fünf Jahren zwischen 1591 und 1616 wurden zwischen 66 000 und 106 000 Metzen Rausch in die Stadt gebracht. Aber nur ein Teil davon wurde den Färbern verkauft: zwischen 29 000 und 53 000 Metzen.

Rauschrechnungen

	in allem Rausch empfangen	Rausch abgegeben und verkauft	Rest an Rausch vorhanden
1591, 16. Juni	76 288,5 Metzen	53 804	22 484,5
1604, 6. Juni	85 481,5	42 909	42 572,5
1606, 18. Mai	81 478	49 699,5	31 778,5
1608, 15. Mai	106 435,5	39 892,5	66 543
1616, 15. Mai	66 031	29 104	36 927

Es blieb also jedes Jahr immer noch Rausch übrig, der dann im folgenden Rechnungsjahre verkauft wurde. In den 1590er Jahren waren es im Durchschnitt 40 000 Metzen. Anfang des 17. Jahrhunderts, als die Produktion am größten war, 53 000 Metzen, und zu Beginn des Dreißigjährigen Krieges immer noch 38 000. Die Rechnungen enden mit dem Jahre 1622. Im Mai 1623 heißt es: „Im Rauschhaus ist nichts vorhanden".

Bei der Abrechnung im Mai oder Juni war „Rest an Rausch vorhanden":

1591-99:   40 619,5 Metzen im Durchschnitt
1600-09:   53 313,6
1610-19:   48 420,87
1620-29:   38 605,8

Die Preise des Rausch schwankten je nach Qualität. Im Jahre 1580 z.B. erhielt man von den Rauschhändlern für 1 fl 4 1/4, 4 1/2, 4 3/4, 5, 5 1/2, oder 7 Metzen. Mehr als die Hälfte des Rausches, den das Weberhaus kaufte, gehörte zur besseren Sorte, von 4 3/4 Metzen pro einen Gulden. Weitere 23% kaufte es von 4 1/4 Metzen pro Gulden. 75% des gekauften Rausches zählte also zur besseren Qualität. Nur knappe 6% der Einkäufe fielen auf billigen Rausch, von dem man 7 Metzen pro Gulden erhielt.

Ähnliche Preisschwankungen gab es bei den Verkäufen des Weberhauses an die Färber: 69% aller Verkäufe bestanden aus dem besten Rausch, von dem man nur 4 1/4 Metzen pro Gulden bekam. Der billige Rausch (6 Metzen pro Gulden) machte nur 0,50% aller Verkäufe an die Färber aus.

Einkaufspreis von Rausch 1580

Metzen pro Gulden	Metzen gekauft	Prozent
4 1/4	12 160,5 oder	23,13%
4 1/2	1055	2,006
4 3/4	26 814,5	51,009%
5	9321	17,73%
5 1/2	197	0,37%
7	3019,5	5,74%
insgesamt	52 567,5	

Preise des an die Färber verkauften Rausches 1580

Metzen pro Gulden	Metzen verkauft	Prozent
4 1/4	31 943	69,12%
4 1/2	1055	2,28%
4 3/4	7725	16,71%
5	280	0,60%
5 1/2	197	0,42%
6	233,5	0,50%
7	4775	10, 33%
	46 208,5	

(Rechnung der Rauschhandlung 7. Juni 1580)

Zumindest in Jahren, in denen der Rausch knapp war, erhielt der einzelne Färber nur eine bestimmte Menge Rausch. Also nicht so viel, wie er wollte. Als z.B. der Rausch im Jahre 1579 so naß war, durften einige der „fürnembsten" Meister nur für 4 fl einkaufen, die anderen für 3 fl, manche auch nur für 2 fl.

Dann gab es auch Stockungen in der Belieferung. Zumindest konnten die Färber den Rausch nicht zu Preisen kaufen, die sie sich wünschten. Anfang 1547 z.b. boten Händler aus Aschau und Reutte den Zunftmeistern 1000 Metzen Rausch an. Sie verlangten für 8 1/2 Metzen 1 fl. Die Zunftmeister wollten aber 10 Metzen pro Gulden und lehnten das Angebot ab.

Die Zunftmeister rechtfertigten ihre Ablehnung später damit, daß man nie wissen könne, wann man mit Gewinn kaufen kann. Als ihnen dieses Angebot gemacht wurde, hätten sie einen Vorrat von Rausch im Werte von 1000 fl gehabt. 1546 hatten sie neun Metzen für einen Gulden erhalten. Man habe ihnen auch noch „etlich Käuf" von neun Metzen pro Gulden versprochen. Außerdem hätten die Fuhrleute das Geld im voraus verlangt. Das Färberhandwerk pflege aber kein Geld im voraus zu leihen. Niemand hätte vorraussehen können, daß die Klausen der Grafschaft Tirol (während des Schmalkaldischen Krieges?) gesperrt würden und die Ausfuhr von Rausch verboten würde.

Im Jahre 1547 fehlte es nicht bloß in Augsburg, sondern auch in anderen Weberstädten wie Kempten und Memmingen an Rausch. Die Zunftmeister behaupteten zwar, kein Färber sei durch Mangel an Rausch „verhindert" worden, aber sie schickten dennoch einen Färber und den Verwalter des Rauschkastens ins Oberland, um Rausch aufzukaufen. Die beiden erfuhren nun nicht bloß, daß der Rausch bereits „in die oberen stätt" verkauft worden war, sondern daß die Augsburger Vorgeher das Angebot von Rausch zurückgewiesen hatten. Der Färber schlug nun einen Riesenkrach und beschuldigte die Zunftmeister vor dem Rate, „ainen guten Kauff" abgeschlagen zu haben. Der bittere Streit führte sogar dazu, daß Zeugen in Aschau und Reutte über dieses Angebot gerichtlich verhört wurden.

Auch in den folgenden Jahren bereitete das Schwanken der Preise den Färbern noch Kopfzerbrechen. Da in den Jahren 1550 und 1551 der Rausch „in zimblichen wertt" zu bekommen war, konnte des Färberhandwerk einen „stattlichen Vorrat" anlegen. Den einzelnen Färbern wurden 7 Metzen oder 6 1/2 Metzen für einen Gulden verkauft. 1552 war Rausch wieder knapp. Der Vorrat war aufgebraucht. Die Verordneten konnten den Färbern nur 6 Metzen für 1 fl geben. Die Färber verlangten deshalb, daß ihr Lohn um 1 kr pro Tuch erhöht werde. Die Verordneten empfahlen schließlich eine Erhöhung des Lohnes um 1/2 kr pro Tuch.[164] Die Verteuerung des Rausches wirkte sich eben sofort auf die Preise aus.

Spätestens 1575 kam es wieder zu Problemen. Bis 1575 hatten die Verordneten für 5 Metzen 1 fl gezahlt. Sie hatten den Rausch dann auch den Färbern wieder zu 5 Metzen pro Gulden verkauft, aber wegen der besonderen Verkaufsweise immer noch einen Gewinn von 700 fl im Jahre gemacht. Das Problem war, daß es 1575 nicht so viel Rausch gab. Die Verordneten hatten nur einen Vorrat von 15 000 Metzen einkaufen können. Und für 13 000 dieser 15 000 Metzen hatten sie einen höheren Preis zahlen müssen, und zwar 1 fl für jeweils 4 3/4 Metzen.

Wenn sie nun den Färbern auch weiterhin 5 Metzen für einen Gulden verkauften, dann verlören sie 3 kr pro Gulden. Der Rat würde dann überhaupt keinen oder nur noch einen sehr kleinen Gewinn beim Rauschkauf haben. Wenn man aber von den Färbern einen höheren Preis verlangte, dann würden sie höhere Färberlöhne fordern, was wiederum die Tuchpreise erhöhte und die Weber schädigte. Die Verordneten fragten deshalb den Rat, was sie tun sollten? Die Entscheidung des Rates ist nicht bekannt.

---

[164] 1552, 12. Januar.

Im Jahre 1602 mußte der Verkauf von Rausch ernsthaft eingeschränkt werden, weil die Vorräte abgenommen hatten. Dazu kam ein anderes Problem. Die Fuhrleute, die den Rausch aus dem Oberland lieferten, konnten mit dem Transport von Wein und anderen Gütern mehr verdienen. Sie verlangten deshalb höhere Preise. Während man früher für einen Gulden 4 1/2 oder wenigstens 4 Metzen Rausch bekommen hatte, waren es jetzt nur noch 3 bis 3 1/2 Metzen. Die Verordneten meinten, wenn man diese Preise einmal zahlte, würde man den Rausch niemals mehr billiger bekommen. Sie kauften deshalb zunächst keinen Rausch. Sie wußten aus Berichten der Handelsleute, die „vergangen Marckt von Bozen herauss kommen", daß im Oberland ein „ziemlicher Vorrat" von Rausch vorhanden war. Es war auch kein Geheimnis, daß die Oberländer am Rauschhandel mit Augsburg interessiert waren, weil sie nirgendwo so großen Absatz und so günstige Preise fanden wie hier. Das vorsichtige Warten schien sich auch auszuzahlen, denn im Januar 1603 boten die „Rausch consorten zu Reutti und Aschau" den Verordneten Rausch an. Die Verordneten zeigten Interesse, verlangten aber 4 Metzen für 1 fl. Um die Rauschhändler etwas gefügiger zu machen, erwähnten sie, daß die Augsburger Färber nicht mehr so viel Rausch benötigten, weil sie jetzt auch mit Galles färbten. Tatsächlich hatten sie den Färbern Galles verkauft, da sie nicht genug Rausch gehabt hatten.

Die Färber sahen allerdings die Sache anders. Obwohl im Oberland genügend Rausch angeboten wurde, bekamen sie nicht genug Rausch in Augsburg. Mehrere Färber zogen daraufhin ins Oberland und kauften Rausch für sich selbst ein. Damit durchkreuzten sie natürlich den Versuch der Verordneten, die Rauschpreise herunterzubringen. Den Rauschhändlern wiederum war es lieb, den Färbern den Rausch auf halbem Wege, etwa in Landsberg, zu demselben Preise wie in Augsburg zu verkaufen. Sie sparten sich damit Unkosten, Speis und Zehrung beim Transport nach Augsburg.

Die Verordneten baten den Rat, diese individuellen Käufe zu verbieten. Sie selbst konnten nicht gegen diese Färber vorgehen, weil der individuelle Kauf in den Färberordnungen nicht verboten war. Sie wiesen auf die Folgen hin, die der freie Verkauf von Rausch im Oberland haben werde. Nur die vermögenden Färber, die den „Verlag" haben, würden ins Oberland ziehen können. Die ärmeren Meister könnten schon jetzt „das wenige, so sie wöchenlich bei unss abholen nit bar auszalen, ... und da inen mit der bezalung nit auss dem wege gehalten würde, oft manche Wuchen feyren müssen".

Die Verordneten bestritten auch, daß es zu keiner Preissteigerung kommen werde, wenn man den Kauf freistelle. Jeder Bauer wisse, „dass wann sie korn, holz oder anderes zu markt fieren, dass sie zu teurerem hingeben nimmer besser gelegenheit haben, als wann der concurrenten vil vorhanden, so darumben zu kaufen begehren". Genau das würden die Rauschhändler im Oberland tun.[165] Die Entscheidung des Rates ist nicht bekannt, aber wahrscheinlich behielten die Verordneten das Monopol des Rauschhandels.

Um diese Zeit scheinen die Augsburger ihren Rausch nicht aus dem Oberen Inntal, sondern aus dem Etschland bezogen zu haben. Jedenfalls bemühten sich Bürgermeister und „Rauschconsorten" von Reutte, Breitenwang und Aschau im Jahre 1608, wieder wie früher Rausch nach Augsburg zu liefern. Sie erwähnten, daß der Rausch aus dem Oberen Inntal von besserer Qualität als der aus dem Etschland sei. Vor allem warnten sie davor, sich nur auf das Etschland zu verlassen, weil man dann dort Raubbau üben werde, um möglichst hohe Gewinne einzustecken.

---

[165] 1603, 20. Februar.

Die Verordneten würdigten diese „Rauschconsorten" zunächst keiner Antwort, weil sie einen genügend großen Vorrat von Rausch hatten. Als die Rauschconsorten in Reutte und Aschau sich 1609 wieder meldeten, verlangten sie 5 Metzen pro 1 fl. Wenn sie Rausch zu diesem Preise anböten, wollten die Augsburger sich auch in der Frage des „Rauschlons" erkenntlich zeigen. Sie wollten sich aber weder zeitlich noch mengenmäßig binden, sondern nur soviel kaufen, wie sie brauchten.[166] Es ist nicht bekannt, ob das Geschäft zustande kam. Auf jeden Fall hatten die Augsburger zu dieser Zeit genug Rausch. 1615 hatten die „Verordneten im Rauschhandel" im Weberhaus 39 241 Metzen Rausch im Werte von 9804 fl 21 kr liegen. Einige Jahre später klappte aber die Belieferung mit Rausch nicht mehr so gut. Vielleicht haben die Unruhen zu Anfang des Dreißigjährigen Krieges die Versorgung Augsburgs mit Rausch gestört.1622 verkaufte ebenfalls ein Fuhrmann aus Partenkirchen 630 Metzen Rausch, die er nach Augsburg bringen sollte, einem Färber in Landsberg.[167] Rausch war knapp geworden.

Andererseits waren die Färber verpflichtet, eine gewisse Menge Rausch abzunehmen. 1640 z.B. wurden vier Färber bestraft, weil sie „gahr zu wenig Rausch gefasst haben".[168]

Auch nach dem Dreißigjährigen Kriege haben die Verordneten zugunsten der Färber Rausch aufgekauft. Gelegentlich wurde er den Färbern billiger verkauft, um ihnen etwa die Verringerung der Farblöhne zu erleichtern. So verkaufte man ihnen 1661 400 Metzen Rausch pro Metze um ein paar Kreuzer billiger. Da man für ein Bällin von 30 Tuchen 7 Metzen benötigte, handelte es sich um eine „ziemliche" Verbilligung. Im Jahre 1667 erhielten die Färber den Rausch 18 kr billiger. Es sollte dann aber mit dieser Verbilligung Schluß sein.[169]

Im Jahre 1688 haben im Durchschnitt jeden Monat 26,83 Färber, die schwarze Tuche schauen ließen, 191 Metzen Rausch gekauft. Auf den einzelnen Schwarzfärber kamen also 7,11 Metzen pro Monat. Mit einer Metze Rausch scheinen sie in diesem Jahre zwei bis vier Tuche schwarz gefärbt zu haben.[170]

Die Verwaltung der Rauschvorräte machte den Verordneten und Beisitzern jedenfalls so viel Arbeit, daß man ihnen 1671 jährlich 50 fl bewilligte. 1694 verkaufte der Rat dem

---

[166] 1609, 26. Juli und 19. August.
[167] 1622, 22. September, 3. und 8. November.
[168] 1640, 11. März. Strafbuch 1593-1659. Ähnlich 1738, 1. Februar. Protokolle 1736-38.
[169] 1667, 16. Januar und 13. März.
[170] Zahlen über die 1673 gefärbten Tuche bestätigen diese Angaben. Im Jahre 1673 kauften drei Viertel der Färber 1 bis 99 Metzen Rausch. Im Durchschnitt kaufte der einzelne Färber 78,6 Metzen Rausch. Da die Färber in diesem Jahre im Durchschnitt 251,76 Tuche färbten, kann man also mit 3,20 Tuchen pro Metze Rausch rechnen.
30 Färber faßten Rausch 1673:

Metzen	Färber
1-49	8
50-99	15
100-149	3
150-199	3
250-299	1

„Ordentliche verzeichnuss wie vüll ein jeder Färber ... 1673 schwarze Duech geschaut und hingegen vür Rausch gefasst wie volgt".

Weberhandwerk das Rauschhaus für 2000 fl, wie er ja zu dieser Zeit auch die Bleichen verkauft hat.[171]

Da die Verordneten bei Verwaltung und Verkauf des Rausches immer draufzahlen mußten, wurde 1727 vorgeschlagen, den ganzen Rausch auf das Weberhaus zu schaffen und gewisse Gebühren zu erheben.[172] Es ist nicht klar, ob man das dann auch getan hat.

Im 18. Jahrhundert hat dann die Verwendung von Rausch abgenommen. Um 1800 war der Rausch den Färbern kaum noch bekannt. Sie sagten nur, daß man früher neben anderen Ingredienzien ein gewisses Material, Rausch genannt, beim Färben verwendet habe.

---

[171] 1710 soll das Rauschhaus den Kornpröpsten der Weber überlassen worden sein. 1808 war das Rauschhaus bewohnt. Es war jetzt baufällig und nur noch 1900 fl wert. (1808, 14. November. Weberhaus Nr. 70). Das Weberhandwerk wollte es verkaufen.

[172] Den Herren 1 kr, dem Rauschverwalter 3 kr, dem Rauschmesser 1 kr. 1727, 3. April.

Mangen

Alle Sorten von Barchent, Leinwand und Cotton, ob gebleicht oder gefärbt, sind anscheinend auf den Mangen gemangt worden. Die Mangmeister sagten voller Stolz, daß das ganze Gewirk der Weber erst durch ihr „Mangen und Zubereiten in Glanz, Zier und Vertreib gericht werden muss".[1] Jahr für Jahr müssen riesige Mengen von Tuchen gemangt worden sein. Rechnungsbücher der Mangmeister sind aber nicht erhalten.

Mit Hilfe der Mangen sollten die gewaschenen und getrockneten Tuche glatt und weich gemacht werden. Nach Krünitz bestand die Mange „aus einem starken hölzernen Gerüst, in welchem ein mit Steinen beschwerter hölzerner Kasten über die auf die Mangelhölzer oder zwey runde hölzerne Walzen gewundene Wäsche hin und her gezogen wird."[2] Wahrscheinlich wurden die Tuche auch in den Manghäusern geklärt, also mit weißer Waschstärke ohne Bläue behandelt.

Bereits 1555 ist die Rede von „pressen, so Inn den Mangen zu fürderung des Handels gemacht werden[3]. Aber sonst hören wir so gut wie nichts über die in Augsburg verwendeten Mangen. Sicher waren es mächtige Holzgestelle mit zahlreichen Rollen. Wir besitzen aber interessante Nachrichten über die Arbeit und die Probleme in den Augsburger Manghäusern.

Mangmeister und Färber

Obwohl Mangmeister und Färber verschiedene Arbeiten verrichteten, gab es zwischen ihnen zahlreiche Beziehungen. Sie sagten 1548 selber, daß sie „ain handwerkh, ye und allwegen, inn allem thuen und lassen, ungesyndert, mit ainander gehept und gelegt haben". Alle „Satz, statuten und ordnung" bezögen sich sowohl auf die Mangmeister wie die Färber. Jeder Färber könne auch Mangmeister sein und jeder Mangmeister ein Färber. Auch die Söhne der Färber und Mangmeister standen sich rechtlich gleich: weder die Söhne der Mangmeister noch die der Färber waren zum Erlernen des Färberhandwerks verpflichtet. Mit 14 Jahren waren sie „des Ferber Handwerks ohne Mittel fähig". Die drei Mangmeister leisteten so auch mit den Färbern ihr Auflage. Auch die Gesellen der Mangmeister unterlagen den üblichen Regeln.

Dennoch wurde zwischen beiden Gewerben unterschieden. Die Mangmeister wurden schon als solche bezeichnet, wenn sie sich im Hochzeitsamt einschreiben ließen. Und die Mangmeister hatten auch ihre eigene Ordnung. Im Juli, gelegentlich auch im Juni oder August, erschienen erst die drei Stadtmangmeister mit ihren Gesellen und dann die Nebenmangmeister samt ihren Gesellen vor Amt, um den Eid auf ihre Ordnung zu leisten.

---

[1] 1642, 8. April.
[2] Krünitz, Encyklopädie, Bd. 83, S. 560.
[3] Ratsbücher 1555-56.

Lage der Mangen

Stadtmangen

Mangmeister werden 1455 im Bezirk Zitzenberg (Lechvietel) und 1471 im Bezirk Natans Garten (Frauenvorstadt) in den Steuerbüchern genannt. Seit 1474 hören wir von dem Manghaus im Bezirk Weberhaus, das über ein Jahrhundert bestehen sollte. 1480 werden je ein Mangmeister auch in den Bezirken Natans Garten und Haustetter Tor Extra genannt. Der Mangmeister Hans Bodenmiller wohnte seit 1486 (?) im Bezirk Bartshof. Hat Bodenmiller das Manghaus bei „Unser Lieben Frauen Bruder" betrieben? Ab 1494 hören wir jedenfallls von zwei Manghäusern, das eine bei „Unser Lieben Frauen Bruder", das andere im Schuhgäßlein, also wohl im Steuerbezirk „Weberhaus". Von 1504 bis 1513 gab es vier Manghäuser, von 1514 bis 1521 drei, dann 1524 wieder vier. Im Jahre 1525 kam zu den vier Mangen eine fünfte Mange hinter St. Moriz hinzu. Von 1525 bis 1544 lagen die fünf Manghäuser also bei Unser Lieben Frauen Bruder, im Schuhgäßlein, hinter St. Moriz, das vierte wohl im Bezirk „Vom Nagengast", das fünfte im Bezirk „Willig Arm".

Es fällt auf, daß die ersten drei Manghäuser im Zentrum der Stadt lagen, in der Nähe des Weberhauses. Die beiden letzten lagen im Lechviertel.

Ab 1544 werden die Mangen bei Unser lieben Frauen und im Schuhgäßlein nicht mehr erwähnt. Dafür hören wir von den Mangen bei St. Anna und im Canzlei Gäßlein. Waren dies nur neue Bezeichnungen für die alten Mangen oder hat man tatsächlich neue Manghäuser angelegt? Bei diesen fünf Mangen blieb es bis 1566.[4]

Erst um 1600 gibt es dann wieder Nachrichten über die Lage der Manghäuser. Wir sahen, daß im Bezirk Bartshof ein Mangmeister seit 1480 wohnte, wenn auch erst im Steuerbuch von 1610 ein Manghaus ausdrücklich erwähnt wird. Sollte dies das Manghaus am Martin Lutherplatz 5 sein (B 258), das auf dem Plan von Kilian von 1621 als

---

[4] Lage der Mangen bis 1566.
Zitzenberg 1455.
Natans Garten 1471 und 1480.
Vom Weberhaus 1466-1592.
Steuerbezirk Haustetter Tor Extra 1480.
Steuerbezirk Bartshof 1480-
Schuhgäßlein 1494-1543 (= vom Weberhaus ?).
Canzlei Gäßlein 1544-1566 (= vom Weberhaus ?).
Unser Lieben Frauen Bruder: 1494-1543 (= Bartshof ?).
St. Anna 1544-1566 (= Bartshof?).
Mange des Hans Mayer 1504-1513.
Mange des Endris Öttinger (Vom Nagengast) 1524-1550.
Mange des Marx Schmidt 1551.
Mange des Clasen Mayer 1504-1547.
Mange des Blasi Miller 1548-1566.
Neue Mange hinter St. Moriz 1525-1600.
Mange des Hans Erdinger (Willig Arm) 1540-1542.
Mange des Georg Kicklinger (Willig Arm) 1544-1566.
Mange des Hans Ettinger 1563-1566.
Nach 1566 werden Mangen in den Einnehmerbüchern nicht mehr erwähnt.

„Der Stadt Manghaus" bezeichnet wird? Das Manghaus am Martin Lutherplatz wurde noch im 18. Jahrhundert betrieben, bis es 1766 an Georg Jakob von Köpf verkauft wurde. Sechs Jahre später, 1772, kaufte es der Bankier Christian Münch. Es ist nicht klar, ob es zu dieser Zeit noch als Manghaus benützt wurde.

Nach Stetten ließen die Baumeister 1598 eine Mange in der Annastraße bauen. Tatsächlich erscheint im Steuerbuch von 1601 ein zweiter Mangmeister im Bezirk Bartshof, der in einem „domus der Stadt" wohnte, das 1604 „Der Statt Manghaus" genannt wird. Sollte dieses zweite Manghaus in der Annastr. 32a (D 238 und 242) gelegen haben? Dieses zweite Manghaus scheint mindestens bis 1740 betrieben worden zu sein. In diesem Jahre wurde das Haus vom Evangelischen Scholarchat erworben. 1829 kaufte es wieder ein Mangmeister.

Spätestens 1613 wird ein drittes Manghaus im Bezirk Bartshof genannt, das bis 1646 bestanden zu haben scheint. Ob alle drei Manghäuser auch wirklich betrieben wurden? Nach 1646 werden in den Steuerbüchern nur noch eine oder zwei Mangen im „Bartshof" aufgeführt.

In den Steuerbüchern von 1471 bis 1545 wird eine Stadtmange im Bezirk Weberhaus genannt, ein Stadtmangmeister bis 1549. Dies war vielleicht die Mange im Schuhgäßlein, die nach Stetten 1592 abgebrochen wurde. Statt dessen wurde eine Mange in der Steingasse gebaut. Spätestens 1610 erscheint dieses Manghaus im Bezirk „Vom Rappold, jetzo Michael Müllers Egghaus in der Steingasse". (D 269, Steingasse 7). Es wird auf Kilians Karte als „Der Stadt Manghaus" bezeichnet und scheint bis Ende des 18. Jahrhunderts betrieben worden zu sein. 1797 verkaufte es der Mangmeister Johann Christof Kremser jun. an Albrecht von Stetten. Vielleicht war diese Mange noch im frühen 19. Jahrhundert in Betrieb.

Die alte Mange hinter der Moritzkirche, die 1525 errichtet worden war, wurde nach Stetten 1600 abgebrochen, weil man den Platz für das Zeughaus gebraucht habe.[5]

Bis Mitte des 17. Jahrhunderts gehörten die Mangen der Stadt. Die Mangmeister mußten jedes Jahr einen Mangzins zahlen, der je nach Mange 13 fl bis 30 fl betrug. Also keine kleinen Beträge.

Im Jahre 1650 hat die Stadt die drei Stadtmangen an Private verkauft, aber sie hießen auch weiterhin Stadtmangen. Nicht zu Unrecht: Alle Ware mußte ja auf ihnen gemangt werden, abgesehen von Tuchen, die die Färber auf ihren eigenen Nebenmangen mangten. Die Stadtmangmeister brauchten keinen Grundzins zu zahlen. Die Stadtmangen waren jedoch steuerbare Güter.

In jeder der drei Stadtwerkstätten befanden sich zwei Mangen, jedenfalls im Jahre 1703. Da die Boden- und Häuserpreise in der zweiten Hälfte des 17. und im 18. Jahrhundert stiegen, ist auch der Wert der Stadtmangen gestiegen. Eine der Stadtmangen war am 16. August 1650 von der Stadt für 800 fl verkauft worden, von den Be-

---

[5] Die Angaben bei Stetten, S. 751, 759 und 727. Im 18. Jahrhundert wurde eine Mange in der Kleinen Sachsengasse 1 und in der Langen Sachsengasse 2 betrieben. (H 157, 194-196). Jedenfalls war dieses Anwesen von 1764 bis 1780 im Besitz von Mangmeistern. In den Grundbuchauszügen wird 1606 und 1621 eine Mange auch in dem Anwesen I,19-21 genannt. (Viktoriastr. 1 und Schaetzlerstr. 9, 15, 19). Sie wurde 1606 von Georg Guggenberger und 1621 von Michael Dempfle gekauft. Vielleicht waren dies Nebenmangen von Färbern.

sitzern aber am 24. November 1704 für 3000 fl und von den neuen Besitzern am 6. Mai 1719 für 3900 fl verkauft worden.
Gegen Ende des 18. Jahrhunderts lagen auf den „Manggütern" schwere Capitalien, die die Mangmeister vielleicht zur Vergrößerung oder Verbesserung der Mangen aufgenommen hatten. Die Verzinsung dieser Capitalien machte ihnen jedenfalls zu schaffen.[6]

Gesinde

Im Jahre 1617 sagten die drei Mangmeister, daß jeder von ihnen 12 bis 14 Ehehalten das ganze Jahr über beschäftige, „wir haben gleich Arbeit oder nit". Während die Färber ein acht- oder vierzehntägiges Kündigungsrecht hatten, müßten sie ihre Ehehalten „zu ganntzen und halben Jaren dingen". Im 18. Jahrhundert nahmen diese Ehehalten übrigens daran Anstoß, daß man sie als Mangknechte bezeichnete. Sie wollten „Stadtknechtsgesellen" genannt werden.[7]

Jeder der drei Mangmeister hielt zumindest Anfang des 17. Jahrhunderts vier Pferde, die zum Betrieb der Mange oder zum Transport verwendet wurden. Sie brauchten also auch Stroh und Heu und einen Stadel.[8] Die Mangmeister hatten überhaupt erhebliche Ausgaben: sie mußten Korn, Roggen, Hafer, Fleisch, Schmalz, Mehl und Salz für ihre Ehehalten kaufen, außerdem Holz und Licht, dazu kamen Löhne für Wagner und Schmiede. Auch Einpackpapier, blaue mit dem Adler gedruckte Bogen, Spagen oder Schnur mußten in großen Mengen gekauft werden.[9] Die Mangen waren also erhebliche Betriebe, die eine sorgfältige Rechnungsführung verlangten. Mindestens ein Mangmeister ist wegen seiner Schulden aus der Stadt geflohen.[10]

Als die drei Stadtmangmeister 1683 klagten, daß sie zu geringe Einnahmen hatten, meinte der Rat, daß einer von ihnen die Stadtmange aufgeben und „aus selbiger eine Nebenmang und Farbhaus aufrichten" solle. Zunächst war aber keiner der drei interessiert. Man schloss daraus, daß die Stadtmangen trotz aller Klagen profitabel waren. 1692 entschloß sich aber einer der drei, David Meyer, die Stadtmange stillzulegen und eine Färberei mit Nebenmange zu betreiben. Sehr schnell beklagten sich aber Kaufleute und Färber, daß zwei Stadtmangen nicht genug seien. Auf Bitte der Verordneten hat Meyer daraufhin die Stadtmange wieder eröffnet. Seine Nebenmange mußte er schließen.

---

6 Eine der drei Mangen war bis Juni 1766 im Besitz eines Johann Gottfried Richter. Damals verkaufte er sein Haus und die Manggerechtigkeit an Georg Jakob von Köpf, der jedoch die Manggerechtigkeit nicht ausüben wollte. Im Juli stellte er den Färber Christian Otto Simmers als neuen Stadtmangmeister vor, dem er die Manggerechtigkeit nebst zwei Mangen um 1600 fl verkauft habe. Simmers versprach, die beiden Mangen auf eigene Kosten anscheinend in sein Haus transportieren zu lassen. Weiterhin wollte Simmers „das von der stadt auf der richterlichen mang und hauss habende Einstandsrecht auf sein künftiges haus und mang übertragen lassen". Auch nach der Privatisierung hatte die Stadt also gewisse Rechte auf die Mangen. 1766, 28. Juni und 26. Juli. Mangmeister.
7 1724, 11. Juli
8 1543, 12. und 24. Juli. Ratsbuch.
9 1615 sagten die drei Mangmeister, sie bräuchten für ihr Gesinde alle drei Wochen zwei Schaff Korn, alle zwei Wochen drei Schaff Hafer und wöchentlich einen halben Zentner Fleisch. 1615, 21. November.
10 1618, 11. September. Georg Guggenberger.

Verteilung der Arbeit

Im Jahre 1532 befahl der Rat, die Färber in drei Gruppen zu teilen. Jede der drei Gruppen wurde einem Mangmeister zugewiesen, bei dem sie ihre gefärbten Tuche mangen lassen sollten. Nach einem Monat wurde dann gewechselt. Die Arbeit wurde also gleichmäßig aufgeteilt. Angeblich sollen sich die Mangmeister nun nicht mehr wie früher bemüht haben, ihre Kunden zufriedenzustellen. Als sich die Färber über „allerlei unfleiss" der Mangmeister beklagten und auch die Kaufleute unzufrieden waren, hob der Rat 1545 diese Einteilung auf. Die Färber konnten jetzt wieder frei entscheiden, ihre Tuche bei diesem oder jenem Mangmeister „on bestimmung ainicher frist oder Zeit" mangen zu lassen.[11] Aber nun rannten die Färber zu einem Mangmeister, der wiederum „aus Eile" diese Massen von Tuchen nicht richtig mangen konnte. Die drei Mangmeister baten deshalb 1553 den Rat, die Färber wieder zu drei Teilen auf die drei Mangen zu verteilen.

Die Verordneten waren ganz dafür, die Austeilung wieder vorzunehmen. Doch sollten die Kaufleute das Recht haben, die „guten gretischen parchat, so auff plaw gefferbt werden, Irs gefallens ... In die Mang zu schaffen".[12] Es ist nicht bekannt, ob man also die Einteilung in drei Gruppen wieder eingeführt hat.

Tuchsorten

Die Mangmeister mangten alle Sorten von gebleichten und gefärbten Barchenten. Außerdem die vielen Arten von Leinwand, ferner Bomasine und Schnurtuche. Die gebleichten Cottone wurden sicher alle gemangt. Die Cottondrucker mußten ebenfalls die Baumwolltuche zu den Mangen schicken, bevor sie sie druckten. Danach durften sie sie auf ihren Messingrollen appretieren. Im 17. Jahrhundert wurden auch das „neue Gewirk der Messlauen oder Messlanen" und die Legedur gemangt.[13]

Um welche Vielfalt von Tuchen es sich handelt, werden wir bei Behandlung der Manglöhne sehen. Schon die Ordnung von 1501 bestimmte, daß die Mangmeister kein Tuch zum Klären und Mangen annehmen sollten, das nicht geschaut worden war. Man legte Nachdruck darauf, daß die Mangmeister nur „gerecht unschadhafftes gut" mangten. Ferner durften sie „kein geclerts oder mangts gewirk, es seye dann nach solchem cleren oder mangen, wider geschaut worden, keins wegs hinausgeben noch zusammenlegen".[14]

Die verschiedenen Tuchsorten verlangten einen verschiedenen Grad des Mangens. 1662 sagten die Mangmeister, daß früher viele Stücke nur einmal gemangt worden seien. Ja, die Oxen, Dreier, Vierer und Crontuche seien nur gesiegelt und zusammengelegt, also nicht gemangt worden. Jetzt dagegen verlangten die Kaufleute, daß sie zwei- oder dreimal gemangt würden. Das Mangen von breitem Bettbarchent verlangte besonders harte

---

[11] 1545, 20. Oktober. Ratsbuch.
[12] 1553, 7. November.
[13] Messlauen: 1621, 26. Juni. Protokolle 1619-1621. Das Siegelgeld betrug 2 Kr. Den Mangmeistern wurde als Manggeld 1 Pfennig pro Stück gezahlt. Sicher identisch mit den Meseln, die 3/4 einhalb oder ellenbreit verungeldet werden sollten. 1667, 13. März. Legedur: 1662, 24. September. Protokolle, 1658-1729.
[14] 1533, 13. Dezember und 1549.

Arbeit, mit Pferden und fünf bis neun Ehehalten. Im 18. Jahrhundert gingen gröbere Cottone zweimal durch die Mangen, die feinen Cottone mußten sogar drei- bis viermal gemangt werden. Andererseits warnte man, daß „Bomasine, die zu hart gemangt oder gerollt werden, ganz leinen aussehen und hierdurch an der qualität und ansehen, weilen die wullene und leinene fäden allzusehr verquetscht und auseinander getrückt werden, nur schlimmer werden".

Zum Schutze der Augsburger Weber verbot der Rat den drei Mangmeistern 1533, Kaufbeurer, Landsberger oder Friedberger Barchent und „was sie auf unser art machten" zu mangen. Lange Zeit durften die Mangmeister außer Ulmer und Biberacher Barchent keine fremden Barchente mangen, ob es ganze oder zerschnittene Stücke oder Trümmer waren. Spätestens 1606 wurden aber außer den Ulmer und Biberacher auch Memminger und Ravensburger Barchenttuche in Augsburg gemangt. Auch Zotten aus diesen Städten durften in Augsburg gemangt werden, sofern sie die gleiche Breite wie die Augsburger Zotten hatten.[15] Vielleicht war man bei Leinentuchen großzügiger. Jedenfalls mangten die Mangmeister 1661 Leinwand aus Schwaben und der Reichenau und aus Schlesien.

Nach dem Mangen wurden die Tuche von den Zusammenlegerinnen zusammengelegt. Die Arbeit dieser Frauen war so wichtig, daß 1479, 1531 und 1549 besondere Vorschriften erlassen wurden.[16] Zu dieser Zeit scheinen die Zusammenlegerinnen noch vom Handwerk gewählt worden zu sein. Auch später durften sie nur mit Wissen der Zunftmeister bzw. der Verordneten von den Mangmeistern angestellt werden. Die Zusammenlegerinnen mußten jedes Jahr einen Eid leisten. Jeweils zwei sollten in einem Manghaus zusammenlegen. Diejenigen, die in der Mange bei St. Anna arbeiteten, sollten alle Monat mit denen in „Claus Mairs Mang" abwechseln (1531). 1549 verbot man ihnen, fremde Barchente außer den Futterbarchenten zusammenzulegen.

Im 15. Jahrhundert brachte man anscheinend diesen Frauen Tuche in die Häuser, oder die Kaufleute holten die Frauen in ihre eigenen Häuser, um hier die Tuche zusammenzulegen. 1549 hat man dies noch gestattet, solange die Arbeit in den Mangen dadurch nicht verhindert wurde. Als die Kaufleute rohe, dicke Drei- und Viersiegler und andere Tuche in ihren Häusern von ihren Ehehalten und von Tagelöhnern oder sogar von Färbern zusammenlegen ließen, hat der Rat dies auf den Protest der Mangmeister hin 1615 kurzerhand verboten: nur in den drei Mangen sollten die Barchente nach der Geschau und nach Bezahlung des Ungeldes von den Zusammenlegerinnen zusammengelegt werden.[17] Nach der Ordnung von 1479 sollten die Zusammenlegerinnen nicht mehr als 6 Pfennig pro Fardel erhalten. Später wurden sie wohl von den Mangmeistern bezahlt.

1790 wurde den Mangmeistern auf Drängen der Färber das Klären einer neuen Leinwand verboten. Nur sie, sagten die Färber, seien hierzu berechtigt. Einer der Deputierten sagte, daß es sich hier um eine ganz neue Zubereitung handle. Die Kaufleute zögen aber die Mangmeister vor, weil sie schöne, weiße Ware lieferten, im Gegensatz zu den Färbern, die ständig mit Farben, Färberkufen und Färberrechen hantieren müßten. Der Rat gestattete daraufhin den Mangmeistern das Klären dieser Leinwand. Prinzipiell behielten aber die Färber das Recht, Waren zu klären.[18]

---

[15] 1603, 9. Dezember. 1606, 30. Mai und 13. Juni. Protokolle 1605-08.
[16] 1479, Mittwoch vor Pfingsten (26. Mai). 1549, 31. Januar.
[17] 1615, 15. Dezember.
[18] 1790, 12. und 13. Juli.

Manglöhne

Es mag recht langweilig erscheinen, sich mit den Löhnen der Mangmeister zu beschäftigen. Ist es wohl auch. Immerhin zeigen diese Diskussionen, wie unterschiedlich die Löhne für die Vielfalt von Tuchen waren und welche Arten von Stoffen besonders sorgfältig gemangt werden mußten. Auch die Begründungen für Lohnerhöhungen sind aufschlußreich.

Die erste umfassende Liste der Manglöhne, die uns bekannt ist, stammt aus dem Jahr 1533. Es zeigt sich, daß es erheblich teurer war, die verschiedenen Leinwandsorten wie Golschen, Leinwath, Spinet, Gugler und Schetter zu mangen als die Barchenttuche. Nur breiter Barchent war auch teuer.

Löhne der Mangmeister
(13. Dezember 1533 und 1549)

1) von einem Barchattuch	2 Pfennig
2) von einem Schetter	5 Pfennig
3) von einem Gugler	5 Pfennig
4) von einem Abenteurer	5 Pfennig
5) von einem Stück Ziech	3 Pfennig
6) von einem Stück breiten Barchat	6 Pfennig
7) von einem Stück Golschen	7 Pfennig
8) von einem Stück Leinwath	7 Pfennig
9) von einem Stück Spinet	7 Pfennig
10) von einem jeden Stück pletz, so ir den ferbern mangend, sie seien klein oder gross	2 Pfennig
11) von einem stücklin schwartzen oder beyfarben zwilchlin zu manggeld und Lohn	3 Pfennig

90 Jahre lang blieben diese Löhne in Kraft, obwohl doch die Preise für Lebensmittel und andere Erzeugnisse im Laufe des 16. Jahrhunderts stiegen. Allerdings baten die Mangmeister 1576, von gebleichtem gretischem Barchent einen Heller mehr zu bekommen, weil sie „Schnuer oder feden" zum Mangen benötigten.

Die Färber, die zusammen mit den Webern die Manglöhne zahlten, lehnten aber eine Erhöhung ab. Es gäbe jetzt weniger gebleichte, gretische Barchente als früher. Andererseits um so mehr schwarze grobe Barchente, für die die Mangmeister weder „schnier noch feden geben, dann sie die gar nit mangen und dennoch von jedem stück 2 pfennig empfangen". Wurden also die schwarzen groben Barchente überhaupt nicht gemangt?[19] Es blieb wohl alles beim alten.

1615 wollten die Mangmeister schließlich mehr Geld, weil sie immer noch dieselben Löhne wie 50 Jahre früher erhielten. Die Verordneten wiesen sie aber ab: da das Mangwesen jetzt größer sei als früher, hätten die Mangmeister auch größere Einnahmen. 1617 und 1619 kamen die Mangmeister aber wieder. Sie wiesen auf ihre großen Unkosten für

---

[19] 1576, Februar. Protokolle 1548-1581.

Beköstigung und Lohn ihrer Ehehalten und verlangten, daß der Manglohn für gemeine Barchente (bisher 2 Pfennige) und Bettbarchente (bisher 6 Pfennige) erhöht würde. Die Färber und Weber waren auch jetzt dagegen. Die früheren Mangmeister seien doch auch 80 Jahre lang mit dem alten Lohn zufrieden gewesen! Der Rat hob jetzt aber doch den Lohn für „alle gemeinen Barchate" um einen Heller an. Bei dem Bettbarchent, der zunehmend wichtiger wurde, blieb es aber beim alten Lohn.[20]

Zwei Jahre später, 1621, forderten die Mangmeister mehr. Da Bleicher, Färber und Tuchscherer höhere Löhne erhalten hätten, wollten auch sie ein höheres Manggeld. Ihre Eingabe zeigt, daß das Manggeld je nach Sorte sehr unterschiedlich war.

    das Stück rohe Dreier und Vierer   2 Pfennige
    das Stück gebleichte Dreier und Vierer   1 kr
    das Stück Ochse   3 Pfennige

Da die Arbeit für alle diese Sorten gleich groß war, wollten sie von jedem Stück 1 kr. Bei anderen Sorten war der Manglohn auch ganz unterschiedlich:

    weiße gretische   1 kr
    weiße Trauben   3 Pfennige
    Ziechlein oder Zwilch   3 Pfennige
    geglettet oder geschniert   5 Pfennige

Auch für diese Sorten sollte der gleiche Lohn bezahlt werden: 5 Pfennige pro Stück.

Bettbarchente könnten sie für den bisherigen Lohn von 6 Pfennigen nicht mehr mangen. Sie verlangten 3 Kreuzer pro Stück. Der Rat ließ sich aber auf eine so allgemeine Erhöhung nicht ein. Nur bei einigen Sorten sollte das Manggeld erhöht werden:

    weiße Ochsen von 2 Pfennigen auf 1 kr
    weiße Trauben, Ziechen und Zwilch von 3 Pfennigen auf 1 kr
    Bettbarchente von 6 Pfennigen auf 3 kr

Bei den anderen Sorten blieb es bei dem bisherigen Manggeld.[21]

Der Preisanstieg von Korn, Roggen, Hafer, Heu und Stroh, ganz zu schweigen von Fleisch, Schmalz, Mehl, Salz und Licht in der Kipper- und Wipperzeit war so groß, daß die Mangmeister schon vier Monate später neue Lohnerhöhungen forderten. Jeder von ihnen arbeite jetzt mit 16 fl bis 20 fl Verlust. Vor allem wiesen sie auf ihr Gesinde, das angesichts der „übermässigen Teuerung" mit dem bisherigen Lohn nicht mehr zufrieden sei.

Die Lage muß schon ernst gewesen sein, da der Rat das Manggeld tatsächlich erhöhte.[22]

    von vorblauen, schwarzen, und graw gretischen
    von schwarzen, groben und dicken, auch weissen
    Trauben und anderer blaichten arbeith auf jedes
    Stück ... ein Kreuzer mehr   also jetzt 2 kr
    rohe Barchente von 2 Pfennigen auf   1 kr
    Kellerarbeit   alter Lohn

---

[20] 1619, 29. Mai, 22. und 31. August, 3. September. Protokolle 1619-1621.
[21] 1621, 16. Dezember und 1622, 12. Februar. Protokolle 1621-1628.
[22] 1622, 30. Juni. Protokolle 1621-28.

Während die Löhne früher viele Jahrzehnte lang gleich geblieben waren, mußten sie in dieser Zeit galoppierender Inflation alle paar Monate erhöht werden. Im Sommer 1623 hat man das Manggeld neu geordnet. Auch der Preis für Einpackpapier und Spagen, also Schnur, wurde jetzt festgelegt.

Man gab jetzt den Mangmeistern einen „durchgehenden lohn, als von allen tuchen sie seien Roch, gefärbt, bleicht oder unbleicht, wie das farb oder Namen haben mag"[23]

vom Stück	3 kr
jedes Stück der eben genannten Sorten, „darzu sie kein papir sondern allein Spag geben"	4 Pfennig
wenn sie aber Papier und Spag dazugeben von je zwei Stücken auch schmale Ziechen gehörten hierzu	3 kr
von den bettbarchaten, federitten und breiten Ziechen je Stück	3 1/2 kr
von den Pletz, was 6 Ellen und darunter hält	2 Pfennig
was darüber	1 kr
von den Haustüchern, je zehn Ellen nach anzahl des Lodens	1 kr

Wir erinnern uns, daß die Mangmeister noch um 1600 2 Pfennige für ein Barchenttuch erhalten hatten. Jetzt, 1623, erhielten sie 3 kr. Der Lohn war also um 425% gestiegen! Kein Wunder, daß man sie abwies, als sie ein Jahr später wieder höhere Manggelder verlangten. Wenn sie mit ihrem Einkommen nicht zufrieden seien, sollten sie doch die Mangen aufgeben! Als im Laufe des Dreißigjährigen Krieges die Barchentweberei in „grosses Abnehmen" kam, riet man den Mangmeistern, die Zahl ihrer Ehehalten zu verringern, um Kosten zu sparen. Eine Lohnerhöhung war ausgeschlossen.[24] Aber gerade das Problem mit den Ehehalten war komplizierter, als die Verordneten meinten. Auch wenn die Barchentproduktion drastisch sank, konnten die Mangmeister nicht in demselben Maße ihr Gesinde verringern. Erstens einmal brauchten sie für den breiten Barchent, der jetzt eine große Rolle spielte, kräftige Gesellen. Zweitens waren taugliche Ehehalten in den Kriegsjahren rar. Die wenigen, die man bekam, forderten hohe Löhne: selbst geringe Mangbuben verlangten den Wochenlohn, den früher Gesellen erhalten hatten. Die Mangmeister erhielten zwar nur für zwei Tage in der Woche Arbeit. Aber sie mußten den Ehehalten auch die restlichen vier Tage Lohn und Essen geben.

So begründeten die Mangmeister jedenfalls ihre Bitte um höheren Lohn im Jahre 1641. Für einen breiten Bettbarchent erhielten sie zur Zeit 3 kr. Davon zahlten die Weber 2 kr, der Handelsmann 1 kr. Die Mangmeister schlugen vor, daß auch der Handelsmann 2 kr zahlen solle.

Die Kaufleute hatten nichts dagegen, wenn als Gegenleistung das Ungeld verringert würde.[25] Aber die Weber wollten von einer erneuten Erhöhung des Manggeldes nichts wissen. Es stimme nicht, daß die Mangmeister nur zwei Tage Arbeit hätten und den Rest der Woche „feirn" müßten. Denn außer den Bettbarchenten mangten sie auch Hausarbeit und anderes „in Menge". Auch der Hinweis auf die Ehehalten hat die Weber nicht beeindruckt. Die Weber hätten viel mehr Grund sich über die Ehehalten zu beklagen: man könne sie zur Zeit kaum bekommen.

---

[23] 1623, 27. Juli.
[24] 1633, 13. Dezember.
[25] Es war 1637 von 10 kr auf 20 kr für breiten Barchent erhöht worden.

344

Die sechs Verordneten waren gespalten. Die drei Beisitzer stellten sich auf die Seite der Weber. Die drei „Herren aus den beiden Stuben" dagegen meinten, man solle weniger auf die Befürchtungen der Weber als die Bereitwilligkeit der Kaufleute sehen, den extra Kreuzer zu zahlen. Der Rat schloß einen Kompromiß: der Handelsmann sollte künftig für das Mangen einen halben Kreuzer mehr zahlen.[26]

In der zweiten Hälfte des 17. Jahrhunderts drängten die Färber, wohl wegen Absatzschwierigkeiten, auf eine Verringerung des Manglohnes. 1662 wurde das Manggeld für schmalen Barchent von 4 Pfennig auf 3 Pfennige verringert, und „von den beyfarben" von 4 Pfennigen auf einen Kreuzer.[27]

1665 hat man dann die Löhne ganz neu geregelt und zum Teil wieder heraufgesetzt. Die Vielfalt der Stoffe ist jetzt noch größer: verschiedene Barchentsorten, Bomasine, „Messelin" und mehrere Leinwandsorten werden genannt.

„**Verdienst des lohn, so den Mangmeistern gebührt**". 1665, 3. Februar.

	kr	Pfennige
Stück Bettbarchent	3	
gebleichte, ganze Bomasin	6	
gebleichte, gehalbierte ditto	3	
schmale, gebleichte Tuche		4
rohe, schmale Tuche		4
Federritten	3	
breite Ziechen	3	
schmale Tüchlein		5
Messelin		4
schwarze und graue grobe	1	
vorblau und eingelassene dicke	1	
schmale Bomasine ins Papier	2	
leibfarbene Trauben oder Ochsen	1	4
gebleichte, breite Ulmer Leinwand	7	
schmale gebleichte Leinwand	6	
gebleichte Haustuch p 10 Ellen	1	
Ulmer rohe Leinwand gefaltet gelegt	6	
rohe Leinwand	4	
klärte Schetter oder Leinwand	3	
ohnklärte Schetter oder Goltsch	2	
kurze Stücklein	1	4
bauren Trümmer		2

Können wir aus diesen ganz unterschiedlichen Preisen folgern, daß die Tuche verschieden gemangt wurden? Sicherlich spielte auch die Größe der Tuche eine Rolle. Für Ulmer Leinwand und Bomasine mußte das höchste Manggeld bezahlt werden. Andere Leinwandsorten und Barchente lagen darunter.[28]

---

[26] 1641, 20. Oktober. 28. November, 5. und 12. Dezember. 1642, 11. Februar, 1. und 8. April, 12. Mai, 1. Juli, 2. August.
[27] 1662, 20. Mai.
[28] Im Jahre 1668 mangte der Mangmeister Michael Drexel zu folgenden Preisen:

Es ist nicht bekannt, wie sich dann die Löhne der Mangmeister im späten 17. und 18. Jahrhundert entwickelt haben.[29]

Die Mangmeister durften nur mit Bargeld bezahlt werden. Aber so mancher Färber war zu arm, um gleich zu zahlen. 1532 wurde deshalb festgelegt, daß nach Ablauf eines Monats das ausstehende Manggeld innerhalb von acht Tagen bezahlt werden müsse.[30] Aber nach wie vor kam es zu Verzögerungen. In den Jahren 1543 und 1553 beschwerten sich die Mangmeister wieder und verlangten Bezahlung nach Ablauf des „Mangmonats".[31] Später hören wir weniger Klagen. Irgendwie haben also die Mangmeister schon ihren Lohn erhalten.

In dem Rechnungsbuch des Weberhauses von 1702 bis 1744 wird jedes Jahr ein Siegelgeld „aus den drey Stadtmangen" aufgeführt, ohne daß gesagt würde, von welchen Tuchen dieses Siegelgeld erhoben wurde. Vielleicht von gefärbten Tuchen, die ja auch in den Mangen geschaut wurden? Jedenfalls waren die Einnahmen aus diesem Siegelgeld zu Begin des 18. Jahrhunderts am höchsten, um dann auf zwei Drittel und weniger als die Hälfte abzufallen.

Durchschnittliches Siegelgeld der drei Stadtmangen.[32]
(In Kreuzern)

Im Durchschnitt pro Jahr	
1696[33]	5844 kr
1700-04	18 756,8
1705-09	15 948,1
1710-14	8269,8
1715-19	7618,92
1720-24	9177
1725-29	12 409,77
1730-34	12 290,17
1735-39	11 605,2
1740-44	8506

Weiße Trauben	6 Pfennige
Weiße Oxen	8 Pfennige
Weiße Crontuche	4 kr
gerollte Crontuche, gerollte Vierer, gerollte Dreier in Papier	1 kr
1668, 24. Mai.	

[29] Wir hören nur einmal, daß der Lohn von 6 kr auf 2 kr verringert worden sei. 1791, 18. Februar.
[30] 1532, 13. Dezember.
[31] 1543, 15. Mai. Ratsbuch. 1553, 7. November. 1665, 3. Februar.
[32] Quelle: Quatemberbuch 1681-1701 und Jahresrechnung des Weberhauses 1702-1744.
[33] „Vom neuen Siglgelt".

Schwierigkeiten der Mangmeister

Der Versuch, die Bearbeitung der Tuche gleichmäßig auf die drei Mangmeister zu verteilen, war schon Mitte des 16. Jahrhunderts gescheitert. Da der Färber jetzt die Tuche zu demjenigen Mangmeister bringen konnte, der ihm paßte, kam es zu Konkurrenz und zu Versuchen, Kunden auf unlautere Weise anzuziehen. 1533 wurde den Mangmeistern deshalb verboten, Kunden durch „beth, miet gab, schanckhung oder in ander weg" einander abspenstig zu machen. Jeder sollte mangen, was ihm gebracht wurde.[34]

Wir sahen, daß die Mangmeister nur solche Tuche mangen durften, die geschaut und gesiegelt worden waren. Ab und zu fand man Stücke in den Mangen, die nicht geschaut worden waren. Ein Kaufmann wollte zwei Schnurtuche gemangt haben, die zwar in Papier eingewickelt waren, aber kein Siegel hatten. Er sagte, er habe es abgeschnitten. Wir hören von Legedur Stücken und Meselen Stücken, die nicht geschaut worden waren. Die Strafen waren empfindlich: 1 fl, 10 fl, 10 Taler.[35]

Da die Mangmeister täglich mit riesigen Mengen von Tuchen umgingen, bestand wohl immer die Gefahr, daß sie Funktionen des Gewölbeverwalters übernahmen. Die Mangmeister sollten aber nur mangen und sonst nichts. 1533 wurde den Mangmeistern verboten, „Stück und Tuche, die man ihnen zum Mangen gebracht hatte, zu wechseln, verwechseln, auszuleihen, zu kaufen oder zu verkaufen". Sie sollten jedem Kunden die eigenen Tuche nach dem Mangen wieder zurückgeben.

Es war vorgekommen, daß Leute Tuche, die gemangt worden waren, dringend benötigten und sie deshalb „abzuwechseln, zu entlehnen, oder zu kaufen begehrten". Die Mangmeister sollten sich nicht darauf einlassen und die Leute zu den Besitzern der Tuche schicken und „die selbst miteinander verwechseln, entlehen, kauffen, verkauffen und handeln lassen. Und Ir für eich selbst und die ewren derhalben damit gantz nichts zu thun noch zu handeln haben". Man kann sich vorstellen, daß Gläubiger die Tuche ihrer Schuldner gleich von den Mangen holen wollten. Die Mangmeister sollten hiermit nichts zu tun haben.[36]

Um 1600 klagte der Gewölbediener der Färber über die „ungleiche Lieferung" von Tuchen in die Mangen. Manche Färber meldeten im Gewölbe ein ganzes Ballen Tuche an, lieferten es aber nicht. Oder sie ließen mehr Ballen einschreiben, als dann in den Mangen gefunden wurden.[37]

Häufung der Tuche in den Mangen

Im 16. Jahrhundert holte der Kunde selber die gemangten Tuche in der Mange ab. Im Zusammenhang mit der Neuorganisation der Austeilung im Jahre 1600 wurde aber bestimmt, daß künftig die gefärbten Tuche in den Mangen bleiben sollten, bis sie vom Austeiler abgefordert wurden. Meist vergingen darüber einige Wochen.

---

[34] 1533, 13. Dezember. Ebenso 1549 und 1665, 3. Februar.
[35] 1662, 24. September. 1663, 6. Mai. 1667, 12. März. 1675, 4. Juni. Protokolle 1658-1729.
[36] 1533, 13. Dezember. Ebenso 1549.
[37] 1606, 7. März.

Die Tuche begannen sich nun schnell in den Mangen zu häufen. Um diese Zeit wurden jede Woche Tuche im Werte von 10 000 fl geschaut. Es kam vor, daß sie drei bis vier Monate in den Mangen lagen. So lagen im Februar 1605 Tuche im Werte von 40 000 bis 50 000 fl in den Mangen. Man fragte sich schon, ob die Mangen nicht zu klein seien. Ernster noch war, daß die Bürgen Bedenken hatten, für die Mangmeister weiter zu bürgen: im Falle von Feuer hafteten sie nicht nur dem Rate für die Gebäude, sondern auch den Besitzern für die Tuche.

Der Rat entschied daraufhin, daß sich die Bürgschaft nicht auf „gottsgewalt" und was darunter verstanden wurde, erstrecke. Es wurde auch vorgeschlagen, die Zahl der Bürgen pro Mangmeister von zwei auf vier zu erhöhen, von denen jeder für 1000 fl bürgen solle.[38]

Im Jahre 1605 weigerten sich schließlich die Bürgen, noch weiter Bürgschaft zu leisten, da sie erfahren hatten, daß die Tuche drei oder vier Monate in den Mangen lagerten. Die Mangmeister schlugen vor, daß die Eigentümer ihre Tuche acht Tage nach der Geschau abholen sollten. Wenn sie es nicht täten, sollten die Eigentümer, und nicht die Bürgen und Mangmeister, für etwaigen Schaden aufkommen. Der Rat traf aber eine andere Regelung. Jeder Färber sollte von nun an die Hälfte seines Restes, den sogenannten kleinen Rest, bei sich zu Hause im Vorrat behalten. Nur die Hälfte des Restes sollte in den Mangen liegen. Die Bürgschaft für jeden Mangmeister brauche sich dann nur auf 4000 fl zu belaufen.[39]

Nachlässigkeit

Unvermeidlich gab es Probleme bei den Mangen. Eine Kommission stellte 1553 fest, daß die Mangmeister zwar eine gute Ordnung hatten, „aber dieselb ist durch sie in fil articul gar nit gehaltten worden, auch gar grosser unfleiss bei inen gespiert wirtt".

Einmal gab es Probleme wegen des Papiers, in das die Barchente eingewickelt wurden. Das Papier sei „so schlecht ungleich, dass es dem Barchent ein grossen Ungestalt gibt, und der Barchent von des Papiers wegen ... für verpasselt angesehen wird". Man löste das Problem damit, daß man die Kosten für die Anschaffung guten Papiers den Färbern auflud.[40]

Ein anderes Mal mußte dem Mangmeister der „gemeinen Stat Mang hinter St. Moritz" gekündigt werden, weil er ständig betrunken war. Man könnte es der Bürgerschaft nicht zumuten, ihre Güter solchen „epikureischen Leuten" anzuvertrauen. Man ernannte schnell einen Geschaumeister als neuen Mangmeister, weil es „mit den Mangen also beschaffen, daß dieselben wegen der Kauff- und Handelsleuth nit lang gesperrt, sondern irn fortgang haben muessen".[41]

Im Laufe der Zeit tauchten alle möglichen Probleme auf. 1677 witterten die Mangmeister Gefahren für ihre Einkünfte, als einige Augsburger in Buchloe einen „Mang- und

---

[38] 1604, 26. Februar. Protokolle 1601-1605.
[39] 1607, 15. März. Protokolle 1605-1608.
[40] 1576, 22. Mai.
[41] 1595, 9. Mai. Protokolle 1588-95.

Walckbau" errichten wollten.[42] Andererseits schufen im 18. Jahrhundert die von auswärts hereingeschmuggelten „Contra Band Waren" viel Ärger. Sie wurden bei der Metzg, in den „Café-, Wirts- und Brandweinhäusern" und auch in den Mangen heimlich an den Mann gebracht.

Nebenmangen

Von den Stadtmangen zu unterscheiden sind die Nebenmangen der Färber. „Damit im Kleren und Mangen nit Irrung entstand", durfte seit 1501 jeder Färbermeister auf seinem eigenen Grund und Boden oder auf seinem „bestandt gut" mit Erlaubnis des Grundherren und auf eigene Kosten ein Manghaus bauen. Die Genehmigung des Rates war Voraussetzung.[43] Gelegentlich haben Färber vor und auch während des Dreißigjährigen Krieges eine Nebenmange in ihrer „Farbbehausung" bauen lassen. Die Baumeister mußten aber vorher die Lage des künftigen Manghauses inspizieren.[44]

Auch als die Stadt im Jahre 1650 die drei Stadtmangen an private Unternehmer verkaufte, behielten die Färber das Recht, eigene Nebenmangen zu errichten. So bat der Schwarz- und Schönfärber Martin Reinweiler im Jahre 1683 darum, eine Nebenmange bauen zu dürfen, auf der er nur die in seiner Werkstatt gefärbten Tuche mangen wollte. Die drei Stadtmangmeister widersetzten sich Reinweilers Bitte, da sie ja Einnahmen verloren. Der Rat erlaubte zwar dem Reinweiler, seine Nebenmange zu bauen, aber am 5. August 1683 hat er dann Artikel 4 der Färberordnung aufgehoben, der den Färbern die Anlage von Nebenmangen erlaubt hatte. In diesem Jahre betrieben acht Färber Nebenmangen. Bei acht Nebenmangen ist es dann lange Zeit geblieben.[45] 1721 hatten sechs Färber eine Nebenmange, 1727 wieder acht. Dies waren wohl die sogenannten Großfärber, im Gegensatz zu den Kleinfärbern, die keine Nebenmangen hatten. Aus der Zeit um 1765 hören wir nur noch von sechs Färbern mit Nebenmangen. 1806 waren es bloß noch drei Färber.

In den Nebenmangen wurde sicherlich mit hölzernen Rollen gemangt. Wahrscheinlich waren es nur Handrollen. Wir hören auch von Glättstangen, die von den Färbern benutzt wurden.

Wie zu erwarten, standen sich die Färber mit Nebenmangen vermögensmäßig etwas günstiger als die anderen Färber. Im Jahre 1703 etwa versteuerten 83% von ihnen mittelgroßen Besitz, während nur 43% der Färber ohne Mangen einen solchen Besitz hatten. (Steuer: 1-10 fl und über 1 fl.) Es bleibt natürlich offen, ob sie mehr Besitz hatten, weil die Mange einen Wert darstellte, oder ob sie sich eine Mange leisten konnten, weil sie mehr Geld besaßen.

---

[42] Anton Christoph Schorer und Gebrüder. Die „Schorerische Mange" wurde dennoch in Buchloe gebaut. 1677, 20. Juli und 14. September. Geheime Ratsbücher, Nr. 17.
[43] Ordnung 1501, Weberhaus Nr. 185. Färberordnung 1550, Artikel 32 und 33. Färberordnung 1600, Artikel 4 und 5.
[44] 1601, 1. Dezember und 1626, 31. Januar. Hans Daigeler und David Grässlin.
[45] 1727, 21. August. Protokolle 1724-1737. 1737, 28. September. Kattunfabrikanten 1707-1787.

Vermögenslage der Färber mit und ohne Mange

	0	1-15 kr	16-60	1-10	über 10	insgesamt	keine Angabe
1703 (Steuer 1704):	2	1	7	16	4	30	1
mit Nebenmange	6,66%	3,33	23,33	53,33	13,33		
ohne Nebenmange	5	4	3			12	
	41,66	33,33	25,00				
1710 (Steuer 1711):							
mit Nebenmange				2	4	2	8
				25,00	50,00	25,00	
ohne Nebenmange	4	2	4	20		30	
	13,33	6,66	13,33	66,66			
1721 (Steuer 1717):							
mit Nebenmange				1	2	3	4
				33,33	66,66		
ohne Nebenmange	6	2	5	18	1	32	16
	18,75	6,25	15,62	56,25	3,12		

Die Nebenmangen brachten ihren Besitzern erhebliche finanzielle Belastungen. Sie mußten jedes Jahr im Einnehmeramt 20 fl Mangzins erlegen. Außerdem waren die „Farbhäuser und Manggüter mit grossen passivis beladen." 1737 mußten sie diese Schulden nicht bloß mit 5% oder mindestens 4 1/2% fl verzinsen, sondern obendrein nach der neuen Steuerordnung „mit 15 kr pro cento versteuern und noch darzu dem allhiesigen herkommen gemäss mit der hälffte der sonst gewönlichen anlag solche passiva veranlagen".

Der Mangzins wurde 1741 auf 12 fl verringert. Aber den Färbern ging es so schlecht, daß sie 1761 mit ihren Zinszahlungen in Rückstand gerieten. Der Rat verringerte daraufhin den Zins auf 8 fl „biss auf bessere in ihre Gewerb einschlagende Zeiten".[46]

Wir sahen bereits, daß die Färber mit Nebenmangen wegen der höheren Ausgaben einen erheblich größeren Rest erhielten. Sie brauchten deshalb auch mehr Gesinde. Als Mangel an Knechten bestand, erlaubte man ihnen zwei Lehrjungen anzustellen.[47] Die Färberordnung von 1550 gestattete ihnen nicht weniger als fünf Knechte und zwei Lehrjungen „zu der Mang auch wullen und anderes zu ferben und zu aller irer Notdurft (zu gebrauchen)".

Die Färber durften in ihren Manghäusern nur solche Tuche mangen, die sie oder ihr „Haussgesindt" selbst gefärbt hatten. Sie durften also keine Tuche von anderen Personen zum Mangen annehmen.

Die Stadtmangmeister argwöhnten aber immer wieder, daß die Färber heimlich auch für andere Meister mangten und ihnen Verdienst wegnahmen. Sie setzten es deshalb 1683 durch, daß „zur Abschneidung allerhand Contrebande" die Nebenmangen visitiert werden sollten. Nicht ganz zu Unrecht. Ein Färber z.B. mangte die Tuche seines Vaters, der auch ein Färber war. Sein Vater habe befohlen, „er solle auffmangen ... Er kinne nit

---

[46] 1741, 8. April. 1761, 23. Juni.
[47] 1542, 9. September.

alle warten, biss ihnen (den Stadtmangmeistern) gefällig sei. Es seie ihm verhinderlich".[48] Es gab sicher mehr Fälle dieser Art.

Dagegen kam es selten vor, daß Färber, die keine Nebenmangen hatten, auch heimlich mangten. 1785 etwa beschuldigte man einen Meister, daß er entgegen dem Gesetz in seinem Hause „Leinwand Lothen mange".[49]

Im 18. Jahrhundert kam die Versuchung, heimlich für Kaufleute und Fabrikanten zu mangen. Ein Mangmeistersohn beschimpfte den Färber Martin Reinweiler vor 50 Färbergesellen als Brotdieb, weil er für den Herrn Brentano einige Stücke gemangt hatte.[50] Reinweiler sagte, es seien doch nur vier Packschetten gewesen. 1737 mangte auf einmal ein Färber 60 Stück gedruckter Bomasine für die Cottondruckerin Seuter. Als die Mangmeister sich beschwerten, erklärte er, diese Ware werde ja nicht gemangt, sondern gerollt. Es gäbe keinen Artikel, der ihm das Rollen gedruckter Cottone und Bomasine verbiete. Die Deputierten wußten nicht, was sie sagen sollten und wollten erst einmal die Entscheidung des Rates über die Rollen der Cottondrucker abwarten.[51]

Die Färber hatten den Cottondruckern schon seit Jahren das Recht bestritten, Rollwerke zu errichten. Sie waren überzeugt, daß nur sie die Tuche rollen durften. Die drei Mangmeister wiederum rollten keine Tuche und sagten, sie hätten nichts dagegen, daß die Drucker Rollen führten. Anscheinend fühlten sich die Färber jetzt von den Mangmeistern verraten. Wütend sagten sie ihnen „unter gesicht, weil sie den Druckern die Rollwerke gestatten, zum torto und schaden der Ferber, wollen auch sie sich in den Mangen nicht restringieren lassen, als das Mangen zu ihrer Profession ohnehin gehörig und aller Orten üblich". Sie mangten daraufhin auch Tuche, die ihnen die Kauf- und Handelsleute oder Privatpersonen brachten.

Die Stadtmangmeister beriefen sich nun auf die Dekrete des Rates von 1600 und 1628: die Färber sollten pro Stück eine Strafe von 1 fl zahlen. Die acht Färber mit Nebenmangen wiederum forderten, daß man entweder den Druckern die Rollen abschaffen oder ihnen das Mangen uneingeschränkt erlauben solle. Artikel 5 der Ordnung von 1600 verbiete ihnen nur das Mangen gefärbter Stücke. Der Artikel verbiete ihnen nicht, Cottone, Schnurtuche und Bomasine zu mangen.

Auch die Deputierten waren sich uneins. Der eine, Langenmantel, gab den Mangmeistern recht. Artikel 5 der Färberordnung sage eindeutig, daß die Färber nur solche Waren auf ihren Mangen mangen durften, die sie selbst gefärbt hatten. Alle andere Ware, sie sei roh, weiß, gefärbt oder gedruckt, sei in die Stadtmangen zu bringen.

Die beiden anderen Deputierten hielten die Klage der Mangmeister für unbegründet. Artikel 5 der Ordnung von 1600 beziehe sich nicht auf gedruckte Ware, die es ja damals noch nicht gegeben habe und erst seit 1693 existiere.[52] Diese Differenzen haben die Beziehungen zwischen Mangmeistern und Färbern auf Jahre vergiftet.[53]

---

[48] 1727, 20. und 27. September. Hans Martin Reinweiler.
[49] 1785, 10. Oktober. Protokolle 1782-86 II.
[50] 1736, 9. Januar. Protokolle 1736-1738.
[51] 1737, 2. Dezember. Protokolle 1736-1738.
[52] 1738, 11. Januar und 23. März.
[53] 1745, 18. Oktober. Protokolle 1738-46.

Am 31. Oktober 1747 traf der Rat schließlich eine Entscheidung. Es sollte bei der Regelung, wie sie in der Färberordnung niedergelegt war, bleiben. Die Färber sollten in ihren Manghäusern nichts mangen, was sie nicht selbst gefärbt hatten. Alle anderen Waren, zumal „gallirte und gedruckte Waren, die sie nicht selber färbten", sollten zu den drei Stadtmangmeistern geschickt werden. Der Rat schützte also die Stadtmangmeister in ihren Rechten.[54]

---

[54] 1747, 31. Oktober. Protokolle 1747-1750.

Die Cottonfabrikanten

Die Anfänge des Augsburger Cottondrucks: Jeremias Neuhofer

Wann hat man in Augsburg angefangen, Tuche zu bedrucken? Nicht erst im 17. Jahrhundert, sondern schon im Spätmittelalter. In den Steuerlisten der Jahre 1480 bis 1501 wird ein Tuchdrucker, Hans Stiermair, genannt. Man kann wohl annehmen, daß die Kunst des Tuchdrucks in Augsburg auch während des 16. Jahrhunderts nicht in Vergessenheit geriet. Um 1600 wurden jedenfalls Tuche gedruckt.[1] So hat der Tuchscherer Jeremias Neuhofer, über dessen Experimente und Erfindungen wir schon gehört haben, auch Tuche bedruckt. Vielleicht hängen seine Experimente mit dem Schnitzen mit Bei- und Nebenfarben irgendwie mit dem Tuchdruck zusammen. 1605 kritisierte ihn das Tuchschererhandwerk, daß er sich durch sein Pochen auf angebliche Erfindungen mehr Einkommen verschaffe als andere Meister: „Anjetzo zu geschweigen derjenigen arbeit des tuechtruckens, derer er sich neben dem handtwerckh auch gebraucht und darbei einen solchen Provit gehaben kann, darvon sich andere, die dergleichen arbeit machen, allein reichlich hinbringen können." Es scheint also, daß es noch andere Leute gab, die damals in Augsburg Tuche bedruckten. Neuhofer war aber erfolgreicher.

Durch zufällige Randbemerkungen erfahren wir, daß das Interesse am Tuchdruck auch in den folgenden Jahrzehnten in Augsburg lebendig blieb.[2] 1635 wurde ein Färber, Michael Taigler, in die Fronfeste geworfen, weil er 60 grobe Barchenttuche mit Safflor gefärbt hatte. Seine Witwe wollte nun die Tuche nachträglich scheren lassen, weil sie ohnehin „nit mehr derselben farb bleiben, sondern in schwartz getruckt und gefärbt werden müssen." Die Deputierten korrigierten sie aber: Die Barchenttuche sollten bloß mit schwarzen Blumen gedruckt werden, „also dass der Grund leibfarb verbleiben, die Blumen aber von schwarzer farb bestehen tun". Die Tuche sollten erst geschoren und danach bedruckt werden. Anscheinend waren es also die Färber, die sich um diese Zeit für den Druck interessierten. 1660 verboten die Verordneten wieder, rohe gretische Barchenttüchlein ungebleicht mit Safflor zu färben: Wenn aber „etwass wenigs zu dem Truckhen begerdt würde", wollten sie es erlauben, bis die Bleiche wieder geöffnet würde. So ist 1665 zwei Kaufleuten „Rohen gredischen Tuchen zum Truckhen etwass wenigs vergundt worden".[3]

In den 1680er Jahren hat auch der Tuchscherer Jeremias Neuhofer, sicherlich ein direkter Nachkomme des erwähnten Jeremias Neuhofer von 1605, Hunderte von Barchenten, Bomasinen und Leinentuchen mit Ölfarben bedruckt.[4] Nach dem Tode seines Vaters

---

[1] In den Hochzeitamtsprotokpllen werden folgende Tuchdrucker genannt: Simon Kicklinger: Heirat 1565. Jakob Peter: Heirat 1577. Jakob Ritter: Heirat vor 1586.
[2] Als Tuchdrucker werden in den Hochzeitamtsprotokollen genannt: Marx Rigenstein, Heirat 1629 und Wilhelm Zallinger, zweite Heirat 1633, dritte 1638.
[3] 1660, 15. Dezember und 1665, 25. Januar. Protokolle 1658-1729.
[4] Die Neuhofer waren eine bekannte Tuchschererfamilie, die im 16. und 17. Jahrhundert erstaunlich viele Tuchscherer hervorgebracht hat.

hat Jeremias Neuhofer der Jüngere ebenfalls eine Zeitlang mit Ölfarben gedruckt, doch „mit sehr kümmerhafften und geringen gewinn". Auf einmal erschienen um 1686/87 in Augsburg gedruckte Tuche aus Holland und England, die den einheimischen weit überlegen waren. Sie waren mit Wasserfarben gedruckt und gaben im Gegensatz zu den mit Ölfarben gedruckten keinen Geruch ab. Sie verloren auch ihre Farbe nicht beim Waschen. Die Tuche waren auf eine ganz neue Art bedruckt worden.

Die Technik dieses neuen Tuchdrucks war wahrscheinlich erst ein paar Jahre früher von Indien nach Holland gebracht worden. Zum ersten Male wird der neue Cottondruck urkundlich in Amersfoort im Jahre 1678 und in Amsterdam im Jahre 1679 erwähnt. Obwohl die ersten Drucker sich bemühten, das neue Produktionsverfahren geheim zu halten, entwickelte sich die Cottondruckerei in Amsterdam schnell zu einem blühenden Gewerbe. Die Bedingungen für den Cottondruck waren in Amsterdam nach Smit besonders günstig. Die Schiffe der Ostindischen Kompagnie brachten riesige Mengen von Cottonen und Leinwand nach Amsterdam. Hier wurden auch Farbstoffe aus Indien und der neuen Welt angeboten. Das für die Druckerei nötige reine Flußwasser war im Überfluß vorhanden. Die Druckereien wurden allerdings nicht in der Stadt selbst, sondern in der Umgebung Amsterdams angelegt, wo die vielen Kanäle und weite Wiesen günstige Voraussetzungen boten.

Neuhofer hat selber berichtet, daß die neuen holländischen und englischen Tuche in Augsburg schnell Absatz fanden, während seine eigenen Tuche liegenblieben. Er habe zwei oder drei Jahre lang kaum das „liebe Brodt gewinnen können". Neuhofer war aber nicht der Mann, einfach aufzugeben. Auf den Rat einiger Kaufleute hin (Heinrich Langenmantel und Michael und Mathäus Miller) entschloß er sich, das Geheimnis der „schönen und Neuen Truckerey" in Holland zu erkunden. Es folgte nun die außergewöhnliche Geschichte von Industriespionage, die Forrer in seinem Werk über den Cottondruck schon vor 100 Jahren beschrieben hat. Neuhofer bat seinen Bruder Georg, einen Goldschlager, der damals in Hamburg war, nach Amsterdam zu reisen. Er überwies ihm auch Geld, offensichtlich um durch Bestechung das Geheimnis herauszubekommen.

Georg Neuhofer zog dann in Holland Erkundigungen ein. Er zahlte einem Drucker „ein ansehnlich Stück Geldt". Der schlaue Holländer gab ihm dafür „ein wenig information", aber das eigentliche Druckverfahren hat er nicht verraten. Georg kam freudig nach Augsburg zurück[5], aber als man die ersten Druckproben machte, merkte man, daß der

---

Tuchscherermeister aus der Familie der Neuhofer. In Klammern Datum der Heirat und des Empfanges des Meisterrechts:
Christof (vor 1563).
Söhne des Christof: Christof (1586), Jeremias (1588), Johann Jakob (1590).
Söhne des Jeremias: Jakob (1619), Zacharias (1620), Johnas (1621), Hieronymus (1623), Jeremias (1648).
Esaias (1631).
Abraham (1636).
Philip (1640. Bruder des Abraham).
Söhne des Jonas: Johann (1655), Jonas (1652).
Johann Christof (1672).
Söhne des Jeremias: Jeremias (1677), Michael (1684).
Zacharias (1674).
Sohn des Jonas: Johann Jakob (1684).
5 Wahrscheinlich am 24. August 1689. Aus dem Tagebuch eines Augsburger Fabrikanten des 18. Jahrhunderts. „Augsburger Abendpost. Der Sammler", 1895, Nr. 71, S. 4.

Holländer ihm nicht „die rechte Wahrheit" gesagt hatte. Jeremias Neuhofer geriet jetzt in noch „mehrere Armuth und Bangigkeit". Immerhin gelang es ihm nun, mit verschiedenen Wasserfarben „auf Schweizer Art" zu drucken. Mit Unterstützung von Heinrich Langenmantel und dessen Schwager Uhlstett erfand er „das Leder Trucken", mit dem er eine ganze Menge Geld verdiente. Der Gedanke an die neue Druckart in Holland hat ihn aber nicht losgelassen. Neuhofer sagte später, er habe alles, was er in seinem Hause gehabt, Zinn, Kupfer, Bett und Bettgewand versetzt und seinen Bruder unter Tränen gebeten, noch einmal nach Holland und England zu reisen, um „solche schöne Wissenschafft in Unser Liebes Vatterland zu bringen". Georg Neuhofer hatte inzwischen in der Werkstatt seines Bruders „den Handgriff" des Druckens gelernt. Er reiste also wieder nach Holland und wurde auf Empfehlung eines Augsburgers von einem holländischen Cottondrucker in Dienste genommen. Er arbeitete dort etwa fünf Monate, „biss Er hinter eines und das andere gekommen". Vielleicht haben die Holländer gemerkt, was für ein Spiel Georg Neuhofer trieb. Jedenfalls soll er „grosse Gefahr" ausgestanden haben. Er reiste wohl auch nach England. Nachdem er „völligen Bericht" gewonnen und „alles aufs genaueste beobachtet" hatte, kehrte er nach Augsburg zurück. Schon die erste Probearbeit glückte. Die Gebrüder Neuhofer waren hinter das Geheimnis gekommen. Nach Forrer bestand es darin, die Ware erst nach dem Drucken zu färben. Vielleicht ging es aber auch um die Mischung der Beize und Farben und andere technische Probleme. Der Rat sagte nur, Neuhofer habe „die Kunst und handgriff des Truckens auf Coton und Leinwandt zu wegen gebracht".

Das Färben stellte Neuhofer gleich vor ein Problem. Kein Augsburger Färber kannte diese bestimmte Art zu färben. Als Tuchscherer durfte Neuhofer selbst aber nicht färben. Er mußte also einen Färber, Daniel Deschler, „mit gewissen Conditionen" ins Vertrauen ziehen und ihm zeigen, wie die Tuche „müssen gefärbt werden und was man darzu gebraucht".

So hat es jedenfalls Jeremias Neuhofer berichtet. Vielleicht spielten aber noch andere Leute ein Rolle, die Neuhofer nicht erwähnt. Ein Model- und Formschneider, Johann Rodelsperger, stellte jedenfalls bald Geldforderungen an „Johann Georg Newhoffer, Goldschlager und Caton Drucker in Augsburg". Er habe den Johann Georg Neuhofer das „blaw Catonen wax trucken" gelehrt. Er sollte auch Johann Georg Neuhofers Sohn Abraham „wegen den wax modeln" zwei, drei oder vier Wochen unterweisen. Er habe auch den Sohn „alle nöhtigen Instrumenta hierzu anzugeben und verfertigen lassen hin und wider, auch so lange er sich an dergleichen arbait sich occupiren wollen, so viel und offt mir möglich zu ihme jedesmahl ein stund oder zwei ins hauss gekommen und ihne darinn informiret und alle vortheil gewiesen, selbst biss ins Schleiffen". Vielleicht stützte Johann Georg Neuhofer sich also auch auf die Erfahrungen dieses Formschneiders, der von auswärts nach Augsburg gekommen war.

Dank der neuen Drucktechnik belebte sich der Absatz von Barchent und Bomasin. Neuhofer ermunterte die Weber, vor allem 7/4 breiten Bomasin anzufertigen, der vorher in Augsburg nicht bekannt gewesen war. Er kaufte so viele 6/4 breite Bomasine auf, daß der Preis von 3 1/2 fl auf 4 1/2 fl stieg. Er sagte, daß ihm der Allmächtige Gott „zimlich viel Arbeit beschehret hat". Der Färber, Daniel Deschler, färbte mehr, als er nach seinem wöchentlichen „Rest" eigentlich durfte. Die Folge waren ärgerliche Proteste der anderen Färber. Deschler ließ vom 6. Januar 1691 bis 15. März 1692 folgende Mengen von gefärbten Tuchen schauen:

Barchenttuche 3426 Stücke
Bomasine und Leinwand 2297 Stücke

Neuhofer mag nicht übertrieben haben, wenn er sagte, daß er innerhalb von zwei Jahren mehr als 40 000 fl in die Stadt gebracht habe. Das Datum deutet darauf hin, daß die neue Drucktechnik 1689 oder 1690 nach Augsburg gebracht wurde. Im Laufe des Jahres 1691 war es Neuhofer auch gelungen, „schön Türkisch Roth" zu drucken. Im Frühjahr 1692 wollte er mit dieser neuen Druckart auf den Markt kommen. 1693 baute er ein neues Farbhaus mit zwei Rechen.

Neuhofer war sich bewußt, welche Möglichkeiten der neue Cottondruck eröffnete. Um so eifersüchtiger war er wie die Holländer bemüht, sein Geheimnis zu wahren. Aber er konnte die Techniken kaum vor den Leuten verbergen, die für ihn arbeiteten, etwa dem Formschneider Hans Jacob Enderlin. Enderlin stammte aus Isny und hatte ursprünglich das Buchdrucken gelernt und dann auch den Buchhandel und das Kupferstechen betrieben. Auch Enderlin hatte anscheinend die Möglichkeiten des Textildrucks erkannt. Obwohl er schon verheiratet war, ließ er sich beim Handwerk der Formschneider einschreiben und hat dann dieses Handwerk „gebührend" gelernt. Als er dann für Neuhofer arbeitete, lernte er auch dessen neue Druckmethoden kennen. Neuhofer klagte später, Enderlin habe ihm „betrüglicher weiss nicht allein das gulden Papyr- und Leder Truckhen abgezwackt", was er ihm noch gönnen wollte. Enderlin hätte hiermit „seyn Stück Brodt" verdienen können. Die eigentliche Gefahr sah Neuhofer darin, daß auch Enderlin mit Hilfe eines Färbers hinter das Geheimnis des neuen Cottondrucks gekommen war.

Enderlin begann nun selbst das „Parchet-, Leder- und Pomesintruckhen" zu treiben. Er beschäftigte dabei einen jungen Bäckersohn, Mathias Lauterer, und dessen Schwester. Lauterer ging aber aus der Arbeit, als Enderlin ihm 100 fl schuldig blieb. Angeblich brachte der junge Lauterer nun seinem Vater, dem Bäcker Mathias Lauterer, „solche wissenschaft des Truckhens" bei. Der ältere Lauterer begann seit Anfang 1692 auch zu drukken. Sein Sohn brachte sich selbst das Formschneiden bei und lieferte ihm die Model. Um diese Zeit haben sich also verschiedene Augsburger mit dem Bomasin-, Leinwand- und Cottondruck beschäftigt. Sie hielten diese Arbeit für eine freie Kunst.

Neuhofer erkannte die Gefahr. Er beschwerte sich beim Rat, daß ihm die beiden „Stümbler", Enderlin und Lauterer, „sein Stücklin Brodt widerumb zimblich entzogen", zumal da Lauterer als lediger Mann billiger arbeiten konnte. Neuhofer wußte, daß „dergleichen Sequaces noch meherer vorhanden". Wenn es rechtens sei, seine Drucktechnik einfach nachzuahmen, werde er sich ständig sorgen müssen, ob nicht auch seine eigenen Ehehalten seine Erfindungen verraten würden. „Und will man anderst haben, dass die Wahr nicht verderbt wird, ihnen sagen muss, wie einem und dem anderen zu helffen, dass es also unmöglich, dass man alles vor ihnen verbergen kan".

Im Februar oder März 1692 entschied er sich, an höchster Stelle um ein kaiserliches Privileg zu bitten, das „auf etliche Jahr" allen anderen Personen in Augsburg „dergleichen Truckery auf Coton und Leinwandt" bei Strafe untersagen solle. Unter Hinweis auf die Risiken, die er eingegangen war, die „grossen Sorgen, Unkosten, Gefahr und Aufsetzung meiner Armuthey", um den Cottondruck aus Holland und England nach Deutschland zu bringen, bat er den Rat um Intercession bei kaiserlicher Majestät.

Als Hans Jakob Enderlin von dieser Bitte Neuhofers um Befürwortung eines kaiserlichen Privilegs für den holländischen Cottondruck erfuhr, wandte er sich seinerseits an den Rat. Unter Seitenhieb auf Georg Neuhofer, der in den Niederlanden „einige wüssenschafft ... expracticirt" habe, und deshalb „ohne Lebensgefahr" nicht mehr dorthin gehen könnte, betonte Enderlin seine eigenen Leistungen. Damals (anscheinend als Georg Neuhofer in den Niederlanden war) hätten ihm verschiedene Kaufleute Muster übergeben, um „dergleichen Stökhe zum Trukhen zu schneiden". Dieser Auftrag habe ihn veranlaßt, „auch dem Drukhen selbsten nachzusinnen". Mit Fleiß und großen Kosten sei es ihm „ein geraume Zeit hero" gelungen, „dergleichen viel Arbeit" zu machen. Er sei bereit, Proben anzufertigen, die mit Neuhofers Arbeit verglichen werden könnten. Anscheinend hatte Enderlin vor allem mit dem „Lederdruckhen" Erfolg gehabt.

Als Neuhofer Enderlins Erfolg sah, habe er angefangen ihn „zu neiden, unchristlich zu schmächen, wider mich zu scalisiern, calumnieren, und zu verleumbden, auch vorzugeben, samb hette ichs von ihme bekommen". Aus Neid habe Neuhofer angefangen, viele fremde Leute anzustellen, „umb solches Drukhen allein an sich zu reissen und die Waid allein abzufrezen, umb hierdurch sein Pralerey fortzusetzen". Enderlin hat wahrscheinlich seine eigene Originalität übertrieben, aber es mag schon stimmen, daß auch er mit den Drucktechniken experimentiert hat.

Enderlin bat den Rat, Neuhofers Gesuch um Intercession beim Kaiser abzuweisen. Falls aber ein kaiserliches Privileg verliehen werden sollte, solle man ihn, Enderlin, mit einschließen. In diesen Tagen hat auch Mathias Lauterer den Rat gebeten, ihm das Drukken weiterhin zu gestatten.

Die Verordneten haben die Bedeutung des Cottondruckes für die Stadt und vor allem für die Weberschaft schnell erkannt. Es sei zu wünschen, „dass dieses Truckhen auff Cotton und Leinwant" in der Stadt verbleibe und nicht an andere Orte komme. Sie suchten deshalb zwischen Neuhofer und Enderlin zu vermitteln und überredeten die beiden tatsächlich, causam communem zu machen und sich gemeinsam um ein kaiserliches Privileg zu bewerben. Die Verordneten empfahlen dem Rate, für die beiden beim Kaiser einzutreten, „damit dieses Coton und Leinwant truckhen wenighst ein gewisse anzahl Jahr bey hiesiger Statt in Flor erhalten, und nicht gemain gemacht werde". Der Rat wollte sich auch beim Kaiser für ein Privileg verwenden. Neuhofer dachte selbst nach Wien zu reisen. Wir wissen nicht, ob er diese Reise gemacht hat. Ein kaiserliches Privileg wurde jedenfalls nicht erteilt.

Inzwischen hatte Enderlin ernsthafte Schritte gegen die beiden Lauterer unternommen. Der junge Lauterer hatte ja das Formschneiden nicht ordnungsgemäß gelernt, sondern sich selbst beigebracht. Auf Betreiben des Enderlin griff daraufhin das Handwerk der Formschneider ein und ließ am 10. März 1692 die Model des Mathias Lauterer beschlagnahmen, auf denen übrigens weder Bilder noch Personen abgebildet waren. Dem älteren Mathias Lauterer wurde das Barchent- und Leinwanddrucken verboten. Die Verordneten entschieden, daß die beiden Lauterer „der sachen nicht recht kundig sein, auch keine ordentliche vocation zu solchem Truckhen und Formschneiden hatten und auch dass wass der neyhofer und Enderli Hierinnen bey weitem nicht praestieren können". Sie sollten ihr erlerntes Bäckerhandwerk treiben.[6]

Der Fall der beiden Lauterer deutet an, dass man sich um diese Zeit noch nicht recht klar war, wer eigentlich drucken dürfe. So mancher Augsburger scheint experimentiert zu haben. Die Folgen waren „confusion und unordnung".

---

[6] 1692, 19. März und 1. April.

Rechtliche Bestimmungen

Der Rat hat daraufhin im Jahre 1693 zu „Erhaltung guter Policey" das Recht zum Bomasin- und Leinwanddruck beschränkt. Seit alters seien ein oder zwei Gewerbe mehr als andere berechtigt, „Stöckh zu fuehren und Wasserfarben zu truckhen". Man hielt es auch für notwendig, die Zahl der Cottondrucker selbst zu beschränken, weil es in Gewerben, „die so viel erfordern, alss wie die Cottondruckereien, höchst nöthig ist, dass deren Zahl determiniert seye, und nicht einem jedem, der lust und einiges Vermögen hat, frey stehen möge, dergleichen zu erwählen, massen die Mänge solcher Fabricanten verursacht, dass keiner recht aufkommt, sondern zuletzt einer mit dem anderen verdirbt". An diesem Prinzip hielt man bis zum Ende der reichsstädtischen Zeit fest.

Der Rat entschied am 11. April 1693, daß künftig nur acht Personen den Cottondruck treiben sollten. Allen anderen, die sich bisher „des Cottontruckens underfangen", wurde das Drucken untersagt.[7] Die acht Cottondrucker scheinen ursprünglich alle wie Jeremias Neuhofer Tuchscherer gewesen zu sein. Auf einmal protestierten die Cramer und Illuministen, daß ihnen auf Grund ihrer Ordnung das Cottondrucken zustehe. Tatsächlich scheint die Cramerordnung eine dahingehende Bestimmung enthalten zu haben. Der Rat entschied deshalb am 25. Juni 1693, daß von den Cramern und Illuministen ebenfalls acht Personen zum Cottondrucken zugelassen werden sollten. Es sollten also insgesamt 16 Cottondrucker in Augsburg arbeiten.

Verleihung von Druckerzeichen

am 11. April 1693:
Jeremais Neuhofer
Daniel Spatz d.Ä.
Johann Neuhofer
Ignatius Spatz
Sebastian Weiss
Mathäus Beyrer
Daniel Spatz d.J.
Hans Jacob Haslach

am 25. Juni 1693:
Victor Mair
Georg Wolhofer
Sebastian Borst
Boas Ulrich
Hans Georg Dempf
Andreas Jungert
Mathis Christel
Joseph Schmidt

Auch die Cottondrucker aus dem Stande der Cramer und Illuministen sollten hinsichtlich Gebühren, Geschau und Ungeld dem Weberhaus unterstehen. Alle 16 mußten sich auf dem Weberhaus einschreiben lassen. Jeder sollte sein eigenes Zeichen führen.

Der Rat sah darauf, daß die konfessionelle Parität eingehalten wurde. Mit Hilfe komplizierter Bestimmungen verteilte man die Druckergerechtigkeit an acht Protestanten und acht Katholiken. Auch im 18. Jahrhundert hat man sich bemüht, die Parität zu wahren. Der Rat erließ im Jahre 1693 auch eine Ordnung für das neue Gewerbe.[8] So sollte für die Cottondrucker eine eigene Geschau auf dem Weberhaus eingerichtet werden. Jeweils vier der 16 Geschaumeister sollten diese Geschau abwechselnd durchführen. Alle

---

7 Unter ihnen war der Färber Johann Georg Greiner. Greiner et consorten hatten 1693 den Kaiser um das Recht gebeten, wie andere Cotton und Bomasin drucken zu dürfen. Geheime Ratsbücher 1693, 3., 15. und 31. Dezember.
8 1693, 25. Juni. Cottondrucker 1650-1760.

Waren, ob sie ganz oder zerschnitten waren, sollten erst an die Druckergeschau, dann an die Färbergeschau gebracht werden.

Das Ungeld, das bei der Druckergeschau gezahlt werden mußte, sollte 1 kr pro Stück betragen. Bei der Färbergeschau sollten dann von Bomasin 2 kr und von Barchent 2 1/2 kr Ungeld erhoben werden.

Der Rat legte auch gleich die Löhne der Drucker fest:
Drucken und Färben von Bomasin   1 fl
Drucken und Färben von schmalem Barchent   52 kr
„von hohen Farben"   nach Übereinkunft.

Jeder Cottondrucker sollte auf dem Weberhaus angeben, wer sein „Einkäufer der rohen Waar" und wer sein Färber war, damit man gleich vorgehen konnte, wenn „Gefährde" geübt wurde. Wenn etwa fremde Ware mit untergemengt war, was verboten war. Die Ordnung enthielt dann noch Bestimmungen über die Anfertigung der Model.

Diese im Jahre 1693 erlassene Ordnung ist aber „weder gleich anfangs, noch hernach in die mindeste Activität und Observanz gekommen". Ungeld wurde zwar von den Cottondruckern erhoben, aber von einer Geschau der gedruckten Tuche ist keine Rede mehr.[9] Im Jahre 1740 wurde allerdings den Deputierten vom Rate befohlen, unter Hinzuziehung von zwei Cottondruckern beider Konfessionen die 13 Punkte von 1693 zu beraten und eine förmliche Ordnung für die Cottondrucker zu verfassen. In Wirklichkeit wurde aber kein Cottondrucker um seine Meinung gefragt, geschweige eine Konferenz gehalten. Das Cottondrucken wurde, wie die Deputierten 1760 sagten, stets als eine freie Kunst betrachtet, die an keine Artikel gebunden war. Niemals habe „in conformitate dieser ... 13 Puncte eine förmbliche Ordnung vor die Cottondrucker verfasst werden können, sondern ist jederzeit die Impracticabilität hiervon eingesehen" worden.[10] Die Cottondrucker waren eben etwas völlig Neues. Sie ließen sich in die traditionellen Gewerbe nicht einreihen.

Im Laufe der Zeit bildeten sich dann aber doch gewisse Regeln, die die Cottondrucker bei Empfang der Gerechtigkeit zu halten versprachen. Jedenfalls bestanden solche Regeln um 1760. So mußten die Cottondrucker versprechen, die Druckergerechtigkeit allein auszuüben. Sie durften mit niemandem eine Societät eingehen oder einen Druck-, Bleich-, Roll-, Bestands- oder anderen Contract abschließen. Es ging also nicht, daß ein verarmter Cottondrucker einen Vertrag mit einem vermögenden Kramer oder Kaufmann schloß, der keine Druckergerechtigkeit hatte, aber auf dem Wege über die Societät nun auch druckte.[11] Die Cottondrucker sollten auch die Druckergerechtigkeit an niemanden

---

[9] Im Jahre 1708 befahl der Rat den Druckern noch einmal, ihre gefärbten und gedruckten Cottone und Bomasine zur Geschau zu bringen. (1708, 9. August. Ratsbuch). Die Cottondrucker erklärten nun, weshalb für sie im Gegensatz zu den Färbern eine Geschau nicht praktisch war. Die Färber könnten ihre Ware bei „gutem Wetter wohl färben, drucknen und heimgeben". Sie, die Cottondrucker, müßten aber ihre Ware nach dem Färben erst wieder auf die Bleiche legen, und bräuchten das gute Wetter zum Gießen und Netzen und „weilen die Waare wider muss weiss gebleicht werden, so begiebt sich, das solch offt biss auf den letzten Tag und Stunde müsse ligen bleiben und dann erst andere fatture in diese oder jene Küste noch gehört, alss könnten wir ohnmöglich auf die Geschau warten". 1710, Weberhausverwaltung 83.

[10] 1760, 16. Oktober. Cottondrucker 1650-1760.

[11] 1759, 12. Oktober. Vertrag Johann Friedrich Reinweilers mit Georg Christoph Deschler. Die „Maria Catharine Espin und Schleichische Raggion" war sicher auch eine solche verbotene Ge-

verkaufen oder verpfänden. Ferner mußten sie sich des Druckens auswärtiger Ware enthalten. Sie durften auch nicht mangen. Die Gebühren für das Empfangen der Druckergerechtigkeit betrugen 8 fl.
Diese Bedingungen wurden aber anscheinend weitgehend mißachtet. Um alle diese Unordnungen einmal gründlich zu regeln, haben sich die Deputierten 1769 eingehend mit den rechtlichen Problemen der Cottondrucker beschäftigt, wie Verkauf, Verpachtung und Vererbung der Druckerzeichen, Societäten und Gebühren. In ihren Empfehlungen schlugen sie vor, daß man künftig keine Ausnahmen mehr zulassen solle, wie die Erlaubnis auf zwei Stöcken zu drucken oder die sogenannten „precarischen Verwilligungen", also wohl die Verleihung von Druckerzeichen außerhalb der Ordnung.

Sie sahen ein, daß der Verkauf und die Verpachtung der Druckerzeichen nicht gut verboten werden konnte, da die Druckerzeichen ja Eigentum waren. Manchmal waren sie auch notwendig, wenn ein Cottondrucker bei seinem Tode unmündige Kinder hinterließ. Aber diese Verträge sollten auf dem Weberhause angezeigt und auch die Bestätigung der Deputierten eingeholt werden. Verkäufe von Druckerzeichen an einen anderen Religionsteil waren ausgeschlossen. Verpachtungen schloß man nicht so ohne weiteres aus. Doch solle der Rat entscheiden, ob ein katholisches Zeichen an einen evangelischen Bürger verpachtet werden könne. Auf alle Fälle müsse bei allen Verpachtungen darauf gesehen werden, daß nicht bloß die Gerechtigkeit, sondern auch Häuser, Bleichen, Rechen, Model und alles Zubehör den Pächtern übergeben werde. Den Pächtern solle andererseits der Bau neuer kostspieliger Gebäude ohne obrigkeitliche Erlaubnis nicht gestattet werden, weil sich dann später doch daraus Klagen und Prozesse ergäben. Weiterhin sollten die Gerechtigkeiten in linea ascendenti et descendenti erblich sein usque ad 4 gradum inclusive. Bei fehlenden Erben sollten sie an die Obrigkeit zurückfallen.

Die Gebühr von 8 fl, die bei Erteilung der Druckergerechtigkeit bezahlt werden mußte, erschien den Deputierten zu gering, da der Wert der Gerechtigkeiten bei Verkäufen oder Verpachtungen auf 1000 fl oder 1200 fl gestiegen sei. Die Gebühr sei so niedrig, weil man früher das Drucken für ein geringes Gewerbe gehalten habe. Da die Drucker aber „in jetzigen Zeiten bis auf den Cavalier sich geschwungen", solle man die Gebühr auf 50 fl erhöhen. Einer der Deputierten, Stetten, meinte, auf 100 fl.[12]

Mit Hilfe dieser Vorschläge hat der Rat dann 1770 neue Richtlinien für die Druckerzeichen erlassen. Erstens einmal wurde gleich die Zahl der Druckereien von je acht auf je zehn der beiden Konfessionen erhöht. Damit trug man den wirklichen Verhältnissen Rechnung, da es sowieso auf protestantischer Seite mehr als acht Druckereien gab. Weiterhin wurde festgelegt, daß die Gerechtigkeit zu drucken nur an eine Person gleicher Religion verkauft oder verpachtet werde könne.

Kauf- und Verpachtungskontrakte mußten dem Weberhaus gemeldet werden. Die Verpachtung sollte sich nicht bloß auf die Druckergerechtigkeit, sondern auch auf Fabrikgebäude, Bleichen, Schiff und Geschirr, neben anderen „fabrique gerätschaften" beziehen. Man solle sich ausdrücklich einigen, wie man es mit „den nötigen und nützlichen Meliorationen" halten wolle. Ohne Erlaubnis der Deputierten dürfe kein Pächter seine „eigentümlichen, unbeweglichen Güter" als „Kotton Fabrique Gebäude" einrichten. An-

---

sellschaft im Jahre 1762. Das Kapital kam anscheinend von der Frau Espin. Die praktische Leitung hatte Christian Schleich. Die Druckerei befand sich im Schelsteinischen Hause.
[12] 1769, 17. August.

scheinend hatte es also eine Menge Streit und Prozesse wegen der Verpachtungen gegeben.

Man beschränkte auch das Recht der Fabrikanten zu bauen. Ohne Erlaubnis der Deputierten sollte kein „Fabrique Gebäude" innerhalb oder außerhalb der Stadt gebaut werden. Außerhalb der Ringmauern sollte abgesehen von Rechen und Bleichen kein Fabrique Gebäude „als Druckers-Stuben, Waarenlager, Pakgewölbe" geduldet werden.

Das Dekret enthielt auch ein Verbot der Societäten unter den Cottondruckern. Societäten waren ja schon spätestens 1761 verboten. Aber die Cottondrucker hielten sich nicht an das Verbot. Die Zahl der verliehenen Druckergerechtigkeiten wurde dadurch in Verwirrung gebracht. Neue Cottondrucker sollten schwören, daß sie sich der hiesigen und ganz besonders der „auswärtigen Societäten und Druckereyen" enthalten würden. Völlig verboten wurden „alle precarische Verwilligung des Kottondruckens auf zwey Stöcken mit Wachs und dergleichen, wie sie Namen haben mögen".

Neue Kottondrucker sollten in Zukunft eine Gebühr von 100 fl zahlen. Die Gerechtigkeit konnte in linea ascendenti und descendenti bei der Familie verbleiben. Ein Grad wurde nicht festgelegt. In der linea collatorali konnte sie aber nur bis zum dritten Grade vererbt werden. Die Erben mußten Bürger sein oder das Bürgerrecht annehmen.[13]

Als die Cottonfabrikanten am 12. November 1770 eidlich erklären sollten, daß sie weder hier noch auswärts eine Societät eingehen würden, kam es zu Widerspruch. Der Rat scheint aber darauf bestanden zu haben, daß alle Cottonfabrikanten die verlangte eidliche Erklärung leisteten.[14] Um so überraschter waren die Deputierten, als sie von dem Unternehmen „Mathäus Schüle UND COMPAGNIE" erfuhren. Sie stellten ausdrücklich fest, daß Schüles socii Jakob Friedrich Schüle und sein Schwager Koch keinen Anteil an dem Druckerzeichen hatten. Aber die Societät ließen sie anscheinend bestehen.

Im Jahre 1787 erfuhren die Deputierten, daß auch Carl Wohnlich, der Besitzer der Stattmillerischen Kottunfabrik „mit mehreren in einer verbotenen Verbindung" stand. Sie wiesen nun darauf hin, daß das Dekret vom 24. Juli 1770 nicht nur das Eingehen in Societäten mit Hiesigen und Fremden, sondern auch den Beitritt in auswärtige Societäten und Druckereien ausdrücklich verbot. Wohnlichs Vertreter argumentierten, daß man zwischen Wohnlich als Handelsmann und als Fabrikanten unterscheiden müsse. Die Cotton-

---

[13] 1770, 24. Juni.
[14] 1770, 13. November. Protokolle 1767-74. Georg Christoph Neuhofer gab zu Protokoll, er hoffe nicht, daß der Rat Societäten mit Kindern, Geschwistern und Schwagern verbieten werde. Die anderen Cottonfabrikanten schlossen sich dieser Erklärung an. Mathäus Schüle sagte, er benötige zu seiner Fabrique eigentlich keine Compagnie. Aber zu seiner „Handelschaft" und den damit verbundenen Messegeschäften sei „ein oder andere Compagnie" unentbehrlich, „um so mehr als er die ausstehenden Warenlager und Credit nicht einem jeden Bedienten anvertrauen kan". Auch Bayersdorf weigerte sich unter Hinweis auf das Beispiel J.H. Schüles sich zu verpflichten, niemals eine Societät einzugehen. Die folgenden Cottonfabrikanten erschienen am 12. November 1770: Georg Christoph Neuhofer, Johann Christoph Apfel, Veit Jeremias Adam, Johann Friedrich Steinhardt nomine des Carl Heinrich Bayersdorf, Jakob Friedrich Schüle nomine des Johann Mathäus Schüle, Ernst Christian Harder, Johann Heinrich Kaufmann nomine des Georg Christoph Gleich, Jacob Preumair, Christian Preumair, Paulus Heichele, Joseph Reinweiler, Andreas Meichelbeck. Die verlangte Erklärung wurde ohne weiteres geleistet von der Witwe Magdalena Deschlerin und von Felix Friedrich Fehe, der die Daniel Erdingerische Druckergerechtigkeit auf 20 Jahre gepachtet hatte. 1770, 16. September, 20. November, 20. Dezember.

fabrik sei allein Eigentum des Carl Wohnlich. Er sei allein für sie verantwortlich. Keiner der Sociorum habe einen Anspruch auf die Fabrik.

Unter diesen Verhältnissen hat der Rat dann dem Carl Wohnlich erlaubt, mit seinem Bruder in Pforzheim hinsichtlich ihres Cottonhandels mit einander in Gemeinschaft zu stehen. Die Gemeinschaft bezog sich aber nur auf Gegenstände des Handels. Carl Wohnlich allein trug die Verantwortung für die die Fabrik angehenden Geschäfte.[15]

Als aber dann ein Jahr später Georg Christoph Debler die Neuhoferische Cottonfabrik kaufte, mit Alois Brentano eine Societät in medio einging und beide um Erteilung der Druckergerechtigkeit baten, lehnten die Deputierten die Bitte ab und wiesen die beiden an den Rat. Allerdings ließen die Deputierten die Möglichkeit offen, daß man in diesem Falle wie in dem Falle des Carl Wohnlich vorgehen könne. Als Käufer und Inhaber der Neuhoferischen Fabrik solle Debler allein, ohne Hinzuziehung des Brentano, für alle die Fabrik betreffenden „Verfallenheiten und Obligationen" die Verantwortung auf sich nehmen. Unter diesen Bedingungen könne man dem Debler das 10. katholische Druckerzeichen übergeben. Der Rat hat dann tatsächlich das Druckerzeichen allein auf Debler als den Käufer der Neuhoferischen Kottonfabrik ausgestellt.

Die Deputierten empfahlen, das Regulativ vom 24. Juli 1770 dem Stadtgericht mitzuteilen, damit bei Versteigerungen von Fabrikgebäuden die Kauflustigen schon vor dem Kauf von dem Verbot aller Societäten informiert werden könnten.[16] Den Deputierten war also nicht wohl, daß es trotz des Verbotes Societäten unter den Cottondruckern gab, wenn auch in verdeckter Form.

Gelegentlich hören wir von Käufen von Druckerzeichen. Der Kaufpreis lag bei 1000 fl oder etwas darüber. Nur in einem Falle wurde die Gerechtigkeit für 340 fl verkauft. Wir wissen nicht, ob hier auch Gebäude, Druckeinrichtung und die Bleiche in den Verkaufspreis mit eingeschlossen war.

Käufer	Zeichen des Verkäufers	Datum	Preis
Bayersdorf	Lobeck	17. Jan. 1769	1200 fl
Mathäus Schüle	Joh. Georg Seuter	4. März 1769	1250 fl
Veit Jeremias Adam	Daniel Jungert	11. Okt. 1768	1000 fl
Nikolaus Götz	Johann Friedr. Reinweiler	29. April 1771	340 fl
Franz Joseph Bader	Andreas Meichelbeck	1784	

In zwei anderen Fällen war der Verkaufspreis mit 8500 fl bzw. 6350 fl sehr viel höher, weil auch die Häuser, Farbkessel, Rollen, Model und Bleichen verkauft wurden.[17] Die Kaufverträge mußten von den Deputierten bestätigt werden.

Wer drucken wollte, mußte offensichtlich viel Geld haben. So erklären sich auch die Versuche, durch die Bildung von Societäten das Kapital zu vergrößern. Manchmal wurden auch Druckerzeichen verpachtet, etwa wenn der eigentliche Besitzer noch minderjährig war oder nicht genügend Capital hatte, um selber zu drucken. Die Dauer der Pacht wurde im Pachtvertrag festgelegt: etwa ein Jahr, oder 5 oder 6 oder sogar 12 Jahre oder

---

[15] 1787, 20. August.
[16] 1788, 23. und 26. Januar. Protokolle 1788-1792.
[17] So wollte Johann Georg Erdinger diese Einrichtungen seinem Sohne Abraham vor 1758 für 8500 fl verkaufen. Und Dorothea Seuterin verkaufte ihre „Fabrique" und Wohnung in der Sachsengasse im Jahre 1758 dem Michael Schwehle für 6350 fl.

bis zur Volljährigkeit des Besitzers, etwa der Tochter eines verstorbenen Cottondruckers. Der jährliche Pachtzins lag häufig zwischen 25 fl und 60 fl. Mathäus Schüle zahlte allerdings eine Pacht von 200 fl jährlich. Vielleicht war hier nicht nur das Zeichen, sondern auch die Werkstatt verpachtet.

Verpachtungen von Druckerzeichen

Pächter	Verpächter	Pacht pro Jahr	wie lange	Jahr
J.D. Müller	Fr.J.St. Heichele	50 fl	Volljährigkeit	1763
Paulus Heichele	J.Fr. Reinweiler	30 fl	6 Jahre	1766
Abraham Deschler	Ch. Schleich	50 fl	12 Jahre	1763
Mathäus Schüle	J.D. Erdinger	200 fl	6 Jahre	1762
Mathäus Schüle	J.D. Erdinger	150 fl	1 Jahre	1768
Bayersdorf, Carl Heinrich	Frau des Friedrich Erdinger	60 fl	5 Jahre	1768
Abraham Deschler	Christian Schleich	50 fl	12 Jahre	1766
Michael Schwehle	Tochter des J.G. Seuter	25 fl	Volljährigkeit	1758
Ernst Harder	J.G. Seuters Tochter	30 fl	Volljährigkeit	1763

Wenn ein Cottondrucker zwei oder mehr Söhne hatte, konnte er ihnen natürlich nicht „separate fabriquen" geben, da er ja nur ein einziges Druckerzeichen besaß. Mancher Cottondrucker soll sich deshalb entschlossen haben, seine Söhne „in eine compagnie zu setzen". Aber so etwas verstieß ja auch gegen das Verbot von Societäten.

Manchmal kam es vor, daß ein alter Drucker oder dessen Witwe die Druckgerechtigkeit ihren Kindern übergaben, aber sich ein gewisses Recht zu drucken vorbehielten.[18] Sie wahrten sich auf diese Weise ihre wirtschaftliche Unabhängigkeit.

Ein schweres Problem vor allem für Kaufleute war der Bankrott von Cottondruckern. In den Jahren vor 1774 hatten die Cottondrucker Gleich, Bayersdorf und Neuhofer Bankrott gemacht. Die Kaufleute forderten nun, daß ein bankrotter Cottondrucker wie auch seine Frau und seine Kinder 20 Jahre lang die Gerechtigkeit verloren haben sollten. Von seiten der Kaufleutestube forderte man sogar, daß bei „ausbrechender Insolvenz" den Cottondruckern wie auch ihren Frauen, Kindern und Erben das Druckerzeichen überhaupt weggenommen werden solle.

Üblich waren allerdings Vergleiche zwischen den Gläubigern und den bankrotten Cottondruckern. So hatte das Stadtgericht auf Bitte der Gläubiger, die sich mit den Bankrotteuren verglichen hatten, den Fabrikanten Gleich, Bayersdorf und Neuhofer oder deren Frauen erlaubt, weiter zu drucken, um auf diese Weise wenigstens einen Teil ihrer Schulden zurückzahlen zu können.

Angesichts des scharfen Konkurrenzkampfes ist es kein Wunder, daß die Cottondrucker sich mit allen Mitteln dagegen wehrten, daß Druckgerechtigkeiten außer der Reihe verliehen würden. Den ersten größeren Fall dieser Art gab es im Jahre 1739, als Johann

---

[18] Die Witwe des Johann Georg Seuter behielt sich das Blaudrucken auf einem Druckstock vor, der alte Johann Georg Erdinger das Blaudrucken auf zwei Druckstöcken. (1762, 1. Februar).

Peter Schumacher, ein ehemaliger „fabrique bedienter" des Jean François Gignoux, seine eigene „Cottonfabrique" aufmachen wollte. Trotz des heftigen Widerstandes der Cottonfabrikanten erlaubte der Rat dem Schumacher schließlich im Jahre 1740 die Gründung einer Fabrik. Fünf Jahre später, 1745, wandten sich die Fabrikanten verärgert dagegen, daß Daniel Spatz über eine Druckergerechtigkeit verfügen wollte, obwohl er 30 Jahre lang nicht gedruckt hatte. Im Jahre 1758 protestierten die Fabrikanten, wie wir noch sehen werden, gegen die Verleihung eines katholischen Druckerzeichens an J.H. Schüle. Nachdem er ein Zeichen erhalten hatte, war auch Schüle strikt dagegen, daß anderen Kaufleuten ein Druckerzeichen gegeben würde.

Herkunft und Namen der Cottondrucker

Die ersten Handwerker, die im April 1693 ein Druckerzeichen erhielten, waren anscheinend alle Tuchscherer.[19] Die acht Personen, die im Juni 1693 ein Druckerzeichen erhielten, gehörten dagegen verschiedenen Gewerben an. Unter ihnen waren zwei Maler, ein Formschneider, ein Färber, ein Nestler und ein Kramer.

Gewerbe der ersten Cottondrucker

Tuchscherer:	Jeremias Neuhofer
	Daniel Spatz, d.Ä.
	Daniel Spatz, d.J.
	Ignatius Spatz
	Sebastian Weiss
	Mathäus Beyrer
	Hans Jacob Haslach
Maler:	Georg Wolhofer
	Sebastian Borst
Formschneider:	Boas Ulrich
Färber:	Hans Georg Dempf
Nestler:	Andreas Jungert
Kramer:	Joseph Schmidt
unbekannt:	Johann Neuhofer
	Victor Mair
	Mathis Christel

Keiner dieser frühen Cottondrucker war reich. Elf von ihnen zahlten eine Vermögenssteuer von weniger als 1 fl. Sie waren also Handwerker mit kleinem Besitz. Nur zwei zahlten eine Steuer von etwas mehr als 2 fl und hatten also einen mittleren Besitz.

Jeremias Neuhofer selber war auch ein kleinerer Handwerker. Im Jahre 1692 zahlte er eine Steuer von 47 kr. Der Wert seines Vermögens dürfte also zwischen 156 fl und 312 fl gelegen haben. Es war also wirklich kein großes Vermögen. Man wird seiner Behauptung

---

[19] Unbekannt ist das Gewerbe des Johann Neuhofer. Es war anscheinend nicht Johann, sondern Georg, den Jeremias Neuhofer zweimal nach Holland schickte. Georg wird 1691 als Goldschlager im Hochzeitamtsprotokoll aufgeführt. Georg erhielt aber 1693 kein Druckerzeichen.

glauben können, er habe seinen ganzen Besitz zu Geld gemacht, um seinen Bruder nach Holland zu schicken.

Die bescheidenen Vermögensverhältnisse mögen ein Grund dafür sein, daß diese Leute mit dem Cottondruck experimentierten und sich um die Druckergerechtigkeit bewarben. Für Leute, die von Farben und vom Druck etwas verstanden, schienen sich hier große Möglichkeiten zu bieten. Sind die ersten Drucker dann auch reich geworden?

Jeremias Neuhofer machte in den ersten Jahren schöne Gewinne. Seine Vermögenssteuer hat sich von 1692 bis 1698 verdreifacht, von 45 kr auf 2 fl 25 kr. Sein Vermögen belief sich im Jahre 1698 auf rund 500 fl bis 1000 fl. Aber dann kamen Schwierigkeiten. Anscheinend hat er zu große Schulden aufgenommen. Jedenfalls hat er im Laufe des Jahres 1701 die Stadt verlassen. Verschiedene Färber, die ihm Geld geliehen hatten und denen er auch Lohn für Arbeit schuldete, sollen schwer geschädigt worden sein. Im Steuerbuch von 1701 steht am Rande seines Steuereintrags: „ab hinweckgezogen". Im Jahre 1702 heißt es: „ab. hinweck gezogen. alles ab". Die Steuer, die er für die Jahre 1700 und 1701 schuldete, wurde nachträglich im Februar 1703 gezahlt. Noch Jahre später erinnerten die Färber daran, daß so mancher Cottondrucker, der sich angemaßt hatte zu färben, wegen seiner Schulden alles verlassen mußte. Neuhofer kam zwar fünf Jahre später wieder nach Augsburg zurück und versteuerte einen Besitz von 150 fl bis 300 fl. Aber zu Reichtum ist Jeremias Neuhofer durch den Cottondruck nicht gelangt. Er starb wohl 1711 oder kurz davor. Und die anderen Cottondrucker?

Einige der ersten Cottondrucker haben ihren Besitz tatsächlich vergrößert. Der erfolgreichste war Andreas Jungert, der im Jahre 1692 ein Vermögen von 100 bis 200 fl besaß, im Jahre 1716 aber einen Besitz zwischen 2900 fl und 5800 fl versteuerte. Die anderen, wie Johann Neuhofer, Daniel Spatz, Hans Jakob Haslach, Victor Mair, Mathäus Beyrer, Sebastian Borst und Boas Ulrich haben zwar ihren Besitz auch vergrößert, aber bei weitem nicht in dem Maße wie Jungert. Wieder andere wie Ignatius Spatz, Daniel Spatz d.Ä., Sebastian Weiss, Georg David Wolhofer haben ihren Besitz nur ganz geringfügig vermehrt, wenn überhaupt. Wir wissen ja auch nicht, ob sie alle druckten. Die Färber erklärten jedenfalls im Jahre 1703, daß die zum Drucken zugelassenen Leute „bald anfangen und bald aufhören" und daß dadurch „beym Weberhaus nichts dann unruhe und zwiespalt entstanden".

Alle diese frühen Cottondrucker trieben das neue Gewerbe als Handwerker. Von „Cottonfabrikanten" kann noch keine Rede sein. Einige hatten einen gewissen Erfolg. Aber von großen Vermögen oder riesigen Gewinnen merkt man wenig.

Die Vermögensentwicklung der ersten Cottondrucker
Steuerleistung:

Jeremias Neuhofer	1692: 47 kr	
	1698: 2 fl 25 kr	
	1707: 45 kr	
Johann Neuhofer	1692: 25 kr	oder 1692: 25 kr
	1707: 2 fl 45 kr	1707: 30 kr
Daniel Spatz d.Ä.	1692: 2 fl 10 kr	
	1698: 2 fl 10 kr	
Daniel Spatz d.J.	1692: 32 kr	

	1707: 1 fl 52 kr
Ignatius Spatz	1692: 28 kr
	1698: 36 kr
Sebastian Weiss	1692: 31 kr
	1714: 51 kr
Hans Jacob Haslach	1692: 31 kr
	1716: 2 fl
Mathäus Beyrer	1692: 40 kr
	1707: 1 fl
	1711: 45 kr
Victor Mair	1698: 3 fl 25 kr
	1702: 7 fl 45 kr
Georg David Wolhofer	1692: 36 kr
	1698: 36 kr
Sebastian Borst	1692: 2 fl 10 kr
	1714: 4 fl 15 kr
Boas Ulrich	1692: 40 kr
	1707: 4 fl 30 kr
Georg Hans Dempf	1692: 40 kr? oder: 6 fl 40 kr
Andreas Jungert	1692: 34 kr
	1716: 14 fl 35 kr
Mathis Christel	
Josef Schmidt	40 kr

Im Jahre 1710 haben zehn Cottondrucker in einer Eingabe betont, wie sie sich bemüht hatten, „mit allerhand neuen Inventionen von Farben und opern hiesige Cottone und Bombasin in aestim zu bringen":[20]

Andreas Jungert	Georg Erdinger
Georg Dempf sel. Erben	Johann Jakob Senftel
Georg Neuhofer	Mathäus Beyrer
Johannes Apfel	Sebastian Weiss
Tobias Gotthard Lobeck	
Johann Georg Boppe	

Fünf dieser Cottondrucker (Apfel, Lobeck, Boppe, Erdinger und Senftel) haben das Recht zu drucken erst nach 1693 erhalten. In der Tat begegnet uns um 1716 eine zweite Generation von Cottondruckern. Nach dem Tode der ersten Drucker waren also wieder Druckerzeichen verliehen worden. Wir wissen aber nicht, wann diese Leute ihr Druckerzeichen erhielten. Auf jeden Fall hatten auch sie, als sie das erste Mal Vermögenssteuer zahlten, einen sehr bescheidenen Besitz. Es waren Handwerker in kleinen Verhältnissen. Einige haben aber dann von einer geschworenen Steuer zur anderen ihren Besitz vergrößert. Am spektakulärsten ist die Entwicklung bei Johann Apfel. Er begann im Jahre 1698 mit einem Besitz von weniger als 200 fl. Im Jahre 1716 war er ein sehr reicher Mann, dessen Vermögen zwischen 10 200 und 20 400 fl betrug. Dieser Cottondrucker hatte wirklich ein Vermögen erworben. Georg Neuhofer, der Goldschlager, der 1693 nicht unter den Cottondruckern war, hat in den folgenden Jahren ebenfalls angefangen zu druk-

---

[20] 1710, Weberhausverwaltung 83.

ken. Im Jahre 1698 besaß er bloß zwischen 80 und 160 fl. Er muß dann erhebliche Gewinne gemacht haben, denn im Jahre 1716 besaß er zwischen 1750 und 3500 fl. Im Gegensatz zu seinem Bruder hat er mit dem Cottondruck ein mittleres Vermögen erworben. Auch Erdinger und Senftel machten Gewinne, wenn auch bei weitem nicht so große wie die anderen. Auf jeden Fall haben diese Cottondrucker der zweiten Generation mit dem Cottondruck wesentlich mehr Geld verdient als die der ersten. Vielleicht hing der größere Gewinn mit einer verbesserten Technik zusammen, nachdem die ersten Schwierigkeiten überwunden waren.

Vermögenssteuer der zweiten Generation von Cottondruckern[21]
Steuer 1716:

Johannes Apfel, Kattundrucker	51 fl 45 kr
Johann Christof Apfel, Kattundrucker	4 fl 30 kr
Tobias Gotthard Lobeck, Kattundrucker	16 fl 30 kr
Johann Georg Boppe, Kattundrucker	45 kr
Georg Erdinger, Tuchscherer	5 fl 30 kr
Johann Jakob Senftel, Silberstecher	1 fl 30 kr
Georg Abraham Neuhofer, Goldschlager, Kattundrucker	8 fl 45 kr
Paul Jakob Hartmann, Kattundrucker	1 fl 45 kr
Johann Jörg Seuter, Formschneider	45 kr
Johann Friedrich Reinweiler, Färber	2 fl 58 kr oder 4 fl 30 kr

Die meisten von ihnen werden im Steuerbuch bereits als Kattundrucker bezeichnet. Einige waren ursprünglich Tuchscherer, Silberstecher, Formschneider und Färber. Aus den Jahren 1739/40 sind uns die folgenden Cottondrucker bekannt:

Johann Georg Seuters Wittib
Jean François Gignoux
Johann Ulrich Reinweiler
Johann Abraham Erdinger
Witwe des Lobeck
Johann Christoph Apfel
Georg Abraham Neuhofer
Georg Erdinger
Paul Jakob Hartmann
(Dem Färber Anton Kleiber wurde am 1. September 1739 die Druckergerechtigkeit verliehen).

Die Drucker betonten in mehreren Eingaben, daß sie in den letzten Jahren nicht bloß ihre Fabrique Häuser vergrößert und ihre Bleichen durch neue Gärten erweitert hatten, sondern auch weit mehr Arbeitsleute ausgebildet hatten. Sie hätten auch einen Vorrat von Ware aus eigenen Mitteln angelegt. Sie arbeiteten also nicht mehr bloß auf Kommission.

---

[21] Vermögensentwicklung der Cottondrucker der zweiten Generation siehe Tabelle S. 561.

Aber nach Meinung der Deputierten waren die Verhältnisse durchaus nicht so rosig. Die 16 Gerechtigkeiten würden nicht in effectu et activitate ausgeübt. Die Hälfte der Drucker arbeite nicht oder könne die Druckerei nicht zum Nutzen der Kaufmannschaft betreiben, weil ihnen die Mittel fehlten, sich Werkzeuge anzuschaffen, „umb was schönes nach jetziger zeit und modi, wo man beständig neue façon haben will, verfertigen zu können". Die bemittelten Drucker handelten mit ihren eigenen Waren und druckten um so weniger um Lohn für die Kaufleute. Diese Drucker würden deshalb auch „die schönste und neuste façon und operen auf ihr eigene Ware zuerst appliciren" und auf ihr eigenes Interesse sehen. Sie führten also die Aufträge für die Kaufleute nicht rechtzeitig aus. Dazu käme, daß jetzt viele tausend Stücke mehr als im Jahre 1693 angefertigt würden und sich auch die Qualität der Ware geändert habe. Dennoch bestanden die Cottondrucker darauf, daß die Zahl der acht evangelischen und acht katholischen Gerechtigkeiten nicht vergrößert werden dürfe. Die Beschränkung der Druckerzeichen war wohl eine der wenigen Bestimmungen, die die Cottondrucker aus wohlverstandenem Interesse ernst nahmen.

Auch die Deputierten haben von 1693 bis 1740 genau darauf gesehen, daß nur acht AC und acht katholische Druckerzeichen verliehen wurden. 1740 wurde den Deputierten ausdrücklich befohlen, darüber zu beraten, wie die Zahl der acht katholischen und acht evangelischen Druckerzeichen beibehalten werden könne. Aber gerade zu dieser Zeit begann man Ausnahmen zu machen. Und zwar verlieh man einzelnen Evangelischen katholische Zeichen. 1739 bat ein Johann Peter Schumacher, der die Tochter des Cottonfabrikanten Lobeck heiraten wollte, um Erlaubnis, drucken zu dürfen, aber die anderen acht Fabrikanten waren sofort dagegen: in der jetzigen „fatalen periodo" seien zwei oder drei Fabriken imstande, alle Aufträge zu erfüllen. Schumacher ließ sich aber nicht abwimmeln. Er wollte nun die Gerechtigkeit der Witwe Senftlin übernehmen und keine neue Druckerei gründen. Die Kaufleute unterstützten seine Bitte, da die Fabrikanten ihren eigenen Handel betrieben und sie nicht mit genügend Ware belieferten. Auch die Weber verwandten sich für Schumacher.

Die Cottonfabrikanten bestritten nun, daß die alte Witwe Senftlin überhaupt ein Druckerzeichen besaß. Wenn die Kaufleute mehr Fabriken wollten, dann nur, um die Fabrikanten nach ihrer Pfeife tanzen zu lassen. Wenn die Weber jetzt Not litten, dann nicht, weil es zu wenige Fabriken gab, sondern weil in ganz Europa eine „nahrungslose Zeit" herrschte. Dennoch verlieh der Rat dem Schumacher 1740 eine vacante Druckergerechtigkeit per modum precarii, um das „importante Cotton und Bombasin Fabrique Negotium" wieder zu beleben. Doch sollte sich Schumacher so bald wie möglich um eine frei werdende evangelische Gerechtigkeit bemühen. Der Rat hatte hiermit einen Präzedenzfall geschaffen, auf den sich künftige Bewerber auch berufen sollten.[22]

---

[22] Im Falle des Tuchscherers Daniel Spatz war man schwieriger. Spatz hatte 1715 nach dem Tode seines Vaters die Druckergerechtigkeit erhalten. Er arbeitete drei Jahre lang, 1715 bis 1717, als Cottondrucker, hatte aber nicht genügend Capital, um eine eigene Bleiche zu erwerben und konnte deshalb „mit den anderen Cottondruckern nicht nachkommen". Er wandte sich deshalb wieder dem Tuchscheren zu.
Dreißig Jahre später, 1745, wollte er nun die Druckergerechtigkeit seinem Schwiegersohn Daniel Schmid übertragen. Die Cottondrucker und auch die Deputierten haben dies sofort abgelehnt. Da er die Druckerei 30 Jahre lang nicht ausgeübt habe, sei sein Recht erloschen. Die rechtliche Seite war aber doch nicht ganz klar. So kam man ihm entgegen: wenn zwei der neun bestehenden Ge-

1754 wurde wieder eine Ausnahme gemacht. Als die Witwe des Abraham Erdinger den Handelsman Lorenz Christoph Buschmann heiratete, gestatteten ihm die katholischen Deputierten, unter dem Namen des Cottondruckers Johann Friedrich Reinweiler ein katholisches Druckerzeichen einige Jahre lang auszuüben.[23]

1758 erlaubten die katholischen Deputierten auch der ledigen Maria Magdalena Seuterin das 7. vacante katholische Druckerzeichen in precarium usque ad recovationem zu führen. Der Grund hierfür war, daß im Vergleich zu den 11 AC Druckerzeichen, nur 7 katholische geführt würden, und auch diese „wegen Abgangs der Mittel" ohne Erfolg.[24]

Angesichts dieser drei Präzedenzfälle waren die Deputierten auch 1758 bereit, dem evangelischen Handelsmann J.H. Schüle das vacante 8. katholische Druckerzeichen auf 12 Jahre zu überlassen. Doch hierüber später. Auf jeden Fall hatten diese außergewöhnlichen Verleihungen zu einer gewissen Unordnung geführt.

Streit gab es wegen der Gignoux. Man beschuldigte sie im Jahre 1753, aus einer einzigen Gerechtigkeit drei machen zu wollen. Im Jahre 1749 habe der jüngere Sohn des

---

rechtigkeiten abgehen sollten, sollte er sich für seinen Schwiegersohn um die achte bewerben. (1746, 26. Mai). Dieser Fall ist in den folgenden sieben Jahren nicht eingetreten. Als Daniel Schmid trotzdem einfach druckte, wurde ihm dies untersagt. (1753, 8. Mai).

[23] Georg Erdinger hatte sein Zeichen um 1710 für 100 fl gekauft. Im Jahre 1732 wurde das vacante Zeichen des Sebastian Weiss dem älteren Sohne des Georg Erdinger, Abraham Erdinger, für 8 fl verkauft. Der alte Georg Erdinger überließ sein eigenes Zeichen am 18. März 1748 seinem jüngeren Sohne, Johann Daniel Erdinger, gegen 8 fl. Im Jahre 1751 starb aber Abraham Erdinger und hinterließ drei Waisen, Emanuel, Maria Magdalena und Elisabeth. Der alte Erdinger bat nun mit Einwilligung seiner Schwiegertochter, ihm das Druckerzeichen seiner Enkelkinder bis zu deren Volljährigkeit zu verleihen, was dann auch am 3. November 1751 bewilligt wurde.
Die verwitwete Abraham Erdingerin, die Schwiegertochter, heiratete den Handelsmann Lorenz Christoph Buschmann. Die Deputierten erlaubten nun diesem Buschmann, unter dem Namen des Cottondruckers Johann Friedrich Reinweiler ein katholisches Druckerzeichen einige Jahre lang zu führen. Buschmann hat daraufhin in den folgenden Jahren gedruckt, obwohl er ursprünglich Kaufmann war.
Am 14. Juli 1760 bat die Tochter des Abraham Erdinger, Maria Magdalena, unter Einwilligung ihres Großvaters Georg Erdinger, das bisher von diesem geführte Zeichen, also das ehemals Weissische Zeichen, auf sie zu schreiben. Sie wollte den Conrad Glon heiraten, aber die Sache zerschlug sich. Am 1. Februar 1762 wurde das Zeichen auf sie geschrieben, als sie sich mit Christian Schleich verlobte. Das Weissische Zeichen war damit auf die Schleichischen Eheleute gekommen.
Im Jahre 1765 verpachteten die Schleichischen Eheleute das Zeichen dem Abraham Deschler bestandsweise für 12 Jahre. Als dann später die Schleichischen Eheleute aus der Stadt entwichen, verloren sie nach Auffassung der Deputierten das Bürgerrecht und die Druckergerechtigkeit. Auch der Pächter, Abraham Deschler, habe „wegen nicht bezahlter Pachtgelder" die Druckergerechtigkeit verloren. Das vacante Zeichen wurde dem Christian Ernst Harder überlassen. Als auch er die Stadt verließ, fiel das Zeichen dem Weberhause anheim und wurde am 24. Juli 1770 für vacant erklärt.

[24] Als die verwitwete Cottondruckerin Dorothea Seuterin nach dem Tode ihrer Schwiegermutter, der Cottondruckerin Johann Georg Seuterin, ihrer ledigen Schwägerin, Maria Magdalena Seuterin nicht gestatten wollte, die von ihrer verstorbenen Mutter in Arbeit genommenen 70 Stück auf ihrer Mutter Stock blau aufzudrucken, erlaubten die Deputierten der Maria Magdalena Seuterin am 19. April 1758 das 7. vacante katholische Druckerzeichen als ein precarium usque ad revocationem zu führen. Diese Concession wurde jedoch aufgehoben, als sie sich mit dem Kramer Georg Christoph Deschler verheiratete.

Johann Franz Gignoux, Anton Christoph, eine neue und aparte Druckerei aufgemacht unter dem Vorwand, er drucke für seinen Vater, der ihm das Blaudrucken übertragen habe. Es gab also jetzt zwei Werkstätten der Gignoux. Später zeigte sich, daß dieser Sohn ein größeres Quantum gefärbter Ware anfertigte als andere. Der zweite Sohn des Gignoux, Johann Friedrich, fing dann auch selbständig zu drucken an.

Im Jahre 1753 wurde nun gesagt, der alte Gignoux hätte seine Söhne zu sich in Compagnie nehmen sollen, wie Apfel es mit seinem Sohne getan habe. „Abgang des benöthigten Platzes" sei keine genügende Begründung.

Der alte Gignoux scheint erwidert zu haben, er könne seine Söhne nicht zu sich in Compagnie nehmen, da jeder von ihnen seine „a parte Fabric, wohnung, werkstatt, arbeit, stube- und arbeitsleuthe und lohn" führe. Wegen der „besonderen Geschicklichkeit" des alten Gignoux erlaubte man schließlich seinen beiden Söhnen das Druckerzeichen gemeinsam mit ihrem Vater zu führen und in ihren eigenen Häusern zu drucken.[25]

Alle diese Unregelmäßigkeiten hatten dazu geführt, daß es im Jahre 1758 insgesamt 11 protestantische und 6 katholische Druckerzeichen gab.

Protestantische Druckerzeichen:

Georg Abraham Neuhofer
Johann Christoph Apfel
Paul Jacob Hartman, nomine des Jungert
die verwitwete Dorothea Seuterin, nun Schwehle
Abraham Lobeck
Johann Georg Erdinger d.Ä.
Daniel Erdinger
Jean François Gignoux
Anton Christoph Gignoux
Johann Friedrich Gignoux
Johannes Buschmann

Katholische Druckerzeichen:

Johann Jacob Preumair d.Ä.
Andreas Meichelbeck
Franz Jacob Heichele
Johann Friedrich Reinweiler
Johann Jacob Preumair d.J.
Johann Peter Schumacher

Obwohl es also viele Drucker gab, waren sie doch nicht alle erfolgreich. Die Deputierten sagten, daß die Druckerzeichen AC mit success, die katholischen aber „mit schlechtem Vorteil" ausgeübt würden. Vor allem Preumair, Meichelbeck, Heichele und Reinweiler übten ihr Gewerbe „wegen Abgang der Mittel" schlecht aus.[26]

Am 30. August 1763 setzte der Rat eine Kommission ein, die die Verwirrung bei den Druckerzeichen beseitigen sollte. Sie stellte fest, daß sieben katholische und zehn evan-

---

[25] 1753, 26. März.
[26] 1760, 10. Oktober. Cottondrucker 1650-1760.

gelische Drucker arbeiteten. Darüber hinaus arbeiteten connivendo noch zwei weitere Personen, obwohl sie kein Zeichen hatten (Johann Georg Erdinger auf zwei Stöcken mit Wachs und Johann Georg Deschler). Die Zahl der Cottondrucker war also auf 19 gestiegen.

Eine namentliche Aufzählung der Drucker, die wohl aus dem Jahre 1764 stammt, führt allerdings 16 Cottondrucker auf. Und zwar neun evangelische und sieben katholische.

Evangelische Drucker:

1) Georg Abraham Neuhofer
2) Johann Christoph Apfel
3) Johann Daniel Jungert
4) Daniel Erdinger
5) Abraham Lobeck
6) Des Johann Georg Seuters minorennes Kind Regina Barbara
7) Anton Christoph Gignoux
8) Christian Schleich (Erdingers Tochtermann)
9) Johann Peter Schumacher, nun Veit Jeremias Adam
   (als super numerarius dem catholischen theil unpraejudizierlich. Dekret 31. Dezember 1740)

Katholische Drucker:

1) Johann Heinrich Schüle auf 12 Jahre. (Schüle war Protestant, hatte aber ein katholisches Zeichen erhalten).
2) Andreas Meichelbeck
3) Johann Ulrich Reinweiler
4) Friedrich Reinweiler
5) Jakob Preumair
6) Jacob Preumair
7) Johann Sebastian Magg

Es fällt auf, daß einige bekannte Familien, die schon Ende des 17. Jahrhunderts oder in der ersten Hälfte des 18. Jahrhunderts gedruckt hatten, wie die Neuhofer, Apfel, Erdinger und Gignoux, auch jetzt in diesem Geschäft waren. Alle waren evangelisch. Und alle scheinen führende Cottonfabrikanten gewesen zu sein.

Außerdem wurden noch einige protestantische Drucker aufgeführt, deren Berechtigung nicht ganz klar war.

1) Paul Jacob Hartmann (hatte 30 Jahre lang das Jungertsche Haus gepachtet. Seit einigen Jahren war die Pacht gekündigt worden. Er druckte jetzt ohne ein Zeichen zu haben).
2) Georg Christoph Deschler. (Hatte die Seuterische Tochter geheiratet).
3) Georg Christoph Gleich (hat laut Dekret vom 26. Januar 1762 die „possession und direction der fabrique, doch salvo tamen jure eius in petitorio gesetzt worden").
4) Mathäus Schüle (Das Erdingerische Druckerzeichen auf 6 Jahre gepachtet).
5) Michael Schwehle (hat das väterliche Druckerzeichen der Regina Barbara Seuterin gepachtet bis zu deren Mündigkeit. Druckte aber zur Zeit nicht).

6) Ernst Christian Harder.
7) Johannes Buschmann. Hat früher gedruckt. Mußte das Drucken wegen Armut aufgeben.

Diese Leute hatten Modelschneider, Druckerinnen, Stückreiber, Pressen, Rollen und Bleichen und machten die Arbeiten eines berechtigten Druckers.

Dazu kam noch ein anderes Problem. Im Jahre 1737 hatte der Rat das Verhältnis zwischen Kaufleuten und Cottondruckern grundsätzlich geregelt. Es war nicht mehr erlaubt, neben einer Handlung eine Cottondruckerei zu führen und umgekehrt, also zwei Gerechtigkeiten auszuüben. Die Kaufleute haben daraufhin den Cottondruckern die Appretierung ihrer Weberwaren überlassen. So blieb es, bis der Handelsmann Schüle im Jahre 1758 auch eine Druckergerechtigkeit erhielt. Andere Kaufleute kamen nun auf den Gedanken, daß auch sie tun könnten, was Schüle getan hatte. Vor allem mit Weberwaren handelnde Kaufleute taten sich als Cottondrucker hervor: Wagenseil, Heinzelmann, Gebhard, Greif und Bayersdorf.

Johannes Wagenseil ließ 1761 unter dem fingierten Namen des Cottondruckers Abraham Lobeck in seinem Hause in der Zwerchgasse eine Rolle errichten. Obwohl das Dekret von 1748 nur den Cottondruckern erlaubt hatte, Scheggenbleichen anzulegen, kauften oder pachteten auch Wagenseil, Gebhard und Greif eigene Bleichen. Die Bauordnung von 1740 gestattete nur den Cottondruckern und Färbern, Druckerrechen und Häncken zu bauen. Aber seit etwa 1760 haben auch Wagenseil, Gebhard und Greif, Bayersdorf und Heinzelmann teils innerhalb der Stadt teils außerhalb Rechen und Häncken gebaut. Obwohl das Modelschneiden als ein annexum der Druckerei galt, haben Bayersdorf, Wagenseil, Gebhard und Greif Modelschneider, Malerinnen, Bleichknechte und Stückreiber angestellt.

Es fällt auf, daß so viele Leute in den 1760er Jahren in Augsburg druckten. Mehr Leute denn je drängten sich zu der profitablen Cottondruckerei. Aber es war nicht leicht, in den engen Kreis der Drucker hereinzukommen. Nicht jeder, der sich um eine Druckergerechtigkeit bewarb, erhielt sie auch. Der Pächter der beiden Bleichen, Johannes Wagenseil, bewarb sich 1759 um ein Druckerzeichen. Die ganze Weberschaft trete für ihn ein, behauptete er. Aber vergeblich, wie er noch 1767 klagte. Er habe das „leere Nachsehen vor allen nach hero gekommenen Neulingen" gehabt. Man habe ihn gezwungen, sich aller „hierzu angeschafften praetiosen Fabrique Requisita als unbrauchbarer Sachen zu debrassieren".[27]

1768 kam es zu einem erbitterten Streit, als sich der Handelsmann Carl Heinrich Bayersdorf um ein Druckerzeichen bewarb. Der Fall Bayersdorf zeigt, wie kompliziert das Ringen um Druckerzeichen geworden war. Bayersdorf pachtete am 12. September 1768 das Druckerzeichen der Frau des Daniel Erdinger auf fünf Jahre gegen jährlich 60 fl. Als die Fabrikanten Harder, Mathäus Schüle und Neuhofer protestierten, hat der Rat diesen Vertrag am 11. Oktober 1768 für ungültig erklärt. Bayersdorf wollte nun das Zeichen des katholischen Druckers Andreas Meichelbeck pachten, aber ihm wurde bedeutet, daß ein Evangelischer kein katholisches Zeichen übernehmen könne.

Weshalb trat man Bayersdorf so hart entgegen? Weil die Fabrikanten Mathäus Schüle und Harder selber ein sicheres Zeichen haben wollten. Mathäus Schüle, der Mann der Euphrosina Gignoux, hatte am 3. Mai 1762 auf sechs Jahre das Druckerzeichen des Jo-

---

[27] 1767, 8. Juli. Cottonfabrikanten.

hann Daniel Erdinger (der seinerseits das Sebastian Weissische Zeichen 1748 erhalten hatte) für jährlich 200 fl übernommen. Da dieser Vertrag 1768 auslief, pachtete er das Zeichen der minderjährigen Regina Barbara Seuterin. Aber da diese beinahe volljährig war und nach ihrer Heirat vielleicht selber die Druckerei ausüben wollte, fürchtete Mathäus Schüle, dann ohne Zeichen dazustehen. Er schloß also am 8. Oktober 1768 noch einmal einen Vertrag mit Johann Daniel Erdinger auf ein Jahr. Aber ein festes Zeichen besaß er nicht.

Ernst Christian Harder wiederum hatte 1766, als J.H. Schüle nach Heidenheim weggebraust war, dessen zwölfjährigen Vertrag mit dem Zucht- und Arbeitshaus übernommen und provisorisch eine katholische Gerechtigkeit erhalten. Er sollte sich aber innerhalb der nächsten 12 Jahre um ein evangelisches Zeichen bemühen. Auf seine Bitte hin haben ihm die Deputierten ein eventuelles Kaufrecht auf das Erdingerische Zeichen zugesichert. Als nun Bayersdorf erschien, empfahlen sie, dieses „höchst schädliche und unstatthafte Gesuch" abzulehnen. Sie wollten ohnehin nichts von ihm wissen. Wie J.H. Schüle werde er dem bono publico mehr schaden als nützen. Er sauge schon jetzt die Weber aus. Auch die Fabrikanten meinten, daß Bayersdorf keine „Wissenschaft" von dem Drucken habe und außerdem alle AC Druckerzeichen vergeben seien. J.H. Schüle hat diese Eingabe der anderen Fabrikanten, mit denen er verfeindet war, nicht unterzeichnet, aber er warnte, daß eine neue Fabrik zu Confusionen, Fermentationen und Debauchierung der Arbeiter führen werde. Bayerdorfs „intrigantes und chicaneuses Wesen" sei allgemein bekannt. Da also alle Welt gegen Bayersdorfs Pläne war, wies der Rat ihn ab.

Bayersdorf gab aber nicht so schnell nach. Er bat, ihm wie einst dem J.H. Schüle, eine katholische Gerechtigkeit zu verleihen. Er wolle dann der katholischen Armenanstalt ein Geschenk von 1000 fl machen. Die anderen Fabrikanten bestürmten nun den Rat, sich durch Bayersdorfs „syrenisch Lock Pfeiffen" nicht von dem einmal gefaßten Beschluß abbringen zu lassen. Trotzdem erlaubte ihm der Rat im Januar 1769, einstweilen zu drukken. Wenn er innerhalb von acht Wochen keine evangelische Gerechtigkeit bekommen sollte, wollte man ihm gegen ein „gratiale in das katholische Findelhaus" ein katholisches Zeichen pachtweise geben. Bayersdorf begann zu drucken und kaufte am 8. März 1769 das Zeichen des Abraham Lobeck für 1200 fl. Am 18. September 1769 erhielt er den Gerechtigkeitsschein. Er hatte sich also gegen die anderen Fabrikanten durchgesetzt.

Im Jahre 1769 hat man dann wieder untersucht, wie viele Cottondruckereien es eigentlich gab. Die folgenden Personen hatten evangelische Zeichen:

1) Abraham Neuhofer
2) Christof Apfel
3) Jean François Gignoux
   Anton Christoph Gignoux
   Johann Friedrich Gignoux
   Diese Gerechtigkeit übt zur Zeit allein Georg Chr. Gleich aus.
4) Christian Schleich, dessen Zeichen Abraham Deschler in Bestand hat. Er muß die Bestandgelder für die Schleichischen Creditores im Bürgermeisteramt deponieren.
5) Abraham Lobeck, dessen Zeichen Bayersdorf gekauft hat und auf obrigkeitlicher Ratification des Kaufs beruht.
6) Johann Georg Seuters Tochter. Dieses Zeichen hat Mathäus Schüle gekauft.

7) Daniel Jungert, dessen Zeichen hat Veit Jeremias Adam gekauft.
8) Daniel Erdinger, dessen Zeichen hat Mathäus Schüle bis künftigen Monat Oktober in Bestand, da Erdinger es selbst wieder exercieren will.

Ohne Zeichen drucken zur Zeit:
Georg Chr. Deschler

Die katholischen Zeichen:
1) Jakob Preumair sen.
2) Jakob Preumair jun.
3) Johann Friedrich Reinweiler, welches der Färber Heichele in Bestand hat.
4) Andreas Meichelbeck
5) Johann Sebastian Magg.
6) Franz Daniel Heichele, welches Daniel Müller in Bestand hat.
7) Auf einem katholischen Druckerzeichen drucken zur Zeit:
J.H. Schüle
Ernst Chr. Harder

Im Vergleich zu 1763 hatte sich also das Bild etwas vereinfacht. Erstens wurden die Zeichen der Gignoux allein von Gleich für seine Stiefkinder ausgeübt. Dann war auch Georg Erdinger gestorben. Drittens hatten die verschiedenen Käufe dazu geführt, daß jetzt auf 8 evangelische 7 katholische Zeichen kamen. Schüle und Harder seien in ihren Verträgen mit dem Arbeitshaus angewiesen, sich um vacante evangelische Zeichen zu bewerben. Man erwartete, daß sie das Christian Schleichische oder das Daniel Erdingerische Zeichen erwerben würden. Die Kommission schlug auch vor, daß man den Georg Chr. Deschler weiter drucken lassen solle: er solle ebenfalls ein vacantes evangelisches Zeichen erwerben oder ein katholisches Zeichen pachten.[28]

Ein Bericht, der wohl ein paar Jahre später[29] abgefaßt wurde, nennt viele dieser Namen wieder. Es erscheinen aber vor allem unter den protestantischen Druckern auch andere Namen. Auf katholischer Seite finden sich:

1) J.J. Preumair d.Ä.
2) Ulrich Reinweiler (Jetzt in München in der dortigen churfürstlichen Cottonfabrik)
4) Johann Friedrich Reinweiler
5) Sebastian Magg
6) Johann Friedrich Reinweiler
7) Andreas Meichelbeck

Von diesen sieben Cottondruckern übten aber nur vier ihr Gewerbe aus, die beiden Preumair, Johann Paulus Heichele für den Johann Friedrich Reinweiler und Andreas Meichelbeck. Die übrigen drei Cottondrucker-Gerechtigkeiten wurden nicht ausgeübt.

Die Zahl der protestantischen Drucker wiederum war auf über acht gestiegen:

1) Georg Abraham Neuhofer
2) Johann Christoph Apfel
3) Johann Peter Schumacher. Jetzt Veit Jeremias Adam.
(Schumacher war 1760 gestorben. Adam hatte 1768 die Jungertsche Cottondrucker-Gerechtigkeit gekauft.)

---

[28] 1769, 17. August.
[29] Jedenfalls nach dem 11. Oktober 1768.

4) Abraham Deschler übt die Johann Georg Erdingische Gerechtigkeit aus.
5) Abraham Lobeck. Aus der Stadt geflohen.
6) Georg Christoph Gleich
7) A. Christoph Gignoux. Zur Zeit in Wien. Hat eigene Fabrik.
8) Johann Mathäus Schüle übt die Johann Daniel Erdingerische Gerechtigkeit aus.
9) Daniel Müller übt die Joseph Heichelsche Gerechtigkeit aus.
10) Georg Christoph Deschlerische Gerechtigkeit
11) J.H. Schülische Gerechtigkeit
12) Johann Daniel Schmidt

Nach dieser Aufzählung hatten also die Protestanten 12 Gerechtigkeiten, obwohl nicht alle ausgeübt wurden.[30]

Am 24. Juli 1770 hat der Rat die Zahl der Cottondrucker von je acht auf je zehn der beiden Konfessionen erhöht. Als berechtigte katholische Drucker galten jetzt:

1) Jacob Preumair
2) Johann Friedrich Reinweiler
3) Joseph Anton Reinweiler
4) Andreas Meichelbeck
5) Franz Anton Kleiber
6) Johann Sebastian Magg
7) Christian Preumair
8) das Franz Jacob Heichelsche Druckerzeichen als vacant angesehen, bis zur Mündigkeit des Aloys Stanislaus Heichele.
9) Das neunte katholische Druckerzeichen war dem Zucht- und Arbeitshaus und der Almosenanstalt auf 12 Jahre ad usus pauperum pachtweise verliehen.
10) als vacant angesehen.

---

[30] Eine andere Liste zählte im Jahre 1769 die folgenden Druckerzeichen auf:
1) Abraham Neuhofer
2) Christoph Apfel
3) Daniel Jungert, jetzt Veit Jeremias Adam
4) J.H. Schüle
5) Johann Friedrich Reinweiler: in Bestand des Färbermeisters Heichele für sechs Jahre.
6) Abraham Deschler: Hat Zeichen des Christian Schleich, der eine Erdingerin geheiratet hat, pachtweise für 12 Jahre seit 1765.
7) Georg Christoph Deschler
8) Andreas Meichelbeck. Hat Zeichen mit Johann Reinweilers Witwe erheiratet. Druckt darauf.
9) Johann Sebastian Magg. Übt Gerechtigkeit nicht aus.
10) Bayersdorf. Hat am 17. Januar 1769 das Zeichen des Abraham Lobeck von dem Buchdrucker Lotter für 1200 fl gekauft.
11) Mathäus Schüle und sein Bruder Johann Friedrich Schüle. Hat im Moment zwei Zeichen. Hat am 4. März 1769 das Johann Georg Seuterische Zeichen für 1250 fl gekauft. Bis Oktober übt er das Daniel Erdingerische Zeichen pachtweise aus.
12) Daniel Erdinger. Sein Vater hat das Zeichen von Sebastian Weiss gekauft. Zur Zeit übt er es nicht aus, sondern Mathäus Schüle für 150 fl. Im Oktober 1769 fällt es wieder an ihn zurück.
13) Jacob Preumair, Sen. Hat Zeichen für 8 fl 30 kr 1751 gekauft. Druckt blau.
14) Gleich. Mit dem Gignouxischen Zeichen haben drei Gignoux gedruckt. Da Antoine Christoph Gignoux in Wien ist, übt er es allein im Namen seiner drei Stiefkinder aus, die auf das Zeichen Expektanz haben.

Als berechtigte Drucker AC galten:
1) und 2) Abraham Neuhofer: wegen gekauftem väterlichem und Carl Poppischem Druckerzeichen
3) Johann Christoph Apfel
4) Anton Christoph Gignoux. Während seiner Abwesenheit in Wien übt es auf Grund des Ratsdekretes vom 26. Januar 1762 Georg Christoph Gleich aus. Falls Anton Christoph Gignoux wieder aus Wien zurückkehrt und selbst mit seinem väterlichen Zeichen drucken würde, erlischt das Recht des Gleich.
5) Veit Jeremias Adam: hat das Johann Daniel Jungertsche Zeichen gekauft.
6) Johann Mathäus Schüle: hat das Johann Georg Seuterische Druckerzeichen gekauft.
7) Johann Daniel Erdinger: hat das Sebastian Weissische Druckerzeichen.
8) Carl Heinrich Bayersdorf, der das Zeichen des Abraham Lobeck übernommen hat.
9) Das Druckerzeichen des Christian Schleich und seiner Frau Maria Magdalena, geborene Erdinger, das sie von Johann Georg Erdinger an sich gelöst haben, wird als vacant erklärt, weil die Schleichischen Eheleute von hier entflohen sind und damit Bürgerrecht und Druckergerechtigkeit verloren haben, und weil dessen Pächter, der Färber Abraham Deschler, die Pachtgelder nicht bezahlt und also eo ipso die Druckergerechtigkeit verloren hat.

Dieses Johann Georg Erdingerische Druckerzeichen wird dem Ernst Christian Harder gegen 100 fl überlassen, unabhängig von dem mit dem Zucht- und Arbeitshaus am 30. Januar 1767 auf 12 Jahre geschlossenen Pachtvertrag.
10) Das vacante 10. Druckerzeichen wird dem Georg Christoph Deschler gegen 100 fl überlassen.

Das Problem der von J.H. Schüle ausgeübten Druckergerechtigkeit läßt der Rat bis auf die kaiserliche Entscheidung auf sich beruhen.[31]

---

[31] Namen der Cottonfabrikanten am 12. November 1770:
Georg Christopf Neuhofer
Johann Christoph Apfel
Veit Jeremias Adam
Johann Friedrich Steinhardt nomine des Carl Heinrich Bayersdorf
Jacob Friedrich Schüle nomine des Johann Mathäus Schüle
Ernst Christian Harder
Johann Heinrich Kaufmann nomine des Georg Christoph Gleich
Jacob Preumair
Christian Preumair
Paulus Heichele
Joseph Reinweiler
Andreas Meichelbeck
Ebenso: Magdalena Deschlerin, geborene Seutterin
Felix Friedrich Fehe, der die Daniel Erdingerische Druckergerechtigkeit auf 20 Jahre gepachtet hat (1770, 12. November).
1780 verkaufte der Färber Nicolaus Götz sein Duckerzeichen und seine „Behausung, Farb Gerechtigkeit, Model, Farben und anderes" dem Joseph Raitmayr. Andreas Meichelbeck verkaufte seine Druckergerechtigkeit dem gelernten Drucker Joseph Bader im Jahre 1784 für 300 fl. (1780, 9. Mai und 1784, 12. Dezember. Protokolle 1781-86 II).

Von sieben Cottondruckern, die im Jahre 1782 eine Eingabe unterzeichneten, gehörten fünf alten Druckerfamilien an. Nur zwei Namen sind neu: Daniel Müller und Georg Friedrich Zackelmaier. Im Jahre 1796 unterzeichneten acht Cottondrucker eine Eingabe. Nur drei kennen wir aus den 80er Jahren. Fünf Namen sind neu.[32] Es tauchen also immer wieder einige neue Cottondrucker in Augsburg auf, während andere das Geschäft aufgaben oder starben.

Die alteingesessenen Cottonfabrikanten waren über die Gründung neuer Druckstätten natürlich nicht gerade erfreut. Georg Abraham Neuhofer berichtete mit Bitterkeit, wie sein eigener „bedienter" Mathäus Schüle nach der Heirat mit der „alten Gignoux" selber zu drucken begann und ihm „sogleich in dem fal etliche Konten weggeführt" habe. Wagenseil habe sich mit Lobeck „engagiert" und ihm, Neuhofer, nach und nach alle seine commissiones entzogen. Gleich, Harder und Bayersdorf hätten „erstaunlich vil Wahre" angefertigt, die sie dann billig verkaufen mußten. Bloß um nicht „feuren" zu müssen, habe dann auch er, Neuhofer, „nachgeben" müssen: „dz ist die Frucht von vermehrung der Fabrique, das einer den anderen ruinieren thut".[33]

---

[32] Die in Gotha verlegte Handlungszeitung zählt im Juli 1788 folgende Zitz- und Kattunfabrikanten in Augsburg auf: Johann Heinrich Edler von Schüle, Mathäus Schüle & Co., Joh. Fried. Gignoux sel. Erben, Georg Friedrich Zackelmaier, Johann Georg Schumachers sel. Erben, Schöppler & Hartmann, Georg Christoph Neuhofer, Daniel Müller, Carl Wohnlich. (Handlungszeitung oder Wöchentliche Nachrichten vom Handel, Manufakturwesen und Oekonomie. 19. Juli 1788).
Eingabe vom 18. November 1796: J.M. Schüle, Joh. Friedr. Gignoux Erben, Georg Friedrich Zackelmaier, Schöppler & Hartmann, Wohnlich, Johann Heinrich Schüle, Jacob Jeremias Adam, Franciscus Debler.
[33] Evangelisches Kirchenarchiv Kaufbeuren Nr. 154.

Alte Augsburger Druckerfamilien

In manchen Augsburger Familien wurde der Cottondruck über zwei oder drei Generationen oder noch länger betrieben. Die Druckergerechtigkeit ging von Vater auf Sohn und dann auf den Enkel über. Aber auch die Übertragung auf Töchter kam vor. Die Neuhofer scheinen die Cottondruckerei am längsten betrieben zu haben. Ihre Druckerei bestand ein Jahrhundert lang, bis Georg Christoph Neuhofer 1788 die Druckergerechtigkeit verkaufte.

Die Jungert hatten auch im Jahre 1693 ein Zeichen erhalten und dann über Jahrzehnte gedruckt, bis sie das Zeichen im Jahre 1768 an Veit Jeremias Adam verkauften. Alte Druckerfamilien über mehrere Generationen hinweg waren auch die Apfel, Erdinger, Lobeck, Reinweiler und Seuter. Jean François Gignoux und seine beiden Söhne haben über ein halbes Jahrhundert eine Rolle gespielt. Der bekannteste Drucker in der zweiten Hälfte des 18. Jahrhunderts war Johann Heinrich Schüle. Aber auch sein Vetter Johann Mathäus Schüle war ein prominenter Augsburger Cottonfabrikant.

Bekannte Druckerfamilien

	früheste Erwähnung als Drucker	letzte Erwähnung als Drucker
Apfel	1702	1782
Erdinger	1710	1768
Gignoux	(1719)	(1805)
Jungert	1693	1768
Lobeck	1706	1763
Neuhofer	1693	1788
Reinweiler	1711	1771
Seuter	1725	1770
Schüle	1758	1821

Conrad Mannlich (1701-1758): Herr Georg Neuhofer erster Cotton Fabricant und Händler in Augspurg / gebohren daselbst 1660, d. 10. December, gestorben 1735, d. 29. Febr.
Sechzehn hundert neun und achtig war durch dieses Mannes Fleis, nach zweymal nach Amsterdam von ihm angestellter Reis / diese Kunst, da kaum Holland sich dadurch berühmt gemacht, / zu viel hundert Menschen Nutzen, auch in unsre Stadt gebracht. / Sein Gedächtnis zu erhalten, hat sein Sohn G. Abraham, / der die Kunst so wie die Handlung, die er von ihm übernahm / Gott zum Ruhm im Seegen treibt und vermehrt, aus Danckbarkeit / dis sein Bild in Erzt gegraben seinem Schatten noch geweyt, / mit dem Wunsche, und dem treffen seine Enckel Kinder bey, / dass was er gegründt, stets blühe und und sein Haus gesegnet sey.
Mannlich pinxit. J.J. Haid sculps. Aug. Vind.
Staats- und Stadtbibliothek Augsburg. Bestand Graphik 18/333
(Georg Neuhofer war der Bruder des Jeremias Neuhofer. Auf dem Tisch Stoff mit Blumenmuster)

Gabriel Spitzel (1697-1760), Herr Georg Abraham Neuhofer
Cotton-Fabricant und Händler in Augspurg / gebohren daselbst 1697, den 28. Februar.
Hier zeigt des Künstlers Hand, von ausen einen Man / der wenig aus sich macht, und desto mehr getan / Ein unermüder Fleiss, wahrhafte Furcht des Höchsten / der treuste Vartes Sinn, die Liebe zu dem Nächsten, / Ein Hertz ohne Stoltz, das gegen die Arme mild, / und ohne Falschheit ist, das ist sein innres Bild.
Zum Denckmahl ihrer Danckbarkeit, / Für die so viel empfangne Gaben, / ward dieses Bild in Ertz gegraben / dem besten Vater unsrer Zeit / nach seinem Stuffen Jahr geweyt / von seinen 5 Kindern erster Ehe
        Gabriel Spitzel pinxit. Joh. Jacob Haid sculp. Aug. Vind. 1760
        Staats- und Stadtbibliothek Augsburg. Bestand Graphik 18/334.
(Mit dem „Stuffen Jahr" ist das 63. Lebensjahr gemeint. J. und W. Grimm, Deutsches Wörterbuch, Band 10, 4. Abteilung, 1942, S. 314).

Johann Jacob Haid (1704-1767), Herr Johann Apfel
Cotton Fabrikant und Händler
im 82. Jahr seines Alters.
A. 1741, d. 27. Dec.
Diesen Ehrwürdigen Greisen beehrte an seinem Namens Tage / mit gegenwärtigem Angebinde / Zum guten Angedenken / desse treu ergebner Enckel-Tochtermann / Christoph Sigmund Schleich.
J.J. Haid sculps.
Staats- und Stadtbibliothek Augsburg. Bestand Graphik 18/12.

Andreas Löscher (ca. 1693-1762), Jean François Gignoux
Berühmter Coton-Fabricant in Augsburg
gebohren zu Lausanne, A.C. 1692, den 12. Jan.

Diss Blat zeigt einen Mann, jedoch nur vom Gesicht / Des Herzens innern Werth mahlt und entdeckt es nicht, / Ein guter Bürger, Treu, Gutthätig, Wohlgelitten, / Fromm, Ehrlich, ohne Stolz, so heissen Seine Sitten: / Reich in Erfindungen: durch Fleiss und Wissenschaft / Zwang er mit seltner Kunst der Farben hohe Krafft. / Gott segnete sein Werk, und vielen kams zu statten / Was Seine Emsigkeit und Kunst erfunden hatten.

Aus einem trieb der Pflicht, Liebe und Dankbarkeit / wiedmen dises Angedenken ihrem L. Vatter, Ant. Christoph und Johann Friedrich Gignoux.

Andreas Löscher pinx. J. Jacob Haid sculps. 1759
Staats- und Stadtbibliothek Augsburg, Graphik 18/132.

J.C. Schleich (1759-1842), Frau Anna Barbara Gignoux, geb. Koppmaierin,
berühmte Kottonfabrikantin in Augsburg
A. 1788.
Gravè à Augsbourg par J.C. Schleich
„Dieser Kupferstich ist nicht völlig ausgemacht / und die Blatte von Mme. Gignoux unterdrückt worden. / Mithin dieser Abdruck ist rar."
Staats- und Stadtbibliothek Augsburg. Bestand Graphik 19/4 32.

Der Cottonfabrikant Johann Heinrich von Schüle

Die Technik des Cottondrucks

Wie hat man den Cotton bedruckt? Im 36. Band der „Oeconomischen Encyklopädie" von Krünitz ist der Cottondruck behandelt. Vor allem hat auch Smit in seinem Buche über den Cottondruck in den Niederlanden die Technik des Druckens im einzelnen beschrieben.[34] Wir werden der Darstellung Smits folgen, aber auch Krünitz berücksichtigen.

Der rohe Kattun mußte erst gebleicht werden, also wiederholt in Lauge aus Holzasche und Pottasche gekocht und dann auf den Bleichfeldern ausgelegt und mit Wasser besprenkelt werden. Die Bleiche entfernte nicht alle fettartigen Bestandteile, vor allem nicht die Schlichte des Webers, die es verhindert hätte, daß später die Salze und Farben in die Faser des Kattuns eindrangen. Es waren also vorbereitende Arbeiten nötig. In den Niederlanden wurde der Kattun in große Holzfässer gelegt und ungefähr 40 Stunden aufgeweicht. Dann wurde er in Flußwasser getaucht und von den Naßwäschern mit Klopfhölzern geschlagen und wieder gespült. Sauberes Wasser erhöhte später die Klarheit der Farben.

Wer die Cottone nicht auf diese Weise waschen konnte, bediente sich der Stampfmaschinen. Die Cottone kamen in große Behälter mit frischem Wasser. Die auf- und niedergehenden Stampfer führten dann dieselbe Arbeit aus wie die Naßwäscher mit ihren Klopfhölzern.

Da aber auch das Spülen und Klopfen nicht alle fettartigen Bestandteile entfernte, mußte der Cotton noch mit Vitriolwasser behandelt werden. Krünitz sprach von Weinstein-Öl. (20 Eimer Wasser kamen auf 6 Pfund Weinstein-Öl.) Ein zu starkes Vitriolbad verbrannte den Cotton. War zu wenig Vitriol im Wasser, konnten die Stücke nicht völlig gebleicht werden, nachdem sie im Krapp gekocht worden waren. Auf den Cottonen erschienen dann sogenannte Kesselflecken, die nur mit größter Mühe, wenn überhaupt zu entfernen waren. Während das Wasser in Kesseln langsam zum Kochen gebracht wurde, goß man Vitriol-Öl hinein. Der nasse Cotton wurde dann mittels einer über dem Kessel angebrachten Haspel zweimal durch das Vitriolbad gezogen. Die Stücke wurden anschließend wieder zu den Naßwäschern gebracht, die das Vitriol-Öl und übriggebliebene Fetteilchen durch Klopfen und Spülen beseitigten. Der Cotton wurde dann auf Latten gehängt und getrocknet. Er kam dann zur Mange und wurde in den massiven Eisenrollen geglättet.

Die neue Methode des Cottondrucks bestand darin, daß das Gewebe zuerst nicht mit Farbstoff, sondern mit Beizmitteln bedruckt wurde, die die Eigenschaft hatten, Farben aufzusaugen. Die auf das Gewebe aufgetragenen Salze waren nicht sichtbar. Smit verwandte ein eindruckvolls Bild: jemand, der nicht eingeweiht sei, sehe mit Überraschung, wie die mit verschiedenen Salzen bedruckten weißen Stoffe, die in einem mit hellem, rotem Krapp gefüllten Farbkessel eingetaucht waren, verschiedene Farben annahmen, nachdem sie einige Zeit in dem warmen Farbkessel gelegen hatten. Das eine zeige einen kaffeefarbigen Untergrund, das andere einen goldbraunen, das dritte einen roten, während das vierte seinen weißen Grund behielt. Außerdem erschienen auf den Stücken schwarze Stiele, rote Blumen mit drei Schattierungen und violette, purpurne und gelbe

---

[34] 1740, 5. März. Smit, Willem Johannes, De Katoendrukkerij in Nederland tot 1813, 1928.

Figuren. Der Farbstoff dringe auf den bedruckten Stellen so stark in die Faser des Gewebes ein, daß ihn auch das stärkste Bad nicht wegnahm. Die Farben waren also licht- und waschecht. Krünitz erzählt uns, wie die Kattunmanufakturen besondere Couleur-Macher oder Coloristen beschäftigten, die nichts weiter taten, als Farben zuzubereiten: „in der Zubereitung der Farben nun liegt das wahre Geheimnis der Kattun Manufacturen; und überhaupt ist man in den Manufacturen by keiner Sache geheimnisvoller als bey der Färberey".

Und zwar ging es um die Anfertigung und Mischung der verschiedenen Beizmittel mit den Farben, die mit den Formen aufgedruckt wurden. Man unterschied echte und unechte Farben. Farben, die von den Beizmitteln im Krappbad hervorgerufen wurden, hießen echte Farben. Es waren schwarz, violett, rot und Kombinationen davon. Unechte Farben konnten nicht aufgedruckt werden, weil sie im Krappbad aufgelöst wurden. Sie mußten später auf die Cottone gemalt werden.

Von großer Bedeutung war Ijzernat, wie Smit es nennt, da seine Vermischung mit den Beizmitteln überraschende Wirkungen hatte. Smit führt aus, wie dieses Ijzernat angefertigt wurde. Alteisen wurde in einem Kübel mit starkem Essig oder saurem Bier übergossen. Zweimal täglich wurde der Essig herausgelassen und dann wieder aufgegossen. Nach zwei Monaten oder noch länger nahm der Essig eine schwarze Farbe an. Er wurde jetzt abgelassen und gekocht. Abgekühlt war er für den Gebrauch fertig. Je älter das Ijzernat war, um so besser.

Eine bestimmte Menge Ijzernat, vermischt mit gestampftem Spanischem Grün, gab ein Beizmittel für Schwarz. Ijzernat, frischer Essig, Spanisches Grün, blauer Vitriolstein, Harz und Amoniaksalz, verdickt mit Gummi, ergaben ein Beizmittel für Violett.

Es gab eine Vielfalt von Rezepten für rot, dunkelbraun, kastanienbraun, braunrot und so fort, die die Farbmeister aus eigenen Experimenten kannten. Allerdings wurde dann auch in Büchern, wie etwa der Encyklopädie von Krünitz im einzelnen ausgeführt, welche Pflanzen und Farbstoffe erforderlich waren und wie sie zubereitet werden mußten, um die vielen Arten von Violett, Rot, Braun, Blau, Gelb, Perlgrau oder Olivengrund anzufertigen.

Der Zeichner, der die vielen Muster für die verschiedenen Stoffarten anfertigte, mußte auch die Farbmischungen angeben. Bei den Zitzen waren alle Freiheiten erlaubt. So konnte man als Muster Blumen und Früchte verwenden oder auch Landschaften und Tiere wie Schmetterlinge und andere Insekten. Die Muster sollten natürlich sein. Man sollte also für eine einzige Blume nicht verschiedene Farben verwenden, sondern für eine Rose nichts als rot, eine Hyazinthe nur blau, für die Narzisse gelb. Allerdings gab es Ausnahmen, bei denen verschiedene Farben zu verwenden seien, wie Anemonen oder Tulpen. Der Zeichner mußte die Farben so verteilen, daß sie der Drucker oder Colorist nicht vermengte. Krünitz führte dann auch aus, welche Muster und Farben bei anderen Tuchsorten zu verwenden seien, wie den halben Calanca, gemeinen Zitzen, Patenaces, Peruviennes und so fort.

Die Muster wurden von den Formschneidern in Holz geschnitten. Drei Formen wurden unterschieden:

1) die Vorform, mit der die Umrisse eines Musters in Schwarz abgedruckt wurden.
2) die Paßform, mit der die Farben innerhalb des Umrisses, die Füllungen, gedruckt wurden. Jede Farbe mußte mit einer besonderen Form gedruckt werden.

3) die Grundform, die dem Zeug einen farbigen oder gestreiften Grund gab.
Die Kattunform mußte leicht sein, weil der Drucker sie ja mit der Hand führte.

In den Druckereien Hollands befanden sich 10 oder 12 oder noch mehr hölzerne Tische, jeder 8 bis 9 Fuß lang, 3 Fuß hoch und 2 1/2 Fuß breit, auf die drei oder vier Dekken gespannt waren. Auf einem Tisch neben dem Drucktisch befand sich ein Behälter, aus dem der Drucker mit seinem Druckblock die Farben nahm.

Dieser Behälter bestand aus zwei hölzernen Gefäßen. Und zwar stand das kleinere in dem größeren. Das äußere Gefäß war mit einem Brei von Stärke und Farbabgängen oder einem Überreß von verdickten Gummifarben gefüllt. Auf diese Masse legte man das kleinere Gefäß, einen Rahmen, Chassis genannt, der kleiner war als das große Gefäß. Das Chassis war ebenfalls aus Holz, aber der Boden bestand aus Leder und abgenutztem Tuch. Die Druckerfarbe, die eigentlich keine Farbe war, sondern ein Beizmittel, wurde dann gleichmäßig auf den Rahmen, das Chassis, ausgestrichen. Das Chassis schwamm auf der Masse von Stärke und Farben, damit der Boden nachgab, wenn der Drucker die Druckform in die Farbe tauchte.

Der Drucker druckte dann mit der Vorform in schwarzer Farbe die Umrisse des Musters auf dem Kattun der Breite und Länge nach ab. Krünitz beschreibt den Vorgang wie folgt:

„Der Drucker legt den äußersten Theil seines Kattunstückes ausgebreitet auf den Drucktisch. Ein besonderer Streichjunge nimmt mit einem breiten Borstenpinsel etwas Farbe aus dem Farbgeschirr, streicht sie mit diesem Pinsel auf den tuchenen Boden des Chassis, und reibt sie mit eben diesem Pinsel sorgfältig auf dem Boden des Chassis auseinander". Der Drucker setzt dann „die Form auf den Boden des Chassis, und benetzt hierdurch die rechte Seite der Form mit Farben. Er setzt hierauf die Form in die äusserste Ecke des Kattunstückes ein, sodass die rechte und mit Farben benetzte Seite der Form den Kattun berührt, und schlägt mit einem hölzernen Schlägel ... auf die Form. Hierdurch drucken sich die Umrisse des Musters schwarz auf dem Kattune aus, und jeder Stift in den Ecken der Form prägt gleichfalls einen schwarzen Punct aus. Der Drucker taucht die Form abermahl in die Farbe ..., setzt die Form nach der Länge oder Breite dergestalt wieder an, dass die Stifte auf einer Seite der Form in zwei Punkte des vorher abgedruckten Musters fallen, und druckt die Form auf gedachte Art von neuem ab. Die Stifte leiten also den Drucker, dass er die Form dergestalt aufsetzt, dass die beyden abgedruckten Muster dicht neben einander zu stehen kommen, ohne dass man zwischen beyden abgedruckten Mustern einen Strich oder sonst ein Merkmahl erblickt ... Auf diese Art druckt nun der Drucker den ganzen auf dem Drucktische liegenden Theil des Kattunstücks".

Wenn die Umrisse mit den Vorformen gedruckt waren, wurden die Farben mit den Paßformen aufgetragen. Jetzt wurde nicht mit Schwarz, sondern den anderen echten Farben gedruckt. Erst wurden die hellen, dann die dunklen Farben aufgedruckt. Und zwar wurde erst das ganze Stück mit einer Farbe bedruckt, bevor man die zweite auftrug. Die Umrisse der Vorformen zeigten dem Drucker ja, wo er die Farben aufdrucken mußte. Manche Cottonsorten erhielten dann noch einen Farbgrund mittels der Grundform, aber die meisten behielten einen weißen Grund.

In den Druckereien wurden Kachelöfen geheizt, damit die aufgetragenen Beizmittel so schnell wie möglich trockneten. Gewöhnlich ließ man die Cottone 24 Stunden trocknen. Je länger, desto besser, weil die Beizmittel sich um so fester mit den Fasern verbanden und später um so schönere Farben hervorriefen.

Bevor der Cotton in das warme Krappbad kam, mußte er erst von dem Gummi oder der Stärke gesäubert werden, mit denen das Beizmittel versetzt war. Denn sonst hätte sich der Krapp nicht mit den Salzen verbinden können, die auf den Cotton gedruckt waren. Die Farben wären dann dunkel geblieben und der weiße Grund hätte Flecken bekommen. Diese Reinigung geschah durch ein Bad in Kuhmist. In einen Kessel, der zu einem Viertel mit Wasser gefüllt war, wurden mehrere Eimer Kuhmist getan. Das ganze wurde dann erwärmt. Das Bad im Kuhmist löste den Gummi und die anderen Verdickungsmittel aus den Beizmitteln. Die Stücke wurden dann mehrmals in kaltem, fließendem Wasser gespült und geklopft. Der Cotton war jetzt weich und sauber. Er war jetzt fertig, um in Krapp gefärbt zu werden. (Krünitz sagte, daß das Mistbad den Farben ein grünliches Ansehen gab. Es sollte auch verhindern, daß das Bad im Krapp den weißen Grund nicht so stark färbte.)

Der gestampfte Krapp wurde dann in einen Kessel mit lauwarmem Wasser getan. Nach Smit rechnete man drei oder vier Pfund für jedes Stück von 24 Ellen. Nach Krünitz hing die Menge von der Natur und Quantität der Farben ab. Die Cottonstücke wurden langsam in dem Kessel erhitzt. Wo der Krapp auf die Beizmittel einwirkte, begannen sich verschiedene Farben abzuzeichnen. Nach ein paar Stunden wurde das Krappbad zum Kochen gebracht. Der Cotton blieb mindestens 5 Minuten im kochenden Krappbad, bis sich durch die Verbindung der Beizmittel mit dem färbenden Bestandteil des Krapps, dem Alizarin, die Farben gebildet hatten. Es erschienen jetzt ebenso viele Farben auf dem Cotton, wie Beizmittel aufgedruckt worden waren: schwarz, dunkel violett, helles violett und so fort. Der Cotton wird nun in fließendem Wasser gespült und geklopft, um die Krappkörner zu entfernen, die sich abgesetzt hatten.

Smit sagt, daß ein nicht mit Beizmitteln prapariertes Stück im Krappbad ebenso weiß blieb, wie es vor dem Bade gewesen war. Entscheidend war also, daß die Beizmittel vorher auf den Cotton gedruckt worden waren.

Die Stellen des Cottons, die nicht mit Beizmitteln behandelt worden waren und auf die der Krapp nicht eingewirkt hatte, waren allerdings im Krappbad etwas verschmutzt worden. Nach Krünitz färbten sie sich etwas rötlich. Um die weiße Farbe wieder zu gewinnen, mußte der Cotton also gebleicht werden. Er wurde aber nicht gebeucht, also in Lauge eingeweicht, sondern nur mit reinem Wasser gebleicht. Damit die Sonne die Farben nicht aussog, wurden die Stücke mit der bedruckten Seite nach unten auf dem Gras ausgebreitet. Der Cotton durfte auch nicht trocken werden und mußte also ständig mit Wasser besprizt werden. Licht und Sonne ließen langsam den weißen Grund wieder hervorkommen. Das Bleichen dauerte aber lange. Nach Krünitz kürzte man es ab, indem man Weizenklee mit Wasser kochte und dann den Cotton mehrmals durch das „Kleyenwasser" zog, spülte, klopfte und trocknete.

Nachdem die echten Farben auf diese Weise auf den Cotton gedruckt worden waren und das Stück auch gebleicht war, wurden bei den Zitzen auch blaue, grüne und gelbe Farben mit dem Pinsel eingemalt. Diese Arbeit wurde von den sogenannten Schilder-Mädchen verrichtet. Die abgedruckten Umrisse der Vorform und auf Papier gemalte Muster zeigten ihnen die Stellen, die mit Hilfe eines Pinsels einzumalen waren. Je nachdem ob mehr oder weniger mit Farbe ausgemalt wurde, hießen die Cottone halbe oder ganze Zitze.

Nachdem das Stück wieder im Flußwasser gespült worden war, kam es in ein Stärkebad und wurde schließlich getrocknet und zusammengelegt. In der Glättstube wurde es dann auf dem Glättetisch mittels des an einer starken Glättstange befestigten Feuersteines (Glättsteines) geglättet. Nach dem Glätten wurde es „mit einer gewöhnlichen Presse gepresst".

Smit bespricht dann noch eine andere Weise zu drucken, den sogenannten „reserve druck", der auch in Augsburg geübt wurde. In diesem Falle wurden Mittel auf den Cotton gedruckt, die es verhinderten, daß sich die Farbstoffe auf den bedruckten Stellen absetzten. Der übrige Teil des Stückes wurde dagegen gefärbt. Bei dem reserve druck wurde gewöhnlich mit Indigo gearbeitet.

Die sogenannte reserve wurde erst warm, später auch kalt auf den Cotton gedruckt. Im ersteren Fall wurden Harz, Wachs und Talg in einer kupfernen Pfanne erwärmt, flüssig gemacht und mittels eines Torffeuers warm gehalten. Wurde die Reserve kalt aufgedruckt, dann bestand sie aus Gummi und Kupfersulfat, vermengt mit Tonerde und Fett.

Der Drucker tauchte die Druckform in das warme oder kalte Druckmittel und druckte es auf den Cotton. Das Trocknen wurde durch Bestreuen mit Sägmehl oder Sand beschleunigt. Dann wurde das Stück mit kurzen Zwischenpausen in einen Kübel mit Indigo getaucht, bis man das gewünschte Blau erreicht hatte. Danach wurde das Stück in großen kupfernen Kesseln gekocht, um die mit der Druckform angebrachten Druckmittel zu entfernen. Diese Stellen hatte der Indigo nicht durchdringen können. Während also das ganze Stück blau gefärbt worden war, blieben diese Stellen weiß. Sie erschienen jetzt als weiße Figuren auf blauem Grund. Das Stück wurde dann gespült, geklopft und zum Trocknen aufgehängt. Die mit Indigo arbeitenden Druckereien wurden Procellan-Druckereien genannt.

Die Augsburger Cottondrucker als Erfinder

Die Cottondrucker waren stolz auf ihre Erfindungen. Sie waren sich auch ihrer Bedeutung bewußt. So erklärten sie im Jahre 1709, daß sie ihre „so schöne Handtierung ... auf eigen Kosten auss fremden Landen allhier eingeführt haben, mit allerhand Inventiones verbessert, und biss dato in die 16 Jahre gantz einig und allein in Flor gebracht, dass jährlich eine grosse partey von allerhand Weberwahren" verkauft wird. Sie sprachen von der „schönen Kunst und Wissenschaft", von der viele Handwerker ihre Nahrung bekämen.[35] Die Augsburger Drucker erkannten ohne Umschweife die vorzügliche Arbeit der holländischen Drucker an. Aber sie sagten auch, daß dank ihrer eigenen „neuen Inventionen" die Augsburger Cottone und Bomasine „an Nettigkeit und Schönheit der sonst vortrefflichen Holländischen Waare" beinahe gleichkämen und weit und breit gekauft würden.

Als man wenig später eine Steuer auf ihre Arbeit legen wollte, wiesen sie noch einmal auf ihre Erfindungen hin. Sie hätten sich bemüht, „dz grapp rothe truckhen und färben bei hiesiger statt zu erhalten und weder gefahr noch Kosten (gespart), newe inventiones und curieuse arbeith zu fortpflanzung bissherigen unseres gewerbs" einzuführen. Sie erinnerten den Rat ganz besonders an die „neu eingeführte Blau und weise arbeith".

---

[35] Kattunfabrikanten 1707-1787.

Auch später haben die Augsburger Cottondrucker in der Fremde Erfahrungen gesammelt oder, wie sie sagten, „durch hin und her gemachte weite Reisen viele Unkosten aufgewendet, die allhiesige Cotton Fabriquen immer florissanter zu machen".[36] Ähnlich wie es Jeremias Neuhofer gemacht hatte, schickte Georg Abraham Neuhofer einen seiner Söhne über Berlin nach Hamburg, „um die Calanca Wahr zu erlernen". Es gelang diesem dann auch „durch grosse Mühe und Kosten", das Druckverfahren auszukundschaften.[37]

Selbstbewußt erklärten die Cottondrucker Mitte des 18. Jahrhunderts, sie könnten mit Hilfe des vor einigen Jahren „neu erfundenen Druckes" das ganze Jahr hindurch drucken, auch „in raucher winters zeit …, wenn das alte crabroth nicht gemacht werden kann".

Immer wieder deuteten einzelne Cottondrucker an, daß sie besondere Geheimnisse, arcana, besäßen, die die anderen nicht kannten. So behauptete Georg Christoph Deschler im Jahre 1768, daß er „Gott Lob! ein arcanum in (seiner) Cotton Druckerey besitze, dessen sich ausser (ihm) kein allhiesiger cottondrucker rühmen kann". Und abschätzig sagte die Witwe des Druckers Franz Jakob Heichele, daß ein Konkurrent seine ganze Wissenschaft erst aus den „arcanis und verzeichnüssen" ihres Mannes gezogen habe.

Tatsächlich kann man sich die große Entwicklung der Augsburger Textilherstellung im 18. Jahrhundert ohne die Erfindungsgabe der Cottondrucker nicht vorstellen. Lange bevor Schüle auftrat, haben die Cottondrucker die Textilherstellung in Augsburg ungemein belebt. Allerdings hören wir über die Einführung neuer Verfahren nur dann, wenn es zu ernsten Streitereien mit anderen Handwerkern kam.

Neuhofers „Crapproth Färben"

Die Übernahme der neuen holländischen Drucktechnik hat den Textildruck in Augsburg revolutioniert. Diese Technik meinte man sicherlich, wenn man von dem „Crapproth Färben auf gedruckte Wahr" sprach. Krapp oder Färberröte (Rubia tinctorum) war eine aus dem Mittelmeerraum stammende Farbpflanze aus der Familie der Rubiazeen, die im 16. Jahrhundert in Europa, vor allem in Holland, dann auch in Frankreich und in Schlesien angebaut wurde. Die hellblutrote Wurzel enthält den roten Farbstoff, Alizarin, der durch Trocknen der Wurzel, Stampfen, Mahlen und Sieben gewonnen wurde. Die Holländer waren in der Krappveredelung führend. Neuhofer wird wohl das Drucken und Färben mit Krapp von den Holländern übernommen haben.

Neuhofer sagte, daß er das Krapprot-Färben unter großen Unkosten nach Augsburg gebracht habe „indeme ich desswegen meinen bruder und Sohn zu underschiedlichen mahlen in holland habe schicken müssen". Der Rat hat dann auch Jeremias Neuhofers Leistung anerkannt und ihm allein „aus bewegenden Ursachen" im April 1693 das Recht verliehen, während der nächsten zwei Jahre crapprot zu färben. Den anderen Cottondruckkern wurde verboten, rot zu färben. Neuhofer baute nun unter erheblichen Kosten sein eigenes Farbhaus.[38]

Ende März 1692 sagte Jeremias Neuhofer, er beabsichtige „nächstkommenden Frühling, geliebt es Gott, widerumb was Neues an den Tag zu geben, als Nemlich schön Türkisch Roth". Auch das Türkischrot wurde aus der Wurzel der Färberröte, Rubia tincto-

---

[36] 1753, 14. August.
[37] Evangelisches Kirchenarchiv Kaufbeuren Nr. 154.
[38] 1693, 1. April. Cottondrucker 1650-1760.

rum, dem Krapp gewonnen, aber eine außerordentlich komplizierte Beize der Garne und Baumwollstoffe vor dem eigentlichen Färben mit Kuhmist, Ölen, Fetten und Gerbsäure führte zu einer besonders schönen roten Farbe. Als Metallsalzbeize wurde Alaun in Augsburg im 18. Jahrhundert verwendet. Durch die Beize mit Alaun gewann man ein dauerhaftes und leuchtendes Türkischrot.[39] Das Türkischrotfärben wurde lange von den Türkischrotfärbern in Griechenland als Geheimnis gehütet. Anscheinend gelang es französischen Unternehmern und Wissenschaftlern erst Mitte des 18. Jahrhunderts, das Geheimnis zu brechen. Mit Hilfe eingewanderter griechischer Färber wurde nach langjährigen Versuchen ein Rot erzielt, das dem Türkischrot gleichkam.[40] Ob Neuhofer bereits Ende des 17. Jahrhunderts hinter das Geheimnis des Türkischrot gekommen ist, kann man also bezweifeln. Aber offensichtlich war Neuhofer sehr interessiert. Wenn es um Färben und Drucken ging, war diesem vorwärtsdrängenden und erfindungsreichen Mann keine Farbe zu gut.

Anscheinend waren inzwischen aber auch andere Augsburger hinter das Geheimnis der Drucktechnik mit Krapprot gekommen. Jedenfalls ließ der Rat 1693 auch von anderen Cottondruckern, die früher Illuministen gewesen waren, Proben aus Rot anfertigen. Wer das beste Rot hatte, sollte ebenso wie Neuhofer zwei Jahre lang allein rot färben dürfen. Der Rat warnte aber, daß wenn die Kaufmannschaft bei Lieferung ihrer Waren „verkürzt" würde, werde man allen, „so auch die Wissenschafft zu dem rothen haben", dieses Drucken erlauben. Auf jeden Fall war Neuhofer nicht der einzige, der krapprot färbte. Neuhofer konnte die Aufträge gar nicht alle erfüllen und unternahm deshalb auch nichts, als einige Färber und Drucker ebenfalls krapprot färbten. In den 1690er Jahren sollen jährlich mehrere 1000 Stück crapprot gefärbter Cottone nach Italien und in andere Länder ausgeführt worden sein. Nicht alle Drucker hatten mit dem Crapprot-Färben Erfolg. Später hieß es, daß einige Drucker wegen ihrer Schulden das Crapprot-Färben wieder aufgegeben hatten, „ja einige gahr hinder der Thür Urlaub nehmen, und als filou auf und darvon gehen miessen".

1695 bat Neuhofer, das ihm auf zwei Jahre verliehene Privileg des Krappprotfärbens auf unbestimmte Zeit zu verlängern. Aber nun protestierten die Färber, daß ein Mann, der überhaupt kein Färber war und nie das Färben gelernt hatte, sich dennoch ein Farbhaus baute und färbte. Schon die Bezeichnung, krapport färben, beweise, daß diese Arbeit den Färbern und nicht den Druckern zustehe, „zumal sie bey ihrem, der Ferber Handwerk, ganz commun wäre". Neuhofer sei zwar der primus inventor, aber er sei in der von ihm „angerührten Krapproth Farb" nicht gut „fundiert". Eine Menge Cotton sei ihm so schlecht geraten, daß er sie „in weit geringerem Preis" verkaufen und teils sogar schwarz färben lassen mußte.

Die „obrigkeitliche Special vergunst" der zwei Jahre sei nun abgelaufen. Sie habe ohnehin zu „allerlay schädlichen Ohnordnung" geführt. So färbe jetzt auch schon der Nestler Andreas Jungert. Der Rat solle unter keinen Umständen auf Neuhofers „privat nutzig hinderrückliches de novo beschehenen handwerks verderbliches auch gemein schädliches

---

[39] Siehe Joachim Zahn, „Aus der Geschichte der Färberei". Bayer Farben Revue Jg. 20, S. 72-76. Ebenso Neu verbesserte Hall Ordnung, 1735, Artikel 6. Anschläge und Dekrete.
[40] Hierüber Gustav Schaefer, „Der Anbau und die Veredelung der Krappwurzel" und „Zur Geschichte der Türkischrotfärberei". Ciba Rundschau 47, S. 1714-1732. Auch Marzell, H. Bd. 6, 1977, S. 1446 und Brockhaus, Bd. 6, 1930, S. 68 und Bd. 19, S. 200.

supplicieren" eingehen. Neuhofer solle seine Nahrung mit dem Cottondruck verdienen, nicht mit dem Färben, das ihm „dicken Profit und reichen Gewinn" gebracht habe, „so ihme mit Pferden und Gutschen zu bravieren verholfen". Neuhofer war also nicht der einzige Cottondrucker, der färbte. Auch Andreas Jungert, der wie er 1693 ein Zeichen erhalten hatte, färbte. Als man Neuhofer und Jungert die Forderung der Färber vorlegte, haben sie erst einmal drei Wochen lang nicht geantwortet. Jungert ließ sich allerdings vernehmen, er sei bereit, von der Färberei abzulassen, wenn auch dem Neuhofer das Färben verboten würde. Sonst könne er nicht mit dem Neuhofer konkurrieren.

Am 9. Juni 1695 forderten die Färber deshalb noch einmal, daß dem Neuhofer und Consorten das Färben verboten würde. Neuhofer hat sich daraufhin verantwortet, Jungert jedoch nicht. Wieder protestierten die Färber. Aber erst im Jahre 1698 drangen sie durch. Im Dezember 1698 befahl der Rat allen Druckern, „wie sie Namen haben mögen, das craprot neben anderer Ferberey" zu unterlassen. Die Drucker sollten sich auf das Drucken der Barchente und Bomasine beschränken.[41] Jeremias Neuhofer als primus inventor wurde damit „consoliert", daß er seinem Schwiegersohn, dem Färber Caspar Steudlin, seine Aufträge „zuschanzen könne".

Neuhofer ließ sich aber nicht verdrängen. Der Rat habe ihm 1693 „alss allhiesigen Inventori allein, exclusis ceteris, dass Krapproth färben verwilligt". Das Privileg sei nicht so zu verstehen, daß ihm nach zwei Jahren das Färben verboten werden solle. Sondern man gab es ihm, um sich von den großen Unkosten zu erholen, die er für die Einführung dieses Gewerbes aufgewendet habe. Nach Ablauf der zwei Jahre sollte er natürlich „ohngehindert und ohngekränkt" weiter färben dürfen. Er wies darauf hin, daß „dieses Krapproth färben auf getruckte Wahr ein sonderbahre wissenschafft ist, wohinter die Färber bishero e Fundamento noch wenig gekommen". Da er und die Seinen diese „wissenschaft" nach Augsburg gebracht hatten, solle der Rat das Dekret von 1693 dahingehend erläutern, daß er das „Krapproth färben auf getruckte wahr" jederzeit ungehindert ausüben dürfe.[42]

Neuhofer warnte den Rat auch, daß die Errichtung neuer Manufacturen und Gewerbe nur dann möglich sei, wenn „diejenige Persohnen, welche neue inventionen und dem bono publico nüzliche gewerbschaften in die stat bringen, nicht sowohl gehegt, als auch zu antreibung ihres neu erfundenen, zumahlen nützlichen gewerbes auf keine weiss und weg gehindert werden".

Eine Gruppe von 24 Kaufleuten trat auch für die Drucker und vor allem für Neuhofer ein. Der Cottonhandel würde ruiniert werden, wenn nur die Färber krapprot färben dürften. Denn ein Färber würde den anderen im Preis unterbieten, um Gewinn zu machen. Er würde also „in der Farb mehr vortheil gebrauchen und solche spahren". Das Krapproth Färben sei eine „absonderliche Wissenschaft", die niemand außer den Druckern verstehe. Keiner könne „die farben so schön und hoch als sie bringen".

Die Verordneten waren von der „Wichtigkeit und ponderosität" dieser Argumente beeindruckt. Sie sahen nun selber ein, daß das Dekret vom 23. Dezember 1698 zu nichts als Zank und Streit führen werde, weil einer dem anderen die Schuld für verdorbene Ware geben würde. Man solle deshalb dem Jeremias Neuhofer tamquam primo inventori noch zwei Jahre oder auch länger gestatten, neben den Färbern crapprot zu färben, zumal

---

[41] 1698, 23. Dezember.
[42] 1699, 21. Mai.

die übrigen Barchentdrucker sich der Färber bedienten. Der Rat hat daraufhin dem Neuhofer am 30. Juni 1699 gestattet, das Krapprotfärben noch zwei Jahre „und nach befindenden Dingen auch weiters" ungehindert neben den Färbern zu treiben.[43]
Sowohl Neuhofer wie die Färber durften also crapprot färben. Von anderen Druckern ist keine Rede. Vielleicht hat man aber in der Folge auch den anderen Cottondruckern erlaubt, crapprot zu färben. Die Färber haben jedenfalls dieses Crapprot-Färben der Drucker nie akzeptiert. Sie begannen einen Prozeß und haben ihn so lange geführt, bis „beide Theile gänzlich ermüdet" und sich schließlich dahin verglichen, daß die Drucker allein beim Drucken und die Färber beim Färben bleiben sollten.

Neuhofer kann als der Begründer des Augsburger Cottondrucks gelten. Krünitz schrieb in der zweiten Hälfte des 18. Jahrhunderts, daß Neuhofer und seine Mitgenossen emsige Leute gewesen waren: „sie beflissen sich, durch allerley neue Erfindungen in Farben und Zeichnungen, ihren Arbeiten Vorzüge zu verschaffen, und brachten es auch in kurzem so weit, dass ihre Ware der holländischen, wo nicht vorgezogen, doch gleich geachtet wurde".[44]

Blau- und Weiß-Drucken

Eine gewisse Flaute in den Jahren vor 1712 veranlaßte die Cottondrucker, nach neuen Produktionsverfahren zu suchen. Als erster begann anscheinend um diese Zeit ein Färber namens Johannes Reinweiler das „holländische Blau Trucken und färben ins werck zu richten". Da aber eine Person „allein zu fortsetzung dieses Truckens nicht sufficient war", reiste der Cottondrucker Johannes Apfel wie einst Neuhofer kurz vor 1712 nach Holland, um „solche wissenschaft zu ergreiffen". Er brachte dann auch das neue Verfahren nach Augsburg.

Wahrscheinlich handelt es sich hier um den oben beschriebenen „reserve Druck" der Holländer. Nachdem die Stoffe mit einer Wachs- und Kleistermasse bedruckt sind, kommen sie in Indigoküpen. Während der Grund sich blau färbt, bleiben die bedruckten Stellen von der Farbe frei. Nachdem die Wachs- und Kleistermasse entfernt ist, erscheinen die aufgedruckten Muster in Weiß, der Grund in Blau. Da die blauen chinesischen Porzellane zu dieser Zeit besonders beliebt waren, sprach man vom Porzellandruck.

Apfel hat im Jahre 1712 mit großem Erfolg auf holländische Art blau gedruckt und gefärbt. Als die Färber protestierten, daß Apfel färbte, verlangte er, daß alle Cottondrukker, die „dieser neuen fabrica sich unterfangen werden", das Recht haben sollten, ihre Cottone „selbst zu trucken und zu färben ohne der färber oder mäglicher irrung, hinderung und einwürken", wie es beim Crapprot-Färben geschehen sei. Überall dürften die Drucker sowohl drucken wie färben, „in dehme eines ohne dz andere nicht bestehen kan, in sunderheit bei der wüssenschaft des holländischen Blautruckens und färbens". Die Augsburger Färber hätten diese Wissenschaft nicht.[45]

Apfel hat sich auch auf das Dekret vom 23. Dezember 1698 berufen, nach dem doch die Drucker beim Drucken von Barchent und Bomasin und die Färber bei ihrem Herkommen verbleiben sollten. Apfel legte dieses Dekret so aus, daß die Drucker allein

---

[43] 1699, 30. Juni.
[44] Krünitz, Oekonomische Encyklopädie, Bd. 36, S. 129.
[45] 1712, 6. Februar.

drucken, die Färber allein färben sollten. Damit war den Färbern natürlich das Blau- und Weißdrucken untersagt. Die Färber haben sofort gegen diese Auslegung protestiert. Höhnisch sagten sie, sie hätten es nicht nötig gehabt, wie Apfel unter großen Kosten nach Holland zu reisen, um diese „Edle Wissenschaft" zu lernen. Von dem Blaufärben der Holländer hielten sie ohnehin nicht viel. Es stimme nicht, daß sie das holländische Blaufärben erst von den Druckern lernen müßten, wie einst das Crapprot-Färben. Das Gegenteil sei der Fall: sie leisteten ja jedes Jahr einen Eid wegen des Blaufärbens. Sie sagten auch, daß „dise Wissenschaft nit in dem Färben, sondern in dem auf Truckhen enthalten wirdt, mithin eine ohne die andere wohl stehen kan". Apfel hatte behauptet, daß das Färben und Drucken nicht zu trennen sei. Wenn dem Apfel wider alles Verhoffen das holländische Blaufärben erlaubt werden sollte, dann bräuchte er eine Werkstatt. Er könne aber keine erhalten, da erst am 1. Mai 1710 entschieden worden sei, daß es nicht mehr als 40 Farbhäuser geben solle. Die Färber protestierten auch, daß Apfel einen gewissen Cottondrucker Leonhard Starck als Compagnon zu sich nahm. Vielleicht hatte dieser Leonhard Starck aus Ngb (Nürnberg?) dem Apfel geholfen, das neue Verfahren zu entwickeln.

Apfel wiederum warnte, er könne sich das holländische Blau- und Weiß-Drucken und Färben schon deshalb nicht verbieten lassen, weil es ihn „ein nicht geringes" gekostet habe, hinter diese Wissenschaft zu kommen. Wenn man ihm hier nicht erlauben werde zu färben, dann werde er sich „ausserhalb der stat in der Nachbarschafft anzurichten bemüßigt seyn".Die Deputierten fragten nun die Färber, ob sie sich getrauten, ebenso gute Arbeit wie der Apfel zu machen? Als sie mit Ja antworteten, beauftragten sie die Färber und vor allem den Reinweiler wie auch den Apfel, Probestücke vorzulegen. Es zeigte sich nun, daß die Arbeit der Färber mit der Apfels überhaupt nicht zu vergleichen war. Reinweilers war etwas besser, aber auch nicht so gut wie Apfels. Mit anderen Worten, außer Reinweiler meisterte keiner der Augsburger Färber die Kunst des holländischen Blaudruckens und Färbens. Und auch Reinweiler hatte es nicht so weit gebracht wie Apfel.

Die Deputierten meinten, es sei nicht ratsam, daß Apfel die Cottone drucken und die Färber sie dann färben sollten. So etwas würde zu Streit führen, wenn die Arbeit nicht gut ausfalle: der Drucker würde dem Färber und dieser dem Drucker die Schuld geben. Da die Färber „mit diser farb, so wie es nöthig, nicht umbzugehen wissen", müsse der Drukker entweder seine Ware verderben lassen oder er müsse den Färbern „den vortheil zeigen und nachdem er wegen dessen Erlernung die Speesen aufgewandt, ihnen den Profit in die Hände geben". Apfel solle seine Kunst weiter ausführen dürfen, da ja auch den Färbern nicht verwehrt sei, ebenso gut zu färben wie er. Sie lehnten es jedenfalls ab, der schlechteren Ware der Färber den Vorzug zu geben. Sie wollten dem Apfel das Blaudrucken und Färben auch deshalb nicht verbieten, weil Reinweiler sonst ein Monopol gehabt hätte. Wahrscheinlich hat der Rat dann auch dem Apfel das „holländische Blaudrucken und Färben mit aller dazu gehörigen Einrüstung" erlaubt.

Wie Neuhofer spielte also auch Apfel eine bedeutende Rolle in der Entwicklung des Augsburger Cottondruckes. Krünitz nennt nicht nur sein Geschick „in Zubereitung der Farben, sondern auch in Erfindung der zum Drucken und Reiben gehörigen Werkzeuge und Maschinen".[46]

Obwohl Apfel seine Verfahren geheimhielt, gab es bald Nachahmer. 1707 beschwerten sich jedenfalls die beiden Cottondrucker Johannes Apfel und Tobias Gotthard Lo-

---

[46] Krünitz, Öconomische Encyclopädie, Bd. 36, S. 129-130.

beck, daß Stimpler ihre Erfindungen nachahmten. Sie wollten also ihr Monopol wahren. Der Rat weigerte sich aber, gegen die Nachahmer vorzugehen: so wie es den beiden „noch ferner frey stehet, sich mit allerhand inventionen hervorzuthun, oder mit der bereits erfundenen Arbeith ihren Vorteil zu schaffen, also (hätten) auch andere Meister gleiches recht zu inventieren, oder die von anderen erfundene Arbeith nachzumachen". Um „Stimpeley" zu verhindern, führte man aber gewisse Kontrollen ein. So sollten die Meister den Deputierten Proben vorlegen, und von diesen dann „nach befindender beschaffenheit solcher Arbeit bescheidts erwarten".[47] Aber ein Monopol für einzelne Drucker sollte es nicht geben.

Die Augsburger Drucker und Färber waren natürlich interessiert, wenn Leute von auswärts sie gegen gute Bezahlung in neue Verfahren einweihen wollten. So wollte ein Schweizer Modelschneider, der in Amsterdam und Genf gearbeitet hatte, den Färber Deschler „das Aschenfarbe gründen, durch das Kupferwasser ziehen und die Krappbrüh" lehren. Dem Hans Jerg Neuhofer und dem Daniel Spatz wollte er das Blaudrucken beibringen. Aber die Probestücke gelangen überhaupt nicht. Man schloß daraus, daß der Schweizer „seiner sache nicht gewiss seye, und erst durch das probieren auf anderer Leuth Unkosten selbst darhinder kommen wollen". Man meinte, das er „einiges Liecht von der sach mag bekommen haben, aber nicht völlig hinter den grund gekommen seye". Man konnte sich auch denken, weshalb: „Weilen zumahl die Holländer das arcanum gar sehr secretieren."[48]

Auch in den folgenden Jahren bemühten sich die Cottondrucker um neue Verfahren beim Drucken. Der Cottondrucker Lobeck hat mehrere Jahre vor 1739 „sogenannte bappfarbig gedruckte Leinwathen" angefertigt. Aber die anderen Cottondrucker hielten nicht viel von Lobecks Arbeit: er habe den Absatz der Cottone und Bomasine „nicht wenige Zeit zimlich ins steckhen gebracht". Sie selbst hätten dagegen „durch Angebung und Einrichtung einer Art Cattons und Bombasin, Dauerhaffter Farben und dergleichen in specia der Weberschaft und somithin dem Publico vill grösseren Nutzen geschaft" als Lobeck.[49]

Die Schwierigkeiten Neuhofers und Apfels mit den Färbern waren nicht zufällig gewesen. Das Färben war, wie ein Färber nicht ohne Berechtigung sagte, „der grundt und dz haubt Fundament zue der Truckerey". Das Drucken und Färben war so eng verbunden, daß es immer wieder zu Streitigkeiten kommen mußte. Wir sahen, daß der Rat den Streit wegen des Krappot-Färbens damit entschieden hatte, daß die Drucker nur drucken und die Färber nur färben sollten. Die Trennung war aber nur schwer aufrechtzuerhalten. Im Jahre 1703 wollte auch der Cottondrucker Andreas Jungert sein eigenes Farbhaus bauen, und es dann einem Färber verleihen. Er begründete den Bau des Farbhauses damit, daß es „einem trucker oblige, dass er selbsten nach der wahr, so er dem färber zu färben gibt, um sehe". Im Jahre 1710 war es der Färber Johannes Reinweiler, der auf einmal das Drucken und Färben zugleich betrieb. Diesmal protestierten die Cottondrucker. Da sie obendrein „von Meister Rheinweilers Craprothen Arbeit wenig Hoffnung haben, dass solche unsere

---

[47] 1739, 1. September. Cottondrucker 1650-1760.
[48] Johann Rödelsperger. 1713, 13. Mai.
[49] 1739, 21. März. Franz Anton Kleiber.

fabrique werde beliebt machen können", verlangten sie, daß das Dekret auf alle gleichmäßig angewandt werde oder daß man auch ihnen erlaube, ihre Waren selbst zu färben.[50]

Im Jahre 1713 kam es zu neuem Streit, als der Cottondrucker Daniel Spatz darum bat, Bomasin und Cotton und auch von auswärts eingeführte „rohtuch" von dem Färber Abraham Neuhofer in einem in seinem Hause befindlichen „bequemlichen" Kessel färben lassen zu dürfen. Er wollte also kein neues Farbhaus bauen, sondern in seinem eigenen Hause färben lassen. Die Schwarz- und Schönfärber haben dennoch sofort dagegen protestiert, daß Spatz in ihre Rechte eingriff. Sie beschuldigten den Spatz auch, daß er den Neuhofer „nur zum Stichblatt nehme, nach der hand aber zwey oder drey schwartzfärber als Gesellen wegen grosser Dürfftigkeit bey ihme, so kein Meister, zum färben brauche und das monopolium führen will". Zum ersten Male tauchte also der Vorwurf auf, daß die Cottondrucker die Färbermeister nur als Gesellen behandeln wollten.

Der Rat wahrte noch einmal das Recht der Schwarz- und Schönfärber, allein Bomasin und Cotton färben zu dürfen. Spatz wurde auf das Bomasin- und Cottondrucken beschränkt. Dennoch drängten die Drucker auch in den nächsten Jahren, das Färben in die Hand zu bekommen. Im Jahre 1718 protestierten die Färber wieder „puncto des selbstfärbens" der Cottondrucker. Einen neuen Weg ging schließlich der Cottondrucker Gignoux, als er einen Färber förmlich in den Dienst nahm.

Gignoux und die Färber

Jean François Gignoux hatte sich 1719 in Augsburg niedergelassen. Die Färber behaupteten später, er sei ein Formschneider gewesen, der das Drucken den „allhiesigen Cottondruckern heimlich abgesehen und von ihren selbst eigenen Druckerinnen erschlichen" habe. Gignoux selbst erklärte, er habe schon als Cottondrucker gearbeitet, bevor er nach Augsburg gekommen sei. Gignoux war jedenfalls ein Mann großer Energie, der die Entwicklung des Cottondruckes in Augsburg vorangetrieben hat. Doch unter den anderen Druckern war er nicht beliebt. Im Jahre 1723 beschwerten sie sich, daß Gignoux das Drucken „verstimblet", also schlechte Arbeit machte. Sie beschuldigten ihn auch, das Geheimnis des Blaufärbens für 50 fl an einen Mann in Kaufbeuren verraten zu haben.

Krünitz sagt in seiner Encyclopädie, daß Gignoux „besonders wegen seiner Kenntniss der Farben ein sehr geschickter Manufacturier" war. Gerade deshalb stieß er mehrmals mit den Färbern zusammen. Er klagte später, die Färber hätten ihn immer daran hindern wollen, die Kaufleute mit „authentischer Ware" zu versehen. Auch einige Cottondrucker hätten die Färber durch Drohungen oder Versprechen davon abhalten wollen, für ihn zu färben. Als der Färber Isaac Gessler für ihn zu färben begann, wurde er dermaßen bedroht, „dass er sein Farb- und Wohnhaus quittieren müssen". Gessler kaufte nun ein eigenes Haus, das sich aber als zu eng erwies. Gessler mußte Gignoux' Tuche auf der Straße lagern, wo sie gestohlen wurden. Außerdem war das Wasser zu weit von der Werkstatt weg. Um nicht noch mehr geschädigt zu werden, stellte Gignoux im Jahre 1727 einen Farbkessel in seinem eigenen Hause auf und ließ den Gessler hier färben. Die Sache kam aber schnell auf und Gignoux wie auch Gessler wurden auf Betreiben der Färber bestraft.

Gignoux hatte gemerkt, daß er die Arbeit viel besser organisieren und leiten konnte, wenn er in seinem Hause nicht bloß drucken, sondern auch färben ließ. Er tat also die

---

[50] 1710, Weberhausverwaltung 83.

ersten Schritte in Richtung Fabrik, in der mehrere Gewerbe gleichzeitig getrieben wurden. Jedenfalls bat Gignoux Anfang 1728, den Färber Isaac Gessler in sein Haus nehmen und Cottone, Bomasin und andere „Druckarbeit" färben lassen zu dürfen. Er wollte auch die hierzu nötigen Farbkessel in seinem Hause aufstellen.

Die Vorgeher der Färber waren sofort gegen diesen Plan. Sie merkten, daß ein Färbermeister, der für Gignoux arbeitete, gar kein unabhängiger Färbermeister mehr war. Auch die Deputierten wollten Gignoux abweisen, „weil dergleichen Bewilligungen missbraucht worden und sehr üble sequelen daraus erfolgt seind". Der Rat lehnte daraufhin Gignoux' Bitte ab.[51]

Gignoux ließ sich aber nicht abweisen. Er ließ die Weber wissen, daß man ihm die Leitung einer vom Kaiser in Wien und Ungarn errichteten Cottonfabrik angeboten habe. Die Weber fürchteten nun, daß wenn Gignoux wirklich diese kaiserliche Fabrik in Gang bringen sollte, Augsburgs Ausfuhr nach Triest gesperrt werden würde, so wie die Ausfuhr von Leinwand, Cotton, Bomasin und Schnurtuch nach Österreich bereits gesperrt war. Auch der Handel nach Italien werde leiden. Achtzehn Kaufleute verwandten sich mit den gleichen Argumenten wie die Weber für Gignoux.[52]

Die Deputierten ließen sich aber nicht beeindrucken. Dem Gignoux gehe es nur um eines: er wolle den Färber Gessler als Knecht gebrauchen, um seine Waren billiger anzufertigen und mehr „Nahrung" an sich zu ziehen. Sie wiesen ihn also wieder ab, gaben ihm aber auch einen guten Rat, wie er sein Ziel erreichen könne: wenn er wie andere Cottondrucker die Färbergerechtigkeit erwerbe, würde er einen Färber in seinem Hause färben lassen können. Genau das tat Gignoux. Ein gewisser Ostler hatte das Greinersche Farb- und Manghaus gekauft, auf dem natürlich auch die Farb- und Manggerechtigkeit lag. Gignoux kaufte dem Ostler die Farb- und Manggerechtigkeit ab, ohne aber das Greinersche Haus zu erwerben. Die Manggerechtigkeit verkaufte er gleich wieder, aber die Farbgerechtigkeit wollte er selbst ausüben.

Die Färber erhoben sofort rechtliche Einwände. Sie bestritten, daß die Farbgerechtigkeit ein in sich stehendes, von der Behausung abgesondertes Recht sei, das gekauft werden könne. Wenn die Farbgerechtigkeit so leicht von den Farbhäusern zu trennen sei und verkauft werden könne, dann könne jeder Kaufmann die Farbgerechtigkeit kaufen, einen Färber in sein Haus setzen und eine Farbstatt aufmachen. Die Kaufleute bräuchten dann ihre Waren nicht mehr in den Werkstätten der Färber färben zu lassen. Das Färberhandwerk werde damit verschwinden. Die Färber baten den Rat festzustellen, daß eine Farb- und Manggerechtigkeit nicht von dem Farb- und Manghaus getrennt sei und an jemanden veräußert werden könne, der zum Handwerk gar nicht berechtigt sei. Gignoux erwiderte, daß bereits vor ihm fünf Farbgerechtigkeiten von alten Farbhäusern abgelöst und auf andere Häuser übertragen worden seien.

Die Färber hatten auch darauf hingewiesen, daß nach einem Dekret von 1710 kein neues Farbhaus aufgemacht werden dürfe. Gignoux argumentierte, daß er ja gar kein neues Farbhaus bauen wolle. Die Färber wiederum sagten, daß sein Wohnhaus bisher kein Farbhaus gewesen sei. Nun wolle er aber auf sein Haus eine Farbgerechtigkeit transferieren und dort ein Farbhaus bauen.

---

[51] 1729, 10. Dezember. Färber 1671-1775.
[52] 1730, 3. Februar, 8. März, 4. April und 4. Mai.

Es ging natürlich nicht bloß um rechtliche Fragen. Nach Meinung der Färber hatte Gignoux nichts anderes im Sinn, als „immer hin weiters und weiters umb sich zu greifen, andere Mitbürger in ihren Handwerks-Gerechtigkeiten zu turbieren, die Obrighkeit mit seinem Supplicieren zu ermüden, sich zu bereichern und die ihm nicht gehörenden Gerechtigkeiten an sich zu bauschen". Sie gaben zwar zu, daß schon fünf Farbgerechtigkeiten transferiert worden seien. Nur ein Cottondrucker, Apfel, habe aber in seinem Hause färben lassen. Und dieser eine Cottondrucker habe dem Färberhandwerk schon großen Schaden genug zugefügt.

Gignoux versicherte, daß weder er noch seine Leute sich des Crapprot- oder anderen Färbens anmaßen würden. Er wolle nur einen berechtigten Meister mit seinen Leuten färben und arbeiten lassen. Aber es war gerade dieses Arbeitsverhältnis, das die heftige Oppositon der Färber hervorrief. Denn was sollte man von einem solchen Färbermeister halten, „der mit des Druckers Leuthen färbet, der da sich lasset von dem Drucker die Farben fürwegen, dz Holtz zum Färben dargeben, oder so zu reden, die schnitter fürzehlen'"? Er sei kein Färber mehr, sondern „nichts als ein Cottondruckers Knecht". Die Knechtschaft eines Färbers bei einem Cottondrucker werde im ganzen Reiche nicht geduldet. Die Färber fürchteten also, daß ein solcher Färber kein Meister, sondern nur noch ein Arbeiter war.

Gignoux sah die Sache anders. Es stimme nicht, daß ein solcher Färber gezwungen sei, „sich Holz geben oder fürzehlen zu lassen, weillen ein jeder sich dasselbe selbst erkauffen und anschaffen muss". Auch dieser Färber müßte mit den anderen Färbermeistern den Eid leisten. Gignoux wandte sich auch gegen die Behauptung, das Färberhandwerk würde in kurzer Zeit ruiniert, wenn die Farbgerechtigkeiten verkauft werden dürften. Denn selbst wenn alle Farbgerechtigkeiten verkauft würden, welchen Nachteil hätten eigentlich die Färber, da die Käufer sich ja eines berechtigten Färbermeisters bedienen müßten? Es sei doch zum Vorteil der Färber, „weil sie ihr täglich Brot nicht allein gewiß haben, sondern auch ihre Farbhäuser zu unterhalten nicht nötig haben". Meinte Gignoux, daß es für die Färber vorteilhafter sei, in den Häusern der Drucker zu arbeiten, als selbständig zu sein?

Übrigens gab es nach Gignoux keinen Grund zu fürchten, daß alle Farbgerechtigkeiten weggekauft werden könnten. Wer wie die Kaufleute die Farbgerechtigkeit nicht benötige, kaufe sie auch nicht. Und wenn ein Färber für einen Cottondrucker arbeite, hätten doch die anderen Meister einen Vorteil: die bisherige Kundschaft des Färbers werde nun zu den anderen Färbern gehen.[53]

Der Rat gewährte schließlich Gignoux' Bitte unter der Bedingung, daß der Färber Gessler seine eigene Werkstatt zusperrte, solange er für Gignoux arbeitete. Er sollte auch keine anderen als „des färber Handtwerkhs fähige leuth" zum Färben gebrauchen. Gignoux selbst durfte nicht färben und auch nicht durch seine „des Färbens unbefugte leuth" färben lassen. Künftig sollte aber keinem Drucker diese Erlaubnis erteilt werden. Gignoux hatte also nun seinen eigenen Färber im Hause.

Gessler hat dann einige Jahre für Gignoux gearbeitet. Im Oktober 1739 war er aber nicht mehr im Dienste des Gignoux. Gignoux beschwerte sich nämlich, daß Gessler sein, Gignoux' Zeichen führe. Gessler mußte eine Strafe von 6 fl zahlen. Aber nun nahm er auch seine Rache. Er warf dem Gignoux vor, selbst gefärbt und damit seinen Eid gebro-

---

[53] 1731, 12. Oktober und 29. Dezember. Protokolle 1724-1737.

chen zu haben. Wenn er, Gessler, „ein farb leiss gemacht, habe genoux solche scharpf gemacht, und wenn Er eine farb scharpf gemacht, habe genoux solche leiss gemacht". Gignoux habe ihm nur 5 kr pro Stück gezahlt, dafür aber „den farbzeug ... selbst darzugegeben, auch selbst öfters gefärbt". Gignoux habe auch den Grund an die Färber verkauft, was er nicht dürfe.

Gignoux bestritt, selbst gefärbt zu haben. Gessler habe ihm nachts den „Grund" weggenommen und den Färbern gegeben. Das Farbzeug habe er deshalb hergegeben, weil die Farbe ihm gehörte. Gessler brachte nun seinen ehemaligen Knecht als Zeugen, der jedoch mit gutem Gewissen nicht behaupten konnte, daß Gignoux selbst gefärbt habe. Damit war die Sache erledigt. Wenig später hat Gignoux einen neuen Färber angestellt. Es wurde also nach wie vor im Hause des Gignoux gefärbt.

Gignoux hatte wahrscheinlich schon zu dieser Zeit ein erhebliches Gewicht unter den Cottondruckern. Er beschäftigte um 1734 nicht weniger als 80 Personen utriusque religionis. Er war ein vorwärts drängender Unternehmer mit Initiative. So sagte er auch den Deputierten, daß die „invention und industria" im Geschäftsleben das Wichtigste seien. In anderen Städten würden die Erfindungen der „Künstler" durch Privilegien und „andere begnadigungen" gewürdigt. In Augsburg habe man aber immer wieder Schwierigkeiten. 1735 stieß er wegen seiner von einem Pferde gezogenen Messingrolle mit den Färbern zusammen. Und 1736 stritt er mit den Färbern wegen seiner Scheggenbleiche. Die Färber standen jetzt den Cottondruckern mit tiefem Mißtrauen gegenüber. Weshalb? Weil die Drucker „ihre färber nicht nach Handwerksbrauch tractieren, sondern alls wie Knecht halten". Gignoux wollte sich eben bei Ausübung seiner Druckerei nicht von alten Regeln der Färber beengen lassen. So kam es wieder zu Streit.

1756 erwarb Anton Christoph, sein Sohn, auch eine Färbergerechtigkeit und wollte sie durch den Färber Johann Georg Dempflin „bestandweise" ausüben lassen. Die Deputierten lehnten dies glatt ab. Sie verboten dem Dempflin, bei den Gignoux, Vater oder Sohn, zu färben. Der Vertrag, durch den die Gignoux die Färbergerechtigkeit erworben hatten, wurde annulliert. Man erlaubte dem Gignoux aber, einen Färbermeister anzustellen, der ihm die gedruckten Cottone und Bomasine färben sollte, doch keine Schetter und Leinwand.

Ein Färbermeister durfte also für die Gignoux arbeiten, aber nicht ein Färber, der keine Farbgerechtigkeit hatte. Und auch er sollte nur Cotton und Bomasin färben. So hatten die Färber nichts dagegen, daß Schüle 1759 mit dem Zucht- und Arbeitshaus ausmachte, eine „Reib- und Glättmühle" zu errichten, solange ein berechtigter Färber die Aufsicht über dieses Werk hatte und solange auf der Reib- und Glättmühle „keine leinwath, sondern nur feine und ordinaire gedruckte Bombasin und Cotton" gerieben wurden.[54] Die Färber protestierten im Jahre 1762, als die Frau des Cottondruckers Sebastian Magg, die zwei Farbhäuser geerbt hatte, hier Schetter und Leinwand färbte.[55] Die Färber sagten, sie hätten nichts dagegen, daß Magg in seiner Cottonfabrik einen Färbermeister anstellte, der für ihn Cotton und Bomasin färbte. Als Magg dann einen Vertrag mit dem Färbermeister Dempflin schloß, protestierten die Färber wieder: nach dem Vertrag sei „die Maggin die

---

[54] 1759, 12. März. Protokolle 1758-64.
[55] 1762, 8. März, 12. Mai, 14. Juli. Protokolle 1756-64. Es ging auch darum, daß Magg Schetter und Leinwand färben ließ. Nach Meinung der Färber sollte er nur die gedruckten Bomasine und Cottone färben lassen.

Principalin im Färben der Schetter und Leinwath und der Dempfle nichts als ein Knecht". Er begebe sich in „Sclaverey". Die Färber fürchteten wohl, daß auch ihre Unabhängigkeit bedroht war. Wenn Magg die zwei Farbhäuser einem berechtigten hiesigen Färber überlasse, wenn weder Magg noch seine Frau mit dem Färben direkt oder indirekt etwas zu tun hätten und keine Leinwand und Schetter gefärbt würde, hätten sie nichts einzuwenden.

Die Färber äußerten sich im Jahre 1763 auch prinzipiell über das Verhältnis von Cottondruckern und Färbern. Das Drucken sei eine freie Kunst und an keine Artikel gebunden, wohl aber ad certum numerum, also an 16 Druckerzeichen. Die Färber dagegen seien eine Profession mit einer Handwerksordnung, ohne an eine feste Zahl gebunden zu sein. In Augsburg sei es üblich, daß sich die Drucker allein auf das Drucken der Ware beschränkten und das Färben dem Färberhandwerk überließen. Einige Drucker hätten allerdings eine „specielle Concession", die es ihnen erlaube, „ihre Druckers Gerechtigkeit vermittels zuziehung eines berechtigten Färbermeisters in färbung gedruckter Bomasins et Cottons in ihrem Hause zu exerciren".

Nicht jeder Cottondrucker hatte also ihrer Meinung nach das Recht, in seiner Werkstatt von einem Färber auch Farbarbeiten erledigen zu lassen. Auch wenn ein Drucker diese „specielle Concession" hatte, durfte er nur Cottone und Bomasine färben lassen. Die Zuständigkeiten waren also ihrer Meinung nach klar abgeteilt: der Drucker druckte, der Färber färbte. Wenn ein Drucker sein Farbhaus und die daran „klebende" Färbergerechtigkeit verkaufte, so machte er sich damit eo ipso allen Färbens verlustig, es sei mit Indigo, kalt oder warm, nichts ausgenommen. Er durfte dann nur noch drucken.[56]

Vielleicht betonten die Färber diese klare Trennung der Zuständigkeiten, weil die Cottondrucker um die Mitte des 18. Jahrhunderts schon ein viel stärkeres Gewicht hatten.[57]

Im Jahre 1769 wurde nämlich geklagt, daß die Cottondrucker mit 20 bis 30 Leuten selbst färbten und nur einen einzigen Färbermeister anstellten, der bloße 3 fl Lohn pro Woche erhielt. Im Grunde betrieben die Cottondrucker wohl jetzt ihre eigenen Färberwerkstätten. Jedenfalls ging die Tendenz dahin.[58] So werden aus der Zeit um 1780 neun sogenannte Druckfärber genannt, die ihre „Farbstätten" nicht selbst betrieben. Im Jahre 1788 waren es acht. Grundsätzlich verlangten aber die Deputierten noch Ende des 18. Jahrhunderts, daß ein Fabrikant nur dann färben dürfe, wenn er einen Färbermeister

---

[56] 1763, 7. April. Protokolle 1758-64. Vier Jahre später, 1767, betonten die Färber noch einmal, daß den Cottondruckern in Augsburg „das selbst färben ihrer zu drucken habenden blauen und weissen Waaren keineswegs zustehe, sondern solches privative denen färbern zugehöre". 1767, 23. März. Protokolle 1767-76.

[57] Die Cottondrucker wünschten wohl auch deshalb Färber in ihren eigenen Werkstätten arbeiten zu lassen, um die Qualität der Arbeit besser kontrollieren zu können. Jedenfalls gab es Streit zwischen Druckern und selbständigen Färbern wegen der Farbe. So beschwerte sich die Druckerin Seuter 1758, daß ihr 40 Stück Cotton von zwei Färbern „verderbt, durch das gewaltige Färben blind gemacht und dadurch vernachlässiget worden". Doch war die Sache nicht so eindeutig. Die Vorgeher der Färber sagten, „man könne die Schuld nicht allein denen Färbern zuschieben, sonder es (falle) vielmehr selbige auf den Drucker, welches dadurch appraire, weilen auf einem stück die Model, auf dem anderen aber nichts zu sehen sey, die Druckerin aber solches ausbessern könne, massen der Druck gar zu schlecht sey, und die Composition nichts tauge, die färber möchten es aber auch gar zu viel strapaziert haben".

[58] 1758, 3. Juli. Protokolle 1758-64. 1769, 17. August.

hielt. Manche Färber arbeiteten allerdings gleich in den Fabriken, ohne jemals selbst eine eigene Werkstatt gehabt zu haben.[59]

Es überrascht nicht, daß es zwischen den Cottondruckern und Färbern auch wegen des Lohnes zu Streit kam. 1747 beschwerte sich ein Färber, Johann Mayr, der für Schumacher gearbeitet hatte, daß ihm Schumacher „dess Blauen Procellan Cotton halber" 159 fl 26 kr zu wenig gezahlt habe. Zeugen sagten aus, wie unordentlich es bei Schumacher zuging, wenn man gefärbte Ware brachte: so habe man „die überbrachte gefärbte stücke allerorten mit der greiden an Thür, Wandt und anderen Orten hingeschrieben".

Die Streitereien mit den Färbern zeigen, daß die Cottondrucker mehr und mehr ihre Kompetenzen ausdehnten. Es lag in der Natur des Cottondruckes, daß die Fabrikanten vor allem bei neuen Verfahren darauf bestanden, auch das Färben auszuüben. Die Färber haben diese Beschneidung ihrer Rechte nur nach Streit und widerwillig hingenommen. Sie setzten es durch, daß nur Färbermeister für die Cottondrucker arbeiten durften. Sie fürchteten nicht zu Unrecht, daß diese Meister zu Arbeitern absinken würden.

---

[59] 1787, 4. Oktober. Protokolle 1786-88.

Johann Michael Frey (1750-1819), Augsburger Ansichten. Schülesche Zitz Fabrik.
Staats- und Stadtbibliothek Augsburg. Bestand Graphik 17/10.

Johann Michael Frey (1750-1819), Augsburger Ansichten. Schülesche Fabrik gegen Abend.
Staats- und Stadtbibliothek Augsburg. Bestand Graphik 17/10.

Johann Michael Frey (1750-1819), Augsburg gegen Sonnen Untergang.
Staats- und Stadtbibliothek Augsburg. Bestand Graphik 7/10.
Vor den Stadtmauern sind die großen Rechen der Cottonfabrikanten zu erkennen.

Franz Thoma Weber (1761-1828), Augsburger Ansichten. Ansicht der Wohnlich und Fröhlich'schen Zitz und Catun Fabrick zu Augsburg. 1818.
Staats- und Stadtbibliothek Augsburg. Bestand Graphik 17/11.

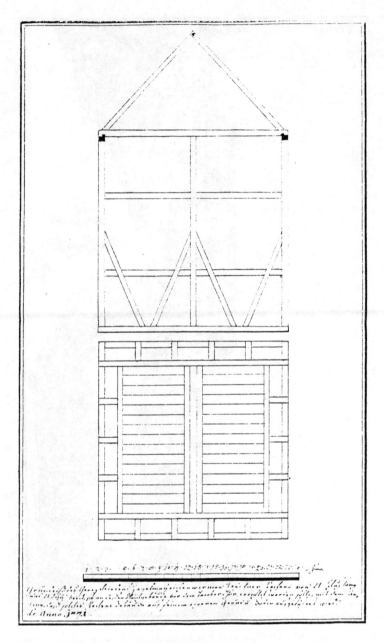

Grundriss eines Rechens des Cottonfabrikanten Zackelmaier 1771
Stadtarchiv Augsburg

Franz Thomas Weber (1761-1828). Augsburg von Osten 1821.
Städtische Kunstsammlung Augsburg. G 940
Im Vordergrund, vor den Mauern des Jakobervorstadt, die Rechen der Cottonfabriken.

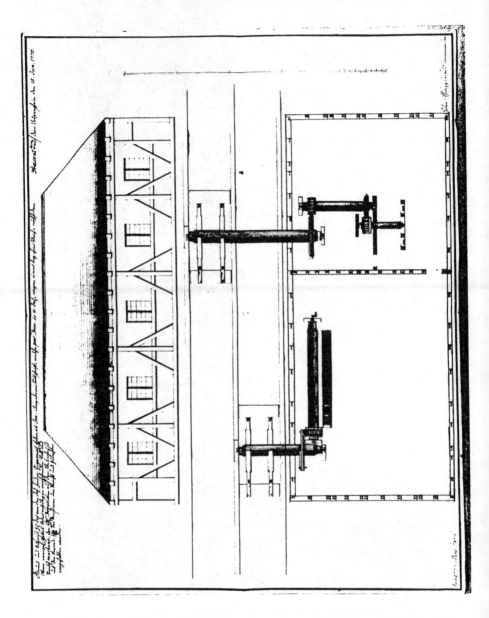

Grundriß und Lage der von der Firma Gignoux Erben geplanten Roll- und Pantschmaschine. 1776.
(Stadtarchiv Augsburg. Bestand Mühlen 18-21).

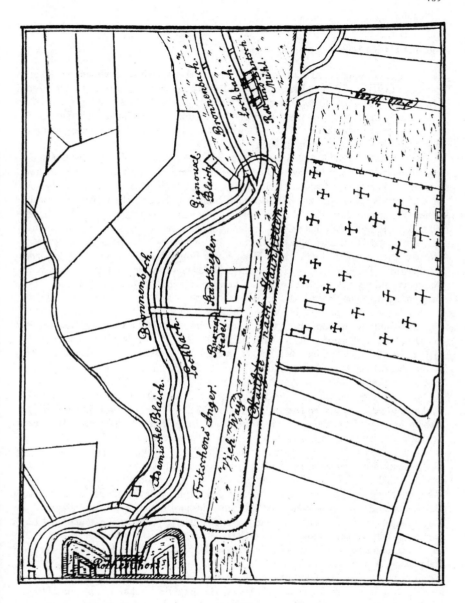

Johann Heinrich Schüle

Der Anfang der Augsburger Cottondruckerei war vielversprechend gewesen. Neuhofers Färben mit Crapprot, Apfels Blau- und Weiß-Druck, Gignoux' Experimentieren mit Farben waren große Leistungen. Aber, wie Krünitz sagte, es blieb bei „ein Mahl gemachten Erfindungen der Farben, des alten, zum Theil widersinnigen Geschmackes in Zeichnungen, und bey der gewohnten Güte des Gewebes", bis Johann Heinrich Schüle eine neue Epoche im Augsburger Cottondruck einleitete.

Johann Heinrich Schüle stammte aus Künzelsau, wo er 1720 als Sohn eines Nagelschmiedes geboren wurde. Nach kaufmännischer Lehre in Straßburg und Kaufbeuren kam er 1745 nach Augsburg, wo er die Tochter eines Textilhändlers heiratete. Schüle soll bereits damals im Handel mit Kattunen und Bomasinen ansehnliche Gewinne gemacht haben. Für seine Geschäfte soll er bei dem Bankier Johann Obwexer praktisch uneingeschränkten Kredit gehabt haben. Aber sein eigentliches Interesse galt dem Cottondruck. Seida berichtet in seiner Biographie Schüles, daß Schüle bei Neuhofer, Apfel, Lobeck, Gignoux, Seuter und Erdinger große Mengen von Bomasinen drucken ließ, die er dann an die Firma Benjamin Gottlieb Assmann in Breslau verkaufte. Auf einen Vorschlag Assmanns hin regte Schüle die Produktion von feineren und breiteren Kattunen in Augsburg an, die der Qualität der holländischen nahe kamen.

Schüle ließ anscheinend besonders viel bei dem bekannten Cottondrucker Jean François Gignoux drucken. Er durfte sogar die Bleiche des Gignoux unentgeltlich benützen. Die beiden Söhne des Gignoux dachten noch später mit Ärger daran, daß sie selbst sich um andere Bleichen umsehen mußten. Schüle soll die Bleiche dermaßen abgenützt haben, daß der alte Gignoux genötigt war, sie „vor der zeit mit erstaunlich grossen kosten zu bauen". Hat Schüle hier vielleicht experimentiert?

Seida erwähnt, daß die Augsburger Drucker zu dieser Zeit die Cottone nur mit zwei Farben und geschmacklosen Dessins bedruckten. Vielleicht war dies der Grund, weshalb Schüle in den 1750er Jahren seine Waren auf einmal zum Drucken nach Hamburg schickte. Er ließ seine feinen Cottone von dem Hause Hermann und Gabriel Rachusen drucken. Es soll sich um Geschäfte in Höhe von 175 000 fl gehandelt haben. Schüle soll sogar Leute nach Hamburg geschickt haben, die dort seine Waren auf dieselbe Weise waschen und appretierten sollten, wie er es auf der Bleiche des Gignoux getan hatte. Aber die Hamburger ließen sich nicht dreinreden. Schüle ließ deshalb die Appretur und das Bemalen der feinen Kattune und Zitze in Augsburg besorgen. Er beschäftigte also seine eigenen Maler und „Reibersleute". Von Handwerkern, die im Vergolden und Lakieren versiert waren, übernahm er den Gebrauch der sogenannten Fischpinsel. Obwohl er für das Bemalen einen Lohn von 30 kr pro Stück bezahlte, soll er Schwierigkeiten gehabt haben, Augsburger für diese Arbeit zu gewinnen. Er ließ deshalb „zwei Wagen voll Weibspersonen" aus dem Pappenheimischen nach Augsburg kommen.

Als Schüle sich im November 1755 eine Messingrolle anschaffte, um seine feinen Cottone selbst zu rollen, kam es zu einem ersten Konflikte mit den anderen Cottondruckern, die Schüles Geschäfte vielleicht schon seit einiger Zeit mit Argwohn beobachtet hatten. Mehrere Cottondrucker wie Johann Christoph Apfel, Daniel Erdinger und die beiden Meichelbeck erklärten, daß Schüle nicht berechtigt sei, diese Rolle aufzustellen. Als sich auch die Färber und Mangmeister beschwerten, wurde Schüle tatsächlich verboten, die Rolle aufzustellen.[60] Als Schüle eine Scheggenbleiche anlegen wollte, machte man ihm wieder Schwierigkeiten, da er als Kaufmann hierzu nicht berechtigt sei. Seit 1757 ließ Schüle wieder bei Jean François Gignoux drucken. Am 17. Januar 1758 schloß er einen Vertrag mit Gignoux auf 10 Jahre. Schüle verpflichtete sich, nur bei Gignoux drucken zu lassen, und zwar 10 000 Stücke jährlich (5000 7/4 breite Cottone und 5000 6/4 breite Cottone und Bomasin). Gignoux wiederum verpflichtete sich, nur für Schüle feine Ware zu drucken und sonst für niemanden, vor allem für keinen Kaufmann, der die Frankfurter Messe besuchte. Er verpflichtete sich auch, niemandem die verschiedenen Farben zu zeigen, mit denen er druckte. Eine Ausnahme wurde nur für den Bankier Conrad Schwarz gemacht, für den er wie bisher alle Waren drucken durfte. Gignoux sollte nur drucken und färben, Schüle wollte das „Weissmachen und Bleichen" und Rollen selbst besorgen. Gignoux sollte ihn hierfür bezahlen.[61] Aber schon nach einem Jahre kam es zum Bruch.

Am 1. Februar 1759 schloß Gignoux nämlich einen Vertrag mit dem Bankier Schwarz, in dem er sich verpflichtete, alle ihm von Schwarz gegebenen feinen Cottone und Zitze zu färben und zu drucken. An sich verstieß dieser Vertrag nicht gegen den Vertrag Schüles mit Gignoux. Aber 14 Tage später machte sich Carl Heinrich Bayersdorf, der bisher für Schüle als Buchhalter gearbeitet hatte, selbständig und bildete eine Gesellschaft mit Schwarz.

Schüle fühlte sich nun doppelt hintergangen, von Bayersdorf und Gignoux bzw. Schwarz. Er drängte dem Gignoux einen neuen Vertrag auf, in dem sich dieser verpflichtete, dem Schwarz nur 400 Stücke pro Jahr zu drucken. Empört wandte sich Schwarz an den Rat. Er, Schwarz, sei der „eigentliche Stifter des „jetzt florierenden feinen Cottons", da er die Cottone auf besondere Weise drucken lasse. Schwarz hatte nicht unrecht, wenn er sagte, daß Schüles Absichten darauf hinausliefen, sich diesen Handel allein vorzubehalten. Kurzum, Schwarz verlangte, ihn in seinem Rechte zu schützen.[62] Der Rat erklärte daraufhin die Abmachung für ungültig, nach der Gignoux für Schwarz nur 400 Stücke drucken dürfe. Gignoux solle sowohl für Schwarz wie für Schüle alle Waren drucken.

Schüle war daraufhin an den anderen Abmachungen mit Gignoux nicht mehr interessiert. Später hieß es, er habe das Dekret in Gegenwart des Gignoux „hinter die Tür geworfen und hierüber die entsetzlichsten reden ausgestossen, dass dieses s.v. ein scheiss decret seye, und Buben könten es besser machen". Schüle glaubte jedenfalls übervorteilt worden zu sein. Man verpflichte ihn, dem Gignoux jährlich 10 000 Stücke zum Drucken zu geben und ihn auch „mit neuen kostbaren Modeln, fatturen, Operen, Inventionen und anderen ihm, Gignoux, noch niemalen bewußten Druck arcanis" zu versehen. Er fürchtete, daß Bayersdorf und sein Compagnon Schwarz nun in der Lage seien, „seine mit vielen Kosten, von auswärtigen Orten beschreibende Zeichnungen, fatturen, Operen ohne den mindesten costen command nachzumachen, die von ihm, Schüle, mit großen Kosten angeschafften, auf feine allhiesige druckende Weberwaren gehörige Druckmodel auf die

---

[60] 1755, 1. Dezember.
[61] Und zwar sollte Gignoux zahlen:
    für jedes Stück weiß zu machen   4 kr
    für ein detto abzubleichen   4 kr
    für ein detto zu rollen   1/2 kr
    (1758, 17. Januar).
[62] 1759, 28. März.

Conrad Schwarzische feine und zumalen auch ordinaire Weberwaren eigennütziger Weise zu drucken". Schüle ließ am 30. Juni 1759 seine Abmachungen mit Gignoux vom Rate annullieren und erhielt von diesem „seine Model, fattoren und Operen" zurück. Schüle konnte als starker Mann auftreten, weil er inzwischen sein eigentliches Ziel, selbst drucken zu dürfen, schon erreicht hatte.

Seit Jahren war es Schüles Wunsch gewesen, seine Waren von seinen eigenen Arbeitsleuten drucken, bleichen, malen, rollen und reiben zu lassen, so wie es auch die Kaufleute an anderen Orten tun dürften. Ihm stand aber das Ratsdekret vom 13. Januar 1737 im Wege, nach dem es „weder den Kaufleuten noch den Cottondruckern bewilligt werden kann, zwei Gerechtigkeiten zu exercieren". Schüle hatte nun die ungewöhnliche Idee, sein Ziel auf dem Wege über das Zucht- und Arbeitshaus zu erreichen. Der Unterhalt der Insassen kostete die Stadt erhebliche Summen, da die Errichtung einer Baumwoll- und Leinenspinnerei im Arbeitshaus nie richtig geklappt hatte.

Wie, wenn er durch Errichtung einer „Fabrique" den 700 Insassen Arbeit verschaffte? Schüle verhandelte mit den Direktoren des Zucht- und Arbeitshauses seit mindestens 1757. Die Sache wurde in mehreren Gutachten gründlich beraten. Vielleicht ahnte man schon damals, daß man mit diesem außerordentlich aggressiven Mann auch Schwierigkeiten haben könnte. Jedenfalls erörterte man alle möglichen Einwände. Es hieß bereits, Schüle strebe ein Monopol an. Er sei ein harter Mann, man könne ihm fast keine Ware schön genug machen. „Er durchsehe sie von Faden zu Faden und wenn nur etwas fehle, pflege er hart zu verweisen oder die Waren heimzuschlagen". Die Drucker, die bisher für ihn gearbeitet hatten, hätten viel ausgestanden, weil er nie zufrieden gewesen sei. Aber es wurde dann auch gesagt, ein Fabrikant verdiene Respekt, wenn er durch Fleiß und Mühe seine Fabrik in guten Ruf bringe und seine Arbeiter zu „Geschicklichkeit, Fleiss und Accuratesse" anhalte. Aber würden nicht die vielen Leute, die er zum Reiben und Malen beschäftigt hatte, ihre Arbeit verlieren, wenn er im Arbeitshaus eine Fabrik errichtete? Nein. Schüle werde jetzt imstande sein, seine „commissiones" auszuführen, was er bisher nicht gekonnt hatte, weil er von den Druckern nicht genügend „befördert" worden war. Schüle hatte sich verpflichtet, den Webern jährlich 30 000 hiesige 7/4 und 6/4 breite Cottone und Bomasine abzunehmen, und an die 1000 Personen zu beschäftigen. Im Arbeitshause seien aber nur 700 Personen. Schüle brauche also mehr Leute, als im Arbeitshause seien.

Man fragte, weshalb er überhaupt eine eigene Druckerei brauchte und nicht mit dem Handel, den er so erfolgreich betrieben hatte, zufrieden war? Er könne ja seine Stücke immer noch zum Reiben und Malen in das Arbeitshaus geben. Die Antwort war, daß Schüle sich ohne eigene Druckerei nicht extendieren könne. Auf die Warnung, man werde sehen, wie Schüle im Arbeitshaus „regieren" werde, wurde geantwortet, es bleibe alles bei der bisherigen „Einrichtung".

Ein weiteres Problem waren die Folgen für die anderen Cottondrucker. Würden ihre Waren überhaupt noch Absatz finden? Es wurde geantwortet, es habe immer Unterschiede zwischen den Fabrikanten gegeben. Die Drucker hätten bisher billige Waren für das gemeine Volk gedruckt und würden daher immer Absatz haben. Schüle wolle ja die ganz feinen Cottone oder Zitze für vornehme Leute drucken.

Aber würde das Arbeitshaus von diesem Unternehmen überhaupt profitieren, da ja sowieso schon Baumwolle, Schafwolle und Flachs im Arbeitshaus bearbeitet wurden?

Die Zahlen sprachen für Schüles Unternehmen. Bei der Bilanz für die letzten 15 Monate habe man 1784 fl 26 kr im Arbeitshaus erarbeitet:
1080 fl 2 kr für Arbeitslohn
704 fl 24 kr „vor Profit an Baum und Schaffwoll und Flachs".
Mit Schüles Fabrik werde der Gewinn des Arbeitshauses sehr viel größer sein. Wenn man mit einem Gewinn von 52 kr pro Person rechne, so komme dies bei 200 Personen pro Woche auf 186 fl 40 kr. In 52 Wochen belaufe sich der Gewinn auf 9706 fl 40 kr.

Leute, die Schüle kannten, warnten, er werde nicht ruhen, bis er alles unter sein Joch gebracht habe. Es wurde geantwortet, niemand würde etwas gegen Schüle haben, wenn er weniger Fleiß und Geschicklichkeit zeige und alles beim alten Schlendrian bleibe.

Auch der Einwand, daß es für die Weber nachteilig sein werde, wenn sie nun im Arbeitshaus keine gestrichene Wolle und Gespunst mehr erhielten, hatte kein Gewicht. Mit dem bisherigen Wollstreichen und Spinnen habe man das Arbeitshaus unmöglich finanzieren können. Die Cottondrucker sollten das Unternehmen um so mehr akzeptieren, als man ausdrücklich festgelegt habe, daß das Arbeitshaus für niemanden als Schüle arbeiten werde.[63]

Am 1. September 1757 wurde ein erster Vertrag aufgesetzt. Danach sollten Schüle „die bereits vorhandenen bequemen Gelegenheiten" im Zucht- und Arbeitshaus für seine Fabrique eingeräumt werden. Die Insassen sollten angewiesen werden, alle Arbeiten, die er ihnen zuteilte und die sie leisten konnten, auszuführen. Dagegen versprach Schüle, für jeden, der für ihn arbeitete, einschließlich der Kinder, wöchentlich 56 kr Kost zu zahlen.

Die Direktoren des Zucht- und Arbeitshauses wiederum wollten den Magistrat bitten, Schüle die Erlaubnis zu drucken zu geben, solange der Vertrag in Kraft war. Schüle wollte ein Farbhaus bauen und mit zwei Färbern besetzen. Er versprach, dem Weberhandwerk jährlich 30 000 breite und schmale 3/4 und 6/4 breite Cottone und Bomasine abzukaufen. Der Vertag sollte 12 Jahre dauern.

In dem späteren Vertrag werden die meisten dieser Punkte nicht aufgeführt. Aber offensichtlich wurde hierüber gesprochen. Am 1. Juli 1758 übergaben die Direktoren des Zucht- und Arbeitshauses den Deputierten auf dem Weberhaus einen „Aufsatz" der am 12. Juni mit Schüle vorläufig getroffenen Vereinbarungen. Danach erhielt Schüle die Erlaubnis, auf seine Kosten neben der Holzhütte im Arbeitshaus am Wasser eine Rolle zu bauen. Er erhielt den Gebrauch der Holzhütte und die Radgerechtigkeit für 12 Jahre. Während dieser 12 Jahre sollten im Arbeitshause nur für Schüle Cottonstücke bemalt werden. Schüle mußte für den Gebrauch der Rolle und des Platzes jährlich 300 fl zahlen, und zwar alle Quartal 75 fl im voraus. Sobald man Tische und was sonst zum Malen nötig war auf Schüles Kosten herbeigeschafft hatte, wollte Schüle den Anfang mit 20 Personen machen. Da man nicht zweifelte, daß die Probestücke gut ausfallen würden und daß sich die Malerinnen nach und nach um saubere Arbeit bemühen würden, sollten noch weit mehr Personen im Arbeitshause zum Malen verwendet werden. Für jedes bemalte Stück Cotton à 7/4 Breite sollten 30 kr, für jedes à 6/4 Breite 20 kr bezahlt werden.

Zwei Tage später, am 3. Juli 1758 beschlossen die Deputierten, Schüle ein Druckerzeichen für 12 Jahre zu übertragen. Schüle sollte sich nach Ablauf der 12 Jahre entweder um ein „vacirendes" Druckerzeichen AC bewerben oder seine Rolle an einen berechtig-

---

[63] ca. 1757. Cottondrucker 1650-1760.

ten Cottondrucker verkaufen. Die Deputierten behielten sich den freien Zugang zu allen Orten vor, wo Schüle oder seine Erben die Druckerei, Rolle, Scheggenbleiche oder Stückmalerei „exercierten". Schüle mußte sich auch verpflichten, nur hiesige Weberwaren zu verarbeiten. Nachdem Schüle am 3. Juli 1758 gelobt hatte, diese Punkte zu halten, wurde ihm das Druckerzeichen auf 12 Jahre precario verliehen.

Schüle hat daraufhin im Juli 1758 die Rolle im Zucht- und Arbeitshaus am Wasser gebaut, den Anfang mit der Malerei gemacht und im Oktober die Bleiche des Abraham Lobeck auf der Gant übernommen und mit Weberwaren belegt. Das erste Jahr ließ er nur Rollarbeiten auf der Wasserrolle und Bleicharbeiten vornehmen. Er druckte also noch nicht, obwohl er doch die Druckergerechtigkeit erhalten hatte. Nachdem er sich aber mit Gignoux, Schwarz und Bayersdorf zerstritten hatte und sein Vertrag mit Gignoux am 30. Juni 1759 annulliert worden war, war Schüle entschlossen, „seine mit schwerem Geld erkauffte Gerechtigkeit" selbst auszuüben. Schüle soll „alle Einrichtungen zu einer neuen Cotton Fabrique über Hals und Kopf" getroffen haben.

Nun fühlten sich aber die anderen Cottondrucker direkt bedroht. Schon am 12. Juli 1759 warnten sie, daß Schüle auf ein Monopol abziele. Als Schüle dann Ende Juli 1759 tatsächlich zu drucken begann, forderten sie den Amtsbürgermeister auf einzuschreiten, da Schüle nicht berechtigt sei, zu drucken oder zu färben. Der Amtsbürgermeister befahl Schüle tatsächlich, das Drucken und Färben einzustellen, bis man entschieden habe, ob das ihm auf 12 Jahre bewilligte katholische Zeichen nur zur Führung einer Rolle oder auch zum Drucken berechtige. Schüle hat sich hierauf überhaupt nicht eingelassen. Er wandte sich direkt an den Rat und verwies auf das ihm verliehene katholische Druckerzeichen. Er druckte einfach weiter. Die Cottonfabrikanten erinnerten nun den Rat an das Dekret vom 13. Juli 1737, nach dem niemand zwei Gewerbe führen dürfe, vor allem nicht Handelsleute wie Schüle. Sie warnten vor den Intrigen und boshaften Absichten Schüles. In ihrer Front gegenüber Schüle waren sich alle führenden Cottondrucker Augsburgs einig. Auch der Amtsbürgermeiser Langenmantel empfahl dem Rate Vorsicht gegenüber Schüle: dieser „dem publico nützliche, arbeitsame und desswegen allen Segen verdienende, dabei aber sehr capricieuse Mann" sei bereits gewöhnt, sein gegebenes Wort nicht zu halten und zu tun was er wolle.

Die Weberhausdeputation trat aber für Schüle ein. Sie erinnerte daran, daß doch der Bürgermeister Langenmantel als einer der Direktoren des Arbeitshauses selber die Übertragung eines katholischen Druckerzeichens an Schüle empfohlen hatte. Jetzt habe er „blatter dingen in hellen lichten tag hinein sententionirt", daß Schüle nicht drucken dürfe.

Der Rat wollte nun Bericht über Schüles Vertrag mit dem Arbeitshaus, erließ aber kein einstweiliges Verbot an Schüle, mit dem Drucken aufzuhören. Schüle hat so auch seine Druckerei weitergeführt.

Auf Schüles Anweisung hin stellten sich immer mehr Weber auf feinere Weberwaren um und richteten ihre Geschirre auf 1450 Fäden ein. Auf diese Weise erhielten die „gegenwärtig aller Orten so beliebte feine Cottons Waaren" einen mächtigen Aufschwung. Während früher nur 40 Meister feine Cottone gewebt hatten, waren es im Jahre 1760 mehr als 300 Weber. Von Mai 1758 bis Mai 1760 legte Schüle nicht weniger als 25 705 7/4 breite, feine Cottone auf die Stadtbleichen. Obendrein kaufte er von den Webern viele tausend ordinari 7/4 und 6/4 breite Cottone, Bomasine, Schnurtuche, teils roh,

teils gebleicht. Schüles Käufe mögen der Grund dafür sein, daß die Gesamtzahl aller gebleichten Tuche in den Jahren 1758 bis 1760 von rund 73 000 auf 95 000 stieg.
Auch das Zucht- und Arbeitshaus profitierte von Schüles „fabrique". Es war in der Lage, die „in häufiger Anzahl ohne die mindeste Arbeit, dasselbst detinirt gewesenen Personen", Männer und Frauen, jungen und mittleren Alters mit „mahlen der alhiesigen Weberwaren" zu beschäftigen. Obwohl erst Tische und Pinsel zum Malen angeschafft und die Leute unterwiesen werden mußten, wurden von Juli 1758 bis April 1760 insgesamt 9592 Stücke bemalt oder 436 Stücke pro Monat[64]. Das Zucht- und Arbeitshaus verdiente in diesem Zeitraum mit dem Malen der gedruckten Weberwaren 4597 fl 7 kr.

Malen der Weberwaren	4597 fl 7 kr
Pacht der Rolle	300 fl
Summa	5122 fl 7 kr

Schüles Unternehmen hatte sich also auf das Zucht- und Arbeitshaus wie auch auf die Weber günstig ausgewirkt. Die Deputierten waren außerordentlich beeindruckt. Im November 1759 erlaubten sie ihm, einen „Druckers Rechen" vor dem Roten Tore auf seinem bei dem Bache gelegenen Bleichgut zu errichten, neben dem „Roll Gebäude". Die Deputierten konnten Schüles Tätigkeit zu dieser Zeit gar nicht genug loben. Er habe „in seiner Druckerey altäglich gantz neue Operen, fatturen, Zeichnungen, farben etc. inventiert und von ihm gedruckte Weberwaren durch seine ganz eigene appretur und tractirung, auch unermüdtes Nachsinnen, Inventiren und stadtkundigen ohnausgesetzten Arbeiten, das hiesige Fabriquen Negotium in einen solchen flor und Aufnahme augenscheinlich (gebracht), daß die hiesige Weberwar sowohl hier als auswärts denen sonst so renommiert gewesenen auswärtigen Fabrique Waaren von den Käufern in den Messen vorgezogen wird". Dem Schüle sei, wie die Deputierten betonten, „der gegenwärtige Flor des Fabrique Negotii Billich zuzuschreiben".

Die anderen Cottonfabrikanten teilten allerdings diese Begeisterung nicht. Der Nutzen für das Zucht- und Arbeitshaus sei nicht so groß wie Schüle „mit grossem Lärmen" verkünde. Die Gelder, die er dem Arbeitshaus zahle, spare er sich mit der Wasserrolle, für die er sonst Pferde halten müßte. Die Löhne, die er den Malerinnen zahle, müsse er ohnehin zahlen, ob er in oder außerhalb des Arbeitshauses malen lasse. Er habe sich das katholische Druckerzeichen auf dem Wege über das Arbeitshaus erschlichen, obwohl er öfter „unter entsetzlichem Fluchen" erklärt habe, daß er niemals zu drucken gedenke. Seine Pläne, ein Farbhaus und einen Rechen zu errichten, bewiesen, daß er jetzt sowohl färben wie drucken als auch mangen wolle, um auch diesen Profit an sich zu reißen.[65]

Mehr als alle anderen waren die drei Gignoux über Schüle erbost. Dank ihrer „extra schönen" Arbeit sei er ein reicher Mann geworden. Hierfür bedanke er sich jetzt mit allerlei Teufeleien. Er habe ihnen die besten ihrer Drucker und Modelschneider entzogen.

---

[64] Die Zahl der Stücke, die im evangelischen Teil des Zucht- und Arbeitshauses bearbeitet wurden, war etwas größer als die im katholischen Teile:

	insgesamt	durchschnittlich pro Monat
evangelischer Teil	5119,5 Stücke	232,70 Stücke
katholischer Teil	4472,5	203,29

[65] 1759, 24. November. Unterschrieben von Georg Abraham Neuhofer, Jean François Gignoux, Georg Erdinger, Johann Christoph Apfel, Johann Daniel Jungert, Johann Peter Schumacher, Johann Daniel Erdinger und Michael Schwehle.

Schüles Absicht sei es immer gewesen, die Cottonfabrikanten zugrunde zu richten, „damit er Hans allein im Korb verbleibe". Der Rat solle diesem gefährlichen Mann die vergifteten Flügel noch rechtzeitig stutzen.

Als der Rat keine Anstalten machte, Schüle das Drucken zu verbieten, sagten die Fabrikanten im Jahre 1760 noch einmal, daß Schüle als Handelsmann überhaupt nicht drukken dürfe. Die Kaufleute seien bisher mit der Arbeit der Cottondrucker voll zufrieden gewesen und hätten nie daran gedacht, selbst zu bleichen, drucken, malen, reiben oder zu pressen. Keinem Kaufmann sei es je in den Sinn gekommen, sich in das Geschäft der Cottondrucker einzudrängen. Mit neidischen Augen, unersättlichen Begierden und gewissenlosen Absichten wolle Schüle die Fabriken der anderen Cottondrucker vernichten. Er zeige sich denjenigen gegenüber, die ihm, als er kein Capital hatte, 1000 fl geliehen, als der undankbarste Mensch. Er habe ehrliche Männer und Fabrikanten mit der Behauptung hinters Licht geführt, er beabsichtige nicht zu drucken – bis er alles ausspioniert hatte. Als sie ihn nicht mehr in ihre Karten sehen lassen wollten, habe er sich vorgenommen, sie zu ruinieren. Mit allen möglichen Versprechungen spanne er jetzt die besten Correspondenten und Handelsleute der Cottondrucker ab. In den Verträgen, die er mit ihnen schließe, verlange er, daß sie nur von ihm und keinem anderen Fabrikanten und Kaufmann kaufen sollten. Auf den Messen verkaufe Schüle so billig, daß Kaufleute, die ihre Waren von anderen Cottondruckern bezogen, mit ihm nicht konkurrieren könnten. Er wolle sie zwingen, nur bei ihm zu bestellen. Schüle rühme sich, mit Geld und Geschenken alles erreichen zu können, und werde nicht eher ruhen, bis er alle Fabriken und Negotianten vernichtet habe.

Als Beispiel für Schüles tückischen Betrug wiesen sie auf seine Behauptung, er sei der Erfinder der Galanques (Calanca). In Wirklichkeit habe Schüle nie in einer Fabrik gestanden. Aus „eigener Wissenschaft und Praxis" könne er nicht produzieren. Er sei vielmehr in den hiesigen Fabriken herumgeschlichen und habe bald hier, bald dort etwas abgelauscht. Unter dem Vorwand, einen Compagnon zu sich zu nehmen, habe er die „Gignouxische Treuherzigkeit" hinter das Licht geführt und alles ausgekundschaftet.[66]

Schüles ungewöhnlicher Erfolg hatte also dazu geführt, daß die anderen Cottondrucker eine Front gegen ihn bildeten. Allerdings fanden sie bei den Deputierten wenig Sympathie. Die Deputierten ließen keinen Zweifel, daß sie den Protest der Cottondrucker für eine „privat passion und einen belachungswürdigen Brotneid" der drei Gignoux und des von ihnen aufgehetzten Anhangs hielten. Die angeblichen Besorgnisse der Cottonfabrikanten bestünden in einem „blossen non ente", in „Nahrung Passion und Jalousie".[67]

Die Deputierten sollten ihre Meinung über Schüle nach einigen Jahren ändern. Aber sie hatten im Jahre 1760 wohl recht, daß die anderen Cottonfabrikanten in Schüle einen gefährlichen Konkurrenten sahen, dem sie am liebsten das Geschäft gelegt hätten. Die Deputierten wußten, daß die Cottondrucker sich gegenseitig neue Techniken stahlen.[68] Die Cottondruckerei war ein Gewerbe, das von Neuerungen lebte und „ein ziemlich starkes Capital" erforderte. Um so heftiger war die Konkurrenz.

---

[66] 1760, 3. Juni. Die Eingabe war unterzeichnet von Georg Abraham Neuhofer, Jean François Gignoux, Georg Erdinger, Johann Christoph Apfel, Johann Peter Schumacher, Johann Daniel Erdinger, Michael Schwehle und Johann Daniel Jungert.
[67] 1760, 16. Oktober. Cottondrucker 1650-1760.
[68] 1760, 16. Oktober. Cottondrucker 1650-1760.

Schüles Cottonfabrik scheint von Anfang an erfolgreich gewesen zu sein. Schüles Waren zeichneten sich durch hohe Qualität aus. Seida berichtet von den „gefälligen, netten, korrekten Mustern". Die Zeichner folgten nicht bloß der Phantasie, sondern stellten Gegenstände der Natur dar. Dazu kam die „Frischheit, Lebendigkeit und Haltbarkeit der Farben, die hübsche Appretur und die ungemein reine und weisse Bleiche". Schüle soll sich vor allem um neue Farben und Mordants bemüht haben. Er soll hundert Salze und Metallverbindungen untersucht haben und mehrere neue, unbekannte Farben erfunden haben. Wenn Seida zu glauben ist, hat Schüle sich ganz persönlich um die vielen neuen Farbmischungen, die geschmackvollen Muster und die sorgfältige Appretur bemüht. Stoffe aus Schüles Fabrik gingen nach Frankreich, Rußland, Polen, Portugal, Italien und Holland. Von ausländischen Handelshäusern, die seine Waren abnahmen, werden die Assmann in Breslau, Ochs und Johann Peter Holsberg in Elberfeld, Reinhold in Iserlohn und Koeltz in Leipzig genannt. Von 1760 ab reiste er jedes Jahr nach Holland, wo sich der Handel mit ostindischen Cottonen konzentrierte. Vielleicht wollte er wie seine Vorgänger Neuhofer und Spatz von den holländischen Cottondruckern die neuesten Verfahren lernen. Im Jahre 1764 soll er den gesamten in Rotterdam befindlichen Vorrat von Salempours für 301 554 fl aufgekauft haben.

Schüles außerordentlicher Erfolg veranlaßte einige seiner Angestellten, sich ebenfalls selbständig zu machen und Cottondruckereien zu gründen. So versuchten es Johann Wagenseil und Carl Heinrich Bayersdorf im Jahre 1760, Ernst Christian Harder 1762 und Johann Mathäus Schüle 1764. Kein Wunder, daß sich Schüle hintergangen fühlte und daß es zu Streit kam.

Schüle hat seine Vereinbarungen mit dem Arbeitshaus bis 1765 anscheinend regelmäßig erfüllt. Aber auf einmal, im April 1765, lieferte er keine Cottone mehr an das Arbeitshaus zum Bemalen und zahlte auch keinen Zins mehr für die Rolle. Weshalb? Schüle behauptete, er habe auf Grund seiner Dienste für das Zucht- und Arbeitshaus im Jahre 1758 ein privilegium exclusivum erhalten: außer ihm sollte während der zwölfjährigen Dauer seines Vertrages kein anderer Kauf- oder Handelsmann von dem Verbot von 1737 befreit werden, zwei Gerechtigkeiten auszuüben. In Wirklichkeit arbeiteten aber mehrere Handelsleute als Cottondrucker, wie Bayersdorf und Gleich, Deschler, Johann Mathäus Schüle, Ernst Christian Harder, Daniel Müller, Michael Schwehle, Gebhard und Greif und Johannes Wagenseil. Schüle brachte also die gleichen Argumente vor, die wenige Jahre früher die anderen Cottonfabrikanten gegen ihn angeführt hatten. Schüle war vor allem darüber erbost, daß seine ehemaligen Handelsbedienten Bayersdorf, Harder und Mathäus Schüle selbständig drucken durften. Sie hätten ihm seine Arbeitsleute debauchiert und seiner Fabrik erheblichen Schaden zugefügt. Für das Zucht- und Arbeitshaus hätten sie dagegen nichts getan. Da der Rat jetzt das Drucken als freie Kunst ansehe, brauche auch er den Vertrag nicht mehr zu halten. Die neun Personen, die jetzt unbefugt druckten, sollten seine Verpflichtungen gegenüber dem Arbeitshaus übernehmen. Wenn man ihnen dagegen das Drucken verbiete, wolle auch er seinen Vertrag mit dem Arbeitshaus einhalten.

Der Rat warnte nun Schüle, daß er die Druckergerechtigkeit verlieren werde, wenn er den Vertrag nicht halte. Voller Wut erklärte er daraufhin, er werde die Gerechtigkeit aufgeben und nur noch bis zum Frühjahr drucken. Man solle ihm die auf seine Kosten im Arbeitshaus errichtete Rolle aushändigen. Wahrscheinlich glaubte er, daß seine Drohung nicht mehr zu drucken, den Rat zum Nachgeben bewegen werde. Aber Schüles „Willkür" und arbitrarischer Hochmuth" hat den Rat nicht beeindruckt. Wenn Schüle das katholische Zeichen zurückgeben wolle, so sei das seine Sache. Er müsse aber den rückständigen Rollzins wie auch den dem Arbeitshaus versprochenen Lohn für das Stückmalen von April bis Juli 1765 zahlen. Man legte Schüle eine Rechnung von 757 fl vor. Als er sich weigerte, diese Summe zu zahlen, wurde seine Rolle im Arbeitshaus „verhypotheciert". Schüle sah nun ein, daß sein Bluff zu nichts geführt hatte. Wenige Tage später zahlte er nicht nur den rückständigen Rollzins und den Lohnausfall, den er durch Bruch des Vertrages verursacht hatte, sondern brachte wieder genügend Arbeit zum Malen ins Arbeitshaus. „Nun geht alles wieder – Gott weiss, wie lange, in seiner gehörigen ordnung", kommentierten die Direktoren des Arbeitshauses. Es sollte bei weitem nicht das letzte Mal sein, daß Schüle mit dem Rat zusammenstieß.[69]

Sehr viel ernster waren Schüles Konflikte mit der Augsburger Weberschaft. Schüle bestand darauf, ausländische Ware einzuführen. Die Weber wollten es dagegen nicht dulden, daß Schüle riesige Mengen auswärtiger Cottone einführte, während ihre eigenen Waren liegenblieben. So kam es zur Suche nach Konterbande auf Schüles Scheggenbleiche, zu Beschlagnahmungen und zur Verhängung schwerer Geldstrafen. Schüle wiederum war nicht gewillt, sich den Schikanen der Weber, wie er meinte, zu beugen und begab sich 1766 in den Schutz des Herzogs Karl von Württemberg, der ihn zu seinem Residenten in Augsburg ernannte. Am 2. Oktober 1766 gab Schüle sein Bürgerrecht auf und verlegte seine Fabrik nach Heidenheim. Am 18. November 1766 leitete er ein gerichtliches Verfahren gegen die Stadt beim Reichshofrat in Wien ein. Dieser Prozeß ist bereits im Jahre 1894 von Arnim Seidl dargestellt worden. Am 3. Oktober 1768 erteilte der Reichshofrat einen ersten Entscheid zugunsten Schüles. Die Stadt hatte Schüle wieder in das Bürgerrecht zu setzen, ihm die entzogene Druckergerechtigkeit zurückzugeben und ihm die Einfuhr ostindischer Waren ohne Einschränkung zu gestatten. Vor allem sollte der Rat einen gütlichen Vergleich zwischen ihm und der Weberschaft herbeiführen. Schüle kehrte darauf am 14. Oktober 1768 wieder nach Augsburg zurück.

Der Rat bemühte sich in der Folgezeit, das Problem der Einfuhr auswärtiger Waren in Verhandlungen mit Schüle, den anderen Cottonfabrikanten und den Webern zu regeln. Umfassende Regelungen wurden in den Jahren 1776 und 1785 getroffen, ohne daß es gelang, den Konflikt beizulegen. Trotz dieser ständigen Streitigkeiten scheint Schüles Firma sich außerordentlich günstig entwickelt zu haben. Seit Ende der 1760er Jahre war er an der Kattunfabrik in Fridau bei Wien zu 20% beteiligt, deren Hauptunternehmer der kaiserliche Geheime Rat Baron von Grechtler und Graf von Fries waren. Die Verbindung zum Grafen von Fries mag auch bei der Finanzierung seiner Augsburger Fabrik eine Rolle gespielt haben. Im Jahre 1780 schloß er einen auf 12 Jahre laufenden Vertrag mit Fries.

In den 1770er und 1780er Jahren lieferte Schüle große Mengen von gedruckten Cottonen an Firmen wie Lehmann Isaak Hanau & Comp., J.C. Lecke & Osenberg in Hamburg und Amschel Goldschmidt in Kriegshaber. Von letzterem bezog er unter anderem Gummi, Krapp, Baumwolle und rohen Kattun.

Schüle unterhielt auch enge Geschäftsverbindungen mit den Textilgroßhändlern in Holland. Kaiserin Maria Theresia suchte ihn im Jahre 1768 nach Wien zu ziehen. Der Preußische Minister von Finckenstein lud ihn ein, sich in Berlin zu etablieren. Schüle

---

[69] 1765, 13. Juni und 22. August.

blieb aber in Augsburg und errichtete in den Jahren 1770 und 1771 im barocken Stil sein vielbewundertes, schloßartiges Fabrikgebäude vor dem Roten Tore. In diesen Jahren scheint er den Druck mit Kupferplatten, mit dem er schon in Heidenheim experimentiert hatte, in Augsburg eingeführt zu haben. Nicolai hat im Jahre 1781 bei seinem Besuch in der Schüleschen Fabrik gesehen, wie „die einfarbigen Muster mit grossen Kupferplatten abgedruckt (werden), wozu zwey besondere Kupferstecher gehalten werden. Die vielfarbigen Muster aber hat man noch nicht in Platten versucht, sondern man bedient sich hölzerner Formen" … Die Kupferplatten werden auf einer Presse abgedruckt, welche durch ein Schwungrad in Bewegung gesetzt wird, das 2 Stirnräder treibt, welche in einen Trilling greifen".[70] Nicolai bemerkte auch eine Vorrichtung, mittels derer das Tuch, „so wie der Abdruck fortgeht, sanft in die Höhe des Zimmers gezogen, und unten wieder auf eine Rolle gewickelt wird".

Seit Anfang der 1770er Jahre fertigte Schüle die mit Gold und Silber liserierten, gedruckten, superfeinen Zitze aus feinstem ostindischem Kattun auf weißem oder auch farbigem Boden an. Diese „auf eine unnachamliche schöne und haltbare Weise" gedruckten Zitze galten als besonders kunstvolle Erzeugnisse der Schüleschen Fabrik. Nicolai berichtet, daß man ihm „ein Stück Zitz mit Gold und Silber herrlich gemalt" gezeigt habe. Diese Zitze seien aber nicht waschecht, weil das Gold und Silber herausgehe oder schwarz werde. Der Zitz sei „mehr zum Ansehen, und wird sehr wenig gebraucht". Im Handel soll ein Stück von 10 Stab Länge 50 Dukaten gekostet haben.

Wenn wir Seida glauben dürfen, hat sich Schüle ganz persönlich um die Vervollkommnung seiner Drucke bemüht: „In den frühesten Morgendämmerungsstunden sah man den betriebsamen Mann schon am Farbkessel, an den Druckertischen, auf der Bleiche u.s.w. Er leitete und ordnete alle Operationen selbst an. Unter seinen Augen musste die Bearbeitung der Blöcke oder Formen, das Vordrucken, Reinigen, Ausfärben und Bleichen der Zeuge geschehen". Schüle scheint allerdings auch außerordentlich begabte Helfer gehabt zu haben, so etwa Johann Hausmann, einen Experten auf dem Gebiete der Färberei und Cottondruckerei, der später in Colmar seine eigene Kattunfabrik gründete.

Schüle hatte auch ein feines Verständnis für die künstlerische Seite des Kattundruckes und sparte kein Geld, um begabte Künstler anzuziehen, wie die Madame Friedrichs aus Hamburg. Von 1783 bis 1793 entwarf sie für Schüles Cottonfabrik Muster. Seida berichtet, daß Schüle in seiner Fabrik 3500 Leute beschäftigte. Es ist eine andere Frage, ob diese Zahl nicht zu hoch gegriffen ist.

In welcher Größenordnung bewegte sich die Produktion Schüles? Schon in den Jahren 1746 bis 1758, als Schüle von Fabrikanten wie Gignoux drucken ließ und sich auf das Malen und Appretieren beschränkte, hat er erhebliche Mengen von Cottonen gekauft. Im Durchschnitt kaufte er jedes Jahr rund 11 000 Augsburger Cottone. Wir können sicher sein, daß er auch ausländische Cottone einführte, aber wir wissen nicht, wie viele.

Von 1759 bis 1766, als Schüle dann auch druckte, erhöhte sich die Zahl der jährlich in Augsburg gekauften Cottone nur unerheblich auf 11 300. Dazu kamen aber jedes Jahr rund 9500 ausländische Cottone. J.H. Schüle druckte in diesem Zeitraum durchschnittlich jedes Jahr rund 20 800 Cottone.

---

[70] Friedrich Nicolai, Beschreibung einer Reise durch Deutschland und die Schweiz im Jahre 1781, Bd. 8, S. 26-28.

Nach Angaben Seidas hat Schüle von 1745 bis 1766 den Augsburger Webern nicht weniger als 233 699 Stücke abgekauft. Im gleichen Zeitraum führte er an ostindischer Ware insgesamt 75 936 Stücke ein. Seida errechnete, daß allein die Weber mit ihren Verkäufen an Schüle einen reellen Gewinn von 579 794 fl machten. Der Druck-, Farb-, Bleich-, Maler- und Appreturlohn von Schüles Arbeitern belief sich in diesem Zeitraum auf 467 388 fl. Für Druck und Bearbeitung der von auswärts eingeführten Waren soll Schüle 455 616 fl ausgegeben haben. Nach Seida brachte also Schüles Kattundruckerei dem Augsburger Publikum von 1745 bis 1766 einen Gewinn von 1 502 748 fl 40 kr.

Schüle kaufte von 1745 bis 1766:

109 643 7/4 breite, feine ganze Kattune zu je 12 fl	1 315 716 fl
10 318 7/4 breite Drittel zu je 8 fl	82 544 fl
113 708 6/4 breite Kattune und Bomasin zu je 4 fl	454 832 fl
insgesamt 233 699 Stücke	1 853 092 fl

Seida errechnete, daß die Weber folgenden Reingewinn hatten:

von den 109 643 Stücken je 4 fl	438 572 fl
10 318 Stücken je 2 2/3 fl	27 514 fl 40 kr
113 708 Stücken je 1 fl	113 708 fl
von insgesamt 233 669 Stücken	579 794 fl 40 kr
Druck-, Farb-, Bleich-, Maler- und Appreturlohn zu je 2 fl pro Stück	467 338 fl
Verdienst an Druck von 75 936 eingeführten ostindichen Stücken 6 fl pro Stück	455 616 fl

Nachdem Schüle aus Heidenheim nach Augsburg zurückgekehrt war, kaufte er von 1769 bis 1780 im Durchschnitt jedes Jahr 13 882 Cottone von den Augsburger Webern. Schüle kaufte von den Augsburger Webern mehr als die anderen Cottonfabrikanten. Allerdings ist der Abstand auch wieder nicht so gewaltig. Zackelmaier, Mathäus Schüle und Neuhofer kauften in den Jahren 1755 bis 1781 jedes Jahr im Durchschnitt etwas über 10 000 Cottone in Augsburg.

Schüles Käufe waren Anfang der 1770er Jahre besonders groß. So kaufte er in den Jahren 1770 und 1771 jeweils über 26 000 Augsburger Cottone. Dazu kamen dann noch die eingeführten Waren. Im Jahre 1771 belief sich die Zahl der eingeführten Waren auf fast 41 000 Stück! Schüle hat in diesem Jahre mehr als 67 000 Stücke bearbeitet. Seine Ausgaben waren nach Seida:

67 062 1/2 Stücke	646 184 fl 54 kr
100 404 Pfund Krapp	124 016 fl 6 kr
Gummi und Gelbbeere	59 016 fl 7 kr

Nach Abzug der sich gewöhnlich auf 60 000 bis 70 000 fl belaufenden faux frais soll Schüle jährlich einen Gewinn von 200 000 fl gemacht haben. Es handelt sich also um riesige Summen.

Da wir Schüles Einfuhr in den 1770er Jahren sonst nicht kennen, läßt sich nicht sagen, ob das Jahr 1771 ein Rekordjahr war. Sicherlich lag seine Produktion in diesem Jahre weit über der der anderen Fabrikanten. In diesem Jahre hat er ja seine neue Fabrik eröffnet. Und im folgenden Jahre kaufte er die Obere Bleiche. Schüles Produktion scheint auch in den folgenden Jahren hoch geblieben zu sein. In den Jahren 1785 bis 1792 (außer 1788) hat er im Durchschnitt jedes Jahr 13 000 Tuche eingeführt. Dazu kamen noch die Cottone, die er von den Augsburger Webern kaufte. In einigen Jahren wurden in der Schüleschen Fabrik mehr als 25 000 Tuche bedruckt. In Schüles Fabrik wurden jedenfalls bis 1792 mehr Tuche bedruckt als in den anderen Cottonfabriken. Sein nächster Rivale, Mathäus Schüle, hat in den Jahren 1780 bis 1784 jährlich nur 14 000 Tuche gedruckt.

Nachdem Schüle die Fabrik 1792 seinen Söhnen übergeben hatte, soll sie in Schwierigkeiten gekommen sein. An den Produktionszahlen läßt sich dieser Niedergang nicht erkennen. Von 1792 bis 1801 lag die Produktion immer noch bei durchschnittlich 15 000 Cottonen pro Jahr.

Die Produktion J.H. Schüles

J.H. Schüle	Augsburger Stücke	eingeführte Stücke	durchschnittlich insgesamt	Stücke pro Jahr
1746-1758 a)	143 224		143 224	11 017,23
1759-1766 b)	90 418	75 936	166 354	20 794,25
1769-1780 b)	138 826		138 826	13 882,6
1778-1780 a)	25 309	22 117	47 426	15 808,66
1792-1801 c)	50 858	38 954	89 812	14 968,66

a) Quelle: Fassl, Tabelle 11, S. 424
b) Quelle Seida, Schüle Beilagen D und E, S. 13 und 14
c) ohne die Jahre 1793, 1794, 1796/97

Johann Heinrich Schüle: Zahl der bedruckten Tuche 1759-1766 a)

	Augsburger	eingeführte	insgesamt
1759	15 323	1098	16 421
1760	15 091	4968	20 059
1761	4953	20 570	25 523
1762	7626	8036	15 662
1763	15 680	6236	21 916
1764	13 331	22 115	35 446
1765	12 389	8942	21 331
1766	6025	3971	9996

a) Quelle: Seida, Schüle, S. 13 und 14, Beilagen D und E

Nach dem Scontrobuch (1785-1796) führte J.H. Schüle jährlich ein:

1785	4164,5 Stücke
1786	16 961
1787	16 673,5
1788	1825
1789	21 185,5

	1790	11 072
	1791	6314,5
	1792	15 299,5

J.H. Schüle: Zahl der bedruckten Tuche [a]

	Augsburger Tuche	eingeführte Tuche	insgesamt
1769	15 419		
1770	26 609		
1771	26 081	40 981	67 062
1772	16 509		
1773	15 128		
1774	8650		
1775/76			11 963
1776	5121		
1778	4149	2273	6422
1779	8703	6849	15 552
1780	12 457	12 995	25 452
1786	7580	19 710	27 290
1792	1684	16 297	17 981
1793			2503
1795/96	16 894	7013	23 907
1797/98	8982	5002	13 984
1798/99	9127	4882	14 009
1799/1800	3685	1557	5242
1800/01	10 486	4203	14 689
1804/05	2962	411	3373

[a] Nach Fassl, Konfession, S. 423, Tabelle 11.

Schüles Erfolg mag sich damit erklären, daß er sowohl die technische Seite des Kattundrucks, den Einkauf der Rohmaterialien wie den Vertrieb der fertigen Kattune souverän und rücksichtslos beherrschte. Seida sagt ganz offen, daß Schüles ganzes Leben und seine ganze Tätigkeit der Kattundruckerei gewidmet war: sie war sein Studium, seine Freude, sein Alles. Kein Wunder, daß seine Ehe darüber in die Brüche ging.

Im Jahre 1772 wurde er von Kaiser Joseph II. in den Reichsadel- und Ritterstand erhoben. Er erhielt einen Schutz- und Freiheitsbrief, der es ihm erlaubte, seine Fabrikate besonders zu bezeichnen. Schüle wollte auf diese Weise verhindern, daß seine Formen, Zeichnungen und Fabrikate von anderen Fabrikanten nachgeahmt würden.

Im Jahre 1782 löste er die Handlungsverbindung mit dem Grafen Fries. Schüle betrieb nun wieder allein Handlung und Fabrik bis 1792. In diesem Jahre übergab er seinen Söhnen die Fabrik. Als seine Söhne in ernste Schwierigkeiten gerieten, hat er im Jahre 1802 die Leitung der Fabrik wieder übernommen. Im Jahre 1808 mußte Schüles Fabrik zumachen. Schüle hat dann auf der Oberen Bleiche die Lohnbleicherei betrieben, bis er im Jahre 1811 starb.

Seida hat um diese Zeit in seiner Biographie ein äußerst schmeichelhaftes Bild von Schüles langjähriger Tätigkeit entworfen. Sicherlich hatte Schüle in der politischen Führungsschicht Augsburgs viele Freunde. Der Stadtpfleger Paul von Stetten hat ja die Entwicklung der Augsburger Cottonfabriken durchaus positiv bewertet. Aber es gab auch

Leute, die Schüles Rolle sehr viel negativer sahen. So hat die Weberhausdeputation, die am Vorabend des Weberaufstandes im Februar 1794 die Ursachen der schweren Spannungen zwischen Webern und Fabrikanten untersuchte, in Schüle den Urheber der ungünstigen Veränderungen in der Textilwirtschaft Augsburgs gesehen.

Nach Meinung der Weberhausdeputation waren die Verhältnisse in der Textilwirtschaft bis um 1760 relativ harmonisch. Die Lohndrucker, die Wollhändler, die Kaufleute und die Weber hätten alle ihre Nahrung „ohne Eingriff des anderen gehabt". Sie hingen alle „an einer Kette zusammen, die einen glücklichen Verband ausmachte". Schüle habe dann auf einmal dem Augsburger Druckerwesen und „damit allen übrigen verbundenen Gewerben eine neue Gestalt" gegeben.

Schüle sei zwar ein Genie. Er habe die Druckerkunst „in farben, dessin, Model und Appretur auf das höchste getrieben und zu der möglichsten Vollkommenheit gebracht". Aber da er von den Webern nichts als feine Drittel wollte, hätten diese die Leinen- und Barchentweberei aufgegeben und sich auf die feinen Drittel konzentriert. Für die Weber sei diese Art von Weberei „viel ausgiebiger und profitabler" gewesen. Alles sei zu Schüle gelaufen. Die Weber hätten sich bei dem ungeheuren Absatz, den die Schüleschen Waren hatten, bei der „leichten Kotton arbeit ... an das schludern" gewöhnt.

Schüle habe zwar vielen hundert, ja tausend Menschen in seiner Fabrik Arbeit gegeben, weil „jede Sorte Mensch, jung und alt, Weibs und Mannsbilder" zu dieser Tätigkeit brauchbar gewesen seien. Die Arbeit habe „zu gutem Verdienst, Consumo und Geldumlauf" geführt. Aber auch zu „Immoralität, Schulden und Überdrang von Fremden," die sich den Beisitz oder das Bürgerrecht erschlichen hätten. Noch verhängnisvoller sei es gewesen, daß Schüle nicht Lohndrucker blieb, sondern Fabrikant wurde. Entgegen dem Eid, den jeder Cottondrucker bei Empfang der Druckerzeichen leisten mußte, associierte er sich, weil er nicht genügend Capital hatte, mit Hiesigen und Fremden.

Entgegen dem Verbote von 1770 habe ihm der Rat erlaubt, seine weitläufigen Gebäude und Bleichen außerhalb der Stadt anzulegen. Die anderen Cottondrucker folgten nun auch seinem Beispiele und fingen an, „inn und ausser der Staat zu bauen, Woll und Farbwaar zu beschreiben, auswärtige Waren zu beziehen" und den Webern die rohen Stücke gegen Wolle abzunehmen. Der Kaufmann wiederum drängte dem „minderkräftigen Kottondrucker" Farbzeug statt Lohn auf. Der Wollhändler wurde nun auch zum Stückleinhändler.

Damit war nach Ansicht der Kommission „die Kette, der alte gute Zustand zerrissen, alles geriet in einander". Schüle riß das meiste an sich und spielte den Meister. Seine Kollegen wollten aber auch nicht mehr Drucker sein, sondern Fabrikanten, Wollhändler und Kaufleute. Keiner blieb bei seiner Bestimmung, der Wollhandel wurde ein Artikel aller Kaufleute.

Die Kommission beschrieb, was dann geschah. Man überhäufte sich mit großen Lagern, begann ausschweifende Spekulationen und suchte und gewährte viel Credit, „und der Debit entsprach nicht allemahl". Man hatte große Provisionen der Bankiers zu bezahlen, die sich in die Geschäfte mischten, man hatte ausstehende Schulden und dennoch wollte man nicht in den Ruf kommen, nicht ebenso gute Geschäfte machen zu können wie Schüle.

Schüles Einfuhren ostindischer und anderer auswärtiger Cottone hätten zu den Unruhen unter der Weberschaft geführt, zu den Hofratsprozessen „und noch wunderlicheren Dingen".

Was man auch von dieser Bewertung halten mag, eines kann man mit Sicherheit sagen: Schüle stand in der zweiten Hälfte des 18. Jahrhunderts im Mittelpunkt der Augsburger Cottondruckerei.

Blaudruck

Wir sahen bereits, daß der Färber Reinweiler um 1700 die holländische Art, blau und weiß zu drucken und färben, nach Augsburg gebracht hatte. Im Jahre 1765 hat ein Färber namens Abraham Gessler das kalte Blaudrucken in Augsburg eingeführt. Er sagte, er habe es auf der Wanderschaft gelernt. An anderen Orten sei das kalte Blaudrucken den Färbern gestattet. Dieser Färber verwandte es nur auf „Leinwath und Schnupftücher", also nicht auf andere „couleurs und Opern". Da auch einige Kaufleute an seiner Arbeit interessiert waren, erlaubte man ihm, das kalte Blaudrucken auszuüben, aber nur auf Schetter und Leinwand, die nicht breiter als 3/4 oder 5/4 Ellen waren. Er durfte also den kalten Blaudruck nicht auf Cottone anwenden.[71] Es ist nicht bekannt, ob sich dann dieses Verfahren bewährt hat. Bei Schüle wurde jedenfalls mit dem Blaudruck experimentiert. Im Jahre 1796 sagte J.H. Schüle, daß er allein unter den Cottonfabrikanten blau drucke. Bei allen anderen Cottonfabrikanten werde die blaue Farbe nur eingemalt. Um so heftiger reagierte er, als ein Kupferdrucker und ein Angestellter der Firma Schöppler & Hartmann das „Schülesche arcanum blau zu drucken" von einer bei ihm beschäftigten Druckerin ausspionieren wollten.

Auch das „falschfarbige drucken" war in Augsburg in der zweiten Hälfte des 18. Jahrhunderts verbreitet. So hat das Druckerehepaar Deschler „sowohl gut als falschfarbig" gearbeitet. Die Kaufleute betonten 1768, daß die Deschler „ein ihnen allein dahier bewusstes Arcanum" besäßen. Mathäus Schüle sagte, daß er dem Cottondrucker Johann Daniel Erdinger das „falsch farbige drucken der weberwaren" in seinem Hause erlaubt habe.

Gelegentlich hören wir von Versuchen, neue Druckarten in Augsburg einzuführen. Im Jahre 1806 baten ein Carl Heinrich Reinhardt und ein Johann Gottlob Leonhard, in Augsburg eine orientalische Druckfabrik gründen zu dürfen.[72] Leonhard sagte, er habe seit 18 Jahren die größten Fabriken in Europa, vor allem in London und Manchester besucht und dann vier Jahre bei den Griechen oder sogenannten türkischen Raitzen in Wien sich diese Kenntnisse angeeignet. Er wolle Waren herstellen, die mit Ausnahme der Wiener Fabriken nur in der Türkei, in Ostindien und in England fabriziert würden. Und zwar wollte er sogenannte englische Shawls, Tücher und Kleider zu 6, 8 oder 10 Louis d'ors anfertigen, die nach Norddeutschland, Frankreich, Holland und der Schweiz ausgeführt werden sollten. Er machte sich besonders große Hoffnungen, weil die Einfuhr englischer Waren in Bayern verboten werden sollte. Aus dem ganzen Plan ist dann doch nichts geworden.[73]

---

[71] 1765, 22. Oktober
[72] Reinhard stammte aus Schmalkalden, hatte die Handlung in Nürnberg gelernt, dann sieben Jahre bei Wagenseil in Kaufbeuren gearbeitet und war schließlich „associe" des Zitz- und Cottonfabrikanten Johann Schüle des Jüngeren. Leonhard stammte aus Grimma in Sachsen.
[73] 1806, 24. April und 21. Juni.

Zu dieser Zeit behauptete auch der Augsburger Handelsmann Jacob Zipper, eine Maschine mit Walzen für den Druck von Zitzen erfunden zu haben. Wahrscheinlich handelt es sich aber um eine englische Erfindung. Er selbst sagte, er sei der erste und einzige, der diesen „wichtigen englischen Fabrick Mechanismus auf deutschen Boden verpflanzt oder eigentlich neu erfunden hat". Er gründete 1807 eine Societät mit dem „Chemiker Doctor Johann Gottfried Dingler", der besondere Erfahrungen auf dem Gebiet der Farben hätte. Dingler erwarb 1807 ein ausschließliches Privileg, diese Walzendruckmaschine drei Jahre in Augsburg betreiben zu dürfen. Die Walzendruckerei kam aber dennoch nicht zustande, weil, wie Zipper sagte, dem Dingler die technischen Kenntnisse und auch „Solidität" fehlten. Zipper erhielt jedenfalls im Jahre 1811 ein dreijähriges Privileg, auf seiner Walzmaschine in Augsburg als Lohndrucker Zitze drucken zu dürfen.[74] Immerhin zeigt diese Episode, daß in Augsburg Anfang des 19. Jahrhunderts experimentiert wurde, um das Druckverfahren zu verbessern.

Werkstätten und Einrichtungen

Lage der Werkstätten

Die Werkstätten der ersten Augsburger Cottondrucker lagen innerhalb der Stadtmauern, vor allem im Lechviertel. Jeremias Neuhofer selbst wohnte am Vorderen Lech 49 und kaufte 1693 das Haus Nummer 47, um hier ein Farbhaus einzurichten. In diesen beiden Häusern am Vorderen Lech befanden sich also die Werkstätten, in denen Neuhofer mit dem Cottondruck experimentierte.

Am Hinteren Lech, am Mittleren Lech und am Vorderen Lech befanden sich auch die Werkstätten der beiden Daniel Spatz, des Johann Neuhofer und Mathäus Beyrer. Wir finden die Werkstätten der Cottondrucker Sebastian Weiss, Hans Jakob Haslach, Ignatius Spatz, Sebastian Borst und Hans Georg Dempflin an der Schlossermauer, an der Vogelmauer und in den Steuerbezirken Prielbrugg und Wierin Prielbrugg. Der Cottondruck konzentrierte sich also in den ersten Jahren eindeutig im Lechviertel.

Allerdings wohnten mindestens drei der ersten Cottondrucker, Georg Wolhofer, Andreas Jungert und Joseph Schmidt, in der Oberen Stadt, in den Steuerbezirken „Vom Diebold" und „St. Antonino".

Der Formschneider Hans Jakob Enderlin und der Bäcker Mathias Lauterer, die doch im Jahre 1692 dem Jeremias Neuhofer so viel Ärger verursachten, wohnten beide im Steuerbezirk „Bartshof", in der Nähe des Göggiger Tors. In weiter Entfernung von Neuhofers Werkstatt konnten sie also ungestört ihre eigenen Tuche drucken.

---

[74] 1811, 3. Januar. Wahrscheinlich ist dies der gleiche Jacob Zipper, der um 1800 „Modelschneiders Werkzeug" anfertigte. (Augspurgischer Adress-Sack Calender 1799-1801). Zipper wird auch als „Stahl und Messingarbeiter" bezeichnet. Er erhielt 1799 die Kramergerechtigkeit, durfte aber nur die von ihm selbst angefertigten Waren in einem offenen Laden verkaufen. (Ratsbuch, 1799, 11. April).

Einige Cottondrucker der zweiten Generation begannen schon ihre Werkstätten außerhalb der Stadtmauern aufzubauen. So lagen die Werkstätten des Andreas Jungert am heutigen Hanreiweg und der Bergmühlstraße. Johannes Apfel wohnte ursprünglich am Oberen Graben. Aber seine Werkstatt legte er am Vogeltorplatz an. Auch Georg Erdinger hatte seine Werkstatt ursprünglich am Hinteren Lech. Aber dann erwarb er Grundbesitz an der heutigen Bauhofstraße und der Lechhauser Straße. Lobeck mag seine erste Cottondruckerei in der Armenhausgasse gehabt haben. Aber bald hatte er Besitz an der heutigen Schülestraße.

Nach wie vor lagen aber auch viele Werkstätten innerhalb der Stadtmauern. Die Druckereien von Georg Neuhofer und Johann Friedrich Reinweiler lagen im Lechviertel, die von Boppe, Senftel und Hartmann in der Oberstadt.[1]

Auch um die Mitte des 18. Jahrhunderts richteten viele Cottondrucker ihre Werkstätten innerhalb der Stadtmauern ein. So lag die Druckerei des Johann Georg Erdinger am Hinteren Lech. Seine Bleiche befand sich aber vor dem Jakober Tor neben der Papiermühle.[2] Erdingers „grosses Fabriquehaus" am Hinteren Lech samt der Bleiche wurde 1759 von dem Cottondrucker Georg Christoph Deschler für „schweres Geld" gekauft.

Die Werkstätten von Michael Schwehle, Anton Christoph Gignoux, Georg Friedrich Zackelmaier, Franz Jakob Heichele und Georg Abraham Neuhofer lagen ebenfalls in der Stadt.[3]

Bei den Werkstätten der Cottondrucker mit ihren beheizten Kesseln bestand immer eine gewisse Feuergefahr. Die Baumeister waren im Jahre 1759 ganz dafür, daß Veit Jeremias Adam seine Wachsdruckerei aus dem in der Stadt gelegenen Rechengebäude, das schon mehrmals wegen des engen Raumes gebrannt hatte, auf seine vor dem Roten Tore am Brunnenbach gelegene Scheggenbleiche verlegte. Und als der Cottonfabrikant Georg Friedrich Zackelmaier im Jahre 1771 in seinem am Mittleren Lech gelegenen Hause eine „Truckners Stube" bauen wollte, protestierten die Nachbarn wegen der Feuergefahr. Da er diese „Truckners Stube" im Winter für seine „Fabrique und Nahrung" unbedingt brauchte, wollte er sie nun auf seiner vor dem Jakober Tore gelegenen Bleiche bauen. Und zwar nicht größer als 21 Schuh im Quadrat.

In der Tat lagen um die Mitte des Jahrhunderts verschiedene Werkstätten außerhalb der Stadt. Oft erfahren wir von diesen Gebäuden nur, wenn Neu- oder Umbauten, Verkäufe oder Verpachtungen vorgenommen wurden. So hatte der Fabrikant Bayersdorf ein Farbhaus auf der neu erkauften Bleiche vor dem Schwibbogener Tor, das er mit einem „halben Stein und Pfeilern" umbauen wollte. Hier wollte er auch eine „Trucknenstube" drei Etagen hoch bauen.[4] J.H. Schüle hat mit Weitblick von Anfang an seine Werkstätten

---

[1] 1760, 27. August. Protokolle 1758-1764.

[2] Fabrique und Wohnung des Johann Georg Seuter lagen in der Sachsengasse. Sie wurden 1758 von Michael Schwehle für 6350 fl gekauft.
Anton Christoph Gignoux kaufte 1758 ein Haus am Mittleren Lech, in dem er anscheinend seine Fabrik einrichtete. Er wollte hier auch einen Rechen bauen. Franz Jakob Heichele kaufte die Gerlachische Farbbehausung hinter der Metzg. Die Espin und Schleichiche Raggion druckte im Schelsteinischen Hause. Hier befand sich auch der Rechen. Georg Abraham Neuhofer baute 1761 sein Haus und seinen Rechen am Vorderen Lech hinter den PP Dominikanern.

[3] 1769, 17. September. Auch Georg Christoph Deschler bat darum, eine Holzhütte vor dem Jakober Tor bauen zu dürfen.

[4] 1770, 24. Juli.

außerhalb der Stadtmauern angelegt. Am 3. November 1758 erhielt er die Erlaubnis, auf seiner vor dem Roten Tore nächst dem Bach gelegenen Bleiche einen dreigädiges, massives gemauertes Gebäude zu errichten. Im November 1760 erlaubte man ihm, ein zweites Gebäude zu bauen. Erst plante er ein eingädiges Gebäude mit einem à la mansarde Dach. Da aber die Proportion von Dach und Unterbau unpassend war und überdies die vielen zur Beleuchtung notwendigen Dachfenster lauter Schneewinkel bildeten, die schnell zur Fäulnis des Gebäudes führen konnten, erlaubte man ihm, das Haus um eine Gade zu erhöhen. Das Gebäude war 250 Schuh lang, 25 Schuh breit und samt dem Dachstuhl 25 Schuh hoch. Da Schüles Fabrique außerhalb der Stadt lag, warnte man ihn, sich aller verbotenen Contrabande zu enthalten. Die Unmöglichkeit, die Einfuhr verbotener, fremder Waren zu kontrollieren, war wohl auch der Grund, weshalb der Rat im Jahre 1770 befahl, daß abgesehen von den Rechen und Bleichen und „was notwendig dazu gehört", kein Fabrikgebäude „als Druckerstuben, Warenlager, Packgewölbe" außerhalb der Stadtmauern gebaut werden dürfe.

Für Schüle war es aber ganz unmöglich, seine Werkstätten auf den Raum innerhalb der Stadtmauern zu beschränken. Er benötigte für seine „veredelte Fabrication ... weitläufige Gebäude, grosse blaichen, eine ungeheure Menge Holz, Kleuen und andere Materialien". Seine Bedeutung für die Textilwirtschaft war so groß, daß der Rat ihm entgegen dem Verbot von 1770 gestattete, außerhalb der Stadt „die weitläufigen Gebäude, Blaichen, Rollen, Niederlagen, Druck, Reibstuben und Farbgewölbe" anzulegen. Er errichtete seine große Fabrik vor dem Roten Tore.

Trotz des Beschlusses von 1770 hatten aber auch viele andere Fabrikanten in der zweiten Hälfte des 18. Jahrhunderts ihre Werkstätten außerhalb der Stadtmauern wie die folgende Liste zeigt:

Name des Fabrikanten	Lage der Werkstatt
J.H. Schüle	Hanreiweg 2, Bergmühlstr. 2, Fichtelbachstr. 1, Bauhofstr. 18, Schülestr. 1, Forsterstr.1, Oblatterwallstr. 24
Apfel	Vogeltorplatz 3
Schöppler und Hartmann	Vogeltorplatz 3
Seuter	Oblatterwallstr. 24, 40
Lobeck	Schülestr. 1 und 9
Reinweiler	Bauhofstr. 5a und Lechhauser Str. 31
Schumacher	Baumgartnerstr. 2, 8a
Adam	Baumgartnerstr. 2 und 8a
Müller	Oblatterwallstr. 24, 36a
Schwehle	Oblatterwallstr. 40, 24
Wagenseil	Oblatterwallstr. 24
Zackelmaier	Bauhofstr. 5a, Lechhauser Str. 31
Kaufmann	Bauhofstr. 52, Lechhauser Str. 31
Meichelbeck	Brunnenlech 23

Manche Fabrikanten hatten in der zweiten Hälfte des 18. Jahrhunderts Grundbesitz sowohl in der Stadt wie vor den Toren. Mathäus Schüle z.B. besaß Werkstätten bei St. Ursula und vielleicht auch am Vorderen Lech. Im Jahre 1775 legte er aber auch eine Scheggenbleiche samt Pantschmaschine und den „dazu gehörenden Fabrique Gebäuden" auf fünf Tagwerken Anger am Malvasierbach an. Änlich mag es bei anderen Fabrikanten gewesen sein wie Franz Xaver Debler, Georg Christof Deschler, Gignoux, Abraham Neuhofer, Jakob Friedrich Schüle und Wagenseil.

Wieder andere Fabrikanten wie Harder, Magg, Preumair und Wohnlich scheinen zumindest ihre Werkstätten alle in der Stadt gehabt zu haben.

Es fällt auf, daß in einigen Werkstätten über Jahrzehnte hinweg gedruckt wurde, obwohl diese Werkstätten mehrmals den Besitzer wechselten. Innerhalb der Stadtmauern gab es mindestens 17 solcher Werkstätten. Fast alle, 14 von 17, lagen im Lechviertel. Wir finden sie am Vorderen Lech, am Mittleren Lech, am Hinteren Lech, bei St. Ursula, in der Schwibbogengasse, an der Vogelmauer und am Oberen Graben. In der Oberstadt lagen nur zwei solcher Werkstätten, die lange bestanden, in der Jakoberstadt eine. Ganz eindeutig konzentrierte sich also der Cottondruck im Lechviertel. Die große Zahl von Werkstätten im Lechviertel hing sicher damit zusammen, daß dieser Stadtteil von drei Kanälen durchflossen wurde. Hier fanden die Cottondrucker das für sie so nötige Wasser.

Einige Werkstätten wechselten über die Jahre mehrmals den Besitzer. Vielleicht lagen sie besonders günstig. Jedenfalls waren sie jahrelang in Betrieb:

Oberer Graben 49	Vorderer Lech 41
A 557-559	Armenhausgasse 8
Hinterer Lech 29, 27	bei St.Ursula 4
Vorderer Lech 8	bei St.Ursula 8
Vorderer Lech 35	Vogelmauer 5

Wir erinnern uns, daß der Goldschlager Georg Neuhofer von seinem Bruder Jeremias um 1690 nach Holland geschickt wurde, um das Druckgeheimnis auszuspionieren. Im Jahre 1693 erwarb er die Gebäude A 557-559 im Lechviertel. Sicherlich befand sich hier seine Werkstatt. Im Jahre 1731 erwarb sie ein Georg Neuhofer, vielleicht sein Sohn. Im Jahre 1736 finden wir hier den Cottonfabrikanten Abraham Neuhofer und im Jahre 1773 Christof Neuhofer. Fast 100 Jahre lang wurde also in dieser Werkstatt gedruckt.

Manche Werkstätten blieben nicht in der Familie, sondern wurden von anderen Cottondruckern gekauft. Die Werkstätte Hinterer Lech Nr. 29 und 27 war im Jahre 1712 im Besitz des Cottondruckers Georg Erdinger. Im Jahre 1761 übernahm sie Georg Christoph Deschler, im Jahre 1771 der Cottonfabrikant Georg Friedrich Zackelmaier. Auch in anderen Werkstätten wurde lange Zeit von verschiedenen Cottondruckern gedruckt.

Im Raume der sogenannten Litera J, also jenseits der Stadtbefestigung, am Oblatterwall, bei der Jakobsmauer, am Vogeltor und dann im weiten Bogen um das Rote Tor herum finden wir dreizehn Werkstätten, die über die Jahre hinweg im Betrieb waren. Weshalb lagen so viele Werkstätten gerade hier? Dieser Raum vor den Toren Augsburgs war ebenfalls von Kanälen durchzogen. Es gab hier also genügend schnell fließendes, reines Wasser. Hier lagen ja auch die beiden großen Bleichen, die Untere und die Obere Bleiche. Wahrscheinlich legten die Cottondrucker hier auch ihre Scheggenbleichen an.

Die meisten dieser Werkstätten wurden im Laufe des 18. Jahrhunderts immer wieder von anderen Cottonfabrikanten übernommen. Es waren wohl eingerichtete Werkstätten, in denen der Cottondruck zur Tradition geworden war. Vielleicht hatten diese Werkstätten einen festen Stamm von Arbeitern, die dann von dem neuen Besitzer übernommen wurden.

Wir wissen nicht, ob das Grundstück Oblatterwallstraße 24 eine Werkstatt war oder vielleicht eine Scheggenbleiche. In der ersten Hälfte des 18. Jahrhunderts finden wir hier erst den älteren, dann den jüngeren Johann Georg Seuter, ab 1758 Michael Schwehle, der eine Seuterin geheiratet hatte. Das Grundstück ging dann nacheinander in den Besitz von Johann Wagenseil (1762), Daniel Müller (1767) und schließlich von Johann Heinrich Schüle (1772) über.

Johannes Apfel erwarb im Jahre 1702 die Grundstücke Vogeltorplatz 3 und Oberer Graben 49. Seine Werkstätten gingen 1731 an seinen Sohn Johann Christoph Apfel d.Ä., dann 1757 an dessen Sohn Johann Christoph Apfel d.J. über. Im Jahre 1782 kaufte sie Johann Michael Schöppler, 1806 dessen Partner Gottfried Hartmann. Es ist anzunehmen, daß Werkstätten mit einer solchen Kontinuität Zentren des Augsburger Cottondruckes waren.

Die wichtigsten Werkstätten und Anlagen der Cottonfabrikanten außerhalb der Stadtmauern:

Oblatterwallstr. 24 und 40	Schülestr. 1 und 9
1. Quersachsengäßchen 5a	Bergmühlstr. 3
3. Quersachsengäßchen 5	Hanreiweg 2
Lechhauser Str. 31	Baumgartnerstr. 2 und 8a
Jakoberwallstr. 17	Haunstetter Str. 35a
Vogeltorplatz. 3	Stadtbachstr. 6
Bauhofstr. 5a	

Nach allem, was wir wissen, spielten in der ersten Hälfte des 18. Jahrhunderts neun Familien eine größere Rolle im Augsburger Cottondruck. Es fällt auf, daß diese Familien im Laufe der Jahre mehrere Grundstücke erwarben. Es läßt sich allerdings nicht immer sagen, ob es sich hier um Werkstätten, Bleichen oder Wohnhäuser handelte. Wir geben die Adresse und das Datum des Kaufes oder, im Falle der Vererbung, der Übernahme vom Vater oder Verwandten an.

Apfel	Oberer Graben 49	1702, 1731, 1757
	Vogeltorplatz 3	1705, 1728, 1731, 1757
	Wolfsgäßchen 3	1710
Erdinger	Hinterer Lech 29, 27	1712
	Bauhofstr. 5a	1721
	Lechhauser Str. 31	1721
Gignoux	Mittlerer Lech 39	1722
	Mittlerer Lech 28	1785
	Pulvergäßchen 7, 5	1724
	Unterer Graben 22	1724
	Haunstetter Str. 35a	1735, 1761, 1775, 1780
	Schwibbogenmauer 14	1749, 1764
	Schwibbogenmauer 20	1780
	Hinterer Lech 11	1760
	Vorderer Lech 5	1782
	Vorderer Lech 6	1779, 1780

	Vorderer Lech 8	1771, 1780
	Schlossermauer 43	1785
	Halderstr. 2	1787
Jungert	Leonhardsberg	1703
	Hanreiweg 2	1712
	Bergmühlstr. 3	1712
Lobeck	Armenhausgasse 8	1706
	Schülestr. 1	1708, 1720, 1744
	Schülestr. 9	1744
	Vorderer Lech 3	1744
Neuhofer	Vorderer Lech 49, 47	1686, 1693
	Mittlerer Lech 42	1699
	A 557-559	1731, 1735, 1733
	Am Schwal 15	1721
	bei St. Ursula 8	172
	Bäckergasse 8	1735?
	Vorderer Lech 41	1736, 1773
	Jakoberwallstr. 17	1738, 1745, 1773
Reinweiler	Haunstetter Str. 23	1711
	Baumgartnerstr. 2, 8a	
	Schwibbogengasse 15	1739
	Bauhofstr. 5a	1719
	Lechhauser Str. 31	1719
	A 359 (B)	1754
Seuter	Oblaterwallstr. 24	1725, 1749
	Oblatterwallstr. 40	1725, 1749
	Sachsengäßchenweg 1 (J 198)	1735
	1. Quersachsengäßchen 5a	1749

Die Werkstätten dieser Cottondrucker konzentrierten sich an den uns schon bekannten Stellen. Die Apfel hatten sich am Vogeltorplatz etabliert. Die Werkstätten der Gignoux lagen im Lechviertel. Jean François Gignoux mag anfangs am Mittleren Lech gedruckt haben, obwohl er auch ein Grundstück an der Haunstetter Straße hatte, vielleicht eine Scheggenbleiche. Nach und nach erwarben die Gignoux auch Besitz an der Schwibbogenmauer, am Hinteren Lech und am Vorderen Lech und der Schlossermauer.

Auch die Werkstätten der verschiedenen Neuhofer lagen im Lechviertel, aber sie hatten auch Anlagen an der Jakoberwallstraße. Die Erdinger begannen im Lechviertel, erwarben dann aber Besitz vor dem Jakobertor und dem Roten Tor. Die Lobeck begannen in der Armenhausgasse und kauften dann Grundstücke vor dem Roten Tore. Die Jungert und Reinweiler haben anscheinend von Anfang an ihre Werkstätten außerhalb der Stadt, am Roten Tore, gehabt, die Seuter am Oblatterwall.

In der zweiten Hälfte des 18. Jahrhunderts tauchten neue Firmen auf, die die anderen Cottondrucker jedenfalls nach der Zahl der gedruckten Cottone überschatteten, wie Johann Heinrich Schüle, Mathäus Schüle, Schöppler und Hartmann und Zackelmaier. Wo lagen ihre Fabriken?

J.H. Schüle hat wohl schon vor seinem Weggang nach Heidenheim in dem 1758 erworbenen Grundstück Schülestr. 1 gedruckt. Hier hat er ja auch 1771 sein großartiges

barockartiges Fabrikgebäude errichtet. Er hatte aber auch Besitz an der Bauhofstraße, der Bergmühl- und Fichtelbachstraße und am Oblatterwall.
Die Werkstätten des Mathäus Schüle scheinen bei St. Ursula und am Vorderen Lech gelegen zu haben, obwohl auch er ein Grundstück an der Stadtbachstraße hatte, wohl eine Scheggenbleiche. Schöppler druckte in den von den Apfel 1782 gekauften Werkstätten am Vogeltorplatz und am Oberen Graben. Zackelmaier wiederum hatte sowohl am Hinteren und Vorderen Lech wie in der Bauhofstraße und der Lechhauser Straße Besitz.

Johann Heinrich Schüle	Ph.-Welser-Str. 9	1750
	Mauerberg 11	–
	Schwalbeneck 13	–
	Schülestr. 1	1758
	Bauhofstr. 18	1772
	Bergmühlstr. 2 und	1772
	Fichtelbachstr. 1	1772
	Oblatterwallstr. 24	1772
Mathäus Schüle	bei St. Ursula 4	1776
	Vorderer Lech 15	1780
	Stadtbachstr. 7	1784
	Mittlerer Lech 37	1802
	A 474	1821
Johann Michael Schöppler	Vogeltorplatz 3	1782
	Oberer Graben 49	1782
	Vogelmauer 5	1792
	Im Sack	1801
Georg Friedrich Zackelmaier	Hinterer Lech 29, 27	1771
	Bauhofstr. 5a	1771
	Lechhauser Str. 31	1771
	Vorderer Lech 35	1776

Einrichtung

Viele Drucker hatten vor allem in der Frühzeit handwerkliche Betriebe. Wie sich dann die „Cottonfabriken" aus diesen Werkstätten entwickelt haben, läßt sich aus den Augsburger Quellen nicht ermitteln. Die Zahl der Beschäftigten hat sich drastisch erhöht. Abraham Neuhofers Druckerei zählte ja im Jahre 1739 schon rund 100 Arbeiter, also weit mehr als irgendein Handwerksbetrieb. Bedeutsamer noch war, daß jetzt verschiedene Arbeitsvorgänge in ein und derselben Cottonfabrik erledigt wurden. So arbeiteten in J.H. Schüles Fabrik Mustermacher, Modelschneider, Maler, Drucker, Farb- und Bleichknechte und Stückreiber.

Die Kattunfabrik verfügte auch über mehr Anlagen und Arbeitsstätten als ein traditioneller Handwerksbetrieb, wie Druckerstube, Trockenstube, Warenlager, Packgewölbe, „Roll, Press und Farbhaus", Bleichen und Rechen. Aber wie viele Drucktische, Druckplatten, Farbkessel, Fässer, Siebe, Rollen, Rechen und Häncken hatte eine Druckerei? Wir wissen zu wenig über die Druckereien, um den Übergang von der Werkstatt zur „Cottonfabrik" zu bestimmen. Wahrscheinlich gab es noch in der zweiten Hälfte des 18. Jahrhunderts kleinere, handwerkliche Werkstätten neben einer ausgedehnten, fabrikartigen Anlage wie Schüles Fabrikschloß.

Einen Einblick in die Räumlichkeiten und die Ausstattung einer Druckerei bietet der Vertrag zwischen dem Kaufmann Wagenseil und dem Kunst- und Schönfärber Johann Georg Reule aus dem Jahre 1761. Wagenseil wollte anscheinend unbedingt auch drukken. Reule verpachtete dem Wagenseil auf zehn Jahre seine Räumlichkeiten, der sie auf seine Kosten als Druckerwerkstatt einrichten ließ. Reule arbeitete dann hier anscheinend als Färber. Abgesehen von der Wohnung, die aus drei Räumen plus Küche bestand, hören wir von mindestens zwei Druckerstuben im 2. und 3. Stock des Hauses, von der Modelkammer, von drei Gewölben, vom Rechen und Häncken, von zwei großen Kellern mit der Messingrolle, von den Behältern für die Fabrikware, von Farbzeug und von zwei großen Crappkesseln. Außerdem ist die Rede vom versperrten Lager, in dem wohl die Tuche aufbewahrt wurden. Weiterhin von dem Holzlager, dem Pferdestall und dem Heuboden. Es fällt auf, daß sich diese Cottondruckerei im 2. und 3. Stock und im Keller eines Hauses an der Reichsstraße befand.[5]

Die Werkstatt der „Espin- und Schleichischen Raggion" befand sich im Schelsteinischen Haus, das man für 300 fl jährlich mietete. Wir hören vom Rechen, von Farbkessel, Druckmodel, 8 bis 10 Drucktischen und anderen „Druckrequisita" und einer Presse, die aus folgenden Teilen bestand: dem oberen Teil, wo die Spindel durchgeht,[6] nebst 4 Schlautern und zwei Schraufen.

---

[5] Die Deputierten erklärten allerdings diesen „Druck-, Model- und Rollbestandsvertrag" für ungültig.
1761, 29. Oktober, Protokolle 1758-64. Reule vermietete dem Wagenseil im einzelnen:
1) Eine Wohnung im 2. Stock auf die Reichsstraße stoßend. Sie bestand aus einer Stube, zwei Kammern, einer Küche. Ferner dem neuen Bau „in der Abseiten", aus einer Druckstube und drei Gewölben bestehend.
2) Den 3. Stock in seinem vorderen Hause zur Einrichtung einer Druckstube und Modelkammer.
3) Die Hälfte des innen und außen zu erhöhenden Rechen und Häncken.
4) Reule verpflichtete sich „zu setzung zweier grosser Keller wie auch Errichtung einer messingen Rolle, Anfertigung einiger Behältnisse zu fabrique Waren, Farbzeug, wie auch zu einem versperrten Lager zu 20 bis 30 Mass, Holzstallung für ein Pferd, Heuboden".
Wagenseil wiederum versprach folgende Leistungen:
1) für alles, „theils Wohnung, theils fabrique placierung" jährlich 200 fl Zins zu zahlen
2) zwei große Crappkessel anzuschaffen, durch seine Leute färben zu lassen und für jedes Stück 1 1/2 kr zu zahlen.
3) eine Messingrolle auf seine Kosten einzusetzen und für jedes Stück, das gerollt wurde, 1 kr zu zahlen.
4) dem Reule die vorgeschossenen Unkosten von dem „Meister- und Rollenlohn" zur Hälfte bis zur Tilgung abzuziehen.
5) Knechte und Pferde für die Rolle zu stellen.
[6] 1761, 14. April. Die folgenden Gegenstände wurden aufgezählt: „11 grosse und kleine Farbkessel nebst einem grossen Mössingen Haven
2 kupferne Ofen Schüfflen
1 Stechst auge
1 Kretzen wag, sampt 14 Pfund bleyen gewichter
1 grosse Feuer Laterne, sampt feuer Pfannen
1 kleine leinwand Kistle
1 wachs druck lessele sampt rost dazu
2 druck unten
3 dito aufem Rechen

Das Inventar der Druckerwerkstatt des Paul Jakob Hartmann aus dem Jahre 1761 zählt elf Farbkessel auf, zwei kupferne „Ofen Schufflen", Gewichte aus Blei, Feuerpfannen, Wachsmodel, Siebe und Drucktücher.[7] Einmal, im Jahre 1765, ist die Rede von kupfernen Platten, die beim Drucken der Weberware verwendet wurden.

Man erkannte sehr schnell, daß durch den Abfluß aus den Druckerwerkstätten das Wasser verunreinigt wurde. So hatten die Baumeister 1703 schwere Bedenken, daß der Cottondrucker Andreas Jungert ein Farbhaus mit „Wasch- und Farbkessel" nahe dem Stadtgraben baute. Er habe auch das „geheng" gegen den Stadtgraben hin errichten lassen. Eine Rinne sollte die Unsauberkeiten in den Stadtgraben abführen. Man befahl dem Jungert kurzerhand, die „Wasch- und Farbkessel" in seine auf die Reichsstraße führende Werkstatt zu setzen und hier seine Färberei einzurichten. Das „Gehäng" sollte er auch in Richtung Reichsstraße machen lassen.

Pantschmaschinen

Schüle und die anderen Fabrikanten hatten auch Schwierigkeiten wegen der Walken und Pantschmaschinen. Die Walken standen auf den Bleichen. Nachdem die Tuche mit Lauge und dann mit einer milden Säure behandelt worden waren, wurden sie auf der Walke gepreßt, um die bereits losgelöste Fett- und Schmutzschicht zu entfernen. Die beiden Bleicher hatten ein Monopol: nur auf ihren Walken durften Tuche gewalkt werden. Da sich die Einnahmen aus den beiden Walken auf der oberen und unteren Bleiche um 1700 auf immerhin 300 fl pro Jahr beliefen, bestanden die Bleicher auf ihrem Monopol. Auch die Cottondrucker mußten die Walken der Bleicher benützen. 1743 behaupteten sie zwar, daß mit Hilfe ihrer neuen Bleichverfahren „die Waar ohne walckh beser und schöner" werde. Aber der Rat bestand darauf, daß alle Tuche „auf einer deren zwey allhiesigen bleichen gewalkt" werden müßten, bevor sie bedruckt wurden.

Wir haben bereits oben bei der Beschreibung der Drucktechnik in Holland gesehen, daß die bedruckten Cottone nach dem Bade im Krapp in fließendem Flußwasser gespült und geklopft wurden, um die Krappkörner zu entfernen. Es scheint, daß diese Arbeit in Augsburg von den Pantschmaschinen durchgeführt wurde. Walken und Pantschmaschinen verrichteten also ähnliche Arbeiten. Die Bleicher sagten so auch, ein Pantschwerk unterscheide sich nur dem Namen nach von der Walke. Die Wirkung sei dieselbe. Der Unterschied bestehe nur in dem modus tractandi, „das nemlich beim Bantschwerk die Waare oder Cotton auf einem Tisch oder Bank, in einer Walk hingegen in einem Trog

---

6 dito im Turm
2 Eichen fass mit Eissen Raifen sampt Eissen Deim
4 druck beruten
3 klainere dito
Ein starke portion Krapp und wachs Modeln
4 Druck Sieb
Nebst 6 Neuer und ältere Drucktücher
1 von mir gebautes wachs druck häussle im Zwinger so auch stehen lassen."
„Farbkessel, Roll und Model neben allem Zubehör, wie auch die Bleiche" gehörten zur Ausstattung des Cottondruckers Georg Erdinger. 1760, 27. August. Protokolle 1758-64.

[7] 1765, 8. Oktober. Protokolle 1758-64.

gebantscht oder zubereitet wird". So sollte es auch wegen der Pantschmaschinen und Walken zu Streit kommen.

J.H. Schüle beschäftigte für das Pantschen der Cottone gegen 40 Personen. Es war „strenge und anhaltende arbeit". So kam es, wie Schüle klagte, daß ihm öfter 4, 6 ja 8 Leute aus der Arbeit liefen und dadurch „empfindliche Hindernuss und Schaden" verursachten. Er kam 1764 auf den Gedanken, seine gedruckten Waren „mittels einer Walck anstatt des pantschens appretieren zu lassen". Die Walkmeister auf der oberen und der unteren Bleiche hätten so viel zu tun, daß sie nicht noch mehr Waren annehmen könnten. Er wollte deshalb eine Walkmühle anlegen, „welche pur aus einer hölzernen hütte in circa 30 gevierte Schuh bestehen soll". Die Walkmühle sollte am Herrenbach, unterhalb des Geißberges, angelegt werden, „mittelst anstechung desselben und grabung eines Canals von einer Wasser Rad Breite". Er wolle hier nur seine eigenen gedruckten Waren walken. Der Platz solle Eigentum der Stadt bleiben. Diese Walke sei seiner Fabrik, die „vielen Persohnen ihren Unterhalt verschafft und ohne Schmeicheley zu sagen, der stadt Ehre bringt, nützlich".[8] Weiterhin bat er „sich zu Einhängung und Lichung seiner Cotton Stücke bey denen ohnferne dem Stadtzimmerhof befindlichen 3 Brunnen Quellen eines Plätzlein bedienen zu dörffen".

Der Inhaber der oberen Bleiche, von Köpf, erfuhr sehr schnell, daß Schüle am Herrenbach „zum Einhängen und banschen seiner Fabrique ... einen banck und zugleich eine Walck" errichten wollte. Köpf erinnerte daran, daß niemandem als den Bleichern und den Tuchscherern das Walken erlaubt sei. Köpf hatte aber auch wegen des Wassers Bedenken. Wenn Schüle seine Walke am Herrenbach anlege, gegenüber der oberen Bleiche, werde er, Köpf, den Schaden haben. Das Wasser werde ihm zwar nicht ganz genommen, aber doch so „geschwächt" werden, daß er seine Walke nicht mehr betreiben könne.

Schüle wandte sich im April 1765 wieder an das Bauamt. Er wolle anstatt einer Walkmühle nur eine Pantschmühle für seine gedruckten Waren errichten. Er werde nach wie vor die hiesigen rohen Weberwaren zum Walken, Laugen, Bleichen auf die Stadtbleichen bringen. Er war bereit, das Wasserbett, solange er es brauchen würde, nebst dem Geschlacht auf seine Kosten zu unterhalten und dem Bauamt jährlich 50 fl für den Platz zu bezahlen.

Das Bauamt wies ihn an, einen Platz zu finden, wo seine Pantschmühle die Rechte anderer „Begüterter" nicht beeinträchtigte. Schüles Werkmeister fand einen solchen Ort: an dem Geißberg hinter der Köpfischen Bleiche und unterhalb der dort befindlichen zwei Wasseranstiche am Herrenbach, die die Walkmühlen trieben. Hier wohne kein „Begüterter", der eine Gewerkschaft treibe und sich wegen des Wasseranstichs beschweren könnte. Man werde den Herrenbach unterhalb der zwei in die Köpfische Bleiche gehenden Wasserleitungen anstechen, das Wasser in einem fünf Schuh breiten Canal auf die Pantschmühle führen und es dann wieder in den Herrenbach leiten. Schüle wollte zu diesem Zwecke nicht nur das Wasserbett des Herrenbaches auf seine Kosten erhöhen, sondern auch die Beschlachtung des Herrenbaches vom Anstich bis zum Ausfluß 700 Schuh lang im Bedarfsfall unterhalten. Damit die „Passage" des neuen Wassers nicht gehindert würde, wollte er zwei Brücklein bauen.

Köpf hatte nun keine Einwendungen mehr, da der Herrenbach 40 bis 50 Schuh unter der in die obere Bleiche gehenden Wasserleitung angestochen werden sollte und ihm also

---

[8] 1765, 30. Mai.

kein Wasser entging. Die Führer der Jacober Viehhut, die auch Einspruch erhoben hatten, gaben sich zufrieden, da Schüle versprochen hatte, das oberhalb des Herrenbaches befindliche Brunnenwasser, das er zu „Einhängung und Lichung" seiner Cottone benützen wollte, mit einem starken Lattenzaun zu umfangen, damit das Vieh nicht hineinkam und das Wasser trank.

Das Bauamt setzte nun einen Vertrag auf, in dem die technischen Einzelheiten festgelegt wurden. Mit einem Male protestierten die Bleichinhaber, die Führer der Jacober Viehut und die Roß- und Pferdführer der Metzger. Ein Gutachter wies darauf hin, daß Schüles Verwendung des Brunnenwassers zum „Einhängen und Lichen" seiner Cottone die öffentliche Gesundheit gefährde. Auch ein Zaun könne die „todesgefährliche Schädlichkeit" für Mensch und Vieh nicht verhindern, weil das Wasser nicht in dem loco des Einfanges gleich einem Weiher verbleibt, sondern weiter und wieder fort fliesst". Der Rat lehnte auf jeden Fall Schüles Bitte ab, ihm an dem Herrenbach einen Wasseranstich zu erlauben, eine Pantschmühle zu bauen und die „Überlassung eines Brunnenwassers zu Einhängung und Lichung seiner Cottonwaren" zu bewilligen.[9]

Schüle hat sich in den nächsten Jahren mehrmals um eine Pantschmaschine bemüht, angeblich wurde er aber keiner Antwort gewürdigt. 1771 hatte er neue Pläne. Er schloß mit Johann Caspar Schaur einen Vertrag, eine auf dessen Eigentum außerhalb des Schwibbogens stehende Reibmühle in eine Pantschmühle umzubauen. Der Einfluß des Wassers, das Rad und der Kropf sollten in der alten Größe bleiben. Lediglich im Innern sollten Veränderungen vorgenommen werden. Wieder protestierte Köpf, der Inhaber der beiden Bleichen. Schüles Pantschmühle sei in Wirklichkeit eine Walkmühle. Auch die Werkmeister des Bauamtes stellten fest, daß es sich hier um eine Walkmühle handele.[10]

Schüle erklärte nun, daß trübes Wasser auch in der besten Sommerzeit seine Arbeit außerordentlich hindere. Er brauche helles Wasser. Er habe deshalb eine wegen der nahen Nachbarschaft ihm sehr bequeme Radgerechtigkeit in Bestand genommen, um ein „Pantsch oder wie es genannt werden mag, kleine Walkmühle einzurichten". Mit Hilfe der gegrabenen Brunnen könne er dann die Ware mit hellem Wasser bearbeiten. Dieses Werk sei zu Fortsetzung seiner „beträchtlichen Fabrique" unentbehrlich. Er wolle es für nichts anderes benützen, als seine gedruckten und weißen, ostindischen Tuche zu reinigen.

Schüle hatte noch ein weiteres Argument, um die Sache dem Rate schmackhaft zu machen. Er habe bisher für das Pantschen der Ware größtenteils auswärtige Arbeiter anstellen müssen, da die hiesigen Bürger die harte Arbeit beim Pantschen mieden. Die Arbeit auf der Walkmühle könne er jedoch durch hiesige Leute versehen lassen.

Schüle warnte, daß seine Fabrik stillstehen werde, wenn er dieses Werk nicht aufrichten dürfe. Oder er müsse mit trübem Wasser unverkäufliche Ware herstellen.[11] Der Rat bat ihn nun, einen Riß über das „geplante Werk ... vorzulegen, und zwar mit allen Massen, sowohl von aussen an dem Wasserwerk, nämlich der Schlund und Kropfweite nebst Höhe des Gefälles, als von innen, besonders Länge des Walkstockes und wie viele Löcher derselbe haben soll".[12] Schüle hat dann aber diese Erklärung doch nicht abgegeben,

---

[9] 1771, 4. April.
[10] 1771, 23. Mai.
[11] 1771, 17. September.
[12] 1772

weil er bald darauf die obere Bleiche, „mithin dadurch das vollkommene Recht einer Walkmühle," an sich gebracht hat".

Als Nicolai im Jahre 1781 die Schüleschen Fabrikanlagen besuchte, fand er hier zwei Walken: eine große, auf der weißer Kattun gereinigt wurde und eine kleine „oder sogenannte Walkmühle" für buntes Zeug. Nicolai war auch von der Schüleschen Mange beeindruckt, die mit Wasserkraft betrieben wurde.

Anfang oder Mitte der 1770er Jahre erhielt auch Mathäus Schüle mit Einwilligung der Bleichinhaber das Recht, eine Pantschmaschine errichten zu dürfen. Als aber die Fabrikantin Gleich 1776 ebenfalls darum bat, eine Pantschmühle am Lochbach bauen zu dürfen, erhob sich Widerspruch. Die Bleichbesitzer hätten das Privileg, „allein eine Walkmühle zu halten". Dazu komme, daß die Pantschmühle nichts anderes sei als „eine kleine Walck Mühle, auf welcher die Cottone, wo nicht ganz weiss, jedoch zu 1/4 und 1/2 weiss zubereitet werden können". Der Rat hat daraufhin die Bitte der Gleichin 1776 und dann noch einmal 1781 abgewiesen.[13] Ein paar Jahre später stellte sich wieder die Frage, ob die alten Privilegien der Bleicher nicht doch die Arbeit der Fabriken hinderten. 1784 bat nämlich der Zitz- und Kattunfabrikant Johann Michael Schöppler, der die Apfelsche Kattunfabrik vor dem Vogeltor gekauft hatte, um Erlaubnis, an dem durch seine Scheggenbleiche fließenden Sparrenlech eine Pantschmaschine und ein Pflatschrad errichten zu dürfen. Er werde den Bleichern „zu reinigung und bleichung weisser baumwollener und Leinwand Waare" keinen Abbruch tun. Er wollte also keine gebleichte Ware bearbeiten. Vielmehr wolle er mittels dieser Maschine „seine durchs Färben im Grapp verunreinigte Schecken Waren mit leichterer Mühe und Kosten wieder reinigen lassen". Die Inhaber der unteren Bleiche pochten nun wieder auf Paragraph 7 des Bleichkaufvertrages. Die Deputierten waren aber nicht mehr geneigt, das Monopol der Bleicher aufrechtzuerhalten. Mittels einer einfachen, leichten Pantschmaschine könne man nichts weiter „als mit mehr und besserer Fertigkeit unter Erspahrung vieler Kosten die auf dem Feld liegende und unrein gewordene Ware" reinigen.

Schöppler mußte sich aber verpflichten, dem Rate einen Riß des geplanten Pantschwerkes zu übergeben, mit Aufführung aller Maße, „besonders der Länge des Stockes, und wie viel Löcher derselbe haben, auch wie weit und tief dieser sey, und zu ewigen Zeiten ohne vermehr- und vergrösserung ohnveränderlich bleiben solle". Er mußte die Maschine und das Pflatschrad an der festgelegten Stelle bauen und den Kanal in seinem dermaligen Rinnsal lassen. Bei Floßdurchfahrt und Eisgang werde er das Rad hochziehen.[14]

In den nächsten Jahren erhielten dann mehrere Fabrikanten „zum Fortgang der alhiesigen Ziz- und Kattunfabriken" die Erlaubnis, Pantschmaschinen errichten zu dürfen. So erlaubte man 1786 dem Georg Friedrich Zackelmaier nach Erwerb einer Papiermühle und der dazu gehörenden Radgerechtigkeit, eine Rolle und ein Pantschwerk zu errichten.[15]

---

[13] 1776, 7. Dezember und 1781, August. Kattunfabrikanten 1707-1787.
[14] 1784, 15. und 21. Juli. Protokolle 1781-86. Einige Jahre später bat Schöppler dann noch, „ein Gebäude zu Appretur seiner Kattunwaren auf seiner Bleiche an seine Pantschmaschine errichten" zu dürfen. 1792, 3. August. Protokolle 1792-94.
[15] Zackelmaier versprach, den Wasserbau im jetzigen Stand zu erhalten, die Radrinnen oder Kröpfe nicht zu erweitern, das „überfallende Wasserbett" und den Nebenkanal bei der unteren Bleiche mit den Anliegern gemeinschaftlich zu unterhalten, vor Abbruch des Wasserbaues den „Abstich" zu Protokoll bringen zu lassen. 1786, 28. Januar, Protokolle 1781-86.

1787 gestattete man dem Cottonfabrikanten Karl Wohnlich bei der „Grätzmühle vor Jacober Thor, am Fichtelbach" eine Pantschmaschine zu bauen. Beide Fabrikanten mußten sich verpflichten, gewisse Bestimmungen zur Regulierung und Instandhaltung des Flußbettes einzuhalten.[16] Um diese Zeit waren, wie die Deputierten bemerkten, „der grösste theil der hiesigen Herren Cottunfabrikanten ... mit Pantschmaschinen versehen.[17]

Es mögen noch andere Maschinen in den Werkstätten der Cottonfabrikanten gestanden haben. Als z.B. die Modelschneider 1778 einen Kistler beschuldigten, in der Fabrik der Gleichin „Mittels Modelschneiden und Streifmachen" in ihr Gewerbe einzugreifen, erwiderte er, „er mache Maschinen bey der Frau Gleichin und schneide keine Model". Leider sagte er nicht, welche Art von Maschinen er anfertigte.[18]

J.H. Schüle bediente sich im Jahre 1796 einer Maschine zum Blaudruck. Schüle war empört, daß ein Kupferdrucker, der anscheinend auch eine „Maschine" hatte, eine seiner Druckerinnen bestechen wollte, ihm zu zeigen, inwiefern Schüles Maschine sich von seiner unterschied.

Rechen

Die Drucker benötigten die Hencken oder Rechen zum Trocknen der gedruckten und gefärbten Tuche. So hatten Neuhofer und wohl auch andere Drucker schon um 1700 Re-

---

[16] Im Falle Wohnlichs waren die technischen Bestimmungen genau:
1) er sollte „das Geschlacht und wasserbett auf der Seite der neu anlegenden Pantschmaschine von 390 Sch lang nebst dem erforderlichen Wasserbett, den Docken und Fallen des Baches" auf eigene Kosten herstellen. Wegen der künftigen Unterhaltung sollte er sich mit den anstoßenden Grätzmühlebesitzern verhalten.
2) er sollte die „Führung des ... Lauterlechlens in gerader Linie 445 Sch in der Länge" auf eigene Kosten herstellen und unterhalten.
3) für den Platz, auf dem das neue Walkhaus oder die Pantschmaschine gebaut werden soll, 46' lang und 30' breit, ..., hat er „nach bisheriger observanz" à 6 kr, insgesamt 69 fl dem Bauamt zu zahlen.
4) soll er den Radzins von jährlich 1 fl zahlen (1787, 6. September. Kattunfabrikanten 1707-1787).
[17] 1787, 20. August. Aber noch im Jahre 1797 protestierte der Besitzer der Oberen Bleiche, als die Cottonfabrikantin Josepha Debler, die bereits eine Pantschmaschine hatte, eine zweite „Pantsch und Roll" auf ihrem neu erkauften Gut, der ehemaligen Gloggerischen Papiermühle, errichten wollte. (1797, 5. Dezember).
[18] Die Cottonfabrikanten konnten aber leicht in Schwierigkeiten kommen, wenn sie sich bei der Anlegung von Maschinen nicht an die Handwerksordnungen hielten. So kam es 1797 zu einem Zusammenstoß zwischen der Cottonfabrikantin Josepha Debler und dem Handwerk der Zimmerleute. Da im Jahre 1797 monatelang Wassermangel herrschte, der auch die Arbeit in der Fabrik beeinträchtigte, versuchten die Debler und ihr Beistand Lang, der zugleich Direktor des Fabrikgeschäftes war, dem Notstand durch Bau von Maschinen abzuhelfen. Er ließ aus Tirol drei „Maschinisten" kommen, die dann anscheinend irgendwelche Einrichtungen in der Deblerischen Fabrik bauen sollten. Da die drei Gesellen aber nicht unter der Aufsicht eines Meisters arbeiteten, wurden die Werkzeuge der drei am 29. August 1797 beschlagnahmt. Das Handwerksgericht bezweifelte, daß die drei Gesellen überhaupt „Maschinisten" waren, die Maschinen bauten. Was für Maschinisten die drei auch gewesen sein mögen, die Zimmerleute duldeten es nicht, daß Leute in Augsburg arbeiteten, die nicht den Handwerksbestimmungen unterstanden. (1797, 4. September und 12. Oktober.) Es war also für die Cottonfabrikanten nicht so leicht, neue Geräte und Maschinen einzuführen.

chen. Aber das Recht, sie bauen zu dürfen, wurde ihnen von den Färbern um 1703 energisch bestritten. Die Färber verlangten in diesem Jahre, daß dem Andreas Jungert verboten werden solle, einen Rechen zu errichten. Spätestens die Bauordnung von 1740 hat den Druckern dann „privative" gestattet, Rechen und Häncken zu bauen. Als Schüle 1758 das Druckerzeichen erhielt, bat er einen „Druckers Rechen" bauen zu dürfen, weil ja auch alle anderen Cottondrucker einen solchen Rechen hätten. Er durfte dann auch einen Rechen „auf seinem vor dem rothen Tore, nächst dem Bach gelegenen Bleichgut und dem daselbsten sich befindenden Rollgebäude" errichten.[19]

Rechen gab es auch in der Stadt selbst. Anton Christoph Gignoux wollte 1759 einen Rechen in einem am Mittleren Lech gekauften Hause „zum besseren Nutzen seiner Fabrique" bauen. Als Georg Abraham Neuhofer 1761 am Vorderen Lech hinter den PP Dominikanern sein Haus neu baute, wollte er auch einen Rechen errichten, und zwar nicht einen hölzernen, sondern eine aus Mauern gebaute Häncke. Er erhielt die Erlaubnis, doch durfte er den Rechen gemäß der Bauordnung „gegen Reichsstrasse heraus in den Tag nicht weiter als von zwei Barchet Tuch Breiten oder respective 3 oder 4 Schuh anrichten". Er mußte ihn auch auf beiden Seiten mit einem sogenannten Schirm oder Flügel versehen, damit die ausgehängten Tuche die Nachbarn nicht belästigten oder „gegen Sie überschlagen mögen".[20]

Obwohl es eigentlich nicht erlaubt war, sollen um diese Zeit auch mehrere Kaufleute, wie Bayersdorf, Heinzelmann, Wagenseil, Gebhard und Greif, sowohl in wie außerhalb der Stadt „Cottondruckers Rechen und Häncken" gehabt haben.[21] Einer dieser Handelsleute, Bayersdorf, hat ja dann im März 1769 ein Druckerzeichen gekauft. Bayersdorf bat 1769, auf seiner außerhalb des Schwibbogens liegenden Bleiche einen Rechen aus Mauerwerk bauen zu dürfen. Er sollte 60 Schuh lang und 16 Schuh breit sein. Rechen aus Holz seien wegen ihrer Höhe und freien Lage von allen Seiten dem Wetter ausgesetzt und von Fäulnis bedroht. Der Rat erlaubte ihm dann auch, sein Farbhaus mit vier Mauern zu umfassen und eine Stube zum Trocknen drei Stock hoch aus Mauerwerk außerhalb der Stadt zu bauen. Man überließ ihm hierfür einen Platz auf der an seine Bleiche anstoßenden Viehweide in einer Länge von 63 Schuh und einer Breite von 26 Schuh.[22]

Rollen und Mangen

Viel Streit gab es wegen der Rollen der Cottondrucker. Die Rollen wurden für den letzten Arbeitsgang benötigt, um die von den Scheggenbleichen gebrachten, gedruckten und getrockneten Waren „zum zusammen legen und einpacken geschickhter und glatter" zu

---

[19] 1759, 19. November.
[20] 1761, 11. Juni. Auch Georg Christoph Deschler durfte 1762 einen Rechen an der Reichsstraße bauen, doch nicht weiter als „drei Schuh sechs Zoll in den Tag hinein".
[21] Cottondrucker 1650-1760.
[22] 1769, 17. Oktober. Gesuche, Rechen bauen zu dürfen, kamen dann auch in den folgenden Jahren. 1771 bat der Cottonfabrikant Georg Friedrich Zackelmaier, auf seiner außerhalb des Jakober Tores gelegenen Bleiche eine „Truckners Stuben von Holzwerk" anlegen zu dürfen. Er legte auch gleich einen Grundriß dieses „Truckner Rechen oder Stuben" bei. Die Deputierten verlangten, daß er gemäß dem Grundriß 21 Schuh lang und 21 Schuh breit sein müsse. Und er dürfe auf keinen Fall gemäß dem Dekret vom 24. Juli 1770 als Warenlager, Packgewölbe oder Fabrique-Gebäude verwendet werden.

machen. Die Cottondrucker sollten gemäß der in Augsburg bestehenden Arbeitsteilung ihre Waren zum Rollen den Mangmeistern und Färbern übergeben.[23] Im Jahre 1697 scheinen in den drei Stadtmangen und vielleicht auch in den Nebenmangen der Färber große Rollen gestanden zu haben.

Die Stadtmangmeister und Färber hatten an sich nichts dagegen, daß die Cottondrukker Handrollen für ihre Waren verwendeten. Aber die Cottondrucker zogen es generell vor, ihre Cottone selbst zu rollen. Sie müßten sich nach den Wünschen ihrer Auftraggeber richten, „wie dann heute dieses und morgen ein anderes als die neuste und beste Mode angesehen wird". Es sei nicht immer nötig, alle Tuche in die Stadtmangen zu bringen, „massen nicht alle zeit dergleichen hart und glänzend gemangte oder gerollte waar verlangt wird". Wenn z.B. die Bomasine zu hart gemangt oder gerollt würden, sähen sie „leinen" aus. Auch die Qualität würde leiden, „weil die wullene und leinene fäden allzusehr verquetscht und auseinander gedruckt werden".[24]

Manche Cottondrucker wie Jeremias Neuhofer gingen noch weiter und stellten selber große Rollen auf. Aber jetzt protestierten die Mangmeister. Neuhofer mußte seine Rolle wieder herunternehmen. Johann Reinweiler bat 1718 um Erlaubnis, eine Rolle aufstellen zu dürfen, wurde aber abgewiesen.

Den Cottondruckern erschien es wohl widersinnig, daß sie die gedruckten und gebleichten Cottone nicht auch glätten dürften. Jedenfalls nahmen sie das Verbot nicht mehr hin. Sie stellten einfach Rollen auf. So kam es zu ständigem Streit.

Im Jahre 1724 hat der Cottondrucker Gignoux, der immer wieder nach neuen Arbeitsverfahren suchte, auf seiner Bleiche eine hölzerne Rolle „an seinem werckh anhencken" lassen. Und zwar war es eine „scharpfe und denen Truckern garnicht zustehende Rolle, als worauf auch Barchet, Schnurtuch und andere geschaumässige War gefertigt werden" konnte. Die Rolle wurde von einem Pferde betrieben. Auf den Protest der Färber und Mangmeister hin mußte er aber die Rolle wieder herunternehmen. Aber spätestens um 1729 hatte Gignoux wieder eine Rolle. Seine Begründung war einfach: alle Cottondrukker hätten „eigentümliche Rollen". Er bestritt auch die Behauptung der Färber, daß es eine „scharfe Rolle" sei, auf der er „geschaumässige Ware" bearbeitete.

Im Jahre 1734 ging er noch weiter: er ließ auf seiner Bleiche eine „messene" Rolle, also eine Rolle aus Messing, anbringen, die auch von einem Pferd gezogen wurde. Er sagte, er habe diese Rolle auf „beständigen antrieb" der Kaufleute errichtet, „um den gedruckten waaren nach dem Holländischen fuss einen höheren glantz zu geben". Es habe ihn viel Geld gekostet, diese Messingrolle auf seiner Bleiche zu errichten, wo sowieso die gedruckten Waren getrocknet würden und wo er die Arbeiter „bey handen habe".

Einer der Cottondrucker, der auch Färber war, verlangte nun, daß diese Rolle beseitigt würde – „aus einem pur lauteren Nahrungs Neid", wie Gignoux meinte. Da Gignoux sich weigerte, vor den Färbern zu erscheinen, wurde die Messingrolle am nächsten Tage ohne Wissen Gignoux' von einem Amtsdiener und zwei Färbern heruntergenommen. Gignoux

---

[23] Nach Artikel 4 der Färberordnung durfte zwar jeder Färber auf seinem Grund und Boden mit Erlaubnis des Grundherren und des Rates ein Manghaus errichten. Dieser Artikel war jedoch am 5. August 1683 aufgehoben worden. Im 18. Jahrhundert hatten nur sechs Färber ihre eigenen Nebenmangen, auf denen sie auch nur solche Tuche mangen durften, die sie selbst gefärbt hatten. Alle übrigen Tuche mußten in den drei gemeinen Mangen, wie die Stadtmangen auch genannt wurden, gemangt werden.

[24] 1725, 9. Januar. Protokolle 1724-1737.

protestiere beim Rate: er habe, wie auch andere Cottondrucker, schon 15 Jahre lang eine hölzerne Rolle benützt. Es gäbe keinen „vernunftmässigen" Grund, weshalb man nicht eine Messingrolle haben dürfe, wenn man schon eine hölzerne hat. Seine Messingrolle habe den Absatz von Cottonen und Bomasin erhöht und nütze also dem Gewerbe und commercium. Die anderen Cottondrucker könnten ja auch solche Rollen aufstellen. Wenn man ihm die Rolle nehme, könne er nicht mehr die feinen, auf holländische Art gedruckten Cottonwaren liefern.

Mehrere Cottondrucker verwandten sich für Gignoux, aber die Deputierten wollten von der Messingrolle nichts wissen. Gignoux könne nicht behaupten, daß er seit 15 Jahren eine Rolle geführt habe, da seine hölzerne Rolle vor 10 Jahren heruntergenommen worden sei.

Weshalb waren die Deputierten gegen die Messingrolle, weshalb sperrten sie sich gegen neue Methoden und Arbeitsvorgänge, anstatt sie zu begrüßen? Weil sie die bisherige Arbeitsaufteilung über den Haufen warfen. Die Cottondrucker maßten sich Arbeiten an, die bisher von anderen Gewerben ausgeführt worden waren. Die rationelle Organisation verschiedener Arbeitsgänge in ein und derselben Werkstatt wurde von den Deputierten nicht akzeptiert, weil sie der traditionellen Aufteilung der Arbeitsgänge auf die selbständigen Gewerbe widersprach. Vielleicht dachten die Deputierten, die Cottondrucker seien nur von Gewinnsucht und Habsucht bewegt. Sie sahen nicht, daß die Cottondrucker sich auf eine neue Produktionsform zubewegten, wenn sie verschiedene Arbeitsvorgänge unter einem Dache vereinigten. So erklärten die Deputierten, man könne auf dieser Messingrolle nicht bloß Cottone und Bomasine, sondern auch gebleichte Schnurtuche, gallierte Waren und verschiedene „dem Ungeld unterworfene" weiße und gefärbte Leinwandsorten, wie die „Ulmer Leinwathen, 14er, 16er, 18er, und 20er" glätten und appretieren, von den verbotenen fremden Waren ganz zu schweigen. Alle diese Waren gehörten jedoch in die Mangen. Die Cottondrucker irrten sich, wenn sie meinten, daß jeder führen könne, was er erfunden hat. Dieses Prinzip könne vielleicht außerhalb des Römischen Reiches gelten, wo es keine Handwerksordnungen gibt und wo jeder tun kann, was er will. In Augsburg sei dagegen in den Handwerksartikeln niedergelegt, daß keine Profession die andere beeinträchtigen dürfe.

Die Deputierten waren nicht gegen den Gebrauch der Messingrollen an sich. Um den Wert der von dem Gignoux „so sehr aufgemutzten neuen erfindung und zurichtung der waar" zu prüfen, solle man ein Stück Bomasin und ein Stück Cotton auf einer hölzernen und auf der Messingrolle des Gignoux rollen und zurichten. Wenn sich die Messingrolle wirklich als besser erwies, solle man den Stadtmangmeistern und den Färbern, die Mangen führten, befehlen, sich Messingrollen anzuschaffen. Gignoux solle sie aber nicht führen dürfen.[25]

Wenig später beanstandeten die Deputierten, daß der Cottondrucker Johann Ulrich Reinweiler seine „gallirte Waar" nicht auf die Mange brachte. Mit Nachdruck empfahlen sie dem Rate, den Druckern keine Messingrollen oder Rollen, die von Wasser oder einem Pferd getrieben wurden, zu gestatten. Andere Cottondrucker würden dem üblen Beispiel des Gignoux folgen, wenn der Rat nicht bald einschreite. Aber Gignoux hat auch weiterhin mit seiner Messingrolle gearbeitet. Auch der Cottondrucker Apfel hat daraufhin ein eigenes „Rollwerk" errichtet. Ein dritter Cottondrucker, Neuhofer, plante die Errichtung

---

[25] 1725, 14. Mai.

einer Rolle. Die Färber verlangten deshalb 1737 noch einmal, daß diese ohne obrigkeitliche Erlaubnis errichteten Rollwerke „gänzlich" abgeschafft und ihnen, den Färbern, übergeben werden sollten. Der Rat hat aber nichts unternommen. Der Streit zog sich deshalb jahrelang hin.[26]

Am 31. Oktober 1747 entschied der Rat, daß die Cottondrucker „wegen ihrer aufgewandten vielen Kosten, erfundenen neuen inventionen" und „zu besserer animierung des der Stadt nützlichen Fabrique negotium" ihre eigenen gedruckten Waren auf den von ihnen erfundenen Messingrollen oder solchen besonderen Rollen, die von Wasser oder von einem Pferd getrieben wurden", nach der Holländischen Manier appretieren dürften. Sie durften aber auf ihren Rollen keine weißen Waren bearbeiteten, die ja in die Stadtmangen gehörten.

Die Rolle mit „messingenen Waltzen" war anscheinend eine recht wichtige Erfindung. Die Rolle selbst wurde von den Zimmerleuten, die Walze von den Glockengießern angefertigt. Auf der Rolle konnten „alle weissen Weberwaren, gebleichte Schnurtuche, gallirte Waaren und gefärbte Leinwath" gemangt werden.

Auch außerhalb Augsburgs wußte man diese Rollen zu schätzen. Bereits 1740 hatten die württembergischen Behörden eine Rolle von einem Augsburger Zimmermann machen lassen, die dann zur Appretur der Leinwand in Urach verwandt wurde. Als aber zwei Heidenheimer Kaufleute im Jahre 1758 eine Rolle und zwei Messingwalzen in Augsburg anfertigen ließen, forderten die Deputierten den Rat auf, diese Rolle unter keinen Umständen aus der Stadt zu lassen. Es handele sich bei den Rollen um „Arcana unserer Fabriquen". Man müsse „patriotische Mittel" ergreifen, um die hiesigen Druckereien vor der Errichtung einer Fabrik in Heidenheim zu schützen.[27] Der Rat hat dann auch 1758 die „Hinausarbeitung einer Rolle, Presse und Spendel" nach Heidenheim verboten.[28]

In den Jahren 1761 und 1764 wollten auch der Cottondrucker Jacob Wagenseil in Kaufbeuren und die Schelhorn in Memmingen Messingwalzen in Augsburg bestellen. Elf Cottondrucker, denen man diese Bitte vorlegte, empfahlen das Ausfuhrverbot von 1758 „kräftigst zu mantenieren". Die beiden wurden daraufhin abgewiesen.[29]

Auch in Augsburg selbst durfte nicht jeder, etwa Kaufleute, solche Rollen erwerben.[30] So beschlagnahmten die Deputierten auch 1761 eine Rolle mit zwei Messingwalzen, die Johannes Wagenseil unter dem „fingierten Nahmen des Cottondruckers Abraham Lobek" in seinem Hause in der Zwerchgasse aufgestellt hatte.[31]

In der zweiten Hälfte des 18. Jahrhunderts scheinen die Cottondrucker im allgemeinen „zu appretierung eigener gedruckter und Fabrizierter Waare" ihre Rollen gehabt zu haben. Über das Recht der Cottondrucker, Rollen zu verwenden, wurde nicht mehr gestritten. Die Färber und Mangmeister sagten selber, daß die Cottondrucker Baumwolltuche,

---

[26] 1737, 7. September. Kattunfabrikanten 1707-1787.
[27] 1758, 26. Oktober. Kattunfabrikanten 1707-1787.
[28] So 1766, 29. August. Protokolle 1756-1767.
[29] 1764, 14. und 17. Dezember. Protokolle 1758-64.
[30] Als J.H. Schüle im Jahre 1755, also bevor er die Druckergerechtigkeit bekommen hatte, eine Messingwalze in seinem Hause errichten wollte, protestierten sämtliche Färber und Cottondrukker. Die Deputierten sagten, Schüles Messingrolle sei ein „Werckh pessimi exempli" und befahlen ihm, sie wegzutun. 1755, 10. und 17. November und 1. Dezember.
[31] 1762, 2. Januar. Protokolle 1758-1764.

die sie selbst druckten, auf ihren Rollen appretieren dürften.[32] Aber es wurde auch immer wieder betont, daß die Cottondrucker auf den Messingrollen nur ihre eigenen gedruckten Waren appretieren sollten. Sie durften keine gebleichte Leinwand bearbeiten, die ja in die Mangen kommen sollte. Nicolai sah 1781 in der Schüleschen Fabrik auch die von Wasser betriebene Mange: sie bestand aus „zwei stählernen Walzen, die auf einem hiesigen Eisenhammer geschmiedet sind, zwischen welchen eine hölzerne Walze ist". Nicolai erwähnt aber auch noch eine weitere „Mange oder Rolle, in welcher drei hölzerne Walzen über einander gingen", die mit Hilfe eines Pferdes betrieben wurde. Die Fabrikanten mögen also tatsächlich ein besseres Mangverfahren entwickelt haben. So kam es zu neuem Streit.

1776 klagten die Mangmeister, daß vor allem drei Fabrikanten, Jeremias Adam, Mathäus Schüle und Kaufmann, ihre weißen Tuche nicht in die Mangen schickten, sondern auf ihren Rollen selbst bearbeiteten. Adam wies die Beschuldigungen zurück: er habe nie selbst gemangt. Aber er fügte hinzu, daß ihn die drei Mangmeister zu lange warten ließen, bis er seine Tuche zurückbekomme. Auch Kaufmann hatte nie selbst gemangt. Anders war es bei Mathäus Schüle. Er ließ in seinem Hause mangen, weil die Preise der Mangmeister von 1 1/2 kr auf 5 bis 6 kr gestiegen seien und weil die Mangmeister seine Ware so schlecht gemangt hätten, daß sie noch einmal gerollt werden mußte. Die Mangmeister rechtfertigten daraufhin den höheren Preis damit, daß sie jetzt nicht mehr grobe Ware erhielten, die nur zweimal durch die Mange gehen mußte, sondern feinste Ware, die drei- bis viermal gemangt werden müsse.

Der Rat entschied, daß es bei dem Entscheid von 1747 bleiben solle. Die Cottondrukker durften nur ihre eigenen, gedruckten Waren auf ihren Rollen zurichten. Weiße Ware durften sie nicht mangen. Wer keine Rolle hatte, mußte auch die gedruckten Waren von den Mangmeistern mangen lassen. Andererseits sollten die Mangmeister nicht mehr als 1 1/2 kr verlangen. Damit war für mehrere Jahre Ruhe.[33]

Um 1790 merkten die Mangmeister aber, daß sie von den Fabrikanten Wohnlich und J.H. Schüle nichts zu mangen erhielten. Wohnlich erklärte auf ihre Beschwerde, daß er alles, was auf die Mange gehöre, in die Mange schicke. Zur Zeit arbeite er aber mit dem Kupferdruck, für den er keine Mange brauche.

J.H. Schüle ließ sich auf keine Diskussion ein und wies die Vorstellungen der Mangmeister mit „verächtlichster Behandlung" und „niedrigster Beschimpfung" zurück. Die Mangmeister schlugen nun eine technische Änderung vor, um das Mangen weißer Cottone durch die Fabrikanten ein für alle Male zu beenden. Und zwar wollten sie die Haspel, „welche ohnehin kein Zugehör einer Fabrikantenrolle und dieselben zu dessen Führung nicht berechtigt seyen", an den Rollen wegnehmen lassen. Der Fabrikant könne seine gefärbten Waren sehr wohl ohne die Haspel auf der Rolle „mit aller vollkommenheit appretieren". Die weiße Ware könne dagegen ohne die Haspel nicht ordentlich auf die Rolle gebracht und schön gemangt werden. Wenn man also den Fabrikanten die Haspel nähme, wäre man sicher, daß sie die weiße Ware nicht durch ihre Rollen laufen lassen, sondern sie den Mangmeistern schicken würden.[34]

---

[32] 1790, 8. Februar.
[33] 1776, 20. Mai.
[34] 1791, 1. April.

Die Deputierten waren ganz für diese schlaue Idee, aber der Rat wollte erst noch einmal die Meinung der Fabrikanten hören. Wohnlich warf nun den Mangmeistern vor, daß sie seine Waren nachlässig behandelten und besudelten. Er müsse sie deshalb noch einmal auswaschen und auf seiner eigenen Rolle mangen. Die Mangmeister sollten reinlicher arbeiten und die Waren in bedeckten, sauberen Karren abholen und zurückbringen, nicht in offenen, verschmutzten Karren bei Regen und Schnee.

J.H. Schüle brachte sehr viel schwerwiegendere Gründe vor. Das Dekret von 1747 sei in seiner Zeit passend gewesen, als man vorwiegend Leinwand, Bomasin und dergleichen grobe Tuche fabriziert habe. Im Laufe eines halben Jahrhunderts hätten sich aber die Umstände geändert. Der Luxus und die Mode hätten zu einer Revolution in der „Zitz Fabrication" geführt. Bombasin-Calanca gingen jetzt nicht mehr ab. Jetzt verlange man Waren, die mehr Raffinesse, mehr Arbeit und Fleiß erforderten. Für die Bearbeitung dieser feineren ostindischen und anderen Tuche genügte die gewöhnliche Rolle und Mange nicht mehr, da man einen schnurgeraden und ebenen Faden in den Stücken brauche. Nach vielen Experimenten hätte er sich deshalb entschlossen, unter großen Kosten eine englische Zylindermaschine anzuschaffen.

Der Magistrat könne ja Sachverständige in Holland und Belgien zu Rate ziehen. Es sei aber unnötig, weil ihm das Privileg des Kaisers sowohl die Proprietät seiner Erfindungen wie auch den Betrieb alles dessen zusichere, was sein Fabriquewesen fördere.

Die Mangmeister erwiderten, Schüle habe schon vor zehn Jahren dieselben Arbeiten wie jetzt hergestellt und er fertige auch nicht feinere Ware an als die anderen Fabrikanten. Wieder drängten sie darauf, ihm die Haspel und Welle zu nehmen, ohne die man weiße Tuche nicht appretieren könne.

Schüle appellierte daraufhin im Juli 1792 an den Kaiser, wie er ja so oft getan hatte. Der Rat lehnte aber die Appellation ab und befahl ihm statt dessen, ein auf seiner Maschine gerolltes Stück vorzulegen. Schüle erläuterte, weshalb die Mangmeister die Cottone auf den Mangen nicht so herrichten konnten, wie er es auf seiner Zylindermaschine tat. Die Fäden in den Cottonen würden auf den Mangen aus ihrer geraden Linie in eine krumme Linie verzerrt. Die Farbe könne dann nicht mit demselben Effect appliziert werden wie auf den auf seiner Maschine zubereiteten Cottonen.

Als die Deputierten Beweise verlangten, legte Schüles Vertreter zwei Seidencottone vor, die hier gemangt worden waren. Die Fäden zeigten eine Sichelkrümme, und obendrein hatten die Cottone Runzeln und Falten. Sie seien daher für die Anwendung der Farben unbrauchbar.

Die Beisitzer konnten dagegen nach Prüfung der Stücke keine Verzerrung oder Verkrümmung der Fäden feststellen. Die Ungleichheit der Fäden rühre von dem Aufziehen der Cottone auf den Bleichen her. Man könne ja an den beiden Enden die sogenannten Bleichzipfel noch erkennen.

Die Deputierten befanden, daß Schüles sogenannte Zylindermaschine nichts weiter als eine Rolle sei, die die anderen Fabrikanten auch besäßen. Mit Hilfe dieser Rolle würden die Cottone besser geglättet als auf der Mange, die auch zur Glättung der Leinwand und anderer Manufacturwaren verwendet werde, die gröber als die Cottone seien. Denn die Walzen der Rolle gingen weit dichter auf einander als das Druckwerk einer Mange. Dennoch sei es gut, die Cottone erst zu mangen und zum Rollen vorzubereiten, bevor sie gerollt wurden. Der Fabrikant brauche sie dann nicht so oft durch die Rolle laufen zu lassen, um die nötige Glättung zu erhalten. Denn bevor die Stücke gemangt werden, muß man sie über den sogenannten Haspel oder die Welle ziehen, um sie von allen Runzeln und Falten zu reinigen. Danach erst würden sie gemangt. Diese Arbeit sei also dem Fabrikanten erspart, wenn er die Stücke erst mangen lasse. Die Tuche bräuchten dann nur einmal und nicht zweimal oder dreimal gerollt werden.

Der Rat solle also die Rechte der Mangmeister wahren, wenn nötig durch Wegnahme der Haspel an der Zylindermaschine.

Der Rat hütete sich aber, so drastisch gegen den berühmten Fabrikherren vorzugehen. Statt dessen ließ er noch einmal zwei Stücke zur Probe mangen. Zwei Beisitzer, die dem Mangen in der Widemann'schen und der Greinerischen Mange beiwohnten, konnten weder eine Verzerrung der Fäden noch Runzeln feststellen. An beiden Enden sei zwar eine gewisse Ungleichheit, weil die Stücke durch das starke Anspannen auf der Bleiche notwendig verzogen werden müßten. Daraus entstünden die sogenannten Bleichzipfel.

Schüle erklärte dagegen die beiden Stücke als untauglich für seine Fabrikation und berief sich noch einmal auf das kaiserliche Privileg. Die Deputierten scheinen im März 1794 dennoch einen Entscheid zugunsten der Mangmeister erlassen zu haben. Sämtliche Fabrikanten appellierten daraufhin an den Rat.

Der Streit zwischen Schüle und den Mangmeistern hatte sich mittlerweile von 1791 bis 1795 hingezogen. Wir wissen nicht, wie die Sache schließlich ausging. Haben die Deputierten wirklich die Haspel aus der Schüleschen Zylindermaschine entfernt? Man kann es sich nicht denken.[35]

Die Arbeitseinteilung, die man im 16. Jahrhundert auf Grund der damaligen Technik eingeführt hatte, ließ sich eben um 1800, am Vorabend der Industrialisierung, nicht mehr aufrechterhalten.

Welche Tuchsorten wurden bedruckt?

Die Kaufleute sagten Mitte des 18. Jahrhunderts, der erste Augsburger Drucker, Jeremias Neuhofer, habe zuerst Leinwand, dann Barchent gedruckt. Der alte Apfel habe anfangs nur Leinwand gedruckt, bis sich nach und nach mehr Drucker einfanden, die außer der Leinwand auch Bomasin und Cotton druckten. Das Drucken der Leinwand sei bis zum gegenwärtigen Zeitpunkt fortgesetzt worden. Lobeck, Reinweiler und andere Drucker hätten seit 50 Jahren jedes Jahr neben den Bomasinen Leinwand gedruckt und zwar „Papte, damasierte, miniatur, gold- und silber- und Kirchenleinwath, so jetzo geschilderte Lufftfarben genannt werden".

Da die Kaufleute die Ausfuhr der gedruckten Leinwand durchsetzen wollten, betonten sie, daß man schon so lange Leinwand bedruckt hatte. In Wirklichkeit hat Jeremias Neuhofer von Anfang an Barchent, Bomasin und Leinwand gedruckt. Im Jahre 1694 ist ja auch die Rede von den „jetztmahligen Bombasin, Leinwath und Lederdruckern", die nicht genügend Formschneider bekommen konnten. Barchent, Bomasin und Leinwand waren also die Stoffe, die um 1690 bedruckt wurden.

Die Initiative der Cottonfabrikanten spielte natürlich eine große Rolle. 1740 etwa sagten die Cottonfabrikanten, daß sie es gewesen seien, die die 6/4 breiten Bomasine ein-

---

[35] 1791, 18. Februar, 6. April, 24. Mai. 1792, 28. Juli. 1793, 1. Juli, 27. August, 27. Oktober, 27. November. 1794, 10. und 26. März. 1795, 19. Februar.

geführt und „den webern an die Hand gegeben" hätten. Georg Abraham Neuhofer wies auf die Rolle hin, die er dabei gespielt hatte. Als um 1726 die österreichischen Länder für Augsburger Tuche gesperrt worden seien, und „unter der Weberschafft ein großer Nahrungs Mangel erstanden" sei, habe er die Produktion extra feiner 6/4 Bomasine und feiner 7/4 Cottone angeregt. Obwohl er erst der einzige Abnehmer gewesen sei, seien nach zwei Jahren Bestellungen aus immer neuen „Ländern und Städten" gekommen, auch aus Orten, wo die Augsburger Ware früher keinen Absatz gehabt hatte. Neuhofers eigener Umsatz stieg 1734 auf 28 000 fl, 1735 sogar auf 36 000 fl. Manchen Winter sollen an die 12 000 Stücke bedruckt worden sein. Vor allem die sogenannte „ordon. Silberfarb Wahr" war beliebt. Die Konjunktur mit den Bomasinen soll aber zusammengebrochen sein, als die Kaufleute den Lohn der Drucker so niedrig hielten, daß diese ihren Gewinn „in abrechnung des Farbzeugs suchen" mußten. Die Waren hatten schließlich „wegen aussgefallner schlechter fasson" keinen Absatz mehr.

In den folgenden Jahrzehnten wurde sicherlich die ganze Skala der von den Webern angefertigten Stoffe bedruckt. Im Jahre 1768 erklärten z.B. die Kaufleute, daß ihnen das Druckerehepaar Deschler Cotton, Bomasin, Brabanderle und Leinwand „sowohl gut als falschfarbig" gedruckt hatte. Auch Flanelle[36] und „Mouseline" wurden in Augsburg bedruckt. Probleme ergaben sich, weil die gedruckten Mouseline von den Cottonen auf den Bleichen nur schwer zu unterscheiden waren.

Unter den von der Firma Mathäus Schüle in den Jahren 1780 bis 1784 eingekauften Augsburger Cottonen dominierten eindeutig die 1/3 Cottone: Ihre Zahl war in fast allen Jahren doppelt so groß wie die der 1/1 Cottone.

Die von Mathäus Schüle & Co. gekauften Cottone (1780-1784)

	Augsburger 1/1 Cotton	Augsburger 1/3 Cotton	sächsische Cottone	ostindische eigene	Commissionsware
1780	4468	4817	1270	1140	493
1781	1245	6137	410	2397	1128
1782	3781	6800			1228 1/2
1783	4775	9614	536		2087
1784	6714	14 202	1906		4883

Bei Schöppler und Hartmann waren im Zeitabschnitt vom 1. Oktober 1785 bis 30. September 1786 63% der gedruckten Cottone 7/4 Drittel. Der Rest verteilte sich auf 7/4 ganze und 6/4 breite.[37] Wie Mathäus Schüle und Co hat auch Schöppler und Hartmann überwiegend Drittel-Cottone bedruckt.

	7/4 ganze	7/4 Drittel	6/4 Cottone	insgesamt
Augsburger Ware	1517	8394	3302	13 213
Auswärtige Ware	1745	4785	1053	7583
	3262	13 179	4355	20 796 Stücke

---

[36] Handwerksgericht 1726, 3. Juli.
[37] Quelle: „Schöppler und Hartmann 1781-1824", S. 10-11.

Es scheint, daß schon Anfang des 18. Jahrhunderts nicht bloß Augsburger Tuche, sondern auch „auswärts fabrizierte Ware" bedruckt wurde. In den Jahren 1708 und 1721 mußte den Cottondruckern ausdrücklich verboten werden, auswärtige Tuche zu bearbeiten. Als dennoch Bomasine, Cottone und Schnupftücher nach Augsburg kamen, wurde 1734 die Einfuhr auswärtiger Waren erneut verboten. Allerdings mit einer sehr wichtigen Ausnahme: Holländische Cottone, d.h. Cottone aus Indien, durften eingeführt und bedruckt werden.[38]

In den 1750er Jahren scheinen wieder größere Mengen auswärtiger Cottone nach Augsburg gebracht worden zu sein. Der Rat hielt es jedenfalls 1761 für nötig, die Einfuhr der „in und ausserhalb der Nachbarschaft fabrizierten" Cottone und Bomasine noch einmal zu verbieten.[39] Das Drucken und Färben der ostindischen Cottone war aber nach wie vor erlaubt. Als die Weber immer lauter gegen die Importe dieser ostindischen Cottone protestierten, verbot der Rat 1762 die Einfuhr „feiner, mittlerer und schlechter ostindischer und anderer fremden Waren". Nur die extra feinen ostindischen Cottone durften in Augsburg bearbeitet werden.[40]

Auf den Druck der Kaufleute und Fabrikanten hin durften dann ab 1776 wieder alle Sorten ostindischer Cottone „von wass Qualität sie seyn mögen" eingeführt werden, also nicht bloß extra feine, sondern auch mittlere und schlechtere ostindische Sorten.[41] Die Einfuhr aller anderen auswärtigen Waren blieb aber untersagt. Nach viel Streit und intensiven Beratungen hat der Rat dann 1785 die Einfuhrverbote fallengelassen: seit 1785 durften nicht bloß Cottone aus Indien, sondern auch solche aus Sachsen, der Schweiz, aus Schwaben und „anderen Ländern" eingeführt und bedruckt werden.[42] 1791 wollte man zwar die schwäbische Hecken- und Staudenware wieder verbieten[43], aber dieses Verbot wurde schon 1792 wieder aufgehoben.[44] Obwohl die Weber immer heftiger gegen die Einfuhr und den Druck auswärtiger Stoffe protestierten, hatten die Fabrikanten ihre Forderung nach praktisch freier Einfuhr aller Stoffsorten durchgesetzt. Der Protest der Weber entlud sich in dem Aufstand vom 25. Februar 1794. Aber das von den Webern erzwungene Einfuhrverbot aller auswärtigen Waren wurde schon am 8. Mai 1794 vom Reichshofrat für ungültig erklärt. Abgesehen von dieser kurzen Unterbrechung durften also seit 1785 alle Sorten auswärtiger Cottone in Augsburg bearbeitet werden.

In dem Zeitraum 1778 bis 1806 sollen insgesamt 1 006 002 auswärtige Stücke in Augsburg bearbeitet worden sein. Bis 1785 wurden im Durchschnitt jährlich 21 397,5 Stücke eingeführt. Nach Freigabe der Einfuhr im Oktober 1785 haben sich die Zahlen mehr als verdoppelt. Von 1786 bis 1793 wurden im Durchschnitt jedes Jahr 51 263,5 auswärtige Stücke bedruckt. Nach dem Weberaufstand gingen die Zahlen dann wieder etwas herunter. Von 1794 bis 1806 wurden im Durchschnitt jährlich 35 039 auswärtige Stücke bearbeitet.[45]

---

[38] 1734, 3. Juli.
[39] 1761, 28. Februar.
[40] 1762, 23. Oktober.
[41] 1776, 26. November.
[42] 1785, 11. Oktober.
[43] 1791, 21. Juli.
[44] 1792, 14. August.
[45] Siehe Tabelle S. 563.

Da man im Rat die Frage der Einfuhr fremder Stoffe sorgfältig beriet, sind wird über die Beweggründe und Argumente der Weber und Fabrikanten gut informiert.[46] Viel weniger wissen wir darüber, welche auswärtigen Stoffsorten tatsächlich in Augsburg bedruckt wurden. Immerhin besitzen wir Angaben über die von neun Fabrikanten von 1785 bis 1796 eingeführten Stoffsorten: 65% dieser Stoffe stammten aus Indien. Bei einzelnen Fabrikanten wie Gignoux' Erben und J.H. Schüle machten indische Stoffe sogar 80% bzw. 85% der Einfuhr aus.

Überraschend ist, daß 22% aller Einfuhren aus Sachsen kamen. Bei Mathäus Schüle machten die sächsischen Cottone sogar 51% der eingeführten Stoffe aus. Das Ursprungsland von 10% der Einfuhren ist nicht angegeben. Die Einfuhren aus der Schweiz waren nur winzig.

Stoffe aus Indien bildeten also die Hauptmasse der importierten Stoffe. Es handelt sich um eine Vielzahl indischer Stoffe mit exotischen Namen wie Bahstas, Cahsas, Guinee, Salempours, Sanes, Couppons, Mamodis, Emertis, Sansoud, Calamangines, Morees, Hamans, Garras und so fort. Besonders beliebt waren bei den Augsburger Cottonfabrikanten drei indische Stoffarten: Bahstas, Cahsas und Guinee.[47] Bei Gignoux' Erben und bei J.H. Schüle fielen mindestens 69% bzw. 66% aller Einfuhren allein auf diese drei Stoffe.[48]

Eingeführte Waren 1785-1796

	Ostind.	Schweiz.	Sächs.	Ostind. u. verschiedene	unbekannter Herkunft	insgesamt
Gignoux	57 637,5	604,5	8293,5	2779,5	3073	72 388
	79,62%	0,83%	11,45%	3,83%	4,24%	
J.H. Schüle	90 271,5	1147,5	8055		6012	105 486
	85,57%	1,08%	7,63%		5,69%	
Wohnlich	16 440,5	804,5	6972,5	479,5	1161,5	25 858,5
	63,57%	3,11%	26,96%	1,85%	4,49%	
Math. Schüle	52 139,5	928	63 133	455,5	6759,5	123 415,5
	42,24%	0,75%	51,15%	0,36%	5,47%	

---

[46] Hierüber Clasen, Streiks und Aufstände der Augsburger Weber, 1993, S. 167-230.

[47] Bahstas (Batist) war nach Krünitz eine „sehr feine, ganz dichte und sehr weisse Leinwand, die von weissem, sehr schönem Flachse fabriciert wird." Bahstas wurde für „Binden oder Halstücher, Kopfzeug und andere dergleichen Sachen" verwendet. Auch Oberröcke, Chorhemden, Kragen, Manschetten und Krausen wurden aus Bahstas gemacht. (Krünitz, Bd. 3, S. 595-596).
Guinee war ein „weisser, baumwollener Zeug, welcher mehr fein als grob ist". Guinee stammte von der Küste von Coromandel. (Krünitz, Bd. 20, S. 315).

[48] Der tatsächliche Anteil war höher, weil in manchen Warensendungen diese drei Stoffe noch mit anderen indischen Tuchsorten vermischt waren.
Die von Gignoux' Erben und J.H. Schüle am häufigsten eingeführten indischen Stoffarten 1785-1796

	Gignoux' Erben	J.H. Schüle	
Bahstas	21 108	29 076	Stücke
	29,15%	27,56%	der Einfuhr
Cahsas	16 293	23 798,5	
	22,50%	22,56%	
Guinee	13 028	17 065,5	
	17,99%	16,17%	

					1760	1760
Müller					100%	
Schumacher	1160		26		3928	5114
	22,68%		0,5%		76,80%	
Schöppler &	28 557,5	1702	109,5	1963,5	8316	40 648,5
Hartmann	70,25%	4,18%	0,26%	4,83%	20,45%	
Debler & Co.	1268	229,5	1413		1489,5	4400
	28,81%	5,21%	32,11%		33,85%	
Xaver Debler	3336	1240,5	2013		2509,5	9099
	36,66%	13,63%	22,12%		27,57%	
Zackelmaier	10 420,5	228	845		5331	16 824,5
	61,93%	1,35%	5,02%		34,06%	
Joh. Chr. Neuhofer					31	31
					100%	
alle	261 231	6884,5	90 860,5	5678	40 371	405 025
	64,49%	1,69%	22,43%	1,40%	9,96%	

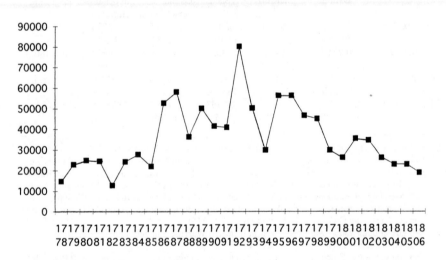

Fremde Cottone in Augsburger Cottonfabriken bearbeitet. In Stücken. 1777-1806.

Schöppler und Hartmann sollen überwiegend oder vielleicht sogar ausschließlich Kommissionsware, also um Lohn, gedruckt haben. Haben es die anderen Fabrikanten wirklich abgelehnt, um Lohn zu drucken, wie so oft behauptet wurde? Mathäus Schüle & Co. hat jedenfalls auch Kommissionswaren angenommen. Der Anteil der Kommissionsware an allen gedruckten Cottonen stieg von 4% im Jahre 1780 auf 17% im Jahre 1784. Im Durchschnitt waren 12% der Waren, die Mathäus Schüle & Co. in den Jahren 1780 bis 1784 druckte, Kommissionsware.

Mathäus Schüle & Co. Der Anteil der Kommissionsware

	eigene Ware	Kommissionsware	Prozentsatz der Kommissionsware	insgesamt
1780	11 695	493	4,04%	12 188
1781	10 189	1128	9,96%	11 317
1782	10 581	1228 1/2	10,40%	11 809,5
1783	14 925	2087	12,26%	17 012
1784	22 822	4883	17,62	27 705
insgesamt	70 212	9819,5	12,26%	80 031,5

Was kostete es, Tuche drucken und färben zu lassen? Die Preise richteten sich nach der Stoffart und der Färbung. In einer Liste aus dem 18. Jahrhundert, die die „neu erhöhten Druck- und Färberpreise" aufführt, werden zwei verschiedene Preise für die gleiche Stoffart genannt. Für einen 7/4 dunkelblauen Cotton werden erst 5 fl 30 kr, dann 4 fl 45 kr verlangt. Bezog sich der erste der Preise auf das Drucken und der zweite auf das Färben? In diesem Fall hätte sich der Gesamtpreis für einen 7/4 dunkelblauen Cotton auf 10 fl 15 kr belaufen. Andere Stoffarten waren 6/4 Cotton und 7/4 ordinairer Cotton, „Kipsitz", Calanca und vielleicht Leinwand. Als Farben werden Porcellain und dunkelblau genannt. Diese Preise waren jedenfalls sehr viel höher als die Preise, die ein Färber 1746 für den Cottondrucker Schumacher berechnet hatte.[49]

---

[49] Johannes Mayr.
Nota neu erhöhten Druck- und Färberpreises.

	fl	kr
von einem feinen 7/4 Cottonlein	3	55
von einem 6/4 Lein	1	38
von einem 6/4 Porcellain	1	36
von einem 6/4 dunkelblau	3	10
für ein 7/4 dunkelblau Cotton	5	30
von einem 7/4 ord. Cotton	2	45
für ein feines 7/4 ordin. Cottonlein	3	10
für ein 6/4 Lein	1	8
für ein 6/4 Porcellain	1	
für ein 6/4 dunkelblau	2	
für ein 7/4 dunkelblau	4	45
für ein 7/4 ord. Cotton	2	
für ein 6/4 Kipsitz	1	4
für ein detto 1 7/4 halb Callanca	1	4

Produktionszahlen: Die erfolgreichsten Fabrikanten

Es läßt sich nicht sagen, wie viele Tuche die einzelnen Cottondrucker in den ersten Jahren druckten. Wir wissen nicht einmal, wie viele Tuche damals insgesamt bedruckt wurden, weil die Angaben über die Ungeldzahlungen unvollständig sind. Erst in dem Zeitraum 1726 bis 1744 scheinen die Ungeldzahlungen sorgfältig verzeichnet worden zu sein. In dieser Zeit ist die Zahl der bedruckten Tuche rasant gestiegen. Waren es anfangs im Durchschnitt nur 11 400 Tuche pro Jahr, so wurden in der Zeit 1740-44 jedes Jahr mehr als 42 000 Tuche bedruckt.

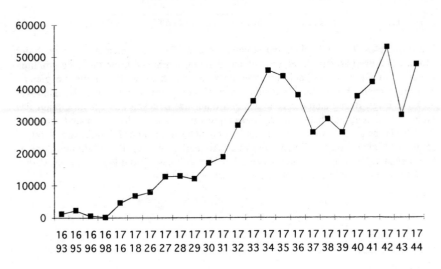

Ungeld von bedruckten Tuchen. In Kreuzern.

Zahl der im Durchschnitt bedruckten Tuche 1726-1744

1726-29	11 419,5 Tuche
1730-34	29 258,2
1735-39	35 069,6
1740-44	42 387,6

(1 kr Ungeld für jedes bedruckte Tuch, wie der Rat 1693 bestimmt hatte. Die Ungeldzahlungen pro Jahr siehe Tabelle S. 562)

Manche Cottonfabrikanten fingen mit wenigem an. Georg Abraham Neuhofer sagte selbst: „Mein Anfang war gering." Er und sein Vater legten 1726 je 1000 fl zusammen, „um den Verlag der Blauen Wahr zu bestreiten". Trotz gewisser Anfangsschwierigkeiten konnte er seine „consumbtion" von 28 000 Stücken im Jahre 1734 auf 36 000 Stücke im Jahre 1735 steigern. Er kaufte neue Grundstücke, errichtete und erweiterte Gebäude und legte eine neue Bleiche an. Am 24. August 1739, dem fünfzigsten Jahrestag der Einführung der Cottondruckerei in Augsburg, hielt er mit seiner Familie und seinen Arbeitern, insgesamt 200 Personen, eine Dankesfeier in seinem mit „Pyramiden, Ehrnpforten und Mayen" geschmückten Hause. In seiner Ansprache verband Neuhofer Dank für so viel Segen mit Ermahnungen an seine Arbeiter, „mit aller Treue, Fleiss und Vergnügsamkeit und Frieden allezeit zu arbeiten". Man sang „Nun danket alle Gott" und dann wurde im „Mohren" ein Festmahl mit Pasteten, „Gänsviertel, Kälberisch und Schweins Braten" und Wein für 130 Personen serviert.

Bei Neuhofer gingen Geschäftssinn und Frömmigkeit eine enge Verbindung ein. Er schloß seinen Tagebucheintrag über diesen denkwürdigen Tag mit frommen Gedanken: „Der Herr seye mir und den Meinigen noch ferner gnädig u. lasse uns Sein gnaden-Antlitz leuchten, dass wir erkennen Seine Wege, darmit wir Ihm hier zeitlich u. dort ewig dancken und preussen mögen".

Ob auch die anderen Fabrikanten dem Herrn für ihre Gewinne dankten? Wir kennen ihre Gedanken nicht. Alles, war wir haben, sind ein paar dürre Zahlen. Bei Schöppler und Hartmann verdoppelten sich die Einnahmen aus gedruckten Tuchen von 1784 bis 1788: sie stiegen von 62 428 fl im Jahre 1784/85 auf 125 615 fl im Jahre 1787/88. Obwohl die Einnahmen in den folgenden Jahren fielen, erreichte man im Jahre 1791 wieder 121 464 fl :

Einnahmen und Gewinn bei Schöppler & Hartmann

Jahr	Einnahmen aus Verkauf der Tuche	Gewinn
1784/85	62 428 fl	13 597 fl
1785/86	99 481	24 414
1786/87	115 125	24 671
1787/88	125 615	26 493
1788/89	125 259	29 480
1789/90	110 322	20 142
1790/91	100 845	10 322
1791	121 464	

Im allgemeinen sind jedoch Angaben über Einnahmen der Fabrikanten nicht erhalten. Wir müssen uns auf Angaben über die Zahl gekaufter Cottone stützen, um die Bedeutung der einzelnen Betriebe abzuwägen. Und auch diese Zahlen sind nur für einige Jahre erhalten.

So läßt sich auf Grund von Angaben über die in den Jahren 1775 bis 1780 gekauften Cottone sagen, wer von den elf genannten Fabrikanten einen größeren und wer einen kleineren Betrieb hatte. Allerdings handelt es sich hier nur um Augsburger Cottone und nicht um eingeführte Ware. Im Falle von J.H. Schüle kennen wir auch nur die Zahlen für die Jahre 1769 bis 1774. Aber wir wollen annehmen, daß er in den folgenden Jahren ungefähr die gleiche Menge Augsburger Ware kaufte.

Auf J.H. Schüle kamen 23% aller Käufe von Augsburger Cottonen. Er hatte also eindeutig den größten Betrieb. Aber sein Übergewicht war zumindest in dieser Zeit auch wieder nicht erdrückend. Wenn man bedenkt, welchen Streit und Krach J.H. Schüle jahrelang mit dem Magistrat und dem Weberhandwerk hatte, ist man überrascht, daß weniger als ein Viertel der Produktion auf J.H. Schüle fiel.

Auf Mathäus Schüle, Zackelmaier und Neuhofer kamen jeweils rund 14% der Käufe, auf Gignoux' Erben 11%. Ihre Betriebe waren also deutlich kleiner als J.H. Schüles Fabrik. Es scheinen Cottonfabriken mittlerer Größe gewesen zu sein.

Auf Adam, Müller und Bayersdorf kamen jeweils nur je 6% der Einkäufe. Auf Preumair sogar nur knapp 3%. Ihre Werkstätten werden also bescheiden gewesen sein. Die beiden Apfel, Vater und Sohn, scheinen um diese Zeit nur noch wenig gedruckt zu haben.

Hiesige Cottonwaren gekauft 1775-1780

	hiesige Stücke insgesamt	Stücke pro Jahr	Prozentsatz
J.H. Schüle (1769-1774)	111 396	18 566	23,48%
Mathäus Schüle	67 850	11 308,33	14,30%
Johann Friedrich Gignoux' Erben	52 854	8809	11,14%
Georg Friedrich Zackelmaier	70 213	11 702,16	14,80%
Georg Christof Neuhofer	64 627	10 771,16	13,62%
Daniel Müller	27 122	4520,33	5,71%
Bayersdorf	26 217	4369,5	5,52%
Apfel d.Ä.	1698	849	1,07%
Apfel d.J.	1890	945	1,19%
Christian Preumair	12 700	2116,66	2,67%
Veit Jeremias Adam	30 610	5101,66	6,45%

Für die Jahre 1785 bis 1796 wiederum kennen wir nur die Zahl der eingeführten Tuche. Auch diese Zahlen zeigen, daß J.H. Schüles Firma bis 1792 das führende Unternehmen war. 36% aller von den Fabrikanten eingeführten Tuche fielen auf J.H. Schüle. Nicht weit dahinter stand aber mit 29% die Firma Mathäus Schüle. Auf Gignoux' Erben fielen 19%, auf Schöppler und Hartmann 9%. Zackelmaiers Druckerei war mit 3% sehr viel kleiner.

In den Jahren 1793 bis 1796 zeigen sich Veränderungen: die Firma Mathäus Schüle war jetzt eindeutig das größte Unternehmen. Fast 41% aller von den Fabrikanten eingeführten Tuche fielen auf diese Firma. An zweiter Stelle stand Gignoux' Erben mit knapp 20% und an dritter Stelle Schöppler und Hartmann mit 14%. Die Firma J.H. Schüle, die seit 1792 von den Söhnen Schüles geleitet wurde, war auf den vierten Platz mit 10% abgesunken. Debler und Zackelmaier kauften noch weniger auswärtige Tuche.

Eingeführte Stücke

	1785-1792	1793-1796
Joh. Fried. Gignoux' Erben	49 956,5 Stücke	22 431,5
	19,18%	19,72%
J.H. Schüle	93 495,5	11 990,5
	35,91%	10,54%
Math. Schüle	76 987,5	46 428
	29,57%	40,82%
Dan. Müller	1760	
	0,67%	

Schöppler & Hartmann	24 505,5	16 143
	9,41%	14,19%
Debler & Co.	4400	
	1,69%	
Franz Xaver Debler		9099
		8,00%
Zackelmaier	9195,5	7629
	3,53%	6,70%
Christof Neuhofer	31	
	0,01%	
insgesamt	260 331,5	113 721

(Quelle: „Hauptbuch derer in der Hall angekommenen Waaren vom 12. Februar 1785 bis 31. August 1796, Nr. 2)

Die führende Rolle der Firma Mathäus Schüle blieb auch in den nächsten Jahren erhalten. Nach Angaben des Scontrobuches der Jahre 1792 bis 1801 hat Mathäus Schüle 37% der von den Cottonfabrikanten gekauften Tuche bedruckt. Auf die Firma J.H. Schüle fielen jetzt 20% der Käufe. Gignoux' Erben kauften 17%. Auf die anderen drei Fabrikanten, Wohnlich, Debler und Zackelmaier, kam nur ein kleiner Anteil.

Produktion in den Jahren 1792-1801

	Stücke insgesamt	Stücke im Durchschnitt pro Jahr	prozentualer Anteil
J.H. Schüle[a]	89 812	14 968,66	19,19%
Mathäus Schüle[b]	203 249	29 035,57	37,22%
J.H. Gignoux' Erben[b]	93 491	13 355,85	17,12%
Zackelmaier[a]	31 026	5171	6,62%
Wohnlich[b]	60 208,5	8601,21	11,02%
Debler[b]	48 078	6868,28	8,80%
insgesamt	525 864,5	78 000,57	

[a] Es fehlen die Angaben für die Jahre 1793, 1794 und 1796/97.
[b] Es fehlen die Angaben für die Jahre 1794 and 1796/97. (Quelle: Fassl, Konfession, S. 424.)

Die Käufe der Augsburger Cottonfabrikanten

	Augsburger Stücke	eingeführte Stücke	insgesamt	durchschnittlich pro Jahr Stücke
J.H. Schüles Söhne[b] 1792-1801	50 858	38 954	89 812	14 968,66
Joh. Mathäus Schüle 1780-1784[a]	62 501	7500	70 001	14 000,2
1792-1801[b]	123 322	79 927	203 249	29 035,57
G. F. Zackelmaier[c] 1792-1801	23 932	7094	31 026	5171
J.H. Gignoux' sel. Erben				

1792-1801	70 512	22 979	93 491		13 355,85
Wohnlich					
1792-1801	37 861	22 347,5		60 208,5	8601,21
Franz Xaver Debler					
1792-1801	34 582	13 496		48 078	6868,28

a) Quelle, Fassl, S. 424.
b) Quelle, Fassl, S. 424. Es fehlen Angaben für 1794 und 1796/97.
c) Es fehlen Angaben für 1794, 1796/97 und 1800/01. Quelle: Fassl, S. 424.

Mathäus Schüle bearbeitete in diesem Zeitraum im Durchschnitt 29 035 Stücke pro Jahr. Seine Produktion stieg im Jahre 1795-96 auf über 41 000 Stücke und lag im nächsten Jahre auch bei fast 37 000 Stücken. In den folgenden Jahren fiel sie aber auf 20 000 bis 27 000 Stücke ab.

Die Johann Heinrich Schülesche Fabrik druckte im Durchschnitt nicht ganz 15 000 Stücke im Jahr, also nur rund die Hälfte der Mathäus Schüleschen. Nur einmal, im Jahre 1795-96, lag die Produktion bei 23 900 Stücken, sonst war sie erheblich niedriger.

Auf Gignoux' Erben fielen pro Jahr im Durchschnitt 13 355 Stücke, also gar nicht so viel weniger als auf die J.H. Schülesche Fabrik. Der Durchschnitt für Wohnlich, Debler und Zackelmaier kam auf ca. 8600, 6800 und 5100 Stücke, also deutlich weniger.

Alle sechs Cottonfabrikanten zusammen stellten während des Zeitraumes 1792 bis 1801 im Durchschnitt jedes Jahr 75 123 Stücke her. Allerdings hat die Produktion seit den Jahren 1797 und 1798 abgenommen. Es zeichneten sich jetzt wohl schon die zunehmenden Schwierigkeiten für die Augsburger Cottonfabriken ab.

Die von den Cottonfabrikanten in den Jahren 1792-1801 bearbeiteten Stücke [a]

	Math. Schüle	Joh. H. Schüle	Gignoux' Erben	Wohnlich	Debler	Zackelmaier	insgesamt
1792	29 274	17 981	16 720	4 004.5	5 631	7 119	80 729.5
1793	22 888	11 224	4018	5787	6395		50 312
1795/9	41 401	23 907	14 922	14 268	6994	7842	109 334
1797/9	36 952	13 984	18 799	17 893	11 956	6105	105 689
1798/9	27 465	14 009	9162	5759	4936	2875	64 206
1799/1800	20 087	5242	11 157	6980	4285	690	48 441
1800/1801	25 182	14 689	11 507	7286	8489	–	67 153
insgesamt	203 249	89 812	93 491	60 208,5	48 078	31 026	525 864,5

a) Quelle: Fassl, Konfession, S. 425. Angaben aus dem Scontrobuch für die Jahre 1792 bis 1801.

Armut und Bankrotte

Von den meisten der 16 Cottondrucker, die 1693 die Gerechtigkeit zu drucken erhielten, hören wir überhaupt nichts mehr. Es wurde bereits gesagt, daß von den frühen Cottondruckern kaum zwei oder drei imstande gewesen sein sollen, die Druckerei auch wirklich zu betreiben.

Daniel Spatz z.B. übte die Cottondruckerei nach dem Tode seines Vaters von 1715 bis 1717 aus. Da er aber „weder eine aigne bleich noch gelegenheit gehabt, mithin denen anderen cottondruckern nicht habe nachkommen können", gab er das Drucken auf und arbeitete wieder als Tuchscherer.[50]

Im Jahre 1733 scheint es nur drei vermögende Cottondrucker gegeben zu haben, Neuhofer, Lobeck und Apfel. Alle drei handelten mit Tuchen, die sie selbst gedruckt hatten, und scheinen auf diese Weise große Gewinne gemacht zu haben. Die anderen Cottondrucker galten als unvermögend.[51]

Die Lage der Cottondrucker war um 1740 besonders schlecht. Der Absatz der Tuche stockte, vielleicht im Zusammenhang mit dem Österreichischen Erbfolgekrieg. Die Cottondrucker erklärten nun, zwei oder drei von ihnen seien in dieser „fatalen periodo" imstande, alle Aufträge der Kaufleute auszuführen. Alle Kommissionen, die aus Italien kamen, könnten von einem einzigen Drucker bestritten werden. Der Verkauf nach Italien mache nur noch 1/6 dessen aus, was früher dorthin verkauft worden sei. Weshalb? Teils wegen der billigen holländischen Cottone, teils wegen der englischen Flanellröcke, vor allem aber wegen der Konkurrenz der in der Nähe Augsburgs neu gegründeten Cottonfabriken.

Auch in der Folgezeit waren durchaus nicht alle Cottondrucker erfolgreich. Während die evangelischen Cottondrucker um 1760 ihr Gewerbe „mit success" ausübten, sollen es die katholischen Cottondrucker wegen Abgang der Mittel „mit schlechtem Vorteil" betrieben haben. So ging es den beiden Preumair, dem Meichelbeck, dem Heichele und dem Reinweiler schlecht. Alle waren katholisch.

Wir hören von mehreren Bankrotten. Selbst Jeremias Neuhofer, der doch den Cottondruck nach Augsburg gebracht hatte, ging bankrott. Die Kaufleute sagten 1709, er sei wegen seines Handels „ins fallliment" geraten. Nach Meinung der anderen Cottondrucker hätte Neuhofer aber nie solche Schulden gemacht, wenn er nicht „mit seinen Künstlen als auch wegen unfleissigen Aufschreibens bey theils seinen Kaufleuten mit abrechnung nit so schlechte Seyden gesponnen hätte". Die Buchführung war also schlampig gewesen.[52]

Auch später gerieten mehrere Cottondrucker in Schwierigkeiten, so Johann Christoph Apfel d.Ä., Johannes Buschmann, Abraham Lobeck, Christian Schleich, Johann Daniel Erdinger, Abraham Deschler, Ernst Christian Harder, Johann Friedrich Reinweiler, Bayersdorf, Gleich und Georg Abraham Neuhofer.[53]

---

[50] 1746, 3. Mai. Cottondrucker 1650-1760.
[51] 1733, 2. Januar. Protokolle 1724-1737.
[52] 1709, Kattunfabrikanten 1707-1787.
[53] Johann Christoph Apfel d.Ä. machte 1757 Bankrott. Er hinterließ Schulden in Höhe von 36 000 fl. (Fassl, Konfession, S. 149). Der evangelische Drucker Johannes Buschmann mußte vor 1764 „wegen Armut" sein Gewerbe aufgeben. Der Cottondrucker Abraham Lobeck floh 1763 wegen seiner Schulden aus der Stadt. Christian Schleich hatte das Druckerzeichen durch seine Ehe mit Maria Magdalena Erdingerin aus der alten Druckerfamilie Erdinger im Jahre 1762

Georg Abraham Neuhofers Cottondruckerei hatte immerhin von 1726 bis 1764 erhebliche Gewinne gemacht. Aber dann kamen Schwierigkeiten, die er auf die scharfe Konkurrenz, den Preisfall und den schlechten Absatz, die steigenden Farbpreise, Fallimente von Schuldnern, hohe Zinszahlungen und das Verbot, sächsische Waren zu drukken, zurückführte. Im Grunde sah aber der gläubige Protestant Neuhofer in diesen geschäftlichen Erfolgen und Stürzen die Hand Gottes. Gottes Segen hatte auf ihm geruht, als er erfolgreich gewesen war. Als er der Katastrophe entgegentrieb, sah er wieder hinter allen wirtschaftlichen Ursachen Gottes Wirken:

> Gott ist der rechte Wunders Mann
> Der bald erhöhen, bald stürzen kann.

So beendete er im Dezember 1772 seine Bilanz auf eine fast verzweifelte Note:

„Bey solchen ... Umständen und grossem verlust hat es nicht anders sein können, dz mein Eigenes grosses Vermögen und noch mehr, als wie darvon geflogen. Die Hofnung besserer zeiten, und gewisse Umstände, auch die Forcht vor dem Stadtgericht, haben mich bis dato abgehalten, mich zu entdecken, und Raths zu erhohlen. Gott weiss es, was ich schon lang vor Kummer und Hertzleid Tag und nacht ausstehe und leide, so dz mir fast aller schlaf benommen worden ist, und Ob schon etlich Jahr nacheinander alles, was extra Unkosten und höchstnötig war, eingestellt, so will doch nichts erklecken, Gott helfe mir und stehe mir und meiner Famiglia in Gnaden bey."[54]

Der Cottondruck war eben ein riskantes Unternehmen. Einzelne Cottondrucker machten große Gewinne. Andere stürzten in den Ruin.

---

erhalten. Aber ihm fehlte anscheinend das Geld zum Drucken. So bildete er mit Maria Catharina Espin eine Raggion. Die Espin mietete für ihn das Schelsteinische Haus, ließ einen Rechen errichten und richtete das Haus mit Farbkessel und Model ein. Man zahlte ihm und seiner Frau wöchentlich 6 fl für „inspection der Mahlerinnen", seinem Schwiegervater Buschmann 7 fl. Im Grunde arbeitete er also für die Espin. Die Sache flog aber auf, als die Espin ihre Fabrik im April 1762 nach Göggingen verlegte. 1763 verpachtete Schleich sein Druckerzeichen und verließ 1767 die Stadt unter Hinterlassung von Schulden. (1767, kurz vor 1. April).

Johann Daniel Erdinger hatte auch nicht viel Glück. Er hatte die Gerechtigkeit im Jahre 1748 erhalten. Im April 1762 verpachtete er sein Zeichen dem Mathäus Schüle auf sechs Jahre und lebte dann im Elend in der Fremde. Wir wissen nicht, was zu seinem Sturz geführt hatte, Unfähigkeit oder Mangel an Kapital oder was sonst. Mathäus Schüle erklärte sich schließlich bereit, ihn als Modelschneider zu beschäftigen, Erdingers Frau als Stückmalerin. Schüle sagte später, daß er dem Erdinger das „falsch farbige drucken der weberwaren" in seinem Hause erlaubt habe (1768, 13. Dezember). Erdinger besaß zu dieser Zeit immer noch die Druckergerechtigkeit, hatte sie aber dem Mathäus Schüle verpachtet.

Abraham Deschler hatte das Zeichen 1763 auf 12 Jahre gepachtet, verlor es aber wegen nicht gezahlter Pachtgelder. Das Druckerzeichen wurde nun an Ernst Christian Harder verliehen, der aber auch die Stadt verließ.

Georg Christoph Gleich ging 1770 in Konkurs und floh aus der Stadt. Der Cottondrucker Johann Friedrich Reinweiler lebte 1771 „in summa paupertate", gab seine Gerechtigkeit auf und nährte sich als Stückreiber. (1771, 16. Juli. Protokolle 1767-73).

[54] Evangelisches Kirchenarchiv Kaufbeuren, Nr. 154. Im April 1773 baten die Ausschüsser für die „Neuhoferische Massa" um Ratifizierung des getroffenen Vergleichs durch den Rat. (Ratsbuch 27. April, 1773)

Frauen als Druckerinnen

Unter den Cottondruckern waren auch einige Frauen. Während z.B. der Silberstecher Senftlin die von dem Maler Sebastian Borst erworbene Gerechtigkeit nicht ausübte, hat seine Frau Euphrosina für die Kaufleute bis 1739 gedruckt.[55]

Anfangs bestanden anscheinend Zweifel, ob eine Witwe die Druckergerechtigkeit ihres Mannes übernehmen dürfte. So erklärten die Deputierten der Witwe des Neuhofer im Jahre 1724, daß das Druckerzeichen dem Weberhaus heimfalle.[56] Aber im allgemeinen behielten die Witwen das Druckerzeichen. Die Witwe des Cottondruckers Johann Georg Seuter hat bis zu ihrem Tode im Jahre 1758 blau gedruckt. Ihre Tochter Maria Magdalena erhielt aus Mitleid im Jahre 1758 ein katholisches Zeichen usque ad revocationem. Nach ihrer Heirat mit dem Kramer Georg Christoph Deschler verbot man ihr zwar zu drucken, aber die beiden betrieben in den nächsten elf Jahren dennoch eine sehr erfolgreiche Lohndruckerei, die jedes Jahr an die 200 Drucker, Maler, Bleicher, Streicher, Färber, Modelschneider und Stückreiber beschäftigt haben soll. Seine Frau sei eine „uralte Cottondruckerstochter", sagte Deschler, „eine geborene und von Jugend auf im cotton fabric wesen erzogene und exercirte habilitirte Cottondruckerstochter". Nach dem Tode ihres Mannes erhielt Maria Magdalena dann am 24. Juli 1770 ein evangelisches Druckerzeichen. Sie muß also eine tüchtige Druckerin gewesen sein.

Die bekannteste Augsburger Cottonfabrikantin war Anna Barbara Gignoux, die nach dem Konkurs und der Flucht ihres zweiten Mannes, Georg Christoph Gleich, die Firma „Johann Friedrich Gignoux sel. Erben" von 1771 bis zu ihrem Tode im Jahre 1796 leitete.[57]

Streit mit Bleichern

Scheggenbleichen

Die Cottondrucker experimentierten mit neuen Verfahren auch bei der Bleiche. So sind sie sehr schnell mit den Bleichern zusammengestoßen. Man stritt schon über die Frage, ob die Cottondrucker überhaupt eigene Bleichen haben dürften.

Als im Jahre 1693 die beiden städtischen Bleichen an die Witwe des Kaufmanns Gerhard Greif verkauft wurden, hat man im Kaufvertrag alle Privatbleichen verboten. Aber schon ein Jahr später wurde gemeldet, daß in den umliegenden Gärten Privatbleichen errichtet wurden. So von dem Kaufmann Johann Jacob Schorer, der auf seiner Bleiche

---

[55] 1740, 5. März.
[56] 1724, 10. Oktober. Protokolle 1658-1729. Auch die Witwe des Cottondruckers Paul Jakob Heichele wollte nach dem Tode ihres Mannes mit zwei Druckerinnen blau drucken. Aber da sie sich anderwärtig verheiraten wollte, wurde sie abgewiesen.
[57] Über Anna Barbara Gignoux siehe Gustav Euringer, „Anna Barbara Gignoux" in Augsburger Rundschau, 1921, 2. April, und P. Fassl, „Die Augsburger Kattunfabrikantin Anna Barbara Gignoux (1725-1796)" in R.A. Müller, Unternehmer – Arbeitnehmer. München, 1985, S. 153-159.

seine Kaufmannswaren bleichen wollte. Die Deputierten haben dies „zu vermeidung allerhand bössen consequentien" sofort verboten.[58]

Dennoch haben die Cottondrucker in den folgenden Jahren eigene Bleichen, die sogenannten Scheggenbleichen, angelegt. Die Cottondrucker mußten ja die Tuche nach dem Färben wieder auf die Bleiche legen. Die Bleicher beschwerten sich im Jahre 1718, daß die „Chaton und bomasin trucker" auch rohe Waren auf ihre eigenen Bleichen legten, was ihnen dann untersagt wurde. Lobeck, Apfel, Neuhofer und Reinweiler bleichten auch weiterhin viel Bomasin, der dann blau gefärbt wurde. Auf die wiederholte Forderung der beiden Bleicher, den Druckern das Bleichen zu verbieten, entschieden die Deputierten im Jahre 1725, daß die Drucker nur blaugefärbte Tuche in ihre Gärten legen sollten, und keine anders gefärbten.[59] In den 1720er Jahren haben die Drucker auch eine „zimliche Quantität" von Brabanterlen gebleicht, von denen bisher kein Ungeld erhoben worden war. Als man 1725 für Brabanterle ein Ungeld einführte, wurde angeordnet, daß sie wie die „rohen 6 und 7 viertel breite bomasin" auf den öffentlichen Bleichen gebleicht werden sollten.[60]

Der Streit zwischen Bleichern und Cottondruckern war damit längst nicht beendet. Die Cottondrucker bleichten nach wie vor auf ihren eigenen Bleichen. Ein Grund war, daß sie schneller bleichen konnten, weil sie ja keine Geschau abzuwarten hatten. Dazu kam das Problem des Blaudrucks.

Blau gedruckte Ware war noch nicht bekannt, als die Bleichen 1693 an die Greifin verkauft worden waren. Die Frage war deshalb, ob auch diese Ware auf den beiden großen Bleichen gebleicht werden mußte? Ware, die blau gedruckt werden sollte, kam nur 4 oder 5 Tage auf die Bleiche. Die Blaudrucker argumentierten, daß sich das Verbot der Privatbleichen nicht auf diese zum Blaudruck bestimmten Tuche bezog.

Auf jeden Fall beschwerten sich Jungert und Markthaler, die beiden Bleicher, im Jahre 1727, daß die Bleichen und Gärten der Gignoux, Neuhofer und Erdinger „voll prabanterlen und anderer weisser weberswaaren" lagen. Die Bleicher gaben zu, daß sich das Verbot der Privatbleichen nicht eigentlich auf die zum Blaudruck bestimmte Ware bezog. Es sei aber unter diesem Vorwand Mißbrauch getrieben worden. Man habe die Ware nicht bloß 4 oder 5 Tage, sondern 4 oder 5 Wochen auf die Bleichen der Drucker gelegt, und dann nicht zum Blaudruck, sondern anderweitig verwendet.

Die Bleicher setzten sich noch einmal durch. Den Druckern wurde befohlen, sich „des Auslegens der weiss gebrauchenden Weberwaar in ihren Bleichen und Gärten" zu enthalten. Auch Ware, die später blau gedruckt werden sollte, fiel unter dieses Verbot.[61]

Als einige Wochen später immer noch auf den Bleichen der Gignoux, Neuhofer und Erdinger gebleicht wurde, hat man das Verbot verschärft. Wenn die Bleicher auf den Bleichen der Drucker weiß gebleichte Ware fanden, die „sogleich zum Kraproth Druckhen" gebraucht werden konnte, sollte sie unter Zuziehung eines Amtsdieners beschlagnahmt werden.

---

[58] 1694, 27. April und 15. Mai.
[59] 1718, 12. März. Neues Verbot 1719, 25. April. 1723, 23. November. 1725, 7. März und 18. September. Protokolle 1658-1729.
[60] 1725, 20. März.
[61] 1727, 3. und 11. März.

Man bemühte sich also, mit den Privatbleichen der Drucker Schluß zu machen. Vielleicht war nun ein paar Jahre Ruhe. Im Jahre 1731 klagte der Bleicher Jungert aber wieder, daß verschiedene Cottondrucker wie Johann Franz Gignoux, Johann Ulrich Reinweiler und Johann Georg Erdinger Waren auf ihre Bleichen legten, wir können vermuten rohe Waren. Das Bleichen der gedruckten Waren scheint den Cottondruckern gestattet gewesen zu sein. Jedenfalls im Jahre 1736 erlaubten die Deputierten dem Gignoux, auf dem Anger vor dem Roten Tore am Brunnenbach eine Scheggenbleiche anzulegen. Er wollte diesen Anger mit einem Dill einschließen, ein zweygädiges Haus und zwei Brükken über den Brunnenbach bauen und das Wasser aus dem Brunnenbach mittels eines kleinen Kanales auf seine Bleiche führen.[62]

Trotz aller Verbote haben die Cottondrucker in den nächsten Jahren mehr und mehr gebleicht, weil sie „nicht bald, nicht gut genug und nicht das ganze Jahr hindurch" von den Bleichern bedient würden. Die Cottondrucker hatten anscheinend Bleichplätze auf den zwei Bleichen gemietet. Durch Kündigung der bei den Bleichern „um einen namhafften und auf doppelt gesteigerten Zinss bestandsweiss ingehabten Zins Bleichplätze" wurden sie genötigt, sich „mit grossen Unkosten und capitalien um andere Gelegenheit" umzusehen. Dies war wohl der Grund, weshalb die Cottondrucker um 1740 ihre „spatiosen Bleichen seit einigen Jahren um ein namhaftes vergrössert und verbessert" haben. 1742 schließlich haben die Bleicher wegen des vielen Bleichens der Cottondrukker protestiert. Die Cottondrucker wiederum sagten, daß sie auf ihren Bleichen nichts bleichten, „ausser was sie zum blaw und porcellan Druckhen gebraucht haben". Dies sei ihnen nicht verboten.

Ein Dekret im Jahre 1743 hat den Druckern noch einmal untersagt, rohe Ware zu bleichen. Privative hat man den Cottondruckern erlaubt, gedruckte Waren auf ihre Scheggenbleichen zu legen. Die meisten Cottonfabrikanten haben so auch ihre eigenen Scheggenbleichen angelegt, mehrere vor dem Jakober Tor.[63]

Viertelweiße und halbweiße Bleiche

Die Cottondrucker haben in der ersten Hälfte des 18. Jahrhunderts mit neuen Formen der Bleiche experimentiert. Im Jahre 1747 sagten sie voll Stolz, sie und nicht die Bleicher seien die „erste inventores ohne Widerspruch" der ganzen Fabrique-Ware „als welche vor 55 Jahren Allhier eine ganz unbekannte Sache und non Ens gewesen". Sie hätten seit 20,

---

[62] 1727, 3. April.
[63] 1736, Protokolle 1724-37. Gignoux hatte im einzelnen ausgeführt, er wolle „seinen vor dem Rote Tore von dem oberen gottes Ackher über an den bronnenbach gelegenen und erkaufften anger ... hineinwärts anstelle der bisherigen Schranken mit einem Dill einfangen". Wie man aus einer „dicht an den Schranken gegen den bronnenbach auffwärts vorhandenen alten Grundmauer" sehe, habe hier einst ein Haus gestanden. Er wolle hier ein „zweygädiges, völlig gemauertes Wohnhaus" bauen lassen und den Garten als Scheggenbleiche einrichten. Um zu seinem Gute zu kommen, wolle er über den Brunnenbach eine Brücke bauen.
Gignoux führte noch aus, daß er nur wenig Wasser aus dem Brunnenbach für seine Bleiche benötige. Der Bach werde durchaus nicht „geschwächt", wenn er seine Tröge vollaufen lasse. Die „geschlacht" auf diesem Anger seien auch nicht auf Kosten der Stadt, sondern vor zwei Jahren von dem früheren Besitzer gebaut worden. Da es besser sei, wenn der Bach nicht an „unterschiedlichen orten in den anger laufe", sondern nur an einigen „bequemen orten", wolle er einen kleinen Kanal in den Anger führen. 1736, Protokolle 1724-37.

30, 40 und mehr Jahren „durch viel Mühe, Fleiss und Arbeit" die ungünstige Witterung zu überwinden gesucht, um was „ohnmöglich scheinen möge, möglich zu machen". Sie und nicht die Bleicher hätten die Winterbleiche eingeführt. Sie seien die Erfinder der Halb- und Viertelbleiche. Die Bleicher hätten nur ganz weiß gebleicht, das halb- und viertelweiß Bleichen habe sie nicht interessiert.

Was bedeutete es, halb- und viertelweiß zu bleichen? Tuche, die ganz weiß gebleicht werden sollten, mußten auf beiden Seiten gebleicht werden. Tuche, die halb- oder viertelweiß gebleicht werden sollten, wurden wahrscheinlich nur auf einer Seite gebleicht. Außerdem kamen nur solche Tuche, die ganz oder halbweiß gebleicht wurden, in die Lauge. Viertelweiße Tuche wurden gebleicht, „soweit solches in unten bestimmter zeit ohne laug kan gebracht werden". Anscheinend wurden Tuche, die blau, weiß oder procellan bedruckt werden sollten, viertel- oder halbweiß gebleicht.

Im Jahre 1743 suchten die Deputierten den Streit zwischen den Bleichern und Cottondruckern durch einen Kompromiß zu schlichten. Den Cottondruckern wurde alles Weißbleichen in genere verboten, solange die Tuche auf den Bleichen angenommen wurden. Die Deputierten wollten auch nichts von der Behauptung der Cottondrucker wissen, daß die „Waar ohne walckh besser und schöner werde". Alle von den Cottondruckern gedruckten Waren sollten „Jahr aus Jahr ein" vorher „auf einer deren Zwey allhiesigen bleichen gewalkt" werden.

Andererseits sollten die Cottondrucker viertel- und halbweiß bleichen dürfen, „so lang auf denen zwey bleichen nichts angenommen wird". Wenn sie Beweise für langsame und schlechte „bedienung" auf den Bleichen hätten, sollte ihnen „wider beide bleicher nach billichkeit an handen gegangen werden".[64]

Dieser Kompromiß führte aber durchaus nicht zu einer Beruhigung. Vielleicht hat es die Bleicher gewurmt, daß man den Cottondruckern gestattet hatte, halb- und viertelweiß zu bleichen. So beschwerte sich der Bleicher Köhler schon wenige Monate später, daß die Cottondrucker Apfel, Franz Gignoux und Andreas Meichelbeck 6/5 breite Bomasin, Hausloden und Schetter bleichten.[65] Im Jahre 1747 rief der Deputierte Elias Leopold Herwarth Vertreter der beiden Parteien in sein Haus, um einen gütlichen Vergleich zu finden.[66] Man kam überein, daß die Cottondrucker das halbweiß Bleichen auf ihren Scheggenbleichen von Josephi bis Galli (19. März bis 16. Oktober), also vom Frühling bis in den Herbst, einstellen sollten, „folglich mit den Viertel Bleichen sich vergnügen, zu dem Ende die Waaren nachdeme Sie von der Walckh gekommen, länger als 12 bis 13 Tage auf Ihren Scheggenbleichen nicht auslegen". Sie sollten auch das Laugen ganz aufgeben.

Da die anderen Cottondrucker aber diese Übereinkunft nicht annehmen wollten, mußte von neuem verhandelt werden. Die sogenannten Bleichinteressenten waren nun zu Zugeständnissen bereit. Die Cottondrucker sollten das Recht haben, alle jetzt übliche und in Zukunft aufkommende „zum Drucken taugliche Waar" viertelweiß während des ganzen Jahres und halbweiß in den Wintermonten (von Galli bis Josephi) zu bleichen. Hingegen sollte „das ganz weiss bleichen ... auf beiden Seiten" den Cottondruckern während des ganzen Jahres verboten sein. Es folgten Bestimmungen über das Walken, Laugen und

---

[64] 1743, 21. Januar. Protokolle 1738-42.
[65] 1743, 23. Juli. Protokolle 1738-1742
[66] Von seiten der Bleichinteressenten nahmen teil von Greif, Herr Singerlin, von Pfister und Liebert. Von seiten der Cottondrucker Johann Christoph Apfel und Georg Abraham Neuhofer.

Pantschen. So sollten alle Waren „zum 1/4 weiss vor dem Roh auslegen" auf den Bleichen gewalkt werden, in den Wintermonaten auf Verlangen auch doppelt gewalkt werden. Im Sommer sollten sie aber nur einmal gewalkt werden, „weilen das zweite Walken sonsten die Waar über 1/4 weiss befördert, und was im Feld unsauber und kottig worden, ausgewaschen werden kan". Wenn zur Ablaßzeit auf den Bleichen nicht gewalkt werden konnte, solle die Ware auf der Lodweber-Walke gewalkt werden. Das Datum der Walke sollte auf der Ware vermerkt werden, um zu verhindern, daß sie „über die festgesetzte Zeit" ausgelegt würde. Bomasin solle nach der Walke nicht länger als 14 Tage, Cotton nicht länger als 10 Tage auf der Scheggenbleiche liegen.

Den Cottondruckern sollte es verboten sein, im Sommer zu laugen oder bei den Garnsiedern laugen zu lassen. Sie sollten sich auch in den Sommermonaten „des pantschen, Brühen und sieden oder Gebrauch scharfen Sachen, dardurch in effectu eben das praestirt werden möchte, was das mehrmalige Walkhen, Pantschen oder laugen effectuirt, gänzlichen enthalten". Die Cottondrucker durften nur solche Bomasin, Cottone und andere Sorten zu „oben limitirten 1/4 und halb weiss bleichen" annehmen, welche sie später auch wirklich selbst druckten. Sie durften also für niemanden um Lohn oder aus Gefälligkeit bleichen.

Die Cottondrucker Apfel und Neuhofer stimmten diesen Vorschlägen „ohne Praejudiz der übrigen Cottondrucker" zu. Sie präzisierten nur einige Punkte.[67] Die Bleichinteressenten haben dann aber diesen Vergleich dennoch nicht annehmen wollen. Sie sahen ganz richtig, daß es sonst mit ihrem Bleichmonopol vorbei gewesen wäre. Sie erklärten sich jetzt bereit, auch im Winter zu bleichen, so weit es das Wetter erlaubte, „obwohl es gleich von älteren Zeiten her niemahlen bräuchlich gewesen zu winterzeit zu bleichen, ... auch in allen andren benachbarten Reichsstädten nicht gebräuchlich sey". Ihre Bedingung war aber, daß es den Cottondruckern wie allen anderen Personen untersagt sein solle, im Sommer oder Winter viertel- oder halbweiß zu bleichen.

Da die Bleicher darauf bestanden, daß nur sie bleichen dürften, stellten die Cottondrucker nun auch einige Bedingungen. Die Bleicher sollten verpflichtet sein, die Cottondruckerwaren im Sommer wie im Winter „in eben so kurzer zeit" und „in eben der qualität" zu liefern, wie es die Cottondrucker selbst getan hatten, „ohne mindeste exception der witterung, ob das Wetter favorabel" war oder nicht. Im letzteren Falle müsse dem disfavorablen Wetter durch „besonderen fleiss, mühe, und arbait ... ausgewichen und der abgang ersetzt werden". Die Bleicher sollten sich verpflichten, auf ihren Bleichen ein oder zwei Rechen zu bauen, auf denen sie, wie es die Cottondrucker getan hatten, die Waren im Sommer und Winter trockneten, nicht nur vor, sondern auch nach dem Laugen. Sie sollten mehrere Kessel aufstellen, um die gefrorenen Tuche mit siedendem Wasser aufzutauen. Es sollten besonders ausgebildete Leute, vor allem Feldmeister, für die „1/4 und 1/2 Weiss Waare" angestellt werden. Die Bleicher sollten die Ware „mit eben demjenigen Tractament" behandeln, wie es die Cottondrucker „zu perfectionierung der Waar als auch zu beschleunigung der Arbeit" erfunden hatten. So sollte die Ware öfter begos-

---

[67] So sollten sie das Recht haben, Jahr für Jahr eine zum Drucken taugliche Ware auf einer Seite viertelweiß zu bleichen, „dass ist, so weit solche in unten bestimmter zeit ohne laug kan gebracht werden". Das halbweiß Bleichen solle ihnen nur vom 1. Oktober bis 31. März erlaubt sein. Bevor die Ware in den Gärten der Cottondrucker zum viertel- und halbweiß Bleichen ausgelegt wird, solle sie naß oder trocken zur Bleichwalke gebracht werden.

sen werden. Die Bleicher sollten ihre ganz unbrauchbaren Gräben ausräumen und neue Wasserleitungen, Gräben und Kanäle bauen. Die Bleicher sollten sich verpflichten, Bomasine und Cottone, die ihnen zum viertel- und halbweiß Bleichen gegeben worden waren, in so kurzer Zeit wie möglich und in solcher „perfection" zu liefern, daß sie zum Druck tauglich waren. Die Tuche sollten auf keinen Fall mit Resten von Lauge oder anderen Unreinigkeiten verschmutzt sein und noch einmal gebleicht werden müssen. Eine zweite Walke sollte gebaut werden. Und Unparteiische, die etwas von dem Viertel- und Halbbleichen verstünden, sollten vor allem im Sommer mehrere Geschauen vornehmen.

Wenn die Bleicher die „Fabrique Waar" durch langsame oder schlechte Bearbeitung behindern sollten, dann würden die „mit so vielen und kostbaren Aufwand errichteten Fabriquen zu Grund gerichtet werden". Es beunruhigte die Cottondrucker, daß die Bleicher ihre Arbeit „immer auf die möglichkeit der Saison und Witterung setzen". Diese Einschränkung könne als „beständiges Schlupfloch" dienen. Da es ihnen mit viel Arbeit gelungen sei, trotz der „etwa eingefallenen ungünstigen Witterung" die Arbeiten auszuführen, könnten sie die Einschränkung der Bleicher nicht akzeptieren.

Die Bleicher erklärten sich nun bereit, die Waren „nach handgebung der Cottondrucker zu tractieren", doch fügten sie hinzu, „in so fern solche Tractation dem Bleicher Eyd wegen der hierzu gebrauchenden Materialien nicht zuwider seye". Sie wollten ihr bestes tun, „was aber ohnmöglich seye, in specie wegen des Wetters, werde auch innen nicht zugemutet werden können". Sie wollten Leute einstellen, die nur für das Viertel- und Halbbleichen verantwortlich waren. Man werde dem Viertel- und Halbbleichen auch den Vorrang geben.

Die Deputierten stellten sich nun eindeutig auf die Seite der Bleicher, deren Rechte zu schützen seien. Der Rat hat daraufhin den Cottondruckern das Viertel- und Halbbleichen auf den Scheggenbleichen verboten. Die Bleicher wiederum wurden verpflichtet, sowohl im Sommer wie im Winter viertel- und halbweiß zu bleichen. Wie die Cottondrucker vorgeschlagen hatten, sollten sie ein oder zwei „Rechengebäu" bauen, mehrere Kessel zum Auffrieren der Waren aufstellen, besonders ausgebildete Leute und einen Feldmeister für das Viertel- und Halbbleichen anstellen. Sie sollten die Waren „nach anhandgebung der Cottondrucker ... mit eben dem tractament, wie es sowohl zu perfectionierung der Waar als auch zu beschleunigung der Arbeit von ihnen erfunden", bearbeiten.

Allerdings ist hinzuzufügen, daß der Wert der Halb- und Viertelbleiche nicht unumstritten war. Die Deputierten deuteten 1754 an, daß diese Art zu bleichen für das Färben und Drucken nicht von Vorteil sei. Die viertelweiß gebleichten Tuche würden nicht „zu dunkelblau und die 1/2 weiss zu porcellan und falschgefärbten Couleuren, sondern pro dubio zu Craproth gutfärbig gebraucht". Die Folge sei, daß die hiesigen „Fabrique Waaren von auswärtigen sehr verachtet" würden. In den Fabriken der benachbarten Gebiete gäbe es kein viertelweiß Bleichen. Und nur kleine Mengen würden halbweiß gebleicht und gedruckt, „weil solche 1/2 weiss gebleichten Stück nicht reüssieren".[68]

Wasser

Für die Scheggenbleichen der Cottondrucker war Wasser unentbehrlich. Hier kam es zu Schwierigkeiten, unter anderem mit den Müllern. Die Brunnen- und der Lochmüller

---

[68] 1748, 30. März.

führten das für ihre Mühlen nötige Wasser aus einer Entfernung von drei Stunden vom Lech mittels des Loch- oder Mühlbaches herbei. Trotz des Protestes der Müller hat man dann mittels zweier Anstiche des Lochbaches Wasser auf die Bleichen der Cottondrucker Gignoux und Adam, olim Reinweiler, geleitet. Noch mehr Schwierigkeiten gab es, als J.H. Schüle erschien. Er mietete von der Witwe Gerner einen Gartenplatz, der an dem Brunnen- und Lochbach lag und an die Gignouxische Bleiche stieß. Auf Schüles Bitte hin hat nun Jean François Gignoux das Wasser, das er selbst nur precario aus dem Lochbach erhielt, mittels gegrabener Kanäle auf Schüles Bleichplatz weitergeleitet. Die Brunnen- und Lochmüller protestierten wieder, weil jetzt doppelt so viel Wasser abgezapft würde. Aber die Baumeister erklärten ihnen, daß das auf Schüles Bleiche geleitete Wasser nur als Überwasser anzusehen sei.

Als dann Schüle im Jahre 1759 mit Gignoux in Streit geriet, hat Gignoux das Wasser für Schüles Bleiche einfach gestoppt. Schüle erhielt jetzt kein Wasser mehr. Er bat deshalb im April 1760, eiserne Rohre zum Lochbach legen zu dürfen, den er übrigens als Wolfsbach bezeichnete. In der Zwischenzeit ließ er hölzerne Rinnen legen und von seinen Leuten das Wasser mit Schöpfen auf seinen Bleichplatz leiten. Dieses Wasserschöpfen war aber, wie die Baumeister feststellten, nur eine Täuschung. Denn nachts ließ er heimlich den Brunnenbach anstechen und Brunnenwasser auf seine Bleiche leiten. Als er außerdem Cottonstücke im Brunnenbach auswaschen und einhängen ließ, wurde ihm dies verboten, weil die in der blauen Farbe enthaltene „corsische Materie" das Wasser verunreinigte.

Das Bauamt war auch nicht gewillt, Schüles eigenmächtigen Anstich des Brunnenbaches einfach hinzunehmen und ließ den Anstich wieder schließen. Schüle erhielt jetzt überhaupt kein Wasser mehr. Da seine Cottonfabrique von seiner Bleiche „dependirte", die ohne Wasser nicht bestehen konnte, bat er mehrmals um eine neue Wasserleitung. Das Bauamt schlug nun vor, eine dritte Öffnung des Lochbaches zu machen, um Schüle mit Wasser zu versorgen. Bis diese Leitung gelegt sei, solle Gignoux wie früher das Überwasser von seiner Bleiche auf Schüles Bleiche fließen lassen. Allen drei Cottondruckern, Gignoux, Adam und Schüle wurde noch einmal das „schädliche waschen und einhenken" von Cottonen in den Brunnenbach verboten. Schüle durfte dagegen seine gedruckten Cottone und Bomasine in dem an seiner Bleiche vorbeifließenden „Stadt Lechbach" auswaschen und „auslichen", nicht jedoch im Wolfsbach, der in den Stadt- und Fischgraben floß.[69]

Als Schüle im Sommer 1761 wieder klagte, daß Gignoux ihm nicht so viel Überwasser zukommen ließ, wie er benötigte, und um einen dritten Anstich des Lochbachs bat, wollten die Baumeister nichts mehr davon wissen: Schüle würde keinen Mangel an Wasser haben, wenn er seine Wasserkanäle „mit eingesetzten Läden oder Kästen" so verwahrte, daß das Wasser nicht unnütz im Boden versickerte, und wenn er „seine Wassertröge hinten mit einer Falle also schliesset, dass dieselb immer voll bleiben können", wie dies auf den anderen Cottonbleichen auch getan werde. Auch die Müller wandten sich dagegen, daß ihnen über die zwei Wasseranstiche hinaus noch mehr Wasser aus dem Lochbach genommen würde. In trockenen Sommern hätten sie kaum genug Wasser, um

---

[69] 1754, 12. November. 1761, 11. Juni und 6. August. Cottondrucker und Fabrikanten 1761-1768.

ihre Mühlwerke zu treiben. Schües Bitte wurde daraufhin vom Rate abgelehnt. Er mußte sich mit dem Wasser begnügen, das er von der Bleiche des Gignoux erhielt.[70]

Neue Verfahren

Wir haben bereits gesehen, daß die Bleichmethoden auf den beiden großen Augsburger Bleichen im 18. Jahrhundert recht traditionell waren. Wir hören nichts davon, daß hier mit Schwefelsäure und Chlor experimentiert worden wäre, um die Bleichzeit zu verkürzen. Im Jahre 1802 wollte eine Witwe aus Würzburg, Maria Helena Eck, die Bleicher für ein neues Bleichverfahren interessieren: sie habe eine Methode gefunden, „Leinwand ohne Aufwand von Holz" weiß zu bleichen. Die Bleichinhaber, Klaucke und Kramer sowie auch Schüle, erklärten aber, sie könnten sich der neuen Methode nicht bedienen.

Es scheint dagegen, daß wenigstens einige der Cottonfabrikanten auf ihren Scheggenbleichen mit der Schnellbleiche experimentierten. Seltsamerweise hat J.H. Schüle, der 40 Jahre früher so viele neue Anstöße gegeben hatte, gegen die neuen Bleichmethoden protestiert.

Seit 1805 betrieben die Cottonfabrikanten Aumüller und Mathäus Schüle „Kunst oder Geschwindbleichen", auf denen man wohl mit Hilfe von Chemikalien den Bleichprozeß verkürzte. Im April 1806 legte J.H. Schüle Protest gegen das künstliche Bleichen ein. Weshalb? Er äußerte sich nicht über den Wert der Kunstbleiche. Ihm ging es um den finanziellen Verlust, den die beiden „Zwangsbleichen", und vor allem seine eigene Bleiche, die obere Bleiche, erlitt. Von 90 000 im Jahre 1805 geschauten Stücken seien nur 60 000 auf die beiden Bleichen gekommen. Er vermutete, daß die restlichen 30 000 auf die künstliche Weise gebleicht worden waren.

Die Deputierten ließen sich aber nicht in eine Diskussion über die neue Bleichart ein, weil Schüle sich nicht formell bei ihnen beschwert habe.[71] Wir hören nichts davon, daß die neue bayerische Regierung dem Aumüller und Mathäus Schüle die „Kunst – oder Geschwindbleichen" verboten hätte. Es ist anzunehmen, daß sich nun die Kunstbleiche auf den Scheggenbleichen der Cottonfabrikanten durchsetzte.

---

[70] 1760, 17. April, 19. und 26. April und 24. Mai.
[71] 1802, 20. Dezember. Seine Zahlen seien falsch. Von Mai 1804 bis Mai 1805 seien 87 208 Cottonstücke geschaut worden, 40 079 seien auf die untere, 28 803 auf die obere Bleiche gekommen, also insgesamt 68 882. Es bestehe also eine Differenz von 18 326 Stücken. Schüle habe aber übersehen, daß in der Zahl von 68 882 gebleichten Stücken die halb- oder viertelweiß gebleichten nicht enthalten seien. Sie würden vierteljährlich verrechnet. Auch nicht alle geschaute Ware komme auf die Bleiche, „weil viele rohe Kottone ganz blau gefärbt und nicht gebleicht werden". Der Kaufmann Gutermann allein lasse jährlich 1200 bis 1500 rohe Cottonstücke blau färben. Es sei auch zu vermuten, daß manche Kaufleute rohe Ware ausführten, ohne es zu melden. Es sei also falsch zu behaupten, daß 30 000 Stücke auf die Kunstbleichen gekommen seien.

Streit zwischen Cottondruckern und Kaufleuten

Erste Probleme

Die Konflikte der Cottonfabrikanten mit den Färbern und Bleichern ergaben sich aus den neuartigen Methoden des Cottondruckes. Es dauerte nicht lange, bevor die Cottondrucker auch mit den Kaufleuten zusammenstießen.

Die 16 Druckergerechtigkeiten, die man im Jahre 1693 verliehen hatte, berechtigten zum Drucken von Tuchen. Die Drucker sollten die ihnen von den Kaufleuten gegebenen Tuche gegen Lohn drucken. Es war nicht vorgesehen, daß die Cottondrucker selbständig mit den Tuchen handelten. Aber schon wenige Jahre später, um 1700, haben einige Cottondrucker wie Georg Neuhofer und Apfel auch mit gedruckten Tuchen gehandelt. Sie könnten sich nicht auf das Drucken beschränken, weil sie von den Kaufleuten mit minderwertigen Stücken bezahlt würden, mit „pavel". Wenn sie nicht drei, vier oder sechs Monate auf Bezahlung warten wollten, müßten sie auch Farbzeug und „andere unanständige Waren" annehmen. Um also nicht die „schöne Sommerszeit" ohne Arbeit dazusitzen, hatten Neuhofer und Apfel gedruckte Bomasine in Wien verkauft.

Die Cottondrucker rechtfertigten sich damit, daß doch auch die Drucker in Holland, Hamburg und Lübeck das Recht hätten, ihre gedruckten Waren überallhin, auch auf die Messen, zu senden. Manche Cottondrucker erhielten von den Kaufleuten das ganze Jahr nichts zum Drucken. Die Kaufleute meinten wohl, daß die „Trucker denen Bomasin Händlern sollten als eigene Knechte unterthan seyn, ihnen aufwarten, wann und wie sie es verlangten, und wegen der Bezahlung stillschweigen, … grad als wenn wir von ihnen absolute dependirten". Speziell Georg Neuhofer betonte, „dass durch ihne und nicht die Kaufleute diese nützliche Truckery dem Weber und Färberhandwerk zu gutem in hiesige Stadt kommen".[72]

Im Laufe der weiteren Verhandlungen ironisierten die Cottondrucker die Behauptung, ihre „lumpichte Correspondenz" mit den kleinen Landkrämern in der Nachbarschaft habe dazu geführt, daß aller Handel ins Stocken geraten sei. Bei ihren „vielen Ehehalten und Arbeiten" seien sie nicht imstande, „die arbeit auf gute Rechnung zu machen". Sie bedienten diejenigen zuerst, von denen sie gute Bezahlung bekamen.

Die Kaufleute seien auch nicht gegen jede „Correspondenz" der Drucker. Wenn es um eine neue „Fasson", um noch nicht bekannte Farben und Opern gehe, dann erlaube man ihnen mit den Holländern zu korrespondieren. Auf eigene Kosten natürlich. Wenn sie dann mit großer Mühe etwas Besonderes erreicht hätten, heiße es: „Jetz Halt, gebt her, was Ihr machen könnt und sizt Stille, bis wir euch befehlen zu arbeiten."

Die Cottondrucker könnten gar nicht die Ursache der „jetzigen schweren handlung" sein, denn auch dort, wo es keine Drucker gäbe, sei die Lage nicht anders. Sie würden auch weiterhin „mit möglichstem Fleiss nach schöner Arbeit und Farbe und immer nach neuen Gattungen, dass uns die Holländische Waar nicht zu weit übertreffe, trachten". Die Cottondrucker waren überzeugt, daß sie es waren, die der Augsburger Ware ihren guten Ruf gegeben hatten: „so nur im Trucken die Waare wohl reuscirt, so wird man nicht nöthig haben wegen des Verschleiss bekümmert zu sein, sondern die Waare wird genug

---

[72] 1709, Kattunfabrikanten 1707-1787.

gesucht werden."[73] Welchen Handel würden denn die Kaufleute treiben, wenn nicht sie, die Cottondrucker, die „Holländische Art von Arbeit allhier eingeführt und mit neuen Fassonen verbessert hätten"?
Diese Eingabe war von zehn Cottondruckern unterzeichnet. Nicht bloß Neuhofer und Apfel scheinen also mit gedruckten Tuchen gehandelt zu haben, sondern wahrscheinlich auch die anderen. So selbstsicher die Cottondrucker auftraten und ihre Errungenschaften betonten, ihr Handel war umstritten. Der Rat wird den Cottondruckern kaum den Handel mit gedruckten Waren auch weiterhin gestattet haben. Denn rund 20 Jahre später kam es in dieser Frage wieder zu einer scharfen Auseinandersetzung.

Handel mit gedruckter Ware

In den Jahren vor 1733 haben vor allem drei vermögende Cottondrucker, Neuhofer, Lobeck und Apfel, im großen Stile gehandelt. Sie begründeten dieses Recht unter anderem damit, daß sie „fabriquen" hätten. Die Deputierten bestritten aber, daß sie Fabrikanten seien. Sie seien nur Cottondrucker, da sie ja die Waren, die sie druckten, nicht selbst anfertigten.
 Die Deputierten sahen vor allem die Folgen, die der Handel der Cottondrucker hatte. Die Kaufleute könnten mit den Cottondruckern nicht konkurrieren, weil letztere billiger verkaufen könnten. Die Folge sei, daß die Kaufleute die „unvermöglichen" Cottondrukker, die um Lohn druckten, nicht bar bezahlen könnten. Oder sie zahlten nur ein Drittel bar. Für den Rest drängten sie ihnen Farbzeug oder andere Waren zu hohen Preisen auf. Oder sie tauschten als Bezahlung nur rohe oder gebleichte Ware für schon gedruckte Ware aus, die die Cottondrucker bereits auf Lager liegen hatten. Bloß um Bargeld zu bekommen und ihre Arbeiter zu bezahlen, müßten sie die ihnen aufgedrängte Ware 6, 8 oder 10 fl billiger verkaufen, als sie sie erhalten hatten.
 Die kleineren Cottondrucker, die keine Tuche bar kaufen konnten, müßten sie zu hohen Preisen auf Borg erwerben. Anstatt für ein Stück Bomasin 3 fl 45 kr bar zu zahlen, müßten sie beim Borgen auf zwei Monate 3 fl 52 kr zahlen. Sie würden also in den Ruin getrieben. Je mehr die ärmeren Drucker verarmten, um so mehr hätten sich die drei handeltreibenden Cottondrucker bereichert. Die wahre Absicht der Neuhofer, Lobeck und Apfel sei es, die unvermögenden Cottondrucker aus dem Geschäft herauszudrängen und „allein den Meister zu spielen".[74]
 Im Rate wurde nun vorgeschlagen, den Cottondruckern den Handel mit gedruckten Waren zu verbieten. Die Kaufleute sollten den Cottondruckern alle Waren nur zum Drucken geben. Der Druckerlohn solle nur mit Bargeld und nicht mit Farbzeug bezahlt werden. Und außer den holländischen Tuchen sollten die Kaufleute keine gedruckten Waren von auswärts bestellen.[75] Der Rat glaubte also, daß sich alle Probleme lösen würden, wenn die Cottondrucker nur um Lohn druckten und die Kaufleute alle Waren in Augsburg drucken ließen und mit Bargeld bezahlten. Als die Cottondrucker aber diese

---

[73] 1710. Weberhausverwaltung 83. Die Eingabe war unterschrieben von Andreas Jungert, Georg Dempf sel. Erben, Georg Neuhofer, Johannes Apfel, Tobias Gotthard Lobeck, Johann Georg Boppe, Georg Erdinger, Johann Jakob Senftel, Mathäus Beyrer, Sebastian Weiss.
[74] 1734, 22. Januar. Protokolle 1724-1737.
[75] 1734, 17. Februar. Protokolle 1724-1737.

Lösung einfach ablehnten, entschied der Rat am 23. August 1736, daß die Cottondrucker „zwar bei ihrer hergebrachten Freyhait zu handeln noch ferner gelassen", werden sollten, doch nur unter der Bedingung, daß sie „vor allen hinausswärts schliessenden negotiis die alhiesige Kauffmanschaft mit genugsamer waar so schleinig und in so billichem Preiss alss es möglich zu versehen schuldig".

Die Deputierten waren mit diesem Entschluß überhaupt nicht einverstanden. Das Dekret von 1693 habe den Cottondruckern nur das Recht zu drucken gegeben, nicht das zu handeln. Es stimme auch nicht, daß es jedem Handwerksmann oder Professionisten erlaubt sei, mit seiner Ware zu handeln.[76] Die Deputierten vertraten also die traditionelle Ansicht, nach der zwischen Handwerk und Handel streng zu trennen war. Jeder sollte in seiner Sphäre bleiben. Für die Deputierten waren die Cottondrucker eben nur Handwerker. Die Deputierten hatten noch nicht erkannt, daß die Cottondrucker ein neues Element darstellten, das sich in die traditionelle Scheidung von Gewerbe und Handel nicht mehr einreihen ließ.

Der Rat versuchte nun, diese ganze Streitfrage im Jahre 1737 umfassend zu regeln. Niemand sollte künftig zwei Gerechtigkeiten ausüben. Wer eine Handlung oder Krämerei betrieb, durfte keine Cottondruckerei errichten. Anderseits wurde den Cottondruckern der Handel mit fremden Cottonen und Bomasinen verboten. Sie durften aber das Farbzeug und andere Materialien, die sie zu ihrer Fabrique benötigten, von der ersten Hand beziehen. Sie waren also nicht genötigt, sie von den Kaufleuten zu kaufen. Bei diesen Käufen durften sie sich auch des „kurzen Weges", also der Wechselbriefe, Assignation und dergleichen bedienen. Die Cottondrucker durften auch einander Waren abkaufen oder zum Drucken geben.

Dies waren in der Tat einige Zugeständnisse an die Cottondrucker. Aber in der eigentlichen Streitfrage stellte sich der Rat auf die Seite der Kaufleute. Die Cottondrucker durften nicht mehr mit Weberwaren handeln. Die Cottondrucker waren auch verpflichtet, für die Augsburger Kaufleute um 2% billiger als für auswärtige zu arbeiten und sie vor den auswärtigen zu bedienen.[77]

Die Kaufleute hatten sich also in dem dreijährigen Streit durchgesetzt. Doch die Cottondrucker hielten sich nicht an das Verbot. Schon zwei Jahre später, 1739, klagten die Kaufleute, daß die Cottondrucker ihre Waren nicht „nach gebühr" druckten, weil sie mit ihrem eigenen Handel zu beschäftigt seien. Da sie so schlecht bedient würden, unterstützten die Kaufleute die Bewerbung des Peter Schumacher, eines ehemaligen Handlungsbedienten der Gignoux, um ein Druckerzeichen.

Die Deputierten gaben den Kaufleuten recht. Sie hätten Grund zu klagen. Die Hälfte der Cottondrucker übe ihr Gewerbe überhaupt nicht aus, weil sie nicht die Mittel hätten „den Werkhzeug" anzuschaffen, „um was schönes nach jetziger zeit und modi, so mann beständnig neue façon haben will, verfertigen zu können". Die anderen Cottondrucker hätten zwar die Mittel, aber sie seien nicht interessiert um Lohn zu drucken, weil sie mit ihren eigenen gedruckten Waren handelten. Sie würden „die schönste und neueste façon und operen auf ihr aigne Waar zuerst appliciren, und in Zeiten, wenn die Waaren auf

---

[76] 1736, Protokolle 1724-1737.
[77] 1737, 13. Juni. Protokolle 1724-737.

den Messen begehrt werden, ihre eigene zuerst anfertigen".[78] Die Deputierten empfahlen deshalb auch, dem Schumacher ein Druckerzeichen zu geben, was denn auch geschah.

Um 1745 klagten die Kaufleute wieder, daß die Cottondrucker die gedruckte Ware kistenweise fortschickten. 1746 hat man die Cottondrucker sogar beschuldigt, vier Gewerbe zu treiben: sie seien nicht bloß Drucker, sonder auch Kaufleute, Färber und Mangmeister. Offiziell scheint aber das Verbot von 1737 noch bestanden zu haben.

Streit um Ausfuhr roher und gebleichter Ware

Im Jahre 1744 waren die Cottondrucker wieder in einen Streit mit den Kaufleuten verwickelt, der allerdings auch die Weber betraf. Am 3. Juli 1734 war den Cottondruckern verboten worden, fremde Geschauware zu drucken.[79] Zehn Jahre später[80] forderten sie nun, daß auch die Ausfuhr der in Augsburg angefertigten rohen und gebleichten Cottone und Bomasine verboten würde. Weshalb stellten sie diese Forderung?

Seit einigen Jahren waren große Mengen von „weissen Waren" von auswärtigen und hiesigen Kaufleuten aufgekauft und dann auswärts bedruckt worden, so vor allem in den Nürnberger Cottonfabriken. Die Cottondrucker klagten nun, daß sich die auswärtigen Fabriken dank der Augsburger Waren „emporschwangen" und ihnen die Arbeit wegnahmen. Die Nürnberger könnten billiger produzieren, weil sie auch färben, mangen und bleichen dürften. Sie seien in der Lage, das ganze Frankenland zu „verlegen" und Handelsleute an sich zu ziehen, die bisher von den Augsburger Cottondruckern gekauft hatten. Falls man die Ausfuhr der rohen und gebleichten Cottone und Bomasine nicht verbieten wolle, solle man ihnen wenigstens erlauben, fremde Waren zu drucken. Also eines oder das andere.

Die Deputierten waren in dieser Sache gespalten. Einer, Seida, sah vor allem die Auswirkung auf die Weber. Wenn viel gebleichte Ware von den Kaufleuten ausgeführt wird, werde das Weberhandwerk in „gutem Flor" erhalten. Wenn die Ausfuhr verboten wird, könnten die Weber erheblich weniger produzieren.

Ein zweiter Deputierter, Göbel, war dagegen dafür, die Ausfuhr der gebleichten Ware zu verbieten. Vorbedingung sei jedoch, daß der Handel der Cottondrucker nach wie vor verboten bleibe, daß die Weber ihre Cottone und Bomasine bei den Cottondruckern und Kaufleuten losbrachten und daß die Einfuhr der fremden Cottone und Bomasine untersagt bleibe. Der dritte Deputierte, Herwarth, stimmte der Bitte der Cottondrucker voll zu. Die entscheidende Frage sei, ob man die auswärtigen Fabriken durch die Ausfuhr der gebleichten Ware fördern wolle oder nicht. Er legte gleich den Entwurf eines Anschlages vor, der der Bitte der Cottondrucker ganz entsprach. Der Rat hat daraufhin am 17. Mai 1746 den Webern und Kaufleuten verboten, gebleichte Waren wie Cottone, Bomasine, Schnupftücher oder Brabanterle nach auswärts zu verkaufen.

Damit war die Sache aber längst nicht beendet. Wenig später wollten nämlich einige Nürnberger Kaufleute in Augsburg gebleichte Waren einkaufen, wurden aber gemäß dem Dekret abgewiesen. Sie kauften daraufhin die Waren in Burtenbach und Kaufbeuren.

---

[78] 1739, September und 1740, 5. März. Cottondrucker 1650-1760.
[79] 1734, 3. Juli. Cottondrucker und Fabrikanten 1650-1760.
[80] 1744, 21. März. Bereits 1714 hatten sie diese Forderung erhoben, waren aber abgewiesen worden. (1714, 27. April. Ratsbuch)

Nun protestierten 14 Webermeister gegen das neue Dekret. Die Verkaufssperre in Augsburg werde dazu führen, daß die Weberei in Kaufbeuren, Burtenbach und anderen Orten einen großen Aufschwung nehmen werde. Das hiesige Handwerk dagegen werde um einiger weniger Cottondrucker willen ruiniert.

Die Deputierten waren sich nach wie vor uneins. Seida trat dafür ein, das Dekret aufzuheben. Die Weber seien wichtiger als die Cottondrucker. Die 503 Meister und 379 Gesellen und Lehrjungen könnten die Drucker und Kaufleute in kurzer Zeit mit genügend Waren versorgen, wenn man ihnen nur erlaube, auf vier Stühlen zu arbeiten. Die Cottondrucker machten sowieso mehr Gewinn, als ihnen gebührte. Nach Meinung der beiden anderen Deputierten dagegen waren nicht die Cottondrucker, sondern die Weber auf ein Monopol aus. Den Webern gehe es de lucro captando, den Cottondruckern de damno vitando.[81]

Der Rat hat jedoch das Verkaufsverbot trotzdem wieder aufgehoben – sicherlich mit Rücksicht auf die Weber. Die Cottondrucker hatten sich also nicht durchgesetzt. Die auswärtigen Kaufleute durften wieder gebleichte Cottone und Bomasine in Augsburg kaufen.

Das Dekret von 1737, das den Cottondruckern den Handel verbot, wurde auch dahingehend ausgelegt, daß den Kaufleuten jeder Eingriff in die Arbeit der Cottondrucker verboten war. Sie sollten das „gantze capo der Cottonfabrique" den Cottondruckern überlassen und also keine Bleichen kaufen oder pachten, Rechen oder Häncken bauen oder Modelschneider, Stückreiber und Malerinnen anstellen.

Seit Mitte des 18. Jahrhunderts wurden aber diese Abgrenzungen nicht mehr beachtet. Nur waren es nicht mehr die Kaufleute, die sich beschwerten, sondern die Cottondrucker. Die Fronten waren also genau umgekehrt. So haben mehrere Kaufleute, die mit Weberwaren handelten, wie die Wagenseil, Gebhard und Greif, eigene Scheggenbleichen eingerichtet und Bleichmeister angestellt. Bayersdorf, Heinzelmann, Wagenseil, Gebhard und Greif sollen auch in der Stadt wie außerhalb „Cottondruckers Rechen und Häncken" errichtet haben.

Andererseits scheint sich seit Mitte des 18. Jahrhunderts die Ansicht durchgesetzt zu haben, daß man den Cottonfabrikanten den Handel mit Tuchen nicht verbieten könne. Im Jahre 1768 heißt es, daß die meisten Augsburger Fabrikanten auch Cottonhändler seien, die mit ihren eigenen gedruckten Weberwaren handelten. Nur Johann Christoph Apfel und das Druckerehepaar Johann Christoph Deschler seien noch Lohndrucker. In den 1780er und 1790er Jahren wird dann nur noch Schöppler und Hartmann als Lohndrucker bezeichnet.[82] Die anderen Cottonfabrikanten kauften, druckten und verkauften auf eigene Rechnung.

---

[81] 1746, 20. August. Cottondrucker 1650-1760.
[82] Ab und zu hören wir auch von anderen Lohndruckern. So erwähnten die Cottondrucker im Jahre 1740, daß ein gewisser Senftel, ein Silberstecher, die Gerechtigkeit von einem Drucker gekauft, aber bald mit der Druckerei aufgehört habe, weil er keine „Wissenschaft" besessen habe. Seine Witwe, die bei dem alten Apfel in der Druckerei gearbeitet und dort etwas „abgespickt" haben mochte, habe dann eine Zeitlang in ihrer Wohnung um Lohn gedruckt. Es sei aber eher Pfuscherei als eine „Fabrique" gewesen.
Auch die Tochter des Druckers Johann Georg Seuter druckte um Lohn. Im Jahre 1758 erlaubte man ihr zur drucken, verbot es ihr aber wieder, als sie 1759 heiratete. Dennoch druckte sie bis 1768 weiter. Sie rechtfertigte sich damit, daß es ihr einziger Unterhalt sei. Sie sei als Cottondruk-

Ausfuhr der gedruckten Leinwand

Die Augsburger Weber fertigten um die Mitte des 18. Jahrhunderts fast ausschließlich Cottone und Bomasine an und kaum Leinwand. Der Kaufmann, der mit Leinwand handeln wollte, mußte sie also von auswärts beziehen, etwa aus den Städten und Dörfern Schwabens. Probleme ergaben sich daraus, daß diese Leinwand genauso breit wie die 6/4 breiten Bomasine war, daß sie auf dieselbe Weise appretiert wurde und daß ihr dann die „gehörigen Glanzfarben" gegeben wurden. Als die ersten Drucker in Augsburg Leinwand druckten, sollen sie nach Aussage der Weber nur mit „Wasser und Pappfarben" gefärbt haben. Die Leinwand habe auch nicht die Breite und Länge der Bomasine gehabt und sei nicht wie Bomasin appretiert worden. Um die Mitte des 18. Jahrhunderts wurde aber die Leinwand, wie die Bomasine und Cottone, mit Ölfarben gefärbt.

Die Kaufleute schickten um 1750 Muster dieser neuen, gedruckten Leinwand nach Italien und Frankreich, um den Leinwandhandel anzuregen. Mit Erfolg. Die italienischen and französischen Kunden, die bisher mit den Bomasinen und Cottonen zufrieden gewesen waren, wollten nun diese gedruckte Leinwand. Dieser neue, „florierende" Leinwandhandel führte schnell zu Streit. Die Deputierten erklärten, der Druck der ungeschauten Ware, also auch der Leinwand, sei den Cottondruckern durch Dekrete vom 23. Dezember 1698 und 17. Mai 1746 verboten worden. Die Cottondrucker wiederum behaupteten, der Druck der Leinwand sei ihnen nie verboten worden. Er sei ja ihre eigene Erfindung. Das Verbot, ungeschaute, fremde Ware zu drucken, beziehe sich nur auf die eingeführten Cottone und Bomasine.

Der erste Augsburger Drucker, Jeremias Neuhofer, habe zuerst Leinwand, dann Barchent gedruckt. Der alte Apfel habe nur Leinwand gedruckt, bis sich nach und nach mehr Drucker eingefunden und neben der Leinwand Bomasin und Cotton gedruckt hätten. Lobeck, Reinweiler und andere Drucker hätten seit 50 Jahren ein Jahr nach dem anderen neben den Bomasinen auch Leinwand gedruckt und zwar „papte, damasierte, miniatur, gold- und silber- und Kirchen Leinwath, so jetzo geschilderte Lufftfarben genannt werden". Niemals sei einem Drucker der Druck der Leinwand verboten worden. Die Klagen der Weber seien völlig neu.

Die Deputierten wiederum verwiesen darauf, daß die Anschläge vom 13. Dezember 1687, vom 3. Juli 1734 und 27. Mai 1746 den Kauf, Druck und Verkauf von auswärtiger Leinwand verboten. Fremde Weberwaren, ob geschaumäßig oder nicht, dürften nicht in die Stadt gebracht werden. Die Leinwand werde ausdrücklich genannt. Jeremias Neuhofer durfte zwar Leinwand drucken, aber nur „mit papp farben, und nicht in der Breite und Länge der Bomasin". Also nicht wie jetzt mit Ölfarben. Er durfte auch die Leinwand nicht appretieren wie die Bomasine. Das Dekret vom 23. Dezember 1698 habe die Drukker angewiesen, bei dem Druck von Barchent und Bomasin zu verbleiben.

Der Handel mit gedruckter Leinwand habe Augsburgs Cotton- und Bomasinhandel geschädigt. Die auf die Leinwand gedruckten Farben hielten den Druck nicht. Diese Leinwand habe zwar die Breite der Bomasine, aber sie sei um ein oder zwei Ellen kürzer.

---

kerin bekannt und schon seit 10 Jahren vollkommen eingerichtet. Sie arbeite nur für die Kaufleute um Lohn und handele nicht wie die anderen Cottonfabrikanten mit gedruckten Weberwaren. (1768, 12. Dezember, Protokolle 1767-74.) Es gab also solche Nischen, die es einzelnen ermöglichten, um Lohn zu drucken.

Doch die Käufer meinten wegen der Farben und des „geflissentlichen Glanzes", es seien Bomasine. Die Folge sei, daß gute Geschauware wie die Bomasine, Cottone und Brabanterle liegenbleibe, während die „ungeschauten und falschfarbigen Leinwathen" verkauft würden. Die Unredlichkeit, die mit der „mit falschen Farben gedruckten Leinwathen" getrieben wird, werde aber durchschaut werden. Die Probe könne mit natürlichem, simplem Wasser gemacht werden, ohne Essig und Scheidwasser. Der Handel mit der Leinwand werde dann aufhören, weil „der gute Druck und die Fatturen auf puren Leinwathen keinen Bestand hat". Man werde hier schließlich weder gute noch schlechte Ware kaufen.[83]

Die Kaufleute und Cottondrucker sahen allerdings die Sache ganz anders. Der Handel mit gedruckter Leinwand sei nun einmal da. Wenn die Augsburger ihn aufgäben, würden ihn die benachbarten Städte um so lieber an sich reißen. In den benachbarten Fabriken würden schon jetzt ohne jede Beschränkung erstaunliche Mengen von Leinwand gedruckt.

Nicht der Export der gedruckten Leinwand habe den Absatz der Augsburger Bomasine und Cottone in Italien beeinträchtigt, sondern die Konkurrenz der in Schwaben, Bayern und Österreich gegründeten Bomasin-Fabriken. Die Kaufleute wiesen auch auf die aus Marseille kommenden billigen französischen Cottone, die fein blau gedruckten Cottone der Holländer, billige Indianelle aus der Levante und Cotton und gedruckte Leinwand aus der Schweiz hin. Der Absatz der Augsburger Cottone und Bomasine wäre wahrscheinlich noch schlechter, wenn nicht der „feinere Druck und die Veränderung der Model diese Wahr noch beliebt machte". Die Kaufleute warnten auch noch aus einem anderen Grunde davor, den Leinwandhandel zu verbieten. Wie andere Professionisten stünden sie vor Schwierigkeiten, „die von auswärtigen neuen Inventionen, veränderten moden und in specie von dem ... sich an keine Gesetze binden lassenden gusto" bedingt seien. Sie wiesen auf die industria exterorum, auf die „geschickten inventionen, perfectionierung und verbesserung der noch dazu wohlfeileren waren" durch auswärtige Kaufleute. Wenn der Kaufmann sehe, daß ein „gewisses capo" keinen Absatz mehr hat, müsse er andere Wege suchen und „neue Erfindungen raffinieren". Wenn es keine anderen als die Augsburger Weber gäbe, dann müßte sich das commercium nach ihnen richten. Da aber die Welt von Webern voll sei, müßten sich die Weber die Arbeit gefallen lassen, die man bei ihnen bestelle. Kurzum, die Kaufleute und Cottondrucker verlangten, daß sie auch weiterhin Leinwand von auswärts drucken und exportieren dürften.[84]

Von 1750 bis 1755 wurde über diese Sache gestritten. Ausschüsse der Kaufleute, Cottondrucker und Weber tagten, ohne daß eine Einigung erzielt wurde. Es ist nicht bekannt, ob der Rat schließlich den Kaufleuten auch weiterhin erlaubte, Leinwand einzuführen, drucken zu lassen und wieder auszuführen, oder ob er der Bitte der Weber nachkam und den Handel mit gedruckter Leinwand verbot.[85] Im Grunde ging es um die Frage, ob die Interessen des Weberhandwerks oder die der Fabrikanten und Kaufleute von größerer Bedeutung für die Wirtschaft Augsburgs waren. Bis zum Aufstand der Weber im Jahre 1794 sollte sich dieses Problem immer wieder stellen.

---

[83] 1753, 14. August.
[84] 1755, 21. Juni.
[85] 1752, 22. Februar. 1753, 13. April, 29. Mai, 14. August. 1754, 21. Juni.

Arbeiter in Cottonfabriken

Zahl der Arbeiter

In den Werkstätten der Cottonfabrikanten wurde eine Vielfalt von Arbeiten ausgeführt. Man mußte „bleichen, drucken, malen, klären und reiben".[86] Wir wissen, daß in den Cottonfabriken „Mahler, Drucker, Modelschneider, Farb- und Bleichknechte um Lohn" arbeiteten.[87] Unter den Arbeitern finden wir sowohl Männer wie Frauen. Die Männer arbeiteten als Drucker, Stückreiber und Farb- und Bleichknechte, die Frauen als „Streich-Mädel, Model Buzerin, Deckerin, Mahlerin, Druckerin".[88] In Schüles Fabrik und wohl auch in den anderen Fabriken arbeiteten Kinder, etwa Mädchen, die mit „streichen und model putzen" beschäftigt wurden.[89]

Schüle beschrieb mit einiger Übertreibung, wie sein Personal erst mit „bald unglaublichem Kostenaufwand, unsäglicher Mühe, Geduld und Zeitversäumnis vorerst abgerichtet werden müsse, ehe und bevor ein solches Maschinenmässig zu arbeiten gewöhntes Volk zum Dienst und Nutzen gebrauchet" werden kann. Es vergingen viele Jahre, bevor die zu beachtenden „manipulationes, Vortheile und Griffe in einen solch dick dummen Kopf gebracht und durch unausgesetztes Anstrengen, Vorwendigen und Sagen eine solche Person endlich umgeschaffen – und Hand und Kopf dazu gemodelt werden".

Die Cottondrucker waren an keine Handwerksordnung gebunden. Wie viele Leute arbeiteten aber in den Werkstätten der Cottonfabrikanten? Sicher waren es in den ersten Jahren noch wenige. Aber ihre Zahl hat dann immer mehr zugenommen. Gignoux erklärte 1735, daß er „wöchentlich bey 80 Personen utriusque religionis, so bey ihme in Dienst und arbeith stehen, auszubezahlen habe". Abraham Neuhofer beschäftigte im Jahre 1739 28 Druckerinnen, rund 48 Mägde, Bleich-, Färber-, und Mangknechte und knapp 24 Färber und Färbergesellen, Mangmägde, Kisten- und Modelschneider.[90] In den Jahren 1740 und 1746 sprachen die Cottondrucker von „vielen 100 arbeitsleuten", die bei ihnen arbeiteten. So sollen Georg Christoph Deschler und seine Frau im Zeitraum von 1758 bis 1768 jedes Jahr „200 Personen und drüber in Drucken, mahlen, bleichen, streichen, färben, modelschneiden, stückreiben" beschäftigt haben. Es war also ein umfangreicher Betrieb. Als Bayersdorf sich 1760 um ein Druckerzeichen bewarb, erklärte er, daß er bereits 50 Arbeitsleute „aufgenommen" habe. Gebhart und Greif erklärten im Jahre 1763, daß sie einige hundert Personen in ihrer Fabrik beschäftigten.[91]

Den größten Betrieb hatte wohl Schüle. Als er 1758 seinen Vertrag mit dem Zucht- und Arbeitshaus schloß und ein Druckerzeichen bekam, versprach er anscheinend, an die 1000 Personen zu beschäftigen. Das Arbeitshaus hatte aber nur 700 Insassen. Es ist nicht

---

[86] 1760, 3. Juni.
[87] 1782, 30. April.
[88] 1794, 21. Februar. 1762 heißt es, daß die Arbeiter in der Cottonfabrik in Göggingen „mit Drukken, Streichen, Mahlen ihr Stück Brot" verdienen. 1762, 28. Mai. Protokolle 1758-64.
[89] 1790, 18. Juni. Ebenfalls Nicolai, Beschreibung S. 26-27.
[90] Als er am 24. August 1739 das fünfzigjährige Jubiläum seiner Cottondruckerei feierte, nahmen 130 Personen am Festessen teil. Nur die Zahl der „Mägde, Bleich-, Färber- und Mangknechte" wird nicht genannt, kann aber errechnet werden. (Forrer, S. 36).
[91] 1735, 9. Januar. Kattunfabrikanten 1707-1787, 1740, Cottondrucker 1650-1760. 1763, 9. März. Ausschaffung der Weber 1621-1798.

bekannt, wie viele von ihnen Schüles Cottone bemalten. 1759 ließ er angeblich „ganze Wagen voll Fremder Leute, utriusque sexus" nach Augsburg kommen, die in seiner Fabrik arbeiten sollten. Allein zum Pantschen der Tuche beschäftigte er 40 Personen. Schüle betonte, daß seine Fabrik „vielen Personen ihren Unterhalt verschafte"[92] Diese Behauptung mag schon gestimmt haben. Denn die Verlegung seiner Fabrik nach Heidenheim im Jahre 1766 hatte zur Folge, daß in Augsburg mehrere hundert Hände ihre Arbeit verloren. Nicolai berichtete im Jahre 1781, daß 350 Personen in Schüles Fabrik arbeiteten, darunter viele Weiber und Kinder.[93] Im Jahre 1794 gaben die Deputierten bereitwillig zu, daß Schüle vielen hundert, ja tausend Menschen Arbeit gegeben habe, „weil jede Sorte Mensch, jung und alt, Weibs und Mannsbilder" zu der Arbeit in seiner Fabrik zu brauchen war.

In den anderen größeren Fabriken wurden ebenfalls mehrere hundert Arbeiter beschäftigt:[94]

Mathäus Schüle	1791	500 Arbeiter
Anna Barbara Gignoux	1791	500 Arbeiter
Schöppler und Hartmann	1790	300 Arbeiter

Die Cottonfabrikanten sagten im Jahre 1794, daß 3700 Menschen in ihren Fabriken arbeiteten. In diese Zahl seien aber nicht einmal die vielen Handwerker mit eingeschlossen, denen sie ebenfalls Arbeit verschafften.[95] Leider gibt es keine Angaben, wie sich diese 3700 Personen auf die verschiedenen Cottonfabriken verteilten.

Arbeiter von auswärts

Unter den Arbeitern in den Werkstätten der Cottonfabrikanten waren von Anfang an viele Auswärtige.[96] Auswärtige waren aber in Augsburg nicht sehr gerne gesehen. So klagten die Deputierten, daß die Fabrikanten zwar den einen oder anderen Bürger angestellt hätten, „dagegen aber die Stadt mit unnutzem Rieser Volk angefüllt und eine Menge Diebe ... anhero gezogen" hätten. Angesichts der weit verbreiteten Armut unter der Bevölkerung verstand man im Rat nicht, weshalb die Cottonfabrikanten ausgerechnet Auswärtige in ihren Fabriken beschäftigen mußten. Der Rat befahl deshalb 1759 den Cottonfabrikanten, in erster Linie Bürger und Beisitzer anzustellen.[97] Auch Schüle wurde 1770 angewiesen, sich seiner Mitbürger zu bedienen. Wenn er aber dennoch einen Modelschneider von auswärts benötige und dieser dann „ausser seiner Fabrique" bei Bürgern in der Stadt wohnte, müsse er einen „obrigkeitlichen Consens" haben.[98] In der Folge hat man dann diesen fremden Arbeitern besondere „Aufenthalts Erlaubnisscheine"

---

[92] 1764, 10. Oktober.
[93] Nicolai, Beschreibung, S. 26-27.
[94] Die Belegstellen bei Fassl, Konfession, S. 153.
[95] 1794, 21. Februar.
[96] Ohne Datum. Kattunfabrikanten 1707-1787. So berichtet auch Franz Xaver Geiger im Jahre 1789, daß die Cottonfabrikanten das „lose Gesindel" von auswärts anzogen, die dann als Cottonmaler und Malerinnen, Drucker und Druckerinnen arbeiteten. Franz Xaver Geiger, „Reise eines Engelländers durch einen Teil von Schwaben und einige der unbekannten Gegenden", Amsterdam, 1789. Zitiert bei Müller, Johann Heinrich von Schüle, S. 167.
[97] 1759, 30. August.
[98] 1771, 22. Mai.

erteilt. Wer einen solchen Schein nicht hatte, konnte ohne weiteres ausgewiesen werden. So wurden im Januar 1790 vier für Schüle arbeitende, verheiratete Modelschneider ausgewiesen. Die rechtliche Stellung dieser fremden Arbeiter war eben unklar. Bisher hatten nur Bürger und Beisitzer in der Stadt wohnen dürfen. Mit einem Male lebten und arbeiteten Leute in der Stadt, die in keine dieser Kategorien paßten.

Die Deputierten wußten schon, wie es zu dieser Lage gekommen war. Schüle selbst habe ganz offen gesagt, er müsse für das Pantschen der Tuche auswärtige Arbeiter anstellen, „da die wenigsten hiesigen Arbeiter (sich) zu diesem harten Geschäfte verstehen wollen".[99] Die Cottonfabrikanten seien natürlich verpflichtet, den Verdienst ihrer Mitbürger zu fördern. Aber die Mitbürger müßten auch den Willen haben, die Arbeit mit Fleiß und Geschicklichkeit zu verrichten. Man könne es den Fabrikanten nicht verdenken, daß sie sich bei Mangel „brauchbarer, geschickter und emsiger hiesiger Arbeiter" nach fremden Arbeitern umsahen.

Viele Augsburger wollten überhaupt nicht arbeiten. Andere, die zu arbeiten bereit waren, zeigten keinen Fleiß und wollten nur viel verdienen. Man käme mit ihnen nicht aus und müsse sie entlassen. Bis man die „in dem hiesigen publico so tief eingewurzelte Trägheit und Faulheit ganz ausgerottet" habe, müsse man die Fremden in Augsburg dulden. Außerdem wäre es auch für die Augsburger Fabrikanten nachteilig, wenn man ihnen verwehren sollte, „fremde Künstler, die neue Desseins, bessern Gout in der Arbeit, offt neue Erfindungen in allerhand für ihre Fabriken nützlichen Sachen" hatten, anzustellen.

Obwohl man die Fremden also benötigte, wollten die Deputierten dennoch nicht dazu raten, sie als Bürger oder Beisitzer aufzunehmen. Vielmehr sollte man ihnen auch weiterhin nur befristete Aufenthaltsgenehmigungen erteilen. Außer den Fremden, die in Augsburg wohnten, arbeiteten auch Leute aus der Umgebung in den Cottonfabriken. In dem Bericht von 1794 heißt es, daß die meisten der 3700 Fabrikleute gar nicht Bürger oder Beisitzer waren, sondern in den Dörfern der Umgebung wohnten. Man könne diese von den Dörfern kommenden Fabrikleute „frühe und abends haufenweise bei den Toren ein und ausschwärmen" sehen. Die meisten von ihnen zögen zu den „vor den thoren liegenden Fabriken".[100]

Handwerker und Arbeiter

Der Cottonfabrikant und die verschiedenen Arbeiter standen nicht in demselben Verhältnis zu einander wie der Handwerksmeister und seine Gesellen. Die unterschiedliche Rechtslage wurde von den Fabrikanten ganz deutlich betont, als Schüle im Jahre 1781 gewisse Bestimmungen der Handwerker auf die Fabriken übertragen wollte. So wie es den Gesellen nicht gestattet sei, ohne Einwilligung ihrer Meister in eine andere Werkstatt überzuwechseln, und wie es den Meistern nicht erlaubt sei, einander die Gesellen abzuspannen, so sollte es auch dem „Fabrique Personal" verboten werden, ohne Ursache aus der Arbeit zu gehen und in eine andere Fabrik überzuwechseln. Wie bei den Handwerkern solle eine solche Person vor Ablauf eines Jahres in keiner anderen Fabrik arbeiten dürfen.

---

[99] 1790, 18. Juni. Protokolle 1794, 21. Februar.
[100] 1794, 21. Februar.

Die anderen Cottonfabrikanten haben diese Übertragung der Handwerksartikel auf das „Fabrique Verhältnis" sofort als „untunlich und unnötig" abgewiesen. Sie wollten nichts von der wechselseitigen Bindung zwischen Meister und Gesellen wissen. Der Meister dürfe ja seinen Gesellen ebensowenig unter der Zeit fortjagen, wie der Geselle eigenmächtig seinen Meister verlassen darf. Sie wollten offensichtlich dem Fabrikanten das Recht wahren, seine Leute zu entlassen, wenn keine Arbeit da war. Wenn Schüle seinen Arbeitsleuten und Handlungsbedienten vertraglich verspreche, sie in „kontraktmässigem Solde" zu unterhalten und ihnen den Wochenlohn zu zahlen, ob Arbeit da war oder nicht, so sei das seine Sache. Ihrer Meinung nach war es „unthunlich und verwerflich" die Manufacturs-Arbeitsleute den Handwerksgenossen gleichzusetzen.[101]

Schüle machte seine Vorschläge nicht etwa, weil er der Welt des Handwerks verhaftet gewesen wäre. Ihm ging es darum, die einmal angelernten Arbeiter zur Arbeit in seiner Fabrik zu zwingen und sie daran zu hindern, in eine andere Fabrik überzuwechseln. Darüber später.

Maler

Nachdem die Zitzen mit den echten Farben bedruckt und gebleicht worden waren, wurden sie, wie Krünitz sagt, mit blauer, grüner oder gelber Farbe „ebenfalls gedruckt, gemeiniglich aber gemahlt oder geschildert".[102] Diese Arbeit wurde von den sogenannten Schilder-Mädchen verrichtet.[103] Es war keine schwere Arbeit. Man benötigte nur Pinsel und Farbe, um die vorgedruckten Umrisse nach Anleitung der Muster mit Farben auszufüllen.

Schüle hatte ja die Idee, für diese Arbeit die Insassen des Zucht- und Arbeitshauses zu verwenden. Es wurden Pinsel und Tische angeschafft. Die Häftlinge mußten auch erst „im mahlen der alhiesigen Weberwaren" unterwiesen werden. Aber die Sache scheint dann doch ganz gutgegangen zu sein.

In diesem Falle erfahren wir auch einmal etwas über die Löhne, die von den Cottonfabrikanten gezahlt wurden. Schüle wollte den Insassen des Arbeitshauses für die Malarbeiten den „bisherigen gewöhnlichen lohn" zahlen:[104]

    für ein Cotton à 7/4 Breite 30 kr
    für ein Cotton à 6/4 Breite 20 kr

Wir wissen allerdings nicht, wie lange eine Person brauchte, um ein Stück Cotton mit dem vorgeschriebenen Muster zu bemalen.

Die Malarbeiten wurden auch in den Fabriken selbst verrichtet. So wurden Christian Schleich und seine Frau 1762 zur „inspection der Mahlerinnen" in der Cottonfabrik in Göggingen ernannt. In der zweiten Hälfte des 18. Jahrhunderts, wenn nicht schon früher, haben die Malerinnen die Tuche auch zu Hause bemalt. Sie erhielten die Stücke von den Aufseherinnen, die wiederum dafür verantwortlich waren, daß die Malerinnen die Tuche wieder zurückbrachten.

---

[101] 1781, 24. Dezember.
[102] Krünitz, Oeconomische Encyclopädie, Bd. 36, S. 102.
[103] 1758, 1. Juli. Protokolle 1758-64.
[104] 1782, 4. und 10. Dezember. Protokolle 1781-86 II.

Im Jahre 1785 wurde kritisiert, daß die gedruckte Ware „vielfältig" zum Malen auf die nahe gelegenen Dörfer getragen wurde. Auf diese Weise werde ärmeren Augsburgern die Nahrung entzogen.

Drucker

Auch die Drucker waren Spezialisten mit besonderen Fertigkeiten. Soweit wir wissen, gab es unter den Druckern keine Unterscheidung von Meistern und Gesellen. Sie standen also wirklich außerhalb der traditionellen Gewerbe. Obwohl wir von keiner Innung hören, taten sich dennoch die Drucker der verschiedenen Cottonfabriken Augsburgs für praktische Zwecke zusammen. Als sie im Jahre 1783 eine Kranken- und Sterbekasse gründeten, unterschrieben 55 Drucker die Gründungsurkunde. Wir können also wohl mit 55 Druckern rechnen.

Weniger als die Hälfte, 44%, waren Augsburger. Die Mehrzahl, 56%, waren Auswärtige. Dies waren also die Fremden, über deren Beschäftigung der Rat so klagte. Aber ohne die fremden Drucker wären die Fabrikanten anscheinend gar nicht ausgekommen. Die auswärtigen Drucker kamen auch nicht etwa aus den Dörfern und Städtchen der Umgebung Augsburgs, aus denen sonst so viele Handwerksgesellen nach Augsburg kamen. Mehrere kamen aus der Schweiz, aus Sachsen, Preußen und Österreich. So arbeiteten in Augsburg 16 Drucker aus Berlin, Chemnitz, Wien, Zürich und Basel. Obwohl die Cottondruckerei nun schon fast 100 Jahre in Augsburg heimisch war, ging es nicht ohne die fremden Drucker.

Heimatort der Augsburger Drucker 1783

Augsburg	24	Kaufbeuren	1
Berlin	4	Zürich	3
Schmeberg	1	Kuhberg (Schweiz)	1
Schwechat	1	Basel	2
Chemnitz	3	Erlangen	2
Bra?	2	Pappenheim	1
Budissin in Sachsen	1	Schwabach	1
Friedau	1	Hamburg	1
Wien	4	Brüssel	1
Montbeliard	1		

Auch von den 82 Kattundruckern, die im Laufe des 18. Jahrhunderts in Augsburg heirateten, stammten nur 41% aus Augsburg selbst, 59% von auswärts. Verhältnismäßig viele kamen aus Städten im Osten des Reichs.[105]

---

[105] Kattundrucker, die in Augsburg heirateten:

Zeitraum	aus Augsburg	von Dörfern	aus Städten außer Augsburg	alle
1716-1806	34	22	26	82
	41,46%	26,82%	31,70%	

Kattundrucker aus folgenden Städten heirateten in Augsburg im 18. Jahrhundert: Bauzen 1, Breslau 1, Chemnitz 1, Erlangen 1, Friedau 1, Melk 1, Prag 1, Raab 1, Schwabach 2, Schwechat

Im Winter, wenn es nicht genug Arbeit gab, gingen manche Drucker in ihre Heimat zurück. Danach kamen sie wieder nach Augsburg.

Wenn ein Geselle erkrankte oder starb, hatte man vor 1783 unter den Druckern in den Fabriken Kollekten gehalten. Aber diese Sammlungen hatten sich nicht bewährt: der eine Drucker gab Geld, der andere zeigte seine Mildtätigkeit nur mit Worten. Die Folgen waren Streit und Unfrieden. Die Drucker einigten sich deshalb 1783, eine „Kranken- und Sterbe-Casse" zu gründen. Die Artikel sahen vor, daß jeder Drucker, ob verheiratet oder ledig, fremd oder hiesig, der Kranken- und Sterbekasse beitreten konnte. Drucker von auswärts, die später beitreten würden, sollten ein Einschreibegeld von 12 kr zahlen. Der Beitrag belief sich auf 4 kr pro Woche. Der Beitrag war also hoch, verglichen etwa mit den Beiträgen der Webergesellen, die jedes Quartal nur 12 kr zahlten. Wer ausgeschlossen wurde, austrat oder fortzog, erhielt seine Beiträge nicht zurück. Zwei Gesellen, je einer der beiden Religionsteile, führten die Rechnung für sechs Monate.

Wer erkrankte und zu Hause gepflegt wurde, sollte jede Woche 1 fl erhalten. Wer in das Pilgerhaus eingeliefert wurde, erhielt das „Pilgerhausgeld" und obendrein 30 kr zur eigenen Disposition. Auch die „Leich Unkosten" wurden aus der Kasse gezahlt. Wenn ein Drucker zu Hause bei den Seinigen starb, sollten 18 fl gezahlt werden. Alle Drucker sollten, soweit möglich, am Begräbnis teilnehmen. Wer an einer „Wildkrankheit" als Folge eines „wilden und unordentlichen Lebens" erkrankte, sollte nichts erhalten. Diese Form gegenseitiger Hilfe war ja ganz in der Tradition der Bruderschaften der Gesellen.

Nicht nur Männer, auch Frauen waren in den Fabriken als Drucker tätig.[106] So arbeiteten im Jahre 1739 28 Druckerinnen für Abraham Neuhofer. Die rechtliche Stellung der Druckerinnen war aber eine andere als die der Drucker. Die „wandelbare Druckerinnen" galten „wohlbekannterdingen" nicht als Professionsverwandte und unterlagen deshalb auch nicht den Handwerksbräuchen. Unter den 55 Druckern, die 1783 die Kranken- und Sterbekasse gründeten, war nicht eine einzige Frau.

Reiben und Glätten

Nachdem die Kattune bedruckt und bemalt worden waren und im Stärkebad Glanz erhalten hatten, wurden sie mit dem Glättstein geglättet. Der Glättstein war ein glatt geschliffener, halbrunder Stein, manchmal auch nur ein Stück Glass. In den Kattunfabriken gab es besondere Glättstuben mit mehreren Glättischen. Krünitz beschreibt die Geräte und die Arbeit des Glätters wie folgt: „Der Glättisch hat in seiner Mitte nach der Breite eine Rinne; gerade über dieser Rinne hängt eine Glättstange, die an der Decke des Zimmers vermittelst eines Gewindes, an einer starken Prellstange befestigt ist. Der unten in der so genannten Tasche der Glättstange eingeschlossene Feuerstein, womit der Kattun geglättet wird, hat unten einen stumpfen Grad.

Der Glätter legt das Stück Kattun auf den Glättisch nach der Breite des letztern, und spannet den Theil, den er glätten will, mit einem kleinen Stabe, aus; der Stab hat daher an jeder Spitze einen Stachel. Er fängt in der Mitte des Kattuns an zu glätten, und fährt von

---

2, Stettin 1, Viskowitz 1, Wien 5. Basel 1, Biberach 1, Freiburg im Breisgau 1, Friedberg 1, Illertissen 1, Kaufbeuren 1, Sonthofen 1. (Hochzeitamtsprotokolle 1716-1806).

[106] Gelegentlich finden wir Ehepaare in den Fabriken. Die Frau mochte als Druckerin arbeiten, der Mann als Modelschneider, z.B. 1783, 6. September. Protokolle 1781-1786.

der Mitte bis zu einer Ecke. Die Glättstange wird nähmlich jederzeit auf die Rinne gerichtet, damit sie sich nicht verrücke, wenn der Glätter sie beym Glätten nach der Breite des Tisches hin und her bewegt. Bey dieser Arbeit zieht der Glätter den Kattun dergestalt, dass der Stein eine Stelle des Kattuns nach der andern von der Mitte bis zur Ecke berührt und glättet. Wenn er eine Hälfte desjenigen Theiles, den er jedesmahl vor sich hat, hinlänglich geglättet hat, so geht er zu der anderen Hälfte über, und glättet diese auf eben die Art." Auf „kurze Zeit" sähen die Kattune und Zitze dann aus, als wären sie lackiert.[107]

Unter den Stückreibern finden wir auch Frauen. An sich waren die Stückreiber keine Professionisten, also Handwerker. Wer das Stückreiben ausüben durfte, war schon Anfang des 18. Jahrhunderts umstritten, als die Glätter und Reiber vor allem für die Färber arbeiteten. Streit gab es 1723, als ein Färber einen „reib und glädmühlbau" errichten wollte. Die Leinwandreiber, die ebenfalls Färber waren, wandten sich sofort gegen diese Reib- und Glättmühle, weil man dann „durch den vorhabenden wasserbetrieb und Leinwandt gläten ... in einem tag mehrers als einer von ihnen die ganze Woche hindurch zu verrichten vermögendt sein könnte". Der Bau der Reib- und Glättmühle würde auch zur Folge haben, daß sich viele Personen beiderlei Geschlechtes, die das Färberhandwerk gar nicht gelernt hatten, von dem „Leinwandt reiben und gläden" ernähren würden.[108]

Die Vorgeher der Färber waren allerdings damals noch der Meinung, daß das „Leinwand reiben und gläden" jedem offenstand und daß also der Besitz der Färbergerechtigkeit keine Vorbedingung war. Auch die Deputierten meinten, daß doch die Leinwandreiber ebenfalls solche Reib- und Glättmühlen „ohne hemmung des wasserlaufs" errichten dürften. Aber die Leinwandreiber hätten eben nicht genügend Kapital dafür. Ob der Färber nun tatsächlich seine Reib- und Glättmühle bauen durfte, ist nicht klar, denn er mußte auch die Radgerechtigkeit besitzen.[109]

In den folgenden Jahren aber fanden die Färber, die auch das Stückreiben betrieben, mehr und mehr Konkurrenz. Der Grund war, daß die Stadt „mit so vielen unverbürgerten winckelshockhern und hockerin, alss auch anderen Stimplern so gestrotzet voll steckhete, dass durch diese überhäufung all handierung nidergeschlagen wurde".

Der Rat entschied schließlich 1736, den Zuzug der Winkelhocker und Stimpler, die den Gewerben unerlaubte Konkurrenz machten, zu stoppen. Fremde, die sich um das Bürgerrecht oder den Beisitz bewarben, sollten abgewiesen werden, „wann sie schlechte und geringe Leuthe, auch von keinem oder nur wenigem Vermögen seind, auch kein handwerk oder profession, womit sie sich ernähren können, erlernet haben, als da sein Kupferdrucker, bapir- und Leinwandreiber, schreiber, fuhr-, ziegel- und bleichknecht, tagwerker bey gemeiner Stat oder bey privatbürgern, auch weibs Persohnen, so sich nur mit strickhen, nähen, waschen, fortzubringen gedenken".[110] Auch die Leinwandreiber von auswärts fielen also unter das Verbot.

Dennoch klagten die Kleinmeister der Färber, die sich nur mit „kleiner Arbeith, alss färben, glanzleinwand verfertigen, Cottonreiben und anderer der färbersgerechtigkeit an-

---

[107] Krünitz, Oeconomische Encyklopädie, Band 18, S. 572-573. Ähnlich berichtet Nicolai über das Glätten in der Schüleschen Fabrik: „es geschieht auf die gewöhnliche Weise durch einen Stein an einem hölzernen Stiele befestigt, der bis an die Decke des Zimmers gehet und daselbst beweglich ist." (Nicolai, S. 26-27).
[108] 1723, 12. August und 1724, 1. Juni und 2. Juli.
[109] 1736, 2. Oktober.
[110] 1741, 23. April und 11. Juli.

hängenden Klein Arbeith" ernährten, auch in den folgenden Jahren über die unlautere Konkurrenz von Leuten, die die Färbergerechtigkeit gar nicht besaßen, aber eigene Reibtische aufgestellt und als Stückreiber gearbeitet hatten. Die Deputierten empfahlen den Färbern, doch solche Personen zu melden, welche das „unbefugte Leinwand, Cotton und bombasin reiben" betrieben.[111]

Auch in anderen Städten war man sich nicht ganz klar, wer eigentlich das Reiben und Glätten betreiben dürfe. In Kaufbeuren erklärten die Färber, daß nur ihnen das Glätten zustehe. Die Deputierten in Augsburg stellten fest, daß „das reiben der leinwaden, bombasin und Catton von sehr vielen Jahren her ein freyes und uneingeschränktes wesen allhier gewesen sey". Allerdings hatten sie befohlen, alle Personen zu melden, die seit 1736 Bürger oder Beisitzer geworden seien und sich mit dem Reiben von Leinwand, Cotton und Bomasin ernährten. Tatsächlich wurde zu dieser Zeit einer „Meister Kupferdruckerin" und einer anderen Frau befohlen, sich des „leinwand, Cotton und Bombasin Reibens" zu enthalten.[112] Einer anderen Frau wurde das „Schürzreiben verboten". Anscheinend ist man nun tatsächlich scharf gegen die illegalen Reiber vorgegangen. Vielleicht sogar zu scharf. Denn im Jahre 1759 bestand Mangel an „Leinwathglättern" in Augsburg.[113]

Die Färber gaben zu, daß es keine Bestimmung gab, nach der nur ihnen „das stückreiben besonders von Cottonen und Bombasin privative zukomme". Aber dies sei die Observanz. Auf ihren Druck hin wurde 1758 einigen Personen der Glättstein weggenommen. Aber die Arbeit mancher Färber ließ zu wünschen übrig: ein Färber, der eine Reib- und Glättmühle betrieb, gab die Waren „zimlich verdorben" zurück. Die Meister stellten daraufhin fremde Reiber an, die weder Bürger noch Beisitzer waren.[114] Die Färber hatten nichts dagegen, daß J.H. Schüle eine Reib- und Glättmühle im Arbeitshaus errichtete, solange hier „keine leinwath, sondern nur feine und ordinari gedruckte Bombasin und Cottons gerieben würden". Aber als der Kaufmann Mahler 1774 eine Reib- und Glättmühle kaufte und hier Schetter, also Leinwand von auswärts, reiben und glätten ließ, mußte er die Arbeit einstellen.[115] Die Leinwand behielten sich also die Färber vor.

Im Jahre 1766 gaben die Färber selber zu, daß das Glätten seit einigen Jahren als ein „freyes wesen" angesehen würde. Viele unberechtigte Personen seien „auf das glätten der Bombasins, Cottons und leinwathen" zu Beisitz und Bürgerrecht gekommen.[116] Zehn Jahre später sagten auch die Färber ganz offen, es gäbe jetzt so viele Fabrikanten in Augsburg, daß sie selbst das Glätten in den Fabriken nicht mehr bestreiten könnten. Wohl oder übel mußten sie es dulden, daß die Cottonfabrikanten ihre eigenen Stückreiber anstellten. Aber viel war mit dem Stückreiben nicht zu verdienen. Ein Cottonstückreiber sagte 1785, er könne sich und die Seinen mit seinem Verdienst nicht ernähren, zumal im Winter, wenn die Arbeit manchmal „mangele".Immerhin heiratete eine ganze Menge Stückreiber in Augsburg. 79% von ihnen waren von auswärts gekommen, vor allem vom Lande, nur 21% waren gebürtige Augsburger.[117]

---

[111] 1741, 29. August und 7. Dezember. 1742, 2. November. Protokolle 1738-46.
[112] 1759, 2. April.
[113] 1759, 12. November. Protokolle 1758-64. 1770, Protokolle 1767-73.
[114] 1758, 12. März. Protokolle 1758-64 und 1767-73.
[115] 1766, 17. Februar. Protokolle 1765-67.
[116] 1778, 18. November. Protokolle 1774-81.
[117] Stückreiber, die in Augsburg heirateten:

Mustermacher

In den größeren Cottonfabriken arbeiteten auch Mustermacher, die die Muster zeichneten, nach denen die Formschneider die Druckformen schnitten. Die Arbeit der Mustermacher setzte künstleriche Fähigkeiten voraus. Aber wir hören recht wenig über die Mustermacher.
Anfangs scheint es üblich gewesen zu sein, daß die Kaufleute den Cottondruckern Muster übergaben, wenn sie Bestellungen machten. Im Jahre 1750 sagten die Cottondrucker voller Stolz, daß „sie Es nicht mehr darauf ankommen lassen, dass ihnen die Muster von den Kaufleuten communciert, sondern dergleichen Leuth auch nun selbsten alhier haben". Sie hatten also ihre eigenen Zeichner, die die Muster entwarfen. Musterbücher wurden angelegt, in denen die Muster aufgezeichnet waren. Manchmal gab es Streit nach dem Tode von Cottondruckern, wer das Musterbuch erhalten solle.[118] Im Jahre 1773 arbeiteten für Schüle mindestens zwei dessinateurs, die die neuen Muster entwarfen.[119] Um 1800 wurden sechs bis neun „Zeichner für Cottonfabriken" gezählt.[120] Auch einige Kupferstecher arbeiteten für die Cottonfabrikanten.[121]

Zeitraum	aus Augsburg	von Dörfern	aus Städten außer Augsburg	alle
1757-1806	18	54	12	84
	21,42%	64,28%	14,28%	

(Hochzeitamtsprotokolle 1757-1806).

[118] 1757, 7. März. Protokolle 1756. Betrifft die Seuterin.
[119] Lamerantz Lufft und Frantz Weber. 1773, 23. April. Protokolle 1767-73.
[120] Nur selten wird etwas über die Vielfalt der in Augsburg verwendeten Muster gesagt. Im September 1784 wurden Cottone mit folgenden Mustern bei Mahler und Co. bestellt:
Lemenias Cotton mittel getubt
ditto ein wenig grösser getubt
ditto diverse geblümt
ditto gestreifte mit Blumen dazwischen
ditto stemige Dambrett Muster
ditto Schlangen Muster gelb
6/4 blau Calanca gross geblümt
6/4 feine 28er mittel und klein geblümt
6/4 Lemenias geblümte
detti gedupte
glatt und geblümt gestreift
kleine Sterne Muster
[121] Zeichner für Cottonfabrikanten:
1792	8 Zeichner	1805	5
1799	9	1806	6
1802-1804	6	1812	3

„Kupferstecher in die Kattunfabriken":
1792	7 Kupferstecher
1799, 1802	8
1804-1806	4

Augspurgischer Adress Sack Calender 1792-1806 und Cgm 6852/9. Oberdonaukreis.

Modelschneider

Organisation

Die Modelschneider stellten die Holzformen her, die beim Druck verwendet wurden. Krünitz hat in seiner Encyklopädie beschrieben, welche Holzarten sich für die Model eigneten, welche Werkzeuge der Modelschneider verwendete, wie er die Muster auf das Holz übertrug und wie er die Formen in das Holz schnitt. Der Modelschneider stellte, wie wir gesehen haben, dreierlei Formen her: die Vorformen, mit denen man die Umrisse des Musters druckte; die Paßformen, mit denen die farbigen Füllungen gedruckt wurden; und die Grundformen, mit denen man einen farbigen oder gestreiften Grund druckte.[122]

Für die Augsburger Formschneider eröffneten sich plötzlich neue Möglichkeiten, als der Cottondruck um 1690 einen solchen Aufschwung nahm. So heißt es schon 1692, daß das Formschneiden „wögen underschidlich allhiesigen Fabrique zimlicher massen in schwung und aufnam kommen". Mit einem Male hatten die Bomasin-, Leinwand- und Lederdrucker „dess Formschneidens sehr vil von nöthen". Anscheinend hat bis 1692 nur ein Formschneider für die Drucker gearbeitet, Boas Ulrich. Da er die Aufträge gar nicht alle erfüllen könnte, haben auch fremde Stimpler für die Drucker gearbeitet, wie etwa der schon eingangs erwähnte Mathias Lauterer, dem ja dann das Formschneiden verboten wurde. Ein Johannes Apfel, der das Formschneiden schon beherrschte, aber nicht ordnungsgemäß erlernt hatte, erkannte ganz richtig, daß er die plötzliche Konjunktur nur dann nützen konnte, wenn er sich an die Bestimmungen hielt: er bat im August 1692, das Handwerk bei Boas Ulrich lernen zu dürfen. Obwohl man nur einen Lehrjungen lehren durfte und Boas Ulrich schon einen hatte, unterstützten die „Deputierten ob der Formschneider Ordnung" die Bitte des Apfel, da es wünschenswert sei, daß mehr berechtigte Meister das Handwerk trieben[123]. Apfel lernte dann das Formschneiden, bewarb sich circa 1702 um ein Cottondruckerzeichen und gründete schließlich eine der bedeutendsten Druckerwerkstätten.[124] Übrigens war ja auch Boas Ulrich, sein Meister, unter den Ersten, die 1693 ein Druckerzeichen erhielten. Auch Jean François Gignoux war ursprünglich Formschneider gewesen. 1693 wurde festgelegt, daß jeder der 16 Cottondrucker seine Model selbst schneiden dürfe, wenn er des Modelschneidens kundig sei. Die Cottondrukker durften aber auch Modelschneider aus Orten kommen lassen, wo sich „rechtmässig erlernte formschneider" befanden. Nur sollten sie keine „Stimpler" Model schneiden lassen.[125]

Vielleicht versuchten nun auch die Kaufleute Modelschneider anzustellen. Jedenfalls bestimmte der Rat 1695, daß das Modelschneiden und mithin auch das „Mahlen" ein annexum der Druckerei sei.

Es ist nicht klar, wie die Arbeit der frühen Modelschneider organisiert war. Arbeiteten sie in ihren eigenen Werkstätten oder in den Werkstätten der Cottondrucker? Auf jeden Fall kam es um 1712 zu Streit. Die Modelschneider scheinen unter großen Kosten neue Verfahren entwickelt zu haben, aber die Cottondrucker steckten den Profit ein. Der Rat

---

[122] Krünitz, Oeconomische Encyclopädie Bd. 14, S. 501-508.
[123] 1692, 18. Oktober, 13. November und 13. Dezember. Handwerkerakten Nr. 79.
[124] 1693, 25. Juni. Cottondrucker 1650-1760.
[125] 1695, 25. Juni.

bestimmte nun, daß die Cottondrucker „ihre eigenen formschneider in ihren häusern" halten dürften.

In der ersten Hälfte des 18. Jahrhunderts gab es noch keine Organisation der Modelschneider. Noch im Jahre 1756 wiesen die Deputierten den Versuch des Kunst-, Handels- und Gewerbegerichtes ab, die Modelschneider als eigene Zunft zu organisieren.

Als die Cottondruckerei um die Mitte des 18. Jahrhunderts einen solchen Aufschwung nahm, mehrte sich auch die Zahl der Modelschneider. Damit nahmen auch die Streitereien unter den Modelschneidern und die Konflikte zwischen den Modelschneidern und den Cottondruckern zu. Alle diese Streitfälle kamen seit 1735 vor das Kunst-, Handels- und Gewerbegericht. Von diesem Gewerbegericht erhielten die Modelschneider auch bei ihrer Verheiratung die nötigen „Extra Gerechtigkeitsscheine".

Als immer mehr Modelschneider in Augsburg erschienen, wollte das Handwerksgericht 1767 die Zahl der Lehrjungen und Gesellen beschränken.[126] Plötzlich erklärten die Deputierten auf dem Weberhaus, daß sie und nicht das Gewerbegericht für die Modelschneider zuständig seien. Der Rat hat dann auch 1770 entschieden, daß die Modelschneider „in allen die Modelschneider qua tales betreffenden causis" der Deputation auf dem Weberhaus in erster Instanz unterstanden: also in Fragen wie „Kunst oder Professionslehre, Gebräuche, Qualificationen zu ihrem Etablissement, und Verhältnis gegen einander sowohl als gegen die fremden Modelschneider".[127]

Im Jahre 1774 hat man dann die Verhältnisse der Modelschneider grundlegend geordnet. Die Modelschneider schlossen sich jetzt zu einer Innung zusammen. Im gleichen Jahre erließ der Rat eine Modelschneider-Ordnung. An der Spitze der Innung standen zwei Vorgeher, die ihr Amt zwei Jahre versahen.[128] Zur jährlichen Verlesung der Ordnung wurden alle Meister am 29. September, dem St. Michaelstag, auf das Weberhaus geladen. Die Innung der Modelschneider war so klein, daß man jeden Meister fragen konnte, ob diese oder jene Neuerung eingeführt werden sollte.

Lehrjungen und Gesellen

Die Artikel für Lehrjungen und Gesellen machten einen großen Teil der Ordnung von 1774 aus. Augsburger, die die „Modelschneider Kunst" lernen wollten, mußten 14 Jahre alt sein. Fremde sollten 16 Jahre alt sein. Die Ausbildung dauerte vier oder fünf Jahre, wie es „dem Meister gefällig ist". Der Lehrjunge mußte dem Meister insgesamt 50 fl Lehrgeld in drei Fristen zahlen. Dazu kamen Gebühren beim Einschreiben und Ausschreiben, von denen jedoch die Meistersöhne befreit waren.

Wer in Augsburg gelernt hatte, mußte dann fünf Jahre als Geselle arbeiten, und zwar drei Jahre in der „Fremde", zwei Jahre in Augsburg. Als „Reisegeld" bekam jeder Geselle 1 fl 12 kr. Man wollte also, daß die Gesellen möglichst viel Erfahrung sammelten. Der Geselle mußte als „honnetter" Geselle arbeiten, nicht „auf eigene Hand" oder „sonsten in einem Winkel". Von einem Meisterstück ist keine Rede. Nach frühestens fünf Jahren durfte der Geselle heiraten. Fremde, die hier nicht gelernt hatten, aber die Ersitzjahre ge-

---

[126] Bereits 1766 hatte der Rat den Modelschneidern bis auf weiteres verboten, Lehrjungen anzunehmen. (1766, 18. November. Extractus Kunst-, Gewerbe- und Handwerksgerichts Ordnung und Decreten Bücher. Stadtbibliothek Augsburg).
[127] 1767 und 1770, 26. April und 28. Juni. Protokolle 1767-73.
[128] 1774, 8. Oktober.

leistet hatten und hier auch Meister werden wollten, durften nur die Witwe oder Tochter eines Meisters oder Bürgers heiraten, auf keinen Fall eine Fremde.

Fast 20 Jahre später, 1793, hat man die Lehrzeit und die Gesellenzeit verlängert, „weil die Raffinesse im Fabrikationsfache, auch ihren Arbeiten mehr Beschwerlichkeiten und Bestreben nach Vervollkommnung ihrer Kunst, wohl aber weniger Verdienst verschafft, und zu einem geschickten Modelschneider wird daher allerdings mehr erfordert". Künftig sollte, wenn kein Lehrgeld gezahlt wurde, die Lehrzeit sechs Jahre dauern. Allerdings behielten die Meistersöhne ihre Vorrechte. Das bisherige Lehrgeld von 50 fl hielt man für zu niedrig. Lehrmeister und Lehrlinge sollten sich selbst hierüber einigen.

Auch die Dauer der Gesellenzeit wurde neu geordnet, um eine Überfüllung von „Professionsverwandten" zu verhindern. Ein Modelstechergeselle, der zwar ein Bürgersohn, aber kein Meistersohn war, sollte vier und nicht bloß drei Jahre als Geselle arbeiten, „ehe er sich die zwei Ersitzjahre bey einem Meister schreiben lassen kann". Wer allerdings drei Jahre gewandert war, konnte sofort die zwei Ersitzjahre bei einem Augsburger Meister leisten. Erfahrung wurde also geschätzt. Fremde, die in Augsburg Meister werden wollten, mußten hier mindestens drei Jahre gearbeitet haben, bevor sie die zwei Ersitzjahre bei einem Meister leisten durften.[129]

Schon vor 1793 hatten einzelne Meister das Problem des Lehrgeldes so geregelt, wie es später die Ordnung von 1793 vorsah. So einigte sich 1776 ein Modelschneider mit der Mutter eines Lehrjungen, daß er ihren Sohn für 50 fl Lehrgeld vier Jahre lang lehren werde. Wenn sie nicht zahlen könne, müsse der Bub fünf Jahre lernen. Das Problem war, daß die Frau nicht genug Geld hatte.[130]

Dann und wann, aber eigentlich selten, gab es Probleme mit den Lehrjungen. Ein Modelschneider klagte, sein Lehrjunge führe sich schlecht auf, sitze abends bis 9 oder 10 Uhr im Kaffeehaus und sei ihm schon fünfmal weggelaufen. Der Lehrjunge wiederum sagte, er sei fünfmal fortgelaufen, weil der Meister ihm gedroht habe, er werde ihn so schlagen, daß man ihn auf der Bahre forttragen müsse. Er erhalte schlechte Kost, müsse sich immer mit den Kindern abgeben und auf der Gasse herumlaufen und lerne nichts. Der Junge durfte sich einen anderen Meister suchen.[131]

Im Falle der Gesellen gab es mehrmals Ärger wegen der Ersitzjahre. Ersitzjahre ableisten bedeutete ja, daß der Geselle im Hause des Meisters „und unter seiner Direction die Jahre ersitzen werde". Im allgemeinen bestand man darauf, daß die Gesellen die Ersitzjahre erfüllten. Als ein Geselle darum bat, das letzte Jahr mit Geld ableisten zu dürfen, wurde er abgewiesen. Dann gab es Gesellen, die zwar die nötigen Jahre gearbeitet hatten, aber es versäumt hatten, sich auf dem Weberhaus eintragen zu lassen. Manche wurden dennoch zum Meisterrecht zugelassen, wenn sie die hohe Summe von 30 fl oder sogar 50 fl zahlten. Aber welcher Geselle konnte solche Summen zahlen?[132]

---

[129] 1793, 21. März. Protokolle 1792-94.
[130] 1776, Protokolle 1774-81.
[131] 1778, 14. Dezember. Protokolle 1774-81. Ein anderer Modelschneider schlug seinen Lehrjungen, weil dieser die „zur Speise vorgelegten Notlen" nicht essen wollte. Die Sache war um so schlimmer, als der Vater des Jungen dem Meister schon vorher gesagt hatte, daß der Junge nicht alles essen könne, so auch nicht die geschnittenen Notlen. (1782, 31. Januar. Protokolle 1781-86. Lehrjunge geschlagen: 1782, 11. Juni, Protokolle 1781-86 II.)
[132] 1780, 9. Mai. Protokolle 1774-81. 1778, 14. September und 1785, 17. Dezember Protokolle 1781-86.

Gelegentlich sahen die Deputierten von der vollen Erfüllung der Ersitzjahre ab, etwa wenn ein Geselle „eine anständige Parthie machen" konnte.[133] Doch 1786 beschloß der Rat, Dispensationen künftig nur dann zu erteilen, wenn „Mangel an geschickten Meistern selbige äußerst notwendig mache".[134] So wurden in den nächsten Jahren einige Gesellen glatt abgewiesen.[135]

Ein Geselle bat, heiraten zu dürfen und die Jahre, die er noch nicht ersessen hatte, in der Fabrik zu ersitzen. Da dies der Ordnung völlig widersprach, wurde er abgewiesen. Der Geselle mußte also die Jahre in ledigem Stand bei einem Meister „ersitzen". Aber nur die Ersitzjahre. An sich durften die Gesellen auch in den Fabriken arbeiten.[136]

Manchmal war es für die Gesellen schwer, einen Meister zu finden, bei dem sie die Ersitzjahre leisten konnten. Der Grund hierfür sei, sagten die Deputierten, daß die Meister ganz von der Willkür der Cottonfabrikanten abhingen. Bald müßten sie in den Fabriken, bald zu Hause arbeiten. Wenn sie in den Fabriken arbeiteten, durften sie aber keinen Jahresersitzer halten.[137]

Manche Gesellen baten, sie von den Ersitzjahren zu dispensieren, weil sie in den Fabriken arbeiteten. So ein Geselle, der schon neun Jahre bei der Anna Barbara Gignoux gearbeitet hatte. Hier zeigt sich, daß die Modelschneider eben kein traditionelles Gewerbe waren. Einer der Deputierten war ohne weiteres bereit, diesen Mann von der Ordnung zu dispensieren. Er habe von der Gignoux das Zeugnis eines „geschickten und ihr zu ihren Fabrikgeschäften beynahe gantz unentbehrlichen Menschen". Da er mit Messing arbeite und diese Arbeit nicht leicht einem anderen anvertraut werden könne, sei es unwahrscheinlich, daß er nach Empfang des Meisterrechtes die Fabrik verlassen und Gesellen und Lehrjungen halten werde. Vor allem solle man nicht die Frau Gignoux vor den Kopf stoßen. Sie beschäftige viele Meister, obwohl sie ihre Fabrik auch nur mit Gesellen versehen könnte.

Der Rat schloß einen Kompromiß. Dem Mann wurde eines der zwei Ersitzjahre erlassen. Er sollte aber ein Ersitzjahr bei einem Meister leisten. Gleichzeitig sollte ihm erlaubt sein, in der Fabrik der Gignoux zu arbeiten. Das Problem war, daß der Mann keinen Meister finden konnte. Die Meister wollten ihn nicht einschreiben und dennoch in der Fabrik arbeiten lassen. Er hätte also die Fabrik verlassen müssen, was er nicht wollte oder konnte.

Im Jahre 1786 gab es insgesamt 45 Gesellen. Sie hatten Altgesellen und zahlten alle drei Monate ihre Auflage von 24 kr. Seltsamerweise schlugen die Gesellen der Modelschneider vor, daß die katholischen Gesellen einen evangelischen Altgesellen, und die evangelischen einen katholischen Altgesellen wählen sollten. Die Deputierten ließen sich aber auf so etwas nicht ein.[138]

Weder Meister noch Gesellschaft waren verpflichtet, ankommende Gesellen zu unterstützen. Die Gesellen hatten keine eigene Herberge. Fremde Gesellen durften sich aufhalten, wo sie wollten, doch nicht länger als zwei Tage, wenn sie keine Arbeit fanden.

---

[133] 1780, 9. Mai. Protokolle 1774-81.
[134] 1786, 8. Juni.
[135] 1787, 13. September. 1788, 27. September. 1789, 8. und 9. Juli.
[136] 1778, 4. Mai und 14. Dezember. Protokolle 1774-81.
[137] 1791, 28. Dezember. Protokolle 1788-92.
[138] 1776, 17. September. Protokolle 1774-81.

Ähnlich wie die anderen Gewerbe haben auch die Modelschneider die Zahl der Gesellen einzuschränken gesucht. Der neue Meister sollte „auf eigene Hand" arbeiten und die ersten zwei Jahre weder Lehrjungen noch Gesellen anstellen. Wenn ein Meister einen Lehrjungen ausgelernt hatte, mußte er zwei Jahre warten, bevor er einen neuen Lehrjungen anstellen konnte. 1780 wurde bestimmt, daß ein Meister, der einem Gesellen die „Ersitzjahre gegeben", zwei Jahre warten müsse, bevor er einen neuen Jahrsersitzer aufnehmen durfte.[139]

Auch die Modelschneider nahmen ganz bewußt Rücksicht auf die Meistersöhne. 1793 wurde vereinbart, daß Meister, die bereits einen Lehrjungen beschäftigten, jederzeit einen Meistersohn einstellen dürften, ohne zwei Jahre warten zu müssen, bis sie wieder einen neuen Lehrjungen annehmen durften.[140]

Die Modelschneider durften genausowenig wie andere Handwerker ein zweites Gewerbe ausüben. So mußte ein Modelschneider, der lieber als Druckergeselle arbeiten wollte, seine „erlernte Modelschneider Profession" unter Eid aufgeben.[141]

Alle diese Bestimmungen waren ganz im Rahmen der herkömmlichen Handwerkerordnungen. Die Modelschneider hatten aber auch Regeln, die aus dem traditionellen Rahmen der Gewerbe herausfielen. So wurde 1774 festgelegt, daß sowohl Meister wie Gesellen bei den Cottonfabrikanten in Arbeit treten konnten. Meister, die in einem solchen Arbeitsverhältnis standen, hatten ebenso wie die Gesellen gewisse Gebühren zur Deckung der Unkosten des Handwerks wie für den Unterhalt der Kranken zu zahlen. Die Meister mußten alle Quatember 12 kr, die Gesellen 24 kr zahlen.[142] Mindestens seit 1780, aber wahrscheinlich schon früher, durften die Modelschneider auch für andere Meister arbeiten. Allerdings wurde 1780 die Zahl der Beschäftigten pro Meister auf drei Gesellen beschränkt. Ein Meister meinte, diese Beschränkung sei nötig, weil sonst „einer alles, der andere nichts" bekomme. Oder wie auch gesagt wurde: „einige Meister die Nahrung allein, der mittler aber gar keinen verdienst habe". Es wurde auch vorgeschlagen, daß ein Meister, der drei Gesellen beschäftigte, nicht auch noch einen Meister „nebenbey halten" solle.

Andere Modelschneider wollten sich aber solchen Beschränkungen nicht beugen: auch wer schon drei Gesellen habe, solle doch daneben so viele Meister beschäftigen dürfen, wie er wolle. So lehnte ein Modelschneider jede Beschränkung ab, „weilen die Fabrikanten sich darinnen nicht binden lassen, sondern nach ihren erforderlichen darinnen handeln, und jedem Modelschneider die arbeit geben, der sie am besten befördere". Wieder zeigt sich, daß die Modelschneider kein traditionelles Gewerbe waren. Auch andere Handwerksmeister versuchten, möglichst viel Arbeit an sich zu raffen. Aber bei den Modelschneidern kommt eben noch die Bindung an die Fabrikanten hinzu.[143]

Schließlich haben dann nur drei der 33 befragten Modelschneider die Vorschläge abgelehnt. Seit 1780 durfte ein Meister nur drei Gesellen oder drei Meister anstellen. Wenn allerdings „pressante Arbeit" vorhanden war, waren die Vorgeher verpflichtet, einem sol-

---

[139] 1774, 8. Oktober und 1780, 4. Dezember.
[140] 1793, 21. März. Protokolle 1792-94.
[141] 1781, 10. Dezember. Protokolle 1781-86 II.
[142] 1774, 8. Oktober. Artikel 8.
[143] 1780, 18. September. Protokolle 1774-81.

chen Meister noch einen oder sogar mehrere Gesellen zu genehmigen.[144] Als aber ein Modelschneider darum bat, fünf bis sieben Gesellen beschäftigen zu dürfen, um Aufträge für die Cottonfabrikanten Mathäus Schüle und Zackelmaier ausführen zu können, wurde er abgewiesen. Wenn er so viel Arbeit habe, solle er doch seine Mitmeister beschäftigen, die keine Arbeit hatten.[145]

Modelschneider und Fabrikarbeit

Die zwiespältige Haltung der Modelschneider zu den Cottonfabrikanten warf immer wieder Probleme auf. Wir sahen, daß auch Meister in den Fabriken arbeiten durften. Aber diese Regelung hatte auch Nachteile für die Meister. So durften sie während der Zeit, in der sie in der Fabrik arbeiteten, keinen Lehrling oder Jahrsersitzer haben. Über diese Bestimmung kam es dann auch zu Streit. Im Jahre 1783 arbeiteten 22 der 41 Meister, also knapp die Mehrheit, in Fabriken. Und diese Modelschneider lehnten es ab, sich als Meister zweiten Ranges einstufen zu lassen. Sie seien durchaus berechtigt, Lehrjungen und Gesellen zu halten. Alle Meister in der Innung hätten die gleichen Rechte.

Die Vorgeher und die Deputierten sahen die Sache aber anders. Der in der Fabrik arbeitende Meister stehe wie ein Geselle unter der Direktion des Fabrikanten. Genausowenig wie ein Geselle könne ein solcher Meister Lehrjungen oder Gesellen annehmen oder entlassen. Ein Geselle, der für einen Meister arbeite, könne natürlich später, wenn er sein eigener Herr sei, Lehrjungen und Gesellen halten. Auch einem Meister, der in einer Fabrik arbeite, sei dies unbenommen, wenn er wieder in seiner eigenen Werkstatt arbeite. Wenn aber beide Gruppen von Meistern gleich gehalten würden, dann würden die Fabrikanten „Souverains" der Modelschneider. Man fürchtete vielleicht, sie könnten dann den Modelschneidern befehlen, Gesellen anzustellen. Sie hätten dann praktisch Kontrolle über das Gewerbe bekommen. Zweitens würde dann die Zahl der Lehrjungen noch mehr zunehmen. Drittens könne ja ein Meister, der in der Fabrik arbeite, einen Lehrjungen gar nicht ausbilden, da er selten oder nie zu Hause sei.

Der Rat hat dann auch die Unterscheidung zwischen den beiden Typen von Meistern beibehalten. Solange Meister in der Fabrik arbeiteten, durften sie weder Lehrjungen noch Jahrsersitzer halten.[146] Diese Bestimmung schuf, wie wir schon gesehen haben, ernste Probleme für die Gesellen. Manche fanden keinen Meister, bei dem sie die Ersitzjahre leisten konnten. Andererseits konnten die Modelschneidergesellen „ebenso frey" wie die Meister in den Fabriken arbeiten. Sie brauchten sich also nicht um die Meister zu kümmern, solange es in den Fabriken Arbeit gab. Die Gesellen arbeiteten sogar lieber für die Fabrikanten als die Meister, weil sie besser bezahlt wurden.[147] Im Grunde bestand also für die Gesellen keine Notwendigkeit, für die Meister zu arbeiten. Das traditionelle Verhältnis von Meister und Gesellen war im Falle der Modelschneider schon gestört.

Auch die Stellung der Meister war zwiespältig. Manche arbeiteten in ihren eigenen Werkstätten und waren also unabhängige Handwerker. Andere arbeiteten in den Fabriken und waren so etwas wie Lohnarbeiter. Aus dieser Zwiespältigkeit ergaben sich dann Probleme, die anderen Gewerben fremd waren. 1778 forderten die Gesellen, daß jeder

---

[144] 1780, 29. August.
[145] 1783, 12. und 15. März. Protokolle 1781-86.
[146] 1783, 13. Februar. Protokolle 1781-86.
[147] 1791, 28. Dezember. Protokolle 1788-92.

Meister, der „auf einer Fabrik arbeite", bei den Auflagen für die Kasse als Geselle angesehen werden solle und 24 kr zahlen müsse, und nicht bloß 12 kr wie die Ordnung festgelegt hatte. Nach viel Streit setzten es die Vorgeher durch, daß die Meister, die in den Fabriken arbeiteten, nach wie vor nur 12 kr zu zahlen brauchten.

Modelschneider von auswärts

In den Werkstätten und vor allem in den Fabriken der Cottondrucker wurden große Mengen von Modeln benötigt. Im Dezember 1762 z.B. brachte ein Kistler aus Burtenbach 162 „Druckermodel" oder wie es auch hieß „Model Stöck" in die Cottonfabrik nach Göggingen. Manchmal wurden Model von auswärts auch heimlich in Augsburg verkauft. So stellte sich heraus, daß der Vater des eben genannten Mannes aus Burtenbach Modelstöcke für Drucker und Fabrikanten nach Augsburg gebracht hatte.[148] Die Cottonfabrikanten wollten natürlich nicht bloß auf die Augsburger Modelschneider angewiesen sein. Schon deshalb nicht, weil sie manchmal minderwertige Arbeit erhielten.[149]

Die Cottonfabrikanten stellten deshalb Modelschneider von auswärts an. Der Rat war damit einverstanden, daß diese Leute dann in der Fabrik wohnten. Dennoch führte die Beschäftigung der fremden Modelschneider bald zu Streit. J.H. Schüle z.B. mietete für zwei Modelschneider aus Holland Zimmer in der Zwerchgasse. Auf den Protest zweier Augsburger Modelschneider hin wurde das Handwerkszeug und eine Model der Holländer vom Bürgermeisteramt beschlagnahmt. Schüle wiederum bestand auf dem uralten Recht der Cottondrucker, fremde Modelschneider als Gesellen kommen zu lassen. Er habe hierfür bisher keine obrigkeitliche Genehmigung gebraucht. Auch die Deputierten gaben zu, daß die Fabrikanten „Druckers Personen von auswärtigen Orten" kommen lassen durften. Die Fabrikanten hätten jedoch bisher solche Personen „in ihre eigene Fabriken, mithin in ihr Muss und Brod genommen". Sie durften also nicht, wie Schüle es getan habe, „aparte bürgerliche behausungen und Bewohnungen" für diese Leute mieten. Der Rat legte nun Schüle und den anderen Fabrikanten nahe, sich in „ihrem Cotton fabriquen negotio zu allererst bürgerlicher Arbeitspersonen zu bedienen". Nur wenn sie keine geeigneten Leute fänden, sollten sie Auswärtige holen. Wenn sie diese Leute in ihren Fabriken nicht unterbringen konnten, sollten sie sich um „obrigkeitlichen consens wegen Wohnung in bürgerlichen Häusern" bemühen.[150] Der Rat wußte also, daß die Cottonfabrikanten ohne die ausländischen Modelschneider nicht auskamen.

Andererseits waren die Augsburger Modelschneider verärgert, daß die Fabrikanten Fremde in ihren Fabriken anstellten, also auch fremde Gesellen. Manchmal kamen Gesellen „aus verschiedenen Nationen" nach Augsburg, die sich gleich in die Fabriken begaben, wo sie wie die Meister „nach dem Grad ihrer besitzenden Fähigkeit entweder Stückweiss oder um den Wochenlohn" arbeiteten.

Die Modelschneider erklärten hierzu, daß es in keinem Gewerbe üblich sei, daß die Gesellen eigenmächtig arbeiteten. Sie gaben zwar zu, daß in jeder Fabrik „um den fortgang der dringenden Arbeit nicht zu hemmen, wegen Eindrucken, decken und anderen

---

[148] 1762, 18. Dezember und 1763, 22. Januar.
[149] So klagte der Fabrikant Lobeck 1762, er habe dem Modelschneider Niess vor 6 oder 7 Wochen „Model zu schneiden" gegeben. Der Mann habe aber schlechte Arbeit gemacht, „besonders das alte Holz abgetauscht, ein neues Holz gegeben". Protokolle 1758-64.
[150] 1770, 29. März, 19. April, 29. Mai und 28. Juni.

reparationen Formstecher unumgänglich nothwendig" seien. Aber die Fabrikanten sollten ihre Mitbürger, nicht Fremde anstellen. Den fremden Gesellen solle die Arbeit in den Fabriken verboten werden. Sie sollten bei den Meistern arbeiten.

Die Deputierten hielten diese Klagen für berechtigt. Das Gewerbe der Modelschneider werde zerfallen, wenn jeder aus der Fremde hergelaufene Geselle nach Belieben entscheiden könne, wie, wo und bei wem er arbeiten wolle. Nur die Meister und nicht die Fabrikanten hätten das Recht, Gesellen anzustellen. Alle Gesellen, ob fremd oder hiesig, sollten in den Werkstätten der Meister dienen, die für die Fabrikanten arbeiteten.[151]

Der Rat traf aber in dieser Sache, die die Fabrikanten unmittelbar betraf, keine schnelle Entscheidung. Er wollte erst einmal die Meinung der Fabrikanten hören. Mit Recht. Das Problem war nämlich schwieriger, als die Deputierten meinten. Die Gesellen, die von auswärts kamen, wurden in den Fabriken angestellt, weil ihre Fertigkeit gefragt war. Die Deputierten versuchten, das neue System der Fabrikarbeit mit der alten Organisation des Handwerks zu verbinden. War dies aber noch möglich?

Immer wieder kam es deshalb zu strittigen Fällen, wenn die Fabrikanten Modelschneider von auswärts beschäftigten. Ein Modelschneider, dessen Bitte um das Bürgerrecht abgelehnt worden war, erhielt 1784 dennoch vom Steueramt einen Lizenzschein, also eine Aufenthaltsgenehmigung, und arbeitete in der Fabrik des Mathäus Schüle. Da er nicht dem Handwerk incorporiert war und da es in Augsburg 46 Meister und 45 Gesellen gab, wollten die Deputierten wissen, weshalb Mathäus Schüle ausgerechnet diesen Mann anstellen mußte. Die Sache löste sich dann von selbst, weil dieser Mann nicht „in Holz, sondern in Messing" arbeitete. Da die Messingarbeit nicht den Modelschneidern unterstand, durfte er in der Fabrik bleiben.[152]

1789 meldeten die Deputierten wieder, daß Schüle vier fremde, verheiratete Modelschneider in Arbeit genommen habe, die nun in der Stadt wohnten. Schüle habe aber keine Anzeige darüber gemacht. Der Rat hat die vier tatsächlich ausweisen lassen.[153] Andererseits kam man auch wieder auswärtigen Modelschneidern bei Erteilung des Meisterrechtes entgegen, wenn ihre Dienste besonders gefragt waren. So erhielt ein Modelschneidergesell aus Antwerpen das Meisterrecht, obwohl er keine der Bedingungen erfüllt hatte, außer der einen, eine Bürgertochter zu heiraten. Der Grund war, daß er wegen seiner „Geschicklichkeit gerühmt" wurde.[154]

Unter keinen Umständen wollte man Augsburger Modelschneider an auswärtige Fabriken verlieren. Den Modelschneidern wie auch den Druckerinnen und deren „Druckstuben" wurde schon Mitte des 18. Jahrhunderts untersagt, für auswärtige Cottondrucker zu arbeiten oder Model nach auswärts zu schicken.[155] 1778 drohte man Modelschneidern, die in auswärtigen Fabriken arbeiteten, mit Verlust des Bürgerrechtes.[156] Manche Modelschneider arbeiteten vielleicht in auswärtigen Fabriken, weil sie dort besser als in Augsburg bezahlt wurden. Der Rat empfahl jedenfalls den Fabrikanten, die

---

[151] 1784, 22. April. Protokolle 1781-86.
[152] 1783, 23. November, 18. Dezember. 1785, 30. August. Protokolle 1781-86.
[153] 1789, 30. Dezember. Protokolle 1788-92.
[154] 1786, 3. Januar. Protokolle 1781-86. Allerdings mußte er auch 50 fl zahlen.
[155] 1758, 3. Oktober.
[156] 1778, 31. März.

Modelschneider „condigne" zu bezahlen, sonst werde er das Verbot, auswärts zu arbeiten, wieder aufheben.
An sich gab es ja in Augsburg mehr als genug Modelschneider. Schon 1758 ordnete der Rat an, keinem „hiesigen oder Fremden die gewöhnlichen Gerechtigkeitsscheine" zu erteilen, also keine neuen Meister zu schaffen. Man wollte die Zahl der Modelschneider nicht vergrößern.[157] Trotz dieses Verbotes hat die Zahl der Modelschneider auch in den folgenden Jahren „gewaltig" zugenommen.[158] Wie viele Modelschneider gab es eigentlich in der Stadt?

Zahl der Modelschneider

Als 1773 das „kaiserliche Fabrique Zietze Privilegium" J.H. Schüles den Cottondruckern, Dessinateurs und den „Graveurs oder Modelschneidern" verkündet wurde, waren insgesamt 35 Modelschneider anwesend.[159]
In den folgenden Jahren ging die Zahl der Modelschneider etwas herunter: in den Jahren 1774 bis 1786 lag die Zahl der Modelschneider zwischen 30 und 34. Dann stieg sie bis auf 49 im Jahre 1792, um im Jahre 1812 auf 29 zu fallen.
Die Zahl der Gesellen der Modelschneider war etwas kleiner. In dem Zeitraum 1775 bis 1793 arbeiteten 20 bis 27 Modelschneidergesellen in der Stadt. Nicht jeder Meister hatte also einen Gesellen.[160]
Die Modelschneider haben eine Menge Talente in Augsburg selbst gefunden. 69% aller Modelschneider, die in Augsburg heirateten, waren gebürtige Augsburger. Einige Modelschneider kamen aus süddeutschen Städten, ohne daß sie aber eine größere Gruppe

---

[157] 1758, 2. November.
[158] 1767, 1. Februar. Protokolle 1765-67.
[159] 1773, 23. April. Protokolle 1767-73.
[160] Durchschnittliche Zahl der Modelschneider:

Jahr	Meister	Gesellen	Jahr	Meister	Gesellen
1774	31	35	1787	38,66	23,33
1775	31	26,75	1788	41	26
1776	30	17,33	1789	40,6	32
1777	–	–	1790	40	21
1778	34	23	1791	41	24,33
1779	32,25	27,25	1792	42	24
1780	32	25,5	1792	49	
1781	33,33	26,66	1793	41	22,33
1782	33	20	1802	42 Modelschneider und Modelsetzer	
1783	31,5	24	1803, 1804	42	
1784	29	23	1805	33	
1785	32	21	1806	23 oder 33	
1785	34,75	24,66	1811/12	29	

Jahresrechnung der Modelschneider.
Nach einer anderen Angabe sollen im November 1783 41 Meister in Augsburg gearbeitet haben, 22 von ihnen in Fabriken, während 19 eigene Werkstätten gehabt haben sollen. (1779, 23. Januar. Protokolle 1774-81. 1783, 11. August und 1785, 12. Dezember. Protokolle 1781-86 II. 1787, 23. August, Protokolle 1786-88. 1788, 26. September und 1789, 26. Juni. Protokolle 1788-92.)

bildeten. Nur wenige kamen von weiter weg, wie Holland, Wien, Zürich, Chemnitz oder Danzig. Im Jahre 1780 waren 23 Modelschneider, also mehr als zwei Drittel, evangelisch.

Herkunft der Modelschneider und Formschneider, die in Augsburg heirateten

Zeitraum	aus Augsburg	von Dörfern	aus Städten außer Augsburg	alle
1691-1806	83	17	20	120
	69,16%	14,16%	16,66%	

Mangel an Arbeit

Gab es für alle diese Modelschneider auch Arbeit in Augsburg? Schon 1779 sagten die Vorgeher, daß so manche Meister gerne „gesellen weiss arbeiten" würden, wenn sie Arbeit fänden. Es seien auch Gesellen „in grosser Anzahl hier", die ohne Arbeit seien. Immer wieder hören wir in den folgenden Jahren von „nahrungslosen Meistern", denen doch ihre Mitmeister Aufträge geben sollten. 1783 hieß es, daß unter den 42 Meistern „kaum 3 oder 4 zu finden (seien), welche sich einer beständigen Arbeit und hinlänglichen Nahrung" erfreuten. Im Jahre 1785 sagten die Vorgeher, daß ihre Profession bei „dem dermaligen Gang der Fabriquen ohnehin übersetzt genug" sei, und zwar dermaßen, daß ein Meister dem anderen das „Brod vor dem Munde wegnehme". Dies ist ein Refrain, der immer wiederkehrt. 1789 heißt es, daß die wenigsten unter ihnen hinlänglich Verdienst hätten.[161]

Die Arbeit der Modelschneider wurde von der benachbarter Gewerbe klar abgegrenzt. So wurde einem Meister, der sich auf das Zeichnen verlegt hatte, gesagt, er könne nicht zwei Professionen ausüben. Er solle sich entweder mit dem Zeichnen oder dem Modelschneiden ernähren. Ein anderer Mann wiederum, den man beschuldigt hatte, Model zu machen, bestritt diesen Vorwurf. „Dass er aber Strich in die Model ziehe, stelle er nit in abred. Doch seye dises eine freye Kunst und gehört nicht zum Modelschneiden". Ein Modelschneider durfte nicht gleichzeitig drucken. Als ein Modelschneider zum Drucken umschwenkte, mußte er seine „gelernte Modelstechers Profession" aufgeben.[162]

Die Vorgeher waren deshalb auch gar nicht begeistert, daß einer der Modelschneidergesellen für einen Bildhauer „in Messing arbeitete". Der Bildhauer versicherte allerdings, daß dieser Geselle bei ihm „keine Modelstecher Arbeit" verrichte, sondern sich „in anderen Arbeiten, die die Modelstecher Profession nicht angehen, übe".[163]

Aber irgendwie wurde in den Fabriken der Cottondrucker auch mit Messing gearbeitet. Man erlaubte einem Modelschneider von auswärts, so lange in Augsburg zu bleiben und in der Schüleschen Fabrik zu arbeiten, wie er „in Messing arbeitete". Er mußte sich aber der „Modelschneiderarbeit in Holz enthalten". Wenn er mit „messingnen Modeln" keine Arbeit mehr fand, sollte er die Stadt verlassen.[164]

---

[161] 1779, 23. Januar, Protokolle 1774-81. 1783, 11. August. 1785, 12. Dezember. Protokolle 1781-86 II. 1787, 23. August. Protokolle 1786-88. 1788, 26. September. 1789, 26. Juni. Protokolle 1788-92.
[162] 1778, 9. März. 1780, 16. November. 1781, 10. Dezember. Protokolle 1774-81
[163] 1785, 20. Dezember. Protokolle 1781-86 II.
[164] 1784, 21. August. Protokolle 1788-92.

Die Werkzeuge, die die Modelschneider verwendeten, wurden um 1800 auch in Augsburg selbst hergestellt.[165] Über die eigentliche Arbeit und Technik der Modelschneider hören wir so gut wie nichts. Es wird nur einmal gesagt, daß das Birnbaumholz sich gut für die Model eignete.[166]
Die Fabrikanten hüteten die Model als arcana. Um so verärgerter waren etwa Gebhart und Greif, als die Weber im Jahre 1763 auf dem Weberhause aus beschlagnahmten Kisten unter anderem auch Model herausnahmen, die sie hatten zeichnen und schneiden lassen. Die Zeichnungen für die Model hatten sie unter großen Kosten aus England und Hamburg kommen lassen.[167]

Lohn

Über den Lohn, den die Arbeiter in den Cottonfabriken erhielten, wissen wir recht wenig. Schüle behauptete, daß er seinen Druckerinnen und Malerinnen, „um die Accuratesse und damit verknüpften guten Credit seiner Fabrique bestens zu conservieren", jährlich 15 000 fl mehr für ihre Arbeit zahlte, als wenn er „a proportion der anderen hiesigen Fabriquen ihre Arbeit bezahlen wollte". Ob diese Behauptung stimmt? Den Malerinnen im Arbeitshaus zahlte er jedenfalls für die Malarbeiten den „bisherigen gewöhnlichen lohn":

Für ein Cotton a 7/4 Breite   30 kr
Für ein Cotton a 6/4 Breite   20 kr

Die Arbeitszeit dauerte in Schüles Fabrik im Sommer von 6 Uhr früh bis 8 Uhr abends. Gezahlt wurde Stücklohn. Kinder, kleine Mädchen, die hier beschäftigt wurden, erhielten allerdings pro Tag 8 kr, also einen ganz minimalen Lohn.[168]

Schüle sagte, daß jede Druckerin und Malerin unter der Bedingung angestellt wurde, „dass wann sie die erforderliche Accuratesse im Drucken und Mahlen nicht anwendet, sondern ein Stück im mindestens verderbt, alsdann an Ihr die Straffe, mit zurücklassung ihres Stücklohnes übernommen werden muss". Als z.B. eine Druckerin ein Stück verdarb, wurden 12 fl 40 kr von ihrem Stücklohn abgezogen. Sie wurde auch sofort entlassen. Als diese Frau daraufhin beim Straf- und Frevelamt klagte, daß Schüle 12 fl 40 kr von ihrem Liedlohn (Gesindelohn) zurückbehalten hatte, erklärte Schüle, daß seine Druckerinnen und Malerinnen nicht in seinem „Muess und Brod zu stehen pflegen". Ihr Lohn habe nicht die Qualität eines Liedlohnes. Es würde üble Folgen haben, wenn es bekannt würde, daß seine Druckerinnen und Malerinnen ihn beim Strafamt wegen ihres Stücklohnes verklagen könnten. Schüle bat den Rat festzustellen, daß seine „Fabrique Arbeitsleute" ihren Lohn, der kein Liedlohn sei, nicht beim Strafamt einklagen könnten.[169] Der Rat hat dann diese Druckerin tatsächlich an das Bürgermeisteramt verwiesen. Vielleicht wollte man den Streit als Schuldsache behandelt sehen.

Im Jahre 1784 zahlte J.H. Schüle einem Kupferdrucker und der Aufseherin der Malerinnen jeweils 4 fl pro Woche. Eine Druckerin, die allerdings schon neun Jahre für Schöppler und Hartmann gearbeitet hatte, erhielt wöchentlich 5 fl. Dies scheinen aller-

---

[165] So von einem Jacob Zipper. Augspurgischer Adress Sack-Calender 1799 bis 1804.
[166] 1782, 31. Januar. Protokolle 1781-86 II.
[167] 1763, 9. März. Ausschaffung der Weber 1621-1798.
[168] Nicolai, Beschreibung, S. 26-27.
[169] 1764, 23. und 30. Oktober.

dings außerordentlich hohe Löhne gewesen zu sein. Im Jahre 1794 erklärten die Cottonfabrikanten, daß ihre 3700 Arbeiter im Jahre einen Lohn von 444 000 fl erhielten. Auf einen Arbeiter käme dann ein Jahresverdienst von 120 fl. Pro Woche hätte der Arbeiter 2 fl 18 kr verdient.

Es war bekannt, daß die Drucker, Malerinnen, Reiber und anderen Arbeiter ganz dürftige Löhne erhielten. In einem Gutachten aus dem Jahre 1785 heißt es, daß „die Drucker, Mahlerinnen und dergleichen Noth leiden, bringen in kummervollen Mangel wegen Abgang eines zureichenden Lohnes ihr Leben durch, fallen vielfältig der Armen Anstalt zur Last". Selbst die besten unter ihnen könnten keinen „Nothpfennig" für sich und ihre Familien zurücklegen. Auch ein anderer Autor, Karl Ignaz Geiger, berichtet im Jahre 1789, daß vor allem die Cottonmaler und Malerinnen so schlecht bezahlt würden: „In den Schlupfwinkeln dieser Leute – denn Wohnungen kann mans nicht nennen – sieht man allenthalben die frappantesten Bilder des menschlichen Elendes."[170] Man war sich klar, daß die Beschäftigung dieser Leute unbeständig war, mal mehr mal weniger. Es sei unmöglich die „so zahlreichen" Drucker und Malerinnen in den Wintermonaten zu beschäftigen. Man regte deshalb an, den Druckern und Malerinnen das Baumwollspinnen beizubringen. Wenn sie keine Arbeit hatten, bräuchten sie nicht mehr andere Leute zu belästigen.

Abspannen der Arbeiter

Diese verschiedenen Fabrikleute, Maler, Drucker, Modelschneider oder Färber, führten Arbeiten aus, die künstlerische Fertigkeit und technisches Können verlangten. Um so empörter waren die Fabrikanten, als ihre Arbeiter von Konkurrenten mit Versprechen höheren Lohnes weggelockt wurden. Als Schüle 1759 zu drucken begann, soll er die besten Arbeiter durch Angebot höheren Lohnes aus den anderen Fabriken abgeworben haben. So klagte Jean François Gignoux, daß Schüle ihm sechzehn seiner tüchtigsten Druckerinnen weggelockt habe. Sie seien auf einmal, „knall und fall sans façon", nicht mehr zur Arbeit gekommen, ohne von ihren „Instrumenten und Requisiten zum Drucken" Rechenschaft abzulegen. Später war es aber Schüle, der gegen das Debauchieren von Arbeitern protestierte. Im Jahre 1781 hat er in bewegten Worten geschildert, wie viel Geld und Mühe es erforderte, die Arbeiter auszubilden. Um so nichtswürdiger erschien es ihm, „eine solche zum Geschäfte habilitierte Person gleichsam zu rauben, sie abzuspannen und unter tausenderley Vorspiegelungen an sich zu locken". Er machte auch Vorschläge, wie das „debauchieren, Abspannen und Ablocken seines Fabrique Personales" unterbunden werden solle: wer von dem „in seiner Fabrique angestellten zahlreichen Personal" ohne Ursache aus der Arbeit laufe, solle vor Ablauf eines Jahres in keiner Augsburger Fabrik geduldet werden. Die anderen Fabrikanten haben diesen Vorschlag sofort abgelehnt, da nur sie, nicht aber Schüle an das Verbot gebunden sein sollten. Schüle wolle, daß Leute, die er nicht brauche, gleich aus der Stadt geschafft werden müßten, also nicht von ihnen beschäftigt werden könnten. Er wolle bloß alle Fabrikanten mit Hilfe eines Monopoles seiner Gnade unterwerfen.[171]

---

[170] Karl Ignaz Geiger, „Reise eine Engelländers durch einen Teil von Schwaben und einige der unbekannten Gegenden", Amsterdam 1789. Zitiert bei Müller, Johann Heinrich von Schüle, S. 167.
[171] 1781, 24. Dezember und 1782, 31. Januar.

Im Jahre 1790 klagte J.H. Schüle wieder, daß seine „Fabrikarbeitsleute" weggelockt würden. Er hatte besonders seinen ehemaligen Handlungsgehilfen Johann Christian Ammerbacher in Verdacht, der ein Fabrikgebäude in Nürnberg gekauft hatte. Die Deputierten drückten ihr Erstaunen aus, daß ausgerechnet Schüle, der sonst über alle obrigkeitlichen Verfügungen „mit verachtendem Blicke hinwegsieht", vom Rat Schutzmaßnahmen verlangte, aber man erneuerte das Verbot von 1778.[172] Im Jahre 1805 klagte J.H. Schüle, daß sein eigener Sohn seit Übernahme der Gignouxischen Fabrik es darauf abgesehen habe, ihm seine besten Arbeitsleute, Zeichner und Drucker zu debauchieren. Er habe ihm bereits zwei Drittel seiner besten Leute entzogen. Schüle verlangte, seinem Sohne die Fortführung des Fabrikwesens zu verbieten.[173]

Freie Wahl des Arbeitsplatzes

Im Zusammenhang mit dem „Debauchieren" kam es im Jahre 1764 zu einem bitteren Streit darüber, ob ein Arbeiter das Recht habe, seinen Arbeitsplatz frei zu wählen. Am 1. Dezember 1764 trat Mathäus Schüle aus der Fabrik seines Vetters J.H. Schüle aus und gründete seine eigene Fabrik. J.H. Schüle rief daraufhin 17 Drucker und Druckerinnen sowie die in seiner Fabrik arbeitenden Streicher, Modelschneider und Bleichknechte auf sein Bleichgut vor dem Roten Tore und gab ihnen die Wahl, entweder ein Jahr bei ihm in Arbeit zu bleiben oder sich in andere Fabriken zu begeben. Angeblich baten ihn nun alle hoch und heilig, sie zu behalten. Zum Ärger Schüles haben sich dann aber nach einigen Wochen „sechs von seinen in obligo stehenden Drucker und Druckerinnen erfrecht", seine Fabrik zu verlassen und für Mathäus Schüle zu arbeiten. Es waren vier Frauen und zwei Männer.

Schüle ging vor den Amtsbürgermeister. Da die Sechs sich verpflichtet hatten, für ihn ein ganzes Jahr zu arbeiten, solle er ihnen bei Zuchthausstrafe verbieten, für Mathäus Schüle zu arbeiten. J.H. Schüles Anwalt brachte gleich elf Personen mit, die unter Eid bestätigen sollten, daß die Sechs die genannte Verpflichtung auf sich genommen hatten. Die Sechs wiederum bestritten, mit Schüle einen „Pact" eingegangen zu sein. Sie baten um Erlaubnis „zu arbeiten, wo sie wollen".

Der Amtsbürgermeister sympathisierte mit Schüle, aber ohne Erlaubnis des Magistrates durfte er kein Verhör unter Eid vornehmen. Inzwischen verbot er den Beklagten, bei einem anderen Fabrikanten zu arbeiten.

Schüle verlangte nun, daß nicht nur diesen Sechs, sondern allen in seiner Fabrique arbeitenden Leuten bei Zuchthausstrafe befohlen werden solle, ein ganzes Jahr zu arbeiten, „als dieses bei allen anderen Fabricanten üblich und gebräuchlich seye". Da die Sechs bestritten, jemals einen „pact" mit ihm eingegangen zu sein, solle man dreißig seiner Leute unter Eid verhören. Der Amtsbürgermeister redete nun den Sechs zu, sich zu fügen und es nicht darauf ankommen zu lassen, daß elf bzw. dreißig Personen unter Eid vernommen würden. Als die Sechs sich nicht fügten, verbot er ihnen wie allen anderen in der J.H. Schüleschen Fabrik arbeitenden Druckern und Domestiken, bei anderen Fabrikanten zu arbeiten. Aber er hatte nicht mit der Entschlossenheit der sechs Drucker gerechnet. Stante pede et viva voce interponierten sie „die Provocation" an den Rat. Der

---

[172] 1790, 13. November. Protokolle 1788-92.
[173] 1805, 2. August.

Bürgermeister war überrascht und empört, aber er mußte dennoch dieser seinem Ermessen nach frivole et temerarie interponierten Provocation an den Rat stattgeben.

Obwohl Schüle jetzt den Rat aufforderte, die elf bzw. dreißig Personen zu vernehmen und dann gegen die sechs „lügenhaften, bosshaften und infamen" Personen mit Zuchthausstrafe vorzugehen, lehnte der Rat die eidliche Vernehmung ab. Während der rechtlichen Untersuchung sollte alles in statu quo bleiben.

Nun wandte sich auch der Ehemann einer der Druckerinnen namens Geisler an den Rat. Die Zeugen, die zugunsten Schüles ausgesagt hatten, seien lauter Domestiken und Arbeitsleute Schüles, die gar kein glaubwürdiges testimonium ablegen könnten. Als die sechs Drucker und Druckerinnen von Schüle gefragt worden seien, ob sie bei ihm in Arbeit bleiben wollten, hätten sie zwar affirmative geantwortet, aber niemand habe darunter ein ganzes Jahr verstanden. Da Schüle als ein sehr schwieriger und jähzorniger Mensch bekannt sei, der Leute willkürlich mit vermindertem Lohn oder sogar ohne Lohn zu entlassen pflege, hätten sie sich nie auf Jahr und Tag einem solchen Joch unterworfen. Denn Schüle habe sich ja nicht verpflichtet, sie während dieser Zeit ständig mit Arbeit zu versehen und nicht vor der vereinbarten Zeit zu entlassen.

Als zwei weitere Druckerinnen Ende Januar 1765 die Schülesche Fabrik verließen, forderte Schüle den Bürgermeister noch einmal auf, allen Domestiken und Druckersleuten in seiner Fabrik zu verbieten, in einer anderen Fabrik zu arbeiten. Selbstverständlich bei Zuchthausstrafe. Nun meldete sich auch Geisler wieder. Schüle wolle den Druckern und Druckerinnen die Nahrung sperren, um sie zu zwingen, sich auch gegen ihren Willen seiner Gewalttätigkeit zu beugen. Die Freiheit, die Gott und die Natur dem Menschen gegeben habe, könne niemandem sub pretextu juris illiquide et controversi genommen werden, viel weniger könne jemandem die Nahrung gesperrt werden. Schüle verlange, daß seine Arbeitsleute auch in Zeiten, wenn er keine Arbeit für sie hatte und sie also ohne Lohn feiern müßten, dennoch keine andere Arbeit annehmen sollten. Ein solcher Pact sei wider die natürliche Billigkeit, da nur der eine Teil den Nutzen, der andere nichts als Schaden habe. Geisler bat den Rat, das Verbot, bei einem anderen Fabrikanten zu arbeiten, aufzuheben. Aber das Verbot blieb wohl dennoch in Kraft.

Anscheinend überredete man die sechs Drucker und Druckerinnen, es doch noch einmal bei Schüle zu versuchen. Sie baten Schüle nun mehrmals um Arbeit, das letzte Mal an einem Freitagmorgen, den 15. Februar 1765. Schüle erklärte jedoch, er könne ihnen erst am Montag Arbeit geben. Die Drucker und Druckerinnen gingen daraufhin zum Bürgermeister, der ihnen nun die schriftliche Erlaubnis gab, bis zum Austrag der Sache bei einem anderen Fabrikanten zu arbeiten.

Schüle hatte wohl den Bogen überspannt. Er protestierte beim Rat, wurde aber abgewiesen. Er wollte daraufhin an den Kaiser appellieren, aber der Rat verbot die Appellation. Es ist nicht bekannt, wie die Sache schließlich ausging. Aber das Zögern des Rates deutet an, daß er Schüles Standpunkt nicht akzeptierte. Man kann sich nicht denken, daß die Arbeiter gezwungen wurden, analog zu den Handwerksgesellen ein volles Jahr in einer Fabrik zu arbeiten, ohne das Recht zu haben, einen anderen Arbeitsplatz zu suchen.[174]

---

[174] 1765, 23. Januar, 25. Januar, 31. Januar, 21. März und 11. April.

Schüle wollte anscheinend gewisse Regeln des Handwerks beibehalten, wenn sie zu seinem Vorteile waren. In Lohnsachen betonte er dagegen, daß die Handwerksordnungen für die Cottonfabrikanten keine Gültigkeit hätten.

Diebstahl

Da es mehrere Cottonfabriken in Augsburg gab, war es wohl unvermeidlich, daß man sich gegenseitig Produktionsmethoden abzusehen versuchte. J.H. Schüle beschuldigte 1796 einen Kupferstecher namens Louis Mireux und einen Franz Staudinger, der für Schöppler und Hartmann arbeitete, „das Schülesche arcanum blau zu drucken" ausspioniert zu haben. Unter Versprechen von Geld hätten sie eine Druckerin, die für ihn arbeite, überredet, ihnen ein „Muster" der blauen Farbe zu bringen und Informationen über die Schülesche Druckmaschine zu geben. Der Bürgermeister verwies die beiden „allen amtlichen Ernstes". Schüle blieb es unbenommen, auf Schaden zu klagen.[175]

Die Fabrikanten haben sich auch gegenseitig neue Muster gestohlen. Schüle behauptete jedenfalls 1770, daß der Cottonfabrikant Gleich die Zeichnungen und Abdrucke der für ihn angefertigten Model von einem seiner Modelschneider angefordert habe, um sie nachzeichnen zu lassen. Und sein Vetter Johann Mathäus Schüle klagte 1804, daß „ungetreue Subjecte unter seinen Fabrikarbeitern" seit Jahren die unter schweren Kosten angeschafften neuen Desseins durch heimliche Abdrucke und Abrisse anderen Fabrikanten gegen ein Biergeld übergeben hätten.[176]

Die schlechte Bezahlung der Arbeiter mag ein Grund sein, daß Diebstahl weit verbreitet war. Es war allgemein bekannt, daß der größte Teil der in den Cottonfabriken arbeitenden Druckerinnen und Malerinnen „ein oder andere Stück filoulieren", um sie dann zu verkaufen oder zu versetzen. Die Amtsbürgermeister schlugen deshalb im Jahre 1776 vor, durch Anschlag verbieten zu lassen, „ein weisses oder gedrucktes, halb oder ganz gemaltes Kottunstück oder auch einige Trümmer in Versatz zu nehmen oder Geld darauf zu leihen", wenn man nicht sicher war, daß diese Stücke Eigentum des Versetzers oder Verkäufers waren.[177]

Diese Veruntreuungen haben aber in der Folgezeit noch zugenommen. Wir sahen bereits, daß die Malerinnen die Stücke von den Aufsehern erhielten. In mancher Fabrik sollen bei der wöchentlichen Abrechnung zehn und mehr Stücke gefehlt haben. Bei insgesamt neun Fabriken soll der Verlust pro Jahr angeblich in die Tausende gegangen sein. Auf jeden Fall waren die Verluste so groß, daß die Aufseher nicht mehr imstande waren, die Fabrikanten zu entschädigen. Im Jahre 1796 verlangten schließlich acht Cottonfabrikanten Maßnahmen gegen „die zum liederlichen Leben und zu Banditereyen gewöhnte Menschenclasse der Mahlerinnen". Die entwendeten Stücke wurden vor allem in Friedberg, Lechhausen, Göggingen, Straßberg und Oberhausen versetzt. Es gäbe dort Leute, die förmliche Kottonniederlagen und „Versatz Comptoirs" hätten. Wenn der Fabrikant die Stücke wieder haben wollte, müßte er sie auslösen. Die Diebe sollen sich mit den Pfandnehmern auf einen so hohen simulierten Versatzpreis geeinigt haben, daß es sich nicht lohnte, das versetzte Stück auszulösen, wenn man nicht den vollen Wert bezahlen

---

[175] 1796, 29. April, 2. und 5. Mai.
[176] 1804, 24. August.
[177] 1776, 16. Dezember.

wollte. Die Cottonfabrikanten wollten erst, daß der Landrichter in Friedberg und das fürstbischöfliche Rentamt Verbote erlassen sollten, Cottonstücke von den hiesigen Fabrikleuten zum Versatz anzunehmen. Als dies nicht half, wollten sie harte Strafen. Geldstrafen seien zwecklos, weil diese Leute kein Geld hätten. Haftstrafen hätten sie bereits verbüßt. Da sie in ihrer moralischen Verwilderung über Schande und Spott hinaus seien, müsse man das Versetzen mit körperlicher Züchtigung und lebenslanger Versetzung extra statum nocendi ahnden.[178]

Die maßlosen Forderungen der Fabrikanten zeigen immerhin, daß das Stehlen und Versetzen von Stücken unter der Arbeiterschaft verbreitet war.

Auch Krapp, andere Farben und „Fabrikmaterialien" wurden in den Fabriken gestohlen und dann den Färbern verkauft. Diese Diebstähle waren so häufig, daß der Rat im Jahre 1782 den Färbern verbot, „Krapp, nasse oder trockene, rohe oder zubereitete farben oder andere Farbwaaren" von Leuten zu kaufen, die in den Fabriken arbeiteten.[179]

Die Fabrikarbeiter als neues Problem

Die Fabrikarbeiterschaft, wie sie sich in den Cottonfabriken bildete, war ein neues soziales Phänomen in Augsburg. Die Fabrikarbeit verschaffte vielen Menschen einen Verdienst. Aber man merkte bald, daß der Fabrikarbeiter etwas anderes war als der Handwerker. Anscheinend kam es sehr schnell zu Spannungen. Gebhart und Greif sagten 1763, daß sie einige hundert Personen in ihrer Fabrik beschäftigten. Sie fügten hinzu, daß diese Leute „meistens bosshaft sind, und mit täglich unsäglichem Verdruss in Ordnung müssen erhalten werden".[180] Während der Weberunruhen im Jahre 1794 tauchte die Frage auf, ob denn die Cottonfabriken und damit die Arbeiter oder die Weberschaft der Stadt mehr Nutzen brachten. Die Cottonfabrikanten erklärten in einem Gutachten, daß sie ihren 3700 Arbeitern im Jahre 444 000 fl als Lohn zahlten, die dann der Wirtschaft Augsburgs zugute kämen. Die Deputation in Webersachen ist in ihrer Antwort auf dieses Gutachten eingehend auf die negativen Folgen der Fabrikarbeit eingegangen.

Der Verdienst des Arbeiters sei doch ganz unsicher. Denn die Fabrikarbeit sei „kein Dienst, kein handwerk, kein Gewerbe". Nur der Wille des Fabrikanten bestimme die Dauer der Arbeit. Und seine Entscheidung hänge von Launen, vom Geschäftsgang, von Zeit und Umständen ab. Wovon soll der Arbeiter leben, wenn er keine Arbeit und keinen Verdienst hat?

Die Spezialisierung in den Fabriken habe eine negative Auswirkung. Männer, die als Streichbuben angefangen hätten, täten jetzt nichts anderes, als als Drucker zu arbeiten. Die Farb- und Bleichknechte hätten nie eine andere Arbeit verrichtet. Sie seien aller anderen Arbeit entwöhnt und „aus aller connexion mit anderen Ständen gekommen". Sie seien zu keiner anderen Arbeit mehr brauchbar.

Da sie den ganzen Tag in der Fabrik arbeiteten, könnten sie nichts nebenbei verdienen. Auch wenn die Fabrikleute „ihr Maul gut oder schlecht fortbringen", wie sollten sie Miete, Holz, Licht, Kleider und Wäsche bezahlen? Zumal sie seit einigen Jahren schlechter als früher bezahlt würden?

---

[178] 1796, 18. November und 1797, 12. Juni.
[179] 1782, 30. April.
[180] 1763, 9. März. Ausschaffung der Weber 1621-1798.

Obendrein gäbe es unter den Fabrikleuten keine Ordnung. Ordnung und Fabrikleute, „wie reimt sich das zusammen?" Die Erinnerung an frühere Zeiten, die Gewöhnung an ein bequemes Leben, das Beispiel der besser Verdienenden, „der Leichtsinn und flüchtige Fabrikgeist" verhinderten eine „ordentliche Eintheilung" des Verdienstes. Wenn der Zahl-, Sonn- oder Feiertag komme, habe man einen guten Tag, danach darbe man. Die Folgen der Verschwendung seien Zerrüttung an Leib und Seele, ein „siecher körper, ein Elendes Alter und ein erbärmliches Ende". Bei den Fabrikleuten sehe man selten eine gute Farbe. Das schlechte Aussehen sei die Folge der ungünstigen Arbeitsbedingungen, der „überhitzten, dumfigen Stuben, der scharfen Farben und der Anstrengung beym Reiben". Wie könne man von einer Fabrikperson verlangen, daß sie etwas zurücklegt, selbst wenn sie es wollte?

Die Nachteile seien noch größer, wenn der Arbeiter Familie habe. Auch wenn die Frau arbeite, so werde doch ihr Verdienst durch „kindbetten, durch kleine Kinder, durch das Hauswesen gehindert". Die ersten vier, fünf Jahre könnten die Kinder nicht arbeiten. Aber die Haushaltskosten stiegen täglich. Wenn also die Fabrikanten von 3700 Arbeitern reden, so sollten sie doch angeben, wie viele von ihnen in „bürgerlichem Wohlstand, in häusslichem Glück leben".

Aber wenn die Lage der Fabrikleute so schwer ist, weshalb drängen so viele Leute dennoch in die Fabriken? Die Kommission hatte hierfür eine erstaunliche Erklärung. Sie fragte nämlich, weshalb drängen so viele Leute zum Soldatenstand und verkaufen ihren Leib für einen Lohn von 5 kr? Die Beweggründe, die die Leute zur „Montur" und noch öfter in die Fabrik führten, seien „schlechte Sorgfalt der Eltern, jugendlicher Leichtsinn, eingebildete Freyheit, Scheu vor härterer Arbeit, Beyspil, Anlockung, auch Fehltritte".

Nach Meinung der Kommission war es jedenfalls nicht Mangel an Brot, der die Leute in die Fabriken trieb. Denn bevor die Fabriken errichtet worden seien, habe es auch niemandem an Brot gefehlt. Die Leute hätten vielmehr eine andere Einstellung. Früher mußte man mehr lernen als bloß streichen und Farbe auftragen. Man mußte sich anstrengen, gut aufführen, ehrlich und fleißig sein. Man war weniger in Wirtshäusern, auf Plätzen, Tanzböden, beim Sartor, auf dem 6 kr Platz. Um so besser und dauerhafter war der Verdienst, um so geregelter der Unterhalt, gesünder die Verpflegung, besser der Ruf und Kredit und solider die Kleidung. Und für Notfälle hatte man einen Sparhafen. Es gab weniger Arme, mehr Wohlstand und Segen.

Die Kommission gab zu, daß es nicht die Schuld der Fabrikanten war, wenn so viele Fabrikleute heirateten und dann im Elend lebten. Aber nach ihrer Überzeugung förderte die Fabrik und Fabrikarbeit solche Ehen. Jede Fabrikperson sei ihr eigener Herr, „verdient etwas, siehet auch die andere verdienend, gelegenheit ist da, der Mensch übersieht sich, das hat folgen, man denkt noch gut, will ausweichen und sehnet sich nach einem eigenen Hert und ehrlicher Gesellschaft". Solche Ehen seien in Ordnung, wenn genügend Geld da sei, sonst würden zwei und mehr Menschen unglücklich.

Nach Ansicht der Kommission konnte es dem Staat nicht gleichgültig sein, ob die Bürger gesund oder ausgemergelt waren, ob sie gesittet oder dissolut lebten, ob die Kinder eine Erziehung erhielten und ob die Eltern leichtsinnig oder sparsam waren, ob für Gebrechen und Alter ein Sparpfennig zurückgelegt wurde oder nicht. Die Kommission ließ keinen Zweifel, daß sie die Fabrikarbeit für diese üblen Folgen verantwortlich hielt.

Liederliche Leute gäben natürlich Geld aus. An Sonn- und Feiertagen sähe man die Fabrikleute in den Wirtshäusern der Umgebung. Aber hier handele es sich um Verschwendung. Bei dem kleinsten Ausfall ihres Verdienstes fielen diese Leute dem gemeinen Wesen zur Last. Was habe der Staat davon, wenn Kranken-, Findel-, Waisen- und Arbeitshäuser und die Armenanstalt überlaufen wurden? Wenn Zins- und Schuldklagen „ausbrechen"? Wenn ein Teil der Bürger reicher, der größere Teil aber ärmer wird?

Die Kommission beklagte es überhaupt, daß wegen der Fabriken so viele Fremde in die Stadt kamen. In einem militärischen und „ausgebreiteten Staate" sei eine größere Bevölkerung von Vorteil, nicht aber in einer Stadt ohne eigenes Landgebiet. Da die Menge der vom Lande gebrachten Victualien gleich bliebe, stiegen die Lebensmittelpreise bei größerem Verbrauch. Die Fabriken hätten also durchaus nicht den wohltätigen Einfluß auf den Staat, dessen sich die Fabrikanten rühmten.

Dazu komme, daß die meisten der 3700 Fabrikleute überhaupt nicht Bürger seien, sondern früh aus den umliegenden Dörfern in die Stadt kämen und abends wieder dorthin zurückkehrten. Ihr Verdienst käme also der „Land Ökonomie" zugute. In der Stadt kauften sie nicht ein. Die Stadt profitiere nicht von den 440 000 fl, die nach Angabe der Fabrikanten jährlich an Löhnen gezahlt werden.

Wenn die Fabriken sich wirklich so günstig auf die Bürgerschaft auswirkten, weshalb werde dann so viel über die Fabriken geflucht? Entweder es kann nichts Gutes an den Fabriken sein oder es ist verhältnismäßig gering im Vergleich zum Bösen, das aus den Fabriken kommt. Man solle nur an die Holzpreise denken, die durch die Fabriken in die Höhe getrieben würden. Oder an die Dienstboten, die durch die Fabrikarbeit „roh und fast unbrauchbar" gemacht werden. Seit Einführung der Fabriken könne man nur noch „Tyroller, Algeyer, Baier, Anspacher, Rieser, Pappenheimer zu den Domestiken" nehmen, mit anderen Worten, keine Schwaben.

Es sei also kein Wunder, daß die Stimme des Volkes gegen und nicht für die Fabriken töne. Man solle auf die Stimme des Volkes hören, bevor sie zu laut wird. Man solle daran denken, wieviel besser sich der Nahrungsstand vor Entstehung des „veredelten Wortes Fabriken bey der zahlreichen Weberschaft" befunden hat.

Die Deputation suchte dann nachzuweisen, daß das traditionelle Weberhandwerk der Wirtschaft Augsburgs einen viel größeren finanziellen Impuls gab als die Fabriken. Sie errechnete, daß 13 140 Menschen auf die eine oder andere Weise an der Weberei beteiligt seien, während nur 3700 Personen in den Fabriken arbeiteten. Diese 13 140 am Weben beteiligten Personen gäben jährlich 499 835 fl in der Stadt aus. Wenn man annahm, daß ein Drittel der Fabrikleute auf dem Lande wohnte, aber immer noch 12 kr pro Woche in der Stadt ausgab, so steuerten die Arbeiter nur 321 584 fl zu der Wirtschaft Augsburgs bei. Die Weber setzten also mehr Geld in Umlauf und regten den Konsum stärker an als die Fabrikarbeiter.[181] Für die Kommission war die Schlußfolgerung klar. Von den günstigen Wirkungen des Fabrikwesens könne keine Rede sein.

Die Deputation hatte wohl nicht unrecht, wenn sie auf die zerstörerischen sozialen Auswirkungen der Fabrikarbeit hinwies. Sie sah aber keine andere Lösung für die moralischen und gesundheitlichen Schäden der Fabrikarbeit als die Rückkehr zum traditionellen Handwerkertum. Daß auch in der Fabrik wertvolle Arbeit verrichtet wurde, wird in dem Bericht der Deputation in Webersachen überhaupt nicht erwähnt. Man wundert sich auch, daß die Deputation den Zulauf zur Fabrikarbeit mit moralischer Leichtfertigkeit und Ar-

---

[181] 1794, 21. Februar.

beitsscheu erklärte. Sah man denn nicht, daß die Fabriken den in Not lebenden Unterschichten der Bevölkerung Arbeit und Verdienst boten? Allerdings haben nicht alle führenden Leute Augsburgs diese negative Beurteilung der Fabriken geteilt. Der Stadtpfleger von Stetten erklärte in seinem Gutachten, daß die Fabriken einmal da seien und nicht verschwinden würden, ob man es wollte oder nicht. Der Stadtpfleger sah mit Weitblick in den Fabriken eine hoffnungsvolle Entwicklung: es ginge um die „Ausbreitung des schönsten und ergiebigsten Nahrungszweiges, dessen Nutzen und Vortheil allgemein ist".[182]

Auswärtige Fabriken

Die Gründung der vielen Cottondruckereien Ende des 17. Jahrhunderts hat den Augsburgern einen Vorsprung in der Textilverarbeitung gesichert. Aber sie wußten natürlich, daß solche Fabriken auch in anderen Städten und Ländern gegründet werden konnten. Sie bemühten sich deshalb, ihren Vorsprung zu erhalten. Schon um 1710 wurde in „der Nachbarschaft" gedruckt. Die Augsburger waren sich klar, daß diese auswärtigen Drukker „embsig lauern, ob sie nicht was von unserer Wissenschaft erschnappen" könnten. Vor allem die Gründung einer „Leinwand, Barchet und Schnurtuch Fabrique" im nahen Schwabmünchen hat die Augsburger beunruhigt. Die Deputierten warnten alle ledigen Burschen, Bürger und Beisitzer, die in dieser Fabrik arbeiten oder „auf eine und andere Art und Weise zu fortpflanzung sothaner ... Fabrique behilflich seyen würden", daß sie ihr Bürgerrecht und Beisitzerrecht verlieren würden. Man müsse Maßnahmen treffen, damit diese Fabrik, wenn nicht „gar inutil gemacht, jedoch so restringirt werde", daß sie das Webercommercium nicht aus Augsburg wegziehe. Die Deputierten luden auch Johann Franz Gignoux vor, der verdächtig war, in diese Schwabmünchener Sache verwickelt zu sein. Am 3. Juli 1734 erließ der Rat ein Verbot, „fremde und auswärts gewirkte Weberwaaren ... zu bleichen oder zu drucken". Anscheinend waren diese Maßnahmen recht erfolgreich. Denn als sich später, 1758, das „Übel der Heidenheimer Fabrik" erhob, erinnerten die Deputierten an die patriotischen Maßnahmen gegen die Schwabmünchner Fabrik.[183]

Immer wieder kam es zu solchen Zwischenfällen. Als ein Weber das „grosse Anerbieten" erhielt, in München eine „fabrique" zu errichten, beschimpften ihn die Weber als „aydbrüchigen bürger und Dieb". Der Mann gab seinen Plan auf, aber die Deputierten verlangten von ihm eine Erklärung, daß er weder zu dieser noch auch einer anderen auswärtigen fabrique „mit Rath oder That" behilflich sein werde.[184]

Dennoch konnten die Augsburger natürlich nicht verhindern, daß um die Mitte des 18. Jahrhunderts Bomasin-Fabriken in Schwaben, Bayern, Österreich und anderen Ländern gegründet wurden. Die Augsburger Großhändler begründeten so auch im Jahre 1755 den rückläufigen Absatz der Augsburger Bomasine in Italien mit der Konkurrenz durch diese neuen Fabriken. Die Konkurrenz durch auswärtige Fabriken hat den Augsburgern

---

[182] 1781, 24. Dezember. Siehe Clasen, „Streiks und Aufstände der Augsburger Weber im 17. und 18. Jahrhundert" für die Diskussion über die Vor- und Nachteile der Cottonfabriken.
[183] 1758, 26. Oktober. Kattunfabrikanten 1707-1787.
[184] 1755, 29. Mai. Auch dem Leonhart Carl Sultzer wurde vom Rate befohlen, seine „vorgehabte fabric in seinem inhabenden Dorff" abzustellen, was er auch zu tun verprach. 1778, 31. März.

anscheinend immer mehr zu schaffen gemacht. Um so empfindlicher reagierte man, als die in Kaufbeuren, Nürnberg, Heidenheim und Colmar gegründeten Cottonfabriken Augsburger Arbeiter durch alle möglichen Versprechungen abzuwerben suchten. 1778 drohte man den Modelschneidern und anderen Arbeitern, die für auswärtige Fabriken arbeiteten, mit Verlust des Bürgerrechts.[185]

Voll Verbitterung führten die Fabrikanten die Gründung auswärtiger Fabriken unter anderem darauf zurück, daß sie selbst keine Waren außerhalb Augsburgs einkaufen durften. Ihnen sei es deshalb nicht möglich, die Aufträge von auswärts zu erfüllen. Früher hätten die Kaufbeurer ihre Cottone hier gekauft. Aber wegen Mangels genügender Ware in Augsburg hätten sie selbst Fabriken angelegt. Während die Kaufbeurer im Jahre 1744 kaum 16 000 Stück verarbeitet hätten, seien es 1762 100 000 Stück 7/5 feiner Cottone und Bomasine gewesen.

In Württemberg habe man früher von Fabriken überhaupt nichts gewußt. Da aber die Weberwaren auf dem Lande im Überfluß vorhanden waren und von den Augsburger Fabrikanten nicht gekauft und verarbeitet werden durften, hätten sie ihre eigene Fabriken in Heidenheim, Sulz am Neckar und in Cannstadt gegründet. Sie hätten das Landvolk vor allem in der Markgrafschaft Burgau an sich gezogen, die ihnen große Mengen von Bomasin und Cottonen lieferten. Die Reichsstadt Memmingen und Kempten seien dann diesem Beispiele gefolgt. Kurzum, Augsburgs Einfuhrverbote fremder Ware hätten zum Erfolg der auswärtigen Fabriken beigetragen.[186] Trotz aller Übertreibung waren diese Behauptungen sicher nicht ganz falsch, wie das Beispiel der Espin und Schleichischen Cottondruckerei zeigt. Im Jahre 1762 hat diese Firma ihren Sitz aus Augsburg nach Göggingen verlegt, weil sie die in Grünenbach gewirkten und gebleichten Weberwaren in Augsburg nicht mangen und drucken durfte. Maria Catharina Espin rechtfertigte sich damit, daß sie ein „namhaftes Capital" in diesem Unternehmen angelegt habe und sich und ihre Kinder ernähren müsse. Sie kaufte von dem Baron von Prutscher in Göggingen das ehemalige Schencksche Schlößlein für 6000 fl. Eine Rolle, Presse und ein Farbhaus wurden errichtet und eine Druckerei eingerichtet. Aus der Druckerei in Augsburg wurden 8 bis 10 Drucktische sowie Druckmodel und Druckrequisita nach Göggingen geschafft. Im Mai 1762 wurde hier bereits gedruckt. Leute aus Pfersee, Kaufbeuren, Heidenheim und auch aus Augsburg verdienten hier ihren Unterhalt mit Drucken, Streichen und Malen. Christian Schleich assistierte als Compagnon. Die Gründung der Druckerei in Göggingen sprach sich schnell in Augsburg herum. Die Deputierten verlangten von der Espin und von Schleich die Schließung der Fabrik. Die Espin lehnte ab: lieber wolle sie ihr Bürgerrecht aufgeben. Nur wenn man ihr die in die Fabrik gesteckten Unkosten ersetze, war sie bereit, sich aus dem Fabrikgeschäft zurückzuziehen. Es ist nicht klar, was schließlich aus dieser Cottonfabrik in Göggingen geworden ist. In den Augsburger Akten wird sie nicht mehr erwähnt.

Auf die Dauer haben die Augsburger die Gründung von Fabriken in anderen Städten natürlich nicht verhindern können.

---

[185] 1778, 31. März.
[186] 1762, kurz vor dem 22. Juni. Eingabe der Fabrikanten und Kaufleute.

Rückblick

Unsere Studie über die Textilwirtschaft befaßte sich mit einem begrenzten, aber aufschlußreichen Ausschnitt aus der Vergangenheit Augsburgs. Es scheint fast, als wäre die Textilherstellung ihren eigenen Gesetzen gefolgt. Kriege, Besatzung, religiöse Wirren, Hungersnöte, Epidemien, Bevölkerungszunahme und Bevölkerungsschwund haben die Textilwirtschaft natürlich beeinflußt, aber ungeachtet aller dieser Ereignisse ging die Anfertigung und Bearbeitung von Stoffen über die Jahrhunderte hinweg immerzu fort.

Werfen wir noch einmal einen Blick auf die Entwicklung der Augsburger Textilwirtschaft von 1650 bis 1800. 150 Jahre sind ja ein großer Zeitraum, während dessen mehrere Generationen von Webern auf die Bühne traten, ihr Leben lang arbeiteten und wieder gingen. Gab es während dieser letzten 150 Jahre vor der Industrialisierung Veränderungen in den Augsburger Textilgewerben oder blieb alles beim alten? Wie war es möglich, daß sich die Augsburger Textilwirtschaft nach der Katastrophe des Dreißigjährigen Krieges wieder erholte und die Produktion im 18. Jahrhundert von neuem anstieg? Und welche Gewerbe standen im Mittelpunkt der Textilwirtschaft?

Erstens einmal hat sich die zahlenmäßige Stärke der Textilgewerbe von 1600 bis 1800 geändert. Nicht nur weil die Bevölkerung Anfang des 19. Jahrhunderts fast um die Hälfte kleiner war als zu Beginn des 17. Jahrhunderts. Auch der prozentuale Anteil der in den traditionellen Textilgewerben organisierten Meister, also der Weber, Färber, Tuchscherer, Lodweber, Garnsieder, Zeug- und Tuchmacher und Blättersetzer, hat abgenommen. Im Jahre 1610 arbeiteten rund 23% aller Steuerzahler in den Gewerben der Textilherstellung. Im Jahre 1661 waren es nur noch 14%. Bis zum Jahre 1734 war der Anteil auf 9% gesunken und betrug im Jahre 1812 schließlich nur noch 6%.

Der Grund für diesen Rückgang lag eindeutig in der verminderten Zahl von Webern. Machten die Barchent- und Leinenweber im Jahre 1610 etwas mehr als 20% aller Steuerzahler aus, so waren es 1734 nur knapp 8% und 1812 bloß 6%. Der Anteil der anderen Textilgewerbe lag lange Zeit zwischen 2% und 3%, 1734 bei 1% und fiel bis 1812 auf unter 1%.

Anteil der Textilgewerbe an der Bevölkerung

	alle Steuerzahler	Steuerzahler in Textilgewerben	prozentualer Anteil
1610	10 285[1]	2386	23,19%
1661	5340[2]	764	14,30%
1712/17	5474[3]	610	11,14%
1734	6410	576	8,98%
1811/12	5689[4]	367	6,45%

[1] Schließt 83 Steuerzahler ein, die als juristische Personen anzusehen sind, wie Stiftungen, Legate etc. Siehe Clasen, Arm und Reich in Augsburg, S. 317.
[2] J. Hartung, Die direkten Steuern und die Vermögensentwicklung in Augsburg von der Mitte des 16. bis zum 18. Jahrhundert. Jahrbuch für Gesetzgebung, Verwaltung und Volkswirtschaft, 1895, S. 188-191. Eingeschlossen sind juristische Personen wie Stiftungen, Hinterlassenschaften, Pflegschaften etc. Die Zählung Hartungs ist allerdings nicht immer ganz eindeutig.
[3] Zahlen der Steuerzahler von 1712. Hartung, Die direkten Steuern, S. 188-191.

Anteil der Barchent- und Leinenweber an der Gesamtbevölkerung

	alle Steuerzahler	Barchent- und Leinenweber	prozentualer Anteil
1610	10 285	2114	20,55%
1661	5340	599	11,21%
1712/16	5474[5]	493[6]	9,006%
1734	6410	499	7,78%
1811/12	5689	327	5,74%

Anteil der anderen Textilhandwerke an der Gesamtbevölkerung.

	alle Steuerzahler	Textilgewerbe ohne Weber	prozentualer Anteil
1610	10 285	272	2,64%
1661	5340	165	3,08%
1712/17	5474[7]	117	2,13%
1734	6410	77	1,20%
1811/12	5689	40	0,70%

Obwohl die Zahl der Weber, Lodweber, Färber und Tuchscherer abgenommen hatte, spielte die Textilwirtschaft im 18. Jahrhundert bestimmt nicht eine geringere Rolle als früher. Wir sahen, daß der Cottondruck bereits vor 1700 in Augsburg Fuß gefaßt hatte, um sich im Laufe des 18. Jahrhunderts zu einem wichtigen Wirtschaftszweig zu entwickeln. Gegen Ende des 18. Jahrhunderts sollen 3700 Arbeiter in den Cottonfabriken gearbeitet haben. Während also die traditionellen Textilgewerbe immer weniger Leute beschäftigten, arbeiteten in den Cottonfabriken mehrere tausend Arbeiter, von denen jedoch viele aus den umliegenden Dörfern in die Stadt zur Arbeit kamen. Die Zahlen deuten jedenfalls an, daß sich das Gewicht der Textilherstellung bis Ende des 18. Jahrhunderts aus den Werkstätten der Handwerker in die Fabriken verlagert hat.

Es fällt auf, daß sich in dem langen Zeitraum von 1550 bis 1800 die Organisation der traditionellen Augsburger Textilgewerbe, also der Weber, Tuchscherer und Färber, nicht geändert hat. Die Textilhandwerker waren nicht im Verlag organisiert, obwohl viele Weber und auch Färber bei den Händlern verschuldet waren und zum Teil für ihre Arbeit mit Rohmaterial bezahlt wurden. Bis zum Ende der Reichsstadt hielt man an dem Grundsatz fest, daß jeder Meister unabhängig für sich selbst arbeiten müsse. Einzelne Kaufleute versuchten zwar, bei den Barchentwebern, den Lodwebern und den Zeugmachern den Verlag einzuführen, aber der Rat hielt an den überkommenen Zunftordnungen fest, die so etwas wie den Verlag überhaupt nicht kannten. In den Dörfern des Umlandes, in denen der Augsburger Rat keine obrigkeitlichen Befugnisse hatte und in denen auch keine traditionellen Zunftregeln bestanden, mögen die Augsburger Kaufleute allerdings die Weberei und Spinnerei in Form des Verlages organisiert haben.

Die traditionellen Textilgewerbe (außer den Lodwebern) unterstanden den Verordneten oder, wie sie im 18. Jahrhundert hießen, den drei Deputierten und drei Beisitzern im

---

[4] 5689 Familien. Cgm 6845 / 9. Staatsbibliothek München.
[5] Zahl der Steuerzahler von 1712.
[6] Zahl der Weber von 1716.
[7] Zahl der Steuerzahler von 1712.

Weberhaus. Der Mittelpunkt der Textilgewerbe war und blieb das Weberhaus. Es ist verwunderlich, daß man im Laufe der Zeit nicht auch die Lodweber in das Weberhaus zog und sie statt dessen beim Kunst-, Gewerbe- und Handwerksgericht ließ.

Zwischen den Webern und den anderen Textilgewerben gab es dann doch einen weiteren organisatorischen Unterschied. Während die Weber unmittelbar den Deputierten und Beisitzern unterstanden, hatten die anderen Textilgewerbe wie die Tuchscherer, Färber oder Tuch- und Zeugmacher zwei oder drei Vorgeher als Zwischeninstanz. Diese Vorgeher übten eine gewisse Aufsicht in ihren Gewerben aus und nahmen Stellung zu allen Fragen, die ihr Gewerbe betrafen, gleich, ob es personelle oder sachliche Entscheidungen waren. Die letzte Entscheidung hatten allerdings die Verordneten bzw. Deputierten und, natürlich, der Rat.

Die drei Beisitzer vertraten in gewissem Sinne die Interessen der Weber. Aber eigentliche Vorgeher, die mit den Meistern eigene Versammlungen gehalten hätten, waren sie nicht. Weshalb ernannte man nicht auch Vorgeher im Weberhandwerk? Angesichts der ungewöhnlich großen Masse von Webern hielt man es vielleicht für bedenklich, ihnen eine eigene Organisation zu gewähren. Vielleicht hoffte man, Unruhen im voraus unterbinden zu können, wenn die Verordneten selber ein wachsames Auge auf die vielen Weber hielten. Oder man meinte, daß die Weber ein so wichtiges Gewerbe darstellten, daß die Deputierten und Beisitzer am besten gleich selber alle Entscheidungen trafen.

In dem Amtszimmer der Verordneten und späteren Deputierten liefen also alle Fäden zusammen. Hier wurde über Tausende einzelner Meister wie über ganze Gewerbe entschieden, und zwar über Jahrhunderte hinweg. Das Amtszimmer war ein geschichtsträchtiger Raum. Kein Wunder, daß die neuen bayerischen Behörden den mit Täfelung und Gemälden geschmückten Raum im 19. Jahrhundert nach München bringen ließen.

Der verwaltungsmäßige Zusammenhang der Textilgewerbe fand seinen Ausdruck in den Protokollbüchern. Alle wichtigen Entscheidungen und Akten der einzelnen Gewerbe wurden in den Protokollbüchern festgehalten, von 1549 bis Ende des 18. Jahrhunderts.

Eine gemeinsame Leitung der verschiedenen Textilgewerbe war schon deshalb unumgänglich, weil die Löhne von den Deputierten festgelegt wurden. Wir haben gesehen, daß die Deputierten die Löhne ungern erhöhten. Sie wußten, daß Lohnerhöhungen in dem einen Gewerbe zu ähnlichen Forderungen in den anderen Gewerben führen würden. Im Endergebnis würden dann die Preise der Tuche steigen. Je höher die Löhne stiegen, um so schwieriger wurde es, die Tuche zu verkaufen. Fehlender Absatz bedeutete aber, daß vor allem die Masse der ohnehin armen Weber kein Geld bekam. Sowohl vor dem Dreißigjährigen Kriege wie in den folgenden 150 Jahren haben die Verordneten sorgfältig auf die Auswirkungen von Preiserhöhungen geachtet. Die Gefahr, daß bei fehlenden Einnahmen vor allem die Weber dem Armenwesen anheim fallen würden, war stets vorhanden, ganz zu schweigen von Unruhen. Die Deputierten bemühten sich also, ein gewisses Gleichgewicht zwischen den einzelnen Gewerben, Webern, Kartern, Garnsiedern, Tuchscherern und Färbern zu erhalten. Keines der Gewerbe sollte einen Vorteil vor dem anderen erhalten.

Um die Qualität der Augsburger Ware zu wahren, hat man ein sorgfältiges System von Geschauen durchgeführt. Man bemühte sich das Niveau der Geschauen auch dadurch zu erhalten, daß die gleichen Geschaumeister an den verschiedenen Geschauen tätig waren. So mancher Webermeister arbeitete erst an der Rohgeschau, dann der Schwarzgeschau, danach der Tuchscherergeschau oder der Garnsiedergeschau. Wir haben gesehen, daß die Geschaumeister im allgemeinen aus den Reihen der besitzenden Meister genommen wurden: 85% von ihnen hatten Besitz (Steuer: über 15 kr), 42% gehörten sogar zur Schicht der guten Mittelschicht (Steuer: über 1 fl)[8]. Man rechnete wohl damit, daß diese besitzenden Meister strenge Maßstäbe bei der Geschau anlegen würden.

Im Weberhaus wurde die Rohgeschau der Weber, die Geschau der Tuchscherer und teilweise auch die Geschau der Färber gehalten. Hier befanden sich auch die Keller der Weber und das Gewölbe der Färber.

Obwohl die Textilgewerbe ihren Mittelpunkt im Weberhaus hatten, fällt auf, daß sich hier die Meister der verschiedenen Gewerbe niemals gemeinsam versammelten. Ja, die Weber, Tuchscherer oder Färber durften ohne Erlaubnis der Deputierten überhaupt keine eigenen Versammlungen halten. Nur während der Unruhen im Jahre 1794 sind die Weber selbständig im Weberhaus zusammengekommen, ohne viel um Erlaubnis zu fragen. Allerdings haben die Deputierten mehrmals das ganze Weberhandwerk auf das Weberhaus geladen, um sie über umstrittene Probleme abstimmen zu lassen.

Die Barchent- und Leinenweber haben uns mehr als jedes andere Textilgewerbe beschäftigt. Mit gutem Grund. Wir sahen, daß es vor dem Dreißigjährigen Kriege mehr als 2000 Weberwerkstätten in Augsburg gegeben hatte. Die Färber hatten nur rund 100, die Tuchscherer über 80 Werkstätten, die Lodweber rund 60. Es besteht also gar kein Vergleich. Die Weber stellten alle anderen Textilgewerbe in den Schatten. Augsburg war eine Weberstadt. Spinner und Garnsieder unterstützten die Arbeit der Weber. Die Verarbeitung der Stoffe durch Karter, Tuchscherer und Färber spielte ebenfalls eine sehr große Rolle. Im Mittelpunkt stand aber immer die riesige Schar der Weber. Die Weber stellten im Jahre 1610 fast 90% aller Meister in den Textilgewerben (außer den Spinnern), die Tuchscherer und Färber nur je 3% bis 4%, die Lodweber bloße 2%.

Die Verluste im Dreißigjährigen Kriege haben diese Verteilung in den Textilgewerben nur etwas geändert. Die Weber stellten nach wie vor das Gros der Meister. In der zweiten Hälfte des 17. Jahrhunderts machten die sogenannten Barchent- und Leinenweber 75% bis 78% der Textilhandwerker aus, im 18. Jahrhundert stieg ihr Anteil auf 80%, um im Jahre 1806 bei 92% zu liegen.

Die anderen Weber waren dagegen immer nur eine kleine Schar. Die Lodweber machten im 17. Jahrhundert noch 6% bis 8% aus, im 18. Jahrhundert fiel ihr Anteil auf 2% bis 5% und lag im Jahre 1806 bei 3%. Zeug- und Tuchmacher stellten bis in das 18. Jahrhundert bloß 1% bis 2% der Textilhandwerker, dann weniger als 1%.

Der Anteil der Färber fiel im gleichen Zeitraum von 6% oder 8% auf bloße 3%, der der Tuchscherer von 6% auf 1%. Der Zahl nach dominierten also die Barchent- und Leinenweber bis zu Beginn des 19. Jahrhunderts.

---

[8] Vermögenssteuer der Geschaumeister an der Roh-, Schwarz-, Tuchscherer-, Garn-, Zeug- und Tuchgeschau.

			1618-1717			
0	1-15 kr	16-60 kr	1-10 fl	über 10 fl	alle	Steuer nicht bekannt
23	22	127	110	14	296	57 Geschaumeister
7,77%	7,43%	42,90%	37,16%	4,72%		

Zahl der Textilhandwerker

	Weber	Färber	Tuch-scherer	Lod-weber	Deckel-weber	Garn-sieder	Karter	Zeug- u. Tuch-macher	Blätter-setzer	alle
1610	2114 88,60%	83 3,47	85 3,56	47 1,96	2 0,08	25 1,04	23[9] 0,96		7 0,29	2386
1615	2099 87,78%	104 4,34	80 3,34	61[10] 2,55	2 0,08	16 0,66	21 0,87	2 0,18	6 0,25	2391
1619	2179 87,82%	105 4,23	75 3,02	73 2,94	4 0,16	19 0,76	17 0,68	1 0,04	8 0,32	2481
1622	2350[11] 90,17%	71 2,72	89 3,41	53 2,03		13 0,49	24 0,92		6 0,23	2606
1645	415 86,63%	26 5,42	22 4,59	7 1,46		4 0,83	1 0,20	4 0,83		479
1653	500 74,62%	44 6,56	55 8,20	41 6,11		3 0,44	11 1,64	13 1,94	3 0,44	670
1661	599 78,40%	48 6,28	48 6,28	50 6,54				16 2,09	3 0,39	764
1668	583 77,62%	42 5,59	45 5,99	60 7,98				17 2,26	4 0,53	751
1672	575 78,01%	42 5,69	42 5,69	57 7,73				17 2,30	4 0,54	737
1687	520 76,92%	50 7,39	32 4,73	53 7,84				16 2,36	5 0,73	676
1701	458 79,10%	51 8,80	17 2,93	33 5,69				17 2,93	3 0,51	579
1711	405 76,70%	53 10,03	14 2,65	37 7,00	5 0,94			11 2,08	3 0,56	528
1717	493[12] 78,50%	55 8,75	14 2,22	39 6,21	9 1,43			15 2,38	3 0,47	628
1720	468 81,81%	43 7,51	18 3,14	28 4,89				15 2,62		572
1734	499 86,63%	32 5,55	10 1,73	26 4,51				9 1,56		576

---

[9] um 1600
[10] und 2 Frauen
[11] Quelle: Kornverteilung von 1622 und Hochzeitamtsprotokolle für neue Webermeister von 1622 bis 1625.
[12] 1716

1780er Jahre	514[13] 91,13%	28[14] 4,96	5[15] 0,88	15[16] 2,65			2[17] 0,35		564
1788	700 92,34%	26 3,43	8 1,05	15 1,97	2 0,26		3 0,39	4 0,52	758
1806	517[18] 91,66%	23 4,07	5 0,88	18 3,19			1 0,17		564
1811/12	327 89,10%	6 1,63	5 1,36	21 5,72	3 0,81		3 0,81	2 0,54	367

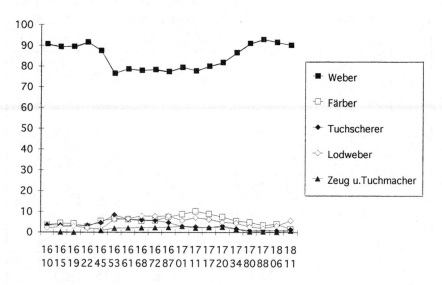

Meister in den Textilgewerben. Prozentualer Anteil.1610-1811.

Mehrmals beschäftigen wir uns mit der Frage, ob sich die einzelnen Textilgewerbe in den gleichen Bezirken konzentrierten. Gab es im alten Augsburg ein Textilviertel? Zu Beginn des 17. Jahrhunderts war das Zentrum der Barchentweberei eindeutig in der Frauenvorstadt: tausend Weber, das heißt mehr als die Hälfte aller Weber, wohnten hier. Hunderte

---

[13] 1785
[14] 1788
[15] 1780
[16] 1783-1784
[17] 1792
[18] Und 106 Witwen.

von Webern waren auch in der Jakobervorstadt und im Lechviertel zu finden. Aber die Frauenvorstadt war das eigentliche Weberviertel.

Die Färber verteilten sich über die Frauenvorstadt, die Jakobervorstadt und das Lechviertel viel gleichmäßiger. Die Masse der Tuchscherer wohnte dagegen im Lechviertel, wenn auch eine ganze Menge in der Jakobervorstadt zu finden war. Die Garnsieder wiederum wohnten fast alle im Lechviertel, die Lodweber fast ausschließlich in der Jakobervorstadt.

Vergleiche zwischen den einzelnen Gewerben sind eigentlich nicht möglich, weil die Zahl der Weber riesig war, während die anderen Textilgewerbe nur eine bescheidene Zahl von Meistern hatten. In dem einen Steuerbezirk St. Georgengäßle wohnten mehr Weber als Färber oder Tuchscherer in der ganzen Stadt. Wir haben mehr als 100 Weber in sechs Steuerbezirken festgestellt. Es gab aber nicht einmal so viele Färber in ganz Augsburg. Verhältnismäßig viele Färber hatten Werkstätten in dem Bezirk Untern Fischern, außerhalb der Stadtmauern. Bei den Lodwebern läßt sich eine gewisse Konzentration in den Bezirken Platterhaus, Unten am Lauterlech und Meutings Garten beobachten. Die Tuchscherer waren über viele Steuerbezirke verstreut, ohne sich irgendwo zu häufen. Garnsieder finden wir relativ häufig in den Bezirken Caspar Färber und Auf dem Bihel.

Die Textilgewerbe konzentrierten sich also nicht alle in einer bestimmten Gegend Augsburgs. Vielmehr lagen die Schwerpunkte der einzelnen Gewerbe in verschiedenen Teilen der Stadt. Die Weber waren allerdings in allen drei Stadtteilen massenhaft vertreten.

Auch der Dreißigjährige Krieg hat an der Konzentration der Barchent- und Leinenweber in den traditionellen Webervierteln nichts geändert. Fast die Hälfte der Weber lebte nach wie vor in der Frauenvorstadt. Und die Lodweber wohnten nach wie vor in der Jakobervorstadt. Die Verteilung der Färber und Tuchscherer war aber im Jahre 1645 nicht mehr dieselbe wie früher. Von den vielen Färberwerkstätten außerhalb der Stadtmauern im Bezirk Unter den Fischern, war keine einzige mehr da. Praktisch alle Färber wohnten jetzt in der Jakobervorstadt und im Lechviertel. Die wenigen Tuchscherer waren aus der Frauenvorstadt verschwunden.

Während des nächsten halben Jahrhunderts gab es bei Lodwebern, Färbern und Tuchscherern keine Verschiebungen in der Wohngegend mehr. Der Anteil der Weber in der Frauenvorstadt hat sich jedoch bis 1716 erhöht: hier wohnten jetzt fast zwei Drittel aller Weber. Und diese Tendenz hat sich noch fortgesetzt: Anfang des 19. Jahrhunderts war die Konzentration der Weber auf die Frauenvorstadt auf über 80% gestiegen.

In dem 200jährigen Zeitraum von 1610 bis 1809 gab es also gewisse Verschiebungen unter den Textilgewerben. Der Anteil der Weber in der Frauenvorstadt nahm noch zu, während Färber und Tuchscherer aus diesem Stadtteil verschwanden und nun fast ganz in der Jakobervorstadt und im Lechviertel wohnten. Die Lodweber waren und blieben in der Jakobervorstadt.

Verteilung der Textilgewerbe über die Stadt 1610

	Frauen Vorstadt	Jakober Vorstadt	Lech-viertel	Obere Stadt	alle
Weber	1005	529	419	94	2047
	49,09%	25,84	20,47	4,59	
Färber	32	19	30		81
	39,50%	23,45	37,03		
Tuchscherer	5	19	54	2	80
	6,25%	23,75	67,7	2,5	
Lodweber	1	46			47
	2,12%	97,87			
Garnsieder	2	2	21		25
	8,00%	8,00	84,00		

Verteilung der Textilgewerbe über die Stadt 1645

	Frauen Vorstadt	Jakober Vorstadt	Lech-viertel	Obere Stadt	dienen[19]	alle
Weber	170	80	105	30	2	387
	43,92%	20,67	27,13	7,75	0,51	
Färber		10	11	1		22
		45,45%	50,00	4,54		
Tuchscherer		2	14	1		17
		11,76%	82,35	5,88		
Lodweber	1	41		1		43
	2,32%	97,61		2,32		
Garnsieder			3			

Verteilung der Textilgewerbe über die Stadt 1717

	Frauen Vorstadt	Jakober Vorstadt	Lech-viertel	Obere Stadt	alle
Weber[20]	316	43	96	38	493
	64,09%	8,72	19,47	7,70	
Färber	2	20	29	4	55
	3,63%	36,36	52,72	7,27	
Tuchscherer[21]		2	12		14
		14,28%	85,71		
Lodweber		38	1		39
		97,43%	2,56		
Garnsieder			6	3	9
			66,66%	33,33	
Zeug- und Tuchmacher		7	7	1	15
		46,66%	46,66	6,66	

---

[19] Es handelt sich um eine Kategorie von Steuerzahlern, „die sich allhie und außerhalb mit diensten aufhalten". Clasen, Die Augsburger Steuerbücher um 1600, S. 43.
[20] 1716
[21] Im Falle der Tuchscherer wurden die Angaben aus dem Jahre 1711 genommen, weil nur wenige Vermögensangaben von 1717 bekannt sind.

Die Besitzverhältnisse der einzelnen Textilgewerbe waren durchaus nicht einheitlich. Den Barchentwebern ging es am schlechtesten, den Lodwebern am besten. Ohne jedes Vermögen waren im Jahre 1610 56% der Barchentweber, aber nur 6% der Lodweber. Umgekehrt hatte fast die Hälfte aller Lodweber, 49%, ein gutes Vermögen, aber nur 7% der Barchentweber (Steuerleistung: über 1 fl). Durch rigorose Beschränkung neuer Meister sicherten sich die Lodweber Arbeit und Einkommen. Die großzügige Zulassung zum Handwerk der Barchentweber führte zu einer riesigen Produktion, aber auch zu weitverbreiteter Armut.

Färber und Tuchscherer lagen zwischen den beiden Extremen. Allerdings ging es den Färbern besser als den Tuchscherern. Nur 15% der Färber waren ohne jeden Besitz, verglichen mit 25% der Tuchscherer. Und während 34% der Färber einen guten Besitz hatten, waren es nur 20% der Tuchscherer (Steuer: über 1 fl). Die Zahl der Garnsieder war ja sehr klein. Aber es scheint, daß die meisten Garnsieder sich etwas besser standen als die Tuchscherer.

Wieder ist zu sagen, daß alle Vergleiche wegen der ungleichen Proportionen problematisch sind. In jeder Vermögenskategorie finden wir große Massen von Webern, aber nur ein oder höchstens zwei Dutzend anderer Meister. Den drei vermögenslosen Lodwebern standen 1143 vermögenslose Barchentweber gegenüber. Aber unter den Lodwebern hatten auch nur 23 ein gutes Vermögen, während es bei den Barchentwebern 142 Meister waren (Steuer: über 1 fl). Es gab dreimal so viele vermögende Barchentweber, als es Lodweber überhaupt gab. Dank ihrer großen Zahl waren die Barchentweber eine Welt für sich. Die Katastrophe des Dreißigjährigen Krieges hat vor allem die ärmeren Weber getroffen. Sie sind massenweise zugrunde gegangen. Die Folge war, daß die Vermögensverteilung unter denjenigen Webern, die überlebt hatten, sich gebessert hatte. Im Jahre 1645 waren „nur" 35% der Weber vermögenslos, nicht mehr 56% wie 1610. Prozentual gesehen waren die Tuchscherer am Ende des Dreißigjährigen Krieges das ärmste Textilgewerbe: 63% der Tuchscherer gehörten zu den zwei unteren Vermögensschichten, verglichen mit 49% der Weber.

Der Krieg hat auch die besser gestellten Textilgewerbe schwer mitgenommen. Während früher 49% der Lodweber guten mittleren Besitz gehabt hatten, waren es 1645 nur noch 22%. Auch bei den Färbern war dieser Anteil von 34% auf 23% gefallen. Dennoch scheint es den Färbern am Ende des Krieges am besten gegangen zu sein.

Im Jahre 1717 hatten die Färber wieder die günstigste Vermögensverteilung, gefolgt von den Lodwebern. Das Schlußlicht bildeten die Tuchscherer, die Weber und die Zeug- und Tuchmacher. Die wenigen Garnsieder standen in der Mitte.

Das Gesamtbild hatte sich also in dem mehr als hundertjährigen Zeitraum von 1610 bis 1717 nicht wesentlich geändert. Weber und Tuchscherer waren und blieben arme Gewerbe, die Färber und Lodweber standen sich durchaus nicht schlecht.

Vermögensstruktur der Textilgewerbe 1610

	0	1-15	16-60 kr	1-10 fl	10-100	über 100	alle
Bevölkerung	3743	1816	1539	1782	600	119	9599
	38,99%	18,91	16,03	18,5	6,25	1,23	
Weber	1143	502	252	133	9		2039
	56,05	24,61	12,35	6,52	0,44		

Färber	12	14	27	24	3	80
	15,00	17,5	33,75	30,00	3,75	
Tuchscherer	20	22	21	15	1	79
	25,31	27,84	26,58	18,98	1,26	
Garnsieder	4	2	5	4	1	16
	25,00	12,5	31,25	25,00	6,25	
Lodweber	3	11	10	23		47
	6,38	23,40	21,27	48,9		

Vermögensstruktur der Textilgewerbe 1645

	0	1-15	16-60 kr	1-10 fl	10-100	alle
Weber	150	51	151	17	18	387
	38,75%	13,17	39,01	4,39	4,65	
Lodweb.	7	4	24	8	2	45
(1653)	15,6	8,9	53,3	17,8	4,4	
Tuchscherer	7	3	5	1		16
	43,8	18,8	31,2	6,3		
Färber	2		15	5		22
	9,1		68,2	22,7		
Garnssieder			2	1		3

Vermögensstruktur der Textilgewerbe 1717

	0	1-15	16-60 kr	1-10 fl	über 10 fl	alle	keine Angabe
Weber	107	120	119	80		426	67
	25,11%	28,16	27,93	18,77			
Färber	6	2	5	19	3	35	20
	17,14	5,71	1428	54,28	8,57		
Tuchscherer	2	4	4	4		14	
	14,28	28,57	28,57	28,57			
Lodweber	4	3	11	10		28	11
	14,28	10,71	39,28	35,71			
Garnsieder				5	1	6	3
				83,33	16,66		
Zeug- u. Tuchm.	5	1	3			9	6
	55,55	11,11	33,33				

Weshalb blieben die Weber ein so armes Volk? Die Augsburger Barchentweber hatten schon seit dem 16. Jahrhundert mit einer sehr kleinen Gewinnspanne arbeiten müssen. Ein großer Teil der Weber hat für die Baumwolle nicht mit Bargeld zahlen können und geriet durch den Tauschhandel von Tuchen gegen Rohstoffe in immer tiefere Schulden bei den Händlern. Dazu kam, daß die Preisentwicklung von Tuchen und Lebensmitteln über Jahrzehnte hinweg für die Weber ungünstig war. Wenn die Preise für Lebensmittel fielen, fielen die Tuchpreise noch mehr. Wenn die Tuchpreise stiegen, stiegen die Lebensmittelpreise noch mehr. Der Weber war in einer ungünstigen Zwangslage, der er kaum entrinnen konnte. Dennoch verbot der Rat den Webern und Färbern auszuwandern, als man sie 1687 zur Übersiedlung nach Braunschweig verlocken wollte.[22]

Obendrein beeinträchtigte die Konkurrenz anderer Städte und Länder die ganz auf Ausfuhr angewiesene Textilherstellung Augsburgs. Schon im 16. Jahrhundert mußten die Augsburger mit der Konkurrenz der schwäbischen Textilstädte wie Kaufbeuren rechnen, wo der Barchent nicht bloß ebenso gut, sondern auch billiger war. Um die Mitte des 17. Jahrhunderts wußte man in Augsburg, daß sich in verschiedensten Städten wie Salzburg oder Aachen die Barchentanfertigung stark entwickelt hatte. Auch in Schlesien und in Chemnitz in Sachsen, in Florenz und Rom wurde jetzt Barchent angefertigt, „da man zuvor kein gemacht". Früher hatte man Barchent nach Lyon exportiert, jetzt wurde er auch dort hergestellt. Selbst in England war es mit dem Markt für Barchent vorbei: Früher hatte man an die 600 Faß mit Barchent nach England geschickt, jetzt stellte man Barchent in England selber her und exportierte ihn sogar nach Spanien. Erst eine vergleichende Studie könnte zeigen, inwiefern das Entstehen dieser neuen Produktionszentren die Barchentpreise gedrückt hat.

Rein mengenmäßig zeigt die Produktion der Barchent- und Leinenweber mindestens drei Phasen: die Zeit von 1500 bis 1618, der Dreißigjährige Krieg und die folgenden Jahrzehnte, und schließlich das 18. Jahrhundert.

In der Zeit von 1500 bis zum frühen 17. Jahrhundert hat die Produktion gewaltig zugenommen. Waren Anfang des 16. Jahrhunderts jährlich 30 000 bis 40 000 Barchente gebleicht worden, so kamen zu Beginn des 17. Jahrhunderts (1600-1609) jedes Jahr im Durchschnitt mehr als 107 000 Barchente auf die Bleichen.

Die Zahl der Barchente, die gefärbt oder roh ausgeführt wurden, stieg noch mehr an: von jährlich 21 000 Stücken zu Beginn des 16. Jahrhunderts (1500-09) auf fast 410 000 Stücke zu Beginn des 17. Jahrhunderts (1600-1609).

Insgesamt wurden Ende des 16. Jahrhunderts (1590-1599) jedes Jahr 399 000 Barchente angefertigt, in den Jahren 1600 bis 1605 sogar 455 000. Dazu kamen noch die vielen Leinentuche, für die wir keine Zahlen haben. Man kann annehmen, daß die Augsburger Weber um diese Zeit jedes Jahr eine halbe Million Tuche auf den Markt warfen. Es handelt sich also um eine gewaltige Produktion, eine viel zu hohe Produktion. Kein Wunder, daß es schwer wurde, für solche Mengen von Tuchen Käufer zu finden.

In den ersten Jahren des Dreißigjährigen Krieges (1619-1622) war die Produktion mit durchschnittlich 423 000 Stücken pro Jahr immer noch sehr groß. Aber dann kam es zu schweren Rückgängen. Einen Tiefpunkt erreichte die Produktion in dem Jahre 1635-1636, als bloß 48 000 Barchente angefertigt wurden.

Seit dem Jahre 1622 war die Produktion um 89% gefallen! Auch nach dem Kriege ging die Zahl der Barchente nach unten: so wurden in den 1650er Jahren nur 46 000 Stücke pro Jahr geschaut. Vielleicht hat sich die Barchentanfertigung in der zweiten Hälfte des 17. Jahrhunderts ein bißchen erholt. Aber zu einem Aufschwung der Weberei kam es erst wieder im 18. Jahrhundert: Zu Beginn des 18. Jahrhunderts wurden jedes Jahr durchschnittlich fast 49 000 Tuche gebleicht, Mitte des 18. Jahrhunderts waren es 80 000 und Ende des Jahrhunderts mehr als 100 000 Stücke.

Allerdings war es mit dem Augsburger Barchent so gut wie vorbei. In der ersten Hälfte des 18. Jahrhunderts waren Bomasine und in geringerem Maße Schnurtuche die

---

[22] Ratsbuch 1687, 31. Juli.

bevorzugte Ware. Der Anteil der Cottone war noch gering. In der zweiten Hälfte des 18. Jahrhunderts dominierten dann die Cottone. Um 1770 waren schon 71% aller gebleichten Tuche Cottone, in den 1790er Jahren weit über 90%. Und zwar waren es die feineren Cottone, die dominierten. Ende des 18. Jahrhunderts waren 99% der Cottone feine Stoffe.

Dennoch fragt man sich, ob die Augsburger Cottone wirklich von so hoher Qualität waren. Während des ganzen 18. Jahrhunderts drängten die Kaufleute und Fabrikanten darauf, feine ostindische Cottone einführen zu dürfen. Der Rat gestattete dann auch diese Einfuhren, aber nur unter der Bedingung, daß die Kaufleute und Fabrikanten gleichzeitig eine verhältnismäßige Zahl heimischer Cottone abnahmen. Weshalb mußte man den Kaufleuten und Fabrikanten diese Bedingung auferlegen? Waren die indischen Cottone so viel billiger als die Augsburger Cottone? Oder war die Qualität der indischen Cottone wesentlich besser? Aber dann fragt man sich, weshalb man in Augsburg nicht ebenso gute Cottone anfertigen konnte wie in Indien? Vielleicht lag es am Rohmaterial: In Augsburg war die feinste Baumwolle wohl nicht zu haben. Vielleicht lag es aber auch daran, daß in Augsburg keine moderne Form der Produktion, wie sie der Verlag war, Fuß fassen konnte. Man könnte argumentieren, daß es mit Hilfe des Verlages gelungen wäre, die Qualität der Ware zu heben.

Die anderen Weber, die mit Schafwolle und nicht mit Baumwolle und Leinengarn arbeiteten, spielten in Augsburg nur eine untergeordnete Rolle. Immerhin produzierten die Lodweber bis weit in das 18. Jahrhundert hinein Loden, Trilch, Wolldecken, Kerntuche, Futtertuche, Boya und Dirridey. Die Geschlachtgewander hatten im 16. Jahrhundert Neunbund, Elfbund, Lange Tuche und halbschwere Tuche angefertigt. Aber gegen 1600 scheint sich dieses Gewerbe weitgehend, wenn auch nicht ganz, aufgelöst zu haben. Die um die Mitte des 17. Jahrhunderts neu organisierten Zeug- und Tuchmacher haben sich in Augsburg nie richtig entfalten können. Die Zeugmacher stellten eine Zeitlang Engelsait, Vierdraht, Grobgrien und Zehnbund her, die Tuchmacher Schlesinger und Lindische Tuche.

Während man in den traditionellen Gewerben der Weber, Tuchscherer und Färber an der überkommenen Organisation und den bewährten Techniken festhielt, kam es in einem Bereich der Textilherstellung zu einer neuen, folgenschweren Entwicklung: dem Tuchdruck. Da für den Tuchdruck keine überkommenen Zunftregeln bestanden, haben neue Techniken und Organisationsformen den Rahmen der traditionellen Gewerbe gesprengt. Die Cottondrucker oder, wie sie bald genannt wurden, die Cottonfabrikanten waren das neue Element in der Augsburger Textilwirtschaft. Auffallend ist gleich die zentrale Rolle einiger Persönlichkeiten. Jeremias Neuhofer brachte den neuen Tuchdruck nach Augsburg und führte das Krapprot-Färben ein. Reinweiler und Apfel entwickelten den Blaudruck. Mehr als die anderen Cottondrucker scheinen die Neuhofer und die Gignoux die Vereinigung der verschiedenen Arbeitsvorgänge unter einem Dache gefördert zu haben. J.H. Schüle hat sowohl die technische und künstlerische Entwicklung wie die kaufmännische Organisation des Tuchdruckes vorangetrieben.

Wir sahen, daß 1693 sechzehn Druckerzeichen verliehen worden waren. Aber mehr als zehn Cottonfabriken scheinen nicht in Betrieb gewesen zu sein. In der zweiten Hälfte des 18. Jahrhunderts bemühten sich mehr Fabrikanten, drucken zu dürfen, als Druckerzeichen vorhanden waren. Die meisten dieser Fabrikanten waren Protestanten, wenige waren katholisch. Man hatte jedenfalls erkannt, daß mit dem Cottondruck große Gewinne erzielt werden konnten. Schon im 18. Jahrhundert, vor Einführung der Dampfmaschine, hat der Augsburger Cottondruck einen großen Umfang erreicht. In den Jahren 1791 bis 1801 wurden im Durchschnitt jedes Jahr 75 000 Tuche bedruckt. Während die Weber, Färber und Tuchscherer noch mit Lehrjungen und Gesellen in kleineren Werkstätten arbeiteten, haben einige Cottondrucker wie Schüle schon Manufakturen betrieben. Allerdings läßt sich nicht im einzelnen erkennen, wie der Prozeß der Umwandlung von Druckerwerkstätten in Manufakturen vor sich ging. Aber die neuen Tendenzen sind greifbar: die führende Rolle einzelner kapitalkräftiger Unternehmer, die Entwicklung neuer Drucktechniken, die Zentralisierung der verschiedenen Arbeitsvorgänge in größeren Fabrikgebäuden, das Eigentum des Unternehmers an den Produktionsmitteln, das Entstehen einer nach Hunderten zählenden Lohnarbeiterschaft und eine außergewöhnlich große Produktion von jährlich 10 000 oder 20 000 Stücken. Im Falle der Augsburger Manufakturen oder, wie es schon im 18. Jahrhundert hieß, Cottonfabriken kann man also wirklich von einer „Industrialisierung vor der Industrialisierung" sprechen.

Seit rund 1700 begann sich das Schwergewicht der Textilherstellung von der Weberei auf den Textildruck, von der Anfertigung auf die Verarbeitung zu verlagern. Wenn Augsburg im 18. Jahrhundert wieder eine führende Stellung in der Textilherstellung einnahm, so war dies dem Erfindungsgeist und der Initiative der Cottondrucker und Cottonfabrikanten zu verdanken.

Das Aufblühen des Cottondruckes hat sich unmittelbar auf die Weber in Augsburg ausgewirkt. Die Umstellung der Produktion von Barchent auf neue Stoffsorten war durch die Entfaltung des Tuchdruckes bedingt. Die Weber produzierten jetzt in erster Linie Stoffe, die die Cottondrucker verlangten. Den Cottonfabriken war es auch zu verdanken, daß die Produktion der Weber rein mengenmäßig wieder anstieg, von 49 000 Stücken zu Beginn des 18. Jahrhunderts auf mehr als 100 000 Stücke um 1800. Wir sahen aber, daß der Aufschwung der Cottonfabriken nicht dazu geführt hat, daß der Verlag nun auch unter den Webern Eingang fand.

Erst eine Untersuchung der Textilherstellung im schwäbischen Umland könnte zeigen, inwieweit das Aufblühen der Augsburger Kattundruckerei im 18. Jahrhundert die Ausbreitung der Weberei auf dem Lande gefördert hat. Auch wenn auf dem Lande, etwa in den Dörfern der Markgrafschaft Burgau oder der Grafschaft Öttingen mehr gewebt worden sein sollte, so durften diese Tuche ja nicht nach Augsburg eingeführt werden. Bis in das 18. Jahrhundert blieb das 1411 erlassene Einfuhrverbot von auswärtiger Geschauware in Kraft. Die Kapazitäten der Fabriken sprengten allerdings den Rahmen der reichsstädtischen Grenzen. Nach heftigen Kontroversen hat der Rat unter dem Drucke der Fabrikanten das alte Einfuhrverbot 1776 aufgehoben. Aber auch jetzt durften nur indische Cottone eingeführt werden. Es handelt sich also um Cottone, die im fernen Indien angefertigt worden waren. Im Jahre 1785 gestattete der Rat den Fabrikanten dann auch die Einfuhr der sächsischen, schweizer und der im schwäbischen Umland angefertigten Cottone trotz des erbitterten Widerstandes der Weber. Größere Mengen der in Schwaben angefertigten Staudenware scheinen aber nicht nach Augsburg eingeführt worden zu sein, vor allem nicht nach dem Weberaufstand von 1794. Mit anderen Worten, die Augsburger Kattundruckerei mag der Baumwollweberei im Umland gar keinen so großen Auftrieb gegeben haben.

Sicherlich hat aber die steigende Produktion der Augsburger Weber zu einem Aufschwung der Baumwollkämmerei und Baumwollspinnerei auf dem Lande geführt. Die zunehmende Nachfrage nach Garn mag dazu geführt haben, daß im Laufe des 18. Jahrhunderts immer mehr Menschen auf dem Lande für die Augsburger Weber gearbeitet haben.

Das Erscheinen der Cottonfabriken hat also die Weberei in Augsburg und die Spinnerei auf dem Lande vorangetrieben. Allerdings ist hinzuzufügen, daß trotz aller Cottonfabriken im 18. Jahrhundert in Augsburg sehr viel weniger gewebt wurde als vor dem Dreißigjährigen Kriege. Während es um 1600 mehr als 2000 Weberwerkstätten in Augsburg gegeben hatte, waren es im 18. Jahrhundert höchstens 500 oder 600. Trotz der hohen Nachfrage der Cottonfabriken erreichte die Produktion der Weber im 18. Jahrhundert niemals dasselbe Ausmaß wie vor dem Dreißigjährigen Kriege. Und da um 1600 mehr als 2000 Augsburger Weber Garn benötigten, und nicht bloß 500 oder 600, ist anzunehmen, daß damals auch mehr Wollkämmer und Spinner auf dem Lande für die Augsburger gearbeitet hatten. Der Höhepunkt der Augsburger Weberei lag eben vor dem Dreißigjährigen Kriege, nicht in der Entstehungszeit der Fabriken im 18. Jahrhundert.

Die Augsburger Weber produzierten nicht für den persönlichen Bedarf ihrer Mitbürger oder der Landbevölkerung. Im 16. und 17. Jahrhundert hatten die Kaufleute den Augsburger Barchent auf den großen Messen und Märkten im Reiche und im Ausland verkauft. Im 18. Jahrhundert dagegen scheinen die Weber ihre Cottone im allgemeinen den lokalen Cottonfabrikanten verkauft zu haben, ohne jedoch den Bedarf der Fabriken auszufüllen.

Wenn sich die Produktion im 18. Jahrhundert wieder erhöht hat, hat sich dadurch die soziale Lage des Weberhandwerks verbessert? Da für diese Zeit keine Steuerbücher vorhanden sind, läßt sich nichts Sicheres über die Vermögensentwicklung der Weber sagen. Die Weber hätten sich der Einfuhr auswärtiger Cottone kaum so verzweifelt dreißig Jahre lang widersetzt, wenn es ihnen nicht schlechtgegangen wäre. Bittere Not war die Ursache des Weberaufstandes von 1794. Die Schreie nach Brot im Hause des Stadtpflegers sprechen eine beredte Sprache.

Ein Indiz für die Lage der Weber ist auch die Zahl der Lehrjungen. Im Jahre 1605 hatten 161 Lehrjungen die Lehrzeit begonnen, 1705 waren es 36 und schließlich 1805 ganze acht! Das Weberhandwerk bot immer weniger eine Zukunft.

Die schwere wirtschaftliche Lage wird auch der Grund sein, weshalb die Weberfamilie um 1800 etwas kleiner gewesen zu sein scheint als um 1600: 3,5 Personen im Vergleich zu 3,89 Personen. Die Not trieb die Weber dazu, die Zahl ihrer Kinder klein zu halten.

Den Augsburger Webern wäre es im 18. Jahrhundert wahrscheinlich noch schlimmer gegangen, wenn die Cottonfabriken nicht eine solch unersättliche Nachfrage nach Cottonen gehabt hätten. Aber die größere Produktion der Weber scheint nicht zu einer merklichen Verbesserung ihrer Lage geführt zu haben. Man hat den Eindruck, daß die Weber am Ende des 18. Jahrhunderts auf dem absteigenden Ast saßen. Als Augsburg im Jahre 1806 bayerisch wurde, war die Lage der Weber katastrophal. Allerdings mögen die Napoleonischen Kriege hierfür eine Ursache gewesen sein.

Während die Cottondruckerei der Augsburger Textilwirtschaft neue Impulse gab, fällt bei den Bleichern, Tuchscherern und Färbern das Fortleben der Tradition ins Auge. Um 1800 wurde auf denselben Bleichfeldern gebleicht wie um 1500. Die Bleichmethoden waren wahrscheinlich auch nicht viel moderner. Jedenfalls hören wir nichts davon, daß im 18. Jahrhundert mit Chemikalien experimentiert worden wäre. Neue Bleichmethoden wurden vielleicht auf den Scheggenbleichen der Cottonfabrikanten erprobt. Ein Einschnitt war die Privatisierung der Bleichen, ihr Verkauf an die Frau des Kaufmanns Greif im Jahre 1694. Aber davon war der Bürger, der Tuche bleichen ließ, nicht weiter betroffen. Vor dem Dreißigjährigen Kriege kamen nur 24% aller Barchente auf die Bleichen. Immerhin waren dies über 100 000 Stücke pro Jahr. Solche Zahlen wurden erst wieder gegen Ende des 18. Jahrhunderts erreicht.

Im Tuchschererhandwerk fällt die relativ große Zahl von Meistern auf: Im Jahre 1610 arbeiteten nicht weniger als 85 Tuchscherer in Augsburg, die sich anscheinend auf Barchent und Wollstoffe spezialisierten. Die Tuchscherer waren das einzige Textilgewerbe, das eine überterritoriale Organisation mit der Hauptlade in Wien hatte. Auffallend sind die egalitären Tendenzen in diesem Handwerk. Die Tuchscherer waren es, die die wöchentliche Austeilung der Arbeit im 16. Jahrhundert einführten, um allen Meistern ziemlich gleichmäßig Arbeit zu verschaffen. Das Solidaritätsprinzip scheint unter den Tuchscherern stärker ausgebildet gewesen zu sein als in den anderen Textilgewerben.

Die Tuchscherer nahmen auch insofern eine besondere Stellung ein, als sie häufig mit Tuchen handelten. Vor allem Färber gerieten in die Abhängigkeit von Tuchscherern, von denen sie Zinstuche liehen. Aber auch der Erfindungsgeist scheint unter einigen Tuchscherern ausgeprägter gewesen zu sein als in anderen Gewerben. Sie experimentierten bereits um 1600 mit Farben und dem Tuchdruck. Schon der Vater und Großvater des Jeremias Neuhofer, der 1693 den neuen Tuchdruck nach Augsurg brachte, hatten Tuche gedruckt.

Die Barchentweberei hat im Laufe des 16. Jahrhunderts zu einem großen Aufschwung des Färberhandwerks geführt. Es läßt sich aber nicht sagen, welchen Ruf die Augsburger Färber hatten. Vor Beginn des Dreißigjährigen Krieges gab es mehr als 100 Färberwerkstätten in Augsburg, wahrscheinlich mehr als in irgendeiner anderen deutschen Stadt. Um ein genügend großes Angebot gefärbter Tuche vorrätig zu haben, aber auch die Meister vor Ausbeutung durch Kaufleute und Tuchscherer zu schützen, bildeten die Färber besondere Organisationsformen aus. Die Schwerpunkte waren die Bestimmung des wöchentlichen Restes der einzelnen Meister, die Errichtung des Farbgewölbes im Weberhaus, die besonderen Formen von Austeilung und Wechsel und genaue Regeln für Zinstuche. Die Färber sagten mit berechtigtem Stolz, daß keine andere deutsche Stadt sich eines solchen Systems rühmen könne.

Obwohl es bei den Färbern nie an Klagen fehlte, scheinen sie sich finanziell gut gestanden zu haben. Wohl nur die wohlhabendsten Färber konnten sich eigene Mangen und Färbertürme leisten. Leider wissen wir nicht, wie viele solcher Färbertürme die Dächer Augsburgs überragten. Die Zahl der Färber war seit dem Dreißigjährigen Kriege ohnehin auf rund 40 zurückgegangen. Aber auch von diesen 40 Färbern werden sich nur wenige einen Färberturm geleistet haben.

Die Entfaltung des Cottondruckes in Augsburg während des 18. Jahrhunderts hat den Färbern viel Ärger gebracht. Sie konnten es zwar verhindern, daß die Cottondrucker selber färbten. Aber es gelang ihnen nicht zu verhindern, daß einzelne Meister in den Fabriken der Cottonfabrikanten arbeiteten und auf diese Weise zu „Knechten" und Arbeitern wurden. Auch der technische Fortschritt beim Färben scheint sich im 18. Jahrhundert in die Cottonfabriken verlagert zu haben. Mit dem traditionellen Färberhandwerk ging es bergab. Anfang des 19. Jahrhunderts gab es nur noch einzelne selbständige Färber in Augsburg.

Wir fanden in Augsburg noch einige andere Gewerbe, die zahlenmäßig unbedeutend, aber für die Weber unentbehrlich waren, wie die Garnsieder, die Heckler, die Blättersetzer und die Karter. Dazu kam das Heer der Spinner in Stadt und Land. Für die Spinner begann eine Welt zu Ende zu gehen, als in den 1780er Jahren Spinnmaschinen eingeführt wurden.

Die Augsburger Textilwirtschaft am Ende des 18. Jahrhunderts vermittelt also einen doppelten Eindruck. Bei den herkömmlichen Textilgewerben wie den Webern, Bleichern, Tuchscherern und Färbern überwogen die überkommene Organisation und die traditionelle Arbeitsweise. Es ist erstaunlich, daß sich Organisation und Arbeitsweise dieser Gewerbe vom Spätmittelalter bis zum Ende des 18. Jahrhunderts kaum geändert haben. Neue Impulse sucht man vergebens. Im Gegenteil, es blieb beim alten. Wäre der Fortschritt in diesen Gewerben größer gewesen, wenn die Arbeit in Form des Verlages organisiert worden wäre? Hätten sich die Textilgewerbe unter dem Druck der Unternehmer neuen Techniken und Produktionsformen schneller geöffnet? In Augsburg gingen die Uhren anders: man bemühte sich, die Unabhängigkeit des einzelnen Meisters zu wahren. Aber was nützte dem Meister alle Unabhängigkeit, wenn er nichts zu essen hatte?

Im Grund fanden wir starke vorwärtsweisende Anstöße nur in einem Bereich der Textilwirtschaft: in den Manufakturen der Cottondrucker. Die Cottonfabriken waren es dann auch, die bei der Industrialisierung Augsburgs im 19. Jahrhundert eine wichtige Rolle spielten.

Tabellen

Vermögensentwicklung der Bleicher

Untere Bleiche

	Jahre als Bleicher	Vermögenssteuer
Michel Erdinger	1497-1512	1497: 1/2 fl 1499: 1 1/2 fl 1512: 17 fl
vacua domus	1513	
Servatius Koler	1514-23	1514: 2 fl 1 ort 1522: 5 fl 30 kr
vacua domus	1524	
Endris Schoch	1525-1548	1526: 1 f 1547: 4 fl
Sebastian Wegelin	1549-56	1550: 5 fl 48 kr 1555: 7 fl 20 kr
Paulus Wegelin	1557-63	1558: 2 fl 15 kr 1562: 3 fl
Jeronimus Miller	1564-83	1564: 6 fl 1580: 10 fl
Tobias Müller	1583-89	1584: 4 fl 30 kr
Hans Pollenmiller	1590-1611	1590: 10 fl 1610: 12 fl 30 kr seiner frauen hab: 2 fl
Casper Euler	1612-1619	1615: 15 fl 1618: 30 kr 1619: 30 kr
Hans Kreutter	1620-1633	1621: 3 fl 15 kr 1625: 5 fl 15 kr 1630: 8 fl 55 kr 1633: 7 fl 55 kr
Mathes Stueler	1634-1662	1634: 2 fl 3 kr 1660: 7 fl 40 kr 1661: 7 fl 40 kr
Martin Wanner	1663-1675	1663: 25 kr 1670: 25 kr 1675: 1 fl 25 kr
Marx Stueler	1675-1693	1675: 9 fl 2 kr 1693: 16 fl 10 kr
Christian Schmidt	1694-1718	1694: 25 kr 1717: 3 fl 7 kr

Mittlere Bleiche

	Jahre als Bleicher	Vermögenssteuer
Sixt Weissinger	1490-1506	1491: 53 Pfennige 1499: 2 fl 1 ort 1506: 2 fl 37 kr
Sixt Weissinger Jung	1507-1549	1507: 1 fl 3 ort 1528: 3 fl 30 kr 1536: 4 fl
Sixt Weissinger, alt und jung	1543-1551	1537: alt: 4 fl 1537: jung: – 1543: alt: 2 fl 30 kr 1538: alt 4 fl 1538: jung: 1 fl 1540: alt: 2 fl 30 kr 1540: jung: 4 fl 30 kr 1543: alt: 2 fl 30 kr 1543 jung: 5 fl 18 kr 1545 alt: 4 fl 60 kr 1545 jung: 10 fl 36 kr 1549 alt: 1 fl 15 kr 1549: jung: 8 fl 30 kr 1550: alt: – 1550: jung: 8 fl 30 kr + 7 kr
Sixt Weisinger jung	1551-52	1551: jung: 8 fl 30 kr + 57 kr 1552: 8 fl 30 kr + 57 kr
Zimprecht Fischer	1553-1562	1553: 3 fl 7 kr 1560: 4 fl 17 kr 1561: 4 fl 17 kr 1562: wittib 1 fl 49 kr
Baltas Mair	1563-1608	1564: 1 fl 1605: 10 fl 1608: 10 fl
Baltas Mair Jung	1608-1618	1610: 10 fl 1618: 50 fl
Daniel Reiser	1619-1625	1619: 14 fl 1625: 14 fl
Michael Lang	1626-1632	1627: 17 fl 30 kr 1630: 15 fl 10 kr 1631: 15 fl 10 kr 1632: leer

Obere Bleiche

	Jahre als Bleicher	Vermögenssteuer
Peter Müller	1487-1503	1487: 1 fl 26 den 1499: 2 fl 16 gss 1502: 2 fl 16 gss 1503: 30 Pf raittung
vacua domus	1504	
vacua domus	1505	
Hans von Leutkirch	(1506)-1508	1507: 2 Pfund 1508: 2 Pfund
Heinrich von Leutkirch (= Hans von Leutkirch)	1506-1515	1507: 2 Pfund 1508: 2 Pfund 1509: 2 Pfund 30 kr 1515: 30 kr
Heinrich Schoch	1516-1523	1517: 45 kr 1523: 2 fl
Heinrich Schochin	1524-1526	1524:2 fl 1526: 2 fl 1527: 2 fl
Baltas Schoch	1527-1547	1528: 1 fl 30 kr 1547: 4 fl 60 kr
Baltas Schoch	1548	kein Eintrag
Christof Schmid	1549-1580	1549: 4 fl 30 kr 1570: 8 fl 15 kr 1580: 4 fl
Hans Kreutter	1581-1620	1581: 1 fl 52 kr 1583: 2 fl 31 kr 1611: 20 fl 1620: 20 fl
Jakob, sein Sohn	1600-1626	1600: 5 fl 45 kr 1620: 9 fl 1625: 3 kr 2 fl 1626: witwe 2 fl
Jonas Holl	1627-32	1627: 4 fl 1632: 10 fl 40kr
Hans Kreutter, Sohn des Jakob Kreutter	1633-1640	1635: 7 fl 55 kr 1640: 6 fl 55 kr 1641, 1642: kein Eintrag
vacua domus	1634	
Jakob Lang	1643-1674	1644: 1 fl 25 kr 1670: 4 fl 40 kr 1674: 1 fl 25 kr
Martin Wanner	1675-1693	1675: 1 fl 25 kr 1693: 1 fl 25 kr
Ludwig Greiner	1694-1715	1694: 55 kr 1715: 14 fl 30 kr
Andreas Jungert	1716-1732	1716: 14 fl 15 kr 1717: 15 fl 29 kr

Ungeld und Tuche

Barchentungeld

Die Angaben über die Ungeldzahlungen stammen aus den Einnehmerbüchern. Für die Jahre 1505 bis 1547 ist auch die Zahl der gebleichten Barchente in den Einnehmerbüchern enthalten.

Zahlen über gebleichte Barchente sind ebenfalls überliefert in den Bleichlisten der Jahre 1569 bis 1608 und 1710 bis 1805. Angaben über die Zahl der gebleichten Barchente haben wir auch für die Jahre 1612 bis 1615 und 1618 bis 1677.

Wenn keine Angaben über die Zahl der gebleichten Tuche vorhanden sind, habe ich aus den Ungeldzahlungen errechnet, wie viele Tuche gebleicht wurden. Diese errechneten Zahlen gebleichter Barchente habe ich eingeklammert.

Das Ungeld für schmalen Barchent betrug von ca. 1390 bis 1615 4 Pfennige oder wie es auf einer Tabelle des 16. Jahrhunderts heißt: „gibt man von Jedem thuoch 4 pfenning oder kr 1 heller 1 für dz Ungelt, undt so offt dzselb 60 kr minz in sich erlauffe, mues man fl 1 golt darfür bezalen". Ab 1616 mußten 7 Pfennige Ungeld pro Stück bezahlt werden. Im Jahre 1638 wurde das Ungeld verdoppelt und betrug also 14 Pfennige oder 4 kr. 1662 wurde das Ungeld für schmale Barchente wieder von 4 kr auf 2 kr verringert. (1662, 16. Februar). Es ist nicht bekannt, wie lange man bei 2 kr blieb. Im Jahre 1710 mußte jedenfalls für schmalen Barchent 4 kr pro Stück gezahlt werden. Das Pfund habe ich berechnet: 1 Pfund = 20 Schillinge = 60 Pfennige.

	fl	kr	h	Pfund	Schilling	den	Tuche
1400	185			126,5			(11 610)
1402	693,5			560,5	6		(44 820,75)
1403	963			590	15		(59 418,75)
1405	1038			1749	7,5		(80 735,62)
1406	1229,5			1001	17		(79 576,5)
1407	1519,5			1046	6		(95 468,25)
1409	1512			464,5	21		(86 363,25)
1410	1999			1028	14		(120 378)
1413	1322			785	7		(81 185,25)
1414	1787	50		1809	158		(121 114,75)
1415	1771			1015	10		(108 210)
1416	2156			721	11	2	(124 013,75)
1418	1902			535	13	1	(107 890)
1420	1715	13	1	523,5			(97 901,5)
1424	1407			2015	11	2	(104 101,25)
1430	2601	8					(136 559,5)
1431	1395			2209			(106 372,5)
1438	2641			702	10		(149 190)
1439	2013			485	5		(112 961,25)

1441	1770			642	1	1	(102 556)
1447	2393			333	13	1	(130 637,5)
1447	11[1]			46	17		(1280,25)
1447	59[2]			409	32		(9256,5)
1447	37[3]			451	15,5		(8719,12)
1452	1865			837		53,5	(110 480,87)
1453	1512			514	3	1	(87 092,5)
1464	1301			202	9		(71 339,5)
1466	1326			3	2		(69 661,5)
1470	977			1	5	1	(51 311,5)
1474	1006			667	5		(62 823,75)
1475							gebleicht: 43 458
1479	425			474	10		(29 430)
1480	649			275	2	2	(38 199,5)
von 1482 an: „weiss barchant ungeld":							
1482	869			441	5	4	(52 242,25)
ca. 1485							15 384
1486	422			207	5		(25 263,75)
1492	283			399	17	2	(20 855,75)
1493	403			410	11	2	(27 316,25)
1494	599			473	5	2	(38 546,75)
1495	637			353	17	1	(38 750,5)
1497	694			331	12		(41 409)
1498	623			355	5		(38 036,25)

	Gold-gulden	kr	h	Pfund	Schilling	den	Tuche
1500	525			146	4	1	(29 755,75)
1501	799			3	16	2	(42 005)
1502	570			2	6	2	(29 960)
1503	525			228	11	2	(30 991,25)
1504	765			6	2	1	(40 254,25)
1505	713			5	13	2	37 518
1506	705			5	6	1	37 108
1507	515			3	15	1	26 588
1508	509			365	11	1	32 193
1509	786			2	19	2	41 310
1510	721			2	1		37 886
1511	898				9	2	47 152
1512	741			4	4	1	39 030
1513	560			5	16		29 495

---

[1] Von den schwarzen Tuchen.
[2] Von den schwarzen Tuchen und Ziechen.
[3] Von der Leinwand.

1514	505			4	6	2	26 523
1515	734			5	18	2	38 354
1516	–						
1517	968			2		2	51 291
1518	754			626	17		48 927
1519	635			9	3	2	33 455
1520	565	28 kr				2	29 508
1521	673			283	13	2	39 843
1522	475			646	19	2	34 252
1523	820			2	17		42 950
1524	923				12		48 303
1525	847			3	6		44 519
1526	600				5	1	31 503
1527	958				10		50 345
1528	900				2	2	47 252
1529	804						41 870
1530	–						
1531	635			1	6		33 357
1532	704			12	2	2	36 880
1533	834	41					43 839
1534	1000	13					52 444
1535	659			2	8	2	36 609
1536	743	17					39 075
1537	710	6	3				37 281
1538	–						
1539	919	15					48 229
1540	625	47	1				32 854
1541	771	38					40 510,75
1542	696	39					36 575
1543	645	20					33 880
1544	866	25	4 Heller				45 500
1545	949	26	4 Heller				49 846
1546	875	42	6				45 975
1547	521	27	1				27 364
1548-49	420	11	1				(22 059,87)
1549-50	702	24	4				(36 876,5)
1550-51	969	35	3				(50 903,5)
1551-52	571	39	3				(30 012)
1552-53	603	7					(31 663,25)
1553-54	644	15	4				(33 823,62)
1554-55	362	8					(19 012)
1555-56	502	51	3				(26 400)

	Goldgulden	Münzgulden			
	fl	fl	kr	h	Tuche
1556-57	180	209	45	1	(20 462)
1557-58	249	215	42	2	(24 397)
1558-59	301	278	4		(30 401)
1559-60	260	222	58	2	(25 356)
1560-61	417	355	50	2	(40 574)
1561-62	751	382	42	6	(59 520)
1562-63	472	292	14	6	(40 123)
1563-64	354	290	2	2	(33 812)
1564-65	344	276	26	2	(32 573)
1565-66	533	348	55	6	(46 301,37)
1566-67	800	411	57	5	(63 628)
1567-68	589	321	1	1	(47 776)
1568-69	452	379	17	5	(43 643)
1569-70	–				32 030
1570-71	213	180	57	5	20 683
1571-72	222	168	34	2	20 505
1572-73	305	198	9	5	26 416
1573-74	352	269	15	2	32 616
1574-75	370	280	4	4	34 129
1575-76	365	288	54	2	34 330
1576-77	228	240	54	6	24 618
1577-78	427	382	42	6	42 510
1578-79	325	245	13	5	29 937
1579-80	259	295	45	5	29 125
1580-81	444	434	38	6	46 123
1581-82	401	516	22	2	48 162
1582-83	403	468	2	6	45 730
1583-84	374	448	48	4	43 194
1584-85	201	281	33	1	25 334
1585-86	312	370	20	4	35 823
1586-87	408	441	42	6	44 610
1587-88	464	603	26	6	56 041
1588-89	743	611	66		71 091
1589-90	790	713	17	5	78 923
1590-91	847	520	18	6	71 784
1591-92	810	722	56		80 479
1592-93	899	783	37	5	88 338
1593-94	861	68	1	5	81 009
1594-95	1116	868	35	3	103 841
1595-96		2305	31	3	105 920
1596-97		2192	42	3	101 454
1597-98		2426	6	6	105 126
1598-99		2158	4	5	97 851

1599-1600		–			98 321
1600-01		1869	7	6	84 930
1601-02		1860	51	1	84 995
1602-03		2352	31	5	108 939
1603-04		3019	37	3	137 609
1604-05		2842	9	4	127 124
1605-06		2334	5		106 120
1606-07		1883	19		85 526
1607-08		2926		3	131 946
1608-09	1593	589	28	4	114 580
1609-10	1293	503	24		(94 311)
1610-11	1238	490	27	3	(90 744)
1611-12	1494	712	10	2	(115 824)
1612-13	1595	523	16		116 418
1613-14	1108	412	29	5	71 925
1614-15	907	307	28	4	68 750
1615-16	1324	765	41	5	103 974
1616-17	2963	2	43		(111 194)
1617-18	1725	1	51		(64 743)

Zahl der gewebten und gebleichten Barchenttuche (1618-1677)

	Einnehmerbuch Ungeld: gebleichter Barchent			Einnehmerbuch: Barchent errechnet	Wagner: Barchent gebleicht	Liste 1677: schmale Ware[1]	Wagner: alle Sorten Barchent in Augsburg gewirkt[2]
	fl	kr	h				
1618-19	2676	30		80 295	80 294		392 590
1619-20	3072	10		92 165	92 165		385 692
1620-21	2912	28		87 374	87 374		424 585
1621-22	3807		6	114 213	114 213		439 172
1622-23	2676	28		80 294	80 294		444 050
1623-24	3048	34		91 457	91 458		387 456
1524-25	1382	8		41 464	41 444	42 168	271 469
1625-26	2645	54		79 377	79 267	79 214	268 756
1626-27	1221	26		36 643	35 643	35 624	286 780
1627-28	1602	37		48 078,5	48 116	47 596	336 900
1628-29	2525	32		75 766	75 766	73 220	301 935
1629-30	793	42		23 811	23 811	24 168	201 517
1630-31	1141	8		34 234	34 234	34 032	184 022
1631-32	936	14		28 087	28 087	28 116	180 756
1632-33	259	14		7777	7777	7660	138 384
1633-34	452	20		13 570	13 570	13 540	109 449
1634-35	436	56		13 108	13 160	13 346	94 626
1635-36	175	58		5279	5272	5416	48 296
1636-37	455	24		13 662	13 662		70 740
1637-38	402	34		12 077	9883		61 472
1638-39	374	8		5612	5612		56 478
1639-40	403			6045	6045		60 976
1640-41	849	16		12 739	12 739		69 673
1641-42	542	20		8135	8135		56 812
1642-43	209	50		3147;5	3151		60 367
1643-44	568			8520	8520		71 570
1644-45	709	4		10 636	10 636		77 436
1645-46	345	36		5184	5184		71 250
1646-47	287	44		4316	4194		67 041
1647-48	955	31		14 333	14 333	14 598[3]	

[1] Specificationes, Was in hiernegst gemeldten Jahren auf dem Weberhaus von braiter und schmaler War geschaut und hiervon auf die Ober und Unter Blaich gegeben worden. Weberhausverwaltung 1733-1788.
[2] Die Angaben für die Jahre 1633 bis 1635 sind identisch mit den Zahlen in der Liste von 1677. Die Zahlen für die Jahre 1648 bis 1677 stammen aus der Liste von 1677.
[3] Die Zahlen auf der Liste von 1677 sind um ein Jahr verrutscht. Die Zahlen für 1647 sind bei 1648 eingetragen und so fort. Hier sind sie richtig eingetragen worden.

1648-49	523	12		7848	7848	8384	56 695
1649-50	681	32		10 223	10 223	10 204	49 445
1650-51	385			5775		5880	44 236
1651-52	318	8		4772		4846	35 690
1652-53	381			5 715		5732	39 013
1653-54	335	20		5030		5083	37 908
1654-55	484	44		7271		6780	42 856
1655-56	560	52		8413		8407	53 604
1656-57	562	40		8440		8550	57 726
1657-58	428			6420		6390	
1658-59	595	28		8932			
1659-60	422	4		6331			
1660-61	597	12		8958			
1661-62	751	48		11 277			60 508[4]
1662-63	545	8		8177			44 091
1663-64	590			8850			39 753
1664-65	405	16		6079			
1665-66	419	4		6285			
1666-67	714	56		10 724			
1667-68	870	40		13 060			
1668-69	567	20		8510			
1669-70	623	12		9348			
1670-71	690	36		10 359			
1671-72	791	24		11 871			
1672-73	632			9480			
1673-74	535	20		8030			
1774-75	786	4		11 791			
1675-76	731	40		10 975		11 108	34 938
1676-77	606			9090		9181	31 735
1677-78	768	56		11 534		11 534	36 955
1678-79	850	48		12 762			
1679-80	966			14 490			
1680-81	876	52		13 153			
1681-82	702	16		10 534			1682: 45 390
1682-83	1062	40		15 940			
1683-84	1227	44		18 416			
1684-85	921	32		13 823			
1685-86	844	32		12 668			
1686-87	908	40		13 630			

---

[4] Angaben für die Jahre 1661 bis 1663 im „Verzaichnus was A. 1661 vom 5. Augusti bis A. 1663 ermelten Augusti als in drei Jahren bei deren von Webern geschaut worden".Von Georg Rauch, Handwerksdiener. Barchent 1651-1746.

Weissbarchet oder Blaycher Ungelt

	fl	kr
1687-88	793	52
1688-89	540	28
1689-90	648	28
1690-91	543	44
1691-92	776	–
1692-93	1336	52
1693-94	1677	16
1694-95	1584	42
1695-96	1356	18
1696-97	1172	48
1697-98	1788	48
1698-99	2219	56
1699-1700	2314	52
1700-01	1212	52
1701-02	1699	–
1702-03	1762	50
1703-04	1326	30
1704-05	583	10
1705-06	1857	42
1706-07	1857	36
1707-08	1616	12
1708-09	1551	50
1709-10	1383	36
1710-11	1605	38
1711-12	1794	32
1712-13	1431	26
1713-14	1373	28
1714-15	1463	40
1715-16	2162	57

Ungeld von schwarzem und rotem Barchent

	fl	Pfund	Schill	den	Stück
1452[5]	44	581		57	11 039,25
1453	82	671	14		14 380,5
1466[6]	101	279			9487,62
1479[7]	37	489			9277,62
1480	106	750	7		16 820,12
1482[8]	130	701	18		17 353

---

[5] 1452 und 1453: Schwarzes Barchent Ungeld und Ziech.
[6] Gefärbte Tuch und Leinwat.
[7] 1479 und 1480: Schwarzer Barchent.
[8] Von 1482 an: schwarz und rote Barchente.

1486	142	866	2	1	25 707,5
1492	64	985	15	2	18 146,75
1493	97	1374	6	1	15 707,15
1494	151	1167	9	1	25 435,5
1495	155	960	17		22 550,25
1497	284	882	11		28 148,25
1498	135	1522	15	1	29 929
1499	194	914	8	1	23 901,25
1500	93	1178	4	2	22 556
1501	181	866		2	22 493
1502	194	914	8	1	23 901
1503	109	1067	3		21 729,31
1504	37	1184	3		19 704,75
1505	86	1230	13		22 974,52
1506	152	797	18	2	19 949
1507	221	758	17	2	22 985,75
1508	103	984	6	1	20 172,25
1509	18	1217	3	2	19 202,75
1510		1262			18 930
1511	10	1385	14		21 310,5
1512		1346	6	1	20 194,75
1513		1549	14		23 245,5

Ungeld von schwarzem und rotem Barchent

	fl	kr	h	Pfund	Schill	den	Stücke
1514				1497	6	1	22 459,75
1515				1781	17	1	26 728
1517				2120	19	2	31 814,75
1518				2228	12	1	33 429,25
1519				2641	17	1	39 628
1520				3061	7	1	45 920,5
1521				2846	10	2	42 698
1522	8			3331	10		50 392,5
1523				3514	15	2	52 721,75
1524	11			4523	4	2	68 426
1525	26			4875	11		74 498,25
1526	5			5930	1	1	89 213,5
1527	14			6361	14	2	96 161
1528	1455	25		3326	14		126 309,87
1529	1440			1627	14	2	100 016
1530	–						
1531	2064			1	11	2	108 383,75
1532	1988			2	7	2	104 405,75
1533	2342			1	19	2	122 984,75
1534	2308	2					121 171,75

1535	2608				4	2	136 923,5
1536	2515			1	13	2	132 062,75
1537	2801			6	6		147 147
1538	–						
1539	2780	37					145 982,37
1540	2638	12					138 505,5
1541	2793	10	3 den				146 641,75
1542	2884	23					151 430,12
1543	2504	51					131 504,62
1544	3002	17					157 619,87
1545	2986	48					156 807
1546	2692	54					141 377,25
1547	2903	19					152 424,12
1548	1064	58					55 910,75

Ungeld von Rot- und Schwarzbarchent

	fl	kr	h	Stücke
1548-49	3629	50		190 566,25
1549-50	3798	20		199 412,5
1550-51	3442	4		180 708,5
1551-52	2850	34		149 654,75
1552	590			30 975
1552-53	3201	6		168 057,75
1553-54	3826	14	5	200 877,87
1554-55	3885	42		203 999,25
1555-56	3492	35	4	183 361,12
1556-57	3856	27	3	202 464
1557-58	3550	42		186 411,75
1558-59	3937	34	5	206 722,87
1559-60	4397	32		230 870,5
1560-61	3837	29		201 467,87
1561-62	4109	43	2	215 760,37
1562-63	4270	46		224 215,25
1563-64	4569	4	6	239 876,75
1564-65	5062	12	4	265 766
1565-66	4725	38	2	248 096
1566-67	4892	40		256 865
1567-68	5989	48	2	314 464,75
1568-69	4903	5	4	257 412,37
1569-70	4531	38	2 Pfennige 1 Heller	237 911,37
1570-71	4502	42	3	236 392,2
1571-72	3518	2	2	184 697
1572-73	2846	54	1	149 462,37
1573-74	3772	11		198 039,62
1574-75	4519	29	3	218 373,25

1575-76	4923	36	1 Heller	258 489,12
1576-77	4537	41		238 228,37
1577-78	4582	6		240 560,25
1578-79	5292	22	3	277 849,62

Ungelt von geferbten und rochen barchet[9]

	fl	kr	h	Stücke
1579-80	5202	41	6	273 141,62
1580-81	5474	9		287 392,87
1581-82	6156	17	3	323 205,25
1582-83	5515	26	5	289 560,87
1583-84	5340	26		280 372,75
1584-85	5631	55		295 675,62
1585-86	5039	0,5		264 547,92
1586-87	5680	17	1	298 215
1587-88	5516	9		289 597,87
1588-89	5562	13		292 016,37
1589-90	5807	15		304 880,62
1590-91	5759	49		302 390,37
1591-92	5929	27		311 477,25
1592-93	6305	14		331 024,75
1593-94	5866	46		308 005,25
1594-95	5928	20		311 237,5
1595-96	7065	6		370 917,75
1596-97	6876	51		361 034,62
1597-98	7058	35		370 575,62
1598-99[10]	7827	4		410 921
1600-01	7605	3		399 265,12
1601-02	7307	21		383 635,87
1602-03	7824	38		410 793,25
1603-04	8742	29		458 980,37
1604-05	7897	58		414 643,25
1605-06	7487	38		393 100,75
1606-07	8883	26		466 380,25
1607-08	7783	40		408 642,5

[9] Die Einnehmerbücher geben nur die Höhe des für die gefärbten und rohen Barchente gezahlten Ungeldes an. Bis zum Jahre 1615 betrug das Ungeld 4 Pfennige pro Stück. Am 1. Dezember 1615 wurde das Ungeld auf 7 Pfennige pro Stück erhöht. Am 1. Oktober 1637 beschloß der Rat das Ungeld von allen Barchentsorten zu verdoppeln. Ich nehme also an, daß es auf 14 Pfennige erhöht wurde. Auf Grund dieser Angaben habe ich die Zahl der gefärbten und rohen Barchente errechnet. Allerdings ist in der aufgeführten Summe auch das Tuchscherergeschaugeld enthalten. Die tatsächliche Zahl der verungeldeten gefärbten und rohen Tuche war also kleiner als hier angegeben. Zum Problem siehe Clasen, Die Augsburger Weber, S. 409-416. Die Höhe des Ungeldes pro Stück gefärbten oder rohen Barchentes nach dem Dreißigjährigen Kriege ist nicht bekannt. Ich führe deshalb ab 1650 nur die Summe des Ungeldes auf.

[10] 1598-99: „Ungelt und sigelgelt von rohen und gefärbten barchaten".

1608-09	8052	14		422 742,25
1609-10	6458	11		339 054,62
1610-11	5946	18		312 180,75
1611-12	7423	10		389 716,25
1612-13	6917	47		363 183,62
1613-14	6389	21		335 440,87
1614-15	6418	51		336 989,62
1615-16	8075	54		328 198,5
1616-17	6570	11	3	197 105,71
1617-18	11 167	50		335 035
1618-19	9593	42		287 811
1619-20	11 795	48		353 874
1620-21	10 955	7		328 653,5
1621-22	10 826	50	1	324 805,07
1622-23	9112	47	4	273 383,78
1623-24	7589	27		227 693,5
1624-25	7767	51	4	233 035,78
1625-26	8097	19		242 919,5
1626-27	9170	47	4	275 123,78
1627-28	9004	4		270 120,28
1628-29	7082	20	2	212 470,14
1629-30	6366	38	1,5	190 999,1
1630-31	5813	3	4	174 392,05
1631-32	4080	48	4	122 424,57
1632-33	3188	28		95 654
1633-34	2963	32		88 906
1634-35	1935	13		58 056,5
1635-36	2469	34	4	74 087,28
1636-37	2227	14	3	66 817,21
1637-38	3313	33		49 703,25
1638-39	5581	33		83 723,25
1639-40	2351	41	3	35 275,35
1640-41	4412	48		66 192
1641-42	4811	21		72 170,25
1642-43	4094	8		61 412
1643-44	4959	44		74 396
1644-45	6287	39		94 314,75
1645-46	5228	20		78 425
1646-47	3570	24		53 556
1647-48	3773	59		56 609,75
1648-49	3560	58		53 414,5
1649-50	4210	58		63 164,5
1650-51	4117	54		
1651-52	3263	25		
1652-53	3854	28		
1653-54	4000	14	4	

1654-55	4038	10		
1655-56	4990	56		
1656-57	3582	49		
1657-58	4897	50		
1658-59	5097	4	4	
1659-60	4538	51		
1660-61	5129	43		
1661-62	4008	35		
1662-63	3280	23		
1663-64	3655	32	3	
1664-65	4084	25		
1665-66	4306	12		
1666-67	3015	12		
1667-68	2748	20		
1668-69	3549			
1669-70	3583	19		
1670-71[11]	3569	4		
1671-72	4084	44		
1672-73	2752	47	4	
1673-74	3289	13		
1674-75	3785	9		
1675-76	3804	53		
1676-77	3725	15		
1677-78	3284	43		
1678-79	2744	2	4	
1679-80	2218	42		
1680-81	3932	36		
1681-82	3987	1		
1682-83	4814	57	3	
1683-84	5237	4		
1684-85	4445	52	2	
1685-86	4118	23		
1686-87	4345	50	5	
1687-88	4845	13		
1688-89	4796	6		
1689-90	4999	41		
1690-91	4459	59	3	
1691-92	4033	45		
1692-93	5063	46		
1693-94	6558	24	4	
1694-95	5653	39		
1695-96	5489	32		
1696-97	3774	59		
1697-98	4720	26		

---

[11] Von hier an: „wie alle Jahre her, so auch jetzt immer von rohem und gefärbtem Barchent erhoben".

1698-99	5987	36		
1699-1700	6481	24		
1700-01	5936	37		
1701-02	5640	5		
1702-03	4630	43		
1703-04	2963	33		
1704-05	4983	14	4	
1705-06	4916	45		
1706-07	5016		4	
1707-08	3896	28		
1708-09	2885	55	4	
1709-10	3444	58		
1710-11	3310	4	4	
1711-12	3322	25		
1712-13	3620		4	
1713-14	2878	19	4	

Einnehmerbuch: Ungeld von gefärbten und roten Barchenten
(ab 1736: Weberhaus Ungeld Conto)

	Gesamte Summe			Durchschnitt pro Jahr		
	fl	kr	h	fl	kr	h
1700-04	24 154	12		4830	50	3
1705-09	20 157	6	4	4031	25	1
1710-14	16 616	1		3323	12	
1715-19	19 251	52	1	3950	22	1
1720-24	18 512	50	3	3702	33	4
1725-29	14 155	52	6	2831	10	1
1730-34	13 430	55	1	2686	10	6
1735-39	11 452	25	6	2290	28	6
1740-44	9343	26	3	1868	40	6
1745-49	13 310	42		2662	8	3
1750-54	15 163	33		3032	42	4
1755-59	13 832	40	6	2766	32	3
1760-64	11 318	45	4	2263	45	
1765-69	8217	48	4	1643	33	4
1770-74	7361	27		1472	17	3
1775-79	9722	33		1944	30	4
1780-84	15 761	19	1	3152	15	4
1785-89	20 373	21	4	4074	40	1
1790-94	21 039			4207	48	
1795-99	17 327	45	4	3465	33	
1800-04 (4 Jahre)	10 509	31	1	2627	22	6

Bomasine und Cottone auf den Bleichen[1]

	Bomasine Stücke	Cottone
1693	2442	
1694	4047	
1695	2599	
1696	3488	
1697	4828	
1698	8182	
1699	5682	
1700	6948	
1701	14 202	
1702	20 965	
1703	10 807	
1704	8363	
1705	15 823	
1706	17 752	
1707	–	
1708	26 284	753
1709	24 081	
1710	38 508	1915
1711	35 809	1735
1712	22 415	1881
1713	24 429	2543
1714	30 784	3392
1715	36 104	5544

---

[1] „Specificationes Wie vill von 1693 bis 1739 inclusive auf allhieigen Blaichen jährlich an Bomasin und Cotton abgeblaicht worden". Ab 1716 stimmen die Zahlen mit den Angaben der Bleichbücher überein.

Ungeldbücher 1710-1804

	Bomasin	Cotton	Bomasin und Cotton	Schnurtuch	Barchent	Schnurt. und Barchent	insgesamt
1710[2]			18 238		230	1900	20 368
1711			15 867		520	3652	20 039
1712			9960		800	4539	15 299
1713	12 627	2543	11 782	3008	2099	2019	34 078
1714	13 714	1250			687	2731	18 382
1715	17 966	2399	21 286	3503	856	4841	50 851
1716	33 502	3454		4528	1057	5854	48 395
1717	36 209	3695		5126	569	5870	51 469
1718	33 051	3640		4207	641	5479	47 018
1719	30 134	3691		4356	248	8223	46 652
1720	21 478	4622		14 626	1248		41 974
1721	24 817	7167		12 563	1637		46 184
1722	33 486	5047		15 417	586		54 536
1723	29 103	3109		21 258	463		53 933
1724	27 277	4269		26 571	1044		59 161
1725	13 313	4743		27 231	1618	9874	56 779
						schmale Bomasin o. Brabanterle[3]:	
1726	21 828	5908		27 119	862	6711	62 428
1727	25 166	8653		29 565	366	5700	69 450
1728	30 488	6036		30 357	79	7793	74 753
1729	23 266	4951		29 578	196	9316	67 307
1730	16 540	5813		29 359	218	6963	58 893
1731	26 679	7309		27 622	215	5102	66 927
1732	28 623	10 546		27 270	248	8233	74 920

---

[2] 1710, 1711, 1712 und 1714 sind Zahlen nur für die untere Bleiche bekannt.
[3] Ab 1728 „Brabanterle".

	Bomasin	Cotton	Schnur-tuche	Barchent	Brabanterle	insgesamt
1733	31 295	12 379	22 982	306	5352	72 314
1734	38 950	14 526	23 635	523	4550	82 184
1735	54 845	12 033	23 090	216	2614	92 798
1736	57 184	13 397	26 285	242	4306	101 414
1737	53 991	12 379	30 057	1039	3428	100 894
1738	40 240	10 021	35 394	354	544	86 553
1739	46 175	10 089	25 314	161	1230	82 969
1740	47 679	6784	17 086	247	1138	72 934
1741	44 919	10 112	11 823	196	1161	68 211
1742	46 261	6279	12 768	145	844	66 297
1743	45 029	6837	19 351	137	785	72 139
1744	48 675	7209	20 904	310	179	77 277
1745	45 527	10 093	22 100	363	507	78 590
1746	55 455	9244	15 898	154	279	81 030
1747	51 764	11 606	12 082	170	93	75 715
1748	40 506	12 261	14 200	151	236	67 354
1749	49 848	8541	14 539	41	266	73 235
	Bomasin und Cotton:					
1750	56 900	12 485	15 683	94	185	85 347
1751	69 252	5485	13 461	153	75	88 426
	7/4 Bomasin u. Cotton	7/4 Cotton	7/4 u. 6/4 Bomasin u. Cotton	Schnurtuche	Barchent	Brabant.
(1751	38 720	5485	29 532	13 461	153	75)
	Bomasin u. Cotton	Cotton	Schnurt.	Barchent	Brabant.	insgesamt
1752	58 761	7112	13 381	304	94	79 652
1753	45 962	5951	13 997	183	162	66 255
1754	49 941	4141	16 760	120	59	71 021
1755	65 133	3953	15 757	336	500	85 679
1756	63 354	8000	16 619	63	948	88 984
1757	55 645	9180	10 194	108	900	76 027
1758	54 273	9841	9381	97	112	
					Cottonle: 52	73 756
1759	63 220	12 736	5795	106	54	81 911
1760	59 160	31 756	4023	92	85	95 116
1761	51 342	34 587	3778	243	71	90 021
1762	35 277	42 066	3942	64	206	81 555

537

	7/4 ff cott	7/4 ord cott	7/4 ord. Bomas. u. Cott.	7/4 ord. Bomas.	6/4 Cott. u. Boma.	Schnur & Barch	Schnur	Bar.	Brab.	insg.
1763	36 049	3360		126	32 059		3898	52	536	76 080
1764	35 088	2682			33 814		4432	209	285	76 510
1765	42 829	495			24 435	2339			48	70 146
1766	47 114	566	178		22 840	573	786		129	72 186
1767	44 449,75	753			16 280		1592	6	450	63 530,75

	7/4 feine Cotton	7/4 ord. Cotton	7/4 seid. 3tel fac.	6/4 Cotton u. Bomas	7/4 Bomas	Schnur u. Barch.	Schnur	Barch	Brab	insges.
1768	15 040	1131	7592	24 239		654	1387	27	437	50 507
1769	42 463	1071	6800	13 880	24	554	2320	2	153	67 267
1770	40 327	836	13 351	11 179		353	3419	28	282	69 775
1771	43 696	749	5224	12 168		484	2167	26	325	64 839
1772	35 612,5	93		8691		902	565	37	267	47 062,6
				7/4 Dopp. Cottone: 895						

	7/4 ff Cot	7/4 1/3 Cot	6/4 Cot & Boma	7/4 ord Cot	ord hies 28er	Sei 1/3 21er	bom	schnur & Barch	schnu	bra	insges.
1773	26 502		10 064	108	4623	9127			1015	150	51 589
1774	21 004	16 008	12 448	100	2990	5797	539	1014	537		60 437
1775	22 088	21 040	18 130		4960	3372		1852	649	406	72 497
9888	18 258	14 540	18 397	150	7153	~~9888~~		1891	684		70 961
1777 U[4]	9004	12 444	22 013	96				1800		800	46 157
1778 U	19 796	16 312	20 496	180					2532	809	60 125
1779 U	16 006	25 618	22 888					804		500	65 816
1780 U	17 226	12 112	18 049					568		200	48 155
1781 U	17 410	38 012	19 668	100				250		167	75 607
1782 U	14 854	33 584	23 614	208					600		72 860
1783 U	20 005	43 239	22250						375		85 869

1776

---

[4] U = Untere Bleiche. O = Obere Bleiche.

	7/4 ff Cott	7/4 1/3 Cott	6/4 Bom	6/4 ff & ord. Cott	6/4 ff Cott	Schnur.	Schnur & Barch.	insgesamt
1784 U	23 240	52 000		25 504		170		100 914
1785 U	26 220	55 042			20 142	215		101 619
1786 U	24 593	48 730			24 643	116		98 082
1787 U	16 526	59 804			29 888	54		106 272
1788 U	10 830	60 704			25 470			97 004
1789 U	11 408	59 640			25 532	4		96 584
1790 U	14 121	55 710			30 240	27		100 098
1791	17 116	59 586			31 351			108 053
1792	22 206	70 314			26 454			118 974
1793	14 897	61 243			37 989			114 129
1794	10 277	54 704			38 713		209	103 903
1795	9037	63 351			32 550	71		105 009
1796	4017	69 508			34 041	19		107 585

	7/4 1/1 28er Cotton	7/4 1/3 21er Cotton	6/4 21er Cotton	7/4 ff Cotton	6/4 ff Cotton	Barchent	insgesamt
1797	707	71 005	30 697	2925		26	105 360
1798	529	69 649	36 119	2491			108 788
1799	2930	44 947	32 660	2798			83 335
1800	3390	30 560	38 516	2461			74 927
1801	4129	41 383	6713	2721	25 439		80 385
1802	1812	45 855	15 886	2630	27 358		93 541
1803	1875	39 111	11 960	3463	26 606		83 015
1804	360	34 435	11511	1177	21 399		68 882

	ord. & ff 1/1 Cott	ord. & seid. 1/3	Bomas & 6/4 Cotton	doppelt 56er Cotton	Schnurt	insgesamt
1777 O	5191	10 451	1054	1179	415	18 290
1778 O	596	8273	513	1484	192	11 058

	1/1 28er Cotton	ff & ordin. 1/3 Cotton	6/4 breite Cotton	feine & ordin. 21er	insgesamt
1779 O	5972	10 903	378		177 253
1780 O	4438	12 545			16 983
1781 O	5706	10 353	30		16 089
1782 O	7986		116	4468	12 570
1783 O	4393	4074			8467
1784 O	947	2748			3695

1785 O	360	3798				4158
1786	1251	6329				7580
1787 O	410	1505				1915
1788 O		3309				3309
1789 O		ordin. feine Drittel:				
		5950				5950
1790 O		7172				7172

Geschaugeld von den Schwarzfärbern 1781-1805

	fl	kr
1781	199	40
1782	187	42
1783	154	56
1784	158	32
1785	146	20
1786	178	44
1787	167	48
1788	131	4
1789	134	14
1790	145	58
1791	163	6
1792	123	6
1793	114	16
1794	89	
1795	63	30
1796	42	10
1797	56	44
1798	62	44
1799	45	38
1800	44	22
1801	35	2
1802	42	26
1803	36	48
1804	33	40
1805	27	46

Ungeld der Geschlachtgewander[1]

	fl	Pfund	Schilling	Denare	Tuche im Durchschnitt pro Jahr
1402-03 (2 Jahre)	70	89			954,28 Stück
1410-18 (5 Jahre)	1	60	20	4	110,68
1424	2	32			334,28
1441-47 (2 Jahre)		154,5	4		663
1452-53 (2 Jahre)		174	13		748,5
1462-64 (2 Jahre)	36	346	31		2029,5
1470-79 (2 Jahre)	2	545	34	19 heller	2373,67
1480-86 (3 Jahre)	5	425	64	4	1274
1492-99 (7 Jahre)		682	61	5	838,93
1500-09 (9 Jahre)		892	87	13	853,87
1510-19 (9 Jahre)		589	82	9	565
1520-29 (10 Jahre)	16 66 kr 3 h	424	40	7	416,56
	fl	kr	h	Denare	
1531-39 (8 Jahre)	51	10			191,87
1540-49 (9 Jahre)	408	23			1361,27
1550-59 (10 Jahre)	489	273	20		1480,79
1560-69 (10 Jahre)	600	322	19		1816,22
1570-79 (10 Jahre)	392	209	20		1186,22
1580-89 (10 Jahre)	296	300	38		903,27
1590-99 (9 Jahre)	243	313	19		827,53

---

[1] Das Ungeld der Geschlachtgewander belief sich im Jahre 1549 auf 7 Pfennige pro Stück. Ich nehme bei der Berechnung der Produktion an, daß dies das Ungeld für ungefärbte Stücke vom 15. bis zum 17. Jahrhundert war.

1600-09 (10 Jahre)	195	328		24 den	601,74
1610-19 (10 Jahre)	184	245		16 den	564,74
1620-29 (10 Jahre)	143	246		25 den	441,65
1630-39 (10 Jahre)	40	251	1 den	27 h	132,75
1640-49 (10 Jahre)	63	229			200,45
1650-59 (10 Jahre)	157	329	4		487,47
1660-69 (10 Jahre)	180	340			557
1670-79 (2 Jahre)	27	39			414,75

Lodweber

Aus dem Ungeld errechnete Zahl der Stücke[2]
(Ungeld: 4,5 Pfennige pro zwei Stücke)

	Pfund	Schilling	Denare	Tuche im Durchschnitt pro Jahr
1406-1409 (3 Jahre)	72			640 Stücke
1410-1418 (6 Jahre)	124	32		558,22
1420	32	8		864
1430-39 (4 Jahre)	59	25		401,6
1441-47 (2 Jahre)	38	8		512
1452-53 (2 Jahre)	34			453,33
1462-66 3 Jahre)	105	30	1	946,81
1470-79 (2 Jahre)	54	13	31	735,55
1480-86 (3 Jahre)	96	12	1	858,81
1492-99 (7 Jahre)	209	26	4 plus 4 fl	854,73
1500-09 (9 Jahre)	247	105	8 h plus 2 fl	768,54
1510-19 (9 Jahre)	252	73	10	757,97
1520-29 (10 Jahre)	295	109	9 plus 21 fl 65 kr 2 den	1007,8
	fl	kr	den	Stücke
1531-39 (8 Jahre)	78	233	2	955,41
1540-49 (10 Jahre)	137	308		1326,57
1550-59 (9 Jahre)	135	294		1450,81
1560-69 (10 Jahre)	174	301	29	1671,46
1570-80 (9 Jahre)	224	223	27	2362,17

---

[2] Quelle: Einnehmerbücher.

Zahl der geschauten Loden[3]

	insgesamt	pro Jahr
1552-54[4] (3 Jahre)	1810	603,33 Loden
1555-59[5] (5 Jahre)	4250	850
1560-64 (5 Jahre)	5400,2	1080,04
1565-69 (2 Jahre)	3530	1765
1570-74 (3 Jahre)	5100	1700
1575-79 (4 Jahre)	7330	1832,5
1580-84 (5 Jahre)	9535	1907
1585-89 (4 Jahre)	7975	1993,75
1590-92 (2 Jahre)	3400	1700

Produktion von Decken[6]

	„Loch Deckhinen" insgesamt	„Loch Deckhinen" pro Jahr
1574	400	400
1576-79 (4 Jahre)	1633	408,25
1580-84 (5 Jahre)	6227	1245,4
1585-89 (4 Jahre)	5394	1348,5
1590-92 (2 Jahre)	2199	1099,5

---

[3] Quelle: Einnehmeramt. Kleine Jahresrechnung.
[4] Wahrscheinlich wurde nur die Produktion eines halben Jahres gezählt.
[5] Wahrscheinlich wurde nur die Produktion eines halben Jahres gezählt.
[6] Quelle: Einnehmeramt. Kleine Jahresrechnung.

Zahlung der Lodweberwalke an das Einnehmeramt[7]

	Ungeld in Kreuzern	Gölter pro Meister
1655	7552,42 kr	76,28 Gölter
1656	6300	63,63
1657	7511	75,86
1658	8451,14	85,36
1659	14 655,14	148,03
1660	19 947,85	201,49
1661	27 003,85	272,76
1662	24 919,85	251,71
1663	20 235,85	204,40
1664	22 232,14	224,56
1665	25 831,14	260,92

Die Produktion der Lodweber im 18. Jahrhundert[8]

	Trilch-, Loden-, Gölter- und Flanell-Zeichen insgesamt	pro Jahr
1734-35	2000	2000
1740-45 (2 Jahre)	2650	1325
1746-49 (2 Jahre)	2854	1427
1750-52 (3 Jahre)	4303	1434,3
1762-63	1463	1463
1773-79[9] (5 Jahre)	4381	876,2
1780-84[10] (4 Jahre)	4580	1145
1785-89 (5 Jahre)	4727	945,4
1790-93 (4 Jahre)	4535	1133,75

---

[7] Ungeld: 9 kr pro Loch von je vier Göltern. Gerechnet habe ich mit durchschnittlich 44 Lodwebern. Quelle: „Extract wievil die Lodweber von A 1655 biss Anno 1665 in das lob. Einnemerambt Paar gelifert haben. Die Lodweber Walck betr."

[8] Kleine Rechnung der Loderer utr. Rel. von 1751, 24. Juli, bis 1752 dahin.
Berechnung der Einnahme und Ausgabe von 1779 bis 1784 inclusive, so von den Vorgehern ... des Handwerks deren von Lodwebern ist abgelegt worden.

[9] 1773-1781: Trilch-, Loden-, Futter- und Gölterzeichen.

[10] Ab 1783: Lodenfutter und Gölterzeichen.

Preislisten

Durchschnittliche Preise schmaler Barchente
(In Kreuzern)

	gebleichte Oxen	gebleichte Dreier	gebleichte Vierer	gebleichte Crontuche	rohe Trauben	gebleichte Trauben
1625-29	178,66 100%					173,33 100%
1630-34	168 94,03%					153 88,27%
1635-39	176,66 98,88%					167 96,34%
1640-44	180 100,75%	193 100%	193 100%			
1645-49	180 100,75%	193 100%	193 100%			
1650-54	173,6 97,16%	177,33 91,88%	185,33 96,02%	218,8 100%		
1655-59	199,6 111,72%					170,5 98,36%
1660-64	186 104,10%	197,5 102,33	214 110,88	232 106,03	161 100%	155,03 89,44%
1665-69	167,5 93,75%	177 91,70	203 105,18	232 106,03		149,8 86,42%
1670-74						148,6 85,73%
1675-79	136 76,12%	145,5 75,38	156 80,82	178 81,35	113 70,18	130,89 75,51%
1680-84	155 86,75%	162,6 84,24	175,6 90,98	191,75 87,63	131,66 81,77	142,25 82,06%
1685-89	156 87,31%	159,6 82,69%	168,4 87,25%	186 85,00	127,5 79,19%	142,8 82, 38%
1690-94	181,8 101,75%	187,8 97,30	197 102,07	210,24 96,08	225 139,75	163,66 94,42%
1695-99	201,75 112,92%	211 109,32	230 119,17	240 109,68		183 105,57%
1700-04	197,25 110,40%	205 106,21	210 108,80	230 105,11		180 103,84%
1705-09	185 103,54%	190 98,44		195 89,12		187,5 108,17%
1710-14	161,25 90,25%	170,75 88,47	178,33 92,38	198 90,49		
1715-19	152,19 85,18%	160,42 83,11	190,75 98,83	199,61 91,22		131 75,57%

1720-24	142,33	148,8	169	182,73		
	79,66%	77,09	87,56	83,51		
1725-29	135,18	144,6	167,16	179,84		130,5
	75,66%	74,92	86,61	82,19		75,28%
1730-34	147	140	170,66	178		
	82,27%	72,53	88,42	81,35		
1735-39	159	162	180,75	189		151
	88,99%	83,93	93,65	86,38		87,11%
1740-44	159	162	182	162		151
	88,99%	83,93	94,30	74,04		87,11%

Preisentwicklung der Leinwand
(Kreuzer pro Elle)

	Rupfen	Leinwand	gebleichte Leinwand	Mittler	Federrit	Ziechen	Kölsch
1570-79	2,71	6,51		8,64		13,64	
1580-89	3,05	5,88	4,61		10		13
1590-99	3,2	10,5	8	12,50			
1600-09	4	4	9				
1610-19	6,70					18	
1620-29				15,42	9,98		8
1630-39		16,88	10,83		16,5		
1640-49		12,79	10,83		28		
1650-59	7,26	12,95	11,57		15,59		
1660-69	7,75		12,60		18,48		18
1670-79	6,85	12,56			14,27		17,06
1696[1]	8	9,12	8,17		20		13,20

Durchschnittspreise von Zwilch

	Denare pro Elle		
1500-1509	12,91	1630-1639	24,7
1510-1519	12	1640-1649	31,05
1520-1529	11,4	1650-1659	25,5
1530-1539	17,75	1660-1669	28,16
1540-1549	21,5	1670-1679	17,96
1550-1559	19,36	1680-1689	19,52
1560-1569	22,08	1690-1699	22,19
1570-1579	27,81	1700-1709	23,59

---

[1] Preise nur aus dem Jahre 1696 bekannt.

1580-1589	22,04	1710-1719	20,88
1590-1599	25,03	1720-1729	19,3
1600-1609	32,17	1730-1739	19,29
1610-1619	30,12	1740-1749	22,71
1620-1629	34,38		

(Quelle: Elsas, Versuch einer Geschichte der Preise und Löhne, Band 1, S. 615-619)

Durchschnittspreise der Bomasine
(In Kreuzern)

	rohe 6/4 Bomasine	gebleichte 6/4 Bomasine	rohe 7/4 Bomasine	gebleichte 7/4 Bomasine
1695-99			253 100%	286 100%
1700-04	225 100%	257,5 100%	258 101,97%	303,33 106,5
1705-09	225 100	233,33 90,61		266 93,006
1710-14			206 81,42	227,5 79,54
1715-19			220,03 86,96	236,97 82,85
1720-24			211,57 83,59	214,71 75,07
1725-29			191,5 75,69	209,73 73,33
1730-34			201 79,44	228 79,72
1735-39	187 83,11	221 85,82	206,5 81,62	230,5 80,59
1740-44	179,5 79,77	184 71,45	199,6 78,89	203 70,97
1745-49	215 95,55		245,5 97,03	260 90,90
1750-54		226,5 87,96		
1755-59		209 81,16		
1760-64	239,6 106,48	257,6 100,03		
1765-69	235,6 104,71	249,2 96,77		

Durchschnittspreise der Schnurtuche
(in Kreuzern)

	rohe ord. Schnurt	gebleichte ordinaire	rohe feine Schnurt.	gebleichte feine Schnurt.
1690-94	244	268		
	100%	100%		
1695-99	238	258		
	97,54	96,26		
1700-04	206,5	236		
	84,63	88,05		
1705-09		217		
		80,97		
1710-14	160	192		
	65,57	71,64		
1715-19	160	186,65		
	65,57	69,64		
1720-24	152	171,72	214,33	251
	62,29	64,07	100	100
1725-29		166	196,5	217,55
		61,94	91,68	86,67
1730-34			193,66	209,70
			90,35	83,54
1735-39	151	189	208	209,2
	61,88	70,52	97,04	83,34
1740-44	172,33	170,5		
	70,62	63,61		
1745-49	203	227,66		
	83,19	84,94		
1750-54		224		
		83,58		
1755-59				
1760-64	245,33	265		
	100,54	98,88		

Preisentwicklung der Cottone
(Kreuzer im Durchschnitt pro Jahr)

	1760-64	1765-69	1770-74	1775-79	1780-84	1785-89
rohe ordinaire Cottone	252 100%	246,5 97,81	213 84,52	230,75 91,56		
gebleichte 6/4 ordinaire Cottone	270,2 100%	262 96,96	231,5 85,67	249,5 92,33		
rohe 6/4 feine Cottone		276 100%	264,5 95,83	279,6 101,30	286,4 103,76	296 107,24
gebleichte 6/4 feine Cottone		320 100%	290,75 90,85	300,8 94	312 97,5	307,3 96,03
rohe 7/4 feine Cottone		480 100%	427,6 89,08	480,8 100,16	487,4 101,54	498,5 103,85
gebleichte 7/4 feine Cottone		540 100%	467 86,48	516 95,55	532,4 98,59	496,33 91,91
rohe 7/4 Seidendrittel		486 100%	429 88,27	485,6 99,91	510,66 105,07	542,33 111,59
gebleichte 7/4 Seidendrittel		540 100%	467,2 86,51	516,8 95,70	524,25 97,08	545 100,92

Durchschnittliche Preise der Loden (in Kreuzern)

	weiße	graue	schwarze	rote	grüne
1575	645		297		
1580			430		
1601	645				
1608			690	780	
1610-19			751 100%	808 100%	821 100%
1620-29	812 100%	752 100%	776 103,32%		
1631		800		1080	1080
1630-39	1005 123,76%		1020 135,81%		
1640-49	963 118,59%	1150 152,92%	1150 153,12%	1150 142,32%	1153 140,43%
1650-59	1036 127,58%	1037 137,89%	1009 134,35%	1069 132,30%	1042 126,91%
1660-69	966 118,96%	969 128,85%	960 127,82%	958 118,56%	958 116,68%
1670-79	942 116,00%	925 123,00%	926 123,30%	820 101,48%	943 114,85%

Durchschnittspreise von Flachs
(Denare für ein Pfund)

1500-09	11,66	1660-69	37,97
1510-19	14,03	1670-79	27,54
1520-29	13,32	1680-89	40,37
1530-39	14,83	1690-99	42,1
1540-49	17,56	1700-09	42,75
1550-59	19,52	1710-19	48,87
1560-69	23,28	1720-29	58,6
1570-79	24,38	1730-39	59,94
1580-89	27,48	1740-49	54,67
1590-99	29,85	1750-59	35
1600-09	34,57	1760-69	40,77
1610-19	46,61	1770-79	42
1620-29	42,98	1780-89	50,4
1630-39	42,98	1790-99	66,15
1640-49	46,35	1800-09	57,4
1650-59	36,61		

(Quelle: Elsas, Versuch einer Geschichte der Preise und Löhne, Band 1, S. 615-618)

Garnungeld 1674-1699[a]

Jahr	kr	heller	Zentner Garn
1674	61,5	0,5	43,1
1675	349	11	245,4
1676	178	35	128,1
1677	543	6	380,7
1678	360	23	254,3
1679	447	6	313,5
1680	208	4	146
1681	80,5	11	57,4
1682	192	4	134,8
1683	279		195,3
1684	330	8	231,8
1685	233		163,1
1686	286		200,2
1687	245		171,5
1688	114		79,8
1689	128,5		89,95
1690	101		70,7
1691	176		123,2
1692	96		67,2
1693	32		22,4
1694	130		91
1695	224		156,8
1696	263		184,1
1697	108		75,6
1698	86		60,2
1699	44		30,8
1708	45		31,5
1709	63		44,1

[a] Quelle: „Weber Einnehmen, Weber Aussgeben, Woll Ungelt, Ferber Einnehmen, Tuchscherer Einnehmen, Tuch und Zeugmacher Einnehmen, Karter Einnemen". Ich nehme an, daß sich das Ungeld auf 10 Heller pro Zentner Garn belief.

Ungeld und Menge der verungeldeten Baumwolle[a)]
(Fartel gerechnet zu drei Zentnern)

Jahr	Kr	Fartel	Zentner
1644	5542		
1645	1935		
1646	3236		
1647	575		
1648	1815		
1649	2357		
1650	2945		
1651	1965		
1652	3975		
1653	3649		
1654	2379		
1655	5344		
1656	2269		
1657	1290		
1658	5921		
1659	690		
1660	1553		
1661	1115		
1662	1621		
1663	1571		
1664	855		
1665	1650	165	495
1666	1560	156	468
1667	5301	530,1	1590,3
1668	8160	816	2448
1669	9800	980	2940
1670	7115	711,5	2134,5
1671	2960	296	888
1672	4575	457,5	1372,5
1673	3326	332,6	997,8
1674	3395	339,5	1018,5
1675	2430	243	729
1676	2230	223	669
1677	3902	390,2	1170,6
1678	5522	552,2	1656,6
1679	7134	713,4	2140,2
1680	11 256	1125,6	3376,8
1681	3829	381,9	1148,7
1682	6645	664,5	1993,5
1683	7056	705,6	2116,8

1684	7950	795	2385
1685	8876	887,6	2662,8
1686	6104	610,4	1831,2
1687	7990	799	2397
1688	6570	657	1971
1689	4220	422	1266
1690	4310	431	1293
1691	6130	613	1839
1692	9620	962	2886
1693	6060	606	1818
1694	8310	831	2493
1695	10 180	1018	3054
1696	8820	882	2646
1697	13 080	1308	3924
1698	100 250	1025	3075
1699	9330	933	2799
1700	6120	612	1836
1701	9240	924	2772
1702	6764	676,4	2029,2
1703	4440	444	1332
1704	5770	577	1731
1705	9440	944	2832
1706	7920	792	2376
1707	8160		
1708	8758		
1709	8572		
1710	10 382		
1711	7188		
1712	6776		
1713	9410		
1714	12 288		
1715	10 830		
1716	14 524		
1717	7390		
1737	24 222		
1738	9738		
1739	9390		
1740	8027		
1741	7706		
1742	9060		
1743	9735		
1744	11 592		

a) Quelle: Für die Zeit von 1671 bis 1717: „Weber Einnehmen, Weber Aussgeben, Woll Ungelt, Ferber Einnehmen, Tuchscherer Einnehmen, Tuch und Zeugmacher Einnehmen, Karter Einnehmen". Für die Jahre 1737 bis 1744: Rechnungsbuch des Weberhandwerks 1702-1744.

Zechen

Zechen, die nach Prechts Vorschlag von 1789 noch erhalten werden sollten:

a)	den Mägdlein für überbringung des bodenbrods	1 fl
b)	der erste Trunk auf dem Weberhaus, wenn der neue Geschaumeister abgeholt wird	4 fl 30 kr
	Dieser Trunk könne in Bargeld verwandelt werden: jedem der Geschaumeister sollen 24 kr und dem Weberhausverwalter 1 fl gegeben werden: insgesamt 3 fl 45 kr	
c)	den Mägdlein für das Putzen der Kessel	36 kr
	dies könne nicht geändert werden	
d)	dem Gatterer	1 fl
	dies solle auch bleiben	
e)	für den Trunk beim Schwören	3 fl 12 kr
	Dieser Trunk sei überflüssig. Wenn man ihn jedoch behalten wolle, dann in Geld umwandeln wie in b) insgesamt: 3 fl 48 kr	
f)	den Schlüssel auszulösen	1 fl
	bleibt	
g)	der Stephansgulden für die sieben Geschaumeister	7 fl
	bleibt	
h)	den Lehrenkanss den 7 Geschaumeistern, dem Weberhausverwalter, den drei Beisitzern und den zwei Kellermeistern jedem 1 fl 30 kr	19 fl 30 kr
	soll bleiben	
i)	für das Täfelin zu geben.	4 fl 57 kr
	Der Trunk überflüssig wie der Trunk bei e). Wenn man ihn aber beibehalten will, so solle statt dessen an Bargeld den 7 Rohgeschaumeistern, den zwei Kellermeistern jedem 20 kr und dem Verwalter 45 kr gegeben werden insgesamt	3 fl 45 kr
k)	Quatember Einstand und Quatember geld circa	10 fl 6 kr
	bleibt zunächst	
l)	das Täfelin aufzumachen.	5 fl 10 kr
	Der Trunk wie bei i) insgesamt	3 fl 45 kr
m)	der Trunk bei der letzten Bleichgeschau oder erste Laug Zeche	2 fl 50 kr
	sei ganz abzuschaffen, denn sie bekommen auf der Bleiche einen unentgeltlichen Trunk und dann wird erst den folgenden Tag diese Zeche mit Versäumnis der Arbeit gehalten. Falls man sie beibehalten wolle, solle den 7 Geschaumeistern, 2 Kellermeistern, jedem 20 kr, dem Verwalter 45 kr gezahlt werden. Insgesamt	3 fl 45 kr
n)	den Mägdlein für das Kessel Putzen	36 kr
o)	Artikelzeche auf dem Weberhaus	6 fl 10 kr
	Precht schlug anscheinend vor, diese Summe	

auf 2 fl 30 kr zu vermindern.
p) der Trunk bei der letzten Bleichzech oder Laug 4 fl 36 kr
solle auf 3 fl 45 kr verringert werden wie bei m)

Neuordnung der Zechen 12. Januar 1790
a) Die Zeche bei Verfertigung des Vorschlags. Ungefähr acht Tage vor dem St. Thomasfest schrieb der Weberhausverwalter den Vorschlag der Rohgeschaumeister für neue Geschaumeister auf. Er hatte dann jedem ein Seidel Wein und manchmal ein Stück „backnen Fisch" gereicht. Die Geschaumeister mußten allerdings hierfür aus ihrer eigenen Tasche zahlen.
Diese „übermütige" Zeche sollte ganz abgeschafft werden. Statt dessen sollte der junge Geschaumeister dem Weberhausverwalter 1 fl zahlen.
b) Am St. Thomastag wurde vor Überbringung des Vorschlages an die Deputierten eine Zeche in der Weinstube abgehalten, wozu die Beisitzer und Kellermeister eingeladen wurden. Diese Zeche hatte die Geschaumeister mindestens 11 fl gekostet. Sie wurde jetzt abgeschafft. Statt dessen sollte der neue Geschaumeister jedem der Beisitzer, den Kellermeistern und dem Weberhausverwalter 30 kr zahlen.
c) Der Trunk am Unschuldigen Kindleins Tag bei der Wahl der Geschaumeister sollte beibehalten werden: der neue Geschaumeister soll einen Eimer Braunbier und das Brot stellen.
Er soll auch zahlen:

den zwei Kellermeistern je 1 fl	2 fl
den zwei Schwarzgeschauern je 1 fl	2 fl
dem Tuchscherergeschauer	1 fl
den zwei Garngeschauern je 1 fl	2 fl

Die Geschaumeister, Beisitzer, Kellermeister und der Weberhausverwalter erhalten jeder 1 fl 30 kr für ihre Wahlstimme und 1 fl für den Trunk aus der Weberhauskasse.
d) Die Abholungszeche soll beibehalten werden doch mit weniger Aufwand. An ihr nehmen die sieben Rohgeschaumeister und der angehende Geschaumeister teil. Auf Kosten des „jungen" Geschaumeisters soll jeder erhalten: ein Maß Wein, ein Gänsviertel, ein Kälberbrätlein, eine Rindswurst, Salat, Bier und Brot.
e) Die Schwörzeche soll wie bisher auf dem Weberhaus gehalten werden. Doch mit Mäßigung. Jeder der acht Geschaumeister solle erhalten: ein halbes Maß Wein, eine Portion Braten, eine Rinderwurst und Salat. Ebenso weißes Bier und Brot. Die Kosten soll der junge Geschaumeister tragen.
f g h j) Bei Abnahme und Aufhängen des Täfeleins des neuen Geschaumeisters sowie bei der ersten Bleichgeschau und der letzten Lauge waren in besseren Zeiten jedesmal Zechen gehalten worden. Da sie jetzt zu kostspielig seien, sollen sie abgeschafft werden. Die Geschaumeister hatten vorgeschlagen, daß der junge Geschaumeister statt dessen zahlen solle:

jedem der Geschaumeister	2 fl
dem Weberhausverwalter	1 fl
(weil er wie der Kellermeister nur zu zwei Zechen geladen wird)	

dem Gatterer 1 fl
(der jedesmal bei diesen vier Zechen
die Aufwartung gehabt hat)
Es ist aber nicht klar, ob dieser Vorschlag angenommen wurde.
k) Die Artikelzeche soll wie die Schwörzeche gehalten werden. Auf Kosten des jungen Geschaumeisters erhält jeder der sieben Rohgeschaumeister eine halbe Maß Wein, eine Portion Braten, eine Rindswurst, Salat, Weißbier und Brot.
Dem Weberhausverwalter sollen aus der Handwerkskasse 2 fl für das Artikellesen gegeben werden.

Die Werkstätten der ersten Cottondrucker

(In Klammern Angabe der Littera. Für das Jahr 1692 ist der Steuerbezirk angegeben.)

Jeremias Neuhofer	1692	Undern Predigern
	1693	Vorderer Lech 49 und 47 (A 450, 451, 452)
Daniel Spatz d.Ä.	1692	Salta Schlechten Bad
	1694	Hinterer Lech 41, 49 (A 600, 601)
Johann Neuhofer	1692	Blatterhaus oder Predigergarten
	1699	Mittlerer Lech 52 (A 531)
Ignatius Spatz	1692	Prielbrugg
Sebastian Weiss	1692	Leupoldsbad
	1709	Schlossermauer 59 (A 635)
	1715	Gärtnerstr. 25
Mathäus Beyrer	1692	hinterer Lech
Daniel Spatz d.J.	1692	Köchin Gässlin
	1710	Vorderer Lech 12 (A 487, 460)
	1715	Vorderer Lech 35
Hans Jakob Haslach	1680	Vogelmauer 5 (G 297, 296, 282)
	1692	Geigers Garten
Victor Mair		
Georg Wolhofer	1692	St. Antonino
Sebastian Borst	1678	Oberer Graben 53 (G 304)
	1692	Prielbrugg
Boas Ulrich	1692	In der Bächin Hof
Hans Georg Dempf	1692	Wierin Brielbrugg
	1708	Vorderer Lech 18 (A 492, 493)
Andreas Jungert	1692	Vom Diepoldt
	1712	Hanreiweg 2 (J 195-196)
	1712	Bergmühlstr. 3 (J 197-206)
Mathis Christe		
Joseph Schmidt	1692	Vom Diepold

Werkstätten der zweiten Generation von Druckern
(In Klammern Angabe der Litera. Für das Jahr 1716 ist der Steuerbezirk angegeben)

Johannes Apfel	1702	Oberer Graben 49 (G 307, 308)
	1705	Vogeltorplatz 3 (J 141-148)
	1710	Wolfsgäßchen 3 (J 138)
	1716	Brielbrugg gegen Vogeltor
Johann Christoph Apfel	1716	Brielbrugg gegen Vogeltor
	1731	Oberer Graben 49 (G 307, 308)
	1731	Vogeltorplatz 3 (J 141-148)
Tobias Gotthard Lobeck	1706	Armenhausgasse 8 (B 130, 131)
	1708	Schülestr. 1 und 9 (J 99, 100)
	1716	Klebsattlergasse
Johann Georg Boppe	1716	Unter Predigern
Georg Erdinger	1712	Hinterer Lech 29, 27 (A 606, 607)
	1716	Pfefferlin
	1721	Bauhofstr. 52 und Lechhauserstr. 31 (J 240)
Johann Jakob Senftel	1716	Bartshof
Georg Neuhofer	1693	A 557-559
	1716	Willig arm, St. Ursula
	1721	Am Schwal 15 (A 549)
Johann Ulrich Reinweiler	1711	Haunstetter Str. 23 (J 65)
	1711	Baumgartnerstr. 2, 8a (J 63, 64)
	1739	Schwibbogengasse 15 (A 399)
Paul Jakob Hartmann	1716	Parfüsser Thor Intra
Johann Jörg Seuter	1716	Meitings Garten
Johann Friedrich Reinweiler	1716	Schwibbogen oder Karrers Gäßle

Werkstätten außerhalb der Stadt, in denen über einen langen Zeitraum gedruckt wurde:

Bauhofstr. 5a		
	1719	Johann Friedrich Reinweiler
	1721	Georg Erdinger
	1761	Georg Chr. Deschler
	1772	Marx Leonhard Kaufmann
	1777	Georg Friedrich Zackelmaier
	1785	Georg Friedrich Zackelmaier
	1799	Johann Friedrich Bley
Baumgartnerstr. 2, 8a		J 63, 64
	1711	Johann Ulrich Reinweiler
	1743	Johann Peter Schumacher
	1759	Veit Jeremias Adam
	1796	Jakob Jeremias Adam

Bergmühlstr. 3		J 197-205
	1712	Andreas Jungert
	1772	Heinrich Schüle
Hanreiweg 2		J 195, 196 oder J 187, 188
	1712	Andreas Jungert
	1772	Heinrich Schüle
Haunstetter Str. 35 a		J 72-75
	1735	Jean François Gignoux
	1761	Anton Christoph Gignoux
	1780	Anna Barbara Gignoux
Jakoberwallstr. 17		J 149-151
	1738	Georg Abraham Neuhofer
	1745	Georg Abraham Neuhofer
	1773	Georg Chr. Neuhofer
	1788	Franz Xaver Debler
	1788	Josepha Debler
Lechhauser Str. 31		J 241-243
	1719	Johann Friedrich Reinweiler
	1721	Georg Erdinger
	1772	Marx Leonhard Kaufmann
	1777	Georg Friedrich Zackelmaier
	1785	Georg Friedrich Zackelmaier
	1799	Johann Friedrich Bley
Oblatterwallstr. 24		J 254
	1725	Johann Georg Seuter
	1749	Johann Georg Seuter Jun.
	1758	Dorothea Seuterin, Frau des Michael Schwehle
	1758	Michael Schwehle
	1762	Johann Wagenseil
	1767	Daniel Müller
	1772	Johann Heinrich Schüle
Oblatterwallstr. 40		J 257
	1725	Johann Georg Seuter
	1725	Maria Magdalena Seuterin, Witwe
	1749	Johann Georg Seuter, Jun.
	1758	Dorothea Seuterin, Frau des Michael Schwehle
	1758	Michael Schwehle
Erstes Quersachsengäßchen 5a		H 197
	1749	Johann Georg Seuter Jun.
	1758	Dorothea Seuterin, Frau des Michael Schwehle
	1758	Michael Schwehle
Drittes Quersachsengäßchen 5		H 352
	1752	Abraham Gessler

Schülestr. 1 und 9	1825	Johann Heinrich Schüle
		J 100, 99
	1708	Tobias Gotthard Lobeck
	1720	Tobias Gotthard Lobeck
	1744	Abraham Lobeck
	1758	Johann Heinrich Schüle (Schülestr. 1)
Stadtbachstr. 6		J 299-302
	1784	Mathäus Schüle
	1801	Jakob Friedrich Schüle
	1817	Johann Mathäus Schüle
Vogeltorplatz 3		J 141-148
	1705	Johann Apfel
	1731	Johann Christoph Apfel
	1757	Johann Christoph Apfel jun.
	1782	Johann Michael Schöppler
	1806	Gottfried Hartmann
Vogelmauer 5		G 295, 296, 297, 282
	1680	Hans Jakob Haslach
	1792	Johann Michael Schöppler
	1797	Johann Michael Schöppler
	1806	Gottfried Hartmann

Werkstätten in der Stadt, in denen über einen langen Zeitraum gedruckt wurde:

A 557-559		
	1693	Georg Neuhofer, Goldschlager
	1731	Georg Neuhofer, Drucker
	1736	Abraham Neuhofer
	1773	Chr. Neuhofer
Armenhausgasse 8		B 130, 131
	1706	Tobias Lobeck
	1744	Johann Peter Schumacher
	1796	Jakob Jeremias Adam
Hinterer Lech 29, 27		A 606, 607
	1712	Georg Erdinger
	1761	Georg Chr. Deschler
	1771	Georg Friedrich Zackelmaier
Jakoberstr. 63a		H 58
	1752	Franz Jakob Heichele
	1762	Johann Paul Heichele
	1771	Nicolaus Götz
Oberer Graben 49		G 307, 308
	1702	Johannes Apfel
	1731	Johann Christoph Apfel
	1757	Johann Christoph Apfel, Jun.

	1782	Johann Michael Schöppler
	1806	Gottfried Hartmann
Bei St. Ursula 8		A 541-543
	1735	Georg Abraham Neuhofer
	1773	Abraham Chr. Neuhofer
Bei St. Ursula 4		A 538
	1776	Mathäus Schüle
	1801	Jakob Friedrich Schüle
	1817	Johann Mathäus Schüle
Schwibbogengasse 15		A 399
	1739	Johann Ulrich Reinweiler
	1753	Johann Jakob Preumair
	1773	Johann Christ. Preumair
	1784	Jakob Preumair
Schwibbogenmauer 14		A 416
	1749	Johann Franz Gignoux
	1764	Anton Chr. Gignoux
Schlachthausgasse 6		C 191, 193
	1762	Franz Jakob Heichele
	1763	Daniel Müller
Vorderer Lech 12		A 487
	1710	Daniel Spatz d.J.
	1750	Johann Daniel Schmidt
Vorderer Lech 35		A 460
	1715	Daniel Spatz d.J.
	1767	Johann Georg Deschler
	1776	Georg Friedrich Zackelmaier
Vorderer Lech 41		A 456-457
	1736	Georg Abraham Neuhofer
	1773	Georg Chr. Neuhofer
	(ca. 1790?)	Josepha Debler
Vorderer Lech 8		A 485, 521
	1764	Georg Christoph Gleich
	1765	Georg Christoph Gleich
	1771	Johann Friedrich Gignoux
	1780	Anna Barbara Gignoux
Vorderer Lech 49		A 450
	1660	Jeremias Neuhofer d.Ä.
	1686	Jeremias Neuhofer d.J.
	1693	Jeremias Neuhofer
Vorderer Lech 15		A 475
	1780	Mathäus Schüle
	1801	Jakob Friedrich Schüle
	1817	Johann Mathäus Schüle
Vorderer Lech 9		A 478 (A)
	1801	Johann Friedrich Schüle
	1817	Johann Mathäus Schüle

Vermögensentwicklung der Cottondrucker der zweiten Generation

Johann Georg Boppe
Steuer: 1698: 36 Pfennig
          1704: 30 kr
          1707: 45 kr
          1711: 45 kr Cattundrucker
          1714: 45 kr Cattundrucker
          1716: 45 kr Cattundrucker

Apfel, Johann
          1698: 40 kr
          1702: 2 fl 45 kr
          1704: 7 fl 30 kr
          1707: 12 kr 30 kr
          1711: 51 fl 45 kr
          1714: 51 fl 45 kr Cattundrucker
          1716: 51 fl 45 kr Kattundrucker

Lobeck, Tobias Gotthard
          1702: 1 fl
          1704   10 fl 30 kr
          1707: 6 fl 30 kr
          1711: 16 fl 30 kr Cattundrucker
          1714: 16 fl 30 kr Cattundrucker
          1716: 16 fl 30 kr Kattundrucker

Erdinger, Georg
          1698: 55 kr
          1702   1 fl 15 kr
          1704: 5 fl
          1707: 5 fl
          1711: 5 fl 30 kr Tuchscherer
          1714: 5 fl 30 kr
          1716: 5 fl 30 kr Tuchscherer

Senftel, Johann Jakob
          1698: 55 kr
          1702   1 fl 30 kr
          1704: 1 fl 30 kr
          1707: 1 fl 30 kr
          1711: 1 fl 30 kr Kupferstecher
          1714: 1 fl 30 kr Silberstecher
          1716: 1 fl 30 kr Silberstecher

Apfel Johann Christof
          1716: 4 fl 30 kr

Georg Neuhofer

1698:	25 kr
1702:	45 kr
1704:	4 fl 15 kr
1707:	4 fl 30 kr
1711:	8 fl 45 kr Cattundrucker
1714:	8 fl 15 kr Cattundrucker
1716:	8 fl 45 kr Cattundrucker

Ungeld von bedruckten Tuchen[1] (In Kreuzern)

1693	1200 kr
1695	2280
1696	540
1698	130
1716[2]	4634
1718[3]	6764
1726[4]	7911
1727	12 713
1728	12 974
1729	12 080
1730	16 959
1731	18 872
1732	28 649
1733	36 128
1734	45 683
1735	43 957
1736	38 026
1737	36 417
1738	30 548
1739	26 400
1740	37 588
1741	42 051
1742	52 968
1743	31 754
1744	47 577

---

[1] 1693: „Aus der getruckhten Bixen" (Quatemberbuch 1681-1701).
Ab 1726: „Von den Cotton Truckhern". (Rechnungsbuch des Weberhauses 1702-1744).
[2] Nur drei Quartale: „Von Johann Apffel".
[3] Nur ein Quartal: „Von den Blau Catton Truckhern".
[4] Ab Michaeli Quartal 1726.

„Übersicht der Kattunweberei und des Fabrikwesens in Augsburg,
besonders in den letztverflossenen 12 Jahren
nach sicheren Quellen und Berechnungen."

Fremde Kattune wurden in den Fabriken Augsburgs bearbeitet:

Jahre	Stücke
1777	244
1778	14 815 1/2
1779	22 928
1780	25 039 1/2
1781	24 515 1/2
1782	12 765
1783	24 280
1784	27 853 1/2
1785	2851 1/2
	19 131 1/2
1786	52 691 1/2
1787	58 093 1/2
1788	36 323 1/2
1789	50 163 1/2
1790	41 513 1/2
1791	40 906 1/2
1792	80 200 1/2
1793	50 216 1/2
1794	27 141
18 Jahre	612 674 Stücke

	fremde Kattune wurden bearbeitet	einheimische Kattune wurden abgeschaut
1794-95	2 751	122 346
1795-96	56 330	126 518
1796-97	46 715 1/2	111 439
1797-98	45 081	124 212
1798-99	29 848	103 073
1799-1800	26 361 1/2	84 883
1800-01	35 513	85 753
1801-02	34 631	108 994
1802-03	26 179	100 575
1803-04	22 991	84 181
1804-05	23 072	86 052
1805-06	19 045 1/2	69 535
12 Jahre	393 328 1/2 Stücke	1 207 561 Stücke
30 Jahre	1 006 002 1/2 Stücke	

(Quelle: Weberhaus Nr. 21)

Aufzählung der Tuchscherer um 1667

1) Herr Johann Ludwig Bonriederer: Ratsherr
2) Hans Christof Mayr: Schreiber ob der Blaich, Viertelmeister und „in anderen Diensten mehr".
3) Hans Jerg Dempfli: Gegenschreiber ob der Aicht, bei Steueramt ein Helfer, „bei den catholischen Leichen die Clag aufzumachen", Viertelmeister, Geschaumeister, Vorgeher. Hat Arbeit von den Herren, die handeln.
4) der alt Loher: „Aichtmeister", Visitador zu den Weinwirten, Viertelmeister und ander mehr Dienst.
5) Heinrich Holdt: visitador zu den Wirten, Viertelmeister, und andere Dienst mehr. „Arbeit genug von seinen Herrn".
6) Jeremias Neuhofer: Barchet, Leinwadt drucker, Viertelmeister und mehr Ämter. „Hat von gwandt, auch barchet genug zu arbeiten".
7) Philip Jacob Weiss: Viertelmeister, Siegelmeister. „Hat kaufherren genug, die im Arbeit geben von gwandt und barchet, dz er 2 gesellen fürdert".
8) Paul Krumper: Viertelmeister und „andere Empter mehr, hat auch von gwandt und barchet zu arbeiten von Seinen herren".
9) Daniel Spatz: Viertelmeister, „hat auch von gwandt und barchet zu scheren von seine herren".
10) Herr Mathes Gegler: ein „vüssierer beim Weinstadel, hat arbeit genug von dem Hr. Hossennostel".
11) Der herr Jung Locherer: Siegler beim Weinstadel und Saltzausforderer. „Ist gar ein gueter Dienst."
12) Herr Johannes Myr ist vorgeer.
13) Tobias Forster: ist in einer schreibstube fir einschreiber. Hat darzu Arbeit.
14) Johann Babtisch Wegelin: Buchhalter in der apoteck und in der AC kirchen bei den barfüsser. Hat arbeit von dem hr. Hossenostel.
15) Daniel Weiss: „ist schreiber bei uns. Hat arbeit genug von seinen herrn".
16) Hans Witman: Handwerksdiener und Rahmmeister.
17) Herr Emanuel Sitzinger: Geschaumeister und hat arbeit.
18) Elias Doller: bei den herrn Müllerische ein Diener, hat auch arbeit.
19) Conradt Baumeister: in der Guardi Soldat.
20) Thoma Laiber: in der Guardi Soldat.
21) David Kauffman: schreiber ob der Blaich. Hat auch arbeit.
22) Jonas Neyhoffer) seint Maurer. Haben auch arbeit.
23) Hans Neyhoffer)
24) Christof Neyhoffer: ein holtzmesser.
25) Johann Mayr: Siegelmeister. Hat arbeit genug von den herrn Hosennestel.
26) Lenhart Spatz: holtzschneider.
27) Tobias Forsterin ein witfrau: hat gar viel arbeit von den herren Hosennestel.

28) Jerg Mayrin an ires Mans stadt der Langfenger hat, man gibt ir arbeit genug an den schulden.
29) H. Zacher von Kirch hat von seinem vatter genug arbeit.
30) Urli Bockh, hat arbeit genug, dz er etlich mal 4 oder 5 Rest thut arbeiten.
31) Christoff Wegeli: hat auch arbeit, ist ein Kauffman darzu.
32) Urli Weiss: hat arbeit genug.
33) Thoma Müller hat auch arbeit genug.
34) und Christoff Wasserman dessgleichen.
35)
36) Hans Harnisch
37) David Spatz
38) Marti Geiger
                     seint auch gwandtscherer
39) Urli Morxli
40) Zacher Schobt
41) Frideri Abis
42) hans jerg Dorsch
43) Sebasti Weiss hat arbeit von seinem Sohn
44) Hans Jerg Weissi ein witfrau.
45) Ludwig Mayr.
46) Jonas Neyhoffer alt.
47) Hans Lenhart Spatz alt.
    (Specification der gesambten Tuchscherer, so in 47 bestanden)

Löhne der Tuchscherer 1672

von einem gemusiert oder klärten zotten zu reiben	lohn 12 kr
	rest 5 k
von einem ungemusierten zotten zu reiben	lohn 4 kr
	rest 3 kr
von einem gemusierten barchat zu geschauen	lohn 2 kr
	rest 4 kr
von einem eingelassen barchat zu geschauen	lohn 1 kr
	in rest 2 kr

volgt der lohn im wullen gewandt und was darvon in Rest verrechnet werden solle

	fl	kr	heller
von einem stück Englisch, Span. Holland. Französ. lindisch oder tosinger tuch lohn		56	
und in Rest zu verrechnen		18	
von einem stück breit Mehrisch, Grosspley Hänisch, Görlitzer, Sittawer, Freystetter, Schlessinger und breit Maixnische tuch zu lohn		4	
rest		12	
von einem stückh Eilenberger Tuch zu lohn		48	
in rest		12	
von einem stück Zschoppner, Stollberger, Zwickauer, Leissnegger und dergleichen zu lohn		32	
in rest		10	
von einem Stück Rössler zu lohn		36	
in rest		10	
von einem stück schmalen Meixner, Kemnitzer, Torgauer, schmal Ederich, Mehrisch und dergleichen zu lohn		26	
in rest		8	
von einem tuch geweissten Rössler zu lohn		44	
in rest		10	
von einem stück Rauchtuch der besten gattung zu lohn	2		
in rest		18	
von einem stück Rauchtuch der mittlern gattung zu lohn	1	30	
in rest		12	
von den geringen Rauchtuchen vom Stück zu lohn	1	20	
in rest		12	
von einem hiesigen breiten tuch pro 1 elle zu lohn		3	
in rest		20	
von einem stück schmalen hiesigen tuch zu lohn		45	
in rest		18	
von einem stück Nördlinger, Dinkelscherber, Dinkelsbühler und dergleichen schmalen Pay zu lohn		45	
in rest		15	
von einer Ellen der besseren oder andern Pay zu lohn		2	

	in rest	1
von einem stück weissen oder grauen		
Drilch zu lohn		24
	in rest	12
von einem hiesigen Stück Loden zu lohn		20
	in rest	8
von einem stück frembden loden zu lohn		15
	in rest	6

(Ordnung der Tuchscherer 1672, 6. September)

Ungeld der Tuchscherer

	Gesamte Summe			Durchschnittlich pro Jahr	
	Pfund	Schill	den	fl	kr
1494	31	17	7	9	6
1501-1509 (8 Jahre)	993	61		35	34
1510-1519 (9 Jahre)	1469	136	10	46	51
1520-1529 (10 Jahre)	2760	188	20	79	8
1530-1539 (8 Jahre)	725	217		91	4
1540-1549 (9 Jahre)	705	192	3	78	41
1550-1559 (10 Jahre)	777	215	25	78	4
1560-1569 (10 Jahre)	867	328	24	87	15
1570-1579 (10 Jahre)	196	270	35	20	3
1580-1589 (10 Jahre)	123	326	24	12	50
1590-1593 (2 Jahre)	30	57		15	28

Namen und Amtszeit der Deputierten auf dem Weberhaus 1618-1806

Friedrich Endorffer	1605-1625
Caspar Erhart	1592-1619
Jeronimus Mair	1616-1620
Hans Staininger	1620-1631
Hans Christian Fesenmair	1621-1631
Paulus von Stetten	1626-1631

Tobias Rehm	1631, 1635-1645
Hans Jörg Fargeth	1631, 1635-1642
Jeronimus Sultzer	1632-1634
Albrecht Bimmel	1632-1634
Bernhart Zech	1632-1634
Maximilian Ilsung	1635-1670
Georg Schluderspacher	1643-1657
Gabriel Rehlinger	1645-1648
Anton Langenmantel	1649-1668
Hans Jacob Weiss	1658-1667
Hans Christoph Kissl von Kaltenbrunn	1668-1676
Hans Mathias Koch von Gailenbach	1669-1684
Raymund Imhof	1671-1678
Nicolaus Ludwig Pangauer	1677-1687
Carl Sebastian Langenmantel	1679-1688
Johann Heinrich Herwarth	1685-1690
Johann Philip Wanner	1688-1694
Johann Jakob Keller	1689-1699
Heinrich Langenmantel	1691-1708
Franz Octavian Langenmantel von Westheim	1700-1725
Johann Adam im Baumgart (?)	1702
Fidelis Constantin von Reitlingen	1706-1708
Georg Gottfried Amann	1709-1716
Heinrich Maurmann	1711-1717
Wolfgang Jacob Sultzer d.Ä.	1717-1733
Johann Mathias Feinstermacher	1718-1726
Anton Ignaz Wanner	1726-1729
Johann Baptist de Crignis	1727-1729
Leopold Imhof von Spielberg	1730-1733
Albert Ignaz von Seida	1730-1733, 1740-1749 (?)
Johann Christoph von Langenmantel	1733-1738
Franz Joseph Ignaz von Remboldt	1733-1739
Johann Göbel	1733-1757
Gottfried von Stetten	1739-1744
Johann Elias Leopold Herwarth	1745-1749
Hieronymus Sultzer	1750-1771
Hieronymus Fidelis von Schellenberg	1751-1757
Joseph Xaver Ferdinand von Rehlingen und Haltenberg	1757-1765
Franz Nicolaus Ignaz Dominikus Precht von Hochwarth	1757-1786
Ignaz von Kuen	1766-1772
Paul von Stetten jun.	1772-1777, 1784-1785
Joseph Anton Langenmantel von Westheim	1773-1784
Christoph Paulus Sultzer	1778-1784
Joseph Adrian von Imhof	1784-1785
Joseph Benedict Wolf	1784-1785
Johann Nepomuk Precht von Hochwarth	1785-1802

Gottfried Christoph Herwarth   1786-1791
Georg Joseph von Hefner   1787-1792
Johann Jakob Besserer von Thalfingen 1792-1794
Johann Joseph Huber   1793-1806
Philip Christof von Stetten   1795-1801
Philip von Rad   1802-1806
Ignaz Langenmantel   1802-1806

Der Kassarest[a] der Textilgewerbe im Durchschnitt pro Jahr
(Quelle: Große Jahresrechnung)

	Weber		Tuchscherer		Färber		Lodweber	
	fl	kr	fl	kr	fl	kr	fl	kr
1718-19	61	25	2381	35	1443	13	120	50
1720-24	123	50	2190	31	1366	57	137	5
1725-29	72	43	2135	53	1403	47	134[b]	41
1730-34	73[b]	5	2101[b]	23	1382	15	148[b]	21
1735-39	185[b]	29	2079	1	1496	21	164	57
1740-44	482	37	2114	28	1709[b]	26	157	28
1745-49	1262	18	2155	47	1571[b]	2	144[b]	44
1750-54	2009	52	2197	32	858[b]	37	159[b]	54
1755-56	2049	36	2229	37			172[f]	24
1769			2000					
1770-74	4379[c]	31	1962[b]	30	111[d]	14		
1775-79	5588	52	1997	11	167	51		
1780-84	5307[c]	10	2314[d]	57	187[b]	22	117[b]	25
1785-89e			1938[b]	25	252	53	93	37
1790-94			1712[b]	59	265[b]	41	73[b]	8

[a] Einnahmen minus Ausgaben am Ende des Jahres.
[b] Angaben für 4 Jahre.
[c] Angaben für 2 Jahre.
[d] Angaben für 3 Jahre.
[e] Weber 1785: 223 fl 8 kr.
[f] Angaben für ein Jahr.

Quellen und Literatur

1) Quellen

STADTARCHIV AUGSBURG

Bestand Handwerkerakten. Weberhaus.[1]
Nr. 2 Weberhausverwaltung 1555-1785
Nr. 3 Weberhausverwaltung 1555-1785
Nr. 4 Weberhausverwaltung 1733-1788
Nr. 8 Weberhausverwaltung 1779-1808
Nr. 10 Weberhausverwaltung 1733-1811
Nr. 20 Varia 1741-1860
Nr. 21 Varia 1796-1804
Nr. 22 Varia 1617-1840
Nr. 23 Varia 1656-1845
Nr. 24 Varia 1656-1845
Nr. 25 Varia 1754-1858
Nr. 28 Ordnungen 1548-1639
Nr. 29 Ordnungen 1631-1774
Nr. 59 Ausschaffung der Weber 1721-1798
Nr. 60 Weberzug und Täntzeltag und verschiedene Zugeständnisse 1548-1760.
Nr. 68 Barchent 1550-1620
Nr. 69 Barchent 1569-1635
Nr. 70 Barchent 1651-1746
Nr. 73 Gesuche um den Knappenstuhl 1643-1787
Nr. 74 Wollhandel 1624-1785
Nr. 75 Wollhandel 1625-1785
Nr. 76 Wollstimmierer 1551-1612
Nr. 77 Wollstimmierer 1613-1673
Nr. 78 Wollstimmierer 1679-1791
Nr. 111 Cottondrucker 1793-1794
Nr. 112 Cottondrucker und Fabrikanten 1650-1760

---

[1] Letzing hat kürzlich eine Liste von 185 Aktenfaszikeln veröffentlicht, die in dem Bestand „Weberhaus" liegen. Es erübrigt sich deshalb, diese Akten noch einmal aufzuführen, obwohl sie alle für diese Arbeit durchgesehen wurden. Im folgenden verzeichne ich nur solche Akten des Bestandes „Weberhaus", auf die im Text ausdrücklich verwiesen wird oder die mir wichtig erscheinen. Die Nummern vor den Faszikeln beziehen sich auf das Verzeichnis bei Letzing. Andererseits habe ich eine Reihe von Weberakten benützt, die nicht in dem Verzeichnis von Letzing enthalten sind.

Nr. 113 Cottondrucker und Fabrikanten 1761-1768
Nr. 114 Cottondrucker und Fabrikanten 1769-1778
Nr. 155 Cottondrucker und Fabrikanten 1751-1755
Nr. 116 Cottondrucker und Fabrikanten 1751-1760
Nr. 177 Cottondrucker und Fabrikanten 1762-1765
Nr. 118 Cottondrucker und Fabrikanten 1779-1793 und 1809/10
Nr. 119 Acta Kattunfabrikanten betr. 1707-1787
Nr. 120 Cottonfabrikanten contra Magistrat und Weberschaft 1785-1794
Nr. 127 Bleichen 1548-1659
Nr. 128 Bleichen und dahin Einschlagendes 1662-1699
Nr. 129 Bleichen und dahin Einschlagendes 1700-1749
Nr. 130 Bleichen und dahin Einschlagendes 1750-1760
Nr. 131 Bleich Acta
Nr. 132 Bleichen und dahin Einschlagendes 1761-1789
Nr. 133 Bleichen 1770-1800
Nr. 134 Bleichen 1800-1818
Nr. 135 Bleichtax und Bleichungeld 1550-1662. Scheggenbleichen 1731-1741
Nr. 136 Bleicher Akten, Visitationen 1783-1792
Nr. 137 Bombasin, Leinwandglätten, Keltsch, Schnurtuch, Schetter und Leinwand 1557-1766
Nr. 138 Färber 1548-1579
Nr. 139 Färber 1580-1603
Nr. 140 Färber 1604-1653
Nr. 141 Färber 1654-1670
Nr. 142 Färber 1660-1663
Nr. 143 Färber 1606-1764
Nr. 144 Färber 1558-1765
Nr. 145 Färber 1558-1768
Nr. 146 Färber 1671-1773
Nr. 147 Färber 1549-1789
Nr. 152 Schwarzfärber 1549-1668 und Ordnung
Nr. 153 Schwarzfärber 1675-1830
Nr. 155 Garnhändler 1548-1617
Nr. 156 Garnhändler 1618-1674
Nr. 157 Lodweber 1550-1582
Nr. 157a Lodweber 1583-1600
Nr. 158 Lodweber 1601-1621
Nr. 159 Lodweber 1622-1694
Nr. 160 Lodweber 1695-1738

Nr. 162 Lodweber 1722-1803
Nr. 163 Lodweber 1744-1806
Nr. 169 Tuchmacher und Händler 1521-1681
Nr. 170 Tuchscherer 1636-1713
Nr. 171 Tuchscherer 1540-1599
Nr. 172 Tuchscherer Varia 1551-1788
Nr. 173 Tuchscherer 1556-1585
Nr. 174 Tuchscherer 1783-1786
Nr. 175 Tuchscherer 1600-1610
Nr. 176 Tuchscherer 1611-1619
Nr. 177 Tuchscherer 1620-1635
Nr. 180 Walkmühlen 1598-1773
Nr. 181 Zeugmacher 1616-1670
Nr. 182 Zeugmacher 1656-1732
Nr. 183 Zeugmacher 1644-1785, Woll- und Garnhandel
Nr. 184 Zeugmacher 1710-1800 und Ordnungen
Nr. 185 Ordnungen und Dekrete
Weberakten 1651-1738
Kellermeister 1624-1788
Ordnungen 1477-1788
Ordnungen 1550-1600
Protokoll von unterschiedlichen Decreten von anno 1658
Eines Erbarn Raths der Statt Augspurg Ordnungen, Ayd und Glübd, die von Webern, Tuchscherern, Färber, Bleicher, Mangmeister und andere betreffend, ernewert Anno 1610.
Weberzunftbuch 1497-1548
Quatemberbuch. Einschreib Buch der Quatember Rechnungen des Weberhauses angefangen von Mir Niclas Ludwig Panzgau des Raths und der Deputirten ob dem Weberhaus. 1681
Dises Barchatt ungelt Buoch habe Ich Conrad Rott angefangen im 1569. Jar (Bleichungeldbuch 1569-1608)
Ungelt Buch der Barchat Tuch (1569-1608)
Bleich Ungeld 1750-1795
Der Kornpröpste Einnahm und Ausgab von 1760-1805
Cassa 1569-1720. Weberschulden 1582-1713
Das Löblich Weber Handwerckh Unnd derselben Gerechtigkeitt Personen, so man dises Jar Anno 1601 Koren jeden ein halb schaf gegeben worden, wie hernach volgt.
Einschreibebücher der Lehrjungen 1692-1755 und 1755-1831.

Weberhaus Amtsprotokolle (zitiert als Protokolle):

1548-1581	1747-1750
1581-1588	1751-1754
1589-1585	1758-1764
1601-1604	1765-1774
1605-1607	1774-1782
1608-1613	1781-1786
1619-1621	1782-1786
1621-1628	1786-1788
1658-1729	1788-1792
1724-1737	1792-1794
1738-1746	

Bestand Einnehmeramt

Einnehmeramt Nr. IV / 1. bis 31. August. Handwerker große Jahresrechnung.

Einnehmeramt V/ 1. bis 18. Handwerk. Kleine Jahresrechnungen.

Einnehmeramt V/ 20. Weberhaus. Abrechung über die Barchentbleiche. 1554, 1555, 1558, 1584-1604.

Bestand Reichsstadt Zünfte

Nr. 94 Einschreibbuch des Handwerks der Schön- und Schwarzfärbergerechtigkeit 1676-1865.

Nr. 95 Handwerksordnungen der Färber 1682-1729.

Nr. 266 Weberzunftbuch 1471-1592.

Nr. 267 Weberordnung 1549-1682.

Nr. 268 Weberordnung 1609-1707.

Nr. 269 Neu verbesserte Ordnung des Weberhandwerks 1730-1767.

Nr. 270 Neu verbesserte Ordnung des Weberhandwerks 1730-1767.

Nr. 271 Ordnung und Artikel des Handwerks der Weber 1785.

Bestand Schätze

Beschreibung der Bürgerschaft von Christof Rhem und Jakob Hoser de 1619.
Beschreibung der Bürgerschaft de 1610.
Beschreibung der Stadt Augsburg. Statistik beider Religionen vom 12. August 1645.
Chronik des Jacob Wagner 1613-1642.

Bestand Reichsstadt. Musterungsbücher

„Ordenliche Beschreibung in welcher die viertl: und Gassenhaubtleuth auch wieuiel Jeder under seiner Haubtmanschaft Mitbürger, und wie starckh Jede in sein Haußshaben über sein Tüsch gewesen, so in der A. 1622. eingefallnen schweren theurung Meiner Herren Hilff genommen. Beschriben Durch die damals verordnete Herren über die Prouiandt."

Bestand Bauamt. III Protokolle und Bauberichte
Bauamtsbericht Nr. 13 (1681-1682).
Inventarium der Stadtgüter 1640-41.

Evangelisches Wesensarchiv (EWA)
435 T.I. Extrakt der merkwürdigsten Dekrete des Rates das Steueramt betr. 1702-1723.
448 Verzeichnisse der Bürger, Beisitzer, Witwen, ledigen steuerbaren Personen sowie der Wohn- und Zinshäuser. 4 Tom.
1496 Verzeichnisse der Handwerker nach Namen 1654-1733
1497 Acta die alhiesigen Handwerker betr. 1626-1757
1507 Große Jahresrechnungen der Handwerker. Nr. 16 Kornpröpste und Büchsenmeister derer von Webern. 1643-1739.
1507 Große Jahresrechnungen der Handwerker. Nr. 3. Bleicher Ungeld 1784-1792.
1561 Öffentliche Anschläge und Verrufe. 1490-1599. 2. Tom.

Verschiedene Bestände:
Einnehmerbücher 1461-1806
Grundbuchauszüge
Hochzeitamtsprotokoll 1563-1806
Ratsbücher
Steuerbücher 1604, 1611, 1618, 1625, 1646, 1653, 1660, 1716, 1717
Beschluß des hl. Almosen Jahrs Rechnungen 1610-1677.
Handwerksgericht, Protokollbände 1722-1805.

STAATSARCHIV AUGSBURG
Fassionen zum Häuser und Grund Cataster pro 1810. Rentamt Augsburg N. 18.

FUGGERARCHIV DILLINGEN
Bestand F.A.27,4.22

EVANGELISCHES KIRCHENARCHIV KAUFBEUREN.
Nr. 154.

STAATS- UND STADTBIBLIOTHEK AUGSBURG
Cod. Augsburg. Weberhandwerk und Weber-Unruhen 1766-1794.
Handwerker. Statistik 234.

2) Literatur

Adelsberger, Bärbel: Die Loderer in Erding. „Zeitschrift für volkstümliche Sachkultur", Jg. 3, 1980, Nr. 2

Ausgspurgischer Sack-, Hand- und Schreib Calender 1797-1799. 1802, 1803.

Bettger, Roland: Das Handwerk in Augsburg beim Übergang der Stadt an das Königreich Bayern, 1979.

Bohnsack, Almut: Spinnen und Weben. Entwicklung von Technik und Arbeit im Textilgewerbe, 1981.

Breitkopf: Magazin des Buch-Kunsthandels, 1782, II.

Clasen, Claus-Peter: Die Augsburger Steuerbücher um 1600, 1976.

Clasen, Claus-Peter Die Augsburger Weber. Krisen und Leistungen des Augsburger Textilgewerbes um 1600, 1981.

Clasen, Claus-Peter: Die Augsburger Bleichen im 18. Jahrhundert. „Aufbruch ins Industriezeitalter. Band 2. Aufsätze zur Wirtschafts- und Sozialgeschichte Bayerns 1750-1850", 1985.

Clasen,Claus-Peter: Arm und Reich in Augsburg vor dem Dreißigjährigen Krieg. „Geschichte der Stadt Augsburg von der Römerzeit bis zur Gegenwart", hrsg. von Gunther Gottlieb u.a., 1985.

Clasen, Claus-Peter: Augsburger Stoffarten im 17. und 18. Jahrhundert. „Zeitschrift des Historischen Vereins", 82. Band, 1989.

Clasen, Claus-Peter: Streiks und Aufstände der Augsburger Weber im 17. und 18. Jahrhundert, 1993.

Chroniken der Deutschen Städte. Augsburg. Band 1, 1865.

Diderot, Denis: Encyclopédie ou dictionaire raisonnée des Sciences et des Métiers, vol. 5, 1778.

Dirr, P.: Die Augsburger Textilindustrie im 18. Jahrhundert. „Zeitschrift des Vereins für Schwaben und Neuburg", 37, 1911.

Duhamel de Monçeau: Schauplatz der Künste und Handwerke, Band 5, ed. Daniel Gottfried Schreber, 1766.

Elsas, M.J.: Versuch einer Geschichte der Preise und Löhne in Deutschland vom ausgehenden Mittelalter bis zum Beginn des 19. Jahrhunderts, Band 1, 1936.

Euringer, Gustav: Anna Barbara Gignoux. „Augsburger Rundschau" 1921, 2. April.

Fassl, Peter: Die Ausburger Kattunfabrikantin Anna Barbara Gignoux (1725-1796). „Unternehmer – Arbeitnehmer. Lebensbilder aus der Frühzeit der Industrialisierung in Bayern", hrsg. von R.A. Müller, München 1985.

Fassl, Peter: Johann Gottfried Dingler (1778-1855). Apotheker und Chemiker, Unternehmer und technologischer Schriftsteller. R.A. Müller, „Unternehmer – Arbeitnehmer. Lebensbilder aus der Frühzeit der Industrialisierung in Bayern". 1985.

Fassl, Peter: Konfession, Wirtschaft und Politik. Von der Reichsstadt zur Industriestadt. Augsburg 1750-1850, 1988.

Fischer, Hermann: Schwäbisches Wörterbuch, 6 Bände, 1904-1936.

Forrer, Robert: Die Kunst des Zeugdrucks vom Mittelalter bis zur Empirezeit, 1898.

François, E.: Die unsichtbare Grenze. Protestanten und Katholiken in Augsburg, 1992.

Gelius, Rolf: Waidasche und Pottasche als Universalalkalien für die chemischen Gewerbe des Ostseeraumes im 16. und 17. Jahrhundert. „Hansische Studien" 7, 1986.

Gittins, L.: Innovations in Textile Bleaching in Britain in the eighteenth Century. „Business History Review" 1979.

Grimm, Jacob und Grimm, Wilhelm: Deutsches Wörterbuch. 16 Bände, 1854-1954.

Haller, R.: Die Gewinnung des Indigo. „Ciba Rundschau", 93, 1950.

Haller, R.: Zur Geschichte der Indigofärberei. „Ciba Rundschau" 93, 1950.

Handlungszeitung oder wöchentliche Nachrichten von Handel, Manufakturwesen und Oekonomie, 29. Stück, Gotha, 1788.

Hartung, J.: Die direkten Steuern und die Vermögensentwicklung in Augsburg von der Mitte des 16. bis zum 18. Jahrhundert. „Jahrbuch für Gesetzgebung, Verwaltung und Volkswirtschaft", 1895.

Heiden, Max: Handwörterbuch der Textilkunde aller Zeiten und Völker, 1904.

Jacobson, Johann Carl Gottfried: Schauplatz der Zeugmanufakturen in Deutschland, das ist Beschreibung aller Leinen-, Baumwolle- , Wolle- und Seidenwürker Arbeiten. Berlin 1774.

Jäger, Clemens: Der erbarn zunft von Weber herkomen, Cronica und jarbuch, 955-1545. „Chroniken der deutschen Städte vom 14. bis ins 16. Jahrhundert" Band 34, 1929, hrsg. von Friedrich Roth.

Kallbrunner, Jos.: Zur Geschichte der Barchentweberei in Österreich im 15. und 16. Jahrhundert. „Vierteljahrschrift für Sozial- und Wirtschaftsgeschichte" 23, 1930.

Kiesling, Rolf: Entwicklungstendenzen im ostschwäbischen Textilrevier während der frühen Neuzeit. In „Gewerbe und Handel vor der Industrialisierung. Regionale und überregionale Verflechtungen im 17. und 18. Jahrhundert", hrsg. von Joachim Jahn und Wolfgang Hartung, 1991.

Knothe, Hermann: Geschichte des Tuchmacherhandwerks in der Oberlausitz bis Anfang des 17. Jahrhunderts, 1883.

Kolleffel, J.L.: Schwäbische Städte und Dörfer um 1750. Geographische und topographische Beschreibung der Markgrafschaft Burgau 1749-1753. Hrsg. von Robert Pfaud, 1974.

Kriedte, P., Medick, H., Schlumbohm, J.: Industrialisierung vor der Industrialisierung. Gewerbliche Warenproduktion auf dem Land in der Formationsperiode des Kapitalismus, 1977.

Krünitz, D. Johann Georg: Oekonomische Encyklopädie oder allgemeines System der Staats-, Stadt-, Haus- und Landwirtschaft. 242 Bände, 1782-1858.

Kunze, Arno: Zur Geschichte des Nürnberger Textil- und Färbergewerbes vom Spätmittelalter bis zum Beginn der Neuzeit. Nürnberg als Mittelpunkt der Ausrüstung von Tuchen und Farbleinwand. Beiträge zur Geschichte und Kultur der Stadt Nürnberg 11, 2, 1967.

Letzing, Heinrich: Augsburger Handwerksgeschichte. Kleines Archivalien- und Bücherverzeichnis. Materialien zur Geschichte des Bayerischen Schwaben. Heft 17, 1992.

Marks, Alfred: Das Leinengewerbe und der Leinenhandel im Land ob der Enns. „Jahrbuch des Österreichischen Musealvereins", 95, 1950.

Marperger, Paul Jacob: Neu eröffnetes Kaufmanns Magazin, 1708.

Marperger, Paul Jacob: Beschreibung des Tuchmacher Handwercks, 1723.

Marzell, Heinrich: Handwörterbuch der deutschen Pflanzennamen Band I-V, 1943-1958.

Mueller, Max: Das Tuchmacher Handwerk und der Tuchhandel in Zwickau in Sachsen. Ein Beitrag zur Wirtschaftsgeschichte Sachsens, 1929.

Müller, R.A.: Johann Heinrich von Schüle. „Unternehmer – Arbeitnehmer. Lebensbilder aus der Frühzeit der Industrialisierung in Bayern", 1985.

150 Jahre Neue Augsburgische Kattunfabrik vormals Schöppler und Hartmann (1781-1931)

Nicolai, Friedrich: Beschreibung einer Reise durch Deutschland und die Schweiz im Jahre 1781. Band 7 und 8, 1786,1787.

Nübling, Eugen: Ulmer Baumwollweberei im Mittelalter, 1890.

Nübling, Eugen: Die Reichsstadt Ulm am Ausgang des Mittelalters 1378-1556, 1906.

Ploch, Emil: Ein Buch von alten Farben, 1962.

Pönicke, Martin: Zur Geschichte der Tuchmacherei und verwandter Gewerbe in Reichenbach im Vogtland, 1929.

Reininghaus, Wilfried: Gewerbe in der frühen Neuzeit. Enzyklopädie Deutscher Geschichte 3, 1990.

Reuther, Otto: Die Entwicklung der Augsburger Textilindustrie, 1915.

Roeck, Bernd: Eine Stadt in Krieg und Frieden. Studien zur Geschichte der Reichsstadt Augsburg zwischen Kalenderstreit und Parität, 2 Teile, 1989.

Schaefer, Gustav: Der Anbau und die Veredelung der Krappwurzel. „Ciba Rundschau" Nr. 47.

Schaefer, Gustav: Zur Geschichte der Türkischrotfärberei. „Ciba Rundschau", Nr. 47.

Schedel, J.: Waaren Lexikon, 1. Band, 1789.

Schmoller, Gustav: Die Straßburger Tucher- und Weberzunft, 1879.

Schreiber, A.: Die Entwicklung der Augsburger Bevölkerung vom Ende des 14. bis zum Beginn des 19. Jahrhunderts. „Archiv für Hygiene und Bakteriologie" 123, 1939.

Seida, Franz Eugen Freiherr von: Johann Heinrich Edler von Schüle, des heiligen römischen Reichs Ritter, Kaiserlich königlicher wirklicher Rath. Ein biographisches Denkmal, 1805.

Smit, Willem Johannes: De Katoendrukkerij in Nederland tot 1813. Amsterdam 1928.

Dr. St.: Aus dem Tagebuch eines Augsburger Fabrikanten des 18. Jahrhunderts. Der „Sammler" der „Augsburger Abendzeitung", Nr. 71, 1895.

Steidl, Rudolf: Das Rauhen im Wandel der Zeiten. „Der Spinner und Weber". Jg. 76, 1958, Nr. 3 und 4.

Stetten, Paul von, d.Ä.: Geschichte der Heil. Röm. Reichs Freyen Stadt Augspurg, Frankfurt 1743-1758.

Stetten, Paul von, d.J.: Kunst-, Gewerbe- und Handwerksgeschichte der Reichsstadt Augsburg, 1779-1788.

Stollreither, H.: Das Zollwesen und Hallenwesen der Stadt Augsburg im 18. Jahrhundert. Phil. Diss. Erlangen, 1914.

Strassburger, Carl Gustav : Geschichte des Leipziger Tuchhandels bis zum Ausgang des 16. Jahrhunderts, 1915.

Troeltsch, W.: Die Calwer Zeughandlungskompagnie und ihre Arbeiter, 1897.

Tuchscherer in alter Zeit. „Der Tuchmacher", 1926, Nr. 4.

Vetterli, W.A.: Zur Geschichte des Indigo. „Ciba Rundschau", 93, 1950.

Westermann, Asram: Zur Geschichte der Memminger Weberzunft und ihrer Erzeugnisse im 15. und 16. Jahrhundert. „Vierteljahrschrift für Sozial- und Wirtschaftsgeschichte", 12, 1914.

Wolff, Klaus H.: Textile Bleaching and the Birth of Chemical Industry. „Business History Review", 1974.

Zahn, Joachim: Aus der Geschichte der Färberei. „Bayer Farben Revue", Jg. 13, 18, 19, 20, 21, 1964-1979.

Zorn, Wolfgang: Handels- und Industriegeschichte Bayerisch Schwabens 1649-1870, 1961.

Zorn, Wolfgang: Grundzüge der Augsburger Handelsgeschichte 1648-1806. „Vierteljahrschrift für Sozial- und Wirtschaftsgeschichte", 43, 1975.

Register

Personenregister

A

Abis, Frideri 565
Adam, Jacob Jeremias 181, 377, 557, 559
Adam, Veit Jeremias 361, 362, 371, 374, 375, 376, 378, 426, 427, 442, 452, 463
Ärdinger, Hans 98
Amann, Georg Gottfried 568
Ammerbacher Johann Christian 493
Apfel, 378, 398, 429, 458
Apfel, Johann 366, 367, 381, 393-396, 410, 426, 429, 444, 452, 465, 466, 470, 481, 557, 669, 561, 562
Apfel, Johann Christof d.Ä. 367, 410, 429, 440, 455, 460, 461, 512, 557, 559, 561
Apfel, Johann Christof d.J. 361, 370, 371, 373, 374, 375-376, 415, 416, 427, 429, 452, 469, 559
Asch, Hans Jörg 222
Assmann, Benjamin Gottlieb 410, 417
Aumüller, Christian Philip 104, 181, 464

B

Bader, Franz Joseph 362, 376
Balier, Veit 215
Baumeister, Conrad 564
Baumgart, Johann Adam im 568
Baumgartner, Ulrich 122, 126, 127, 128
Bayer 266
Bayer, Johann 43
Bayersdorf, Carl Heinrich 361, 362, 363, 372, 373, 375, 376, 377, 411, 414, 417, 426, 438, 452, 455, 469
Beche, L. 105
Beckensteiner 266
Berchtold, Peter 102
Berngruber, Mathäus 8
Besserer von Thalfingen, Johann Jakob 569
Beurer, Wilhelm 70
Beyrer, Mathäus 358, 364, 365, 366, 425, 466, 556

Bihler, Hans Georg 73
Bimmel, Albrecht 568
Bitner, Hans 222
Bley, Johan Friedrich 557, 558
Bobinger, Hans 213
Bock, Urli 564
Bodenmiller, Hans 36
Bonriederer, Johann Ludwig 564
Boppe, Johann Georg 366, 367, 426, 466, 557, 561
Borst, Euphrosina 457
Borst, Sebastian 358, 364, 365, 366, 425, 457, 556
Brentano, Alois 350, 362
Breymair 266
Buschmann, Johannes 370, 372, 455, 456
Buschmann, Lorenz Christoph 369
Bymel, Hans 98

C

Caspar 153
Cator, David 199
Christeiner, Ulrich 248
Christel, Hans Christoph 41-43
Christel, Mathis 358, 364, 366
Christian 222
Clusius, Carolus 241
Crignis, Johann Baptist de 568

D

Daigeler, Hans 348
Dassdorf, Augustin 199
Dassdorf, Christian 199
Dassdorf, Emanuel Friedrich 200
Dassdorf, Gottfried 200
Dassdorf, Johann 200
Dassdorf, Johann Christ. 200
Dassdorf, Paul 199, 200, 220-221
Dassdorf, Theodor 200

Dassdorfin 200
Debler, Franciscus 377
Debler, Franz Xaver 428, 448, 453-454, 558
Debler, Georg Christoph 362
Debler, Josepha 437, 558, 560
Debler & Co. 448, 452-453
Delge, Valentin 222
Dempf, Hans Georg 358, 364, 366, 556
Dempf, Hans Georg, sel. Erben 366, 466
Dempfle, Hans Georg 289, 399, 425, 564
Dempfle, Michael 337
Dempfle, Sebastian Rochus 43
Deschler, 395, 417, 424, 445
Deschler, Abraham 363, 369, 373, 375, 376, 455, 456
Deschler, Daniel 231, 355
Deschler, Georg Christoph 359, 369, 371, 374, 375, 376, 390, 426, 428, 438, 457, 469, 472, 557, 559
Deschler, Johann Georg 371, 560
Deschlerin 180
Deschlerin, Magdalena 361, 376
Diderot, Denis 141, 142
Dietterich 201
Dingler, Johann Gottfried 249, 425
Doller, Elias 564
Dorsch, Hans Jerg 565
Drexel, Andreas 221, 222
Drexel, Bartholme 286
Drexel, Daniel 221
Drexel, David 221, 222, 223
Drexel, Jacob 89
Drexel, Michael 344
Duhamel du Monçeau 18, 66

E

Eck, Maria Helena 464
Eiselin, Christof 212
Enderlin, Hans Jakob 356, 357, 425
Endorffer, Friedrich 162, 567
Erdinger 180, 378, 410, 429, 430, 458
Erdinger, Abraham 362, 369
Erdinger, Abraham, Witwe 369
Erdinger, Daniel 361, 370, 371, 372, 374, 375, 410
Erdinger, Elisabeth 369
Erdinger, Emanuel 369
Erdinger, Friedrich 363
Erdinger, Georg 366, 367, 369, 374, 376, 415, 416, 426, 428, 433, 466, 557, 558, 561
Erdinger, Hans 336
Erdinger, Jeremias 559
Erdinger, Johann Abraham 367
Erdinger, Johann Daniel 363, 369, 373, 375, 376, 415, 416, 424, 455, 456
Erdinger, Johann Georg 180, 362, 370, 371, 375, 376, 426, 459
Erdinger, Maria Magdalena 369, 455
Erdinger, Michael 100, 517
Erdinger, Tochtermann 371
Erdingerin, Abraham 369
Erhart, Caspar 116, 567
Eschoy, Hans 299
Espin, Maria Catharina 359, 360, 426, 432, 456, 500
Ettingerin, Hans 265, 336
Euler, Caspar 102, 116, 117, 161, 162, 517

F

Farget, Hans Jörg 568
Fehe, Felix Friedrich 361, 376
Feinstermacher, Mathias 568
Fesenmair, Hans Christian 567
Finck von Finckenstein, Karl Wilhelm, Graf 418
Fischer, Christoph 73, 287
Fischer, Paulus 116
Fischer, Zimprecht 518
Fischerin, Sibilla 252
Forer, Robert 354
Forster, Jeremias 222
Forster, Tobias 564
Forsterin, Tobias 564
Frey, Johann Michael 133, 402, 403, 404
Freyschlag, Andreas 212
Friedrichs, Madame 419
Fries, Graf von 418, 422
Fröhlich 405
Fugger 142
Fuhrmann, Andreas 222

G

Gebhard 372, 469
Gebhard & Greif 417, 438, 472, 496
Gegler, Mathes 564

Geiger, Franz Xaver 473
Geiger, Jakob 89
Geiger, Karl Ignaz 492
Geiger, Marti 565
Geisler 494
Germairin, Magdalena 116
Gerner, Witwe 463
Gerner, Ulrich 222, 223
Gernerin 266
Gertich, Hans Balthasar 41-43
Gessler, Abraham 424, 558
Gessler, Isaac 396-399
Gignoux 180, 369, 378, 410, 415, 428, 429, 430
Gignoux, Anna Barbara 181, 383, 436, 437, 457, 473, 484, 558, 560
Gignoux, Anton Christoph 180, 370, 371, 373, 375, 376, 399, 426, 438, 558, 560
Gignoux, Euphrosina 372
Gignoux, Jean François 364, 367, 370, 373, 378, 382, 393-399, 410, 411, 412, 414, 419, 430, 439, 440, 459, 460, 463, 472, 481, 492, 499, 560
Gignoux, Johann Friedrich 180, 370, 373, 377
Gignoux, Johann Friedrich, Erben 148, 408, 447, 452-454, 457
Gleich, Anna Barbara 181, 436, 437. Siehe auch Gignoux, Anna Barbara
Gleich, Georg Christoph 361, 363, 371, 373, 375, 376, 377, 417, 455, 456, 457, 495, 560
Glon, Conrad 369
Göbel, Johann 468, 568
Götz, Nikolaus 362, 376, 559
Goldschmidt, Amschel 418
Grässlin, David 226, 348
Grechtler, Baron von 418
Greif 179, 372, 460, 469
Greif, Gerhard 103, 110, 111, 136, 139, 147, 172, 173, 457
Greif, Gerhard, Frau 458
Greif, Sibylla Veronica 177, 178
Greiner 266, 397, 444
Greiner, Hans Jörg 222, 358
Greiner, Hans Leonhard 212, 313
Greiner, Ludwig 105, 222, 223, 519
Guggenberger, Georg 337, 338
Gutermann 464

H

Hafner, Christoph 253
Haichele 266
Haid, Jacob Christoph 109
Haid, Johann Jacob 379, 380, 381, 382
Hainzelmann 105, 120, 142, 143, 372, 438, 469
Hanau, Lehmann Isaak 418
Harder, 372, 377, 428
Harder, Ernst 363
Harder, Ernst Christian 361, 369, 372, 373, 374, 376, 417, 455, 456
Harder, Hieronymus 73, 253, 297
Harnisch, Hans 565
Hartmann 426
Hartmann, Gottfried 429, 559, 560
Hartmann, Paul Jacob 367, 370, 371, 433, 557
Haslach, Hans Jacob 358, 364, 365, 366, 425, 556, 559
Hauser, Martin 39
Hausmann, Johann 419
Hefner, Georg Joseph von 569
Heichele 374, 375, 455
Heichele, Aloys Stanislaus 375
Heichele Fr. J. St. 363
Heichele, Franz Daniel 374
Heichele, Franz Jacob 370, 375, 390, 426, 559, 560
Heichele, Johann Paul 374, 559
Heichele, Joseph 375
Heichele, Paul Jacob 457
Heichele, Paulus 361, 363, 376
Heichelin, Christian 122, 126, 127, 128
Heimbsch, Johann Jakob 200
Heinrich 266
Herbrot, Jacob 102
Herwarth, Johann Elias Leopold 460, 468, 568
Herwarth, Gottfried Christoph 569
Herwarth, Johann Heinrich 568
Hetsch, Benedict Jacob 200
Hetzi, Marx 104
Hillenbrand, Johann Caspar 104
Hindenach, Conrad 179
Hirsch, Johann Georg 105
Hobel, Christof 299
Höbel, Martin 26
Hörwerth, Philip Christoph 126
Holdt, Heinrich 564
Holl, Daniel 89, 91

Holl, Jonas 519
Hollstein 266
Holsberg, Johann Peter 417
Hornung, Johann Wilhelm 105
Hosennestel 564
Huber, Johann Joseph 105, 569
Hummel, Christoph 265

I

Ilsung, Maximilian 568
Imhof, Joseph Adrian von 568
Imhof, Leopold 568
Imhof, Raymund 126, 568

J

Joseph II., Kaiser 422
Jungert 374, 378, 430
Jungert, Andreas 105, 153, 358, 364, 365, 366, 391, 392, 426, 433, 438, 458, 459, 466, 519, 556, 558
Jungert, Johann Daniel 362, 370, 371, 374, 375, 376, 415, 416

K

Karl, Herzog von Württemberg 418
Karl V., Kaiser 118
Kaufmann, David 564
Kaufmann, Marx Leonhard 427, 442, 557, 558
Kaufmann, Johann Heinrich 361, 376
Keller, Johann Jakob 568
Kentner, Johann Michael 105
Kessler, Hans 213
Kicklinger, Jörg 215, 336
Kicklinger, Simon 353
Kilian, Wolfgang 121, 125
Kissl, Hans Christoph 568
Klaucke, Johann Gottlieb 104, 464
Kleiber 186
Kleiber, Anton 367
Kleiber, Franz Anton 375
Kleiner, Matheus 117
Klingenhueber, Conrad 222
Knaupp, Mathäus 105
Koch 361
Koch, David 92
Koch, Hans Mathias 568

Koch, Mathäus 116
Köhler, Andreas 105, 460
Koeltz 417
Köpf, Georg Jacob von 104, 124, 175, 337, 338, 434-435
Koler, Servatius 517
Kolhopf, Caspar 287
Korenmann, Hans 212
Kramer, 464
Kramer, Wolfgang Ludwig 104
Krely, Johann Baptist 109, 129
Kremser, Johann Christof, jun. 337
Kreutter, Hans 155, 177, 519
Kreutter, Hans 100, 155, 517
Kreutter, Hans 98, 519
Kreutter, Jacob 161, 162, 519
Kreutter, Jacob 98, 519
Krumper, Paul 564
Krünitz, Johann Georg 19, 140, 335, 385-388, 393, 396, 447, 475, 478, 481
Kuen, Ignaz von 568
Kuenlin, Hans 212

L

Laiber, Thoma 564
Lang 437
Lang, Jacob 519
Lang, Michel 155, 518
Langenmantel, Jacob Wilhelm Benedict 414
Langenmantel, Anton 568
Langenmantel, Carl Sebastian 568
Langenmantel, Franz Octavian 568
Langenmantel, Heinrich 354, 355, 568
Langenmantel, Ignaz 569
Langenmantel, Johann Christoph 350, 568
Langenmantel, Joseph Anton 568
Lauginger, Otto 162
Lauterer, Mathias 356, 357, 425, 481,
Lauterer, Mathias d.Ä. 356, 357
Lecke, J.C. 418
Leonhard, Johann Gottlob 424
Liebert 460
Lindenmaier, Johann Georg 105
Lobeck 378, 430
Lobeck, Abraham 362, 370, 371, 372, 373, 375, 376, 410, 414, 427, 441, 455, 487, 559
Lobeck, Tobias Gotthard 366, 367, 394-395, 426, 444, 458, 466, 557, 559, 561
Lobeck, Tobias Gotthard, Tochter, 368

Lobeck, Tobias Gotthard, Witwe 367
Locherer, der jung 564
Löscher, Andreas 382
Loher, 564
Loher, Christof 212
Loher, der alt 564
Lober, Johannes 105
Lotter, 375
Lotter, Sibylla Regina 103
Lufft, Lamerantz 480
Lutzenberger, Tobias 253
Luyken, Kaspar 229, 230

M

Magg, Johann Sebastian 266, 371, 374, 375, 428, 479, 480
Magg, Johann Sebastian, Frau 399, 400
Mahler, Leonhard Jakob 479, 480
Maier, Baltas 155, 158, 161, 162, 177, 518
Mair, Michel 251, 253
Mair, Georg 297
Mair, Jacob 265
Mair, Jeronimus 73, 213, 567
Mair, Marx 222
Mair, Michael 326, 327
Mair, Viktor 358, 364, 365, 366, 556
Majer, Thomas 105
Mannlich, Thomas 379
Maria Theresia, Kaiserin 418
Markthaler, Clement 105, 153, 458
Marperger, Paul Jacob 68
Martin, Alban 105
Maurmann, Heinrich 568
Mayr, Claus 336
Mayer, Hans 336
Mayr, Caspar 226
Mayr, Hans Christof 564
Mayr, Johann 268, 284, 401, 449, 564
Mayr, Ludwig 565
Mayr, Ulrich 220
Mayrin, Jerg 564
Meichelbeck 427
Meichelbeck, Andreas 361, 362, 370, 371, 372, 374, 375, 376, 410, 455, 460
Meringer, Michael 252-253
Merkhl, Johann Ulrich 43
Merth 153
Meurer, Abraham 219
Meyer, David 338
Meyer, Johann Gottfried 200, 201

Miller, David 265
Miller, Blasi 336
Miller, Jeronimus 155, 517
Miller, Mathäus 354
Miller, Michael 354
Miller, Tobias 155
Mireux, Louis 395
Morxli, Urli 565
Moser, Jacob 222, 223
Müller, Daniel 374, 375, 377, 417, 427, 429, 448, 452, 558, 560
Müller, J.D. 363
Müller, Peter 519
Müller, Thoma 565
Müller, Tobias 100, 517
Münch, Christian 337
Münch, Johanna Jacobina 104
Murauer, Franz 294, 301-302, 304, 305

N

Neuhofer 180, 378, 430,
Neuhofer, Witwe 457
Neuhofer, Abraham 354, 355, 373, 375, 376, 396, 428, 431, 472, 477, 559
Neuhofer, Christof 354
Neuhofer, Christof d. J. 354,
Neuhofer, Christof 564
Neuhofer, Esaias 354
Neuhofer, Georg 354, 355, 356, 357, 364, 366, 379, 426, 428, 450-451, 458, 465, 466, 557, 559, 562
Neuhofer, Georg Abraham 367, 370, 371, 372, 374, 377, 380, 390, 415, 416, 426, 438, 440, 445, 455, 456, 460, 461, 558, 560
Neuhofer, Georg Christof 361, 376, 377, 378, 420, 428, 452-453, 558, 559
Neuhofer, Hans Georg 395
Neuhofer, Hieronymus 354
Neuhofer, Jakob 354
Neuhofer, Jeremias 354
Neuhofer, Jeremias 52, 69-74, 93, 246, 261, 272
Neuhofer, Jeremias 354, 560, 564
Neuhofer, Jeremias 247, 268, 353, 354, 355, 356, 357, 358, 363, 364, 365, 379, 390, 391, 392, 393, 395, 410, 425, 428, 439, 444, 455, 470, 512, 515, 556, 560
Neuhofer, Johann 354, 358, 364, 365, 425, 556

Neuhofer, Johann Christof 354
Neuhofer, Johann Christof 448
Neuhofer, Johann Georg 355
Neuhofer, Johann Jakob 354
Neuhofer, Johnas 354
Neuhofer, Jonas d. Ä. 565
Neuhofer, Jonas d.J. 354, 564
Neuhofer, Michael 354
Neuhofer, Philip 354
Neuhofer, Zacharias 354
Nicolai, Friedrich 419, 436, 442, 478, 491
Niess, 487

O

Oberndorffer 252-253
Obwexer, Johann 410
Ochs 417
Oesterreicher, Hans Georg 73
Öttinger, Endris 336
Osenberg 418
Ostler 397
Oswald, Caspar 105
Ott, Peter 258
Otto, Philip 215

P

Pallier, Hans 265
Pangauer, Nicolaus Ludwig 568
Paur, Christof 265
Penter, Johann Conrad 105
Peter, Jakob 353
Pfaud, Robert 232
Pfenninger, Mathias 124
Pfister, von 460
Plaicher, Martin 98
Pollenmiller, Hans 110, 155, 177, 517
Popp, Carl 376
Precht, Johann Nepomuk 554-556, 568
Precht von Hochwarth, Franz Nicolaus Ignaz 568
Preumair 428
Preumair, Christian 375, 376, 452
Preumair, Georg 361
Preumair, Jakob 371, 375, 376, 560
Preumair, Johann Christ. 560
Preumair, Johann Jacob d. Ä. 370, 374, 455
Preumair, Johann Jacob d.J. 370, 374, 455
Probst, Johann Michael 135

Prutscher, Baron von 500

R

Rachusen, Gabriel 410
Rachusen, Herrmann 410
Rad, Philip von 569
Raid, Mathäus 287-288, 305
Raitmayr, Joseph 376
Rauch, Georg 526
Rayel 266
Rehlingen und Haltenberg, Joseph Xaver Ferdinand von 568
Rehlinger, Bernhard 102
Rehlinger, Gabriel 568
Rehm, Tobias 568
Reichenmayr, Georg 201
Reim, Balthas 313
Reim, Melchior, Jung 313
Reinhardt, Carl Heinrich 424
Reinhold 417
Reinweiler, 378, 430, 444, 455, 458, 463
Reinweiler, Johann 393, 395, 424, 512
Reinweiler, Johann, Witwe 375
Reinweiler, Johann Friedrich 359, 362, 363, 367, 369, 370, 371, 374, 375, 426, 455, 456, 557, 558
Reinweiler, Johann Ulrich 367, 371, 440, 459, 557, 560
Reinweiler, Joseph 361, 376
Reinweiler, Joseph Anton 375
Reinweiler, Martin 220-221, 348
Reinweiler, Martin 350
Reinweiler, Ulrich 374
Reiser, Daniel 98, 518
Reiser, Melchior 98, 100
Reitlingen, Fidelis Constantin von 568
Reitter, Martin 327
Remboldt, Franz Joseph Ignaz von 568
Reule, Georg Friedrich 432
Richter, Johann Gottfried 338
Rigenstein, Marx 353
Ritter, Jakob 353
Rodelsperger, Johann 355

S

Schaur, Johann Caspar 436
Schelhorn 441
Schellenberg, Hieronymus Fidelis 568

Schellstein 360
Scherrer, Caspar
Schleich, Christian 359, 360, 363, 369, 371, 373, 374, 375, 376, 383, 426, 432, 455, 475, 500
Schleich, Maria Magdalena 376
Schluderspacher, Georg 568
Schmid, Christian 105, 517
Schmid, Christof 155, 519
Schmid, Daniel 368, 369
Schmid, Georg 89
Schmidt, Johann Daniel 375, 560
Schmidt, Joseph 358, 364, 366, 425, 556
Schmidt, Marx 336
Schneckh, Caspar 325
Schnegg, Tobias 98
Schneidmann, Andreas 231
Schobt, Zacher 565
Schoch 98
Schoch, Balthas 102, 519
Schoch, Endris 102, 106, 517
Schoch, Heinrich 100, 519
Schöppler, Johann Michael 140, 429, 431, 436, 559, 560
Schöppler & Hartmann 377, 427, 445, 448, 451, 452-453, 469, 473, 495
Schorer, Anton Christoph 348
Schorer, Johann Jakob 180, 457
Schretel, Hieronymus 222
Schröck, Elias 262
Schüle, Georg Friedrich 428
Schüle, Heinrich 140
Schüle, Jakob Friedrich 361, 376, 559, 560
Schüle, Johann d.J. 424
Schüle, Johan Friedrich 375
Schüle, Johann Heinrich 104, 105, 147, 148, 156, 157, 266, 361, 364, 369, 371, 372, 373, 374, 375, 377, 378, 384, 390, 402, 403, 410-424, 426, 427, 429, 430, 431, 434-435, 437, 438, 441, 442-444, 447, 451-454, 463-464, 472, 474-475, 479, 487, 490, 491, 492, 493-495, 512, 513, 559
Schüle, Johann Heinrich, Söhne 453
Schüle, Johann Mathäus 181, 361, 362, 363, 371, 372, 373, 374, 375, 376, 377, 378, 417, 420, 421, 424, 428, 430, 431, 436, 442, 445, 447, 448, 449, 452-454, 456, 464, 473, 486, 488, 495, 559, 560
Schultz, Endris 102
Schulz, Christian Friedrich 200

Schum, Euph. 104
Schumacher, Johann Georg, Erben 377
Schumacher, Johann Peter 180, 268, 284, 364, 368, 370, 371, 374, 401, 415, 416, 427, 448, 449, 468, 557, 559
Schumacherin 180
Schuman, Christian 134
Schwarz, Conrad 411, 412, 414
Schwehle, Michael 362, 263, 370, 371, 415, 416, 417, 426, 427, 429, 558
Schwehlerin 180
Seida, Franz Eugen von 410, 419, 420, 422
Seida, Albert Ignaz von 468, 469, 568
Seidl, Arnim 418
Seidler, Hans Georg 202
Senftel 469
Senftel, Johann Jakob 366, 367, 426, 466, 557, 561
Senftel, Johann Jakob, Witwe 368
Senftel, Witwe 469
Senftlin, 457
Seuter 378
Seuter Abraham 202
Seuter, Johann Georg 362, 367, 371, 375, 376, 410, 426, 427, 430, 557
Seuter, Johann Georg, Witwe 200, 363, 367, 369, 457
Seuter, Johann Georg, Tochter 363, 373, 469
Seuter, Johann Georg, d.J. 429, 558
Seuter, Maria Magdalena 369, 457, 469, 558
Seuter, Regina Barbara 371, 373
Seuterin 400
Seuterin, Dorothea 362, 369, 370, 429, 558
Seydler, Hans Jerg 313
Sideler, Peter 99
Simers, Christian Otto 338
Singerlin, 460
Sitzinger, Emanuel 564
Sorg, Hans 92
Spatz, Daniel 368, 455
Spatz, Daniel 55, 564
Spatz, Daniel, d. Ä. 358, 364, 365, 425, 556
Spatz, Daniel, d. J. 69, 358, 364, 365, 425, 556, 560
Spatz, David 565
Spatz, Hans Lenhart 565
Spatz, Ignatius 358, 364, 365, 366, 425, 556
Spatz, Lenhart 564
Speiser, Wolfgang 327

Spitzel, Gabriel 380
Spreng, Hans 89, 91, 92
Staininger, Hans 567
Starck, Leonhard 394
Stark 106
Stattmiller 361
Staudinger, Franz 495
Steidle, Christian 222
Steidle, Christoph 221, 223
Steidler, Christof 313
Steidlin, Christof 212
Steinacher, Joseph 105
Steinhardt, Johann Friedrich 361, 376
Stemer, Daniel 222
Stetten, Philip Christof von 569
Stetten, Albrecht von 337
Stetten, Gottfried von 568
Stetten, Paul von 360, 422, 499, 568
Stetten, Paulus von 567
Stierrenschopff, Lorenz 222
Strauch, Thomas 248, 249
Stueler, Marx 517
Stueler, Mathes 517
Sultzer, Carl Leonhart 499
Sultzer, Christof Paulus 568
Sultzer, Hieronymus 568
Sultzer, Wolfgang Jacob, d.Ä. 568

T

Taigler, Michael 353

U

Uhlstett 355
Ulrich, Boas 358, 364, 365, 366, 481, 556
Ulstätt, Lucas 253
Ulstätt, Ludwig 249

V

Voit, Jeremias Friedrich 126
von Antorff, Anthoni 89
von Biberach Jacob 91
von Leutkirch , Hans 519
von Leutkirch, Heinrich 519

W

Wagenseil 424

Wagenseil 432, 438, 469
Wagenseil, Jakob 441
Wagenseil, Johann 105, 372, 417, 427, 428, 441, 558
Wagner, Hans 89, 91, 92
Wagner, Jacob 525
Waldvogel, Abraham 298-299
Wather, Matheus 222
Wanner, Anton Ignaz 568
Wanner, Johann Philip 568
Wanner, Martin 517, 519
Wanner, Veit 240
Wasserman, Christof 565
Wassermann, Jeronimus 73
Weber, Frantz 480
Weber, Franz Thoma 405, 407
Wegeli, Christof 564
Wegelin, Johann Babtisch 564
Wegelin, Paulus 517
Wegelin, Sebastian 99, 517
Weiss, Hans Jacob 568
Weiss, Daniel 564
Weiss, Philip Jacob 564
Weiss, Sebastian 358, 364, 365, 366, 369, 373, 375, 376, 425, 466, 556, 565
Weiss, Urli 565
Weissi, Hans Jerg, Witwe 565
Weissinger, Sixt, d.Ä. 98, 518
Weissinger, Sixt, d.J. 98, 100, 518
Weyerman, Jacob Christoph 132
Widemann 444
Wiser, Melchior 222
Witman, Daniel 564
Wohnlich, Carl 361, 362, 377, 405, 428, 437, 442, 447, 453-454
Wolf, Benedict 568
Wolf, Rebecca 105
Wolhofer, Georg 358, 364, 365, 366, 425, 556
Wollmann, Blasius 213
Wünsch, Johann Daniel 200, 201, 202

Z

Zacher, H. 564
Zackelmaier, Georg Friedrich 140, 377, 406, 420, 426, 427, 428, 430, 431, 436, 438, 448, 452-454, 486, 557, 558, 559, 560
Zallinger, Wilhelm 353
Zech, Bernhart 568

Zech, Jörg 298-299
Zech, Simon 298-299
Zipper, Jacob 425, 491
Zorl, Dietrich 201

Zorn, Christ. Gabriel 200
Zorn, Gabriel 200
Zorn, Jacob 200
Zorn, Johann Christ. 200

Sachregister

A
Abenteurer
 – bleichen 143
 – färben 259, 263, 267
 – Färberlohn 278, 280, 281
 – Manglohn 341
Absetzen 67
Alaun 243, 258
Aleppogallen 241
Alizarin 245
Amoniaksalz 386
Amsterdamer Tuche
 – scheren 38, 61
 – Tuchschererlohn 81, 83,
Arbeiter
 – Abwerben 492-493
 – Diskussion 496-499
 – rechtliche Stellung 474-475
 – von auswärts 473-474
 – Zahl 419, 472-473
Arbeitskampf 493-495
Asche 136-138
Augsburger Farbe 256
Auskehren 67
Austeilung
 – Färber 189-192, 289-313
 – Tuchscherer 47-55
Auswärtige Cottone, Zahlen 563
Auswärtige Leinwand
 – färben 264, 265,
 – Färberungeld 321
Auswärtige Tuche
 – drucken 444-449, 450-454
Auswärtiger Barchent
 – färben 263
Auswanderung 511

B
Bänder 202

Bahstas 447
Bankrott 102, 363, 455-456
Barchent
 – bleichen 109, 116, 119-120, 140-148, 154-156, 159-160
 – Bleichlöhne 167, 172, 175, 176
 – Bleichungeld 158, 160, 163, 164-165
 – drucken 356, 444, 470, 499
 – Druckerlohn 359
 – färben 225, 238, 240, 243, 247, 255-263, 266, 268, 271, 315, 316, 317
 – Färberlohn 278, 280, 281, 282, 283, 284
 – Färberungeld 319-324
 – karten 15, 16-19, 20-22
 – mangen 339-344, 346-347
 – Manglohn 341-343
 – Produktion 511, 520-533
 – scheren 38, 69-74, 94
 – Tuchschererlohn 56-61, 81, 82, 83, 84, 565
Barchentscherer 42, 44
 – und Gewandscherer 64-65
Batist 447
Baumwolle, Ungeldzahlen 552-553
Bauernplatz 315, 322, 341, 343
Beerschwarze Tuche 273-277
Beifärber 199
Beifarben 299-301
Beizmittel 386-389
Berliner Tuche 63, 85
Bettbarchent
 – bleichen 147
 – Bleichungeld 163
 – färben 270
 – Färberungeld 321
 – karten 22
 – Manglohn 342, 343
Blau und weiß drucken 393-396

Blaudruck 424
Blauholz 246, 271, 272
Bleichen
- Ausgaben 177-179
- Besitzer 103-105
- Diebstahl 118
- Einnahmen 177-179
- Gebäude 109, 119-120
- Größe 106-109
- Grundrisse 109
- Holz 136, 138
- Kritik 147-148
- Termine 115-116, 144
- Verteilung 154-157
- Visitation 115
- Wasser 138-140
- Zählung 148-151
Bleicher
- Namen 105, 517-519
- und Cottonfabrikanten 145-146
- Vermögen 517-519
- Zahl 97
Bleichknechte
- Verköstigung 112-114
- Zahlen 109-110
Bleichtuche 170, 171
Bleichzeichen 116-118
Böhmische Leinwand, färben 266
Böhmische Tuche
- scheren 63
- Tuchschererlohn 85
Bomasin
- bleichen 143, 144, 146, 147
- Bleicherlohn 168, 169, 170, 172, 173, 175, 176
- Bleichungeld 160, 164-165
- drucken 356, 410, 411, 412, 413, 414, 420, 444, 445, 446, 463, 471-472, 500
- Druckerlohn 359
- färben 266, 268, 269, 316
- Färberlohn 283, 284, 285
- Färberungeld 320, 321, 322
- karten 15, 16
- mangen 339, 350
- Manglohn 344
- Preisentwicklung 547
- Produktion 511
- Produktionshöhe 534-539
Boya 512
- färben 220

- scheren 38, 63, 64, 512
- Tuchschererlohn 85, 86, 566
Brabanterle
- bleichen 143
- Bleicherlohn 175, 176
- Bleichungeld 164, 165, 166
- Druck 445
- Produktionshöhe 537-539
Brasilholz siehe Prisil
Breiter Barchent
- bleichen 173, 175
- karten 16, 19, 21, 22
- mangen 341
Bruderschaft, Färber 216-217
Buckhensschnilin 281

C
Caesalpinia brasiliensis 243
Caesalpinia Sappan 243
Cahsas 447
Calamagines 447
Calanca 386, 390, 416, 449, 480
Carthamus tinctorius 243
Chelidonium maius 245
Chemiker 248
Chemische Bleiche 148, 464
Chemnitzer Tuche
- scheren 63
- Tuchschererlohn 86
Chlor 464
Cottone
- bleichen 143, 144, 146, 157-158
- Bleicherlohn 175, 176
- Bleichungeld 164-166
- drucken 356, 357, 385-389, 410-424, 444-448, 463, 471, 480, 500
- färben 268, 269
- Färberlohn 285
- mangen 339, 340, 350
- Preisentwicklung 549
- Produktion 512
- Produktionshöhe 534-539, 563
Cottonfabrikanten
- Bankrott 363
- Konfession 358, 369-377
- Namen 358, 364-377, 378, 556-560
- Societäten 361-362
- und Bleicher 145-146
- und Färber 396-401
- Ungeldzahlung 562

– Vermögen 364-367, 561-562
– Zahl 358, 360, 364-377
Cottonfabriken
– Einrichtung 431-433
– Lage 425-431, 556-560
Couleur Macher 386
Couppons 447
Creitztuch 81, 83
Crocus officinalis 243
Crocus sativus 243
Cronbarchent
– Bleicherlohn 168, 169, 172, 173, 175
– färben 262, 294-295, 315
– Färberungeld 319
– karten 22
– mangen 339
– Preisentwicklung 545-546
– scheren 47
– Tuchschererlohn 84

D

Dentaria bulbifera 245
Deputierte, Namen 567-569
Dicker Barchent
– bleichen 143, 161
– Bleicherlohn 167, 168, 171, 175
– färben 315
– Färberlohn 279, 281, 282
– karten 16, 21, 22
– Tuchschererlohn 58, 82, 83, 84, 87
Diebstahl 118, 495-496
Dinkelsbühler Tuche
– scheren 63, 64
– Tuchschererlohn 86, 566
Dinkelscherber Tuche, Tuchschererlohn 566
Dipsacus fullonum 17
Dirridey 512
Dossinger Tuche
– scheren 62, 63
– Tuchschererlohn 84, 85, 566
Dreisiegler
– bleichen 143
– Bleichlohn 167, 168, 169, 170, 171, 172, 175
– färben 261, 262, 315
– Färberlohn 278, 281, 282
– Färberungeld 319
– mangen 339
– Manglohn 342, 345

– Preisentwicklung 545-546
– scheren 55, 57, 58, 84
Drillich siehe Trilch
Droquets 272
Drucker, Herkunft 476
Drucken, Technik 385-389
Druckerzeichen
– Gebühr 360, 361
– Vererbung 360
– Verkauf 360, 362
– Verleihung 358
– Verpachtung 360, 362-363
Druckformen 386-387
Drucktische 387
Dybner Tuche 87

E

Ederische Tuche 63, 86
Eichenlohe 243, 245
Eichenrinde 240, 241
Eilenberger Tuche 63, 85, 87, 566
Eingelassene Tuche 51, 273-277
Elfbund 512
– scheren 62, 269
– Tuchschererlohn 81, 83
Emertis 447
Engelsait 512
Englische Tuche
– scheren 38, 62, 63
– Tuchschererlohn 84, 85, 87, 566
Erfindungen
– Cottonfabrikanten 389-396, 424-425
– Tuchscherer 69-74
Erlenrinde 245

F

Fabrikarbeiter, Diskussion 496-499
Fabriken, auswärtige 471, 499-500
Färben
– Augsburg 258-259
– Ulm 255-257
– Weißenhorn 257-258
– Zeugmacher 270
Färber
– als Arbeiter 396-401
– Austeilung 189-192
– Geschaugeld 539
– Handwerkskasse 569

– Produktionshöhe 527-533
– und Cottonfabrikanten 268, 396-401
Färberröte 245
Färbersafflor 243
Färberscharte 245
Färbertürme 232-237
Färberwaid 238-240, 242, 246, 248, 249, 271
Färberwau 245
Falschfärben 271
Familie, Weber 514
Farben 238-240, 260-264, 265, 267, 269
Farben, Kauf 249-254
Farbgewölbe 287-289
– Gegenschreiber 287
– Verwalter 287-288
Farbhäuser 271
Farbmacher 248
Farbreiber 248
Farbtuch
– färben 261
– Tuchschererlohn 57, 81, 82, 83, 84
Fazelen, Färberlohn 285
Federritten
– Bleicherlohn 176
– Bleichungeld 163
– Manglohn 343, 344
Feine Tuche 94
Fernambukholz 243
Feste, Färbergesellen 217-218
siehe auch Zechen
Feuergefahr 426
Fischpinsel 410
Flachs, Preisentwicklung 550
Flachsenes Haustuch, Bleichungeld 158
Flanell
– drucken 445
– färben 269
Formen 386-389
Formschneider 386
siehe auch Modelschneider
Fransen 202
Französische Tuche
– scheren 63
– Tuchschererlohn 85, 566
Frauen, Druckerinnen 457
Freistädter Tuche
– scheren 63
– Tuchschererlohn 85, 566
Frisieren 67
Futtertuche 165, 512

G
Gänsauge
– Bleicherlohn 169, 170, 171
– Bleichungeld 160
Galläpfel 241, 245
Galles 238, 241, 242-243, 248, 249, 250, 251, 252, 253, 279
Garn
– färben 240, 270-272
– Ungeldzahlen 551
Garras 447
geäugelter Barchent, Bleicherlohn 171
geglätteter Barchent, Bleicherlohn 167, 171, 342
Gelbbeere 420
gemeiner Barchent
– Bleicherlohn 168, 169
– Färberlohn 278
– karten 16, 21, 22
Generalkapitel
– Schleifer 90, 91
– Tuchscherer 30
Geschau
– Bleiche 151-154
– Cottonfabrikanten 359
– Färber 313-318
– Karter 19
– Schönfärber 201
– Tuchscherer 75-77
Geschaugeld, Färber 539
Gechaumeister
– Bleichen 151
– Färber 313-315
– Tuchscherer 75
Geschauzeichen 240, 317
geschnierter Barchent
– bleichen 143
– Bleicherlohn 167, 168, 170, 171, 172
– Bleichungeld 160
– Manglohn 342
Gesellen
– Färber 205-223
– Karter 14-15
– Modelschneider 482-486
– Tuchscherer 35-43
Gesinde
– Bleichen 109-115
– Färber 214-215
– Mangmeister 338
– Verköstigung 112-114
Gewandscherer 42, 44, 64-65

Gilbkraut 245
Ginss Egle 272
Glätten 259, 389, 477-479
Görlitzer Tuche, scheren 63, 566
Golschen
– bleichen 143
– Bleicherlohn 166, 173, 174
– Bleichungeld 158, 163
– färben 265, 271
– Manglohn 341, 344
Grät 163, 176
Grätische Kart Tuchl, scheren 56
Gretischer Barchent
– bleichen 149, 152, 161
– Bleicherlohn 168, 169, 170, 171
– färben 243, 260-263, 315, 316
– Färberlohn 278, 280, 281, 282
– Färberungeld 319, 320
– karten 16
– Manglohn 342
Grober Barchent
– bleichen 152
– färben 261, 262, 315
– Färberlohn 281, 282
– Färberungeld 319, 320
– scheren 87
– Tuchschererlohn 57, 58
Grobgrien 512
Großfärber 317, 322-324, 348
Grundform 387
Gugler
– färben 257, 263, 264, 267, 317
– Färberlohn 278, 280, 281
– Färberungeld 320, 322
– Manglohn 341-343
Guinée 447
Gummi 386, 388, 389, 418, 420
gute Farben 271

H

Haematoxylon 246
halbe Scheibe 143
halbweiß bleichen 145, 146, 175-176, 180, 259, 459-461, 464
halbweiß Bleiche, Ungeld 164-165
Hamans 447
Handel
– Cottonfabrikanten 465-469, 470-471
– Färber 202
– Tuchscherer 50, 93-95

Handwerkskasse
– Färber 198
– Textilgewerbe 569
– Tuchscherer 32-33
Handzwehlen
– Bleicherlohn 176
– färben 270
Hanföl 245
Haman scheren 19
Harz 386, 389
Hausleinwand, Bleicherlohn 170, 171
Hausloden
– bleichen 147
– Bleicherlohn 176
Haustuch
– Bleicherlohn 168, 171, 172
– färben 315
– Manglohn 343, 344
Heckenware 446
Herkunft
– Färber 188
– Färbergesellen 206
– Tuchscherer 25-26
Herrentaler Tuche, scheren 38
Hinterer Rest 47-55
Hohe Farben 247, 268, 269, 282-283, 284, 359
Holländische Tuche, scheren 62, 63
– Tuchschererlohn 84, 85, 566
Holz 136, 138, 254, 285, 286

I

Iglauer Tuche
– scheren 63
– Tuchschererlohn 85
Indigo 238-240, 247, 248, 249, 250, 251, 252, 258, 271, 278, 279, 389
Indigofera 239
Isatis tinctoria 238
Ijzernat 389

K

Kardätschen 16-19, 21
Kalk 136
Kalkaufgüsse 258
Kampescheholz 246
Karden 17
Karten

– Barchent 16-19, 20-22
– Wolltuche 19
Kartspäne 18
Kassarest, Textilgewerbe 569
Kattun siehe Cotton
Kerntuch, scheren 62, 82, 512
Kessel 225, 426
Kipsitz, drucken 449
Klären 259
Kleinfärber 317, 322–324
Knopern 245
Kölsch siehe Golschen
Kommissionsware 449
Konfession
  – Cottonfabrikanten 369-377
  – Färber 195
  – Tuchscherer 28-29
Krapp 245, 388, 418, 429, 433
Krappbad 385-388
krapprot
  – drucken 390-393
  – färben 247, 259, 268
Kritik
  – Bleichen 147-148
  – Mangen 346-348
Kuhmist 38
Kunst-, Gewerbe- und Handwerksgericht 199
Kupferfarbe 246
Kupferplatten 419
Kupferstecher 419, 480
Kupfersulfat 389
Kupferwasser 238, 240, 241, 243, 259, 286
Kuttenieren 81, 258

L

Landweber 513-514
Lauge 248, 255, 256, 257, 258
Lederdruck 444
Legedur 272, 339, 346
Lehrjungen
  – Färber 203-205
  – Modelschneider 482-483
  – Tuchscherer 33-34
  – Weber 514
Leimbleder 245
Leinöl 245
Leinwand
  – bleichen 109, 116, 140-142, 143, 145

– Bleicherlohn 165, 168, 169, 173, 174, 176
– Bleichungeld 160, 163, 164
– drucken 356, 357, 444, 449, 470-471, 499
– färben 243, 247, 255-258, 259, 263-267, 315, 317
– Färberlohn 258, 283, 284
– Färberungeld 320-324
– mangen 340
– Manglohn 341-343, 344
– Preisentwicklung 546
Leipheimer Tuche
  – scheren 62
  – Tuchschererlohn 82
Leisniger Tuche
  – scheren 63
  – Tuchschererlohn 85, 566
Lindische Tuche
  – färben 269
  – scheren 38, 61, 62, 63, 94, 512
  – Tuchschererlohn 81, 83, 85, 87, 566
Loden 512
  – färben 265
  – Manglohn 343
  – Preisentwicklung 549
  – scheren 62, 63, 64,
  – Tuchschererlohn 58, 81, 82, 83, 85, 86, 87, 567
Lodweber
  – Handwerkskasse 569
  – Produktionshöhe 542-544
Lohn
  – Bleicher 166-176
  – Färber 270-271, 278-285
  – Karter 20-22
  – Maler 475
  – Mangen 341-345
  – Modelschneider 491-492
  – Tuchscherer 57-61, 80-88, 565-567
Lohn, Färber, Auszahlung 304-305
Löwe, Geschauzeichen 240, 259, 260

M

Maastrichter Tuche, scheren 38
Mährische Tuche
  – scheren 63
  – Tuchschererlohn 85, 86, 566
Mailänder Barchent, färben 243, 316
Maler 475-476

Mange, Schüle 436
Mangen 285, 286, 438-444
Manghäuser, Lage 336-338
Marmodies 447
Maschinen 425, 437
Mechlische Tuche , scheren 38
Meißner Tuche
– färben 264
– scheren 38, 62, 63, 94,
– Tuchschererlohn 85, 86, 566
Meisterschaft
– Färber 209-214
– Tuchscherer 38-39
Meselan 271, 272, 339, 346
Messelin, Manglohn 344
Messingrolle 410, 439-442
Mittler
– bleichen 116, 152
– Bleicherlohn 167, 168, 169, 170
– Bleichungeld 158, 160
– färben 263, 265, 267
– Färberlohn 278, 280, 281
– Färberungeld 320, 321, 322
Modelschneider 355, 356, 357
– Fabrikarbeit 486-487
– Herkunft 489-490
– Organisation 481-482
– von auswärts 487-489
– Zahl 489-490
Morées 447
Mouselin, drucken 445
Münsterische Leinwand, färben 264, 265
Musieren 51, 52
Mustermacher 480

N

Nebenmangen 312-313, 348-350
Neunbund 512
– färben 269
– scheren 62
– Tuchschererlohn 81, 82, 83
Nördlinger Tuche
– scheren 63, 64, 94
– Tuchschererlohn 86, 566

O

Öl 245, 256, 279, 285, 286
Ölfarben 353-354

Ordinari Farben 247, 268, 269, 278-282, 283, 284
Ordnungen
– Cottonfabrikanten 359
– Färber 196
– Tuchscherer 30
Organisation
– Färber 196
– Tuchscherer 30-33
Osnabrücker Leinwand, färben 264, 265
Oxen
– bleichen 149, 161
– Bleicherlohn 169, 170, 171, 172, 175
– färben 262, 315
– Färberungeld 319
– mangen 339
– Manglohn 342, 344, 345
– Preisentwicklung 545-546
– Tuchschererlohn 57
Ochsen, Geschauzeichen 240, 259, 260

P

Pantschmaschinen 408-409, 433-437
Passform 386, 387
Paternaces 386
Pelzfutter 269
Peruviennes 386
Polnische Tuche
– scheren 62
– Tuchschererlohn 85
Pottasche 137-138
Preisentwicklung
– Bomasine 547
– Cottone 549
– Flachs 550
– Leinwand 546
– Loden 549
– Schnurtuche 438
– Zwilch 546
Preislisten
– Barchent 545-546
– Färber 278-285
Pressen, Tuchscherer 67-68
Prisil 238, 243-345, 246, 247, 248, 279
Produktionshöhe
– Barchent 520-533
– Bleichen 148-151, 154-157
– Bomasine 534-539
– Brabanterle 537-539
– Cottone 534-539, 563

- Cottonfabrikanten 450-454
- Färber 527-533
- Lodweber 542-544
- Schnurtuche 535-539
- Schönfärber 270
- Schüle, J.H. 419-422
- Tuchscherer 78-80
- Weber 511-512, 520-539
Produktionskosten
- Cottonfabrikanten 449
- Färber 285-287

Q

Quercus infectoria 241

R

Raitzen 424
Rauchtuch
- scheren 63
- Tuchschererlohn 87, 566
Rauhen 19
Rausch 240, 241, 242, 243, 248, 255, 259, 270, 285
- Zahlen 328-330, 333
- Handel 324-334
Rechen 178-179, 232-237, 437-438, 462
Reiben 51, 52, 70-74, 477-479
Reseda luteola 245
Reserve Druck 389
Rest
- Färber 289-313
- Tuchscherer 47-55, 565-567
Rheinische Tuch, scheren 94
Rhododendron ferrugineum 241
Rhodendendron hirsutum 241
Risse, Bleichlohn 169
Rössler Tuche
- scheren 63
- Tuchschererlohn 86, 87, 566
Rollen 348, 410, 438-444
Roll- und Pantschmaschine 408-409
Rot Bernische Tuche, scheren 38
Rubia tinctorum 245

S

Sächsische Leinwand, färben 264
Sägmehl 238, 241, 243, 245-246

Safflor 238, 243-244, 249, 268, 278
Saffran 243
Sagaschule ‚bleichen 152
Sägmehl 389
Salempours 417, 447
Samt, färben 201
Sanes 447
Sansoud 447
Sattgraue Tuche 301-302
Scheggenbleiche 180-181, 410, 411, 457-459, 464
Scheidemasse 249
Schetter
- Bleicherlohn 176
- Bleichungeld 164
- färben 263, 265, 266, 267, 283, 317
- Färberlohn 278, 280, 281
- Färberungeld 320, 321, 322-323
- Manglohn 341-343, 344
Schildermädchen 388
schlecht schwarz färben 278-282
Schleier
- Bleicherlohn 168
- Bleicherungeld 163
Schleifer 88-92
Schlesische Leinwand
- Bleicherlohn 174, 176
- Bleichungeld 164
- färben 264, 265, 266
- Färberungeld 321
- mangen 340
Schlesische Tuche
- scheren 38, 62, 63
- Tuchschererlohn 85, 566
Schlichte 147
Schliff 238, 240-241, 259, 286
Schnacheislen 272
Schneider 30
Schnellbleiche 464
Schnitze
- bleichen 149
- Bleicherlohn 169, 170, 171, 172
- färben 244, 260, 262, 316
Schnitzen 70-74, 258
Schnupftücher, drucken 446
Schnurtuch
- bleichen 143, 144
- Bleicherlohn 175, 176
- Bleichungeld 163, 164, 165
- drucken 414, 499
- mangen 339, 346

– Preisentwicklung 548
– Produktion 511
– Produktionshöhe 535-539
Schöllkraut 245
Schönfärber 185-186, 199-201, 269-270
Schwarzfärber 184-186, 194, 199, 241
Schwarzkünstler 248
Schwefelmacher 248
Schwefelsäure 148, 464
Seide 243
– färben 271
– Schönfärber 201-202
Seidendrittel, Bleichungeld 164
Seidenes Halstuch 163
Seidenfärber 185-186, 201
Serratula tinctoria 245
Siegelgeld, Mangen 345
Societäten 359
Sonntagsarbeit 228
Spanische Tuche
– scheren 63
– Tuchschererlohn 85, 566
Spanisches Holz 246, 271, 272
Spinet
– bleichen 116, 143
– Bleicherlohn 165, 167, 168, 169
– Bleichungeld 158
– färben 265
– Manglohn 341
– scheren 62
– Tuchschererlohn 81, 83
Stampfmühlen 325
Statistik
– Bleicher 97
– Färber 183-187
– Färbergesellen 205-207
– Karter 11-14
– Modelschneider 489-490
– Textilgewerbe 501-502, 505-506
– Tuchscherer 23-25
– Weber 501-502
Staudenware 446
Stolberger Tuche
– scheren 63
– Tuchschererlohn 85, 87, 566
Streicheisen 17
Streichen 67
Streiks
– Färber 218-224
– Tuchscherer 40-43
Strümpfe 202, 272
Strumpfhändler 272

Strumpfstricker 272

T

Talg 389
Technik
– Bleichen 119-120, 140-148
– Cottondruck 385-389
– Färber 255-259
– Karter 16-19
– Tuchscherer 65-69
Teppich, Bleichungeld 163
Teufelsfarbe 246
Textilgewerbe
– Statistik 501-502, 505-506
– Vermögen 509-510
– Verteilung 506-508
Tischtücher, Färber 270
Tischzeug, Bleicherlohn 176
Tonerde 389
Torgauer Tuche
– scheren 63
– Tuchschererlohn 86
Trauben
– bleichen 149, 161
– Bleicherlohn 166, 169, 170, 171, 172, 175
– Färberlohn 284
– Färberungeld 320, 321
– Manglohn 342, 344, 345
– Preisentwicklung 545-546
– Tuchschererlohn 57, 84
Trilch 512
– scheren 63, 64
– Tuchschererlohn 82, 85, 86, 87, 567
Trümmer, färben 244, 260
Truppen, Geschauzeichen 240, 259, 260
Tuchdruck, Anfänge 353-357
Tuchscherer
– Handwerkskasse 569
– Namen 564-565
– Ungeldzahlen 567
Tuchsorten
– Cottonfabrikanten 444-449, 470-471
– Färber 272
– Karter 16, 20-22
– Mangen 339-340
– Tuchscherer 56-65, 565-566

U

Überellen, färben 244
Überrest 47-55
Ulmer Leinwand
– Bleicherlohn 173, 174
– Manglohn 344
Ungeld
– Bleichen 158-166
– Cottonfabrikanten 359
– Färber 263, 285, 319-324
– Schönfärber 324
– Weber 520
Ungeldherren 161-162
Ungeldzahlen
– Baumwolle 552-553
– Cottonfabrikanten 562
– Garn 551
– gebleichter Barchent 521-527
– Geschlachtgewander 540-541
– gefärbter Barchent 527-533
– Lodweber 542
– Lodweberwalke 544
– roher Barchent 530-533
– schwarzer und roter Barchent 527-533
– Tuchscherer 567
– Weber 520-539
Unruhen, Tuchscherer 40-43
Urin 258

V

Vermögen
– Bleicher 100-101
– Cottonfabrikanten 364-367, 561-562
– Färber 192-194, 349
– Geschaumeister 504
– Textilgewerbe 509-510
– Tuchscherer 27-28
Versammlungen, Färber 197-198
Verteilung, Textilgewerbe 507-508
Vertrag, J.H.Schüle 411, 412-414, 435
Viersiegler
– bleichen 143
– Bleicherlohn 167, 168, 169, 170 171, 172, 175
– färben 261, 262, 315
– Färberlohn 278, 281, 282
– Färberungeld 319
– mangen 339
– Manglohn 342, 345

– Preisentwicklung 545-546
– scheren 47
– Tuchschererlohn 57, 58, 84
Viertelmeister 31, 47
Viertelweiß bleichen 145-146, 176, 180, 259, 459-461, 464
– Bleichungeld 164-165
Vitriol 246
Vitriolöl 243, 249, 385
Vorblau färben 262, 278-282
Vorblaue Tuche 302-303
Vorblaufärber 184-186, 194
Vorform 386, 387
Vorgeher
– Färber 196-197
– Tuchscherer 31

W

Wachs 389
Waid, siehe Färberwaid
Waidasche 136
Waidfärber 240, 270
Walke 119, 120, 139-140, 146, 266, 433-434
Walke
– Ungeldzahlung 544
– Schüle 436
Walzendruck 425
Wasser
– Cottonfabrikanten 433-437, 462-464
– Bleichen 138-140
Weber, Handwerkskasse 569
Weberdistel 17
Wechsel, Bleiche 158-159, 162
Weinstein 249, 279
Weizenklee 388
Werkstätten
– Bleichen 109, 119-120
– Cottonfabriken 425-431
– Färber 225-227
Winterbleiche 146
Wirkin Tuche, Ungeld 158
Witwen, Tuchscherer 43-46
Wohnverhältnisse
– Färber 224-225
– Tuchscherer 26-27
Wolldecken 512
Wolltuche
– färben 315
– karten 19

– Schönfärber 269-270
Wullen Gewand
– färben 200
– scheren 61-65
– Tuchschererlohn 58, 565
Wullin Spinet 143, 152

Z

Zechen 554-556
Zehnbund 512
Zeichner 386
zerrissener Barchent, Färber 260
Zeugmacher, färben 270
Ziechen
– Bleicherungeld 158
– färben 264, 270
– Färberungeld 318, 321
– Manglohn 341, 342, 343, 344
Zinshäuser, Färber 225
Zinstuche, Färber 296-299
Zipperlin 152, 316
Zittauer Tuche, scheren 63, 85, 566
Zitze 386, 410, 419
Zöpfe 244-245, 268
Zöttlen, Bleichungeld 163
Zotten
– bleichen 149

– Bleicherlohn 169, 170, 171, 172, 175
– Bleichungeld 160
– mangen 340
– Schönfärber 202
– Tuchschererlohn 82, 84, 87, 565
Zschoppauer Tuche
– scheren 63
– Tuchschererlohn 85, 87, 566
Zucht- und Arbeitshaus 412-418, 472-473
Zusammenlegerinnen 340
Zwei- und Dreisiegler
– scheren 47, 55
– Tuchschererlohn 84
Zwickauer Tuche
– scheren 63
– Tuchschererlohn 85, 87, 566
Zwiebelzahnwurz 245
Zwilch
– bleichen 143
– Bleichungeld 158
– färben 263, 264, 267, 315, 316, 317
– Färberlohn 278, 280, 281
– Färberungeld 319, 321
– Manglohn 341, 342
– Preisentwicklung 546-547
Zylinderrolle 443-444

Ortsregister

A

Aachen 511
Aichach 188
Aleppo 241
Allgäu 110, 264, 498
Alpen 241
Alt Pilgramhaus (Steuerbezirk) 192
Altenburg 206
Altusried 213
Am Schwal (Steuerbezirk) 325, 326, 327, 430, 557
Amersfoort 354
Amsterdam 61, 81, 83, 249, 354, 395
Annastraße 191, 337
Ansbach 498
Antorff 89
Arensee 188
Armenhausgasse 426, 428, 430, 557, 559
Arnstadt 206
Aschau 324, 325, 331, 332, 333
Aschersleben 188
Auf dem Bihel (Steuerbezirk) 507
Augsburg, Landkreis, 110

B

Bäckergasse 190, 430
Barfüsser Tor Intra (Steuerbezirk) 557
Bartshof (Steuerbezirk) 336, 337, 425, 557
Basel 188, 476, 477
Bauhofstraße 426, 427, 429, 430, 431, 557
Baumgartnerstraße 427, 429, 430, 557
Bauzen 206, 239, 476
Bayern 110, 136, 201, 264, 266, 269, 295, 318, 424, 498, 499
Bei St. Ursula 191
Belgien 443
Bergmühlstraße 426, 427, 429, 430, 431, 556, 558
Bergstraße 136
Berlin 63, 85, 390, 418, 476
Biberach 60, 61, 89, 90, 91, 261, 263, 340, 477

Biehl 222
Blatterhaus (Steuerbezirk) 507, 556
Bobingen 136
Böhmen 63, 64, 85, 202, 206, 266, 323
Böhmisch Budweis 206
Bozen 265
Brasilien 243
Braunschweig 68, 90
Breitenwang 324, 332
Bremen 188
Brenz 188
Breslau 30, 42, 188, 239, 410, 417, 476
Brielbrugg (Steuerbezirk) 425, 556
Brielbrugg gegen Vogeltor (Steuerbezirk) 557
Brünn 138
Brunnenbach 119, 138, 139, 180, 426, 427, 459, 463
Brunnenlech 190
Brüssel 476
Buchloe 347, 348
Budissin 476
Burgau 500, 513
Burtenbach 105, 148, 468, 469, 487

C

Cannstadt 500
Canzlei Gäßlein 336
Caspar Färber (Steuerbezirk) 507
Chemnitz 63, 64, 86, 206, 476, 490, 511, 566
China 241
Colmar 419, 500
Coromandel 447
Cremona 242

D

Danzig 490
Deuringen 108
Deutschland 39
Dillingen (Landkreis) 110

Dinkelsbühl 64, 89, 91, 188, 566
Dinkelsbühl (Landkreis) 110
Dinkelscherben 63, 64, 86, 163, 188, 205, 566
Donauwörth 60, 94, 136, 188
Donauwörth (Landkreis) 110

E

Eger 206
Eichstätt 62, 82, 269
Eilenberg 63, 64, 85, 87, 206, 566
Eisenach 206
Elberfeld 417
England 62, 63, 64, 84, 85, 87, 148, 354, 355, 356, 424, 425, 455, 511, 566
Erfurt 239
Erlangen 476
Elsaß 243
Esslingen 188
Etschtal 324, 332

F

Fichtelbach 437
Fichtelbachstraße 427, 431
Florenz 511
Forsterstraße 427
Franken 110, 295, 468
Frankfurt 222, 238
Frankreich 63, 64, 85, 199, 243, 390, 391, 417, 424, 470, 471, 566
Freiburg 206
Freiburg im Breisgau 477
Freistadt 63, 85, 566
Friedau 418, 476
Friedberg 60, 102, 107, 124, 188, 205, 206, 244, 263, 264, 340, 477, 495, 496
Füssen 188, 264, 321, 324

G

Gärtnerstraße 556
Gailenbach 568
Geisberg 138, 434
Geigers Garten (Steuerbezirk) 556
Geislingen 188
Genf 395
Giengen 205

Göggingen 18, 136, 456, 472, 475, 487, 497, 500
Gögginger Tor 425
Görlitz 63, 64, 238, 566
Goslar 206
Gotha 377
Griechenland 391
Grimma 206, 424
Grünenbach 500
Günzburg 136, 188, 205
Günzburg (Landkreis) 110

H

H. Kreuzstraße 191
Halberstadt 206
Halderstraße 430
Hamburg 188, 354, 390, 410, 418, 419, 465, 476
Hammerschmiede 248
Hanau 199
Hanreiweg 426, 427, 429, 430, 556, 558
Haunstetten 221
Haunstetterstraße 429, 430, 557, 558
Haustetter Tor extra (Steuerbezirk) 336
Heidenheim 373, 418, 419, 420, 430, 441, 473, 500
Herrenbach 138, 434, 435
Herzogenburg 222
Hessen 68
Hiltenfingen 136
Hinterer Lech 425, 426, 428, 429, 430, 431, 556, 557, 559
Höchstädt 136, 264
Holland 62, 63, 64, 84, 85, 138, 140, 141, 142, 199, 249, 264, 354, 355, 356, 379, 389, 390, 393, 394, 410, 417, 418, 424, 428, 433, 443, 446, 455, 466, 471, 490, 566
Holstein 68

I

Iglau 63, 85
Illertissen 477
Im Sack 431
In der Bächin Hof (Steuerbezirk) 556
Indien 239, 243, 354, 446, 447, 512, 513
Inntal 324, 332
Iserlohn 417

Isny 110, 206, 264, 266, 322, 356
Italien 243, 265, 397, 417, 470, 499

J

Jägerhäuslein 221
Jakober Tor 98, 180, 426, 430, 437, 438, 459
Jakober Tor extra (Steuerbezirk) 192
Jakoberstraße 191, 559
Jakobervorstadt 232, 407, 428
Jakoberwallstraße 429, 430, 558
Jakobsmauer 428
Japan 241
Jettingen 105, 163
Joachimstal 102
Judenberg 36

K

Kärnten 205
Kaltenbrunn 568
Kamenz 206
Karlsbad 206
Karrers Gäßle 557
Kaufbeuren 18, 60, 99, 163, 205, 245, 264, 266, 321, 322, 340, 396, 410, 424, 441, 468, 476, 477, 479, 500, 511
Kempten 110, 169, 188, 200, 206, 217, 245, 248, 264, 266, 271, 322, 331, 500
Kirchstraße 136
Klagenfurt 205
Klebsattlergasse 557
Kleinasien 241
Kleine Sachsengasse 337
Klinkertor 216, 226
Köchin Gäßle (Steuerbezirk) 556
Köln 242
Konstanz 188, 205, 206
Kretzengäßle 191
Kriegshaber 418
Krumbach (Landkreis) 110
Kuhberg 476
Künzelsau 410

L

Landsberg 60, 244, 264, 321, 340
Lange Sachsengasse 337
Lauingen 136, 245, 263

Lausanne 382
Lauterlech 191, 248, 437
Lech 97, 98, 248, 324
Lechhausen 196, 495
Lechhauser Straße 426, 427, 429, 430, 431, 557, 558
Lechviertel 232, 425, 426, 428, 430
Leipheim 62, 82
Leipheim (Landkreis) 10
Leipzig 54, 62, 206, 321, 417
Leisnig 63, 64, 85, 206, 566
Leonhardsberg 430
Leupoldsbad (Steuerbezirk) 556
Leutkirch 264
Levante 471
Liegnitz 206
Lindau 169, 205
Lochbach 436, 463
London 61, 62, 63, 81, 84, 85, 87, 94, 269, 424, 566
Lübeck 188, 465
Lug-ins-Land 133
Lyon 511

M

Mähren 63, 64, 69, 85, 86, 566
Magdeburg 188
Malvasierbach 428
Manchester 424
Marcost 141
Marseille 471
Martin-Luther-Platz 336, 337
Mauerberg 431
Meiningen 206
Meißen 62, 63, 64, 85, 86, 94, 206, 264, 566
Melk 476
Melsungen 206
Memmingen 55, 56, 60, 61, 62, 89, 91, 92, 169, 188, 206, 209, 217, 223, 244, 245, 263, 264, 266, 321, 322, 331, 340, 441, 500
Metzg 426
Meutings Garten (Steuerbezirk) 26, 507, 557
Mittlerer Lech 191, 426, 428, 429, 430, 431, 438, 556
Mittweida 206
Montbeliard 476
Moritzkirche 337

Mühlbach 463
München 62, 90, 91, 92, 201, 239, 285, 374, 499
Münster 264, 265
Münsterhausen 136

N

Natans Garten (Steuerbezirk) 336
Neubad 225
Neuburg/Kammel 105
Niederlande 59, 65, 70, 242, 262, 356, 385
Nördlingen 60, 63, 64, 86, 94, 188, 245, 263, 566
Nördlingen (Steuerbezirk) 110
Nürnberg 17, 54, 62, 77, 188, 205, 206, 217, 221, 222, 223, 238, 239, 241, 265, 295, 321, 394, 424, 468, 493, 500

O

Oberer Graben 191, 426, 428, 429, 431, 556, 557, 559
Oberhausen 108, 113, 495
Oberland 324-334,
Oberpfalz 110
Oberstadt 425, 426, 428
Oblatterwall 428, 430, 431
Oblatterwallstraße 427, 429, 430, 431, 558
Österreich 69, 110, 397, 445, 471, 476, 499
Öttingen 513
Ollmütz 206
Osnabrück 264, 265
Ostindien 423, 424
  siehe auch Indien

P

Pappenheim 410, 476, 498
Paradiesgäßchen 191
Pfefferlin (Steuerbezirk) 25, 557
Pfersee 500
Pforzheim 188, 362
Ph.Welser Straße 431
Plauen 45
Polen 62, 85, 241, 417
Pommern 68
Portugal 417
Prag 30, 204, 476

Prediger Garten (Steuerbezirk) 189, 190, 192, 556
Preßburg 30
Preußen 476
Pulvergäßchen 429

Q

Quedlinburg 222
Quersachsengäßchen 191, 429, 430, 558

R

Raab 476
Ravensburg 60, 61, 76, 263, 340
Regensburg 89, 90, 92, 217, 222
Reichenau 265, 340
Reichenbach 188, 199, 200, 206
Reutlingen 271
Reutte 324, 325, 331, 332, 333
Rheinstrom 295
Ries 473, 498
Rochitz 206
Rom 511
Roter Turm 97
Rotes Tor 180, 190, 415, 419, 427, 428, 430, 459
Rothenburg / Tauber 188
Rotterdam 417
Rußland 417

S

Saalfeld 206
Sachsen 15, 69, 199, 202, 206, 264, 446, 447, 476, 513
Sachsengäßchenweg 430
Sachsengasse 362, 426
Salta ad S.Margretham (Steuerbezirk) 190, 192
Salta zum schlechten Bad (Steuerbezirk) 25, 556
Salzburg 511
Sandberg 136
Schaetzlerstraße 337
Schießgarten 197
Schlachthausgasse 560

Schlesien 62, 63, 64, 69, 85, 138, 140, 206, 239, 264, 265, 266, 321, 323, 340, 390, 511, 566
Schlossermauer 425, 430, 556
Schmalkalden 248, 424
Schmeberg 476
Schmelzerprucklin 225
Schmutter 108
Schongau 264
Schuhgäßlein (Steuerbezirk) 336, 337
Schülestraße 426, 427, 429, 430, 431, 557, 559
Schwabach 476
Schwaben 110, 265, 295, 340, 446, 447, 470, 471, 499, 513
Schwabmünchen 136, 188, 499
Schwabmünchen (Landkreis) 110
Schwalbeneck 431
Schwechat 476
Schweinitz 206
Schweiz 110, 205, 395, 424, 446, 447, 471, 476, 513
Schwibbogen 435, 438, 557
Schwibbogener Tor 426
Schwibbogengasse 191, 428, 430, 557, 560
Schwibbogenmauer 429, 430, 560
Singold 225, 226
Smyrna 241
Sondershausen 206
Sonthofen 477
Sora 206
Spanien 63, 64, 85, 511, 566
Sparrenlech 436
Sprotta 206
St. Anna 336, 340
St.Antonino (Steuerbezirk) 425, 556
St.Gallen 110, 205, 264
St. Georgen Pfarr 226
St. Georgengäßle (Steuerbezirk) 507
St. Jakobs Garten (Steuerbezirk) 190, 192
St. Jakobs Stadel (Steuerbezirk) 192
St. Moritz 336, 347
St. Ursula (Steuerbezirk) 428, 430, 431, 557, 560
Stadtbach 139
Stadtbachstraße 429, 431, 559
Stadtgraben 433
Stadtmühlhausen 188
Staffelstein 41
Steingasse 191, 337
Stephinger Tor 97
Stettin 477
Stockholm 188
Stolberg 63, 64, 85, 87, 566
Straßberg 495
Straßburg 41, 59, 216, 410
Südamerika 243
Suhl 206
Sulz am Neckar 500
Syrien 241, 242

T

Thal 222
Thalfingen 569
Thannhausen 136
Thüringen 69, 206, 238
Tirol 205, 331, 437, 498
Torgau 63, 64, 86, 566
Triest 397
Türkei 424
Türkheim 188, 218, 219
Turmstraße 191

U

Ulm 43, 60, 61, 89, 90, 94, 99, 169, 173, 188, 205, 206, 222, 223, 239, 244, 255-257, 261, 263, 340, 344
Ungarn 39, 69, 241, 397
Unser L. Frauen Bruder (Steuerbezirk) 336
Unten am Lauterlech (Steuerbezirk) 507
Untern Fischern (Steuerbezirk) 189, 190, 192, 507
Unter den Predigern (Steuerbezirk) 556, 557
Unterer Graben 429
Urach 441

V

Venedig 241, 242, 249, 279
Verona 265
Viktoriastraße 337
Viskowitz 477
Vogelmauer 425, 428, 431, 556, 559
Vogeltor 428, 436
Vogeltorplatz 426, 427, 429, 430, 431, 557, 559
Vogtland 188
Vom Diebold (Steuerbezirk) 425, 556

Vom Nagengast (Steuerbezirk) 336
Vom Rappold (Steuerbezirk) 337
Vom Schwibbogen (Steuerbezirk) 190, 192
Vorderer Lech 191, 231, 426, 428, 429, 430, 431, 556, 560

W

Waal 206
Wagrein 188
Wangen 264
Weberhaus (Steuerbezirk) 336, 337
Weberhaus 50, 196, 504
Wehringen 136
Weida 206
Weißenburg 188, 222
Weißenhorn 99, 142, 188, 257, 263
Weißer Gockel 217
Wertachbrucker Tor 226
Wertachbrucker Tor intra (Steuerbezirk) 189, 190, 182
Wertingen (Landkreis) 110
Wesel 242
Westheim 568

Westindien 243
Wien 30, 39, 42, 89, 90, 239, 357, 375, 276, 397, 418, 424, 465, 476, 477, 490, 515
Wierin Brielbrugg (Steuerbezirk) 425, 556
Willig Arm (Steuerbezirk) 90, 336, 557
Wörth 216
Wolfsgäßchen 429, 557
Worms 222
Württemberg 110, 295, 418, 441, 500
Würzburg 464

Y

Yucatan 246
Zeitz 206
Ziemetshausen 163
Zittau 63, 64, 85, 566
Zitzenberg (Steuerbezirk) 336
Zschoppau 63, 64, 85, 87, 566
Zürich 476, 490
Zusmarshausen 188
Zwerchgasse 372, 441, 487
Zwickau 63, 64, 85, 87, 206, 566

Verlagsprogramm Geschichte

Wolfgang Zorn
Augsburg – Geschichte einer europäischen Stadt
ISBN 3-928898-55-8 28,– DM

Werner Bischler
Augsburger Geschichte(n)
ISBN 3-928898-72-8 38,– DM (Hardcover)
ISBN 3-928898-73-6 28,– DM (Paperback)

Claus-Peter Clasen
Textilherstellung in Augsburg in der frühen Neuzeit
Band I: Weberei/Band II: Textilveredelung
ISBN 3-928898-64-7 79,– DM (zwei Bände)

Ulrich Hettinger
Passau als Garnisonstadt im 19. Jahrhundert
ISBN 3-928898-53-1 59,– DM

Ralf Heimrath
Hinter Berg und Eiche
ISBN 3-928898-46-9 19,80 DM

Das Hausbuch vom Jexhof 2. Aufl.
ISBN 3-928898-15-9 14,80 DM

Stadtarchiv Augsburg
Stadtchronik Augsburg 1945-1948
ISBN 3-928898-81-7 28,– DM (erscheint im April 1995)

Zeitschrift des Historischen Vereins für Schwaben (Band 87/1994)
ISBN 3-928898-78-7 48,– DM

STUDIEN ZUR GESCHICHTE DES BAYRISCHEN SCHWABENS
Michaela und Mark Häberlein
Die Erben der Welser
ISBN 3-928898-80-9 (in Vorbereitung)

MATERIALIEN ZUR GESCHICHTE DES BAYRISCHEN SCHWABENS
Gabriele von Trauchburg-Kuhnle
Ehehaften und Dorfordnungen
Untersuchungen zur Herrschafts-, Rechts- und Wirtschaftsgeschichte des Rieses anhand ländlicher Rechtsquellen aus der Grafschaft Oettingen
ISBN 3-928898-79-5 (in Vorbereitung)

Wißner Verlag und Versandbuchhandlung
Hugo-Eckener-Str. 1 ✉ D-86159 Augsburg
Telefon: 08 21 / 57 60 33 ☏ Telefax: 08 21 / 59 49 32